GUIDE MICHELIN

DEUTSCHLAND

2019

MICHELIN

INHALTSVERZEICHNIS

LIEBE LESER,

Wir freuen uns, Ihnen den Guide MICHELIN Deutschland 2019 vorstellen zu dürfen – Ihren treuen Reisebegleiter, der Sie zu den besten Hotels und Restaurants des Landes führt.

- *Der Guide ist ideal für jedermann, vom Businessgast bis zur Familie, und umfasst alle Komfort- und Preiskategorien – von gemütlichen Bistros und intimen Gasthäusern bis zu namhaften Restaurants und luxuriösen Hotels. Ob geschäftlich oder zum Vergnügen, Sie werden das Passende finden.*

- *Die im Guide erwähnten Häuser werden von unseren erfahrenen Michelin Inspektoren ausgewählt – sie sind die Augen und Ohren unserer Leser. Sie bezahlen ihre Rechnung immer selbst und ihre Anonymität stellt sicher, dass sie dieselbe Behandlung erfahren wie alle anderen Gäste.*

- *Jedes Jahr suchen sie neue Adressen – und nur die besten erfüllen die strengen Kriterien. Die Toprestaurants erhalten zusätzlich eine Auszeichnung für die Qualität ihrer Küche: unsere berühmten Sterne - ✿, ✿✿ oder ✿✿✿ - und unsere Bib Gourmands ☺ für das beste Preis-Leistungs-Verhältnis.*

- *Die Reihenfolge der Restaurants wird bestimmt durch die Qualität der Küche: ganz oben die Sterne, danach die Bib Gourmands und die Michelin Teller ℡. Auch dieses Symbol steht für gutes Essen, denn allein die Auswahl eines Restaurants durch die Inspektoren garantiert Qualität.*

- *Unsere Mission bleibt unverändert: Sie sollen die besten Restaurants und Hotels finden. Dabei ist uns Ihre Meinung willkommen; berichten Sie uns von Ihren Erfahrungen in bereits erwähnten Häusern oder schlagen Sie Adressen für zukünftige Empfehlungen vor.*

Unsere Highlights 2019...

- *Der Guide MICHELIN Deutschland 2019 steckt voller interessanter Neuigkeiten. Überall im Land sorgen zahlreiche zumeist junge, talentierte Köche für gastronomische Vielfalt. 39 Restaurants sind neu mit Bib Gourmand ausgezeichnet, und die Gesamtzahl der Sterne-Restaurants liegt mit 309 so hoch wie noch nie! 37 Restaurants haben einen Stern neu bekommen, fünf haben es in die Liga der 2-Sterne-Restaurants geschafft.*

- *Bei den 2-Sterne-Restaurants gelingt Christian Eckhardt im Restaurant **Purs** in Andernach auf Anhieb der Sprung auf zwei Sterne. Einen zweiten Stern erhalten außerdem das **Luce d'Oro** in Krün mit Küchenchef Christoph Rainer, das Restaurant **Sosein.** in Heroldsberg mit Felix Schneider als Chef am Herd und das Kölner **Ox & Klee** von Daniel Gottschlich. Last but not least dürfen sich in Wirsberg **Alexander Herrmann** und sein Küchenchef Tobias Bätz ebenfalls über den zweiten Stern freuen.*

- *In der Kategorie der Restaurants mit einem Stern gab es besonders viel Bewegung in Berlin, Hamburg und...*

*Nürnberg! Hier gibt es in diesem Jahr mit den Restaurants **Koch und Kellner, Der Schwarze Adler** und **Waidwerk** gleich drei neue Sterne.*

- *In Berlin, das für seine gastronomische Vielfalt bekannt ist, wurde unter anderem das Restaurant **CODA Dessert Dining** mit einem Stern ausgezeichnet. Wie sein Name schon sagt, wird hier ganz auf moderne Pâtisserie-Techniken gesetzt. Nicht weniger interessant sind die Konzepte der neu besternten Restaurants **Ernst, SAVU** und **Kin Dee**.*

- *Zu den spektakulären Neueröffnungen gehört sicherlich das Hotel **The Fontenay** in Hamburg mit dem Restaurant **Lakeside**. Ebenso bemerkenswert ist das neue Restaurant **100/200** von Thomas Imbusch, beide wurden direkt mit einem Stern gewürdigt.*

- *Und in München erhält das **Tian** seinen ersten Stern; nach Frankfurt und Berlin hat damit eine dritte deutsche Großstadt ein vegetarisches Restaurant auf Topniveau!*

- *Wir wünschen Ihnen viel Freude bei Ihren Reisen mit dem Guide MICHELIN Deutschland 2019.*

Kondor83/iStock

DIE GRUNDSÄTZE DES GUIDE MICHELIN

ERFAHRUNG IM DIENSTE DER QUALITÄT

Ob in Japan, in den Vereinigten Staaten, in China oder in Europa, die Inspektoren des Guide MICHELIN respektieren weltweit exakt dieselben Kriterien, um die Qualität eines Restaurants oder eines Hotels zu überprüfen. Dass der Guide MICHELIN heute weltweit bekannt und geachtet ist, verdankt er der Beständigkeit seiner Kriterien und der Achtung gegenüber seinen Lesern. Diese Grundsätze möchten wir hier bekräftigen:

Der anonyme Besuch

Die oberste Regel. Die Inspektoren testen anonym und regelmäßig die Restaurants und Hotels, um das Leistungsniveau in seiner Gesamtheit zu beurteilen. Sie bezahlen alle in Anspruch genommenen Leistungen und geben sich nur zu erkennen, um ergänzende Auskünfte zu erhalten. Die Zuschriften unserer Leser stellen darüber hinaus wertvolle Erfahrungsberichte für uns dar und wir benutzen diese Hinweise, um unsere Besuche vorzubereiten.

Die Unabhängigkeit

Um einen objektiven Standpunkt zu bewahren, der einzig und allein dem Interesse des Lesers dient, wird die Auswahl der Häuser in kompletter Unabhängigkeit erstellt. Die Empfehlung im Guide MICHELIN ist daher kostenlos. Die Entscheidungen werden vom Chefredakteur und seinen Inspektoren gemeinsam gefällt. Für die höchste Auszeichnung wird zusätzlich auf europäischer Ebene entschieden.

Die bemerkenswertesten Küchen sind die mit MICHELIN Stern – einem ✿, zwei ✿✿ oder drei ✿✿✿. Von traditionell bis innovativ, von schlicht bis aufwändig – ganz unabhängig vom Stil erwarten wir immer das Gleiche: beste Produktqualität, Know-how des Küchenchefs, Originalität der Gerichte sowie Beständigkeit auf Dauer und über die gesamte Speisekarte hinweg.

Die Auswahl der Besten

Der Guide MICHELIN ist weit davon entfernt, ein reines Adressbuch darzustellen, er konzentriert sich vielmehr auf eine Auswahl der besten Hotels und Restaurants in allen Komfort- und Preiskategorien. Eine einzigartige Auswahl, die auf ein und derselben Methode aller Inspektoren weltweit basiert.

✿✿✿ DREI MICHELIN STERNE

Eine einzigartige Küche – eine Reise wert!

Die Handschrift eines großartigen Küchenchefs! Erstklassige Produkte, Reinheit und Kraft der Aromen, Balance der Kompositionen: Hier wird die Küche zur Kunst erhoben. Perfekt zubereitete Gerichte, die nicht selten zu Klassikern werden – eine Reise wert!

✿✿ ZWEI MICHELIN STERNE

Eine Spitzenküche – einen Umweg wert!

Beste Produkte werden von einem talentierten Küchenchef und seinem Team mit Know-how und Inspiration in subtilen, markanten und mitunter neuartigen Speisen trefflich in Szene gesetzt – einen Umweg wert!

✿ EIN MICHELIN STERN

Eine Küche voller Finesse – einen Stopp wert!

Produkte von ausgesuchter Qualität, unverkennbare Finesse auf dem Teller, ausgeprägte Aromen, Beständigkeit in der Zubereitung – einen Stopp wert!

BIB GOURMAND

Unser bestes Preis-Leistungs-Verhältnis.

Ein Maximum an Schlemmerei für bis 37€: gute Produkte, die schön zur Geltung gebracht werden, eine moderate Rechnung, eine Küche mit exzellentem Preis-Leistungs-Verhältnis.

DER TELLER

Eine Küche mit guter Qualität.

Qualitätsprodukte, fachkundig zubereitet: einfach ein gutes Essen!

Die jährliche Aktualisierung

Alle praktischen Hinweise, alle Klassifizierungen und Auszeichnungen werden jährlich aktualisiert, um die genauestmögliche Information zu bieten.

Die Einheitlichkeit der Auswahl.

Die Kriterien für die Klassifizierung im Guide MICHELIN sind weltweit identisch. Jede Kultur hat ihren eigenen Küchenstil, aber gute Qualität muss der einheitliche Grundsatz bleiben.

Denn unser einziges Ziel ist es, Ihnen bei Ihren Reisen behilflich zu sein. Mobilität im Zeichen von Vergnügen und Sicherheit ist die Mission von Michelin.

2019...
DIE TOP-ADRESSEN

DIE NEUEN STERNE...

✿✿

Andernach	**Purs**
Heroldsberg	**Sosein**
Köln	**Ox & Klee**
Krün	**Luce d'Oro**
Wirsberg	**Alexander Herrmann by Tobias Bätz**

Und finden Sie alle Sterne-Restaurants 2019 am Ende des Guide MICHELIN, Seite 916.

Kaplanec/iStock

Augsburg	**Steigenberger Drei Mohren - Sartory**
Baiersbronn	**Traube Tonbach - Köhlerstube**
Berlin	**CODA Dessert Dining**
Berlin	**Ernst**
Berlin	**Kin Dee**
Berlin	**SAVU**
Dresden	**Genuss-Atelier**
Frankfurt am Main	**Tiger-Gourmetrestaurant**
Frankfurt am Main	**Weinsinn**
Hamburg	**100/200**
Hamburg	**bianc**
Hamburg	**Lakeside**
Heidelberg	**Oben**
Herleshausen	**La Vallée Verte**
Karlsruhe	**sein**
Kiedrich	**Weinschänke Schloss Groenesteyn**
Köln	**maximilian lorenz**
Köln	**NeoBiota**
Köngen	**Alte Vogtei**
Königsbronn	**Ursprung**
München	**Tian**
München	**Gabelspiel**
Neupotz	**Zur Krone**
Neuwied	**Coquille St. Jacques im Parkrestaurant Nodhausen**
Nideggen	**Burg Nideggen - Brockel Schlimbach**
Niederkassel	**Clostermanns Le Gourmet**
Nürnberg	**Koch und Kellner**
Nürnberg	**Der Schwarze Adler**
Nürnberg	**WAIDWERK**
Potsdam	**kochZIMMER in der Gaststätte zur Ratswaage**
Radebeul	**Atelier Sanssouci**
Saarbrücken	**Esplanade**
Saarlouis	**LA MAISON - LOUIS**
Schwangau	**Gams & Gloria**
Stuttgart	**Hupperts**
Stuttgart	**Der Zauberlehrling**
Wallerfangen	**Landwerk**

... DIE NEUEN BIB GOURMAND

Ahorn	**Dittrich's im Schloss Hohenstein**
Aldersbach	**das asam**
Detmold	**Detmolder Hof - Weinstube und Bistro**
Donaueschingen	**die burg**
Dresden	**Elements - DELI**
Dresden	**Daniel**
Dudeldorf	**Torschänke**
Düsseldorf	**Rob's Kitchen**
Elzach	**Rössle**
Erftstadt	**Haus Bosen**
Finning	**Zum Staudenwirt**
Garmisch-Partenkirchen	**Zugspitze - Joseph Naus Stub'n**
Gmund am Tegernsee	**Ostiner Stub'n**
Grenzach-Wyhlen	**Rührberger Hof**
Hamburg	**Zur Flottbeker Schmiede**
Hauzenberg	**Anetseder**
Hayingen	**ROSE**
Iphofen	**Zur Iphöfer Kammer**
Kirchdorf an der Amper	**Zum Cafewirt**
Kirchzarten	**Sonne**
Kleines Wiesental	**Sennhütte**
Kleinwalsertal / Hirschegg	**Travel Charme Ifen Hotel - Carnozet**
Köln	**Wein & Dine**
Lüneburg	**RÖHMS DELI**
Mintraching	**Gasthaus zum Goldenen Krug**
Mulfingen	**Jagstmühle**
Neuhausen (Enzkreis)	**Grüner Wald**
Neunburg vorm Wald	**Landhotel Birkenhof - Turmstube**
Neustadt an der Weinstraße	**Das Esszimmer**
Nürnberg	**Luma**
Pinneberg	**Rolin**
Salzuflen, Bad	**Walter's Pharmacy**
Schwäbisch Gmünd	**Fuggerei**
Sobernheim, Bad	**Kupferkanne**
Sprockhövel	**Habbel's**
Stralsund	**LARA**
Tengen	**Gasthof zur Sonne**
Unterammergau	**Dorfwirt**
Waldkirch	**Zum Storchen**

Die Sterne 2019

Dreis	✻✻✻	Ort mit mindestens einem 3-Sterne-Restaurant
Berlin	✻✻	Ort mit mindestens einem 2-Sterne-Restaurant
Bonn	✻	Ort mit mindestens einem 1-Stern-Restaurant

Baden-Württemberg

Rantum
Tinnum
Glücksburg
Wyk auf Föhr
Hörnum
Kiel
Panker
Wangels
Scharbeutz
Timmendorfer Strand
Lübeck
Cuxhaven
Hamburg
Buxtehude
Binz
Dierhagen
Rostock
Bad Doberan
Heringsdorf
Stolpe
Krakow am See
Feldberger Seenlandschaft
Burgwedel
Hannover
Wolfsburg
Berlin
Potsdam
Aerzen
Wernigerode
Rheda-Wiedenbrück
Paderborn
Burg
Friedland
Leipzig
Schmallenberg
Kassel
Frankenberg (Eder)
Radebeul
Dresden
Kirschau
Erfurt
Herleshausen
Bad Hersfeld
Frankfurt am Main
Bad Kissingen
Wirsberg
Mainz
Heidesheim am Rhein
Würzburg
Sommerhausen
Auerbach in der Oberpfalz
Weikersheim
Langenzenn
Heroldsberg
Nürnberg
Mulfingen
Neunburg vorm Wald
Rötz
Schwäbisch Hall
Bad Kötzting
Teisnach
Regensburg
Nördlingen
Niederwinkling
Waldkirchen
Königsbronn
Salach
Langenau
Hohenkammer
Pleiskirchen
Sonnenbühl
Ulm
Augsburg
München
Kirchdorf
Tuttlingen
Starnberg
Aschau im Chiemgau
Meersburg
Öhningen
Amtzell
Schwangau
Rottach-Egern
Konstanz
Krün
Berchtesgaden
Ofterschwang
Lindau im Bodensee
Mittenwald
Hirschegg
Oberstdorf

Bib Gourmand 2019

• Orte mit mindestens einem Bib-Gourmand-Haus.

Burg auf Fehmarn
Wustrow
Stralsund
Greifswald
Ahlbeck
Zurow
Lübeck
Waren
Gross Nemerow
Lütjensee
Lüneburg
Wittenberge
Berlin
Celle
Gifhorn
Magdeburg
Wildemann
Wernigerode
Einbeck
Nordhausen
Radeburg
Görlitz
Hoyerswerda
Wilthen
Dresden
Pirna
Hartmannsdorf
Eisenach
Chemnitz
Aue
Auerbach
Lichtenberg
Ahorn
Presseck
Küps
Bindlach
Schwarzach am Main
Forchheim
Heroldsberg
Lauf an der Pegnitz
Wernberg-Köblitz
Heßdorf
Erlangen
Illschwang
Neunburg vorm Wald
Rötz
Marktbergel
Nürnberg
Pilsach
Ponholz
Cham
Ansbach
Spalt
Pleinfeld
Bad Abbach
Mintraching
Pappenheim
Passau
Hauzenberg
Neuburg an der Donau
Windorf
Kaisheim
Kirchdorf an der Amper
Aldersbach
Neuburg am Inn
Höchstädt an der Donau
Wertingen
Friedberg
Oberding
Dachau
Zorneding
Ulm
Bergkirchen
Forstinning
Wasserburg am Inn
Finning
München
Waging am See
Dießen am Ammersee
Feldkirchen-Westerham
Traunstein
Münsing
Frasdorf
Piding
Bad Tölz
Samerberg
Bad Grönenbach
Wackersberg
Neubeuern
Roßhaupten
Bad Wiessee
Gmund am Tegernsee
Pfronten
Kreuth
Lenggries
Garmisch-Partenkirchen
Oberstdorf
Unterammergau

Bib Gourmand 2019

• Orte mit mindestens einem Bib-Gourmand-Haus.

Karben
Bad Kissingen
Schweinfurt
Blankenbach
Frammersbach
Aschaffenburg
Rauhenebrach
Mainz
Schwarzach am Main
Marktheidenfeld
Dettelbach
Castell
Höchst im Odenwald
Wertheim
Triefenstein
Saulheim
Großheubach
Eibelstadt
Iphofen
Bürgstadt
Marktbreit
Reichelsheim
Zwingenberg
Hardheim
Birkenau
Heßheim
Weinheim
Weikersheim
Marktbergel
Adelshofen
Freinsheim
Heidelberg
Windelsbach
Mannheim
Mosbach
Brühl
Neckargemünd
Mulfingen
Deidesheim
Neustadt an der Weinstraße
Leimen
Rot am See
Künzelsau
Schwetzingen
Maikammer
Feuchtwangen
Schwäbisch Hall
Leingarten
Heilbronn
Herxheim
Brackenheim
Lauffen am Neckar
Dinkelsbühl
Eggenstein-Leopoldshafen
Neupotz
Oberstenfeld
Kandel
Auenwald
Karlsruhe
Ötisheim
Gschwend
Ettlingen
Remchingen
Rudersberg
Waiblingen
Waldbronn
Winterbach
Muggensturm
Tiefenbronn
Fellbach
Schwäbisch-Gmünd
Bad Herrenalb
Neuhausen
Stuttgart
Weinstadt
Königsbronn
Bad Liebenzell
Leinfelden-Echterdingen
Köngen
Plochingen
Bühl
Bühlertal
Donzdorf
Notzingen
Achern
Steinenbronn
Sasbachwalden
Wildberg
Oberboihingen
Kappelrodeck
Gundelfingen an der Donau
Baiersbronn
Lautenbach
Freudenstadt
Bad Peterstal-Griesbach
Sonnenbühl
Hayingen
Bad Rippoldsau-Schapbach
Vöhringen
Gengenbach
Bisingen
Illertissen
Schramberg
Ratshausen
Schwendi
Elzach
Maselheim
Königsfeld im Schwarzwald
Kirchdorf an der Iller
Villingen-Schwenningen
Sankt Peter
Donaueschingen
Ostrach
Bad Grönenbach
Sankt Märgen
Hüfingen
Frickingen
Feldberg
Tengen
Salem
Überlingen
Wangen im Allgäu
Isny im Allgäu
Bonndorf
Immenstaad am Bodensee
Stühlingen
Tettnang
Konstanz
Klettgau
Lindau im Bodensee
Waldshut-Tiengen
Nonnenhorn
Kleinwalsertal

HINWEISE ZUR BENUTZUNG

RESTAURANTS

Die Restaurants sind nach der Qualität ihrer Küche klassifiziert.

Sterne

✿✿✿ Eine einzigartige Küche – eine Reise wert!

✿✿ Eine Spitzenküche – einen Umweg wert!

✿ Eine Küche voller Finesse – einen Stopp wert!

Bib Gourmand

Unser bestes Preis-Leistungs-Verhältnis.

Der Teller

Eine Küche von guter Qualität

In jeder Qualitätskategorie sind die Restaurants nach ihrem Komfort von XXXXX bis X sowie alphabetisch geordnet.

Rot: unsere schönsten Adressen.

HOTELS

Komfortkategorien: Die Hotels sind nach ihrem Komfort von 🏠🏠🏠🏠🏠 bis zu 🏠 Häuschen klassifiziert sowie alphabetisch geordnet.

Rot: unsere schönsten Adressen.

Lage des Hauses

Markierung auf dem Stadtplan (Planquadrat und Koordinate).

Schlüsselwörter

Schlüsselwörter lassen auf den ersten Blick den Küchenstil (bei Restaurants) und das Ambiente eines Hauses erkennen.

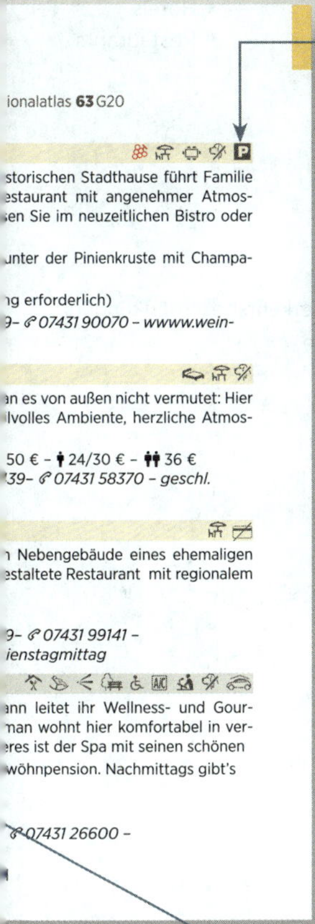

Lokalisierung

- Berlin
- Hamburg
- München

Einrichtungen & Service

- Besonders interessante Weinkarte
- Hotel mit Restaurant
- Restaurant vermietet auch Zimmer
- Ruhige Lage • Schöne Aussicht
- Park oder Garten • Tennis
- Golfplatz
- Fahrstuhl
- Für Körperbehinderte leicht zugängliche Räume
- Klimaanlage
- Terrasse mit Speiseservice
- Hunde sind unerwünscht
- Freibad oder Hallenbad
- Wellnesscenter
- Sauna • Fitnessraum
- Privat-Salons
- Veranstaltungsraum
- Parkplatz • Garage
- Kreditkarten nicht akzeptiert
- U Nächstgelegene U-Bahnstation (in Berlin)

N Neu empfohles Haus im Guide MICHELIN

Preise

Restaurants

Menü 20/42 €	Günstigstes Menü/ teuerstes Menü
Karte 30/41 €	Mahlzeiten à la carte (Preis Min/Max)

Hotels

60/75 € 70/120 €	Mindest- und Höchstpreis für Einzelzimmer und Doppelzimmer, inkl. Frühstück
10 €	Preis des Frühstücks
1/2 P	Das Haus bietet auch Halbpension an

LEGENDE DER STADTPLÄNE

Sehenswürdigkeiten

- Hotels
- Restaurants

Interessantes Gebäude
Interessantes Gotteshaus

Straßen

Autobahn • Schnellstraße
Numerierte Ausfahrten
Hauptverkehrsstraße
Gesperrte Straße oder Straße mit Verkehrsbeschränkungen
Fußgängerzone oder Einbahnstraße
Parkplatz
Tunnel
Bahnhof und Bahnlinie
Standseilbahn
Luftseilbahn

Sonstige Zeichen

Informationsstelle
Gotteshaus
Turm • Ruine • Windmühle
Garten, Park, Wäldchen • Friedhof
Stadion • Golfplatz • Pferderennbahn
Freibad oder Hallenbad
Aussicht • Rundblick
Denkmal • Brunnen
Jachthafen
Leuchtturm
Flughafen
U-Bahnstation
Autobusbahnhof
Straßenbahn
Schiffsverbindungen:
Autofähre • Personenfähre
Hauptpostamt (postlagernde Sendungen)
Rathaus • Universität, Hochschule

CONTENTS

DEAR READER

We are delighted to introduce the 2019 Germany Michelin Guide, your faithful travel companion which will guide you to the country's best hotels and restaurants.

- *This guide is aimed at all visitors, from business travellers to family holiday-makers, and offers a wide choice of categories and prices ranging from welcoming bistros and family-run guest houses to renowned restaurants and luxury hotels. So whether you're travelling for business or pleasure, you're sure to find the perfect choice!*

- *The properties listed in the guide have been chosen by our expert Michelin inspectors, who act as the eyes and ears of our readers. Our inspectors always pay their bill like everyone else, and their anonymity ensures that they are treated in exactly the same way as other customers.*

- *Every year they look for new addresses – and only the best of these meet their strict criteria. The restaurants chosen are awarded the famous Michelin stars ✿, ✿✿ or ✿✿✿ for the quality of their cuisine or the Bib Gourmand ☺ for the best value for money.*

- *The order of the restaurants is in line with the quality of the cuisine on offer: first of all, the starred restaurants, followed by the Bib Gourmands and the Michelin Plate addresses ℩O. The latter award is also an indicator of a high standard of cooking – simply being selected by our inspectors is a guarantee of quality.*

- *Our aim remains the same: to offer our readers a selection of the best hotels and restaurants in the country. This is why your opinion matters to us – share with us your experiences from the hotels and restaurants selected or send us suggestions for future editions!*

Our 2019 highlights

- *The 2019 Germany Michelin Guide is full of exciting new places to eat. Across the country a host of mostly young, talented chefs are doing their bit for culinary diversity. This year 39 new restaurants have been awarded a Bib Gourmand, while the total number of starred restaurants now stands at 309, higher than ever before! 37 restaurants have received their first star and five have made it into the 2-star category.*

- *In the 2-star category, Christian Eckhardt's Andernach restaurant **Purs** earned two stars at its very first attempt. Second stars also went to the **Luce d'Oro** and its chef Christoph Rainer in Krün, to **Sosein**. in Heroldsberg with Felix Schneider in charge in the kitchen and to Daniel Gottschlich's **Ox & Klee** in Cologne. Last but not least, **Alexander Herrmann** and his chef Tobias Bätz in Wirsberg are also celebrating their second star.*

- *The 1-star category saw lots of movement in Berlin, Hamburg and – perhaps more surprisingly – Nuremburg,*

*where **Koch und Kellner, Der Schwarze Adler** and **Waidwerk** all received their very first stars this year.*

- *In Berlin, a city known for its culinary variety, **CODA Dessert Dining** was awarded one star. As its name suggests, the restaurant specialises in modern patisserie techniques, an interesting concept that is more than matched by the ambitious offerings at **Ernst, SAVU** and **Kin Dee**, also newly starred this year.*

- *Among some spectacular new openings, **The Fontenay** hotel in Hamburg with its **Lakeside** restaurant and Thomas Imbusch's impressive new **100/200** restaurant stand out. Both went straight to one star.*

- *In Munich, meanwhile, **Tian** received its first star making it the third German city after Frankfurt and Berlin to boast a top-quality vegetarian restaurant.*

- *We wish you happy travels as you explore the country with your new 2019 Germany Michelin Guide.*

weareadventurers/iStock

THE MICHELIN GUIDE'S COMMITMENTS

EXPERIENCED IN QUALITY!

Whether they are in Japan, the USA, China or Europe, our inspectors apply the same criteria to judge the quality of each and every hotel and restaurant that they visit. The Michelin guide commands a worldwide reputation thanks to the commitments we make to our readers – and we reiterate these below:

Anonymous inspections

Our inspectors make regular and anonymous visits to hotels and restaurants to gauge the quality of products and services offered to an ordinary customer. They settle their own bill and may then introduce themselves and ask for more information about the establishment. Our readers' comments are also a valuable source of information, which we can follow up with a visit of our own.

Independence

To remain totally objective for our readers, the selection is made with complete independence. Entry into the guide is free. All decisions are discussed with the Editor and our highest awards are considered at a European level.

Our famous one ✪, two ✪✪ and three ✪✪✪ stars identify establishments serving the highest quality cuisine – taking into account the quality of ingredients, the mastery of techniques and flavours, the levels of creativity and, of course, consistency.

Selection and choice

The guide offers a selection of the best hotels and restaurants in every category of comfort and price. This is only possible because all the inspectors rigorously apply the same methods.

THREE MICHELIN STARS

Exceptional cuisine, worth a special journey!

Our highest award is given for the superlative cooking of chefs at the peak of their profession. The ingredients are exemplary, the cooking is elevated to an art form and their dishes are often destined to become classics.

TWO MICHELIN STARS

Excellent cooking, worth a detour!

The personality and talent of the chef and their team is evident in the expertly crafted dishes, which are refined, inspired and sometimes original.

ONE MICHELIN STAR

High quality cooking, worth a stop!

Using top quality ingredients, dishes with distinct flavours are carefully prepared to a consistently high standard.

BIB GOURMAND

Good quality, good value cooking.

'Bibs' are awarded for simple yet skilful cooking for up to 37€.

THE PLATE

Good cooking

Fresh ingredients, capably prepared: simply a good meal.

Annual updates

All the practical information, classifications and awards are revised and updated every year to give the most reliable information possible.

Consistency

The criteria for the classifications are the same in every country covered by the MICHELIN guide.

The sole intention of Michelin is to make your travels safe and enjoyable.

SEEK AND SELECT...

HOW TO USE THIS GUIDE

RESTAURANTS

Restaurants are classified by the quality of their cuisine :

Stars

Exceptional cuisine, worth a special journey!

Excellent cooking, worth a detour!

High quality cooking, worth a stop!

Bib Gourmand

Good quality, good value cooking.

The Plate

Good cooking.

Within each cuisine category, restaurants are listed by comfort, from XXXXX to X, and in alphabetical order.

Red: Our most delightful places.

HOTELS

Hotels are classified by categories of comfort, from to .

Red: Our most delightful places.

Within each category, establishments are listed in alphabetical order.

ALBSTADT
Baden-Württemberg – 45 330 Ew – Höl
Michelin Straßenkarte 545
Weinhaus
KREATIV • ELEGANT XXX In ein
Kreus dieses gemütliche rustik
phäre und klassischer Küche. A
auf der Terrasse vor dem Haus.
→ Allerlei von der Gänsestopfle
gnersauce. Dessertteller «Weinh
Menü 48/68 € – Karte 45/52 €
Stadtplan : C3-a – *Georg-Glock-*
haus.com – geschl. Sonntag-Mo
Alte Post
REGIONAL • TRADITIONELL XX
erwartet Sie ein Stück Bella Ita
phäre und natürlich typische Sp
Menü 22/36€ – Karte 20/28 €
Stadtplan : A2-c – *Schleidener*
Montag
Adler
TRADITIONELLE KÜCHE • BUR
Klosterguts befindet sich dieses
Speisenangebot.
Menü 21 € – Karte 13/25 €
Stadtplan : D1-c – *Valdhäuser S*
www.adler-albstadt.com – ges
Bären
FERIENHOTEL • GEMÜTLICH F
methotel engagiert und sehr pe
schiedenen Zimmerkategorien.
kleinen Details und Dachterrasse
hausgebackenen Kuchen.
65 Zim – 84/156 € 164/2
Stadtplan : A1-z – *Flandernstr.*
www.baren-hotel.com – gesch
Panoramastüble – siehe Rest

Locating the establishment

Location and coordinates on the town plan, with main sights.

Key words

Each entry comes with two keywords, making it quick and easy to identify the type of establishment and/or the food that it serves.

Locating the region

- Berlin
- Hamburg
- München

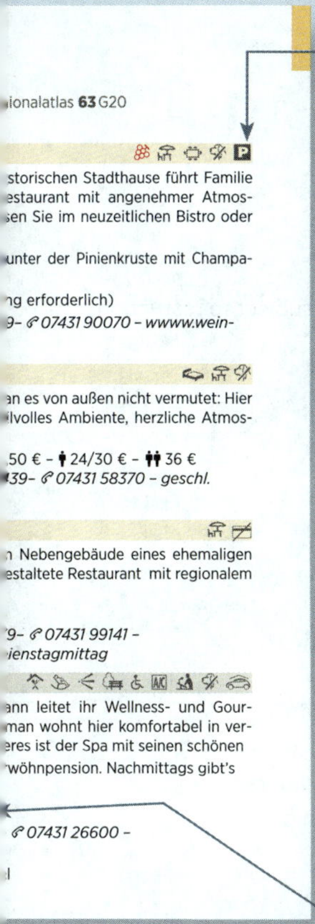
ionalatlas **63** G20

storischen Stadthause führt Familie
estaurant mit angenehmer Atmos-
sen Sie im neuzeitlichen Bistro oder

unter der Pinienkruste mit Champa-

ng erforderlich)
9– ✆ 07431 90070 – wwww.wein-

an es von außen nicht vermutet: Hier
lvolles Ambiente, herzliche Atmos-

50 € – 🛉 24/30 € – 🛉🛉 36 €
39– ✆ 07431 58370 – geschl.

n Nebengebäude eines ehemaligen
estaltete Restaurant mit regionalem

9– ✆ 07431 99141 –
ienstagmittag

ann leitet ihr Wellness- und Gour-
man wohnt hier komfortabel in ver-
eres ist der Spa mit seinen schönen
wöhnpension. Nachmittags gibt's

✆ 07431 26600 –

Facilities & services

- Particularly interesting wine list
- Hotel with a restaurant
- Restaurant with bedrooms
- Peaceful
- Great view
- Garden or park • Tennis
- Golf course
- Lift
- Wheelchair access
- Air conditioning
- Outside dining available
- No dogs allowed
- Outdoor pool • indoor pool
- Wellness centre
- Sauna • Exercise room
- Private dining rooms
- Conference rooms
- Car park • Garage
- Credit cards not accepted
- **U** Nearest metro station (in Berlin)

N New establishment in the guide

Prices

Restaurants

Menu 20/42 €	Fixed price menu. Lowest/highest price
Carte 30/41 €	À la carte menu. Lowest/highest price

Hotels

🛉 60/75 € 🛉🛉 70/120 €	Lowest/highest price for single and double room, breakfast included
10 €	Breakfast price where not included in rate
1/2P	Establishment also offering half board.

TOWN PLAN KEY

- Hotels
- Restaurants

Sights

Place of interest

Interesting place of worship

Road

Motorway, dual carriageway

Junction: complete, limited

Main traffic artery

Unsuitable for traffic; street subject to restrictions

Pedestrian street

Car park

Tunnel

Station and railway

Funicular

Cable car, cable way

Various signs

Tourist Information Centre

Place of worship

Tower or mast • Ruins • Windmill

Garden, park, wood • Cemetery

Stadium • Golf course • Racecourse

Outdoor or indoor swimming pool

View • Panorama

Monument • Fountain

Pleasure boat harbour

Lighthouse

Airport

Underground station

Coach station

Tramway

Ferry services:
passengers and cars, passengers only

Main post office with poste restante

Town Hall • University, College

Plat du jour
Span. Lamm
Chorizo/Paprika
Kartoffel 20,50€
Rippe
Iberico/BBQ
Kartoffel 21,-€
Kabeljau
Wasabi/Shiitake
Spargel 18,50€
Lachs
Filet/Estragon
Gemüse 16,90€
Rinderfilet
Rotwein Schalotten
Drillinge 28,-€
Spanferkel
Aprikose/Rucola
Jus 20,50€
BBQ-Burger
Beef/Cheddar
French Fries
17,50€
Tagliolini
Gamba/Tomate
Basilikum 16,-€

Deutschland in Karten

Regional maps

Ort mit mindestens...

- ● einem Hotel oder Restaurant
- einem Sterne-Restaurant
- einem Bib-Gourmand Restaurant
- einem besonders angenehmen Hotel

Place with at least...

- ● one hotel or a restaurant
- one starred establishment
- one restaurant « Bib Gourmand »
- one particularly pleasant accommodation

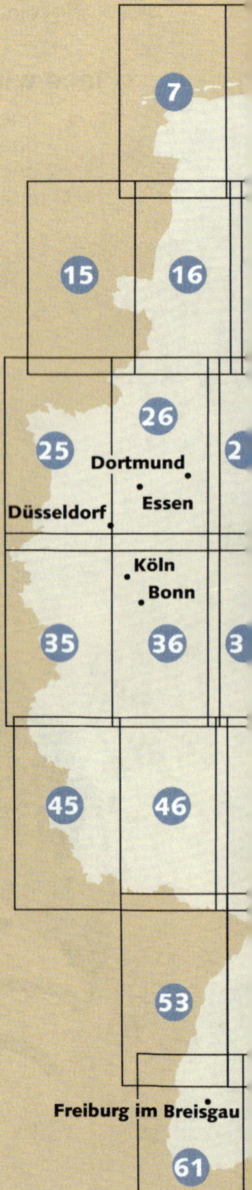
7
15
16
26
25
2
Dortmund
Essen
Düsseldorf
Köln
Bonn
35
36
3
45
46
53
Freiburg im Breisgau
61

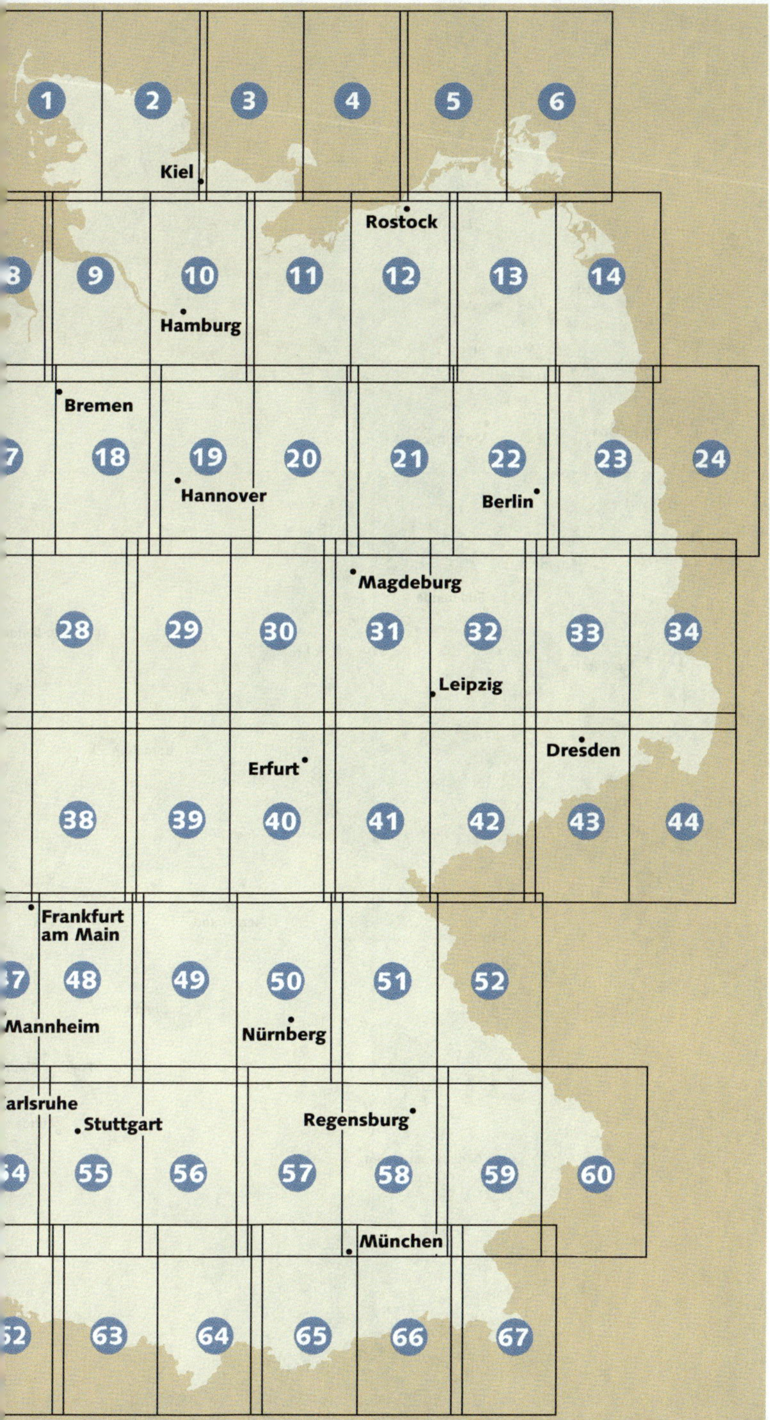

1
2
3
4
5
6
Kiel
Rostock
9
10
11
12
13
14
Hamburg
Bremen
18
19
20
21
22
23
24
Hannover
Berlin
Magdeburg
28
29
30
31
32
33
34
Leipzig
Dresden
Erfurt
38
39
40
41
42
43
44
Frankfurt am Main
48
49
50
51
52
Mannheim
Nürnberg
Stuttgart
Regensburg
55
56
57
58
59
60
München
63
64
65
66
67

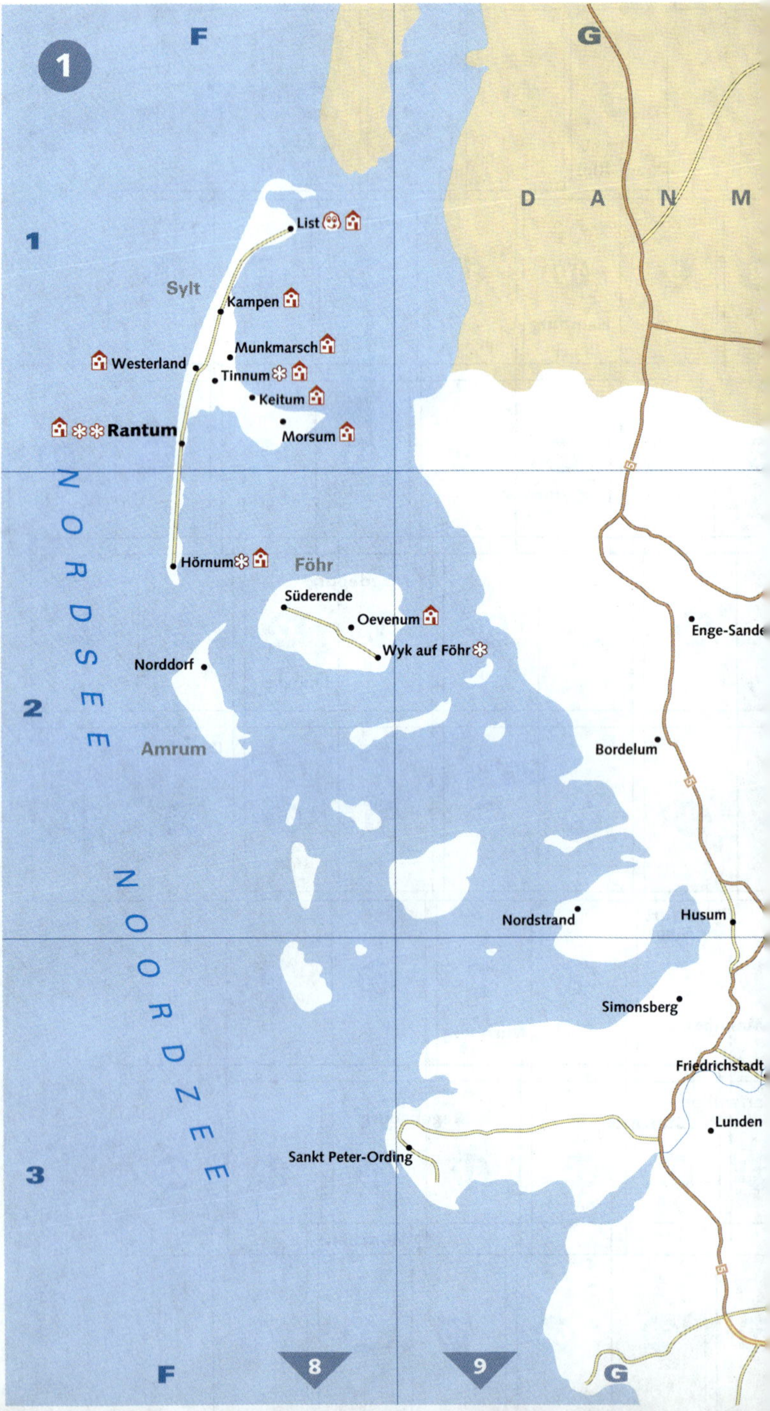
1
F
G
F
G
1
2
3
D A N M
Sylt
List
Kampen
Munkmarsch
Westerland
Tinnum
Keitum
Rantum
Morsum
Hörnum
Föhr
Süderende
Oevenum
Wyk auf Föhr
Norddorf
Amrum
NORDSEE
NOORDZEE
Enge-Sande
Bordelum
Nordstrand
Husum
Simonsberg
Friedrichstadt
Lunden
Sankt Peter-Ording
5
8
9

H
I
2
A R K
1
Glücksburg
Harrislee
199
Flensburg
3
Oeversee
A 85
E 45
Treene
Schlei
2
Thumby
Holzdorf
Schleswig
76
Ascheffel
77
Alt Duvenstedt
Kiel
A 210
Eider
Rendsburg
3
Molfsee
A 7
E 45
A 215
404
77
205
A 23
H
9
10
I

I
J
K
3
1
D A N M A
2
2
Laboe
Heikendorf
Heiligenhafen
207
Kiel
Panker
Selenter See
Hohwacht
Lütjenburg
202
3
Wangels
Molfsee
404
76
E 47
A 1
Bad Malente-
Gremsmühlen
Kellenhusen
10
11
I
J
K

L
M
4
1
R
K
5
2
Fehmarn
E 47
Burg auf Fehmarn
3
Mecklenburger Bucht
11
L
Kühlungsborn
M
12
103

5
M
N
O
1
2
3
4
O
S
T
Zingst
Wieck a. Darß
Der Grabow
Ahrenshoop
Wustrow
Saaler Bodden
Dierhagen
Graal-Müritz
105
103
12
13

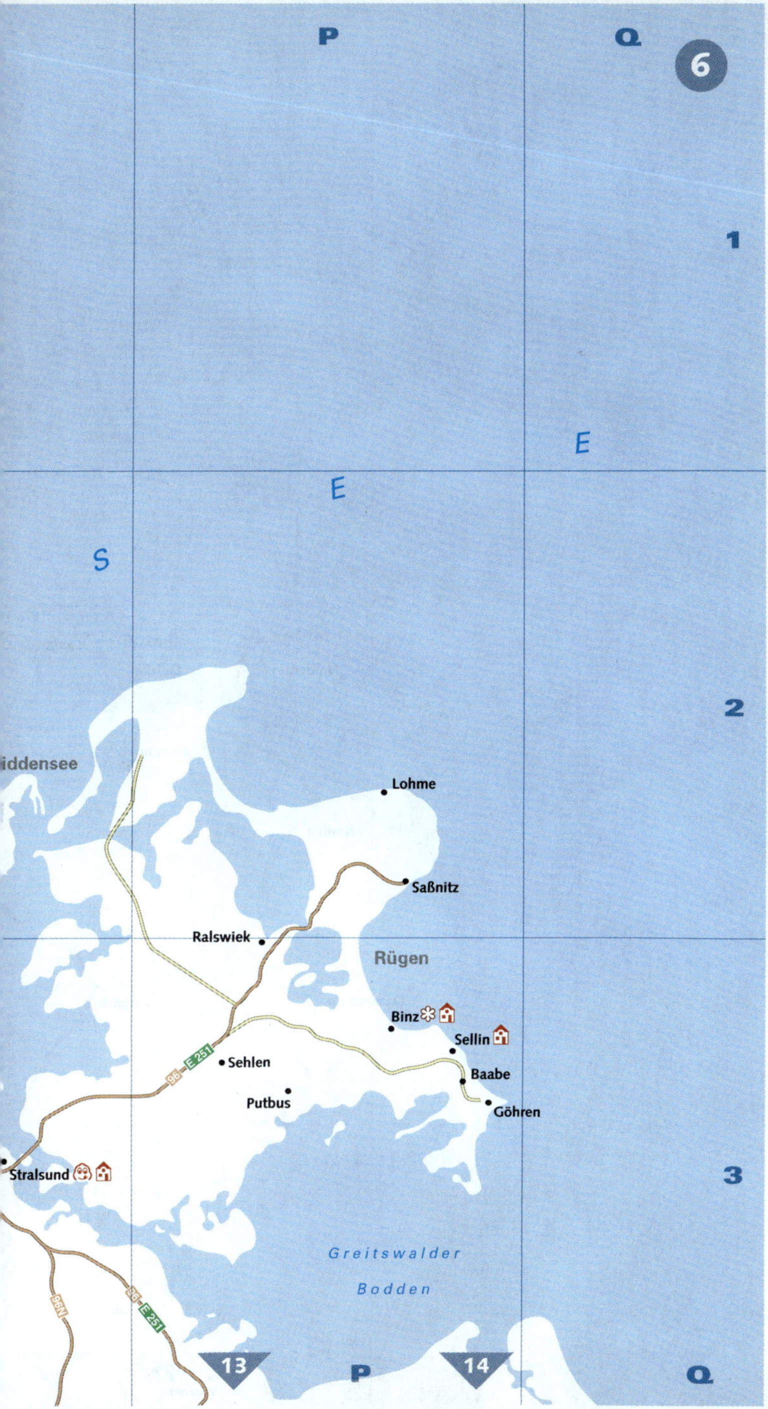
P
Q
6
1
E
E
S
2
iddensee
Lohme
Saßnitz
Ralswiek
Rügen
Binz
Sellin
Baabe
Sehlen
Putbus
Göhren
E 251
96
Stralsund
3
Greitswalder
Bodden
96N
13
P
14
Q

7
C
D
3
4
5
6
NORDSEE
Langeoog
Norderney
Baltrum
Langeoog
Norderney
Baltrum
Juist
Juist
Borkum
Borkum
Dornum
Norden
Krummhörn
Aurich
72
210
A 31
NEDERLAND
Leer
A 31
E 22
A 7
E 22
A 280
436
70
Weener
15
C
D
16

E
1
F
8
Helgoland
3
N O O R D Z E E
4
Spiekeroog
Spiekeroog
Wangerooge
Wangerooge
9
Neuharlingersiel
Wremen
210
Breme
5
Wiesmoor
Varel
E 234
A 27
A28
E 22
Westerstede
WESER
6
A 29
17
E
Bad Zwischenahn
F
Berne

F
G
H
9
1
2
3
4
5
6
8
18
5
A 23
Nord- Ostsee-Kanal
Sankt Michaelisdonn
Neuendorf bei Wilster
Cuxhaven
Otterndorf
Freiburg
Oste
73
Bad Bederkesa
Stade
Bremerhaven
74
71
E 234
A 27
Oste
Groß Meckelsen
Worpswede
F
G
H

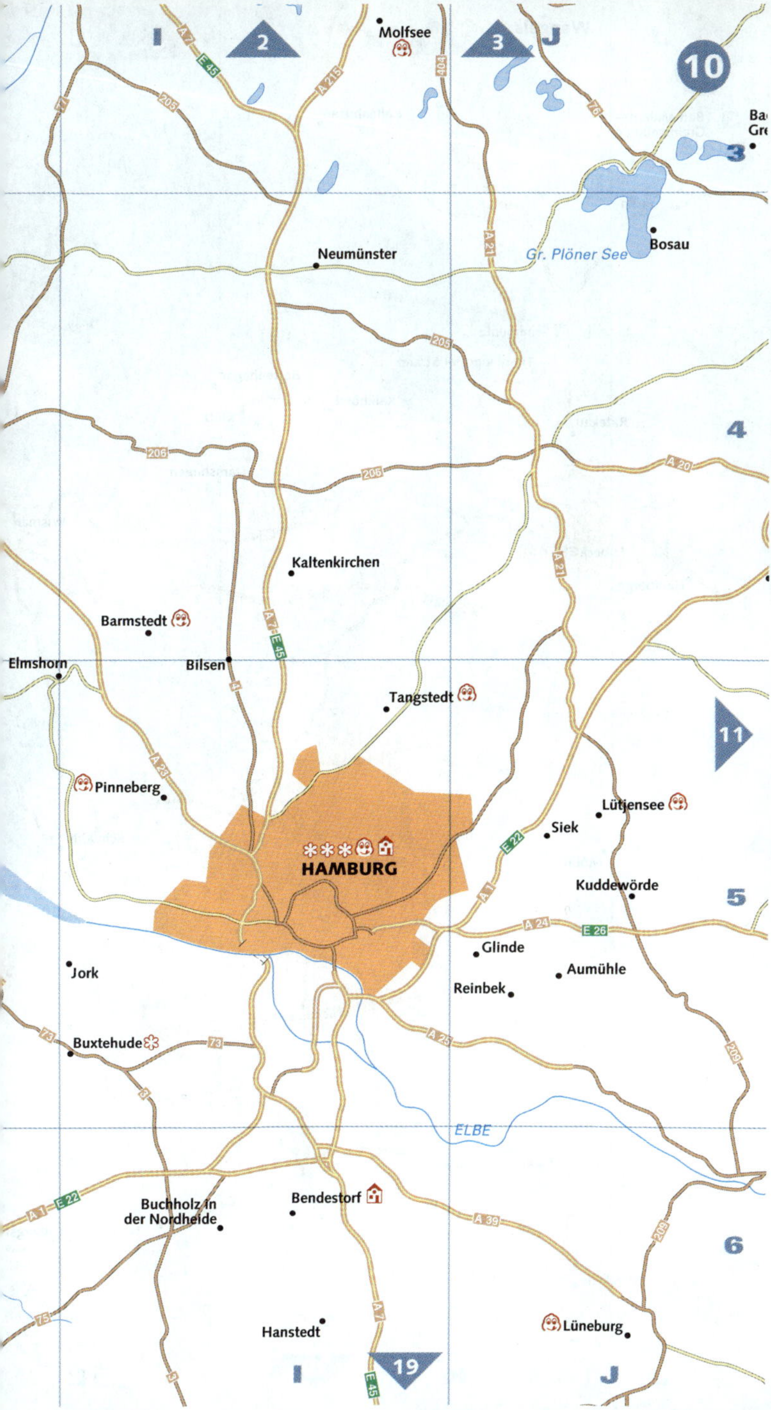
I
2
Molfsee
3
J
10
Neumünster
Bosau
Gr. Plöner See
4
Kaltenkirchen
Barmstedt
Elmshorn
Bilsen
Tangstedt
11
Pinneberg
Lütjensee
Siek
HAMBURG
Kuddewörde
5
Glinde
Aumühle
Jork
Reinbek
Buxtehude
ELBE
Bendestorf
Buchholz in der Nordheide
6
Hanstedt
Lüneburg
19
I
J
A 7
E 45
A 215
404
205
76
A 21
206
A 20
A 23
E 22
A 1
A 24
E 26
A 25
73
209
A 39
75
3
4

11
J
K
L
3
4
10
20
3
4
5
6
Wangels
Bad Malente-Gremsmühlen
Kellenhusen
Mecklenburger Bucht
A 1
E 47
Eutin
76
Scharbeutz
Timmendorfer Strand
Poel
Boltenhagen
Kalkhorst
Klütz
Ratekau
75
Damshagen
Wismar
105
Lübeck
Hamberge
A 20
E 22
106
Schweriner See
104
Schwerin
Schaalsee
Mölln
321
A 24
E 26
209
5
Ludwigsl
Bleckede

4
M
5
N
12
Graal-Müritz
3
Kühlungsborn
Bad Doberan
Rostock
105
103
E 55
E 22
A 20
4
Benz
Zurow
108
Warnow
A 14
Güstrow
13
104
Kuhlen-Wendorf
Krakow am See
5
Malchow
Elde
191
Plau am See
Plauer See
Fincken
6
A 24
E 26
A 19
M
21
N

13
N
5
O
6
3
4
5
6
12
22
96
E 251
A 20
108
104
192
A 19
E 55
Neuenkirchen
Greifswald
Peene
Kummerower
See
Hohen Demzin
Bülow
Malchiner
See
Lupendorf
Groß Plasten
Waren
Malchow
Göhren-Lebbin
Gross Nemerow
Müritz
Röbel
Ludorf
Neustrelitz
Fincken

Greitswalder
Bodden
P
6
Q
R
14
3
Trassenheide
Zinnowitz
Pommersche
Bucht
Koserow
Usedom
Bansin
Heringsdorf
Ahlbeck
4
109
Stolpe
109
5
A 20
198
109
eldberger Seenlandschaft
A 11
E 28
198
6
Oberuckersee
23
P
Q
R
166
2

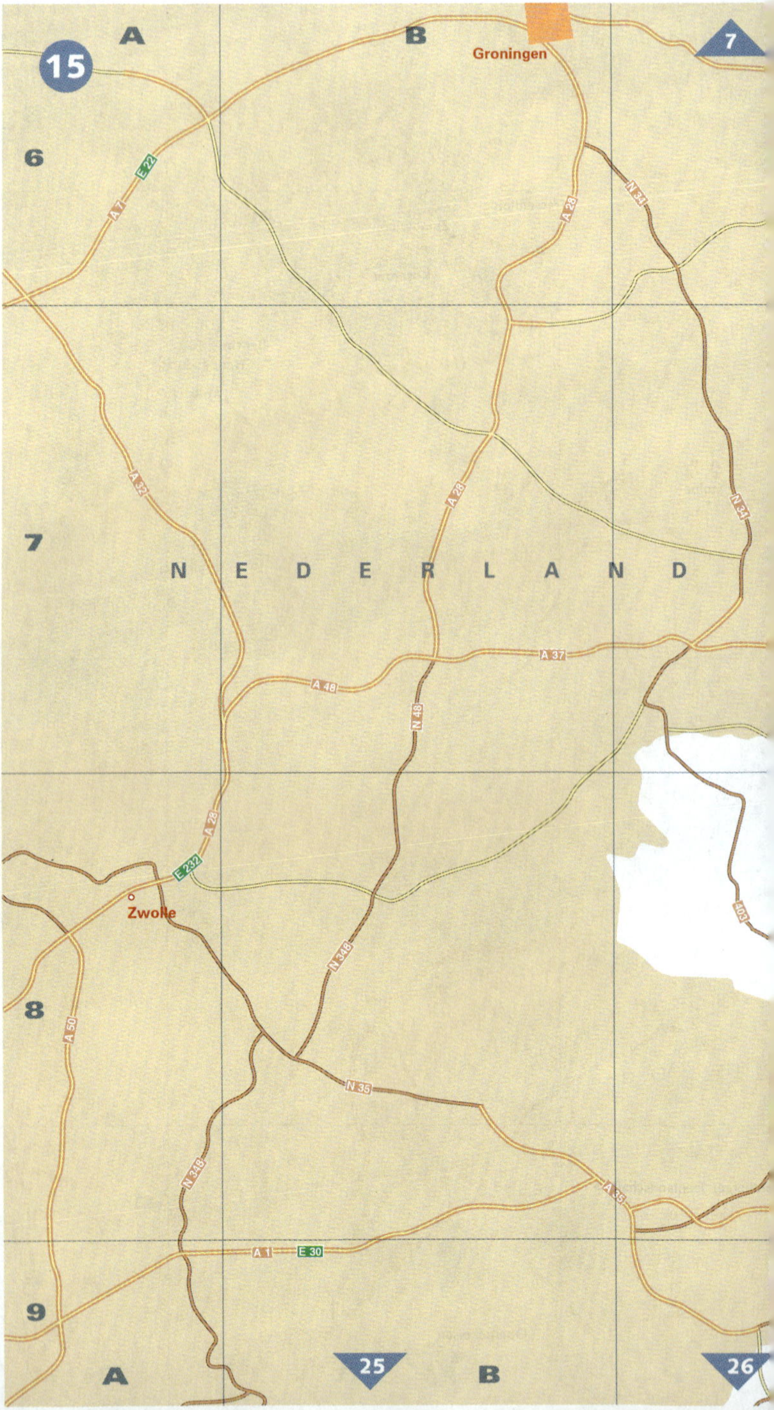

15
A
B
7
Groningen
6
E 22
A 7
A 28
N 34
A 32
7
N E D E R L A N D
A 37
A 48
N 48
A 28
E 232
Zwolle
403
N 348
8
A 50
N 35
A 35
N 348
A 1
E 30
9
A
25
B
26

16
C
D
E
7
8
A 7
E 22
A 280
A 31
E 22
436
70
Leer
Weener
Papenburg
6
72
Ems
Werlte
7
A 31
Haren
213
402
Meppen
402
Löningen
Hase
Herzlake
Haselünne
Twist
70
213
17
Lingen
214
8
213
N 342
A 30
E 30
70
Bad Bentheim
Hörstel
Rheine
A 30
E 30
Gronau
70
54
481
A 31
Tecklenburg
9
26
27
C
D
E
Emsdetten
Lengerich
Steinfurt

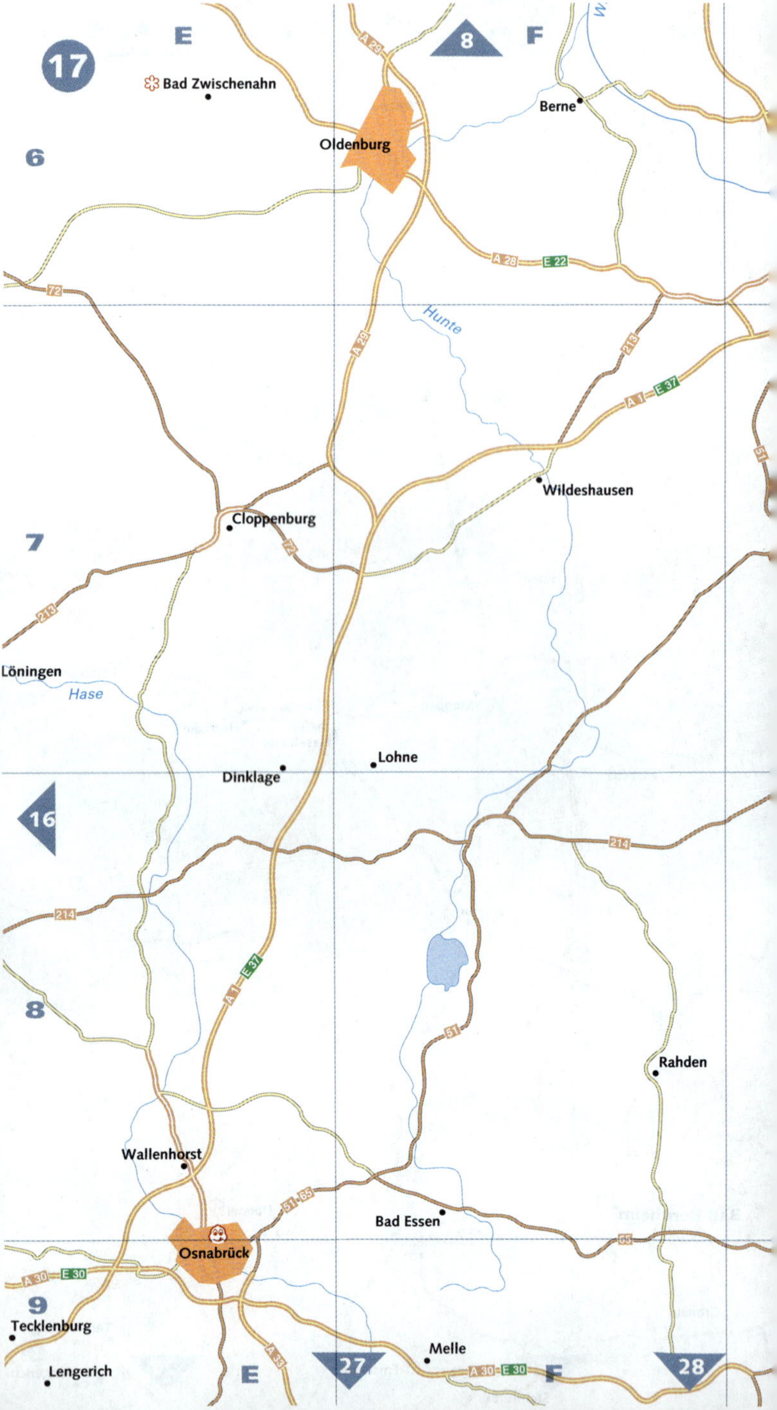

17
E
F
8
6
7
8
9
16
27
28
Bad Zwischenahn
Oldenburg
Berne
A 29
A 28
E 22
72
Hunte
213
A 1
E 37
Wildeshausen
Cloppenburg
Löningen
Hase
Dinklage
Lohne
214
51
Rahden
Wallenhorst
Osnabrück
51-65
Bad Essen
65
A 30
E 30
Tecklenburg
Lengerich
A 33
Melle

G
9
H
I
18
Worpswede
Scheeßel
6
Rotenburg/
Wümme
Bremen
A 27
E 234
A 1
E 37
215
7
Verden
A 27
E 234
Walsrode
6
Bruchhausen-Vilsen
215
Aller
19
Essel
214
214
A 7
E 45
Leine
215
6
61
8
A 352
Garbsen
Hannover
Bad Nenndorf
Stadthagen
65
61
Nienstädt
Barsinghausen
Gehrden
Ronnenberg
9
Bückeburg
E 30
A 2
28
29
3
G
Rinteln
H
I
217
83

H
19
I
Hanstedt
10
Lüneburg
J
6
Schneverdingen
Bienenbüttel
Bispingen
Faßberg
7
Essel
18
Celle
Wienhausen
Aller
Burgwedel
8
Gifhorn
Isernhagen
Hannover
Peine
Ronnenberg
9
Braunschweig
H
I
29
J
30
A 7
E 45
A 352
A 2
E 30
3
4
1
6
65
191
209
214
A 395

K
11
L
20
6
Hitzacker
Jameln
7
21
8
WOLFSBURG
A 39
9
A 2
E 30
1
K
30
L
31

21
L
M
12
N
A 24
103
E 26
A 19
E 55
6
Pritzwalk
107
103
Wittenberge
5
7
189
Havelberg
20
107
ELBE
102
Rathenow
Tangermünde
8
1
Plauer
See
1
9
189
A 2
E 30
L
M
31
N
1

O
13
P
22
96
E 251
6
Rheinsberg
Havel
A 24
E 26
E 55
7
167
167
96
E 251
23
Kremmen
A 10
A 10
A 111
5
E 55
Nauen
A 10
E 26
A 114
Ruppiner
5
Berlin
E 51
A 115
1
8
Brandenburg
an der Havel
1
Potsdam
Werder
101
96
2
Nuthetal
E 30
A 2
Schwielowsee
Michendorf
A 10
A 10
9
A 9
102
O
32
2
P
101

23
P
Q
14
Oberuckersee
166
6
7
ODER
2
A 11
E 28
167
22
A 10
167
Neuhardenberg
Strausberg
A 114
Berlin
8
1
A10
E 55
Petershagen-Eggersdorf
1
5
96A
179
96
101
Spree
Briesen
A 130
A 12
E 30
A10
Bad Saarow
Scharmützel
See
9
A 13
33
P
Q
96

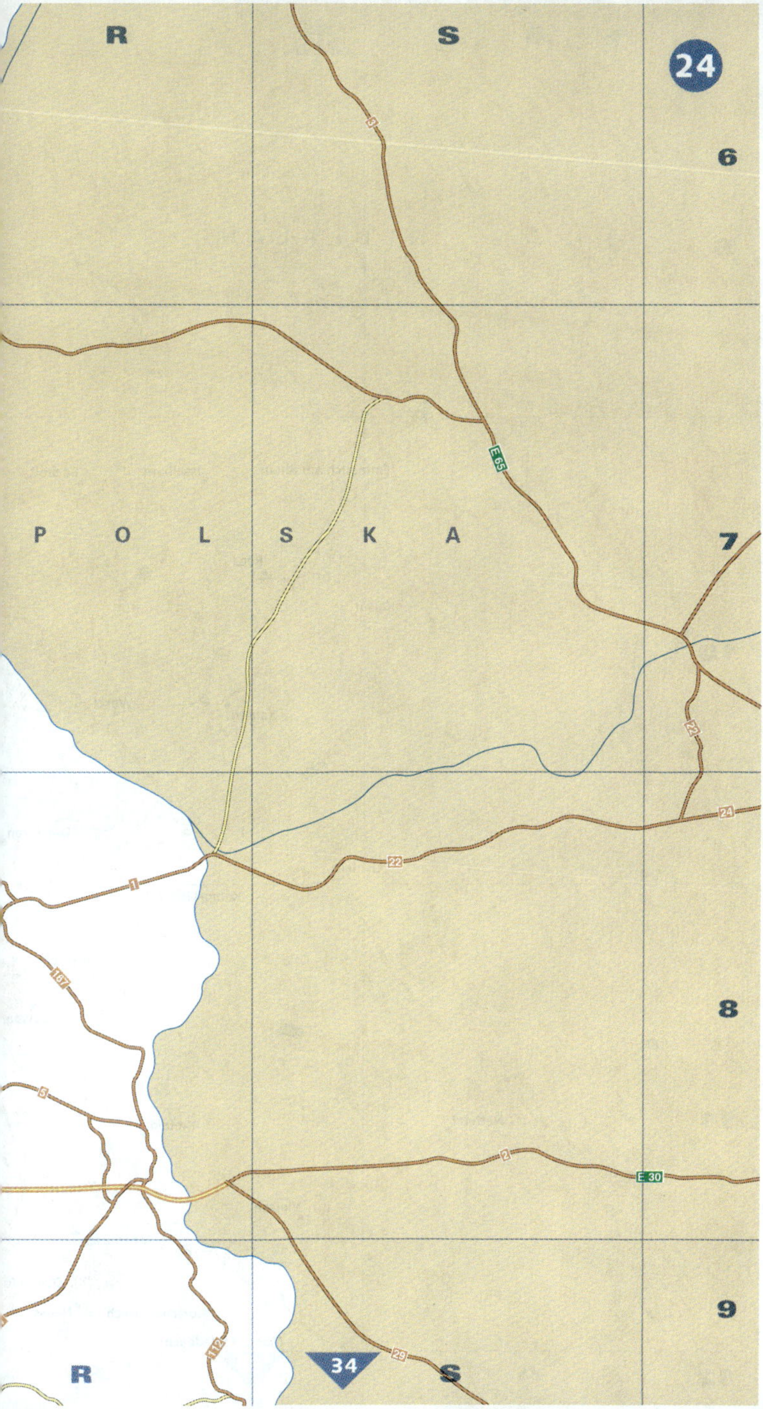
R
S
24
6
E 65
P O L S K A
7
22
24
1
187
8
5
2
E 30
9
112
29
34
R
S

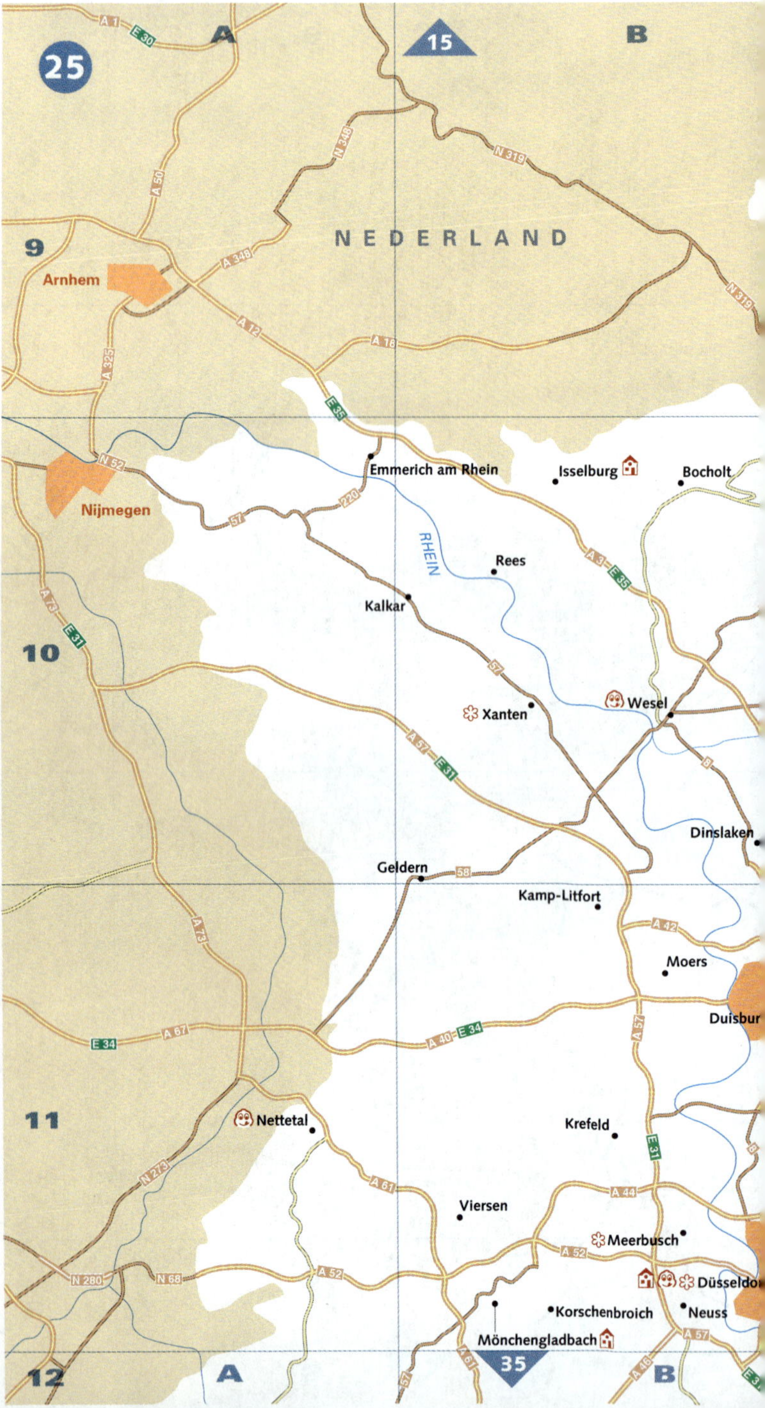

25
A
15
B
A 1
E 30
N 348
N 319
A 50
9
NEDERLAND
Arnhem
A 348
A 12
A 18
A 325
E 35
N 52
Nijmegen
Emmerich am Rhein
Isselburg
Bocholt
220
57
RHEIN
Rees
Kalkar
A 3
E 35
A 73
E 31
10
57
Xanten
Wesel
A 57
E 31
8
Dinslaken
Geldern
58
Kamp-Litfort
A 73
A 42
Moers
Duisbur
A 67
E 34
A 40
E 34
A 57
11
Nettetal
Krefeld
N 273
A 61
E 31
8
A 44
Viersen
Meerbusch
A 52
N 280
N 68
A 52
Düsseldo
Korschenbroich
Neuss
Mönchengladbach
A 57
A 61
35
A 46
12
A
B
57

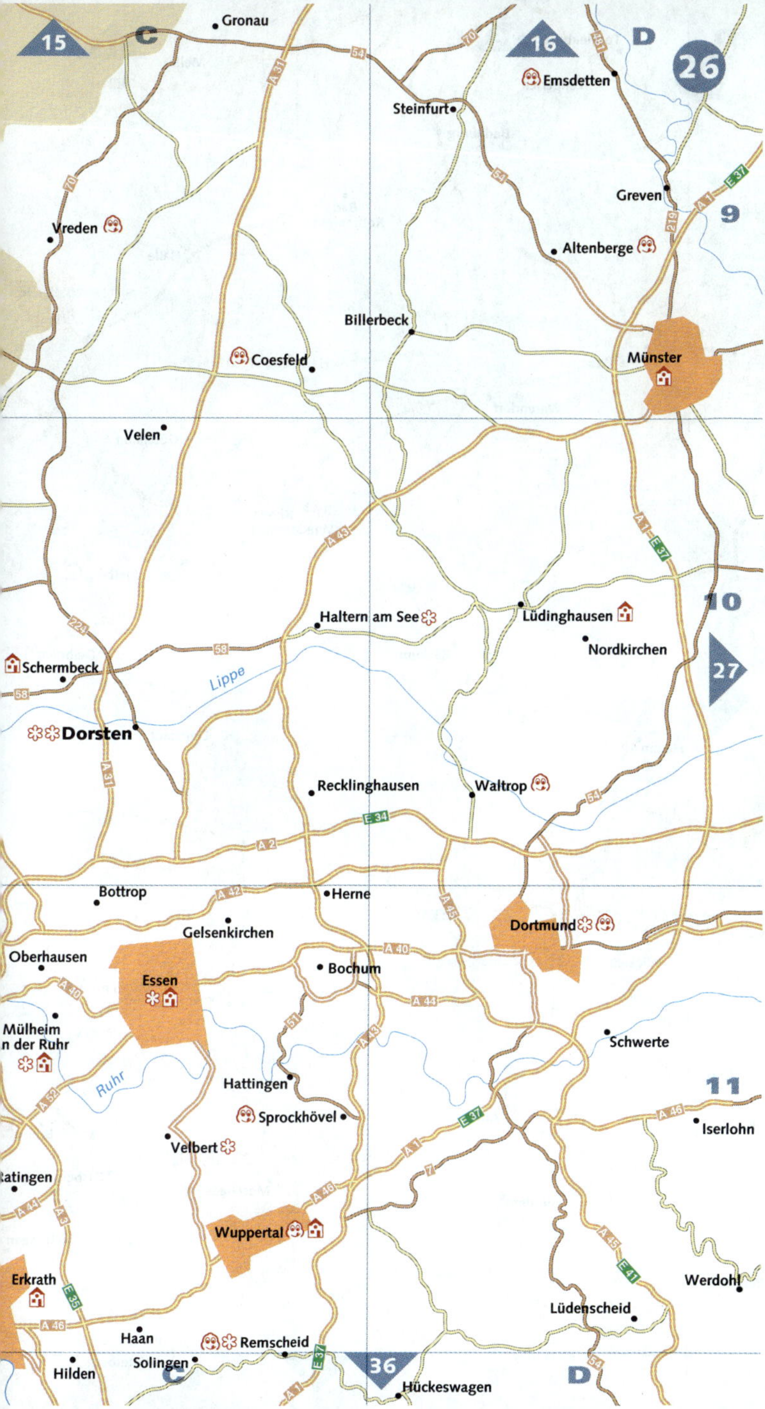
15
C
Gronau
16
D
26
Emsdetten
Steinfurt
Greven
9
Vreden
Altenberge
Billerbeck
Coesfeld
Münster
Velen
A 43
Haltern am See
Lüdinghausen
10
Nordkirchen
27
Schermbeck
Lippe
Dorsten
Recklinghausen
Waltrop
E 34
A 2
Bottrop
Herne
A 42
Gelsenkirchen
Dortmund
Oberhausen
A 40
Bochum
Essen
A 44
Mülheim
n der Ruhr
Schwerte
Ruhr
Hattingen
11
Sprockhövel
E 37
A 46
Iserlohn
Velbert
Ratingen
Wuppertal
A 45
E 41
Werdohl
Erkrath
E 35
Lüdenscheid
Haan
Remscheid
Hilden
Solingen
36
Hückeswagen
A 1
A 31
A 3
A 52

D
E
F
27
16
17
26
37
9
10
11
Tecklenburg
Lengerich
Bad Iburg
Bad Rothenfelde
Melle
Halle
Bielefeld
Telgte
Ems
Warendorf
Harsewinkel
Gütersloh
Rheda-Wiedenbrück
Rietberg
Delbrück
Beckum
Lippe
Lippstadt
Hamm
Wickede
Rüthen
Arnsberg
Iserlohn
Bestwig
Brilon
Olsberg
Meschede
Ruhr
Sundern
Willingen
Werdohl
Winterberg
A 1
E 37
A 33
A 30
E 30
A 2
E 34
A 44
E 331
A 46
51
68
64
63
55
1

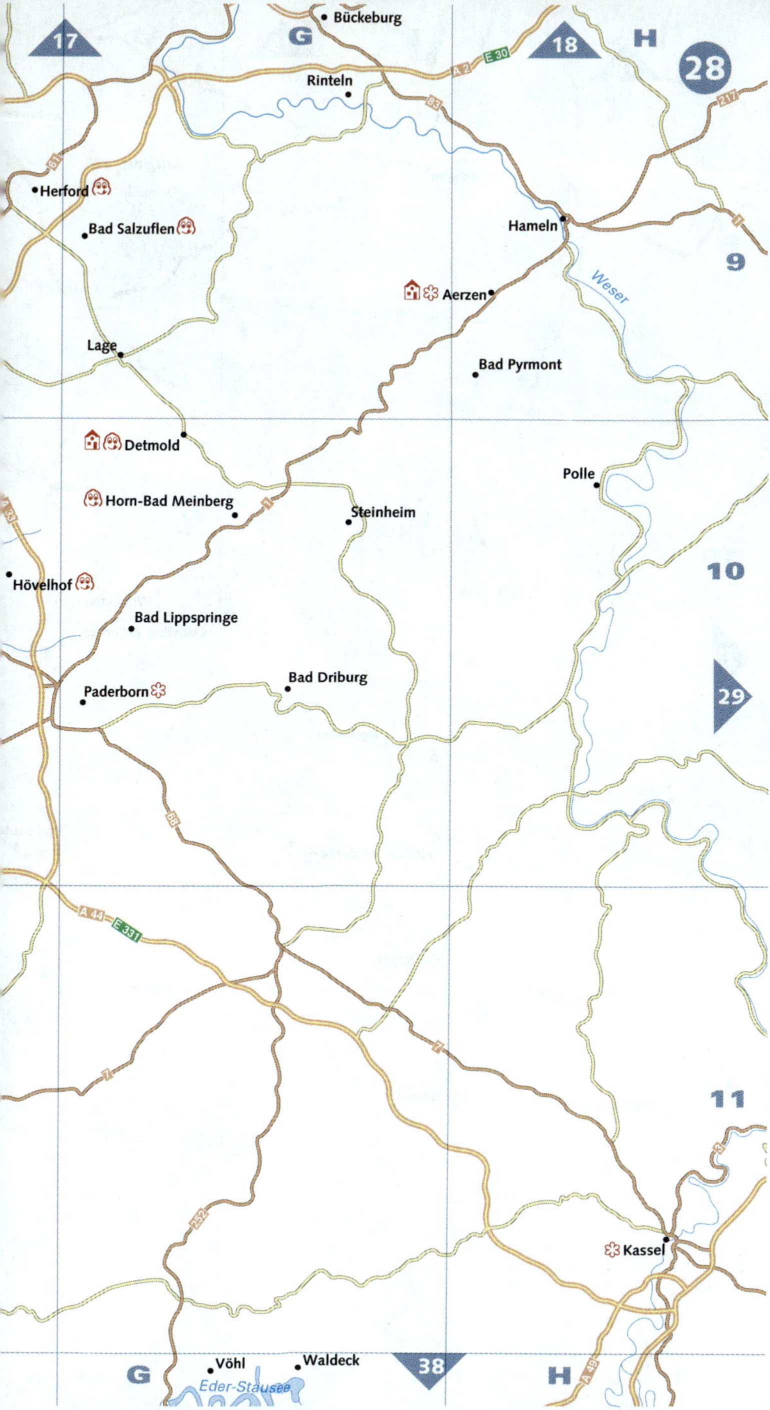
17
G
Bückeburg
18
H
28
Rinteln
A 2
E 30
83
217
61
Herford
Bad Salzuflen
Hameln
9
Aerzen
Weser
Lage
Bad Pyrmont
Detmold
Polle
Horn-Bad Meinberg
1
Steinheim
33
10
Hövelhof
Bad Lippspringe
Bad Driburg
Paderborn
29
68
A 44
E 331
7
7
11
3
252
Kassel
Vöhl
Waldeck
38
G
H
Eder-Stausee
A 49

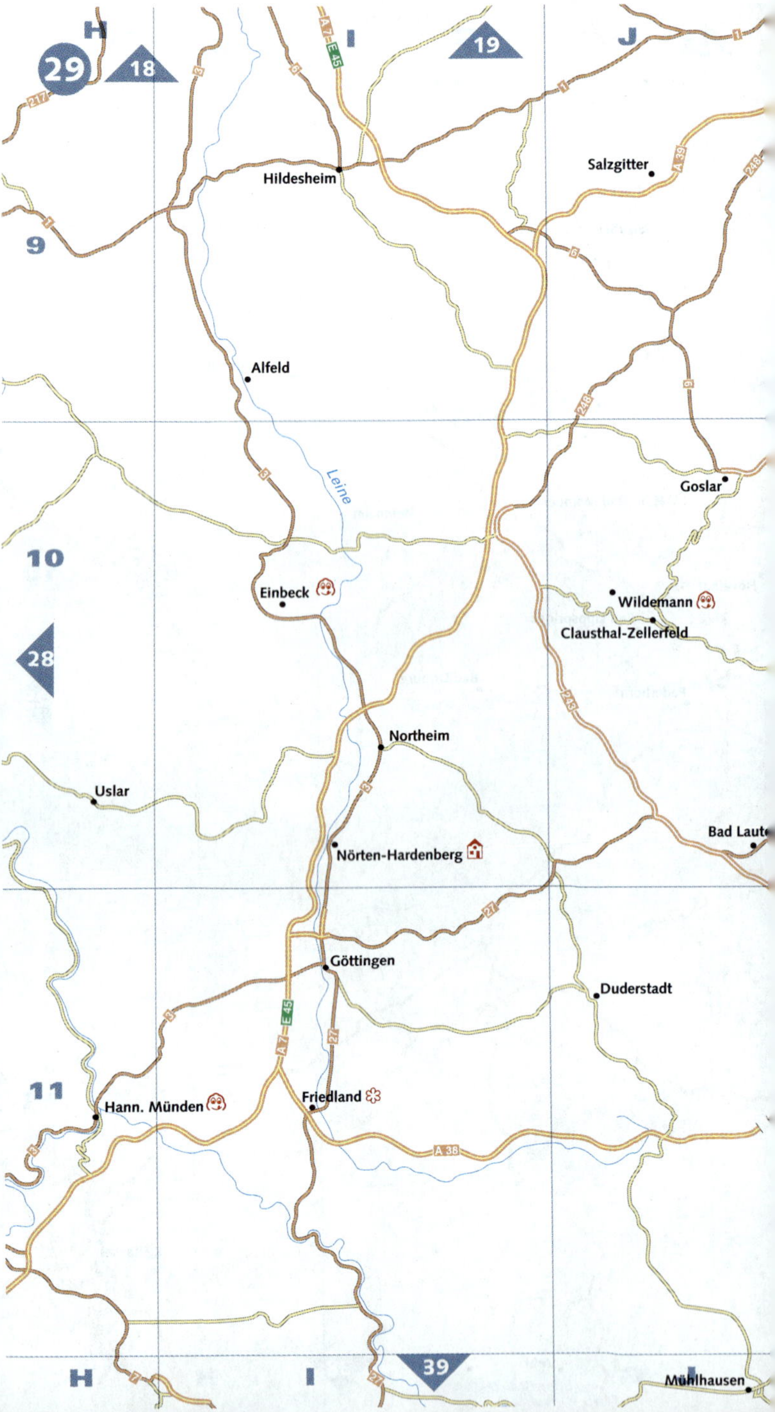
H
I
J
29
18
19
9
10
11
28
39
Hildesheim
Salzgitter
Alfeld
Leine
Goslar
Einbeck
Wildemann
Clausthal-Zellerfeld
Northeim
Uslar
Bad Laut
Nörten-Hardenberg
Göttingen
Duderstadt
Friedland
Hann. Münden
Mühlhausen
A 7
E 45
A 39
A 38
217
248
243
27
6
3
1
7

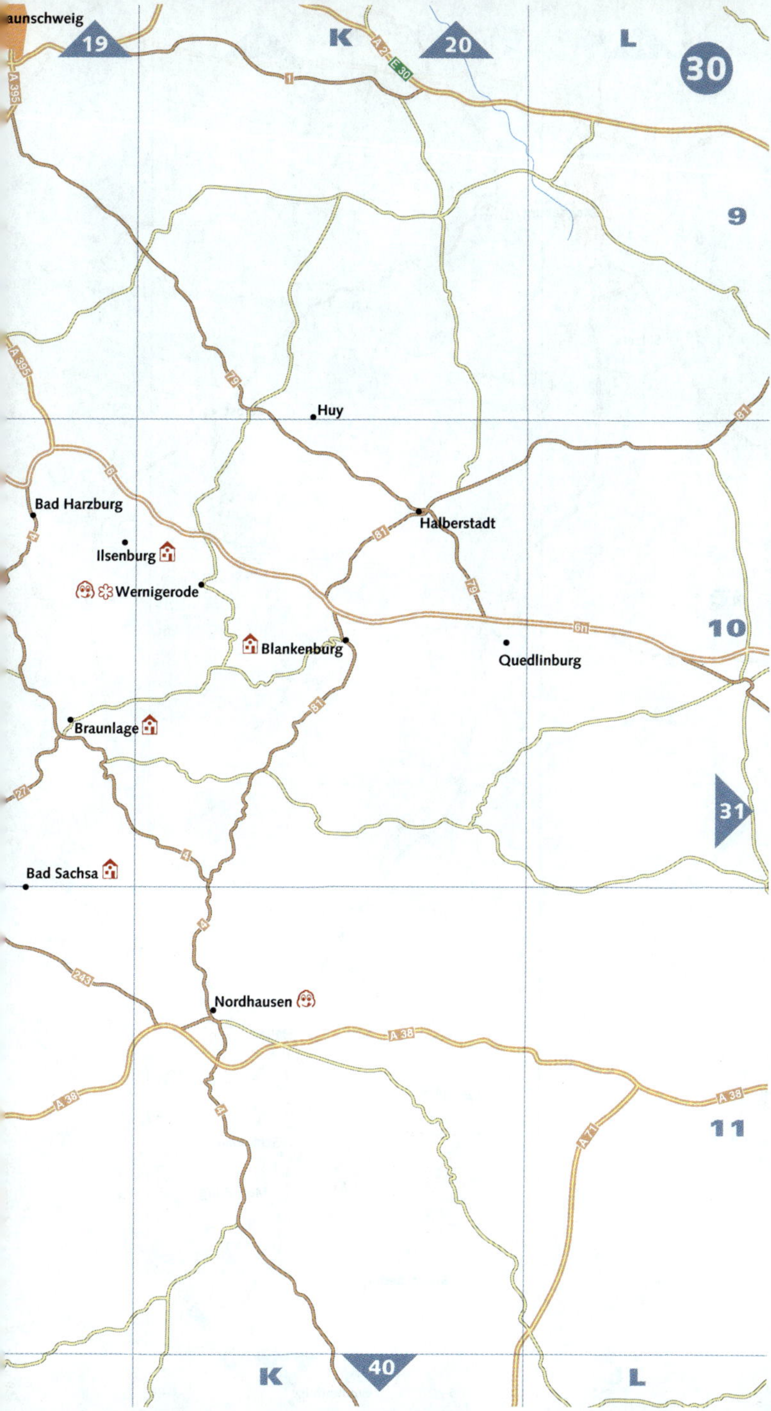
aunschweig
19
K
20
L
30
A 2
E 30
1
A 395
9
79
Huy
81
A 395
6
Bad Harzburg
Halberstadt
Ilsenburg
Wernigerode
81
79
6n
10
Blankenburg
Quedlinburg
Braunlage
81
27
31
4
Bad Sachsa
4
243
Nordhausen
A 38
A 38
A 38
11
A 71
4
K
40
L

31
20
L
M
21
A 2
E 30
189
1
9
Magdeburg
184
Sülzetal
A 14
81
71
E 49
Zerbst
187
10
184
71
6
Saale
E 51
A 9
30
6
100
Halle
A 14
E 49
6
A 38
11
Schkopau
91
A 38
Merseburg
Braunsbedra
E 51
A 38
L
M
41
A 9
E 49
Weißenfels

N
O
P
22
32
9
10
11
33
42
Lutherstadt Wittenberg
ELBE
Leipzig
Wermsdorf
A 9
E 51
A 14
2
101
102
187
100
87
6
95

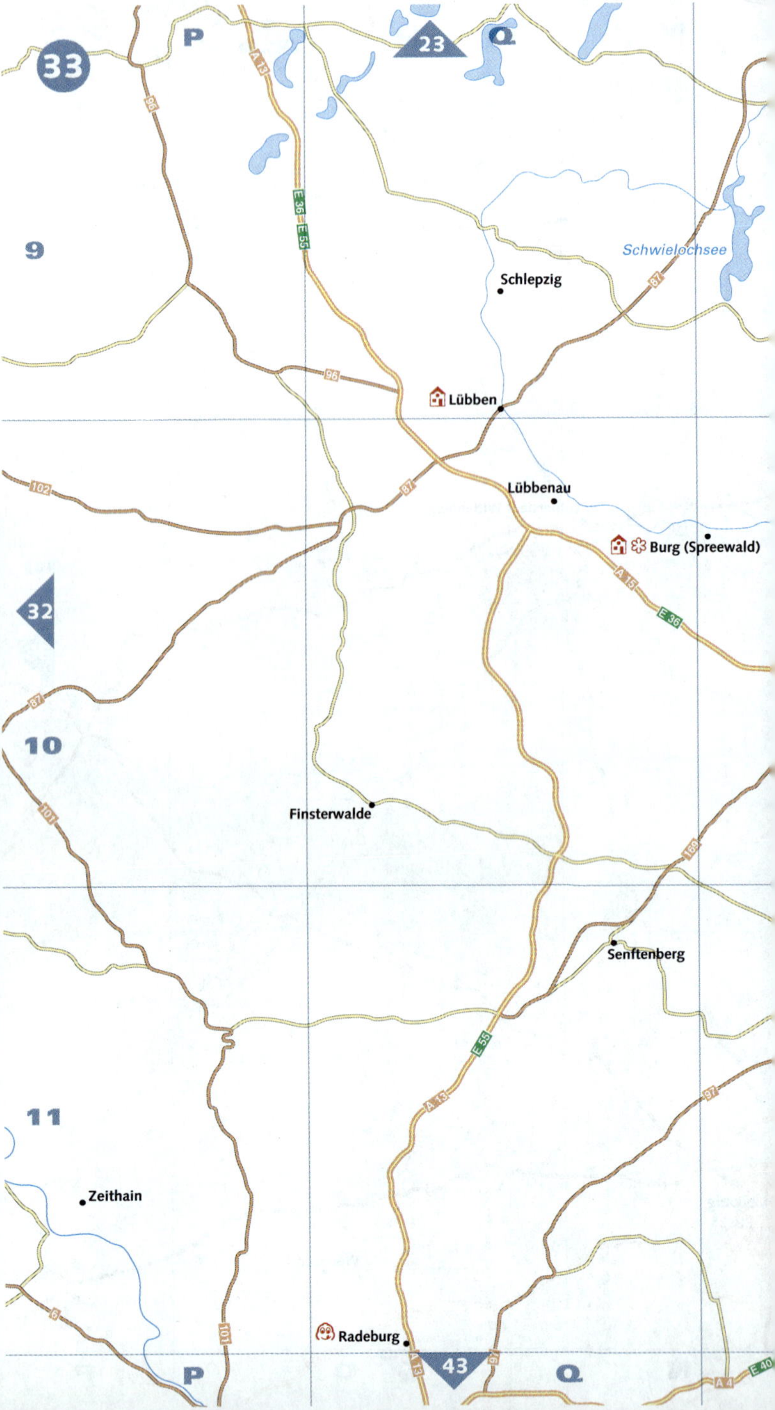
33
P
23
Q
A 13
96
E 36
E 55
9
Schwielochsee
Schlepzig
87
Lübben
Lübbenau
102
Burg (Spreewald)
A 15
E 36
32
10
101
Finsterwalde
169
Senftenberg
E 55
A 13
97
11
Zeithain
6
Radeburg
43
P
Q
A 4
E 40

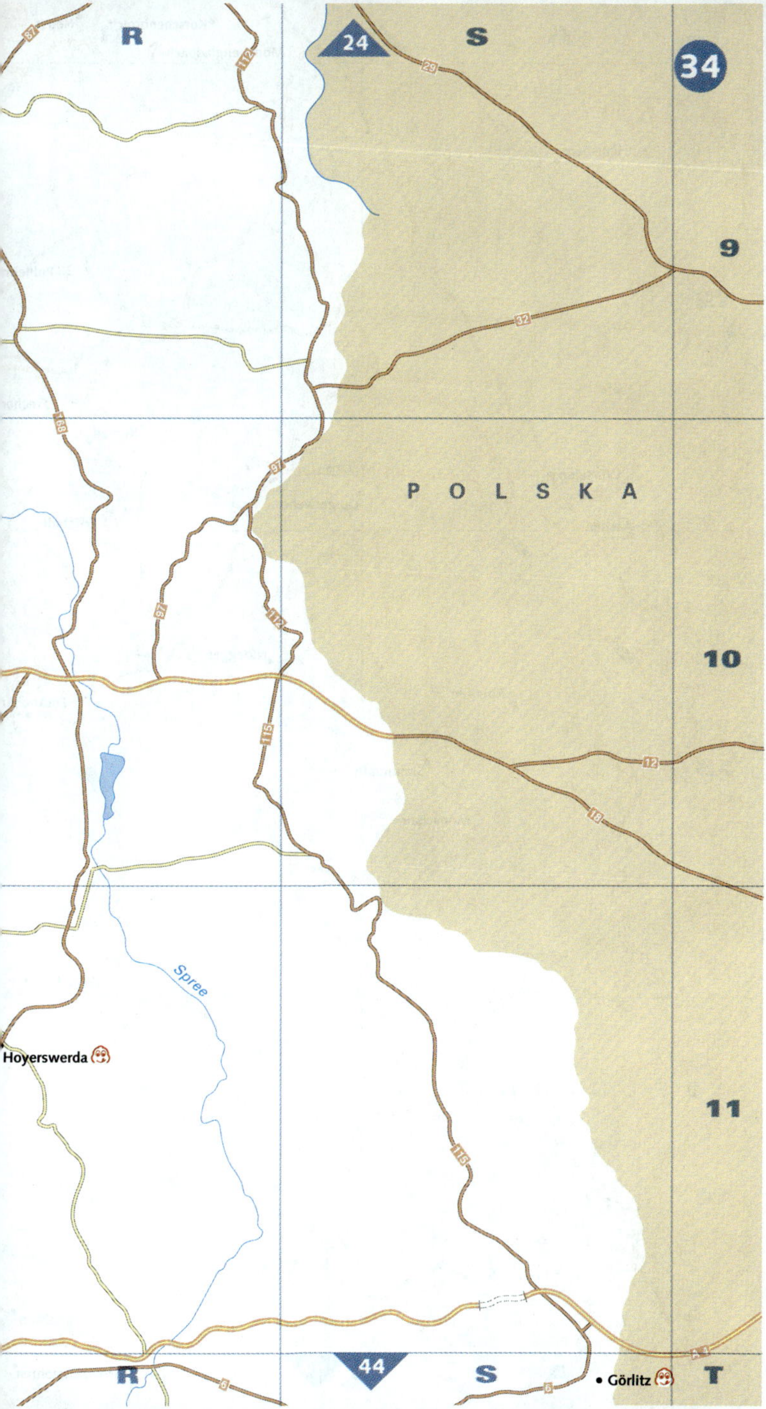

R
24
S
34
9
POLSKA
10
Spree
Hoyerswerda
11
R
44
S
Görlitz
T

35
A
25
B
Korschenbroich
Neuss
Mönchengladbach
A 57
A 61
A 46
57
Heinsberg
A 46
59
Pulheim
12
Rur
55
A 61
E 314
A 76
A 44
57
A 79
Frechen
Kerpen
Würselen
A 4
E 40
N 278
Langerwehe
Aachen
Erftstadt
E 40
56
A 3
N 3
E 40
Nideggen
A 3
Roetgen
Euskirchen
13
Simmerath
E 29
A 1
51
Monschau
258
N 68
A 27
Wershofen
N 632
BELGIQUE
51
265
14
N 62
Daun
A 60
45
E 42
A
B
Schalkenmehren

C
D
26
36
Lüdenscheid
Haan
Remscheid
Hilden
Solingen
Hückeswagen
Burscheid
Kürten
Odenthal
Gummersbach
Bergneustadt
12
Köln
BERGISCH
GLADBACH
Reichshof
Rösrath
Lohmar
Troisdorf
Niederkassel
Sieg
Hennef
Bonn
37
Königswinter
Bad Honnef
13
Wachtberg
Unkel
Vettelschoss
Remagen
Bad Neuenahr-
Ahrweiler
Roßbach
Dernau
Sinzig
Altenahr
Hardert
RHEIN
Burgbrohl
Andernach
Neuwied
Bendorf
Höhr-
Grenzhausen
Maria Laach
Vallendar
Mülheim-Kärlich
Koblenz
Nürburg
Mayen
Bad Ems
Kobern-Gondorf
14
Boppard
45
46
Cochem
Mosel
Treis-Karden

D
E
27
F
37
Winterberg
Schmallenberg
Lennestadt
Attendorn
Hallenberg
A 45
E 41
55
Bad Berleburg
12
Hilchenbach
A 4
E 40
Wenden
Reichshof
478
62
253
54
Bad Laasphe
Siegen
Lahn
54
Kirchen
13
Burbach
Haiger
36
Wettenberg
Höhn
A 45
E 41
277
Gieße
8
Westerburg
54
Wetzlar
49
Braunfels
Hadamar
ausen
Montabaur
A 3
E 35
49
Limburg an der Lahn
l Ems
Balduinstein
Lahn
Usingen
14
Bad Homburg vor der Höhe
54
8
Idstein
Glashütten
Oberursel
Nastätten
D
E
Hohenstein
46
Königstein im Taunus
47
Kronberg im Taunus
F

G
28
H
38
Vöhl
Waldeck
Eder-Stausee
Felsberg
Melsunge
Frankenau
Eder
Frankenberg (Eder)
Mor
12
Oberaula
arburg
Amöneburg
39
Fulda
13
Lauterbach
Grünberg
Fu
Hungen
Gedern
14
Bad Nauheim
Friedberg
Bad Soden-Salmünster
Karben
Bad Orb
d Vilbel
47
Neuberg
G
Gelnhausen
48
H

H
I
J
39
29
38
48
49
12
13
14
Mühlhausen
Melsungen
Morschen
Fulda
Herleshausen
Eisenach
Werra
Bad Hersfeld
Friedewald
Floh-Seligentha
Dermbach
Tann
Hofbieber
Meiningen
Fulda
Fladungen
Poppenhausen
Mellrichstadt
Bad Neustadt
an der Saale
Bad Kissingen
A 4
E 40
A 7
E 45
A 71
7
27
83
19
279

K
30
L
40
12
Erfurt
Weimar
Gotha
7
A 4
E 40
A 71
4
87
Blankenhain
Arnstadt
41
Saale
13
Oberhof
Schmiedefeld am Rennsteig
Neuhaus am Rennweg
89
A 73
14
Stockheim
Rödental
Coburg
Ahorn
Wa
Kronach
279
173
49
K
50
L

41
L
M
31
E 51
A 38
E 49
A 9
Weißenfels
Naumburg
87
91
2
12
Saaleplatte
87
7
7
2
Jena
A 4
E 40
A 4
E 40
2
40
Saale
13
Pößneck
E 51
E 49
A 9
282
Bleiloch
Talsperre
2
E 441
A 72
92
E 49
Lichtenberg
Bad Steben
14
Hof
Bad Elster
Saale
173
Wallenfels
Presseck
E 51
A 9
A 93
50
L
M
51
h

N
32
O
P
42
12
E 40
A 4
95
93
173
Hartmannsdorf
Limbach-
Oberfrohna
A 72
Chemnitz
Meerane
Crimmitschau
A 4
E 40
43
174
13
A 72
E 441
Hartenstein
174
Aue
Auerbach
Oberwiesenthal
E 442
13
14
ČESKÁ REPUBLIKA
51
N
E 49
O
52
P

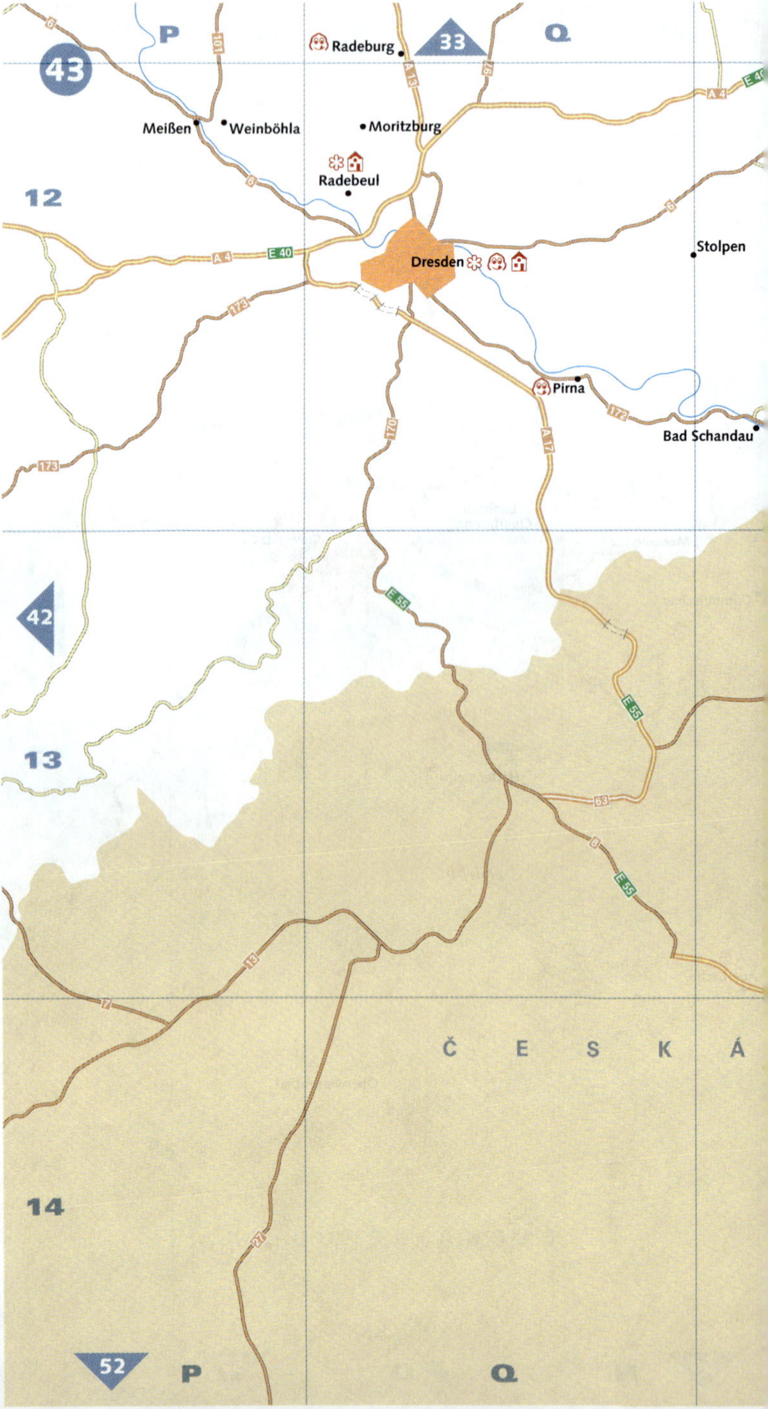
P
Q
43
Radeburg
33
Meißen
Weinböhla
Moritzburg
Radebeul
12
Dresden
Stolpen
Pirna
Bad Schandau
42
13
14
52
P
Q
Č E S K Á
6
101
A 13
97
A 4
E 40
173
170
172
A 17
E 55
63
8
13
7
27

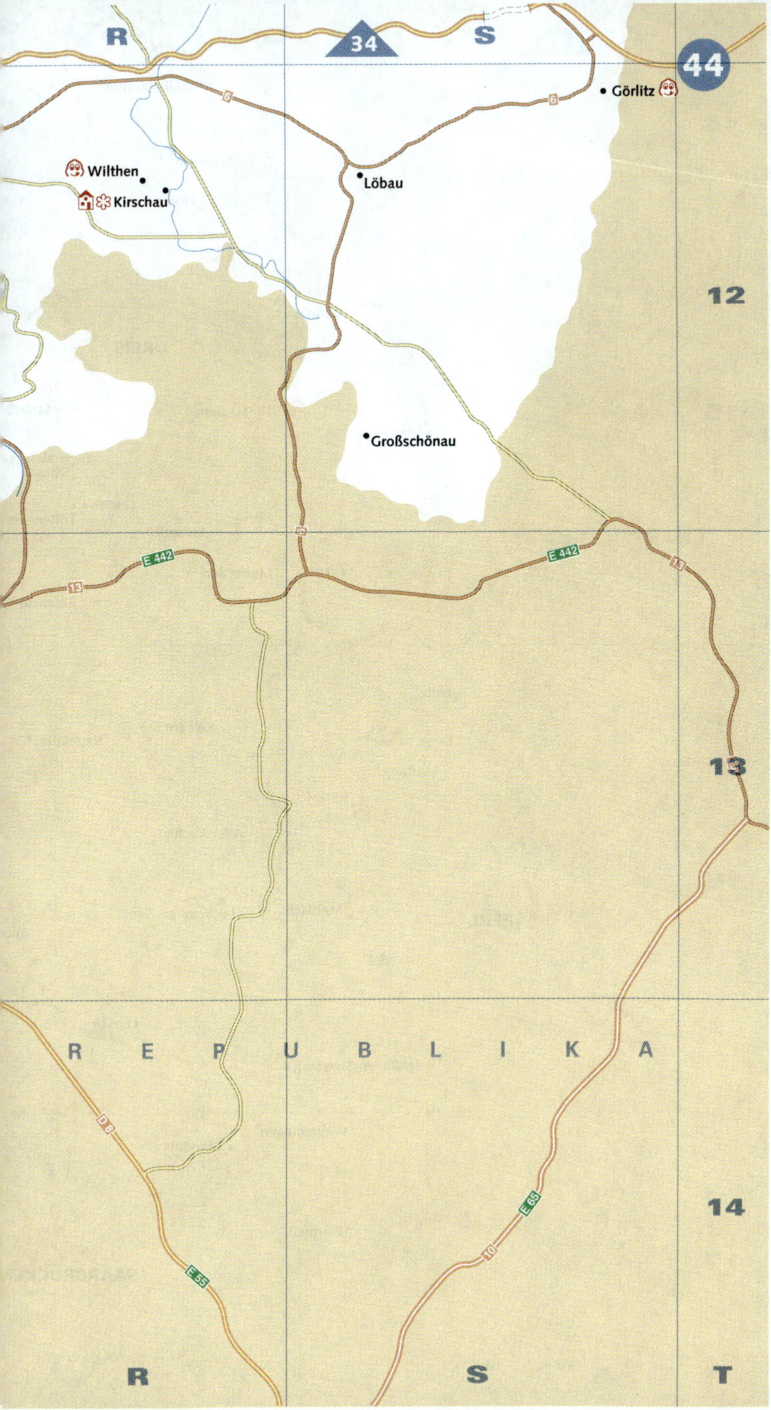

R
34
S
44
Görlitz
6
6
Wilthen
Kirschau
Löbau
12
Großschönau
13
E 442
13
E 442
13
13
R E P U B L I K A
D 8
14
E 65
10
E 55
R
S
T

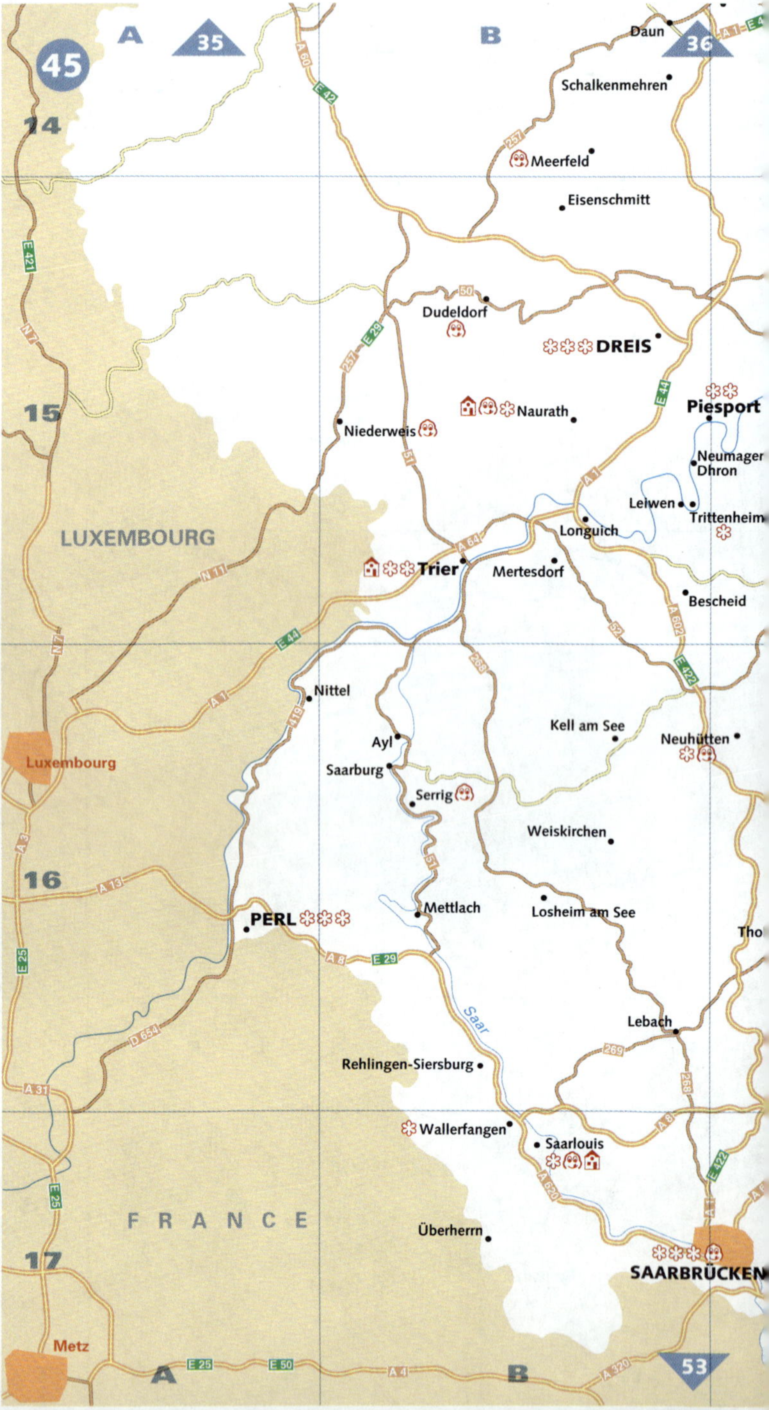

45
A
35
B
36
14
15
16
17
Daun
Schalkenmehren
Meerfeld
Eisenschmitt
Dudeldorf
DREIS
Naurath
Piesport
Niederweis
Neumagen-Dhron
Leiwen
Trittenheim
Longuich
Trier
Mertesdorf
Bescheid
LUXEMBOURG
Luxembourg
Nittel
Ayl
Saarburg
Serrig
Kell am See
Neuhütten
Weiskirchen
Losheim am See
Mettlach
PERL
Tho
Saar
Lebach
Rehlingen-Siersburg
Wallerfangen
Saarlouis
FRANCE
Überherrn
SAARBRÜCKEN
Metz
A
B
53
A 60
E 42
E 29
E 44
E 421
E 422
E 25
E 50
A 1
A 3
A 4
A 8
A 13
A 31
A 64
A 602
A 620
A 320
N 7
N 11
D 654
257
50
51
52
268
269
419

36
C
Boppard
D
37
E
46
stätten
14
Mosel
Treis-Karden
Cochem
Sankt Goar
Oberwesel
Dörscheid
Kaub
ad Bertrich
Alf
Bacharach
Lorch
Reil
Oberheimbach
rzig
Simmern
Geiser
eltingen-
achtig
Stromberg
Rüc
Traben-Trarbach
Bernkastel-Kues
Münster-
ülheim
15
Veldenz
Langenlonsheim
Guldental
Bretzer
Bundenbach
Bad Kreuznach
Bad Sobernheim
Nahe
Langweiler
Kempfeld
Kirn
Niederhausen
Meddersheim
47
Meisenheim
Idar-Oberstein
Nohfelden
Oberthal
Wartenberg-Rohrbach
Rar
16
Sankt Wendel
Enkenba
Alsenbo
Kaiserslautern
Neunkirchen
Homburg
Wallhalben
Sankt Ingbert
Kirkel
17
Massweiler
Thaleischweiler-Fröschen
Rhod
Blieskastel
Zweibrücken
Dernbac
Fran
Wilgartswiesen
Mandelbachtal
Hornbach
Pirmasens
53
C
D
54
Leinswe
E
Dahn
A 61
E 31
A 62
A 6
A 8
A 63
327
49
50
41
420
48
37
10

47
E
37
F
38
14
15
16
17
46
54
55
Nastätten
Hohenstein
Idstein
Glashütten
Bad Homburg vor der Höhe
Oberursel
Bad Vil
Königstein im Taunus
Kronberg im Taunus
Taunusstein
Frankfurt am Main
Offenbach am Main
Hofheim
Wiesbaden
Kelsterbach
Kiedrich
Walluf
Oestrich-Winkel
Eltville am Rhein
Neu-Isenburg
Geisenheim
Rüdesheim
Ingelheim
Heidesheim am Rhein
Mainz
Langen
Münster-Sarmsheim
Schwabenheim
Jugenheim
Bretzenheim
St. Johann
Saulheim
Selzen
Nierstein
Oppenheim
Darmstadt
Köngernheim
Ober-Ramstadt
Eckelsheim
Flonheim
Alzey
Zwingenberg
Flörsheim-Dalsheim
Zellertal
Worms
Heppenheim
Laumersheim
Heßheim
Birkenau
Neuleiningen
Ramsen
Kirchheim an der Weinstraße
Großkarlbach
Weinheim
Weisenheim am Berg
Freinsheim
Hirschberg
Mannheim
Enkenbach-Alsenborn
Kallstadt
Ludwigshafen am Rhein
Schriesheim
Bad Dürkheim
Ladenburg
Wachenheim
Forst an der Weinstraße
Altrip
Heidelberg
Deidesheim
Brühl
Ruppertsberg
Schwetzingen
Schifferstadt
Neckargemünd
Neustadt an der Weinstraße
Ketsch
Leimen
Speyer
Sankt Martin
Maikammer
Rhodt unter Rietburg
Edenkoben
Walldorf
Weyher
Altdorf
Edesheim
Dernbach
Burrweiler
Rauenberg
Frankweiler
Gleisweiler
Zeiskam
Ilbesheim bei Landau
Östringen
Leinsweiler
Landau in der Pfalz
Knittelsheim

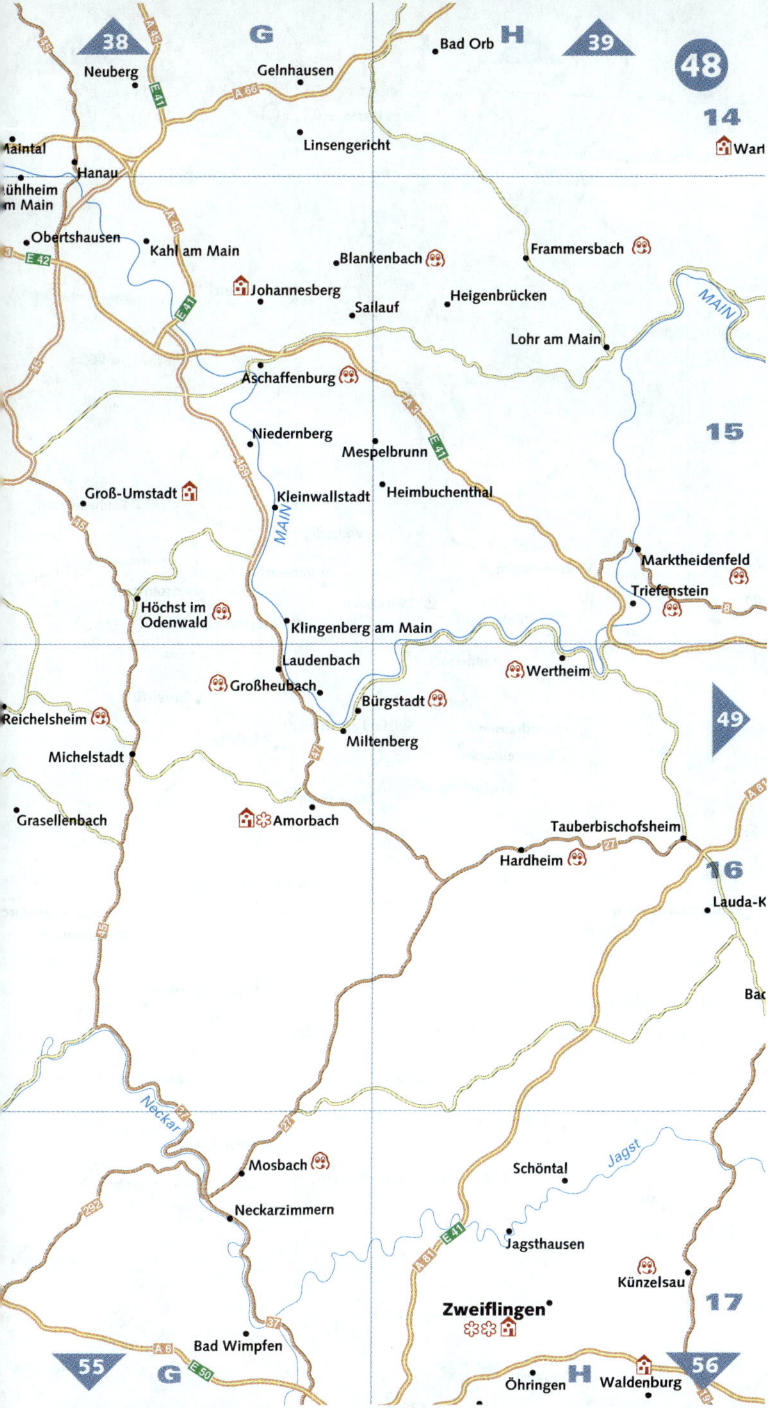
38
G
H
39
48
14
Bad Orb
Neuberg
Gelnhausen
A 66
A 45
E 41
Maintal
Linsengericht
Wart
Hanau
Mühlheim am Main
Obertshausen
Kahl am Main
E 42
Blankenbach
Frammersbach
Johannesberg
Sailauf
Heigenbrücken
MAIN
Lohr am Main
Aschaffenburg
A 3
Niedernberg
Mespelbrunn
15
Groß-Umstadt
Kleinwallstadt
Heimbuchenthal
469
Marktheidenfeld
Triefenstein
Höchst im Odenwald
Klingenberg am Main
Laudenbach
Wertheim
Großheubach
Bürgstadt
49
Reichelsheim
Miltenberg
Michelstadt
47
Grasellenbach
Amorbach
Tauberbischofsheim
Hardheim
27
16
Lauda-K
Bad
Neckar
37
Mosbach
Schöntal
Jagst
Neckarzimmern
292
Jagsthausen
A 81
Künzelsau
17
Zweiflingen
Bad Wimpfen
A 6
E 50
55
56
Öhringen
Waldenburg

49
39
I
J
40
14
15
16
17
48
56
57
Bad Kissingen
Wartmannsroth
Schweinfurt
MAIN
Main
A 7
E 45
A 71
A 70
E 48
A 3
E 43
A 81
E 41
A 6
E 50
Rauhenebrach
Volkach
Sommerach
Prichsenstadt
eidenfeld
ein
Veitshöchheim
Dettelbach
Rottendorf
Schwarzach am Main
Würzburg
Randersacker
Castell
Eibelstadt
Sulzfeld am Main
Iphofen
Winterhausen
Sommerhausen
Frickenhausen
Marktbreit
Markt Nordheim
Lauda-Königshofen
Neustadt an der Aisc
Dietersheim
Bad Windsheim
Bad Mergentheim
Weikersheim
Adelshofen
Marktbergel
Steinsfeld
Niederstetten
Windelsbach
Rothenburg ob der Tauber
Colmberg
Mulfingen
Ansbach
Rot am See
Kirchberg
an der Jagst

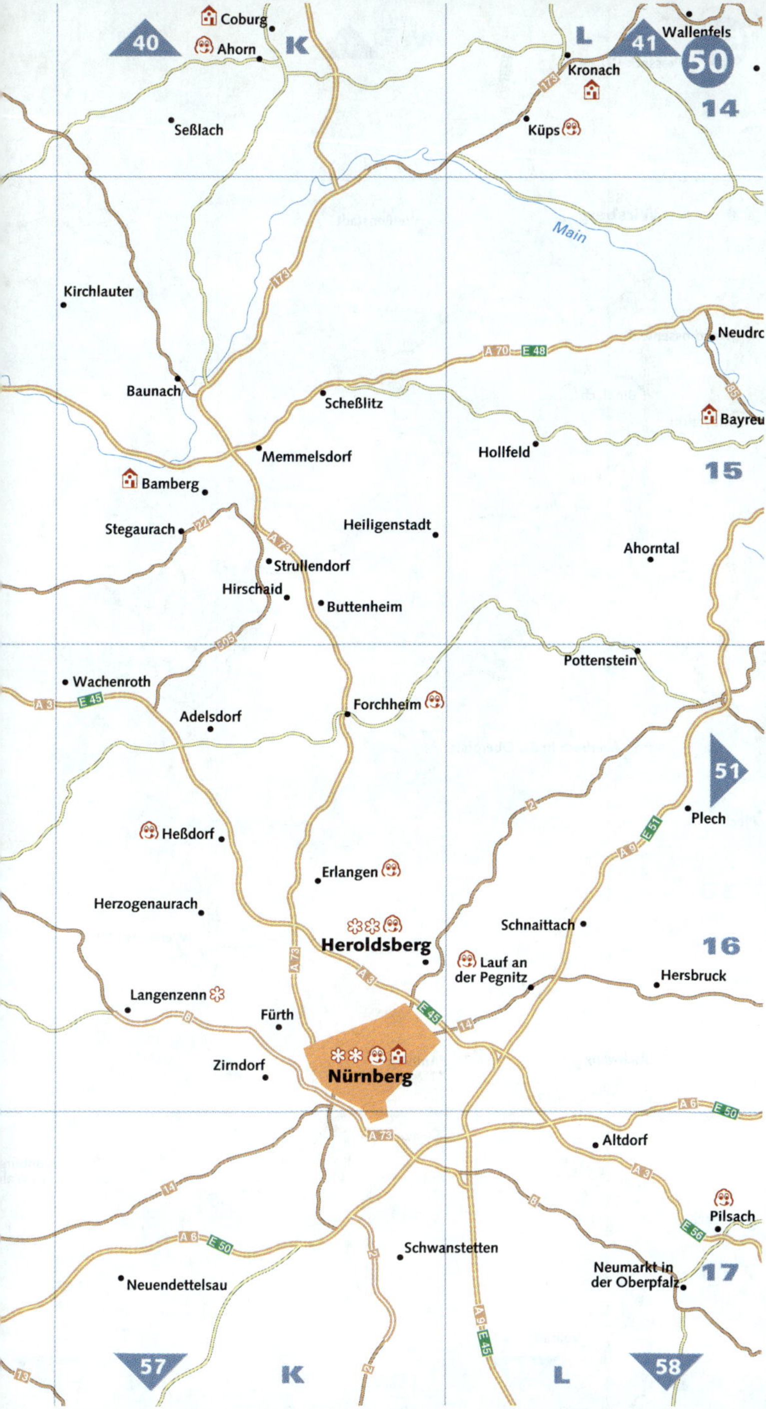
40
Coburg
Ahorn
K
L
41
Wallenfels
50
Kronach
173
14
Küps
Seßlach
Main
173
Kirchlauter
Neudrc
A 70
E 48
Baunach
Scheßlitz
85
Bayreu
Hollfeld
Memmelsdorf
15
Bamberg
Stegaurach
22
Heiligenstadt
A 73
Ahorntal
Strullendorf
Hirschaid
Buttenheim
505
Pottenstein
Wachenroth
A 3
E 45
Forchheim
Adelsdorf
51
2
Plech
E 51
A 9
Heßdorf
Erlangen
Herzogenaurach
Schnaittach
Heroldsberg
16
A 73
Lauf an der Pegnitz
A 3
Hersbruck
Langenzenn
E 45
8
Fürth
14
Nürnberg
Zirndorf
A 6
E 50
A 73
Altdorf
A 3
14
8
Pilsach
E 56
A 6
E 50
2
Schwanstetten
Neumarkt in der Oberpfalz
17
Neuendettelsau
A 9
E 45
2
13
57
K
L
58

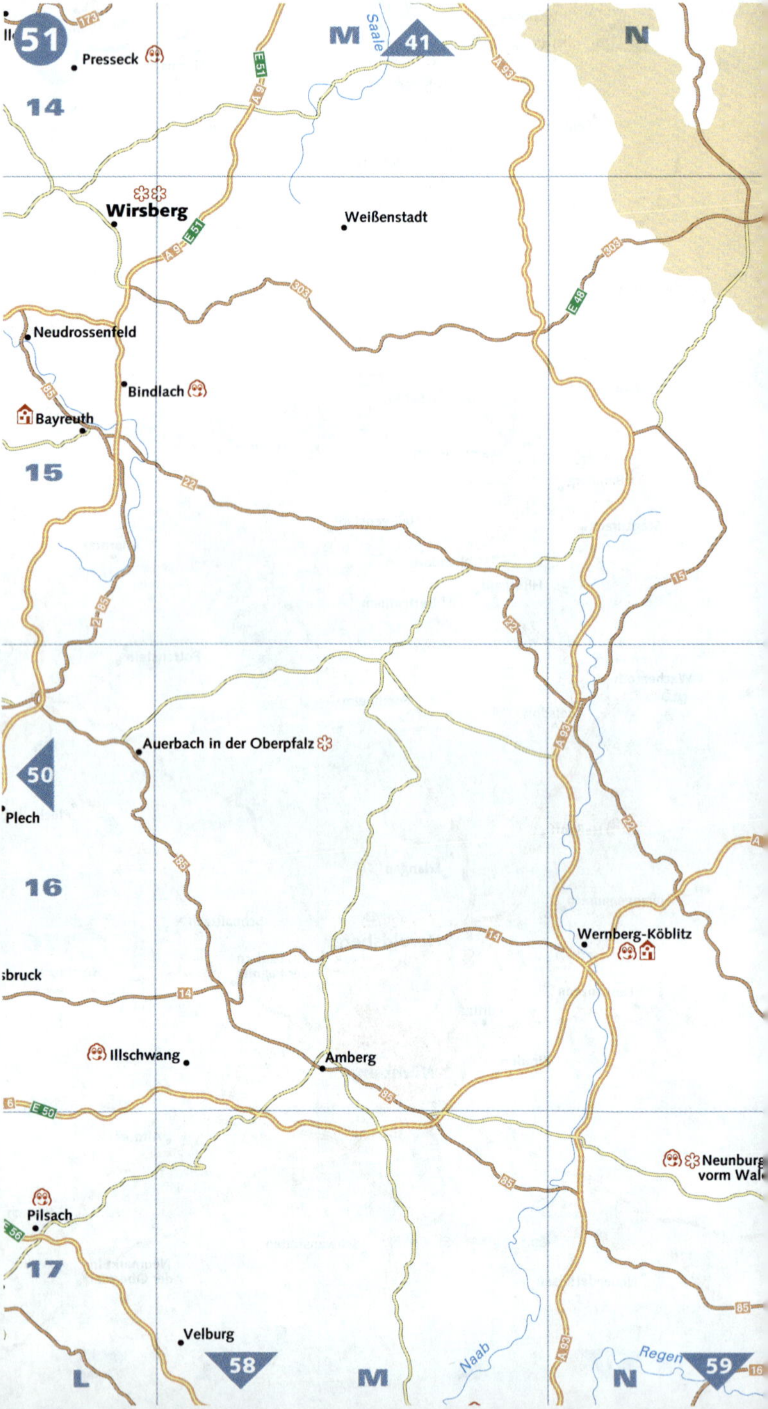

51
41
M
N
Saale
173
Presseck
14
E 51
A 9
A 93
Wirsberg
Weißenstadt
303
E 48
Neudrossenfeld
Bindlach
85
Bayreuth
15
22
15
Auerbach in der Oberpfalz
50
A 93
Plech
16
14
Wernberg-Köblitz
sbruck
Illschwang
Amberg
E 50
Neunburg vorm Wal
Pilsach
E 56
17
Velburg
58
59
L
M
N
Naab
Regen
A 93
16

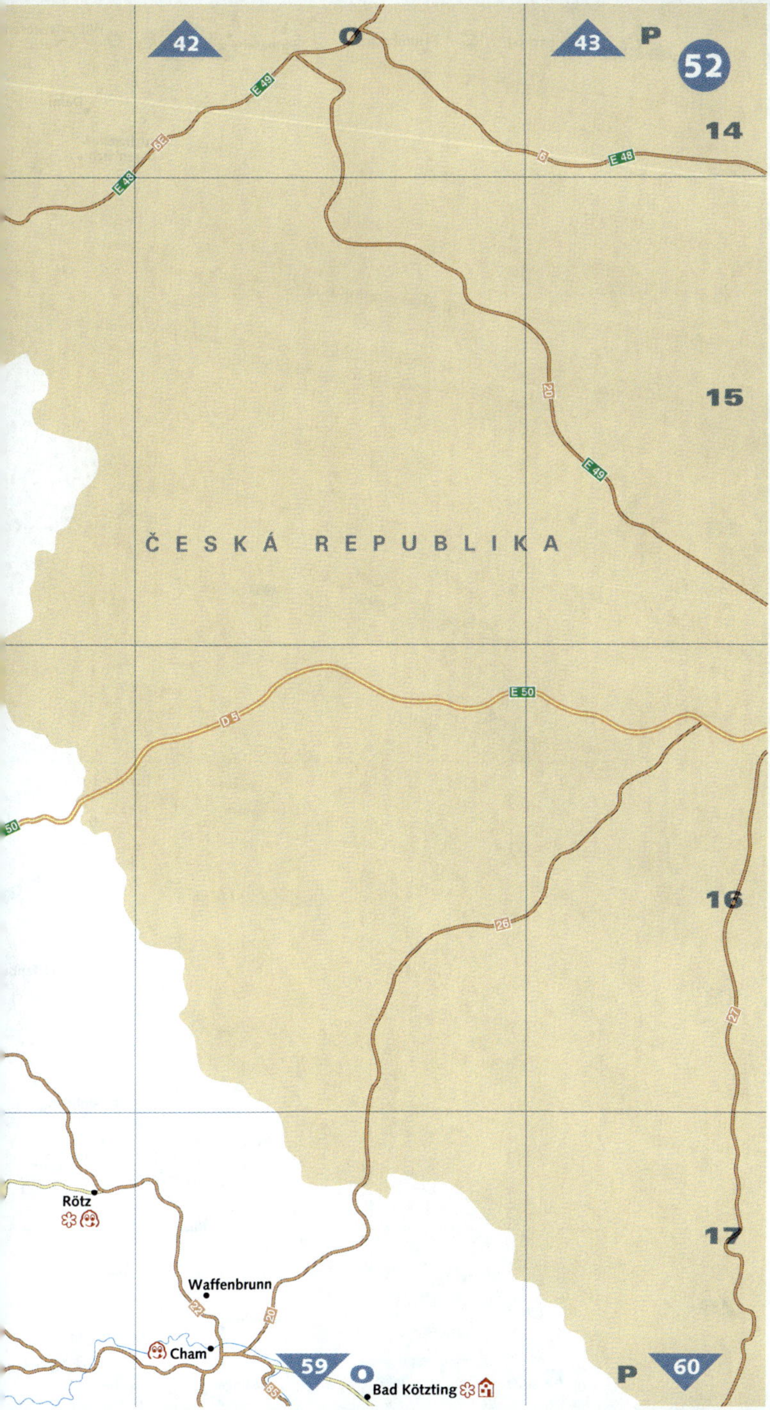
42
O
43
P
52
14
15
16
17
E 49
E 48
6E
6
20
ČESKÁ REPUBLIKA
E 50
D 5
50
26
27
Rötz
Waffenbrunn
22
20
Cham
65
59
O
Bad Kötzting
P
60

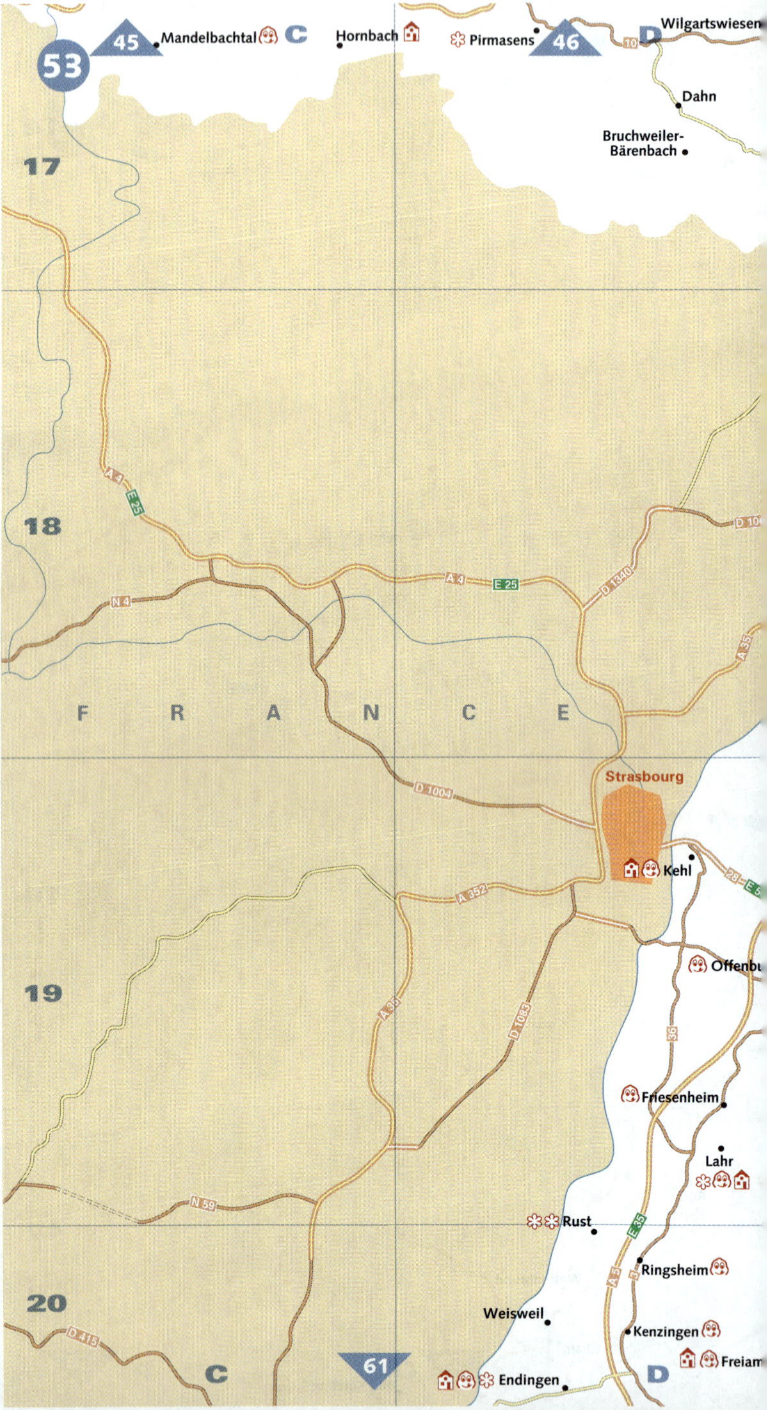
53
45
Mandelbachtal
C
Hornbach
Pirmasens
46
D
Wilgartswiesen
10
Dahn
Bruchweiler-
Bärenbach
17
18
19
20
A 4
E 25
N 4
D 1340
D 10
A 35
F R A N C E
Strasbourg
D 1004
Kehl
28
A 352
Offenb
36
D 1083
Friesenheim
Lahr
N 59
Rust
E 35
Ringsheim
A 5
Weisweil
Kenzingen
Freiam
D 415
C
61
Endingen
D

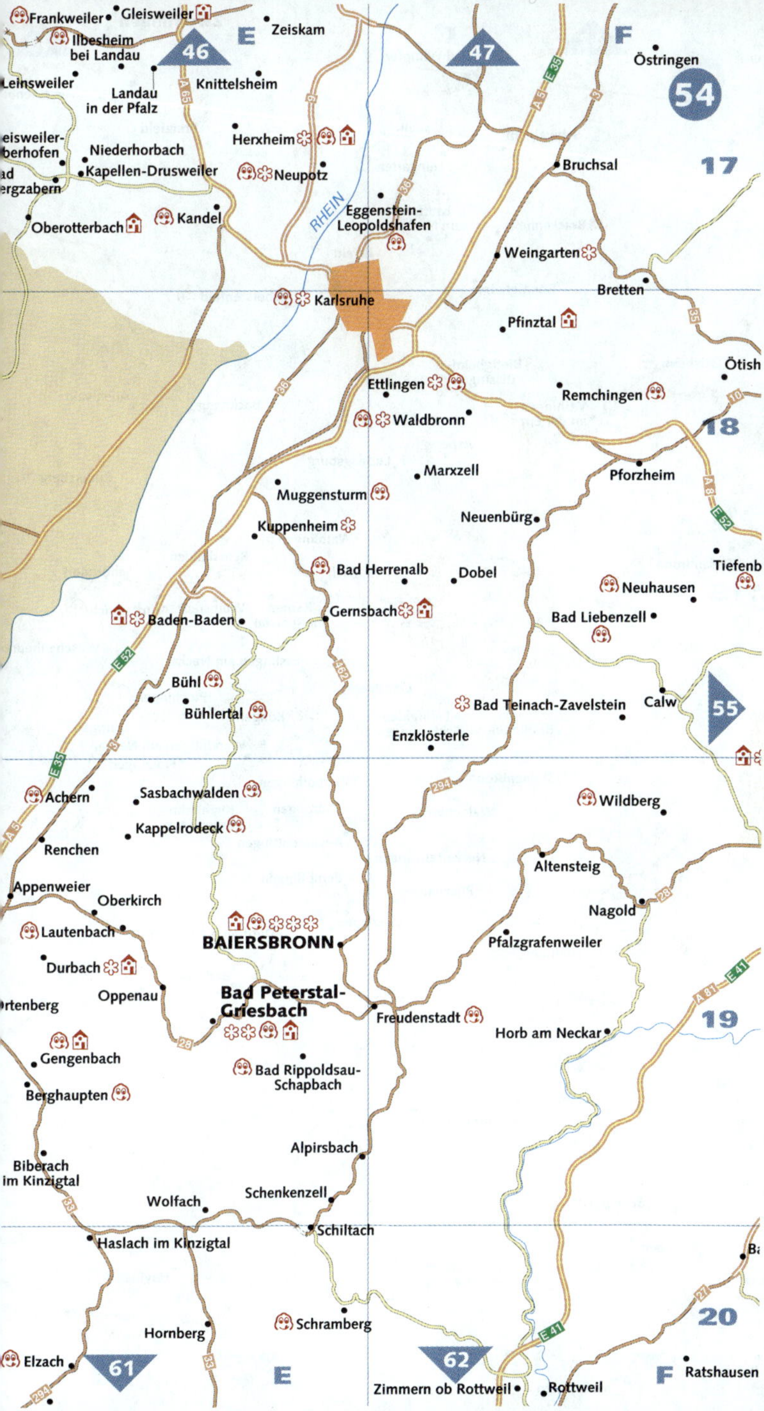

Frankweiler
Gleisweiler
Zeiskam
Ilbesheim bei Landau
46
E
47
F
Östringen
54
Leinsweiler
Landau in der Pfalz
Knittelsheim
Herxheim
Niederhorbach
Kapellen-Drusweiler
Neupotz
Bruchsal
17
Oberotterbach
Kandel
RHEIN
Eggenstein-Leopoldshafen
Weingarten
Bretten
Karlsruhe
Pfinztal
Ötish
Ettlingen
Remchingen
Waldbronn
18
Marxzell
Pforzheim
Muggensturm
Kuppenheim
Neuenbürg
Bad Herrenalb
Dobel
Tiefenb
Neuhausen
Baden-Baden
Gernsbach
Bad Liebenzell
Bühl
Bühlertal
Bad Teinach-Zavelstein
Calw
55
Enzklösterle
Achern
Sasbachwalden
Wildberg
Kappelrodeck
Renchen
Altensteig
Appenweier
Oberkirch
Nagold
Lautenbach
BAIERSBRONN
Pfalzgrafenweiler
Durbach
Oppenau
Bad Peterstal-Griesbach
Freudenstadt
19
Horb am Neckar
Gengenbach
Bad Rippoldsau-Schapbach
Berghaupten
Alpirsbach
Biberach im Kinzigtal
Schenkenzell
Wolfach
Schiltach
Haslach im Kinzigtal
20
Hornberg
Schramberg
Elzach
61
62
E
F
Ratshausen
Zimmern ob Rottweil
Rottweil

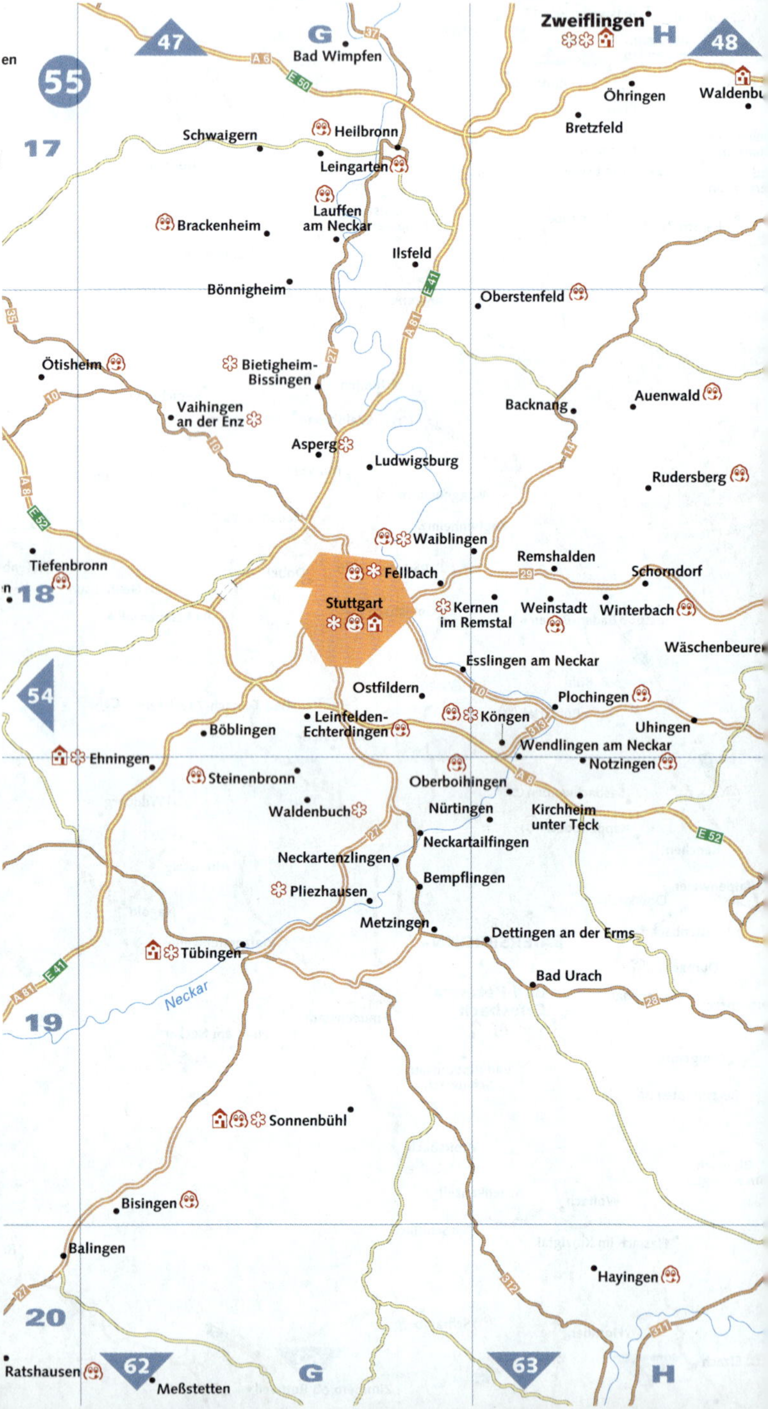

en
55
47
G
Bad Wimpfen
A 6
E 50
37
Zweiflingen
H
48
Öhringen
Waldenbu
Bretzfeld
17
Schwaigern
Heilbronn
Leingarten
Lauffen
am Neckar
Brackenheim
Ilsfeld
Bönnigheim
E 41
A 81
Oberstenfeld
35
27
Ötisheim
Bietigheim-
Bissingen
10
Vaihingen
an der Enz
Backnang
Auenwald
Asperg
Ludwigsburg
14
A 8
E 52
Rudersberg
Waiblingen
Tiefenbronn
Remshalden
Fellbach
29
Schorndorf
18
Stuttgart
Kernen
im Remstal
Weinstadt
Winterbach
Wäschenbeure
54
Esslingen am Neckar
Ostfildern
Plochingen
Böblingen
Leinfelden-
Echterdingen
Köngen
313
Uhingen
Wendlingen am Neckar
Ehningen
Notzingen
Steinenbronn
Oberboihingen
Waldenbuch
Nürtingen
Kirchheim
unter Teck
27
Neckartailfingen
E 52
Neckartenzlingen
Bempflingen
Pliezhausen
Metzingen
Dettingen an der Erms
Tübingen
Bad Urach
E 41
A 81
Neckar
28
19
Sonnenbühl
Bisingen
Balingen
27
Hayingen
312
20
311
Ratshausen
62
G
63
H
Meßstetten

48
49
56
57
63
64
I
J
17
18
19
20
Rot am See
Kirchberg an der Jagst
A 6
E 50
Untermünkheim
Feuchtwangen
Schwäbisch Hall
Dinkelsbühl
Fichtenau
A 7
25
Jagst
Ellwangen
E 43
Gschwend
19
Lauchheim
29
Nördlingen
Aalen
Schwäbisch Gmünd
Königsbronn
Salach
Donzdorf
Geislingen an der Steige
Höchstädt an der Donau
16
Amstetten
10
Dillingen an der Donau
ad Ditzenbach
Gundelfingen an der Donau
Rammingen
Langenau
DONAU
Ulm
Neu Ulm
Schelklingen
311
Ichenhausen
Neuburg an der Kammel
Vöhringen
Thannhausen
Ehingen
30
Burgrieden
Illertissen
Schwendi

57
49
50
K
L
17
18
19
20
J
K
L
56
64
65
Spalt
Brombachsee
Altmühlsee
Gunzenhausen
Pleinfeld
Gnotzheim
Altmühl
Treuchtlingen
Pappenheim
Eichstätt
Kaisheim
Ingolstadt
Neuburg an der Donau
Allmannshofen
Wertingen
Lech
Horgau
Augsburg
Friedberg
Odelzhausen
Bergkirchen
Dacha
Maisach
A 9
E 45
A 8
E 52

50
Velburg
M
51
N
58
Regen
Naab
Ponholz
Parsberg
17
Duggendorf
Beilngries
Regensburg
Donaustauf
Riedenburg
Bad Abbach
Mintraching
18
Neustadt an der Donau
DONAU
59
Mainburg
Landshut
19
Reichertshausen
Kirchdorf an der Amper
Hohenkammer
Kranzberg
Freising
Taufkirchen
Hallbergmoos
Oberding
Erding
20
65
M
66
N
Kirchdorf

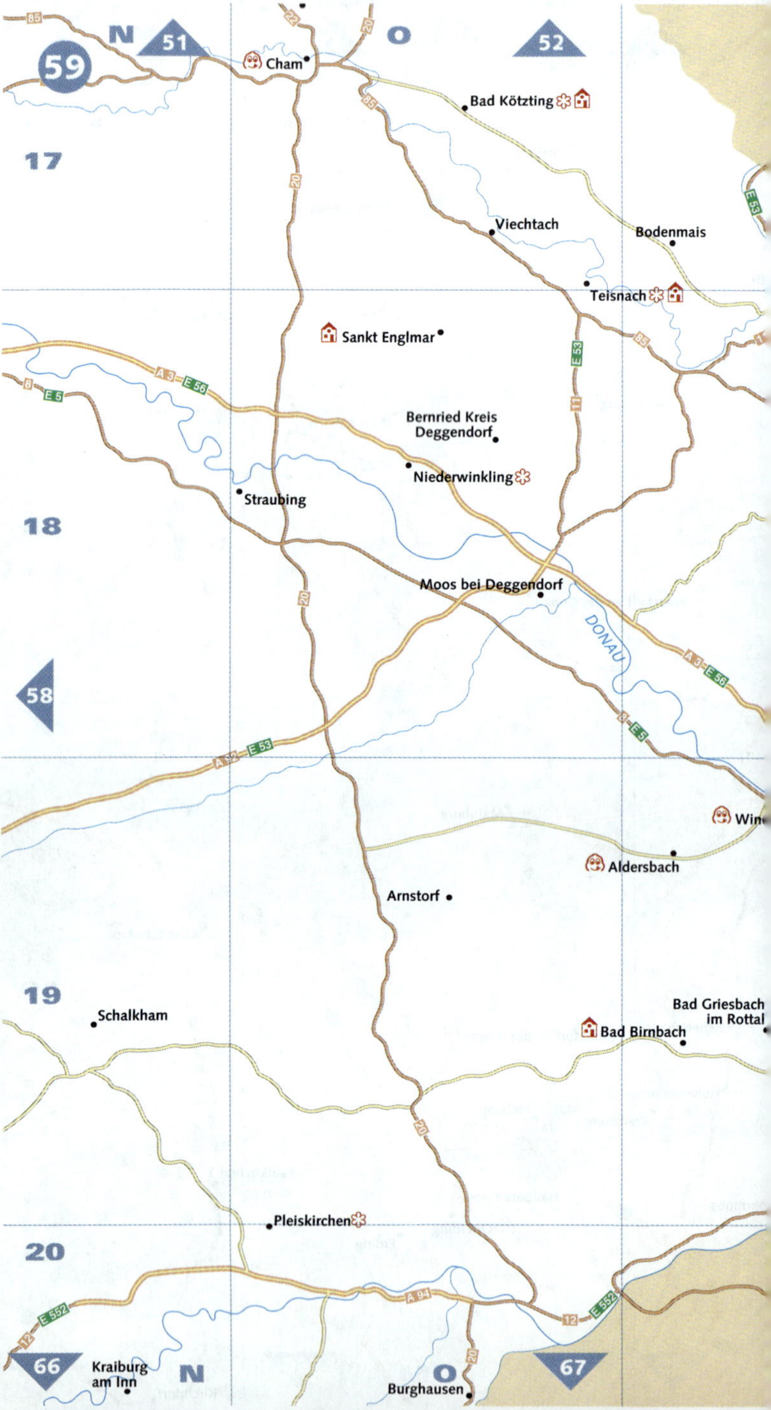

59
N
51
O
52
Cham
Bad Kötzting
17
Viechtach
Bodenmais
Teisnach
Sankt Englmar
Bernried Kreis Deggendorf
Niederwinkling
Straubing
18
Moos bei Deggendorf
DONAU
58
Aldersbach
Arnstorf
19
Schalkham
Bad Griesbach im Rottal
Bad Birnbach
Pleiskirchen
20
66
Kraiburg am Inn
N
O
Burghausen
67

P
52
Q
R
60
17
ČESKÁ REPUBLIKA
Frauenau
4
Mauth
18
Freyung
12
85
Waldkirchen
Hauzenberg
Wegscheid
Passau
Neuburg am Inn
19
Ruhstorf
an der Rott
ÖSTERREICH
E 552
12
Bad Füssing
INN
137
E 56
E 552
20
141
137
P
67
Q
A 8
R

61
53
54
C
D
Ringsheim
Weisweil
Kenzingen
Freiamt
Elzach
Endingen
Winden im Elztal
Colmar
20
Vogtsburg im Kaiserstuhl
Emmendingen
Waldkirch
Simonswald
D 415
March
Denzlingen
Ihringen
Gottenheim
Glottertal
Breisach
Gundelfingen
Umkirch
RHEIN
Sankt Peter
Sankt Märgen
FRANCE
Freiburg im Breisgau
Kirchzarten
A 35
Pfaffenweiler
Horben
Oberried
Breitnau
Bad Krozingen
E 25
Staufen im Breisgau
Hinterzarten
Heitersheim
Münstertal
Feldberg
Sulzburg
Wieden
Todtnau
Müllheim
Badenweiler
Aitern
Bernau im Schwarzwald
Auggen
Tunau
Kleines Wiesental
Bad Bellingen
Mulhouse
21
E 35
Kandern
Todtmoos
Lörrach
A 5
E 60
Efringen-Kirchen
Steinen
Schopfheim
Binzen
317
A 98
E 54
Lörrach
Wehr
D 419
Inzlingen
Weil am Rhein
34
Basel
Grenzach-Wyhlen
Bad Säckingen
A 3
A 2
18
E 25
E 35
22
SCHW
A 1
E 53
A 2

E
F
G
54
55
62
Hornberg
Schramberg
Ratshausen
Meßstetten
Zimmern ob Rottweil
Rottweil
Triberg
Königsfeld
im Schwarzwald
Schönwald
Aldingen
20
Trossingen
Villingen-Schwenningen
Hausen Ob Verena
DONAU
A 864
Tuttlingen
311
Donaueschingen
itisee-Neustadt
Hüfingen
Geisingen
31
Lenzkirch
27
A 81
Stock
Schluchsee
Bonndorf
E 41
31
Tengen
E 54
Bodman
Ludwigsha
315
Grafenhausen
21
Häusern
Singen
Stühlingen
A 81
Radolfzell
löchenschwand
Moos
33
Schaffhausen
Büsingen am Hochrhein
314
Gaienhofen
Öhningen
Waldshut-
Tiengen
Klettgau
34
Dettighofen
Lottstetten
63
RHEIN
Hohentengen
am Hochrhein
A 7
A 1
Zürich
A 1
22
E
I
Z
A 3
3
A 4
E
F
G

63
G
H
55
56
Hayingen
Ehingen
Meßstetten
20
DONAU
Scheer
Biberach an der Riß
Bad Saulgau
Meßkirch
Ostrach
Bad Waldsee
Stockach
Frickingen
Heiligenberg
Bodman-Ludwigshafen
Weingarten
21
Salem
Deggenhausertal
Ravensburg
Überlingen
Uhldingen-Mühlhofen
Amtzell
Reichenau (Insel)
Meersburg
Wangen im Allgäu
Gaienhofen
Hagnau
Konstanz
Immenstaad
Tettnang
Neukirch
62
Bodensee
Friedrichshafen
Kressbronn
Langenargen
Nonnenhorn
Wasserburg
Scheidegg
Lindau im Bodensee
Bregenz
22
S C H W E I Z
G
H

Vöhringen
I
A 7
56
Thannhausen
J
57
K
64
Burgrieden
Illertissen
E 43
Schwendi
Lang
20
Kirchdorf an der Iller
Bad Wörishofen
Memmingen
Ottobeuren
A 7
E 532
Bad Grönenbach
Iller
21
12
65
Isny im Allgäu
12
Lechbruck
Maierhöfen
Rückholz
Roßhaupten
Weitnau
Oy-Mittelberg
A 7
Hopferau
Weiler-Simmerberg
Oberstaufen
Pfronten
Füssen
Schwan
Bad Hindelang
Ofterschwang
Fischen im Allgäu
Obermaiselstein
Oberstdorf
179
22
Riezlern
Kleinwalsertal
Hirschegg
Mittelberg
ÖSTERREICH
I
J
K

65
K
57
L
Bergkirchen
Dachau
Maisach
Fürstenfeldbruck
MÜNCHEN
Langerringen
20
Planegg
Pullach im Isartal
Grünwald
Finning
Ammersee
Starnberg
Herrsching am Ammersee
Straßlach-Dingharting
Lech
Dießen am Ammersee
Egling
Tutzing
Starnberger See
Münsing
21
Seeshaupt
Bad Tö
Iffeldorf
64
Penzberg
Wackersberg
Uffing am Staffelsee
Lechbruck
Staffelsee
Bad Bayersoien
Murnau
Lenggries
Bad Kohlgrub
Unterammergau
Forggensee
Oberammergau
Schwangau
Wallgau
Garmisch-Partenkirchen
Krün
Grainau
Mittenwald
22
Ö S T E R
Innsbruck
K
L
A 8
E 52
A 99
A 96
E 54
E 533
A 95
A 12
E 60

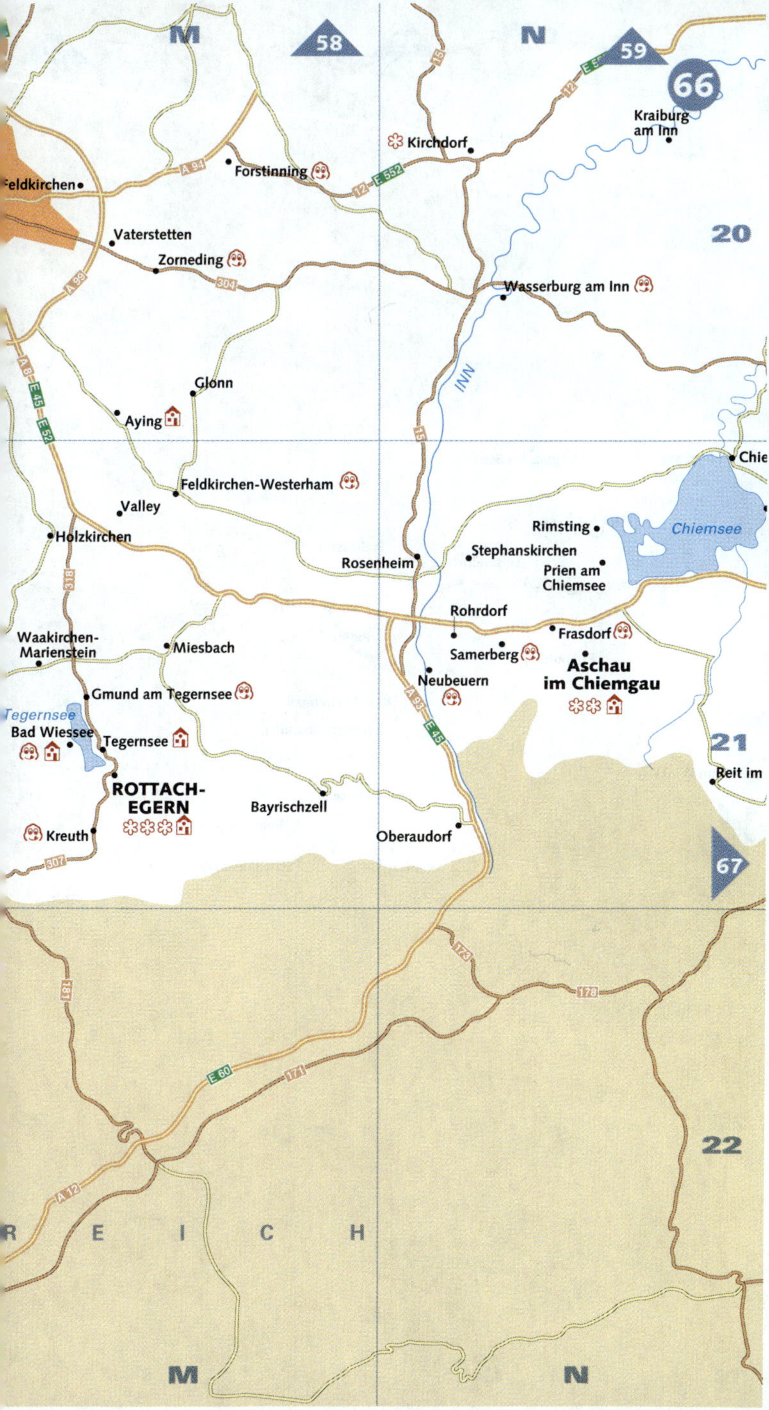

M
58
N
59
66
Kraiburg am Inn
Kirchdorf
Forstinning
Feldkirchen
Vaterstetten
Zorneding
20
Wasserburg am Inn
Inn
Glonn
Aying
Feldkirchen-Westerham
Valley
Holzkirchen
Chie
Rimsting
Chiemsee
Stephanskirchen
Rosenheim
Prien am Chiemsee
Rohrdorf
Frasdorf
Waakirchen-Marienstein
Miesbach
Samerberg
Aschau im Chiemgau
Neubeuern
Gmund am Tegernsee
Tegernsee
Bad Wiessee
Tegernsee
21
Reit im
ROTTACH-EGERN
Bayrischzell
Oberaudorf
Kreuth
67
22
R E I C H
M
N

N
O
P
67
59
60
A 94
12
E 552
141
20
Burghausen
Alz
Salzach
20
20
Chiemsee
Waging am See
304
Chieming
iemsee
Traunstein
Teisendorf
Freilassing
A 1
1
A 8
E 52
E 60
Salzburg
158
Piding
Ruhpolding
21
Bad Reichenhall
Bayerisch Gmain
21
Reit im Winkl
21
Bischofswiesen
Berchtesgaden
66
178
Ramsau
Schönau am Königssee
311
A 10
E 55
22
Ö S T E R R E I C H
22
311
168
311
167
N
O
P

Restaurants & Hotels

Restaurants & hotels

Städte von A bis Z

Town from A to Z

Movementway/ imageBROKER/age

WIR MÖGEN BESONDERS...

Im **YI Fine Dining** eine niveauvolle Mischung aus europäischer und asiatischer Küche erleben. Das **TWENTYFIVE STEAKCLUB** als Eldorado für Fleisch-Fans! In der **Schänke** des stilvollen **Schloss Schönau** auch mal Jazz-Klängen lauschen. Die tolle Aussicht im **Kohlibri**. Und nicht zuletzt die Sterneküche von **La Bécasse** und **Sankt Benedikt**!

AACHEN

Nordrhein-Westfalen – 243 336 Ew. – Höhe 173 m – Regionalatlas **35**-A12
Michelin Straßenkarte 543

Restaurants

✿ La Bécasse (Christof Lang) A/C

FRANZÖSISCH-KLASSISCH • BISTRO XX Auch wenn die Lage des Restaurants recht unscheinbar ist, die Küche ist es keineswegs! Christof Lang (seit 1981 Patron und Küchenchef) bietet eine reduzierte, unkomplizierte klassische Küche mit wohldosierten modernen Elementen. Top Produkte sind das A und O. Und dazu vielleicht einen schönen französischen Wein? Aufmerksam und charmant der Service. Tipp: günstiges Lunchmenü.

➜ Gänseleberterrine mit süßem Confit. Amerikanisches Ribeye mit Waldpilzen, Rübchen und Chilischalotten. Tartelette mit pochiertem Apfel, frischen Mandeln, Mandeleis und Mandelknusper.

Menü 39 € (mittags unter der Woche)/98 € – Karte 53/104 €

Stadtplan : A3-s – *Hanbrucher Str. 1 ✉ 52064*
– ✆ 0241 74444 – www.labecasse.de
– geschlossen über Karneval 1 Woche und Samstagmittag, Sonntag
- Montagmittag

Kohlibri A/C P

INTERNATIONAL • FREUNDLICH XX Toller Stadtblick schon bei der Fahrt mit dem Lift in die 6. Etage des Auto- und Motorradhauses - da sind natürlich die zwei Terrassen gefragt! Auch drinnen genießt man dank Komplettverglasung die Sicht, dazu klassische Küche aus sehr guten Produkten. Wie wär's z. B. mit "rosa gebratenem Rehnüsschen in Pfeffersauce"?

Menü 36 € (mittags)/74 € (abends) – Karte 49/70 €

Sonnenscheinstr. 80, (Ecke Neuenhofstraße), über Adalbertsteinweg D2 ✉ 52078
– ✆ 0241 5688500 – www.restaurant-kohlibri.de
– geschlossen Sonntagabend - Dienstag

Gute Küche zu moderatem Preis? Folgen Sie dem Bib Gourmand

YI Fine Dining

FUSION · EXOTISCHES AMBIENTE Hier gibt es eine interessante Fusion aus moderner europäischer und traditioneller chinesischer Küche, die sich in Gerichten wie "Skrei, Edamame, Miso, Tofu, Passepierre" widerspiegelt. Ebenso ansprechend: wertig-elegantes Ambiente und schöne Weinauswahl samt trefflicher Beratung. Mittags einfachere Karte.

Menü 38 € (mittags)/110 € - Karte 56/76 €

Stadtplan : B2-d - *Seilgraben 39 ✉ 52062 99761555 - ✆ 0241 99761555 - www.yi-aachen.de - geschlossen Sonntag - Montag*

Estor

MODERNE KÜCHE · TRENDY Zentral und doch etwas abseits des Geschehens liegt das angenehm legere Restaurant. Es gibt moderne Gerichte wie "gebratenes Wilddoradenfilet, Blumenkohl-Kalamansisauce, Salicorne, Topinambur, Zucchini", und zwar in einem frei wählbaren Menü oder à la carte.

Menü 44/77 € - Karte 44/60 €

Stadtplan : A3-e - *Gerlachstr. 20 ✉ 52064 - ✆ 0241 47583261 - www.restaurant-estor.de - nur Abendessen - geschlossen Sonntag - Montag*

Justus K

FRANZÖSISCH · HIP Hier kommt man gerne her, denn man kann ungezwungen essen oder einfach einen guten Wein trinken, und das bei sympathischem Service. Das Angebot steht auf einer großen Tafel und wechselt täglich - neben Fisch und Fleisch gibt es auch immer etwas Vegetarisches.

Menü 50/60 € - Karte 42/73 €

Stadtplan : C2-d - *Promenadenstr. 36 ✉ 52062 - ✆ 0241 95177650 (Tischbestellung ratsam) - www.justusk.de - nur Abendessen - geschlossen Sonntag - Montag*

MundArt

KREATIV · BISTRO Ein sympathisches kleines Restaurant im Zentrum. Hingucker sind markante Bilder von Maastricht und Antwerpen sowie 30 stylische Deckenlampen! Man kocht ambitioniert-kreativ, so z. B. "Filet vom Txogitxu mit Süßkartoffeln, Orangenjus, Rosenkohl, Haselnuss". Der Service aufmerksam und natürlich. Mittags anderes Konzept.

Menü 37/75 € - Karte 52/80 €

Stadtplan : D3-a - *Oppenhoffallee 9-15 ✉ 52066 - ✆ 0241 16020669 - www.mundart-catering.com - nur Abendessen - geschlossen Sonntag - Montag, Feiertage*

Petit Charlemagne

FRANZÖSISCH-KLASSISCH · BISTRO Das Restaurant in Domnähe hat seinen Bistro-Charakter ganz bewusst, und das ist kein Widerspruch zu gehobener Küche - die gibt es z. B. als "Ossobuco mit Basilikum-Risotto". Wer die schöne Marmortreppe hinaufgeht, hat's etwas gediegener. Tipp: Tagesangebote.

Menü 30 € - Karte 41/72 €

Stadtplan : B2-c - *Hartmannstr. 12 ✉ 52062 - ✆ 0241 51560785 - www.petit-charlemagne.de - geschlossen Sonntag*

Reuters House

INTERNATIONAL · BISTRO Internationale Speisen mit mediterranem Einfluss, zubereitet aus guten, frischen Produkten, nennen sich hier z. B. "Kalbstafelspitz-BBQ, Krenmousse, Frankfurter Grüne Sauce" oder "Kabeljau auf Rote-Bete-Pastasotto mit Tiroler Speck". Der Name stammt vom Gründer der berühmten Londoner Nachrichtenagentur.

Menü 25 € (mittags unter der Woche)/39 € - Karte 33/52 €

Stadtplan : B1-a - *Pontstr. 117 ✉ 52062 - ✆ 0241 1897666 (abends Tischbestellung ratsam) - www.cusina-culinaria.com - geschlossen Samstagmittag, Sonntagmittag, Montag*

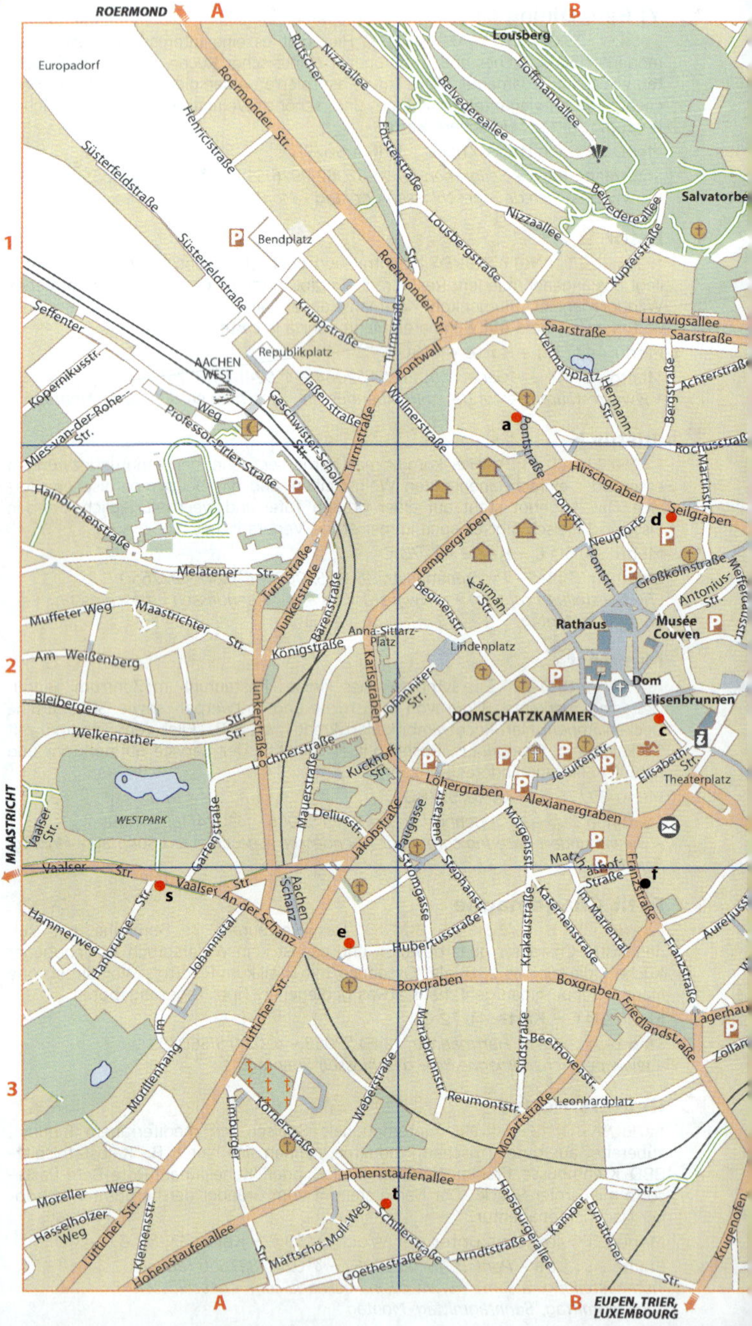
ROERMOND
A
B
1
2
3
MAASTRICHT
EUPEN, TRIER, LUXEMBOURG
Europadorf
Lousberg
Salvatorbe
Roermonder Str.
Rütscher
Nizzaallee
Förstersstraße
Belvedereallee
Hoffmannallee
Henricistraße
Süsterfeldstraße
Bendplatz
Lousbergstraße
Kupferstraße
Kruppstraße
Turmstraße
Republikplatz
Pontwall
Ludwigsallee
Saarstraße
Veltmanplatz
Hermann-Str.
Bergstraße
Achterstraße
Seffenter
Kopernikusstr.
AACHEN WEST
Weg
Professor-Pirlet-Straße
Mies-van-der-Rohe-Str.
Claßenstraße
Geschwister-Scholl-Str.
Wüllnerstraße
Pontstraße
Rochusstraße
Martinstr.
Hirschgraben
Seilgraben
Hainbuchenstraße
Templergraben
Neupforte
Großkölnstraße
Melatener Str.
Junkerstraße
Bärenstraße
Beginenstr.
Kármán-Str.
Antonius-Str.
Muffeter Weg
Maastrichter Str.
Königstraße
Anna-Sittarz-Platz
Rathaus
Musée Couven
Am Weißenberg
Karlsgraben
Lindenplatz
Johanniter-Str.
Dom
Elisenbrunnen
Bleiberger Str.
DOMSCHATZKAMMER
Welkenrather Str.
Lochnerstraße
Kuckhoff-Str.
Jesuitenstr.
Elisabethstr.
Theaterplatz
Löhergraben
Alexianergraben
WESTPARK
Gartenstraße
Mauerstraße
Deliusstr.
Jakobstraße
Paugasse
Gealtstr.
Mörgensstr.
Vaalser Str.
Stephanstr.
Matthiashof-Straße
Franzstraße
Vaalser Str.
An der Schanz
Aachen Schanz
Stromgasse
Kasernenstraße
Im Mariental
Hanbrucher Str.
Hammerweg
Johannistal
Hubertusstraße
Krakaustraße
Aureliusstr.
Boxgraben
Friedlandstraße
Lagerhau
Im
Morillenhang
Lütticher Str.
Marlabrunnstr.
Südstraße
Beethovenstr.
Zollam
Limburger
Weberstraße
Reumontstr.
Mozartstraße
Leonhardplatz
Körnerstraße
Hohenstaufenallee
Str.
Moreller Weg
Hasselholzer Weg
Klemensstr.
Mattschö-Moll-Weg
Schillerstraße
Habsburgerallee
Kamper
Eynattener Str.
Krugenofen
Goethestraße
Arndtstraße
Lütticher Str.
Hohenstaufenallee
a
d
c
s
e
f
t

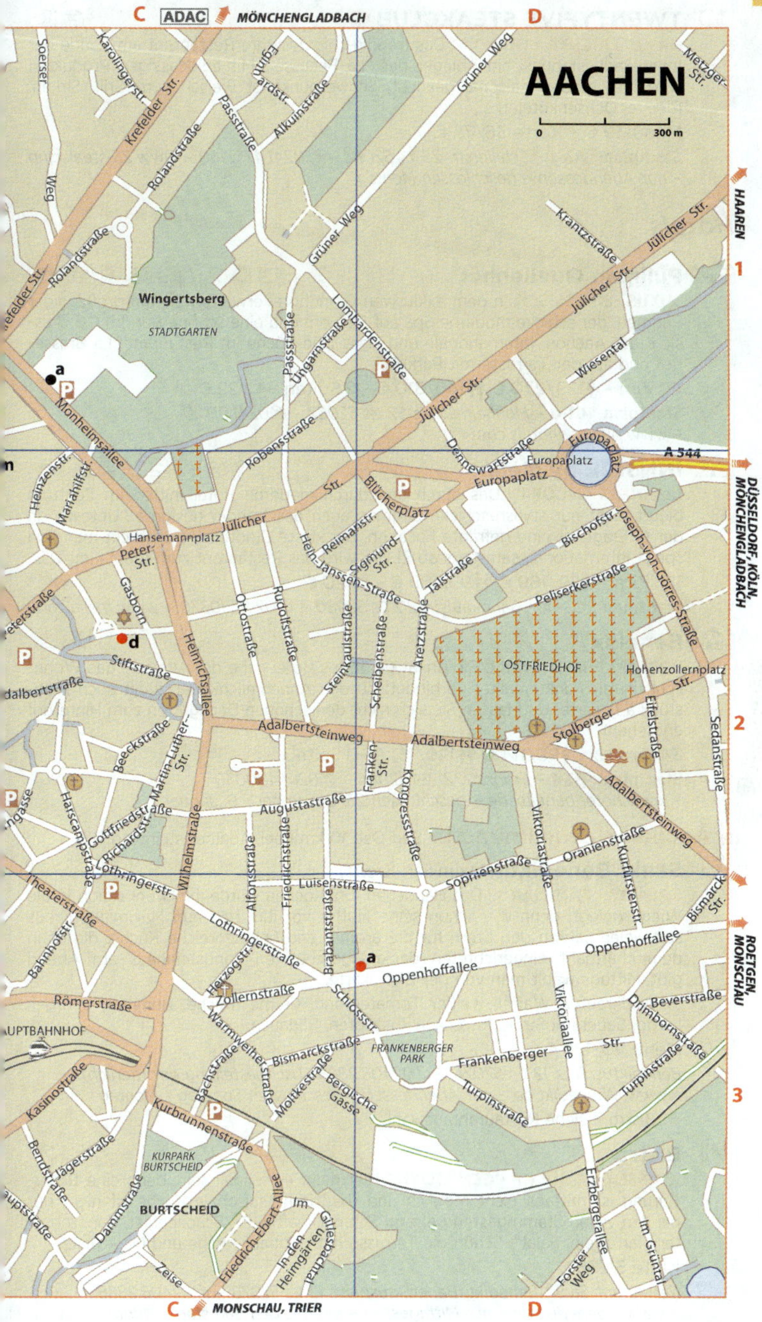
AACHEN
0
300 m
ADAC
MÖNCHENGLADBACH
C
D
HAAREN
DÜSSELDORF, KÖLN, MÖNCHENGLADBACH
ROETGEN, MONSCHAU
MONSCHAU, TRIER
1
2
3
A 544
Wingertsberg
STADTGARTEN
OSTFRIEDHOF
FRANKENBERGER PARK
KURPARK BURTSCHEID
BURTSCHEID
HAUPTBAHNHOF
Europaplatz
Hansemannplatz
Blücherplatz
Hohenzollernplatz
Krefelder Str.
Karolingerstr.
Soerser Weg
Rolandstraße
Passstraße
Eginhardstr.
Alkuinstraße
Grüner Weg
Metzger-Str.
Krantzstraße
Jülicher Str.
Wiesental
Lombardenstraße
Ungarnstraße
Monheimsallee
Robensstraße
Dennewartstraße
Heinzenstr.
Mariahilfstr.
Peter-Str.
Gasborn
Stiftstraße
Reimanstr.
Sigmund-Str.
Heinrich-Janssen-Straße
Talstraße
Bischofstr.
Joseph-von-Görres-Straße
Peliserkerstraße
Ottostraße
Rudolfstraße
Steinkaulstraße
Scheibenstraße
Aretzstraße
Heinrichsallee
Adalbertstraße
Adalbertsteinweg
Stolberger Str.
Eifelstraße
Sedanstraße
Beeckstraße
Martin-Luther-Str.
Franken-Str.
Kongressstraße
Augustastraße
Harscampstraße
Gottfriedstraße
Richardstr.
Wilhelmstraße
Alfonsstraße
Friedrichstraße
Brabantstraße
Viktoriastraße
Oranienstraße
Kurfürstenstr.
Sophienstraße
Luisenstraße
Lothringerstr.
Lothringerstraße
Theaterstraße
Bahnhofstr.
Bismarck-Str.
Oppenhoffallee
Herzogstr.
Zollernstraße
Schlossstr.
Römerstraße
Viktoriaallee
Beverstraße
Drimbornstraße
Warmweiherstraße
Bismarckstraße
Moltkestraße
Bergische Gasse
Bachstraße
Frankenberger Str.
Turpinstraße
Kasinostraße
Kurbrunnenstraße
Bendstraße
Jägerstraße
Dammstraße
Hauptstraße
Zeise
Friedrich-Ebert-Allee
In den Heimgärten
Im Gillesbachtal
Erzbergerallee
Forster Weg
Im Grüntal
a
d

TWENTYFIVE STEAKCLUB N

GRILLGERICHTE • TRENDY Das trendig-chic designte Restaurant am Rande der Innenstadt ist quasi ein Ableger des "La Bécasse". Mit erstklassigen Produkten wird hier modern-saisonal gekocht, Schwerpunkt ist Fleisch vom Grill: Sirloin, Ribeye, Ochsenkotelett...

Menü 39 € - Karte 36/75 €

Stadtplan : A3-t - *Schillerstr. 25 ✉ 52064 - ✆ 0241 4757160 - www.25-steak.club - nur Abendessen - geschlossen Montag*

Hotels

Pullman Quellenhof

LUXUS • KLASSISCH In dem exklusiven Grandhotel erwarten Sie ein großzügiger Rahmen, der schicke moderne Spa auf 900 qm und eine schöne Bar. Im OG: Aussicht auf Aachen. Internationale und klassische Küche im Restaurant "La Brasserie" und auf der Terrasse mit Parkblick.

181 Zim - †129/270 € ††149/310 € - 2 Suiten - ☕ 22 €

Stadtplan : C1-a - *Monheimsallee 52 ✉ 52062 - ✆ 0241 91320 - www.pullmanhotels.com*

INNSIDE by Meliá

BUSINESS • MODERN Das durch und durch moderne Hotel mitten im Zentrum bietet nicht nur stylish-schicke Zimmer, auch das trendig designte "Uptown" in der 6. Etage ist eine gefragte Location. Bei klasse Stadtblick frühstückt man und speist international, samstags ab 21 Uhr wird das Restaurant zum Club samt DJ.

158 Zim - †79/169 € ††99/189 € - ☕ 20 €

Stadtplan : C2-m - *Sandkaulstr. 20 ✉ 52080 - ✆ 0241 510370 - www.melia.com*

Benelux

URBAN • FUNKTIONELL Ein privat geführtes Hotel nahe der Altstadt, das Wohnlichkeit mit Funktionalität verbindet. Zu den Annehmlichkeiten zählt auch Frühstück à la carte. Und lassen Sie sich nicht den schönen Dachgarten zum Hinterhof entgehen!

34 Zim ☕ - †99/114 € ††120/161 € - 1 Suite

Stadtplan : B3-f - *Franzstr. 21 ✉ 52064 - ✆ 0241 400030 - www.hotel-benelux.de - geschlossen 23. Dezember - 9. Januar*

In Aachen-Kornelimünster Süd-Ost: 10 km über Adalbertsteinweg D2

Sankt Benedikt (Maximilian Kreus)

KREATIV • FAMILIÄR Das Händchen fürs Kochen wurde ihm wohl schon in die Wiege gelegt, denn wie schon seine Mutter vor ihm hält nun Maximilian Kreus seit vielen Jahren den Stern für die aroma- und finessenreiche Küche, die es in dem charmant eingerichteten denkmalgeschützten Sandsteinhaus am Abend gibt. Mittags wählt man von der Bistrokarte.

→ Wildkräuter, Waffel, weißer Tomatenfond, Crème fraîche. Hummer, Spargel, Lardo, Sauerampfer. Kalbsrücken, Eiszapfen, Bärlauch.

Menü 90/128 €

Benediktusplatz 12 ✉ 52076 - ✆ 02408 2888 (Tischbestellung erforderlich) - www.stbenedikt.de - nur Abendessen - geschlossen Sonntag - Montag

Bistro - siehe Restaurantauswahl

Bistro

KLASSISCHE KÜCHE • GEMÜTLICH Hier heißt es schnell sein, denn eine Reservierung ist mittags nicht möglich und die frische saisonale Küche ist nicht nur bei den vielen Stammgästen gefragt! Schmackhaft z. B. "Schollenfilet, Kapernbutter, Kartoffeln, Salat". Schön die Terrasse mit Blick auf Kirche und Marktplatz.

Karte 31/35 €

Restaurant Sankt Benedikt, Benediktusplatz 12 ✉ 52076 - ✆ 02408 2888 - www.stbenedikt.de - nur Mittagessen - geschlossen Samstag - Montag

In Aachen-Richterich Nord: 5 km über Roermonder Straße A1

Schänke

REGIONAL • LÄNDLICH Auch in der Schänke des Schlosses Schönau sitzt es sich komfortabel und zugleich entspannt. Aus der Küche kommen Klassiker wie "Filetspitzen in Monschauer Senfsauce" oder auch "geschmorte Lammhaxe mit Blattspinat und Bratkartoffeln".

Menü 29 € – Karte 27/51 €

Restaurant Schloss Schönau, Schönauer Allee 20 ✉ 52072 – ☏ 0241 173577 (Tischbestellung ratsam) – www.schlossschoenau.com – nur Abendessen – geschlossen über Karneval 1 Woche, Oktober 2 Wochen und Montag - Dienstag

Schloss Schönau

FRANZÖSISCH-KLASSISCH • ELEGANT Einer der kulinarischen Klassiker Aachens erwartet Sie in dem schönen historischen Herrenhaus. Unter der sehenswerten hohen Stuckdecke serviert man Ihnen ambitionierte Küche, z. B. als "pochierten Rehrücken mit Cassis und Steinpilzpüree".

Menü 45/72 € – Karte 59/79 €

Schönauer Allee 20 ✉ 52072 – ☏ 0241 173577 (Tischbestellung ratsam) – www.schlossschoenau.com – nur Abendessen – geschlossen über Karneval 1 Woche, Oktober 2 Wochen und Montag - Dienstag

Schänke – siehe Restaurantauswahl

AALEN

Baden-Württemberg – 67 079 Ew. – Höhe 429 m – Regionalatlas **56**-I18
Michelin Straßenkarte 545

Wilder Mann

REGIONAL • LÄNDLICH In dem langjährigen Familienbetrieb (inzwischen in 4. Generation) darf man sich auf frische regionale Küche mit modernen Einflüssen freuen - wie wär's z. B. mit "Rindertafelspitz, Meerrettichsauce, Röstkartoffeln, Preiselbeeren"? Im Sommer speist man gerne im wunderschönen Garten!

Menü 48 € – Karte 25/57 €

Hotel Wilder Mann, Karlstr. 4 ✉ 73433 – ☏ 07361 71366 – www.wildermann-aalen.de – geschlossen Montag - Dienstag

Wilder Mann

BUSINESS • THEMENBEZOGEN Wirklich schön hat man hier mit wertigen Materialien und angenehmen Farben ein geschmackvolles geradlinig-modernes Design geschaffen. Interessant auch der Bezug zu den nahegelegenen Bergwerken - Tipp: Besuchen Sie den "Tiefen Stollen" in Wasseralfingen.

27 Zim – †65/100 € ††72/115 € – ☕ 8 € – ½ P

Karlstr. 2 ✉ 73433 – ☏ 07361 71366 – www.wildermann-aalen.de

Wilder Mann – siehe Restaurantauswahl

In Aalen-Unterkochen Süd-Ost: 4 km über B 19, Richtung Heidenheim

Läuterhäusle

TRADITIONELLE KÜCHE • LÄNDLICH Die engagierten Gastgeber haben hier eine richtig nette Adresse samt hübscher Terrasse! Auf der Karte Schwäbisches wie Zwiebelrostbraten oder hausgemachte Maultaschen, aber auch Vegetarisches. Sonntags kocht man durchgehend von 12 - 20 Uhr! Und zum Übernachten gibt es wohnliche Zimmer.

Menü 25/38 € – Karte 24/53 €

12 Zim ☕ – †70/90 € ††72/105 €

Waldhäuser Str. 109 ✉ 73432 – ☏ 07361 98890 – www.laeuterhaeusle.de – nur Abendessen – geschlossen Montag

ABBACH, BAD

Bayern – 11 911 Ew. – Höhe 371 m – Regionalatlas **58**-M18
Michelin Straßenkarte 546

Schwögler

MEDITERRAN • ZEITGEMÄSSES AMBIENTE XX Was in dem geradlinig gehaltenen Restaurant auf den Tisch kommt, ist nicht alltäglich, so verbindet man hier Cucina Casalinga mit traditionell regionaler Küche sowie afrikanischen Einflüssen. Macht Ihnen z. B. "Dry Aged Hirschkarree & Garnele im Popcorn-Chilimantel" Appetit? Mittags etwas reduzierte Karte.

Menü 37/66 € – Karte 35/61 €

Stinkelbrunnstr. 18 ✉ 93077 – ✆ 09405 962300 (Tischbestellung ratsam) – www.schwoegler.de – geschlossen Sonntagabend - Dienstag, sowie an Feiertagen abends

ACHERN

Baden-Württemberg – 24 761 Ew. – Höhe 145 m – Regionalatlas **54**-E19
Michelin Straßenkarte 545

Chez Georges

REGIONAL • KLASSISCHES AMBIENTE XX Lust auf Klassiker der badisch-elsässischen Küche? Die serviert man Ihnen z. B. als "Tafelspitz vom Weideochsen mit Meerrettichsoße" oder "Bachsaibling mit Durbacher Rieslingsoße" - auf Wunsch bekommt man auch Vespergerichte. In der Weinstube "Kächele" sitzt man etwas legerer.

Menü 25/55 € – Karte 29/55 €

Hotel Schwarzwälder Hof, Kirchstr. 38 ✉ 77855 – ✆ 07841 69680 – www.hotel-sha.de – geschlossen Sonntag - Montag

Schwarzwälder Hof

LANDHAUS • GEMÜTLICH Wenn Sie bei dem engagierten Gastgeber Jean-Georges Friedmann buchen, fragen Sie nach den Komfort-Zimmern - hier ist das Preis-Leistungs-Verhältnis am besten! Am Morgen ein hochwertiges Frühstück, draußen ein schöner Blumen-/Kräutergarten.

20 Zim ☕ – †59/85 € ††88/130 € – ½ P

Kirchstr. 38 ✉ 77855 – ✆ 07841 69680 – www.hotel-sha.de

Chez Georges – siehe Restaurantauswahl

In Achern-Oberachern Süd-Ost: 1,5 km über Illenauer Allee

Kiningers Hirsch

REGIONAL • FREUNDLICH X Seit vielen Jahren darf man sich hier neben der schönen Pfarrkirche St. Stefan auf regional-internationale Küche mit saisonalen Einflüssen freuen - im November isst man z. B. gerne Gans. Tipp: Speisen Sie im Sommer im hübschen Innenhof mit Kräutergarten! Für Übernachtungsgäste hat man gepflegte, funktionale Zimmer.

Menü 27 € (mittags unter der Woche)/40 € – Karte 31/54 €

5 Zim ☕ – †55/70 € ††95 €

Oberacherner Str. 26 ✉ 77855 – ✆ 07841 21579 – www.kiningers-hirsch.de – geschlossen Ende Oktober - Anfang November 2 Wochen und Montag - Dienstag

ADELSDORF

Bayern – 7 433 Ew. – Höhe 264 m – Regionalatlas **50**-K16
Michelin Straßenkarte 546

Landhotel 3 Kronen

LANDHAUS • MODERN Gleich neben Kirche und Schloss warten 300 Jahre Familientradition auf Sie. Das Haus wird engagiert geführt und bietet sehr schöne moderne Zimmer. Im Restaurant gibt es Regionales und Veganes. Hübsch die Terrasse. Toll für Feierlichkeiten: der Biergarten mit altem Baumbestand.

36 Zim – †65/85 € ††80/120 € – ☕ 13 €

Hauptstraße 8 ✉ 91325 – ✆ 09195 9200 – www.3kronen.de – geschlossen Anfang Januar 1 Woche, über Weihnachten 1 Woche

In Adelsdorf-Neuhaus Süd-West: 4 km

Zum Löwenbräu

GASTHOF • MODERN Ein echter Brauereigasthof, Familienbetrieb seit 1747. Vieles ist traditionell, einiges modern - so verbreitet im Frühstücksraum ein alter Holzherd Charme. Besuchen Sie unbedingt den reizenden Hofladen: lecker die Pralinen und Marmeladen von der Chefin! Ebenso eigene Brände und Bier.

25 Zim - 72/105 € 92/125 € - ½ P

Neuhauser Hauptstr. 3 ✉ 91325 – ✆ 09195 923310 – www.zum-loewenbraeu.de – geschlossen 20. - 25. Dezember

ADELSHOFEN

Bayern – 984 Ew. – Höhe 429 m – Regionalatlas **49**-I16
Michelin Straßenkarte 546

In Adelshofen-Tauberzell Nord-West: 5 km Richtung Creglingen

Zum Falken

REGIONAL • GEMÜTLICH X Alte Holzbalken, schöner Dielenboden, Bänke und Stühle in rustikalem Stil - das bringt Gemütlichkeit! Dazu Regionales wie "Rehragout mit Haselnussspätzle". Tipp: donnerstags und freitags frische hausgemachte Würste. Es gibt auch eigene Obstbrände. Alte Scheune für Feierlichkeiten, Weinproben im Gewölbekeller.

Menü 24 € – Karte 16/36 €

Hotel Landhaus Zum Falken, Tauberzell 41 ✉ 91587 – ✆ 09865 941940 – www.landhaus-zum-falken.de – geschlossen 27. Januar - 28. Februar, 10. - 20. November, 22. - 26. Dezember und Montag - Dienstag

Landhaus Zum Falken

GASTHOF • TRADITIONELL Wohnlich-modern, mit ländlichem Charme und preislich sehr fair - da kann man sich wirklich wohlfühlen! Die Rede ist von einem gestandenen fränkischen Landgasthof (1604 als Amtshaus erbaut) und einem nahe gelegenen Gästehaus. Nicht nur die Marmeladen zum Frühstück sind hausgemacht, der Chef ist Hobby-Imker.

16 Zim – 54/59 € 64/74 € – 9 € – ½ P

Tauberzell 41 ✉ 91587 – ✆ 09865 941940 – www.landhaus-zum-falken.de – geschlossen 27. Januar - 28. Februar, 10. - 20. November, 22. - 26. Dezember

Zum Falken – siehe Restaurantauswahl

AERZEN

Niedersachsen – 10 665 Ew. – Höhe 99 m – Regionalatlas **28**-H9
Michelin Straßenkarte 541

In Aerzen-Schwöbber Nord-West: 5 km

Gourmet Restaurant im Schlosshotel Münchhausen

KLASSISCHE KÜCHE • ELEGANT XXX Das ist Speisen bei stilvollem Schloss-Flair: zuerst ein Aperitif im imposanten historischen Rittersaal, dann klassisch-moderne Küche im eleganten Restaurant mit seinen Stuckdecken, Parkettboden und Gemälden. Aufmerksam, freundlich und geschult serviert man Ihnen exakt und aufwändig zubereitete Gerichte.

➜ Seeteufel, Kichererbse, Joghurt, Zucchini. Alba Trüffel, Rote Bete, Raviolo, Topinambur. Deister Reh, Gewürzschokolade, Brioche, Douglasie.

Menü 115/185 € – Karte 73/113 €

Schlosshotel Münchhausen, Schwöbber 9 ✉ 31855 – ✆ 05154 70600 (Tischbestellung ratsam) – www.schlosshotel-muenchhausen.com – nur Abendessen – geschlossen 2. - 15. Januar und Sonntag - Montag

Schlosskeller

MARKTKÜCHE • RUSTIKAL XX Richtig gemütlich ist der liebevoll dekorierte Gewölbekeller, traumhaft die Terrasse am Schlossweiher! Man kocht regional und saisonal, vom klassischen Wiener Schnitzel bis zum "Zanderfilet mit Hagebutten-Pastinakenpüree und Paprikagemüse".

Menü 45 € - Karte 39/75 €

Schlosshotel Münchhausen, Schwöbber 9 ✉ 31855 - ✆ 05154 70600 - www.schlosshotel-muenchhausen.com - geschlossen 2. - 15. Januar

1570 - Petit Gourmet N

MODERNE KÜCHE • LANDHAUS X "1570" hat eine Doppel-Bedeutung: zum einen das Jahr der Grundsteinlegung des Schlosses, zum anderen der Einheitspreis der Gerichte (15,70 €). Gekocht wird modern - auf der Karte z. B. "Stör, Nussbutter, Buchenpilz, Steckrübe". Schön der Rahmen: ungezwungen und stilvoll zugleich.

Karte 48/63 €

Schlosshotel Münchhausen, Schwöbber 9 ✉ 31855 - ✆ 05154 70600 - www.schlosshotel-muenchhausen.com - nur Abendessen - geschlossen 2. - 15. Januar und Sonntag - Montag

Schlosshotel Münchhausen

HISTORISCHES GEBÄUDE • ELEGANT Stilgerecht und edel kommt das Schloss a. d. 16. Jh. daher - Historie und moderner Komfort vereint. Beispielhafter Service, elegante Zimmer, geschmackvoller und großzügiger Spa, sehenswerter Schlosspark mit seltenen Pflanzenarten und tollem Baumbestand, Golf ganz in der Nähe. Für ruhige Momente: Kaffee/Tee in der Lobby, dem eindrucksvollen Rittersaal!

60 Zim - †140/295 € ††170/325 € - 8 Suiten - ☕ 29 € - ½ P

Schwöbber 9 ✉ 31855 - ✆ 05154 70600 - www.schlosshotel-muenchhausen.com - geschlossen 2. - 15. Januar

Gourmet Restaurant im Schlosshotel Münchhausen • **1570 - Petit Gourmet** • **Schlosskeller** – siehe Restaurantauswahl

AHLBECK

Mecklenburg-Vorpommern → Siehe Usedom (Insel)

AHORN

Bayern - 4 223 Ew. - Höhe 330 m - Regionalatlas **50**-K14
Michelin Straßenkarte 546

In Ahorn-Hohenstein Süd-West: 9 km

Dittrich's im Schloss Hohenstein

FRANZÖSISCH-KLASSISCH • ROMANTISCH XX Familie Dittrich hat Schänke und Gourmet vereint und bietet in einem schicken Rahmen ein breites Angebot von "gesottenem Tafelspitz mit Meerrettichsoße" bis zur "confierten Atlantik-Lotte mit Orangen-Chicorée". Wer das Schloss-Feeling gerne noch etwas länger genießen möchte, übernachtet in einem der hübschen Zimmer.

Menü 35/95 € - Karte 32/64 €

12 Zim ☕ - †85/105 € ††121/141 € - 3 Suiten

Hohenstein 1 ✉ 96482 - ✆ 09565 5429560 - www.schloss-hohenstein.de - nur Abendessen - geschlossen Sonntag

AHORNTAL

Bayern - 2 182 Ew. - Regionalatlas **50**-L15
Michelin Straßenkarte 546

Burg Rabenstein

HISTORISCHES GEBÄUDE • INDIVIDUELL Das ist doch mal eine ganz besondere Kulisse: Auf einem Felsvorsprung am Waldrand thront die über 800 Jahre alte Burg. Auf 64 ha erwarten Sie schöne Zimmer (auf TV verzichtet man hier gerne), historische Säle und eine Kapelle für Trauungen sowie eine Tropfsteinhöhle und eine Falknerei.

22 Zim ☕ - †99/137 € ††158/178 € - 3 Suiten - ½ P

Rabenstein 33 ✉ 95491 - ✆ 09202 9700440 - www.burg-rabenstein.de

AHRENSHOOP

Mecklenburg-Vorpommern - 648 Ew. - Höhe 3 m - Regionalatlas **5**-N3
Michelin Straßenkarte 542

Namenlos

MARKTKÜCHE • LÄNDLICH XX "Boddenzander, Safran-Estragonsauce, Blattspinat, Bärlauch-Sellerie-Püree" oder "Darßer Rehrücken, Moosbeerensauce, Pfifferlinge"? Gekocht wird regional, international und saisonal, und das durchgehend, auch nachmittags. Tipp: Vom vorderen Teil des Restaurants hat man einen schönen Blick aufs Meer. Hübsche Terrasse.

Menü 78 € (abends) - Karte 35/62 €

Hotel Namenlos & Fischerwiege, Dorfstr. 44 ✉ 18347 - ✆ 038220 6060 - www.hotel-namenlos.de - geschlossen vor Weihnachten 10 Tage

THE GRAND Ahrenshoop

LUXUS • MODERN An der Stelle des alten Kurhauses und fast direkt am Strand steht diese modern-puristische und überaus großzügige Neuinterpretation. Wer etwas Besonderes sucht, bucht das 150-qm-Loft mit Terrasse! Interessant auch das Bar-Restaurant-Konzept "Weitblick" samt Dachterrasse - hier ambitionierte internationale Küche. Spa-Vielfalt auf rund 3000 qm.

81 Zim - †119/255 € ††170/369 € - ½ P

Schifferberg 24 ✉ 18347 - ✆ 038220 6780 - www.the-grand.de

Namenlos & Fischerwiege

LANDHAUS • GEMÜTLICH Hübsches Häuser-Ensemble in reizvoller meernaher Lage im Grünen. Im Haus Fischerwiege wohnt man schön Richtung Bodden - hier auch der Pool und der Frühstücksraum mit Sicht in den Garten. Sie möchten Meerblick? Den gibt's im Haus Namenlos. Und wie wär's mit hausgemachtem Kuchen im Strandkorb auf der Terrasse?

45 Zim - †100/140 € ††170/250 € - 20 Suiten - ½ P

Schifferberg 9a ✉ 18347 - ✆ 038220 6060 - www.hotel-fischerwiege.de - geschlossen vor Weihnachten 10 Tage

Namenlos - siehe Restaurantauswahl

Künstlerquartier Seezeichen

BOUTIQUE-HOTEL • MODERN Chic, modern, wertig - von den Zimmern und Suiten über die Apartmenthäuser bis zum Spa, dazu der schöne Garten und nicht zuletzt die tolle Dachterrasse mit Meerblick - beliebt für Hochzeiten! Über den Deich geht's zum Strand, wo Sie Ihren eigenen Strandkorb haben.

64 Zim - †100/220 € ††100/290 € - 3 Suiten

Dorfstr. 22 ✉ 18347 - ✆ 038220 67970 - www.seezeichen-hotel.de - geschlossen Januar

In Ahrenshoop-Niehagen Süd: 2,5 km

Am Kiel

INTERNATIONAL • LÄNDLICH X Kein Wunder, dass die Gaststube in dem reizenden roten Reetdachhaus so gefragt ist: ländlich-charmant und leger die Atmosphäre, freundlich der Service, frisch die Gerichte - z. B. "überbackener Schweinerücken" oder "gebratener Ostseesteinbutt".

Menü 32 € - Karte 25/48 €

Hotel Landhaus Morgensünn & Susewind, Boddenweg 12 ✉ 18347 - ✆ 038220 669721 (abends Tischbestellung ratsam) - www.hoteluntermreetdach.de

Landhaus Morgensünn & Susewind

LANDHAUS • GEMÜTLICH Ein liebenswerte Adresse, die Lust auf Urlaub macht! Verschiedene hübsche Reetdachhäuser beherbergen wohnliche Zimmer und Appartements im Landhausstil - hier und da Antiquitäten. Hallenbad im Haus Morgensünn, nur 50 m vom Haus Susewind.

34 Zim - †75/100 € ††80/155 € - 2 Suiten - ½ P

Bauernreihe 4d ✉ 18347 - ✆ 038220 6410 - www.hoteluntermreetdach.de

Am Kiel - siehe Restaurantauswahl

AITERN

Baden-Württemberg - 563 Ew. - Höhe 630 m - Regionalatlas **61**-D21
Michelin Straßenkarte 545

In Aitern-Multen Nord-West: 10 km

Belchenhotel Jägerstüble

GASTHOF · INDIVIDUELL Wunderbar die Lage in 1100 m Höhe! Eine richtig schöne Lobby nebst Lounge-Bar (moderner Stil trifft auf Schwarzwald-Flair) empfängt Sie hier. Auch das Wellnessangebot kann sich wirklich sehen lassen, und wer besonders komfortabel wohnen möchte, bucht eine der hochwertigen Juniorsuiten - alle mit Balkon.

30 Zim - 85/135 € 150/180 € - 2 Suiten - ½ P

Obermulten 3, an der Talstation der Belchenbahn ✉ 79677 - ✆ 07673 888180 - www.belchenhotel.de - geschlossen 19. November - 15. Dezember

ALDERSBACH

Bayern - 4 203 Ew. - Höhe 328 m - Regionalatlas **59**-P19
Michelin Straßenkarte 546

das asam N

MARKTKÜCHE · FREUNDLICH In eine jahrhundertealte Klosteranlage samt Brauerei hat man das Hotel mit Restaurant integriert. In der 1. Etage speist man unter einer schönen hohen Decke mit Stuck und Malereien - attraktiv der Mix aus geradlinigem Interieur und historischem Rahmen. Es gibt modern-regionale Gerichte wie "Zweierlei Lamm aus Zachenberg, Belugalinsen, Birnenkompott, Gewürzjus".

Menü 33/45 € - Karte 27/45 €

27 Zim - 60 € 90 €

Freiherr-von-Aretin-Platz 2 ✉ 94501 - ✆ 08543 6247624 - www.das-asam.de - nur Abendessen - geschlossen Januar 3 Wochen und Dienstag - Mittwoch

ALDINGEN

Baden-Württemberg - 7 433 Ew. - Höhe 650 m - Regionalatlas **62**-F20
Michelin Straßenkarte 545

Aurelia N

BUSINESS · DESIGN Sie suchen ein Hotel im Städtedreieck Rottweil - Tuttlingen - Villingen-Schwenningen? In diesem Designhotel finden Sie großzügige, funktionelle und zugleich richtig schicke und wertige Zimmer in hellen, warmen Tönen. Nett auch das moderne Restaurant - hier gibt es international-regionale Küche.

47 Zim - 84/149 € 104/169 € - 15 € - ½ P

Hauptstr. 11 ✉ 78554 - ✆ 07424 980440 - www.hotel-aurelia.de

ALF

Rheinland-Pfalz - 830 Ew. - Höhe 95 m - Regionalatlas **46**-C15
Michelin Straßenkarte 543

Bömers Mosellandhotel

FAMILIÄR · GEMÜTLICH Hier darf man sich auf freundlichen Service, wohnliche Zimmer (etwas kleiner im Gästehaus nebenan) und ein gutes Frühstück freuen, dazu die hübsche Liegewiese und die Dachterrasse sowie ein Restaurant nebst netter Bier- und Weinstube und schöner Terrasse. Tipp: Moseltour mit dem Fahrrad (Verleih kostenfrei).

36 Zim - 69/84 € 79/150 € - 4 Suiten - ½ P

Ferdinand-Remy-Str. 27 ✉ 56859 - ✆ 06542 2310 - www.boemershotel.de - geschlossen 7. Januar - 15. April, 5. November - 22. Dezember

Burg Arras

HISTORISCHES GEBÄUDE · ROMANTISCH Allein liegt die über 1000 Jahre alte Burg auf einer Bergkuppe, die Aussicht ist grandios - vor allem vom begehbaren Turm. Man bietet schöne wohnliche Zimmer und ein kleines Museum. Rustikales Burgflair im Restaurant - Terrasse mit traumhaftem Blick auf Höllen- und Moseltal.

10 Zim - 115/185 € 150/250 € - ½ P

Wohnplatz 1 ✉ 56859 - ✆ 06542 22275 - www.arras.de - geschlossen Januar - Februar

AMG
NIMMT ALLE MIT.
LÄSST ALLE STEHEN.
Das neue Mercedes-AMG GT 53 4-Türer Coupé.
Jetzt erleben auf: amg4.me/GT4door
#LIFEISARACE
Kraftstoffverbrauch innerorts/außerorts/kombiniert: 12,3–11,7/8,0–7,7/9,4–9,1 l/100 km;
CO2-Emissionen kombiniert: 215–209 g/km.

ALFELD (LEINE)

Niedersachsen – 18 913 Ew. – Höhe 160 m – Regionalatlas **29**-I9
Michelin Straßenkarte 541

In Alfeld-Warzen West: 2,5 km über Hannoversche Straße

Grüner Wald

MARKTKÜCHE • LÄNDLICH Was hier in gepflegtem Ambiente an gut eingedeckten Tischen serviert wird, ist regional-saisonale Küche, die z. B. als "knusprige Ente, Schmorapfel, Rotkohl, Rosenkohl, Kartoffelklöße" daherkommt.

Menü 35 € – Karte 28/50 €

Hotel Grüner Wald, Am Knick 7 ✉ 31061 – ✆ 05181 910010 – www.hotel-gasthof-gruener-wald.de – nur Abendessen, sonntags auch Mittagessen – geschlossen Anfang Januar 1 Woche

Grüner Wald

LANDHAUS • GEMÜTLICH Hier wohnen Sie bei freundlichen Gastgebern in komfortablen Zimmern (meist mit Balkon) und freuen sich am Morgen auf ein frisches Frühstück. Zudem locken die ruhige Lage samt Blick ins Grüne, schöne Radwanderwege, ein Trip nach Hannover...

22 Zim – 60/71 € 89/99 € – ½ P

Am Knick 7 ✉ 31061 – ✆ 05181 910010 – www.hotel-gasthof-gruener-wald.de – geschlossen Anfang Januar 1 Woche

Grüner Wald – siehe Restaurantauswahl

ALLMANNSHOFEN

Bayern – 831 Ew. – Höhe 440 m – Regionalatlas **57**-K19
Michelin Straßenkarte 546

In Allmannshofen-Holzen Süd: 2 km

Kloster Holzen Hotel & Gasthof

HISTORISCH • MODERN Überaus ansprechend der klare moderne Stil in dieser imposanten Klosteranlage (1697) mit Barockkirche. Tolle Veranstaltungsräume mit Stuckdecke, schöne Gewölbe (z. B. im Frühstücksraum), herrlicher Klostergarten... Im rustikalen Gasthof mit Biergarten isst man regional.

63 Zim – 93/133 € 127/167 € – 2 Suiten – ½ P

Klosterstr. 1 ✉ 86695 – ✆ 08273 99590 – www.kloster-holzen.de – geschlossen 1. - 7. Januar

ALPIRSBACH

Baden-Württemberg – 6 349 Ew. – Höhe 441 m – Regionalatlas **54**-E19
Michelin Straßenkarte 545

Rössle

REGIONAL • LÄNDLICH "Hirschkalbsbraten, Preiselbeerbirne, Spätzle", "Filet vom Lachs, Currygemüse, Jasminreis"... In dem Familienbetrieb (bereits in 4. Generation) wird regional-saisonal und mit internationalen Einflüssen gekocht. Und wie wär's mit einem Gästezimmer in frisch-modernem Schwarzwald-Stil?

Menü 25/45 € – Karte 27/51 €

25 Zim – 60/70 € 90/105 €

Aischbachstr. 5 ✉ 72275 – ✆ 07444 956040 – www.roessle-alpirsbach.de – November - April: Montag - Donnerstag nur Abendessen – geschlossen Februar 3 Wochen, 26. Oktober - 22. November und Montagmittag und Mittwoch

Kleines Budget? Profitieren Sie von den Mittagsmenüs zu moderaten Preisen.

ALTDORF

Rheinland-Pfalz - 780 Ew. - Höhe 122 m - Regionalatlas **47**-E17
Michelin Straßenkarte 543

Gästehaus Vinetum

FAMILIÄR • GEMÜTLICH Ruhige Lage, private Atmosphäre, toskanisches Flair... und dazu der Blick auf Weinreben und Pfälzer Wald! Das charmante kleine Haus ist ideal für Wanderer und Radfahrer. Tipp: Im Herbst ist die nahegelegene Weinstube der Familie geöffnet.

7 Zim - †50/55 € ††80/90 €

Raiffeisenstr. 4 ✉ 67482 - ✆ 06327 2907 - www.weingut-bierle.de - geschlossen Mitte Dezember - Ende Januar

ALTDORF bei NÜRNBERG

Bayern - 15 175 Ew. - Höhe 444 m - Regionalatlas **50**-L17
Michelin Straßenkarte 546

Rotes Ross

REGIONAL • GEMÜTLICH X Eine sehr gut besuchte Adresse mit rustikalem Charme. Der historische Gasthof mit langer Familientradition bietet solide regionale Küche zu fairen Preisen, so z. B. "fränkischen Sauerbraten mit Kartoffelkloß, Apfelwürfeln, Preiselbeeren".

Karte 18/41 €

Oberer Markt 5 ✉ 90518
- ✆ 09187 5272 (Tischbestellung erforderlich) - www.rotes-ross-altdorf.de
- geschlossen Januar 1 Woche, über Pfingsten 1 Woche, August 2 Wochen und Montag - Dienstag

ALT DUVENSTEDT

Schleswig-Holstein - 1 891 Ew. - Höhe 8 m - Regionalatlas **2**-I3
Michelin Straßenkarte 541

LammButtRind

MARKTKÜCHE • LÄNDLICH XX Nordisch-leger ist hier die Atmosphäre. In der Küche stehen saisonale Produkte aus der Region absolut im Fokus. Daraus entstehen frische Gerichte wie "Rotbarsch, Spargel, Tortellini, Bärlauch, Hollandaise" oder "Büsumer Lammrücken, Chorizo, geräucherte Paprika, Artischocke, Mais".

Menü 48/88 € - Karte 44/74 €

Seehotel Töpferhaus, Am See 1, am Bistensee, Nord-Ost: 3 km ✉ 24791
- ✆ 04338 997177 - www.lammbuttrind.com - nur Abendessen - geschlossen 8. - 23. Juli und Montag - Dienstag

Seehotel Töpferhaus

LANDHAUS • INDIVIDUELL Erholung und Ruhe pur! Die Lage könnte kaum malerischer sein, der schöne See samt privater Seewiese und eigenem Badesteg liegt direkt vor der Tür! Wohnliche Zimmer im Landhausstil (viele mit Terrasse oder Balkon). Für Kids: Spielzimmer mit Tischtennis, Kicker, Dart... Im Restaurant "Abendbrot" gibt es abends Buffet, sonntags auch am Mittag.

46 Zim - †79/129 € ††99/179 € - 14 € - ½ P

Am See 1, am Bistensee, Nord-Ost: 3 km ✉ 24791 - ✆ 04338 99710
- www.toepferhaus.com

LammButtRind - siehe Restaurantauswahl

ALTENAHR

Rheinland-Pfalz - 1 844 Ew. - Höhe 200 m - Regionalatlas **36**-C13
Michelin Straßenkarte 543

Gasthaus Assenmacher

INTERNATIONAL • LÄNDLICH XX Bei Christian und Christa Storch spürt man das Engagement. Behaglich das Ambiente in Restaurant und Gaststube, herzlich und aufmerksam der Service, richtig gut die Küche. Man kocht geradlinig und fein, ohne Chichi, dafür mit viel Geschmack und Ausdruck. Man kann hier übrigens auch schön gepflegt übernachten.

Menü 36/82 € – Karte 30/59 €

7 Zim – 45/50 € 84/90 €

Brückenstr. 12, an der B 257 53505 – 02643 1848 – www.gasthaus-assenmacher.de – geschlossen Januar - Februar 2 Wochen, Juni - Juli 2 Wochen und Montag, außer an Feiertagen

Ruland

FAMILIÄR • FUNKTIONELL Hier lässt es sich richtig schön wohnen, denn Familie Carnott investiert stetig und kümmert sich mit Engagement um ihr Haus. Die Zimmer im Stammhaus sind hell und freundlich, die im "Brunnenhaus" sind besonders chic, modern und komfortabel.

36 Zim – 55/95 € 90/150 € – ½ P

Brückenstr. 6, an der B 257 53505 – 02643 8318 – www.hotel-ruland.de – geschlossen 4. - 27. Februar

ALTENBERGE

Nordrhein-Westfalen – 10 178 Ew. – Höhe 105 m – Regionalatlas **26**-D9

Michelin Straßenkarte 543

Penz Am Dom

REGIONAL • FREUNDLICH X In dem hübschen alten Bürgerhaus vis-à-vis dem Dom mischt sich Historisches mit Modernem. Ein schöner stimmiger Rahmen für die frische, schmackhafte und preislich faire Küche. Wie wär's z. B. "Steinbeißerfilet mit ligurischem Kartoffel-Gemüse-Tomaten-Ragout"? Mittags unter der Woche nur Business Lunch. Tolle Terrasse!

Menü 36/51 € (abends) – Karte 34/57 € – mittags einfache Karte

Kirchstr. 13 48341 – 02505 9399530 – www.penz-am-dom.de – geschlossen Januar 1 Woche, Juli 1 Woche und Samstagmittag, Sonntag

ALTENSTEIG

Baden-Württemberg – 10 236 Ew. – Höhe 504 m – Regionalatlas **54**-F19

Michelin Straßenkarte 545

In Altensteig-Überberg Nord-West: 2 km

Hirsch

GASTHOF • AUF DEM LAND Ein traditionsreicher Gasthof von 1905, bereits in 5. Generation von der Familie geführt. Fragen Sie nach den Zimmern im Gästehaus - sie liegen zur Südseite mit toller Sicht ins Tal! In gemütlichem Ambiente gibt es bürgerlich-regionale Küche samt Wild aus eigener Jagd. Nett die Gartenterrasse.

15 Zim – 45/58 € 85/110 € – ½ P

Simmersfelder Str. 24 72213 – 07453 8290 – www.hirsch-altensteig.de – geschlossen Januar 3 Wochen

ALTRIP

Rheinland-Pfalz – 7 568 Ew. – Höhe 95 m – Regionalatlas **47**-F16

Michelin Straßenkarte 543

Darstein

BUSINESS • MODERN Mitten im Naherholungsgebiet "Blaue Adria", der See direkt vor der Tür! Aber nicht nur die Lage ist schön: Die Einrichtung ist modern, die Zimmer sind geräumig, die Gastgeber engagiert. Im "Pfälzer" gibt es aufgepeppte Regionalküche. Neben einem top Tagungsbereich hat man sogar eine eigene Hochzeitsinsel!

50 Zim – 70/116 € 112/183 € – 1 Suite – ½ P

Zum Strandhotel 10, im Naherholungsgebiet Blaue Adria 67122 – 06236 4440 – www.hotel-darstein.de – geschlossen Anfang Januar 2 Wochen

ALZEY

Rheinland-Pfalz – 17 519 Ew. – Höhe 192 m – Regionalatlas **47**-E16
Michelin Straßenkarte 543

Selzgold

FAMILIÄR • MODERN Mitten in Alzey steht das sympathische, geschmackvoll-stylische Hotel. Die Zimmer sind modern in Design und Technik, lecker das Frühstück im eigenen Bistro/Café - hier gibt's auch kleine Gerichte. Eine Kaffeerösterei hat man ebenfalls.

10 Zim – 75 € 99 €

Ochslergasse 10 ✉ 55232 – ☎ 06731 5471810 – www.selzgold.de

AMBERG

Bayern – 41 535 Ew. – Höhe 374 m – Regionalatlas **51**-M16
Michelin Straßenkarte 546

Schön Kilian

INTERNATIONAL • TRENDY "Café - Feinkost - Restaurant" - das Konzept kommt an. Lust auf international beeinflusste regionale Speisen wie "Filet vom Wildlachs, Zitronengras, Risotto" und als Dessert ein "lauwarmes Schokoladentörtchen"? Oder lieber tolle hausgemachte Pralinen? Geradlinig-modern das Design, schön der Innenhof.

Menü 55/65 € – Karte 37/68 €

Ziegelgasse 12, in der Grammerpassage ✉ 92224 – ☎ 09621 308404 – www.schoen-kilian.de – geschlossen Sonntagabend - Dienstag

AMÖNEBURG

Hessen – 5 144 Ew. – Höhe 364 m – Regionalatlas **38**-G13
Michelin Straßenkarte 543

Dombäcker

REGIONAL • GEMÜTLICH Ein sympathischer Familienbetrieb ist das schmucke Fachwerkhaus von 1725 direkt am Markt! Man kocht regional und mit internationalem Einfluss - da ist "Rinderroulade mit Kartoffelstampf" genauso lecker wie "Safranrisotto mit Schalen- und Krustentieren". Schön übernachten können Sie hier übrigens auch.

Menü 48 € – Karte 31/57 €

5 Zim – 75 € 118 €

Markt 18 ✉ 35287 – ☎ 06422 94090 – www.dombaecker.de – Dienstag - Donnerstag nur Abendessen – geschlossen 1. - 7. Januar, Ende Juli - Anfang August 2 Wochen und Sonntagabend - Montag

AMORBACH

Bayern – 3 966 Ew. – Höhe 165 m – Regionalatlas **48**-G16
Michelin Straßenkarte 546

Abt- und Schäferstube

FRANZÖSISCH-KLASSISCH • RUSTIKAL Seit über 20 Jahren leuchtet der Stern über diesem Restaurant. Ein Klassiker im besten Sinne: rustikal-elegante Atmosphäre, feine klassisch-französische Küche aus hervorragenden Produkten, eine ausgezeichnete Weinauswahl und eigene Destillate, geschulter Service...

→ Teriyaki von der Gelbflossenmakrele mit Hummermaki, Sesamemulsion und gepickeltem Rettich. Unser Lammrücken mit Bohnenallerlei, geschmorter Zwiebel und Thymian-Knoblauchjus. Schaum von Ziegentopfen, kleine Variation von Sommerbeeren und Bergamotte-Mandelkrokant.

Menü 79/119 € – Karte 71/89 €

Hotel Der Schafhof, Schafhof 1, im Otterbachtal, West: 3,5 km ✉ 63916 – ☎ 09373 97330 – www.schafhof.de – geschlossen 1. Januar - 14. März und Montag - Dienstag

Benediktinerstube

REGIONAL • GEMÜTLICH X Im ehemaligen Kelterhaus des Schafhofs - gleich neben dem Stammhaus - geht es etwas ländlicher zu. Hier kocht man regional mit mediterranem Einschlag, freigelegtes Fachwerk und Holztäfelung machen es dazu schön gemütlich.

Menü 35/57 € - Karte 35/52 €

Hotel Der Schafhof, Schafhof 1, im Otterbachtal, West: 3,5 km ✉ 63916 - ✆ 09373 97330 - www.schafhof.de - geschlossen Mitte März - Dezember: Mittwoch - Donnerstag

Der Schafhof

HISTORISCH • INDIVIDUELL Ein wunderbarer Ort, wahrhaft idyllisch und einsam inmitten von Wald und Weiden - man spürt förmlich die Historie des einstigen Klosterguts von 1446! Schöne Zimmer (elegant oder gemütlich-rustikal), ausgezeichnetes Frühstück, eine Weinprobe im eigenen Weinkeller, Entspannung bei Kosmetik/Massage oder am Naturbadeteich... Das Engagement der Gastgeber tut ein Übriges!

24 Zim - 80/155 € 110/155 € - 1 Suite - 19 €

Schafhof 1, im Otterbachtal, West: 3,5 km ✉ 63916 - ✆ 09373 97330 - www.schafhof.de

Abt- und Schäferstube • **Benediktinerstube** – siehe Restaurantauswahl

AMRUM (INSEL)

Schleswig-Holstein – Regionalatlas **1**-F2
Michelin Straßenkarte 541

Norddorf - 563 Ew.

Hüttmann

LANDHAUS • GEMÜTLICH Seit 1892 (in 4. Generation) ist die schöne Hotelanlage in Familienbesitz. Individuelle Zimmer mit nordischem Charme, Kosmetik- und Massageangebote sowie ein Abendrestaurant nebst Terrasse mit Pavillon - gekocht wird regional-international, Wild kommt aus eigener Jagd. Ganztägig geöffnet: legeres Café-Bistro.

45 Zim - 95/115 € 120/185 € - 9 Suiten - ½ P

Ual Saarepswai 2 ✉ 25946 - ✆ 04682 9220 - www.hotel-huettmann.de

AMSTETTEN

Baden-Württemberg – 3 887 Ew. – Höhe 628 m – Regionalatlas **56**-I19
Michelin Straßenkarte 545

In Amstetten-Stubersteim Nord-Ost: 5,5 km über Hofstett-Emerbuch

Stubersheimer Hof

KLASSISCHE KÜCHE • GEMÜTLICH XX Gemütlichkeit und ländlichen Charme versprüht der hübsch sanierte historische Bauernhof. Man kocht klassisch-regional, so z. B. "Zander mit Champagner-Senfkraut und geschmolzener Schwarzwurst" oder "Zwiebelrostbraten mit Spätzle". Zum Übernachten: schöne Zimmer mit Parkett, teils mit freigelegten Holzbalken.

Karte 31/57 €

7 Zim - 79 € 119 €

Bräunisheimer Str. 1 ✉ 73340 - ✆ 07331 4429970 - www.stubersheimer-hof.de - nur Abendessen, sonntags auch Mittagessen - geschlossen Anfang August 3 Wochen und Montag - Dienstag

Lassen Sie sich bei Ihrer Reservierung den zurzeit gültigen Preis mitteilen.

AMTZELL

Baden-Württemberg - 4 133 Ew. - Höhe 556 m - Regionalatlas **63**-H21
Michelin Straßenkarte 545

In Amtzell-Geiselharz Süd-Ost: 1 km, jenseits der B 32

Schattbuch

KREATIV • TRENDY XX Hier überzeugen Rahmen und Küche gleichermaßen. Zum attraktiven geradlinig-modernen Interieur gesellen sich aufmerksamer und versierter Service sowie kreative Gerichte, die auf saisonalen Bezug und frische, gute Produkte setzen. Einladend die Gartenterrasse am Teich.

→ Kalbstatar, Kalbskopfsülze, Senfsaat und Schalottenvinaigrette. Oma's Suppentopf "neu interpretiert" - Praline und Essenz vom Ochsenschwanz mit Brätstrudel. Zweierlei Seeteufel, Chorizoschaum, Chicorée, Sauerrahmcrème, Zitrusgnocchi.

Menü 60/90 € - Karte 47/81 €

Schattbucher Str. 10 ✉ 88279 - ✆ 07520 953788 - www.schattbuch.de - geschlossen Anfang Januar 2 Wochen, August 2 Wochen und Samstagmittag, Sonntag - Montag

ANDERNACH

Rheinland-Pfalz - 29 202 Ew. - Höhe 70 m - Regionalatlas **36**-D14
Michelin Straßenkarte 543

Purs N

MODERNE KÜCHE • DESIGN XXX In einer unscheinbaren Nebenstraße von Andernach versteckt sich dieses kleine Juwel, entstanden aus der "Alten Kanzlei" von 1677. Das geschmackvolle moderne Design von Axel Vervoordt, das schon im Hotel für einen äußerst schicken Look sorgt, setzt sich im Restaurant fort. Hingucker sind tolle Kunstwerke an der Wand sowie die - dank verglaster Front - gut einsehbare Küche. Was der gebürtige Freiburger Christian Eckhardt hier aus erstklassigen Zutaten komponiert, ist ein brillantes Zusammenspiel wunderbarer Aromen. Geradezu grandios, wie durchdacht und elegant er exquisites Kalb zubereitet: knusprig gebratenes, zartes Bries und feine Streifen von rohem Filet, serviert mit einer Kombination aus Spargel und Wildkräutern, die stimmiger nicht sein könnte! Im Februar 2018 wurde das "Purs" eröffnet und schon im Guide MICHELIN 2019 ist es mit zwei Sternen ausgezeichnet. Nicht entgehen lassen sollten Sie sich auch die hervorragenden glasweisen Empfehlungen des Sommeliers! Eine schöne Ergänzung für den Apero ist übrigens die "Weiße Lounge".

→ Carabinero, Thai Mango, Daikon, Erdnuss. Black Angus Beef, Sellerie, geflämmte Paprika, Pistazie. Kirsche, grüner Shiso, Sesam.

Menü 150/180 €

Hotel Purs, Steinweg 30 ✉ 56626 - ✆ 02632 9586750 - www.hotelpurs.com - nur Abendessen - geschlossen 18. Februar - 3. März, 29. Juli - 18. August und Sonntag - Dienstag

Ristorante Ai Pero

ITALIENISCH • CHIC XX Dies ist die Gourmet-Variante des "Ai Pero". Gehoben, saisonal und schön authentisch ist die Küche des kleinen Ristorante, angenehm reduziert und geschmacklich auf den Punkt gebracht, fein und ebenso kraftvoll, sehr gut die Produkte. Und dazu ein Wein aus Italien? Chic das wertig-moderne Interieur, aufmerksam, freundlich und geschult der Service.

→ Rochenflügel, Kapern, Amalfizitrone, Perlzwiebeln. Maibock, Mispeln, Haselnusstortellini, Pfifferlinge. Zweierlei von der Taube, Spargel, Espresso, Balsamico.

Menü 76/96 € - Karte 63/85 €

Hotel Am Ochsentor, Schafbachstr. 20 ✉ 56626 - ✆ 02632 9894060 (Tischbestellung ratsam) - www.hotel-ochsentor.de - nur Abendessen - geschlossen 25. Februar - 10. März, 1. - 28. Juli und Sonntag - Dienstag

YOSO

ASIATISCH • GERADLINIG "Yoso" - ist koreanisch und steht für die Elemente Feuer, Wasser, Luft und Erde, und die werden nach dem Vorbild asiatischer Garküchen in einem überaus interessanten modernen "Streetfood & Sushi"-Konzept umgesetzt. Mittags gibt es den preiswerten Businesslunch und eine kleine A-la-carte-Auswahl, am Abend ist das Angebot umfangreicher.

→ Rindertatar, Spinat, Sesam, Ei. Makrele Bulgogi Art, Kopfsalat, Perlzwiebel. Lamm gebraten, Mais, Tikka Sauce.

Menü 64/94 € (abends) - Karte 41/59 €

Hotel Am Ochsentor, Schafbachstr. 14 ✉ 56626 - ✆ 02632 4998643 (Tischbestellung ratsam) - www.yoso-food.de - geschlossen 18. Februar - 3. März, 29. Juli - 25. August und Sonntag - Montag

Purs N

BOUTIQUE-HOTEL • DESIGN Das luxuriöse und mit persönlicher Note gestaltete kleine Boutique-Hotel trägt die Handschrift des Designers Axel Vervoordt - ausgesprochen chic und wertig! Ganz besonderen Charme versprühen die Zimmer im 300 Jahre alten Stammhaus. Attraktiv auch die Bar - hier wird morgens à la carte gefrühstückt.

10 Zim - †240/440 € ††285/560 € - 1 Suite

Steinweg 30 ✉ 56626 - ✆ 02632 9586750 - www.hotelpurs.com - geschlossen 18. Februar - 3. März, 29. Juli - 18. August

Purs - siehe Restaurantauswahl

Am Ochsentor

URBAN • MODERN Hier überzeugt zum einen die Lage in der Altstadt, zum anderen das wertige Interieur aus schickem, stimmigem Design und moderner Technik. Sehr nett die ungezwungen-trendige "Trattoria Ai Pero" mit italienischer Küche. Gegenüber dem Hotel: "Rufus Bar & Lounge". Tipp: Besuchen Sie den 60 m hohen Kaltwasser-Geysir!

22 Zim - †109 € ††139 € - 2 Suiten

Schafbachstr. 20 ✉ 56626 - ✆ 02632 9894060 - www.hotel-ochsentor.de

Ristorante Ai Pero • **YOSO** - siehe Restaurantauswahl

ANSBACH

Bayern - 40 010 Ew. - Höhe 405 m - Regionalatlas **49**-J17
Michelin Straßenkarte 546

La Corona

MARKTKÜCHE • MEDITERRANES AMBIENTE Sie finden diese gemütliche Adresse - ein Mix aus Vinothek und Restaurant - in einem Hinterhof in der Stadtmitte. Die Leidenschaft der Gastgeber ist förmlich zu schmecken - wie wär's z. B. mit "Sauerbraten vom Steigerwälder Frischling mit Pumpernickel und Datteln"? Toll die Auswahl von rund 1400 Weinen!

Karte 37/72 €

Johann-Sebastian-Bach-Platz 20 ✉ 91522 - ✆ 0981 9090130 - www.lacorona.de - nur Abendessen - geschlossen Sonntag - Mittwoch, Feiertage

Schwarzer Bock

REGIONAL • GASTHOF Hier erwartet Sie fränkisch-pfälzische Wirtshauskultur, wertige Einrichtungsdetails mischen sich gelungen mit dem traditionellen Charme. Das Angebot reicht von Flammkuchen über Wildbratwürste bis "Schäuferla mit Kloß". Und als Dessert vielleicht "Dampfnudel rot-weiß"? Im Sommer sitzt man auf der Terrasse am schönsten.

Menü 32/64 € (abends) - Karte 20/44 €

Hotel Schwarzer Bock, Pfarrstr. 31 ✉ 91522 - ✆ 0981 421240 - www.schwarzerbock.com

Schwarzer Bock

HISTORISCH • INDIVIDUELL Das kleine Rokoko-Haus liegt mitten in der Altstadt und lädt schon mit seiner hübschen Fassade zum Verweilen ein. Drinnen sieht es ebenso ansprechend aus: Die Zimmer sind individuell geschnitten, wohnlich gestaltet und bieten neben kostenfreier Minibar auch W-Lan und DVD-Player.

14 Zim - 75/149 € 99/229 € - 3 Suiten - ½ P

Pfarrstr. 31 91522 - 0981 421240 - www.schwarzerbock.com

Schwarzer Bock - siehe Restaurantauswahl

APPENWEIER

Baden-Württemberg - 9 867 Ew. - Höhe 152 m - Regionalatlas **54**-E19
Michelin Straßenkarte 545

In Appenweier-Nesselried

Gasthof Engel

REGIONAL • GASTHOF Freundlich kommt die mit hellem warmem Holz ausgestattete Gaststube daher. Gekocht wird Regionales wie "Wildgulasch in Burgundersoße mit Champignons und Butterspätzle". Schön gepflegt übernachten können Sie hier ebenfalls.

Menü 25 € - Karte 26/50 €

12 Zim - 60/68 € 90/102 € - 3 Suiten

Dorfstr. 43 77767 - 07805 919181 - www.gasthof-engel.de - geschlossen 27. Februar - 14. März, 19. August - 5. September

ARNSBERG

Nordrhein-Westfalen - 73 436 Ew. - Höhe 200 m - Regionalatlas **27**-E11
Michelin Straßenkarte 543

Menge

MARKTKÜCHE • FREUNDLICH Christoph Menge kocht geschmackvoll und ambitioniert, von gefragten Klassikern wie dem "Sauren Schnitzel" bis zu gehobeneren Gerichten wie "Wolfsbarsch mit Petersilienwurzel und Rote Beete". Je nach Saison gibt's auch Galloway-Rind, Wild und Lamm - natürlich aus der Region.

Menü 39/63 € - Karte 30/65 €

Hotel Menge, Ruhrstr. 60 59821 - 02931 52520 - www.hotel-menge.de - nur Abendessen - geschlossen Februar 2 Wochen, Juli - August 2 Wochen, 23. - 26. Dezember und Sonntag - Montag

Menge

GASTHOF • INDIVIDUELL Familie Menge betreibt das Haus schon in der 7. Generation, und das mit Engagement, wie die sehr freundliche Gästebetreuung, die gute Zimmerausstattung und nicht zuletzt das leckere Frühstück mit hausgemachter Marmelade zeigen! Und wenn Sie gerne Fahrrad fahren: Das Hotel liegt am Ruhrtalradweg.

18 Zim - 69/91 € 89/126 € - ½ P

Ruhrstr. 60 59821 - 02931 52520 - www.hotel-menge.de - geschlossen Februar 2 Wochen, Juli - August 2 Wochen, 23. - 26. Dezember

Menge - siehe Restaurantauswahl

ARNSTADT

Thüringen - 23 899 Ew. - Höhe 280 m - Regionalatlas **40**-K13
Michelin Straßenkarte 544

Stadthaus Arnstadt

HISTORISCH • TRADITIONELL Mit Liebe zum Detail hat man das über 400 Jahre alte Fachwerkhaus im historischen Stadtkern restauriert. Schöne alte Dielenböden, hier und da Antiquitäten und original Deckenmalerei, das hat Charme! Frühstück in der ehemaligen Schwarzküche.

6 Zim - 89/109 € 129/139 €

Pfarrhof 1, Zufahrt über Kohlgasse 99310 - 03628 5869991 - www.stadthaus-arnstadt.de - geschlossen Januar 3 Wochen

ARNSTORF

Bayern – 6 695 Ew. – Höhe 397 m – Regionalatlas **59**-O19
Michelin Straßenkarte 546

In Arnstorf-Mariakirchen Nord-Ost: 4 km

Schlossparkhotel

HISTORISCHES GEBÄUDE • MODERN Sehr gelungen hat man auf dem Anwesen des Wasserschlosses das klare Design eines Glasbaus mit dem bayerischen Gasthof-Charme des "Hofwirts" verbunden. In beiden Gebäuden wohnt man schön modern, historisches Flair im Schloss. Ländlich-rustikal die Gastronomie samt Biergarten unter Kastanien. Es gibt selbstgebrautes Bier und Erzeugnisse aus der eigenen Landwirtschaft.

53 Zim – †69/89 € ††118/129 € – 1 Suite

Obere Hofmark 3 ✉ 94424 – ✆ 08723 978710 – www.schloss-mariakirchen.de – geschlossen 21. Dezember - 6. Januar

ASCHAFFENBURG

Bayern – 68 167 Ew. – Höhe 138 m – Regionalatlas **48**-G15
Michelin Straßenkarte 546

Oechsle

TRADITIONELLE KÜCHE • FREUNDLICH XX Hier wird mit regionalem und saisonalem Bezug gekocht - gut und preislich fair. Auf der Karte z. B. "in Apfelwein geschmorter Schweinebraten mit Semmelknödel und Krautsalat". Tipp: Kommen Sie doch auch mal zum Gänseessen! Und das Ambiente? Ein Mix aus modern und rustikal - hübsch der Kachelofen von 1840.

Menü 56 € – Karte 28/57 €

Hotel Zum Goldenen Ochsen, Karlstr. 16, Zufahrt über Friedrichstraße ✉ 63739 – ✆ 06021 23132 – www.zumgoldenenochsen.de – nur Abendessen – geschlossen 1. - 7. Januar, 17. - 23. Juni, 12. August - 3. September und Sonntag - Montag

Zum Goldenen Ochsen

GASTHOF • MODERN Direkt gegenüber dem Schlosspark und zentral nahe dem Bahnhof liegt der zum Hotel gewachsene Gasthof a. d. 16. Jh. Die Zimmer sind funktionell, die Bäder meist mit Tageslicht. Für Fahrradfahrer ideal: Der Mainradweg ist ca. 300 m entfernt.

39 Zim – †78/98 € ††98/140 € – ½ P

Karlstr. 16, Zufahrt über Friedrichstraße ✉ 63739 – ✆ 06021 23132 – www.zumgoldenenochsen.de

Oechsle – siehe Restaurantauswahl

ASCHAU im CHIEMGAU

Bayern – 5 577 Ew. – Höhe 615 m – Regionalatlas **66**-N21
Michelin Straßenkarte 546

✿✿ Restaurant Heinz Winkler

FRANZÖSISCH-KLASSISCH • ELEGANT XXXX Als eine der wohl schönsten Gegenden Deutschlands gilt sicherlich der Chiemgau südlich von München. In Aschau, eingebettet in diese herrliche Landschaft, hat sich Kochgenie Heinz Winkler 1991 mit der „Residenz Heinz Winkler" seinen Lebenstraum erfüllt. Entstanden ist ein Refugium aus einer spätmittelalterlichen Anlage, die über Jahrhunderte hinweg ein uriger Gasthof war. Das Wohlgefühl, welches das gesamte Haus erweckt, wird durch die kulinarischen Kreationen des Hausherrn - einem gebürtigen Südtiroler – und seines Küchenchefs Steffen Metzger gekrönt. Diese sind nicht nur ein Augenschmaus, sondern in ihrer Feinheit und Finesse auf einem hohen Level zubereitet. Dabei legt Winkler sehr viel Wert auf einen intensiven Geschmack der einzelnen Komponenten, die sich sehr ausdrucksstark zeigen und auch immer wieder für gelungene Kontraste sorgen. Kurzum – hier schwingen klassische Kulinarik, Ambiente und Natur zu idealer Harmonie aus.

→ Ceviche von Tiefseegarnelen und Avocados. Lotte mit jungem Knoblauch. Lammrücken mit Kräuter-Senfkruste.

Menü 155/178 € - Karte 75/170 €

Hotel Residenz Heinz Winkler, Kirchplatz 1 ✉ 83229 - ✆ 08052 17990 - www.residenz-heinz-winkler.de - Montag - Donnerstag nur Abendessen, außer an Feiertagen

Residenz Heinz Winkler

GASTHOF · ELEGANT Mitten im Ort und doch eine eigene Welt... Ein jahrhundertealtes Anwesen, gleich nebenan die Kirche, ringsum die wunderbare Bergkulisse - Heinz Winkler hat hier die perfekte Verbindung von elegantem Luxus und traditionell-bayerischem Gasthaus-Charme geschaffen. So groß seine Leidenschaft fürs Kochen, so intensiv sein Engagement als Gastgeber.

19 Zim - †225/265 € ††250/450 € - 13 Suiten - ½ P

Kirchplatz 1 ✉ 83229 - ✆ 08052 17990 - www.residenz-heinz-winkler.de

✿✿ **Restaurant Heinz Winkler** - siehe Restaurantauswahl

ASCHEFFEL

Schleswig-Holstein - 1 014 Ew. - Höhe 42 m - Regionalatlas **2**-I3
Michelin Straßenkarte 541

Globetrotter Lodge

BUSINESS · MODERN Rund 100 m über dem Meer gelegen, bietet das Hotel mitten in der Naturlandschaft Hüttener Berge eine tolle Aussicht! Chic die geräumigen Zimmer in naturbetontem Design! Ganz was Besonderes: die "Glamping"-Zelte. Toller Aussichtsturm, auch über eine Kletterwand zu erklimmen! Regionale Küche im Restaurant "Campfire".

30 Zim - †95/105 € ††133/145 € - ½ P

Am Aschberg 3 ✉ 24358 - ✆ 04353 99800010 - www.globetrotter-lodge.de

ASPERG

Baden-Württemberg - 13 065 Ew. - Höhe 270 m - Regionalatlas **55**-G18
Michelin Straßenkarte 545

✿ Schwabenstube

FRANZÖSISCH-KLASSISCH · ELEGANT XXX Bereits die 4. Generation sorgt im Hause Ottenbacher für Herzlichkeit und Beständigkeit. Man pflegt das Bewährte und bleibt dennoch nicht stehen. So trifft in dem schmucken Fachwerkhaus historischer Charme auf modern-elegante Elemente, am Herd vereint man Klassik durchdacht und finessenreich mit neuen Ideen. Sehr gut die Weinkarte und die Beratung.

→ Getauchte Jakobsmuschel mit Fenchel, Safran und Schafgarbe. Zander aus dem Rhein mit Texturen von der Süßkartoffel, Kochbanane und Papayasalat. Himbeer-Tomatentörtchen mit Basilikum-Himbeereis, weißer Schokoladencrème und Basilikumsud.

Menü 58/105 € - Karte 60/86 €

Hotel Adler, Stuttgarter Str. 2 ✉ 71679 - ✆ 07141 26600 - www.adler-asperg.de - nur Abendessen - geschlossen Anfang Januar 2 Wochen, 7. - 31. August und Sonntag - Dienstag, Feiertage

Aguila

SPANISCH · GEMÜTLICH X Was entsteht, wenn Spanien auf Schwaben trifft? "Schwabbas"! Viele Neugierige probieren in angenehm ungezwungener Atmosphäre diesen Küchenmix! Sie können aber auch gerne "entweder-oder" essen.

Menü 35/42 € - Karte 35/48 €

Hotel Adler, Stuttgarter Str. 2 ✉ 71679 - ✆ 07141 26600 - www.adler-asperg.de - nur Abendessen - geschlossen 12. - 26. August und Samstag, Feiertage

Adler

GASTHOF • MODERN Seit über 100 Jahren sind die Ottenbachers hier und investieren stetig! Schön die modern-elegante Lobby und der Frühstücksraum - die Bar "RicharZ" wird morgens zum Buffet. Wie wär's mit einem Themenzimmer? "Daimler", "Bosch" oder "Porsche"?

70 Zim - †119/169 € ††129/179 € - ☕ 18 €

Stuttgarter Str. 2 ✉ 71679 - ✆ 07141 26600 - www.adler-asperg.de

Schwabenstube • **Aguila** - siehe Restaurantauswahl

ATTENDORN

Nordrhein-Westfalen - 24 277 Ew. - Höhe 255 m - Regionalatlas **37**-E12
Michelin Straßenkarte 543

An der Straße nach Helden Ost: 3,5 km

Burghotel Schnellenberg

HISTORISCHES GEBÄUDE • ROMANTISCH Ein tolles Anwesen ist die imposante Burg über der Stadt - wie gemacht für Hochzeiten und Veranstaltungen. Die Zimmer sind unterschiedlich geschnitten, geräumiger die schönen Turmzimmer. Saunabereich im Gewölbe. Einstiger Rittersaal als Restaurant, dazu die reizvolle Terrasse auf drei Ebenen.

42 Zim ☕ - †95/145 € ††120/190 € - 3 Suiten - ½ P

Schnellenberger Weg 1 ✉ 57439 Attendorn - ✆ 02722 6940
- www.burg-schnellenberg.de - geschlossen Anfang Januar 1 Woche

AUE

Sachsen - 16 617 Ew. - Höhe 350 m - Regionalatlas **42**-O13
Michelin Straßenkarte 544

Tausendgüldenstube

REGIONAL • LÄNDLICH XX 340 Jahre Tradition, da spürt man historischen Charme! Dank Kachelofen und Holzvertäfelung ist es hier schön gemütlich, man wird persönlich umsorgt und zudem isst man gut - probieren Sie z. B. "in Burgunder geschmorte Kalbsbacke" oder "St. Pierre mit Risotto". Oder macht Ihnen die große Steakkarte Appetit?

Menü 37/52 € - Karte 33/49 €

Hotel Blauer Engel, Altmarkt 1 ✉ 08280 - ✆ 03771 5920
- www.hotel-blauerengel.de - nur Abendessen - geschlossen Januar, Juli - August und Sonntag - Montag, Feiertage

St. Andreas

MODERNE KÜCHE • GERADLINIG XX Aufwändig und mit kreativen Einflüssen kocht man in dem angenehm modern-legeren Restaurant der Ungers - einer der Brüder steht am Herd, der andere leitet den Service. Auf der Karte liest man z. B. "Lamm, Spargel, Bärlauch, Kartoffel".

Menü 86/135 € - Karte 94/101 €

Hotel Blauer Engel, Altmarkt 1 ✉ 08280 - ✆ 03771 5920
- www.hotel-blauerengel.de - nur Abendessen - geschlossen Januar, Juli - August und Sonntag - Montag, Feiertage

Blauer Engel

HISTORISCH • MODERN Eine engagiert geführte Adresse, alles ist top in Schuss! Seit 1663 existiert das Hotel in der Stadtmitte, hinter dessen attraktiver wiederhergestellter Gründerzeitfassade man schön modern wohnt und bei Beauty und Massage entspannt. "Lotters Wirtschaft": Hausbrauerei mit Kupferkesseln und Backsteingewölbe.

39 Zim ☕ - †85/105 € ††110/140 € - ½ P

Altmarkt 1 ✉ 08280 - ✆ 03771 5920 - www.hotel-blauerengel.de

Tausendgüldenstube • **St. Andreas** - siehe Restaurantauswahl

AUENWALD

Baden-Württemberg - 6 767 Ew. - Höhe 500 m - Regionalatlas **55**-H18
Michelin Straßenkarte 545

In Auenwald-Däfern

Landgasthof Waldhorn

MARKTKÜCHE • GASTHOF XX Es ist die gute saisonal-regionale und internationale Küche, die immer wieder zahlreiche Stammgäste in das ländlich-elegante Restaurant lockt. "In Rotwein geschmorte Ochsenbäckle" schmecken hier ebenso gut wie "Tatar vom geräucherten Lachs". Herrlich die Gartenterrasse!

Menü 36/57 € - Karte 35/55 €

Hohnweilerstr. 10 ✉ 71549 - ✆ 07191 312312 - www.waldhorn-daefern.de - geschlossen Februar - März 2 Wochen, September - Oktober 2 Wochen und Dienstag - Mittwoch, Samstagmittag

AUERBACH in der OBERPFALZ

Bayern - 8 813 Ew. - Höhe 434 m - Regionalatlas **51**-L16
Michelin Straßenkarte 546

SoulFood (Michael Laus)

KREATIV • TRENDY XX Die herzlichen Gastgeber leben hier ihren gastronomischen Traum, und zwar in Form eines unkomplizierten Konzepts, das Freude macht: Man kocht nicht nur ausdrucksstark, kreativ und mit richtig guten Produkten, die Gerichte sind zudem auch noch preislich fair! Wer da in der Nähe wohnt, kann sich glücklich schätzen!

→ Bunter Salat von weißem und grünem Spargel mit Ofentomaten, Wachtelei. Gebratene Bachforelle mit Hüttenkäse, Gurke und Forellenkaviar. Weiße Schokoladenganache mit geschmortem Vanille-Rhabarber, Erdbeersorbet.

Menü 39 € (mittags unter der Woche)/66 € - Karte 47/65 €

Unterer Markt 35 ✉ 91275 - ✆ 09643 2052225 - www.restaurant-soulfood.com - geschlossen 1. - 30. Januar und Montag - Dienstag

AUERBACH (VOGTLAND)

Sachsen - 18 984 Ew. - Höhe 460 m - Regionalatlas **42**-N13
Michelin Straßenkarte 544

In Auerbach-Schnarrtanne Ost: 6 km Richtung Schönheide

Renoir

KLASSISCHE KÜCHE • ELEGANT XX Wer bei diesem Namen Kunst vermutet, liegt ganz richtig, denn Gemälde nach dem Vorbild Renoirs zieren das gemütlich-gediegene Restaurant. Serviert werden klassische Gerichte wie "Spinatsuppe mit Lachstörtchen" oder "Skrei mit Dijon-Senfkruste und Safrangnocchi".

Menü 41/46 € - Karte 33/55 €

Schönheider Str. 235 ✉ 08209 - ✆ 03744 215119 (Tischbestellung ratsam) - www.restaurant-renoir.de - Mittwoch - Freitag nur Abendessen - geschlossen 2. - 10. Januar, 23. - 30. April, 1. - 11. Juli, 8. - 16. Oktober und Sonntagabend - Dienstag

AUGGEN

Baden-Württemberg - 2 661 Ew. - Höhe 264 m - Regionalatlas **61**-D21
Michelin Straßenkarte 545

Zur Krone

LANDHAUS • GEMÜTLICH Welch ein charmantes Landhotel! Ob im Stammhaus (hier sind die Zimmer etwas kleiner), im Brunnenhaus oder im Kutscherhaus, überall hat man es richtig wohnlich, dazu der wunderschöne "Wohlfühlgarten". Neben einem frischen, guten Frühstück gibt es für Hausgäste auch kleine Speisen.

32 Zim - †70/79 € ††89/152 €

Hauptstr. 6 ✉ 79424 - ✆ 07631 6075 - www.hotelkroneauggen.de

vicuschka/iStock

WIR MÖGEN BESONDERS...
Das doppelt besternte **August** als Muss für Liebhaber der kreativen „Highend"-Küche. Im Augsburger Hotel-Flaggschiff **Steigenberger Drei Mohren** modern-elegant nächtigen. Einen Museumsbesuch mit einem guten Essen im **Magnolia** verbinden. **Die Ecke** als echter Klassiker in der Altstadt - charmanter Innenhof inklusive!

AUGSBURG

Bayern - 281 111 Ew. - Höhe 494 m - Regionalatlas **57**-K19
Michelin Straßenkarte 546

Restaurants

✿✿ **AUGUST** (Christian Grünwald)

KREATIV • KLASSISCHES AMBIENTE XX Der aus Wangen im Allgäu stammende Christian Grünwald ist jemand, der etwas wagt, der seine ganz eigenen Vorstellungen konsequent durch viele Bereiche dekliniert und Erfolg damit hat. Der Umzug vor einigen Jahren in die Beletage der denkmalgeschützten und im Neorenaissance-Stil erbauten Haag-Villa aus dem Jahr 1877 hat sich auf jeden Fall gelohnt. Und nicht nur bei der Wahl der Räumlichkeiten hat sich der Patron für das Außergewöhnliche entschieden: Die Gäste nehmen an beleuchteten Tischen Platz, die an ein Lagerfeuer erinnern sollen. Auch das Geschirr, auf dem seine Sterneküche serviert wird, zeigt sich in einem ganz besonderen Design.
Fazit: Das „August" bietet einen inspirierenden Rahmen, in dem die innovative Kreativ-Cuisine von Christian Grünwald natürlich die Hauptrolle spielt. Er kocht auf seine unverwechselbare Art - exzellent das Wagyu-Rind, der Thunfischbauch, der topfrische bretonische Hummer... Man merkt, dass er die Welt und auch das Kochen mit den Augen eines Künstlers sieht.

→ Gepickelter Spargel, Auster, Herzmuschel und Hummer, Algen-Krokant und Sand, geeister Feta. Trüffelei, Gartenkresse, Blüten und Blätter, Nektar von 12 Gemüsen. Lamm, Apfelasche, Paprika und Bries, junge Zwiebeln.

Menü 159/190 €

Stadtplan : B1-a - *Johannes-Haag-Str. 14, (in der Haag-Villa) ✉ 86153 - ✆ 0821 35279 (Tischbestellung erforderlich) - nur Abendessen - geschlossen März - April 1 Woche, August - September 1 Woche und Sonntag - Dienstag*

Ein wichtiges Geschäftsessen oder ein Essen mit Freunden?
Das Symbol ⇔ weist auf Veranstaltungsräume hin.

Sartory

KLASSISCHE KÜCHE • ELEGANT XXX Geradliniger Stil und schicke Grautöne, stilvolle Kronleuchter an der Decke und alte Portraits an den Wänden - elegant und zugleich recht trendig ist das intime kleine Restaurant. Auf klassischer Basis wird modern und saisonal gekocht, sehr gut die Produkte. Angenehm: Die Fensterfront zur Terrasse lässt sich öffnen.

→ Gebratener Wolfsbarsch, Barolobutter, Pinienspinat, gefüllte Schalotte, Polentaravioli. Rehrücken, Fichtensprossensauce, Sellerie im Salzteig gebacken, karamellisierter Brokkoli, Maronenpüree, Quitte. Dessert von Zwetschge und Valrhona Ivorie Schokolade.

Menü 88/139 € – Karte 83/93 €

Stadtplan : A2-a – *Hotel Steigenberger Drei Mohren, Maximilianstr. 40 ✉ 86150 – ✆ 0821 50360 – www.augsburg.steigenberger.de – geschlossen Januar, August und Sonntag - Donnerstagmittag, Freitagmittag*

Die Ecke

INTERNATIONAL • GEMÜTLICH XX Sie mögen die kulinarische Klassik? In dem "Eckehaus" von 1577 entstehen aus sehr guten Produkten schmackhafte Gerichte wie "Brust & Keule von der Wachtel mit Frühlingssalat", "Seezunge Müllerin Art" oder "Filetspitzen Stroganoff". Schöne Weine samt Raritäten. Charmant die Innenhofterrasse!

Menü 24 € (mittags unter der Woche)/78 € – Karte 46/81 €

Stadtplan : A2-n – *Elias-Holl-Platz 2 ✉ 86150 – ✆ 0821 510600 – www.restaurant-die-ecke.de*

Magnolia

INTERNATIONAL • TRENDY XX Ein Essen hier lässt sich wunderbar mit dem Besuch des Kunstmuseums oder des "tim" (Textil- und Industriemuseum) verbinden. Man kocht mediterran und mit regionalen Einflüssen, es gibt z. B. "Drachenkopf vom Grill mit Pulpo und karamellisiertem Fenchel" oder auch klassischen Zwiebelrostbraten. Schöne Terrasse.

Menü 24 € (mittags unter der Woche)/81 € – Karte 37/69 €

Stadtplan : B2-m – *Beim Glaspalast 1 ✉ 86153 – ✆ 0821 3199999 – www.restaurant-magnolia.de – geschlossen Samstagmittag*

Maximilian's

INTERNATIONAL • BISTRO XX Geradliniger Stil, warme Töne, Blick in die Showküche. Das moderne Bistro bietet internationale Gerichte wie "mariniertes Octopus-Carpaccio, Oliven-Mayonnaise, Kapern" oder "Boeuf Bouguignon, Tagliatelle, Speck, glasierte Karotten".

Menü 49 € – Karte 40/73 €

Stadtplan : A2-a – *Steigenberger Hotel Drei Mohren, Maximilianstr. 40 ✉ 86150 – ✆ 0821 50360 – www.augsburg.steigenberger.de – geschlossen Sonntagabend*

Färberei

KREATIV • TRENDY X Das alte Stadthaus in einem kleinen Gässchen in der Fußgängerzone bietet in modern-legerer Atmosphäre zwei Konzepte: mittags einfaches Bistro & Café, abends kreative Küche auf regionaler und internationaler Basis, z. B. in Form von "glasierter Lotte mit Belugalinsen, Lauch, Vanille & Holunder".

Menü 60/80 € – Karte 47/65 €

Stadtplan : A2-f – *Färbergäßchen 5 ✉ 86150 – ✆ 0821 50898267 – www.faerberei-augsburg.de – nur Abendessen – geschlossen Sonntag - Montag*

Hotels

Steigenberger Drei Mohren

TRADITIONELL • MODERN Mit seiner rund 500-jährigen Geschichte ist das Haus quasi das Denkmal unter den Augsburger Hotels, im Inneren aber sehr modern! Großzügig und elegant die Lobby, sehr geschmackvoll und wohnlich die Zimmer, chic der Spa, nicht zu vergessen die vielfältige Gastronomie, zu der auch die Bar "3M" gehört.

132 Zim – †165/180 € ††190/244 € – 5 Suiten – ☕ 22 € – ½ P

Stadtplan : A2-a – *Maximilianstr. 40 ✉ 86150 – ✆ 0821 50360 – www.augsburg.steigenberger.de*

Sartory • Maximilian's – siehe Restaurantauswahl

Dom-Hotel

HISTORISCHES GEBÄUDE • FUNKTIONELL Das Haus mit Ursprung im Jahre 1508 ist mit seiner zentralen Lage nahe dem Dom ideal für Stadttouristen. Zu den wohnlichen Zimmern, Appartements und Maisonetten kommen ein gepflegter Poolbereich und ein schöner Garten, in dem man im Sommer angenehm frühstücken kann.

51 Zim – 79/145 € 99/165 € – 6 Suiten

Stadtplan : A1-c – *Frauentorstr. 8* ✉ *86152* – ✆ *0821 343930*
– *www.domhotel-augsburg.de* – *geschlossen 21. Dezember - 7. Januar*

In Augsburg-Göggingen Süd-West: 4 km über Hermanstraße A2

Villa Arborea

TRADITIONELL • MEDITERRAN Der Name der 1935 erbauten Villa (lat. "arbor" = "Baum") nimmt Bezug auf den wunderschönen Garten - wer möchte hier nicht frühstücken? Die Zimmer befinden sich in der Villa oder im Anbau, immer wohnlich und gepflegt. Man spürt das Engagement der Familie Dey!

20 Zim – 82/101 € 102/141 €

Gögginger Str. 124 ✉ *86199* – ✆ *0821 907390* – *www.hotel-villa-arborea.de*
– *geschlossen 22. Dezember - 8. Januar*

AUMÜHLE

Schleswig-Holstein – 3 178 Ew. – Höhe 30 m – Regionalatlas **10**-J5
Michelin Straßenkarte 541

Fürst Bismarck Mühle

HISTORISCH • GEMÜTLICH Wirklich idyllisch liegt die historische ehemalige Mühle, aus der ein schickes Hotel geworden ist. Moderner Landhausstil findet sich sowohl in den geradlinig-wohnlichen Zimmern als auch im schönen Restaurant. Hier und auf der Terrasse im Grünen bietet man Ihnen regional-internationale Küche.

8 Zim – †65/80 € ††99/109 € – 5 €

Mühlenweg 3 ✉ 21521 – ☎ 04104 2028 – www.bismarck-muehle.com

AURICH (OSTFRIESLAND)

Niedersachsen – 41 075 Ew. – Höhe 6 m – Regionalatlas **7**-D5
Michelin Straßenkarte 541

Hochzeitshaus

HISTORISCHES GEBÄUDE • INDIVIDUELL Die im 19. Jh. als Bürgermeisterhaus erbaute Villa mit der weißen Fassade liegt beim Stadtwall. Die Zimmer sind individuell und sehr geschmackvoll (chic in Schwarz-Weiß, toll der alte Dielenboden...), einige befinden sich im Kutscherhaus. Eine kleine grüne Oase zum Relaxen: der charmante Garten!

14 Zim – †95/125 € ††125/169 €

Bahnhofstr. 4 ✉ 26603 – ☎ 04941 604460 – www.hochzeitshaus-aurich.de

Hotel am Schloss

URBAN • MODERN Gepflegt wohnen lässt es sich in dem Hotel mit der schönen denkmalgeschützten Jugendstilfassade: Die Zimmer sind neuzeitlich und funktional eingerichtet, modern-elegant hat man den Hallenbereich und das Restaurant gestaltet.

38 Zim – †68/95 € ††110/145 € – 2 Suiten – ½ P

Bahnhofstr. 1 ✉ 26603 – ☎ 04941 95520 – www.hotel-am-schloss-aurich.de

AYING

Bayern – 4 957 Ew. – Höhe 610 m – Regionalatlas **66**-M20
Michelin Straßenkarte 546

August und Maria

MARKTKÜCHE • GEMÜTLICH XX Schön hat man hier regionalen Charme mit stimmiger wertiger Einrichtung kombiniert. Gekocht wird ebenfalls mit Anspruch: regional-saisonale Gerichte aus sehr guten Produkten, so z. B. "Seeforelle aus dem Lechtal in Nussbutter confiert, Schnittlauchsauce, Kartoffel-Meerrettichpüree, Staudensellerie & Malzbrot".

Menü 46/56 € – Karte 39/83 €

Hotel Brauereigasthof Aying, Zornedinger Str. 2 ✉ 85653 – ☎ 08095 90650 – www.august-und-maria.de – geschlossen Dienstag - Mittwoch

Brauereigasthof Hotel Aying

GASTHOF • INDIVIDUELL Der Inbegriff eines bayerischen Brauereigasthofs! Lange Tradition und ehrliche Herzlichkeit gehen hier Hand in Hand! Man wohnt so geschmackvoll wie individuell - im alten Herrenhaus (Urhaus der Inhaberfamilie) auch etwas exklusiver! Toll das Frühstück! Urig-bodenständig: Bräustüberl mit Biergarten.

48 Zim – †99/180 € ††169/350 € – 2 Suiten – ½ P

Zornedinger Str. 2 ✉ 85653 – ☎ 08095 90650 – www.brauereigasthof-aying.de

August und Maria – siehe Restaurantauswahl

AYL

Rheinland-Pfalz – 1 561 Ew. – Höhe 190 m – Regionalatlas **45**-B16
Michelin Straßenkarte 543

WEINrestaurant Ayler Kupp

MARKTKÜCHE • FREUNDLICH XX Während man sich frische saisonale Gerichte wie "Gulasch von Wild aus Dithmarschen mit Paprika, Weißkohl und Grießnocken" schmecken lässt, schaut man auf die Weinberge und den schönen Garten. Dazu vielleicht ein Riesling vom Weingut nebenan? Mittagsmenü etwas günstiger.

Menü 30/62 € - Karte 37/66 €

WEINhotel Ayler Kupp, Trierer Str. 49a ✉ 54441 - ✆ 06581 988380 - www.saarwein-hotel.de - geschlossen Januar und Dienstag - Mittwoch

WEINhotel Ayler Kupp

FAMILIÄR • AUF DEM LAND In ruhiger Lage finden Sie dieses kleine Hotel, benannt nach der bekannten Weinlage "Ayler Kupp". Die Zimmer sind gepflegt, freundlich und funktionell, einige haben einen Balkon mit Blick in die Weinberge. Tipp: Fragen Sie nach den neuen Zimmern!

17 Zim - †64/84 € ††70/95 € - ☕ 10 € - ½ P

Trierer Str. 49a ✉ 54441 - ✆ 06581 988380 - www.saarwein-hotel.de - geschlossen Januar

WEINrestaurant Ayler Kupp - siehe Restaurantauswahl

BAABE Mecklenburg-Vorpommern ➔ Siehe Rügen (Insel)

BACHARACH

Rheinland-Pfalz - 1 888 Ew. - Höhe 70 m - Regionalatlas **46**-D15
Michelin Straßenkarte 543

Altkölnischer Hof

GASTHOF • FUNKTIONELL Das hübsche Fachwerkhaus mit langer Geschichte liegt schön in der Altstadt. Hier wird kontinuierlich investiert, so sorgt die Familie für sehr gepflegte, wohnliche Zimmer und ein einladendes Restaurant mit dekorativen Wandbildern und viel warmem dunklem Holz. Die Küche ist bürgerlich.

19 Zim ☕ - †55/125 € ††90/135 € - ½ P

Blücherstr. 2 ✉ 55422 - ✆ 06743 947780 - www.altkoelnischer-hof.de - geschlossen Ende Oktober - Mitte April

In Bacharach-Henschhausen Nord-West: 4 km

Landhaus Delle

LANDHAUS • INDIVIDUELL Der kleine Familienbetrieb oberhalb des Rheins hat keinen typischen Hotelcharakter, er besticht vielmehr durch private Atmosphäre und persönliche Gästebetreuung sowie geräumige wohnliche Zimmer und einen schönen Garten. Dazu klassische Küche und eine tolle Weinauswahl im Restaurant im Gartenhaus.

8 Zim ☕ - †130 € ††180/200 € - 1 Suite - ½ P

Gutenfelsstr. 16 ✉ 55422 - ✆ 06743 1765 - www.landhaus-delle-hotel.com - geschlossen November - April

BACKNANG

Baden-Württemberg - 35 368 Ew. - Höhe 271 m - Regionalatlas **55**-H18
Michelin Straßenkarte 545

Schürers Restaurant Tafelhaus

INTERNATIONAL • GEMÜTLICH XX Hinter der schmucken Fachwerkfassade a. d. 18. Jh. kocht man klassisch-regional mit modernen Akzenten, so z. B. "zart gebratenes Schweinefilet auf Spätzle" oder "Filet vom Lachs mit Wildkräutern pochiert". Tipp: Reservieren Sie im Gewölbekeller von 1710! Mittags Tagesgerichte. Eigene Kochschule.

Menü 47/89 € (abends) - Karte 33/77 €

Schillerstr. 6 ✉ 71522 - ✆ 07191 902777 (Tischbestellung ratsam) - www.restaurant-tafelhaus.de - geschlossen Sonntag - Montag, Feiertage

BAD...

siehe unter dem Eigennamen des Ortes (z. B. Bad Orb siehe Orb, Bad)
see under second part of town name (e.g. for Bad Orb see under Orb, Bad)

J. Stumpe/Look/Photononstop

WIR MÖGEN BESONDERS...

Den Blick von der Rooftop-Bar des **Roomers**. **Le Jardin de France** für seine produktorientierte Küche in stilvollem Rahmen. Die Grillgerichte im **Medici**. „Sehen und gesehen werden" im **Rizzi**. Den charmanten Innenhof der **Weinstube Baldreit**. Im **Kleinen Prinzen** die reizenden Motive der gleichnamigen Erzählung von Antoine de Saint-Exupéry bewundern.

BADEN-BADEN

Baden-Württemberg – 53 342 Ew. – Höhe 181 m – Regionalatlas **54**-E18
Michelin Straßenkarte 545

Restaurants

Le Jardin de France (Stéphan Bernhard)

FRANZÖSISCH-KLASSISCH • ELEGANT XXX Seit 1998 sind Sophie und Stéphan Bernhard mit Engagement in der Stadt im Einsatz. Man kocht klassisch, ausdrucksstark und produktorientiert, der Service sehr freundlich und versiert. Das Restaurant selbst ist licht und modern-elegant. Toll auch die Lage im sehenswerten Innenhof des "Goldenen Kreuzes" a. d. 19. Jh. - wunderbar die Terrasse hier, eingerahmt von schmucken Backsteinfassaden!

→ Soufflíertes Hühnerei mit Sot l´y laisse und Weinbergschnecken. Gebratenes Kalbsbries und geschmorte Bäckchen, Spargel, Pfifferlinge. Brust von der Taube mit Kakao überzogen, pêle mêle von Beten, Jus mit Piment d´Espelette.

Menü 39 € (mittags unter der Woche)/115 € – Karte 67/107 €

Stadtplan : A2-c – *Lichtentaler Str. 13 ✉ 76530*
– ✆ 07221 3007860 (Tischbestellung ratsam) – www.lejardindefrance.de
– geschlossen 3. - 10. Februar, 28. Juli - 7. August und Sonntag - Montag, Januar - Februar: Sonntag - Dienstag, außer an Feiertagen

Fritz & Felix (N)

MODERNE KÜCHE • CHIC XX Elegant, wertig und zugleich angenehm entspannt ist dieses moderne Konzept aus Bar und Restaurant. Die Vorspeisen sind zum Teilen geeignet, die Hauptgerichte stellt man sich nach dem Baukasten-Prinzip selbst zusammen. Blickfang und Herzstück des Restaurants: der markante verglaste "Charcoa"-Holzkohlegrill!

Karte 50/127 €

Stadtplan : A2-a – *Brenners Park-Hotel & Spa, Schillerstr. 4 ✉ 76530*
– ✆ 07221 900999 – www.brenners.com
– nur Abendessen – geschlossen Sonntag - Montag

Der Kleine Prinz

FRANZÖSISCH-KLASSISCH • ELEGANT XX Klassisch ist sowohl die Küche als auch die Einrichtung dieses intimen kleinen Restaurants - Deko-Motiv: "Der Kleine Prinz". Auf der Karte z. B. "Rehrücken mit Pilzen in Preiselbeersauce" oder "Medaillon vom Seeteufel in Safransauce".

Karte 62/86 €

Stadtplan : B2-u - *Hotel Der Kleine Prinz, Lichtentaler Str. 36 ✉ 76530 - ✆ 07221 346600 - www.derkleineprinz.de*

Medici

INTERNATIONAL • ELEGANT XX Besonders gefragt sind hier die verschiedenen Steak-Cuts aus Frankreich, Deutschland, Spanien, USA... Diese werden im Sommer übrigens draußen gegrillt - herrlich die Terrasse! Interessant auch moderne Gerichte wie "Dry Aged Wutz-Wampe & Weinbergschnecken, Bärlauchgraupen, Edamame, knuspriger Schinken".

Menü 49/115 € - Karte 49/88 €

Stadtplan : A2-e - *Augustaplatz 8 ✉ 76530 - ✆ 07221 2006 (Tischbestellung ratsam) - www.medici.de - nur Abendessen - geschlossen Sonntag - Montag*

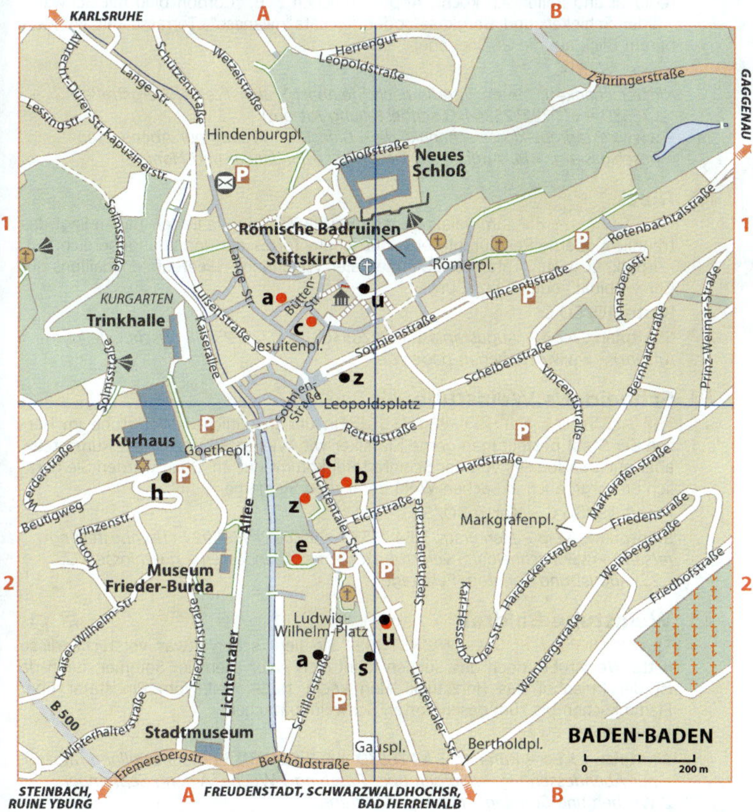

moriki

ASIATISCH • TRENDY XX Hell, klar, trendig-modern. Aus der einsehbaren Küche kommen pan-asiatische Gerichte wie "Hähnchen, Spargel, Aubergine, Yuzu-Butter-Sauce". Appetit macht auch das umfangreiche Sushi-Angebot. Begrünte Terrasse im Hof.

Karte 26/70 €

Hotel Roomers, Lange Str. 100, Nord-West: 1 km über A1 ✉ 76530 – ✆ 07221 90193901 – www.roomers-badenbaden.com

NIGRUM

MODERNE KÜCHE • ELEGANT XX Wirklich chic das Interieur: elegantes Schwarz in Kombination mit trendig-farbigen Eyecatchern! Gekocht wird modern-international in Form eines wöchentlich wechselnden Menüs. Schön übernachten können Sie übrigens auch: Im Hotel "House One" hat man geschmackvolle Zimmer.

Menü 66/122 €

5 Zim – †110/140 € ††120/155 €

Stadtplan : A1-c – *Baldreitstr. 1 ✉ 76530 – ✆ 07221 3979008 (Tischbestellung ratsam) – www.restaurant-nigrum.com – nur Abendessen – geschlossen 13. - 23. Januar und Sonntag - Montag*

Klosterschänke

ITALIENISCH • GEMÜTLICH X Ein sympathisches kleines Restaurant, in dem man regional und italienisch kocht. Appetit machen z. B. "Cordon bleu mit Schwarzwälder Schinken und Bergkäse" oder "Piccata milanese". Terrasse mit wunderbarem Blick auf die Rheinebene!

Karte 37/51 €

Klosterschänke 1, (an der Straße nach Steinbach), über Fremersbergstraße A2 ✉ 76530 – ✆ 07221 25854 (Tischbestellung ratsam) – www.restaurant-klosterschaenke.de – Dienstag - Freitag nur Abendessen – geschlossen 1. - 14. August, 22. Dezember - 15. Januar und Montag

Rizzi

MEDITERRAN • HIP X Im Palais Gagarin von 1865 mitten in Baden-Baden liegt das trendig-moderne Restaurant nebst hübschem Terrassen- und Loungebereich zum Kurpark. Lust auf "Tatar vom Simmentaler Weiderind", "Seeteufel-Medaillons auf Curry-Spinat" oder "Rizzi-Burger"?

Karte 40/60 €

Stadtplan : A2-z – *Augustaplatz 1 ✉ 76530 – ✆ 07221 25838 (Tischbestellung ratsam) – www.rizzi-baden-baden.de*

Schneider's Weinstube

TRADITIONELLE KÜCHE • WEINSTUBE X In der gemütlichen Weinstube im Herzen der Stadt bestellt man gerne Klassiker wie Wiener Schnitzel oder Rumpsteak, aber auch Saisonales von der Schiefertafel kommt gut an. Dazu werden Sie herzlich umsorgt, auch in Sachen Wein berät man Sie gerne.

Menü 39/56 € – Karte 30/52 €

Stadtplan : A2-b – *Merkurstr. 3 ✉ 76530 – ✆ 07221 9766929 (Tischbestellung ratsam) – www.schneiders-weinstube.de – nur Abendessen – geschlossen 12. - 25. August und Sonntag, Feiertage*

Weinstube Baldreit

TRADITIONELLE KÜCHE • WEINSTUBE X Sie liegt schon etwas versteckt, diese nette Weinstube, doch das Suchen lohnt sich - vor allem im Sommer, denn da ist der Innenhof das Herzstück! Man kocht traditionell, vom Rindstatar über Flammkuchen bis zum geschmorten Schweinebäckchen.

Karte 30/51 €

Stadtplan : A1-a – *Küferstr. 3 ✉ 76530 – ✆ 07221 23136 (Tischbestellung ratsam) – nur Abendessen – geschlossen über Fasching 1 Woche, Anfang September 2 Wochen und Sonntag - Montag, Feiertage*

Hotels

Brenners Park-Hotel & Spa

GROSSER LUXUS · KLASSISCH Ein klassisches Grandhotel mit stilvoll-luxuriöser Einrichtung in unterschiedlichen Zimmerkategorien und weitläufigem modern-elegantem Spa. Klasse die Lage: Park, Kunst, Kongress und Zentrum ganz in der Nähe. Exklusives "Medical Care"-Angebot in der "Villa Stéphanie". Internationale Saisonküche und Blick auf die Lichtentaler Allee im luftig-lichten "Wintergarten".

104 Zim – †260/540 € ††410/790 € – 15 Suiten – ☕ 41 €

Stadtplan : A2-a – *Schillerstr. 4 ✉ 76530 – ✆ 07221 9000 – www.brenners.com*

Fritz & Felix – siehe Restaurantauswahl

Belle Epoque

HISTORISCH · INDIVIDUELL Eine Villa von 1874 mit Nebengebäude und hübschem kleinem Park. In den liebevoll, individuell und mit persönlicher Note gestalteten Zimmern finden sich wunderschöne antike Einzelstücke. Ebenso stilvoll: der Frühstücksraum mit Kamin.

17 Zim ☕ – †150/245 € ††205/305 € – 3 Suiten

Stadtplan : A2-s – *Maria-Viktoria-Str. 2c ✉ 76530 – ✆ 07221 300660 – www.hotel-belle-epoque.de*

Dorint Maison Messmer

LUXUS · MODERN Das Hotel neben Theater und Kasino/Kurhaus vereint Tradition und Moderne. Hübsch die Zimmer, vom "Standard" mit Gartenblick bis zum tollen "Penthouse" (237 qm plus große Dachterrasse!). Nicht minder geschmackvoll der wertige Wellnessbereich. Gastronomisch gibt es den gemütlichen "Theaterkeller".

152 Zim – †169/349 € ††219/399 € – 11 Suiten – ☕ 28 € – ½ P

Stadtplan : A2-h – *Werderstr. 1 ✉ 76530 – ✆ 07221 30120 – www.hotel-baden-baden.dorint.com*

Roomers

LUXUS · DESIGN Richtig chic: Piero Lissoni hat hier nahe dem Festspielhaus luxuriöses Design geschaffen. Die Zimmer wertig, wohnlich-modern, "state of the art". Absolut top: "Prestige Suite" und "Master Suite". Klasse auch die "Rooftop Bar" samt Infinity Pool! "Roomers Bar" (für Raucher) mit DJ. Kosmetik und Massage.

130 Zim – †240/400 € ††240/400 € – 9 Suiten – ☕ 32 €

Lange Str. 100, Nord-West: 1 km über A1 ✉ 76530 – ✆ 07221 901930 – www.roomers-badenbaden.com

moriki – siehe Restaurantauswahl

Am Sophienpark

HISTORISCHES GEBÄUDE · KLASSISCH Von 1733 stammt dieses Hotel, das erste Grandhotel in Baden-Baden. Eine Besonderheit ist der 4000 qm große eigene Park! Noch mehr Schönes gibt es drinnen zu entdecken: ein sehenswertes denkmalgeschütztes Treppenhaus sowie frische moderne Zimmer. Von Juli - August internationale Küche auf der Parkterrasse.

73 Zim ☕ – †109/250 € ††160/440 €

Stadtplan : A1-z – *Sophienstr. 14 ✉ 76530 – ✆ 07221 3560 – www.hotel-am-sophienpark.de*

Der Kleine Prinz

TRADITIONELL · INDIVIDUELL Ein stilvolles Haus, das mit vielen Antiquitäten und ganz persönlicher Note geschmackvoll eingerichtet ist, gediegen die Lobby im 1. Stock. Die zahlreichen Bilder des "Kleinen Prinzen" (die Erzählung von Antoine de Saint-Exupéry war hier namengebend) stammen übrigens vom Künstler Lars van Meerwijk.

32 Zim ☕ – †135/200 € ††185/305 € – 8 Suiten – ½ P

Stadtplan : B2-u – *Lichtentaler Str. 36 ✉ 76530 – ✆ 07221 346600 – www.derkleineprinz.de*

Der Kleine Prinz – siehe Restaurantauswahl

Am Markt

FAMILIÄR · GEMÜTLICH Sie finden das Gasthaus a. d. 18. Jh. etwas oberhalb der Fußgängerzone. Hinter der traditionellen Fassade verbergen sich sehr schöne zeitgemäße Zimmer. Zudem wird man in dem sympathisch-familiär geführten Hotel wirklich gut betreut!

21 Zim – 68/90 € 108/135 €

Stadtplan : A1-u – *Marktplatz 18 76530 – 07221 27040 – www.hotel-am-markt-baden.de – geschlossen 6. - 11. Januar*

Bernhard's Boutique Hotel Société

FAMILIÄR · MODERN Sie suchen ein gepflegtes, familiäres und zudem noch bezahlbares kleines Hotel? Dann sind Sie hier richtig. Und wen es abends zum Essen nicht mehr in die schöne Fußgängerzone zieht, für den hat man das "La Table" mit recht moderner Atmosphäre und französischer Küche.

12 Zim – 78/105 € 102/140 € – 1 Suite – ½ P

Jagdhausstr. 5, über Lange Straße A1 76530 – 07221 7029898 – www.hotel-societe-baden-baden.de

Im Stadtteil Neuweier Süd-West: 10 km über Fremersbergstraße A2

Röttele's Restaurant und Residenz im Schloss Neuweier

MEDITERRAN · ELEGANT Sabine und Armin Röttele sind engagierte Gastgeber, das zeigt sich nicht zuletzt in der ausdrucksstarken mediterran inspirierten Küche. Der Rahmen: ein herrschaftliches Anwesen mit geschmackvollen Räumen und toller Terrasse mit Blick auf die Weinberge! Freundlich und versiert der Service. Zum Übernachten hat man wohnliche, stilvoll-moderne Zimmer.

→ Wilder Meerwolf und glasierter Scampo mit Gemüsepaella, Chorizoschaum. Muskat-Kürbismezzelune mit geschmolzener Gänseleber und Vin Santo. Rehrücken in Gewürzkakao gebraten mit Rosmarinpolenta, Steinpilzen und Herzkirschen.

Menü 72/120 € – Karte 64/104 €

8 Zim – 98/108 € 145/160 € – 2 Suiten

Mauerbergstr. 21 76534 – 07223 800870 (Tischbestellung ratsam) – www.armin-roettele.de – Mittwoch - Freitag nur Abendessen – geschlossen 18. Februar - 14. März und Montag - Dienstag, außer an Feiertagen

Heiligenstein

REGIONAL · FREUNDLICH Hier sitzt man in geschmackvoll-modernem Ambiente bei saisonal-internationaler Küche. Tipp: das regionale Menü zu gutem Preis-Leistungs-Verhältnis - hier gibt's z. B. "Hirschragout mit Preiselbeeren, Rotkraut und Spätzle". Dazu eine gut sortierte Weinkarte (über 400 Positionen). Schön die Terrasse.

Menü 35/50 € – Karte 34/56 €

Hotel Heiligenstein, Heiligensteinstr. 19a 76534 – 07223 96140 (Tischbestellung ratsam) – www.hotel-heiligenstein.de – geschlossen 22. - 25. Dezember und Donnerstagmittag, Oktober - Ostern: Donnerstag

Heiligenstein

LANDHAUS · INDIVIDUELL Nicht nur im Restaurant, auch im ruhig gelegenen Hotel ist Wein das Thema, so heißen die Zimmer z. B. "Mauerberg", "Château M.", "Capaia", "Weineslust". Entspannen kann man im kleinen Wellnessbereich und morgens gibt's ein gutes Frühstück.

29 Zim – 80/97 € 112/175 € – 1 Suite – ½ P

Heiligensteinstr. 19a 76534 – 07223 96140 (Tischbestellung ratsam) – www.hotel-heiligenstein.de – geschlossen 22. - 25. Dezember

Heiligenstein – siehe Restaurantauswahl

Rebenhof

LANDHAUS • GEMÜTLICH Schön die ruhige Lage samt Blick auf Weinberge und Rheinebene! Die Zimmer gibt es in neuzeitlichem Landhausstil oder größer und moderner im angeschlossenen Neubau. Fragen Sie nach einem mit Balkon! Auch vom hübschen kleinen Wellnessbereich und vom Restaurant mit Terrasse genießt man die Aussicht.

38 Zim – 79/109 € 109/189 € – ½ P

Weinstr. 58 76534 – 07223 96310 – www.hotel-rebenhof.de

BADENWEILER

Baden-Württemberg – 4 055 Ew. – Höhe 425 m – Regionalatlas **61**-D21
Michelin Straßenkarte 545

Schwarzmatt

KLASSISCHE KÜCHE • GEMÜTLICH XX Hier darf man sich auf klassische Speisen wie "Rücken vom Weiderind, Trüffel, Schalotten-Tarte-Tatin, Wirsing" freuen. Mo. und Di. kleinere Auswahl. Stimmig das Ambiente mit hübschen Stoffen, Farben und Accessoires, herrlich der Garten. Ein Muss am Nachmittag: Kuchen nach altem Rezept von Hermine Bareiss!

Menü 36/74 € – Karte 39/65 €

Hotel Schwarzmatt, Schwarzmattstr. 6a 79410 – 07632 82010 – www.schwarzmatt.de

Schwarzmatt

LANDHAUS • ELEGANT Ein Ferienhotel "de luxe" mit Familie Mast als geborene Gastgeber: eleganter Landhausstil, tolles Frühstück und erstklassige Halbpension sowie ein hochwertiges Wellnessangebot. Und all das in einer der schönsten Gegenden Deutschlands!

38 Zim – 145/165 € 210/340 € – 3 Suiten – ½ P

Schwarzmattstr. 6a 79410 – 07632 82010 – www.schwarzmatt.de

Schwarzmatt – siehe Restaurantauswahl

Anna

FAMILIÄR • INDIVIDUELL Ein tipptopp gepflegter Familienbetrieb (seit 1929) in ruhiger Hanglage. Tipp: Zimmer mit Balkon und Aussicht! Auch vom Thermalhallenbad schaut man durch große Fenster nach draußen, direkter Zugang zur Panorama-Liegeterrasse! Dazu Kosmetik- und Massage-Angebot. Schönes Frühstück bis 11 Uhr, abends gute HP.

36 Zim – 65/87 € 124/166 € – ½ P

Oberer Kirchweg 2 79410 – 07632 7970 – www.hotel-anna.de – geschlossen Mitte November - Mitte Februar

Zur Sonne

GASTHOF • GEMÜTLICH Das hübsche Fachwerkhaus der herzlichen Gastgeberfamilie liegt zentral und doch ruhig. Die Zimmer liegen teilweise zum Garten oder zum Innenhof, einige mit Balkon. Charmant sind Halle und Frühstücksraum, in den beiden Restaurantstuben serviert man mediterran-regionale Küche.

35 Zim – 72/118 € 122/172 € – 1 Suite – ½ P

Moltkestr. 4 79410 – 07632 75080 – www.zur-sonne.de

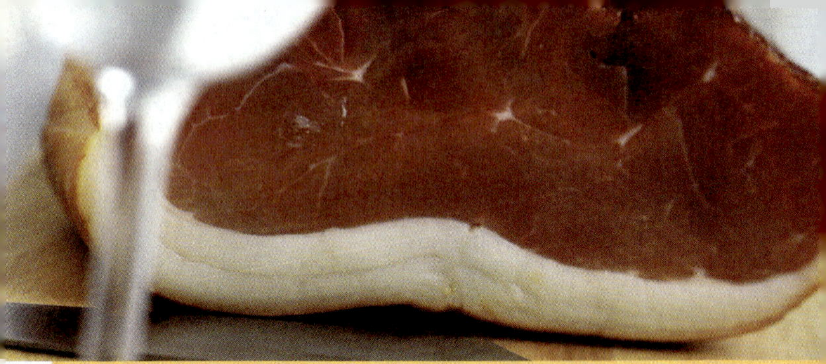

M. Baumgaertner/vario
Images RM/age fotostock

WIR MÖGEN BESONDERS...
Mit der **Schwarzwaldstube** und dem **Restaurant Bareiss** gleich zweimal klassisch-französische 3-Sterne-Küche zur Auswahl haben! Sich bei einer schönen Wanderung zum gemütlichen **Forellenhof** auf den frischen Fisch aus eigener Zucht freuen! Den kaum zu übertreffenden Schwarzwald-Charme des **Forsthauses Auerhahn** in dem traumhaften kleinen Seitental.

BAIERSBRONN

Baden-Württemberg - 14 500 Ew. - Höhe 584 m - Regionalatlas **54**-E19
Michelin Straßenkarte 545

In Baiersbronn-Tonbach Nord: 2 km

✿✿✿ Schwarzwaldstube

FRANZÖSISCH-KLASSISCH • ELEGANT XXXX Als eines der wohl schönsten Täler des Schwarzwalds zeigt sich das Tonbachtal. Aller großstädtischen Hektik und Enge entkommen, werden in der „Schwarzwaldstube" im Hotel „Traube" seit Jahrzehnten die Gäste auf höchstem kulinarischem Niveau empfangen. Selbst die verwöhntesten Gourmets kommen bei der hier selbstverständlichen handwerklichen Perfektion ins Schwärmen. Zu verdanken ist das Küchenchef Torsten Michel. Mit Bravour gelingt es ihm, seinen klassisch-französischen Stil dezent mit modernen und saisonalen Einflüssen zu verbinden.

Er verwendet ausschließlich topfrische Produkte und begeistert mit einer detailgenauen Präsentation - absolut fantastisch z. B. die gegrillte Seezunge und der schottische Kaisergranat in Kombination mit äußerst aromatischen Artischocken in Form von vollmundigem Sud, frischen Herzen, feiner Creme und zarten Chips. Dazu offeriert der kompetente Chefsommelier eine umfangreiche Selektion aus den großen Weinbauregionen. Perfekt rundet der hervorragend geschulte Service die 3-Sterne-Kulinarik ab.

→ Gebeizter Thunfisch mit eingelegten Gartengurken, Shiitake, Ingwer, Wasabischaum, Shoyuvinaigrette. Wildhase auf königliche Art mit Rosenkohlblättern, Schwarzwurzeln, Trompetenpilzen und Rouennaiser Sauce mit Preiselbeeren. Feines Törtchen mit glasierten Herzkirschen in Sherrysud, Pistazien-Mandelcrème und Zimtsablé.

Menü 150 € (vegetarisch)/225 € - Karte 140/263 €

Stadtplan : B2-u - *Hotel Traube Tonbach, Tonbachstr. 237 ✉ 72270*
- ✆ 07442 4920 (Tischbestellung erforderlich) - www.traube-tonbach.de
- geschlossen 7. - 31. Januar, 29. Juli - 22. August und Montag - Mittwochmittag

Kleines Budget? Profitieren Sie von den Mittagsmenüs zu moderaten Preisen.

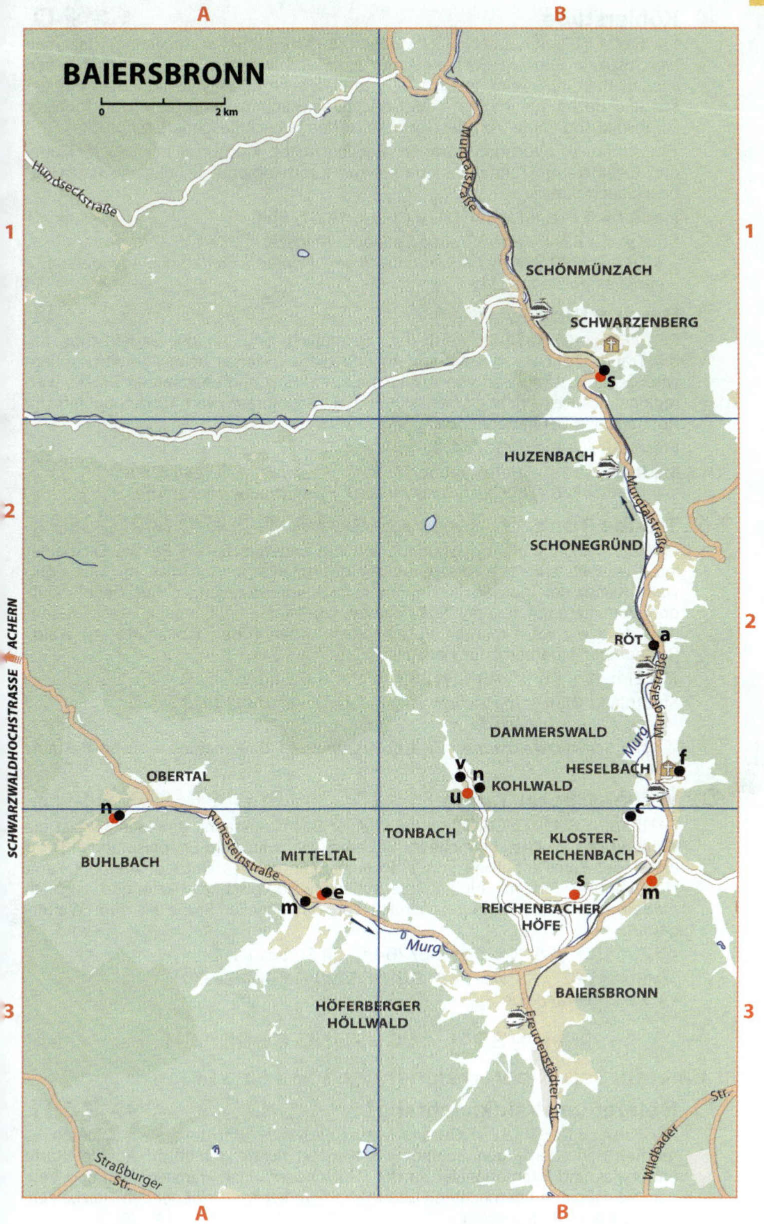
BAIERSBRONN
0
2 km
A
B
1
2
3
Hundseckstraße
Murgtalstraße
SCHÖNMÜNZACH
SCHWARZENBERG
s
HUZENBACH
SCHONEGRÜND
RÖT
a
DAMMERSWALD
Murg
HESELBACH
f
v
n
u
KOHLWALD
c
OBERTAL
n
BUHLBACH
Ruhesteinstraße
MITTELTAL
e
m
TONBACH
KLOSTER-
REICHENBACH
s
m
REICHENBACHER
HÖFE
BAIERSBRONN
HÖFERBERGER
HÖLLWALD
Freudenstädter Str.
Wildbader Str.
Straßburger Str.
SCHWARZWALDHOCHSTRASSE ACHERN

Köhlerstube

FRANZÖSISCH-KLASSISCH • KLASSISCHES AMBIENTE Angenehm hat man hier rustikale Elemente mit eleganter Note verbunden. In gemütlichen Nischen serviert man Ihnen eine ausgezeichnete klassische Küche mit modernen Einflüssen und Bezug zur Region - die Gerichte sind stimmig und die Produktqualität ist absolut top. Tipp: Von der Terrasse ist der Talblick besonders schön.

→ Goldforelle, Avocado, Estragon, Passionsfrucht. Kalbsbries mit Lauch, Trüffel und Eigelbcrème. Tannenhonigparfait mit Kirschkompott, Schokolade und Himbeer-Sauerrahmeis.

Menü 56 € (vegetarisch)/125 € - Karte 67/85 €

Stadtplan : B2-u - *Hotel Traube Tonbach, Tonbachstr. 237 ✉ 72270 - ✆ 07442 4920 - www.traube-tonbach.de - Montag - Freitag nur Abendessen - geschlossen Donnerstag*

Bauernstube

REGIONAL • GEMÜTLICH Historisch, gemütlich, urig... In der Bauernstube hat die Traube Tonbach ihren Ursprung und diese reizende heimelige Atmosphäre wird gepflegt! Umgeben von rustikalem altem Holz und charmanten Details wird regional gespeist - richtig schmackhaft z. B. "Sauerbraten vom Rinderbugblatt mit Rotkraut und Serviettenknödel".

Menü 35 € - Karte 36/54 €

Stadtplan : B2-u - *Hotel Traube Tonbach, Tonbachstr. 237 ✉ 72270 - ✆ 07442 4920 (Tischbestellung ratsam) - www.traube-tonbach.de*

Traube Tonbach

LUXUS • INDIVIDUELL Unermüdlich verjüngt und verschönert Familie Finkbeiner ihre "Traube", chic z. B. die geradlinig designten Appartements im Haus Kohlwald! Klasse der individuelle Service samt Kinderbetreuung ("Kids Court", Outdoor-Aktivitäten...), top der Spa (Beauty, Quellwasser-Außenpool, Panoramasauna...). Und wie wär's mal mit Vesper oder Kuchen in der "Blockhütte" im Wald? Restaurant "Silberberg" für Hausgäste.

136 Zim - 179/249 € 269/339 € - 17 Suiten - ½ P

Stadtplan : B2-n - *Tonbachstr. 237 ✉ 72270 - ✆ 07442 4920 - www.traube-tonbach.de*

Schwarzwaldstube • **Köhlerstube** • **Bauernstube** - siehe Restaurantauswahl

Wellnesshotel Tanne

FAMILIÄR • GEMÜTLICH Schonmal in einer Baumhaussauna gewesen? Sie ist die Krönung des Wellnessbereichs im Stil eines "Schwarzwald-Erlebnispfades"! Dazu bietet der Familienbetrieb von 1886 ein umfangreiches Outdoor-Angebot samt Mountainbike-Verleih. Originell die schwarzwaldtypisch rustikale und zugleich moderne Hotelbar. Restaurantbereich von traditioneller Stube bis zum Wintergarten.

45 Zim - 85/108 € 168/264 € - 4 Suiten - ½ P

Stadtplan : B2-v - *Tonbachstr. 243 ✉ 72270 - ✆ 07442 8330 - www.hotel-tanne.de*

IM MURGTAL, RICHTUNG FORBACH

In Baiersbronn-Klosterreichenbach Nord-Ost: 3 km

Meierei im Waldknechtshof

REGIONAL • RUSTIKAL Gebälk, Natursteinwände und dekorative Accessoires machen den ehemaligen Gutshof des Klosters richtig gemütlich! Auf der Karte Saisonales und Internationales, in der "Hofscheuer" auch Flammkuchen und Vesper. Sie möchten übernachten? Charmante Zimmer mit freiliegenden Holzbalken, darunter auch Maisonetten.

Menü 36/79 € - Karte 31/54 €

12 Zim - 99/105 € 110/150 € - 3 Suiten

Stadtplan : B3-m - *Baiersbronner Str. 4 ✉ 72270 - ✆ 07442 8484400 - www.waldknechtshof.de*

Ailwaldhof

FAMILIÄR • AUF DEM LAND Schön ist die ruhige Lage dieses Hauses am Waldrand, umgeben von einem großen Garten mit Naturteich. Angenehme helle Töne bestimmen das Bild in der Lobby, warmes Holz in den wohnlich-eleganten Zimmern, die meisten mit Talblick. Zum Entspannen: Beauty und Massage. Im Restaurant frische saisonale Küche.

20 Zim – 90/140 € 160/240 € – 4 Suiten – ½ P

Stadtplan : B3-c – *Ailwald 3 ✉ 72270*
– ✆ 07442 8360 – www.ailwaldhof.de
– geschlossen Anfang November - Anfang Dezember

Heselbacher Hof

FAMILIÄR • AUF DEM LAND Sympathisch-engagiert wird das charmante gewachsene Ferienhotel etwas oberhalb des Ortes geführt. Schöne ruhige Lage, wohnlich-individuelle Zimmer (viele mit Balkon und Talblick) und attraktiver Spa, dazu ein Naturbadeteich. Im Restaurant mit Sonnenterrasse gibt's saisonal-regionale Küche mit mediterranen Einflüssen.

41 Zim – 110/125 € 228/258 € – ½ P

Stadtplan : B2-f – *Heselbacher Weg 72 ✉ 72270*
– ✆ 07442 8380 – www.heselbacher-hof.de
– geschlossen November - Dezember

In Baiersbronn-Schwarzenberg Nord: 13 km

Schlossberg (Jörg und Nico Sackmann)

KREATIV • ELEGANT Während die Gäste in dem hellen, stilvoll-eleganten Gourmetrestaurant überaus bequem an einem der schön eingedeckten Tische sitzen, bieten Vater und Sohn in der Küche eine gelungene Mischung aus Klassik und Kreativität. Gut sortierte Weinkarte mit ca. 400 Positionen.

→ Hornhecht in Wasabi-Korinthenjoghurt, Schmorgurke, Olivenflammkuchen. Milchkalb, Morcheln, Erbsen, gestockte Büffelmilch. Mangoravioli mit Ingwertee, Granatapfel-Litschisorbet.

Menü 125/180 € – Karte 128/164 €

Stadtplan : B1-s – *Hotel Sackmann, Murgtalstr. 602, an der B 462 ✉ 72270*
– ✆ 07447 2890 (Tischbestellung ratsam) – www.hotel-sackmann.de – nur Abendessen – geschlossen 9. - 23. Januar, 24. Juli - 14. August und Montag - Dienstag

Anita Stube

REGIONAL • RUSTIKAL Die regionale Variante der Sackmann'schen Gastronomie. Dunkles Holz, bequeme Sitzbänke und freundliche Stoffe versprühen Schwarzwälder Charme, dazu Regionales und Klassiker wie z. B. "Hechtklößchen mit Hummersauce". Interessantes Mittagsangebot samt kleinem Menü à la "Schlossberg".

Menü 26 € (mittags)/68 € – Karte 35/66 €

Stadtplan : B1-s – *Hotel Sackmann, Murgtalstr. 602, an der B 462 ✉ 72270*
– ✆ 07447 2890 – www.hotel-sackmann.de

Sackmann

SPA UND WELLNESS • GEMÜTLICH Familie Sackmann leitet ihr Wellness- und Gourmethotel engagiert und sehr persönlich, und man wohnt hier komfortabel in verschiedenen Zimmerkategorien. Etwas Besonderes ist der Spa mit seinen schönen kleinen Details und Dachterrasse! Tipp: die Verwöhnpension. Nachmittags gibt's hausgebackenen Kuchen.

65 Zim – 108/170 € 189/325 € – ½ P

Stadtplan : B1-s – *Murgtalstr. 602, an der B 462 ✉ 72270 – ✆ 07447 2890 – www.hotel-sackmann.de*

Schlossberg • **Anita Stube** – siehe Restaurantauswahl

In Baiersbronn-Hinterlangenbach West: 10,5 km ab Schönmünzach B1

Forsthaus Auerhahn

REGIONAL • RUSTIKAL In wunderbarer Lage mitten im Wald wünscht man sich doch eine heimelige Stube zur gemütlichen Einkehr - genauso ein reizendes Plätzchen finden Sie im Forsthaus Auerhahn: holzvertäfelte Wände, Kachelofen und dazu regionale Speisen wie "Hirschgulasch in Thymiansoße mit Spätzle und Preiselbeerbirne".

Menü 32/40 € – Karte 26/48 €

Hotel Forsthaus Auerhahn, Hinterlangenbach 108 ✉ 72270 – ✆ 07447 9340 (abends Tischbestellung erforderlich) – www.forsthaus-auerhahn.de – geschlossen Ende November - Mitte Dezember und Dienstag

Forsthaus Auerhahn

LANDHAUS • GEMÜTLICH Mehr Schwarzwald-Charme ist kaum möglich! Ein gewachsenes ehemaliges Forsthaus, herrlich am Ende des Tales gelegen - perfekt für Wanderer! Sie entspannen in wohnlichen, gehoben-rustikalen Zimmern sowie im schönen Spa samt Blockhaussauna, genießen die gute 3/4-Pension und das tolle Frühstücksbuffet und lassen sich von den engagierten Gastgebern persönlich umsorgen.

50 Zim – †100/196 € ††210/272 € – ½ P

Hinterlangenbach 108 ✉ 72270 – ✆ 07447 9340 – www.forsthaus-auerhahn.de – geschlossen Ende November - Mitte Dezember

Forsthaus Auerhahn – siehe Restaurantauswahl

IM MURGTAL, RICHTUNG SCHWARZWALDHOCHSTRAẞE

In Baiersbronn-Mitteltal West: 4 km

Restaurant Bareiss

FRANZÖSISCH-KLASSISCH • LUXUS Stimulierendes Wohlgefühl mit kulinarischer Tiefenwirkung verspürt der Gourmet, wenn er zu Gast bei Claus-Peter Lumpp im „Restaurant Bareiss" ist. Seit den frühen 1990er-Jahren ist er der Küchenchef dieser legendären Feinschmecker-Adresse im Schwarzwald. Der gebürtige Schwabe ist stets am Puls der Zeit und hat sich, nach Meinung der Michelin Inspektoren, immer wieder weiterentwickelt, ohne dabei mit modernen Elementen zu übertreiben. Man spürt sofort: Der Mann liebt seinen Beruf und ist mit vollem Herzen dabei. Er serviert Hochgenüsse, die ohne Schnörkel, Schnickschnack oder Effekthascherei auskommen und ganz einfach mit erstklassigen Produkten und geschmacklicher Tiefe begeistern. Fein abgestimmte Szenerien aus edlen Stoffen, wertvolle Silberleuchter, opulente Blumenarrangements, gekonnt arrangierte kleine Stehlampen und runde Tische geben dem Ambiente ein intimes und äußerst charmantes Flair. Kurzum – das „Restaurant Bareiss" ist magischer Anziehungspunkt für alle, die ein Faible für höchste Geschmackserlebnisse haben.

→ Bretonischer Steinbutt mit Kalbsjus. Taube aus dem Elsass. Lamm von der Älbler Wacholderweide.

Menü 115 € (mittags)/229 € – Karte 164/264 €

Stadtplan : A3-e – *Hermine-Bareiss-Weg 1 ✉ 72270 – ✆ 07442 470 (Tischbestellung erforderlich) – www.bareiss.com – geschlossen 10. März - 18. April, 29. Juli - 23. August und Montag - Dienstag*

Dorfstuben

REGIONAL • GEMÜTLICH "Uhren-Stube" und "Förster-Jakob-Stube", so heißen die wirklich reizenden, mit Liebe zum Detail originalgetreu eingerichteten Bauernstuben a. d. 19. Jh. Ausgesprochen herzlicher Service im Dirndl umsorgt Sie mit richtig Leckerem wie "geschmorter Schulter vom Älbler Lamm" oder "Dorfstuben Vesper".

Menü 52 € – Karte 28/52 €

Stadtplan : A3-e – *Hotel Bareiss, Hermine-Bareiss-Weg 1 ✉ 72270 – ✆ 07442 470 (Tischbestellung ratsam) – www.bareiss.com – geschlossen 10. März - 18. April*

Kaminstube

FRANZÖSISCH-KLASSISCH • FREUNDLICH XXX Was bei einem Haus wie diesem zählt, ist vor allem Qualität. Dieser Anspruch ist allgegenwärtig, vom Essen (z. B. "Roulade von der Wachtel" oder saisonales "Kaminstubenmenü") bis zum wertigen Interieur.

Menü 59/78 € – Karte 42/71 €

Stadtplan : A3-e – *Hotel Bareiss, Hermine-Bareiss-Weg 1 ✉ 72270 – ✆ 07442 470 – www.bareiss.com – Montag - Freitag nur Abendessen – geschlossen 10. März - 18. April*

Bareiss

LUXUS • INDIVIDUELL Schlichtweg imponierend, was Familie Bareiss im Laufe der Jahre geschaffen hat! Ein Anwesen von beachtlichen 10 000 qm, Luxus in den Zimmern, Spa- und Freizeitangebote für jeden Geschmack, tolle Garten-Poolanlage. Einkaufsboutiquen samt Bareiss'scher Eigenmarke, zuvorkommende Mitarbeiter... Für Kids: Baumhaus, Spielhaus, Piratenschiff im Waldpark. HP inkl.

89 Zim – †295/315 € ††510/550 € – 10 Suiten – ½ P

Stadtplan : A3-e – *Hermine-Bareiss-Weg 1 ✉ 72270 – ✆ 07442 470 – www.bareiss.com – geschlossen 10. März - 18. April*

✿✿✿ **Restaurant Bareiss** • **Dorfstuben** • **Kaminstube** – siehe Restaurantauswahl

Lamm

FAMILIÄR • AUF DEM LAND Wohnlich hat man es in dem gewachsenen Ferienhotel unter familiärer Leitung, alle Zimmer mit Balkon. Lassen Sie sich nicht das "Schwarzwald-Wellnessdorf" samt vier hübschen Blockhäusern mit Dachbegrünung entgehen! Behaglich-ländlich das Restaurant mit breitem Angebot vom Vesper bis zum 5-Gänge-Menü.

46 Zim – †62/114 € ††155/210 € – ½ P

Stadtplan : A3-m – *Ellbachstr. 4 ✉ 72270 – ✆ 07442 4980 – www.lamm-mitteltal.de*

In Baiersbronn-Obertal Nord-West: 7 km

Andrea-Stube

FRANZÖSISCH-KLASSISCH • ELEGANT XX Das Herzstück der "Engel"-Gastronomie ist ein wirklich heimeliges, gemütlich-elegantes kleines Restaurant, in dem man äußerst aufmerksam und versiert umsorgt wird, und zwar mit niveauvollen klassischen Gerichten wie "gegrilltem Steinbutt mit Gala-Apfel und Blutwurstcreme".

Menü 75/105 € – Karte 57/109 €

Stadtplan : A3-n – *Hotel Engel Obertal, Rechtmurgstr. 28 ✉ 72270 – ✆ 07449 850 (Tischbestellung ratsam) – www.engel-obertal.de – nur Abendessen – geschlossen 19. Dezember - 10. Januar, 29. Juli - 22. August und Mittwoch - Donnerstag*

Engel Obertal

MARKTKÜCHE • GEMÜTLICH XX Alternativ zur "Andrea-Stube" gibt es dieses hübsche ländlich-gediegene Restaurant samt schöner Terrasse zum Garten. Geboten wird regional-saisonale Küche mit internationalen Einflüssen, von "Murgtaler Wurstsalat" über "geschmorte Milchkalbsbäckchen in Spätburgundersauce" bis "Lachs vom Grill auf Safransauce".

Menü 45 € – Karte 47/57 €

Stadtplan : A3-n – *Hotel Engel Obertal, Rechtmurgstr. 28 ✉ 72270 – ✆ 07449 850 – www.engel-obertal.de*

Engel Obertal

SPA UND WELLNESS • GEMÜTLICH Ein Paradebeispiel für ein Ferien- und Wellnesshotel "de luxe", in dem man Wert legt auf Understatement. Toll z. B. "Wolke 7" auf rund 5000 qm: schöne Ruhezonen und Fitness-Pavillon, Saunahäuser im Garten, Naturschwimmteich, unzählige Anwendungen... Die Zimmer (18 Kategorien): geräumig, wertig, stilvoll.

79 Zim – †139/225 € ††270/406 € – 4 Suiten – ½ P

Stadtplan : A3-n – *Rechtmurgstr. 28 ✉ 72270 – ✆ 07449 850 – www.engel-obertal.de*

Andrea-Stube • **Engel Obertal** – siehe Restaurantauswahl

In Baiersbronn-Obertal-Buhlbach Buhlbach West: 2 km

Forellenhof

REGIONAL • REGIONALES AMBIENTE Die Bareiss'sche Gastromomie-Vielfalt kennt keine Grenzen: Aus dem historischen Forellenhof in idyllischer Lage hat man ein charmantes Lokal für jedermann gemacht. Der Schwerpunkt liegt auf Süßwasserfischen, und die stammen aus eigener Zucht. Daneben gibt es auch Vesper. Tipp: Fischverkauf im "Forellenlädle".

Karte 23/40 €

Schliffkopfstr. 64, West: 1 km ✉ 72270 – ✆ 07442 470 – www.bareiss.com – bis 17.30 geöffnet

BALDUINSTEIN

Rheinland-Pfalz – 573 Ew. – Höhe 160 m – Regionalatlas **37**-E14
Michelin Straßenkarte 543

Am Kachelofen

REGIONAL • WEINSTUBE Möchten Sie in der gemütlichen holzgetäfelten Kachelofenstube sitzen? Oder lieber in der etwas rustikaleren Weinstube? Es gibt regionale Küche mit internationalen Einflüssen - auf der Karte z. B. "Poulardenbrust mit Pfifferling-Risotto und frischem Lauch".

Karte 41/75 €

Landhotel Zum Bären, Bahnhofstr. 24 ✉ 65558 – ✆ 06432 800780 – www.landhotel-zum-baeren.de – geschlossen 14. Januar - 8. Februar und Montag - Dienstag, außer an Feiertagen

Landhotel Zum Bären

LANDHAUS • GEMÜTLICH Nicht nur die herzliche Familie Buggle samt Team macht dieses Traditionshaus aus, auch die idyllische Lage (nur Bahnlinie und Straße trennen das Haus von der Lahn) sowie die schöne wohnlich-elegante Einrichtung. Abends kann man dem Glockenspiel lauschen.

10 Zim – †91/152 € ††172/210 € – ½ P

Bahnhofstr. 24 ✉ 65558 – ✆ 06432 800780 – www.landhotel-zum-baeren.de – geschlossen 14. Januar - 8. Februar

Am Kachelofen – siehe Restaurantauswahl

BALINGEN

Baden-Württemberg – 33 537 Ew. – Höhe 517 m – Regionalatlas **55**-F20
Michelin Straßenkarte 545

cosita

URBAN • MODERN Wirklich attraktiv das moderne Design, sowohl in den Zimmern als auch im Restaurant. Warme Farben und hübsche Deko sorgen für eine mediterrane Note, die sich auch im spanischen Speisen- und Weinangebot wiederfindet, Tapas inklusive.

21 Zim – †90 € ††135 €

Gratweg 2 ✉ 72336 – ✆ 07433 902170 – www.cosita-balingen.de – geschlossen über Pfingsten 2 Wochen, August 2 Wochen

BALTRUM (INSEL)

Niedersachsen – 617 Ew. – Regionalatlas **7**-D4
Michelin Straßenkarte 541

Strandhof

LANDHAUS • FUNKTIONELL Die strandnahe Lage inmitten von Dünen sowie neuzeitliche und funktionelle Zimmer, teilweise mit großem Balkon, machen das Haus zu einer interessanten Urlaubsadresse. Zeitgemäßes Hotelrestaurant mit bürgerlicher und internationaler Küche.

33 Zim – †79/108 € ††109/129 € – 2 Suiten

Nr. 123 ✉ 26579 – ✆ 04939 890 – www.strandhof-baltrum.de – geschlossen November - März

BAMBERG

Bayern - 71 952 Ew. - Höhe 262 m - Regionalatlas **50**-K15
Michelin Straßenkarte 546

Kropf

REGIONAL • ELEGANT XX In dem schönen alten Stadthaus direkt im Zentrum sorgt ein engagiertes Team für regional gehaltene moderne Küche. Neben Fisch von der Familie gibt es Leckeres wie "Zweierlei Wild vom Großonkel Rost" und dazu ausschließlich Frankenweine. Herrlich der Innenhof.

Menü 79 € - Karte 43/64 €

Untere Königstr. 28 ✉ 96047 - ✆ 0951 2083095 - www.kropf-restaurant.de - nur Abendessen, sonntags auch Mittagessen - geschlossen Montag - Dienstag

La Villa

INTERNATIONAL • BISTRO XX Eine der besten Adressen Bambergs. In legerer und zugleich geschmackvoller Atmosphäre wählt man mittags von einer günstigen kleinen Karte, abends gibt es international-mediterrane Gerichte wie "gebratene Wachtelbrüstchen, rote Linsensalsa, Wasserkresse".

Menü 39 € - Karte 35/53 €

Hotel Villa Geyerswörth, Geyerswörthstr. 15 ✉ 96047 - ✆ 0951 91740 - www.villageyerswoerth.de - geschlossen 1. - 8. Januar und Sonntag

Weinhaus Messerschmitt

KLASSISCHE KÜCHE • TRADITIONELLES AMBIENTE XX Lust auf Saisonales wie "Rehterrine, Ebereschen-Zwiebelconfit, Brioche"? Oder lieber Waller? Der schwimmt im Sommer übrigens im Brunnen auf der Terrasse. Schöner Weinkeller (Tipp: Verkostung), seit jeher ist man dem Thema Wein verbunden. Kleinere Mittagskarte.

Menü 36/68 € (abends) - Karte 37/71 €

Hotel Weinhaus Messerschmitt, Lange Str. 41 ✉ 96047 - ✆ 0951 297800 - www.hotel-messerschmitt.de - Freitag - Samstag nur Abendessen - geschlossen 6. - 20. Januar, Sonntag und Mittwoch

Bamberger Hof - Bellevue

HISTORISCH • INDIVIDUELL Moderne Eleganz gepaart mit dem Charme eines Grandhotels der Jahrhundertwende - schönes historisches Detail: original Jugendstilfenster im Frühstücksraum. Etwas Besonderes ist die Dach-Suite mit Blick auf Bamberg und Kaiserdom! Schöne Sicht auch von der Dachterrasse im 4. Stock! Nebenan: Café-Bistro Luitpold.

38 Zim - 98/125 € 145/195 € - 12 Suiten

Schönleinsplatz 4 ✉ 96047 - ✆ 0951 98550 - www.bambergerhof.de

Welcome Hotel Residenzschloss

BUSINESS • FUNKTIONELL Ein ansprechendes historisches Anwesen, das modern erweitert wurde - einst Krankenhaus, heute zeitgemäßes Hotel. Wie wär's mit einem der schicken Superiorzimmer? Geräumiger sind die Deluxe-Zimmer im Schloss. Das Restaurant teilt sich in die "Orangerie" und das "Fürstbischof von Erthal".

180 Zim - 154/194 € 184/224 € - 4 Suiten - ½ P

Untere Sandstr. 32 ✉ 96049 - ✆ 0951 60910 - www.welcome-hotels.com

Villa Geyerswörth

PRIVATHAUS • KLASSISCH Das Villenflair dieses Anwesens hat schon von außen etwas Exklusives - ganz stilgerecht ist da die wertige elegante Einrichtung. Und wer es gerne besonders ruhig hat, nimmt ein Zimmer zum Fluss (hinter dem Haus fließt ein Arm der Regnitz)! In die Altstadt sind es übrigens nur wenige Gehminuten.

39 Zim - 120/159 € 169/189 € - 1 Suite - 15 €

Geyerswörthstr. 15 ✉ 96047 - ✆ 0951 91740 - www.villageyerswoerth.de

La Villa - siehe Restaurantauswahl

Europa

URBAN • FUNKTIONELL Tipptopp gepflegte Zimmer, freundliche Gästebetreuung, hochwertiges Frühstück (im Sommer am besten im charmanten Innenhof!). Hier spürt man das Engagement! Im Restaurant frische Kräuterküche mit regionalen Produkten - probieren Sie fränkische Knabbereien im Tapas-Stil! Und für daheim Wein oder Hausgemachtes aus dem Hofshop? Garagenzufahrt über Untere Königstr. 30.

46 Zim - 79/89 € 109/124 € - ½ P

Untere Königstr. 6 96052 - 0951 3093020 - www.hotel-europa-bamberg.de

Nepomuk

HISTORISCH • FUNKTIONELL Das hübsche Fachwerkhaus (ursprünglich eine Mühle) liegt schön direkt an der Regnitz! Die Zimmer sind modern-funktional, gastronomisch gibt es das "Eckerts" mit regional-saisonaler Küche. Für Veranstaltungen: "Schiller 16", ein toller Barockbau von 1752 unweit des Hotels.

23 Zim - 98/114 € 138/162 € - 1 Suite - 10 €

Obere Mühlbrücke 9 96049 - 0951 98420 - www.hotel-nepomuk.de

Weinhaus Messerschmitt

HISTORISCH • MODERN Das historische Haus mit der schmucken gelb-weißen Fassade kann auf über 180 Jahre Familientradition zurückblicken. Im Sommer lässt es sich schön auf der kleinen Dachterrasse im 3. Stock relaxen, und genießen Sie vom Saunabereich aus die Sicht über Bamberg! Kosmetik und Massage buchbar.

67 Zim - 95/140 € 150/180 € - 3 Suiten - ½ P

Lange Str. 41 96047 - 0951 297800 - www.hotel-messerschmitt.de - geschlossen 6. - 20. Januar

Weinhaus Messerschmitt - siehe Restaurantauswahl

Tandem

URBAN • MODERN Schön puristisch und mit Blick auf "Klein Venedig" wohnt man in dem sorgsam sanierten Haus. Tipp: Parken im 200 m entfernten Residenzschloss. Man bietet übrigens auch Fahrradraum und Leihfahrräder - Regnitz-Radweg gleich vor der Tür!

8 Zim - 89/98 € 98/125 €

Untere Sandstr. 20 96049 - 0951 51935855 - www.tandem-hotel.de - geschlossen 21. Dezember - 10. Januar

BANSIN Mecklenburg-Vorpommern → Siehe Usedom (Insel)

BARMSTEDT

Schleswig-Holstein - 10 108 Ew. - Höhe 11 m - Regionalatlas **10**-I4
Michelin Straßenkarte 541

Lay's Bistro

REGIONAL • BISTRO Diese charmante Restaurant-Alternative des aufwändig sanierten historischen Anwesens ist mit derselben Liebe zum Detail gestaltet wie das "Loft". Was aus der Küche kommt, ist frisch und schmackhaft - Tipp: "Roastbeef mit Bratkartoffeln und Remouladensauce"! Oder lieber "Tapas Lay's Loft"?

Karte 35/57 €

Restaurant Lay's Loft, Schlickumstr. 1 25355 - 04123 9290577 - www.lays-loft.de - geschlossen Januar 2 Wochen, April 2 Wochen, August 3 Wochen, Oktober 1 Woche und Montag - Dienstag

Lay's Loft

KLASSISCHE KÜCHE • ELEGANT XX Stilsicher, wertig und fast intim - so präsentiert sich das Gourmetrestaurant in dem schmucken ehemaligen Fabrikgebäude. Zur angenehmen Atmosphäre tragen auch die herzlichen Gastgeber bei. Gekocht wird klassisch-saisonal in Form eines Menüs. Schön übernachten kann man ebenfalls.

Menü 50/95 €

3 Zim – 100/120 € 120/150 € – 15 €

Schlickumstr. 1 ✉ 25355 – ✆ 04123 9290577 (Tischbestellung erforderlich) – www.lays-loft.de – geschlossen Januar 2 Wochen, April 2 Wochen, August 3 Wochen, Oktober 1 Woche und Montag - Dienstag

Lay's Bistro – siehe Restaurantauswahl

BARSINGHAUSEN

Niedersachsen – 33 310 Ew. – Höhe 112 m – Regionalatlas **18**-H9
Michelin Straßenkarte 541

Stiller's Restaurant im Marmite

INTERNATIONAL • TRENDY XX Elegant und zugleich angenehm leger ist es in dem seit über 30 Jahren familiengeführten Restaurant. Die saisonal-internationalen Gerichte nennen sich z. B. "Pomelosalat mit Chili und Riesengarnelen" oder "Rehrücken auf getrüffeltem Kartoffelpüree mit Gemüse". Gute Weine. Terrasse und großer Biergarten.

Menü 35/48 € – Karte 35/55 €

Egestorfer Str. 36a ✉ 30890 – ✆ 05105 61818 – www.stiller-geniessen.de – geschlossen Anfang Januar 1 Woche und Montag - Dienstag

In Barsinghausen-Göxe Nord-Ost: 6 km, an der B 65

Gasthaus Müller

MARKTKÜCHE • GASTHOF XX Ein sympathisches Gasthaus und Familienbetrieb in 5. Generation. Zu regional-saisonalen Speisen wie "Hirschkalbskeule mit Macadamia-Crunch und Kartoffel-Preiselbeerstampf" gibt es rund 280 fast ausschließlich deutsche Weine.

Menü 45 € – Karte 43/63 €

Goltener Str. 2 ✉ 30890 – ✆ 05108 2163 – www.gasthausmueller.de – nur Abendessen, sonntags auch Mittagessen – geschlossen Montag - Dienstag, außer an Feiertagen

BAUNACH

Bayern – 4 016 Ew. – Höhe 238 m – Regionalatlas **50**-K15
Michelin Straßenkarte 546

Rocus

INTERNATIONAL • FAMILIÄR XX In dem hübschen ehemaligen Bahnhof von 1904 wird ambitioniert gekocht, z. B. "Kalbsentrecôte, Morchelsauce, Petersilienwurzel". Terrasse im Innenhof oder zur Bahnlinie. Tipp: Buchen Sie einen Tisch im Weinkeller, umgeben von vielen spanischen Rotweinen!

Menü 62/90 € – Karte 44/71 €

Bahnhofstr. 16 ✉ 96148 – ✆ 09544 20640 – www.restaurant-rocus.de – nur Abendessen – geschlossen Ende August - Anfang September 2 Wochen und Montag

BAYERISCH GMAIN

Bayern – 3 045 Ew. – Höhe 540 m – Regionalatlas **67**-O21
Michelin Straßenkarte 546

Klosterhofstuben

MARKTKÜCHE • GEMÜTLICH XX Mögen Sie es gemütlich-rustikal? Richtig charmant kommen die traditionellen Stuben "Zeno" und "Itha" daher - schön die Terrasse mit Aussicht! Gekocht wird saisonal und mit Bezug zur Region. Auch Klassiker wie Zwiebelrostbraten oder Wiener Schnitzel sind zu haben.

Karte 26/70 €

Hotel Klosterhof, Steilhofweg 19 ✉ 83457 – ✆ 08651 98250 – www.klosterhof.de – geschlossen 1. - 20. November und Montag

Klosterhof

SPA UND WELLNESS • MODERN Schön fügt sich der moderne Anbau des traditionellen Klosterhofs in die Landschaft ein: außen Holzschindelfassade, drinnen Naturmaterialien, warme Töne und klare Formen. Wie wär's mit einem eigenen Whirlpool im Zimmer? Toll auch die Lage: Abgeschiedenheit nebst Bergpanorama! HP serviert man im "GenussArt".

65 Zim – 145/185 € 190/350 € – 6 Suiten – ½ P

Steilhofweg 19 ✉ 83457 – ✆ 08651 98250 – www.klosterhof.de

Klosterhofstuben – siehe Restaurantauswahl

BAYERSOIEN, BAD

Bayern – 1 127 Ew. – Höhe 812 m – Regionalatlas **65**-K21
Michelin Straßenkarte 546

Parkhotel am Soier See

SPA UND WELLNESS • INDIVIDUELL Die Leidenschaft der Gastgeber für Afrika spiegelt sich hier in zahlreichen Details wider, so z. B. im großzügigen Spa oder in der "African Lounge" mit Gerichten wie "Kap-Malaiisches Perlhuhn" oder "Curry-Fischsuppe". Die Zimmer sind schön wohnlich - besonders chic die im modern-alpinen Stil! Saisonale Küche im "Seestüberl", mittags Brotzeitkarte.

108 Zim – 104/174 € 168/308 € – 5 Suiten – ½ P

Am Kurpark 1 ✉ 82435 – ✆ 08845 120 – www.parkhotel-bayersoien.de

BAYREUTH

Bayern – 71 601 Ew. – Höhe 340 m – Regionalatlas **51**-L15
Michelin Straßenkarte 546

Goldener Anker

KLASSISCHE KÜCHE • TRADITIONELLES AMBIENTE XX In klassischem Ambiente bietet man hier eine ebenso klassische Küche. Alles ist stimmig, auf moderne Spielerei verzichtet man. Herzlich umsorgt man seine Gäste mit schmackhaften Gerichten von "Karpfen blau" bis "Vitello tonnato".

Menü 39/75 € – Karte 33/100 €

Hotel Goldener Anker, Opernstr. 6, Zufahrt über Badstr. 3 ✉ 95444 – ✆ 0921 7877740 – www.anker-bayreuth.de – Dienstag - Freitag nur Abendessen – geschlossen Weihnachten - Mitte Januar und Montag

Goldener Anker

TRADITIONELL • KLASSISCH Familientradition seit 13 Generationen - jede Menge Historie und stilvolle Details, wohin man schaut. Schön die Lage im Herzen der Stadt, elegant das Interieur, das Frühstück wird am Tisch serviert. Besonderheit: Tagungsbereich mit offener Landhausküche und Dachterrasse!

35 Zim – 98/128 € 168/248 € – 2 Suiten – ½ P

Opernstr. 6, Zufahrt über Badstr. 3 ✉ 95444 – ✆ 0921 7877740 – www.anker-bayreuth.de – geschlossen Weihnachten - Mitte Januar

Goldener Anker – siehe Restaurantauswahl

BAYRISCHZELL

Bayern – 1 566 Ew. – Höhe 800 m – Regionalatlas **66**-M21
Michelin Straßenkarte 546

In Bayrischzell-Geitau Nord-West: 5 km über B 307, Richtung Miesbach

Postgasthof Rote Wand

GASTHOF • GEMÜTLICH In diesem charmanten Familienbetrieb haben Sie es schön wohnlich, ob in den Landhausstil-Zimmern des traditionsreichen Gasthofs oder im topmodern und chic-alpin eingerichteten Gästehaus. Die Küche ist regional - probieren Sie auch die eigene Kreation: "Rote-Wand-Torte"! Zu den gemütlichen Gaststuben kommt im Sommer der hübsche Biergarten unter alten Kastanien.

32 Zim – 55/85 € 92/135 € – ½ P

Geitau 15, (mit Gästehaus) ✉ 83735 – ✆ 08023 9050 – www.gasthofrotewand.de – geschlossen 13. November - 13. Dezember

BECKUM

Nordrhein-Westfalen - 36 135 Ew. - Höhe 105 m - Regionalatlas **27**-E10
Michelin Straßenkarte 543

Zur Windmühle

INTERNATIONAL • GASTHOF XX Ein Haus mit langer Familientradition, das eine international beeinflusste Küche bietet. Probieren Sie z. B. "Lammrücken mit Kräuterkruste", und fragen Sie auch nach den Empfehlungen des Chefs. Schön die große Terrasse mit Blick auf die hauseigene Mühle von 1853 - auch für Veranstaltungen sehr beliebt.

Menü 37/75 € - Karte 29/67 €

Unterberg II/33, am Höxberg, Süd: 2,5 km ✉ 59269 - ✆ 02521 86030 - www.zur-windmuehle.de - nur Abendessen, sonntags auch Mittagessen - geschlossen Januar - Ostern: Sonntagabend - Montag

BEDERKESA, BAD

Niedersachsen - 30 589 Ew. - Höhe 9 m - Regionalatlas **9**-G5
Michelin Straßenkarte 541

Bösehof

SPA UND WELLNESS • ELEGANT Schön und recht ruhig liegt dieser Familienbetrieb. Einige Zimmer mit Blick in den reizvollen Garten, geräumiger im Haus "Jan Bohls". Das Haus "Hermann Allmers" beherbergt einen kleinen Spa. Sehr gutes Frühstück, im Sommer auf der Terrasse. Internationale und regionale Küche im elegant-rustikalen Restaurant.

33 Zim - †82/183 € ††139/231 € - 15 Suiten - ½ P

Hauptmann-Böse-Str. 19 ✉ 27624 - ✆ 04745 9480 - www.boesehof.de

BEILNGRIES

Bayern - 8 983 Ew. - Höhe 368 m - Regionalatlas **58**-L18
Michelin Straßenkarte 546

Der Millipp

GASTHOF • ROMANTISCH Hübsch anzuschauen ist der traditionsreiche Metzgereigasthof mit seinem Fachwerkgiebel. Möchten Sie ein Zimmer im Landhausstil? Oder haben Sie es lieber moderner? Wohnlich ist es überall. Gemütlich-rustikal die Gaststuben, hier isst man regional - die Fleischprodukte kommen natürlich aus eigener Herstellung.

32 Zim - †98/142 € ††125/158 € - 2 Suiten - ½ P

Hauptstr. 9 ✉ 92339 - ✆ 08461 1203 - www.der.millipp.de

Die Gams

TRADITIONELL • INDIVIDUELL Hier spürt man das Engagement der Gastgeber (Familienbetrieb seit 1794): schöne wohnlich-moderne Zimmer in warmen Tönen, ein guter Tagungsbereich und regionale Küche in gemütlichen Restauranträumen. Tipp: die ganz individuell und mit Liebe zum Detail eingerichteten Zimmer in der "schmiede7".

60 Zim - †76/128 € ††104/158 €

Hauptstr. 16 ✉ 92339 - ✆ 08461 6100 - www.hotel-gams.de

BELLINGEN, BAD

Baden-Württemberg - 4 084 Ew. - Höhe 257 m - Regionalatlas **61**-D21
Michelin Straßenkarte 545

Landgasthof Schwanen

REGIONAL • GASTHOF XX In dem seit Generationen als Familienbetrieb geführten Haus darf man sich auf richtig gute Küche freuen - macht Ihnen z. B. "geschnetzeltes Kalbfleisch, Rahmsoße mit frischen Champignons, hausgemachte Spätzle" Appetit? Das Ambiente dazu: traditionell-regional oder hell-modern.

Menü 18 € - Karte 32/62 €

Hotel Landgasthof Schwanen, Rheinstr. 50 ✉ 79415 - ✆ 07635 811811 - www.schwanen-bad-bellingen.de - geschlossen 7. - 25. Januar und Montagmittag, Dienstag - Mittwochmittag

Berghofstüble

MARKTKÜCHE • FREUNDLICH XX Schön liegt das Haus oberhalb des Ortes - da ist natürlich die hübsche Terrasse mit Aussicht gefragt! Man setzt auf gute, frische Produkte, auf der Karte finden sich bürgerliche Klassiker ebenso wie saisonale Gerichte und internationale Einflüsse. Wie wär's z. B. mit "Wildlachs, Apfelsenf, Brokkoli"?

Menü 29 € (mittags)/95 € - Karte 36/80 €

Berghof 1, Nord-Ost: 1,5 km, über Markus-Ruf-Straße ✉ 79415 - ✆ 07635 1293 (Tischbestellung erforderlich) - www.berghofstueble-bad-bellingen.de - geschlossen Januar 1 Woche, Februar 1 Woche und Montag - Dienstag

Landgasthof Schwanen

FAMILIÄR • FUNKTIONELL In dem Traditionshaus von 1887 wohnen Sie entweder im Haupthaus (zentral am Schlosspark) oder im 400 m entfernten Gästehaus. Letzteres hat Appartements, Liegewiese und eine schöne Aussicht zu bieten. Den freundlichen Service haben Sie hier wie dort!

30 Zim ☕ - 🚹67/80 € 🚹🚹97/129 € - ½ P

Rheinstr. 50 ✉ 79415 - ✆ 07635 811811 - www.schwanen-bad-bellingen.de - geschlossen 7. - 25. Januar

Landgasthof Schwanen – siehe Restaurantauswahl

Ambiente

FAMILIÄR • INDIVIDUELL Ein persönlich und herzlich geführtes Haus, in dem alles sehr gepflegt ist. Die Zimmer sind freundlich gestaltet, behaglich-elegant der Frühstücksraum - die gute Auswahl vom Buffet können Sie auch auf der Terrasse zum Garten genießen.

22 Zim ☕ - 🚹69/105 € 🚹🚹104/122 €

Akazienweg 1 ✉ 79415 - ✆ 07635 81040 - www.ambiente-bellingen.de

BEMPFLINGEN

Baden-Württemberg – 3 403 Ew. – Höhe 336 m – Regionalatlas **55**-G19
Michelin Straßenkarte 545

Krone

FRANZÖSISCH-KLASSISCH • RUSTIKAL XXX Seit über 40 Jahren steht der Familienbetrieb für niveauvolle Küche und klassisches Ambiente, ungebrochen das Engagement der Gastgeber. Probieren Sie z. B. "rosa gebratene Barbarie-Entenbrust mit Barolojus" oder "Winterkabeljau-Filet mit Kartoffelschuppen".

Menü 58 € - Karte 42/75 €

Brunnenweg 40 ✉ 72658 - ✆ 07123 31083 (Tischbestellung ratsam) - www.kronebempflingen.de - geschlossen Anfang Januar 1 Woche, über Fasching, über Ostern, Juni 1 Woche, Anfang - Mitte August und Sonntag - Dienstagmittag, Mittwochmittag

BENDESTORF

Niedersachsen – 2 334 Ew. – Höhe 36 m – Regionalatlas **10**-I6
Michelin Straßenkarte 541

Landhaus Meinsbur

KLASSISCHE KÜCHE • LÄNDLICH XX Außen ein hübsches altes Bauernhaus, drinnen sehenswerte Stuben mit schöner Deko und offenem Kamin. Modern-klassisch die Gerichte, z. B. "Forelle, Petersilienwurzel, Trüffel, Schalotte, Couscous" und "Heidschnuckenrücken, Pflaumenjus, Morcheln, Süßkartoffeln".

Karte 37/71 €

Hotel Landhaus Meinsbur, Gartenstr. 2 ✉ 21227 - ✆ 04183 77990 - www.meinsbur.de

Landhaus Meinsbur

LANDHAUS • ELEGANT Wirklich charmant ist dieses 400 Jahre alte reetgedeckte Bauernhaus - einst war es Herberge von Filmstars wie Hildegard Knef! Die Zimmer sind geschmackvoll, wohnlich und zum Teil sehr großzügig, herrlich das Gartengrundstück, freundlich der Service. Auch Trauungen sind möglich.

12 Zim - 🚹84/119 € 🚹🚹139/199 € - 3 Suiten - ☕ 13 €

Gartenstr. 2 ✉ 21227 - ✆ 04183 77990 - www.meinsbur.de

Landhaus Meinsbur – siehe Restaurantauswahl

BENDORF

Rheinland-Pfalz – 16 636 Ew. – Höhe 80 m – Regionalatlas **36**-D14
Michelin Straßenkarte 543

In Bendorf-Sayn Nord-West: 1,5 km

Villa Sayn

HERRENHAUS • MODERN Ein kleines herrschaftliches Anwesen! Im Hotelgebäude hinter der schmucken Villa finden Sie hübsche, freundliche Zimmer. Man beachte auch das sehenswerte alte Treppenhaus mit Stuckverzierungen. Im Bistro und im Restaurant "Dr. Brosius" bietet man eine Bistro-Karte, im Gourmetrestaurant "La Toscana" im 1. Stock ist das Angebot ambitionierter.

16 Zim – †90/150 € ††120/250 € – ☕10 €

Koblenz-Olper-Str. 111 ✉ 56170 – ✆ 02622 94490 – www.villasayn.de

BENTHEIM, BAD

Niedersachsen – 15 104 Ew. – Höhe 62 m – Regionalatlas **16**-C8
Michelin Straßenkarte 541

Keilings Restaurant

FRANZÖSISCH-MODERN • TRENDY XX In Bad Bentheim, unweit der niederländischen Grenze, lohnt es sich, einen Stopp einzuplanen. In dem recht unscheinbaren Backsteinhaus in der Fußgängerzone verbirgt sich nämlich ein echtes kulinarisches Juwel: das Restaurant von Gina Duesmann und Lars Keiling. Seit 2009 begrüßen die beiden mit viel Liebe und Engagement hier ihre Gäste. Optisch überrascht das Interieur mit elegantem Mobiliar, feiner Tischwäsche und edlem Porzellan, welches den Räumlichkeiten einen exklusiven Charme verleiht. Lars Keiling kocht französisch-modern und kredenzt ein Menü, bestehend aus 4, 6 oder 8 Gängen, die alle durch interessante Aromaspiele und einfallsreiche Zubereitung überzeugen. So ist zum Beispiel die saftige und perfekt auf den Punkt zubereitete Perlhuhnbrust mit Kohlrabiwürfeln ein wahrer Gaumenschmaus.

→ Perlhuhn Dim Sum und Wildgarnele, Zitronengras, Avocado, Passionsfrucht. Jakobsmuschel und Gänseleber, Erdnuss, grüner Apfel, Schwarzwurzel. Kalb, Shiitake, Soja, Spinat.

Menü 125/175 €

Wilhelmstr. 9a ✉ 48455 – ✆ 05922 776633 (Tischbestellung ratsam) – www.keilings.de – nur Abendessen – geschlossen 25. März - 12. April, Oktober und Montag - Dienstag

Weinbistro – siehe Restaurantauswahl

Weinbistro

FRANZÖSISCH-MODERN • TRENDY X Trendig das Raum-in-Raum-Konzept von Gourmet und Bistro. Letzteres bietet schmackhafte regional-klassische Gerichte mit saisonalem Einfluss, z. B. als "Medaillons vom Lamm, mediterranes Gemüse, Kartoffel-Bärlauchtaschen". Schön die Terrasse. Vinothek gegenüber.

Menü 36 € – Karte 34/56 €

Keilings Restaurant, Wilhelmstr. 9a ✉ 48455 – ✆ 05922 776633 – www.keilings.de – nur Abendessen – geschlossen 25. März - 12. April, Oktober und Montag - Dienstag

BENZ

Mecklenburg-Vorpommern – 642 Ew. – Höhe 40 m – Regionalatlas **12**-L4
Michelin Straßenkarte 542

In Benz-Gamehl Nord-Ost: 5 km über B 105

Schloss Gamehl

HISTORISCHES GEBÄUDE • KLASSISCH Das herrschaftliche Anwesen ist eine echte Augenweide, außen wie innen! In den Zimmern eleganter Landhausstil in Weiß und Beige - wertig und wohnlich. Frühstück gibt's im Wintergarten mit Blick zum Park und zum kleinen See samt Insel (über Brücke erreichbar) - hier oder im Schloss selbst kann man auch heiraten. Stilvolle Atmosphäre auch im Restaurant.

14 Zim ☕ – †90/150 € ††120/200 € – 5 Suiten – ½ P

Dorfstr. 26 ✉ 23970 – ✆ 038426 22000 – www.schloss-gamehl.de – geschlossen 2. Januar - 7. Februar

BERCHTESGADEN

Bayern - 7 781 Ew. - Höhe 572 m - Regionalatlas **67**-P21
Michelin Straßenkarte 546

LE CIEL

KLASSISCHE KÜCHE • ZEITGEMÄSSES AMBIENTE "Bayerische Alpen", "Kraut & Rüben", "Welt" - so die Namen der Menüs. In der Küche legt man Wert auf Regionalität, Weltoffenheit und ausgesuchte Produkte. Mit eigener Handschrift schafft man interessante Kontraste und Texturen - durchdachte Kombinationen mit der richtigen Dosis Kreativität! Wertig-chic das Interieur, versiert der Service, klasse die Aussicht!

→ Hummer, Spargel, Grapefruit. Huchen, Spitzkohl, Speck. Taube aus der Bresse, Rote Rübe, Amaranth.

Menü 85/169 €

Kempinski Hotel Berchtesgaden, Hintereck 1, auf dem Obersalzberg ✉ 83471 – ✆ 08652 97550 (Tischbestellung erforderlich) – www.kempinski.com/berchtesgaden – nur Abendessen – geschlossen März - April 3 Wochen, Juni 1 Woche, November 3 Wochen und Sonntag - Dienstag

Johann Grill

KLASSISCHE KÜCHE • ZEITGEMÄSSES AMBIENTE Schön hell und modern ist es hier, die Glasfront garantiert eine Panoramaaussicht, die Gänsehaut-Feeling erzeugt! Aber nicht nur das lockt Gäste an, auch klassisch-saisonale Gerichte wie "Wildragout mit glasiertem Rotkohl" oder Gegrilltes wie "Kotelett vom Alpenlamm".

Karte 42/98 €

Kempinski Hotel Berchtesgaden, Hintereck 1, auf dem Obersalzberg ✉ 83471 – ✆ 08652 97550 – www.kempinski.com/berchtesgaden – nur Abendessen

Lockstein 1

VEGETARISCH • GEMÜTLICH Das ist schon eine besondere Adresse: Durch die schöne Küche gelangt man in das 500 Jahre alte Bauernhaus. Hier wird mit Liebe und Können gekocht, und zwar ein vegetarisches Menü mit leckeren Gerichten wie "Polentaschnittchen, mit Spinat gefüllte Tomaten, Aurorasauce". Tipp: Auch die beiden Gästezimmer sind gefragt.

Menü 45 €

Locksteinstr. 1 ✉ 83471 – ✆ 08652 9800 (Tischbestellung erforderlich) – www.biohotel-kurz.de – nur Abendessen

Berchtesgadener Esszimmer (N)

REGIONAL • GEMÜTLICH Ein richtig sympathisches kleines Restaurant ist aus dem ehemaligen Gasthaus Nonntal geworden. Man kocht modern und ambitioniert, regional und saisonal. In Sachen Wein setzt man auf Österreich. Bei den Stammgästen sind die beiden "kitchen tables" beliebt - von diesen Hochtischen aus schaut man in die offene Küche!

Menü 47/89 € – Karte 41/66 €

Nonntal 7 ✉ 83471 – ✆ 08652 6554301 – www.esszimmer-berchtesgaden.com – nur Abendessen – geschlossen 31. März - 15. April, 3. - 18. November und Sonntag - Montag

Kempinski Hotel Berchtesgaden

LUXUS • MODERN Auch wenn die Lage 1000 m über dem Meer und die tolle Bergkulisse kaum zu toppen sind, so ist auch das Interieur dieses Luxushotels sehenswert: stimmiges chic-modernes Design und wertige Materialien - hier nimmt man Bezug zur Region. Top die Penthouse-Maisonette-Suiten mit Dachterrasse, klasse der "Mountain Spa". Tipp: "Eckerbichl-Torte" zum Nachmittagskaffee!

126 Zim – †210/460 € ††210/700 € – 12 Suiten – ☕ 35 € – ½ P

Hintereck 1, auf dem Obersalzberg ✉ 83471 – ✆ 08652 97550 – www.kempinski.com/berchtesgaden

LE CIEL • Johann Grill – siehe Restaurantauswahl

Edelweiss

SPA UND WELLNESS • ELEGANT Schön wohnlich hat man es hier und das Personal ist auffallend freundlich! Entspannen kann man z. B. im Whirlpool auf der Dachterrasse, in der großen Halle mit Bar oder im "Panoramarestaurant" samt Terrasse, wo man in der 6. Etage bei toller Aussicht international-regional speist! Im EG italienische Küche im "Einkehr".

128 Zim – 138/148 € 220/290 € – ½ P

Maximilianstr. 2 ✉ 83471 – ✆ 08652 97990 – www.edelweiss-berchtesgaden.com

Neuhäusl

SPA UND WELLNESS • MONTAN Ein gewachsener Berggasthof direkt an der Grenze zu Österreich, seit Generationen charmant-familiär geführt. Hier gibt es hübsche große Studios, aber auch schöne Standard- und Zirbenzimmer. Nett der Spa mit reizender "Almstube", gemütlich das Restaurant mit Terrasse – toll die Aussicht.

29 Zim – 85/109 € 155/220 €

Wildmoos 45, an der Rossfeld-Ringstraße ✉ 83471 – ✆ 08652 9400 – www.neuhaeusl.de – geschlossen 7. November - 18. Dezember

BERGHAUPTEN

Baden-Württemberg – 2 389 Ew. – Höhe 172 m – Regionalatlas **54**-E19
Michelin Straßenkarte 545

Hirsch

REGIONAL • LÄNDLICH XX Nicht nur zum Übernachten ist der "Hirsch" eine gute Wahl: In den hübschen ländlichen Stuben sitzt man gemütlich und aufmerksam betreut bei schmackhaften und frischen klassischen Gerichten wie "Filet vom Skrei-Kabeljau mit leichter Senfsauce". Im Sommer ist die Terrasse beliebt!

Menü 38/48 € – Karte 28/52 €

Hotel Hirsch, Dorfstr. 9 ✉ 77791 – ✆ 07803 93970 – www.hirsch-berghaupten.de – geschlossen über Fastnacht 10 Tage, Mitte August 10 Tage und Sonntagabend - Dienstagmittag

Hirsch

GASTHOF • GEMÜTLICH Wer in dem gewachsenen Haus der Familie Faißt wohnt, wird freundlich umsorgt und schläft in geräumigen, schön wohnlich gestalteten Zimmern. Und wenn Sie morgens Anlaufschwierigkeiten haben: Es gibt sehr guten Kaffee!

19 Zim – 63/68 € 88/102 € – 3 Suiten – 7 € – ½ P

Dorfstr. 9 ✉ 77791 – ✆ 07803 93970 – www.hirsch-berghaupten.de – geschlossen über Fastnacht 10 Tage, Mitte August 10 Tage

Hirsch – siehe Restaurantauswahl

BERGISCH GLADBACH

Nordrhein-Westfalen – 109 697 Ew. – Höhe 100 m – Regionalatlas **36**-C12
Michelin Straßenkarte 543

In Bergisch Gladbach-Bensberg Süd-Ost: 4 km

Vendôme

KREATIV • LUXUS XXXX Dass Joachim Wissler Koch wurde, verdankt er nicht zuletzt seiner Familie, die auf der Schwäbischen Alb einen landwirtschaftlichen Betrieb mit angeschlossenem Gasthof besaß. Nach seiner Ausbildung in der „Traube" in Baiersbronn-Tonbach folgten weitere Abstecher in die besten Restaurants der Republik. Ausgestattet mit dem Wissen über die Raffinessen der Haute Cuisine, übernahm der bodenständige und sympathische Schwabe im Jahr 2000 die Leitung des luxuriösen Restaurants "Vendôme" in einem der exklusivsten Hotels Deutschlands. Joachim Wissler hat seinen ganz eigenen kreativen Kochstil und entwickelt sich dabei ständig weiter. Da werden unter anderem Bachkrebse von beeindruckender Größe, absoluter Frische und perfekter glasig-knackiger Konsistenz gereicht, die genauso wie alle anderen hochklassigen Produkte ihren Geschmack optimal entfalten und die Gäste seit Jahren begeistern.

→ Toffee von karamellisierter Gänseleber und Piemonteser Haselnuss. Landei "Vabergé verde", Frankfurter grüne Soße, Gurkenkaviar, Butter-Dinkelflocken. Lechtal Seeforelle mild geräuchert, gepickelte Radieschen und Weizengrasvinaigrette.

Menü 145 € (mittags)/280 €

Althoff Grandhotel Schloss Bensberg, Kadettenstraße ✉ 51429 – ✆ 02204 421940 (Tischbestellung ratsam) – www.schlossbensberg.com – Mittwoch - Freitag nur Abendessen – geschlossen 25. Februar - 14. März, 29. Juli - 22. August und Montag - Dienstag

Trattoria Enoteca

ITALIENISCH • GEMÜTLICH XX Hier darf man sich auf italienische Küche in geschmackvoller gemütlicher Atmosphäre mit mediterraner Note freuen. Genauso schön sitzt man auf der Terrasse im romantischen Innenhof mit seinen hübsch bewachsenen Natursteinmauern.

Menü 28 € (mittags unter der Woche)/79 € – Karte 40/82 €

Althoff Grandhotel Schloss Bensberg, Kadettenstraße ✉ 51429 – ✆ 02204 420 – www.schlossbensberg.com

Althoff Grandhotel Schloss Bensberg

GROSSER LUXUS • KLASSISCH Ein imposantes jahrhundertealtes Schloss als wunderschöner klassischer Rahmen für luxuriöses Interieur und professionellen Service. Fantastisch die exponierte Lage über Köln mit Domblick. Auch eine tolle Kulisse für Hochzeiten! Schöne Abendbar.

86 Zim – †175/375 € ††205/455 € – 34 Suiten – ☕ 32 €

Kadettenstraße ✉ 51429 – ✆ 02204 420 – www.schlossbensberg.com

✿✿✿ **Vendôme** • **Trattoria Enoteca** – siehe Restaurantauswahl

Waldhotel Mangold

LANDHAUS • KLASSISCH Ruhig liegt das gut geführte Landhotel am Waldrand unterhalb des Schlosses, Wanderwege hat man praktisch gleich vor der Tür! Die Zimmer sind wohnlich, zum Haus gehört auch ein sehr gepflegter Garten und ein elegant-rustikales Restaurant - hier gibt es internationale Küche und auch Vegetarisches.

23 Zim ☕ – †95/145 € ††160/200 € – ½ P

Am Milchbornbach 39 ✉ 51429 – ✆ 02204 95550 – www.waldhotel.de

In Bergisch Gladbach-Herrenstrunden Nord-Ost: 2,5 km

Dröppelminna

MARKTKÜCHE • GEMÜTLICH X In dem kleinen Fachwerkhaus sorgen allerlei liebevolle Details für Gemütlichkeit. Gerne sitzen die Gäste hier bei saisonalen Menüs und schönen Weinen - die Leidenschaft des Chefs, seines Zeichens Sommelier. Hübsch auch die Terrasse.

Menü 39/59 €

Herrenstrunden 3 ✉ 51465 – ✆ 02202 32528 (Tischbestellung erforderlich) – www.restaurant-droeppelminna.de – nur Abendessen – geschlossen Januar 2 Wochen, nach Karneval 1 Woche, August 3 Wochen und Montag - Dienstag

BERGKIRCHEN

Bayern – 7 705 Ew. – Höhe 521 m – Regionalatlas **65**-L20
Michelin Straßenkarte 546

In Bergkirchen-Unterbachern Nord-West: 5 km

Gasthaus Weißenbeck

TRADITIONELLE KÜCHE • GEMÜTLICH X Lauter zufriedene Gesichter! Kein Wunder, denn Mutter und Tochter Weißenbeck kochen richtig gut und preislich fair! In dem gemütlichen Wirtshaus - und auf der schönen Gartenterrasse - gibt's z. B. "halbe Freiland-Ente, handgeriebener Kartoffelknödel, Apfelkompott, Blaukraut". Beliebt: das preiswerte Mittagsmenü.

Menü 20 € (mittags unter der Woche)/48 € (abends) – Karte 28/55 €

Ludwig-Thoma-Str. 56 ✉ 85232 – ✆ 08131 72546 (am Wochenende Tischbestellung ratsam) – www.weissenbeck.de – geschlossen Dienstag

BERGNEUSTADT

Nordrhein-Westfalen - 18 865 Ew. - Höhe 240 m - Regionalatlas **36**-D12
Michelin Straßenkarte 543

In Bergneustadt-Niederrengse Nord-Ost: 7 km über B 55, in Pernze links abbiegen

Rengser Mühle

REGIONAL • GEMÜTLICH XX Bereits seit Generationen führt Familie Vormstein das Haus mit den charmant-gemütlichen Stuben und pflegt hier die regional-saisonale Küche. Tipp: Auf Vorbestellung gibt's die beliebte "Bergische Kaffeetafel". Sie möchten übernachten? Man hat auch nette, gepflegte Gästezimmer.

Menü 27 € (unter der Woche)/89 € - Karte 22/61 €

4 Zim - 75/80 € 100/110 €

Niederrengse 4 ✉ 51702 - 02763 91450 - www.rengser-muehle.de

BERGZABERN, BAD

Rheinland-Pfalz - 7 843 Ew. - Höhe 170 m - Regionalatlas **54**-E17
Michelin Straßenkarte 543

Schlosshotel Bergzaberner Hof

TRADITIONELL • ELEGANT Wirklich schön der historische Rahmen des ehemaligen "Ritterhauses", einst Remise des Schlosses. Das dreiflügelige Anwesen hat wertig-moderne Zimmer zu bieten, unterm Dach z. T. mit restauriertem Gebälk. Im Kellergewölbe Saunabereich samt Tauchbecken. Lust auf Steaks? Die gibt's im Restaurant "Walram".

21 Zim - 79/99 € 155/175 € - 1 Suite - ½ P

Königstr. 55 ✉ 76887 - 06343 9365860 - www.bergzaberner-hof.de

BERLEBURG, BAD

Nordrhein-Westfalen - 19 515 Ew. - Höhe 420 m - Regionalatlas **37**-F12
Michelin Straßenkarte 543

Alte Schule

HISTORISCHES GEBÄUDE • INDIVIDUELL Ein geschmackvolles und wertiges Hotel mit viel Charme, das sich dem Thema Schule verschrieben hat. Sie wohnen modern-elegant oder etwas schlichter, und zwar im "Museum", im "Fliegenden Klassenzimmer" oder in der "Alten Schule" - hier auch das behagliche Restaurant mit regionaler und internationaler Küche.

39 Zim - 75/95 € 140/160 € - ½ P

Goetheplatz 1 ✉ 57319 - 02751 9204780 - www.hotel-alteschule.de

BERLIN

Vielfältiger und kontrastreicher, lebendiger und wandlungsfreudiger kann eine Stadt kaum sein. Und das gilt nicht zuletzt auch für die Gastronomie der Bundeshauptstadt, sie boomt! Das Niveau hat sich in den letzten Jahren bedeutend gesteigert, und auch die Bandbreite der Küchen ist deutlich angewachsen. Die Gastro-Szene ist bunter und noch internationaler geworden, steckt voller Ideen und Dynamik. Sie ist praktisch ein Spiegelbild des gesellschaftlichen und kulturellen Lebens der Stadt. Essen Sie gerne fernöstlich, italienisch oder mediterran? Oder doch lieber klassisch-französisch? Auch Restaurants mit rein vegetarischer bzw. veganer Küche gehören inzwischen zu Berlin wie Boulette oder Döner Kebab. Auffallend bei der Entwicklung der hiesigen Gastronomie ist der Trend hin zu jungen, ganz ungezwungenen Restaurants, die es nicht selten in die Liga der Sternerestaurants schaffen und eindrucksvoll beweisen, dass legere Atmosphäre und hervorragende Küche wunderbar Hand in Hand gehen können

Wir mögen besonders:

Die Food-Bar **Ernst** als ganz spezielle Erfahrung. Als Dessert-Liebhaber im **CODA** schlemmen. Das Sternerestaurant **SAVU** für sein exzellentes Preis-Leistungs-Verhältnis. Im **Kin Dee** authentische Thai-Küche aus Brandenburger Produkten genießen. **Schwein** für Weine, Gins und gutes Essen. Vegetarisches im **Cookies Cream**. Das **tulus lotrek** für sein charmantes Team.

3 501 880 Ew – Höhe 34 m

- Regionalatlas 22-B2
- Michelin Straßenkarte 542

Cultura RM Exclusive / W. Zerla / Getty Images

UNSERE RESTAURANTAUSWAHL

ALLE RESTAURANTS VON A BIS Z

A

B

C-D

E

F

G

H-I

S. Probst/Y.Schon/Picture Press Illustration/Photononstop

TommL / E+ / Getty Images

Schon & Probst/Picture Press/Getty Images

RESTAURANTS AM SONNTAG GEÖFFNET

UNSERE HOTELAUSWAHL

F. Cirou / PhotoAlto Agency RF Collections / Getty Images

A
HAMBURG
ROSTOCK
B
GARTENSTADT, FROHNAU
NIEDER-NEUENDORF
Alt-Heiligensee
BERLINER FORST TEGEL
Hermsdorf
MÄRKISCH VIERTEL
Wittenau
Villa Borsig
TEGELER SEE
TEGELORT
REINICKENDORF
Flughafensee
Volkspark Jungfernheide
BERLIN-TEGEL
Hohenzollernkanal
BERLINER FORST SPANDAU
GARTENSTADT STAAKEN
SPANDAU
Zitadelle
ALTE SPREE
Olympia-stadion
Bismarckstr.
Kantstraße
Kurfürstendamm
WEINMEISTERHORN
MESSEGELÄNDE
Schildhorn
Teufelsberg
Gatow
BERLINER FORST GRUNEWALD
Grunewaldturm
GRUNEWALD
Grunewaldsee
LINDWERDER
Brücke-Museum
Jesus Christus
DAHLEM
Kladow
Havel
Krumme Lanke
Onkel Toms Hütte
Schlachtensee
Herz Jesu
MEXIKOPL.
LICHTERFELDE
ZEHLENDORF
Großer Wannsee
WANNSEE
Lilienthalpark
BERLINER FORST DÜPEL
KLEINMACHNOW
HAMBURG, LÜBECK
POTSDAM
SACROW
POTSDAM
HALLE
LEIPZIG
A
B
1
2
3
A 111
A 100
A 115

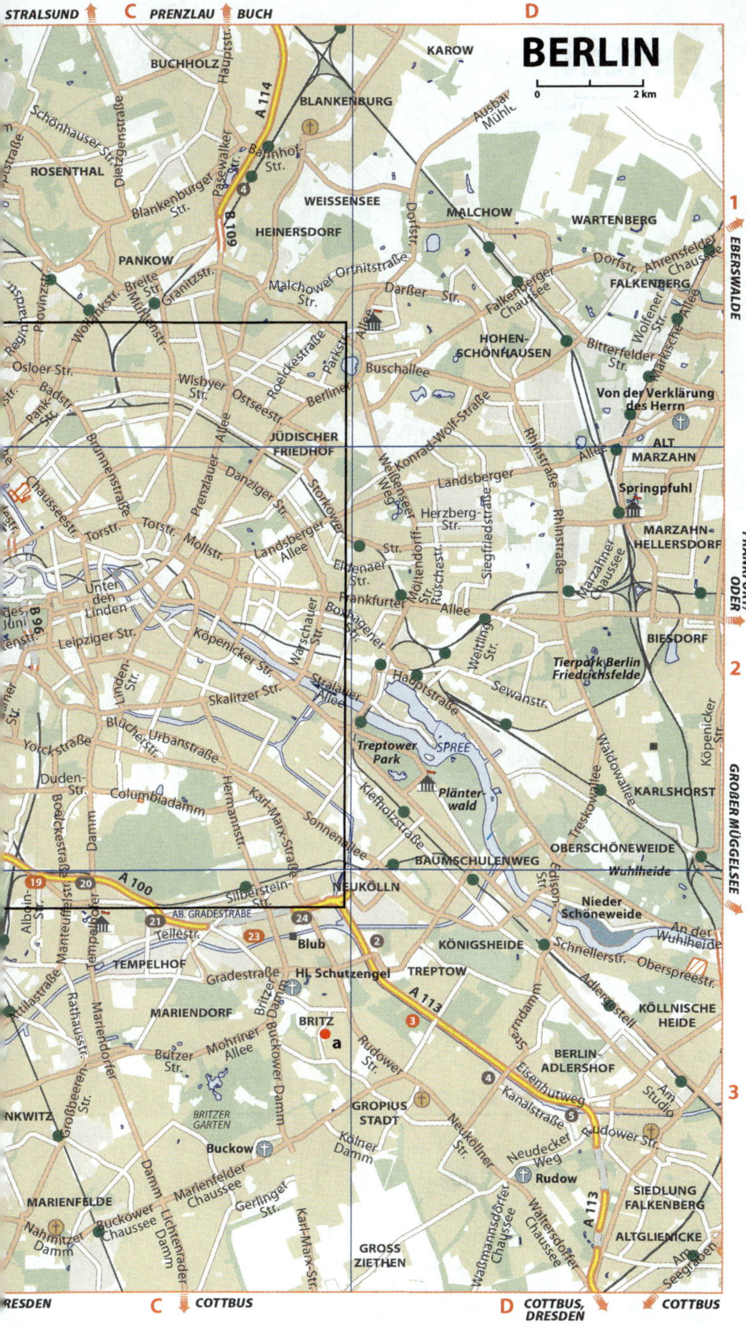
BERLIN
0
2 km
STRALSUND
C
PRENZLAU
BUCH
D
1
2
3
EBERSWALDE
FRANKFURT/ ODER
GROßER MÜGGELSEE
RESDEN
COTTBUS
COTTBUS, DRESDEN
KAROW
BUCHHOLZ
BLANKENBURG
A 114
Schönhauser Str.
Dietzgenstraße
ROSENTHAL
Hauptstr.
Pasewalker Str.
Bahnhofstr.
Blankenburger Str.
B 109
WEISSENSEE
HEINERSDORF
Dorfstr.
MALCHOW
WARTENBERG
PANKOW
Breite Str.
Granitzstr.
Mühlenstr.
Wollankstr.
Provinzstr.
Malchower Str.
Ortnitstraße
Darßer Str.
Falkenberger Chaussee
Dorfstr.
Ahrensfelder Chaussee
FALKENBERG
Wolfener Str.
Märkische Allee
HOHEN-SCHÖNHAUSEN
Bitterfelder Str.
Osloer Str.
Wisbyer Str.
Ostseestr.
Roelckestraße
Parkstr.
Buschallee
Berliner
Badstr.
Pankstr.
Von der Verklärung des Herrn
JÜDISCHER FRIEDHOF
Konrad-Wolf-Straße
Rhinstraße
Allee
ALT MARZAHN
Brunnenstraße
Chausseestr.
Torstr.
Prenzlauer Allee
Danziger Str.
Storkower Str.
Weißenseer Weg
Landsberger
Herzberg-Str.
Siegfriedstraße
Springpfuhl
MARZAHN-HELLERSDORF
Mollstr.
Landsberger Allee
Str.
Eldenaer Str.
Möllendorffstr.
Ruschestr.
Marzahner Chaussee
Unter den Linden
B 96
Leipziger Str.
Frankfurter Allee
Boxhagener Str.
Warschauer Str.
Köpenicker Str.
Weitlingstr.
BIESDORF
Tierpark Berlin Friedrichsfelde
Lindenstr.
Skalitzer Str.
Stralauer Allee
Hauptstraße
Sewanstr.
Köpenicker Str.
Blücherstr.
Urbanstraße
Yorckstraße
Treptower Park
SPREE
Plänterwald
Waldowallee
Treskowallee
KARLSHORST
Duden-Str.
Columbiadamm
Hermannstr.
Karl-Marx-Straße
Kiefholzstraße
Sonnenallee
Boelckestraße
Damm
OBERSCHÖNEWEIDE
Wuhlheide
BAUMSCHULENWEG
Edisonstr.
A 100
19
20
21
23
24
Silberstein-Str.
NEUKÖLLN
Nieder Schöneweide
An der Wuhlheide
Albrechtstr.
Manteuffelstr.
Tempelhofer
AB. GRADESTRABE
Teilestr.
Blub
2
KÖNIGSHEIDE
Schnellerstr.
Oberspreestr.
TEMPELHOF
Gradestraße
Hl. Schutzengel
TREPTOW
A 113
Adlergestell
KÖLLNISCHE HEIDE
Attilastraße
Rathausstr.
Mariendorfer
MARIENDORF
Britzer Damm
BRITZ
a
3
Sterndamm
Mohriner Allee
Buckower Damm
Britzer Str.
Rudower Str.
BERLIN-ADLERSHOF
Eisenhutweg
4
Am Studio
NKWITZ
Großbeeren-Str.
BRITZER GARTEN
GROPIUS STADT
Neuköllner Str.
Kanalstraße
5
Rudower Str.
Buckow
Kölner Damm
Neudecker Weg
Rudow
Marienfelder Chaussee
SIEDLUNG FALKENBERG
MARIENFELDE
Gerlinger Str.
Waßmannsdorfer Chaussee
Waltersdorfer Chaussee
A 113
Nahmitzer Damm
Buckower Chaussee
Lichtenrader Damm
Karl-Marx-Str.
GROSS ZIETHEN
ALTGLIENICKE
Am Seegraben

BERLIN
0
1 km
BERLIN-TEGEL
E
F
1
2
3
Holländerstraße
Afrikanische Str.
Müllerstraße
SCHILLER-PARK
Seestraße
WEDDING
Kurt-Schumacher-Damm
Charles-Corcelle-Ring
VOLKSPARK REHBERGE
Transvaalstraße
Plötzensee
GOETHEPARK
Amrumer Str.
Luxemburger Str.
Nettelbeckplatz
Saatwinkler Damm
A 111
VOLKSPARK JUNGFERNHEIDE
Jungfernheideteich
Maria Regina Martyrum
Gedenkstätte Plötzensee
Eckernförder Pl.
Föhrer Str.
Friedrich-Krause-Ufer
Heckerdamm
SIEMENSSTADT
WESTHAFEN
Ellen-Epstein-Str.
A 100
AB. DR. CHARLOTTENBURG
WESTHAFENKANAL
Erna-Samuel-Str.
Siemensdamm
Tegeler Weg
Max-Dohrn-Str.
Sickingenstraße
Perleberger Str.
FRITZ-SCHLOSS-PARK
Olbersstr.
Gaußstr.
Huttenstraße
TIERGARTEN
Stromstraße
Neues Ufer
Ottoplatz
Turmstraße
Schlossgarten
Alt-Moabit
SPREE
Schloss Charlottenburg
Levetzowstr.
Lessingstr.
Paulstr.
SAMMLUNG BERGGRUEN
Franklinstr.
Altonaer Str.
Spandauer Damm
Cauerstr.
Otto-Suhr-Allee
Einsteinufer
Bachstr.
WEST-END
Schloßstraße
Kaiser-Friedrich-Straße
Str. des 17. Juni
Neuer See
Tiergarten
Bismarckstraße
Hardenbergstraße
ZOO BERLIN
LIETZENSEE-PARK
Leibnizstraße
Funkturm
Neue Kantstraße
Kantstraße
Messegelände
Lietzensee
Kurfürstenstraße
Kurfürstendamm
Joachimsthaler Str.
Nürnberger Str.
Kleiststraße
AB. DR. FUNKTURM
Lietzenburger Str.
Martin-Luther-Str.
Bülowstr.
A 115
Nachod-Str.
Westfälische Str.
Uhlandstraße
Bundesallee
Pallasstr.
Heinrich-von-Kleist-Park
PREUSSENPARK
Güntzelstr.
Halensee
Grunewaldstraße
Hubertussee
Berliner Str.
Badensche Str.
Hauptstraße
Blissestraße
VOLKSPARK WILMERSDORF
Dominicusstr.
AB. KR. WILMERSDORF
A 100
Wexstraße
Südwestkorso
SCHMARGENDORF
Rubensstraße
A 103
Breite Str.
Wiesbadener Str.
Rheinstraße
Saarstr.
Grazer Damm
Clayallee
AB. KR. SCHÖNE

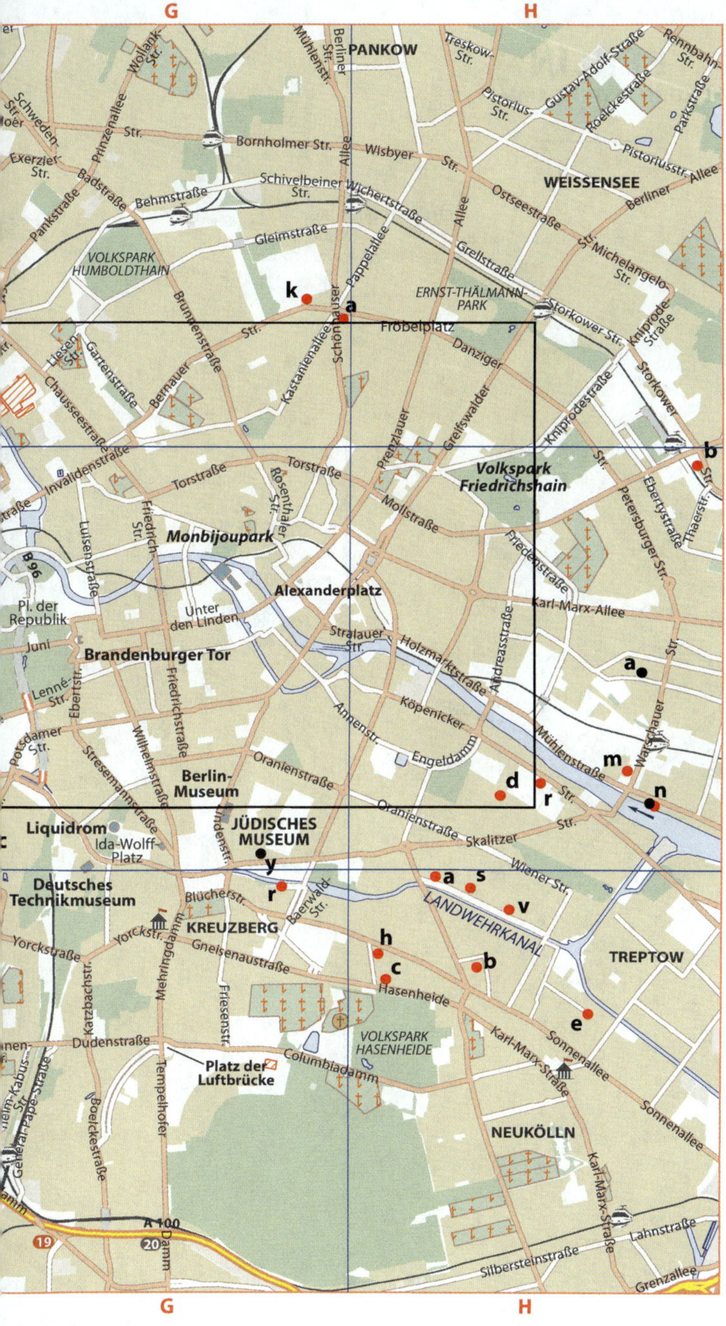
G
H
1
2
3
PANKOW
WEISSENSEE
VOLKSPARK HUMBOLDTHAIN
ERNST-THÄLMANN-PARK
Volkspark Friedrichshain
Monbijoupark
Alexanderplatz
Brandenburger Tor
Berlin-Museum
JÜDISCHES MUSEUM
Liquidrom
Ida-Wolff-Platz
Deutsches Technikmuseum
KREUZBERG
LANDWEHRKANAL
TREPTOW
VOLKSPARK HASENHEIDE
Platz der Luftbrücke
NEUKÖLLN
Unter den Linden
Pl. der Republik
Bornholmer Str.
Wisbyer Str.
Schivelbeiner Str.
Wichertstraße
Behmstraße
Gleimstraße
Pappelallee
Schönhauser Allee
Berliner Str.
Mühlenstr.
Treskow-Str.
Pistorius-Str.
Gustav-Adolf-Straße
Roelckestraße
Rennbahn-Str.
Parkstraße
Pistoriusstr.
Berliner Allee
Ostseestraße
Michelangelo-Str.
Grellstraße
Storkower Str.
Kniprodestraße
Fröbelplatz
Danziger Str.
Kastanienallee
Bernauer Str.
Brunnenstraße
Gartenstraße
Chausseestraße
Invalidenstraße
Torstraße
Rosenthaler Str.
Prenzlauer
Greifswalder
Mollstraße
Friedenstraße
Petersburger Str.
Ebertystraße
Thaerstr.
Karl-Marx-Allee
Andreasstraße
Holzmarktstraße
Stralauer Str.
Köpenicker
Annenstr.
Engeldamm
Mühlenstraße
Warschauer Str.
Oranienstraße
Skalitzer Str.
Wiener Str.
Friedrichstraße
Friedrich-Str.
Luisenstraße
Wilhelmstraße
Stresemannstraße
Ebertstr.
Lenné-Str.
Potsdamer Str.
Lindenstr.
Blücherstr.
Baerwald Str.
Yorckstraße
Yorckstr.
Gneisenaustraße
Mehringdamm
Hasenheide
Karl-Marx-Straße
Sonnenallee
Katzbachstr.
Dudenstraße
Friesenstr.
Columbiadamm
Tempelhofer Damm
Boelckestraße
General-Pape-Straße
A 100
19
20
Silbersteinstraße
Lahnstraße
Grenzallee
Schweden-Str.
Exerzier-Str.
Prinzenallee
Badstraße
Pankstraße
Wollank-Str.
B 96
Juni
k
a
b
d
r
m
n
y
s
v
h
c
e

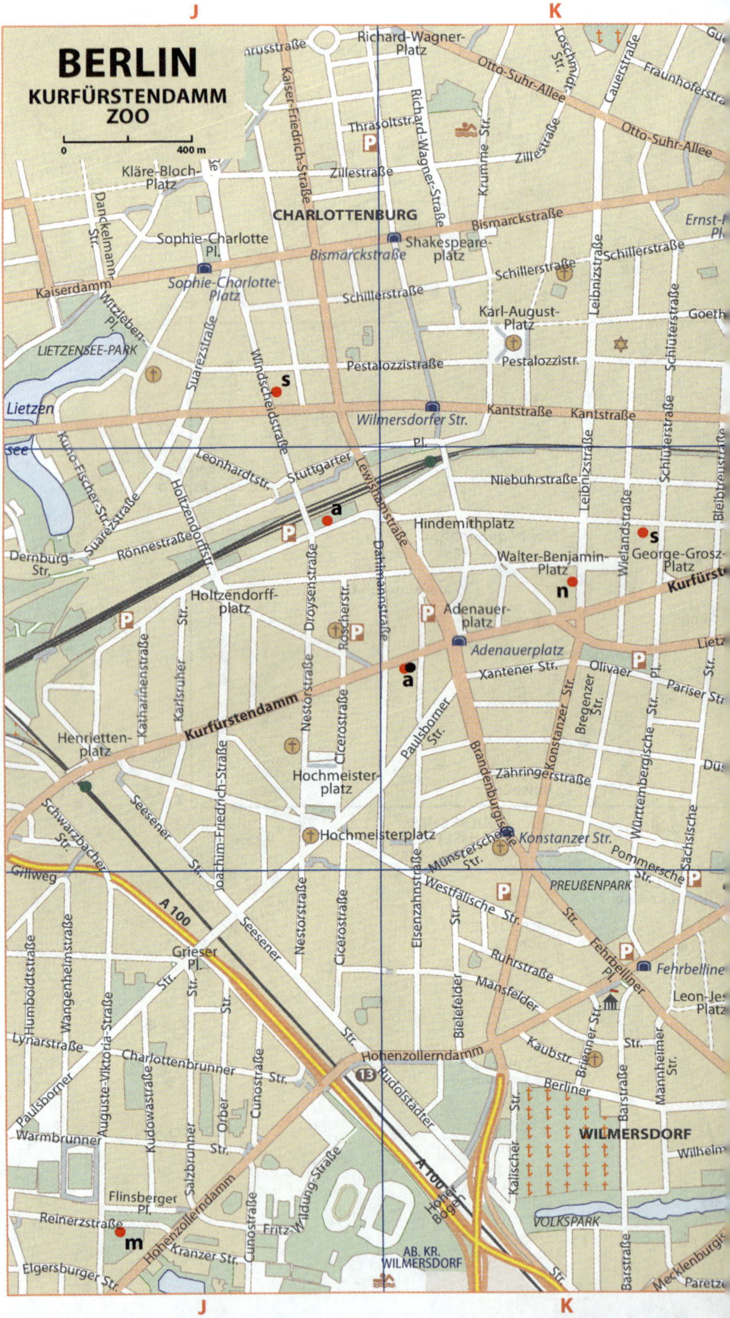
BERLIN
KURFÜRSTENDAMM
ZOO
0
400 m
J
K
1
2
3
CHARLOTTENBURG
WILMERSDORF
Richard-Wagner-Platz
Otto-Suhr-Allee
Kaiser-Friedrich-Straße
Richard-Wagner-Straße
Thrasoltstr.
Zillestraße
Krumme Str.
Loschmidt-Str.
Cauerstraße
Fraunhoferstraße
Kläre-Bloch-Platz
Danckelmannstr.
Sophie-Charlotte Pl.
Sophie-Charlotte-Platz
Bismarckstraße
Shakespeareplatz
Schillerstraße
Leibnizstraße
Schlüterstraße
Kaiserdamm
Witzleben-Pl.
LIETZENSEE-PARK
Lietzensee
Suarezstraße
Windscheidstraße
Karl-August-Platz
Pestalozzistraße
Pestalozzistr.
Wilmersdorfer Str.
Kantstraße
Kuno-Fischer-Str.
Leonhardtstr.
Stuttgarter Pl.
Lewishamstraße
Niebuhrstraße
Hindemithplatz
Wielandstraße
George-Grosz-Platz
Walter-Benjamin-Platz
Dernburg-Str.
Rönnestraße
Holtzendorffstr.
Holtzendorffplatz
Droysenstraße
Roscherstr.
Dahlmannstraße
Adenauerplatz
Kurfürstendamm
Xantener Str.
Olivaer Pl.
Pariser Str.
Katharinenstraße
Karlsruher Str.
Nestorstraße
Cicerostraße
Paulsborner Str.
Bregenzer Str.
Konstanzer Str.
Henriettenplatz
Joachim-Friedrich-Straße
Hochmeisterplatz
Brandenburgische Str.
Zähringerstraße
Württembergische Str.
Sächsische
Schwarzbacher Str.
Seesener Str.
Münstersche Str.
Pommersche Str.
Gillweg
PREUßENPARK
Westfälische Str.
A 100
Grieser Pl.
Eisenzahnstraße
Ruhrstraße
Fehrbelliner Pl.
Fehrbelliner
Leon-Jessel-Platz
Humboldtstraße
Wangenheimstraße
Mansfelder Str.
Bielefelder
Lynarstraße
Charlottenbrunner Str.
Hohenzollerndamm
Kaubstr.
Brienner Str.
Mannheimer Str.
Barstraße
Auguste-Viktoria-Straße
Kudowastraße
Orber
Cunostraße
Rudolstädter Str.
Berliner Str.
Paulsborner
Warmbrunner
Salzbrunner Str.
Fritz-Wildung-Straße
Wilhelmsaue
Flinsberger Pl.
Reinerzstraße
Hohenzollerndamm
Hoher Bogen
Kalischer Str.
VOLKSPARK
Kranzer Str.
AB. KR. WILMERSDORF
Elgersburger Str.
Mecklenburgische
Paretzer
13
s
a
n
m

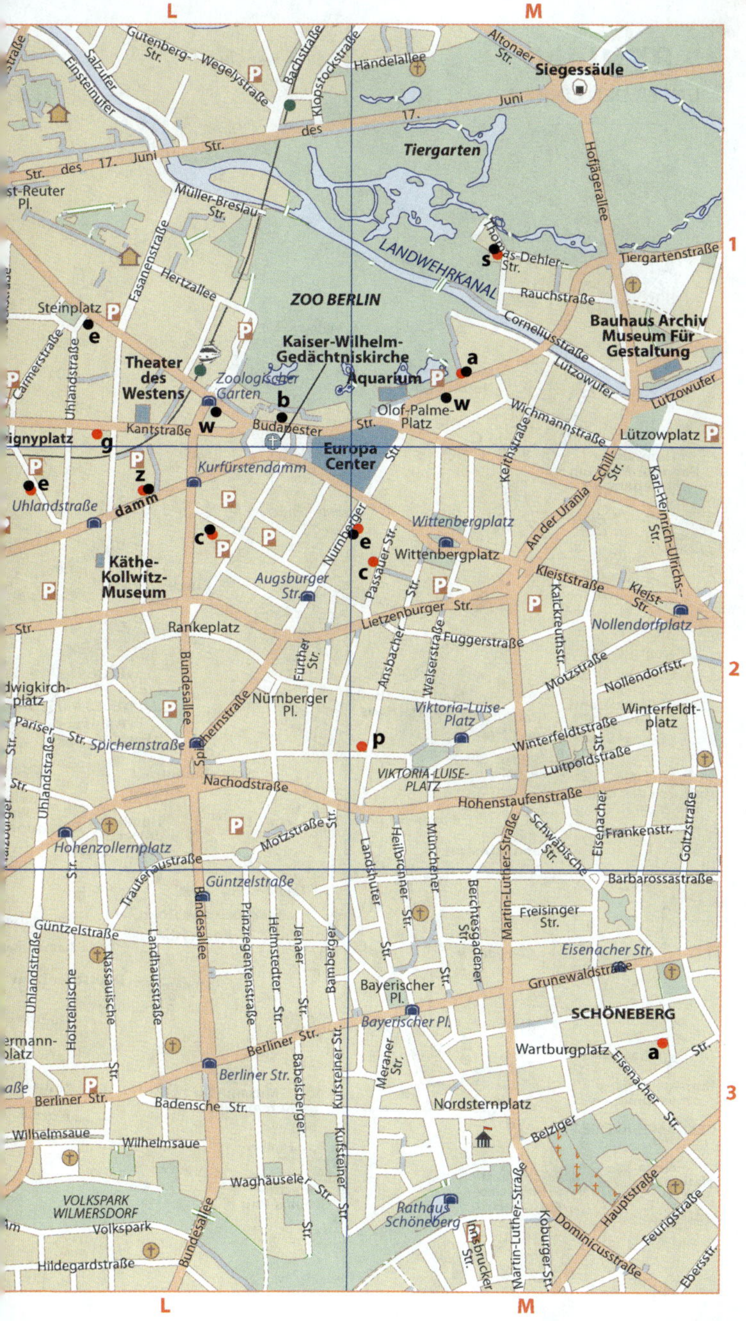
L
M
Gutenberg-Str.
Wegelystraße
Bachstraße
Klopstockstraße
Händelallee
Altonaer Str.
Siegessäule
Salzufer
Einsteinufer
Str. des 17. Juni
17. Juni
Tiergarten
st-Reuter Pl.
Müller-Breslau-Str.
Hofjägerallee
LANDWEHRKANAL
Thomas-Dehler-Str.
s
Tiergartenstraße
1
Fasanenstraße
Hertzallee
ZOO BERLIN
Rauchstraße
Steinplatz
e
Carmerstraße
Uhlandstraße
Theater des Westens
Kaiser-Wilhelm-Gedächtniskirche
Zoologischer Garten
Aquarium
a
Corneliusstraße
Bauhaus Archiv Museum Für Gestaltung
Lützowufer
b
w
Olof-Palme-Platz
Wichmannstraße
Kantstraße
w
Budapester Str.
ignyplatz
g
Europa Center
Lützowplatz
Kurfürstendamm
z
e
Uhlandstraße
damm
Schill-Str.
Keithstraße
Karl-Heinrich-Ulrichs-Str.
c
Nürnberger
e
Wittenbergplatz
Wittenbergplatz
An der Urania
Käthe-Kollwitz-Museum
c
Augsburger Str.
Passauer Str.
Kleiststraße
Kleist-Str.
Str.
Rankeplatz
Lietzenburger Str.
Nollendorfplatz
Fuggerstraße
Kalckreuthstr.
dwigkirch-platz
Bundesallee
Fürther Str.
Ansbacher
Welserstraße
Motzstraße
Nollendorfstr.
2
Nürnberger Pl.
Viktoria-Luise-Platz
Winterfeldt-platz
Pariser Str.
Spichernstraße
p
Winterfeldtstraße
Luitpoldstraße
Str.
Nachodstraße
VIKTORIA-LUISE-PLATZ
Hohenstaufenstraße
Motzstraße
Str.
Landshuter
Heilbronner Str.
Münchener
Martin-Luther-Straße
Schwäbische Str.
Eisenacher
Frankenstr.
Goltzstraße
Hohenzollernplatz
Trautenaustraße
Güntzelstraße
Barbarossastraße
Bundesallee
Prinzregentenstraße
Helmstedter Str.
Jenaer Str.
Bamberger
Berchtesgadener Str.
Freisinger Str.
Güntzelstraße
Eisenacher Str.
Grunewaldstraße
Uhlandstraße
Holsteinische
Nassauische Str.
Landhausstraße
Bayerischer Pl.
Bayerischer Pl.
SCHÖNEBERG
ermann-platz
Berliner Str.
Babelsberger
Kufsteiner Str.
Meraner Str.
Wartburgplatz
Eisenacher Str.
a
Str.
Berliner Str.
aße
Berliner Str.
Badensche Str.
Nordsternplatz
3
Wilhelmsaue
Wilhelmsaue
Belziger
Waghäuseler Str.
Kufsteiner Str.
Hauptstraße
VOLKSPARK WILMERSDORF
Volkspark
Rathaus Schöneberg
Innsbrucker Str.
Martin-Luther-Straße
Koburger Str.
Dominicusstraße
Feurigstraße
Hildegardstraße
Bundesallee
Eberssstr.
L
M

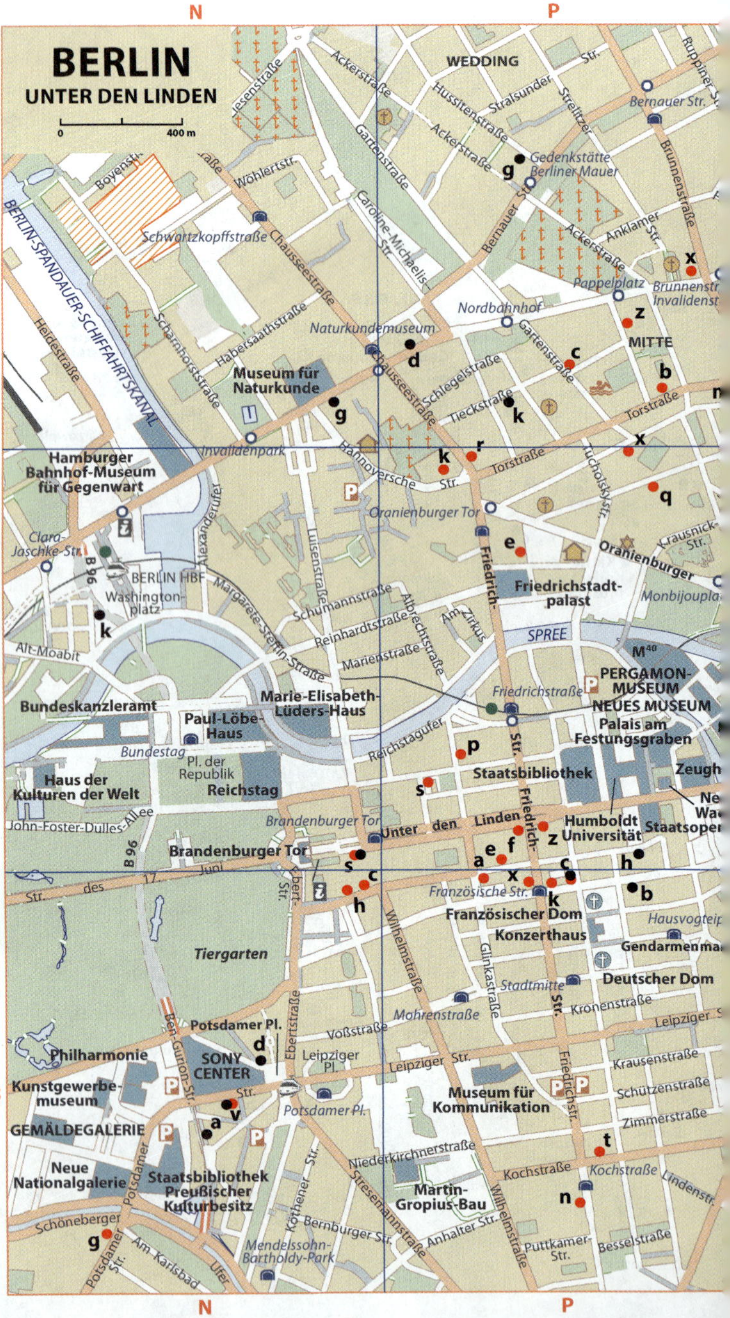
BERLIN
UNTER DEN LINDEN
0
400 m
N
P
1
2
3
WEDDING
MITTE
Gedenkstätte Berliner Mauer
Museum für Naturkunde
Hamburger Bahnhof-Museum für Gegenwart
BERLIN HBF
Friedrichstadt-palast
SPREE
PERGAMON-MUSEUM
NEUES MUSEUM
Palais am Festungsgraben
Staatsbibliothek
Bundeskanzleramt
Paul-Löbe-Haus
Marie-Elisabeth-Lüders-Haus
Reichstag
Haus der Kulturen der Welt
Brandenburger Tor
Unter den Linden
Humboldt Universität
Staatsoper
Französischer Dom
Konzerthaus
Deutscher Dom
Tiergarten
Potsdamer Pl.
SONY CENTER
Philharmonie
Kunstgewerbe-museum
GEMÄLDEGALERIE
Neue Nationalgalerie
Staatsbibliothek Preußischer Kulturbesitz
Museum für Kommunikation
Martin-Gropius-Bau
Mendelssohn-Bartholdy-Park
Friedrichstraße
Stadtmitte
Kochstraße
Leipziger Str.
Wilhelmstraße
Torstraße
Invalidenpark
Chausseestraße
BERLIN-SPANDAUER-SCHIFFAHRTSKANAL

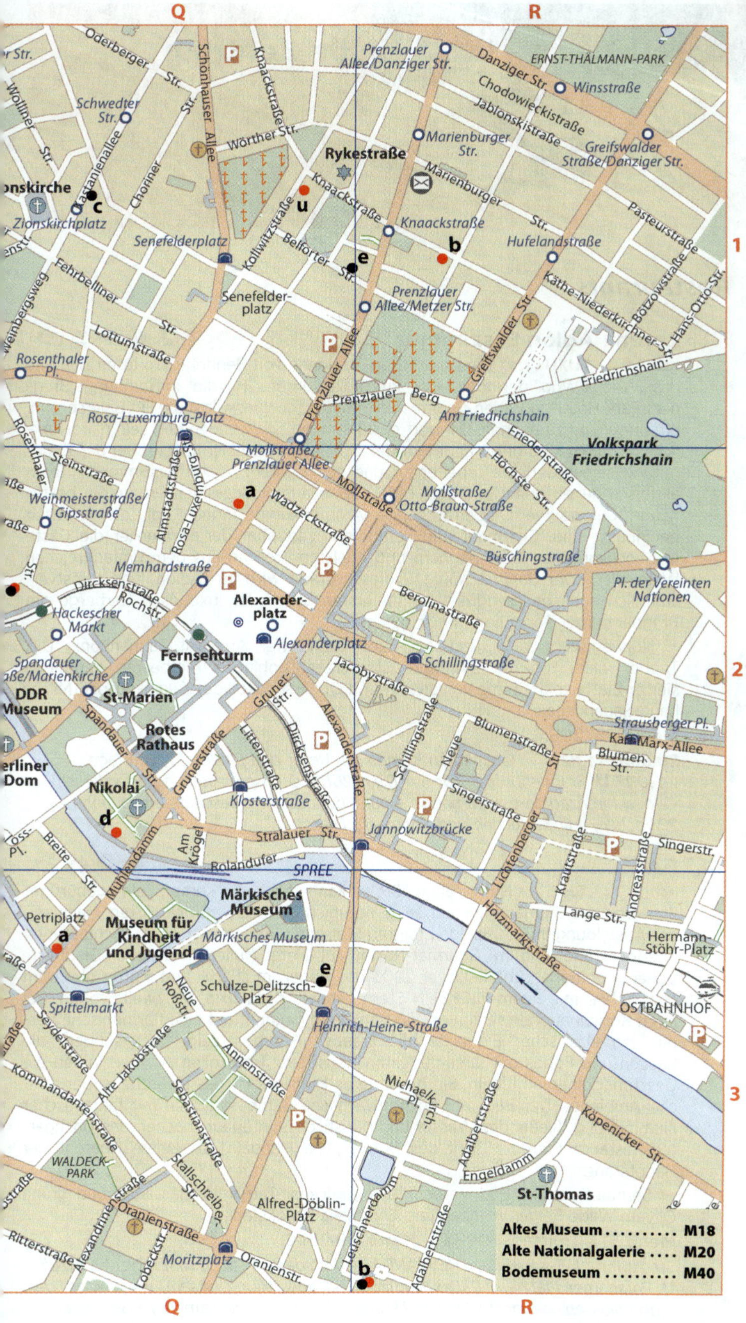
Q
R
1
2
3
Oderberger Str.
Schwedter Str.
Wolliner Str.
Kastanienallee
Choriner Str.
Schönhauser Allee
Knaackstraße
Wörther Str.
Rykestraße
Prenzlauer Allee/Danziger Str.
Danziger Str.
ERNST-THÄLMANN-PARK
Winsstraße
Chodowieckistraße
Jablonskistraße
Marienburger Str.
Greifswalder Straße/Danziger Str.
Zionskirche
Zionskirchplatz
Senefelderplatz
Kollwitzstraße
Belforter Str.
Knaackstraße
Hufelandstraße
Pasteurstraße
Fehrbelliner Str.
Weinbergsweg
Senefelder-platz
Prenzlauer Allee/Metzer Str.
Käthe-Niederkirchner-Str.
Bötzowstraße
Hans-Otto-Str.
Lottumstraße
Rosenthaler Pl.
Greifswalder Str.
Friedrichshain
Prenzlauer Berg
Am Friedrichshain
Rosa-Luxemburg-Platz
Mollstraße/Prenzlauer Allee
Volkspark Friedrichshain
Friedenstraße
Höchste Str.
Rosenthaler Str.
Steinstraße
Weinmeisterstraße/Gipsstraße
Almstadtstraße
Rosa-Luxemburg-Str.
Wadzeckstraße
Mollstraße
Mollstraße/Otto-Braun-Straße
Büschingstraße
Pl. der Vereinten Nationen
Memhardstraße
Dircksenstraße
Rochstr.
Hackescher Markt
Alexander-platz
Alexanderplatz
Berolinastraße
Fernsehturm
Spandauer Straße/Marienkirche
Jacobystraße
Schillingstraße
DDR Museum
St-Marien
Spandauer Str.
Gruner-Str.
Alexanderstraße
Dircksenstraße
Littenstraße
Schillingstraße
Neue
Blumenstraße
Strausberger Pl.
Karl-Marx-Allee
Blumen-Str.
Rotes Rathaus
Berliner Dom
Grunerstraße
Nikolai
Klosterstraße
Singerstraße
Lichtenberger Str.
Jannowitzbrücke
Krautstraße
Andreasstraße
Singerstr.
Stralauer Str.
Am Krögel
Mühlendamm
Breite Str.
Roloss-Pl.
Rolandufer
SPREE
Märkisches Museum
Holzmarktstraße
Lange Str.
Hermann-Stöhr-Platz
Petriplatz
Museum für Kindheit und Jugend
Märkisches Museum
Schulze-Delitzsch-Platz
Neue Roßstr.
Spittelmarkt
OSTBAHNHOF
Heinrich-Heine-Straße
Seydelstraße
Alte Jakobstraße
Annenstraße
Kommandantenstraße
Sebastianstraße
Michaelkirch-Pl.
Adalbertstraße
Köpenicker Str.
WALDECK-PARK
Stallschreiber-Str.
Alexandrinenstraße
Oranienstraße
Alfred-Döblin-Platz
Leuschnerdamm
Engeldamm
St-Thomas
Ritterstraße
Lobeckstr.
Moritzplatz
Oranienstr.
Adalbertstraße
Altes Museum M18
Alte Nationalgalerie M20
Bodemuseum M40

Im Zentrum

cookedphotos/iStock

Restaurants

✿✿ Lorenz Adlon Esszimmer

KREATIV · LUXUS XXXX Die beruflichen Stationen von Hendrik Otto lesen sich wie das „Who is Who" der hohen Kochkunst: Restaurant „Haerlin" in Hamburg, „Brenners Park Hotel" in Baden-Baden, Restaurant „Schwarzwaldstube" in Baiersbronn, um nur einige zu nennen. Die dort gesammelten Erfahrungen und sein handwerkliches Können sind unter anderem der Schlüssel für seinen Erfolg. Bei der Zubereitung seiner Gerichte arbeiten er und sein „Lorenz Adlon Esszimmer"- Team akribisch genau ohne Fehl und Tadel. Seine aus erstklassigen Produkten bestehende Cuisine weist überraschende Aromenkompositionen auf, die asiatisch beeinflusst sind. Charmant und kompetent verwöhnt der Sommelier die Gäste mit hochkarätigen Champagnern und edelsten Tropfen aus dem umfangreichen Weinkeller. „Der Gast ist König" - dieses Credo wird im „Adlon" und selbstverständlich auch bei Hendrik Otto im ersten Stock der luxuriösen Herberge am Brandenburger Tor schon immer gelebt.

→ Norwegischer Lachs, Rapssaat, Szechuan Pfeffer, Amarant, Tannenhonig, Dill. Taube, wilder Brokkoli, Zimtblüte, schwarzer Knoblauch. Himbeeren, karamellisierter Blätterteig, Crème von Jivara- und Opalisschokolade, Kakaoknusper, Milchhaut, Sauerkleeeis.

Menü 175/205 €

Stadtplan : N2-s – *Hotel Adlon Kempinski, Unter den Linden 77, (1. Etage) ✉ 10117* **U** *Brandenburger Tor – ✆ 030 22611960 (Tischbestellung erforderlich) – www.lorenzadlon-esszimmer.de – nur Abendessen – geschlossen Januar 2 Wochen, Juli 3 Wochen und Sonntag - Dienstag*

✿✿ FACIL

KREATIV · CHIC XXX Nicht ohne Stolz kann Michael Kempf, ein gebürtiger Schwabe aus Sigmaringen, auf seine berufliche Karriere zurückblicken. Nach seiner Ausbildung in Bad Saulgau folgten Stationen unter anderem im „Schlosshotel Friedrichsruhe" und im „Gourmet-Restaurant Dieter Müller" in Bergisch Gladbach. Voller Ambitionen übernahm er 2003 das Ruder im „Facil" und wurde gleich im ersten Jahr mit einem MICHELIN Stern geadelt, dem 2013 der zweite folgte. Bei ihren Kombinationen setzen er und sein Team gekonnt auf eine harmonische Verbindung klassischer Elemente, die kreative Facetten zeigt. Insbesondere die Saucen und Fonds mit ihrer perfekten Konsistenz und tollen Aromen lassen die Geschmacksnerven jubeln. Ein besonderes Highlight ist das stylische, super-schicke Ambiente. Der Blick auf hochgewachsene Bambusstauden mit fantastischer Illuminierung, fließendes Wasser und puristisches Interieur machen das Dachgarten-Restaurant im 5. Stock des Hotels „The Mandala" zu einem Hotspot der Hauptstadt.

→ Steinbutt, Lauch und Verbene. Lammrücken, Tamarillo, Basilikum und grüne Oliven. Wilde Feige, Veilchen und Caramelia Schokolade.

Menü 51 € (mittags)/198 € – Karte 119/151 €

Stadtplan : N3-v – *Hotel THE MANDALA, Potsdamer Str. 3, (5. Etage) ✉ 10785* **U** *Potsdamer Platz – ✆ 030 590051234 (Tischbestellung ratsam) – www.facil.de – geschlossen Januar 2 Wochen, 13. Juli - 4. August und Samstag - Sonntag*

✿✿ Rutz

MODERNE KÜCHE • DESIGN XX Die kulinarische Vielfalt in Berlin ist groß. In der Hauptstadt werden die neuesten Trends gesetzt, hier wird Haute Cuisine von internationalem Rang serviert. Zu den besten Herdkünstlern gehört mit Sicherheit auch Marco Müller. Seit 2004 ist er im „Rutz" der Herr der Töpfe und das mit großem Erfolg. Er bietet ein Repertoire mit spannenden Facetten und stimmiger Leistung. Seine Zubereitungen verfügen über feine Kontraste mit Finesse, die in die Tiefe gehen und eine ausgezeichnete Balance haben - eine kleine Offenbarung für jeden verwöhnten Gaumen. Die Michelin Inspektoren begeistert das Geschick, mit dem er seine Gerichte komponiert, die Produkte aussucht und mit den Texturen spielt. Aber nicht nur kulinarisch, auch von der Atmosphäre her ist das „Rutz" ein „place to be". Modernes Ambiente, blanke Tische - eine kosmopolitische Location, wie sie nicht typischer sein kann. Coole Akzente mit internationalem Flair passen zu den erstklassigen Darbietungen aus Küche und Keller.

→ Muscheln und Bohnenkraut, Holundermilch, alter und neuer Kohlrabi. Rebholz und Kiefer, Ente, Rosenkohl. Junge Triebe, Ackersalatsud und Joghurt.

Menü 145/185 €

Stadtplan : P2-r – *Chausseestr. 8, (1. Etage) ✉ 10115* **U** *Oranienburger Tor – ✆ 030 24628760 – www.rutz-restaurant.de – nur Abendessen – geschlossen Sonntag - Montag*

Rutz Weinbar – siehe Restaurantauswahl

✿ 5 - Cinco by Paco Pérez

KREATIV • DESIGN XXX Nicht jeder hat die Gelegenheit, im Restaurant "Miramar" in Spanien zu speisen. Kein Problem, die tolle Küche von Paco Pérez gibt es auch hier! Man kocht souverän und innovativ, mit gelungenen Details und ganz eigener Note. Dazu der klasse Service als echter Wohlfühlfaktor! Hingucker im Restaurant: 86 mittig an der Decke hängenden Kupfertöpfe.

→ Weißer Spargel, Bottarga und Mandel. Taube, Mais, Mole und Huitlacoche. Rote Früchte mit geräuchertem Milcheis.

Menü 130/165 € – Karte 94/159 €

Stadtplan : M1-s – *Hotel Das Stue, Drakestr. 1 ✉ 10787* **U** *Wittenbergplatz – ✆ 030 3117220 (Tischbestellung ratsam) – www.5-cinco.com – nur Abendessen – geschlossen Sonntag - Montag*

✿ Hugos

MODERNE KÜCHE • CHIC XX Die klasse Aussicht genießen und dabei hervorragend speisen? Hier im 14. Stock erwartet Sie in chic designtem Ambiente eine modern inspirierte klassische Küche, die auf sehr guten Produkten basiert. Kompetent-legerer Service.

→ Périgord Trüffel und Knollensellerie, Apfelquitte, zweierlei Kohl, Kümmel. Kanadischer Hummer, Passionsfrucht, Gartenkresse, Vanille, Daikon Rettich. Australisches Roastbeef, Goldnavetten, Brunnenkresse, Birnenkraut.

Menü 110 € (vegetarisch)/155 €

Stadtplan : M1-a – *Hotel InterContinental, Budapester Str. 2, (14. Etage) ✉ 10787* **U** *Wittenbergplatz – ✆ 030 26021263 (Tischbestellung ratsam) – www.hugos-restaurant.de – nur Abendessen – geschlossen Sonntag - Montag*

✿ einsunternull

KREATIV • DESIGN XX Sich auf das Wesentliche reduzieren, das ist das Konzept hier. Und das trifft auf die geradlinig-moderne Einrichtung ebenso zu wie auf die kreative Küche. Man kocht klar und ohne viel Brimborium, die Gerichte haben eine eigene Note und tolle Aromen. Gute Idee: Viele der saisonalen Zutaten werden eingemacht.

→ Pilzboden mit Roggen und Geflecht. In Asche gereifte Ente mit Mirabellen und Schmalz. Schwarzbrot mit Honig.

Menü 59 € (mittags)/119 € (abends) – mittags einfache Karte

Stadtplan : P2-k – *Hannoversche Str. 1 ✉ 10115* **U** *Oranienburger Tor – ✆ 030 27577810 – www.einsunternull.com – geschlossen Sonntag - Montagmittag, Mittwoch*

GOLVET

INTERNATIONAL • DESIGN XX Nicht nur der Blick über den Potsdamer Platz beeindruckt hier, auch das stylische Interieur nebst offener Küche macht richtig was her! Und dann ist da noch die modern-reduzierte, finessenreiche und auf ausgezeichneten Produkten basierende Küche. Nicht zu vergessen der top Service samt sehr guter Weinberatung.

→ Beuscherl vom Kalb mit Aubergine, Kalamaretti und jungem Knoblauch. Saibling aus dem Königssee mit geeistem Miso, Blumenkohl und Queller. Dessert vom Rhabarber mit Gurke, Dill und Litschi.

Menü 79/118 € – Karte 93/135 €

Stadtplan : N3-g – *Potsdamer Str. 58, (8. Etage) ✉ 10785 – ✆ 030 89064222 – www.golvet.de – nur Abendessen – geschlossen 24. Juni - 9. Juli und Sonntag - Montag*

Pauly Saal

MODERNE KÜCHE • TRENDY XX Sie mögen es elegant und dennoch ungezwungen? Markant in dem hohen Saal in der ehemaligen jüdischen Mädchenschule sind die dekorative Rakete über dem Fenster zur Küche sowie stilvolle Murano-Kronleuchter. Gekocht wird modern mit kreativen Elementen. Mittags gibt es das Menü auch schon ab 3 Gängen.

→ Makrele, Gurken, Miso, Salzkraut. Dorsch, Spargel, Kapuziner, Olivensamen. Rind, Karotten, Morcheln, Zucchini.

Menü 69/115 €

Stadtplan : P2-q – *Auguststr. 11 ✉ 10117* **U** *Weinmeisterstr. – ✆ 030 33006070 (Tischbestellung ratsam) – www.paulysaal.com – geschlossen Sonntag - Montag*

SAVU (N)

KREATIV • FREUNDLICH XX Schön leger ist es hier im "SAVU" (finnisches Wort für "räuchern"), ansprechend der nordische Touch. Hinter einer großen Glasscheibe wird modern gekocht - skandinavisch, spanisch, italienisch. Besonderheit: Man unterscheidet nicht zwischen Vorspeisen und Hauptgängen, alle Gerichte können frei kombiniert werden. Der Service ist mit Engagement und Freude bei der Sache.

→ Heilbutt, Erbsencreme, Erbsen, Zitronen-Verbenejus. Poltinger Lammnuss und Zunge, Auberginenlasagne. Geräucherte Erdbeeren, Erdbeersorbet, Pistazienkuchen.

Menü 65/95 €

Stadtplan : K2-a – *Hotel Louisa's Place, Kurfürstendamm 160 ✉ 10709* **U** *Adenauerplatz – ✆ 030 88475788 – www.savu.berlin – nur Abendessen – geschlossen Sonntag*

Bieberbau (Stephan Garkisch)

MODERNE KÜCHE • GEMÜTLICH X Einzigartig ist hier das Ambiente - das Stuckateurhandwerk von Richard Bieber ist absolut sehenswert! Unter der Leitung der sympathischen Gastgeberin wird man aufmerksam umsorgt, der Chef kocht modern-saisonal und stellt dabei Kräuter und Gewürze gekonnt in den Mittelpunkt. Und die Preise sind fair!

→ Falafel mit Brokkoli, Aprikose, Berberitze, Mandel und Waldmeister. Gebratener Zander mit Kohlrabi und Pfifferlingen. Karamellisiertes Holunderblüteneis mit Erdbeeren.

Menü 48/70 €

Stadtplan : F3-a – *Durlacher Str. 15 ✉ 10715* **U** *Bundesplatz – ✆ 030 8532390 (Tischbestellung ratsam) – www.bieberbau-berlin.de – nur Abendessen – geschlossen Juli - August 3 Wochen und Samstag - Sonntag*

Gute Küche zu moderatem Preis? Folgen Sie dem Bib Gourmand

Bandol sur Mer (Andreas Saul)

FRANZÖSISCH-MODERN • NACHBARSCHAFTLICH Sie würden in diesem ungezwungen-legeren kleinen Restaurant mit "shabby Chic" keine Sterneküche erwarten? Dann lassen Sie sich vom Gegenteil überzeugen, denn hier werden mit bemerkenswerter Leidenschaft, Präzision und Originalität tolle Gerichte zubereitet. Das ist sympathische Bodenständigkeit gepaart mit ausgesprochen hohem Niveau!

→ Essenz vom Felsenoktopus. Étouffée Ente, Mairüben, Fichtennadeln, Sonnenblumenkerne. Rumkirsche, Petersilie, weiße Schokolade.

Menü 92/102 €

Stadtplan : P1-b – *Torstr. 167 ✉ 10115* **U** *Rosenthaler Platz – ✆ 030 67302051 (Tischbestellung erforderlich) – www.bandolsurmer.de – nur Abendessen – geschlossen Dienstag - Mittwoch*

Cookies Cream

VEGETARISCH • HIP Speziell ist schon der Weg hierher: Über Hinterhöfe erreichen Sie eine unscheinbare Tür, an der Sie klingeln müssen. Im 1. Stock dann ein lebendiges Restaurant im "Industrial Style" (früher ein angesagter Nachtclub). Zu elektronischer Musik gibt es rein vegetarische Küche, durchdacht und finessenreich.

→ Wachtelei im Brioche. Vegetarischer Kaviar mit Avocado. Parmesanknödel mit Perigordtrüffelsud.

Menü 59/72 €

Stadtplan : P2-e – *Behrenstr. 55, (im Hinterhof vom Hotel Westin Grand) ✉ 10115* **U** *Französische Straße – ✆ 030 27492940 – www.cookiescream.com – nur Abendessen – geschlossen Sonntag - Montag*

Crackers – siehe Restaurantauswahl

Kin Dee (N)

THAILÄNDISCH • DESIGN Das geradlinig-freundliche Restaurant wird seinem Namen ("Kin Dee" bedeutet "gut essen") voll und ganz gerecht. Gekocht wird authentisch thailändisch. Dabei setzt man auf ausgezeichnete lokale Produkte und kombiniert sie überaus gekonnt mit den Aromen Thailands. Dazu sehr aufmerksamer Service.

→ Spargel, Kokos, Anis, Zimt, Erdnüsse. Kin Dee Kaprao Oktopus. Rinder Curry, Zucchini, Aubergine, Thai-Basilikum.

Menü 48 €

Stadtplan : F2-k – *Lützowstr. 81 ✉ 10785* **U** *Kurfürstenstraße – ✆ 030 2155294 – www.kindeeberlin.com – nur Abendessen – geschlossen Sonntag - Montag*

Rutz Weinbar

REGIONAL • WEINSTUBE Die trendige Alternative zum "Rutz" macht nicht nur mit richtig guter Küche Freude, auch der herzlich-natürliche und gleichermaßen geschulte Service kommt an. Traditionell-regionale Gerichte wie "Prignitzer Landhuhn mit Steinchampignon und Schmorkohl" isst man auch gerne an Hochtischen.

Karte 37/64 €

Stadtplan : P2-r – *Restaurant Rutz, Chausseestr. 8 ✉ 10115* **U** *Oranienburger Str. – ✆ 030 24628760 – www.rutz-restaurant.de – nur Abendessen – geschlossen Sonntag - Montag*

Colette Tim Raue

FRANZÖSISCH-KLASSISCH • BRASSERIE Tim Raue - wohlbekannt in der Gastroszene - hat hier eine moderne, sympathisch-unkomplizierte Brasserie geschaffen, die man eher in Paris vermuten würde. Probieren Sie z. B. "Bouillabaisse", "Steak Frites" oder "Tarte Tatin".

Menü 24 € (mittags) – Karte 35/78 €

Stadtplan : M2-c – *Passauer Str. 5 ✉ 10789* **U** *Wittenbergplatz – ✆ 030 21992174 – www.brasseriecolette.de*

Lokal

REGIONAL • FREUNDLICH X Sympathisch-leger und angenehm unprätentiös - so erfreut sich das Lokal größter Beliebtheit, bei Einheimischen und Berlin-Besuchern gleichermaßen. Frisch, schmackhaft und saisonal ist z. B. "Zander, Kerbelknolle, Fenchel, Gelbe Bete, Dill".

Menü 30/45 € - Karte 34/54 €

Stadtplan : P2-x - *Linienstr. 160 ✉ 10115* **U** *Rosenthaler Platz - ✆ 030 28449500 (Tischbestellung ratsam) - www.lokal-berlinmitte.de - nur Abendessen*

Nußbaumerin

ÖSTERREICHISCH • GEMÜTLICH X Ein Stück Österreich mitten in Berlin gibt es in dem gemütlichen "Edel-Beisl" von Johanna Nußbaumer, und zwar in Form von Backhendl, Wiener Schnitzel oder Tafelspitz, nicht zu vergessen leckere Mehlspeisen wie Kaiserschmarrn oder Marillenknödel. Auch die guten Weine stammen aus der Heimat der Chefin.

Karte 31/49 €

Stadtplan : K2-n - *Leibnizstr. 55 ✉ 10629* **U** *Adenauerplatz - ✆ 030 50178033 (Tischbestellung erforderlich) - www.nussbaumerin.de - nur Abendessen - geschlossen Sonntag, Feiertage*

Charlotte & Fritz N

REGIONAL • ELEGANT XXX Richtig chic kommt das Restaurant des Luxushotels "Regent" daher. Der Mix aus Klassik und Moderne ergibt ein schönes elegantes Bild. In der Küche legt man Wert auf Produkte aus der Region, auf der Karte z. B. "Brust und Keule von der Maispoularde".

Menü 32 € (mittags) - Karte 50/131 €

Stadtplan : P3-c - *Hotel The Regent, Charlottenstr. 49 ✉ 10117* **U** *Französische Str. - ✆ 030 20336363 - www.charlotteundfritz.com - geschlossen Sonntag - Montag*

GRACE

INTERNATIONAL • CHIC XX Wie im Hotel, so auch im Restaurant: einmaliger stilvoll-moderner Chic vereint mit dem Flair vergangener Tage. Dazu versierter, charmanter, angenehm unprätentiöser Service sowie kreativ-ambitionierte Küche mit asiatischem Einfluss.

Menü 69/99 € - Karte 40/106 €

Stadtplan : L2-z - *Hotel Zoo Berlin, Kurfürstendamm 25 ✉ 10719* **U** *Uhlandstr. - ✆ 030 88437750 (Tischbestellung ratsam) - www.grace-berlin.com - nur Abendessen - geschlossen August und Sonntag - Montag*

SRA BUA

ASIATISCH • ELEGANT XX Authentische Produkte und verschiedene asiatische Einflüsse ergeben hier ambitionierte Speisen, darunter interessante "Izakaya"-Gerichte im Stil japanischer Kneipen. Um Sie herum wertige geradlinig-elegante und zugleich gemütliche Einrichtung sowie zuvorkommender Service.

Menü 39/74 € - Karte 50/90 €

Stadtplan : N3-c - *Hotel Adlon Kempinski, Behrenstr. 72 ✉ 10117* **U** *Brandenburger Tor - ✆ 030 22611590 - www.srabua-berlin.de - nur Abendessen - geschlossen Sonntag - Montag*

Balthazar am Spreeufer 2

KLASSISCHE KÜCHE • FREUNDLICH XX In dem hübschen hellen Restaurant serviert man Klassisches von "Wiener Schnitzel mit Röstkartoffeln" bis "Lachs aus dem Ofen mit Wirsing-Kartoffelragout in Trüffelrahm". Schön ist auch die Terrasse zur Spree. Reduzierte Lunchkarte.

Menü 38/95 € - Karte 31/46 €

Stadtplan : Q2-d - *Spreeufer 2 ✉ 10178* **U** *Märkisches Museum - ✆ 030 30882156 - www.balthazar-spreeufer.de - November - März nur Abendessen - geschlossen November - März: Sonntag*

Bocca di Bacco

ITALIENISCH • ELEGANT XX Außen die schmucke historische Fassade, drinnen ein schönes modern-elegantes Restaurant samt Bar und Lounge. In der durch Fenster einsehbaren Küche entstehen aromatische italienische Gerichte wie "Ravioli vom Duroc-Schwein auf Kartoffelpüree mit Petersilie und Apfel". Die Pasta ist natürlich hausgemacht. Und dazu vielleicht einen der tollen toskanischen Weine?

Menü 51 € (abends)/89 € – Karte 40/68 €

Stadtplan : P3-x – *Friedrichstr. 167 ✉ 10117* **U** *Französische Str. – ✆ 030 20672828 – www.boccadibacco.de – geschlossen Sonntagmittag und an Feiertagen mittags*

DUKE

FRANZÖSISCH-MODERN • TRENDY XX "Island-Saibling, gerösteter Blumenkohl, braune Butter, Meerrettich" oder "lauwarmes Tatar vom Hummer 'Chanel No. 5'"? Die Karte des modern-freundlichen Restaurants ist zweigeteilt: klassisch als "Legère" und kreativ als "Logique". Nett sitzt man im Innenhof.

Menü 19 € (mittags unter der Woche)/79 € (abends) – Karte 42/94 €

Stadtplan : LM2-e – *Hotel Ellington, Nürnberger Str. 50 ✉ 10789* **U** *Wittenbergplatz – ✆ 030 683154000 – www.duke-restaurant.com – geschlossen Sonntag*

Le Faubourg

FRANZÖSISCH • DESIGN XX In eleganter Atmosphäre (markant die schwarze Latexdecke, die Leuchter, die großen Weinklimaschränke) wird ambitionierte französische Küche serviert - die Vorspeisen sind ideal zum Teilen, die Hauptgänge gibt's traditionell oder modern. Mittags etwas einfacheres, sehr fair kalkuliertes Angebot.

Menü 49 € (abends)/69 € – Karte 52/65 €

Stadtplan : L2-c – *Hotel Sofitel Berlin Kurfürstendamm, Augsburger Str. 41 ✉ 10789* **U** *Kurfürstendamm – ✆ 030 8009997700 – www.lefaubourg.berlin – geschlossen Samstagmittag, Sonntagmittag*

The Grand

GRILLGERICHTE • HIP XX Das Ambiente stylish-chic mit Shabby-Touch, besonders schön die Galerie-Plätze mit Blick aufs Restaurant. Schwerpunkt der ambitionierten Küche sind Steaks vom 800°C-Southbend-Grill - zu begutachten im gläsernen Fleischreifeschrank. Reduzierte Mittagskarte nebst günstigem Lunchmenü. Bar und Club.

Menü 60 € (abends) – Karte 44/110 €

Stadtplan : Q2-a – *Hirtenstr. 4 ✉ 10178* **U** *Alexanderplatz – ✆ 030 2789099555 – www.the-grand-berlin.com – August nur Abendessen – geschlossen Samstagmittag, Sonntagmittag*

INDIA CLUB

INDISCH • ELEGANT XX Absolut authentische indische Küche gibt es auch in Berlin! Sie nennt sich "rustic cuisine" und stammt aus dem Norden Indiens - das sind z. B. leckere Curries wie "Lamb Shank Curry" oder original Tandoori-Gerichte wie "Maachi Tikka". Edel das Interieur: dunkles Holz und typisch indische Farben und Muster.

Karte 37/53 €

Stadtplan : N3-h – *Behrenstr. 72 ✉ 10117* **U** *Brandenburger Tor – ✆ 030 20628610 – www.india-club-berlin.com – nur Abendessen*

Il Punto

ITALIENISCH • MEDITERRANES AMBIENTE XX Für Freunde italienischer Küche - und davon hat man hier so einige als Stammgäste! Die "Paccheri alla Ciampi" haben Sie dem BRD-Besuch des Staatspräsidenten Dr. A. Ciampi zu verdanken. Schön der glasüberdachte Innenhof!

Menü 30 € (mittags) – Karte 42/71 €

Stadtplan : P2-p – *Neustädtische Kirchstr. 6 ✉ 10117* **U** *Friedrichstr. – ✆ 030 20605540 – www.ilpunto.net – geschlossen Samstagmittag, Sonntag*

Restaurant 1687 N

MEDITERRAN • DESIGN XX In einer kleinen Seitenstraße zu "Unter den Linden" ist dieses geschmackvoll-stylische Restaurant samt netter Terrasse zu finden. Abends gibt es moderne Gerichte wie "Kalbsbäckchen, Lakritz, Gerste, Schwarzwurzel, Baby-Karotte" oder die exklusive Meeresfrüchteplatte. Mittags ist die Karte deutlich einfacher.

Karte 36/72 €

Stadtplan : P2-s – *Mittelstr. 30 ✉ 10117* **U** *Friedrichstraße – ✆ 030 20630611 – www.1687.berlin – geschlossen Samstagmittag, Sonntag*

Slate N

MODERNE KÜCHE • DESIGN XX In einer netten Wohngegend im lebendigen "Mitte" finden Sie das von einem jungen Team mit Engagement geführte Restaurant. Eine angenehme modern-elegante Atmosphäre herrscht hier, gekocht wird schmackhaft, kreativ und mit Bezug zur Saison.

Menü 69/103 € – Karte 52/78 €

Stadtplan : P1-x – *Elisabethkirchstr. 2 ✉ 10115* **U** *Rosenthaler Platz – ✆ 030 22327518 – www.slateberlin.com – nur Abendessen – geschlossen 1. - 14. Januar, 1. - 15. Juli und Sonntag - Montag*

Brasserie Lamazère

FRANZÖSISCH • BRASSERIE X Hier im Herzen von Charlottenburg fühlt man sich fast wie in Frankreich, dafür sorgen charmant-unkomplizierte und lebhafte Bistro-Atmosphäre und ebenso authentische wechselnde Gerichte, die sich an der Saison orientieren und richtig lecker sind! Klassiker wie "Oeufs Cocotte", "Magret de Canard" oder "Mousse au Chocolat" dürfen da natürlich nicht fehlen!

Menü 38/45 € – Karte 42/60 €

Stadtplan : J2-a – *Stuttgarter Platz 18 ✉ 10627* **U** *Wilmersdorfer Str. – ✆ 030 31800712 – www.lamazere.de – nur Abendessen – geschlossen Montag*

Alpenstück

REGIONAL • TRENDY X Das freundlich-legere Restaurant kommt gut an mit seiner süddeutschen und alpenländischen Küche: Wiener Schnitzel, Maultaschen, Käsespätzle... Zudem lockt die eigene Bäckerei sowie die "Manufaktur" mit Hausgemachtem für daheim!

Menü 30/48 € – Karte 31/47 €

Stadtplan : P1-c – *Gartenstr. 9 ✉ 10115* **U** *Naturkundemuseum – ✆ 030 21751646 (Tischbestellung ratsam) – www.alpenstueck.de – nur Abendessen*

Austernbank

FISCH UND MEERESFRÜCHTE • HISTORISCHES AMBIENTE X Der ehemalige Tresorraum der einstigen "Disconto Bank" ist schon beeindruckend: hohe Decke, markante Säulen, schöner Steinboden und gekachelte Wände, offene Küche. Es gibt Fisch und Meeresfrüchte - Spezialität sind natürlich Austern. Tipp: "Blaue Stunde". Smokers Bar im 1. Stock. Terrasse auf dem Gehsteig.

Karte 36/124 €

Stadtplan : P3-a – *Behrensstr. 42 ✉ 10117* **U** *Französische Str. – ✆ 030 767752724 – www.austernbank-berlin.de – nur Abendessen – geschlossen Sonntag - Montag*

borchardt

INTERNATIONAL • BRASSERIE X Eine Institution am Gendarmenmarkt - nicht selten trifft man hier auf Prominente und Politiker. Man sitzt gemütlich und isst Internationales sowie Klassiker, gerne auch im Innenhof. Tipp: "Wiener Schnitzel mit Kartoffel- und Gurkensalat".

Karte 42/80 €

Stadtplan : P3-k – *Französische Str. 47 ✉ 10117* **U** *Französische Str. – ✆ 030 81886262 – www.borchardt-restaurant.de*

Cassambalis

MEDITERRAN • FREUNDLICH Näher am Geschehen geht kaum: In unmittelbarer Nähe zum Ku'damm liegt dieses Restaurant mit Bistro-Charme. Reichlich Kunst sorgt für ein spezielles Ambiente, schön das Antipasti-Buffet. Gekocht wird mediterran.

Menü 42/73 € – Karte 39/73 €

Stadtplan : L2-e – *Hecker's Hotel, Grolmanstr. 35 ✉ 10623* **U** *Uhlandstr. – ✆ 030 8854747 – www.cassambalis.de – geschlossen Sonntagmittag*

Crackers

INTERNATIONAL • HIP Eine Etage unter dem "Cookies Cream" geht es ebenso trendig zu. Nach dem Klingeln gelangt man durch die Küche in ein großes lebhaftes Restaurant mit hoher Decke und schummrigem Licht. Auf der Karte ambitionierte Fleisch- und Fischgerichte.

Karte 41/69 €

Stadtplan : P2-f – *Restaurant Cookies Cream, Friedrichstr. 158 ✉ 10115* **U** *Französische Straße – ✆ 030 680730488 – www.crackersberlin.com – nur Abendessen – geschlossen Sonntag - Montag*

Katz Orange

INTERNATIONAL • GEMÜTLICH Ganz speziell, angenehm natürlich und voller Leben präsentiert sich das ausgesprochen charmante, etwas versteckt liegende Restaurant. Auf zwei Etagen gibt es ambitionierte, schmackhafte Küche - darf es vielleicht "Duroc-Schwein 'Katz-Orange'" sein? Reizend auch der Innenhof.

Menü 44 € – Karte 39/49 €

Stadtplan : P1-z – *Bergstr. 22, (Eingang im Hof) ✉ 10115* **U** *Rosenthaler Platz – ✆ 030 983208430 (Tischbestellung ratsam) – www.katzorange.com – nur Abendessen*

Ottenthal

ÖSTERREICHISCH • KLASSISCHES AMBIENTE Das Restaurant (benannt nach dem Heimatort des Patrons) hat eine angenehm legere Atmosphäre und ist bekannt für seine österreichische Küche: Wiener Schnitzel, Tafelspitz, Apfelstrudel..., zudem Saisonales wie "Filet vom Müritz-Zander mit frischem Spargel". Integrierte kleine Weinhandlung.

Karte 34/63 €

Stadtplan : L1-g – *Kantstr. 153 ✉ 10623* **U** *Zoologischer Garten – ✆ 030 3133162 (Tischbestellung ratsam) – www.ottenthal.com – nur Abendessen*

Panama

INTERNATIONAL • TRENDY Durch einen Hof gelangt man in das trendig-lebendige Restaurant auf zwei Etagen. Sympathisch-locker der Service, modern-international die Küche. Lust auf "Krossen Stör, wilden Brokkoli, Blutorange"? Schöne Innenhofterrasse, dazu die "Tiger Bar". Vis-à-vis: Varieté-Theater "Wintergarten".

Karte 34/44 €

Stadtplan : G2-c – *Potsdamer Str. 91 ✉ 10785* **U** *Kurfürstenstraße – ✆ 030 983208435 (Tischbestellung ratsam) – www.oh-panama.com – nur Abendessen – geschlossen Sonntag - Montag*

Paris-Moskau

FRANZÖSISCH • GEMÜTLICH Das denkmalgeschützte Fachwerkhaus steht vor dem Neubau des Innenministeriums. Man kocht klassisch-französisch mit modernen Einflüssen, so z. B. "Bärlauch-Lachsröllchen, Seespargel, Sepiacreme, Kaviar". Auch an Vegetarier ist gedacht! Mittags einfachere Karte.

Menü 26 € (mittags)/79 € – Karte 37/72 €

Stadtplan : F2-s – *Alt-Moabit 141 ✉ 10557* **U** *Hauptbahnhof – ✆ 030 3942081 – www.paris-moskau.de – geschlossen 1. - 6. Januar und Samstagmittag, Sonntag*

Rotisserie Weingrün

INTERNATIONAL • FREUNDLICH Lust auf Spezialitäten vom Flammenwandgrill? Vielleicht "Spareribs vom Havelländer Apfelschwein"? Serviert wird in sympathisch-moderner Atmosphäre, dekorativ das große Weinregal. Im Sommer lockt die Terrasse zur Spree.

Menü 42/59 € – Karte 31/50 €

Stadtplan : Q3-a – *Gertraudenstr. 10 ✉ 10178* **U** *Spittelmarkt – ✆ 030 20621900 – www.rotisserie-weingruen.de – nur Abendessen – geschlossen Sonntag*

Schwein (N)

MARKTKÜCHE • BISTRO "Schwein goes West". Auch nach dem Umzug von Mitte nach Charlottenburg bietet das trendig-urbane Restaurant ambitionierte saisonorientierte Küche, die sich angenehm reduziert und kraftvoll präsentiert. Das frische, junge Konzept und die persönliche Atmosphäre kommen gut an. Groß geschrieben wird auch das Thema Wein, und coole Drinks gibt's ebenfalls!

Menü 59/75 € – Karte 53/61 €

Stadtplan : K2-s – *Mommsenstr. 63 ✉ 10629 – ✆ 030 24356282 – www.schwein.online – nur Abendessen – geschlossen Sonntag*

Zenkichi

JAPANISCH • INTIM Über eine Treppe erreichen Sie dieses intim-gediegene Restaurant, das wie ein Wald aus Bambus und Spiegeln erscheint. Sie sitzen ganz für sich in typisch japanischen kleinen Boxen mit Sichtschutz, rufen den freundlichen Service per Klingel und wählen à la carte oder das Omakase-Menü. Schöne Sake-Auswahl.

Menü 45 € – Karte 22/41 €

Stadtplan : P2-e – *Johannisstr. 20 ✉ 10117* **U** *Oranienburger Tor – ✆ 030 24630810 – www.zenkichi.de – nur Abendessen*

Hotels

Adlon Kempinski

GROSSER LUXUS • KLASSISCH Das schon äußerlich majestätische "Adlon" direkt neben dem Brandenburger Tor ist nach wie vor eines der Flaggschiffe unter den deutschen Grandhotels. Schon die Hotelhalle, das "Wohnzimmer" der Berliner Gesellschaft, hat ein ganz besonderes Flair, und wenn dann abends das Piano erklingt... Exklusivität pur - auch dank Butler-Service. Klassische Küche im "Quarré".

307 Zim – †260/900 € ††260/900 € – 78 Suiten – ☕ 45 €

Stadtplan : N2-s – *Unter den Linden 77 ✉ 10117* **U** *Brandenburger Tor – ✆ 030 22610 – www.kempinski.com/adlon*

✿✿ **Lorenz Adlon Esszimmer** • **SRA BUA** – siehe Restaurantauswahl

Regent

GROSSER LUXUS • KLASSISCH Sie suchen perfekte Lage, klassisches Ambiente und aufmerksamen Service? Das Hotel nahe Gendarmenmarkt und "Unter den Linden" bietet zudem eine schöne Gepflogenheit: "Teatime" - englisch, russisch oder sächsisch (selbst kreierte Mischung!), stilgerecht in der eleganten Lounge und von Meissener Porzellan.

156 Zim – †260/600 € ††260/600 € – 39 Suiten – ☕ 39 €

Stadtplan : P3-c – *Charlottenstr. 49 ✉ 10117* **U** *Französische Str. – ✆ 030 20338 – www.regenthotels.com/regent-berlin*

Charlotte & Fritz – siehe Restaurantauswahl

The Ritz-Carlton

GROSSER LUXUS • KLASSISCH Eine der elegantesten Adressen Deutschlands. Nobel und repräsentativ die Halle mit freitragender Marmortreppe - hier trifft man sich nachmittags in der stilvollen Lounge zur klassischen "Teatime". Exklusive Bar mit vielen Eigenkreationen.

278 Zim – 295 € 325 € – 25 Suiten

Stadtplan : N3-d – *Potsdamer Platz 3* ✉ *10785* **U** *Potsdamer Platz* – *030 337777* – *www.ritzcarlton.com*

Waldorf Astoria

GROSSER LUXUS • ELEGANT Eindrucksvoll greift das edle modern-elegante Interieur den Stil der 20er Jahre auf! Und was wäre das Waldorf-Astoria ohne seine "Peacock Alley" - ein Stück New Yorker Hoteltradition in Berlin. Überall wurden Formen und Farben aufs Stimmigste arrangiert. Internationale Gerichte, Sandwiches und Kuchen im ROCA.

202 Zim – 220/400 € 250/430 € – 30 Suiten – 38 €

Stadtplan : L1-w – *Hardenbergstr. 28* ✉ *10623* **U** *Zoologischer Garten* – *030 8140000* – *www.waldorfastoriaberlin.com*

Grand Hyatt Berlin

GROSSER LUXUS • DESIGN Das in Trapezform erbaute Hotel am Potsdamer Platz besticht mit technisch sehr gut ausgestatteten Zimmern in puristischem Design. Beachtung verdient auch der "Club Olympus Spa" samt eindrucksvollem Schwimmbad über den Dächern von Berlin! Moderne Küche und Sushi im "Vox". In der schicken Bar "Jamboree" gibt es Cocktails und lokale Speisen.

326 Zim – 179/599 € 179/599 € – 16 Suiten

Stadtplan : N3-a – *Marlene-Dietrich-Platz 2, (Eingang Eichhornstraße)* ✉ *10785* **U** *Potsdamer Platz* – *030 25531234* – *www.berlin.grand.hyatt.com*

Hotel de Rome

HISTORISCHES GEBÄUDE • DESIGN Ein Luxushotel mit dem repräsentativen Rahmen eines a. d. J. 1889 stammenden Gebäudes, dem früheren Sitz der Dresdner Bank. Der Tresorraum dient heute als Pool. Genießen Sie im Sommer die Aussicht von der Dachterrasse - hier Snackangebot. Mediterrane Küche im "La Banca". Ideal die Lage direkt gegenüber der Staatsoper.

145 Zim – 280/750 € 280/750 € – 35 Suiten – 38 €

Stadtplan : P2-h – *Behrenstr. 37* ✉ *10117* **U** *Französische Str.* – *030 4606090* – *www.roccofortehotels.com*

Sofitel Berlin Kurfürstendamm

BUSINESS • MODERN Mitten im lebendigen Zentrum steht dieses Hotel und bietet Ihnen hinter seiner auffälligen Fassade aus Muschelkalk eine sehr großzügige Lobby, schön moderne und geräumige Gästezimmer und viel Kunst.

291 Zim – 155/275 € 175/295 € – 20 Suiten

Stadtplan : L2-c – *Augsburger Str. 41* ✉ *10789* **U** *Kurfürstendamm* – *030 8009990* – *www.sofitel-berlin-kurfuerstendamm.com*

Le Faubourg – siehe Restaurantauswahl

InterContinental

BUSINESS • KLASSISCH Großzügig und wertig sind die modern-eleganten Zimmer (7. und 8. Etage: "Club InterContinental" samt Club Lounge), der geschmackvolle Spa auf 1000 qm sowie der Tagungs- und Veranstaltungsbereich. Neben dem "Hugos" gibt es noch das "L.A. Café" und die "Marlene Bar".

558 Zim – 109/499 € 119/509 € – 44 Suiten – 34 €

Stadtplan : M1-a – *Budapester Str. 2* ✉ *10787* **U** *Wittenbergplatz* – *030 26020* – *www.berlin.intercontinental.com*

Hugos – siehe Restaurantauswahl

THE MANDALA

BUSINESS • DESIGN Hotel am Potsdamer Platz gegenüber dem Sony-Center. Sehr geräumige, dezent luxuriös gestaltete Zimmer und Suiten sowie der aparte, hochwertige Spa. Trendig: Bar "Qiu" mit kleinem Speisenangebot. Schon zum Frühstück gibt's eigene Backwaren.

158 Zim – 🚹180/450 € 🚹🚹200/450 € – ☕ 35 €

Stadtplan : N3-v – *Potsdamer Str. 3 ✉ 10785* **U** *Potsdamer Platz – ✆ 030 590050000 – www.themandala.de*

✿✿ **FACIL** – siehe Restaurantauswahl

Pullman Berlin Schweizerhof

BUSINESS • DESIGN In schickem modern-elegantem Design kommt das Business- und Veranstaltungshotel daher, die Zimmer sind sehr komfortabel und technisch gut ausgestattet. Man beachte die interessante Sammlung Berliner Kunst an den Wänden! Übrigens: Der Freizeitbereich bietet den größten Hotelpool der Stadt!

357 Zim – 🚹120/399 € 🚹🚹120/399 € – 20 Suiten – ☕ 24 €

Stadtplan : M1-w – *Budapester Str. 25 ✉ 10787* **U** *Zoologischer Garten – ✆ 030 26960 – www.pullman-berlin-schweizerhof.com*

Titanic Gendarmenmarkt

URBAN • MODERN Sie wohnen mitten in der Stadt und doch ein bisschen in einer eigenen Welt: Das ehemalige Kostümhaus der Staatsoper ist chic designt, von der Lobby in hellem Marmor über die stilvoll-modernen Zimmer bis zum großen Hamam. Im stylischen "Beef Grill Club by Hasir" gibt's gute Steaks. Café Parisienne.

208 Zim – 🚹135/599 € 🚹🚹150/599 € – 7 Suiten – ☕ 28 €

Stadtplan : P3-b – *Französische Str. 30 ✉ 10117* **U** *Hausvogteiplatz – ✆ 030 20143700 – www.titanic-hotels.de*

Am Steinplatz

LUXUS • ELEGANT Einst das Künstlerhotel der Spreemetropole, heute ein eher kleineres exklusives Boutiquehotel im Herzen Charlottenburgs. Die Zimmer wertig, chic, wohnlich, der Service aufmerksam und individuell, dazu der Altbau-Charme hoher, teils stuckverzierter Decken. Mittags einfacher Lunch, abends ambitioniertere Küche.

84 Zim ☕ – 🚹180/350 € 🚹🚹200/400 € – 3 Suiten

Stadtplan : L1-e – *Steinplatz 4 ✉ 10623* **U** *Ernst-Reuter-Platz – ✆ 030 5544440 – www.hotelsteinplatz.com*

Das Stue

LUXUS • DESIGN Richtig "stylish" und "cosy" ist das denkmalgeschützte Gebäude der ehemaligen Dänischen Gesandtschaft aus den 30er Jahren. Geschmackvolles topmodernes Design, dazu Ruhe trotz Großstadt. Auf Wunsch wohnt man mit Blick auf den Berliner Zoo! "Casual": locker und niveauvoll, Internationale Küche im Tapas-Stil.

78 Zim – 🚹250/300 € 🚹🚹300/350 € – ☕ 35 €

Stadtplan : M1-s – *Drakestr. 1 ✉ 10787* **U** *Wittenbergplatz – ✆ 030 3117220 – www.das-stue.com*

✿ **5 - Cinco by Paco Pérez** – siehe Restaurantauswahl

Zoo Berlin

LUXUS • DESIGN Die bekannte Designerin Dayna Lee hat ein Stück Berliner Hotelgeschichte "wiederbelebt": Das Hotel verbindet überaus elegant und wertig Altes mit Neuem. Man wohnt in geschmackvollen, opulent gestalteten und dennoch funktionellen Zimmern und genießt die Atmosphäre eines Grandhotels. Im Sommer Rooftop Bar!

144 Zim – 🚹180/1500 € 🚹🚹180/1500 € – ☕ 36 €

Stadtplan : L2-z – *Kurfürstendamm 25 ✉ 10179* **U** *Uhlandstr. – ✆ 030 884370 – www.hotelzoo.de*

GRACE – siehe Restaurantauswahl

Boutique Hotel i-31

BUSINESS · INDIVIDUELL Im Herzen des angesagten Stadtteils Mitte steht das Boutique-Hotel mit all seinen Designelementen. Die Zimmer: frisch, wohnlich, modern - von "Pure Cozy" bis "Comfort plus". Sie suchen das Spezielle? Auf dem Dach des Nebengebäudes hat man "Comfort Container"!

121 Zim - 100/170 € 100/170 € - 18 €

Stadtplan : P1-d - *Invalidenstr. 31 ✉ 10115* **U** *Naturkundemuseum - ✆ 030 3384000 - www.hotel-i31.de*

Ellington

BUSINESS · MODERN Hinter seiner auffälligen 185 m langen Fassade beherbergt das 1928-31 erbaute ehemalige "Haus Nürnberg" eine puristisch-schicke Lobby in Weiß sowie geradlinig und klar eingerichtete Zimmer. Details von einst bewahren den historischen Charme, so z. B. das unter Denkmalschutz stehende Treppenhaus.

285 Zim - 118/208 € 128/228 € - 1 Suite - 20 €

Stadtplan : LM2-e - *Nürnberger Str. 50 ✉ 10789* **U** *Wittenbergplatz - ✆ 030 683150 - www.ellington-hotel.com*

DUKE - siehe Restaurantauswahl

Louisa's Place

BUSINESS · INDIVIDUELL Geschmackvolle geräumige Suiten mit Küche und sehr freundlicher Service zeichnen dieses exklusiv ausgestattete Hotel aus. Fragen Sie nach einem Zimmer mit Balkon oder Wintergarten! Stilvoll: der Frühstücksraum und die Bibliothek.

47 Suiten - 145/625 € - 26 €

Stadtplan : K2-a - *Kurfürstendamm 160 ✉ 10709* **U** *Adenauerplatz - ✆ 030 631030 - www.louisas-place.de*

SAVU - siehe Restaurantauswahl

Steigenberger Hotel am Kanzleramt

BUSINESS · MODERN Hier hat man alles puristisch-modern designt. Großzügig die Lobby, schön der Freizeitbereich mit Blick auf das Regierungsviertel. Frühstück gibt's im 1. Stock in einem angenehm hellen Raum, speisen kann man im "No. 5" (Restaurant und Bar). Ideal die Lage direkt am Hauptbahnhof.

339 Zim - 160/350 € 160/350 € - 12 Suiten - 25 €

Stadtplan : N2-k - *Ella-Trebe-Str. 5 ✉ 10557* **U** *Hauptbahnhof - ✆ 030 7407430 - www.steigenberger.de*

25hours Hotel Bikini

BUSINESS · DESIGN Einer der interessantesten Hotel-Hotspots Berlins - angebaut an die Bikini-Mall, trendig der "Urban Jungle"-Style, freie Sicht in den Zoo (von der Sauna in der 9. Etage schaut man ins Affengehege!). "Woodfire Bakery" und loungige "Monkey Bar" mit tollem Stadtblick. Im 10. Stock: "NENI" mit mediterraner und arabischer Küche. Tipp: kostenfreier Fahrradverleih!

149 Zim - 135/150 € 135/150 € - 21 €

Stadtplan : L1-b - *Budapester Str. 40 ✉ 10787* **U** *Zoologischer Garten - ✆ 030 1202210 - www.25hours-hotels.com*

Catalonia

BOUTIQUE-HOTEL · MODERN Das ist das "Pilot-Projekt" der katalanischen Hotelgruppe in Deutschland. Interessant: Die Lobby spiegelt mit ihrem speziellen Look die Vielfalt und die Veränderung Berlins wider, auf den Fluren sehenswerte Graffitis. Das Restaurant bietet einen Mix aus regionaler und spanischer Küche samt Tapas.

131 Zim - 79/309 € 89/319 € - 17 €

Stadtplan : Q3-e - *Köpenicker Str. 80 ✉ 10179* **U** *Heinrich-Heine-Straße - ✆ 030 24084770 - www.cataloniahotels.com*

Garden Living

URBAN • INDIVIDUELL "Wohnen wie zuhause" - dieses Gefühl vermittelt das hübsche Ensemble aus drei alten Stadthäusern mit seinen geschmackvollen Appartements sowie der "grünen Oase" in Form eines attraktiven Innenhofs. Tipp: das Naturkundemuseum vis-à-vis.

27 Zim – 99/189 € 109/239 € – 10 €

Stadtplan : N1-g – *Invalidenstr. 101 ✉ 10115* **U** *Naturkundemuseum – ✆ 030 284455900 – www.gardenliving.de*

Hecker's Hotel Kurfürstendamm

BUSINESS • DESIGN Sie wohnen hier nur wenige Schritte vom Ku'damm. Die meisten Zimmer haben eine Klimaanlage, besonders geschmackvoll die Themenzimmer Bauhaus, Toskana und Kolonial. Schön die ruhige Sonnenterrasse im 5. Stock und der moderne Frühstücksraum.

69 Zim – 85/230 € 95/250 € – 18 €

Stadtplan : L2-e – *Grolmanstr. 35 ✉ 10623* **U** *Uhlandstr. – ✆ 030 88900 – www.heckers-hotel.de*

Cassambalis – siehe Restaurantauswahl

Grenzfall

URBAN • FUNKTIONELL Hier überzeugen Freundlichkeit, der 3000 qm große Garten (ein wahres Kleinod in der Großstadt) und der Preis! "Grenzfall" bezieht sich zum einen auf das Miteinander (Integrationsbetrieb), zum anderen auf die Lage neben der "Gedenkstätte Berliner Mauer". Geradlinig das Ambiente, Terrasse mit Blick ins Grüne!

37 Zim – 63/159 € 83/179 € – 14 €

Stadtplan : P1-g – *Ackerstr. 136 ✉ 13355* **U** *Bernauerstr. – ✆ 030 34333300 – www.hotel-grenzfall.de*

Honigmond

HISTORISCH • KLASSISCH Individuelle Zimmer in einem stilvollen Haus von 1895 in einer ruhigen Seitenstraße. Zum 350 m entfernten Gästehaus "Garden Boutique Hotel" gehört ein schöner Innenhofgarten. Nettes Kaffeehaus-Restaurant mit klassischem Rahmen.

36 Zim – 89/199 € 119/209 € – 13 €

Stadtplan : P1-k – *Tieckstr. 11 ✉ 10115* **U** *Naturkundemuseum – ✆ 030 2844550 – www.honigmond.de*

MANI

BOUTIQUE-HOTEL • MODERN Dies ist eines der stylischen Boutique-Hotels in Berlin: hip, mondän, angesagt. Chic die Zimmer mit ihrer wertigen Ausstattung und puristisch-klarem Stil in dunklen Farben. Das Restaurant bietet moderne internationale Küche.

63 Zim – 80/140 € 80/140 €

Stadtplan : P1-m – *Torstr. 136 ✉ 10119* **U** *Rosenthaler Platz – ✆ 030 53028080 – www.amanogroup.de*

Zoe

BOUTIQUE-HOTEL • MODERN Lust auf stylisches Wohnen mitten im Trendviertel "Hackescher Markt"? Überall urbaner Look in ruhigen dunklen Tönen. Die Zimmer sind nicht riesig, aber wertig und chic. "G&T Bar" mit über 80 Gins. Toll die bewirtete Dachterrasse!

88 Zim – 70/145 € 80/155 € – 15 €

Stadtplan : Q2-z – *Große Präsidentenstr. 7 ✉ 10178* **U** *Hackescher Markt – ✆ 030 21300150 – www.amanogroup.de*

Außerhalb des Zentrums

J. Woodhouse/imageBROKER/age fotostock

In Berlin-Britz

Buchholz Gutshof Britz

REGIONAL • FREUNDLICH Unter dem Motto "legere Landhausküche" gibt es auf dem schönen, ruhig gelegenen Gutshof des Schlosses Britz regional-saisonale Küche, z. B. in Form von "Kartoffelkloß gefüllt mit Entenfleisch auf Rotkohl". Tipp: Speisen Sie im Sommer im hübschen Garten!

Menü 28/69 € – Karte 27/51 €

Stadtplan : C3-a – *Alt-Britz 81 ✉ 12359 – ✆ 030 60034607 – www.matthias-buchholz.de – geschlossen Dienstag - Mittwoch*

In Berlin-Friedrichshain

fabrics

MODERNE KÜCHE • DESIGN Bunt und puristisch-urban das Design, schön der Blick auf die Spree, sehr beliebt die Terrasse! Aus der Küche kommen modern interpretierte Klassiker wie "Berliner Roulade vom Rinderfilet mit Pancetta und Spreewaldgurken". Einfache Mittagskarte in der Bar/Lounge.

Menü 35 € – Karte 21/52 €

Stadtplan : H2-n – *Hotel nhow, Stralauer Allee 3 ✉ 10245* **U** *Warschauer Str. – ✆ 030 2902990 – www.nhow-berlin.com – geschlossen Sonntag*

Michelberger (N)

MODERNE KÜCHE • BISTRO Lassen Sie sich von der schlichten Fassade des gleichnamigen Hotels nicht abschrecken! Im Restaurant werden regionale Bio-Produkte verarbeitet, und zwar zu modernen Gerichten im Tapas-Stil - ideal zum Teilen! Die Atmosphäre ist hip und trendig, das passt gut zum legeren "Sharing"-Konzept. Toll der Innenhof. Einfacher Mittagstisch samt günstigem "Lunch Tray".

Karte 21/33 €

Stadtplan : H2-m – *Warschauer Str. 39 ✉ 10243* **U** *Warschauer Str. – ✆ 030 29778590 – www.michelbergerhotel.com – geschlossen Samstagmittag, Sonntag, Montagabend*

nhow

BUSINESS • DESIGN In diesem Hotel am Osthafen sind Musik und Lifestyle zu Hause! Außen klare Architektur, innen peppiger Look - alles ganz im Stil von Star-Designer Karim Rashid. Top: "State of the Art"-Veranstaltungstechnik, Tonstudio über der Stadt, jeden ersten SA im Monat Live-Konzert in der Halle...

303 Zim – †110/250 € ††110/250 € – 1 Suite – ☕ 25 €

Stadtplan : H2-n – *Stralauer Allee 3 ✉ 10245* **U** *Warschauer Str. – ✆ 030 2902990 – www.nhow-berlin.com*

fabrics – siehe Restaurantauswahl

Ein wichtiges Geschäftsessen oder ein Essen mit Freunden? Das Symbol weist auf Veranstaltungsräume hin.

In Berlin-Grunewald

Frühsammers Restaurant

KLASSISCHE KÜCHE • FREUNDLICH Was die hübsche rote Villa auf dem Gelände des Tennisclubs schon von außen an Niveau vermuten lässt, bewahrheitet sich im Inneren: Da wäre zum einen die klassisch-elegante Einrichtung, zum anderen die ebenfalls klassische Küche, in die aber auch moderne Elemente einfließen - ausgezeichnete, aromareiche Gerichte!

→ Skrei, Kopfsalat, Hibiskus, Kapern. Reh, Rote Bete, Lakritz. Kaffeecrème, Ananas, Rum, Honig.

Menü 89/129 €

Stadtplan : J3-m - *Flinsberger Platz 8 ✉ 14193 - ✆ 030 89738628 (Tischbestellung ratsam) - www.fruehsammers.de - nur Abendessen - geschlossen Sonntag - Dienstag*

Grundschlag – siehe Restaurantauswahl

Grundschlag

MARKTKÜCHE • GEMÜTLICH Dies ist die Bistro-Variante der Frühsammer'schen Gastronomie: In sympathisch-gemütlicher Atmosphäre gibt es international beeinflusste Küche sowie beliebte Klassiker - lassen Sie sich nicht die tolle Sardinenauswahl entgehen!

Karte 30/49 €

Stadtplan : J3-m - *Frühsammers Restaurant, Flinsberger Platz 8 ✉ 14193 - ✆ 030 89738628 - www.fruehsammers.de - geschlossen Sonntag - Montagmittag*

Patrick Hellmann Schlosshotel (N)

LUXUS • DESIGN Schon von außen beeindruckt das Palais von 1914, innen dann stilvoll-elegantes Ambiente von den öffentlichen Bereichen mit ihrem historischen Flair über das Restaurant im eindrucksvollem Rokoko-Stil bis zu den schönen individuellen Zimmern, die Moderne und Klassik ausgesprochen stimmig verbinden. Dazu die ideale Lage: ruhig und doch nur 10 Auto-Minuten vom Ku'damm.

43 Zim – †199/590 € ††199/590 € – 10 Suiten – ☕ 29 €

Stadtplan : E3-a - *Brahmsstr. 10 ✉ 14193 - ✆ 030 895840 - www.schlosshotelberlin.com*

In Berlin-Kreuzberg

Horváth (Sebastian Frank)

KREATIV • GERADLINIG Wie viele Köche der Spitzenklasse stammt auch Sebastian Frank aus Österreich. Die Liebe ist schuld daran, dass der gebürtige Mödlinger der Alpenrepublik den Rücken kehrte und seiner Lebensgefährtin Jeannine Kessler in deren Heimat Berlin folgte. Gemeinsam verwirklichten sie in Kreuzberg ihren Traum von einem eigenen Restaurant und das mit großem Erfolg. Das „Horváth" überzeugt selbst verwöhnte Feinschmecker mit einer sehr ausdrucksstarken, kreativ angehauchten Küche. Sebastian Frank kocht auf den Punkt genau und schafft es mit einer Komplexität unterschiedlichster Aromen - welche jedoch nie verwirren -, eine wahre Gourmetkultur der Extraklasse auf die Teller zu zaubern. In der charmanten Atmosphäre des Restaurants mit seinem harmonischen Interieur läuft das perfekt geschulte und freundliche Servicepersonal wie ein Uhrwerk zu Höchstform auf. In der warmen Jahreszeit findet man auf der lauschigen Terrasse die besten Plätze, um sich in südliche Gefilde zu träumen.

→ Melanzani, Minze und gefrorene Petersilie. Gegrilltes Störfilet, Paprikaaromen. Milchferkel, Rauchzwiebel, Wangerl und gedörrtes Wurzelwerk.

Menü 100/140 €

Stadtplan : H3-a - *Paul-Lincke-Ufer 44a ✉ 10999* **U** *Kottbusser Tor - ✆ 030 61289992 (Tischbestellung ratsam) - www.restaurant-horvath.de - nur Abendessen - geschlossen 4. - 10. Februar, 22. Juli - 4. August und Montag - Dienstag*

Tim Raue

ASIATISCH • TRENDY XX Europäische Küche, asiatisch inspiriert - diesen modernen und erfrischenden Twist schafft Tim Raue auf einzigartige Weise mit seinen harmonischen, ausdrucksstarken, ausbalancierten und kraftvollen Kompositionen. Der gebürtige Berliner hat einen ganz eigenen, in Deutschland sicher einmaligen Stil. In der modernen, eleganten Atmosphäre des Restaurants genießt man ohne Zweifel eine Küche, die man zur Kunst erhoben hat. Eine Location also, die ihren Reiz im Anderssein hat, die allzeit bereit erscheint, in all ihren Facetten entdeckt zu werden. Trotz des hohen Niveaus der Küche ist die Stimmung unter den Gästen lebendig und urban. Fester Bestandteil dieses Erfolgskonzepts sind die Vorstellungen und Ideen von einem perfekten Service, welche Gastgeberin Marie-Anne Raue und ihr Team umsetzen. Mit ihrer netten Art sorgen sie für eine angenehme und charmante Atmosphäre. Übrigens: Für Weinkenner ist die schöne Auswahl an offenen Weinen eine zusätzliche Offenbarung. Der Sommelier berät mit fundiertem Wissen, so dass man stets den passenden Tropfen kredenzt bekommt.

→ Weißer Spargel, Fish Maw und Sansho. Ikarimi Lachs, Tomate und Sternanis. Kalb, Erbse und Kamebishi.

Menü 138/198 € – Karte 125/161 €

Stadtplan : P3-t – *Rudi-Dutschke-Str. 26 ✉ 10969* **U** *Kochstr. – ✆ 030 25937930 – www.tim-raue.com – Dienstag - Donnerstag nur Abendessen – geschlossen 23. Dezember - 2. Januar und Sonntag - Montag*

Richard

FRANZÖSISCH-MODERN • TRENDY XX Im einstigen "Köpenicker Hof" von 1900 sitzt man unter einer kunstvoll gearbeiteten hohen Decke, allerlei Accessoires, schicke Designerlampen und schöne Bilder (sie stammen übrigens vom Patron selbst) setzen dekorative Akzente. Aus der Küche kommen französisch-moderne Gerichte - handwerklich exakt, aromareich und aufs Wesentliche reduziert.

→ Sellerie aus dem Salzteig mit Perigord Trüffel und Petersilie. Milchkalbsbries mit Morcheln und Vin Jaune. Taube vom Holzkohlegrill mit Aubergine und Dattel-Condiment.

Menü 68/100 €

Stadtplan : H3-r – *Köpenicker Str. 174 ✉ 10997* **U** *Schlesisches Tor – ✆ 030 49207242 – www.restaurant-richard.de – nur Abendessen – geschlossen Sonntag - Montag*

tulus lotrek (Maximilian Strohe)

MODERNE KÜCHE • HIP X Hier sei zum einen die überaus herzliche Chefin zu erwähnen, zum anderen das ungezwungen-charmante Ambiente mit hohen stuckverzierten Decken, Holzboden, Kunst und originellen Tapeten. Und die Küche? Modern und mit internationalen Elementen, fein und ausdrucksstark. Darf es dazu vielleicht mal ein Cidre sein?

→ Jakobsmuschel, Muschelsud, Kamille. Gelbflossenmakrele, Molke-Beurre blanc, Kaviar, Fingerlimes. Maibock, Schokominze, Grapefruitschale und Zimt.

Menü 99/129 €

Stadtplan : H3-c – *Fichtestr. 24 ✉ 10967* **U** *Südstern – ✆ 030 41956687 – www.tuluslotrek.de – nur Abendessen – geschlossen Mittwoch - Donnerstag*

Nobelhart & Schmutzig

KREATIV • HIP X Innovativ und gefühlvoll, reduziert und durchdacht, so die Küche in dem trendigen Restaurant. Man verarbeitet Produkte aus der Region, top die Qualität. Interessant die Auswahl an Weinen, Bieren, Destillaten. Umsorgt wird man ebenso locker wie versiert. Und von der langen Theke aus hat man das ganze Geschehen im Blick.

→ Hecht, Frühlingszwiebeln. Ei, Senf. Joghurt, Robinie.

Menü 95/120 €

Stadtplan : P3-n – *Friedrichstr. 218 ✉ 10969* **U** *Kochstr. – ✆ 030 25940610 (Tischbestellung erforderlich) – www.nobelhartundschmutzig.com – nur Abendessen – geschlossen Anfang Januar 2 Wochen, August und Sonntag - Montag*

Altes Zollhaus

TRADITIONELLE KÜCHE • RUSTIKAL XX "Genussfachwerk" nennt sich das einstige Zollhaus, das unvermutet idyllisch mitten in Kreuzberg am Landwehrkanal liegt - samt tollem "Weingarten"! Man kocht mit regionalen Produkten - gefragt ist z. B. "Brandenburger Bauernente aus dem Rohr". Dazu Weine vom eigenen Pfälzer Weingut.

Menü 39/59 € – Karte 40/53 €

Stadtplan : G3-r – *Carl-Herz-Ufer 30 ✉ 10961* **U** *Prinzenstr.*
– ✆ 030 6923300 – www.altes-zollhaus.com
– nur Abendessen – geschlossen Sonntag - Montag

Orania.Berlin N

MODERNE KÜCHE • ELEGANT XX Stylish, warm und relaxt kommt das Restaurant daher - Blickfang ist die große offene Küche. Man kocht kreativ, saisonal und gerne mit regionalen Produkten, auf der Karte z. B. "Dorade, Bouillabaissesud, Suppli". Der Service aufmerksam und versiert.

Karte 46/70 €

Stadtplan : R3-b – *Hotel Orania.Berlin, Oranienplatz 17 ✉ 10999* **U** *Moritzplatz*
– ✆ 030 6953968780 – www.orania.berlin – nur Abendessen

herz & niere

REGIONAL • FREUNDLICH X Innereien-Menü oder vegetarisches Menü? Auch wer lieber "normal" isst, wird in dem sympathischen Restaurant fündig. Man setzt hier auf das "Nose to Tail"-Konzept, nach dem das Tier komplett verarbeitet wird. Der freundliche Service berät Sie auch gut in Sachen Wein.

Menü 50/92 €

Stadtplan : H3-h – *Fichtestr. 31 ✉ 10967 – ✆ 030 69001522*
– www.herzundniere.berlin – nur Abendessen – geschlossen Montag, Mai - September: Sonntag - Montag

Lode & Stijn N

MODERNE KÜCHE • NACHBARSCHAFTLICH X Ungezwungen, lebhaft und sympathisch ist hier die Atmosphäre, nett der Retro-Touch, herzlich der Service. Gut essen kann man ebenfalls: Die Küche ist skandinavisch - man kocht angenehm unkompliziert und legt Wert legt auf saisonale Produkte.

Menü 65 €

Stadtplan : H3-s – *Lausitzer Str. 25 ✉ 10999* **U** *Görlitzer Bahnhof*
– ✆ 030 65214507 (Tischbestellung erforderlich) – www.lode-stijn.de – nur Abendessen – geschlossen Sonntag - Montag

Long March Canteen

CHINESISCH • TRENDY X Eine coole Adresse: Das Ambiente ist dunkel gehalten, die Küche einsehbar, der Service locker-leger. Hier gibt es chinesisch-kantonesische Gerichte in Form von verschiedenen Dim Sum und Dumplings. Große Auswahl an Wein, Spirituosen, Cocktails, Longdrinks.

Menü 31/44 € – Karte 21/39 €

Stadtplan : H2-d – *Wrangelstr. 20 ✉ 10997* **U** *Schlesisches Tor – ✆ 0178 8849599*
– www.longmarchcanteen.com – nur Abendessen

VOLT

MODERNE KÜCHE • DESIGN X Zum interessanten Industrie-Chic in dem ehemaligen Umspannwerk am Landwehrkanal kommen regional-saisonale Speisen, die sich z. B. "Bachsaibling, Spargel, Morchel, Mandel" oder "gegrillte Rinderschulter vom US-Beef, Lauch, Wurzelgemüse, Malz" nennen.

Menü 58/87 € – Karte 67/73 €

Stadtplan : H3-v – *Paul-Lincke-Ufer 21 ✉ 10999* **U** *Schönleinstr.*
– ✆ 030 338402320 – www.restaurant-volt.de – nur Abendessen – geschlossen Anfang Januar 1 Woche, Juli - August 3 Wochen und Sonntag - Montag

Orania.Berlin N

BOUTIQUE-HOTEL · MODERN In dem schmucken Gebäude von 1912 (hier gab es einst das "Café Oranienpalast" - daher der Name) heißt es Wohlfühlen! Geschmackvolles modernes Interieur aus schönem Holz, wertigen Stoffen und warmen Farben sowie zurückhaltende Elemente aus aller Welt versprühen ein besonderes Flair. Der charmante Service tut ein Übriges. Tipp: Konzerte von Musikern aus Berlin.

41 Zim - 150/250 € 205/305 € - 9 Suiten

Stadtplan : R3-b - *Oranienplatz 17 ✉ 10999* **U** *Moritzplatz - ✆ 030 69539680 - www.orania.berlin*

Orania.Berlin - siehe Restaurantauswahl

the YARD N

BOUTIQUE-HOTEL · MODERN Geschmackvolles modernes Design in klaren Formen und ruhigen, warmen Naturtönen begleitet Sie hier von der Lobby über das Bistro (regionale Küche) bis in die hochwertig ausgestatteten Zimmer in den Kategorien "Premium", "Business" und "Exclusive".

55 Zim - 109/209 € 109/229 € - 16 €

Stadtplan : G2-y - *Alexandrinenstr. 125 ✉ 10969* **U** *Hallesches Tor - ✆ 030 25923890 - www.hotel-theyard.berlin*

In Berlin-Lichtenberg

SKYKITCHEN

MODERNE KÜCHE · TRENDY XX Die Fahrt nach Lichtenberg lohnt sich: Zum einen hat man hier oben in "andel's Hotel" bei chic-urbaner Atmosphäre eine klasse Aussicht über Berlin, zum anderen überzeugen die stimmigen modernen Menüs "Voyage Culinaire" oder "Vegetarian". Noch ein bisschen höher lockt die "SKY-BAR" zum Degistif.

→ Bio Ei, luftgetrockneter Schinken, Meerrettich, Crème fraîche. Perlhuhn, Aubergine, Kichererbse, Hühnerhaut. Thai Mango, Gartenkräuter, Mandel, Amarettini.

Menü 54 € (vegetarisch)/141 €

557 Zim - 94/300 € 120/340 €

Stadtplan : H2-b - *Landsberger Allee 106, (12. Etage) ✉ 10369*
U *Landsberger Allee - ✆ 030 4530532620 (Tischbestellung ratsam) - www.skykitchen.berlin - nur Abendessen - geschlossen Sonntag - Montag*

In Berlin-Neukölln

CODA Dessert Dining N

KREATIV · DESIGN X Eine spezielle Adresse: Hier steht Patisserie-Handwerk im Fokus. Gekocht wird modern und ausgesprochen kreativ. Die Gerichte sind schön klar und begeistern mit ihrer Fülle an Aromen sowie gelungenen Kontrasten, dabei setzt man auf die Natürlichkeit der Produkte. All das gibt es als 6-Gänge-Menü. Nehmen Sie unbedingt die durchdachte Cocktail-Begleitung!

→ Aubergine, Pekannuss, Apfelbalsamico, Lakritzsalz. Petersilienwurzel, Kokos, Pistazie, schwarzer Knoblauch, Limette. Rhabarber, Estragon, Joghurt, Tasmanischer Pfeffer.

Menü 51/117 €

Stadtplan : H3-b - *Friedelstr. 47 ✉ 12047* **U** *Hermannplatz - ✆ 030 91496396 (Tischbestellung erforderlich) - www.coda-berlin.com - nur Abendessen - geschlossen Sonntag - Montag*

eins44

MODERNE KÜCHE · HIP X Das kommt an: "Industrial Design" und gute Küche! Ein trendig-urbanes Lokal mit ungezwungener Atmosphäre versteckt sich hier im 3. Hof in einer ehemaligen Destillerie! Gekocht wird saisonal und produktorientiert.

Menü 49/139 €

Stadtplan : H3-e - *Elbestr. 28 ✉ 12045* **U** *Rathaus Neukölln - ✆ 030 62981212 - www.eins44.com - nur Abendessen - geschlossen 1. - 7. Januar und Sonntag - Montag*

In Berlin-Prenzlauer Berg

Kochu Karu

KOREANISCH • GERADLINIG So ungewöhnlich der Mix aus spanischer und koreanischer Küche auch sein mag, die Kombination von Aromen ist überaus gelungen! Am besten beginnt man mit Gerichten im Tapas-Stil (ideal zum Teilen), und danach vielleicht "Bibimbab" oder "geschmortes Ochsenbäckchen"? Ein wirklich charmantes puristisches kleines Restaurant.

Menü 37/54 € – Karte 28/49 €

Stadtplan : G1-k – *Eberswalder Str. 35 ✉ 10437* **U** *Eberswalder Str.*
– ✆ 030 80938191 (Tischbestellung ratsam) – www.kochukaru.de
– nur Abendessen – geschlossen 23. Juli - 5. August und Sonntag - Montag

Lucky Leek

VEGAN • NACHBARSCHAFTLICH Vegan, frisch, saisonal und mit persönlicher Note - so wird in dem charmanten Restaurant gekocht. Probieren Sie z. B. "Pilzrisotto, Chicorée, gegrillte Paprika, Haselnuss-Hokkaido, Spinatpesto" oder "Miso-Blondie, Erdnuss-Fudge, Waldbeer-Eis". Hinweis: Barzahlung nur bis 100 €.

Menü 36/59 € – Karte 37/42 €

Stadtplan : Q1-u – *Kollwitzstr. 54 ✉ 10405* **U** *Senefelderplatz*
– ✆ 030 66408710 – www.lucky-leek.com
– nur Abendessen – geschlossen Montag - Dienstag

Filetstück Das Urgestein

FLEISCH • TRENDY Die Atmosphäre hier ist angenehm locker, trendig und lebendig. Man kann in die Küche schauen, wo hochwertiges trocken gereiftes Rindfleisch auf den Grill kommt! Wen die Straße nicht stört, der kann im Sommer auch auf dem Gehsteig speisen.

Karte 42/96 €

Stadtplan : G1-a – *Schönhauser Allee 45 ✉ 10435* **U** *Eberswalder Str.*
– ✆ 030 48820304 – www.filetstueck-berlin.de – geschlossen Sonntagmittag und an Feiertagen mittags

ackselhaus & blue home

URBAN • INDIVIDUELL Eine Adresse für Individualisten mit sehr privatem Charakter und geschmackvollen, detailverliebten Themenzimmern von "Picasso" über "Sommerhaus" (hier mit eigenem kleinen Dachpool!) bis zum modern-urbanen "New York". Oder lieber ein Standardzimmer im balinesischen Stil? Wunderbar der begrünte Innenhof!

29 Zim – †110/160 € ††150/190 € – 4 Suiten

Stadtplan : Q1-e – *Belforter Str. 21 ✉ 10405* **U** *Senefelder Platz*
– ✆ 030 44337633 – www.ackselhaus.de

In Berlin-Schöneberg

Renger-Patzsch

TRADITIONELLE KÜCHE • GASTHOF Eine sympathische und beliebte Adresse! Richtig gute traditionelle Speisen wie "Rostbraten mit Spätzle" oder Flammkuchen (u. a. auch mit Blutwurst!) gibt es hier zu fairen Preisen. Lebhaft die Atmosphäre in dem hohen Raum, dekorativ die Schwarz-Weiß-Landschaftsfotografien des Namensgebers. Tolle Terrasse!

Menü 36/50 € – Karte 31/41 €

Stadtplan : M3-a – *Wartburgstr. 54 ✉ 10823* **U** *Eisenacher Str.*
– ✆ 030 7842059 – www.renger-patzsch.com
– nur Abendessen – geschlossen Sonntag

Gute Küche zu moderatem Preis? Folgen Sie dem Bib Gourmand

Ponte

ITALIENISCH · NACHBARSCHAFTLICH XX Hier liest man auf der klassisch-italienischen Karte z. B. "Doradenfilets in Mandelkruste mit Gemüse und Kartoffeln" - oder wie wär's mit einer mündlichen Tagesempfehlung des Chefs? Dazu schöne Weine aus Italien. Nette Terrasse vorm Haus.

Karte 33/47 €

Stadtplan : M2-p – *Regensburger Str. 5 ✉ 10777* **U** *Viktoria-Luise-Platz – ✆ 030 21912410 – www.ponte-ristorante.de – nur Abendessen, sonntags auch Mittagessen – geschlossen Januar 2 Wochen, Juli - August 3 Wochen und Montag - Dienstag*

In Berlin-Steglitz

Jungbluth

MODERNE KÜCHE · NACHBARSCHAFTLICH X Leger und ungezwungen die Atmosphäre, schmackhaft, frisch und ambitioniert das wöchentlich wechselnde Speisenangebot. Wie wär's mit "gebratener Maispoulardenbrust, Kartoffelragout, Mangold, Bärlauch"? Tipp: Man bietet einen günstigeren Mittagstisch - das freut nicht nur die vielen Stammgäste.

Menü 38/66 € – Karte 40/52 €

Stadtplan : B3-c – *Lepsius Str. 63 ✉ 12163* **U** *Steglitzer Rathaus – ✆ 030 79789605 – www.jungbluth-restaurant.de – Dienstag - Freitag nur Abendessen – geschlossen Montag*

In Berlin-Wedding

Ernst (N) (Dylan Watson-Brawn)

KREATIV · DESIGN XX Eine äußerlich ganz unscheinbare Adresse, die es in sich hat! Sie klingeln an der großen Edelstahltür und betreten ein schlichtes Industrial-Style-Restaurant mit 12 Theken-Plätzen an der offenen Küche. Das Konzept: "weniger ist mehr". Alles dreht sich ums Produkt, nur das Beste kommt in die mindestens 25 Gänge des Menüs. Ein beeindruckendes 3-stündiges Genuss-Erlebnis! Reservierung über Online-Tickets.

→ Mushroom Dashi. Fresh Cheese. Blood Orange.

Menü 165 €

Stadtplan : F1-e – *Gerichtstr. 54 ✉ 13347* **U** *Wedding (Tischbestellung erforderlich) – www.ernstberlin.de – nur Abendessen – geschlossen Januar 2 Wochen, August 2 Wochen und Montag - Dienstag*

BERNAU im SCHWARZWALD

Baden-Württemberg – 1 925 Ew. – Höhe 915 m – Regionalatlas **61**-E21
Michelin Straßenkarte 545

In Bernau-Dorf

Bergblick

TRADITIONELLE KÜCHE • LÄNDLICH Hier kocht man mit Bezug zur Region und kreativer Note - am liebsten verwendet man Produkte von Bauernhöfen aus der Umgebung, Wild kommt aus eigener Jagd. Lust auf Klassiker wie Cordon bleu oder lieber ein ambitioniertes Menü? Das Ambiente: behagliches Holz in Stube und Wintergarten.

Menü 25/75 € – Karte 23/59 €

Hotel Bergblick, Hasenbuckweg 1 ✉ 79872 – ✆ 07675 273 – www.bergblick-bernau.de – geschlossen Anfang November - Mitte Dezember

Bergblick

FAMILIÄR • INDIVIDUELL Wohnlich-charmant hat man es in dem kleinen Familienbetrieb. Obst und eigenes Quellwasser gratis, zum Frühstück frische, hochwertige Produkte, der Service ausgesprochen aufmerksam und freundlich! Wer die 3/4-Pension bucht, bekommt nicht nur tolle Abendmenüs, sondern auch Kuchen und kleine Mittagsgerichte.

8 Zim – †65/95 € ††130/190 € – 3 Suiten – ½ P

Hasenbuckweg 1 ✉ 79872 – ✆ 07675 273 – www.bergblick-bernau.de – geschlossen Anfang November - Mitte Dezember

Bergblick – siehe Restaurantauswahl

In Bernau-Innerlehen

Das Rössle Bernau

GASTHOF • AUF DEM LAND Aus dem Gasthof mit Landwirtschaft ist ein schönes Hotel mit wohnlichen ländlich-modernen Zimmern und einladendem "Schwarzwald SPA" geworden. Das Restaurant in dem langjährigen Familienbetrieb bietet regional-klassische Küche wie "Roastbeef vom Schwarzwälder Weiderind", aber auch Vespergerichte.

36 Zim – †75 € ††140 € – 1 Suite – ½ P

St. Johann Weg 2 ✉ 79872 – ✆ 07675 929720 – www.roessle-bernau.de – geschlossen 17. März - 5. April

Schwarzwaldhaus

GASTHOF • GEMÜTLICH In dem charmanten einstigen Bauernhaus erwarten Sie freundlich-engagierte Gastgeber sowie behagliches schwarzwaldtypisches Ambiente in Zimmern und Restaurant (regionale Küche). Tipp: besonders wohnliche neuere Zimmer mit viel schönem warmem Holz und hübschen Stoffen. "Panorama-Wohlfühloase" mit Bergblick.

18 Zim – †54/66 € ††102/128 € – 2 Suiten – ½ P

Am Kurpark 26 ✉ 79872 – ✆ 07675 365 – www.schwarzwaldhaus-bernau.de – geschlossen 4. November - 6. Dezember

BERNE

Niedersachsen – 6 837 Ew. – Höhe 1 m – Regionalatlas **17**-F6
Michelin Straßenkarte 541

Weserblick

GASTHOF • GEMÜTLICH Die Lage an einem natürlichen Weserstrand mit Fährverbindung sowie gemütliche Zimmer (teils zum Fluss hin gelegen) sprechen für dieses familiär geleitete Haus. Auch das Restaurant und die schöne Terrasse bieten den namengebenden Weserblick.

12 Zim – †83/103 € ††123/143 € – 1 Suite

Juliusplate 6, Nord-Ost: 2 km, an der Fähre nach Farge ✉ 27804 – ✆ 04406 92820 – www.hotel-weserblick.de – geschlossen 2. - 21. Januar

BERNKASTEL-KUES

Rheinland-Pfalz - 6 973 Ew. - Höhe 110 m - Regionalatlas **46**-C15
Michelin Straßenkarte 543

Im Ortsteil Bernkastel

Rotisserie Royale

INTERNATIONAL • FREUNDLICH In dem denkmalgeschützten Fachwerkhaus (ehemalige Küferei a. d. 16. Jh.) bekommt man in gemütlicher Atmosphäre internationale Küche mit regionalen Einflüssen serviert. Am besten parken Sie am Moselufer und laufen ca. 5 Minuten zum Restaurant. Übernachtungsgäste können die nahen hauseigenen Stellplätze nutzen.

Menü 28/47 € - Karte 27/52 €

7 Zim - 49/74 € 54/79 €

Burgstr. 19 54470 - 06531 6572 - www.rotisserie-royale.de - geschlossen 1. - 18. Januar und Mittwoch

Bären

FAMILIÄR • GEMÜTLICH In dem familiengeführten Haus hat man ein Faible für Bären, die Ihnen hier und da als charmante Deko begegnen. Das Gästehaus "Bärchen" bietet moselseitige Superior-Zimmer mit Balkon und größtenteils mit Dampfdusche. Im "Alten Brauhaus" ein paar Gehminuten entfernt gibt es bürgerlich-saisonale Küche.

30 Zim - 58/150 € 105/175 €

Schanzstr. 9, an der B 53 54470 - 06531 950440 - www.hotel-baeren.de

Im Ortsteil Kues

LIFESTYLE Resort Zum Kurfürsten

SPA UND WELLNESS • GEMÜTLICH Eine gefragte Adresse, ideal für Wellness-Urlauber, denn hier gibt es ein vielfältiges Programm an Beauty, Fitness & Co. Und das Ambiente stimmt ebenfalls, alles ist mit Geschmack gestaltet - vom kleinen Romantikzimmer über chic-moderne LifeStyle-Zimmer bis zur Spa-Suite.

96 Zim - 95/224 € 176/278 € - 5 Suiten - ½ P

Amselweg 1, Nord-West: 6 km 54470 - 06531 96770 - www.zum-kurfuersten.de

BERNRIED KREIS DEGGENDORF

Bayern - 4 697 Ew. - Höhe 401 m - Regionalatlas **59**-O18
Michelin Straßenkarte 546

Bernrieder Hof

SPA UND WELLNESS • MODERN In einem gepflegten Familienbetrieb wohnen Sie hier, und zwar in zeitgemäßen Zimmern, die teilweise einen Balkon haben. W-Lan nutzen Sie kostenfrei. Gönnen Sie sich auch eine Massage- oder Kosmetikanwendung in ansprechendem Ambiente sowie ein Essen in freundlicher Atmosphäre.

35 Zim - 69/94 € 128/135 € - ½ P

Bogener Str. 9 94505 - 09905 74090 - www.bernrieder-hof.de - geschlossen Mitte Januar 2 Wochen

BERTRICH, BAD

Rheinland-Pfalz - 1 035 Ew. - Höhe 150 m - Regionalatlas **46**-C15
Michelin Straßenkarte 543

Häcker's Fürstenhof

SPA UND WELLNESS • HISTORISCH Klassisch-elegant wohnt man in diesem Hotel in der Ortsmitte, direkt am Kurgarten. Sehr schön ist auch der Spa, hier reichlich Marmor und Stuck. Eine stilvolle Atmosphäre herrscht in den Restauranträumen.

59 Zim - 112/162 € 205 € - 5 Suiten - ½ P

Kurfürstenstr. 36 56864 - 02674 9340 - www.haeckers-fuerstenhof.com

BESCHEID

Rheinland-Pfalz – 393 Ew. – Höhe 421 m – Regionalatlas **45**-B15
Michelin Straßenkarte 543

Zur Malerklause

FRANZÖSISCH-KLASSISCH • FAMILIÄR XX Bei Familie Lorscheider wird mit guten Produkten schmackhaft und ambitioniert gekocht. Das gediegene Restaurant ist reichlich dekoriert, ein Kamin schafft Atmosphäre. Schön sitzt man auch auf der überdachten Terrasse.

Menü 68/99 € – Karte 49/78 €

Im Hofecken 2 ✉ 54413 – ✆ 06509 558 – www.malerklause.de – nur Abendessen, sonntags auch Mittagessen – geschlossen über Fastnacht 2 Wochen, Anfang September 2 Wochen und Montag - Dienstag

BESTWIG

Nordrhein-Westfalen – 11 412 Ew. – Höhe 300 m – Regionalatlas **27**-F11
Michelin Straßenkarte 543

In Bestwig-Föckinghausen Nord: 5 km über B 7 Richtung Meschede, in Velmede rechts ab

Waldhaus

LANDHAUS • GEMÜTLICH Ein sympathisches kleines Landhotel unter familiärer Leitung. Die Gäste schätzen hier die reizvolle und ruhige Lage am Wald sowie die wohnlich eingerichteten Zimmer. Gemütlich ist das im ländlichen Stil gehaltene Restaurant, nett die Terrasse zum schönen Garten.

17 Zim – †70/85 € ††110/135 € – ½ P

Föckinghausen 23 ✉ 59909 – ✆ 02904 97760 – www.hotel-waldhaus.com – geschlossen November 3 Wochen

BIBERACH an der RISS

Baden-Württemberg – 31 525 Ew. – Höhe 533 m – Regionalatlas **63**-H20
Michelin Straßenkarte 545

Parkhotel Jordanbad

SPA UND WELLNESS • FUNKTIONELL Das Kurhotel von 1905 liegt schön umgeben von viel Grün. Die Zimmer haben teilweise einen Balkon, außerdem bietet das Haus direkten Zugang zur Therme "Jordanbad". Frühstück gibt es im lichten verglasten Gartenzimmer. Zum Restaurant gehört eine Terrasse mit Parkblick.

120 Zim – †107/142 € ††144/184 € – 2 Suiten – ½ P

Im Jordanbad 7 ✉ 88400 – ✆ 07351 343300 – www.jordanbad-parkhotel.com

BIBERACH im KINZIGTAL

Baden-Württemberg – 3 534 Ew. – Höhe 188 m – Regionalatlas **54**-E19
Michelin Straßenkarte 545

In Biberach-Prinzbach Süd-West: 4 km, Richtung Lahr

Landgasthaus zum Kreuz

TRADITIONELLE KÜCHE • LÄNDLICH XX Der attraktive Mix aus regional und modern ist hier allgegenwärtig - vom gemütlichen Restaurant über die Küche bis zum wohnlichen Gästehaus "Speicher" nebenan. Auf den Tisch kommen Klassiker und Saisonales - interessant sind z. B. die "Mini-Versucherle". Schön auch die großzügige Terrasse.

Menü 26 € – Karte 22/63 €

8 Zim – †72/85 € ††109/115 €

Untertal 7, Ost: 1 km ✉ 77781 – ✆ 07835 426420 – www.kreuz-prinzbach.de – geschlossen über Fasching und Mittwoch - Donnerstagmittag

BIELEFELD

Nordrhein-Westfalen – 329 782 Ew. – Höhe 118 m – Regionalatlas **27**-F9
Michelin Straßenkarte 543

GeistReich

INTERNATIONAL • ELEGANT XX Stilvoll-zeitgemäß und angenehm ungezwungen kommt das Restaurant daher. Es erwartet Sie ein breites Speisenangebot von "Senner Lachsforelle, Spargel, Rhabarber, Bärlauch" bis "Bentheimer Landschwein - Nacken Dry Aged und Rippenfleisch". Tagsüber kleine Bistrokarte in der Bar.

Menü 49/94 € – Karte 40/81 €

Hotel Bielefelder Hof, Am Bahnhof 3 ✉ 33602 – ✆ 0521 5282635 – www.bielefelder-hof.de – nur Abendessen – geschlossen Sonntag

GUI

MEDITERRAN • FREUNDLICH XX Seit vielen Jahren gibt es das wertig-moderne Bistro im Herzen der Stadt. In der offenen Küche verarbeitet man ausgesuchte Produkte - die mediterran-saisonalen Gerichte nennen sich z. B. "Schwertfisch, Avocado, Mairüben, Kokosnussreis". Übrgens: "GUI" steht in der internationalen Plansprache Esperanto für "Genießen".

Menü 60 € – Karte 51/73 €

Gehrenberg 8 ✉ 33602 – ✆ 0521 5222119 (Tischbestellung ratsam) – geschlossen Sonntag - Montag

Klötzer's

INTERNATIONAL • ZEITGEMÄSSES AMBIENTE XX Einladend ist hier nicht nur das chic-moderne Ambiente, interessant auch die Küche mit mediterranen und asiatischen Einflüssen. Aus guten Produkten entstehen z. B. "Karree vom irischen Salzwiesenlamm, Honig-Rosmarinsauce, Ratatouille, Kartoffelgratin". Auch im Feinkostladen nebenan lockt allerlei Leckeres!

Menü 39/65 € – Karte 27/61 €

Ritterstr. 33 ✉ 33602 – ✆ 0521 9677520 – www.kloetzer-delikatessen.de – geschlossen Sonntag, Feiertage

Bielefelder Hof

URBAN • FUNKTIONELL Was das Hotel interessant macht? Das schöne klassische Stadthaus nebst Neubau liegt zentral zwischen Bahnhof und Stadthalle und bietet wohnlich-funktionale Zimmer sowie gute Tagungsmöglichkeiten. Sportlich Aktive freuen sich über den Fitnessraum.

161 Zim – †75/209 € ††85/219 € – 6 Suiten – ☕ 23 € – ½ P

Am Bahnhof 3 ✉ 33602 – ✆ 0521 5282635 – www.bielefelder-hof.de

GeistReich – siehe Restaurantauswahl

In Bielefeld-Brackwede Süd-West: 5 km

Patron via 1550 Ⓝ

GRIECHISCH • CHIC XX In der einstigen Tenne eines ehemaligen Gehöfts von 1550 (schön das alte Fachwerk) serviert man griechische Küche mit internationalen Einflüssen - darf es vielleicht "Iberico-Souvlaki, Tomatensalat, Ziegenkäse, Rote Beete, Walnüsse" sein? Als Abschluss gibt's einen Uzo aufs Haus! Mit Wintergarten und Terrasse.

Menü 26/89 € – Karte 26/58 €

Hauptstr. 27 ✉ 33647 – ✆ 0521 41740888 – nur Abendessen – geschlossen Dienstag

In Bielefeld-Kirchdornberg West: 8 km

Tomatissimo

ITALIENISCH • FREUNDLICH XX Eine gefragte Adresse für mediterrane Küche und Steaks vom Holzkohlegrill - auf der Karte z. B. "geschmorte Kaninchenkeule im Parmaschinkensud" oder "Dry Aged Ribeye vom Pommerschen Schwarzbunten". Das Ambiente: modern und zugleich gemütlich. Tipp: "Bernhards Küchentisch" (auf Vorreservierung).

Menü 45/89 € – Karte 36/78 €

Am Tie 15 ✉ 33619 – ✆ 0521 163333 (Tischbestellung ratsam) – www.tomatissimo.de – nur Abendessen, sonntags auch Mittagessen – geschlossen Montag - Dienstag

In Bielefeld-Quelle Süd-West: 5 km

Büscher's Restaurant

REGIONAL • GASTHOF Hier legt man Wert auf hochwertige, nachhaltig erzeugte Lebensmittel, und die finden sich in saisonal-internationalen Gerichten wie "gegrilltem Felchenfilet, Süßkartoffel, Ananas, Yuzu" oder auch in Klassikern wie "Wiener Schnitzel". Schön die Terrasse zum Garten. Gepflegt übernachten kann man ebenfalls.

Menü 35/55 € – Karte 29/55 €

31 Zim – 53/90 € 65/110 € – 9 €

Carl-Severing-Str. 136 ✉ 33649 – ✆ 0521 946140 – www.hotel-buescher.de – geschlossen Sonntag - Montagmittag

In Bielefeld-Schildesche Nord: 5 km

Höptners Abendmahl

INTERNATIONAL • FREUNDLICH Sie haben die Wahl: Sie können in gemütlichem Ambiente ein modern inspiriertes Menü (kleines oder großes "Abendmahl") genießen oder alternativ im rustikal-legeren "Erbsenkrug" nebenan bürgerlich-saisonal speisen. In beiden Restaurants gibt es auch eine Steakkarte. Angeschlossene Weinhandlung und hübsche Terrasse.

Menü 59/95 €

Johannisstr. 11a ✉ 33611 – ✆ 0521 86105 (Tischbestellung ratsam) – www.abendmahl-restaurant.de – nur Abendessen – geschlossen Januar 1 Woche, Juli - August 3 Wochen und Sonntag - Montag, Feiertage

In Bielefeld-Senne Süd: 10 km

Gasthaus Buschkamp

TRADITIONELLE KÜCHE • HISTORISCHES AMBIENTE Ein romantisches Museumsdorf aus alten Fachwerkhäusern. In charmant-rustikalem Ambiente gibt es Regionales wie "Himmel und Ähd", aber auch feinere Speisen wie "Seeteufel, Sektbuttersauce, Ratatouille, Safran-Bandnudeln".

Menü 32/75 € – Karte 30/72 €

Buschkampstr. 75 ✉ 33659 – ✆ 0521 492800 – www.museumshof-senne.de – geschlossen Montag - Dienstag

BIENENBÜTTEL-BARDENHAGEN

Niedersachsen – 6 624 Ew. – Höhe 30 m – Regionalatlas **19**-J6
Michelin Straßenkarte 541

Im Ortsteil Bardenhagen Ost: 8 km

GUT Evening und TafelGUT

INTERNATIONAL • TRENDY Sehr angenehm sitzt man hier auf der hübschen Terrasse oder im herrlichen Innenhof, aber auch drinnen hat man es richtig schön. Dazu lässt man sich ambitionierte international-kreative Gerichte wie "Knurrhahn, Mais-Zitronengrascreme, Pak Choi, Drillinge, Tomaten" schmecken. Die gibt es So - Mi. im chic-modernen TafelGUT und Do. - Sa. im etwas eleganteren GUT Evening.

Karte 37/50 €

Hotel GUT Bardenhagen, Bardenhagener Str. 3 ✉ 29553 – ✆ 05823 95399622 – www.gut-bardenhagen.de – nur Abendessen, sonntags auch Mittagessen

GUT Bardenhagen

BOUTIQUE-HOTEL • INDIVIDUELL Die tolle Anlage mit großem Festsaal ist natürlich die perfekte Location für Hochzeiten. Und wenn Sie einfach nur ausspannen möchten: Die Zimmer in Gutshaus, Uhrenhaus und SchlafGUT sind wertig, Wasser und Telefon gratis, hübsch der Wellnessbereich, dazu die Ruhe ringsum! Schöner Deko-Shop.

27 Zim – 115/150 € 145/180 € – 2 Suiten

Bardenhagener Str. 3 ✉ 29553 – ✆ 05823 9539960 – www.gut-bardenhagen.de

GUT Evening und TafelGUT – siehe Restaurantauswahl

VIELFALT UND
ERSTKLASSIGE
FRISCHE.
FÜR DEN KREATIVEN GENUSS.
METRO
Nur für Gewerbetreibende
METRO Deutschland GmbH · Metro-Str. 8 · 40235 Düsseldorf

Das reinste Wasser
für Spitzenqualität
in der Gastronomie.
ACQUA
MORELLI
NON-SPARKLING · NATURALE
ACQUA
acquamorelli // www.acqua-morelli.com

BIETIGHEIM-BISSINGEN

Baden-Württemberg - 42 334 Ew. - Höhe 200 m - Regionalatlas **55**-G18
Michelin Straßenkarte 545

Im Stadtteil Bietigheim

Maerz - Das Restaurant (Benjamin Maerz)

FRANZÖSISCH-KREATIV • GEMÜTLICH XX In ihrem Hotel "Rose" haben die Brüder Maerz ein schönes gemütlich-modernes Restaurant, in dem man saisonal speist. Das Menü "Heimweh/Fernweh" mischt Regionales mit Modernem - Top-Produkte werden technisch exakt und kreativ zusammengestellt. Und das Ambiente? Eine hochwertige Holztäfelung strahlt Wärme aus, klare Linien setzen frische Akzente. Alternativ: Weinbar mit kleinem Angebot.

➜ Saibling, Avocado, Mango, Tomaten. Süßkartoffel, Rettich, Zwiebeln. Schokolade, Williams Birne, Topinambur, Thymian.

Menü 89 € (vegetarisch)/129 €

32 Zim - 79/119 € 99/149 € - 12 € - ½ P

Kronenbergstr. 14 ✉ 74321
- ✆ 07142 42004 - www.maerzundmaerz.de - nur Abendessen - geschlossen Anfang Januar 1 Woche, über Ostern 1 Woche, August 3 Wochen und Sonntag - Montag

Friedrich von Schiller

FRANZÖSISCH-KLASSISCH • GEMÜTLICH XX Ein schöneres Plätzchen hätte aus dem jahrhundertealten Haus in der Altstadt kaum entstehen können! Man wird herzlich umsorgt, gekocht wird regional, klassisch, schmackhaft. Wie wär's z. B. mit Wild aus eigener Jagd? Tipp: die nette kleine Terrasse zur Fußgängerzone! Übernachten kann man in liebenswerten Zimmern, benannt nach Stücken von Schiller.

Menü 38/79 € - Karte 32/76 €

15 Zim - 87/111 € 115/133 € - 12 €

Marktplatz 5 ✉ 74321
- ✆ 07142 90200 - www.friedrich-von-schiller.com - geschlossen 1. - 10. Januar, 21. Juli - 9. August, 31. August - 5. September und Sonntag - Montagmittag, Feiertage

BILLERBECK

Nordrhein-Westfalen - 11 447 Ew. - Höhe 115 m - Regionalatlas **26**-D9
Michelin Straßenkarte 543

Domschenke

MARKTKÜCHE • RUSTIKAL XX Gut machen sich die modernen Akzente zum rustikalen Flair des 1668 erbauten Gasthofs. Gekocht wird auf klassischer Basis und mit saisonal-regionalen Einflüssen - so z. B. "Skrei mit Schwarzwurzeln und Trüffelsauce".

Menü 17 € (mittags)/70 € - Karte 25/62 €

Hotel Domschenke, Markt 6 ✉ 48727 - ✆ 02543 93200
- www.domschenke-billerbeck.de

Domschenke

GASTHOF • GEMÜTLICH Familie Groll ist seit mehreren Generationen engagiert bei der Sache und hält ihr Haus top in Schuss! Wie wär's mit einem der besonders schönen modernen Zimmer? Vielleicht die schicke Suite? Gleich vor der Tür der sehenswerte Dom von 1898.

30 Zim - 70/125 € 95/150 € - 1 Suite - ½ P

Markt 6 ✉ 48727 - ✆ 02543 93200 -
www.domschenke-billerbeck.de

Domschenke - siehe Restaurantauswahl

BILSEN

Schleswig-Holstein - 752 Ew. - Höhe 28 m - Regionalatlas **10**-I4
Michelin Straßenkarte 541

Jagdhaus Waldfrieden

INTERNATIONAL • ELEGANT XX Gemütliches Kaminzimmer, luftiger Wintergarten oder die schöne Terrasse mit schattenspendenden Bäumen? Auf der Karte liest man z. B. "Kalbsschulter, sous vide gegart (57°/36h) mit Bärlauchsauce". Tipp: das preislich faire Mittagsmenü.

Menü 22 € (mittags unter der Woche)/39 € - Karte 27/43 €

Kieler Str.1, Süd: 1,5 km an der B 4 Richtung Quikborn ✉ 25485 - ✆ 04106 61020 - www.waldfrieden.com - geschlossen Montag

Jagdhaus Waldfrieden

LANDHAUS • ELEGANT Die ehemalige Privatvilla mit Nebengebäuden und schönem Park bietet einen idealen Rahmen für Feierlichkeiten wie Hochzeiten. Die Gästezimmer sind stimmig und sehr wohnlich gestaltet.

25 Zim – †88/105 € ††152/166 €

Kieler Str.1, Süd: 1,5 km an der B 4 Richtung Quikborn ✉ 25485 - ✆ 04106 61020 - www.waldfrieden.com

Jagdhaus Waldfrieden - siehe Restaurantauswahl

BINDLACH

Bayern - 7 260 Ew. - Höhe 362 m
Michelin Straßenkarte 546

In Bindlach-Obergräfenthal Nord: 10 km

Landhaus Gräfenthal

REGIONAL • GASTHOF X In dem langjährigen Familienbetrieb sorgen helles Holz, Kachelofen und nette Deko für Gemütlichkeit. Freundlich der Service samt Chefin. Auf den Tisch kommt Regionales wie "fränkische Scheurebensuppe mit Kresse und Bröckerla" oder "knusprige Landente mit Klößen und Blaukraut".

Karte 30/53 €

Obergräfenthal 7 ✉ 95463 - ✆ 09208 289 - www.landhaus-graefenthal.de - geschlossen Montagmittag, Dienstag

BINZ Mecklenburg-Vorpommern ➔ Siehe Rügen (Insel)

BINZEN

Baden-Württemberg - 2 973 Ew. - Höhe 284 m - Regionalatlas **61**-D21
Michelin Straßenkarte 545

Mühle

LANDHAUS • ELEGANT Schön, was Sie da in der einstigen Mühle von 1725 erwartet: ruhige Lage, wohnliche klassisch-elegante Zimmer und ein hübscher Garten mit kleinem Pool. Einladend auch das gemütliche Restaurant sowie die Zigarren-Lounge mit Bar. Moderner Konferenzraum in der ehemaligen Scheune.

32 Zim – †85/140 € ††120/195 €

Mühlenstr. 26 ✉ 79589 - ✆ 07621 9408490 - www.muehlebinzen.de

BIRKENAU

Hessen - 9 946 Ew. - Höhe 147 m - Regionalatlas **47**-F16
Michelin Straßenkarte 543

Drei Birken

MARKTKÜCHE • FREUNDLICH XX Seit 1976 wird das Haus von Karl und Christine mit Engagement betrieben. Man isst richtig gut hier, es gibt schmackhafte Küche mit klassischer Basis, dazu gehört z. B. "Kalbsbäckchen in Spätburgunder geschmort". Interessant: Versucherlemenü in sechs kleinen Gängen. Freundliche Atmosphäre und charmanter Service.

Menü 35/75 € – Karte 34/65 €

Hauptstr. 170 ✉ 69488 – ✆ 06201 32368 – www.restaurant-drei-birken.de – geschlossen Anfang Februar 2 Wochen, Ende August - Mitte September und Montag - Mittwochmittag

In Birkenau-Löhrbach Süd-West: 4 km, Richtung Abtsteinach

WILD X BERG N

KREATIV • ELEGANT XX Sehr geschmackvoll und elegant ist das kleine Gourmetrestaurant in der 1. Etage - altes Fachwerk schafft eine gemütliche Atmosphäre. Seit Februar 2019 führen mit Joachim Jaud und Dominik Markowitz zwei ambitionierte Köche am Herd Regie.

Menü 79/118 €

Hotel Lammershof, Absteinacher Str. 2 ✉ 69488 – ✆ 06201 845030 – www.lammershof.de – nur Abendessen – geschlossen Sonntag - Mittwoch

STUBEN

MARKTKÜCHE • GEMÜTLICH X Schön gemütlich hat man es in der gediegen-rustikalen Stube - an kalten Wintertagen sind die Plätze am wärmenden Kachelofen gefragt, im Sommer die hübsche Terrasse! Im Vordergrund stehen Gerichte vom Bison und vom Galloway-Rind.

Menü 39 € – Karte 36/96 €

Hotel Lammershof, Absteinacher Str. 2 ✉ 69488 – ✆ 06201 845030 – www.lammershof.de – Montag - Freitag nur Abendessen

Lammershof

LANDHAUS • INDIVIDUELL In dem aufwändig sanierten historischen Lammershof trifft altes Fachwerk auf Moderne, sehr charmant, wertig und wohnlich die Zimmer. Eine Besonderheit ist die eigene Bisonzucht am Haus, die man auch bei einer Kutschfahrt bewundern kann.

11 Zim – †79/99 € ††99/139 € – ☕ 10 €

Absteinacher Str. 2 ✉ 69488 – ✆ 06201 845030 – www.lammershof.de

WILD X BERG • **STUBEN** – siehe Restaurantauswahl

BIRNBACH, BAD

Bayern – 5 604 Ew. – Höhe 376 m – Regionalatlas **59**-P19
Michelin Straßenkarte 546

Sonnengut

SPA UND WELLNESS • GEMÜTLICH Ein Vierseithof der neuzeitlichen Art. Modern, schön und hochwertig sind die Zimmer und Suiten eingerichtet, der Wellnessbereich ist großzügig, aufwändig gestaltet und bietet vielfältige Anwendungen. Gehoben-regionale Küche in der charmanten holzgetäfelten "Hirschstube".

88 Zim ☕ – †103/117 € ††216/232 € – 8 Suiten – ½ P

Am Aunhamer Berg 2 ✉ 84364 – ✆ 08563 3050 – www.sonnengut.de

Hofgut Hafnerleiten

LANDHAUS • INDIVIDUELL Traumhaft wohnt man hier, und zwar in seinem eigenen Haus! Zur Wahl stehen das Haus am Feld, das Haus am Wald, das Bootshaus, das Baumhaus... Eines schöner als das andere, alle wertig und individuell. Alternativ: Suiten und Einzelzimmer. Außerdem Naturbadeteich, verschiedene "Wellness-Würfel" sowie Hofladen mit regionalen, teils eigenen Produkten. Abends speist man an einer großen Tafel im Haupthaus.

15 Zim ☕ – †100/260 € ††320/440 €

Brunndobl 16, Nord: 6 km ✉ 84364 – ✆ 08563 91511 – www.hofgut.info

Vitalhotel

SPA UND WELLNESS • FUNKTIONELL Das Hotel am Rande des Kurgebiets verfügt über wohnliche, gediegen-neuzeitliche Zimmer in angenehmen Farben und überzeugt mit einem umfangreichen Wellnessangebot in geschmackvollem Ambiente. Restaurant für Hausgäste.

108 Zim – 73/83 € 116/156 € – 5 Suiten – ½ P

Brunnaderstr. 27 84364 – 08563 3080 – www.vitalhotel-badbirnbach.de

BISCHOFSWIESEN

Bayern – 7 520 Ew. – Höhe 610 m – Regionalatlas **67**-O21
Michelin Straßenkarte 546

Alpenhotel Hundsreitlehen

FAMILIÄR • TRADITIONELL In 750 m Höhe liegt der langjährige Familienbetrieb. Schön die Ruhe, toll die Panoramasicht - die kann man besonders gut auf der herrlichen Sonnenterrasse genießen! Möchten Sie vielleicht in einem geschmackvollen "Sonnenalm"-Studio wohnen? Oder in einem Kuschel- oder Romantikzimmer? Entspannen kann man auch bei Massagen oder auf dem Barfußwanderweg (1 km).

29 Zim – 52/100 € 106/150 € – 5 Suiten – ½ P

Quellenweg 11 83483 – 08652 9860 – www.hundsreitlehen.de – geschlossen 2. - 26. April, Ende Oktober - 25. Dezember

Naturhotel Reissenlehen

SPA UND WELLNESS • TRADITIONELL Schön wohnlich ist das freundlich geführte kleine Hotel mit den angenehm großzügigen Zimmern. Hallenbad und Naturbadeteich bieten einen fantastischen Bergblick, toll die Blockhaussauna, gut das Kosmetik- und Massageangebot, und auch Physiotherapie ist buchbar.

21 Zim – 60/130 € 120/180 € – 4 Suiten – ½ P

Reissenpoint 11 83483 – 08652 977200 – www.reissenlehen.de – geschlossen November - 25. Dezember

BISINGEN

Baden-Württemberg – 9 233 Ew. – Höhe 561 m – Regionalatlas **55**-G19
Michelin Straßenkarte 545

In Bisingen-Zimmern Nord-Ost: 2 km

Gasthof Adler

REGIONAL • LÄNDLICH XX In dem langjährigen Familienbetrieb kocht man regional und sehr schmackhaft. Da machen z. B. "Seesaibling mit Rieslingsößle" oder "Lammhäxle aus dem Ofen" Appetit. In Bisingen hat man übrigens auch ein Gästehaus mit sechs modernen Zimmern.

Karte 30/53 €

Schloss-Str. 1 72406 – 07471 16975 – www.adler-zimmern.de – Mittwoch - Freitag nur Abendessen – geschlossen August 2 Wochen und Montag - Dienstag

BISPINGEN

Niedersachsen – 6 266 Ew. – Höhe 74 m – Regionalatlas **19**-I6
Michelin Straßenkarte 541

Heidehotel Rieckmann

FAMILIÄR • MODERN Persönlich und individuell kümmert man sich hier um die Gäste. Man sieht, dass immer wieder investiert wird! Darf es vielleicht eines der besonders schönen zeitgemäß-wohnlichen Komfortzimmer sein? Man hat auch einen hübschen Garten. Im freundlichen "Tafelhuus" serviert man regionale und internationale Küche.

21 Zim – 63/99 € 76/159 € – ½ P

Kirchweg 1 29646 – 05194 9510 – www.hotel-rieckmann.de

Das kleine Hotel am Park

FAMILIÄR • GEMÜTLICH Eine sympathische familiäre Adresse am Waldrand, zur Heide sind es nur wenige Schritte. Die Zimmer wohnlich-individuell, nach Monaten benannt. Zum gepflegten Garten (hier die Blockhaussauna) liegt der charmante Frühstücksraum mit Terrasse.

9 Zim – 72/82 € 98/120 €

Am Park 2c, Borstel, Nord-West: 1,5 km ✉ 29646 – ✆ 05194 6844 – www.daskleinehotel.de – geschlossen 23. - 29. Dezember

BLANKENBACH

Bayern – 1 519 Ew. – Höhe 190 m – Regionalatlas **48**-G15
Michelin Straßenkarte 546

Brennhaus Behl

REGIONAL • LÄNDLICH Das Engagement der Familie zeigt sich auch in der guten Küche. Aus regionalen Produkten entsteht Schmackhaftes wie "Blankenbacher Bachforelle, Orangenkarotten, Kartoffeln, Safranschaum". Tipp: Richtig schön sitzt man im schattigen Innenhof! Man bietet übrigens auch Brennabende in der eigenen Destille.

Menü 30/58 € – Karte 32/53 €

Krombacher Str. 2 ✉ 63825 – ✆ 06024 4766 – www.behl.de – geschlossen Montagmittag

Brennhaus Behl

GASTHOF • MODERN Seit 1982 hat Familie Behl ihr Brennhaus - ein schön saniertes altes Fachwerkhaus nebst modernen Anbauten. Das Ambiente ist freundlich und zeitgemäß - wohnlich der Holzfußboden in den Zimmern. Wie wär's mit Frühstück auf der Dachterrasse?

23 Zim – 78/86 € 110/120 € – ½ P

Krombacher Str. 2 ✉ 63825 – ✆ 06024 4766 – www.behl.de

Brennhaus Behl – siehe Restaurantauswahl

BLANKENBURG

Sachsen-Anhalt – 20 509 Ew. – Höhe 200 m – Regionalatlas **30**-K10
Michelin Straßenkarte 542

Viktoria Luise

PRIVATHAUS • KLASSISCH Wer etwas Individualität sucht, findet diese in der schmucken Jugendstilvilla von 1893 - in Zimmern wie "Beatrix II", "Christine Luise" oder "Barockgarten". Die herzlichen Gastgeber sorgen für privat-familiäre Atmosphäre, am Morgen gibt es Frühstück à la carte.

14 Zim – 65/95 € 109/145 € – 1 Suite

Hasselfelder Str. 8 ✉ 38889 – ✆ 03944 91170 – www.viktoria-luise.de

BLANKENHAIN

Thüringen – 6 404 Ew. – Höhe 300 m – Regionalatlas **40**-L13
Michelin Straßenkarte 544

Spa & Golf Hotel Weimarer Land

SPA UND WELLNESS • AUF DEM LAND Die Lage an einer 36-Loch-Golfanlage ist gefragt bei Golfern! Nicht minder attraktiv: wertige Zimmer, geschmackvoller Spa, kostenlose Kinderbetreuung. Überall gemütlich-eleganter Stil, so auch im Restaurant "Masters" mit frankophiler Karte. Saisonales und Grillgerichte in der "GolfHütte", Thüringer Küche im "Zum güldenen Zopf" (im Ort). HP im "Augusta".

94 Zim – 169/339 € 219/389 € – ½ P

Weimarer Str. 60, Nord-Ost: 1 km Richtung Weimar, dann rechts abbiegen ✉ 99444 – ✆ 036459 61640 – www.golfresort-weimarerland.de

BLECKEDE

Niedersachsen – 9 420 Ew. – Höhe 8 m – Regionalatlas **11**-K6
Michelin Straßenkarte 541

Die Wohnküche by Oliver Barda

KREATIV • INTIM Appetit bekommt man hier gleich beim Betreten des historischen Stadthauses, denn direkt beim Eingang liegt die offene Küche, wo aus sehr guten Produkten kreative, international beeinflusste Gerichte entstehen. Serviert wird auch im 1. Stock in richtig hübschen, gemütlichen Räumen mit liebenswertem Altbau-Charme.

Menü 45/120 € – Karte 50/78 €

Breite Str. 36 ✉ 21354 – ✆ 05852 3900396 – www.die-wohnkueche.com – Donnerstag - Freitag nur Abendessen – geschlossen Anfang Januar 2 Wochen und Montag - Mittwoch

BLIESKASTEL

Saarland – 20 845 Ew. – Höhe 213 m – Regionalatlas **46**-C17
Michelin Straßenkarte 543

Hämmerle's Restaurant - Barrique

FRANZÖSISCH-MODERN • ELEGANT Die Gäste schätzen die produktbezogene klassische Küche, die von Gefühl und Können zeugt. Man sieht den Aufwand, den Cliff Hämmerle hier auf den Teller bringt. Klar und elegant das Interieur - da passt der gläserne Weinschrank bestens ins Bild, schön die Auswahl. Zum Übernachten hat man zwei Gästezimmer.

→ Wilder Steinbutt mit grünem Spargel und Steinpilzen. Blieswiesenlamm mit bunten Brenschelbacher Linsen und geräucherter Paprika. Erdbeeren mit Wein und Schokolade.

Menü 68/92 €

Bliestalstr. 110a ✉ 66440 – ✆ 06842 52142 (Tischbestellung ratsam) – www.haemmerles-restaurant.de – nur Abendessen – geschlossen Ende Dezember - Anfang Januar 2 Wochen, Juli 3 Wochen und Sonntag - Montag, Feiertage

Landgenuss – siehe Restaurantauswahl

Landgenuss

REGIONAL • LÄNDLICH Empfehlenswert ist hier alles: vom Bliesgau-Menü mit modernen Klassikern wie "Rinderroulade de luxe" über kreative Landgenuss-Küche wie "Rinderfilet Rossini" bis hin zu Vegetarischem. Und kommen Sie auch mal zum Mittagsmenü mit unschlagbarem Preis-Leistungs-Verhältnis! Dazu freundliches Landhausflair.

Menü 37/49 € – Karte 35/61 €

Hämmerle's Restaurant - Barrique, Bliestalstr. 110a ✉ 66440 – ✆ 06842 52142 (Tischbestellung ratsam) – www.haemmerles-restaurant.de – geschlossen Ende Dezember - Anfang Januar 2 Wochen, Juli 3 Wochen und Samstagmittag, Sonntag - Montag, Feiertage

BOCHOLT

Nordrhein-Westfalen – 70 837 Ew. – Höhe 25 m – Regionalatlas **25**-B10
Michelin Straßenkarte 543

Mussumer Krug

GRILLGERICHTE • NACHBARSCHAFTLICH Sympathisch-leger ist es in dem alten Backsteinhaus - Modernes und Rustikales hat man charmant kombiniert. Gekocht wird von trendig bis traditionell, man legt Wert auf regionale Produkte. Immer auf der Karte: Schnitzel. Gute Gin-Auswahl.

Menü 34 € – Karte 28/55 €

Mussumer Kirchweg 143 ✉ 46395 – ✆ 02871 13678 – www.mussumerkrug.de – nur Abendessen – geschlossen Montag - Dienstag

BOCHUM

Nordrhein-Westfalen - 361 876 Ew. - Höhe 100 m - Regionalatlas **26**-C11
Michelin Straßenkarte 543

Livingroom

INTERNATIONAL • HIP XX Ob "Dry Aged Ribeye", "Wiener Schnitzel" oder "kalt geräuchertes Filet vom Label Rouge Lachs", in dem lebendig-modernen großen Restaurant mit Bar und Bistro wird frisch und schmackhaft gekocht. Tipp: Mittagstisch zu fairem Preis. Als zweites Konzept hat man noch das kleine "FIVE": zwei Menüs in stylischem Ambiente.

Menü 69 € (abends) – Karte 30/65 €

Luisenstr. 9 ✉ 44787 – ✆ 0234 9535685 – www.livingroom-bochum.de – geschlossen Sonntag, Feiertage

Renaissance

BUSINESS • MODERN Für Businessgäste sind die verkehrsgünstige Lage und der direkte Zugang zum Kongresszentrum ideal, Besucher des Starlight-Express-Theaters nutzen gerne die günstigen Wochenendangebote! Nach dem Saunagang (toll die Sicht vom 7. Stock!) stärkt man sich im Restaurant "Sutherland" mit Internationalem.

174 Zim – †99/162 € ††99/162 € – 3 Suiten – ☕ 19 €

Stadionring 18 ✉ 44791 – ✆ 0234 61010 – www.renaissancebochum.de

BODENMAIS

Bayern - 3 285 Ew. - Höhe 689 m - Regionalatlas **59**-P17
Michelin Straßenkarte 546

In Bodenmais-Mooshof Nord-West: 1 km Richtung Drachselsried

Mooshof Wellness & SPA Resort

LUXUS • ELEGANT Wellness und Erholung in schöner Landschaft - das steht in dem traditionsreichen Familienbetrieb (seit 1912) im Mittelpunkt. Dazu trägt das umfassende Spa-Angebot ebenso bei wie die wohnlichen und individuellen Zimmer - darf es vielleicht eine der edlen Wellness- oder Luxus-Suiten sein? HP inklusive.

55 Zim ☕ – †125/185 € ††230/300 € – 25 Suiten – ½ P

Mooshof 7 ✉ 94249 – ✆ 09924 7750 – www.hotel-mooshof.de – geschlossen 26. November - 26. Dezember

BODMAN-LUDWIGSHAFEN

Baden-Württemberg - 4 557 Ew. - Höhe 408 m - Regionalatlas **63**-G21
Michelin Straßenkarte 545

Im Ortsteil Ludwigshafen

Seehotel Adler

SPA UND WELLNESS • MODERN Das schmucke Wellnesshotel liegt toll direkt am Seeufer und am Bootshafen - das entschädigt für die Bahngleise hinterm Haus. Die Zimmer sind wohnlich und chic - besonders die Themenzimmer! Schön auch der Spa. Eine hübsche Seeterrasse ergänzt das Restaurant.

60 Zim ☕ – †90/135 € ††130/180 € – 3 Suiten – ½ P

Hafenstr. 4 ✉ 78351 – ✆ 07773 93390 – www.seehotel-adler.de

BÖBLINGEN

Baden-Württemberg - 47 385 Ew. - Höhe 464 m - Regionalatlas **55**-G18
Michelin Straßenkarte 545

Da Signora

ITALIENISCH • FREUNDLICH XX Gastgeber mit Leib und Seele bieten hier nur gute, frische Produkte, Brot und Pasta macht man selbst. Am Abend wählt man z. B. "Hühnerbrust Label Rouge, Spinat, schwarzer Trüffel, Kartoffel-Lasagne" oder "Spaghetti frutti di mare". Mittags preiswerte kleine Karte. Tipp: Man hat auch eine Kochschule.

Menü 49/74 € (abends) – Karte 37/64 €

Graf-Zeppelin-Platz 1, (im Meilenwerk) ✉ 71034 – ✆ 07031 3069509 – www.dasignora.de – geschlossen Sonntag

Zum Reussenstein

TRADITIONELLE KÜCHE • GEMÜTLICH XX Hier geht es ganz schwäbisch zu: Die Karte ist nicht nur regional ausgerichtet, sondern auch im Dialekt geschrieben - Lust auf "Mauldaschasubb", "Roschdbrôôda" oder "Schweinsbäggla"? Die Glaswand zur Küche gewährt interessante Einblicke. Im Gewölbe: Wein-"Schatzkämmerle" und Kochschule.

Menü 40/45 € – Karte 30/55 €

Hotel Zum Reussenstein, Kalkofenstr. 20 ✉ 71032 – ✆ 07031 66000 – www.reussenstein.com – geschlossen Sonntag - Montag

V8 Hotel

BUSINESS • INDIVIDUELL Es ist schon recht speziell hier, von der Oldtimer-Halle über originelle Themenzimmer ("Tankstelle", "Route 66"...) und die "Zeppelin-Suite" (3 Etagen plus Dachterrasse!) bis hin zu interessanten Arrangements ("Emotion pur", "Automobile Museumstour" oder "Freuen auf morgen"). Frühstück im Café Reimann.

187 Zim – †129/189 € ††149/209 € – 9 Suiten – ☕ 18 €

Graf-Zeppelin-Platz 1, (im Meilenwerk) ✉ 71034 – ✆ 07031 3069880 – www.v8hotel.de

Zum Reussenstein

BUSINESS • INDIVIDUELL Im Hotel der Familie Böckle (3. Generation) erwarten Sie wohnlich gestaltete Zimmer in ländlich-modernem Stil. Frühstück gibt's im Restaurant auf der gegenüberliegenden Straßenseite. Besonderheit: Indoor-Barfußpark und eigener Jagdsimulator!

45 Zim ☕ – †99 € ††120/180 €

Kalkofenstr. 20 ✉ 71032 – ✆ 07031 66000 – www.reussenstein.com

Zum Reussenstein – siehe Restaurantauswahl

BÖNNIGHEIM

Baden-Württemberg – 7 360 Ew. – Höhe 221 m – Regionalatlas **55**-G17
Michelin Straßenkarte 545

Adler am Schloss

GASTHOF • MODERN Man wohnt hier richtig schön! Direkt neben dem Schloss fügt sich das nette kleine Hotel mit seinen schmucken Zimmern harmonisch ins Ortsbild - hier und da altes Fachwerk. Ebenso charmant die Gästebetreuung! Das Frühstück ist übrigens sehr gut.

18 Zim – †55/73 € ††75/92 € – ☕ 10 €

Schlossstr. 34 ✉ 74357 – ✆ 07143 82020 – www.adler-am-schloss.de

BOLTENHAGEN

Mecklenburg-Vorpommern – 2 430 Ew. – Höhe 5 m – Regionalatlas **11**-L4
Michelin Straßenkarte 542

In Boltenhagen-Redewisch West: 2 km

Gutshaus Redewisch

LANDHAUS • HISTORISCH Ein schöner Anblick, wie das stattliche Gutshaus a. d. 19. Jh. bei der Anfahrt vor Ihnen liegt! Heute ist es ein schmuckes kleines Hotel, einige Zimmer mit Balkon, teils mit altem Holzfußboden. Setzen Sie sich zum Essen (bürgerliche Küche, durchgehend serviert) auf die Terrasse zum Teich!

20 Zim ☕ – †60/85 € ††90/150 € – 1 Suite – ½ P

Redewischer Straße 46 ✉ 23946 – ✆ 038825 3760 – www.gutshaus-redewisch.de

BONN

Nordrhein-Westfalen – 313 958 Ew. – Höhe 60 m – Regionalatlas **36**-C13
Michelin Straßenkarte 543

Kaspars

KREATIV • FREUNDLICH XX Im Haus der Bonner Burschenschaft Alemannia direkt an der Rheinpromenade bieten die Brüder Kaspar "Casual Fine Dining". Topfrische, ausgesuchte Produkte werden überaus durchdacht zu aromareichen modernen Gerichten mit gelungenen Kontrasten verarbeitet. Die Atmosphäre ist angenehm ungezwungen, der Service zuvorkommend, freundlich und geschult.

→ St. Pierre, Pilzduxelles, Puntarelle, Lardo, Soja-Balsamico, Austernbutter. Miéral Bresse Poularde, weißer Spargel, Eigelb, Erbsen, Pfifferlinge, Sherryessig, Sauce Riche. Limousin Lamm, Topinambur, Bärlauch, Portwein, Zwiebel, Trüffeljus.

Menü 100/145 € – Karte 78/124 €

Rosental 105 ✉ 53111 – ☎ 0228 96509366 (Tischbestellung ratsam) – www.kaspars.restaurant – nur Abendessen – geschlossen 1. - 15. Januar, 1. - 16. September und Sonntag - Montag

Oliveto

ITALIENISCH • ELEGANT XX In dem geschmackvoll-eleganten Restaurant im UG sitzt man besonders schön an einem der Fenstertische oder auf der Rheinterrasse. Schmackhaft die italienische Küche, aufmerksam der Service. Gerne kommt man auch zum Business Lunch.

Menü 29 € (mittags unter der Woche) – Karte 36/60 €

Ameron Hotel Königshof, Adenauerallee 9 ✉ 53111 – ☎ 0228 2601541 – www.hotel-koenigshof-bonn.de

Strandhaus

INTERNATIONAL • GEMÜTLICH XX Ein "Strandhaus" mitten in Bonn? Für maritimes Flair sorgt die charmante Einrichtung, und auch die angenehm-ungezwungene Atmosphäre passt ins sympathische Bild. Nicht zu vergessen die lauschige geschützte Terrasse. Dazu Internationales wie "gebratene Wildgarnelen, geschmorter Chinakohl, Wassermelonen-Kimchi".

Menü 33/69 € – Karte 45/71 €

Georgstr. 28 ✉ 53111 – ☎ 0228 3694949 – www.strandhaus-bonn.de – nur Abendessen – geschlossen über Karneval, August 3 Wochen und Sonntag - Montag

Nees N

INTERNATIONAL • BRASSERIE X Sie finden das charmant-moderne Restaurant in den Botanischen Gärten, nebenan das Poppelsdorfer Schloss. Bei all dem schönen Grün ringsum ist die große Terrasse natürlich gefragt. Das Konzept: am Abend Fine Dining, mittags nur einfacher Lunch.

Menü 49/99 €

Meckenheimer Allee 169 ✉ 53111 – ☎ 0228 97662600 (Tischbestellung erforderlich) – www.nees-bonn.de – nur Abendessen – geschlossen Sonntag - Montag

Ameron Hotel Königshof

BUSINESS • MODERN Was dieses Hotel interessant macht? Es liegt toll am Rhein und ins Zentrum ist es auch nicht weit. Dazu kommen attraktive Zimmer in wohnlich-zeitgemäßem Stil (sehr schön sind die mit Flussblick) und der ansprechende Vitality-Bereich.

129 Zim – †109/149 € ††139/169 €

Adenauerallee 9 ✉ 53111 – ☎ 0228 26010 – www.hotel-koenigshof-bonn.de

Oliveto – siehe Restaurantauswahl

Galerie Design Hotel

BUSINESS • DESIGN Modernes Design und Kunst bestimmen hier das Ambiente. Die Zimmer bieten eine sehr gute Technik, einige der Superior-Zimmer sind mit Whirlwanne ausgestattet. Internationale Küche im Restaurant "Atelier" mit schöner Sicht in den Garten.

52 Zim – †79/222 € ††94/237 € – 1 Suite – ½ P

Kölnstr. 360 ✉ 53117 – ☎ 0228 18480 – www.galerie-design-hotel.de

Venusberghotel

BUSINESS • MODERN Ein individuelles kleines Hotel zum Wohlfühlen, dafür sorgt zum einen das hochwertige geradlinig-moderne Interieur von der Lobby-Lounge bis in die Zimmer, zum anderen die persönliche Gästebetreuung.

23 Zim – †75/185 € ††95/215 €

Haager Weg 83, auf dem Venusberg, Süd-West: 4 km ✉ 53127 – ✆ 0228 910230 – www.venusberghotel.de

In Bonn-Bad Godesberg Süd-Ost: 9 km

Halbedel's Gasthaus

FRANZÖSISCH-MODERN • ELEGANT XXX Deckenstuck, dunkler Parkettboden, schön abgestimmte Deko... Wertig und elegant ist das Ambiente in der schmucken Gründerzeitvilla. Seit über 30 Jahren steht Rainer-Maria Halbedel unvermindert engagiert am Herd. Er kocht auf klassischer Basis und setzt auf ausgesuchte Zutaten - teilweise vom eigenen Bauernhof. Der Chef erklärt seine Gerichte übrigens selbst am Tisch!

→ Hamachi, Gurke, Liebstöckel, Wasabi, Zwiebelsud. Anjou-Taube, Rübstiel, Gänseleber, PX-Sherry. Ashanti-Schokolade, Passionsfrucht, Kampotpfeffer.

Menü 80 € (vegetarisch)/150 € – Karte 82/116 €

Rheinallee 47 ✉ 53173 – ✆ 0228 354253 (Tischbestellung ratsam) – www.halbedels-gasthaus.de – nur Abendessen – geschlossen Juli - August 3 Wochen und Montag

Redüttchen N

MODERNE KÜCHE • GEMÜTLICH X In dem ehemaligen Gärtnerhäuschen des Ball- und Konzerthauses "La Redoute" a. d. 18. Jh. erwartet Sie nicht nur eine charmante Atmosphäre, man isst hier auch sehr gut! Verantwortlich dafür ist Matthias Pietsch, der für moderne und geschmacklich schön harmonische Gerichte sorgt. Dazu gute Weinempfehlungen.

Menü 48/90 € – Karte 44/85 €

Kurfürstenallee 1 ✉ 53117 – ✆ 0228 68898840 – www.reduettchen.de – nur Abendessen – geschlossen 4. - 26. August und Sonntag - Montag

Villa Godesberg

HISTORISCH • MODERN Wunderschön, wie man in der schmucken Jugendstilvilla von 1905 (erweitert um das Gästehaus Villa Mirbach) den Charme von einst mit modernen Elementen verbunden hat. Luftig-hohe Räume, ein hübscher kleiner Garten (im Sommer ein toller Ort zum Frühstücken!), Minibar und Leihfahrräder gratis...

22 Zim – †110/135 € ††140/165 € – 2 Suiten

Mirbachstr. 2a ✉ 53173 – ✆ 0228 830060 – www.villa-godesberg.de – geschlossen Weihnachten - Neujahr

In Bonn-Oberkassel Süd-Ost: 4,5 km

Yunico

JAPANISCH • ELEGANT XX Was hier in der obersten Etage des "Kameha Grand" geboten wird, trägt dem eleganten Lifestyle des Hauses Rechnung. Schickes Design, professioneller Service, und auf dem Teller wird die Küche Japans modern und kreativ umgesetzt, europäische Einflüsse inklusive. Wer an der raumhohen Fensterfront sitzt, schaut auf den Rhein - den besten Blick hat man aber von der Terrasse!

→ Matjes, Shisocreme, Buchweizen, Quitte, Lilienwurzel. Black Cod, Miso, Seeigel Awa, Mochi, Grüner Spargel, Sake Uroko. Mandarine, Ganache, Kokosnuss, Macadamia, Eis von der Sojasauce.

Menü 89/159 € – Karte 71/106 €

Hotel Kameha Grand, Am Bonner Bogen 1 ✉ 53227 – ✆ 0228 43345500 – www.yunico-kameha.de – nur Abendessen – geschlossen Januar 3 Wochen, Juli - August 3 Wochen und Sonntag - Montag

Kameha Grand

LUXUS • DESIGN Toll die Lage direkt am Rhein, ein Hingucker die glasbetonte Architektur und das außergewöhnliche Design von Marcel Wanders. Themensuiten sowie King-, Queen- und Royal-Suite, dazu Spa mit Pool auf dem Dach! Modern die "Brasserie Next Level", schön die Aussicht von der Terrasse.

223 Zim – 107/534 € 114/550 € – 30 Suiten

Am Bonner Bogen 1 ✉ 53227 – ✆ 0228 43345500 – www.kamehabonn.de

Yunico – siehe Restaurantauswahl

BONNDORF

Baden-Württemberg – 6 831 Ew. – Höhe 845 m – Regionalatlas **62**-E21
Michelin Straßenkarte 545

Sommerau

REGIONAL • REGIONALES AMBIENTE Was bei Familie Hegar aus der Küche kommt, ist regional-saisonal ausgerichtet, basiert auf sehr guten Produkten und ist überaus schmackhaft, so z. B. "Wildragout in Spätburgunder geschmort, gebratene Pilze, Preiselbeeren, Butterspätzle". Gourmet-Tipp: das 5-Gänge-Feinschmeckermenü.

Menü 38/80 € – Karte 33/62 €

Hotel Sommerau, Sommerau 1, im oberen Steinatal - West: 9 km, Richtung Grafenhausen, nach Steinasäge rechts abbiegen ✉ 79848 – ✆ 07703 670 – www.sommerau.de – geschlossen März - April 3 Wochen und Montag - Dienstag

Möhringers Schwarzwald Hotel

SPA UND WELLNESS • FUNKTIONELL Bei Familie Möhringer bleibt man am Ball und verbessert stetig. So hat man schön wohnliche Zimmer in verschiedenen Kategorien, dazu ein vielfältiges Spa-Angebot und ein rustikales Restaurant mit regionaler Küche - das Rindfleisch stammt übrigens aus eigener Aufzucht.

70 Zim – 80/160 € 150/250 € – ½ P

Rothausstr. 7 ✉ 79848 – ✆ 07703 93210 – www.schwarzwaldhotel.com

Sommerau

GASTHOF • GEMÜTLICH Ringsum nur Wiesen und Wald - wo könnte man besser abschalten? Da verzichtet man gerne auf TV, W-Lan und Handy-Empfang! Stattdessen genießt man gemütliche Zimmer, ein hübsches Saunahaus, den Badeteich mit Quellwasser... Das ökologische Konzept des Holzhauses passt da perfekt ins Bild!

16 Zim – 89 € 140 € – ½ P

Sommerau 1, im oberen Steinatal - West: 9 km, Richtung Grafenhausen, nach Steinasäge rechts abbiegen ✉ 79848 – ✆ 07703 670 – www.sommerau.de – geschlossen März - April 3 Wochen

Sommerau – siehe Restaurantauswahl

BOPPARD

Rheinland-Pfalz – 15 212 Ew. – Höhe 67 m – Regionalatlas **46**-D14
Michelin Straßenkarte 543

Le Chopin

FRANZÖSISCH-KLASSISCH • ELEGANT Stilvolles Ambiente, geschulter Service und dazu das regionale oder das Degustationsmenü - hier z. B. "Atlantik-Heilbutt, Bouillabaisse-Fond, Currycreme, Safran-Teigtaschen". Oder bevorzugen Sie einen Klassiker wie "Chateaubriand mit Sauce Béarnaise"?

Menü 37/88 € – Karte 46/68 €

Bellevue Rheinhotel, Rheinallee 41 ✉ 56154 – ✆ 06742 1020 – www.lechopin-boppard.de – nur Abendessen – geschlossen 3. - 25. Januar, 29. Juli - 14. August, 3. - 13. November und November - März: Sonntag - Dienstag, April - Oktober: Montag - Dienstag

Bellevue Rheinhotel

HISTORISCH • KLASSISCH Direkt an der Rheinpromenade steht das Jugendstil-Juwel von 1887, und es hat nichts von seinem Charme eingebüßt. Man bewahrt Klassisches und bleibt dennoch nie stehen, das beweist auch die rund 200 m entfernte "Résidence Bellevue" mit 20 eleganten Appartements. Schöne Gründerzeit-Atmosphäre im Restaurant "Le Bristol".

93 Zim – 57/98 € 77/148 € – 1 Suite – 11 € – ½ P

Rheinallee 41 56154 – 06742 1020 – www.bellevue-boppard.de

Le Chopin – siehe Restaurantauswahl

Jakobsberg

HISTORISCHES GEBÄUDE • INDIVIDUELL Tagungsgäste, Urlauber, Golfer... – das einstige Klostergut ist gefragt. Die Zimmerkategorien reichen von Classic bis zur Suite, die Themen von Montgolfière über Benetton bis Afrika. Im Hauptrestaurant genießt man die schöne Aussicht auf die Rheinschleife. Ambitionierte Küche im Gourmetrestaurant "Der Jakob".

101 Zim – 119/149 € 149/239 € – 6 Suiten – ½ P

Im Tal der Loreley, Nord: 12 km über B 9 bis Spay, dann links, Auffahrt Jakobsberg 56154 – 06742 8080 – www.jakobsberg.de

In Boppard-Weiler Süd: 6,5 km über Buchenau

Landgasthof Eiserner Ritter

MARKTKÜCHE • BÜRGERLICH Richtig stylish und chic kommt das Restaurant in dem traditionsreichen Familienbetrieb daher. Neben regional-saisonalen Gerichten gibt es auch hochwertige Steaks aus dem verglasten Dry-Ager-Reifekühlschrank mitten im Raum. Schön zeitgemäß wohnen kann man hier ebenfalls. Tipp: Beim Haus verläuft der Rheinburgenweg.

Menü 32/60 € – Karte 28/63 €

13 Zim – 60/73 € 85/116 €

Zur Peterskirche 10 56154 – 06742 93000 – www.eiserner-ritter.de – geschlossen 4. Januar - 14. März, 14. Oktober - 31. November, 18. - 25. Dezember und Mittwoch - Donnerstagmittag

In Boppard-Bad Salzig Süd: 3 km über B 9, Richtung St. Goar

Park Hotel

FAMILIÄR • INDIVIDUELL "New York", "Renoir" oder "Afrika-Lodge"? Hier hat man individuelle, liebevoll gestaltete Themenzimmer. Geräumiger: Junior-Suite und Alkoven-Zimmer. Und wie wär's mit Kosmetik oder Massage? Kleine Speisenauswahl für Hausgäste in der modernen "EssBAR".

23 Zim – 85/105 € 109/139 € – ½ P

Römerstr. 38, (am Kurpark) 56154 – 06742 93930 – www.park-villa.de

BORDELUM

Schleswig-Holstein – 1 961 Ew. – Höhe 6 m – Regionalatlas **1**-G2
Michelin Straßenkarte 541

norditeran

MEDITERRAN • FREUNDLICH In angenehm ungezwungener Atmosphäre serviert man Ihnen regional und mediterran beeinflusste Gerichte. Dazu hat man noch ein Feinkostgeschäft samt Bistro - hier gibt's mittags und abends Burger sowie Pizza & Pasta.

Menü 45/85 € – Karte 32/61 €

Dorfstr. 12, (in Ost-Bordelum) 25852 – 04671 9436733 – www.norditeran.com – nur Abendessen – geschlossen Sonntag - Dienstag

BORKUM (INSEL)

Niedersachsen – 5 225 Ew. – Höhe 2 m – Regionalatlas **7**-C5
Michelin Straßenkarte 541

Strandhotel Hohenzollern

HISTORISCHES GEBÄUDE • MODERN An der Promenade liegt das Haus von 1895 - die Fassade sowie Säulen im Inneren sind original. Zimmer mit neuzeitlicher Einrichtung und gutem Komfort, teils zur Seeseite. Das mediterran gestaltete "Palée" ist offen zur Lobby hin und bietet Meerblick.

12 Suiten – 130/265 € – 10 Zim – ½ P

Jann-Berghaus-Str. 63 26757 – 04922 92330 – www.strandhotel-hohenzollern.com – geschlossen 6. Januar - 15. Februar

BOSAU

Schleswig-Holstein – 3 365 Ew. – Höhe 25 m – Regionalatlas **10**-J4
Michelin Straßenkarte 541

Strauers Hotel am See

LANDHAUS • INDIVIDUELL So richtig abschalten vom Alltag: gleich vor der Tür der Plöner See, zu dem man direkt von der Liegewiese über den eigenen Badesteg Zugang hat! Aber auch schöne Zimmer, wohltuende Massagen und ein gemütliches Essen auf der Seeterrasse sorgen für Erholung.

28 Zim – 78/110 € 128/168 € – 8 Suiten – ½ P

Gerold Damm 2-4 23715 – 04527 9940 – www.strauer.de – geschlossen 1. Januar - 15. März

BOTTROP

Nordrhein-Westfalen – 116 017 Ew. – Höhe 55 m – Regionalatlas **26**-C11
Michelin Straßenkarte 543

Bahnhof Nord

INTERNATIONAL • TRENDY XX Warum das Restaurant in dem schön sanierten historischen Bahnhofsgebäude so gefragt ist! Stimmig der moderne Landhausstil, herzlich der Service, mediterran-international die Küche - es gibt z. B. "Kabeljau mit Kartoffel-Parmesanstampf".

Menü 30/45 € – Karte 29/67 €

Am Vorthbach 10 46240 – 02041 988944 (Tischbestellung ratsam) – www.bahnhofnord.de – nur Abendessen – geschlossen Montag - Dienstag

BRACKENHEIM

Baden-Württemberg – 15 220 Ew. – Höhe 192 m – Regionalatlas **55**-G17
Michelin Straßenkarte 545

In Brackenheim-Botenheim Süd: 1,5 km

Adler

TRADITIONELLE KÜCHE • LÄNDLICH XX Hier wird schwäbische Tradition groß geschrieben, man macht aber auch Ausflüge in die internationale Küche. Aus dem schmackhaften abwechslungsreichen Angebot wählt man z. B. "schwäbischen Zwiebelrostbraten mit Maultäschle und Spätzle" oder auch "Jakobsmuscheln auf Pilz-Risotto". Serviert wird in gemütlichen Stuben.

Menü 37/50 € – Karte 33/55 €

Hotel Adler, Hindenburgstr. 4 74336 – 07135 98110 – www.adlerbotenheim.de – geschlossen 7. - 29. August und Dienstagmittag

Adler

GASTHOF • TRADITIONELL In dem Gasthaus a. d. 18. Jh. steckt jede Menge Herzblut - und zwar das von Familie Rembold, die hier schon seit einigen Jahrzehnten mit Engagement bei der Sache ist! Entsprechend gut ist auch das Frühstück. Die Zimmer sind sehr individuell geschnitten und zeitgemäß-funktional.

17 Zim – 70/85 € 105/120 €

Hindenburgstr. 4 74336 – 07135 98110 – www.adlerbotenheim.de – geschlossen 7. - 29. August

Adler – siehe Restaurantauswahl

BRANDENBURG an der HAVEL

Brandenburg - 71 032 Ew. - Höhe 32 m - Regionalatlas **22**-N8
Michelin Straßenkarte 542

Havelfloß

FAMILIÄR • AUF DEM LAND Eine charmante Pension, in der man gut und preiswert übernachtet. Attraktiv die wohnlich-modernen Zimmer, im Sommer frühstücken Sie draußen direkt an der Havel. Check-in in der kleinen Cafébar gegenüber. Tipp: Man vermietet auch Flöße.

9 Zim – 70/90 € 80/105 € – 10 €

Altstädtische Fischerstr. 2 ⊠ 14770 – ✆ 03381 269022 – www.pension-havelfloss.de

BRAUNFELS

Hessen - 10 814 Ew. - Höhe 236 m - Regionalatlas **37**-F13
Michelin Straßenkarte 543

Geranio

ITALIENISCH • FREUNDLICH XX Viele Jahre bekochen die Brüder Geranio in dem über 300 Jahre alten Fachwerkhaus unterhalb der Burg nun schon ihre Gäste: authentische, gehoben-klassische italienische Gerichte wie hausgemachte Pasta, aber auch Lammrücken oder Seezunge.

Menü 28 € (mittags)/69 € – Karte 36/54 €

Am Kurpark 2 ⊠ 35619 – ✆ 06442 931990 – www.ristorante-geranio.de – geschlossen Januar, Anfang Juli - Anfang August

BRAUNLAGE

Niedersachsen - 5 985 Ew. - Höhe 560 m - Regionalatlas **30**-J10
Michelin Straßenkarte 541

Sonnenhotel Residenz Hohenzollern

LANDHAUS • ELEGANT Ein Haus zum Wohlfühlen, angefangen beim Service und diversen Annehmlichkeiten über die hübschen, sehr wohnlich gestalteten Zimmer (einige mit toller Sicht) und das elegante Restaurant "Victoria Luise" bis zum schönen Saunabereich und dem Kosmetikangebot.

15 Suiten – 135/454 € – 11 Zim – ½ P

Dr.-Barner-Str. 10 ⊠ 38700 – ✆ 05520 93210 – www.sonnenhotels.de – geschlossen 31. März - 14. April

In Braunlage-Hohegeiß

Süd-Ost: 12 km über B 4 Richtung Nordhausen - Höhe 642 m

Vitalhotel Sonneneck

LANDHAUS • GEMÜTLICH Diese familiär geleitete Ferienadresse liegt schön am Ortsrand und bietet wohnliche Zimmer sowie ein Hallenbad mit Blick auf die Harzer Berge. Sie mögen es rustikal? Dann essen Sie doch mal in der netten "Sonneneck Alm" auf der Wiese beim Hotel.

18 Zim – 59/99 € 90/149 € – 9 Suiten – ½ P

Hindenburgstr. 24 ⊠ 38700 – ✆ 05583 94800 – www.vitalhotel-sonneneck.de

Harmonie Hotel Rust

TRADITIONELL • GEMÜTLICH Das regionstypische Haus in ruhiger Lage ist ein gepflegter Familienbetrieb - im Gästehaus stehen auch einige Appartements zur Verfügung. Praktisch: Skilifte und Langlaufloipe am Haus. Restaurant und Terrasse mit Harzblick.

22 Zim – 65/95 € 98/160 € – 2 Suiten – ½ P

Am Brande 5 ⊠ 38700 – ✆ 05583 831 – www.hotelrust-harz.de

BRAUNSBEDRA

Sachsen-Anhalt – 11 285 Ew. – Höhe 114 m – Regionalatlas **31**-M11
Michelin Straßenkarte 542

Warias Am Markt

MARKTKÜCHE • FREUNDLICH Hier erwartet Sie frische, ambitionierte Regionalküche in freundlicher Atmosphäre. Das Speisenangebot reicht von "Schweinebäckchen mit Spitzkohl-Pilzgemüse" über Kohlrouladen bis zum 350g-Rumpsteak. Praktisch: Zum Übernachten hat man sehr gepflegte und helle Gästezimmer.

Karte 24/51 €

27 Zim – 42/67 € 62/72 € – 8 €

Markt 14 06242 – 034633 9090 – www.hotel-geiseltal.de

BRAUNSCHWEIG

Niedersachsen – 248 502 Ew. – Höhe 74 m – Regionalatlas **30**-J9
Michelin Straßenkarte 541

Das Alte Haus

MODERNE KÜCHE • FREUNDLICH In dem schönen gemütlich-modernen Restaurant serviert man ein wöchentlich wechselndes Menü mit 3 - 6 Gängen - kreativ und ambitioniert. Darf es vielleicht "Südheide-Reh in zwei Gängen, Pastinaken, Cardoncelli-Pilze, Cranberries" sein? Angenehme Terrasse.

Menü 62/97 €

Alte Knochenhauerstr.11 38100
– 0531 6180100 (Tischbestellung ratsam) – www.altehaus.de – nur Abendessen
– geschlossen Sonntag - Montag

Zucker

MARKTKÜCHE • TRENDY Schön und ungezwungen ist das Lokal in der ehemaligen Zuckerraffinerie: luftig-licht, modern, mit freiliegendem Mauerwerk. Gekocht wird frisch, saisonal und schmackhaft, so z. B. "Tafelspitz, Röstkartoffeln, Cremespinat, Apfelkren, Schnittlauchsauce". Toll der Service. Mittags günstigeres Angebot.

Menü 42/74 € (abends) – Karte 39/64 €

Frankfurter Str. 2, (im ARTmax) 38122
– 0531 281980 – www.zucker-restaurant.de
– geschlossen Sonntag

FourSide

BUSINESS • DESIGN Praktisch die zentrale Lage, angeschlossen an das Shoppingcenter Welfenhof, chic-modern das Design von den funktionalen Zimmern bis in die Brasserie "Rudas" mit internationaler Küche. Legerer geht es im "Deli Circle" bei Snacks und Smoothies zu. Tipp: zweimal im Monat "Tonic Tuesday" in der Bar.

174 Zim – 79/279 € 99/299 € – 20 € – ½ P

Jöddenstr. 3 38100 – 0531 707200 – www.fourside-hotels.com

Steigenberger Parkhotel

BUSINESS • MODERN Hier überzeugen die Lage direkt am Bürgerpark und die ansprechenden modern-wohnlichen Zimmer, die ebenso wie die Bar "1777" an den Mathematiker und Physiker Carl Friedrich Gauß erinnern. Französische und internationale Küche in der Brasserie samt Terrasse. Übrigens: Das ehemalige Wasserwerk ist noch als historische Maschinenhalle erhalten.

176 Zim – 89/499 € 99/499 € – 4 Suiten – ½ P

Nîmes Str. 2 38100 – 0531 482220
– www.braunschweig.steigenberger.com

In Braunschweig-Mascherode Süd: 6 km

Da Piero

ITALIENISCH • FAMILIÄR XX Warum das hübsche alte Fachwerkhaus so gut besucht ist? Die vielen Stammgäste mögen die gemütlichen Stuben, den aufmerksamen Service und nicht zuletzt die frische italienische Küche - Pasta und Desserts sollte man unbedingt probiert haben!

Menü 37/80 € – Karte 34/76 €

Salzdahlumerstr. 301 ✉ 38126 – ✆ 0531 43598 – www.da-piero-bs.de – geschlossen 24. Dezember - 8. Januar, 15. Juli - 5. August und Montag

BREISACH

Baden-Württemberg – 14 676 Ew. – Höhe 225 m – Regionalatlas **61**-D20
Michelin Straßenkarte 545

In Breisach-Hochstetten Süd-Ost: 2,5 km über B 31

Landgasthof Adler

GASTHOF • TRADITIONELL Ein typischer Landgasthof, der bei Geschäftsreisenden und Kurzurlaubern gleichermaßen gefragt ist. Zur engagierten familiären Führung kommen wohnliche Zimmer und gute badisch-französisch geprägte Gastronomie. Sehr schön auch die Terrasse.

20 Zim – †60/75 € ††94/110 €

Hochstetter Str. 11 ✉ 79206 – ✆ 07667 93930 – www.adler-breisach.de – geschlossen Februar 2 Wochen

BREITNAU

Baden-Württemberg – 1 734 Ew. – Höhe 1 018 m – Regionalatlas **61**-E20
Michelin Straßenkarte 545

Kaisers Tanne

TRADITIONELL • GEMÜTLICH Warum man immer wieder hierher kommt? Der Gasthof hat typischen Schwarzwälder Charme, eine freundliche und engagierte Führung, hübsche Deko, wohnliche Zimmer, gemütliche Stuben... und drum herum schöne Landschaft. Da ist die Terrasse natürlich gefragt! Und wie steht's mit Kosmetik und Massage? HP inklusive.

26 Zim – †95/127 € ††150/176 € – 4 Suiten – ½ P

Am Wirbstein 27, B 500, Süd-Ost: 2 km ✉ 79874 – ✆ 07652 12010 – www.kaisers-tanne.de

Westend 61/hemis.fr

WIR MÖGEN BESONDERS...

THE GRILL für sein top Beef aus Nebraska, Australien und Argentinien. **Grashoffs Bistro** als Feinkostladen und Bremer Gastro-Institution. Die entspannte Atmosphäre im gemütlichen **Kleinen Lokal** etwas außerhalb der historischen Altstadt. Im **Parkhotel** luxuriös residieren, und das im tollen Bürgerpark am Hollersee! Das italienisch-herzliche Flair im **Al Pappagallo**.

BREMEN

Bremen – 551 767 Ew. – Höhe 3 m – Regionalatlas **18**-G6
Michelin Straßenkarte 541

Restaurants

Park Restaurant

FRANZÖSISCH-KLASSISCH • ELEGANT XXX Prachtvolle Kristallleuchter, gestreifte Stuhlpolster und üppige Stoffdekorationen an den Fenstern... Klassisch ist nicht nur das Ambiente, auch das Speisenangebot. Auf der Karte liest man z. B. Tatar, Seezunge oder auch Chateaubriand für zwei Personen.

Karte 35/70 €

Stadtplan : B2-f – *Dorint Park Hotel, Im Bürgerpark ✉ 28209 – ✆ 0421 3408513 – www.hotel-bremen.dorint.com*

Al Pappagallo

ITALIENISCH • GEMÜTLICH XX In dem eleganten Restaurant mit lichtem Wintergarten und wunderbarem Garten kann man sich wohlfühlen. Aus der Küche kommen z. B. "Wolfsbarschfilet in der Folie gegart mit Kirschtomaten, Kapern und Oliven" oder auch "Bandnudeln mit Kalbsragout".

Menü 35/65 € (abends) – Karte 44/68 €

Stadtplan : B3-p – *Außer der Schleifmühle 73 ✉ 28203 – ✆ 0421 327963 – www.alpappagallo.de – geschlossen Sonntag*

Das Kleine Lokal

KLASSISCHE KÜCHE • NACHBARSCHAFTLICH XX Ein wirklich nettes, gemütlich-modernes kleines Restaurant, das engagiert geführt wird. Unter den geschmackvollen Speisen finden sich z. B. "Waldpilzravioli mit krossem Kalbsbries" oder "Rücken und Kohlroulade vom Hirsch mit Kürbisquiche".

Menü 55/100 € – Karte 59/66 €

Stadtplan : C3-b – *Besselstr. 40 ✉ 28203 – ✆ 0421 7949084 – www.das-kleine-lokal.de – nur Abendessen – geschlossen Juli - August 3 Wochen und Sonntag - Montag*

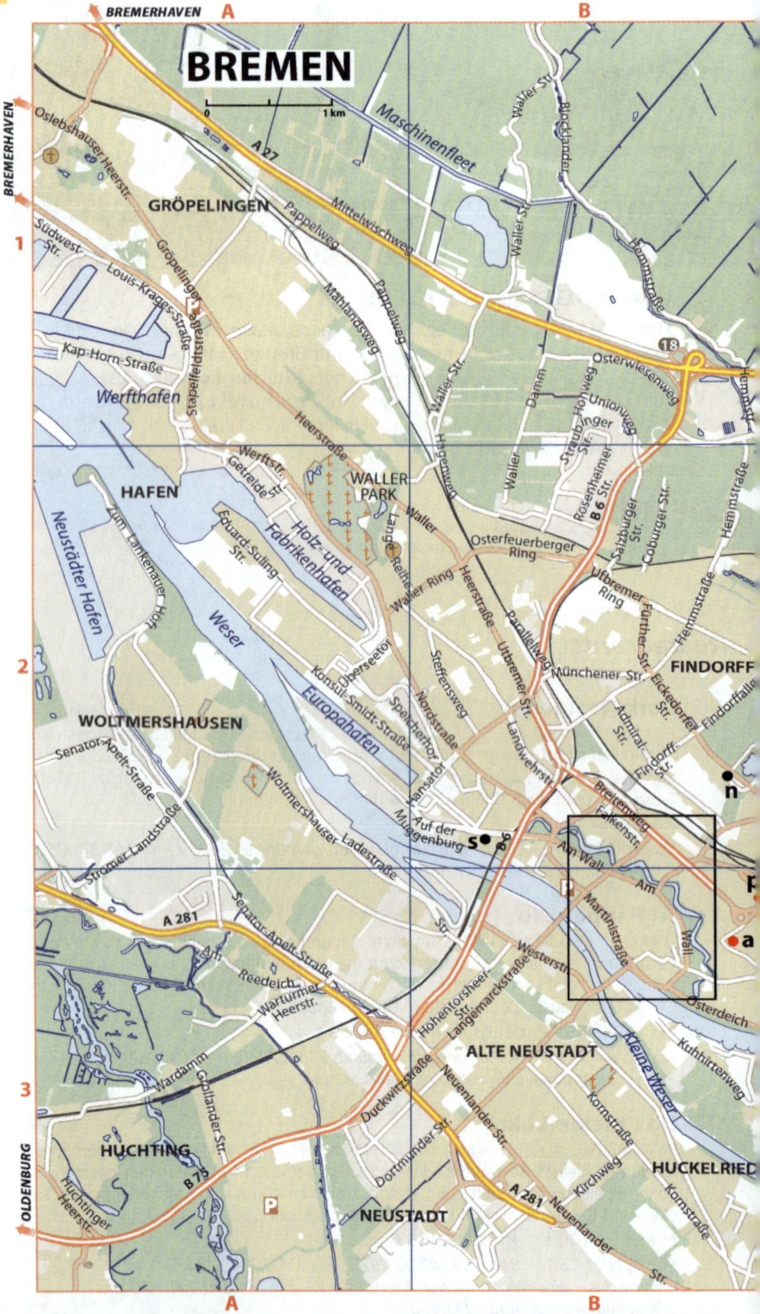
BREMEN
BREMERHAVEN
OLDENBURG
GRÖPELINGEN
HAFEN
WOLTMERSHAUSEN
WALLER PARK
FINDORFF
ALTE NEUSTADT
HUCHTING
NEUSTADT
HUCKELRIED
Weser
Kleine Weser
Werfthafen
Neustädter Hafen
Holz- und Fabrikenhafen
Europahafen
Maschinenfleet
A 27
A 281
B 6
B 75
Mittelwischweg
Pappelweg
Heerstraße
Waller Ring
Osterfeuerberger Ring
Utbremer Ring
Utbremer Str.
Martinistraße
Am Wall
Osterdeich
Westerstr.
Langemarckstraße
Neuenlander Str.
Kornstraße
Senator-Apelt-Straße
Stromer Landstraße
Hemmstraße
Findorffallee
Breitenweg
Falkenstr.
Auf der Muggenburg

C
D
WORPSWEDE
LILIENTHAL
Truperdeich
Oberblockland
Semkenfahrt
Hauptstraße
Wümme
Warfer Landstraße
Kreuzdeich
Borgfelder Deich
Hamfhofsweg
Borgfelde Allee
Borgfelder Heerstraße
Am Lehester Deich
BORGFELD
Kuhgrabenweg
Kuhgrabensee
A 27
19
Hochschulring
Am Lehester Deich
Heerstraße
Autobahnzubringer Horn-Lehe
Wiener Str.
Universitätsallee
Lilienthaler
Am Rüten
Oberneulander Landstr.
Parkallee
e
HORN-LEHE
Heerstr.
Leher Heerstraße
Achterstr.
Leher
Horner Heerstr.
Rockwinkeler Heerstr.
SCHWACHAUSEN
BOTANISCHER GARTEN
A 27
Schwachhauser Ring
Heerstraße
Focke Museum
ACHTERDIEK-PARK
Marcusallee
Wachmannstraße
Parkallee
August-Bebel-Allee
Paul-Singer-Str.
NEUE VAHR
20
Schwachhauser
Kurfürstenallee
g
Konrad-Adenauer-Allee
Kurt-Schumacher-Allee
Bismarckstraße
Kirchbachstr.
Vahrer Str.
Vor Steintor
Am Schwarzen Meer
Am Hulsberg
Stader Str.
Stresemannstraße
Insterburger Str.
Ludwig-Roselius-Allee
Hamburger
Hastedter Heerstr.
Osterdeich
Malerstraße
Hastedter Heerstr.
Weststraße
Mittelstraße
Hastedter Osterdeich
Pfalzburger Str.
SCHLOSSPARK
Hemelinger Tunnel
Werdersee
Wehrweg
Christernstr.
Martens Str.
Mittelstr.
Oststraße
Saarburger Str.
HABENHAUSEN
Wehrstraße
Hemelinger Hafendamm
HEMELINGEN
Wallweg
HAMBURG, HANNOVER
1
2
3
C
D
OSNABRÜCK, HAMBURG, HANNOVER

Wels

REGIONAL • GEMÜTLICH Sie mögen Fisch und Wild? Neben diesen Spezialitäten bietet man aber auch regionale Klassiker wie "Bremer Knipp", Labskaus oder Oldenburger Ente. Blickfang ist das Süßwasseraquarium - natürlich mit lebenden Welsen!

Karte 30/54 €

Stadtplan : C2-e – *Hotel Munte am Stadtwald, Parkallee 299 ✉ 28213 – ✆ 0421 2202666 – www.hotel-munte.de – nur Abendessen – geschlossen 24. - 29. Dezember und Sonntag*

Grashoffs Bistro

FRANZÖSISCH-KLASSISCH • BISTRO Der Klassiker in Bremen, ob Feinkostladen oder Restaurant. Letzteres bietet frische Küche auf Basis erstklassiger Produkte - wie wär's z. B. mit klassischem Coq au Vin? Und danach Crème brûlée von der Bitterschokolade? Schöne Weine.

Karte 46/87 €

Stadtplan : F1-n – *Contrescarpe 80, (neben der Hillmann-Passage) ✉ 28195 – ✆ 0421 14749 (Tischbestellung erforderlich) – www.grashoff.de – geschlossen Samstagabend - Montag, Feiertage*

Küche 13

MODERNE KÜCHE • BISTRO Das kleine Bistro ist bewusst eher schlicht gehalten, unkompliziert und lebendig. Aus der offenen Küche kommt Leckeres wie "Kürbisgnocchi mit Apfel-Salbei-Parmesanbutter" oder "Seeteufel mit gebratenen Waldpilzen und Kartoffelstampf".

Menü 36/54 € – Karte 41/52 €

Stadtplan : B3-a – *Beim Steinernen Kreuz 13 ✉ 28195 – ✆ 0421 20824721 – www.kueche13.de – nur Abendessen – geschlossen Sonntag - Montag*

Osteria

ITALIENISCH • MEDITERRANES AMBIENTE Dieses lebendige Restaurant mit mediterranem Flair ist schon eine richtig nette Adresse, die neben frischer Pasta auch authentische Klassiker wie "Kaninchen ligurische Art", "Ossobuco Milanese" und natürlich Fisch bietet.

Menü 25/55 € – Karte 28/59 €

Stadtplan : E2-b – *Schlachte 1 ✉ 28195 – ✆ 0421 3398207 – www.osteria-bremen.de*

Topaz

INTERNATIONAL • BISTRO Ein sehr nettes Restaurant - unten lebendig-leger, auf der Empore etwas eleganter. Die Karte ist überall gleich: international mit leichten asiatischen Einflüssen (lecker z. B. "Schaufelbug vom Rind, Teriyaki, Reisnudeln, Mangocreme"), aber auch französisch in Form von Austern oder Crème brûlée.

Menü 50/90 € – Karte 36/69 €

Stadtplan : E2-f – *Langenstr. 2, (Kontorhaus am Markt) ✉ 28195 – ✆ 0421 77625 (Tischbestellung ratsam) – www.topaz-bremen.de – geschlossen Sonntag, Feiertage*

Hotels

Dorint Park Hotel

LUXUS • KLASSISCH Luxushotel im Stil eines fürstlichen Landsitzes im 200 ha großen Bürgerpark am Hollersee. Elegant die Lobby, schön die individuellen Zimmer und der Spa auf 1200 qm. Fragen Sie nach den Zimmern zum See! Smoker's Lounge "La Fumadora".

175 Zim – †130/249 € ††180/299 € – 20 Suiten – ☕ 25 €

Stadtplan : B2-f – *Im Bürgerpark ✉ 28209 – ✆ 0421 34080 – www.hotel-bremen.dorint.com*

Park Restaurant – siehe Restaurantauswahl

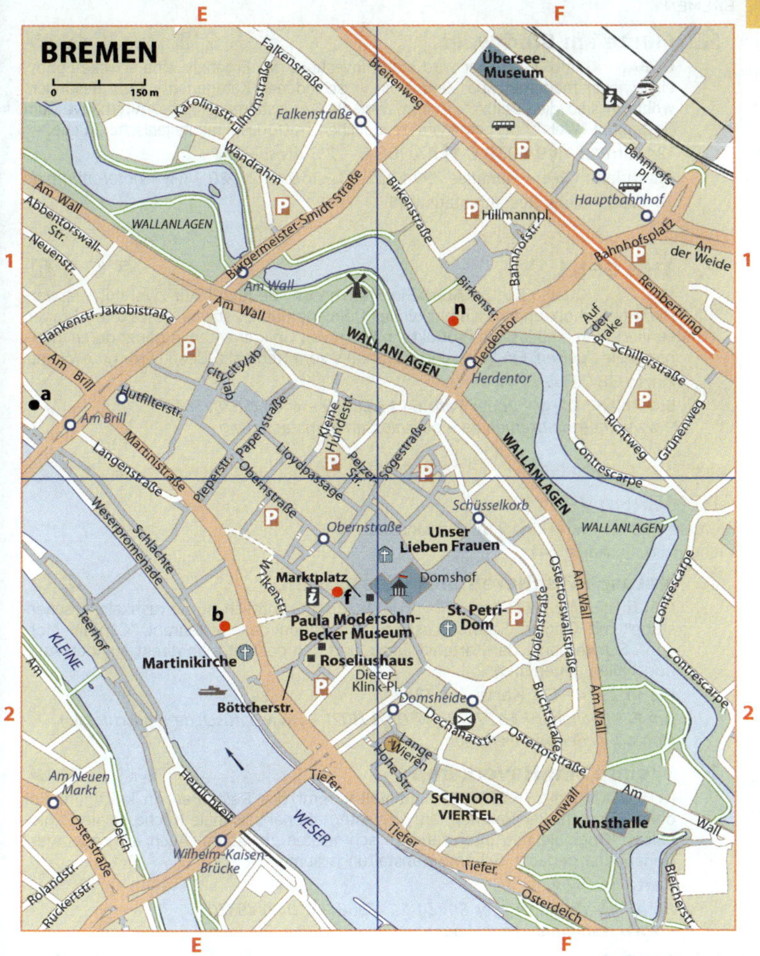

Steigenberger

BUSINESS • FUNKTIONELL Modern-funktionales Wohnen nur wenige Gehminuten von der Bremer Altstadt im aufstrebenden Hafenquartier. Sky-TV, WLan und Nespresso-Maschine inklusive. Im 6. Stock schöner Sauna- und Fitnessbereich mit Panoramablick. Regionales und Internationales im Restaurant "blaufeuer" samt Terrasse direkt am Wasser.

135 Zim – 120/220 € 120/220 € – 2 Suiten – 22 € – ½ P

Stadtplan : B2-s – *Am Weser Terminal 6 ✉ 28217 – ✆ 0421 478370 – www.bremen.steigenberger.com*

ÜberFluss

BUSINESS • DESIGN Im Zentrum direkt an der Weser steht das schicke Designhotel mit technisch modern ausgestatteten Zimmern, viele mit Flussblick. Suite mit Sauna und Whirlpool. Im Haus auch die Grillboutique "Loui & Jules" mit Fleischspezialitäten.

50 Zim – 124/162 € 139/214 € – 1 Suite – 18 €

Stadtplan : E1-a – *Langenstr. 72 ✉ 28195 – ✆ 0421 322860 – www.ueberfluss.de*

Munte am Stadtwald

URBAN • GEMÜTLICH Hier wird stetig investiert, das Ergebnis: eine schicke Lobby, ein schöner moderner Spa, Zimmer in verschiedenen Kategorien - Tipp: Besonders wohnlich sind die "Deluxe". Zudem variable Veranstaltungsräume. Alternative zum Restaurant "Wels": "del bosco" im freundlichen Trattoriastil mit italienischer Küche.

124 Zim – 94/139 € 113/168 € – 2 Suiten – ½ P

Stadtplan : C2-e – *Parkallee 299 ✉ 28213 – ✆ 0421 22020 – www.hotel-munte.de*

Wels – siehe Restaurantauswahl

In Bremen-Neue Vahr

THE GRILL

GRILLGERICHTE • RUSTIKAL XX Ein Steakhouse "de luxe"! Auf zwei mit viel warmem Naturholz und geschmackvoller Deko gemütlich-stilvoll gestalteten Etagen serviert man erstklassige Produkte in Form von Grillgerichten, ergänzt durch internationale Speisen. Ein Muss sind die Steaks vom Nebraska-Beef! Dazu gute Weine.

Karte 38/131 €

Stadtplan : D2-g – *In der Vahr 64 ✉ 28329 – ✆ 0421 87825640 – www.the-grill-bremen.de – geschlossen Samstagmittag*

BREMERHAVEN

Bremen – 110 121 Ew. – Höhe 2 m – Regionalatlas **9**-F5
Michelin Straßenkarte 541

Natusch Fischereihafen-Restaurant

FISCH UND MEERESFRÜCHTE • RUSTIKAL XX Gemütlich ist die rustikale "Fischerstube" mit Original-Schiffsaccessoires, gediegen das Restaurant "Captain Morgan". Schwerpunkt der Karte ist Fisch, und den bezieht man direkt aus den Auktionshallen gegenüber!

Menü 29/47 € – Karte 30/72 €

Am Fischbahnhof 1 ✉ 27572 – ✆ 0471 71021 – www.natusch.de – geschlossen Montag, außer an Feiertagen

Weinrot im Haverkamp

INTERNATIONAL • ELEGANT XX Stilvoll kommt das Restaurant in kräftigem Rot daher. Ein schicker Rahmen, um sich international-saisonale Küche sowie Regionales ("Originale neu interpretiert") schmecken zu lassen. Auch an Vegetarier/Veganer ist gedacht. Schön Veranstaltungsräume.

Karte 36/57 €

Hotel Haverkamp, Prager Str. 34 ✉ 27568 – ✆ 0471 48330 – www.restaurant-weinrot.de

PIER 6

INTERNATIONAL • CHIC X In dem stylischen Restaurant an den Havenwelten wird modern-international gekocht, so z. B. "Steinbutt & Miesmuscheln, Safran-Risotto, grüner Spargel, Blumenkohl, Pernod-Schaum". Dazu umsichtiger Service samt trefflicher Weinberatung. Kleinere Mittagskarte.

Menü 25/43 € – Karte 35/58 €

Barkhausenstr. 6 ✉ 27568 – ✆ 0471 48364080 – www.pier6.eu – geschlossen Januar 1 Woche und Sonntag

Haverkamp

BUSINESS • MODERN Engagiert führt Familie Seiffert ihr Hotel im Zentrum, immer wieder wird investiert. Geschmackvoll und wertig die Zimmer, gut das Frühstück und der Service. Darf es vielleicht das tolle chic-moderne Penthouse samt Dachterrasse im gegenüberliegenden Appartementhaus "Haverkamp Suites" sein? Klassisch: "Haverkamp's Bar".

88 Zim – 109/134 € 144/179 € – 10 Suiten

Prager Str. 34 ✉ 27568 – ✆ 0471 48330 – www.hotel-haverkamp.de

Weinrot im Haverkamp – siehe Restaurantauswahl

im jaich

URBAN • FUNKTIONELL Hier ist die Lage Trumpf: unweit der Havenwelten zwischen Weser, Deich und Yachthafen. Topgepflegte Zimmer mit Möbeln aus Tischlerhand - den schönsten Blick hat man von den Panoramazimmern! Lust auf Kuchen? Den gibt's im Coffeeshop.

48 Zim – 89/111 € 111/126 €

Am Neuen Hafen 19 27568 - 0471 97166330 - www.im-jaich.de

BRETTEN

Baden-Württemberg – 28 459 Ew. – Höhe 176 m – Regionalatlas **54**-F17
Michelin Straßenkarte 545

MAXIME de Guy Graessel N

KLASSISCHE KÜCHE • ELEGANT XX Tagsüber findet man hier das "Café Hesselbacher" mit Frühstück, kleiner Mittagskarte und leckerer Pâtisserie, abends ein wertig-schickes Restaurant mit intimer Atmosphäre (Hingucker das Deckengemälde!). Auf der Karte elsässisch-badische Klassiker wie z. B. "geschmorte Kalbsbäckle mit handgeschabten Spätzle". Tipp: das lauschige "Gärtle" hinterm Haus!

Menü 35/60 € – Karte 28/58 €

Melanchthonstr. 35 75015 – 07252 7138 (Tischbestellung ratsam) – www.guy-graessel.de – nur Abendessen, sonntags auch Mittagessen – geschlossen Sonntagabend - Dienstag

Krone

HISTORISCH • MODERN Das Fachwerkhaus a. d. 15. Jh. ist eine wirklich schmucke Übernachtungsadresse. Sie wohnen in tipptopp gepflegten Zimmern von eher klassisch bis chic-modern, genießen ein ausgezeichnetes Frühstück und werden herzlich-familiär umsorgt. Dazu kommt die ideale Lage in der Altstadt, direkt am Markplatz.

49 Zim – 68/110 € 93/130 € – 4 Suiten

Marktplatz 2 75015 – 07252 97890 – www.krone-bretten.de – geschlossen Anfang Januar 1 Woche

BRETZENHEIM

Rheinland-Pfalz – 2 582 Ew. – Höhe 105 m – Regionalatlas **47**-E15
Michelin Straßenkarte 543

Hinterconti

FAMILIÄR • INDIVIDUELL Hier ist aus einem alten Bauernhof eine richtig sympathische und preislich faire "Bed & Breakfast"-Adresse entstanden: individuelle Räume voller Charme und Style, von romantisch-floral bis trendig-modern. Toll die einstige Scheune: morgens zum Frühstücken, danach für Events.

14 Zim – 64/69 € 89/95 €

Naheweinstr. 17 55559 – 0671 79670910 – www.hinterconti.com

BRETZFELD

Baden-Württemberg – 12 307 Ew. – Höhe 210 m – Regionalatlas **55**-H17
Michelin Straßenkarte 545

In Bretzfeld-Brettach Süd-Ost: 9 km, Richtung Mainhardt

Landhaus Rössle

INTERNATIONAL • TRENDY XX Haben Sie Lust auf Schmackhaftes aus der Region? Oder lieber ein saisonales Menü? Dazu gibt es gute Weine und charmanter Service durch die Chefin. Das Ambiente ist modern-elegant, beliebt im Winter die Plätze am Kamin ein paar Stufen tiefer. Für Übernachtungsgäste hat man hübsche Zimmer.

Menü 38/70 € – Karte 39/62 €

5 Zim – 70/120 € 110/180 €

Mainhardter Str. 26 74626 – 07945 911111 – www.roessle-brettach.de – geschlossen über Fasching 1 Woche, 10. - 21. Juni, Ende Oktober 1 Woche und Montag - Dienstag, Freitagmittag

BRIESEN (MARK)

Brandenburg – 2 827 Ew. – Höhe 43 m – Regionalatlas **23**-R8

In Briesen (Mark) - Alt Madlitz

Klostermühle

INTERNATIONAL • LANDHAUS XX Lust auf eine interessante moderne Küche mit dezenten asiatischen Einflüssen? Die genießt man hier in gemütlichem rustikal-elegantem Ambiente bei geschultem und freundlichem Service.

Menü 58/79 € – Karte 62/71 €

Hotel Gut Klostermühle, Mühlenstr. 11 ✉ 15518 – ✆ 033607 59290 (Tischbestellung erforderlich) – www.gut-klostermuehle.com – nur Abendessen – geschlossen Sonntag - Mittwoch

Gut Klostermühle

LANDHAUS • MODERN Idyllisch die Lage am Madlitzer See - das ist schon eine ländliche Oase, perfekt für alle, die Ruhe suchen! Geschmackvolle Zimmer und Spa-Vielfalt im "Brune Balance Med". Sie möchten reiten lernen? Das können Sie im eigenen Reitstall. Eine nette Alternative zum Restaurant ist die "Klosterscheune".

66 Zim – 🚹108/118 € 🚹🚹108/198 € – 23 Suiten – ½ P

Mühlenstr. 11 ✉ 15518 – ✆ 033607 59290 – www.gut-klostermuehle.com

Klostermühle – siehe Restaurantauswahl

BRILON

Nordrhein-Westfalen – 25 461 Ew. – Höhe 450 m – Regionalatlas **27**-F11

Michelin Straßenkarte 543

Rech

FAMILIÄR • INDIVIDUELL Hier lässt es sich schön wohnen: Die Atmosphäre ist freundlich, die Zimmer sind geschmackvoll eingerichtet und man bemüht sich um seine Gäste. Zudem gibt es einen netten kleinen Saunabereich und ein Restaurant mit bürgerlicher Küche.

27 Zim – 🚹69/75 € 🚹🚹95/119 € – ½ P

Hoppecker Str. 1 ✉ 59929 – ✆ 02961 97540 – www.hotel-rech.de

In Brilon-Alme Nord: 5 km

Almer Schlossmühle

INTERNATIONAL • LÄNDLICH X Hier wird schmackhaft gekocht - regional-saisonal und Klassiker aus der Heimat des Chefs. Da probiert man gern "Backhendl mit Kartoffel-Gurkensalat" oder Wiener Schnitzel. Und dazu Wein aus Österreich? Im Sommer gibt's mittwochs Mühlen-BBQ.

Menü 37/49 € – Karte 29/60 €

Schlossstr. 13 ✉ 59929 – ✆ 02964 9451430 – www.almer-schlossmuehle.de – geschlossen 7. - 20. Januar, 8. - 21. Juli und Montag - Dienstag

BRUCHHAUSEN-VILSEN

Niedersachsen – 7 234 Ew. – Höhe 13 m – Regionalatlas **18**-G7

Michelin Straßenkarte 541

Forsthaus Heiligenberg

LANDHAUS • GEMÜTLICH Sehr geschmackvoll und charmant ist das ehemalige Forsthaus in ruhiger Lage auf einer Waldlichtung, von den individuellen Zimmern bis zum Restaurant mit großem offenem Kamin. Wie wär's z. B. mit einem Zimmer in der "Klostermühle" ca. 300 m entfernt? Hier auch die Gaststube mit Angebot von Brotzeit bis Schnitzel. Tipp: der eigene Apfelsaft.

41 Zim – 🚹85/89 € 🚹🚹127/135 € – 4 Suiten

Heiligenberg 3, in Homfeld, Süd-West: 4 km ✉ 27305 – ✆ 04252 93200 – www.forsthaus-heiligenberg.de

BRUCHSAL

Baden-Württemberg – 43 030 Ew. – Höhe 114 m – Regionalatlas **54**-F17
Michelin Straßenkarte 545

Bären

TRADITIONELLE KÜCHE • FREUNDLICH X "Rosa gebratene Hirschsteaks, Preiselbeerbirne, Waldpilze" oder "Medaillons vom Schweinefilet, Rahmpilze, kleine Gemüse"? In dem denkmalgeschützten Haus von 1780 isst man saisonal-traditionell, Wild kommt aus eigener Jagd.

Karte 24/62 €

Schönbornstr. 28 ✉ 76646 – ✆ 07251 88627 – www.baeren-bruchsal.de – geschlossen Montag

BRUCHWEILER-BÄRENBACH

Rheinland-Pfalz – 1 534 Ew. – Höhe 190 m – Regionalatlas **53**-D17
Michelin Straßenkarte 543

Landhaus Felsengarten

FAMILIÄR • GEMÜTLICH Herzliche Gastgeber, wohnliche Zimmer (benannt nach Bergen und Felsen der Umgebung), Frühstück im Wintergarten, auf Wunsch Massagen, dazu die fairen Preise... Und auch die Lage stimmt: ruhig und ideal für (Rad-) Wanderer, schön der Garten.

10 Zim – †52/58 € ††86/96 € – 1 Suite

Gartenstr. 78 ✉ 76891 – ✆ 06394 1661 – www.hotel-felsengarten.de

BRÜHL

Nordrhein-Westfalen – 43 995 Ew. – Höhe 62 m – Regionalatlas **36**-C12
Michelin Straßenkarte 543

Glaewe's Restaurant

FRANZÖSISCH-KLASSISCH • FREUNDLICH XX Seit 1989 sorgen Doris und Hans Glaewe in ihrem Restaurant in einer kleinen Geschäftspassage für kulinarisches Niveau. Gekocht wird klassisch - probieren Sie z. B. "geschmorte Ochsenbäckchen mit Spitzkohl und Selleriepüree".

Karte 37/58 €

Balthasar-Neumann-Platz 28 ✉ 50321 – ✆ 02232 13591 – www.glaewesrestaurant.de – nur Abendessen, sonntags auch Mittagessen – geschlossen Mitte Juli - Ende August 3 Wochen und Montag - Dienstag

BRÜHL (BADEN)

Baden-Württemberg – 13 786 Ew. – Höhe 102 m – Regionalatlas **47**-F16
Michelin Straßenkarte 545

KRONE das gasthaus

KLASSISCHE KÜCHE • GASTHOF X Andreas Bretzel trifft hier genau den Nerv der Zeit: schmackhafte Küche vom vegetarischen Menü bis zum "Sauerbraten von der Ochsenbacke" und dazu ein sympathischer ländlich-schlichter Rahmen mit Flair! Im Sommer geht's raus in den schönen, teils überdachten Hofgarten.

Menü 42 € (vegetarisch)/62 € – Karte 36/55 €

Ketscher Str. 17 ✉ 68782 – ✆ 06202 6070252 – www.krone-dasgasthaus.de – nur Abendessen, sonntags auch Mittagessen – geschlossen Montag

BUCHHOLZ in der NORDHEIDE

Niedersachsen – 38 201 Ew. – Höhe 72 m – Regionalatlas **10**-I6
Michelin Straßenkarte 541

Ristorante Il Sole

ITALIENISCH • GEMÜTLICH XX Ein wirklich sympathisches Haus, das idyllisch im Grünen liegt. Man hat viele Stammgäste, die z. B. gerne Pasta oder frischen Fisch vom Grill bestellen. Wählen Sie von der Tafel oder lassen Sie sich einfach beraten. Tipp: Speisen Sie auf der Terrasse!

Karte 27/73 €

Lohbergenstr. 51 ✉ 21244 – ✆ 04181 97708 – nur Abendessen, sonntags auch Mittagessen – geschlossen Montag

BÜCKEBURG

Niedersachsen – 18 984 Ew. – Höhe 61 m – Regionalatlas **28**-G9
Michelin Straßenkarte 541

In Bückeburg-Röcke West: 5 km

Große Klus

MARKTKÜCHE • GASTHOF XX In dem schönen Fachwerkhaus darf man sich auf elegant-rustikale Atmosphäre und saisonal-regionale Küche mit österreichischen Einflüssen freuen, und die gibt es z. B. als "Zander mit Szegediner Kraut und Kümmel-Erdäpfeln" oder als "Bauernente mit Rotkohl und Kartoffelklößen". Modern-leger die "Fritzbar".

Menü 24/42 € – Karte 23/58 €

32 Zim – 72/86 € 88/126 €

Am Klusbrink 19 ✉ 31675 – ✆ 05722 95120 – www.klus.de – nur Abendessen, sonntags auch Mittagessen – geschlossen Anfang Januar 1 Woche und Sonntagabend

BÜHL

Baden-Württemberg – 28 624 Ew. – Höhe 138 m – Regionalatlas **54**-E18
Michelin Straßenkarte 545

Gude Stub Casa Antica

ITALIENISCH • GEMÜTLICH XX Die "Cucina Casalinga" in dem engagiert-familiär geführten Haus nahe dem Johannesplatz kommt an! Man kocht ambitioniert italienisch, vom hausgereiften Lardo über Brot bis Pasta ist alles selbstgemacht. Richtig gemütlich die Stuben, charmant der Service.

Menü 37/60 € – Karte 33/61 €

Dreherstr. 9 ✉ 77815
– ✆ 07223 30606 – www.gudestub-casa-antica.de – geschlossen 9. - 29. August und Dienstag

In Bühl-Oberbruch Nord-West: 5,5 km, jenseits der A 5

Pospisil's Gasthof Krone

REGIONAL • GEMÜTLICH X "Zanderfilet Badisch", "Kalbssteak mit Waldpilzen", "Variation vom Reh"... Hier darf man sich auf saisonale Klassiker freuen. Dazu freundliche, behagliche Räume und aufmerksamer Service. Und für Übernachtungsgäste hat man gepflegte, funktionelle Zimmer.

Menü 37/58 € – Karte 30/55 €

7 Zim – 49 € 85 €

Seestr. 6 ✉ 77815 – ✆ 07223 93600 – www.pospisilskrone.de – Dienstag - Freitag nur Abendessen – geschlossen Montag

BÜHLERTAL

Baden-Württemberg – 7 936 Ew. – Höhe 194 m – Regionalatlas **54**-E18
Michelin Straßenkarte 545

Bergfriedel

REGIONAL • FAMILIÄR XX Bei der herzlichen Familie Schäuble genießt man bei schöner Aussicht richtig gute, frische Küche - vom "badischen Sauerbraten mit Preiselbeeren" bis zum klassischen "Seeteufel mit Ratatouille". Erwähnenswert auch die tolle Weinkarte mit ca. 1000 Positionen. Und zum Übernachten: hübsche Zimmer im Landhausstil.

Menü 33 € (vegetarisch)/59 € – Karte 30/66 €

8 Zim – 65/89 € 90/140 € – 2 Suiten

Haabergstr. 23, (Obertal) ✉ 77830 – ✆ 07223 72270 – www.bergfriedel.de – geschlossen Anfang Januar 2 Wochen, Anfang November 2 Wochen und Montag - Dienstag

Rebstock

REGIONAL • GASTHOF Familie Hörth bietet hier bürgerliche, regionale und auch internationale Gerichte - da schmeckt "geschmortes Weidelammhäxle mit Rahmwirsing und Semmelknödel" ebenso wie "Entrecôte mit Cognac-Pfeffersauce". Schön sitzt man auf der Terrasse. Sie möchten übernachten? Einige Zimmer liegen ruhiger zum Garten.

Menü 30 € – Karte 28/52 €

21 Zim – 69/77 € 94/147 €

Hotel Rebstock, Hauptstr. 110, (Obertal) 77830 – 07223 99740 – www.rebstock-buehlertal.de – geschlossen Montag, Donnerstag

BÜLOW

Mecklenburg-Vorpommern – 981 Ew. – Höhe 24 m – Regionalatlas **13**-N5
Michelin Straßenkarte 542

In Bülow-Schorssow Süd-West: 2 km

Seeschloss Schorssow

HISTORISCHES GEBÄUDE • KLASSISCH Ein klassizistischer Dreiflügelbau in einem herrlichen Park am eigenen See mit Strandbad - ein idealer Ort zum Heiraten! Die Zimmer im Schloss sind die komfortableren. Schön auch die Bibliothek und das stilvolle Schlossrestaurant "von Moltke", dazu das "Café Rose".

44 Zim – 104/134 € 130/170 € – 1 Suite – ½ P

Am Haussee 3, über B 109 Richtung Waren, in Ziddorf links ab 17166 – 039933 790 – www.schloss-schorssow.de – geschlossen 1. Januar - 28. Februar

BÜRGSTADT

Bayern – 4 332 Ew. – Höhe 150 m – Regionalatlas **48**-G16
Michelin Straßenkarte 546

Weinhaus Stern

REGIONAL • FAMILIÄR Zu Recht eine gefragte Adresse: Da wären zum einen die gemütlich-rustikale Atmosphäre und der hübsche Innenhof, zum anderen die gute saisonale Küche von Patron Klaus Markert, nicht zu vergessen die eigenen Edelbrände und die schöne Weinauswahl. Probieren Sie die Wild- und Gänsegerichte!

Menü 30/75 € – Karte 35/53 €

Hotel Weinhaus Stern, Hauptstr. 23 63927 – 09371 40350 – www.hotel-weinhaus-stern.de – nur Abendessen – geschlossen Dienstag sowie 1. Sonntag im Monat

Adler

GASTHOF • GEMÜTLICH Die Bachmanns haben hier ein wirklich nettes Haus: wohnlich die Zimmer (meist mit Balkon und teilweise mit schönem Blick), hübsch der "Garten der Sinne", freundlich der Service, gemütlich das Restaurant samt Terrasse im Innenhof. Probieren Sie die Destillate aus der eigenen Brennerei!

27 Zim – 62/95 € 100/180 € – 1 Suite – ½ P

Hauptstr. 30 63927 – 09371 97880 – www.adler-landhotel.de

Weinhaus Stern

HISTORISCH • GEMÜTLICH Ihre Gastgeber bieten in dem hübschen Sandstein-/Fachwerkhaus behagliche, unterschiedlich geschnittene Zimmer mit Charme, Garten- und Dachterrasse sowie gutes Essen und einen Spezialitäten-Shop (die hausgemachte Marmelade gibt's auch zum Frühstück!). Tipp: örtliche Kapelle mit Freskenmalereien a. d. 16. Jh.

16 Zim – 69/95 € 90/145 € – ½ P

Hauptstr. 23 63927 – 09371 40350 – www.hotel-weinhaus-stern.de

Weinhaus Stern – siehe Restaurantauswahl

BÜSINGEN

Baden-Württemberg – 1 374 Ew. – Höhe 421 m – Regionalatlas **62**-F21
Michelin Straßenkarte 545

Alte Rheinmühle

MARKTKÜCHE • RUSTIKAL XX Das Besondere hier: Man sitzt wirklich fast auf Rheinhöhe, von der Terrasse aus führen ein paar Stufen sogar direkt ins Wasser! Auf den Tisch kommt Regionales, aber auch Gerichte wie "gebratener Loup de mer mit Bergamotte, sautierte Kefen, Selleriepüree". Nicht wundern: Bezahlt wird mit Schweizer Franken.

Menü 90 € – Karte 65/100 €

Hotel Alte Rheinmühle, Junkerstr. 93 ✉ 78266 – ✆ 07734 931990 – www.alte-rheinmuehle.ch – geschlossen Februar

Alte Rheinmühle

HISTORISCH • TRADITIONELL Malerisch schmiegt sich die Mühle a. d. J. 1674 an das Ufer des Hochrheins. Ein Haus mit Flair und historischem Charme - die Zimmer individuell und wohnlich, teilweise mit Antiquitäten und freigelegtem altem Fachwerk. Wie im Restaurant gilt auch hier: Schweizer Währung!

16 Zim – †130/240 € ††165/256 €

Junkerstr. 93 ✉ 78266 – ✆ 07734 931990 – www.alte-rheinmuehle.ch – geschlossen Februar

Alte Rheinmühle – siehe Restaurantauswahl

BUNDENBACH

Rheinland-Pfalz – 906 Ew. – Höhe 400 m – Regionalatlas **46**-C15
Michelin Straßenkarte 543

In Bundenbach-Rudolfshaus Süd-West: 4 km

Forellenhof Reinhartsmühle

FAMILIÄR • GEMÜTLICH Erholungsurlaub gefällig? Der familiengeführte Landgasthof hat nicht nur geschmackvolle Zimmer, er liegt auch noch einsam und idyllisch in einem Seitental - da passen der schöne Garten samt Teich perfekt ins Bild. Im Restaurant gibt's eigene Forellen und Wild aus eigener Jagd. Beachtlich die Whisky-Auswahl.

28 Zim – †65/73 € ††110/120 € – ½ P

Reinhartsmühle 1 ✉ 55626 – ✆ 06544 373 – www.hotel-forellenhof.de – geschlossen 2. Januar - 1. März

BURBACH

Nordrhein-Westfalen – 14 431 Ew. – Höhe 380 m – Regionalatlas **37**-E13
Michelin Straßenkarte 543

In Burbach-Holzhausen Süd-Ost: 8,5 km über Würgendorf, dann rechts

Fiester-Hannes

KLASSISCHE KÜCHE • RUSTIKAL XX Hinter der historischen Fachwerkfassade finden Sie ein behagliches und liebenswertes Umfeld für ein gutes Essen. Gekocht wird klassisch und regional wie "geschmorte Ochsenbacke auf Rahmwirsing" oder "Himmel und Erde". Dazu herzlicher Service. Und zum Übernachten hat man hübsche und überaus wohnliche Zimmer.

Menü 76 € – Karte 34/55 €

6 Zim – †65/85 € ††100/140 €

Flammersbacher Str. 7 ✉ 57299 – ✆ 02736 29590 – www.fiesterhannes.de – nur Abendessen, sonntags auch Mittagessen nur Abendessen, Sonn- und Feiertage auch Mittagesen – geschlossen Februar und Montag

BURG Schleswig-Holstein → Siehe Fehmarn (Insel)

BURG (SPREEWALD)

Brandenburg - 4 335 Ew. - Höhe 57 m - Regionalatlas **33**-R10
Michelin Straßenkarte 542

17 fuffzig

FRANZÖSISCH-MODERN • ELEGANT XXX Durchdacht, intensiv, reduziert, so sieht hier klassisch-moderne Küche aus. Beste Produkte, schöne Kontraste, stimmige Aromen und Texturen - man arbeitet sehr pointiert! Niveauvoll auch das Restaurant selbst: stilvoll und wertig das Interieur samt dekorativer Kunst von Hugó Schreiber und Béla Kádár! "17 fuffzig" ist übrigens das Gründungsjahr der einstigen "Bleiche".

→ Spreezander mit Boskoppapfel, Meerrettich und Estragon. Bachsaibling mit Fenchelpüree, Sauerampfer und Beurre blanc. Dreierlei vom Kalb, Blattspinat, grüner Pfeffer und Pommes sautées.

Menü 120 € (vegetarisch)/178 € – Karte 86/129 €

Hotel Bleiche Resort und Spa, Bleichestr. 16, West: 2 km ✉ 03096 – ✆ 035603 620 (Tischbestellung ratsam) – www.bleiche.de – nur Abendessen – geschlossen Februar 2 Wochen, Juli - August 3 Wochen und Montag - Dienstag

Bleiche Resort und Spa

LUXUS • INDIVIDUELL Was Sie auf dem tollen parkähnlichen Grundstück samt Blumen- und Kräutergärten erwartet, ist Landhausstil in wohnlichster Form - darf es vielleicht die 180 qm große SPA-Suite mit eigener Sauna und Hamam sein? Dazu umfassender Spa, top Service, Kino und Outdoor-Aktivitäten (Kahnfahrten, "Stand Up Paddling"...)

87 Zim – †288/508 € ††378/598 € – 25 Suiten – ½ P

Bleichestr. 16, West: 2 km ✉ 03096 – ✆ 035603 620 – www.bleiche.de

17 fuffzig – siehe Restaurantauswahl

Kur & Wellness Haus Spree Balance

LANDHAUS • INDIVIDUELL Alles in diesem Ferienhotel ist schön frisch und neuzeitlich gestaltet, geradlinig-chic die Zimmer im Neubau - hier auch der Wellnessbereich. In der nahen Therme lässt es sich ebenfalls gut entspannen. Oder machen Sie doch mal eine Paddelboot- oder Kanalbootfahrt. International-saisonale Küche im "Konrad's".

38 Zim – †80/99 € ††115/155 € – ½ P

Ringchaussee 154 ✉ 03096 – ✆ 035603 759490 – www.spreebalance.de – geschlossen 20. - 24. Dezember

In Burg-Kauper Nord-West: 9 km

Speisenkammer

MODERNE KÜCHE • LÄNDLICH X Das kleine Restaurant ist schön leger und gemütlich, draußen sitzt man idyllisch im Grünen. Gekocht wird modern, produktbezogen und schmackhaft - wie wär's mit "Wiesenkalb, Kerbelknolle, Champignon, Quark"? Weine empfiehlt man mündlich. Übernachten können Sie im "Ferienhof Spreewaldromantik" gleich nebenan.

Menü 38/82 €

Waldschlößchenstr. 48 ✉ 03096 – ✆ 035603 750087 (Tischbestellung ratsam) – www.speisenkammer-burg.de – nur Abendessen – geschlossen 7. - 20. Oktober und Sonntag - Montag

Landhotel Burg im Spreewald

LANDHAUS • INDIVIDUELL Schöne Urlaubstage verspricht das etwas außerhalb gelegene Landhotel mit seinen wohnlichen, individuellen Zimmern (sehr hübsch die ganz modernen), dem vielfältigen Spa und der abwechslungsreichen Gastronomie von regional-international im "Wendenkönig" über italienisch im "Il Fienile" bis zu Fischspezialitäten im "Aquario". Nicht nur für Kinder interessant: großer Außenpool, Streichelzoo und Minigolf-Anlage.

87 Zim – †99/132 € ††132/172 € – 4 Suiten – ½ P

Ringchaussee 125 ✉ 03096 – ✆ 035603 646 – www.landhotel-burg.de

BURGBROHL

Rheinland-Pfalz – 3 133 Ew. – Höhe 152 m – Regionalatlas **36**-C13
Michelin Straßenkarte 543

Schloss Burgbrohl

HISTORISCHES GEBÄUDE • MODERN Urkundlich 1093 erstmals erwähnt, ist das 1710 nach einem Brand wieder aufgebaute Schloss ein geschichtsträchtiger Ort, der heute mit schönen modernen Zimmern Ihrer Beherbergung dient. Chic auch der Freizeitbereich, das Restaurant (regionale und internationale Küche) und der Weinkeller für Degustationen.

62 Zim – †89/129 € ††139/149 € – 3 Suiten – ½ P

Auf der Burg 1 ✉ 56659 – ✆ 02636 800140 – www.schloss-burgbrohl.de

BURGHAUSEN

Bayern – 17 824 Ew. – Höhe 421 m – Regionalatlas **67**-O20
Michelin Straßenkarte 546

Post

GASTHOF • GEMÜTLICH Das traditionsreiche Haus steht mitten in der Altstadt, direkt an der Salzach. Der Service ist freundlich, alles ist schön wohnlich, gelungen hat man modernen Stil mit regionalen Elementen kombiniert. Gemütlich sitzt man in der Gaststube mit Kreuzgewölbe bei regionaler Küche. Terrasse am Marktplatz.

22 Zim – †79/98 € ††119/149 € – 1 Suite

Stadtplatz 39 ✉ 84489 – ✆ 08677 9650 – www.altstadthotels.net

BURGRIEDEN

Baden-Württemberg – 3 671 Ew. – Höhe 541 m – Regionalatlas **64**-I20
Michelin Straßenkarte 545

Ebbinghaus

INTERNATIONAL • ELEGANT XX Ein freundliches und modernes Ambiente erwartet Sie in dem Restaurant gegenüber dem Rathaus. Was hier aus frischen, guten Produkten entsteht, nennt sich z. B. "Keule vom Osterberger Lamm mit Kräuterkruste und Rosmarinjus".

Menü 73/90 € – Karte 37/54 €

Bahnhofplatz 2 ✉ 88483 – ✆ 07392 6041 – www.restaurant-ebbinghaus.de – nur Abendessen, sonntags auch Mittagessen – geschlossen 1. - 6. Januar, Ende August - Mitte September 3 Wochen und Sonntagabend - Dienstag

BURGWEDEL

Niedersachsen – 20 307 Ew. – Höhe 53 m – Regionalatlas **19**-I8
Michelin Straßenkarte 541

In Burgwedel-Großburgwedel

Ole Deele

KREATIV • ELEGANT XX In dem schmucken Bauernhaus von 1828 hat man ein geschmackvolles modern-elegantes Interieur geschaffen. Aufmerksam und kompetent wird man mit kreativen, harmonisch zusammengestellten Gerichten umsorgt. Gut auch die Weinberatung. Zusätzlich gibt es das "Weinstübchen" mit kleiner Karte: Vesper, Flammkuchen, Coq au vin... Und zum Übernachten wohnliche Gästezimmer.

→ Pochierte Jakobsmuschel, Blutwurst, Apfel, knuspriges Getreide. Luma Schwein, Rhabarber, Blumenkohl, Pistazie. Cookie, Schokolade, Nuss, Salzkaramell.

Menü 95/145 €

12 Zim – †75/98 € ††135/159 €

Heinrich-Wöhler-Str. 14 ✉ 30938 – ✆ 05139 99830 (Tischbestellung ratsam) – www.ole-deele.com – nur Abendessen – geschlossen Anfang Januar 2 Wochen, Juni 2 Wochen und Sonntag - Montag

Kokenstube

KLASSISCHE KÜCHE • ELEGANT XX Elegant und modern zugleich das Ambiente, frisch und ambitioniert die Küche. Darf es vielleicht "Kabeljaufilet mit Rotweinreduktion" oder "Hirschrücken mit Nusssauce und Schupfnudeln" sein? Im Sommer ist die hübsche Terrasse gefragt.

Menü 39/66 € - Karte 49/57 €

Hotel Kokenhof, Isernhägener Str. 3 ✉ 30938 - ✆ 05139 8030 - www.kokenhof.com

Kokenhof

LANDHAUS • INDIVIDUELL Eine schöne Adresse! Die Zimmer in den rekonstruierten Fachwerkhäusern reichen vom eleganten Landhausstil bis zum geradlinig-modernen Design, Platz und Wohnlichkeit bieten sie alle. Attraktiv auch der Freizeitbereich, sehr gut die Tagungsmöglichkeiten. "Kokenkrug" als rustikale Alternative zur "Kokenstube".

54 Zim - 95/190 € 125/220 € - ½ P

Isernhägener Str. 3 ✉ 30938 - ✆ 05139 8030 - www.kokenhof.com

Kokenstube - siehe Restaurantauswahl

In Burgwedel-Thönse

Gasthaus Lege

KLASSISCHE KÜCHE • LÄNDLICH XX Neben behaglichem Ambiente (schön die dekorativen Bilder) darf man sich hier auf herzliche Gastgeber freuen und nicht zuletzt auf gute saisonal-klassische Küche, z. B. als "Rotbarschfilet mit Meerrettichmayonnaise und Petersilienwurzel".

Menü 41/69 € - Karte 48/63 €

Engenser Str. 2 ✉ 30938 - ✆ 05139 8233 - www.gasthaus-lege.de - Mittwoch - Freitag nur Abendessen - geschlossen Juli und Montag - Dienstag

BURRWEILER

Rheinland-Pfalz - 827 Ew. - Höhe 246 m - Regionalatlas **47**-E17
Michelin Straßenkarte 543

Ritterhof zur Rose (N)

MARKTKÜCHE • GEMÜTLICH XX Typisch südpfälzisches Flair versprüht das schöne Haus auf dem Anwesen des Weinguts Meßmer - da sitzt man natürlich auch gerne auf der Terrasse mit Weinbergblick! Die Küche bietet saisonal geprägte Speisen in Form unterschiedlicher Menüs. Darf es vielleicht das Menü "Biosphäre Pfälzerwald" sein? Dazu gibt's tollen Pfälzer Wein.

Menü 27/65 € - Karte 28/52 €

Weinstr. 6A, (1. Etage) ✉ 76835 - ✆ 06345 407328 - www.ritterhofzurrose.de - geschlossen Dienstag - Donnerstagmittag, Freitagmittag

BURSCHEID

Nordrhein-Westfalen - 18 166 Ew. - Höhe 195 m - Regionalatlas **36**-C12
Michelin Straßenkarte 543

In Burscheid-Sträßchen Süd-Ost: 2 km, jenseits der A 1

Zum Schmuck-Kastl

ÖSTERREICHISCH • LÄNDLICH XX Die freundlichen Gastgeber haben hier mit viel Liebe zum Detail ein ländlich-charmantes Restaurant geschaffen, das viele Stammgäste hat. Der aus Kärnten stammende Chef kocht natürlich auch Klassiker aus seiner österreichischen Heimat.

Karte 39/64 €

Sträßchen 26, B 51 ✉ 51399 - ✆ 02174 894541 - www.schmuck-kastl.de - geschlossen Montag - Dienstag

BUTTENHEIM

Bayern - 3 520 Ew. - Höhe 273 m - Regionalatlas **50**-K15
Michelin Straßenkarte 546

Landhotel Schloss Buttenheim

HISTORISCHES GEBÄUDE · GEMÜTLICH Das im 18. Jh. erbaute ehemalige Forsthaus und Stallgebäude des Schlosses beherbergt liebenswerte Zimmer, alle individuell in freundlichen Farben. W-Lan nutzen Sie gratis. Familie von Seefried betreibt neben dem Hotel noch einen Weinhandel.

8 Zim - 75/79 € 98/109 €

Schloss-Str. 16 ✉ 96155 - ✆ 09545 94470 - www.landhotel-buttenheim.de

BUXTEHUDE

Niedersachsen - 39 792 Ew. - Höhe 2 m - Regionalatlas **10**-I5
Michelin Straßenkarte 541

N°4

KREATIV · ELEGANT Ein schönes historisches Backsteingewölbe, geradliniges Interieur, vier Tische. In der einsehbaren Küche geht es kreativ zu, gekocht wird nordisch und mit sehr guten Produkten, kraftvoll und aromareich. Die Köche servieren mit!

→ Erbsenravioli, wilder Broccoli und Eisenkrautsud. Nordsee Rochen, Sepiacrème, Kopfsalat, Sauce von konfiertem Knoblauch und Tomatenkernöl. Rehrücken, Brombeer-Wacholderjus, Pfifferlinge und Spitzkohl.

Menü 112 €

Hotel Navigare, Harburger Str. 4 ✉ 21614 - ✆ 04161 74900 (Tischbestellung erforderlich) - www.hotel-navigare.com - nur Abendessen - geschlossen 3. - 29. Januar, 5. - 8. Juni, 10. Juli - 20. August und Sonntag - Dienstag

Hoddow's Gastwerk

REGIONAL · TRENDY Das Restaurant der Familie Hoddow liegt im Herzen der Stadt - schön sitzt man hier auf mehreren Ebenen in modernem Ambiente. Mittags leckere einfachere Gerichte wie "Königsberger Klopse", am Abend Feineres wie "Steinbutt auf Risotto von grünem Spargel".

Menü 36 € (abends) - Karte 32/53 €

Westfleth 35, (Westfleth-Passage) ✉ 21614 - ✆ 04161 503901 - www.hoddows-gastwerk.de - geschlossen Montag - Dienstag

Seabreeze

MARKTKÜCHE · BISTRO Das Bistro im Gewölbekeller ist die legere Alternative zum Gourmetrestaurant "N°4". Gekocht wird in derselben Küche, und zwar regional und saisonal-international, von "Maishuhnbrust, Thymianjus, Gemüse, Bärlauch-Polenta" bis zu Klassikern wie Wiener Schnitzel.

Menü 42/54 € - Karte 43/60 €

Hotel Navigare, Harburger Str. 4 ✉ 21614 - ✆ 04161 74900 - www.hotel-navigare.com - nur Abendessen - geschlossen Sonntag

Navigare

HISTORISCH · MODERN Das schmucke Gebäude aus der Kaiserzeit - ehemals Hauptsitz der Reederei NSB - beherbergt auf seinen "Decks" zeitgemäß und wertig ausgestattete Zimmer, Minibar inklusive. "Lighthouse Bar" mit Snacks wie Sandwiches und Burger.

32 Zim - 104/285 € 114/309 €

Harburger Str. 4 ✉ 21614 - ✆ 04161 74900 - www.hotel-navigare.com

N°4 · **Seabreeze** – siehe Restaurantauswahl

CALW

Baden-Württemberg - 22 600 Ew. - Höhe 347 m - Regionalatlas **54**-F18
Michelin Straßenkarte 545

In Calw-Hirsau Nord: 2,5 km über B 463

Kloster Hirsau

REGIONAL • LÄNDLICH Gemütlich die ländlich-eleganten Stuben, aus der Küche kommen regionale Klassiker wie z. B. Schwarzwald-Forelle und auch Internationales. Sehr gut das Preis-Leistungs-Verhältnis! Tipp: günstiges Mittagsmenü. In der ehemaligen Klosterherberge von 1450 kann man auch übernachten, dazu Freizeit- und Kosmetikangebot.

Menü 23/42 € – Karte 29/50 €

42 Zim – 70/100 € 115/155 €

Wildbader Str. 2 75365 – 07051 96740 – www.hotel-kloster-hirsau.de

CASTELL

Bayern – 817 Ew. – Höhe 317 m – Regionalatlas **49**-J16
Michelin Straßenkarte 546

Gasthaus zum Schwan

REGIONAL • GASTHOF Seit über 100 Jahren gibt es das gemütliche Gasthaus, das früher auch schon mal als Brauerei diente. Hier isst man angenehm unkompliziert und schmackhaft, und gepflegt übernachten kann man ebenfalls.

Karte 26/47 €

9 Zim – 60/70 € 80/90 €

Birklinger Str. 2, B 286 97355 – 09325 90133 – www.schwan-castell.de – geschlossen 1. - 18. Januar, 29. Juli - 18. August und Dienstag - Mittwoch

Weinstall

REGIONAL • WEINSTUBE Im einstigen Pferdestall des Schlosses Castell hat man gelungen historische und moderne Einrichtungselemente kombiniert. Gekocht wird mit regionalem und saisonalem Bezug. Probieren Sie z. B. "Filet vom Schwarzerle, Petersilien-Stampf, Mini-Möhre, Jus". Direkt nebenan: VDP-Weingut mit Verkauf.

Menü 29/200 € – Karte 18/58 €

Schlossplatz 3 97355 – 09325 9809949 – www.weinstall-castell.de – geschlossen Ende Januar - Anfang Februar 2 Wochen, August 2 Wochen und Montag - Dienstag

CELLE

Niedersachsen – 68 721 Ew. – Höhe 40 m – Regionalatlas **19**-I8
Michelin Straßenkarte 541

Schaper

MARKTKÜCHE • FAMILIÄR Lust auf "Kalbsfilet mit Cognac-Morchelrahm"? Oder lieber "Zanderfilet auf Gemüse-Pfifferlings-Ragout"? In dem Familienbetrieb (4. Generation) wird mit regional-saisonalem Bezug gekocht, gemütlich die Stuben. Wer übernachten möchte, findet wohnlich-funktionale Zimmer, verteilt auf zwei Häuser.

Menü 34/51 € – Karte 33/56 €

15 Zim – 75/120 € 100/160 €

Heese 6 29225 – 05141 94880 – www.hotel-schaper.de – nur Abendessen – geschlossen Sonntag - Montag

Taverna & Trattoria Palio

ITALIENISCH • MEDITERRANES AMBIENTE In legerer Trattoria-Atmosphäre kommen frische italienische Speisen aus der offenen Küche. Wie wär's z. B. mit "Lammrücken, Zitronenpolenta, Zwiebel, Kopfsalatherzen"? Interessant auch das Themen-Konzept: Mehrmals im Jahr stellen Gastköche verschiedene Regionen Italiens vor. Sehr schöne Terrasse unter alter Kastanie!

Menü 49/56 € – Karte 38/67 €

Althoff Hotel Fürstenhof, Hannoversche Str. 55 29221 – 05141 2010 – www.fuerstenhof-celle.com

Althoff Hotel Fürstenhof

HISTORISCH • INDIVIDUELL Nicht nur die beispielhafte Gästebetreuung ist sehr angenehm, das Ambiente im Haus ist es ebenso! Passend zum Flair des jahrhundertealten Palais setzt man auf klassische Eleganz. Tipp: die neueren stilvoll-modernen Zimmer! Und wenn Sie bummeln gehen möchten: In die Innenstadt sind es nur wenige Minuten!

59 Zim – 100/240 € 120/290 € – 3 Suiten – 25 € – ½ P

Hannoversche Str. 55 ✉ 29221 – 05141 2010 – www.fuerstenhof-celle.com

Taverna & Trattoria Palio – siehe Restaurantauswahl

Caroline Mathilde

BUSINESS • FUNKTIONELL Zwei Häuser im neuzeitlichen Villenstil beherbergen individuelle und wohnliche, teils ganz moderne Zimmer, hübsch der freundliche Frühstücksraum. Praktisch: Es gibt gute Parkmöglichkeiten. Das Bistro "Kanapé" bietet eine kleine internationale Speisenauswahl.

52 Zim – 98/130 € 133/175 € – ½ P

Alter Bremer Weg 37 ✉ 29223 – 05141 980780 – www.caroline-mathilde.de

In Celle-Altencelle Süd-Ost: 3 km

der allerKrug

REGIONAL • LÄNDLICH XX Patron Sven Hütten bietet in seiner Küche einen schönen Mix aus regional-saisonalen und klassischen Einflüssen - immer ambitioniert, schmackhaft und mit guten Produkten. Auf der Karte liest man z. B. "gebratene Wachtel, Pfifferlinge, rahmiges Ragout von Lauch & Kartoffel".

Menü 35/70 € – Karte 36/59 €

Alte Dorfstr. 14 ✉ 29227 – 05141 84894 (Tischbestellung ratsam) – www.allerkrug.de – geschlossen Januar 1 Woche, Juli 2 Wochen und Montag - Dienstag

In Celle-Boye Nord-West: 4 km

Köllner's Landhaus

INTERNATIONAL • LÄNDLICH XX Ein Anwesen wie aus dem Bilderbuch: ein charmantes Fachwerkhaus von 1589, drum herum ein 11000 qm großer Garten - da könnte das Landhaus-Interieur nicht besser passen! Und dazu gute regional-internationale Küche, z. B. in Form von "Färöer Lachsfilet im Pergament gegart, Gemüsestreifen, Kräuterdrillinge". Schön auch die wohnlich-modernen Gästezimmer.

Menü 35/62 € – Karte 37/63 €

6 Zim – 99/145 € 145/175 €

Im Dorfe 1 ✉ 29223 – 05141 951950 – www.koellners-landhaus.de – geschlossen Anfang Januar 1 Woche und Sonntagabend - Dienstagmittag

In Celle-Groß Hehlen Nord: 4 km

Celler Tor

BUSINESS • INDIVIDUELL Ein gut geführtes Hotel mit wohnlich-zeitgemäßen Zimmern in vier Kategorien, 14 Tagungs-/Veranstaltungsräumen und Festsaal sowie nettem lebendigem Barbereich. Entspannen kann man u. a. bei Kosmetik und Massage. Restaurant mit klassisch-gediegenem Ambiente.

71 Zim – 99/230 € 139/305 € – 2 Suiten – ½ P

Scheuener Str. 2, an der B 3 ✉ 29229 – 05141 5900 – www.celler-tor.de

CHAM

Bayern – 16 508 Ew. – Höhe 370 m – Regionalatlas **59**-O17
Michelin Straßenkarte 546

Randsberger Hof

SPA UND WELLNESS • REGIONAL Das Hotel bietet wohnliche Zimmer im alpinen Stil, teils mit Balkon und Blick auf die Stadt. Hübsch sind der Kosmetikbereich und der Panoramaruheraum, ein Highlight ist der Dachpool. Weiteres Plus: das eigene Kino. Die Restauranträume haben rustikalen Charme, die Küche ist bürgerlich-regional.

80 Zim – 62/72 € 119/124 € – 7 Suiten – ½ P

Randsbergerhofstr. 15 ✉ 93413 – 09971 85770 – www.randsbergerhof.de

In Cham-Chammünster Süd-Ost: 4 km über B 85 in Richtung Passau

Gasthaus Ödenturm

REGIONAL • LÄNDLICH X Ein Bilderbuch-Gasthof: schön die Lage am Waldrand, sympathisch-familiär die Atmosphäre, reizvoll die Terrasse, und gekocht wird richtig gut, von regional bis mediterran, von "rosa gebratenem Frischlingsrücken mit Haselnusskruste" bis "gegrillte Calamaretti, Rucola, Balsamico, Kirschtomaten". Zum Übernachten hat man gemütlich-moderne Zimmer.

Menü 30/45 € - Karte 22/50 €

9 Zim - 48/55 € 80/90 €

Am Ödenturm 11 93413 - 09971 89270 - www.oedenturm.de - geschlossen 4. Oktober - 27. November und Sonntagabend - Montag, Dienstagmittag, Donnerstagmittag

CHEMNITZ

Sachsen - 243 521 Ew. - Höhe 296 m - Regionalatlas **42**-O13
Michelin Straßenkarte 544

Villa Esche

INTERNATIONAL • TRENDY XX Das breite Angebot an schmackhaften Gerichten macht einem die Entscheidung nicht leicht! Da wären z. B. Königsberger Klopse, Lammhaxe, Zander auf Spinatrisotto, Hummer... Schöner Rahmen: die 1903 erbaute Orangerie einer einstigen Unternehmer-Villa (hier das Henry-van-de-Velde-Museum) nebst Terrasse zum Park.

Menü 19 € (mittags unter der Woche)/65 € - Karte 27/90 €

Parkstr. 58, (Eingang Rich.-Wagner-Straße) 09120 - 0371 2361363 (Tischbestellung ratsam) - www.restaurant-villaesche.de - geschlossen Sonntag - Montag

alexxanders

INTERNATIONAL • TRENDY X Das Restaurant hat nicht nur ein attraktives Ambiente, auch die Küche ist gut. Gekocht wird saisonal, regional, und international - Hummerravioli und Rinderfilet findet man auf der Karte ebenso wie Rehbraten oder Wiener Schnitzel.

Menü 42/85 € - Karte 34/75 €

Hotel alexxanders, Ludwig-Kirsch-Str. 9 09130 - 0371 431111 - www.alexxanders.de - geschlossen Anfang Januar 1 Woche und Samstagmittag, Sonntag sowie an Feiertagen

Richter

KLASSISCHE KÜCHE • LANDHAUS XX Hier legt man Wert auf gute Produkte, aus denen gehobene klassische Gerichte wie "Frühlingsrolle vom Skreifilet, Fenchel, Safran" entstehen. Behaglich das Ambiente, schön die Terrasse hinterm Haus. Nebenan das eigene Feinkostgeschäft.

Menü 36 € - Karte 35/57 €

Zschopauer Str. 259 09126 - 0371 55910 - www.feinkost-richter.de - nur Abendessen - geschlossen 16. Juli - 9. August und Sonntag - Montag

Schalom

KOSCHER • BÜRGERLICH X Mal Lust auf jüdisch-koschere Küche? Die gibt's in dem freundlichen, schlicht-modernen Restaurant z. B. als schmackhafte Mezze, "Blinztes Schawarma mit Gemüse" oder "Couscous mit Lammragout". Man lässt übrigens auch koscheres Bier brauen.

Menü 24/45 € - Karte 18/42 €

Heinrich-Zille-Str. 15 09111 - 0371 6957769 - www.schalom-chemnitz.de - nur Abendessen - geschlossen Montag und Freitag

alexxanders

URBAN • FUNKTIONELL In dem gepflegten Stadthaus am Zentrumsrand wohnt man richtig schön in wertig und modern eingerichteten Zimmern mit sehr guter Technik - einige haben einen Balkon zum begrünten Innenhof. Auch Zimmer für Langzeitgäste sind buchbar.

30 Zim - 68/81 € 82/97 € - 3 Suiten - 8 €

Ludwig-Kirsch-Str. 9 09130 - 0371 431111 - www.alexxanders.de

alexxanders - siehe Restaurantauswahl

CHIEMING

Bayern – 4 793 Ew. – Höhe 537 m – Regionalatlas **67**-N21
Michelin Straßenkarte 546

In Chieming-Ising Nord-West: 7 km

USINGA

KREATIV • GEMÜTLICH XX Das kleine Gourmetstüberl ("Usinga" ist der lateinische Name für "Gut Ising") bringt regionalen Charme und Eleganz in Einklang. Passend dazu die ambitionierte kreative Küche, die "Alpenkulinarik" verspricht. Wie wär's mit einer Weinreise?

Menü 70/86 € – Karte 60/71 €

Hotel Gut Ising, Kirchberg 3 ✉ 83339 – ✆ 08667 790 – www.gut-ising.de – nur Abendessen – geschlossen 11. - 21. Juni, 29. Juli - 9. September und Montag - Dienstag

Zum Goldenen Pflug

REGIONAL • LÄNDLICH X In einem der ältesten Gasthäuser der Region schreibt man Tradition groß, ohne stehen zu bleiben. Auf der Karte liest man z. B. "Saiblingsfilet, Chiemgauer Urkorn-Risotto, grüner Spargel" oder auch Klassiker wie "1/4 bayerische Bauernente, Kartoffelknödel, Blaukraut". Stimmig das gemütliche Ambiente.

Menü 20 € (mittags)/64 € (abends) – Karte 33/64 €

Hotel Gut Ising, Kirchberg 3 ✉ 83339 – ✆ 08667 790 – www.gut-ising.de

Gut Ising

HISTORISCH • INDIVIDUELL Auf dem weitläufigen Anwesen mit Gutshof-Charme kann man golfen, reiten, tagen oder bei Beautybehandlungen entspannen. Die Zimmer geschmackvoll und individuell (etwas Besonderes sind die Wellness-Suiten), vielfältig das Freizeitangebot. Eine Alternative zu "USINGA" und "Goldenem Pflug" ist das "Il Cavallo" mit italienischer Karte.

105 Zim – 142 € 171/282 € – 11 Suiten – ½ P

Kirchberg 3 ✉ 83339 – ✆ 08667 790 – www.gut-ising.de

Zum Goldenen Pflug • **USINGA** – siehe Restaurantauswahl

CHIEMSEE

Bayern – Höhe 518 m – Regionalatlas **67**-N21
Michelin Straßenkarte 546

Zur Linde

GASTHOF • GEMÜTLICH Ein Wirtshaus wie aus dem Bilderbuch und mit über 600 Jahren eines der ältesten in Bayern. Die Zimmer bieten meist Seeblick, ebenso die Fensterplätze der reizenden traditionellen Restaurantstuben. Herrlich der Biergarten! Tipp: Besuch des Klosters nebenan sowie der Nachbarinsel Herrenchiemsee mit dem berühmten Schloss!

14 Zim – 95/145 € 178/195 €

Hausnummer 1, auf der Fraueninsel, Autos nicht zugelassen ✉ 83256 – ✆ 08054 90366 – www.linde-frauenchiemsee.de – geschlossen 6. Januar - 20. März

CLAUSTHAL-ZELLERFELD

Niedersachsen – 15 857 Ew. – Höhe 560 m – Regionalatlas **29**-J10
Michelin Straßenkarte 541

Harzhotel Zum Prinzen

FAMILIÄR • GEMÜTLICH Im Jahre 1847 wurde das denkmalgeschützte holzverkleidete Haus erbaut. Die Gäste schätzen die sympathische Atmosphäre und die wohnlichen Zimmer in dem freundlich und familiär geführten kleinen Hotel.

16 Zim – 56/60 € 78 € – 2 Suiten

Goslarsche Str. 20, Zellerfeld ✉ 38678 – ✆ 05323 96610 – www.zum-prinzen.de

CLOPPENBURG

Niedersachsen – 33 221 Ew. – Höhe 38 m – Regionalatlas **17**-E7
Michelin Straßenkarte 541

Margaux

FRANZÖSISCH-KLASSISCH • ELEGANT XX Das elegante Restaurant befindet sich in der Innenstadt, in "Schäfers Hotel" (hier wohnt man übrigens sehr gepflegt). Gekocht wird klassisch-international, dazu gibt es eine Weinkarte mit rund 250 Positionen. Alternativ bekommt man im legeren Bistro nebenan Steaks, Pasta und Snacks.

Menü 29/89 € – Karte 36/87 €

16 Zim – 65/75 € 89/129 € – 3 Suiten – ½ P

Lange Str. 66 49661 – 04471 2484 – www.schaefers-hotel-cloppenburg.de – nur Abendessen – geschlossen Januar 2 Wochen, September 2 Wochen und Montag - Dienstag

sevenoaks

BOUTIQUE-HOTEL • DESIGN Chic, modern und individuell. Nahe Museumsdorf und Fußgängerzone wohnen Sie in einem wertig und mit Liebe zum Detail eingerichteten Boutique-Hotel - die Zimmer heißen z. B. Alpen, Mexiko, Hamptons, Regenwald... Wohnlich: Lesezimmer mit Kamin sowie Frühstücksbereich mit Küche. Appartements im Nachbarhaus.

13 Zim – 98/115 € 125/143 € – 5 Suiten – 10 €

Museumstr. 8 49661 – 04471 8505845 – www.sevenoakshotel.de

COBURG

Bayern – 41 062 Ew. – Höhe 292 m – Regionalatlas **50**-K14
Michelin Straßenkarte 546

Stadtvilla

PRIVATHAUS • MODERN Das hübsche Stadthaus von 1906 liegt in einer kleinen Seitenstraße direkt am Flüsschen Itz, zum Landestheater sind es nur zehn Gehminuten. Zum Wohlfühlen: aufmerksamer Service, geschmackvoll-wohnliche Einrichtung und frisches Frühstück in einem lichten Wintergarten. Dazu ein kostenfreier Parkplatz. Sauna gegen Gebühr.

10 Zim – 93/105 € 119/139 €

Seifartshofstr. 10 96450 – 09561 2399370 – www.stadtvilla-coburg.de – geschlossen 23. Dezember - 6. Januar

COCHEM

Rheinland-Pfalz – 5 259 Ew. – Höhe 90 m – Regionalatlas **46**-C14
Michelin Straßenkarte 543

In Cochem-Cond

Thul

FAMILIÄR • GEMÜTLICH Eine tipptopp gepflegte Adresse mit wohnlichen Zimmern (teilweise mit Balkon), die dank ihrer erhöhten Lage eine wunderschöne Aussicht auf Cochem und Mosel bietet - da sitzt man gerne auf der Terrasse des Restaurants. Tipp für Wanderer: Am Haus verläuft der Moselsteig. Ins Zentrum sind es ca. 15 Min. zu Fuß.

23 Zim – 66/75 € 108/124 € – ½ P

Brauselaystr. 27 56812 – 02671 914150 – www.hotel-thul.de – geschlossen 3. Januar - 21. März

In Cochem-Sehl

Keßler-Meyer

SPA UND WELLNESS • GEMÜTLICH Sie mögen's ruhig und mit Aussicht? Hier wohnen Sie oberhalb der Mosel in schönen zeitgemäßen Zimmern - wie wär's z. B. mit einer Turm-Maisonette? Gönnen Sie sich auch wohltuende Anwendungen in der "WellnessVilla" nebenan! Wer zum Essen kommt, kann z. B. im netten Wintergarten Platz nehmen.

43 Zim – 90/150 € 120/220 € – 3 Suiten – ½ P

Am Reilsbach 10 56812 – 02671 97880 – www.hotel-kessler-meyer.de

COESFELD

Nordrhein-Westfalen - 35 923 Ew. - Höhe 80 m - Regionalatlas **26**-C9
Michelin Straßenkarte 543

Freiberger im Gasthaus Schnieder-Bauland

REGIONAL • GASTHOF XX Wem Schmackhaftes wie "westfälisches Zwiebelfleisch", "pochierte Hechtklößchen mit Hummerravioli" oder das "Gabelmenü" mit 7-12 Gängen Appetit macht, ist bei Benedikt Freiberger genau richtig. Das rote Ziegelsteinhaus liegt übrigens schön im Grünen - da lockt auch die Terrasse.

Menü 28 € (mittags)/59 € - Karte 28/52 €

Sirksfeld 10, Nord-West: 2 km ✉ 48653 - ✆ 02541 3930 - www.restaurant-freiberger.de - geschlossen Februar 2 Wochen, Ende Juli - Anfang August 1 Woche und Montag - Dienstag

COLMBERG

Bayern - 1 955 Ew. - Höhe 450 m - Regionalatlas **49**-J17
Michelin Straßenkarte 546

Burg Colmberg

HISTORISCHES GEBÄUDE • KLASSISCH Hier oben in toller Aussichtslage mischen sich historisches Burg-Flair und wohnliches Hotel-Ambiente. Die Zimmer sind gemütlich, teils sogar historisch, im Restaurant bietet man u. a. Wild aus dem eigenen Gehege direkt vor der Burg. Im Sommer lockt die Terrasse. Tipp für Hochzeiten: der imposante Rittersaal!

31 Zim - 59/220 € 110/225 €

Burg 1-3 ✉ 91598 - ✆ 09803 91920 - www.burg-colmberg.de - geschlossen Februar

CRIMMITSCHAU

Sachsen - 19 180 Ew. - Höhe 238 m - Regionalatlas **42**-N13
Michelin Straßenkarte 544

Villa Vier Jahreszeiten

HERRENHAUS • HISTORISCH Wer das stilvolle Flair der aufwändig restaurierten Fabrikantenvilla (1903-1906 erbaut) für sich entdeckt hat, wird gerne wiederkommen. Das Anwesen ist schon ein Schmuckstück und alles andere als "von der Stange"! 1 Gehminute entfernt: das ebenfalls von den Hotelbesitzern geleitete öffentliche Vital Center.

9 Zim - 99/112 € 127/137 € - 1 Suite

Gabelsbergerstr. 12 ✉ 08451 - ✆ 03762 7598110 - www.villa-vierjahreszeiten.de

CUXHAVEN

Niedersachsen - 48 221 Ew. - Höhe 2 m - Regionalatlas **9**-G4
Michelin Straßenkarte 541

In Cuxhaven-Duhnen Nord-West: 6 km über Strichweg

Sterneck

KREATIV • KLASSISCHES AMBIENTE XXX Das elegante kleine Gourmetrestaurant mit der tollen Sicht auf Nordsee und Wattenmeer wird durchweg hohen Ansprüchen gerecht, vom Service über die Weinauswahl bis zur Küche: kreative Speisen mit klassischer Basis und verspielter Note, zubereitet aus sehr guten Produkten.

→ Thunfisch, junger Lauch, Grapefruit, schwarzer Knoblauch, Ponzu. Rehrücken, Rote Bete, Topinambur, Blaubeere. Quitte, weiße Schokolade, Süßholz, Safran.

Menü 75 € (vegetarisch)/180 €

Badhotel Sternhagen, Cuxhavener Str. 86 ✉ 27476 - ✆ 04721 4340 - www.badhotel-sternhagen.de - nur Abendessen, sonntags auch Mittagessen - geschlossen 17. November - 24. Dezember und Montag - Mittwoch

Panorama-Restaurant Schaarhörn

INTERNATIONAL • ELEGANT In hanseatisch-elegantem Ambiente genießt man bei schönem Nordsee-Blick regionale Küche mit Niveau, z. B. als "Zweierlei vom Arenscher Weideochsen". Und lassen Sie sich am Nachmittag nicht die Kuchen aus der eigenen Konditorei entgehen!

Menü 38/64 € - Karte 42/66 €

Badhotel Sternhagen, Cuxhavener Str. 86 ✉ 27476 - ✆ 04721 4340 - www.badhotel-sternhagen.de - geschlossen 17. November - 22. Dezember

Strandperle

SPA UND WELLNESS • KLASSISCH Das Hotel sieht nicht nur von außen aus wie ein Kreuzfahrtdampfer, auch innen steht alles unter dem Motto Seefahrt, viele kleine Details unterstreichen das maritime Flair. Einige Zimmer sowie der Ruhebereich des Spa bieten Meerblick. Internationale Küche im Restaurant nebst Terrasse an der Promenade.

66 Zim - 143/195 € 167/262 € - 16 Suiten - ½ P

Duhner Strandstr. 15, (Zufahrt über Am Wattenweg) ✉ 27476 - ✆ 04721 40060 - www.strandperle-hotels.de

Badhotel Sternhagen

FAMILIÄR • INDIVIDUELL Herzlich wird man in dem seit über 50 Jahren bestehenden Familienbetrieb umsorgt. Toll der Service, traumhaft die Lage direkt hinterm Deich, herrlich der Blick auf die Nordsee, dazu ein umfassendes Spa-Angebot mit Meerwasser-Konzept. Besonders chic die neueren Zimmer! Eine gemütlich-rustikale Restaurant-Alternative zu "Sterneck" und "Schaarhörn" ist das "Ekendöns".

36 Zim - 164/220 € 255/325 € - 11 Suiten - ½ P

Cuxhavener Str. 86 ✉ 27476 - ✆ 04721 4340 - www.badhotel-sternhagen.de - geschlossen 17. November - 22. Dezember

Sterneck • **Panorama-Restaurant Schaarhörn** – siehe Restaurantauswahl

Strandhotel Duhnen

SPA UND WELLNESS • ELEGANT Das traditionsreiche Hotel von 1896 wächst mit den Ansprüchen der Gäste, wird schöner und geht mit der Zeit. Tolle Lage an der Strandpromenade, komfortable Ausstattung, "Levitas Wellspa" auf 600 qm. Die Gastronomie: Restaurant "Vier Jahreszeiten" zum Wattenmeer, Bistro "Kamp's", Bierpub "Störtebeker" sowie "Lido Bar". Frühstück mit Strand- und Meerblick.

94 Zim - 71/206 € 129/221 € - 3 Suiten - ½ P

Duhner Strandstr. 5 ✉ 27476 - ✆ 04721 4030 - www.kamp-hotels.de

In Cuxhaven-Döse

Moin!

FAMILIÄR • MODERN Warum das Hotel so beliebt ist? Hier ist alles tipptopp gepflegt, die Einrichtung freundlich und zeitgemäß, das Frühstückbuffet ist toll, die Mitarbeiter sind herzlich, und auch in Sachen Wellness bietet man so einiges - ein Ferienhotel par excellence zu fairen Preisen!

56 Zim - 89 € 129 € - 8 Suiten

Steinmarner Str. 83 ✉ 27476 - ✆ 04721 664822 - www.moin.info

DACHAU

Bayern - 45 985 Ew. - Höhe 505 m - Regionalatlas **65**-L20
Michelin Straßenkarte 546

LeibSpeis N

MARKTKÜCHE • FREUNDLICH Eine sympathische Adresse für "einfach mal so"! Rustikale Einrichtung und nette Deko machen es hier gemütlich, der Service ist freundlich und aus der Küche kommen regional-saisonale Gerichte wie "Gulasch vom Allgäuer Kalb mit Serviettenknödel". Mittags preiswertes Tagesangebot.

Karte 30/67 €

Augsburger Str. 26 ✉ 85221 - ✆ 08131 3180549 - www.leibspeis.info - geschlossen Sonntag - Montag

In Dachau-Webling Nord-West: 2 km

Schwarzberghof

MARKTKÜCHE • GASTHOF XX Hier isst man richtig gut, entsprechend gefragt ist das charmante holzgetäfelte Restaurant - reservieren Sie also lieber! Auf der Karte liest man z. B. "Lammkarree in der Kräuterkruste mit Kartoffelgratin" oder "Zanderfilet mit Rieslingcremesauce". Schön die Gartenterrasse.

Karte 23/68 €

8 Zim - 79/149 € 109/179 €

Augsburger Str. 105 85221 - 08131 338060 - www.schwarzberghof.eu - geschlossen Montag

DAHN

Rheinland-Pfalz - 4 511 Ew. - Höhe 210 m - Regionalatlas **53**-D17
Michelin Straßenkarte 543

Pfalzblick

SPA UND WELLNESS • GEMÜTLICH Schöne Ferien in ruhiger Waldrandlage: beste Wanderbedingungen und Spa auf über 1000 qm samt Panorama-Ruheraum, dazu die im Preis inbegriffene 3/4-Vitalpension. Im A-la-carte-Restaurant speist man international und regional und genießt den Blick von der Terrasse. Für Weinliebhaber: moderne Vinothek.

80 Zim - 121/192 € 196/516 € - 3 Suiten - ½ P

Goethestr. 1 66994 - 06391 4040 - www.pfalzblick.de

DAMSHAGEN

Mecklenburg-Vorpommern - 1 268 Ew. - Höhe 20 m - Regionalatlas **11**-K4
Michelin Straßenkarte 542

In Damshagen-Parin Süd-Ost: 5 km

Gutshaus Parin

HISTORISCH • MODERN Das hat Charme: Ein altes Gutshaus wurde hier nach ökologischen Gesichtspunkten in ein reizendes Hotel mit geschmackvollen Zimmern verwandelt. Wählen Sie "Himbeere", "Mirabelle", "Apfel"... Oder lieber ein "Zirbenzimmer"? Schön der Badeteich im Garten. Im Restaurant bietet man vegetarische Küche in Buffetform.

30 Zim - 66/129 € 92/200 € - ½ P

Wirtschaftshof 1 23948 - 03881 756890 - www.gutshaus-parin.de

DARMSTADT

Hessen - 151 879 Ew. - Höhe 144 m - Regionalatlas **47**-F15
Michelin Straßenkarte 543

Orangerie

MEDITERRAN • ELEGANT XXX Im Orangerie-Park steht das historische Gebäude mit lichtem, elegantem Interieur - gefragt auch die Terrasse und die Lounge! Gekocht wird mediterran - von der Tafel wählt man z. B. "Seezunge im Wildkräutermantel". Für Weinfreunde: schöne Auswahl an Magnumflaschen.

Menü 48/89 € - Karte 47/83 €

Bessunger Str. 44 64285 - 06151 3966446 - www.orangerie-darmstadt.de

Daniela's Trattoria Romagnola

ITALIENISCH • TRATTORIA XX Seit über 30 Jahre steht die sympathische Chefin am Herd. Probieren Sie die hausgemachte Pasta oder den Klassiker "Kalbsrücken Daniela Art"! Haben Sie die charmante Terrasse mit der freigelegten historischen Mauer gesehen?

Menü 48/120 € - Karte 45/105 €

Heinrichstr. 39 64283 - 06151 20159 - www.trattoria-romagnola.de - geschlossen Samstagmittag, Sonntag

BENEDIKTINER
Benediktiner
Weissbier
DEM HIMMEL
SO NAH.
Nach benediktinischer Originalrezeptur mit
Ettaler Kellerhefe gebraut in Lich
für die Benediktiner Weißbräu GmbH, Ettal.
BENEDIKTINER
Benediktiner
Weissbier

ITALIAN CLASSICS
IN NEUEM GLANZ!
SCAVI & RAY
SCAVI & RAY
MOSCATO
SPUMANTE
SCAVI & RAY
LAMBRUSCO
SPUMANTE
SCAVI-RAY | WWW.SCAVI-RAY.IT | #SCAVIRAY

In Darmstadt-Kranichstein Nord-Ost: 5 km

Kavaliersbau

KLASSISCHE KÜCHE • TRENDY XX In dem hübschen historischen Gebäude erwartet Sie neben geradlinig-elegantem Ambiente (schön auch die Terrasse!) und versiertem Service eine ambitionierte modern-klassische Küche, die auf ausgezeichneten Produkten basiert. Wie wär's z. B. mit "Steinbutt, Cashewnüssen, Limette"?

Menü 48 € - Karte 46/68 €

Hotel Jagdschloss Kranichstein, Kranichsteiner Str. 261 ✉ 64289 - ✆ 06151 130670 - www.hotel-jagdschloss-kranichstein.de - nur Abendessen, sonntags auch Mittagessen - geschlossen Sonntagabend - Montag

Jagdschloss Kranichstein

LANDHAUS • ELEGANT Ein wirklich ansprechendes Bild gibt das von Grund auf renovierte ehemalige Jagdschloss ab! Die Zimmer hochwertig, modern-elegant und technisch top. Im legeren Bistro mit Bar bietet man neben Kaffee und Kuchen auch eine kleine regionale Karte. Schön der Park mit See.

48 Zim - †84/134 € ††94/244 € - 1 Suite - ☕ 19 €

Kranichsteiner Str. 261 ✉ 64289 - ✆ 06151 130670 - www.hotel-jagdschloss-kranichstein.de

Kavaliersbau - siehe Restaurantauswahl

DARSCHEID

Rheinland-Pfalz - 833 Ew. - Höhe 490 m - Regionalatlas **45**-B14
Michelin Straßenkarte 543

Kucher's Weinwirtschaft

REGIONAL • FAMILIÄR X Charmant die unterschiedlichen antiken Tische und Stühle, die hübsche Deko und die fast familiäre Atmosphäre. Seit jeher gibt es hier "Saure Nierle mit Bratkartoffeln" - ein Klassiker, der treue Anhänger hat! Für die regional-saisonale Küche wird generell nur Fleisch aus der Eifel verarbeitet.

Karte 30/48 €

Restaurant Kucher's Gourmet, Karl-Kaufmann-Str. 2 ✉ 54552 - ✆ 06592 629 - www.kucherslandhotel.de - geschlossen 2. - 19. Januar und Montag - Dienstagmittag

Kucher's Gourmet

REGIONAL • ELEGANT XX Neben der ambitionierten klassischen Küche dreht sich hier alles um das Thema Wein! Die Weinkarte umfasst über 1300 Positionen, darunter einige Mosel-Raritäten - folgen Sie getrost den Empfehlungen. Attraktiv übrigens auch das modern-elegante Interieur, ebenso die schönen wohnlich-individuellen Gästezimmer.

Menü 59/96 € - Karte 71/79 €

14 Zim ☕ - †54/89 € ††106/124 € - ½ P

Karl-Kaufmann-Str. 2 ✉ 54552 - ✆ 06592 629 (Tischbestellung ratsam) - www.kucherslandhotel.de - Mittwoch - Samstag nur Abendessen, sonntags auch Mittagessen - geschlossen 2. - 19. Januar und Sonntagabend - Dienstag, außer an Feiertagen

Kucher's Weinwirtschaft - siehe Restaurantauswahl

DAUN

Rheinland-Pfalz - 7 941 Ew. - Höhe 410 m - Regionalatlas **45**-B14
Michelin Straßenkarte 543

Graf Leopold

KLASSISCHE KÜCHE • TRADITIONELLES AMBIENTE XXX Streifentapete, dekorative Bilder, schöne Leuchter, feine Tischkultur... Mit seinem stilvoll-eleganten Ambiente wird das Restaurant ganz dem historischen Rahmen gerecht. Gekocht wird mit saisonalen Einflüssen.

Menü 68/115 € - Karte 56/78 €

Hotel Kurfürstliches Amtshaus Dauner Burg, Burgfriedstr. 28 ✉ 54550 - ✆ 06592 9250 (Tischbestellung ratsam) - www.daunerburg.de - nur Abendessen, sonntags auch Mittagessen - geschlossen 1. Januar - 1. Februar und Montag - Dienstag

Kurfürstliches Amtshaus Dauner Burg

HISTORISCHES GEBÄUDE · ROMANTISCH Auf der einstigen Burg im Zentrum "wacht" seit vielen Jahren Familie Probst und kümmert sich herzlich um ihre Gäste. Wussten Sie, dass Sie hier auf einem erloschenen vulkanischen Berg nächtigen? Und zwar in individuellen, klassisch-stilvollen Zimmern. Für Ihre Entspannung gibt es einen hübschen kleinen Spa.

27 Zim – 68/78 € 118/195 € – 1 Suite – ½ P

Burgfriedstr. 28 54550 – 06592 9250 – www.daunerburg.de – geschlossen 1. Januar - 1. Februar

Graf Leopold – siehe Restaurantauswahl

Panorama

SPA UND WELLNESS · INDIVIDUELL Alles hier ist tipptopp gepflegt, toll die Lage am Hang. Wie wär's mit einem Zimmer mit Blick ins Grüne? Geschmackvoll und wertig die Einrichtung, alle Zimmer mit Balkon. Dazu Wellness und Beauty. Im Restaurant legt man Wert auf regionale Produkte - schön der moderne Look mit natürlichen Materialien. Panoramaterrasse.

26 Zim – 81/94 € 138/164 € – ½ P

Rosenbergstr. 26 54550 – 06592 9340 – www.hotelpanorama.de – geschlossen 17. Februar - 21. März, 9. - 24. Dezember

DEGGENHAUSERTAL

Baden-Württemberg – 4 163 Ew. – Höhe 544 m – Regionalatlas **63**-H21
Michelin Straßenkarte 545

In Deggenhausertal-Limpach

Mohren

REGIONAL · GEMÜTLICH Hier kocht man regional, und zwar ausschließlich mit biozertifizierten Zutaten - Obst, Gemüse, Fleisch etc. stammen aus dem eigenen Bio-Betrieb. Chef Jürgen Waizenegger, Landwirt und Koch, bietet z. B. Rinderschmorbraten, hausgemachte Maultaschen oder Cordon bleu.

Menü 28/45 € – Karte 22/67 €

Biohotel Mohren, Kirchgasse 1 88693 – 07555 9300 – www.mohren.bio – geschlossen 6. - 25. Januar und Montag - Dienstag

Biohotel Mohren

GASTHOF · GEMÜTLICH Richtig schön wohnt man in dem ehemaligen Gutshof in ruhiger Lage. Darf es vielleicht eine chic-moderne "Spa Suite" im Neubau sein? Zum Frühstück gibt es ein gutes Buffet mit Bio-Produkten und für Entspannung sorgt der hochwertige Spa.

41 Zim – 65/150 € 130/200 € – 3 Suiten – ½ P

Kirchgasse 1 88693 – 07555 9300 – www.mohren.bio – geschlossen 6. - 25. Januar

Mohren – siehe Restaurantauswahl

In Deggenhausertal-Wittenhofen

Landhotel Adler

REGIONAL · RUSTIKAL In dem traditionsreichen Landgasthof im Zentrum kann man in sehr gepflegten Zimmern wohnen und regional-bürgerlich speisen, von Maultaschen über "Geschnetzeltes aus der Rehkeule" bis "Kretzerfilet im Eimantel". Serviert wird in der gemütlichen Gaststube oder auf der netten Terrasse an der Deggenhauser Aach.

Karte 34/50 €

20 Zim – 63/70 € 95 €

Roggenbeurer Str. 2 88693 – 07555 202 – www.landhotel-adler.de – geschlossen 15. Februar - 10. März, 24. Oktober - 8. November und Mittwoch - Freitagmittag

DEIDESHEIM

Rheinland-Pfalz – 3 722 Ew. – Höhe 117 m – Regionalatlas **47**-E16
Michelin Straßenkarte 543

L.A. Jordan

KREATIV • DESIGN XXX Chic und modern sind die Räume beide - mal elegant, mal ein bisschen trendiger. Egal, wo Sie sitzen, im Mittelpunkt steht die aromareiche kreative Küche aus hervorragenden Produkten. Der Service ist leger und gleichermaßen professionell. Man hat eine tolle Weinauswahl - darf es vielleicht einer der zahlreichen eigenen Weine sein?

→ Norwegische Langoustine, Gochujang, Artischocke und geröstete Aioli. Verkohltes Rind, Wintertrüffel und Teriyaki. Rehrücken, Kohlrabi, Griottes Kirsche und Jus von der verbrannten Schalotte.

Menü 125/155 €

Hotel Ketschauer Hof, Ketschauerhofstr. 1 ✉ 67146 – ✆ 06326 70000 – www.ketschauer-hof.com – nur Abendessen – geschlossen 1. Januar - 1. Februar und Sonntag - Montag

Schwarzer Hahn

FRANZÖSISCH-MODERN • ELEGANT XXX Was hier unter dem sehenswerten hellen Kreuzgewölbe auf den wertig eingedeckten Tisch kommt, ist klassische Küche, die auf ausgesuchte Produkte setzt und auch die Region mit einbezieht, schöne Details und eigene Ideen inklusive. Der Service ist professionell und fachlich top, ebenso die Weinberatung.

→ Steinköhler, Spargelähren, Kaviarhollandaise, Zucchiniblüte. Dry Aged Rinderrücken, gefüllte Cipollini, Sauce Barrique, Blumenkohl. Topfensoufflé mit Tahiti Vanille, Orangenragout, Pralineneis, Pistaziensauce.

Menü 118/159 € – Karte 82/114 €

Hotel Deidesheimer Hof, Am Marktplatz 1 ✉ 67146 – ✆ 06326 96870 (Tischbestellung ratsam) – www.deidesheimerhof.de – nur Abendessen – geschlossen Januar, 7. Juli - 29. August und Sonntag - Dienstag, außer an Feiertagen

St. Urban

REGIONAL • RUSTIKAL XX In den behaglichen Restaurantstuben spürt man den traditionellen Charme eines Pfälzer Landgasthofs. Zu guter regionaler Küche - vom Vesper bis zum Menü - trinkt man heimische Weine. Serviert wird z. B. "Steak vom Rinderrücken, Café de Paris Butter, Pfefferjus, getrüffelter Rahmkohlrabi, Kartoffelrösti".

Menü 34/60 € – Karte 35/48 €

Hotel Deidesheimer Hof, Am Marktplatz 1 ✉ 67146 – ✆ 06326 96870 – www.deidesheimerhof.de – geschlossen Januar 2 Wochen und Juli 2 Wochen

riva

INTERNATIONAL • HIP XX Geradliniges Interieur in hellen Naturtönen, dazu angenehm legerer Service und international-mediterrane Küche. Neben Steaks, Pizza und Pasta liest man auf der Karte z. B. "Paillard vom Kalb, Spargelragout, junge Kartoffeln, Bärlauch".

Karte 42/109 €

Kaisergarten Hotel & Spa, Weinstr. 12 ✉ 67146 – ✆ 06326 700077 – www.kaisergarten-deidesheim.com – geschlossen Sonntag

fumi Deidesheim

JAPANISCH • FREUNDLICH X Im Weingut Josef Biffar hat sich ein kleines japanisches Restaurant etabliert. Authentisch die Küche, einschließlich Sushi und Sashimi. Tipp: Das "Fünferlei aus der japanischen Küche" gibt einen schönen Einblick. Dazu empfiehlt man hauseigene Weine.

Menü 52/69 € – Karte 39/53 €

Im Kathrinenbild 1, (im Weingut Biffar) ✉ 67146 – ✆ 06326 7001210 – www.josef-biffar.de – nur Abendessen, sonntags auch Mittagessen – geschlossen Montag

Leopold

INTERNATIONAL • GERADLINIG Aufwändig saniert, ist der ehemalige Pferdestall des Weinguts von Winning heute ein schön modernes und hochgradig beliebtes Restaurant. Ansprechend der Mix aus internationaler Küche (z. B. Wagyu Beef) und Pfälzer Spezialitäten wie "Milchkalbsnierchen mit Senfsauce". Ideal auch für Hochzeiten.

Karte 29/70 €

Weinstr. 10 ✉ 67146 – ✆ 06326 9668888 – www.von-winning.de – geschlossen 4. - 20. Februar

Restaurant 1718

INTERNATIONAL • TRENDY Im "White Room" und im "Black Room" treffen stilvolle Altbau-Elemente auf hochwertige Designereinrichtung. Direkt vor dem Bistro die kleine Terrasse. Zur französisch-internationalen Küche gibt es eine tolle Auswahl an Weinen aus der Pfalz und Österreich.

Karte 31/65 €

Hotel Ketschauer Hof, Ketschauerhofstr. 1 ✉ 67146 – ✆ 06326 70000 – www.restaurant1718.de – geschlossen Montag

Deidesheimer Hof

FAMILIÄR • KLASSISCH Größtes Engagement legt Familie Hahn hier an den Tag, und das bereits seit 1971! Stetige Investitionen zeigen sich in geschmackvollen und wohnlich-eleganten Zimmern, tollen Veranstaltungsorten vom Kellergewölbe bis zum Gartenhaus sowie in Tagungsräumen mit Niveau.

25 Zim – †120/150 € ††155/210 € – 3 Suiten – ☕ 21 € – ½ P

Am Marktplatz 1 ✉ 67146 – ✆ 06326 96870 – www.deidesheimerhof.de – geschlossen Januar 2 Wochen und Juli 2 Wochen

Schwarzer Hahn • **St. Urban** – siehe Restaurantauswahl

Ketschauer Hof

HISTORISCH • MODERN Hotel, Restaurants, Eventlocation - all das vereint das ehemalige Bassermann-Jordan-Weingut. Modernste Technik und exklusives Design vermitteln einen Hauch Luxus, ebenso der kleine, aber feine Spa, ganz zu schweigen vom tollen A-la-carte-Frühstück! Kochatelier für Kochkurse.

17 Zim ☕ – †195 € ††230 € – 1 Suite

Ketschauerhofstr. 1 ✉ 67146 – ✆ 06326 70000 – www.ketschauer-hof.com

L.A. Jordan • **Restaurant 1718** – siehe Restaurantauswahl

Kaisergarten Hotel & Spa

BUSINESS • MODERN Für Wochenendurlauber, Business- und Tagungsgäste gleichermaßen interessant ist das Hotel im Herzen des historischen Weinstädtchens mit seiner wertigen chic-modernen Einrichtung. Wie wär's mit einer der vielen Anwendungen im schönen Spa?

77 Zim – †95/155 € ††140/240 € – 8 Suiten – ☕ 19 €

Weinstr. 12 ✉ 67146 – ✆ 06326 700077 – www.kaisergarten-deidesheim.com

riva – siehe Restaurantauswahl

DELBRÜCK

Nordrhein-Westfalen – 31 171 Ew. – Höhe 100 m – Regionalatlas **27**-F10
Michelin Straßenkarte 543

Waldkrug

TRADITIONELLE KÜCHE • LÄNDLICH Ob in der leger-rustikalen Bierstube oder im klassisch gehaltenen Restaurant, man bekommt hier saisonale Küche mit regionalen Gerichten und internationalen Einflüssen, von "Spargelravioli mit Bärlauchbutter" bis "Rinderroulade Bürgerliche Art". Schön: Terrasse vor und hinter dem Haus.

Karte 26/62 €

Hotel Waldkrug, Graf-Sporck-Str. 34 ✉ 33129 – ✆ 05250 98880 – www.waldkrug.de – Mitte Juli - Ende August nur Abendessen

Waldkrug

GASTHOF • INDIVIDUELL Seit 1901 wird das Hotel von der Familie geführt, schon die 4. Generation ist mit Engagement im Einsatz, immer wieder wird investiert. Die Zimmer sind wohnlich, hübsch die Kamin-Lobby mit englischem Flair. Schön entspannen kann man u. a. auf der Dachterrasse!

49 Zim – 90/104 € 139/160 € – ½ P

Graf-Sporck-Str. 34 ✉ 33129 – ✆ 05250 98880 – www.waldkrug.de

Waldkrug – siehe Restaurantauswahl

In Delbrück-Schöning Nord-West: 6 km über B 64 Richtung Rietberg, dann rechts abbiegen

ESSperiment

MODERNE KÜCHE • HIP XX Mittags Bistro, abends Restaurant für Feinschmecker - so das Konzept dieser modern-legeren Adresse samt schöner Terrasse. Man kocht frisch und gut, z. B. in Form von "Entenbrust, Sesam, Karotte, Ingwer, Perlgraupen". Von Mai bis Oktober gibt's sonntagnachmittags hausgebackenen Kuchen.

Menü 85 € (abends) – Karte 33/64 €

Schöninger Str. 74 ✉ 33129 – ✆ 05250 9956377 – www.restaurant-essperiment.de – geschlossen Montag - Mittwochmittag, Donnerstagmittag

DENZLINGEN

Baden-Württemberg – 13 406 Ew. – Höhe 234 m – Regionalatlas **61**-D20
Michelin Straßenkarte 545

Rebstock-Stube

KLASSISCHE KÜCHE • GEMÜTLICH XX Bei Familie Frey wird klassisch gekocht, und das kommt an! "Filetspitzen mit Steinpilzen" oder "Hechtklößchen mit Hummersoße" sind schöne Beispiele für die frisch zubereiteten, schmackhaften Gerichte. Dazu wird man freundlich und geschult umsorgt.

Menü 34 € (mittags)/75 € – Karte 35/73 €

Hauptstr. 74 ✉ 79211 – ✆ 07666 2071 – www.rebstock-stube.de – geschlossen 15. - 28. Januar, 15. September- 1. Oktober und Sonntag - Montag, außer an Feiertagen

DERMBACH

Thüringen – 3 038 Ew. – Höhe 370 m – Regionalatlas **39**-I13
Michelin Straßenkarte 544

BjörnsOX (N)

KREATIV • RUSTIKAL XX Björn Leist, vormals Sternekoch in Hilders, bietet seine "Mundart-Küche" nun hier in einer historischen kleinen Stube mit gemütlicher Holztäfelung und Fachwerk. Gekocht wird gewohnt kreativ. Mit sehr guten, meist heimischen Produkten werden regionale Spezialitäten in einem Überraschungsmenü innovativ umgesetzt.

Menü 99/129 €

Hotel SaxenHof, Bahnhofstr. 2 ✉ 36466 – ✆ 036964 869230 (Tischbestellung erforderlich) – www.rhoener-botschaft.de – nur Abendessen – geschlossen 23. Dezember - 6. Januar, 22. - 29. Juli, und Sonntag - Dienstag

SaxenHof (N)

BUSINESS • MODERN Modern, hell und freundlich sind die Zimmer hier, geräumig die Apartment-Maisonetten im Nebenhaus. Dazu ein schöner Saunabereich sowie ein gutes Frühstück mit Produkten aus der Rhön. Mi. - So. kann man abends im "Wohnzimmer" speisen, sonntags kommt man am Mittag zum Braten! Nachmittags gibt es Kuchen.

31 Zim – 75/135 € 100/180 €

Bahnhofstr. 2 ✉ 36466 – ✆ 036964 869230 – www.rhoener-botschaft.de

BjörnsOX – siehe Restaurantauswahl

DERNAU

Rheinland-Pfalz – 1 758 Ew. – Höhe 125 m – Regionalatlas **36**-C13
Michelin Straßenkarte 543

Hofgarten

REGIONAL • GEMÜTLICH X Jede Menge Charme steckt in dem hübschen Fachwerkhaus - Highlight (und entsprechend gut besucht) ist der lauschige Innenhof! Die Küche ist bürgerlich-regional: Wild, Vespergerichte, Flammkuchen... Dazu Weine vom eigenen Weingut. Für Übernachtungsgäste: schicke Zimmer und ein tolles Frühstück!

Karte 22/47 €

4 Zim – †75 € ††95 € – ☕15 €

Bachstr. 26 ✉ 53507 – ✆ 02643 1540 – www.hofgarten-dernau.de

DERNBACH (Kreis SÜDLICHE WEINSTRASSE)

Rheinland-Pfalz – 441 Ew. – Höhe 219 m – Regionalatlas **47**-E17
Michelin Straßenkarte 543

Schneider

REGIONAL • RUSTIKAL XX 1884 als Gaststube eröffnet und seit jeher in Familienhand. In gemütlichen freundlichen Räumen (schön auch die Terrasse hinterm Haus) isst man regional - Appetit macht z. B. "Pfälzer Hirschnuss mit frischen Pilzen und Spätzle". Freunde Pfälzer Weine kommen ebenfalls auf ihre Kosten.

Menü 29/75 € – Karte 33/62 €

Hauptstr. 88 ✉ 76857 – ✆ 06345 8348 – www.schneider-dernbachtal.de – geschlossen Januar 2 Wochen, Juli 2 Wochen und Montag - Mittwochmittag

Dernbachtal

FAMILIÄR • GEMÜTLICH Kein Wunder, dass man hier gerne herkommt: ruhige Hanglage, schön geräumige Zimmer mit Balkon oder Terrasse, sympathische Gastgeber... Und: Die leckeren selbstgemachten Marmeladen gibt's auch für Zuhause! Ebenfalls käuflich ist die Kunst im Haus - sie stammt von Einheimischen und Stammgästen.

12 Zim ☕ – †70/85 € ††110/125 €

Am Berg 3a ✉ 76857 – ✆ 06345 95440 – www.hotel-dernbachtal.de

DETMOLD

Nordrhein-Westfalen – 73 586 Ew. – Höhe 130 m – Regionalatlas **28**-G10
Michelin Straßenkarte 543

Weinstube und Bistro

MEDITERRAN • GEMÜTLICH XX Gediegen-elegante Weinstube oder legeres Bistro mit beeindruckend hoher alter Holzdecke und offener Küche? Nett auch der "Unterstand" mit dem wohl ältesten Stammtisch Deutschlands! Im Sommer ist die Terrasse zur Fußgängerzone gefragt! Auf der mediterran inspirierten Karte z. B. "Lammkarree, Spinatkruste, Ratatouille".

Menü 35/69 € – Karte 31/57 €

Hotel Detmolder Hof, Lange Str. 19 ✉ 32756 – ✆ 05231 980990 (Tischbestellung erforderlich) – www.detmolder-hof.de

Detmolder Hof

HISTORISCHES GEBÄUDE • ELEGANT Das a. d. 16. Jh. stammdende Haus liegt mitten in der Stadt und bietet schöne Zimmer, die wertig, stimmig und wohnlich gestaltet sind. Dazu gibt's am Morgen ein frisches Frühstück und die freundliche Gästebetreuung tut ein Übriges.

13 Zim ☕ – †99/129 € ††149/179 € – ½ P

Lange Str. 19 ✉ 32756 – ✆ 05231 980990 – www.detmolder-hof.de

Weinstube und Bistro – siehe Restaurantauswahl

Lippischer Hof

URBAN • INDIVIDUELL Schön wohnlich hat man es in dem denkmalgeschützten Haus, das zentral gegenüber der Fußgängerzone liegt. Die Zimmer sind in angenehmen Farben gehalten, einige haben Holzböden. Das Restaurant nennt sich "Gottis Bistro" - gekocht wird international, mediterran und regional.

26 Zim - 81/96 € 110/126 € - 1 Suite - ½ P

Willy-Brandt-Platz 1 ✉ 32756 - ✆ 05231 9360 - www.hotellippischerhof-detmold.de

DETTELBACH

Bayern - 6 949 Ew. - Höhe 200 m - Regionalatlas **49**-I15
Michelin Straßenkarte 546

Himmelstoss

REGIONAL • GEMÜTLICH In dem Winzerhaus a. d. 17. Jh. hat man es schön gemütlich und man isst auch richtig gut. Da kommen auch viele Stammgäste zu leckeren regionalen Gerichten wie "kross gebratenem Zanderfilet, Blutwurstsauerkraut, Kartoffeln". Tipp für Sommertage: der Innenhof! Zum Übernachten: sehr hübsche moderne Zimmer.

Menü 45/61 € - Karte 34/51 €

5 Zim - 61/81 € 81/101 €

Bamberger Str. 3 ✉ 97337 - ✆ 09324 4776 - www.restaurant-himmelstoss.de - geschlossen Februar 2 Wochen und Dienstag - Mittwoch

DETTIGHOFEN

Baden-Württemberg - 1 083 Ew. - Höhe 488 m - Regionalatlas **62**-F21
Michelin Straßenkarte 545

Hofgut Albführen

LANDHAUS • INDIVIDUELL Wie könnte ein Hofgut mit Gestüt schöner liegen als inmitten der Natur? Herrliche Ruhe ist Ihnen hier gewiss! Neben 150 Pferden erwarten Sie hübsche individuelle Zimmer und gepflegte Außenanlagen samt Pferdekoppeln, beim Frühstück schaut man auf den Reitplatz. Im Restaurant (toll die hohe offene Decke) kocht man mit regionalem und saisonalem Bezug.

25 Zim - 95/125 € 175 € - 9 Suiten

Albführen 20, Nord: 2 km, Richtung Albführen ✉ 79802 - ✆ 07742 92960 - www.albfuehren.de - geschlossen Mitte Dezember - Mitte Januar

DETTINGEN an der ERMS

Baden-Württemberg - 9 277 Ew. - Höhe 398 m - Regionalatlas **55**-H19
Michelin Straßenkarte 545

Rößle

REGIONAL • RUSTIKAL Eine richtig gemütliche Gaststube mit Holztäfelung und Kachelofen verbirgt sich in dem charmanten Fachwerkhaus von 1864. Hier serviert man Ihnen regional-traditionelle Küche - vieles kommt aus der eigenen Metzgerei. Übernachten können Sie in dem soliden Familienbetrieb übrigens auch.

Menü 45 € - Karte 35/52 €

26 Zim - 65/98 € 112/138 €

Uracher Str. 30 ✉ 72581 - ✆ 07123 97800 - www.hotel-metzgerei-roessle.de - geschlossen 23. - 28. Dezember und Samstagmittag, Montag

Das Symbol bzw. zeigt den Mindestpreis in der Nebensaison und den Höchstpreis in der Hochsaison für ein Einzelzimmer bzw. für ein Doppelzimmer an.

DIERHAGEN

Mecklenburg-Vorpommern - 1 480 Ew. - Höhe 1 m - Regionalatlas **5**-N3
Michelin Straßenkarte 542

In Dierhagen-Strand West: 2 km

Ostseelounge

MODERNE KÜCHE • ELEGANT XXX Wo soll man da anfangen, zu schwärmen? Bei der tollen Lage nebst fantastischer Aussicht? Beim bemerkenswerten Service samt erstklassiger Weinberatung? Bei der entspannten Atmosphäre? Highlights gibt es in der 4. Etage des luxuriösen Ferienhotels so einige, dennoch steht die aromareiche kreative Küche im Mittelpunkt.

→ Tatar vom Färöer Lachs mit Honig-Senfeis und Staudensellerie-Wasabisud. Schulterbug vom Rind mit Whiskyjus, Schnittlauch-Hollandaise und grünem Spargel. Minzeis, Zuckerschotengranité, Gurke und Holunderblüte.

Menü 102/121 €

Strandhotel Fischland, Ernst-Moritz-Arndt-Str. 6 ✉ 18347 - ✆ 038226 520 (Tischbestellung ratsam) - www.strandhotel-ostsee.de - nur Abendessen - geschlossen Mitte Januar - Mitte März und Sonntag - Montag

Strandhotel Fischland

SPA UND WELLNESS • ELEGANT Schön liegt das engagiert geführte Urlaubsresort samt Ferienhausanlage hinter den Dünen am Meer. Wohnlich-elegante Zimmer (meist mit Seesicht), großer Spa und Dachterrasse. Tennisfreunde kommen drinnen wie draußen auf ihre Kosten. Und für die kleinen Gäste gibt's Kinderfrühstück, Betreuung etc. HP inkl.

69 Zim ☕ - †194/283 € ††276/490 € - 8 Suiten - ½ P

Ernst-Moritz-Arndt-Str. 6 ✉ 18347 - ✆ 038226 520 - www.strandhotel-ostsee.de

Ostseelounge - siehe Restaurantauswahl

In Dierhagen-Neuhaus West: 1,5 km

Strandhotel Dünenmeer

LUXUS • GEMÜTLICH Der Top-Lage mit Dünen und Strand unmittelbar vor der Tür hat man hier gelungen Rechnung getragen: Spa mit Meerblick, verglastes Restaurant samt Terrasse zur Düne hin, von der tollen Außensauna geht's direkt zum Strand und von den meisten der modern-eleganten Zimmer genießt man den Sonnenuntergang!

49 Zim ☕ - †162/274 € ††212/320 € - 16 Suiten - ½ P

Birkenallee 20, über Ernst-Moritz-Arndt Straße ✉ 18347 - ✆ 038226 5010 - www.strandhotel-ostsee.de

DIESSEN am AMMERSEE

Bayern - 10 203 Ew. - Höhe 544 m - Regionalatlas **65**-K21
Michelin Straßenkarte 546

In Dießen-Riederau Nord: 4 km

Seehaus

INTERNATIONAL • GEMÜTLICH XX Hier speist man wirklich schön, nur einen Steinwurf vom Seeufer entfernt. Serviert wird moderne internationale Küche, z. B. als "gebratener Lachs, Rettich und Radieschen, Rhabarber-Reisrolle". Und am Nachmittag leckeren Kuchen? Im Sommer lockt die hübsche Terrasse.

Menü 29 € (mittags)/79 € - Karte 32/58 €

Seeweg-Süd 22 ✉ 86911 - ✆ 08807 7300 (Tischbestellung ratsam) - www.seehaus.de - November - Ostern: Montag - Donnerstag nur Abendessen

DIETERSHEIM

Bayern - 2 138 Ew. - Höhe 301 m - Regionalatlas **49**-J16
Michelin Straßenkarte 546

In Dietersheim-Oberroßbach Süd: 6 km über B 470

Landgasthof Fiedler

REGIONAL • GEMÜTLICH Das sympathische Restaurant des gleichnamigen Hotels bietet regionale Küche, für die man auch gerne Bier verwendet - das passt zu den Empfehlungen der Chefin, ihres Zeichens Bier-Sommelière! Besonders beliebt sind Terrasse und Wintergarten.

Menü 49 € - Karte 18/55 €

20 Zim - 70/100 € 100/140 € - 3 Suiten

Oberroßbach 3 91463 - 09161 2425 - www.landgasthof-fiedler.de - Montag - Freitag nur Abendessen - geschlossen 1. - 14. März und Donnerstag, Sonntagabend, Feiertage abends

DILLINGEN an der DONAU

Bayern - 18 244 Ew. - Höhe 433 m - Regionalatlas **56**-J19
Michelin Straßenkarte 546

In Dillingen-Fristingen Süd-Ost: 6 km Richtung Wertingen

Storchennest

INTERNATIONAL • RUSTIKAL Der von Familie Schneider freundlich geführte Landgasthof ist eine gemütliche Adresse, die internationale Küche mit regionalen Einflüssen bietet. Zum Haus gehört auch eine schöne Terrasse unter schattenspendenden Kastanien.

Menü 32 € - Karte 30/52 €

Demleitnerstr. 6 89407 - 09071 4569 - www.storchen-nest.de - geschlossen Montag - Dienstag

DINKELSBÜHL

Bayern - 11 389 Ew. - Höhe 442 m - Regionalatlas **56**-J17
Michelin Straßenkarte 546

Altdeutsches Restaurant

REGIONAL • RUSTIKAL Seine Karte teilt Florian Kellerbauer in "Unsere Heimat" und "Unsere Leidenschaft". So liest man hier z. B. "Rostbraten mit hausgemachten Schupfnudeln" oder "Bärlauchsuppe mit getrockneten Tomaten". Dazu wird man freundlich-charmant umsorgt.

Menü 28/50 € - Karte 27/62 €

Hotel Deutsches Haus, Weinmarkt 3 91550 - 09851 6058 - www.deutsches-haus-dkb.de

Hezelhof

HISTORISCH • DESIGN Eine äußerst geglückte Liaison von Historie und Moderne! Der jahrhundertealte Hezelhof und seine Nebengebäude bilden ein individuelles Boutique-Hotel: chic die Gewölbelobby, klarer Designerstil in den Zimmern der Hauptgebäude, überaus wohnlich die rustikal-modernen "Luis-Trenker-Zimmer" im Haus gegenüber - hier auch das "Luis" mit regionaler Küche.

53 Zim - 79/189 € 99/269 € - ½ P

Segringer Str. 7 91550 - 09851 555420 - www.hezelhof.com

Deutsches Haus

HISTORISCH • GEMÜTLICH Bestaunen Sie ruhig zuerst die tolle Fachwerkfassade mit ihren kunstvollen Figuren und Ornamenten! In diesem Patrizierhaus von 1440 ist inzwischen die 2. Generation der Familie im Einsatz. Hier ist alles stimmig arrangiert, immer wieder alte Holzfußböden und schöne Antiquitäten.

10 Zim - 89/139 € 129/179 € - 2 Suiten - ½ P

Weinmarkt 3 91550 - 09851 6058 - www.deutsches-haus-dkb.de

Altdeutsches Restaurant - siehe Restaurantauswahl

Haus Appelberg

GASTHOF • GEMÜTLICH Wer würde nicht gerne in "Königlich bayerischen Schlafstuben" nächtigen? So nennen sich einige Zimmer in dem einstigen Bauernhaus. Wenn Sie es beim Essen besonders gemütlich mögen, setzen Sie sich am besten in die Weinstube! Auch schön: Laube im Innenhof und Biergarten zur Straße. Gute Weinauswahl.

16 Zim – †65/90 € ††92/110 € – ½ P

Nördlinger Str. 40 ✉ 91550 – ✆ 09851 582838 – www.haus-appelberg.de

Kunst-Stuben

FAMILIÄR • GEMÜTLICH Das ist kein Haus von der Stange, sondern ein reizender Mix aus kleinem Hotel und dem Atelier des Künstlers Arthur Appelberg. Er und seine Frau kümmern sich sehr persönlich um ihre Gäste, und neben individuell eingerichteten Zimmern mit allerlei Kunst und Antiquitäten bietet man ein leckeres Frühstück.

5 Zim – †80/90 € ††100/120 € – 1 Suite

Segringer Str. 52 ✉ 91550 – ✆ 09851 6750 – www.kunst-stuben.de – geschlossen 22. - 26. August

Meiser's Hotel am Weinmarkt

GASTHOF • MODERN Charmant liegt das Haus mitten in der kopfsteingepflasterten Altstadt. Wohnlich die Zimmer mit warmen Tönen und stilvollen Details, schön auch das moderne Restaurant samt gemütlicher Kamin-Lounge. Die Familie betreibt übrigens noch ein weiteres Hotel 5 Minuten vor den Toren der Stadt.

11 Zim – †59/159 € ††99/199 € – 1 Suite – ½ P

Weinmarkt 10 ✉ 91550 – ✆ 09851 582900 – www.meisers.com

DINKLAGE

Niedersachsen – 12 795 Ew. – Höhe 27 m – Regionalatlas **17**-E7
Michelin Straßenkarte 541

Vila Vita Burghotel

LANDHAUS • INDIVIDUELL Das mehrflügelige Fachwerkgebäude im norddeutschen Stil steht in einem schönen Park mit eigenem Wildgehege. Zur ruhigen Lage kommen hier komfortable Landhauszimmer, ein gepflegter Spabereich mit markanter Glaspyramide und das gemütliche Restaurant "Kaminstube" mit rustikalem Charme.

55 Zim – †99/145 € ††118/200 € – ½ P

Burgallee 1 ✉ 49413 – ✆ 04443 8970 – www.vilavitaburghotel.de

DINSLAKEN

Nordrhein-Westfalen – 67 065 Ew. – Höhe 30 m – Regionalatlas **25**-B10
Michelin Straßenkarte 543

In Dinslaken-Hiesfeld Süd-Ost: 3 km

Haus Hiesfeld

ITALIENISCH • MEDITERRANES AMBIENTE Werfen Sie einen Blick in die einsehbare Küche und schauen Sie zu, wie die Köche - unter ihnen der Chef selbst - die italienischen Gerichte zubereiten. Servieren lässt man sich diese dann auch gerne auf der Terrasse vor dem Haus. So mancher ist in dem netten Landhaus schon Stammgast geworden.

Menü 35/65 € – Karte 37/54 €

Kirchstr. 125 ✉ 46539 – ✆ 02064 4375041 – www.haushiesfeld.de – geschlossen Montag, außer an Feiertagen

DITZENBACH, BAD

Baden-Württemberg – 3 645 Ew. – Höhe 509 m – Regionalatlas **56**-H19
Michelin Straßenkarte 545

Vitalhotel Sanct Bernhard

SPA UND WELLNESS · GEMÜTLICH Solebad, Thermarium, Gesundheitsanwendungen, Produkte aus dem eigenen Kräuterhaus... Hier urlauben oder kuren Sie ganz nach dem Motto "Neu Kraft schöpfen, Freude finden". Komplett wird das schöne Bild durch die wohnliche Atmosphäre und die ruhige Lage.

28 Zim – 89/125 € 140/175 € - 3 Suiten - ½ P

Sonnenbühl 1 73342 – 07334 96410 – www.vitalhotel-sanct-bernhard.de – geschlossen über Weihnachten 1 Woche

DOBEL

Baden-Württemberg – 2 175 Ew. – Höhe 689 m – Regionalatlas **54**-F18
Michelin Straßenkarte 545

Wagnerstüble

KLASSISCHE KÜCHE · FREUNDLICH XX Hier wird schmackhaft gekocht, und das mit richtig guten Produkten. Wert legt man dabei auf regionalen und saisonalen Bezug, so z. B. beim "Rumpsteak vom Schwarzwälder Bauernhof-Rind mit Iptinger Kartoffeln und Gemüse". Serviert wird übrigens in einem liebenswert dekorierten Gastraum.

Menü 49/65 € – Karte 41/72 €

5 Zim – 50/65 € 100/110 €

Wildbaderstr. 45 75335 – 07083 8758 (Tischbestellung erforderlich) – www.roykieferle.de – geschlossen Mitte Januar - Mitte Februar, Anfang Mai 1 Woche und Montagabend - Dienstag, Mittwochabend, Donnerstagabend, Sonntagabend

DOBERAN, BAD

Mecklenburg-Vorpommern – 11 785 Ew. – Höhe 15 m – Regionalatlas **12**-M4
Michelin Straßenkarte 542

Villa Sommer

PRIVATHAUS · MODERN Sie mögen Villen-Flair? In dieser stilgerecht restaurierten einstigen Sommerresidenz von 1904 wohnen Sie in hellen, geräumigen Zimmern mit schönen Holzböden und guter Technik - ganz modern die beiden Suiten mit Küchenzeile und Dachterrasse. Nebenan fährt die historische Bäderbahn "Molli" ab.

10 Zim – 55/120 € 65/150 € – 2 Suiten

Friedrich-Franz-Str. 23 18209 – 038203 73430 – www.hotel-villa-sommer.de

In Bad Doberan-Heiligendamm Nord-West: 7 km

Friedrich Franz

MODERNE KÜCHE · LUXUS XXXX Das stilvoll-noble Interieur wird dem Grandhotel-Flair ebenso gerecht wie die niveauvolle Küche. Hier arbeitet man sehr exakt, bindet gekonnt moderne Elemente ein und bringt so die hervorragenden Produkte wunderbar zur Geltung. Charmant und professionell der Service. Tipp: die Fensterplätze mit Meerblick!

→ Gänseleber "Selektion", Erdnusskrokant, grüner Pfeffer, Holunderblüte, Walnuss, Cassis und Ingwer. Island Kabeljau, Beelitzer Spargel, fruchtige Rote Betecrème und Buttercroûtons. Mecklenburger Rehrücken lackiert mit Pekannusscrunch, Lasagne, Mairübchen, Crème von jungem Lauch und Petersilienwurzel.

Menü 119/179 € – Karte 123/185 €

Grand Hotel Heiligendamm, Prof.-Dr.-Vogel-Str. 6 18209 – 038203 7400 (Tischbestellung erforderlich) – www.grandhotel-heiligendamm.de – nur Abendessen – geschlossen Montag - Dienstag

Jagdhaus Heiligendamm

REGIONAL · FREUNDLICH X In herrlicher Ruhe und nur 500 m vom Strand serviert man in modernem Ambiente schmackhafte regionale Küche aus guten Produkten, Wild kommt vom heimischen Jäger. Nach dem Essen kann man hier auch gut übernachten - die wohnlichen Zimmer heißen "Löwenzahn", "Vergissmeinnicht", "Waldbeere" und "Waldmeister".

Menü 38/65 € – Karte 40/56 €

3 Zim – 65/75 € 95/115 € – 1 Suite

Seedeichstr. 18b 18209 – 038203 735775 – www.jagdhaus-heiligendamm.de – Montag - Freitag nur Abendessen – geschlossen Dienstag - Mittwoch

Sushi Bar

SUSHI • BISTRO Sie mögen Sushi? Das geradlinige, lichte kleine Restaurant ist eine schöne Alternative zu den anderen Restaurants des Grand Hotels. Es gibt auch japanische Klassiker und Menüs sowie eine gute Tee- und Sake-Auswahl.

Menü 49/59 € – Karte 34/68 €

Grand Hotel Heiligendamm, Prof.-Dr.-Vogel-Str. 6 ✉ 18209 – ✆ 038203 7400 (Tischbestellung erforderlich) – www.grandhotel-heiligendamm.de – nur Abendessen – geschlossen Mittwoch - Donnerstag

Grand Hotel Heiligendamm

GROSSER LUXUS • KLASSISCH Die "Weiße Stadt am Meer" ist ein imposantes Resort direkt an der Ostsee! Sie wohnen in eleganten Zimmern, relaxen im tollen großen Spa, für Kids gibt's die separate schöne Kindervilla. Zur vielfältigen Gastronomie gehören u. a. das klassische Restaurant "Kurhaus" und die Strandbar. Bäderbahn "Molli" hält nur einen Steinwurf entfernt.

181 Zim – †188/445 € ††198/495 € – 20 Suiten – ½ P

Prof.-Dr.-Vogel-Str. 6 ✉ 18209 – ✆ 038203 7400 – www.grandhotel-heiligendamm.de

Friedrich Franz • **Sushi Bar** – siehe Restaurantauswahl

DÖRSCHEID

Rheinland-Pfalz – 404 Ew. – Höhe 340 m – Regionalatlas **46**-D15
Michelin Straßenkarte 543

Landgasthaus Blücher

TRADITIONELLE KÜCHE • FAMILIÄR Lust auf frische regional-saisonale Gerichte wie "Medaillons aus der Rehkeule mit Sauce von Mittelrhein-Kirschen, gebratenen Pfifferlingen und Schupfnudeln"? Dazu gibt's Weine vom eigenen Weingut nebenan. Und wie wär's mit einem der prämierten Fetz'schen Edelbrände? Schön die Aussicht von Restaurant und Terrasse!

Menü 28 € (abends)/55 € – Karte 30/46 €

Hotel Landgasthaus Blücher, Oberstr. 19 ✉ 56348 – ✆ 06774 267 – www.landgasthaus-bluecher.de – geschlossen November - April: Dienstag, Mai - Oktober: Dienstagmittag

Landgasthaus Blücher

GASTHOF • AUF DEM LAND Das Haus liegt nicht nur ruhig mit Blick über das Rheintal, sondern wird von Marcus und Nadja Fetz auch angenehm familiär geleitet, bereits in 3. Generation. Sie wohnen in gemütlichen "Landhaus"-, geräumigeren "Komfort"- und besonders modernen "LebensArt"-Zimmern - hübsch sind sie alle! Gutes Frühstück.

30 Zim – †74/104 € ††102/134 € – 1 Suite – ½ P

Oberstr. 19 ✉ 56348 – ✆ 06774 267 – www.landgasthaus-bluecher.de – (Zubau)

Landgasthaus Blücher – siehe Restaurantauswahl

DONAUESCHINGEN

Baden-Württemberg – 21 345 Ew. – Höhe 686 m – Regionalatlas **62**-F20
Michelin Straßenkarte 545

Baader's Schützen

MARKTKÜCHE • BÜRGERLICH Im Herzen der Stadt dürfen sich die Gäste von Emma und Clemens Baader auf frische und unkomplizierte feine Wirtshausküche freuen, die sich am Markt orientiert und stark regional geprägt ist. Lust auf "Filetgulasch & Kalbsnierle in Pommery-Senfsauce" oder "Atlantik-Seezunge in Weißweinsauce"?

Menü 16 € (mittags)/33 € – Karte 26/59 €

Josefstr. 2 ✉ 78166 – ✆ 0771 89795820 – www.schuetzen-donaueschingen.de – geschlossen Dienstagabend - Mittwoch

Der Öschberghof

SPA UND WELLNESS • ELEGANT 470 ha Natur pur, Golf (auch Indoor-Golf-Anlage), topmoderner Spa auf 2500 qm und dazu geräumige Zimmer mit guter Technik - für Freizeit- und Tagungsgäste ist dieses Hotel gleichermaßen ideal.

125 Zim – 236/326 € 358/468 € – 16 Suiten – ½ P

Golfplatz 1, Nord-Ost: 4 km 78166 – 0771 840 – www.oeschberghof.com

In Donaueschingen-Allmandshofen

Grüner Baum N

MARKTKÜCHE • GASTHOF Hier wahrt man die Tradition, bringt aber auch Neues ein. Entsprechend finden sich auf der Karte Gerichte aus "Omas Küche" wie z. B. "Wildhasenragout mit Waldpilzen und Spätzle", aber auch Feines wie "Wolfsbarsch mit Pumpernickel-Schaum, jungen Rüben und Kartoffel-Rindermark-Risotto".

Menü 30/45 € – Karte 29/62 €

Hotel Grüner Baum, Friedrich-Ebert-Str. 59 78166 – 0771 80910 – www.flairhotel-gruenerbaum.de – nur Abendessen – geschlossen Sonntag

Grüner Baum N

GASTHOF • MODERN In dem Gasthof von 1875 bleibt man nicht stehen - so kommen die neueren Zimmer richtig chic in geradlinig-modernem Stil daher. Am Morgen gibt es ein frisches und großzügiges Frühstücksbuffet und auch den netten Garten können die Gäste benutzen.

36 Zim – 65/116 € 92/160 € – ½ P

Friedrich-Ebert-Str. 59 78166 – 0771 80910 – www.flairhotel-gruenerbaum.de – geschlossen über Fastnacht, November 3 Wochen

Grüner Baum – siehe Restaurantauswahl

In Donaueschingen-Aasen

die burg N

MARKTKÜCHE • DESIGN Mitten in dem kleinen Dorf leiten die Gebrüder Grom dieses chic designte Restaurant nebst modern-funktionellem Hotelbereich. Aus der Küche kommen leckere saisonale Gerichte wie "geräucherter Süßwasserstör, schwarzer Rettich, Gurke, Chiasamen" oder "Marensin-Maispoularde, wilder Brokkoli, grüner Spargel".

Menü 18 € (mittags)/61 € – Karte 36/58 €

12 Zim – 50/98 € 90/108 € – 7 €

Burgring 6 78166 – 0771 17510050 – www.burg-aasen.de – geschlossen 25. Februar - 10. März, 30. September - 13. Oktober und Montag - Dienstag

Kleines Budget? Profitieren Sie von den Mittagsmenüs zu moderaten Preisen.

DONAUSTAUF

Bayern – 3 933 Ew. – Höhe 358 m – Regionalatlas **58**-N18
Michelin Straßenkarte 546

Forsters Posthotel

BUSINESS • MODERN Bei den Forsters ist es tipptopp gepflegt und schön modern - Zimmer, Lobby sowie Sauna-, Ruhe- und Beautybereich sind entsprechend in klaren Formen und ruhigen Farben gehalten. Nettes Detail: Im Hotel ist ein Teil der alten Stadtmauer freigelegt. Das Restaurant bietet bürgerlich-regionale und saisonale Küche.

71 Zim – 99/150 € 120/230 € – 2 Suiten – ½ P

Maxstr. 43 93093 – 09403 9100 – www.forsters-posthotel.de

DONZDORF

Baden-Württemberg – 10 737 Ew. – Höhe 407 m – Regionalatlas **56**-I18
Michelin Straßenkarte 545

Castello

MARKTKÜCHE • GEMÜTLICH XX Ein toller Rahmen, das Stadtschloss von 1568 - drinnen stilvolles Ambiente mit schöner Gewölbedecke, draußen die Terrasse zum Schlossgarten! Die Küche ist richtig gut und preislich fair, es gibt Internationales und Klassiker. Lust auf "gegrillten Oktopus, Chorizo-Bohnen, Kräuter"? Oder lieber "Zwiebelrostbraten"?

Menü 33/69 € – Karte 36/50 €

Schloss 1 ✉ 73072 – ✆ 07162 929700 (Tischbestellung ratsam) – www.castello-donzdorf.de – geschlossen 17. - 25. Juli und Sonntagabend - Dienstag, Samstagmittag

DORNUM

Niedersachsen – 4 568 Ew. – Höhe 2 m – Regionalatlas **7**-D5
Michelin Straßenkarte 541

In Dornum-Nessmersiel Nord-West: 8 km über Schatthauser Straße

Fährhaus

REGIONAL • RUSTIKAL X Das gemütlich-rustikale Restaurant im Hotel "Fährhaus" am Deich ist beliebt, man sitzt nett hier und isst gut, und zwar traditionell-regionale Küche mit internationalem Einfluss. Dazu gehört natürlich viel fangfrischer Fisch! Oder darf es auch mal Salzwiesenlamm sein? Dienstagmittags gibt's Labskaus!

Karte 30/48 €

19 Zim – †55/80 € ††80/138 €

Dorfstr. 42 ✉ 26553 – ✆ 04933 303 – www.faehrhaus-nessmersiel.de – geschlossen 6. Januar - 28. Februar, 3. November - 25. Dezember

DORSTEN

Nordrhein-Westfalen – 75 439 Ew. – Höhe 31 m – Regionalatlas **26**-C10
Michelin Straßenkarte 543

Goldener Anker

KLASSISCHE KÜCHE • ELEGANT XX Als TV-Koch ist er wohl jedem bekannt: Björn Freitag. Hier hat er ein schönes Restaurant, dessen chic-elegantes Ambiente wunderbar zur modern interpretierten klassischen Küche passt. Angenehmer, geschulter Service tut ein Übriges. Tipp: Kochschule im Haus.

→ Pochierter Saibling mit Ziegenkäseeis, Joghurt und Gurke. Handgetauchte Jakobsmuscheln in Erbsensuppe mit Spargel und Rhabarber. Keule und Rücken vom Lamm mit Kohlrabi, Karotte und Petersilie.

Menü 58/124 €

Lippetor 4, (Zufahrt über Ursulastraße) ✉ 46282 – ✆ 02362 22553 (Tischbestellung ratsam) – www.bjoern-freitag.de – nur Abendessen – geschlossen Montag - Dienstag

Henschel

FRANZÖSISCH-KLASSISCH • ELEGANT XX Mit Herzblut betreiben die Henschels ihr gemütlich-elegantes Restaurant. Seit 1963 steht Leonore Henschel bereits am Herd und bleibt ihrer klassischen Küche treu. Es gibt z. B. "Seezungenfilet auf Schwarzwurzeln mit Perigord-Trüffel".

Menü 58/78 € – Karte 60/83 €

Borkener Str. 47, B 224 ✉ 46284 – ✆ 02362 62670 – www.restaurant-henschel.de – nur Abendessen – geschlossen 1. - 17. Januar und Sonntag - Dienstag

In Dorsten-Wulfen Nord-Ost: 7 km

Rosin

KREATIV • CHIC Es gibt unzählige Gründe, warum es so viele Gäste immer wieder ins „Rosin" zieht. Da wären zum Beispiel das schicke Ambiente und der äußerst freundliche, perfekte Service unter Jochen Bauer, der mit entspannter Professionalität agiert. Ein weiterer Grund: die exzellente Küche von TV-Koch Frank Rosin (im Alter von 24 Jahren hat der gebürtige Dorstener das Restaurant eröffnet) und seinem Küchenchef Oliver Engelke. Die beiden Herren und ihr Team kredenzen klassische, aromatische Köstlichkeiten, sorgfältig aus besten Produkten zubereitet. Den Koch-Virtuosen geht es dabei nicht darum, sich modernen Einflüssen zu unterwerfen; vielmehr hat bei ihnen eine stets authentische Küche, die die Gäste begeistert, oberste Priorität - und dies beweist, dass oftmals weniger mehr sein kann. Im „Rosin" konzentriert man sich auf das, worauf es beim Kochen wirklich ankommt – nämlich auf den Geschmack der Gerichte. Und diese verdienen uneingeschränktes Lob, ebenso wie die hervorragenden und charmanten Empfehlungen von Sommelière Susanne Spies.

→ Kalt gegarte Gelbflossen Makrele mit Ajo Blanco, gegrillter Avocado und Papaya. Tafel Schokolade von Entenleber, kalter Kalbsjus mit Trüffel und gebackener Beerenauslese. Bauch und Karree vom Müritz Lamm mit Sonnenblumenwurzel und Buddhas Hand.

Menü 89/149 €

Hervester Str. 18 ✉ 46286 – ✆ 02369 4322 (Tischbestellung ratsam) – www.frankrosin.de – nur Abendessen – geschlossen 15. Juli - 5. August, 23. Dezember - 6. Januar und Sonntag - Montag

DORTMUND

Nordrhein-Westfalen – 580 511 Ew. – Höhe 76 m – Regionalatlas **26**-D11
Michelin Straßenkarte 543

La Cuisine Mario Kalweit

FRANZÖSISCH-KLASSISCH • ELEGANT In dem schönen lichten hohen Raum im ehemaligen Tennisclubhaus bietet man modern-klassische Küche. Dabei setzt man auf ausgesuchte Produkte: Rinder und Schweine regionaler Züchter, Bio-Gemüse aus der Umgebung... Ein besonderes Faible hat der Chef für Tomaten: unzählige alte Sorten hat er bereits selbst gezüchtet! Reizvoll die Terrasse hinterm Haus.

Menü 68 € – Karte 59/86 €

Lübkestr. 21, (1. Etage) ✉ 44141 – ✆ 0231 5316198 – www.mariokalweit.de – nur Abendessen – geschlossen 1. - 15. Januar, Juli - August 2 Wochen und Sonntag - Montag

Radisson BLU

BUSINESS • MODERN Hier überzeugen die verkehrsgünstige Lage, neuzeitliche Zimmer mit guter Technik sowie das Businesscenter. Ansprechend der "Active Club" mit großem Pool, Sauna- und Fitnessraum. Internationales im Restaurant. Interessant für Sportliche: "BluRoutes" - Laufstrecken von 5 - 10 km ums Hotel.

185 Zim – 99/189 € 119/209 € – 5 Suiten

An der Buschmühle 1 ✉ 44139 – ✆ 0231 10860 – www.radissonblu.de/hotel-dortmund

In Dortmund-Barop Süd-West: 7 km

der Lennhof

MEDITERRAN • FREUNDLICH Richtig gemütlich ist es in dem historischen Fachwerkhaus mit altem Gebälk. Gekocht wird frisch, schmackhaft und mediterran inspiriert, z. B. "Lachsfilet mit glasiertem Frühlingslauch und Kartoffel-Macaron" oder "rosa Lammrücken mit Ratatouille-Wiese und Basilikum-Gnocchi". Schön: Wintergarten und Terrasse.

Menü 45 € – Karte 31/66 €

Hotel der Lennhof, Menglinghauser Str. 20 ✉ 44227 – ✆ 0231 758190 – www.der-lennhof.de – geschlossen 27. Dezember - 7. Januar

der Lennhof

BUSINESS • DESIGN Gelungen hat man hier moderne und traditionelle Architektur kombiniert, geradlinig das Interieur. Fußball wird hier übrigens groß geschrieben - in jedem Zimmer ein großes Bild der Dortmunder Champions-League-Gewinner, BVB-Spiele werden in der Bar übertragen.

34 Zim – 88/145 € 118/190 € – ½ P

Menglinghauser Str. 20 44227 – 0231 758190 – www.der-lennhof.de – geschlossen 1. - 6. Januar

der Lennhof – siehe Restaurantauswahl

In Dortmund-Hombruch Süd-West: 4 km

Cielo

KREATIV • DESIGN XX Schickes Design und Panoramablick - und dazu zwei Küchenkonzepte: "Cielo" mit kreativen französischen Gerichten wie "geschmortem Pulpo auf Speck-Mohnerde, dazu Öl und Strukturen von der Karotte". Im "Esfera" heißt es "Open World Kitchen", z. B. als "Maispoularden-Flusskrebs-Gumbo mit Heudrillingen und Okraschoten".

Menü 83 € – Karte 55/76 €

Karlsbader Str. 1a, (im Dula-Center, 7. OG) 44225 – 0231 7100111 – www.cielo-restaurant.de – nur Abendessen – geschlossen 1. - 15. Januar und Sonntag - Montag

In Dortmund-Kirchhörde Süd: 6 km

VIDA

KREATIV • DESIGN XX Das kommt an: hochwertiges, stylisches Ambiente, kreative internationale Küche und freundlicher Service, und dazu noch ein gutes Preis-Leistungs-Verhältnis. Wer es lieber etwas legerer hat, sitzt an den Hochtischen oder an der Bar - hier gibt es ein kleines Angebot an ambitioniertem "Bar Food".

Menü 56/89 € – Karte 48/88 €

Hagener Str. 231 44229 – 0231 95009940 – www.vida-dortmund.com – nur Abendessen, sonntags auch Mittagessen – geschlossen Montag

In Dortmund-Höchsten Süd-Ost: 8 km

l'Arrivée

BUSINESS • MODERN Schon allein die riesige Außenanlage beeindruckt! Und was innen folgt, kann zweifellos mithalten: geradlinig-eleganter Stil gepaart mit der Technik von heute, dazu Spa auf 1000 qm und moderne Küche im "Vivre". Die regionale Restaurantalternative nennt sich "Rustique".

70 Zim – 99/150 € 119/170 € – 18 €

Wittbräucker Str. 565 44267 – 0231 880500 – www.larrivee.de

In Dortmund-Syburg Süd: 13 km

Palmgarden

KREATIV • FREUNDLICH XXX So einiges erwartet Sie hier im 1. Stock der Spielbank Hohensyburg: Neben der tollen Lage über dem Ruhrtal (schön die Terrasse!) ist auch das chic-moderne Design ein Hingucker - dunkle, warme Töne schaffen eine angenehm intime Atmosphäre. Gekocht wird mit klasse Produkten, kreativ und aromareich. Tipp: Reservieren Sie mal den Chef's Table direkt an der offenen Küche!

→ Bachsaibling, Sauerampfer, Kohlrabi, Passionsfrucht. Maibock, Sesam, Spitzkohl, Blumenkohl. Piemonteser Haselnuss, Birne, Petersilie.

Menü 49/99 €

Hohensyburgstr. 200, (in der Spielbank Hohensyburg) 44265 – 0231 7740735 (Tischbestellung ratsam) – www.palmgarden-restaurant.de – nur Abendessen – geschlossen Montag - Dienstag

In Dortmund-Wambel Ost: 6 km

der Schneider

MODERNE KÜCHE • TRENDY XX Modern, jung und ambitioniert ist die Gastronomie des Hotels "ambiente". In trendig-schicker Atmosphäre stehen die Menüs "Das Klassische" (z. B. mit "Lamm, Pfifferling, Frühlingslauch") und "Das Elegante" (hier z. B. "Zander, Blumenkohl, Mönchbart") zur Wahl.

Menü 54/74 € - Karte 30/52 €

Hotel ambiente, Am Gottesacker 70 ✉ 44143 - ✆ 0231 4773770 - www.derschneider-restaurant.com - nur Abendessen - geschlossen Sonntag - Montag

ambiente

BUSINESS • GEMÜTLICH Sie suchen ein Hotel außerhalb des trubeligen Zentrums? Sie legen Wert auf eine unkomplizierte Parkplatzsituation, wohnlich-modernes Ambiente und frisches, gutes Frühstück? Dann werden Sie dieses verkehrsgünstig gelegene Haus mögen.

36 Zim – †99/119 € ††134/139 €

Am Gottesacker 70 ✉ 44143 - ✆ 0231 4773770 - www.hotel-ambiente.info

der Schneider – siehe Restaurantauswahl

DREIS (Kreis BERNKASTEL-WITTLICH)

Rheinland-Pfalz – 1 348 Ew. – Höhe 170 m – Regionalatlas **45**-B15
Michelin Straßenkarte 543

✿✿✿ Waldhotel Sonnora

FRANZÖSISCH-KLASSISCH • LUXUS XXXX Mit Können und überragendem Talent kochte sich Helmut Thieltges sein internationales Publikum herbei und es pilgerte über viele Jahre zu ihm in die Provinz, um seine mit drei MICHELIN Sternen ausgezeichnete Küche zu genießen. Nach seinem überraschenden Tod im Sommer 2017 übernahm der ehemalige Souschef Clemens Rambichler das große Erbe und führt nun mit seinem Team die Philosophie seines einstigen Großmeisters mit viel Engagement weiter: Man kocht klassisch-französische Kreationen, die höchsten Ansprüchen gerecht werden - sie sind nach wie vor das kulinarische Äquivalent zur Haute Couture. Das anmutige, festliche Interieur des Restaurants verströmt pure Eleganz und macht zusammen mit dem Charme der Gastgeberin Ulrike Thieltges die Reise nach Dreis zu einem wahren Genuss-Erlebnis. Während der Sommermonate werden auch im Freien die Tische gedeckt!

→ Kleine Torte vom Rinderfilet-Tatar mit Imperial Gold Kaviar und Kartoffelrösti. Sautierte Langustine "Royal" aus Loctudy mit Mango und Limonen-Buttersauce. Topfensoufflé mit geliertem Orangen-Physaliskompott.

Menü 175/210 € – Karte 122/195 €

Waldhotel Sonnora, Auf'm Eichelfeld 1 ✉ 54518 – ✆ 06578 98220 (Tischbestellung ratsam) – www.hotel-sonnora.de – nur Abendessen, sonntags auch Mittagessen – geschlossen 30. Dezember - 30. Januar, 15. - 30. Juli und Montag - Dienstag

Waldhotel Sonnora

FAMILIÄR • KLASSISCH Über einen Waldweg erreicht man eine richtige Oase, nicht nur kulinarisch, denn man kann hier auch sehr schön übernachten: Die Zimmer sind stilvoll-hochwertig oder etwas einfacher. Zudem genießt man das Engagement, die ruhige Lage und den tollen Garten!

20 Zim – †95/250 € ††140/300 €

Auf'm Eichelfeld 1 ✉ 54518 – ✆ 06578 98220 – www.hotel-sonnora.de – geschlossen 30. Dezember - 30. Januar und 15. - 30. Juli,

✿✿✿ **Waldhotel Sonnora** – siehe Restaurantauswahl

R. Sala/age fotostock

WIR MÖGEN BESONDERS...
Richtig gut essen im charmanten Gewölbekeller des **Genuss-Ateliers**. Feine Speisen von Meissener Porzellan im **Caroussel**. In der 5. Etage auf der Terrasse des **MORITZ** die Kuppel der Frauenkirche bestaunen. Auch als Bistro-Fan gut verköstigt werden – schöne Beispiele sind hier **Daniel** oder **Alte Meister** (toll die Lage im Seitenflügel des Zwingers!).

DRESDEN

Sachsen – 536 308 Ew. – Höhe 113 m – Regionalatlas **43**-Q12
Michelin Straßenkarte 544

Stadtpläne siehe nächste Seiten

Restaurants

✿ Caroussel

FRANZÖSISCH-KLASSISCH • ELEGANT XxX Das geschmackvolle Fine-Dining-Restaurant des "Bülow Palais" erwartet Sie mit lichter Wintergarten-Atmosphäre und sehr aufmerksamem Service. Das überaus motivierte junge Küchenteam sorgt für finessen- und kontrastreiche Gerichte, denen weder moderne Ideen noch die klassische Basis fehlen.

→ „Faux Gras", karamellisierter Fenchel und Passionsfrucht. Luma Kalb, Blumenkohl, Karotte und Kerbel. Erdbeere, Weizengras, Buchweizen und Milch.

Menü 105/150 € – Karte 74/95 €

Stadtplan : F1-c – *Hotel Bülow Palais, Königstr. 14 ✉ 01097 – ✆ 0351 8003140 (Tischbestellung ratsam) – www.buelow-palais.de – nur Abendessen – geschlossen Februar 2 Wochen, Ende Juli - Anfang 2 Wochen, Montag und Januar - April sowie Juli - August: Sonntag - Dienstag, Mai - Juni sowie September - November: Sonntag - Montag*

✿ Elements (Stephan Mießner)

MODERNE KÜCHE • FREUNDLICH XX Richtig chic: Industrie-Architektur, Loft-Flair und wertiges trendig-elegantes Interieur. Gekocht wird saisonal, mit modernen Elementen, aber auch mit klassischer Basis - schön klar und reduziert. Ebenfalls attraktiv: Terrasse und "Niagara"-Zigarrenlounge. Praktisch: Straßenbahn vorm Haus.

→ Tatar vom Joselito Filet, Röstzwiebelmayonnaise, Tomatenmarmelade. Lauwarmer Spargelsalat, Eigelb, Portwein und Haselnuss. Lammessenz, Lardo, Bohnen, Lammzunge.

Menü 55/110 € – Karte 65/75 €

Stadtplan : C1-k – *Königsbrücker Str. 96, (Zeitenströmung Haus 25 - 26) ✉ 01099 – ✆ 0351 2721696 (Tischbestellung ratsam) – www.restaurant-elements.de – nur Abendessen – geschlossen 18. Februar - 3. März, 14. - 20. Oktober und Sonntag, Feiertage*

DELI – siehe Restaurantauswahl

Genuss-Atelier (Marcus Blonkowski)

MODERNE KÜCHE • INTIM Ein wirklich nettes Lokal: locker, ungezwungen und geschmackvoll, mit gutem Service und interessanter kreativer Küche. Was im Gewölbekeller (oder auf der hübschen Terrasse) der stattlichen Sandsteinvilla von 1902 auf den Tisch kommt, ist modern, ausdrucksstark und preislich fair! Bus-/Bahn-Haltestelle am Haus.

➜ Rosa Kalbstafelspitz, Kapern, Thunfisch, Zwiebeln. Zander, Kräuterrisotto, Zitrone, Aubergine. Weiße Schokolade, Mango.

Menü 39/89 € – Karte 39/55 €

Stadtplan : C2-a – *✉ 01099 – ✆ 0351 25028337 (Tischbestellung ratsam) – www.genuss-atelier.net – Mittwoch - Freitag nur Abendessen*

VEN

INTERNATIONAL • TRENDY Puristisch-urbaner Chic samt Loft-Flair, das hat schon was! Der ausgesprochen freundliche Service reicht Ihnen mittags eine einfache Lunchkarte, abends wird es dann anspruchsvoller, z. B. bei "gebratenem arktischem Saibling, eingelegten Buchenpilzen, Dim Sum". Und draußen lockt die geschützte Innenhofterrasse.

Menü 37/48 € – Karte 34/52 €

Stadtplan : F2-v – *Hotel Innside by Melia, Rampische Str. 9 ✉ 01067 – ✆ 0351 795151021 – www.ven-dresden.de – geschlossen Sonntag*

DELI

INTERNATIONAL • TRENDY Hier sitzen Sie in unkomplizierter, lockerer Atmosphäre an großen Tischen und genießen internationale Küche, z. B. als "crispy Oktopus, Miso-Mayonnaise, Gurkensalat asiatisch" oder "pulled Lammschulter, Balsamicosauce, Bohnenragout". Für eilige Mittaggäste gibt es auch schnelle Gerichte.

Menü 35 € – Karte 28/44 €

Stadtplan : C1-k – *Restaurant Elements, Königsbrücker Str. 96, (Zeitenströmung Haus 25 - 26) ✉ 01099 – ✆ 0351 2721696 (Tischbestellung ratsam) – www.restaurant-elements.de – geschlossen 18. Februar - 3. März, 14. - 20. Oktober und Sonntag, Feiertage*

Intermezzo

MEDITERRAN • ELEGANT "Fille Feuille vom Kalbstatar, junges Gemüse, Pesto", "Heilbutt, Kartoffel-Knoblauchpüree, Balsamicoschaum"... In elegantem Ambiente speist man Klassiker oder mediterran beeinflusste Gerichte. Möchten Sie Ihr Dinner im Sommer vielleicht unter Sternenhimmel im Innenhof einnehmen?

Menü 57/89 € – Karte 39/68 €

Stadtplan : F2-a – *Hotel Taschenbergpalais Kempinski, Taschenberg 3 ✉ 01067 – ✆ 0351 4912712 (Tischbestellung ratsam) – www.kempinski.com – nur Abendessen – geschlossen Sonntag - Montag*

Moritz

INTERNATIONAL • ELEGANT Wenn das Wetter es zulässt, speisen Sie unbedingt auf der Terrasse, denn es ist eine der lauschigsten der Stadt - schön ruhig und mit Blick auf die Kuppel der Frauenkirche! Mittags einfaches Lunchmenü, abends z. B. "Skrei, Rote Bete, Apfel, grüner Spargel".

Menü 39/99 € – Karte 54/68 €

Stadtplan : F2-g – *Hotel Suitess, An der Frauenkirche 13, (5. Etage), Zufahrt über Rampische Straße ✉ 01067 – ✆ 0351 417270 – www.moritz-dresden.de – geschlossen Samstagmittag, Sonntagmittag*

Bülow's Bistro

TRADITIONELLE KÜCHE • ELEGANT Auch die wohnlich-elegante Bistro-Variante der Bülow'schen Gastronomie verwöhnt ihre Gäste mit schmackhafter Küche - probieren Sie z. B. "Pomelosalat mit gebratenen Garnelen" oder "geschmorte Schweinebäckchen, Paprikapolenta, Cipollini".

Menü 42/50 € – Karte 39/55 €

Stadtplan : F1-c – *Hotel Bülow Palais, Königstr. 14 ✉ 01097 – ✆ 0351 80030 – www.buelow-palais.de*

A
SCHLOSS MORITZBURG
B
GÖRLITZ, BERLIN
1
2
3
LEIPZIG, MEISSEN
CHEMNITZ LEIPZIG
CHEMNITZ, LEIPZIG
FREIBERG
ALTENBE
PRAHA
RADEBEUL
TRACHAU
KADITZ
MICKTEN
PIESCHEN
ÜBIGAU
BRIESNITZ
COTTA
ZWINGER
LÖBTAU
PLAUEN
PESTERWITZ
COSCHÜTZ
FREITAL
ELBE
Merianplatz
Konkordienplatz
Zwickauer Pl.
Paradiesstr.
Augustusweg
Am Walde
Waldstr.
Moritzburger Landstr.
Boxdorfer Weg
Radeburger
Meißner Str.
Schildenstr.
Kötzschenbrodaer Str.
Gartenstraße
Dresdner Str.
Rankestraße
Industriestraße
Großenhainer Str.
Maxim-Gorki-Str.
Hubertusstr.
Hansastraße
Lommatzscher Str.
Leipziger Str.
Rehefelder Str.
An der Flutrinne
Washingtonstraße
Fritz-Reuter-Str.
Messering
Kirchenweg
Merbitzer Str.
Landstraße
Magdeburger Str.
Bremer Str.
Hamburger Str.
Pieschener Allee
Antonstr.
Am Lehmberg
Warthaer Str.
Freiheit
Gompitzer Str.
Gottfried-Keller-Straße
Grillparzerstr.
Waltherstraße
Könneritzstraße
Emerich-Ambros-Ufer
Fröbelstr.
Ammonstr.
Wilsdruffer Str.
Coventrystraße
Tunnel Bramschstr.
Löbtauer Brücke
Löbtauer Str.
Freiberger Str.
Budapester Str.
Petersburger Str.
Kesselsdorfer Str.
Reisewitzer Str.
Nossener Brücke
Nürnberger Str.
Reichenbachstr.
Zellescher Weg
Oskar-Hofmann-Straße
Kaufbacher Str.
Saalhausener Str.
Tharandter Str.
Gorbitzer Str.
Elbtalblick
Zum Weinberg
Jochhöhe
A 17
Plauenscher Ring
Coschützer Str.
Bergstraße
An der Winzerei
Freitaler Str.
Dölzschener Str.
Wurgwitzer Str.
Kohlenstraße
Südhöhe
Potschappler Str.
Innsbrucker Str.
Possendorfer Str.
Boderitzer
Karlsruher Str.
Stuttgarter Str.
Carl-Thieme-Straße
Wilsdruffer Str.
A 4
B 173
79
78
80
81a
3

DRESDEN
0
1 km
COTTBUS, HOYERSWERDA, GÖRLITZ, BERLIN
C
D
1
2
3
BAUTZEN GÖRLITZ
PIRNA SCHLOSS PILLNITZ
PIRNA
KLOTZSCHE
z
DRESDNER HEIDE
ESCHEN
Königsbrücker Str.
Magazinstraße
Radeberger Landstraße
Prießnitz
k
Marienallee
Fischhausstraße
WEISSER HIRSCH
Alaunplatz
b
a
Radeberger Str.
Bautzner Str.
d
e
n
Bautzner Landstraße
NEUSTADT
LOSCHWITZ
Grundstraße
Glacisstr.
Käthe-Kollwitz-Ufer
BLASEWITZ
BLASEWITZER WALDPARK
Pfotenhauerstraße
Gerokstraße
c
s
STRIESEN
Hüblerstraße
Niederwaldstr.
Krügerstraße
WACHWITZER HÖHENPARK
Pillnitzer Landstraße
Tolkewitzer Str.
Güntzstraße
Grunaer Str.
Fetscherstraße
Borsbergstr.
Schandauer Str.
Altenberger Str.
Schlüterstraße
Wehlener Str.
Kipsdorfer Str.
Pillnitzer Landstr.
Lennéstraße
Stübelallee
Großer Garten
Neuer Teich
Palais-Teich
GRUNA
Wiener Str.
Karcherallee
Bodenbacher Str.
Enderstraße
Marienberger Str.
TOLKEWITZ
Österreicher Str.
Winterbergstraße
Gasanstalt Str.
Teplitzer Weg
Lockwitzer Str.
Reicker Str.
STREHLEN
Pirnaer Str.
Salzburger Str.
LAUBEGAST
Leubener Str.
Gostritzer Str.
SCHERTNITZ
Dohnaer Str.
REICK
Landstraße
Mügelner Str.
Breitscheid Str.
Tornaer Str.
Niedersedlitzer Str.
Bismarckstraße
Str. des 17. Juni
Stephenson Str.
Pirnaer Landstr.
Försterlingstr.
LEUBNITZ-NEUOSTRA
NIEDERSEDLITZ
Dohnaer Str.

E
F
1
2
3
Messering
Pieschener
Leipziger
Eisenbahnstraße
Hansastr.
Turnerweg
Bahnhof Neustadt
Carolinen-Str.
Albertpla
Hainstraße
Uferstraße
Antonstraße
Allee
Königstraße
Kügelgenhaus
Japanisches Palais
Palaisplatz
Magdeburger
Marienbrücke
Ostra-Ufer
Weißeritz-Str.
Könneritzstraße
Goldener Reiterstatue
Museum für Sächsische Volkskunst
Neustädter Markt
Köpckestr.
Brauergasse
Friedrichstraße
DRESDEN MITTE
Neue Terrasse
Elberadweg
ELBE
Bernhard-von-Lindenau-Platz
Ostra-Allee
Adlergasse
Weißeritzstraße
Schützen-platz
Semperoper
Augustusbrücke
Brühlsche Terras
Schützengasse
Hof
Theater-platz
Schloß-platz
Albertinu
Roßthaler Str.
Wettiner Pl.
Grüne Str.
Hertha-Lindner-Str.
ZWINGER
RESIDENZSCHLOSS
Johanneum
Frauen
Alfred-Althus-Str.
Ehrlichstraße
Ermischstraße
Postplatz
Neumarkt
Schwimmhalle Freiberger Pl.
Freiberger Str.
Wilsdruffer Str.
Stadtmuseum
Altmarkt
Bauhofstr.
Freiberger Str.
Freiberger Pl.
Annenstraße
Am See
Marienstraße
S-Bf. Freiberger Str.
Rosenstraße
Maternistraße
Kreuz
Herbert-Wehner-Platz
Neues Rathaus
Ringstraße
Dr.-Külz-Ring
Ammonstraße
Lilienggasse
Dippoldiswalder Pl.
Waisenhausstraße
Georgplatz
St. Petersbu
Ferdinandpl.
Bürgerwiese
Josephinenstraße
Vitzthumstr.
Falkenstr.
Polierstraße
Ammonstraße
Budapester Str.
Prager Straße
Zinzend
Reitbahnstraße
Feldgasse
Petersburger
Räcknitzstr.
Walpurgisstr.
Feldschlößchenstr.
Zwickauer Str.
Wiener Pl.
Lindengasse
Wielandstraße
Bayrische Str.
Mosczinskystraße
St. Wiener Pl.
Park
Schweizer Str.
Bergstraße
Sidonien Straße
Budapester
Löbnitzer Str.
Hohe Str.
Kaitzer Str.
Bernhardstraße
Hauptbahnhof
Wiener Str.
Gret-Palucca Str.
a
b
c
d
e
g
p
s
v
w
x

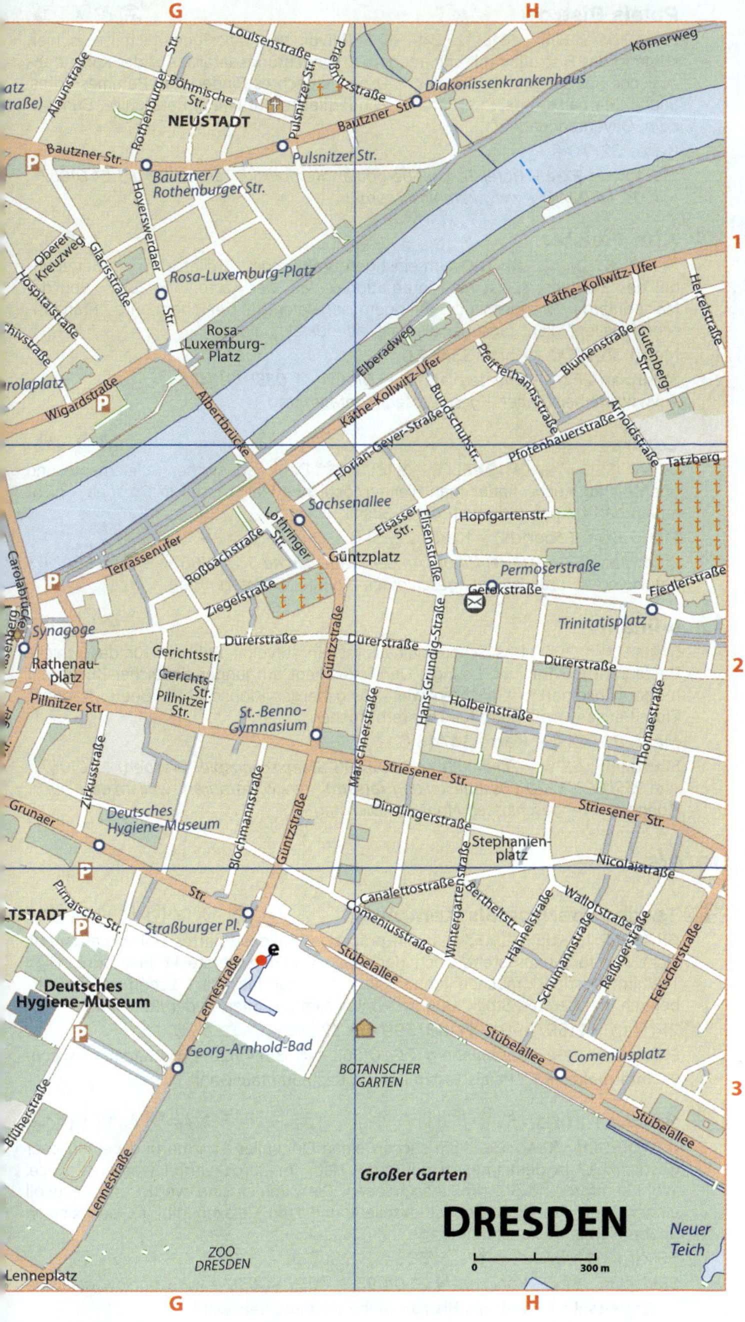
G
H
Louisenstraße
Prießnitzstraße
Körnerweg
Diakonissenkrankenhaus
Alaunstraße
Rothenburger Str.
Böhmische Str.
Pulsnitzer Str.
NEUSTADT
Bautzner Str.
Pulsnitzer Str.
Bautzner / Rothenburger Str.
Hoyerswerdaer Str.
Oberer Kreuzweg
Glacisstraße
Hospitalstraße
Rosa-Luxemburg-Platz
Rosa-Luxemburg-Platz
Wigardstraße
Albertbrücke
Elberadweg
Käthe-Kollwitz-Ufer
Käthe-Kollwitz-Ufer
Hertelstraße
Pfeifferhannsstraße
Blumenstraße
Gutenberg-Str.
Bundschuhstr.
Florian-Geyer-Straße
Pfotenhauerstraße
Arnoldstraße
Tatzberg
Sachsenallee
Lothringer Str.
Elsasser Str.
Elisenstraße
Hopfgartenstr.
Terrassenufer
Roßbachstraße
Güntzplatz
Permoserstraße
Gerokstraße
Fiedlerstraße
Ziegelstraße
Synagoge
Trinitatisplatz
Dürerstraße
Dürerstraße
Dürerstraße
Güntzstraße
Hans-Grundig-Straße
Gerichtsstr.
Rathenau-platz
Gerichts-Str.
Pillnitzer Str.
Pillnitzer Str.
St.-Benno-Gymnasium
Marschnerstraße
Holbeinstraße
Thomaestraße
Zirkusstraße
Striesener Str.
Striesener Str.
Blochmannstraße
Güntzstraße
Dinglingerstraße
Deutsches Hygiene-Museum
Grunaer Str.
Stephanien-platz
Nicolaistraße
Canalettostraße
Wintergartenstraße
Bertheltstr.
Hähnelstraße
Wallotstraße
Comeniusstraße
Schumannstraße
Reißigerstraße
Fetscherstraße
Pirnaische Str.
Straßburger Pl.
Stübelallee
Deutsches Hygiene-Museum
Lennéstraße
Georg-Arnhold-Bad
BOTANISCHER GARTEN
Stübelallee
Comeniusplatz
Stübelallee
Blüherstraße
Lennéstraße
Großer Garten
DRESDEN
0
300 m
Neuer Teich
ZOO DRESDEN
Lenneplatz
1
2
3
e
G
H

Palais Bistro

FRANZÖSISCH-KLASSISCH • BISTRO XX Stilvoll und leger-gemütlich ist es hier, stimmig das Bistroflair mit chic-modernen Einrichtungsdetails. Auf der Karte französische Speisen und Regionales, z. B. "angemachtes Rindertatar, Pommes Frites, Sauce Béarnaise" oder "gebratenes Zanderfilet mit Rotwein, Ratatouille, Bandnudeln, Olivентapenade".

Karte 32/70 €

Stadtplan : F2-a – *Hotel Taschenbergpalais Kempinski, Taschenberg 3 ✉ 01067 – ✆ 0351 4912710 – www.kempinski.com*

Alte Meister

INTERNATIONAL • BISTRO X Im einstigen Braun'schen Atelier in einem Seitenflügel des Zwingers speist man international - auf der Karte z. B. "Brust von der Maispoularde, Orangensauce, Ofengemüse, Polenta". Der charmante "Französische Pavillon" dient tagsüber als Café, abends als Salon.

Menü 35/45 € – Karte 33/54 €

Stadtplan : F2-p – *Theaterplatz 1a ✉ 01067 – ✆ 0351 4810426 – www.altemeister.net – geschlossen Montagmittag*

Ogura

JAPANISCH • TRADITIONELLES AMBIENTE X Dank japanischer Stilelemente und ebensolcher Küche findet man hier fernöstliches Flair mitten in Dresden - nicht fehlen darf da natürlich auch gutes Sushi!

Menü 60 € (abends) – Karte 22/51 €

Stadtplan : F2-e – *Hotel Hilton, An der Frauenkirche 5 ✉ 01067 – ✆ 0351 8642975 – www.ogura-dresden.de – geschlossen Montag, Sonntagmittag*

william

DEUTSCH • CHIC X Das Schauspielhaus ist ein stilvoller Rahmen für das schicke Restaurant mit Bar und Lounge. Der Fokus liegt auf junger deutscher Küche mit modern inspirierten Gerichten wie "Königsberger Klopse, Rote Beete, Kapern". Tipp: Pausenverpflegung für Theaterbesucher.

Menü 29/42 € – Karte 34/48 €

Stadtplan : E2-w – *Theaterstr. 2, (im 2. OG Staatsschauspiel Dresden) ✉ 01067 – ✆ 0351 65298220 (Tischbestellung ratsam) – www.restaurant-william.de – nur Abendessen – geschlossen Montag - Dienstag*

Hotels

Taschenbergpalais Kempinski

GROSSER LUXUS • KLASSISCH Ein prächtiges rekonstruiertes Barockpalais, das nicht nur für Luxus steht, auch der Charme von einst steckt hier drin! "High Tea" im "Vestibül", rauchen können Sie in der "Karl May Bar". Schön der Freizeitbereich im obersten Stock. Und im Winter zum Eislaufen in den Innenhof?

214 Zim – †169/499 € ††189/599 € – 32 Suiten – ☕ 33 €

Stadtplan : F2-a – *Taschenberg 3 ✉ 01067 – ✆ 0351 49120 – www.kempinski.com*

Intermezzo • **Palais Bistro** – siehe Restaurantauswahl

Bülow Palais

HISTORISCH • KLASSISCH Sie suchen einen Ort voller Charme und persönlicher Gastlichkeit? In dem intensiv geführten Haus im Barockviertel werden Service, Wohnkomfort und Stil groß geschrieben. Die Zimmer sind wertig und liebevoll eingerichtet, das Frühstück ist exzellent und zum Relaxen gibt es den kleinen Spabereich in der obersten Etage.

55 Zim – †125/385 € ††125/385 € – 3 Suiten – ☕ 26 € – ½ P

Stadtplan : F1-c – *Königstr. 14 ✉ 01097 – ✆ 0351 80030 – www.buelow-palais.de*

✿ **Caroussel** • **Bülow's Bistro** – siehe Restaurantauswahl

Gewandhaus Dresden

BOUTIQUE-HOTEL • DESIGN Mit Geschmack und Gefühl für die Historie des Hauses entstand dieses schicke Boutique-Hotel. Stilvoll designte Zimmer vom kleinen Standard bis zur Juniorsuite. Stylish das Restaurant "(m)eatery" mit Internationalem wie Dry Aged Beef, Tatar, Fisch und Burgern. Hausgebackenes im "Kuchen Atelier" (Do. - So.).

97 Zim – 127/277 € 135/365 € – 24 €

Stadtplan : F2-s – *Ringstr. 1 ✉ 01067 – ✆ 0351 49490 – www.gewandhaus-hotel.de*

Bülow Residenz

HISTORISCHES GEBÄUDE • ROMANTISCH Mit seiner bis ins Jahr 1730 zurückreichenden Geschichte versprüht dieses kleine Bijou einen ganz eigenen Charme! Hier sind Ihnen persönliche Betreuung, schönes Wohnen und feines Frühstück gewiss. Parken und Wellness im wenige Meter entfernten Partnerhotel.

27 Zim – 99/289 € 99/289 € – 1 Suite – 18 €

Stadtplan : F1-b – *Rähnitzgasse 19 ✉ 01097 – ✆ 0351 8003291 – www.buelow-residenz.de*

Hyperion Hotel Am Schloss

URBAN • DESIGN Ein ausgezeichnet geführtes Stadthotel! Außen ist das Gebäude dem historischen Vorbild nachempfunden, innen bestechen chic-modernes Design sowie Großzügigkeit in Zimmern und öffentlichen Bereichen. Schön relaxen kann man im jahrhundertealten Gewölbe. In der "Wohnstube" serviert man regionale Küche.

235 Zim – 80/330 € 100/350 € – ½ P

Stadtplan : F2-d – *Schlossstr. 16 ✉ 01067 – ✆ 0351 501200 – www.h-hotels.com*

Suitess

LUXUS • KLASSISCH Eindrucksvoll die schön rekonstruierte Fassade, das Interieur ebenso geschmackvoll und edel: luxuriöse Zimmer voller ausgesuchter Materialien. Perfekt die Lage einen Steinwurf von der Frauenkirche entfernt! Der Service zuvorkommend und angenehm unaufdringlich. Für Gin-Freunde: die Bar "Dresden Gin House".

25 Zim – 120/599 € 120/599 € – 9 Suiten – 23 € – ½ P

Stadtplan : F2-g – *An der Frauenkirche 13, Zufahrt über Rampische Straße ✉ 01067 – ✆ 0351 417270 – www.suitess-hotel.com*

Moritz – siehe Restaurantauswahl

Innside by Meliá

KETTENHOTEL • MODERN Die Lage ist so exklusiv wie praktisch: die Frauenkirche gleich um die Ecke, alle Highlights der Stadt schnell erreichbar. Dazu stylisches Design und moderne Technik. Am Abend lockt die "Twist Sky Bar" im 6. Stock - toll die Aussicht!

180 Zim – 99/350 € 119/370 €

Stadtplan : F2-v – *Salzgasse 4 ✉ 01067 – ✆ 0351 795150 – www.melia.com*

VEN – siehe Restaurantauswahl

Steigenberger Hotel de Saxe

KETTENHOTEL • MODERN Der Name stammt vom ursprünglichen "Hotel de Saxe" von 1786. Die Zimmer schön modern in klaren Linien und ruhigen Tönen - von vielen schaut man auf die Frauenkirche. Restaurant im 1. Stock mit Balkonterrasse zum Neumarkt. Klassisch-traditionelle Küche, sonntags Brunch. Im Sommer samstagabends Barbecue-Buffet.

185 Zim – 109/499 € 109/499 € – 4 Suiten – 25 € – ½ P

Stadtplan : F2-x – *Neumarkt 9 ✉ 01067 – ✆ 0351 43860 – www.desaxe-dresden.steigenberger.de*

Vienna House QF

BOUTIQUE-HOTEL • MODERN Die Lage an der Frauenkirche könnte kaum besser sein! Und das schicke, angenehm diskrete Boutique-Hotel hat noch mehr zu bieten: modern-komfortable Zimmer designt by Bellini! Dazu die moderne Bar im 6. Stock, und das Frühstück kann sich ebenfalls sehen lassen.

95 Zim – 110/249 € 120/269 € – 2 Suiten

Stadtplan : F2-c – *Neumarkt 1 ✉ 01067 – ✆ 0351 5633090 – www.viennahouse.com*

Privat

FAMILIÄR • FUNKTIONELL Ein engagiert geführtes Nichtraucherhotel in einer ruhigen Wohngegend nicht weit von der Innenstadt. Der Service ist freundlich, die Zimmer sind zeitgemäß und funktional, dazu ein sehr gutes Frühstück. Restaurant "Maron" mit Wintergarten und netter kleiner Terrasse. Zusatzkarte nach Hildegard von Bingen.

29 Zim – 58/82 € 76/107 € – 1 Suite – ½ P

Stadtplan : C2-b – *Forststr. 22 ✉ 01099 – ✆ 0351 811770 – www.das-nichtraucher-hotel.de*

In Dresden-Hellerau

Schmidt's

KREATIV • BISTRO Wer hätte gedacht, dass in den Hellerauer Werkstätten für Handwerkskunst (1909 von Karl Schmidt gegründet) einmal gekocht wird? In moderner Bistro-Atmosphäre gibt es z. B. "Variation von Langburkersdorfer Fischen im Bouillabaisse-Sud". Preislich interessant: das Menü "Schmidt's Karte rauf und runter".

Menü 42/52 € – Karte 34/44 €

Stadtplan : C1-z – *Moritzburger Weg 67, (in den Hellerauer Werkstätten) ✉ 01109 – ✆ 0351 8044883 (Tischbestellung ratsam) – www.schmidts-dresden.de – geschlossen Samstagmittag, Sonntag*

In Dresden-Lockwitz Süd-Ost: 11 km über Dohnaer Straße D3

Landhaus Lockwitzgrund

INTERNATIONAL • LÄNDLICH In den historischen ehemaligen Stallungen der alten "Makkaroni-Fabrik" sitzt man gemütlich unter einem Kreuzgewölbe und speist z. B. "Jungbullenbrust, Petersilien-Rahmsauce, Spitzkohl, Semmelknödel". Und als Vorspeise vielleicht "Vitello Tonnato"? Gepflegt übernachten kann man hier außerhalb im Grünen übrigens auch.

Menü 32/42 € – Karte 21/44 €

12 Zim – 59/65 € 79/89 € – 1 Suite

Lockwitzgrund 100 ✉ 01257 – ✆ 0351 2710010 – www.landhaus-lockwitzgrund.de – geschlossen 7. - 24. Januar und Montag, außer an Feiertagen

In Dresden-Loschwitz

Schloss Eckberg

HISTORISCHES GEBÄUDE • INDIVIDUELL Das 15 ha große Anwesen ist ebenso sehenswert wie das traumhafte Schloss selbst! Hier wohnt und speist man klassisch-stilvoll, im Kavaliershaus sind die Zimmer moderner und einfacher. Lassen Sie sich den Ausblick von der Terrasse nicht entgehen - schön auch bei Kaffee und Kuchen!

84 Zim – 70/175 € 85/210 € – 5 Suiten – 18 € – ½ P

Stadtplan : D2-d – *Bautzner Str. 134 ✉ 01099 – ✆ 0351 80990 – www.schloss-eckberg.de*

In Dresden-Pillnitz Süd-Ost: 13 km über Pillnitzer Landstraße D3

Kaminrestaurant

INTERNATIONAL • KLASSISCHES AMBIENTE In dem klassisch gehaltenen Restaurant (gemütlich im Winter das Kaminfeuer!) setzt man auf saisonale Küche mit vielen Bioprodukten. Darf es vielleicht "gebratene Jakobsmuschel, Cousous, Joghurt, Apfel" sein? Oder lieber "Lammcarré, Kräuterseitlinge, Bohnenkerne, Kirsch-Semmelknödel"?

Menü 42/67 € – Karte 37/62 €

Schloss Hotel Dresden-Pillnitz, August-Böckstiegel-Str. 10 ✉ 01326 – ✆ 0351 26140 – www.dresden-kaminrestaurant.de – nur Abendessen – geschlossen Montag - Dienstag

Schloss Hotel Dresden-Pillnitz

LANDHAUS • AUF DEM LAND Unmittelbar am Schloss samt schönem Park wohnt man in attraktiven Zimmern im Landhausstil - fragen Sie nach denen mit Schlossblick! Im "Wintergarten-Café" bietet man regional-traditionelle Küche sowie Business-Lunch inkl. Wasser und Espresso. Und wie wär's am Nachmittag mit hausgebackenem Bio-Kuchen?

45 Zim – 90/115 € 120/165 € – ½ P

August-Böckstiegel-Str. 10 01326 – 0351 26140 – www.schlosshotel-pillnitz.de

Kaminrestaurant – siehe Restaurantauswahl

In Dresden-Striesen

Daniel

KLASSISCHE KÜCHE • FAMILIÄR In dem hellen geradlinigen Restaurant samt hübscher Terrasse gibt es mittags einfachen Lunch, abends kocht man gehoben-saisonal - probieren Sie z. B. klassische Terrinen oder auch "gebratenen Wels, Noilly-Prat-Sauce, Fenchelgemüse, Kartoffelstampf". Auf Reservierung bekommt man auch mittags die Abendkarte.

Menü 35/42 € – Karte 37/52 €

Stadtplan : C2-c – *Gluckstr. 3 01309 – 0351 81197575 – www.restaurant-daniel.de – geschlossen Sonntag - Montag*

Spizz

INTERNATIONAL • FREUNDLICH Modern-gemütlich hat man es in dem hübschen Altbau am Barbarossaplatz. Das mögen die vielen Stammgäste ebenso wie die Küche: Es gibt Klassiker und Internationales, von "Bouillabaisse" über "Vitello Tonnato" bis "Kalbsleber & Bries mit Bärlauchpüree". Tipp: dienstagabends "Beef Tatar".

Karte 27/52 €

Stadtplan : C2-s – *Augsburger Str. 49 01309 – 0351 3190626 (abends Tischbestellung ratsam) – www.restaurant-spizz.de – geschlossen Sonntag, außer an Feiertagen*

In Dresden-Weißer Hirsch

bean&beluga

KREATIV • GERADLINIG Das modern-elegante Restaurant - Keimzelle und Aushängeschild der Hermann'schen Gastronomie - bietet finessenreiche Küche mit kreativen Elementen sowie eine schöne Weinauswahl. Im EG der schmucken Villa hat man noch das "Hirsch32" - hier gibt es Klassiker und Gerichte aus der schwäbischen Heimat des Patrons.

→ Rote Garnele, Büffelmozzarella, Mojo. Goldforelle, Gartengurke, Senfkorn. Poltinger Lamm, wilder Brokkoli, Artischocke.

Menü 115/160 €

Stadtplan : D2-n – *Bautzner Landstr. 32, (1. Etage) 01324 – 0351 44008800 (Tischbestellung ratsam) – www.bean-and-beluga.de – nur Abendessen – geschlossen 17. Februar - 11. März, 28. Juli - 12. August und Sonntag - Dienstag*

DRIBURG, BAD

Nordrhein-Westfalen – 18 554 Ew. – Höhe 220 m – Regionalatlas **28**-G10
Michelin Straßenkarte 543

Caspar's

KLASSISCHE KÜCHE • ELEGANT In eleganter Atmosphäre (raumhohe Bücherregale, klassisches Mobiliar, farblich abgestimmte Stoffe...) wird kreativ-internationale Küche serviert, à la carte oder als Menü. Im Sommer genießt man auf der Terrasse eine herrliche Blumenpracht.

Menü 39 € – Karte 33/43 €

Hotel Gräflicher Park, Brunnenallee 1 33014 – 05253 952320 – www.graeflicher-park.de – nur Abendessen – geschlossen Sonntag - Montag

Gräflicher Park

HISTORISCH • KLASSISCH Familie Graf von Oeynhausen-Sierstorpff hat hier ein tolles weitläufiges Anwesen a. d. 18. Jh. samt Kurhaus und Wildgehege, altem Baumbestand und hübschen Beeten. Wohnlich-individuelle Zimmer, Spa auf 1500 qm (u. a. ganzjährig beheizter Außenpool), Ayurveda-Zentrum und gute Veranstaltungsmöglichkeiten. Restaurant "Pferdestall" mit schönem altem Gewölbe und Showküche.

135 Zim – 124/244 € 169/279 € – ½ P

Brunnenallee 1 ✉ 33014 – ✆ 05253 95230 – www.graeflicher-park.de

Caspar's – siehe Restaurantauswahl

DUDELDORF

Rheinland-Pfalz – 1 120 Ew. – Höhe 260 m – Regionalatlas **45**-B15
Michelin Straßenkarte 543

Torschänke N

REGIONAL • FREUNDLICH Das Gasthaus liegt direkt am alten Obertor des kleinen Dorfes. Ein sympathisches Lokal, urig und gemütlich. Mit ausgesuchten Zutaten wird frisch und lecker gekocht - da macht z. B. "Zander mit Blattspinat, Pinienkernen und Kartoffeln" Appetit.

Menü 34/38 € – Karte 35/51 €

Phillipsheimer Str. 1 ✉ 54647 – ✆ 06565 2024 – www.torschaenke-dudeldorf.de – nur Abendessen, sonntags auch Mittagessen – geschlossen 31. Dezember - 5. Januar und Mittwoch - Donnerstag

DUDERSTADT

Niedersachsen – 21 840 Ew. – Höhe 170 m – Regionalatlas **29**-J11
Michelin Straßenkarte 541

Zum Löwen

BUSINESS • MODERN Ein Haus mit Geschichte, das schön modern daherkommt. Chic die Zimmer in geradlinigem Design und gedeckten Farben, ebenso attraktiv der Wellnessbereich im UG. Gemütlich sitzt man im "Alt Duderstadt" bei regional-internationaler Küche. Gut auch die Lage im verkehrsberuhigten Zentrum.

59 Zim – 99/169 € 129/189 € – 18 € – ½ P

Makrtstr. 30 ✉ 37115 – ✆ 05527 849000 – www.hotelzumloewen.de

DÜRKHEIM, BAD

Rheinland-Pfalz – 18 414 Ew. – Höhe 132 m – Regionalatlas **47**-E16
Michelin Straßenkarte 543

Weinstube Bach-Mayer

REGIONAL • WEINSTUBE Ursprung der charmanten Weinstube ist das fürstliche Jagdhaus a. d. 18. Jh. - das prachtvolle Portal am Eingang ist noch erhalten. Auf der Karte liest man regional-internationale Speisen, darunter z. B. "Meine Pfalz": Saumagen, Bäckchen, gebratene Blutwurst, Jakobsmuschel, Speck und schwarze Bohnen.

Menü 37 € – Karte 33/49 €

Gerberstr. 13 ✉ 67098 – ✆ 06322 92120 – www.bach-mayer.de – Montag - Freitag nur Abendessen – geschlossen Mitte Januar - Anfang Februar 3 Wochen, September 3 Wochen und Dienstag - Mittwoch

Kurpark-Hotel Bad Dürkheim

SPA UND WELLNESS • MODERN Das geschichtsträchtige ehemalige Kurhaus geht mit der Zeit: topmoderner Spa, wohnliche Zimmer in warmen Farben und ein Restaurant mit internationaler Küche und toller Terrasse zum Kurpark. Lust auf Roulette oder Black Jack? Das Kasino liegt direkt nebenan, der Eintritt ist für Hotelgäste gratis.

113 Zim – 97/127 € 159/189 € – ½ P

Schloßplatz 1 ✉ 67098 – ✆ 06322 7970 – www.kurpark-hotel.de

An den Salinen

FAMILIÄR • MODERN Äußerlich eher unscheinbar, zeigt das Hotel seine wahre Größe im Inneren: Hier wird man engagiert und herzlich betreut, alles ist top in Schuss. Wohnlich die Zimmer (Standard, Comfort oder Business), das Frühstücksbuffet klein, aber frisch.

16 Zim – 62/80 € 94/100 €

Salinenstr. 40 67098 – 06322 94040 – www.hotel-an-den-salinen.de – geschlossen 16. Dezember - 13. Januar

In Bad Dürkheim-Seebach Süd-West: 1,5 km

Käsbüro

TRADITIONELLE KÜCHE • WEINSTUBE Vom Äbtissinnenhaus über eine Zehntscheuer zum Wirtshaus. In dem reizenden Haus a. d. 11. Jh. gibt es drei überaus behagliche Stuben, draußen den lauschigen berankten Innenhof. Überall serviert man frische bürgerlich-regionale Gerichte wie z. B. "gegrillte Forellenfilets auf Spargelragout". Dazu lokale Weine.

Menü 35 € – Karte 29/51 €

Dorfplatz 1 67098 – 06322 680963 – www.kaesbuero.de – nur Abendessen – geschlossen Januar 2 Wochen, Juni 1 Woche und Dienstag

H. Wohner/Look/Photononstop

WIR MÖGEN BESONDERS...

Das „viel probieren"-Konzept im charmanten **Fitz's Frau Franzi**. Die klassische japanische Küche im **Yoshi** des bekannten Yoshizumi Nagaya. Dass das neue **DR.KOSCH** genauso leger und gut geblieben ist, wie das alte war! Das **Parlin** als sympathisches lockeres Altstadt-Lokal. Mitten im quirligen „Japantown" im schicken trendigen Hotel **me and all** wohnen.

DÜSSELDORF

Nordrhein-Westfalen - 604 527 Ew. - Höhe 36 m - Regionalatlas **25**-B11
Michelin Straßenkarte 543

Stadtpläne siehe nächste Seiten

Restaurants

Nagaya

JAPANISCH • FREUNDLICH XxX Ohne Zweifel ist die Küche von Yoshizumi Nagaya etwas Besonderes. Durchdacht, klar und präzise fügt man japanische und westliche Elemente zusammen - mal traditionell, mal kreativ, immer aromaintensiv und aus exzellenten Produkten. Dazu eine schöne Wein- und Sake-Auswahl. Aufmerksam und professionell der Service.

→ Rolle aus der Gänsestopfleberterrine mit Rote Betekrokant und Haselnusspuder. Leicht gegartes Sashimi vom Wagyu Rind mit Yuzu-Sojasauce und Trüffel. Gebratener, in Miso marinierter kanadischer Schwarzer Kabeljau mit Saikyo-Misosauce.

Menü 72 € (mittags)/169 € (abends) - Karte 81/121 €

Stadtplan : K2-n - *Klosterstr. 42 ✉ 40211 - ✆ 0211 8639636 (Tischbestellung ratsam) - www.nagaya.de - geschlossen 24. Dezember - Anfang Januar, Ende Juli - Anfang August und Sonntag - Montag, Feiertage mittags, außer an Messen*

Agata's N

MODERNE KÜCHE • TRENDY XX Nach dem Umzug des "Agata's" sitzt man hier wirklich nett in schicker und zugleich warmer Atmosphäre (hübsch die florale Deko) und lässt sich vom charmanten Team um Patronne Agata Reul kompetent umsorgen - auch in Sachen Wein. Die Küche ist modern-kreativ und europäisch geprägt, zeigt aber auch koreanische Einflüsse.

→ Hiramasa Kingfish in Koji gebeizt, Kohlrabi, Buchweizen, Buttermilch. Gebratener Adlerfisch, Tintenfisch, Rote Bete, Sellerie, Birne, Eigelb, Soja-Ingwersud. Donald Russel Lammrücken, Zunge, Aubergine, Sojabohnen, Pinienkerne, Bärlauch, Gang Jeonjus.

Menü 59/119 €

Stadtplan : F3-g - *Kirchfeldstr. 59 ✉ 40477 - ✆ 0211 30030616 (Tischbestellung ratsam) - www.agatas.de - nur Abendessen - geschlossen Sonntag - Montag*

DÜSSELDORF
0
300 m
J
K
1
2
3
Museum Kunst Palast
Helmut-Hentrich-Platz
Oberkasseler Brücke
RHEIN
Hofgarten
Schloss Jägerhof-Goethemuseum
Ratinger Tor
K20 Kunstsammlung am Grabbeplatz
St. Lambertus
Schlossturm
Dreischeibenhaus
Rathaus
Marktplatz
Schneider-Wibbel-Gasse
ALTSTADT
Hetjens-Museum
Stadtmuseum
Heinrich-Heine-Institut
Heinrich-Heine-Allee
Königsallee
KIT
SCHWANENMARKT
GRAF-ADOLF-PL.
Graf-Adolf-Platz
Berliner Allee
Stresemannplatz
Ernst-Reuter-Platz
Landtag / Kniebrücke
Polizeipräsidium
K21
Nordstraße
Venloer Str.
Marienhospital
Sternstraße
Rochusmarkt
Schloss Jägerhof
Jacobistraße
Klosterstraße
Oststraße
Steinstraße
Luisenstraße
Corneliusstraße
Helmholtzstraße
Parkstr.
Blücherstraße
Winkelsfelder Str.
Moltke-Str.
Prinz-Georg-Straße
Gneisenau-Str.
Duisburger Str.
Ehren-Str.
Rochusstraße
Rosenstraße
Mozartstr.
Fischerstraße
Kaiserstraße
Freiligrathstraße
Scheibenstraße
Inselstraße
Cecilienallee
Joseph-Beuys-Ufer
Ehrenhof
Fritz-Roeber-Str.
Eiskellerstr.
Ritterstraße
Ratinger Str.
Reuterkaserne
Rheinwerft
B1
Hofgartenstraße
Jacobistraße
Tonhallenstr.
Liesegangstr.
Immermannstraße
Schadowstraße
Blumenstraße
Königstr.
Bolkerstr.
Burgpl.
Neustraße
Wallstraße
Carls-Pl.
Benrather Str.
Bilker Str.
Kasernenstraße
Breite Str.
Grünstraße
Kreuzstraße
Bismarckstraße
Poststraße
Carlstor
Haroldstraße
Hubertusstraße
Kavalleriestr.
Wasserstraße
Reichsstraße
Elisabethstraße
Friedrichstraße
Adersstraße
Luisenstraße
Jahnstraße
Talstraße
Herzogstraße
Graf-Adolf-Straße
Scheurenstraße
Mintropstraße
Gustav-Poensgen-Str.
Kronprinzenstr.
Florastraße
Lorettostr.
Fürstenwall
Corneliusstr.

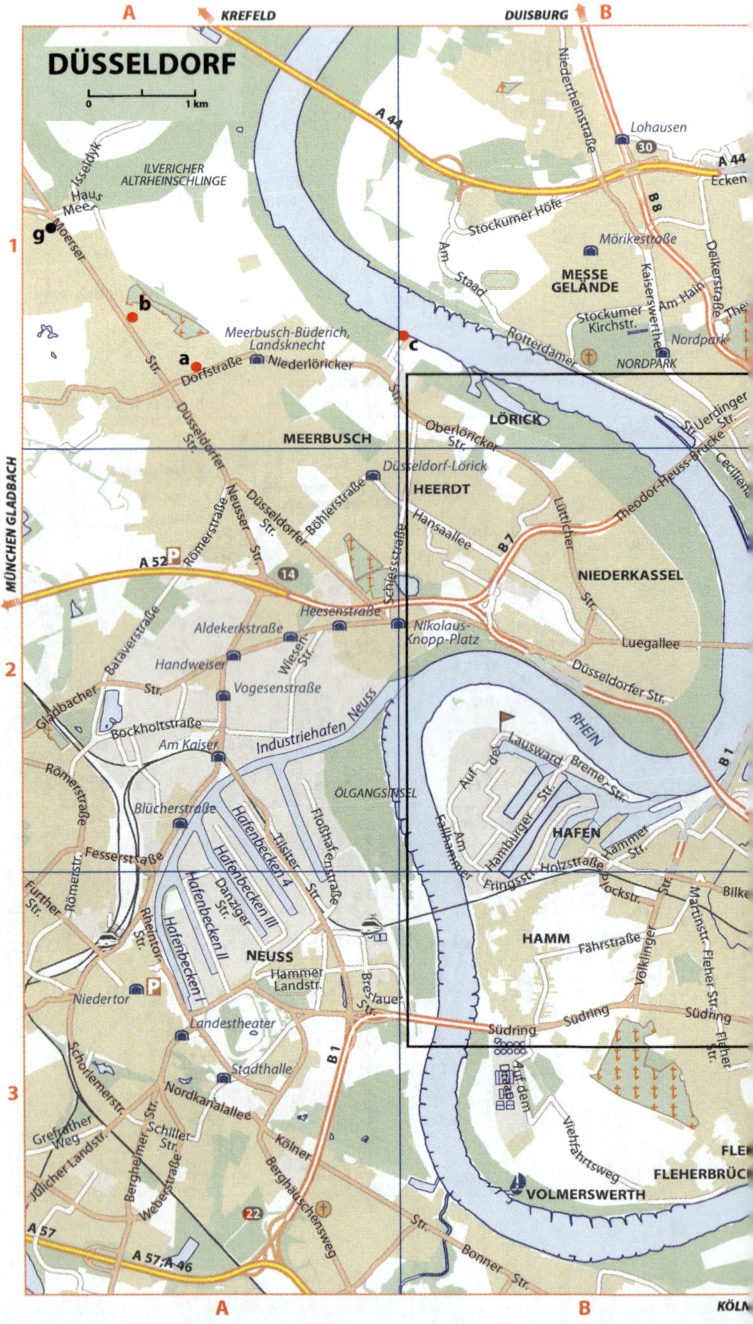
DÜSSELDORF
0
1 km
A
B
KREFELD
DUISBURG
MÜNCHEN GLADBACH
KÖLN
1
2
3
A 44
A 52
A 57
A 57;A 46
B 1
B 7
B 8
30
14
22
ILVERICHER ALTRHEINSCHLINGE
Isseldyk
Haus Meer
Moerser
g
b
a
c
Str.
Dorfstraße
Niederlöricker
Meerbusch-Büderich, Landsknecht
MEERBUSCH
Düsseldorfer Str.
Neusser Str.
Düsseldorfer Str.
Böhlerstraße
Römerstraße
Düsseldorf-Lörick
Schiessstraße
Heesenstraße
Nikolaus-Knopp-Platz
Aldekerkstraße
Handweiser
Wiesen-Str.
Vogesenstraße
Bataverstraße
Gladbacher Str.
Bockholtstraße
Am Kaiser
Industriehafen Neuss
ÖLGANGSINSEL
Römerstraße
Blücherstraße
Fesserstraße
Römerstr.
Further Str.
Rheintor-Str.
Hafenbecken 4
Hafenbecken III
Hafenbecken II
Hafenbecken I
Danziger Str.
Tilsiter Str.
Floßhafenstraße
NEUSS
Hammer Landstr.
Breslauer Str.
Niedertor
Landestheater
Stadthalle
Schorlemerstr.
Nordkanalallee
Grefrather Weg
Jülicher Landstr.
Bergheimer Str.
Schiller-Str.
Weberstraße
Kölner Str.
Berghäuschensweg
Bonner Str.
Niederrheinstraße
Lohausen
Ecken
Stockumer Höfe
Mörikestraße
Am Staad
MESSE GELÄNDE
Kaiserswerther
Deikerstraße
Stockumer Kirchstr.
Am Hain
Nordpark
NORDPARK
Rotterdamer Str.
LÖRICK
Oberlöricker Str.
Uerdinger Str.
Cecilien
Theodor-Heuss-Brücke
HEERDT
Hansaallee
Lütticher Str.
NIEDERKASSEL
Luegallee
Düsseldorfer Str.
RHEIN
Auf der Lausward
Bremer Str.
Hamburger Str.
Am Fallhammer
HAFEN
Hammer Str.
Holzstraße
Fringsstr.
Plockstr.
Bilke
Martinstr.
HAMM
Fährstraße
Völklinger Str.
Fleher Str.
Südring
Südring
Südring
Auf dem Draap
Viehfahrtsweg
VOLMERSWERTH
FLEHERBRÜC
FLE

ESSEN, MÜLHEIM
C
D
1
2
3
WUPPERTAL
HILDEN, UNTERBACH
WUPPERTAL
KÖLN
KÖLN
SCHLOSS BENRATH (PARK)
RATH
AAPER WALD
WILDPARK
GRAFENBERG
GERRESHEIM
ELLER
FORST ELLER
LIERENFELD
STOFFELN
WERSTEN
HOLTHAUSEN
SÜDPARK
SCHLOSSPARK ELLER
Silbersee
Grüner See
A 44
A 52
A 46
A 59
L 293

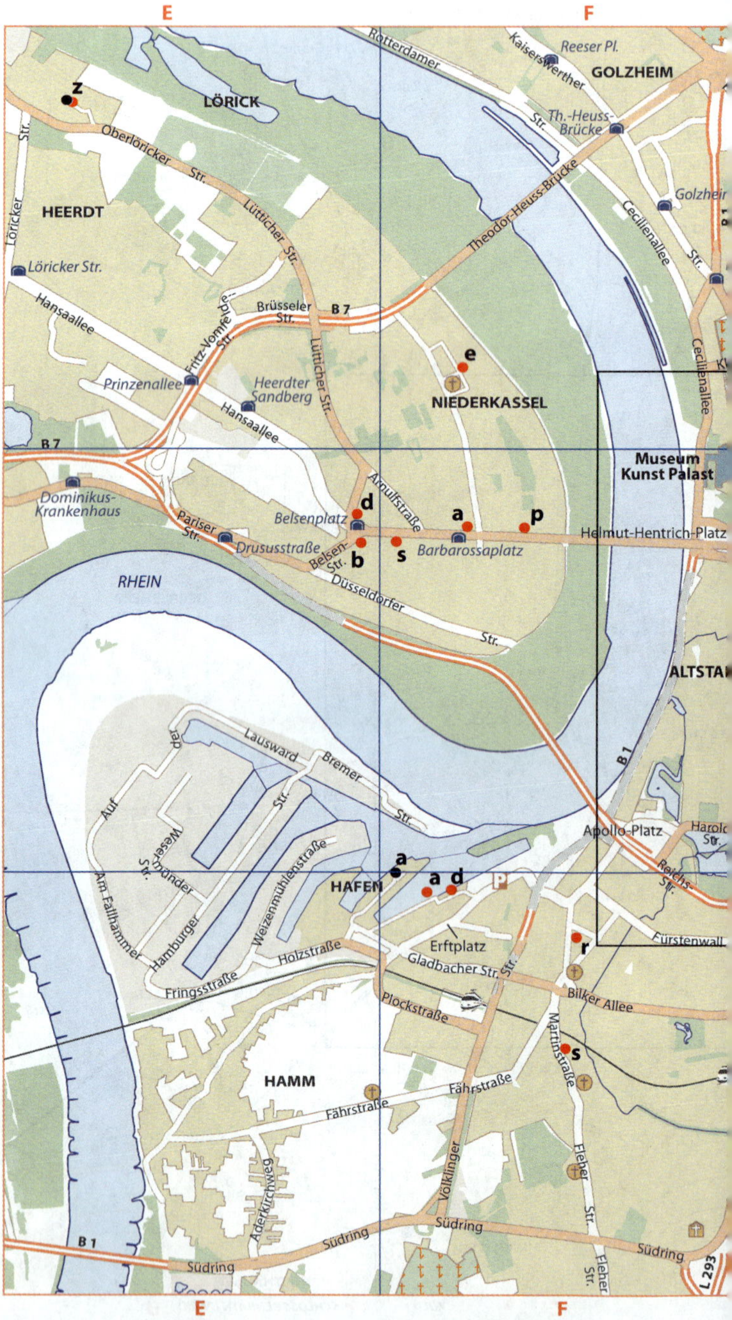
E
F
1
2
3
LÖRICK
GOLZHEIM
HEERDT
NIEDERKASSEL
Museum Kunst Palast
ALTSTA
RHEIN
HAFEN
HAMM
Rotterdamer
Kaiserswerther Str.
Reeser Pl.
Th.-Heuss-Brücke
Theodor-Heuss-Brücke
Oberlöricker Str.
Lörricker Str.
Löricker Str.
Lütticher Str.
Cecilienallee
Hansaallee
Brüsseler Str.
B 7
Fritz-Vomfelde-Str.
Prinzenallee
Heerdter Sandberg
Dominikus-Krankenhaus
Pariser Str.
Drususstraße
Belsenplatz
Belsen-Str.
Arnulfstraße
Barbarossaplatz
Helmut-Hentrich-Platz
Düsseldorfer Str.
Lausward
Bremer Str.
Auf der
Wesermünder Str.
Weizenmühlenstraße
Am Fallhammer
Hamburger Str.
Holzstraße
Fringsstraße
Erftplatz
Gladbacher Str.
Apollo-Platz
Reichs-Str.
Fürstenwall
Harold Str.
Bilker Allee
Plockstraße
Martinstraße
Fährstraße
Völklinger Str.
Fleher Str.
Aderkirchweg
Südring
B 1
L 293
z
e
d
a
p
b
s
r
Golzheim

DÜSSELDORF
0
500 m
G
H
1
2
3
Heinrich-Ehrhardt-Straße
Grashofstraße
Rather Str.
Toulouser Allee
Münster-Str.
Sankt-Franziskus-Straße
Mörsenbroicher Weg
Spichernpl.
DERENDORF
Münsterstraße
Heinrichstraße
MÖRSENBROICH
Lenaustraße
Münsterplatz
Roßstraße
Windscheidstraße
Grunerstr.
Grunerstraße
Brehmstraße
Jülicher Str.
Eulerstraße
Schloßstraße
Vautierstraße
Simrockstraße
Graf-Recke-Straße
Grafenberger Allee
Moltkestraße
Prinz-Georg-Straße
Derendorfer Str.
Rethelstraße
GRAFENBERG
Duisburger Str.
Kaiserstraße
Schillerplatz
Bagelstraße
Jägerhofstr.
Adlerstraße
Cranachstraße
Jacobistr.
Am Wehrhahn
Bruchstraße
Hellweg
Oststr.
Birkenstraße
Hoffeld-Str.
Rosmarinstraße
Pl. der Diakonie
Flinger Broich
Blumen-Str.
Allee
Immermannstraße
Worringer Str.
Erkrather
Steinstraße
Königsallee
FLINGERN
Kettwiger Str.
Höherweg
Oststraße
Karlstraße
Kölner Str.
Albertstr.
Berliner
Graf-Adolf-Straße
Düsseldorf Hbf
Handelszentrum
Erkrather Str.
Ronsdorfer Str.
Fichtenstraße
Oberbilker Markt
Ellerstraße
Helmholtzstr.
Lessingplatz
Lierenfeld
Markenstr.
Oberbilker Allee
Gangelplatz
Kruppstraße
Corneliusstraße
Oberbilk S
Lierenfelder Str.
Südliche Düssel
Hennekamp
Karl-Geusen-Straße
Kuthsweg
Siegburger Str.
Kaiserslauterner Str.
Mecumstr.
Auf'm
LIERENFELD
Himmelgeister Str.
Moorenplatz
SÜDPARK

Berens am Kai

MODERNE KÜCHE • TRENDY XX Sie möchten sich mit einem anspruchsvollen modernen Menü verwöhnen lassen? Oder ziehen Sie klassische Gerichte à la carte vor? Bei Holger Berens ist beides möglich, gekocht wird immer mit hochwertigen Produkten. Wer Wein mag, wird sich über die gut sortierte Karte mit über 300 Positionen freuen.

→ Portugiesischer Meeresfrüchtereis mit Koriander. Makrele, Shiso, Kalbshaxen Teriyaki, Tobiko. Iberisches Schwein, Rouennaiser Gröstel, Frühlingslauch, Trüffel.

Menü 95/149 € – Karte 90/114 €

Stadtplan : F3-d – *Kaistr. 16 ✉ 40221 – ✆ 0211 3006750 (Tischbestellung ratsam) – www.berensamkai.de – geschlossen Anfang Januar 1 Woche und Samstagmittag, Sonntag, Dienstag, Feiertage*

Tafelspitz 1876 (Daniel Dal-Ben)

KREATIV • FREUNDLICH XX Bei Daniel Dal-Ben trifft Moderne auf Klasse, und das gilt sowohl für das geradlinige Interieur als auch für die kreative Küche. Tolle Aromen in schöner Balance sind Ihnen hier ebenso gewiss wie ausgesuchte Produkte. Umsorgt wird man aufmerksam und geschult, gut auch die Weinbegleitung.

→ Balfego Thunfisch mit Kapern, Kalbscrème und confierter Roter Bete. Carabinero mit Calamari-Schmorfond, eingemachter Gurke und Sellerie. Onglet vom Wagyu mit Passionsfrucht-Nussbutterschaum, Gerste und Ochsenschwanzjus.

Menü 95/145 €

Stadtplan : H1-b – *Grunerstr. 42a ✉ 40239 – ✆ 0211 1717361 (Tischbestellung ratsam) – www.tafelspitz1876.de – nur Abendessen – geschlossen Ende Dezember - Anfang Januar 1 Woche und Sonntag - Montag*

Fritz's Frau Franzi

INTERNATIONAL • CHIC X Ganz schön cool und trendy, geschmackvoll und sehr hochwertig, aber keineswegs steif! Aus der Küche kommen moderne, finessenreiche und aromatische Gerichte, und zwar in Einheitsportionen - da ist Mischen und Experimentieren erwünscht! Do.-Sa. Business Lunch an der Bar.

→ Fregola Sarda mit Spinat, Basilikumpesto und klarem Gemüsefond. Duroc Schweinebauch, 36 Stunden gegart, Kartoffelpüree, gebratenen Waldpilzen und Pilzsud. Original Beans und "Lakrids", Schokoladenganache, pochierte Williamsbirne, Birnen-Lakrids-Eis.

Karte 46/54 €

Stadtplan : J3-t – *Hotel The Fritz, Adersstr. 8 ✉ 40215 – ✆ 0211 370750 – www.fritzsfraufranzi.de – nur Abendessen – geschlossen August 3 Wochen und Sonntag - Montag*

Le Flair (Dany Cerf)

FRANZÖSISCH • BISTRO X Alte Schwarz-Weiß-Fotos, ein dekoratives Weinregal, dazu eine schöne rote Lederbank sowie Tische und Stühle im Bistrostil, nicht zu vergessen französische Chansons als musikalische Untermalung... Richtig charmant ist es hier! Die Küche beeindruckt mit überaus gelungener Geradlinigkeit - ausgesprochen feinfühlig werden die hervorragenden Produkte kombiniert.

→ Agnolotti mit Maronen, Salbeibutter, Trüffel. Anjou Taubenbrust und Keule, Spinat mit orientalischen Gewürzen, Oliven. Kokoscrème, Gurke und Sellerie, Ananas-Fenchelsorbet.

Menü 79 € – Karte 77/89 €

Stadtplan : G1-d – *Marc-Chagall-Str. 108 ✉ 40477 – ✆ 0211 51455688 – www.restaurant-leflair.de – nur Abendessen, sonntags auch Mittagessen – geschlossen September 3 Wochen und Montag - Dienstag*

Lassen Sie sich bei Ihrer Reservierung den zurzeit gültigen Preis mitteilen.

NENIO (Bastian Falkenroth)

KREATIV · TRENDY Gerade einmal 14 Plätze gibt es an der u-förmigen Holztheke in dem bewusst dunkel gehaltenen Raum, hip und leger die Atmosphäre. In der offenen Küche entsteht vor Ihrem Augen ein kreatives Menü - kraftvolle Gerichte aus erstklassigen Zutaten, unverkennbar der japanische Einfluss. Man beachte auch die Weinkarte!

→ Kanadisches Bison, Tom Kha Gai, schwarzer Knoblauch. Bretonische Dorade, Olivenöl, Rhabarber. Husumer Lamm, Erbse, Wasabi.

Menü 130 €

Stadtplan : K2-a - *Klosterstr. 34 ✉ 40211 - ✆ 0211 87586137 (Tischbestellung erforderlich) - www.nenio-restaurant.de - nur Abendessen - geschlossen Sonntag - Montag*

Yoshi by Nagaya

JAPANISCH · GERADLINIG Unweit des Stammhauses, ebenfalls in "Japantown", findet sich das zweite Restaurant von "Yoshi" Nagaya. Die Küche klassisch japanisch, das Ambiente stilvoll-puristisch. Große Auswahl an Sake. Mittags sehr gutes Preis-Leistungs-Verhältnis.

→ Gekochter Oktopus. Gegrillte norwegische Königskrabbe. Rib Eye vom Wagyu Rind.

Menü 64 € (mittags)/118 € (abends) – Karte 55/139 €

Stadtplan : K2-y - *Kreuzstr. 17 ✉ 40213 - ✆ 0211 86043060 - www.nagaya.de - geschlossen 24. Dezember - Anfang Januar, Ende Juli - Anfang August und Sonntag - Montag, Feiertage mittags*

Brasserie Stadthaus

FRANZÖSISCH-KLASSISCH · BRASSERIE Eine schöne Adresse im Herzen der Altstadt. Unter einer markanten hohen Kassettendecke - oder im hübschen Innenhof - speist man französisch: "Coq au Vin", "Boeuf Bourguignon", "Tarte aus Pommes"... Dazu Weine aus Frankreich.

Menü 25 € (mittags) – Karte 31/65 €

Stadtplan : J2-d - *Hotel De Medici, Mühlenstr. 31 ✉ 40213 - ✆ 0211 16092815 - www.brasserie-stadthaus.de - geschlossen Sonntag - Montagmittag, Feiertage*

Münstermanns Kontor

INTERNATIONAL · BRASSERIE Bei den Münstermanns speist man in sympathisch-lebhafter Atmosphäre, da sitzt man auch mal an langen Tischen zusammen. Aus der offenen Küche kommen Bistro-Klassiker und Internationales - Lust auf "Wiener Schnitzel mit Bratkartoffeln" oder "Steak Frites"?

Karte 17/65 €

Stadtplan : J2-b - *Hohe Str. 11 ✉ 40213 - ✆ 0211 1300416 - www.muenstermann-kontor.de - geschlossen Mitte Juli - August 2 Wochen, Ende Dezember - Anfang Januar 1 Woche und Samstagabend - Montag, Feiertage*

Rob's Kitchen

MARKTKÜCHE · GEMÜTLICH In dem gepflegten Eckhaus in einer lebhaften Gegend kann man in angenehm ungezwungener moderner Atmosphäre richtig gut essen. Es gibt klassisch-mediterrane Küche, z. B. in Form von "Wolfsbarschfilet, Belugalinsen, Kartoffeln, Kapernsauce". Oder mögen Sie lieber "Wiener Schnitzel, Bratkartoffeln, Preiselbeeren"?

Karte 25/52 €

Stadtplan : F3-r - *Lorettostr. 23 ✉ 40213 - ✆ 0211 54357428 - www.robs-kitchen.de - geschlossen Sonntag*

Artiste

KLASSISCHE KÜCHE · LUXUS Im Trubel der Kö finden Sie hier ein ruhiges Plätzchen im eleganten Wintergarten und genießen mit Blick auf den Hofgarten saisonal-klassische Küche - Appetit macht da z. B. "Iberico-Schweinerücken, Altbierjus, Karotte, grüner Spargel, Vanillekrapfen".

Menü 72/92 € - Karte 49/85 €

Stadtplan : K2-p - *Steigenberger Parkhotel, Königsallee 1a ✉ 40212 - ✆ 0211 1381611 - www.duesseldorf.steigenberger.de - geschlossen Montag*

Brasserie 1806

FRANZÖSISCH-KLASSISCH • BRASSERIE XXX Hier speist man in elegantem Ambiente: Louis-Seize-Stil, Kristalllüster, feine Accessoires, dazu ein Séparée für "privat dining"... Interessant sind die täglich wechselnden "Plat du Jour"-Gerichte, die man auch als Menü bekommt!

Menü 32 € (mittags) – Karte 38/112 €

Stadtplan : K2-m – *Hotel Breidenbacher Hof, Königsallee 11 ✉ 40212 – ✆ 0211 160900 – www.breidenbacherhofcapella.com*

Lido Hafen

FRANZÖSISCH-KLASSISCH • ELEGANT XX In einem puristisch designten Glaskubus auf einer Brücke direkt über dem Hafenbecken bietet man produktbezogene klassisch-französische Küche. Toll: die Terrasse auf dem Wasser!

Menü 98 € – Karte 77/125 €

Stadtplan : F3-a – *Am Handelshafen 15, im Mediahafen ✉ 40221 – ✆ 0211 15768730 – www.lido1960.de – nur Abendessen – geschlossen 1. - 6. Januar und Sonntag*

Weinhaus Tante Anna

REGIONAL • GEMÜTLICH XX In dem traditionsreichen Familienbetrieb (6. Generation) speisen Sie in der beeindruckenden historischen Atmosphäre einer einstigen Kapelle a. d. 16. Jh. Es gibt gehobene regionale Speisen wie "geschmorte Lammhaxe, Bärlauch-Kartoffelstampf, Variation von der Karotte". Und dazu einen der vielen deutschen Weine?

Menü 48/105 € – Karte 51/57 €

Stadtplan : J2-c – *Andreasstr. 2 ✉ 40213 – ✆ 0211 131163 (Tischbestellung ratsam) – www.tanteanna.de – nur Abendessen – geschlossen über Weihnachten und Sonntag - Montag sowie an Feiertagen, außer an Messen*

Phoenix

INTERNATIONAL • DESIGN XX Im EG der ehemaligen Telefonzentrale des berühmten Dreischeibenhauses wurde stilvoll Modernes mit Elementen der 60er Jahre kombiniert. In der Küche stehen die Produkte im Mittelpunkt. Gefragt ist auch der attraktive Lunch.

Menü 66 € – Karte 43/98 €

Stadtplan : K2-x – *Dreischeibenhaus ✉ 40211 – ✆ 0211 30206030 – www.phoenix-restaurant.de – geschlossen Samstagmittag, Sonntag, Feiertage*

Rossini

ITALIENISCH • FAMILIÄR XX Seit 1978 gibt es diese Adresse - eine feste Größe in der italienischen Gastronomie der Stadt! Stimmig-elegantes Interieur, aufmerksamer Service und ambitionierte klassische Küche. Letztere gibt es z. B. als "Steinbutt, Hummersauce, grüne Linsen, Kartoffeln".

Menü 46/62 € – Karte 36/61 €

Stadtplan : K1-r – *Kaiserstr. 5 ✉ 40479 – ✆ 0211 494994 – www.rossini-gruppe.de – nur Abendessen – geschlossen Sonntag und an Feiertagen, außer an Messen*

Setzkasten N

MODERNE KÜCHE • CHIC XX Dieses Gastro-Konzept ist ein absolutes Novum in Düsseldorf! Im UG des "Crown", einem der größten Lebensmittelmärkte Europas, erwarten Sie schickes Ambiente samt Chefstable, aufmerksamer Service und interessante moderne Gerichte wie "Aal, Teriyaki, Karfiol". Etwas einfacheres, günstiges Mittagsangebot.

Menü 33/89 € – Karte 40/96 €

Stadtplan : K3-s – *Berliner Allee 52 ✉ 40212 – ✆ 0211 2005725 – www.zurheide-feine-kost.de – geschlossen Sonntag, Feiertage*

Parlin

MARKTKÜCHE • BRASSERIE Mitten in der Altstadt ist dieses nette, angenehm unkomplizierte und lebendige Restaurant zu finden - ein Hingucker ist die tolle Stuckdecke. Aus der Küche kommen frische, schmackhafte saisonale Gerichte sowie Klassiker - Appetit macht z. B. "Perlhuhnbrust, Orangen-Chicorée & Süßkartoffel".

Menü 37 € – Karte 34/92 €

Stadtplan : J2-a – *Altestadt 12 ✉ 40213 – ✆ 0211 87744595 – www.parlin-weinbar.de – geschlossen 25. Februar - 10. März, 8. - 28. Juli und Montag - Dienstag*

Sansibar by Breuninger

INTERNATIONAL • BRASSERIE Sylt-Feeling an der Kö? In der 1. Etage des noblen Kaufhauses hat man einen schicken Ableger des Insel-Originals geschaffen. Speisen kann man ab 11 Uhr durchgehend, von der legendären Currywurst über "Filets vom Salzwiesenlamm, Ratatouille, Rosmarinjus" bis zu exklusiven Cuts vom U.S. Beef.

Menü 39 € (abends) – Karte 29/119 €

Stadtplan : K2-s – *Königsallee 2, (Kö-Bogen), in der 1. Etage des Kaufhaus Breuninger ✉ 40212 – ✆ 0211 566414650 – www.sansibarbybreuninger.de – geschlossen Sonntag sowie an Feiertagen*

U. Das Restaurant

KREATIV • FREUNDLICH Die Atmosphäre hier ist angenehm unprätentiös, ebenso der freundliche und versierte Service. Da passt auch das unkomplizierte Küchenkonzept wunderbar ins moderne Bild: Am Abend gibt es ein kreatives Menü, bei dem Sie selbst bestimmen, wie viele Gänge Sie wählen. Tagsüber hat das Café geöffnet.

Menü 69 € – Karte 33/44 €

Stadtplan : K2-a – *Klosterstr. 34 ✉ 40211 – ✆ 0211 91336992 – www.u-dasrestaurant.de – nur Abendessen – geschlossen Sonntag*

Zweierlei N

KREATIV • FREUNDLICH In dem modernen kleinen Restaurant (nett die Wand-Deko in Form von kleinen weißen Vögeln) wird mit guten Produkten und kreativen Akzenten gekocht, von "Bremer Stubenkükenragout" bis "Trucha à la Navarro". Oder lieber vegetarisch? Dazu gibt es eine schöne Weinkarte mit Schwerpunkt Deutschland.

Menü 49/82 € – Karte 48/68 €

Stadtplan : G1-f – *Schwerinstr. 40 ✉ 40213 – ✆ 0211 9894587 – www.zweierlei-restaurant.de – nur Abendessen – geschlossen 5. - 26. August, 24.- 26. Dezember und Sonntag - Montag*

Hotels

Breidenbacher Hof

GROSSER LUXUS • ELEGANT Service und Privatsphäre stehen hier klar im Vordergrund: von der schicken Capella Bar und der exklusiven Cigar Lounge über den Afternoon Tea bei Pianomusik und den Personal Assistant bis hin zu verschiedenen Frühstücksformen. Attraktiv auch der Pool- und Saunabereich.

85 Zim – 🛉355/1095 € 🛉🛉355/1095 € – 21 Suiten – ☕ 42 €

Stadtplan : K2-m – *Königsallee 11 ✉ 40212 – ✆ 0211 160900 – www.breidenbacherhofcapella.com*

Brasserie 1806 – siehe Restaurantauswahl

De Medici

LUXUS • ELEGANT Eine Art Kunsthotel mit historischen Schätzen und luxuriöser Ausstattung. Die Zimmer sind sehr unterschiedlich geschnitten und wohnlich-elegant, attraktiv der Wellnessbereich mit ägyptischem Flair, und die Halle erinnert an einen Palazzo in Florenz!

165 Zim – 🛉180/800 € 🛉🛉180/800 € – 5 Suiten – ☕ 26 €

Stadtplan : J2-d – *Mühlenstr. 31 ✉ 40213 – ✆ 0211 160920 – www.living-hotels.com*

Brasserie Stadthaus – siehe Restaurantauswahl

Hyatt Regency

BUSINESS • MODERN Zeitgemäß-elegant designtes Hotel am Medienhafen, an der Spitze einer Landzunge. Suchen Sie sich ein Plätzchen mit Aussicht: Die haben Sie z. B. in der Club-Lounge on top (bei gutem Wetter schauen Sie bis zum Kölner Dom) oder in den "View"- oder "Deluxe"-Zimmern! Im "Dox" gibt es internationale Küche nebst Sushi.

303 Zim – 180 € 220 € – 13 Suiten – 34 €

Stadtplan : F2_3-a – *Speditionstr.19 40221 – 0211 91341234 – www.dusseldorf.hyatt.com*

InterContinental

KETTENHOTEL • MODERN Kunst und Künstler rund um Düsseldorf stehen im Fokus des luxuriösen Businesshotels, gleich beim Empfang beeindruckt eine 40 m hohe Atriumhalle. Besonderes Gäste-Highlight ist die Club-Lounge in der 2. Etage, aber auch der direkte Zugang zum Holmes Place Health Club! Internationale Küche im "PÉGA".

287 Zim – 209/799 € 209/799 € – 34 Suiten – 31 €

Stadtplan : K3-b – *Königsallee 59 40215 – 0211 82850 – www.duesseldorf.intercontinental.com*

Steigenberger Parkhotel

LUXUS • KLASSISCH Man spürt es bereits in der Lobby: Die "Grande Dame" der Düsseldorfer Hotellerie ist ein Klassiker mit stilvoll-moderner Note, überaus komfortabel die schönen Zimmer. Eines der beiden Restaurants ist das "Steigenberger Eck", das mit 40 Sorten Champagner beeindruckt! Tipp: die Terrasse zum Kö-Bogen.

119 Zim – 175/215 € 315/355 € – 11 Suiten – 32 €

Stadtplan : K2-p – *Königsallee 1a 40212 – 0211 13810 – www.duesseldorf.steigenberger.de*

Artiste – siehe Restaurantauswahl

Indigo

BUSINESS • DESIGN Geradlinig, modern, hell, von der Halle bis in die Zimmer. Mode spielt hier (passend zum Düsseldorfer Lifestyle) eine bedeutende Rolle - jede Etage ist einem Jahrzehnt gewidmet und farblich sowie mit dekorativen Bildern darauf abgestimmt.

124 Zim – 89/699 € 89/699 € – 2 Suiten – 19 €

Stadtplan : K1-g – *Kaiserswerther Str. 20 40477 – 0211 49990 – www.indigoduesseldorf.com*

me and all

BOUTIQUE-HOTEL • MODERN Sehr gelungen dieses junge Hotel-Konzept mitten in "Japantown": die Mitarbeiter locker und kompetent, die Zimmer hochwertig und durchdacht, in der Lobby "Co-Working Area" und Tischtennisplatte, Lounge im 11. Stock mit toller Sicht (hier Burger, Sandwiches & Co. sowie einmal pro Woche After-Work-Party).

177 Zim – 156 € 156 € – 18 €

Stadtplan : K2-e – *Immermannstr. 23 40210 – 0211 542590 – www.meandallhotels.com*

Burns Art & Culture

URBAN • MODERN Recht ruhig die Lage in einer Seitenstraße, geschmackvoll-modern das Interieur - Kunst und Accessoires stammen übrigens aus Afrika! Die Zimmer haben alle Appartement-Charakter: geräumig und mit Küche.

32 Zim – 74/140 € 84/165 € – 15 €

Stadtplan : G2-e – *Stephanienstr. 6 40211 – 0211 5504070 – www.hotel-burns.de – geschlossen 1. - 4. März, 18. - 22. April, 22. Dezember - 6. Januar*

Ref.: 5902-5

30 Jahre POINTtec SONDERMODELL

Zum 30-jährigen Bestehen des erfolgreichen Familienunternehmens legt POINTtec ein streng limitiertes Sondermodell auf. Der Tradition verpflichtet, widmet POINTtec dieses Jubiläumsmodell der im Besitz der Lufthansa befindlichen immer noch flugfähigen JUNKERS Maschine mit dem Kennzeichen D-AQUI, die liebevoll von einem Amerikaner „Iron Annie" genannt wurde.

Die „Iron Annie" aus dem Hause POINTtec besitzt ein exklusives und aufwendig veredeltes Handaufzugswerk, Kaliber ETA 6498 Unitas mit einer exponierten Gangreserveanzeige bei 11 Uhr. Die besondere Grafik des Zifferblattes sowie das auf Hochglanz polierte Gehäuse mit der markanten Wellblechstruktur verleihen diesem

IRON ANNIE

MADE IN GERMANY

Haus am Zoo

FAMILIÄR • MODERN Hier im attraktiven Zooviertel darf man sich auf herzliche Gastgeber freuen! Zudem sind die Zimmer tipptopp gepflegt, das Stadtbahnticket ist kostenlos und für Hausgäste bietet man auch eine kleine Speisekarte - im Sommer grillt der Chef sogar für Sie im schönen Garten!

23 Zim – 97/215 € 131/290 €

Stadtplan : H1-h – *Sybelstr. 21 40239 – 0211 6169610 – www.hotel-haus-am-zoo.de*

The Fritz

BOUTIQUE-HOTEL • TRENDIG Richtig stylish wohnt man hier in zentraler und dennoch relativ ruhiger Lage. Die Zimmer sind mit erlesenen Materialien ausgestattet und chic designt - darf es vielleicht ein "Balkonzimmer" sein? Di. - Sa. gibt es in der Bar ein Lunch-Angebot.

31 Zim – 140/236 € 140/236 €

Stadtplan : J3-t – *Adersstr. 8 40215 – 0211 370750 – www.thefritzhotel.de*

Fritz's Frau Franzi – siehe Restaurantauswahl

Orangerie

FAMILIÄR • MODERN Das schöne Haus wird gern gebucht, kein Wunder: Es liegt in unmittelbarer Rheinnähe und ist trotz Altstadtlage fast schon eine Oase der Ruhe. Die Zimmer sind modern (nach Düsseldorfer Künstlern benannt), freundlich der Frühstücksraum.

27 Zim – 110/195 € 130/250 €

Stadtplan : J2-n – *Bäckergasse 1 40213 – 0211 866800 – www.hotel-orangerie-mcs.de*

In Düsseldorf-Derendorf

DR.KOSCH N

MODERNE KÜCHE • HIP Auch nach seinem Umzug bleibt Volker Drkosch seinem sympathischen Gastro-Bar-Konzept treu. Angenehm ungezwungen und modern wie die Atmosphäre ist auch die Küche - und die ist dazu noch ausgesprochen niveauvoll! Man richtet sich nach der Saison und verwendet ausgezeichnete Produkte, und die Preise sind wirklich fair!

→ Langostino, Red Moon, Tom Kha Gai, Passionsfrucht. Primtjes Matjes, Sommerauster, Gurke. "Umami-Bolognese" vom Roten Höhenvieh, Champignons, Wasabisalat, Parmesan.

Menü 66/88 €

Stadtplan : G1-b – *Roßstr. 39 40476 – 0176 80487779 – www.dr-kosch.de – nur Abendessen – geschlossen 24. Dezember - 4. Januar, über Ostern 1 Woche, August 3 Wochen und Sonntag, Mittwoch, Feiertage*

Rocaille N

MARKTKÜCHE • BISTRO Gemütlich hat man es hier in charmanter Bistro-Atmosphäre bei Klassikern wie Boeuf Bourguignon, Tartes oder Kleinigkeiten zum Teilen. Dazu gibt's 1500 Positionen Wein. Morgens kommt man auch gerne zum Frühstücken. Tipp: Im eigenen kleinen Laden kann man hausgemachte Macarons, Kuchen etc. für zu Hause kaufen.

Karte 30/70 €

Stadtplan : G1-r – *Weissenburgstr. 19 40476 – 0211 97711737 (abends Tischbestellung erforderlich) – www.rocaille.de – geschlossen über Karneval und Sonntag*

In Düsseldorf-Gerresheim

L'arte in cucina N

ITALIENISCH • GEMÜTLICH Das findet man nicht allzu oft: In dem hübschen Ristorante gegenüber der Basilika St. Margareta wird die Küche der Toskana wirklich authentisch umgesetzt, mit Liebe und Fingerspitzengefühl! Richtig lecker sind z. B. "Pappardelle all'anatra" oder "Gnudi", eine Spezialität aus der toskanischen Heimat des Chefs.

Menü 19 € – Karte 46/68 €

Stadtplan : D2-a – *Gerricusplatz 6 40213 – 0211 52039590 – www.arteincucina.de – nur Abendessen – geschlossen Mittwoch*

In Düsseldorf-Flingern

Bistro Fatal

FRANZÖSISCH • BISTRO Dieses angenehm unprätentiöse Bistro von Alexandre und Sarah Bourgeuil nicht zu kennen, wäre "fatal", denn hier isst man nicht nur richtig gut, sondern auch zu einem hervorragend fairen Preis! Probieren Sie z. B. "Pot au Feu vom Marktfisch, Sauce Rouille, Croûtons, Gruyère".

Karte 35/64 €

Stadtplan : H2-b - *Hermannstr. 29 ✉ 40233 - ✆ 0211 36183023 - www.bistro-fatal.com - nur Abendessen - geschlossen Juli 2 Wochen und Sonntag - Montag, Feiertage*

In Düsseldorf-Kaiserswerth Nord: 9 km über B1, Richtung Duisburg

Im Schiffchen (Jean-Claude Bourgueil)

MEDITERRAN • ELEGANT Nach Konzeptänderung und Reduzierung auf ein Restaurant bietet der Altmeister der Düsseldorfer Hochgastronomie kreative französische Küche mit stark italienischen Einflüssen, und das mit reichlich Intensität und Ausdruck. Dazu darf man sich auf lebendige Atmosphäre und top Service freuen. Letzterer berät Sie auch erstklassig in Sachen Wein - sehr schön die Auswahl!

→ Bretonischer Hummer mit Kamillenblüten gedämpft. Mit Kalbsbries und Steinpilzen gefüllter Pacchero, Kalbsjus und Trüffelschaum. Excellence Taube von J.C. Mieral nach der Mauritius Reise.

Menü 99/148 € - Karte 66/112 €

Kaiserswerther Markt 9 ✉ 40489 - ✆ 0211 401050 (Tischbestellung erforderlich) - www.im-schiffchen.com - nur Abendessen - geschlossen Sonntag - Montag

MutterHaus

TRADITIONELL • GERADLINIG Wunderbar anzuschauen ist der historische Backsteinbau (1903 als Mutterhaus der Kaiserswerther Diakonie eingeweiht), drum herum das weitläufige Anwesen! Innen schöne alte Fliesen- und Holzböden, teilweise auch Türen von einst und Originalmöbel!

55 Zim ☕ - †95/350 € ††135/390 €

Geschwister-Aufricht-Str. 1 ✉ 40489 - ✆ 0211 617270 - www.hotel-mutterhaus.de - geschlossen 19. März - 22. April, 20. Dezember - 6. Januar

In Düsseldorf-Lörick

Nöthel's Restaurant

FRANZÖSISCH-KLASSISCH • TRENDY Das Konzept kommt an: modern-legere Bistro-Atmosphäre und sehr gute, schmackhafte Küche samt günstigem Mittagsmenü. Auf der Karte z. B. "gebratenes Doradenfilet BBQ-Style mit Grillgemüse" oder "Kalbsschnitzel, Stangenspargel, neue Kartoffeln, Hollandaise".

Menü 25 € (mittags)/85 € - Karte 40/72 €

Stadtplan : E1-z - *Hotel Fischerhaus, Bonifatiusstr. 35 ✉ 40547 - ✆ 0211 594402 (Tischbestellung ratsam) - www.noethels.de - geschlossen Juli - August 3 Wochen und Samstagmittag, Sonntag - Montag*

Fischerhaus

FAMILIÄR • MODERN In einer ruhigen Wohngegend am Rhein hat Peter Nöthel sein gepflegtes Hotel mit behaglichen, zeitgemäßen Zimmern. Es gibt hier auch eine hübsche Lounge in geradlinigem Stil, in der man kleine Gerichte serviert.

40 Zim - †79/99 € ††99/119 € - ☕ 12 €

Stadtplan : E1-z - *Bonifatiusstr. 35 ✉ 40547 - ✆ 0211 594402 - www.noethels.de - geschlossen Juli - August 3 Wochen*

Nöthel's Restaurant - siehe Restaurantauswahl

Frühstück inklusive? Die Tasse ☕ steht gleich hinter der Zimmeranzahl.

In Düsseldorf-Ludenberg

Reinhardt's auf Gut Moschenhof

REGIONAL • FREUNDLICH XX Das könnte kaum schöner zusammenpassen: ein gemütlich-ländliches Restaurant inmitten eines Gestüts! Gekocht wird regional und international - macht Ihnen vielleicht "Eifeler Lammrücken, Speckbohnen, Paprika-Pfannkuchen, geröstete Artischocken" Appetit? Tipp: Am Wochenende gibt's nachmittags Kaffee und Kuchen.

Menü 37/99 € - Karte 36/82 €

Stadtplan : D1-r - *Am Gartenkamp 20, (im Gut Moschenhof) ✉ 40629 - ✆ 0211 30337747 - www.reinhardts-restaurant.de - geschlossen Montag - Dienstag*

In Düsseldorf-Niederkassel

Osteria Saitta am Nussbaum

ITALIENISCH • GEMÜTLICH X Gemütlich ist es in dem kleinen gelben Häuschen in fast schon dörflicher Lage. Es gibt frische authentisch italienische Küche - wie wär's z. B. mit "Tagliatelle mit weißem Kalbsragout" oder "Steinbutt im krossen Teig mit Kirschtomaten und Basilikum"?

Karte 39/63 €

Stadtplan : F1-e - *Alt Niederkassel 32 ✉ 40547 - ✆ 0211 574934 (Tischbestellung ratsam) - www.saitta.de - geschlossen über Weihnachten und Samstagmittag, Sonntag*

In Düsseldorf-Oberkassel

Brasserie Hülsmann

TRADITIONELLE KÜCHE • BRASSERIE X Lust auf frische, hausgemachte Küche in unkomplizierter und sympathisch-legerer Atmosphäre? Probieren Sie z. B. "Fischterrine an Salat", "Kalbskopf mit Sauce Gribiche" oder "Entrecôte mit Rotwein-Schalottensauce".

Karte 24/55 €

Stadtplan : E2-b - *Belsenplatz 1 ✉ 40545 - ✆ 0211 86399330 - www.brasserie-huelsmann.de - geschlossen 19. - 28. April, 14. - 28. Juli, 21. Dezember - 3. Januar und Sonntag - Montag, Feiertage*

Prinzinger by SAITTAVINI

ITALIENISCH • ELEGANT XX Mögen Sie es modern-elegant oder lieber etwas legerer? Ehrliche italienische Küche mit Klassikern wie "Vitello Tonnato" oder "Kalbskotelett, Butter-Salbei, Kartoffelpüree" bekommen Sie sowohl im Restaurant als auch im Bistrobereich - hier gibt es mittags zusätzlich günstigen Lunch.

Karte 43/67 €

Stadtplan : F2-p - *Leostr. 1a ✉ 40545 - ✆ 0211 50670801 - www.prinzinger-saittavini.de - an Feiertagen nur Abendessen*

Saittavini

ITALIENISCH • FREUNDLICH XX Ein Klassiker unter den italienischen Restaurants in Düsseldorf, immer auf der Suche nach neuen Produkten und Weinen. Besonders zu empfehlen: das Filet vom Piemonteser Rind! Zwischen Weinregalen, Theke und Antipastibuffet stehen die Tische dicht an dicht, über Ihnen toller Stuck.

Karte 44/94 €

Stadtplan : F2-s - *Luegallee 79 ✉ 40545 - ✆ 0211 57797918 - www.saittavini.de*

Stappen in Oberkassel

INTERNATIONAL • GEMÜTLICH XX Hier speist man regional und international, der Service ist freundlich, das Ambiente modern und gemütlich. Schön ungezwungen sitzt man übrigens an einigen Hochtischen gleich neben der Bar, draußen vor der Tür die kleine Terrasse.

Menü 22/54 € - Karte 29/70 €

Stadtplan : F2-a - *Luegallee 50 ✉ 40545 - ✆ 0211 93077600 - www.stappen-oberkassel.de*

Dorfstube

TRADITIONELLE KÜCHE • RUSTIKAL Rustikales Holz, Kachelöfen, Herrgottswinkel, dekorative Küchenutensilien - Chef Christian Bareiss hat das Schwarzwald-Flair der Baiersbronner Dorfstube nach Düsseldorf geholt! Man kocht natürlich badisch: "Flädlesuppe", "gebratene Maultaschen mit Kartoffel-Gurkensalat", "geschmorte Rouladen vom Weiderind"...

Menü 26/52 € - Karte 31/52 €

Stadtplan : E2-d - *Lanker Str. 2, (Ecke Belsenplatz) ✉ 40545 - ✆ 0211 17152540 - www.dorfstube.de*

DUGGENDORF

Bayern - 1 555 Ew. - Höhe 338 m - Regionalatlas **58**-M17
Michelin Straßenkarte 546

In Duggendorf-Wischenhofen Nord-West: 3,5 km, Richtung Kallmünz, dann links ab

Gasthaus Hummel

KLASSISCHE KÜCHE • GASTHOF Ruhige helle Töne, klare Linien, schöne Materialien - der schicke moderne Look des alteingessenen Gasthauses kommt an! Dazu gehobene Gerichte wie "Seeteufel im Bouillabaisseschaum und Muscheln". Im Saal serviert man Bürgerliches (auch sonntagmittags). Zudem gibt es vier einfache Gästezimmer.

Menü 55/75 €

Heitzenhofenerstr. 16 ✉ 93182
- ✆ 09473 324 - www.gasthaushummel.de
- nur Abendessen - geschlossen 4. - 10. März, August 2 Wochen, 28. Oktober - 3. November und Montag - Mittwoch

DUISBURG

Nordrhein-Westfalen - 485 465 Ew. - Höhe 33 m - Regionalatlas **25**-B11
Michelin Straßenkarte 543

In Duisburg-Duissern Ost: 3 km

Villa Patrizia

ITALIENISCH • ELEGANT Die vielen Stammgäste schätzen die italienische Küche und die herzlich-familiäre Atmosphäre in der schmucken Villa. Auf der Karte z. B. "Wildfang-Wolfsbarsch auf Hummer-Garnelen-Risotto" oder "BBQ vom Spanferkel mit Lardo und Polenta". Oder mögen Sie lieber hausgemachte Pasta?

Menü 40 € (mittags)/93 € - Karte 48/80 €

Mülheimer Str. 213 ✉ 47058
- ✆ 0203 330480 - www.villa-patrizia-online.de
- geschlossen 23. Dezember - 8. Januar und Sonntag, Samstagmittag

In Duisburg-Ehingen Süd: 13 km, Richtung Düsseldorf

Im Eichwäldchen

INTERNATIONAL • GEMÜTLICH In dem namengebenden kleinen Wäldchen findet man dieses gemütliche Restaurant mit internationaler Küche. Probieren Sie die Spezialität des Chefs: Gerichte aus dem Smoker.

Menü 27/55 € - Karte 28/57 €

Im Eichwäldchen 15c ✉ 47259
- ✆ 0203 787346 - www.imeichwaeldchen.de
- nur Abendessen, sonntags auch Mittagessen - geschlossen Montag - Donnerstag

DURBACH

Baden-Württemberg - 3 851 Ew. - Höhe 217 m - Regionalatlas **54**-E19
Michelin Straßenkarte 545

Wilder Ritter

KREATIV • TRENDY XXX Wertig und chic-modern kommt das Interieur mit seinen edlen dunklen Tönen daher: schwarze Wände, Möbel und Stoffe, dazu frische Farbakzente hier und da - das ist schon sehr apart! Ein tolles Pendant zur ebenso niveauvollen Küche. Sie ist durchdacht und klar, voller stimmiger Kontraste und Aromen, und die Produktqualität ist immer top! Aufmerksamer Service mit sehr guter Weinberatung.

→ Heimischer Saibling in Kombucha gebeizt, Kohlrabi, Butterbrösel, Birne. Kraichgauer Landschwein - pulled pork. Himbeeren, Verbene, Ivoire Schokolade, Zitronengras.

Menü 95/125 € - Karte 71/109 €

Hotel Ritter, Tal 1 ✉ 77770 - ✆ 0781 93230 (Tischbestellung erforderlich) - www.ritter-durbach.de - nur Abendessen - geschlossen 16. Januar - 12. Februar, 29. Juli - 3. September, 22. - 31. Dezember und Sonntag - Dienstag

Rebstock

REGIONAL • LÄNDLICH XX Man sitzt in behaglich-ländlichen Stuben, wird aufmerksam umsorgt und lässt sich regionale Gerichte wie Schneckensuppe, Hechtklöße oder Rehragout servieren. Im Sommer schaut man von der traumhaften Terrasse auf Park und Schwarzwald - ein Renner ist die große Auswahl an hausgemachten Torten und Kuchen!

Menü 33/69 € - Karte 29/62 €

Hotel Rebstock, Halbgütle 30 ✉ 77770 - ✆ 0781 4820 (Tischbestellung ratsam) - www.rebstock-durbach.de - geschlossen 13. Januar - 3. Februar, 29. Juli - 5. August und Montag

Ritter Stube

REGIONAL • GEMÜTLICH XX Behaglicher geht's kaum: schönes altes Holz wohin man schaut, im Winter ein wärmender Kamin, und im Sommer sitzt man draußen sehr angenehm. Dazu Regionales wie "Badischer Sauerbraten mit Spätzle und Preiselbeeren". Kleinere Mittagskarte.

Menü 42 € (mittags)/62 € - Karte 38/61 €

Hotel Ritter, Tal 1 ✉ 77770 - ✆ 0781 93230 - www.ritter-durbach.de

Ritter

TRADITIONELL • MODERN Tradition wahren und trotzdem mit der Zeit gehen, das gelingt hier seit über 350 Jahren, z. B. in Form von schönen, modern und doch zeitlos designten Zimmern sowie Wellness auf 1200 qm samt Spa-Dachgeschoss mit Weinberg-Blick! Tipp: Spaziergang zum Schloss Staufenberg - hier hat man eine Weinstube.

80 Zim - †145/265 € ††160/280 € - 7 Suiten - ½ P

Tal 1 ✉ 77770 - ✆ 0781 93230 - www.ritter-durbach.de

Wilder Ritter • **Ritter Stube** - siehe Restaurantauswahl

Rebstock

LANDHAUS • INDIVIDUELL Neben der wunderbaren Schwarzwaldlandschaft ringsum und der wertigen Einrichtung liegt es nicht zuletzt an der herzlich-engagierten Familie Baumann, dass man sich richtig wohlfühlt! Schön die wohnlichen, individuellen Zimmer (teilweise mit Kachelofen), gemütlich die Bibliothek, toll der Park mit Teich.

44 Zim - †83/130 € ††142/230 € - 6 Suiten - ½ P

Halbgütle 30 ✉ 77770 - ✆ 0781 4820 - www.rebstock-durbach.de - geschlossen 13. Januar - 3. Februar, 29. Juli - 4. August

Rebstock - siehe Restaurantauswahl

ECKELSHEIM

Rheinland-Pfalz – 432 Ew. – Höhe 140 m – Regionalatlas **47**-E15
Michelin Straßenkarte 543

Kulturhof

REGIONAL • RUSTIKAL X Die sorgsam sanierte historische Hofreite liegt etwas versteckt in der Ortsmitte. Gekocht wird frisch und regional, schmackhaft ist da z. B. "Rinderfilet mit Grillgemüsen und Römischen Nocken". Drinnen charmant-rustikale Atmosphäre, draußen der herrliche Innenhof.

Menü 37/45 € – Karte 29/44 €

Kirchstr. 5 ✉ 55599 – ✆ 06703 301458 – www.kulturhof-eckelsheim.de – nur Abendessen, sonntags auch Mittagessen – geschlossen Montag - Dienstag, Januar - Februar: Montag - Donnerstag

EDENKOBEN

Rheinland-Pfalz – 6 737 Ew. – Höhe 149 m – Regionalatlas **47**-E17
Michelin Straßenkarte 543

Pfälzer Hof

FAMILIÄR • MODERN Wer es gern modern hat, wird die "Wohlfühlzimmer" in diesem familiengeführten Haus mögen. Mit Blick aufs Hambacher Schloss und die Villa Ludwigshöhe wohnt man übrigens in den drei Giebelzimmern. Das Restaurant "Garten Eden" ist ein verglaster Innenhof, im Winter mit Kamin. Lust auf Wild? Die Gastgeber sind Jäger. Tipp: eigene (Wild-) Wurstspezialitäten für daheim.

30 Zim – †70/102 € ††106/167 € – ½ P

Weinstr. 85 ✉ 67480 – ✆ 06323 938910 – www.pfaelzerhof-edenkoben.de – geschlossen Anfang Januar 1 Woche

Prinzregent

BUSINESS • MODERN Richtig chic und modern ist es hier: klares Design und wohnliche Farben von der Lobby über die Zimmer bis ins Restaurant "mama's" nebst hübscher Terrasse. Zudem wohnt man schön etwas außerhalb in den Weinbergen, oberhalb liegt das Kloster. Eine nette Idee für Alt und Jung: "allahopp!"-Park - ein Mix aus Spielplatz, Adventure, Fitness. Dazu gute Tagungsmöglichkeiten.

60 Zim – †75/105 € ††120/180 € – 1 Suite – ½ P

Unter dem Kloster 1 ✉ 67480 – ✆ 06323 9520 – www.prinzregent-edenkoben.de

EDESHEIM

Rheinland-Pfalz – 2 332 Ew. – Höhe 151 m – Regionalatlas **47**-E17
Michelin Straßenkarte 543

Gourmetrestaurant

KLASSISCHE KÜCHE • ELEGANT XX Empire-Kronleuchter, ein schöner alter Kamin, Wandmalerei... Das ergibt eine stilvolle Atmosphäre für klassische Speisen wie "Rinderlende im Pfeffermantel auf Kohlrabigemüse".

Menü 35/66 € – Karte 43/57 €

Hotel Schloss Edesheim, Luitpoldstr. 9 ✉ 67483 – ✆ 06323 94240 – www.schloss-edesheim.de – geschlossen 21. - 26. Dezember

Schloss Edesheim

HISTORISCH • KLASSISCH Lust auf Schlossflair? Das herrschaftliche Anwesen liegt auf einem 5 ha großen Grundstück mit Teich und Weinreben. Man wohnt individuell und elegant, hier und da historische Details. Für Kulturfreunde: Schlossfestspiele im Freilichttheater.

31 Zim – †89/126 € ††142/175 € – 8 Suiten – ½ P

Luitpoldstr. 9 ✉ 67483 – ✆ 06323 94240 – www.schloss-edesheim.de – geschlossen 21. - 26. Dezember

Gourmetrestaurant – siehe Restaurantauswahl

EFRINGEN-KIRCHEN

Baden-Württemberg - 8 431 Ew. - Höhe 258 m - Regionalatlas **61**-D21
Michelin Straßenkarte 545

Walsers

REGIONAL • LÄNDLICH XX Hier wird schmackhaft und regional-saisonal gekocht, so z. B. "geschmorte Kalbsbäckle, Gemüse, Tagliatelle" oder "hausgemachte Ravioli, Schalottensauce, gegrillter Spargel". Schön sitzt man z. B. im licht-modernen Wintergarten! Ebenso freundlich die Gästezimmer - auch im Neubau "Walsers Zweites".

Karte 31/60 €

22 Zim - 90/160 € 115/180 €

Bahnhofstr. 34 79588 - 07628 8055244 - www.walsers-hotel.de - geschlossen Mittwoch - Donnerstagmittag

EGGENSTEIN-LEOPOLDSHAFEN

Baden-Württemberg - 15 930 Ew. - Höhe 112 m - Regionalatlas **54**-F17
Michelin Straßenkarte 545

Im Ortsteil Eggenstein

Zum Goldenen Anker

REGIONAL • FREUNDLICH X In dem Gasthof a. d. 18. Jh. wohnt man nicht nur gut (Tipp: die neueren Zimmer), er ist auch als ländlich-modernes Restaurant gefragt. Frisch und schmackhaft z. B. "Schwäbischer Zwiebelrostbraten" oder "Lammrücken in der Kräuterkruste mit Thymiansoße". Hauptgänge auch als kleine Portion.

Karte 29/59 €

35 Zim - 70/95 € 98/120 €

Hauptstr. 16 76344 - 0721 706029 (abends Tischbestellung erforderlich) - www.hotel-anker-eggenstein.de - geschlossen Samstag

Das garbo im Löwen

MARKTKÜCHE • LÄNDLICH XX Ländlich-elegant sind "Löwenstube" und "Garbostube", charmant der Service. Man kocht saisonal beeinflusst, exakt und harmonisch. Darf es vielleicht das interessante Menü "Inspiration" sein? Oder lieber das regionale Menü? Schöne Weine. Mittags zusätzlich Business-Lunch und "Eggensteiner Karte". Gepflegte Gästezimmer.

Menü 35 € (mittags unter der Woche)/99 € - Karte 42/75 €

11 Zim - 65/75 € 81/95 €

Hauptstr. 51 76344 - 0721 780070 (abends Tischbestellung ratsam) - www.garbo-loewen.de - August: nur Abendessen - geschlossen Anfang Januar 1 Woche und Sonntag - Montag

EGLING

Bayern - 5 400 Ew. - Höhe 609 m - Regionalatlas **65**-L21
Michelin Straßenkarte 546

In Egling-Neufahrn Süd-West: 2 km

Hanfstingl

GASTHOF • AUF DEM LAND Ein reiner Familienbetrieb und ein sympathischer noch dazu! Der Landwirtschaftsbetrieb wurde zum Hotel umgebaut und bietet schöne wohnliche Zimmer zu fairen Preisen und eine nette Sauna (gegen Gebühr). Tipp: Kommen Sie auch mal zu Kaffee und Kuchen - den macht man hier selbst, ebenso Pralinen!

25 Zim - 54/67 € 83/103 € - 2 Suiten

Kirchstr. 7 82544 - 08171 34670 - www.hotel-hanfstingl.de

EHINGEN

Baden-Württemberg - 24 862 Ew. - Höhe 515 m - Regionalatlas **63**-H20
Michelin Straßenkarte 545

BierKulturHotel Schwanen

URBAN • MODERN Moderne trifft hier auf Tradition: Brauereigasthof von 1697 und Hotelbau. Bierkultur, Architektur und Design wurden überaus schlüssig miteinander verbunden! Schlafen Sie doch in einem "Bierkistenzimmer" oder in einer der geräumigen Maisonetten. Probieren Sie zur bürgerlichen Küche verschiedene Biere!

50 Zim - 75/150 € 95/195 € - ½ P

Schwanengasse 18 ✉ 89584 - ✆ 07391 770850 - www.bierkulturhotel.de - geschlossen über Weihnachten

EHNINGEN

Baden-Württemberg - 8 448 Ew. - Höhe 444 m - Regionalatlas **55**-G19
Michelin Straßenkarte 545

Landhaus Feckl

FRANZÖSISCH-KLASSISCH • FREUNDLICH Hochwertige Produkte, tolles Handwerk, Finesse und Ausdruck sind die Basis der überwiegend klassisch-französischen Küche. Zu "Franz Feckl's Klassikern" gesellen sich auch ein vegetarisches Menü, das kohlenhydratarme Menü "Innovativ" und ein beliebtes preiswertes Mittagsmenü. Auf der Weinkarte finden sich einige Raritäten. Dazu elegantes Landhaus-Ambiente und freundlicher, diskreter Service.

→ Feines von Thunfisch und Kalbsrücken mit gebackenen Kapern und Wildkräutersalat. Arktische Eismeerforelle im Limonen-Vanillefond mit Erbsentortellini. Karamellisierte Limettencrème mit Rhabarber.

Menü 43 € (mittags)/98 € - Karte 59/86 €

Hotel Landhaus Feckl, Keltenweg 1 ✉ 71139 - ✆ 07034 23770 - www.landhausfeckl.de - geschlossen Anfang Januar 1 Woche und Sonntag - Montag, Feiertage

Landhaus Feckl

LANDHAUS • GEMÜTLICH Sehr freundlich wird das Haus mit den überaus wohnlichen Landhauszimmern von der Familie geleitet. Die Zimmer haben teilweise einen Balkon oder Zugang zur kleinen Dachterrasse - fragen Sie nach den großen Zimmern. Ausgezeichnetes Frühstück!

49 Zim - 89/124 € 99/134 € - 15 €

Keltenweg 1 ✉ 71139 - ✆ 07034 23770 - www.landhausfeckl.de - geschlossen Anfang Januar 1 Woche

Landhaus Feckl - siehe Restaurantauswahl

In Ehningen-Mauren Süd: 2 km

Landhotel Alte Mühle

LANDHAUS • GEMÜTLICH Schön familiär ist es hier und richtig romantisch: Fachwerk und Mühlrad versprühen Charme, der Garten ist die Relaxzone schlechthin, alter Baumbestand, Blick ins Grüne, Bachlauf - idyllisch! Individuell die Zimmer, am geräumigsten die "Suite Cream". Morgens ein hochwertiges, reichhaltiges Frühstück.

4 Zim - 117/147 € 117/147 €

Mauren 2 ✉ 71139 - ✆ 07034 2378910 - www.landhotel-alte-muehle.de

EIBELSTADT

Bayern - 2 855 Ew. - Höhe 180 m - Regionalatlas **49**-I16
Michelin Straßenkarte 546

Gambero Rosso da Domenico

ITALIENISCH • FREUNDLICH XX Eine sympathische Adresse ist das zum Lokal umgebaute ehemalige Schiff am kleinen Yachthafen - richtig schön die Terrasse zum Main! Aus der Küche kommen die Menüs "Domenico" und "Teresuzza" mit Leckerem wie "Ora di tonno", "Polposition" oder "Dolce Teresa". Der Chef empfiehlt dazu den passenden Wein.

Menü 37/55 € – Karte 37/55 €

Mühle 2 ✉ 97246 – ✆ 09303 9843782 – www.gambero-rosso.eu – nur Abendessen, sonntags auch Mittagessen – geschlossen 30. August - 10. September und Montag - Dienstag

Weinforum Franken

GASTHOF • MODERN In dem sympathischen kleinen Hotel hat man die Altstadt direkt vor der Tür und die Weinberge in unmittelbarer Nähe. Die Zimmer sind geschmackvoll-modern, in einigen wurde der alte Dielenboden restauriert - das bringt Charme! Vinothek mit kleinem Speisenangebot.

15 Zim ☕ – 🚹65 € 🚹🚹97/126 €

Hauptstr. 37 ✉ 97246 – ✆ 09303 9845090 – www.weinforum-franken.de

Dieser Guide lebt von Ihren Anregungen, die uns stets willkommen sind. Egal ob Sie uns eine besonders angenehme Erfahrung oder eine Enttäuschung mitteilen wollen – schreiben Sie uns!

EICHSTÄTT

Bayern – 13 300 Ew. – Höhe 391 m – Regionalatlas **57**-L18
Michelin Straßenkarte 546

Domherrnhof

FRANZÖSISCH-KLASSISCH • ELEGANT XX Mit Herzblut betreiben die Waldmüllers seit 1984 das Restaurant in dem sanierten Palais a. d. J. 1715, stilvoll das Interieur mit schönem Stuck und Ornamenten. Gekocht wird klassisch-saisonal - ein Muss im Frühjahr: "gefüllte Morcheln mit Schnittlauchnudeln". Wer's regional-bürgerlich mag, isst in der rustikalen Schänke - sehenswert hier die historische Ledertapete!

Menü 85 € – Karte 33/61 €

Domplatz 5, (1. Etage) ✉ 85072 – ✆ 08421 6126 – www.domherrnhof.de – geschlossen Februar 3 Wochen und Montag

Adler

HISTORISCH • GERADLINIG Das schön restaurierte Barockhaus ist ein persönlich geführtes Hotel mit Zimmern in warmen Erdtönen und geradlinig-modernem Stil. Hübsch auch der Frühstücksraum samt gutem Buffet. Im angrenzenden Restaurant gibt es Pizza und Pasta.

27 Zim ☕ – 🚹58/81 € 🚹🚹84/114 €

Marktplatz 22 ✉ 85072 – ✆ 08421 6767 – www.adler-eichstaett.de – geschlossen Mitte Dezember - Mitte Januar

Gästehaus Abtei St. Walburg

HISTORISCH • FUNKTIONELL Sie suchen Ruhe und eine gewisse Besinnlichkeit? Herzlich leiten die Benediktinerinnen die Klosteranlage a. d. 11. Jh. Die Zimmer sind schlicht, aber sehr gepflegt. Frühstück gibt's im historischen Kreuzgewölbe. Hübsch der Klostergarten.

19 Zim ☕ – 🚹45 € 🚹🚹75 €

Walburgiberg 6 ✉ 85072 – ✆ 08421 98870 – www.abtei-st-walburg.de – geschlossen 22. Dezember - 6. Januar

EINBECK

Niedersachsen – 31 354 Ew. – Höhe 112 m – Regionalatlas **29**-I10
Michelin Straßenkarte 541

Genusswerkstatt

INTERNATIONAL • BISTRO X Nicht alltäglich ist die Kombination von Restaurant und "PS.SPEICHER". Gleich neben der Ausstellung zum Thema "Fortbewegung auf Rädern" liest man auf der "Werkstattkarte" z. B. "Rinderfiletsteak vom Grill" oder "PS.Speicher-Burger", zubereitet in der Show-"Werkstatt". Reduzierte Mittagskarte. Zum Übernachten hat man das geradlinig-modern designte Hotel.

Karte 34/62 €

63 Zim – 105/124 € 134/164 €

Tiedexer Tor 5, (im PS. Speicher) 37574 – 05561 3199970 – www.freigeist-einbeck.de – geschlossen Montagmittag

EISENACH

Thüringen – 41 884 Ew. – Höhe 220 m – Regionalatlas **39**-J12
Michelin Straßenkarte 544

Weinrestaurant Turmschänke

MARKTKÜCHE • ROMANTISCH XX In dem Restaurant im Nicolaiturm schaffen schöne historische Details wie Gemälde und original Mobiliar von 1912 eine rustikal-elegante Atmosphäre. Da lässt man sich gerne saisonal-internationale Gerichte wie "geschmorte Rinderhaxe mit Frühlingsgemüse und Kartoffelgratin" schmecken. Wie wär's mit einem Fest im "Kerker"?

Menü 37/49 € – Karte 38/51 €

Karlsplatz 28, (1. Etage) 99817 – 03691 213533 – www.turmschaenke-eisenach.de – nur Abendessen – geschlossen 20. Januar – 14. Februar, 21. Juli – 15. August und Sonntag

Landgrafenstube

INTERNATIONAL • RUSTIKAL XX Speisen in einmaligem Rahmen! Die stilvollen Räume werden ganz dem herrschaftlichen Charakter der a. d. 11. Jh. stammenden Burg gerecht. Grandios: die Aussicht vom Restaurant und der Terrasse! Dazu am Abend ambitionierte internationale Küche, mittags kleineres bürgerlich-regionales Angebot.

Menü 42/60 € – Karte 36/61 €

Hotel Auf der Wartburg, Auf der Wartburg 2, (Shuttle-Bus zum Hotel), Süd-West: 4 km 99817 – 03691 797119 – www.wartburghotel.de

Steigenberger Hotel Thüringer Hof

BUSINESS • KLASSISCH Eine ansprechende Halle empfängt Sie hinter der schönen historischen Fassade dieses zentral gelegenen Hotels. Man hat wohnlich-zeitgemäße Zimmer und eine Sauna im obersten Stock mit Zugang nach draußen. Dazu ein Restaurant im Bistrostil mit offener Showküche.

126 Zim – 99/169 € 119/219 € – 1 Suite – 17 € – ½ P

Karlsplatz 11 99817 – 03691 280 – www.eisenach.steigenberger.de

Auf der Wartburg

HISTORISCH • INDIVIDUELL Wirklich klasse ist die ruhige und exponierte Lage über der Stadt! Es erwarten Sie freundlicher Service, schöne hochwertig eingerichtete Zimmer und ein wunderbarer Blick. Hübsch auch das Kaminzimmer und der Saunabereich. Und wie wär's mit Kosmetik und Massage?

37 Zim – 119/259 € 209/499 € – 1 Suite – 20 € – ½ P

Auf der Wartburg 2, (Shuttle-Bus zum Hotel), Süd-West: 4 km 99817 – 03691 7970 – www.wartburghotel.de

Landgrafenstube – siehe Restaurantauswahl

Berghotel

LANDHAUS • GEMÜTLICH Toll ist hier nicht nur die Lage nebst Aussicht auf Wartburg und Thüringer Wald. Das hübsche Natursteinhaus unterhalb des Burschenschaftsdenkmals beeindruckt mit hochwertigem modernem Interieur. Die international-saisonale Küche genießt man am besten im Wintergarten oder auf der Terrasse!

16 Zim – 66/79 € 109 € – 2 Suiten

An der Göpelskuppe 1 99817 – 03691 22660 – www.berghotel-eisenach.de

Villa Anna

PRIVATHAUS • MODERN In der Jugendstilvilla in ruhiger Lage oberhalb der Stadt wohnt man in freundlichen, geradlinig-modernen Zimmern und genießt am Morgen ein gutes Frühstück (es gibt auch Veganes) - im Sommer gerne auf der Terrasse. Abends Snacks in der Lobby. Praktisch: per Hotel-App buchen, ein-/auschecken und bezahlen.

15 Zim – 83/103 € 116/176 €

Fritz-Koch-Str. 12 99817 – 03691 23950 – www.hotel-villa-anna.de – geschlossen 10. - 28. Dezember

EISENSCHMITT

Rheinland-Pfalz – 312 Ew. – Höhe 350 m – Regionalatlas **45**-B15
Michelin Straßenkarte 543

In Eisenschmitt-Eichelhütte

Molitors Mühle

SPA UND WELLNESS • INDIVIDUELL In der einstigen Kornmühle von 1870 wohnt man wirklich schön und angenehm ruhig am Waldrand. Attraktiv der Wellnessbereich samt toller Pfahlsauna im Weiher! Klasse auch der Fitnessraum. Oder wie wär's mit einer Wanderung? Zum Kloster und zurück sind es 3,5 km. Speisen Sie im Sommer auf der Terrasse am Wasser!

39 Zim – 79/105 € 138/198 € – ½ P

Eichelhütte 15 54533 – 06567 9660 – www.molitors-muehle.de – geschlossen 7. - 17. Januar

ELLWANGEN

Baden-Württemberg – 23 626 Ew. – Höhe 440 m – Regionalatlas **56**-I18
Michelin Straßenkarte 545

In Ellwangen-Eggenrot Nord-West: 4 km, Richtung Schwäbisch Hall

Klozbücher

GASTHOF • MODERN Das Haus der Familie Klozbücher kann sich sehen lassen: Es wird herzlich geführt, ist freundlich und wertig eingerichtet, dazu ein gutes Frühstück mit Produkten aus der eigenen Metzgerei! Kleines Speisenangebot für Hausgäste. "Hirsch-Hütte" für Events. In der Nähe: Kocher-Jagst-Radweg, Ellwanger Wellenbad, Badeseen...

13 Zim – 75/80 € 100/110 €

Rosenberger Str. 47 73479 – 07961 9249190 – www.klozbuecher.com

ELMSHORN

Schleswig-Holstein – 47 907 Ew. – Höhe 3 m – Regionalatlas **10**-H5
Michelin Straßenkarte 541

Sette Feinbistro

INTERNATIONAL • BISTRO Etwas versteckt liegt das nette Bistro in der Fußgängerzone hinter einem kleinen Feinkostgeschäft - von hier kommen die mündlich empfohlenen Weine. Unter den frischen internationalen Gerichten findet sich z. B. "Thunfisch, Rucola-Couscous, Mango & Avocado". Tipp: Probieren Sie auch ein Dessert!

Menü 65 € – Karte 27/53 €

Marktstr. 7 25335 – 04121 262939 (Tischbestellung erforderlich) – www.sette-feinbistro.de – nur Mittagessen, Freitag auch Abendessen – geschlossen Sonntag

ELSTER, BAD

Sachsen - 3 616 Ew. - Höhe 495 m - Regionalatlas **41**-N14
Michelin Straßenkarte 544

König Albert

SPA UND WELLNESS • MODERN Eine tolle Adresse für Wellness-Fans! Von der Halle mit Lounge/Bar bis zu den wohnlichen Zimmern ist das Hotel schön modern gestaltet. Highlight ist der Bademantelgang zu Soletherme, Saunabereich und historischem "Albert Bad".

108 Zim - †112/156 € ††156/226 € - 12 Suiten - ½ P

Carl-August-Klingner-Str. 1 ✉ 08645 - ✆ 037437 5400 - www.hotelkoenigalbert.de

Parkhotel Helene

PRIVATHAUS • FUNKTIONELL Das familiär geleitete Hotel ist in einer Villa von 1889 untergebracht, die ruhig im Kurgebiet liegt. Sie wohnen in sehr gepflegten und funktionell ausgestatteten Zimmern und speisen in Albert's Parkrestaurant oder im netten Vogtland-Stübl - die Küche ist regional und international.

25 Zim - †52/89 € ††84/158 € - ½ P

Parkstr. 33 ✉ 08645 - ✆ 037437 500 - www.parkhotel-helene.de - geschlossen 5. - 23. Januar

ELTVILLE am RHEIN

Hessen - 16 897 Ew. - Höhe 90 m - Regionalatlas **47**-E15
Michelin Straßenkarte 543

Jean (Johannes Frankenbach)

FRANZÖSISCH-KLASSISCH • FREUNDLICH XX Wenn Patron Johannes Frankenbach ("Jean") in der ehemaligen Weinstube seine französisch-internationale Küche zum Besten gibt, steht das Produkt klar im Mittelpunkt - da heißt es jede Menge Geschmack zu fairen Preisen. Dazu wird man herzlich und aufmerksam umsorgt.

→ Terrine de Foie Gras de Canard, Rhabarber, Mandel, Brioche. Rehrücken im Brotmantel, Wacholderbeerenjus, Spitzkohl, Preiselbeeren. Ananas, Kokos, Mascarpone, weiße Schokolade.

Menü 44/99 € - Karte 44/80 €

Hotel Frankenbach, Wilhelmstr. 13 ✉ 65343 - ✆ 06123 9040 - www.hotel-frankenbach.de - nur Abendessen, sonntags auch Mittagessen - geschlossen Ende Juli - Anfang August 2 Wochen, 24. - 30. Dezember und Montag - Mittwoch

Gutsausschank im Baiken

REGIONAL • WEINSTUBE X Schon allein die Lage ist einen Besuch wert: inmitten von Reben, mit Blick auf die Weinberge und Eltville. Da isst man am liebsten auf der Terrasse - die ist sogar teilweise regenfest! Aus der Küche kommt Leckeres wie "Erbsensüppchen mit Minze" oder "paniertes Kotelett vom Landschwein mit Kartoffelpüree".

Karte 32/50 €

Wiesweg 86 ✉ 65343 - ✆ 06123 900345 - www.baiken.de - April - Oktober: Mittwoch - Freitag und November - März: Mittwoch - Samstag nur Abendessen - geschlossen Februar und Montag - Dienstag

Eltvinum

INTERNATIONAL • TRENDY X Lust auf frische internationale Küche? Die kommt hier z. B. als "auf der Haut gebratener Eismeersaibling mit jungem Lauch, Tomate und Curryschaum" auf den Tisch. Schön auch die Vinothek und die Terrasse.

Menü 33/89 € - Karte 40/64 €

Hotel Eltvinum, Schmittstr. 2 ✉ 65343 - ✆ 06123 601780 - www.eltvinum.de - geschlossen 23. Dezember - 1. Januar und Sonntag - Montag

Frankenbach

FAMILIÄR • MODERN Seit 1948 ist Familie Frankenbach mit Engagement im Einsatz. Im Mainzer Hof liegen einige Zimmer schön zum Garten, im Gutenberg Hof wohnt man moderner und besonders hübsch, auch sind die Zimmer hier klimatisiert. Sie mögen Torten? Im eigenen Café gibt's u. a. "Schwäbische Apfel-Rheingauriesling-Torte".

36 Zim – 85/115 € 115/155 € – ½ P

Wilhelmstr. 13 ✉ 65343 – ✆ 06123 9040 – www.hotel-frankenbach.de – geschlossen Ende Juli - Anfang August 2 Wochen und 26. - 30. Dezember

Jean – siehe Restaurantauswahl

Eltvinum

HISTORISCH • MODERN Ein echtes Schmuckstück! Das einstige Rathaus von 1513 wurde mit Liebe zum Detail zu einem kleinen Boutiquehotel umgebaut. Wohnlich-warmes Ambiente, stilvolles Frühstück von der Etagere, die Altstadt vor der Tür, der Rhein ganz in der Nähe.

7 Zim – 95/125 € 145/175 €

Schmittstr. 2 ✉ 65343 – ✆ 06123 601780 – www.eltvinum.de

Eltvinum – siehe Restaurantauswahl

In Eltville-Hattenheim West: 4 km über B 42

Kronenschlösschen

FRANZÖSISCH-KLASSISCH • ELEGANT Das hat Stil: unter der sehenswerten bemalten Decke in edlem Ambiente sitzen und sich fachkundig umsorgen lassen, und zwar mit dem Degustations-Menü oder dem Kronenschlösschen-Menü - oder lieber à la carte daraus? Dazu eine der bestsortierten Weinkarten in Deutschland! Alternativ gibt es das Bistro.

Menü 85/110 €

Hotel Kronenschlösschen, Rheinallee ✉ 65347 – ✆ 06723 640 – www.kronenschloesschen.de – nur Abendessen, sonntags auch Mittagessen – geschlossen 1. - 28. Januar, 21. Februar - 10. März und Montag, außer an Feiertagen

Adler Wirtschaft

REGIONAL • RUSTIKAL Wirklich reizend das kleine Fachwerkhaus der Familie Keller, sehr gemütlich die Gaststube. Und was sich im Kühlhaus verbirgt, kann sich ebenso sehen lassen: Bentheimer Schwein sowie Charolais- und Limousin-Rind vom eigenen Falkenhof im Taunus (hier kocht der Seniorchef auch für Events).

Menü 36/86 € – Karte 36/76 €

Hauptstr. 31 ✉ 65347 – ✆ 06723 7982 (Tischbestellung ratsam) – www.franzkeller.de – nur Abendessen – geschlossen Januar - Februar 4 Wochen und Sonntag - Dienstag

Zum Krug

REGIONAL • FAMILIÄR Hinter der hübschen historischen Fassade sitzt man in gemütlichen Gasträumen bei regionaler und internationaler Küche mit Bezug zur Saison. Auch Klassiker wie Wiener Schnitzel finden sich auf der Karte. Dazu gibt's schöne Rheingau-Weine.

Menü 55 € (mittags)/75 € (abends) – Karte 36/67 €

Hotel Zum Krug, Hauptstr. 34 ✉ 65347 – ✆ 06723 99680 – www.zum-krug-rheingau.de – geschlossen 15. Juli - 2. August, 22. Dezember - 18. Januar und Sonntagabend - Dienstagmittag

Hotel & Restaurant Kronenschlösschen

HISTORISCH • KLASSISCH Nur die Bundesstraße trennt das hübsche Hotel a. d. J. 1894 vom Rhein. Die Zimmer sind individuell, allesamt schön stilvoll, wertig und wohnlich, dazu am Morgen ein frisches Frühstück. Passend zum Rahmen die historischen Salons.

18 Zim – 90/150 € 100/180 € – 4 Suiten – 18 € – ½ P

Rheinallee ✉ 65347 – ✆ 06723 640 – www.kronenschloesschen.de

Kronenschlösschen – siehe Restaurantauswahl

Zum Krug

FAMILIÄR • GEMÜTLICH Wie möchten Sie übernachten? Chic-modern oder eher traditionell? Wohnlich und sehr gepflegt sind die Zimmer alle, ob Sie das historische Rathaus oder das Weinhaus wählen.

15 Zim – 90/110 € 135/175 €

Hauptstr. 34 65347 – 06723 99680 – www.zum-krug-rheingau.de – geschlossen 15. Juli - 2. August, 22. Dezember - 18. Januar

Zum Krug – siehe Restaurantauswahl

Gute Küche zu moderatem Preis? Folgen Sie dem Bib Gourmand

ELZACH

Baden-Württemberg – 7 119 Ew. – Höhe 361 m – Regionalatlas **61**-E20
Michelin Straßenkarte 545

Rössle

REGIONAL • FAMILIÄR In dem Familienbetrieb kommt regional-internationale Küche aus guten Zutaten auf den Tisch, so z. B. "Perlhuhnbrust, Thymianjus, grüner Spargel, Kartoffelkrapfen". Und das Ambiente? Freundlich und mit mediterraner Note - vorne leger, weiter hinten aufwändiger eingedeckt. Tipp: die Gästezimmer mit ihrem schönen Mix aus warmem Holz, klaren Linien und lila Farbakzenten.

Menü 33/48 € – Karte 21/61 €

11 Zim – 69/105 € 115/145 €

Hauptstr. 19 79215 – 07682 212 – www.roessleelzach.de – geschlossen Dienstag - Mittwoch

In Elzach-Oberprechtal

Nord-Ost: 7,5 km über B 294 Richtung Freudenstadt, dann rechts ab Richtung Triberg am Ortsausgang rechts Richtung Hornberg - Höhe 459 m

Schäck's Adler

REGIONAL • ROMANTISCH Ein Gasthof wie aus dem Bilderbuch! Richtig gemütlich die ganz in Holz gehaltenen Stuben, ambitioniert und geschmackvoll die Küche - da kommen "Zanderklößchen mit Rieslingsauce" ebenso gut an wie "Ragout vom Elztäler Reh mit Spätzle". Schön auch die "Strumbel-Bar". Sehr gepflegt übernachten kann man ebenfalls.

Menü 38/45 € – Karte 31/70 €

9 Zim – 68 € 136 €

Waldkircher Str. 2 79215 – 07682 1291 – www.schaecks-adler.de – geschlossen Februar 3 Wochen und Montag - Mittwochmittag

EMMENDINGEN

Baden-Württemberg – 26 872 Ew. – Höhe 201 m – Regionalatlas **61**-D20
Michelin Straßenkarte 545

In Emmendingen-Maleck

Nord-Ost: 4 km über Tennenbacher Straße

Park-Hotel Krone

GASTHOF • INDIVIDUELL Eine recht individuelle Adresse, von der Familie mit Engagement geführt. Schöne Zimmer (gemütlich-ländlich oder modern), hochwertiges Frühstück, tolle Terrasse, nicht zu vergessen die Flamingos im hübschen Garten! Regional-internationale Küche im klassischen Restaurant oder in der behaglichen Kronenstube.

25 Zim – 68/79 € 95/125 € – ½ P

Brandelweg 1 79312 – 07641 9309690 – www.kronemaleck.de

EMMERICH am RHEIN

Nordrhein-Westfalen - 30 279 Ew. - Höhe 18 m - Regionalatlas **25**-A10
Michelin Straßenkarte 543

In Emmerich-Praest Ost: 6,5 km über B8, Richtung Rees

Zu den drei Linden - Lindenblüte

INTERNATIONAL • ELEGANT XX Richtig gut isst man bei Familie Siemes, und zwar internationale Speisen mit feinen Aromen, so z. B. "Skrei, Raviolo, Couscous". Vor allem die Menüs sind preislich wirklich fair. Und das Ambiente? Freundlich, mit eleganter Note.

Menü 35/43 € - Karte 39/56 €

Reeser Str. 545 ✉ 46446 - ✆ 02822 8800 - www.zu-den-3-linden.de - Montag - Samstag nur Abendessen - geschlossen Januar 2 Wochen, Ende Juli - Anfang September 2 Wochen und Dienstag - Mittwoch

EMS, BAD

Rheinland-Pfalz - 9 010 Ew. - Höhe 85 m - Regionalatlas **36**-D14
Michelin Straßenkarte 543

Häcker's Grand Hotel

THERMAL • HISTORISCH Der stattliche Barockbau von 1711 liegt im Zentrum an der Lahn. Ein traditionsreiches Kurhotel mit wertig ausgestatteten Zimmern in klassischem Stil und eigenen Wasserquellen. Sehenswert: Lobby "Brunnenhalle" und Bar "Crystal Horse" mit Miniatur-Pferderennbahn. Internationale Küche im Restaurant "Benedetti".

98 Zim - 109/129 € 200/235 € - 7 Suiten - ½ P

Römerstr. 1 ✉ 56130 - ✆ 02603 7990 - www.haeckers-hotels.com

EMSDETTEN

Nordrhein-Westfalen - 35 760 Ew. - Höhe 38 m - Regionalatlas **26**-D9
Michelin Straßenkarte 543

Lindenhof

REGIONAL • GEMÜTLICH XX Wie das Hotel erfreut sich auch das Restaurant der Hankhs großer Beliebtheit. Grund ist die gute regional und mediterran beeinflusste saisonale Küche. Auch die klassische "Rinderroulade nach Großmutters Rezept" fehlt nicht auf der Karte. Charmant der Service.

Menü 39/60 € - Karte 30/54 €

Hotel Lindenhof, Alte Emsstr. 7 ✉ 48282 - ✆ 02572 9260 (Tischbestellung ratsam) - www.lindenhof-emsdetten.de - nur Abendessen - geschlossen 21. Dezember - 7. Januar, Juli 2 Wochen und Sonntag sowie an Feiertagen

Lindenhof

GASTHOF • MODERN Seit 1946 wird das Hotel freundlich und engagiert von Familie Hankh geführt. Immer wieder hat man erweitert und bietet heute in sechs Gebäuden zeitgemäß-wohnliche Zimmer. Wer mehr Komfort sucht, bucht eine Juniorsuite mit Dampfbad oder ein Appartement mit Kitchenette im "Alten Wiegehaus".

52 Zim - 66/90 € 86/116 € - ½ P

Alte Emsstr. 7 ✉ 48282 - ✆ 02572 9260 - www.lindenhof-emsdetten.de - geschlossen 21. Dezember - 7. Januar

Lindenhof - siehe Restaurantauswahl

Bestecke X und Sterne sollten nicht verwechselt werden! Die Bestecke stehen für eine Komfortkategorie, die Sterne zeichnen Häuser mit besonders guter Küche aus - in jeder dieser Kategorien.

ENDINGEN am KAISERSTUHL

Baden-Württemberg - 9 129 Ew. - Höhe 186 m - Regionalatlas **61**-D20
Michelin Straßenkarte 545

Merkles Restaurant

MODERNE KÜCHE • GEMÜTLICH XX Thomas Merkle bringt in der Küche geschickt seine kreative Ader zur Geltung. Handwerk und Know-how stehen außer Frage, Aromen und Texturen werden durchdacht und stimmig kombiniert, ausgesuchte Produkte sind selbstverständlich. Und dazu vielleicht ein schöner deutscher Wein? Der Rahmen: ein historisches ehemaliges Pfarrhaus mit chic-elegantem Interieur. Tipp: Hausgemachtes für daheim!

→ Thunfisch, Holunder, Spargel, Avocado, Piment d' Espelette. Seezunge, Pfifferlinge, Erbse, Kubeben Pfeffer. Rehbock, Tannenwipfel, junge Rübchen, Kirsche, Polenta.

Menü 71/129 € - Karte 62/94 €

Hauptstr. 2 ✉ 79346 - ✆ 07642 7900 - www.merkles-restaurant.de - nur Abendessen - geschlossen über Fastnacht 2 Wochen, August - September 3 Wochen und Sonntag - Dienstag

Die Pfarrwirtschaft – siehe Restaurantauswahl

Die Pfarrwirtschaft

REGIONAL • TRENDY X Modern-rustikal kommt das zweite Restaurant im Hause Merkle daher, und auch hier kocht man anspruchsvoll. Ob Käsespätzle, Reh-Burger, geschmorte Rinderbäckle oder Dry Aged Schwarzwald-Rind, es schmeckt einfach!

Menü 35 € - Karte 33/67 €

Merkles Restaurant, Hauptstr. 2 ✉ 79346 - ✆ 07642 7900 - www.pfarrwirtschaft.de - geschlossen über Fastnacht, August 1 Woche und Montag - Mittwochmittag

Zollhaus

FAMILIÄR • INDIVIDUELL Sie suchen ein individuelles und mit Liebe geführtes kleines Hotel? Klares Design und hochwertige Materialien treffen auf Historie, und zwar die eines denkmalgeschützten über 200 Jahre alten Hauses. Frisch und wirklich gut das Frühstück, gemütlich die kleine Weinlounge unter dem Gewölbe (mit Selbstbedienung).

4 Zim - †110/140 € ††120/160 €

Hauptstr. 3 ✉ 79346 - ✆ 07642 9202343 - www.zollhaus-endingen.de

In Endingen-Kiechlinsbergen Süd-West: 5,5 km über Königschaffhausen

Dutters Stube

REGIONAL • FREUNDLICH XX Schon die 4. Generation der Dutters leitet den charmanten Gasthof a. d. 16. Jh. Gut die saisonal-regionale Küche, z. B. als "Kalbsnierle in Senfsauce" oder "Lachsschnitte in Weißburgunderschaum". Etwas bodenständiger: "Dorfwirtschaft" mit Vesper, Flammkuchen, Rumpsteak. Terrassen-Alternative: die hübsche Sommerlaube!

Menü 28 € (mittags)/58 € - Karte 34/59 €

4 Zim - †60 € ††75/85 €

Winterstr. 28 ✉ 79346 - ✆ 07642 1786 - www.dutters-stube.de - nur Abendessen, sonntags auch Mittagessen - geschlossen Februar 2 Wochen, Juli 2 Wochen und Sonntagabend - Dienstag

ENGE-SANDE

Schleswig-Holstein - 1 094 Ew. - Regionalatlas **1**-G2
Michelin Straßenkarte 541

Berger's Landgasthof

REGIONAL • GASTHOF XX Charmant-rustikal ist hier das Ambiente, hübscher Zierrat unterstreicht die gemütliche Atmosphäre. Da lässt man sich gerne regionale Küche mit internationalem Einfluss servieren - bei gutem Wetter natürlich im schönen Gartenrestaurant.

Menü 24/54 € - Karte 29/49 €

Hotel Berger's Landgasthof, Dorfstr. 28, in Enge ✉ 25917 - ✆ 04662 3190 - www.bergers-landgasthof.de - nur Abendessen

Berger's Landgasthof

FAMILIÄR • MODERN Nicht nur als Restaurant ist das Haus gefragt, auch die frischen, hellen und tipptopp gepflegten Gästezimmer kommen an. Tipp: Fragen Sie nach den großen Doppelzimmern im Garten-Neubau - alle mit Terrasse!

14 Zim - 65/75 € 89/104 € - ½ P

Dorfstr. 28, in Enge ✉ 25917 - 04662 3190 - www.bergers-landgasthof.de

Berger's Landgasthof – siehe Restaurantauswahl

ENKENBACH-ALSENBORN

Rheinland-Pfalz - 6 903 Ew. - Höhe 289 m - Regionalatlas **47**-E16
Michelin Straßenkarte 543

Im Ortsteil Enkenbach

Kölbl

INTERNATIONAL • LÄNDLICH XX Bei den Kölbls kann man gut essen, und zwar regionale und internationale Küche, und auch der günstige Mittagstisch erfreut sich großer Beliebtheit. Serviert wird in den netten Gaststuben (gemütlich die kleinen Sitznischen) oder auf der Hofterrasse. Zum Übernachten hat man funktionale Gästezimmer.

Karte 19/60 €

13 Zim - 65/80 € 100/115 €

Hauptstr. 3 ✉ 67677 - 06303 3071 - www.hotel-restaurant-koelbl.de
- geschlossen Anfang Januar 1 Woche und Montag, Samstagmittag

Wie entscheidet man sich zwischen zwei gleichwertigen Adressen? In jeder Kategorie sind die Häuser nochmals geordnet, die besten Adressen stehen an erster Stelle.

ENZKLÖSTERLE

Baden-Württemberg - 1 166 Ew. - Höhe 538 m - Regionalatlas **54**-F18
Michelin Straßenkarte 545

Enztalhotel

SPA UND WELLNESS • AUF DEM LAND Das Haus ist gefragt bei Feriengästen, und das liegt am wohnlichen Ambiente in den Zimmern (am komfortabelsten sind die Suiten und Deluxe-Zimmer) und im rustikal-eleganten Restaurant, am schönen zeitgemäßen Wellnessbereich samt attraktiven Ruheräumen sowie an der 3/4-Pension, die im Zimmerpreis inbegriffen ist.

46 Zim - 99/153 € 198/260 € - 2 Suiten - ½ P

Freudenstädter Str. 67 ✉ 75337 - 07085 180 - www.enztalhotel.de

ERDING

Bayern - 35 756 Ew. - Höhe 463 m - Regionalatlas **58**-M20
Michelin Straßenkarte 546

Victory Therme Erding

SPA UND WELLNESS • MODERN Ein Hotel mit Yacht-Flair direkt an der riesigen Therme Erding. Die schönen "Kabinen" sind individuell, wohnlich und wertig, meist mit Blick aufs Wellenbad. Einmaliger Eintritt in die Therme inklusive. Internationale Küche im eleganten "Empire". Tipp für Langzeitgäste: Gästehaus vis-à-vis (Therme kostenpflichtig).

128 Zim - 130/215 € 200/395 € - ½ P

Thermenallee 1a ✉ 85435 - 08122 5503550 - www.victory-hotel.de

ERFTSTADT

Nordrhein-Westfalen – 49 179 Ew. – Höhe 100 m – Regionalatlas **35**-B13
Michelin Straßenkarte 543

In Erftstadt-Lechenich

Haus Bosen

KLASSISCHE KÜCHE • BÜRGERLICH In dem gemütlichen Fachwerkhaus, seit über 120 Jahren gastronomisch genutzt, bietet man Mediterranes, Regionales und Klassisches: "Calamares Mallorquinische Art", "Jahrgangssardinen mit Landbrot", "Königsberger Klopse", "geschmorte Schweinebäckchen"...

Karte 27/44 €

Herriger Str. 2 ✉ 50374 – ✆ 02235 691618 – www.hausbosen.de – geschlossen 1. - 9. Januar und Montag

ERFURT

Thüringen – 206 219 Ew. – Höhe 195 m – Regionalatlas **40**-K12
Michelin Straßenkarte 544

Clara - Restaurant im Kaisersaal

MODERNE KÜCHE • ELEGANT Auch nach dem Zepter-Wechsel in der "Clara"-Küche bietet man hier hohes Niveau: kreative Gerichte auf klassischer Basis, finessenreich und geschmacksintensiv! Dekoratives Detail im Restaurant: ein großes Portrait von Clara Schumann (bekannt u. a. vom ehemaligen 100-DM-Schein). Schön die Gartenterrasse. Kochschule.

→ Carabinero, Tom Kha Gai, Koriander, Möhre. Reh, Rote Bete, Schalotte, Steinpilz. Holunderbeeren, Grieß, Birne, Vanille.

Menü 72/130 €

Futterstr. 15 ✉ 99084 – ✆ 0361 5688207 – www.restaurant-clara.de – nur Abendessen – geschlossen Februar 2 Wochen, Juli - August 3 Wochen und Sonntag - Montag

Il Cortile

ITALIENISCH • GEMÜTLICH Über einen netten kleinen Innenhof erreicht man das Restaurant. Hier ist es gemütlich und man bekommt frische mediterrane Küche - da hat man natürlich so manchen Stammgast. Probieren Sie z. B. das Antipasti-Buffet oder die leckere Pasta!

Karte 41/66 €

Johannesstr. 150, (Signal-Iduna-Passage) ✉ 99084 – ✆ 0361 5664411 – www.ilcortile.de – geschlossen Anfang Januar 2 Wochen und Sonntag - Montag

Das Ballenberger N

MARKTKÜCHE • FREUNDLICH Ein sympathisch-modernes Restaurant mitten in der Altstadt nahe der historischen Krämerbrücke. Man bietet saisonal-internationale Gerichte wie "Jakobsmuschel, zweierlei Spargel, Orange". Außerdem locken hausgebackene Kuchen, und ab 9 Uhr kann man hier schön frühstücken! Zum Übernachten hat man 5 charmante Apartments.

Menü 23 € (mittags)/46 € – Karte 28/45 €

Gotthardtstr. 25 ✉ 99084 – ✆ 0361 64456088 – www.das-ballenberger.de – geschlossen Sonntag und Feiertage

Restaurant und Weinstube Zumnorde

INTERNATIONAL • FREUNDLICH Wer nach der Stadtbesichtigung gut essen möchte, bekommt hier Tatar, Flammkuchen, Rinderrouladen... Kleine Probierportionen werden auf der Karte als "Tapas" angeboten. Bei schönem Wetter ist der Biergarten ein richtig charmanter Ort! Unter der Woche kleine Mittagskarte. "Tabakskolleg" für Zigarrenliebhaber.

Menü 50 € – Karte 31/69 €

Hotel Zumnorde am Anger, Grafengasse 2 ✉ 99084 – ✆ 0361 5680426 – www.hotel-zumnorde.de – geschlossen 1. - 13. Januar

Zumnorde am Anger

BUSINESS • ELEGANT Das Hotel liegt mitten in der Stadt und bietet Ihnen klassisch-elegante Zimmer mit extralangen Betten (2,20 m) sowie einen ruhigen begrünten Innenhof - hier lauscht man dem Glockenspiel des Bartholomäusturms. Tipp: Hochzeitspaare dürfen sich ein Stück wünschen!

51 Zim – 95/145 € 125/165 € - 6 Suiten

Anger 50, Zufahrt und Eingang über Marstallstraße und Weitergasse 26 ✉ 99084 - ✆ 0361 56800 - www.hotel-zumnorde.de - geschlossen 1. - 13. Januar

Restaurant und Weinstube Zumnorde – siehe Restaurantauswahl

Erfurtblick

FAMILIÄR • FUNKTIONELL Eine familiäre kleine Adresse in einem Wohngebiet mit schönem Blick auf die Stadt. Die Zimmer sind tipptopp gepflegt und funktional, zudem hat man einen netten Garten. Praktisch: Mit der Straßenbahnlinie 4 erreicht man die Altstadt in ca. 10 Minuten.

10 Zim – 60/75 € 80/114 €

Nibelungenweg 20 ✉ 99092 - ✆ 0361 220660 - www.hotel-erfurtblick.de

Villa am Park

PRIVATHAUS • GEMÜTLICH Schön und individuell wohnt man in der einstigen Pfarrersvilla, dekorativ die Bilder der Chefin. Dazu familiäre Atmosphäre, gutes Frühstück, ein hübscher kleiner Garten. Ins Zentrum läuft man nur 15 Minuten und der nahe Luisenpark lädt zum Spazierengehen ein.

6 Zim – 43/59 € 55/79 € – 8 €

Tettaustr. 5 ✉ 99094 - ✆ 0361 7894860 - www.villa-am-park-erfurt.de

ERKRATH

Nordrhein-Westfalen – 43 700 Ew. – Höhe 60 m – Regionalatlas **26**-C11
Michelin Straßenkarte 543

In Erkrath-Hochdahl Ost: 3 km, jenseits der Autobahn

Hopmanns Olive

MEDITERRAN • GEMÜTLICH XX Direkt beim historischen Lokschuppen (ideal für Feiern) liegt das gemütliche Restaurant der Hopmanns - einladend das frische Olivgrün des Raumes, ebenso der Sommergarten! Gekocht wird regional und mediterran inspiriert, so z. B. "gebratenes Kalbsrückensteak und Garnelenravioli".

Menü 38/75 € – Karte 35/60 €

Ziegeleiweg 1 ✉ 40699 - ✆ 02104 803632 - www.hopmannsolive.de - Montag - Freitag nur Abendessen - geschlossen Dienstag - Mittwoch

Wahnenmühle

HISTORISCH • INDIVIDUELL Ein charmanter Ort auf einer großen Waldlichtung. Hier wohnt man individuell, die Namen der Zimmer (Städte und Regionen) machen Lust, gleich einzuziehen. Die Chefin kümmert sich persönlich um die Gäste, herzlich und familiär die Atmosphäre!

4 Zim – 100/120 € 130/160 €

Wahnenmühle 1 ✉ 40699 - ✆ 02104 1399332 - www.wahnenmuehle.de - geschlossen Weihnachten, Anfang Januar 2 Wochen, Juli - August 3 Wochen

Gute Küche zu moderatem Preis? Folgen Sie dem „Bib Gourmand“. Das freundliche Michelin-Männchen „Bib“ steht für ein besonders gutes Preis-Leistungs-Verhältnis!

ERLANGEN

Bayern – 106 423 Ew. – Höhe 280 m – Regionalatlas **50**-K16
Michelin Straßenkarte 546

Rosmarin

INTERNATIONAL • MEDITERRANES AMBIENTE XX Eine elegante Note und zum Namen passende Grüntöne bestimmen das Ambiente im Restaurant des Hotels "Bayerischer Hof". Es gibt Mediterran-Internationales wie "Eiderländer Lamm - Rücken & Schulter, Süßkartoffel, Curry, Kichererbse", aber auch Klassiker wie "Wiener Schnitzel vom fränkischen Milchkalb".

Menü 80 € – Karte 31/54 €

158 Zim – 149/189 € 179/219 € – 1 Suite

Schuhstr. 31 ✉ 91052
– ✆ 09131 7850 – www.bayerischer-hof-erlangen.de – geschlossen Samstagmittag, Sonntag

Altmann's Stube

REGIONAL • LÄNDLICH XX Hier erwarten Sie aufmerksamer Service und international-regionale Küche aus frischen Produkten. Wie wär's z. B. mit "norwegischem Skrei, grünen Spargelspitzen, Jakobsmuschel, Basilikum-Sauce" oder "fränkischem Kalbstafelspitz, Wurzelgemüse, Meerrettich"?

Menü 40 € – Karte 34/55 €

Hotel Altmann's Stube, Theaterplatz 9 ✉ 91054 –
✆ 09131 89160 – www.altmanns-stube.de –
nur Abendessen – geschlossen 22. Dezember - 14. Januar und Sonntag - Montag, Feiertage

Altmann's Stube

FAMILIÄR • FUNKTIONELL In dem gepflegten zeitgemäßen Hotel in der Altstadt kümmert sich Familie Altmann sehr freundlich um die Gäste. Im Haupthaus sind die Zimmer etwas kleiner und daher preisgünstiger, einige davon aber richtig schön modern und hochwertig.

23 Zim – 80/100 € 118 €

Theaterplatz 9 ✉ 91054 – ✆ 09131 89160 – www.altmanns-stube.de – geschlossen 22. Dezember - 14. Januar

Altmann's Stube – siehe Restaurantauswahl

In Erlangen-Frauenaurach Süd-West: 5 km

Schwarzer Adler

HISTORISCH • GEMÜTLICH Wirklich charmant ist das familiär geführte Fachwerkhaus von 1702, behaglich die Zimmer, lauschig der Innenhof. Tipp: Zimmer Nr. 32 unterm Dach - schön geräumig und mit Blick auf das Storchennest vis-à-vis! Mo. - Do. gibt's in der gemütlichen Weinstube am Abend Suppen, Salate, Käse...

14 Zim – 84/100 € 115/126 €

Herdegenplatz 1 ✉ 91056 – ✆ 09131 992051 –
www.hotel-schwarzer-adler.de – geschlossen 19. - 28. April, 14. - 23. Juni, 4. - 25. August, 21. Dezember - 7. Januar

In Erlangen-Kosbach West: 6 km

Polster Stube

REGIONAL • FREUNDLICH X Das zweite Restaurant im Hause Polster ist diese nette holzgetäfelte Stube. Vater und Sohn stehen gemeinsam am Herd und bereiten z. B. "Kartoffel-Steinpilzsuppe" oder "knuspriges Spanferkel mit Kloß und Sahnewirsing" zu.

Karte 21/58 €

Restaurant Polster - Am Deckersweiher 26 ✉ 91056 – ✆ 09131 75540 –
www.gasthaus-polster.de

Restaurant Polster

FRANZÖSISCH-KLASSISCH • ELEGANT XX Ein Familienbetrieb in 8. Generation! Im eleganten Gourmetrestaurant wird ambitioniert gekocht, da liest man auf der Karte z. B. "geschmorte Milchkalbsnuss in Waldpilzsauce mit Semmelknödel" oder "Lammkeule mit Aromaten und Rosmarinkartoffeln". Übernachtungsgäste dürfen sich auf hübsche, wohnliche Zimmer freuen.

Menü 50/74 €

13 Zim - 90 € 120/130 €

Am Deckersweiher 26 91056 - 09131 75540 (Tischbestellung erforderlich) - www.gasthaus-polster.de

Polster Stube - siehe Restaurantauswahl

ESSEL

Niedersachsen - 1 078 Ew. - Höhe 26 m - Regionalatlas **18**-H7
Michelin Straßenkarte 541

Heide-Kröpke

FAMILIÄR • INDIVIDUELL Die Hotelanlage mit Park bietet Ihnen neben der schönen Lage (ideal für Aktivitäten im Freien) auch ein gutes Wellnessangebot und wohnlich-komfortable Zimmer - darf es vielleicht die exklusive "Private-Spa-Suite" sein? Im Restaurant gibt es u. a. Hummer und Steaks als Spezialitäten.

60 Zim - 90/119 € 135/159 € - 9 Suiten - ½ P

Esseler Damm 1 29690 - 05167 9790 - www.heide-kroepke.de

ESSEN

Nordrhein-Westfalen - 573 784 Ew. - Höhe 76 m - Regionalatlas **26**-C11
Michelin Straßenkarte 543

La Grappa

ITALIENISCH • GEMÜTLICH XX Dass Rino Frattesi in seinem liebenswert dekorierten Restaurant zahlreiche Stammgäste hat, liegt in erster Linie an der klassisch italienischen Küche, aber auch die schöne Weinkarte und nicht zuletzt rund 1200 Grappas sind verlockend!

Menü 40 € (mittags unter der Woche) - Karte 32/82 €

Rellinghauser Str. 4 45128 - 0201 231766 (Tischbestellung ratsam) - www.la-grappa.de - geschlossen Samstagmittag und Sonntag

In Essen-Bredeney Süd: 6 km

Parkhaus Hügel

MARKTKÜCHE • FREUNDLICH XX Im Stammsitz der Familie Krupp, direkt gegenüber dem Baldeneysee, erwarten Sie neben einem gepflegten kleinen Hotel und zahlreichen Veranstaltungsmöglichkeiten dieses geradlinig gehaltene Restaurant. Hier kocht man frisch, schmackhaft und saisonal. Tipp: die schöne Terrasse zum See!

Karte 38/62 €

13 Zim - 75/95 € 85/95 € - 13 €

Freiherr-vom-Stein-Str. 209 45133 - 0201 471091 - www.parkhaus-huegel.de - Montag - Freitag nur Abendessen - geschlossen 27. Dezember - 4. Januar

In Essen-Burgaltendorf Süd-Ost: 12 km

Mintrops Land Hotel Burgaltendorf

BUSINESS • INDIVIDUELL Wer es gerne individuell hat, wird dieses Hotel mögen: Zimmer von "Refugium" über "Himmelsstürmergalerie" bis "Landhauszimmer", dazu farbenfrohe moderne Kunst, ein schöner Garten mit diversen Freizeitmöglichkeiten und das frische, helle und zeitgemäße Restaurant "Mumm".

52 Zim - 90/150 € 120/180 € - 12 €

Schwarzensteinweg 81 45289 - 0201 571710 - www.mintrops.mm-hotels.de

In Essen-Horst Ost: 3 km

Hannappel

MODERNE KÜCHE • ELEGANT Ein schönes elegantes Restaurant, in dem man sich auf klassische Küche mit modernen Einflüssen freuen darf. Aus guten Produkten entstehen z. B. "gebratener bretonischer Steinbutt und Rauchaal in Rauchsauce, Birne, Fenchel". Der Service freundlich und versiert.

Menü 85 € – Karte 42/67 €

Dahlhauser Str. 173 ✉ 45279
– ✆ 0201 534506 – www.restaurant-hannappel.de –
nur Abendessen, sonntags auch Mittagessen – geschlossen Juli
- August 3 Wochen und Dienstag

In Essen-Kettwig Süd-West: 11 km

Laurushaus

MODERNE KÜCHE • ELEGANT Schön privat ist die Atmosphäre in dem stilvoll-eleganten kleinen Restaurant in der ehemaligen Zehntscheune. Sie dürfen auch mal kurz in die Küche schauen - hier kocht man mediterran und euroasiatisch inspiriert, ausdrucksstark, reduziert und mit ausgesuchten Produkten. Sehr gut der Service samt Weinberatung.

→ Loup de Mer, Spargel, Orange, Haselnüsse, Estragon und Speck. Iberico Schweinefilet, Kartoffel, Blumenkohl, Salzzitrone, Salsiccia. Karottenkuchen, Salbeieis, Frischkäse.

Menü 77/120 € – Karte 63/85 €

Hotel Schloss Hugenpoet, August-Thyssen-Str. 51, West: 2,5 km ✉ 45219
– ✆ 02054 12040 – www.hugenpoet.de – geschlossen Sonntag
- Donnerstagmittag, Freitagmittag

HUGENpöttchen

REGIONAL • GEMÜTLICH Die frische und schmackhafte Küche gibt es hier z. B. als "Apfel-Steckrübensuppe mit Schwarzwurst" oder als "gebratenen Zander mit Kalbskopfsalat, Rahmspitzkohl und Brandteigkartoffeln". Von der Terrasse schaut man zum Schlosspark. Freundlich der Service. "Baronie" für den Aperitif. Günstiger Mittagstisch.

Menü 37/63 € – Karte 43/64 €

Hotel Schloss Hugenpoet, August-Thyssen-Str. 51, West: 2,5 km ✉ 45219
– ✆ 02054 12040 (Tischbestellung ratsam) – www.hugenpoet.de

Schloss Hugenpoet

HISTORISCHES GEBÄUDE • KLASSISCH Reichlich Kunst und antike Möbel, alte Fliesen und schöne Holzböden, dazu ein mächtiges Granittor in der großen Halle - das herrschaftliche Anwesen a. d. 17. Jh. ist wirklich sehenswert, schön der Park. Modern die neueren Zimmer.

36 Zim – †160/230 € ††160/270 € – ☕ 25 €

August-Thyssen-Str. 51, West: 2,5 km ✉ 45219 – ✆ 02054 12040
– www.hugenpoet.de

Laurushaus • HUGENpöttchen – siehe Restaurantauswahl

In Essen-Margarethenhöhe Süd-West: 4,5 km

Mintrops Stadt Hotel Margarethenhöhe

BUSINESS • MODERN Das nette kleine Hotel liegt in der historischen Krupp-Siedlung nahe Grugapark und Messe. In den Zimmern findet sich, wie überall im Haus, reichlich Kunst. Ebenso frisch und freundlich das geradlinig gehaltene Restaurant, schön die Veranstaltungsräume. Tipp: Machen Sie doch mal einen Kochkurs!

34 Zim – †54/88 € ††68/120 € – 1 Suite – ☕ 12 €

Steile Str. 46 ✉ 45149 – ✆ 0201 43860 – www.mintrops-stadthotel.de

In Essen-Rüttenscheid Süd: 3,5 km

Schote

MODERNE KÜCHE • CHIC Moderne Küche, wie man sie sich wünscht: Sie ist subtil, harmonisch und leicht, setzt auf Details und präzises Handwerk und bedient sich geschickt unterschiedlicher Stile - und immer stehen die hochwertigen Produkte im Mittelpunkt. Der Rahmen dazu: elegantes Ambiente und freundlicher, professioneller Service.

→ Gänseleber, Apfel, Brioche. Steinbutt Finkenwerder Art, Spinat, Zwiebel, Speck. Reh, Mispeln, Steinpilz, Fichtensprossen.

Menü 78/136 € – Karte 74/103 €

Emmastr. 25 ✉ 45130 – ✆ 0201 780107 – www.restaurant-schote.de – nur Abendessen – (Umzug im Frühjahr 2019 in das Restaurant MÜLLERS auf der Rüh, Rüttenscheider Str. 62) geschlossen Anfang Januar 1 Woche, Ende Juli - Anfang August 2 Wochen und Sonntag - Montag

Rotisserie du Sommelier

FRANZÖSISCH-KLASSISCH • BISTRO Wer in Essen französisches Flair sucht, ist in diesem Bistro in der Fußgängerzone genau richtig. Was in der kleinen Küche zubereitet wird, ist frisch und schmeckt - auf der Karte z. B. "Boeuf Bourguignon vom Charolais-Bäckchen".

Menü 49/62 € – Karte 37/68 €

Wegenerstr. 3 ✉ 45131 – ✆ 0201 9596930 – www.rotisserie-ruettenscheid.de – geschlossen Anfang Januar 1 Woche und Sonntag - Montag

In Essen-Werden Süd: 9 km

Schiffers im Alten Löwen N

MEDITERRAN • BISTRO Ein aparter Mix aus "Industrial Style" und historischen Elementen wie Backstein, Fachwerk und Dielenboden schaffen hier eine sympathisch-trendige Atmosphäre. Gekocht wird mediterran, mit guten frischen Produkten und angenehm unkompliziert, so z. B. "Duett vom Iberico-Schwein, Pimientos de Padron, kanarische Kartoffeln, Mojo Rojo". Charmant die Hinterhofterrasse.

Karte 32/47 € – mittags einfache Karte

Brückstr. 20 ✉ 45239 – ✆ 0201 84850597 – www.schiffers-restaurant.de – geschlossen Sonntag - Montag, Samstagmittag

ESSEN, BAD

Niedersachsen – 15 111 Ew. – Höhe 62 m – Regionalatlas **17**-F8
Michelin Straßenkarte 541

Höger's Hotel

INTERNATIONAL • FREUNDLICH Das chic-moderne Ambiente im Restaurant wird Ihnen gefallen - oder ziehen Sie den klassischen Wintergarten vor? Dazu die Terrasse unter Buchen. Die Küche ist saisonal ausgerichtet, mittags gibt es eine reduzierte Tageskarte. Appetit macht auch die schöne Kuchentheke.

Menü 48/60 € – Karte 31/68 €

Höger's Hotel - Kirchplatz 25, (Zufahrt über Nikolaistr. 11) ✉ 49152 – ✆ 05472 94640 – www.hoegers.de

Höger's Hotel

FAMILIÄR • MODERN Eines vorneweg: Wohnlich sind die Zimmer alle, denn die beiden Gastgeberinnen haben ein Händchen für geschmackvolles Interieur. Besonders attraktiv ist das Design im sanierten alten Fachwerkhaus und im modernen Anbau. Ebenso hübsche Lounge.

35 Zim – †75/100 € ††110/115 € – 1 Suite – ½ P

Kirchplatz 25, (Zufahrt über Nikolaistr. 11) ✉ 49152 – ✆ 05472 94640 – www.hoegers.de

Höger's Hotel – siehe Restaurantauswahl

ESSLINGEN am NECKAR

Baden-Württemberg - 90 378 Ew. - Höhe 401 m - Regionalatlas **55**-G18
Michelin Straßenkarte 545

Posthörnle

INTERNATIONAL • FREUNDLICH In einem der ältesten Wirtshäuser der Stadt ist dieses geradlinig-leger gehaltene kleine Restaurant zu finden. Aus der Küche kommen frische saisonale Gerichte, von der "Rehfrikadelle mit schwarzem Senf" bis zum "gebratenen Zander auf Orangen-Chicorée".

Menü 30/66 € – Karte 25/59 €

Pliensaustr. 56 ✉ 73728 – ✆ 0711 50629131 – www.posthoernle.de – nur Abendessen, sonntags auch Mittagessen – geschlossen Mai - August: Sonntagabend - Dienstag, September - April: Sonntagabend - Montag

ETTLINGEN

Baden-Württemberg - 38 861 Ew. - Höhe 133 m - Regionalatlas **54**-F18
Michelin Straßenkarte 545

Erbprinz

KLASSISCHE KÜCHE • ELEGANT Das stillvolle helle Interieur, die hochwertig eingedeckten Tische und die ebenso niveauvolle Küche könnten kaum ein stimmigeres Bild ergeben. Gekocht wird klassisch, saisonal und mit internationalen Einflüssen - fein, ausdrucksstark und ansprechend präsentiert. Draußen vor der Glasfront die schöne Terrasse.

→ Geschmorte Kalbsbäckchen, gestockte Milchcrème, wilde Ähren und Morcheln. Schwarzfederhuhn mit Vanille gespickt, grüner Spargel. Karamellisiertes Limettenparfait, Schokoladensorbet, Mango.

Menü 108/148 € – Karte 101/124 €

Hotel Erbprinz, Rheinstr. 1 ✉ 76275 – ✆ 07243 3220 (Tischbestellung ratsam) – www.erbprinz.de – nur Abendessen – geschlossen 9. - 25. Juni, 23. August - 10. September, 27. Oktober - 5. November und Sonntag - Dienstag, sowie an Feiertagen

Weinstube Sibylla

REGIONAL • WEINSTUBE Schöner alter Holzfußboden, getäfelte Wände und hübsche Deko versprühen hier traditionelles Flair. Wählen Sie saisonale Klassiker wie z. B. "Hechtklößchen mit Blattspinat" - oder ziehen Sie eines der vegetarischen Gerichte vor?

Menü 37/60 € – Karte 38/80 €

Hotel Erbprinz, Rheinstr. 1 ✉ 76275 – ✆ 07243 3220 – www.erbprinz.de

Hartmaier's Villa

INTERNATIONAL • ELEGANT In einer schönen Villa von 1818 befindet sich das moderne Restaurant. Das Ambiente mal elegant, mal legerer, schöne Terrassen vor und hinter dem Haus. Auf der Karte liest man z. B. "Rumpsteak, Bohnen, Kartoffelgratin" oder "rosa gebratener Hirschrücken, Gemüse, Selleriepüree". Lunch zu gutem Preis-Leistungs-Verhältnis.

Menü 32 € (mittags unter der Woche)/69 € – Karte 37/72 €

Pforzheimer Str. 67 ✉ 76275 – ✆ 07243 761720 – www.hartmaiers.de

Erbprinz

LUXUS • KLASSISCH Unter engagierter Leitung wird das gewachsene Hotel mit Ursprung im Jahre 1780 immer wieder erweitert und verschönert. So wohnt man hier von klassisch-gediegen bis modern-elegant, gönnt sich Beauty-Behandlungen, Fitness-Programm und Medical Spa, genießt hausgebackenen Kuchen im eigenen Café...

122 Zim – †165/235 € ††185/250 € – 8 Suiten – ½ P

Rheinstr. 1 ✉ 76275 – ✆ 07243 3220 – www.erbprinz.de

Erbprinz • Weinstube Sibylla – siehe Restaurantauswahl

EUSKIRCHEN

Nordrhein-Westfalen – 56 077 Ew. – Höhe 160 m – Regionalatlas **35**-B13
Michelin Straßenkarte 543

Stadtwaldvinum

MEDITERRAN • GEMÜTLICH XX Außen wie innen versprüht das Haus südländisches Flair, dazu frische mediterrane Küche mit saisonal-regionalem Einfluss - Appetit auf "Zanderfilet, Paprika-Sauerkraut, Salzkartoffeln, Rieslingsauce"? Sie können hier auch Wein und sogar Terrakotta kaufen!

Menü 20 € (mittags unter der Woche)/70 € – Karte 35/59 €

Münstereifeler Str. 148 ✉ 53879
– ✆ 02251 63313 – www.stadtwaldvinum.de – geschlossen Samstagmittag und Montag, außer an Feiertagen

In Euskirchen-Flamersheim Süd-Ost: 7,5 km

Bembergs Häuschen (Oliver Röder)

MODERNE KÜCHE • KLASSISCHES AMBIENTE XX Herrschaftliches Flair vermittelt das jahrhundertealte Schloss der Familie von Bemberg. Der angegliederte Gutshof a. d. 18. Jh. beherbergt ein hübsches modern-elegantes Restaurant, in dem mit exquisiten Produkten stimmig und ausdrucksstark gekocht wird. Umsorgt werden Sie charmant und kompetent. Tipp: wohnlich-individuelle Zimmer im "Nachtquartier", dem ehemaligen Kuhstall.

→ Eigelb, Petersilienwurzel, Bärlauch. Ochsenschwanz, Sellerie, Apfel. Wagyu Flank Steak, Spargel, Morchel.

Menü 85/149 €

5 Zim – †100/120 € ††100/120 € – ☕ 15 €

Burg Flamersheim, (Zufahrt über Sperberstraße) ✉ 53881
– ✆ 02255 945752 – www.burgflamersheim.de – nur Abendessen, sonntags auch Mittagessen – geschlossen 28. Februar - 28 März und Montag - Mittwoch, Sonntagabend

Eiflers Zeiten – siehe Restaurantauswahl

Eiflers Zeiten

REGIONAL • RUSTIKAL X Die rustikalere Restaurantvariante. Lust auf Schmorgerichte vom heimischen Rind oder wechslende Tagesgerichte wie Sonntagsbraten oder Kalbsleber "Berliner Art"? Hingucker ist der Holzofen mitten im Raum, in dem u. a. leckere Kartoffelflammkuchen backen! Schön der Blick durch die Fensterfront auf den Teich.

Menü 37 € – Karte 36/55 €

Restaurant Bembergs Häuschen, Burg Flamersheim, (Zufahrt über Sperberstraße) ✉ 53881 – ✆ 02255 945752 – www.burgflamersheim.de –
Mittwoch - Donnerstag nur Abendessen – geschlossen 25. Februar - 10. März und Montag - Dienstag

EUTIN

Schleswig-Holstein – 16 781 Ew. – Höhe 33 m – Regionalatlas **11**-J4
Michelin Straßenkarte 541

EUT-IN Hotel Alte Straßenmeisterei

LANDHAUS • GEMÜTLICH Das kleine Hotel in den Gebäuden der einstigen Straßenmeisterei ist ideal für Ausflüge an die Ostsee (10 km). Toll relaxen kann man auch im Strandkorb am eigenen Badeteich und in den individuellen Zimmern. Im Restaurant gibt es Regionales wie Fischfrikadelle, in der "Speisekammer" auf Vorbestellung ein Menü.

14 Zim ☕ – †59/99 € ††99/129 € – ½ P

Lübecker Landstr. 55 ✉ 23701
– ✆ 04521 778810 – www.eut-in-hotel.de

FASSBERG

Niedersachsen – 6 148 Ew. – Höhe 71 m – Regionalatlas **19**-I7
Michelin Straßenkarte 541

In Faßberg-Müden Süd-West: 4 km

Niemeyer's Posthotel

FAMILIÄR • INDIVIDUELL Aus dem 19. Jh. stammt dieser traditionsreiche Familienbetrieb mit schönen individuellen Zimmern - darf es vielleicht eines der ganz modernen im Gästehaus sein? Hübsch auch der Sauna- und Ruhebereich. Zum gemütlichen Restaurant "Schäferstuben" gehört eine reizvolle Terrasse, die zum tollen parkähnlichen Garten liegt.

35 Zim – †90/120 € ††140/170 € – 2 Suiten – ½ P

Hauptstr. 7 ✉ 29328 – ✆ 05053 98900 – www.niemeyers-posthotel.de – geschlossen Januar

FEHMARN (INSEL)

Schleswig-Holstein – Regionalatlas **4**-K3
Michelin Straßenkarte 541

Burg

In Burg-Neujellingsdorf

Margaretenhof

REGIONAL • GEMÜTLICH XX In den liebevoll dekorierten Räumen des einstigen Bauernhauses spürt man das Engagement der Gastgeber - und man schmeckt es! Sehr gute Produkte und reichlich asiatische Einflüsse gibt es z. B. als "48 h Porkbelly mit BBQ-Glasur, Miso-Schmand, Römersalat". Oder lieber "Ostsee-Steinbutt mit Holsteiner Spargel"?

Menü 35 € – Karte 36/59 €

Dorfstr. 7, (Neujellingsdorf 7) ✉ 23769 – ✆ 04371 87670 – www.restaurant-margaretenhof.com – nur Abendessen, sonntags auch Mittagessen – geschlossen Januar 3 Wochen und Montag - Dienstag, Januar - April: Montag - Donnerstag

FELDBERG im SCHWARZWALD

Baden-Württemberg – 1 922 Ew. – Höhe 1 277 m – Regionalatlas **61**-E21
Michelin Straßenkarte 545

Burg Hotel

FAMILIÄR • MODERN Ideal für Aktive ist die Lage unmittelbar an Wanderrouten und Skipiste, direkt auf der Feldberg-Passhöhe in 1240 m Höhe! Sie wohnen in freundlichen modernen Zimmern, teilweise mit Pantry-Küche, und entspannen im schönen Saunabereich. Im Restaurant serviert man regionale Küche. HP inklusive.

48 Zim – †75/151 € ††110/252 € – 19 Suiten – ½ P

Grafenmattweg 2 ✉ 79868 – ✆ 07676 9399280 – www.burg-feldberg.de – geschlossen Anfang - Mitte April, Anfang - Mitte November

In Feldberg-Altglashütten Höhe 991 m

Florian'S

REGIONAL • FAMILIÄR X Am Rand des Dorfes liegt dieses familiengeführte Haus, in dem regional gekocht wird. Neben Gerichten wie "Brust vom Schwarzfederhuhn in Trompetenpilzjus" genießt man hier auch die Aussicht. Im angeschlossenen Hotel Waldeck bietet man gepflegte, teils besonders moderne Zimmer. Tipp: Wanderungen im nahen Wald.

Menü 29/89 € – Karte 25/50 €

18 Zim – †61/69 € ††96/126 € – 2 Suiten

Windgfällstr. 19 ✉ 79868 – ✆ 07655 91030 – www.hotelwaldeck.com – nur Abendessen – geschlossen Mittwoch

Schlehdorn

FAMILIÄR • GEMÜTLICH Wirklich schön hat man es in dem charmanten, sehr gut geführten Ferienhotel, dafür sorgen die Lage, die heimelige Atmosphäre, der umfassende Spa und auch die gute Küche - als HP oder à la carte. Die Zimmer gibt's im Hütten- oder Landhausstil, für Familien sind die Ferienwohnungen ideal.

16 Suiten – ††114/202 € - 12 Zim - ½ P

Sommerberg 1, an der B 500 ✉ 79868 – ✆ 07655 91050 – www.schlehdorn.de

Haus Sommerberg

FAMILIÄR • GEMÜTLICH Was dieses kleine Hotel interessant macht? Es wird sympathisch-familiär geführt und hat wohnlich-gemütliche Zimmer - teilweise besonders modern, einige richtig geräumig. Und dann ist da noch die schöne Aussichtslage! Am Abend bietet man eine frische bodenständige Halbpension an.

10 Zim – †60/75 € ††110/130 € – ½ P

Am Sommerberg 14 ✉ 79868 – ✆ 07655 1411 – www.sommerberg.com
– geschlossen 31. März - 17. April, 3. November - 5. Dezember

In Feldberg-Bärental Höhe 980 m

Adler Bärental

REGIONAL • RUSTIKAL XX In den netten Gaststuben heißt es Schwarzwälder Gemütlichkeit, wie man sie von früher kennt. Aus der Küche kommen leckere badische Gerichte wie "Rehnüsschen mit Maronen-Kartoffelstampf" oder "Lachsforellenfilet mit Zitronen-Kapern-Nudeln". Schön auch die Menüs.

Menü 25/48 € – Karte 27/58 €

Hotel Adler Bärental, Feldbergstr. 4 ✉ 79868 – ✆ 07655 933933
– www.adler-feldberg.de – geschlossen Dienstag, November - Dezember und März - Mai: Dienstag - Mittwoch

Adler Bärental

GASTHOF • GEMÜTLICH Das Haus ist außen wie innen im regionstypischen Stil gehalten. Hinter der Holzschindelfassade verbergen sich gemütliche, nach Wildkräutern benannte Zimmer, Maisonetten und Appartements. Tipp: Fragen Sie nach den moderneren Zimmern.

16 Zim – †75/105 € ††105/140 € – ½ P

Feldbergstr. 4, B 317 ✉ 79868 – ✆ 07655 933933 – www.adler-feldberg.de

Adler Bärental – siehe Restaurantauswahl

In Feldberg-Falkau Höhe 950 m

Peterle

TRADITIONELLE KÜCHE • RUSTIKAL X In den ländlich-gemütlichen Stuben isst man frisch und schmackhaft, und das auf Basis regional-saisonaler Produkte. Lust auf "Bio-Ziegenkäse mit Erdbeer-Spargelsalat" oder "in Grauburgunder geschmorte Wiesentäler Kalbsschulter mit Spätzle"?

Menü 27/67 € – Karte 20/50 €

Hotel Peterle - Schuppenhörnlestr. 18 ✉ 79868 – ✆ 07655 677
– www.hotel-peterle.de – nur Abendessen, sonntags auch Mittagessen
– geschlossen 1. - 11. April, 6. November - 5. Dezember und Donnerstag

Peterle

GASTHOF • INDIVIDUELL Wirklich sympathisch und sehr gepflegt ist es hier! Man schläft in hübschen, wohnlich und individuell gestalteten Zimmern, manche mit Holzboden, teilweise mit Balkon oder Terrasse zum netten Garten. Gutes Frühstück mit regionalen Produkten.

14 Zim – †44/64 € ††90/117 € – ½ P

Schuppenhörnlestr. 18 ✉ 79868 – ✆ 07655 677 – www.hotel-peterle.de
– geschlossen 1. - 11. April, 6. November - 5. Dezember

Peterle – siehe Restaurantauswahl

FELDBERGER SEENLANDSCHAFT

Mecklenburg-Vorpommern – 4 399 Ew. – Höhe 90 m – Regionalatlas **14**-P6
Michelin Straßenkarte 542

Im Ortsteil Fürstenhagen

Alte Schule - Klassenzimmer (Daniel Schmidthaler)

MODERNE KÜCHE • FREUNDLICH XX Wo früher gepaukt wurde, wird heute fein, modern und angenehm reduziert gekocht. Dabei stehen regionale Produkte der Saison absolut im Mittelpunkt, gekonnt setzt man aromatische Kräuter ein. Das Ambiente: fast puristisch und zugleich stilvoll. Ebenso schön sind übrigens die hellen, gemütlichen Gästezimmer.

→ Kopfsalat, Aprikose, Petersilie. Rind, Kohlrabi, schwarze Johannisbeere. Milch, Giersch, Rhabarber.

Menü 68/98 €

18 Zim – 70/75 € 94/98 €

Zur Alten Schule 5 ✉ 17258 – ✆ 039831 22023 (Tischbestellung ratsam) – www.hotelalteschule.de – nur Abendessen – geschlossen 13. Januar - 14. Februar und November - März: Montag - Donnerstag, April - Juni: Montag - Dienstag, Juli - August: Montag, September - Oktober: Montag - Dienstag

FELDKIRCHEN

Bayern – 7 073 Ew. – Höhe 523 m – Regionalatlas **66**-M20
Michelin Straßenkarte 546

Bauer

TRADITIONELLE KÜCHE • FREUNDLICH XX Auch zum Essen kommt man gerne zu Familie Bauer, denn man sitzt hier schön in verschiedenen gemütlichen Stuben oder im Wintergarten und lässt sich das tagesfrische regionale Angebot schmecken.

Karte 25/56 €

Hotel Bauer, Münchner Str. 6 ✉ 85622 – ✆ 089 90980 – www.bauerhotel.de – geschlossen 20. Dezember - 2. Januar

Bauer

BUSINESS • GEMÜTLICH Schon Jahrzehnte in Familienhand, ist der alteingesessene Gasthof zum Hotel gewachsen - engagiert und freundlich wird man hier betreut. Wie wär's mit einem der besonders schönen und wertigen Zimmer im chic-alpinen Stil?

99 Zim – 98/148 € 128/178 € – 1 Suite

Münchner Str. 6 ✉ 85622 – ✆ 089 90980 – www.bauerhotel.de – geschlossen 20. Dezember - 2. Januar

Bauer – siehe Restaurantauswahl

FELDKIRCHEN-WESTERHAM

Bayern – 10 501 Ew. – Höhe 551 m – Regionalatlas **66**-M21
Michelin Straßenkarte 546

Im Ortsteil Aschbach Nord-West: 3 km ab Feldkirchen in Richtung München

Aschbacher Hof

MARKTKÜCHE • LÄNDLICH XX "Filet vom bayerischen Jungbullen unter der Bärlauchkruste mit Ragout von weißem und grünem Spargel" - ein schmackhaftes Beispiel für die saisonale, internationale und regionale Küche. Besonders angenehm ist die Terrasse mit toller Sicht auf die Alpen, aber auch drinnen sitzt man gemütlich.

Menü 25/37 € – Karte 25/51 €

Hotel Aschbacher Hof, Aschbach 3 ✉ 83620 – ✆ 08063 80660 – www.aschbacher-hof.de

Aschbacher Hof

GASTHOF • TRADITIONELL Das kleine Hotel mit den hübschen ländlichen Zimmern ist von der Autobahn aus gut erreichbar und liegt dennoch schön umgeben von Wiesen. In der Nähe Golfplatz, Bergtierpark, Wander- und Radwege. Auch für Tagungen und Hochzeiten interessant.

20 Zim – 65/97 € 100/125 € – ½ P

Aschbach 3 ✉ 83620 – ✆ 08063 80660 – www.aschbacher-hof.de

Aschbacher Hof – siehe Restaurantauswahl

FELLBACH

Baden-Württemberg – 44 611 Ew. – Höhe 287 m – Regionalatlas **55**-G18
Michelin Straßenkarte 545

Siehe Stadtplan Stuttgart

Gourmet Restaurant avui (Armin Karrer)

KREATIV • ELEGANT XX Für die angenehme Stimmung hier sorgen das schöne Gewölbe mit seinem modernen Interieur sowie der sehr freundliche und geschulte Service. Und die Küche? Die bietet präzise und harmonisch zubereitete Menüs, in denen man Wert legt auf ausgesuchte Produkte.

➜ Räucherforelle, Meerrettich, Algen. Lammrücken, Fregola Sarda, Auberginen, Perlzwiebeln. Schokolade, Brombeere, Kokoseis, Karamell.

Menü 92/118 €

Stadtplan : D1-v – *Hotel Zum Hirschen, Hirschstr. 1 ✉ 70734 – ✆ 0711 9579370 (Tischbestellung erforderlich) – www.zumhirschen-fellbach.de – nur Abendessen – geschlossen Anfang Januar 1 Woche, über Fasching 1 Woche, Mai - August und Sonntag - Dienstag*

Goldberg

MODERNE KÜCHE • HIP XX Hier wird angenehm reduziert gekocht. Man lässt sich international inspirieren und bindet gekonnt kreative Elemente mit ein, so entstehen ausdrucksstarke und harmonische Gerichte, die nicht überladen sind. Das Ambiente: klare Linien und warme Töne. Tipp: Winelounge mit lokalen Spitzengewächsen.

➜ Tafelspitzravioli, Cremespinat, Meerrettich, PX-Essiggelee. Entrecote, geräucherte Hollandaise, schwarzer Knoblauch, Wassermelone. Mojito von Aprikose, Kokosespuma, knusprige weiße Schokolade, Waldbeeren, Minze.

Menü 75/110 € – Karte 60/92 €

Stadtplan : D1-u – *Guntram-Palm-Platz 1, (Schwabenlandhalle) ✉ 70734 – ✆ 0711 57561666 – www.goldberg-restaurant.de – nur Abendessen – geschlossen August und Sonntag - Montag*

Aldinger's

REGIONAL • GEMÜTLICH XX Gerne kommt man zu Volker und Susanne Aldinger, die den Familienbetrieb bereits seit 1991 mit ungebrochenem Engagement leiten. Gefragt ist vor allem die beständig schmackhafte Küche, die es z. B. als "Rostbraten vom Kalb" oder auch als "Thai-Currysuppe mit Scampi" gibt. Tipp: Spezialitäten wie "Innereienwoche".

Menü 43/55 € – Karte 32/51 €

Stadtplan : D1-v – *Schmerstr. 6 ✉ 70734 – ✆ 0711 582037 – www.aldingers-restaurant.de – geschlossen Februar 2 Wochen, Ende Juli - Anfang September 3 Wochen und Sonntag - Montag*

Gasthaus zum Hirschen

TRADITIONELLE KÜCHE • LÄNDLICH X Angenehm leger hat man es hier. Man fühlt sich wohl, wenn man zwischen all den einheimischen Stammgästen sitzt und sich regional oder auch international bekochen lässt. Es gibt z. B. "Tafelspitz, Suppengemüse, Apfel-Meerrettich, Bratkartoffeln" oder "Ricotta-Ravioli, Artischocken, Kirschtomaten, weißer Tomatenschaum".

Karte 33/66 €

Stadtplan : D1-v – *Hotel Zum Hirschen, Hirschstr. 1 ✉ 70734 – ✆ 0711 9579370 (Tischbestellung ratsam) – www.zumhirschen-fellbach.de – geschlossen Montag*

Zum Hirschen

GASTHOF • MODERN Der "Hirschen" ist bekannt für gute Küche, aber Sie können hier auch schön übernachten! Der kochende Gastgeber und seine Frau bieten hübsche, wohnliche Zimmer. Tipp: ein Kurs in der modernen Kochschule, die man seit über 20 Jahren hat!

9 Zim – 92/98 € 125 €

Stadtplan : D1-v – *Hirschstr. 1 70734 – 0711 9579370 – www.zumhirschen-fellbach.de*

Gourmet Restaurant avui • **Gasthaus zum Hirschen** – siehe Restaurantauswahl

In Fellbach-Schmiden

Oettinger's Restaurant

FRANZÖSISCH-MODERN • LÄNDLICH XX Das Restaurant mit dem angenehmen Landhaus-Ambiente steht unter dem Motto "Edel, aber nicht steif", entsprechend locker, freundlich und kompetent ist hier der Service! Ob Sie ein feines Menü wählen oder einen der Klassiker, es erwarten Sie reichlich Geschmack und Ausdruck, mal moderner, mal eher klassisch-französisch.

→ Steinbutt, Bärlauch, Spargel. Rosa gebratener Rehrücken mit jungen Rübchen, Pfifferlingen und Brombeeren. Weiße Schokolade, Rhabarber, Pistazie.

Menü 49 € (vegetarisch)/89 € – Karte 50/74 €

Stadtplan : D1-n – *Hotel Hirsch, Fellbacher Str. 2 70736 – 0711 9513452 (Tischbestellung ratsam) – www.hirsch-fellbach.de – nur Abendessen – geschlossen 22. Dezember - 8. Januar, August und Sonntag - Dienstag, Feiertage*

Hirsch

BUSINESS • MODERN Fast schon Dorfcharakter hat der gewachsene traditionsreiche Familienbetrieb samt historischem "Schnitzbiegel-Areal" und "Lehenhof" - hier auch Lounge, Tagungsbereich und besonders schicke, puristisch-wohnliche Zimmer. Urig-gemütlich die Weinstube mit bürgerlicher Küche, schön der Biergarten.

110 Zim – 72/92 € 105/118 € – 2 Suiten

Stadtplan : D1-n – *Fellbacher Str. 2 70736 – 0711 95130 – www.hirsch-fellbach.de – geschlossen 22. Dezember - 8. Januar*

Oettinger's Restaurant – siehe Restaurantauswahl

FELSBERG

Hessen – 10 673 Ew. – Höhe 165 m – Regionalatlas **38**-H12
Michelin Straßenkarte 543

In Felsberg-Hesserode Süd: 6,5 km über Gensungen und Helmshausen

Zum Rosenhof

INTERNATIONAL • LÄNDLICH XX Was hier in freundlichem Landhaus-Ambiente an mediterran beeinflussten klassischen Gerichten auf den Tisch kommt, nennt sich z. B. "Petersilienwurzelsuppe mit Ochsenschwanzpraline" oder "Brasato mit Risottobällchen".

Menü 30/160 € – Karte 44/119 €

Rockshäuser Str. 9 34587 – 05662 2774 (Tischbestellung erforderlich) – www.zumrosenhof.de – nur Abendessen – geschlossen Anfang Januar 3 Wochen

Zum Rosenhof

FAMILIÄR • INDIVIDUELL Charmant und persönlich ist es bei Gastgeberin Hannelore Mayer-Stahl in dem Bauernhaus a. d. 16. Jh. Außen hübsche Fachwerkfassade, drinnen liebenswertes Interieur: schöne Stoffe und Farben, dekorative Accessoires, hier und da antike Möbel.

9 Zim – 64/98 € 114/180 € – 12 €

Rockshäuser Str. 9 34587 – 05662 2774 – www.zumrosenhof.de – geschlossen Anfang Januar 2 Wochen

Zum Rosenhof – siehe Restaurantauswahl

FEUCHTWANGEN

Bayern – 12 102 Ew. – Höhe 452 m – Regionalatlas **56**-J17
Michelin Straßenkarte 546

Greifen-Post

MARKTKÜCHE • GASTHOF Die drei Stuben sprühen förmlich vor historischem Flair und Gemütlichkeit. Man kocht saisonal-regional und auch mit internationalen Einflüssen sowie vegetarisch. Im Winter isst man z. B. gerne Hirsch oder Wildschwein. Ganzjährige Spezialität: Ente in verschiedenen Variationen.

Menü 32 € (abends)/65 € – Karte 33/50 €

Hotel Greifen-Post, Marktplatz 8 ✉ 91555 – ✆ 09852 6800 – www.hotel-greifen.de – geschlossen 1. - 8. Januar, Ende August - Mitte September und Sonntagabend - Montag

Greifen-Post

HISTORISCH • GEMÜTLICH Die beiden prachtvollen Häuser a. d. 14. Jh. liegen direkt am Marktplatz. Freunde der Romantik sind hier ebenso gut aufgehoben wie Renaissance- oder Biedermeier-Fans - oder wie wäre es mit einem eleganten Landhauszimmer? Dazu kleine Aufmerksamkeiten und ein gutes Frühstück.

35 Zim – †73/110 € ††119/165 € – ½ P

Marktplatz 8 ✉ 91555 – ✆ 09852 6800 – www.hotel-greifen.de – geschlossen 1. - 8. Januar

Greifen-Post – siehe Restaurantauswahl

Sie suchen ein Hotel für einen besonders angenehmen Aufenthalt?
Reservieren Sie in einem roten Haus: ... .

FICHTENAU

Baden-Württemberg – 4 543 Ew. – Höhe 517 m – Regionalatlas **56**-I17
Michelin Straßenkarte 545

In Fichtenau-Neustädtlein

Vital-Hotel Meiser

SPA UND WELLNESS • GEMÜTLICH Ein Wellnesshotel wie aus dem Bilderbuch! Möchten Sie geschmackvoll-alpenländisch wohnen oder lieber gemütlich-modern? Wirklich schön auch die Lobby mit Kamin und nicht zuletzt der wertige Spa auf 1000 qm! Internationale und regionale Küche im Restaurant. Tipp: Veranstaltungen in der "Tanzmetropole" (150 m entfernt).

67 Zim – †89/199 € ††139/259 € – 3 Suiten – ½ P

Grenzstr. 43 ✉ 74579 – ✆ 07962 711940 – www.vitalhotel-meiser.de

FINCKEN

Mecklenburg-Vorpommern – 503 Ew. – Höhe 75 m – Regionalatlas **13**-N6
Michelin Straßenkarte 542

Kavaliershaus Schloss Blücher am Finckener See

LANDHAUS • GERADLINIG Eine idyllische Gartenanlage trennt das Kavaliershaus a. d. 18. Jh. vom See. Badesteg, Ruderboot..., da lässt es sich gut relaxen! Auch drinnen hat man es schön: geschmackvoll-puristische Suiten, charmantes "Klassenzimmer" (hier regionale Küche), freundliche Mitarbeiter. Kinderspielhaus und Seminarhaus.

12 Zim – †105/120 € ††165/240 € – 11 Suiten – ½ P

Hofstr. 12 ✉ 17209 – ✆ 039922 82700 – www.kavaliershaus-finckenersee.de

FINNING

Bayern - 1 749 Ew. - Höhe 120 m - Regionalatlas **65**-K20
Michelin Straßenkarte 546

Zum Staudenwirt (N)

REGIONAL • GASTHOF Das gewachsene Gasthaus mit gepflegtem kleinem Hotel ist ein Familienbetrieb in 3. Generation. Ganz unterschiedlich die Räume, von ländlich bis geradlinig-zeitgemäß. Gekocht wird regional und bürgerlich, aber auch modern-saisonal. Macht Ihnen z. B. "Kalbsfilet & Thunfisch auf Kartoffel-Olivenpüree" Appetit?

Karte 24/58 €

17 Zim - †37/47 € ††55/80 € - ☕ 5 €

Staudenweg 6 ✉ 86923 - ✆ 08806 92000 - www.staudenwirt.de - geschlossen Januar 3 Wochen und Mittwoch

FINSTERWALDE

Brandenburg - 16 407 Ew. - Höhe 108 m - Regionalatlas **33**-Q10
Michelin Straßenkarte 542

Goldener Hahn

KLASSISCHE KÜCHE • ELEGANT In der ehemaligen Poststation von 1864 gibt es bei sympathischen Gastgebern klassische Küche mit Lausitzer und saisonalen Einflüssen. Probieren Sie z. B. "Loup de Mer mit Räucheraal-Spitzkohl und Meerrettich" oder "Kalbsbäckchen mit Schmorjus und eingelegtem Wurzelgemüse". Gepflegt übernachten kann man auch.

Menü 35 € (vegetarisch)/85 € - Karte 32/69 €

12 Zim ☕ - †48/52 € ††99 €

Bahnhofstr. 3 ✉ 03238 - ✆ 03531 2214 - www.goldenerhahn.com - Dienstag - Donnerstag nur Abendessen - geschlossen Sonntag - Montag, außer an Feiertagen

FISCHEN im ALLGÄU

Bayern - 3 083 Ew. - Höhe 761 m - Regionalatlas **64**-J22
Michelin Straßenkarte 546

Tanneck

SPA UND WELLNESS • INDIVIDUELL Dieses gut geführte Haus hat so manches zu bieten: schön die erhöhte Lage nebst reizvoller Sicht auf Berge und Tal, wohnlich die Zimmer (teils neu gestaltet), nicht zu vergessen jede Menge Wellness samt Naturbadeteich. Zudem gibt es verschiedene Restaurantbereiche von modern-rustikal bis elegant.

62 Zim ☕ - †125/165 € ††250/330 € - 5 Suiten - ½ P

Maderhalm 20 ✉ 87538 - ✆ 08326 9990 - www.hotel-tanneck.de - geschlossen 23. April - 30. Mai, 1. - 21. Dezember

FLADUNGEN

Bayern - 2 265 Ew. - Höhe 414 m - Regionalatlas **39**-I13
Michelin Straßenkarte 546

Sonnentau

FAMILIÄR • INDIVIDUELL Feriengäste genießen die tolle Lage am Südhang samt schöner Aussicht auf Fladungen und Umgebung. Sie wohnen in gepflegten Zimmern mit Talblick oder zur Bergseite und entspannen bei guten Freizeitangeboten wie Anwendungen, Außensauna und Salzstollen. Restauranträume von rustikal bis zum lichten Wintergarten.

60 Zim ☕ - †51/80 € ††82/120 € - ½ P

Wurmbergstr. 1, Nord-Ost: 1,5 km ✉ 97650 - ✆ 09778 91220 - www.sonnentau.com

FLENSBURG

Schleswig-Holstein - 84 694 Ew. - Höhe 12 m - Regionalatlas **2**-H2
Michelin Straßenkarte 541

Alte Post

BUSINESS • DESIGN Aus der ehemaligen Post ist hier nahe dem Hafen ein "Nordic Life & Style Hotel" entstanden. Überall hat die Kopenhagener Designerin Helle Flou stylische Akzente gesetzt, chic der skandinavisch-puristische Look der Zimmer, lebendig die großzügige Atriumhalle. Im "1871 - Grill & Buns" gibt es U.S.-Food.

75 Zim – 85/145 € 115/195 € – 14 €

Rathausstr. 2 ✉ 24937 – ✆ 0461 8070810 – www.ap-hotel.de

Hafen Flensburg N

URBAN • MODERN "Brigg", "Bark" oder "Fregatte"? "Quartier" oder "Kayers Suite"? Hier wohnt man chic-modern, überall maritimer Charme. Entspannen kann man auf dem "Wellnessdeck" oder im Hofgarten. Im Restaurant "Columbus" gibt es am Abend Regionales und Internationales, tagsüber Kaffee und Kuchen. Ideal die Lage am Hafen.

69 Zim – 95/195 € 135/235 € – 1 Suite – 19 €

Schiffbrücke 33 ✉ 24939 – ✆ 0461 160680 – www.hotel-hafen-flensburg.de

FLÖRSHEIM-DALSHEIM

Rheinland-Pfalz – 3 007 Ew. – Höhe 162 m – Regionalatlas **47**-E16
Michelin Straßenkarte 543

Weingut und Gästehaus Peth

FAMILIÄR • MODERN Wohnen im Weingut? Bei Familie Peth wird man persönlich betreut, schläft in hübschen, freundlichen Zimmern (hier gibt's übrigens eine Flasche Hauswein gratis) und genießt morgens ein leckeres Frühstück - im Sommer gern auf der Dachterrasse.

10 Zim – 80/118 € 99/137 € – 1 Suite

Alzeyer Str. 28, Ortsteil Flörsheim ✉ 67592 – ✆ 06243 908800 – www.peth.de – geschlossen 22. Dezember - 13. Januar, 18. - 22. April, 27. Juli - 8. August

FLOH-SELIGENTHAL

Thüringen – 6 154 Ew. – Höhe 360 m – Regionalatlas **39**-J13
Michelin Straßenkarte 544

Im Ortsteil Struth-Helmershof Süd-Ost: 3 km

Thüringer Hof

FAMILIÄR • GEMÜTLICH Hier ist man gut aufgehoben: Der Familienbetrieb ist tipptopp gepflegt, die Zimmer sind wohnlich und zeitgemäß (viele mit Balkon), dazu freundlicher Service und ein gutes, frisches Frühstücksbuffet. Im Restaurant mit Gaststube isst man regional. Für Wanderer interessant: die Lage im Naturpark Thüringer Wald.

20 Zim – 65/89 € 95/119 € – ½ P

Kronsteinstr. 3 ✉ 98593 – ✆ 03683 79190 – www.hotel-thueringer-hof.de

FLONHEIM

Rheinland-Pfalz – 2 690 Ew. – Höhe 145 m – Regionalatlas **47**-E15
Michelin Straßenkarte 543

Zum Goldenen Engel

MEDITERRAN • TRENDY Direkt neben der schönen Kirche finden Sie in der ehemaligen Poststation ein sympathisches geradlinig-modernes Restaurant, in dem es Spaß macht, zu essen! Aus der Küche kommt Frisches und Schmackhaftes wie z. B. "krosser Tintenfisch auf rotem Risotto". Tipp: der idyllische Innenhof mit mediterranem Flair!

Menü 48/75 € – Karte 34/57 €

Marktplatz 3 ✉ 55237 – ✆ 06734 913930 – www.zum-goldenen-engel.com – geschlossen Montagmittag, Dienstagmittag, Mittwoch, September - Mai: Mittwoch - Donnerstag

In Flonheim-Uffhofen Süd-West: 1 km

Weinwirtschaft Espenhof

REGIONAL • WEINSTUBE Die Weinwirtschaft ist schon ein besonderes Fleckchen, das man so auch in der Toskana finden könnte - einfach zum Wohlfühlen der reizende Innenhof und die helle Weinstube mit rustikalem Touch! Serviert wird z. B. "getrüffelte Perlhuhnbrust mit bunten Nudeln", dazu schöne eigene Weine!

Menü 30/86 € - Karte 30/53 €

Landhotel Espenhof, Poststr. 1 ✉ 55237 - ✆ 06734 962730 - www.espenhof.de - nur Abendessen, sonntags auch Mittagessen - geschlossen 1. - 14. Januar und Montag

Landhotel Espenhof

FAMILIÄR • GEMÜTLICH Weingut, Weinwirtschaft, Hotel... Familie Espenschied ist omnipräsent, charmant und stets um ihre Gäste bemüht. Geschmackvoll wohnen kann man nicht nur im kleinen Hotel, auch im Weingut hat man Zimmer: chic, modern, hochwertig! Nehmen Sie das leckere Frühstück im Sommer auf der netten Terrasse ein!

15 Zim - 74/89 € 102/118 € - 2 Suiten

Poststr. 1 ✉ 55237 - ✆ 06734 94040 - www.espenhof.de - geschlossen 1. - 14. Januar

Weinwirtschaft Espenhof – siehe Restaurantauswahl

FÖHR (INSEL)

Schleswig-Holstein – Regionalatlas **1**-F2
Michelin Straßenkarte 541

Oevenum - 458 Ew.

Rackmers Hof

LANDHAUS • MODERN In vier Häusern (drei davon reetgedeckt) wohnt man in hübschen, modernen und hochwertigen Maisonetten und Suiten, alle mit Kitchenette. Dazu Sauna, ein kleiner Fitnessbereich sowie Private Spa (gegen Gebühr), und am Morgen ein schönes Frühstücksbuffet - die hausgemachte Marmelade gibt's auch für zu Hause!

15 Suiten - 98/240 €

Buurnstrat 1 ✉ 25938 - ✆ 04681 746377 - www.rackmers.de

Sternhagens Landhaus

LANDHAUS • GEMÜTLICH Der 300 Jahre alte Reethof ist ideal für Individualisten, schön die Kunst. Frühstück im reizenden ehemaligen Kälberstall, abends kocht man ein Menü, mittwochs finden dabei Lesungen statt ("Sternhagens Gerichtgedichte"). Das Ambiente gemütlich-rustikal, charmant der Innenhof. Individuelle Gästezimmer, zwei mit Sauna. W-Lan nur in einigen Bereichen des Hauses.

12 Zim - 75/110 € 140/180 € - 2 Suiten - ½ P

Buurnstrat 49 ✉ 25938 - ✆ 04681 59790 - www.sternhagens-landhaus.de - geschlossen 7. November - 18. März

Süderende - 175 Ew.

Landhaus Altes Pastorat

HISTORISCH • INDIVIDUELL Jede Menge liebenswert friesischer Charme steckt in dem denkmalgeschützten ehemaligen Pastorat. Hier lässt es sich wunderbar entspannen, ob in den tollen wohnlichen Zimmern und Suiten, im hübschen kleinen Saunabereich oder im Garten. Nicht zu vergessen die herzliche Gästebetreuung vom Frühstück bis zur HP.

6 Suiten - 125/170 € - 4 Zim - ½ P

Haus Nr. 45 ✉ 25938 - ✆ 04683 226 - www.landhaus-altes-pastorat.de - geschlossen November - Mitte Dezember

Wyk - 4 230 Ew.

Alt Wyk (René Dittrich)

KLASSISCHE KÜCHE • ELEGANT XX So richtig zum Wohlfühlen sind die gemütlich-eleganten Stuben mit ihrem friesischen Charme! Und auch der geschulte und stets freundliche Service trägt zur angenehmen Atmosphäre bei, nicht zu vergessen die harmonische klassische Küche. Dazu eine schöne Weinauswahl. Tipp: Lunchmenü mit gutem Preis-Leistungs-Verhältnis. Hübsch auch die zwei Ferienwohnungen.

→ Asiatische Variation vom Rind mit weißem Spargel. Kross gebratenes Filet vom Loup de Mer mit Zitronen-Ingwerrisotto und Peperonata. Variation von Mispeln.

Menü 76/98 € - Karte 58/76 €

Große Str. 4 ✉ 25938 - ✆ 04681 3212 (Tischbestellung erforderlich) - www.alt-wyk.de - Mittwoch - Donnerstag nur Abendessen - geschlossen 6. Januar - 20. Februar, März 1 Woche, 10. November - 12. Dezember und Montag - Dienstag

FORCHHEIM

Bayern - 31 139 Ew. - Höhe 266 m - Regionalatlas **50**-K16
Michelin Straßenkarte 546

Franken

BUSINESS • FUNKTIONELL Recht ruhig liegt dieses Hotel am Ortsausgang. Haupt- und Gästehaus beherbergen tipptopp gepflegte und gut ausgestattete Zimmer. Einige hochwertige Antiquitäten zieren das Restaurant "Bobby's" in unmittelbarer Nähe des Hotels - hier serviert man mediterrane Küche.

40 Zim - †65/120 € ††80/150 €

Ziegeleistr. 17 ✉ 91301 - ✆ 09191 6240 - www.hotelfranken.de

In Forchheim-Sigritzau Süd-Ost: 3 km in Richtung Erlangen und Pretzfeld

Zöllner's Weinstube

KLASSISCHE KÜCHE • LÄNDLICH XX Außen wie innen gleichermaßen charmant ist das Bauernhaus a. d. 18. Jh. Unter einem schönen markanten Kreuzgewölbe serviert man regional, aber auch mediterran inspirierte Gerichte, und das sind z. B. "Hummerravioli mit Erbsenpüree", "Kabeljau auf Senfsauce" oder auch "Ratsherrentoast". Dazu gute Frankenweine.

Menü 39/75 € - Karte 29/54 €

Sigritzau 1 ✉ 91301 - ✆ 09191 13886 - www.zoellners-weinstube.de - nur Abendessen - geschlossen 1. - 10. Januar, Mitte August - Anfang September 3 Wochen und Montag - Dienstag

FORST an der WEINSTRASSE

Rheinland-Pfalz - 817 Ew. - Höhe 120 m - Regionalatlas **47**-E16
Michelin Straßenkarte 543

Gutsausschank Spindler

TRADITIONELLE KÜCHE • WEINSTUBE X Gern kommt man zum Essen auf das Weingut der Familie Spindler: Die Küche ist gut, das Ambiente gemütlich. Auf den Tisch kommen Klassiker und auch Internationales sowie die eigenen Weine. Tolle Terrasse unter Reben oder einer alten Platane.

Karte 23/46 €

Weinstr. 44 ✉ 67147 - ✆ 06326 5850 - www.gutsausschank-spindler.de - geschlossen Ende Dezember - Ende Januar und Sonntag - Montag

Gästehaus Oswald

FAMILIÄR • INDIVIDUELL Ein ausgesprochen nettes kleines Gästehaus - genau richtig für alle, die es eher hoteluntypisch mögen. Freuen Sie sich auf geschmackvolle Zimmer mit hübschen farbenfrohen Bädern und ein leckeres Frühstück bei sympathischen Gastgebern.

11 Zim - †68/73 € ††78/83 €

Pfarracker 1 ✉ 67147 - ✆ 06326 6775 - www.gaestehaus-pfalz.de

Landhotel Lucashof

FAMILIÄR · MEDITERRAN Weingut, Hotel und Natur ergeben schon äußerlich ein harmonisches Bild. Der mediterrane Touch setzt sich drinnen fort, alles ist schön freundlich. Die Zimmer sind nach den Weinlagen des eigenen Guts benannt, dazu ein frisches Frühstück.

7 Zim – 65/75 € 97/102 €

Wiesenweg 1a ✉ 67147 – ✆ 06326 336 – www.lucashof.de – geschlossen Ende Dezember - Anfang Februar

FORSTINNING

Bayern – 3 649 Ew. – Höhe 512 m – Regionalatlas **66**-M20
Michelin Straßenkarte 546

In Forstinning-Schwaberwegen Süd-West: 1 km Richtung Anzing

Zum Vaas

TRADITIONELLE KÜCHE · GASTHOF Wo es lebendig, herzlich und familiär zugeht, kehrt man gerne ein! Was das engagierte Team als "Klassiker" oder "Heuer" auf den Tisch bringt, schmeckt und ist preislich fair! Wie wär's z. B. mit "Boeuf Bourguignon, Wurzelgemüse, Topfenspätzle"? Dazu eine überwiegend regionale Weinauswahl mit rund 500 Positionen. Im gleichnamigen Hotel kann man gepflegt übernachten.

Karte 23/55 €

20 Zim – 58/120 € 90/160 €

Münchner Str. 88 ✉ 85661
– ✆ 08121 5562 – www.zum-vaas.de
– geschlossen August 3 Wochen und Montag - Dienstag

FRAMMERSBACH

Bayern – 4 511 Ew. – Höhe 246 m – Regionalatlas **48**-H15
Michelin Straßenkarte 546

Schwarzkopf

REGIONAL · GASTHOF Frisch, schmackhaft und optisch ansprechend präsentiert, so die regionalen Gerichte im Haus von Stefan Pumm und seiner charmanten Frau Anja. Ein beliebter Klassiker: "Chateaubriand mit Sauce Béarnaise" für zwei Personen. Im Winter gibt's ein Sonntagsmenü mit Braten. Gepflegt übernachten können Sie hier auch.

Menü 26 € (vegetarisch)/56 € – Karte 26/50 €

5 Zim – 58 € 88 €

Lohrer Str. 80, B 276 ✉ 97833
– ✆ 09355 307 – www.schwarzkopf-spessart.de
– Mittwoch - Samstag nur Abendessen – geschlossen September 2 Wochen und Montag - Dienstag

FRANKENAU

Hessen – 2 914 Ew. – Höhe 430 m – Regionalatlas **38**-G12
Michelin Straßenkarte 543

Landhaus Bärenmühle

LANDHAUS · INDIVIDUELL Das hübsch sanierte alte Anwesen am Ende des in seiner Ursprünglichkeit unversehrten Tales entpuppt sich als wahres Idyll. Man wohnt sehr charmant und ebenso individuell, das Abendessen ist wie die herrliche Ruhe und Einsamkeit im Preis inbegriffen! Badeteich und Saunahaus.

15 Zim – 118/145 € 159/169 € – 4 Suiten – ½ P

Süd: 3 km, über Ellershausen, Lengeltalstraße ✉ 35110
– ✆ 06455 759040 – www.baerenmuehle.de
– geschlossen Mitte - Ende Januar 2 Wochen

FRANKENBERG (EDER)

Hessen - 17 848 Ew. - Höhe 296 m - Regionalatlas **38**-G12
Michelin Straßenkarte 543

Philipp Soldan

KREATIV • TRENDY Angenehm leger geht es in dem schicken Kellerrestaurant zu, schön modern das geradlinige Interieur in warmen Tönen. Man hat freien Blick in die geschäftige Küche - hier wird kreativ, durchdacht und stimmig gekocht. Zu den Menüs gibt es vom professionellen Serviceteam treffliche Weinempfehlungen.

→ Tatar vom Bio Kalb, heimische Zwiebelgewächse, Malzbrot, Petersilie, Sardelle. Island Kaisergranat, Ampfer, Molke, Erbse, Kartoffel. Leicht geflämmter Saibling, Portulak, Rote Bete, geräucherte Essenz.

Menü 85/110 € - Karte 62/90 €

Hotel Die Sonne Frankenberg, Marktplatz 2 ✉ 35066 - ✆ 06451 7500 (Tischbestellung ratsam) - www.sonne-frankenberg.de - nur Abendessen, sonntags auch Mittagessen - geschlossen Mitte Januar - Mitte Februar, Mitte Juli - Mitte August und Sonntagabend - Dienstag

Sonne-Stuben

REGIONAL • FREUNDLICH Sie mögen es regional? Auf der Speisekarte findet sich einiges Schmackhaftes, so z. B. "Rinderroulade mit Kartoffelpüree und Gemüse". Und als Dessert vielleicht "Nougattarte mit Birneneis"? In den gemütlichen Stuben nehmen diverse Dekorationen Bezug zu Alt-Frankenberg. Terrasse zum Marktplatz!

Menü 60 € - Karte 29/60 €

Hotel Die Sonne Frankenberg, Marktplatz 2 ✉ 35066 - ✆ 06451 7500 - www.sonne-frankenberg.de - geschlossen 6. - 14. Januar

Die Sonne Frankenberg

HISTORISCH • MODERN Ein schöner Anblick sind die liebenswert restaurierten historischen Gebäude mitten im Zentrum. Man wird sehr freundlich umsorgt, das Ambiente ist herrlich wohnlich und auf drei Etagen Spa kann man toll entspannen. Restaurants hat man gleich drei, darunter das "Philippo" mit regional-mediterranem Tapasangebot.

55 Zim - 159 € 209 € - 5 Suiten - ½ P

Marktplatz 2 ✉ 35066 - ✆ 06451 7500 - www.sonne-frankenberg.de - geschlossen 6. - 14. Januar

Philipp Soldan • **Sonne-Stuben** - siehe Restaurantauswahl

WIR MÖGEN BESONDERS...
Nach dem Varieté die feine Küche des traditionsreichen **Tiger-Gourmetrestaurants** genießen. Das vegane Menü im **Lafleur**. Das **Allgaiers** für seine gute Brasserie-Küche. Im **san san** die kulinarische Vielfalt Chinas erleben. Sich im schicken **Weinsinn** ein kreatives Menü zusammenstellen. Der Privatstrand der **Frankfurter Botschaft**.

M. Moxter/imageBROKER/

FRANKFURT am MAIN

Hessen - 717 624 Ew. - Höhe 98 m - Regionalatlas **47**-F14
Michelin Straßenkarte 543

Stadtpläne siehe nächste Seiten

Restaurants

✿✿ Lafleur

FRANZÖSISCH-MODERN • ELEGANT XXX Die Atmosphäre im „Lafleur" ist vor allem deshalb so angenehm, weil man in diesem Restaurant gekonnt Kochkunst mit urbaner Attraktivität verbindet. Der im Bauhausstil errichtete Glasanbau des „Gesellschaftshauses Palmengarten" besticht durch ein modernes und äußerst elegantes Ambiente. Lilafarbene Tapeten und Stoffe sorgen für stylische Akzente. Der ambitionierte Küchenchef heißt Andreas Krolik. Seine Gerichte basieren auf einer klaren Linie mit interessanten und passenden Kombinationen, die er harmonisch zusammenführt und mit würzigen Fonds ergänzt. Lukullische Genüsse wie ein perfekt gegarter, festfleischiger Seeteufel mit einer köstlichen Semmelbröselkruste oder auch das vegane Menü lassen die Geschmacksnerven jubeln.

→ Gebratene Artischocken und Pilzraviolo mit Artischockenvelouté, Frühlingslauch, gerösteter Quinoa und Zitronenschaum. Kaisergranat, Yuzuconfit, Blumenkohl, Mandelcrunch und Bohnen. Allerlei von Rhabarber mit Ziegenmilchcrème, Sauerampfer, Mürbeteigcrumble.

Menü 132 € (vegetarisch)/178 € - Karte 106/152 €

Stadtplan : E1-r – *Palmengartenstr. 11* ✉ *60325*
– ✆ 069 90029100 – www.restaurant-lafleur.de –
nur Abendessen - geschlossen 23. Dezember - 13. Januar, 14. - 29. April, 30. Juni - 7. August und Sonntag - Montag

Ein wichtiges Geschäftsessen oder ein Essen mit Freunden?
Das Symbol weist auf Veranstaltungsräume hin.

Français

FRANZÖSISCH-MODERN • ELEGANT XXX Das schöne stilvolle Restaurant hat neben seiner überaus klassischen Atmosphäre auch eine ganz moderne Seite: die Küche. Sie ist subtil, markant, stimmig und trifft genau das richtige Maß an Kreativität. Gewagte Experimente und Spielereien stehen hier nicht im Vordergrund, vielmehr legt man den Fokus auf den Geschmack! Tipp: Speisen Sie im Sommer im Ehrenhof!

→ Elsässer Gänseleber, Rhabarber, Sesam, Brioche. Bretonischer Wolfsbarsch, Tomaten, Algensalat, Saiblingskaviar. Taube, Frühlingslauch, Korinthen, Sellerie.

Menü 59 € (mittags unter der Woche)/139 € (abends) – Karte 106/142 €

Stadtplan : J2-e – *Hotel Steigenberger Frankfurter Hof, Am Kaiserplatz ✉ 60311 – ✆ 069 215118 – www.restaurant-francais.de – geschlossen Januar 1 Woche, über Ostern 2 Wochen, Juli - August 4 Wochen und Freitagmittag, Samstagmittag, Sonntag - Montag, Feiertage*

Restaurant Villa Merton

KLASSISCHE KÜCHE • TRENDY XXX Hohe Stuckdecke, schöner Parkettboden, stilvolle Tapete, Kamin... In der denkmalgeschützten Villa im Diplomatenviertel erwartet Sie ein schönes Ambiente zur klassisch basierten, modern-kreativen Küche von André Großfeld. An wertig eingedeckten Tischen werden Sie aufmerksam, freundlich und geschult umsorgt.

→ Rindertatar, klassisch am Gast zubereitet mit Rösti und Grüner Soße. Medaillon vom Seeteufel mit Löwenzahn, Limette, Chili und Lardo. Rosa gebratenes Kalbsfilet mit Pulpo, Paprika, Mispeln und Saubohnen.

Menü 85/135 € – Karte 56/93 €

Stadtplan : E1-n – *Am Leonhardsbrunn 12, (Ecke Ditmarstraße im Union International Club) ✉ 60487 – ✆ 069 703033 (Tischbestellung ratsam) – www.restaurant-villa-merton.de – nur Abendessen – geschlossen Sonntag*

Bistro Villa Merton – siehe Restaurantauswahl

Tiger-Gourmetrestaurant N

FRANZÖSISCH-MODERN • ELEGANT XXX Sie schätzen Exklusivität und Privatsphäre? In dem Restaurant unter einem Dach mit dem Varieté-Theater fühlt man sich ein bisschen wie in einem eleganten Club. Man sitzt in verschiedenen kleinen Räumen und Nischen, wird professionell umsorgt und genießt aromareiche moderne Küche aus sehr guten Produkten.

→ Tranche vom Steinbutt, geräucherter Paprikaschaum und Currygelee. Roulade von der Wachtel in Baklavateig mit Sellerie und glasierten Portwein-Sauerkirschen. Eingelegte Aprikose mit Ziegenjoghurt, Thymiancrumble und Pinienkerneis.

Menü 88/125 € – Karte 73/92 €

Stadtplan : G2-s – *Heiligkreuzgasse 20 ✉ 60313 – ✆ 069 9200220 (Tischbestellung erforderlich) – www.tigerpalast.de – nur Abendessen – geschlossen 12. Mai - 10. September und Sonntag - Dienstag*

Palastbar-Restaurant – siehe Restaurantauswahl

Weinsinn N

MODERNE KÜCHE • FREUNDLICH XX Man muss klingeln, um in das citynah im Bahnhofsviertel gelegene Restaurant zu gelangen. Richtig chic ist es hier: ein großer hoher Raum in puristisch-urbanem Design. Passend dazu die Küche: modern-kreativ, klar, aufs Wesentliche reduziert. Man merkt, dass hier jemand ein Händchen für Texturen und Kontraste hat! Sehr freundlich und ebenso geschult der Service.

→ Makrele, Rotkraut, Fregola, Dashi. Gebackenes Kalbsbries, Bohnen und Birne. Reh aus dem Spessart, Mairüben, Pfifferlinge, Shiso.

Menü 70/100 €

Stadtplan : J2-w – *Weserstr. 4 ✉ 60329 – ✆ 069 56998080 – www.weinsinn.de – nur Abendessen – geschlossen 1. - 6. Januar, 15. - 21. April, 8. - 28. Juli und Sonntag - Montag, Feiertage*

A
B
1
2
3
NIEDERURSEL
Marie-Curie-Str.
Bonames
Dillenburger Str.
NORDWEST-STADT
Praunheimer Weg
In der Römerstadt
HEDDERNHEIM
ESCHERSHEIM
L 3004
GINNHEIM
Ginnheimer Landstr.
Frankfurter Str.
Bahnstraße
Eschborner Str.
b
NIEDERHÖCHSTADT
L 3005
Hauptstraße
Schwalbacher Str.
ESCHBORN
A 5
PRAUNHEIM
Heerstraße
Praunheimer Landstr.
Hausen
Friedhof Westhausen
Stephan-Heise-Str.
NORDWESTKREUZ FRANKFURT
Sossenheimer Str.
Guerickestraße
A 66
Große Nelkenstraße
HAUSEN
Lorscher Str.
Fischstein
ESCHBORNER DREIECK
RÖDELHEIM
INDUSTRIEHOF
Siegener Str.
Westerbachstraße
FRANKFURT-RÖDELHEIM
BOCKENHEIM
Sophienstr.
Bockenheimer Landstr.
B 8
Sossenheimer Weg
SOSSENHEIM
An der Dammheide
Voltastr.
A 648
Nidda
Königsteiner Str.
Kurmainzer Str.
Rebstockbad
Leonardo-da-Vinci-Allee
Am Römerhof
Emser Brücke
FRANKFURT-HÖCHST
Oeserstraße
Waldschul-Str.
a
HAUPTBAHNHOF (U-BAHN)
Zuckschwerdtstraße
NIED
Tillystraße
Nied Kirche
Birminghamstraße
Jägerallee
Waldschulstraße
Wickerer Str.
Rebstöcker Str.
Schwalbacher Str.
Mainzer Landstraße
Luthmerstraße
Linnegraben
Mönchhofstraße
Gutleutstraße
Nieder Kirchweg
GRIESHEIM
Kleyerstraße
Leunastraße
Stroofstraße
NIEDERRAD
Niederräder Landstraße
Main
Triftstraße
Schwanheimer Ufer
Odenwaldstraße
Schwarzwaldstr.
Kelsterbacher Weg
Rheinlandstraße
Ferdinand-Dirichs-Weg
Haardtwaldplatz
Mellibocusstraße
Gerauer Str.
Rennbahn
GOLDSTEIN
FRANKFURT-NIEDERRAD
B 40
SCHWANHEIM
Harthweg
Straßburger Str.
Oberforsthaus
Waldfriedhof Goldstein
Waldau
Kiesschneise
Bürostadt Niederrad
Sachsenhausen Stadion
FRANKFURT AM MAIN STADION
B 43/B 44
Schwanheimer Bahnstr.
FRANKFURTER
Frankfurter Str.
Südliche Ringstr.
Mörfelder Str.
n
B 43
A 3
Hugo-Eckener-Ring
FRANKFURT AM MAIN FLUGHAFEN FERNBAHNHOF
FRANKFURTER KREUZ
NEU ISENBURG
Airportring
Ellis Rd.
STADTWALD
B 44
ZEPPELINHEIM
Flughafenstr.
FLUGHAFEN FRANKFURT AM MAIN
Elly-Beinhorn-Str.

FRANKFURT AM MAIN
0
2 km
C
D
1
2
3
BAD VILBEL
BERKERSHEIM
PREUNGESHEIM
ECKENHEIM
LOHRBERG
BERGEN-ENKHEIM
SECKBACH
BORNHEIM
FRANKFURT OST
FRANKFURT (MAIN) OST
FRANKFURT-MAINKUR
KAISERLEI
OBERRAD
OFFENBACH
OFFENBACH (MAIN) OST
SACHSEN-HAUSEN
FRANKFURT-LOUISA
FRANKFURTER
STADTWALD
OFFENBACHER KREUZ
NEU-ISENBURG
HEUSENSTAMM
A 661
A 66
A 3
B 3
B 448
Friedberger Landstraße
Wilhelmshöher
Berger Weg
Hofhausstr.
Vilbeler
Marktstraße
Landstr.
Leuchte
Fechenheimer Weg
Wächtersbacher Str.
Am Erlenbruch
Ostparkstraße
Hanauer Landstr.
Nordring
Mainstraße
Kaiserstraße
Berliner Str.
Mühlheimer Str.
Mainzer Ring
Gerbermühlstraße
Bismarck-Str.
Waldstraße
Rhönstr.
Landstraße
Odenwaldring
Brunnenweg
Sprendlinger Landstr.
Dietzenbacher Str.
Darmstädter Landstraße
Schneise
Gravenbruchring
Isenburger Str.
Frankfurter Str.
Ringstr.
Hohebergstr.
Industriestraße
Offenbacher Str.
Friedhofstraße
Neuhöfer Str.
Rathenaustr.
Hugenottenallee
Hauptstraße
Oeder Weg
Friedberger Landstr.
Bleich-Str.
Hoch-Str.
Lange Str.
Mainkai
Oberschweinstiege
Stresemannallee
Preungesheim
Sigmund-Freud-Straße
Preungesheim Gravensteiner-Platz
Alkmenestraße
Walter-Kolb-Siedlung
Gießener Str.
Marbachweg/Sozialzentrum
Bodenweg
Hauptfriedhof
Wasserpark
Enkheim
Hessencenter
Kruppstraße
Cassellastraße
Alt-Fechenheim
Hugo-Junkers-Straße
Arthur-von-Weinberg-Steg
Dieselstraße
Daimlerstraße
Schießhüttenstraße
Riederhöfe
Schwedlerstraße
Offenbach Stadtgrenze
Bleiweißstraße
Buchrainplatz
Wiener Str.
Flaschenburgstraße

E
F
1
2
3
A 66
L 3004
B 8
21
Plieningerstraße
Miquelallee
Miquel-Adickesallee
Eysseneckstr.
Hansaallee
Frauenlobstraße
Ginnheimer Landstr.
Franz-Rücker-Allee
Frauenfriedenskirche
Cretzschmarstr.
Bernusstraße
Ginnheimer Str.
Juliusstraße
Zeppelinallee
Miquelallee
n
c
BOCKENHEIM
Sophienstraße
Falkstraße
Palmengarten
Siesmayerstraße
Bremer Str.
Holzhausenstraße
Vogtstraße
Grüneburgplatz
Fürstenbergerstraße
Mühlgasse
Leipziger Str.
Leipziger
Simon-Bolivar-Anlage
c
Liebigstraße
Unterlindau
Grüneburgweg
a
Clemens Str.
Bockenheimer Warte
r
Mylíusstraße
Wiesenau
g
Reuterweg
Leerbachstraße
Trutz Frankfurt
FRANKFURT (MAIN) WEST
Adalbert-Schloßstraße
Gräfstraße
k
Staufenstraße
Westend
Odina-Bott-Platz
Oberlindau
Kreuznacher Str.
Nauheimer Str.
Theodor-W.-Adorno-Platz
Naturmuseum Senckenberg
Kuhwaldstraße
Hamburger Allee
Arndtstraße
Lindenstraße
Feuerbachstr.
Bockenheimer
Alte Oper
Hochstr.
x
Lise-Meitner-Str.
Westendstraße
Varrentrappstraße
Ludwig-Erhard-Anlage
Guiollettstraße
Goethestr.
Junghofstr.
Neue Mainzer
Taunusanlage
Schumannstraße
Savignystraße
p
MESSE
Festhalle/Messe
MESSE FRANKFURT
Brüsseler Str.
Osloer Str.
Hohenstaufenstraße
p
François-Mitterand-Platz
Goethe-Ha
Pl. der Republik
Pl. der Republik
t
HAUPTBAHNHOF (U-BAHN)
Kaiserstraße
Weserstraße
Willy-Brandt-Pl.
Europa-Allee
Europa-Allee
Emser Brücke
Lia-Wöhr-Platz
Güterplatz
a
Kölner Str.
Koblenzer Str.
Poststr.
Münchener Str.
Hof-Str.
Idsteiner Str.
Hufnagelstraße
Hauptbahnhof Südseite
Frankenallee
Speyerer Str.
Hafenstraße
Familie-Jürgens-Platz
Baseler Str.
Wiesenhüttenplatz
s
Kriegkstraße
FRANKFURT (MAIN) GALLUSWARTE
Galluswarte
Baseler Pl.
Baseler Pl.
Mainzer Landstr.
Kleyerstraße
Camberger Str.
Hafenstraße
Städelsches Kunstinstitut
Heilbronner Str.
Rottweiler Pl.
b
Otto-Hahn-Pl.
Weilburger
Speicherstraße
WESTHAFEN
Karpfenweg
MAIN
Stresemannallee/Gartenstraße
Gutleutstraße
Carl-von-Noorden-Platz
Thorwaldsenstr.
Burnitz
d
Vogelweidstraße
a
Stresemannallee
Kennedyallee
Gutleutstraße
Hirtenstraße
Theodor-Stern-Kai
Universitätsklinikum
Waldmannstr.
Tiroler
Mainfeld-Str.
Niederräder Ufer
Heimatring
Blutspendedienstr.

FRANKFURT AM MAIN
G
H
1
2
3
Nibelungenallee/Deutsche Nationalbibliothek
Rat-Beil-Straße
Nibelungenallee
Münzenberger Str.
Nibelungenplatz/FH
Nibelungenplatz
Günthersburgpark
Frauensteinplatz
Paul-Hindemith-Anlage
Glauburgstraße
Rohrbachstraße/Friedberger Landstraße
Egenolffstraße
Rothschildallee
Burgstraße
Neebplatz
BORNHEIM
Bornheim Mitte
Löwengasse
Fünffingerplätzchen
Ernst-May-Pl.
Seckbacher Landstraße
An den Röthen
Eulengasse
Germaniaplatz
Höhenstraße
Saalburg/Wittelsbacherallee
Adlerflychtstr.
Hermannstr.
Oberweg
Musterschule
Friedberger Pl.
Vogelsbergstraße
Habsburgerallee
Habsburger/Wittelsbacher Allee
Freiligrathstraße
Parlamentsplatz
Jahnstraße
Merianplatz
Eschenheimer Anlage
Hessendenkmal
Bleichstraße
Eschenheimer Tor
Waldschmidtstraße
Alfred-Brehm-Platz
Zoo
Thüringer Str.
Rhönstraße
Röderbergweg
Am Tiergarten
Zeil
Hauptwache
Konstablerwache
Allerheiligentor
Ostendstraße
Zobelstraße
Danziger Pl.
FRANKFURT (MAIN) OST
Ostbahnhof (U-Bahn)
Osthafenplatz
Museum für Modern Kunst MMK1
Börneplatz
Battonnstr.
Stoltzestraße
Dom/Römer
Dom St. Bartholomäus
Hospital zum Heiligen Geist
Sonnemannstraße
Honsellstraße
Mainkai
Schöne Aussicht
Alte Brücke
Eiserner Steg
MAIN
Franziusplatz
Frankensteiner Pl.
Museum für Angewandte Kunst
Zum Laurenburger Hof
Gerbermühlstraße
Schifferstr.
Heister/Seehofstraße
Strahlenberger Weg
Gartenstraße
Textorstraße
Lokalbahnhof
SACHSENHAUSEN
Schweizer Pl.
Brücken/Textorstraße
Mühlberg
Schwanthalerstraße
Offenbacher Landstr.
Wendelsplatz
Südbahnhof
FRANKFURT (MAIN) SÜD
Balduinstraße
Schweizer Str.
Geleitsstr.
Henninger Turm
Wendelsweg
Mörfelder Landstraße
Oppenheimer Landstraße
Darmstädter Landstraße
Dreieichstraße
Gemündener Str.
Schweinfurter Weg
Sandberg
Lettigkautweg
0
500 m

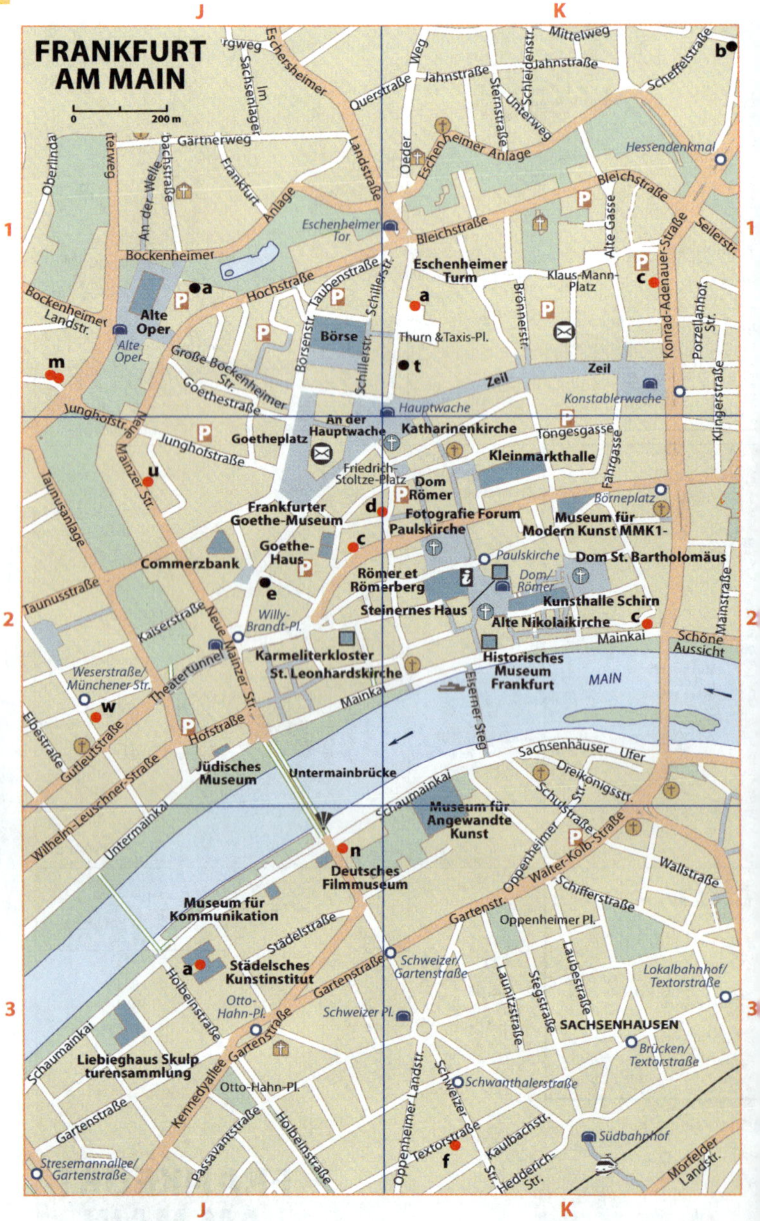
FRANKFURT AM MAIN
0
200 m
J
K
1
2
3
Eschersheimer
Querstraße
Jahnstraße
Mittelweg
Scheffelstraße
Sternstraße
Unterweg
Schleidenstr.
Oeder Weg
Eschenheimer Anlage
Hessendenkmal
Gärtnerweg
Frankfurt Anlage
Landstraße
Oberlindau
An der Welle
Bockenheimer
Bockenheimer Landstr.
Eschenheimer Tor
Bleichstraße
Seilerstr.
Alte Gasse
Hochstraße
Taubenstraße
Schillerstr.
Eschenheimer Turm
Klaus-Mann-Platz
Brönnerstr.
Konrad-Adenauer-Straße
Porzellanhof Str.
Alte Oper
Börse
Börsenstr.
Thurn &Taxis-Pl.
Große Bockenheimer Str.
Goethestraße
Zeil
Konstablerwache
Klingerstraße
Hauptwache
An der Hauptwache
Katharinenkirche
Töngesgasse
Junghofstr.
Junghofstraße
Neue Mainzer Str.
Goetheplatz
Kleinmarkthalle
Fahrgasse
Friedrich-Stoltze-Platz
Dom Römer
Börneplatz
Taunusanlage
Frankfurter Goethe-Museum
Fotografie Forum
Paulskirche
Museum für Modern Kunst MMK1-
Goethe-Haus
Commerzbank
Dom St. Bartholomäus
Römer et Römerberg
Dom/Römer
Taunusstraße
Willy-Brandt-Pl.
Steinernes Haus
Kunsthalle Schirn
Alte Nikolaikirche
Mainkai
Schöne Aussicht
Mainstraße
Kaiserstraße
Karmeliterkloster
St. Leonhardskirche
Historisches Museum Frankfurt
Weserstraße/Münchener Str.
Theatertunnel
MAIN
Eiserner Steg
Elbestraße
Gutleutstraße
Hofstraße
Jüdisches Museum
Untermainbrücke
Sachsenhäuser Ufer
Dreikönigsstr.
Schulstraße
Wilhelm-Leuschner-Straße
Untermainkai
Schaumainkai
Museum für Angewandte Kunst
Walter-Kolb-Straße
Deutsches Filmmuseum
Wallstraße
Oppenheimer
Schifferstraße
Museum für Kommunikation
Gartenstr.
Oppenheimer Pl.
Städelstraße
Städelsches Kunstinstitut
Gartenstraße
Schweizer/Gartenstraße
Laubestraße
Lokalbahnhof/Textorstraße
Holbeinstraße
Otto-Hahn-Pl.
Schweizer Pl.
Launitzstraße
Stegstraße
SACHSENHAUSEN
Brücken/Textorstraße
Liebieghaus Skulpturensammlung
Kennedyallee
Schwanthalerstraße
Oppenheimer Landstr.
Schweizer Str.
Gartenstraße
Passavantstraße
Textorstraße
Kaulbachstr.
Südbahnhof
Hedderich-Str.
Mörfelder Landstr.
Stresemannallee/Gartenstraße
a
b
c
d
e
f
m
n
t
u
w

Erno's Bistro

FRANZÖSISCH-KLASSISCH • BISTRO Savoir-vivre pur: Holztäfelung und dekorative Accessoires sorgen für authentisches Bistro-Flair, dazu lebendige Atmosphäre und versierter Service mit Charme. Nicht zu vergessen die französische Küche, die geradlinig und aromareich daherkommt, toll die Produktqualität. Klasse die Weinkarte mit Raritäten!

→ Roh marinierte Langustinen mit Blumenkohl-Panna Cotta, Gillardeau Austern und Kaviar. Cremige Polenta mit gebratenem und mariniertem Pulpo, Ölrauke und Parmesan. Petersfisch und Milchferkel, Erbsenpüree, Jus tranché und Rotweinreduktion.

Menü 45 € (mittags unter der Woche)/125 € – Karte 66/145 €

Stadtplan : F2-k – *Liebigstr. 15 ✉ 60323 – ✆ 069 721997 (Tischbestellung ratsam) – www.ernosbistro.de – geschlossen Ende Dezember - Anfang Januar 2 Wochen, über Ostern 1 Woche, Juli - August 3 Wochen und Samstag - Sonntag, Feiertage*

Gustav

KREATIV • GERADLINIG Hochwertig, stylish, unkompliziert. Der moderne Stil des Restaurants findet sich auch in der Küche wieder, und die hat vor allem eins: eine eigene Handschrift. Die Speisen sind angenehm reduziert, schön das Zusammenspiel von Kontrasten und Texturen. Einige Tische mit Blick in die Küche. Freitags kleinere Mittagskarte.

→ Tatar von Vogelsberger Wagyu, junger Borretsch, Räucheraal, Petersilienwurzel. Heukartoffel, Ziegenquark, Leindottersamen, Bärlauch. Lamm aus der Eifel, Rhabarber, Schafsjoghurt, Frühlingsgewächse.

Menü 110 €

Stadtplan : F1-g – *Reuterweg 57 ✉ 60323 – ✆ 069 74745252 (abends Tischbestellung ratsam) – www.restaurant-gustav.de - Dienstag-Donnerstag nur Abendessen - geschlossen 15. - 21. April, 15. Juli - 4. August und Sonntag - Montag, Feiertage*

SEVEN SWANS

MODERNE KÜCHE • DESIGN Das ist schon speziell: Im schmalsten (aber immerhin sieben Etagen hohen) Gebäude der Stadt sitzt man in cool-urbanem Ambiente, schaut durch ein raumhohes und -breites Fenster zum Main und genießt bei entspannter Atmosphäre Vegetarisches aus Bio-Produkten. Viele Zutaten stammen vom eigenen Bauernhof in der Nähe.

→ Variation vom Rettich mit Wildkräutern. Erbse mit Mohn und Hexenzwiebel. Bete mit Karamell und Einkorn.

Menü 89 €

Stadtplan : K2-c – *Mainkai 4 ✉ 60311 – ✆ 069 21996226 (Tischbestellung erforderlich) – www.sevenswans.de – nur Abendessen – geschlossen Sonntag - Montag*

Frankfurter Botschaft

INTERNATIONAL • HIP Keine Frage, die Lage am Westhafenplatz ist absolut top! Vom schicken, rundum verglasten Restaurant und von der Terrasse schaut man aufs Wasser, während man internationale Küche mit französischem und asiatischem Einfluss genießt. Tipp für sonnige Tage: Drink oder Snack am Privatstrand!

Menü 25 € (mittags)/72 € – Karte 48/69 €

Stadtplan : F3-b – *Westhafenplatz 6 ✉ 60327 – ✆ 069 24004899 – www.frankfurterbotschaft.de – geschlossen Sonntag, Samstagmittag*

The Ivory Club

FUSION • HIP Hier heißt es "Contemporary Colonial Cuisine": "Naan" aus dem Tandoori-Ofen, "Crispy Pakora Spinach with Tamarind & Raita", "Hot 'n' Spicy Beef Vindaloo with Rice"... Schön der Kolonialstil im Restaurant, aufmerksam der Service.

Menü 65/99 € – Karte 47/106 €

Stadtplan : J1-m – *Taunusanlage 15 ✉ 60325 – ✆ 069 77067767 (Tischbestellung erforderlich) – www.mook-group.de – geschlossen 24. Dezember - 4. Januar und Samstagmittag, Sonntagmittag*

MAIN TOWER RESTAURANT & LOUNGE

MODERNE KÜCHE • TRENDY XX Einmalig die Aussicht! Die Fahrt in den 53. Stock ist bei Tischreservierung kostenfrei, ebenso der Zugang zur Aussichtsplattform. Abends stellen Sie sich zum festen Preis Ihr Menü frei von der Karte zusammen. Mittags bietet man ein günstiges Businessmenü.

Menü 39 € (mittags)/105 € (abends)

Stadtplan : J2-u – *Neue Mainzer Str. 52, (53. Etage) ✉ 60311 – ✆ 069 36504777 (Tischbestellung erforderlich) – www.maintower-restaurant.de – geschlossen Sonntag - Montag, Samstagmittag sowie an Feiertagen mittags*

Medici

INTERNATIONAL • FREUNDLICH XX In dem Restaurant mitten in der Innenstadt gibt es internationale Gerichte wie "isländisches Wildfang-Kabeljaufilet, asiatischer Fenchelsalat mit Cashewkernen, schwarzer Reis" oder "Brust vom Schwarzfederhuhn, Pfifferlings-Bohnengemüse, Thymian-Parmesan-Polenta". Sehr beliebt: das günstige Lunch-Menü!

Menü 21 € (mittags)/50 € – Karte 32/62 €

Stadtplan : JK2-d – *Weißadlergasse 2 ✉ 60311 – ✆ 069 21990794 – www.restaurantmedici.de – geschlossen Sonntag und an Feiertagen*

Palastbar-Restaurant

INTERNATIONAL • GEMÜTLICH XX In dem sehenswerten Backsteingewölbe kann man sogar noch vor der Varieté-Vorstellung essen (ab 17 Uhr) und zwar klassisch-moderne Gerichte wie "gebratener Atlantik-Kabeljau im Bouillabaisse-Sud, Paprika-Chutney, Kartoffel-Olivenstampf".

Menü 49/85 € – Karte 70/77 €

Stadtplan : G2-s – *Tiger-Gourmetrestaurant, Heiligkreuzgasse 20 ✉ 60313 – ✆ 069 9200220 – www.tigerpalast.de – nur Abendessen – geschlossen 11. Mai - Mitte September und Montag - Dienstag*

Roomers

INTERNATIONAL • TRENDY XX Chic-modern das Design, lebendig die Atmosphäre, international die Küche. Ein wirklich angenehmes Plätzchen abseits des City-Trubels ist die Terrasse im Hof! Nicht wegzudenken von der Karte: Wiener Schnitzel, Burger und Pfeffer-Steak.

Karte 37/101 €

Stadtplan : F3-s – *Hotel Roomers, Gutleutstr. 85 ✉ 60329 – ✆ 069 2713420 – www.roomers.eu*

Stanley Diamond La Buvette

MODERNE KÜCHE • HIP XX Trendiges Konzept aus Restaurant und Bar. Das Interieur stylish und hochwertig, der Service unkompliziert und versiert, die Küche ambitioniert - neu interpretierte Klassiker wie "gelierte Oxtail mit Kartoffelschaum & Imperialkaviar".

Menü 66 € – Karte 42/63 €

Stadtplan : F2-t – *Ottostr. 16 ✉ 60329 – ✆ 069 26942892 – www.stanleydiamond.com – nur Abendessen – geschlossen Sonntag - Montag*

Zenzakan

ASIATISCH • HIP XX Ein Pan-Asian Supperclub! Apartes Schwarz, gelungenes Lichtkonzept, fernöstliche Deko, "Kirschgarten"... Das besondere Ambiente, aber vor allem asiatische Speisen wie moderne Sushi-Interpretationen kommen an. Tipp: "Sushi Freestyle"!

Menü 69/149 € – Karte 49/117 €

Stadtplan : J1-m – *Taunusanlage 15 ✉ 60325 – ✆ 069 97086908 – www.mook-group.de – nur Abendessen – geschlossen 24. Dezember - 4. Januar und Sonntag*

Allgaiers

FRANZÖSISCH • BRASSERIE Eine schöne Adresse für gute Brasserieküche. Unter der Woche ist in dem sympathischen Lokal auch das Lunchmenü gefragt. Dekorativ das markante Weinregal - passend dazu die gut sortierte Weinkarte. Im Sommer lockt die berankte Terrasse.

Menü 19 € (mittags)/69 € - Karte 37/59 €

Stadtplan : F1-c - *Liebigstr. 47 ✉ 60323 - ✆ 069 98956611 - www.allgaiers.eu - geschlossen 23. Dezember - 13. Januar und Samstagmittag, Sonntag*

Bistro Villa Merton

REGIONAL • ELEGANT Mit dem Bistro hat die Villa Merton eine schöne Alternative in Küchenstil und Preis. Man kocht regional und international mit saisonalen Einflüssen. Neben dem A-la-carte-Angebot gibt es mittags auch ein wöchentlich wechselndes Menü.

Menü 36 € (mittags unter der Woche) - Karte 37/63 €

Stadtplan : E1-n - *Restaurant Villa Merton, Am Leonhardsbrunn 12, (Ecke Ditmarstraße im Union) ✉ 60487 - ✆ 069 703033 - www.restaurant-villa-merton.de - geschlossen Sonntag*

Druckwasserwerk

INTERNATIONAL • HIP Industrie-Charme versprüht das im 19. Jh. erbaute ehemalige Druckwasserwerk im Westhafen. Attraktiv die moderne Loft-Atmosphäre, wunderbar die Terrasse direkt am Main, dazu ein Privatstrand zum Relaxen! Es gibt internationale Küche samt Steakauswahl.

Menü 44/55 € - Karte 37/75 €

Stadtplan : E3-d - *Rotfeder Ring 16 ✉ 60237 - ✆ 069 256287700 - www.restaurant-druckwasserwerk.de - nur Abendessen, sonntags Brunch - geschlossen Sonntagabend*

Goldman

MEDITERRAN • DESIGN In diesem modern-legeren Restaurant ist es schön gemütlich und ungezwungen, wertig das Design. Aus der offenen Küche kommt z. B. "Ceviche vom Loup de Mer" oder "Filet vom Simmentaler Weiderind mit Trüffelkruste". Mittags kleinere Karte.

Menü 25 € (mittags)/62 € (abends) - Karte 46/64 €

Stadtplan : H2-g - *25hours Hotel The Goldman, Hanauer Landstr. 127 ✉ 60314 - ✆ 069 4058689806 - www.goldman-restaurant.com - geschlossen Samstag - Sonntag und an Feiertagen*

Heimat

MARKTKÜCHE • HIP Das 1956 erbaute ehemalige Wasserhäuschen (Kiosk) beim Goethe-Haus ist ein kleiner Pavillon im "American Diner"-Stil, lebhaft und ungezwungen. Schmackhaft und saisonal ist z. B. "Entenbrust, Avocado, Rotkraut, Serrano-Schinken".

Karte 49/64 €

Stadtplan : J2-c - *Berliner Str. 70 ✉ 60311 - ✆ 069 29725994 (Tischbestellung erforderlich) - www.restaurant-heimat.de - nur Abendessen - geschlossen über Ostern, über Pfingsten, Juli - August 2 Wochen und 23. Dezember - 9. Januar*

Laube Liebe Hoffnung

MARKTKÜCHE • TRENDY Im neuen Europaviertel steht das moderne Holzhaus mit charmanter legerer Atmosphäre und frischer Küche - es gibt Klassiker und Saisonales sowie vegetarische und vegane Gerichte. Bei den Produkten legt man Wert auf Nachhaltigkeit.

Menü 40/54 € (abends) - Karte 50/62 €

Stadtplan : B2-a - *Pariser Str. 11 ✉ 60486 - ✆ 069 75847722 - www.laubeliebehoffnung.de - geschlossen 1. - 7. Januar und Montag*

Chez Mamie

FRANZÖSISCH-KLASSISCH • BISTRO In dem netten Bistro speist man traditionell, auf der Karte in Asterix-Buch-Form z. B. "Steak Tartare" oder "Boeuf Bourguignon". Zusätzlich Tagesempfehlungen von der Tafel. Übrigens: alle Gerichte gibt es als kleine oder große Portion.

Menü 15 € (mittags unter der Woche) – Karte 22/47 €

Stadtplan : G1-c – *Sömmeringstr. 4 ✉ 60322 – ✆ 069 95209360 – www.chezmamie.de – geschlossen Sonntagabend - Montagmittag*

Mon Amie Maxi

FRANZÖSISCH • BRASSERIE In der schönen Villa von 1925 herrscht elegante Brasserie-Atmosphäre, mittig die "Raw Bar", dazu die einsehbare Küche. Man kocht französisch, das Angebot reicht von Austern (frisch vom Meeresfrüchte-Buffet) über Kalbsnieren bis zum Steak.

Menü 60/99 € – Karte 37/140 €

Stadtplan : F2-x – *Bockenheimer Landstr. 31 ✉ 60325 – ✆ 069 71402121 – www.mook-group.de – geschlossen 24. Dezember - 4. Januar und Samstagmittag*

san san

CHINESISCH • TRADITIONELLES AMBIENTE Ansprechend die authentische Küche diverser chinesischer Provinzen: kantonesische Dim Sum, Rindfleisch aus dem Szechuan... Das Ambiente modern-asiatisch. Oder wie wär's mit einem Hauch traditionellem China in der "Shanghai Suite"?

Karte 28/46 €

Stadtplan : K1-c – *Konrad-Adenauer-Str. 7 ✉ 60313 – ✆ 069 91399050 – www.sansan-restaurant.de – geschlossen Sonntag*

Sushimoto

JAPANISCH • GERADLINIG Das Ambiente ist authentisch schlicht, wie man es von einem japanischen Restaurant erwartet. Sushi, Teppanyaki und vor allem die interessanten "Omakase" bringen Ihnen die vielen Facetten der Kulinarik Japans nahe.

Menü 45/120 € (abends) – Karte 29/114 €

Stadtplan : K1-c – *Konrad-Adenauer-Str. 7, (Eingang: Große Friedberger Str.) ✉ 60313 – ✆ 069 1310057 – www.sushimoto.eu – geschlossen Juli - August 2 Wochen, Dezember - Januar 2 Wochen und Sonntagmittag, Montag außer an Messen*

TNT

INTERNATIONAL • BRASSERIE Eine klasse Location! Die schicke Brasserie ist Teil des prächtigen Palais von 1739. Unter hohen Decken sitzt man stilvoll und ungezwungen zugleich, im Innenhof die schöne Terrasse. Aus der Küche kommen z. B. "Tatar von der Gelbschwanzmakrele" oder Steaks vom Lavastein-Grill. Mittags nur kleine Karte.

Karte 32/65 €

Stadtplan : K1-a – *Große Eschenheimer Str. 10, (im Thurn & Taxis Palais) ✉ 60313 – ✆ 069 21939430 – www.tntpalais.com*

VAIVAI

ITALIENISCH • HIP Trendig-leger die Atmosphäre, auf der Karte "US Prime Rib Eye", "Bistecca alla Fiorentina Dry Aged", "Gamberoni Grigliati", "Branzino Interno"... Und vornweg Antipasti oder Pasta? Das Ganze nennt sich übrigens "Italian Grill & Bar".

Menü 45/65 € – Karte 39/93 €

Stadtplan : F1-a – *Grüneburgweg 16 ✉ 60322 – ✆ 069 90559305 (Tischbestellung erforderlich) – www.vaivai.de/frankfurt – nur Abendessen*

Hotels

Steigenberger Frankfurter Hof

GROSSER LUXUS • KLASSISCH Die Tradition des klassischen Grandhotels reicht bis ins Jahr 1876 zurück. Außen eine eindrucksvolle historische Fassade, innen Luxus pur: repräsentative Lobby mit reichlich Sitzmöglichkeiten, geschmackvolle geräumige Zimmer, schöner Spa auf 1000 qm... Bistro-Alternative zum "Français": das "OSCAR'S".

284 Zim – 🕴229/759 € 👥239/779 € – 19 Suiten – ☕ 38 €

Stadtplan : J2-e – *Am Kaiserplatz ✉ 60311 – ✆ 069 21502 – www.frankfurter-hof.steigenberger.de*

✿ **Français** – siehe Restaurantauswahl

Grandhotel Hessischer Hof

LUXUS • KLASSISCH Hier wird Service groß geschrieben, vom Willkommensgetränk über die kostenfreie Minibar bis zum hochwertigen Frühstück, entsprechend engagiert die Leitung des Hauses - ein Grandhotel im besten Sinne! Eine Institution: Jimmy's Bar, auch Frankfurts Wohnzimmer genannt, täglich Live-Musik ab 22 Uhr. Klassische Küche im "Sèvres" - sehenswert das namengebende Porzellan!

121 Zim – 🕴159/619 € 👥209/679 € – 7 Suiten – ☕ 35 €

Stadtplan : E2-p – *Friedrich-Ebert-Anlage 40 ✉ 60325 – ✆ 069 75400 – www.grandhotel-hessischerhof.com*

Sofitel Frankfurt Opera

LUXUS • ELEGANT Beste Lage am Opernplatz. Der schicke "Hôtel Particulier"-Stil vermittelt französisches Flair. Geräumig die Zimmer, modern-elegant das Design, Buttlerservice für jeden Gast kostenfrei. Bar "Lili's" mit klassischen Cocktails und über 50 Positionen Gin. Französische Küche im Restaurant "Schoenemann".

150 Zim – 🕴255/350 € 👥255/350 € – 16 Suiten – ☕ 37 €

Stadtplan : J1-a – *Opernplatz 16, (Zufahrt über Bockenheimer Anlage oder Hochstraße) ✉ 60313 – ✆ 069 2566950 – www.sofitel.com/8159*

Hilton

BUSINESS • MODERN In der futuristischen Glas-Stahlkonstruktion von 625 m Länge (konzipiert als liegendes Hochhaus!) verbirgt sich urbaner Chic im besten Sinne. Die A3 könnte kaum näher sein, ICE-Bahnhof und Terminal 1 sind direkt zugänglich!

232 Zim – 🕴139/369 € 👥139/369 € – 17 Suiten – ☕ 33 €

Stadtplan : A3-b – *The Squaire, am Flughafen Frankfurt Main, Süd-West: 12 km ✉ 60549 – ✆ 069 26012000 – www.frankfurtairport.hilton.com*

Jumeirah

LUXUS • MODERN Toll die zentrale Lage, modern und wertig das Interieur. Ein echtes Highlight ist die Präsidentensuite mit 220 qm! Neben dem eigenen "Talise-Spa" bietet man direkten Zugang zum benachbarten Freizeit-Center. Lust auf libanesische Küche? Das Restaurant "El Rayyan" ist angeschlossen an die Shopping-Mall "MyZeil". Internationales und Gegrilltes im schicken "Max on One".

218 Zim – 🕴199/799 € 👥199/799 € – 49 Suiten – ☕ 38 €

Stadtplan : K1-t – *Thurn-und-Taxis-Platz 2, (Zufahrt über Große Eschenheimer Str. 8) ✉ 60313 – ✆ 069 2972370 – www.jumeirah.com/frankfurt*

Steigenberger Airport

KETTENHOTEL • MODERN Elegante Halle, komfortable Zimmer (Tipp: die modernen Tower-Zimmer) und der Freizeitbereich "Open Sky" in der 9. Etage mit Aussicht. Internationale Küche im chic-modernen "Faces". Gemütlich die historische "Unterschweinstiege". Parken Sie in der Tiefgarage des Main Airport Centers.

560 Zim – 🕴99/599 € 👥109/599 € – 10 Suiten – ☕ 28 €

Stadtplan : A3-n – *Unterschweinstiege 16, am Flughafen Frankfurt Main, Süd-West: 12 km ✉ 60549 – ✆ 069 69750 – www.airporthotel-frankfurt.steigenberger.com*

Roomers

BUSINESS • DESIGN Das beeindruckende Design sucht seinesgleichen: überall wertiges, stimmiges Interieur in dunklen Tönen, edel auch der Sauna- und Fitnessbereich. Für Nachtschwärmer "the place to be": die trendige Bar mit DJ, mittwochs auch Livemusik.

116 Zim ☕ – 🚹170/490 € 🚹🚹170/490 € – 3 Suiten

Stadtplan : F3-s – *Gutleutstr. 85 ✉ 60329 – ✆ 069 2713420 – www.roomers-frankfurt.com*

🍴 **Roomers** – siehe Restaurantauswahl

25hours Hotel The Goldman

URBAN • DESIGN Ein Haus für Junge und Junggebliebene. Die Atmosphäre locker und persönlich, man ist per du. Individuell: Die "West"-Zimmer sind nach den Ideen diverser Frankfurter Persönlichkeiten designt, die "East"-Zimmer "vergessenen internationalen Helden" gewidmet. In der "Oost Bar": regelmäßig DJ-Musik und Live-Bands.

97 Zim – 🚹109/149 € 🚹🚹109/149 € – ☕ 18 €

Stadtplan : H2-g – *Hanauer Landstr. 127 ✉ 60314 – ✆ 069 40586890 – www.25hours-hotels.com*

🍴 **Goldman** – siehe Restaurantauswahl

Villa Orange

FAMILIÄR • MODERN Das schön eingerichtete Stadthaus im Villenstil gehört zu den Bio-Hotels. Moderner Stil und warme Töne vom Foyer über die Bibliothek und die Zimmer bis zum Frühstücksraum - hier gibt's am Morgen Bio-Produkte.

38 Zim ☕ – 🚹105/275 € 🚹🚹129/350 €

Stadtplan : K1-b – *Hebelstr. 1 ✉ 60318 – ✆ 069 405840 – www.villa-orange.de*

In Frankfurt-Oberrad

Gerbermühle

HISTORISCH • DESIGN Die a. d. 14. Jh. stammende Mühle direkt am Main (in der Bar findet sich übrigens der alte Mühlstein) wurde zu einem schönen kleinen Hotel, wertig und stimmig in geschmackvoll-modernem Stil. Puristisch-elegant das Restaurant. An den Wintergarten schließt sich die Terrasse an, ums Eck der Biergarten zum Fluss!

19 Zim – 🚹150/170 € 🚹🚹150/170 € – 6 Suiten – ☕ 18 €

Stadtplan : C2-z – *Gerbermühlstr. 105 ✉ 60594 – ✆ 069 68977790 – www.gerbermuehle.de*

In jedem Sternerestaurant ✿ werden drei Beispielgerichte angegeben, die den Küchenstil widerspiegeln. Nicht immer finden sich diese Gerichte auf der Karte, werden aber durch andere repräsentative Speisen ersetzt.

In Frankfurt-Sachsenhausen

✿ Carmelo Greco

ITALIENISCH • TRENDY XX Bei Carmelo Greco treffen ausgesuchte Produkte auf Kreativität, tadelloses Handwerk und reichlich Finesse. Das Ergebnis: eine gelungene Neuinterpretation klassischer italienischer Küche. Dem ebenbürtig: das modern-elegante Ambiente und der eingespielte Service. Hübsch auch die Terrasse.

→ Langostino, Sepia, Kichererbsen, Lardo di Colonnata. Gnocchetti, Zucchini, Burrata, Vongole Veraci. Limousin Lamm, Petersilie, Lauch-Kartoffel-Zampone.

Menü 39 € (mittags unter der Woche)/109 € – Karte 75/91 €

Stadtplan : G3-a – *Ziegelhüttenweg 1 ✉ 60598 – ✆ 069 60608967 – www.carmelo-greco.de – geschlossen Samstagmittag, Sonntag*

Lohninger

ÖSTERREICHISCH • FREUNDLICH XX Sehr chic hat man hier klassisches Altbau-Flair samt schönen hohen Stuckdecken mit moderner Geradlinigkeit verbunden. In der Küche trifft "Die Heimat" auf "Die Welt", neu interpretierte österreichische Klassiker auf Internationales.

Menü 38 € (mittags)/96 € – Karte 48/78 €

Stadtplan : J3-n – *Schweizer Str. 1 ✉ 60594 – ✆ 069 247557860 (Tischbestellung ratsam) – www.lohninger.de*

BIANCALANI [CUCINA] N

KREATIV • CHIC X "Italian Classic Avantgarde" heißt es hier. Sie wählen aus zehn interessanten Gerichten wie z. B. "Kalbsbries, Eigelb-Fagottino, schwarzer Trüffel, Renekloden" und genießen dabei kompetent-charmanten Service und chic-urbanes Ambiente - Eyecatcher ist die offene Küche! Nebenan das Schwesterlokal "A Casa Di Tomilaia" mit toskanischen Spezialitäten.

Menü 45/70 €

Stadtplan : H3-a – *Walther-von-Cronberg-Platz 9 ✉ 60594 – ✆ 069 68977615 – www.biancalani.de – nur Abendessen – geschlossen 28. Juli - 15. August, 23. Dezember - Anfang Januar und Sonntag - Montag*

Coq au Vin

BURGUNDISCH • BRASSERIE X In dem gemütlichen kleinen Restaurant findet man neben dem namengebenden Coq au vin auch hausgemachte Terrinen, Schnecken, Kaninchenkeule oder auch "Lachsfilet mit Noilly-Prat-Sauce" - französischer könnten Atmosphäre und Küche kaum sein!

Menü 27/39 € – Karte 25/58 €

Stadtplan : K3-f – *Wallstrasse 19 ✉ 60594 – ✆ 069 96200338 – www.coq-au-vin.de – nur Abendessen*

Holbein's

INTERNATIONAL • TRENDY X Was man in dem modernen Glasbau - angeschlossen an das historische Kunstmuseum - aufgetischt bekommt, nennt sich z. B. "Thunfischsteak mit Pak Choi und Wasabi-Kartoffelpüree". Mittags kleineres Angebot nebst schnellem 2-Gänge-Lunch-Menü.

Menü 55 € – Karte 46/70 €

Stadtplan : J3-a – *Holbeinstr.1, (im Städel) ✉ 60596 – ✆ 069 66056666 – www.meyer-frankfurt.de – geschlossen Montag, außer an Messen*

Villa Kennedy

GROSSER LUXUS • KLASSISCH Architektonisch gelungen wurde die Villa Speyer von 1904 zu einem eindrucksvollen Luxushotel erweitert. Das Interieur überaus individuell, die Zimmer sehr geräumig, teils zum tollen Innenhof. Schön relaxen kann man im Spa auf 1000 qm. Im geschmackvollen geradlinig-modern designten Restaurant serviert man italienische Küche.

163 Zim – †275/925 € ††275/945 € – 36 Suiten – ☕ 38 €

Stadtplan : F3-a – *Kennedyallee 70 ✉ 60596 – ✆ 069 717120 – www.roccofortehotels.com/villakennedy*

FRANKWEILER

Rheinland-Pfalz – 857 Ew. – Höhe 243 m – Regionalatlas **54**-E17
Michelin Straßenkarte 543

Weinstube Brand

REGIONAL • GEMÜTLICH X Was diese rustikale Weinstube samt nettem Innenhof so beliebt macht? Hier ist es gemütlich und unkompliziert, die Gastgeber sind sympathisch und man kocht schmackhaft und frisch. Es gibt z. B. "geschmorte Schulter vom Wildkaninchen auf Cassisrotkraut". Das Wild stammt von befreundeten Jägern aus der Region.

Karte 25/50 €

Weinstr. 19 ✉ 76833 – ✆ 06345 959490 – geschlossen Ende Dezember - Anfang Januar 1 Woche, Ende Februar 1 Woche, Juli - Anfang August 2 Wochen und Sonntag - Dienstagmittag

Robichon

FRANZÖSISCH-KLASSISCH • LÄNDLICH XX Nicht mehr wegzudenken aus dem beschaulichen Örtchen! Beliebt sind zum einen klassisch-französische Speisen wie "Seezunge und Seeteufel auf Taschenkrebssauce", zum anderen der aufmerksame Service und das charmante Ambiente.

Menü 22 € (mittags)/56 € – Karte 37/59 €

Orensfelsstr. 31 ✉ 76833 – ✆ 06345 3268 – www.restaurant-robichon.de – geschlossen Januar 3 Wochen, Juli 2 Wochen und Sonntagabend - Dienstag

FRASDORF

Bayern – 3 076 Ew. – Höhe 598 m – Regionalatlas **66**-N21
Michelin Straßenkarte 546

In Frasdorf-Wildenwart Nord-Ost: 3 km, jenseits der A 8

Schloßwirtschaft Wildenwart

REGIONAL • GASTHOF X Gutes Essen in schönem Ambiente! In den gemütlichen getäfelten Stuben der historischen Schlosswirtschaft gibt's frische bayerische Küche samt Klassikern und Saisonalem. Im Sommer zieht es die Gäste in den von Bäumen umgebenen Biergarten.

Karte 21/52 €

Ludwigstr. 8 ✉ 83112 – ✆ 08051 2756 (Tischbestellung ratsam) – www.schlosswirtschaft-wildenwart.de – geschlossen 26. August - 18. September und Montag - Dienstag

FRAUENAU

Bayern – 2 665 Ew. – Höhe 616 m – Regionalatlas **60**-P18
Michelin Straßenkarte 546

St. Florian

SPA UND WELLNESS • GEMÜTLICH Eine wohnliche und freundlich geführte Ferienadresse. Wie wär's z. B. mit den schönen Themenzimmern "Zauberwald" und "Rosenzimmer"? Und entspannen Sie auch im geschmackvoll-modernen Sauna- und Hallenbadbereich oder bei Beauty-Anwendungen! Gediegen-elegantes Restaurant mit behaglicher Gaststube.

31 Zim ☕ – †68/79 € ††160/182 € – 6 Suiten – ½ P

Althüttenstr. 22 ✉ 94258 – ✆ 09926 9520 – www.st-florian.de

FRECHEN

Nordrhein-Westfalen – 51 510 Ew. – Höhe 75 m – Regionalatlas **35**-B12
Michelin Straßenkarte 543

Frechener Hof

BUSINESS • KLASSISCH Engagiert geleitet und ausgesprochen gepflegt ist das Hotel in dem historischen Stadthaus. Die Einrichtung ist geschmackvoll, das Frühstück gibt's im Sommer auf der schönen Dachterrasse! Im modernen Restaurant serviert man bürgerliche Küche, dazu ein netter Barbereich. Praktisch: Ladestation für E-Fahrzeuge.

39 Zim ☕ – †95/199 € ††149/320 €

Johann-Schmitz-Platz 22 ✉ 50226 – ✆ 02234 957000 – www.frechener-hof.de

Dieser Guide lebt von Ihren Anregungen, die uns stets willkommen sind. Egal ob Sie uns eine besonders angenehme Erfahrung oder eine Enttäuschung mitteilen wollen – schreiben Sie uns!

FREIAMT

Baden-Württemberg - 4 116 Ew. - Höhe 305 m - Regionalatlas **61**-D20
Michelin Straßenkarte 545

In Freiamt-Brettental

Ludinmühle

INTERNATIONAL • GEMÜTLICH XX Schön sitzt man in gemütlichen Stuben oder im "Rosen- & Olivengarten" bei klassisch-internationalen Gerichten, in der modern-rustikalen "Jagdstube" (nur abends) gibt es ausschließlich heimisch-saisonale Küche. Faible des Chefs: über 250 preislich faire Weine.

Menü 23 € (mittags unter der Woche)/52 € - Karte 29/69 €

Hotel Ludinmühle, Brettental 31 ✉ 79348 - ✆ 07645 91190 (abends Tischbestellung erforderlich) - www.ludinmuehle.de

Ludinmühle

SPA UND WELLNESS • INDIVIDUELL Wirklich schön, was die gewachsene Hotelanlage alles bietet: zuvorkommende Gästebetreuung, wohnlich-komfortable Zimmer und die beliebte "Verwöhnpension" (ganztägig Snacks im "Genießergärtchen"), Spa auf 2000 qm samt Blockhaus-Stubensauna im Garten, Floating, Beauty sowie Kinderparadies mit Betreuung.

60 Zim - †90/150 € ††180/268 € - 5 Suiten - ½ P

Brettental 31 ✉ 79348 - ✆ 07645 91190 - www.ludinmuehle.de

Ludinmühle - siehe Restaurantauswahl

In Freiamt-Mussbach

Zur Krone

REGIONAL • GASTHOF X In dem gemütlichen Landhaus isst man gut und wohnt richtig nett. Seit über 200 Jahren und inzwischen in 9. Generation wird es engagiert und mit Sinn für Tradition geführt. Aus der Küche kommt Leckeres wie "Kalbsroulade mit Käserahmsauce, Gemüse und Spätzle".

Menü 24/40 € - Karte 24/51 €

8 Zim - †46/56 € ††80/85 €

Mussbach 6 ✉ 79348 - ✆ 07645 227 - www.krone-freiamt.de - Montag - Freitag nur Abendessen - geschlossen Ende Januar 2 Wochen, Ende August - Anfang September 2 Wochen und Mittwoch

FREIBURG (ELBE)

Niedersachsen - 1 845 Ew. - Höhe 2 m - Regionalatlas **9**-H4
Michelin Straßenkarte 541

Gut Schöneworth

FAMILIÄR • INDIVIDUELL Auf einem schönen Gartengrundstück stehen die charmanten Häuser dieses historischen Gutshofs. Man wohnt hier sehr gepflegt, vom ländlich-modernen Zimmer bis zum reizenden Blockhaus im tollen Garten. Hübsch auch die Bar.

20 Zim - †60/70 € ††105/125 € - 2 Suiten - ½ P

Landesbrücker Str. 42 ✉ 21729 - ✆ 04779 92350 - www.gutschoeneworth.de - geschlossen Januar

W. Dieterich/Westend61 RM/age fotostock

WIR MÖGEN BESONDERS...

Die elegante **Zirbelstube** als erste Adresse der Stadt. Die traumhafte Terrasse des **Chez Eric** hoch über Freiburg. **The Alex Hotel** für die zwar nicht riesigen, aber chic-modernen Zimmer – perfekt nach dem Weingenuss in der „Winery29“. Die tollen Geflügelgerichte (ab 2 Pers.) in der **Wolfshöhle**. Mal raus aus dem Zentrum und im **sHerrehus** Gutshof-Flair erleben.

FREIBURG im BREISGAU

Baden-Württemberg – 222 203 Ew. – Höhe 278 m – Regionalatlas **61**-D20
Michelin Straßenkarte 545

Restaurants

✿ Zirbelstube

FRANZÖSISCH-KLASSISCH • GEMÜTLICH XXX Eines ist Ihnen hier gewiss: Klassik. Vom geschmackvoll-wohnlichen Ambiente (zur traditionellen Zirbelholztäfelung gesellt sich eine dezente stilvoll-moderne Note) über den professionellen Service alter Schule bis zur nach wie vor französisch ausgerichteten Küche, die auf absolute Spitzenprodukte setzt.

→ Terrine von Gänsestopfleber und Ochsenschwanz im Portweinmantel. Seeteufel in Curry gebraten, Karottengemüse mit Kokos, Ingwer und Koriander. In Olivenöl konfiertes Kalbsfilet auf Cassoulet von Carciofini, Tomate, Olive.

Menü 68/125 € – Karte 65/86 €

Stadtplan : A1-r – *Colombi Hotel, Am Colombi Park* ✉ *79098*
– *✆ 0761 21060 (Tischbestellung ratsam) – www.colombi.de*
– *nur Abendessen – geschlossen August 3 Wochen, über Fastnacht 2 Wochen und Sonntag - Montag*

✿ Wolfshöhle (Sascha Weiss)

FRANZÖSISCH-MODERN • FAMILIÄR X Angenehm unkompliziert und wirklich charmant wird man hier umsorgt, und zwar mit reduzierter, sehr produktorientierter und finessenreicher Küche. Dazu passt das geradlinig-moderne und (dank Holztäfelung und Parkettboden) zugleich warme Ambiente. Mittags kleinere Karte. Praktisch: Schlossberggarage vis-à-vis.

→ Hummer mit Gemüsesalat. Steinbutt im Römertopf. Perlhuhn für zwei Personen in zwei Gängen serviert.

Menü 35 € (mittags)/115 € – Karte 42/96 €

Stadtplan : B1_2-t – *Konviktstr. 8* ✉ *79098*
– *✆ 0761 30303 (Tischbestellung ratsam) – www.wolfshoehle-freiburg.de*
– *geschlossen Januar - Februar 2 Wochen, Mai - Juni 2 Wochen, Oktober - November 2 Wochen und Sonntag - Montag, Feiertage*

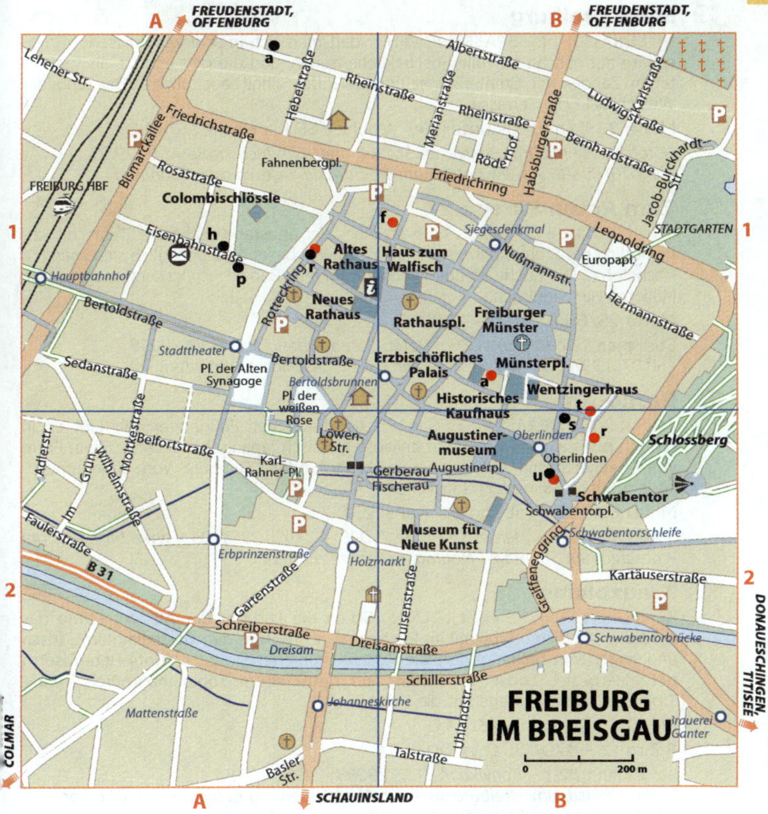

Falken- und Hans-Thoma-Stube

REGIONAL • GEMÜTLICH XX Schöne alte Holztäfelungen und Kachelöfen verbreiten hier Gemütlichkeit. Ambiente und Küche sind etwas regionaler als in der "Zirbelstube", auf professionellen Service braucht man dennoch nicht zu verzichten!

Menü 68 € (mittags)/125 € – Karte 56/76 €

Stadtplan : A1-r – *Colombi Hotel, Am Colombi Park ✉ 79098 – ✆ 0761 21060 – www.colombi.de*

Oberkirchs Weinstuben

MARKTKÜCHE • GEMÜTLICH XX In dem hübschen Haus von 1738 direkt am Münsterplatz heißt es Gemütlichkeit, rustikaler Charme und frische badische Küche - es gibt z. B. "Ochsenbrust mit Meerrettichsauce", "Hirschschnitzel in Preiselbeersauce" oder "Zander auf Kartoffel-Kürbisgemüse". Zum Übernachten hat man individuelle, wohnliche Zimmer.

Menü 38/62 € – Karte 29/59 €

23 Zim – †79/139 € ††134/189 € – 3 Suiten

Stadtplan : B1-a – *Münsterplatz 22 ✉ 79098 – ✆ 0761 2026868 – www.hotel-oberkirch.de – geschlossen Februar 2 Wochen und Sonntags*

Stadt Freiburg

INTERNATIONAL • BRASSERIE XX Hier darf man sich in schicker Brasserie-Atmosphäre auf geschmackvolle Frischeküche freuen, und die gibt es z. B. als "gebratenen Zander mit Creme-Spinat und Kartoffel-Schnittlauchpüree". Bei schönem Wetter lockt die Terrasse.

Menü 22 € (mittags unter der Woche)/65 € – Karte 36/62 €

Hotel Stadt Freiburg, Breisacher Str. 84, über Friedrichstraße A1 ✉ 79110 – ✆ 0761 89680 – www.hotel-stadt-freiburg.de – geschlossen Sonntag

Zum Roten Bären

MARKTKÜCHE • LÄNDLICH XX Es ist eines der ältesten Gasthäuser Deutschlands, gemütlich die Stuben mit historischem Touch - besonders behaglich sitzt man am Kachelofen. Die Küche ist überwiegend regional: Badisches Ochsenfleisch, Forelle Müllerin, Hirschgulasch...

Menü 25/65 € – Karte 43/64 €

Stadtplan : B2-u – *Hotel Zum Roten Bären, Oberlinden 12 ✉ 79098 – ✆ 0761 387870 – www.roter-baeren.de – geschlossen Sonntag*

Basho-An

JAPANISCH • GERADLINIG X Ganz in der Nähe der Fußgängerzone gibt es in typisch puristischem Ambiente beliebte klassisch japanische Küche, z. B. in Form von "Seehecht mit Gemüse in Sojabrühe" oder "Tempura von Steingarnele", zudem Sushi. Kleinere Mittagskarte.

Menü 65/100 € (abends) – Karte 23/57 €

Stadtplan : B1-f – *Merian Str. 10 ✉ 79098 – ✆ 0761 2853405 – www.bashoan.com – geschlossen Sonntag - Montag, Feiertage mittags*

Kreuzblume

KLASSISCHE KÜCHE • GEMÜTLICH X Schön die Lage in der Altstadt sowie das moderne Ambiente (sowohl im Restaurant als auch in den Gästezimmern), frisch und angenehm unkompliziert die Küche. Probieren Sie z. B. "Rote-Bete-Risotto mit Meerrettich" oder "Entenbrust auf getrüffeltem Topinamburpüree". Park-Tipp: Schlossberggarage um die Ecke.

Menü 45 € – Karte 43/63 €

8 Zim ☕ – †70/125 € ††100/155 €

Stadtplan : B2-r – *Konviktstr. 31 ✉ 79098 – ✆ 0761 31194 – www.kreuzblume-freiburg.de – nur Abendessen – geschlossen 28. Oktober - 11. November und Montag - Dienstag*

Hotels

Colombi Hotel

LUXUS • KLASSISCH Das überaus elegante Hotel ist das Flaggschiff der Breisgau-Metropole und vereint so einiges unter einem Dach: luxuriöses Wohnen, Spa, Gourmetküche, Café (toll die Kuchen und Pralinen!), Tagungsmöglichkeiten, top Service. Von Nov. - Febr. hat man ein rustikales Chalet im Innenhof - hier gibt's Regionales.

86 Zim – †186/259 € ††269/295 € – 26 Suiten – ☕ 23 € – ½ P

Stadtplan : A1-r – *Am Colombi Park ✉ 79098 – ✆ 0761 21060 – www.colombi.de*

✿ **Zirbelstube** • **Falken- und Hans-Thoma-Stube** – siehe Restaurantauswahl

Dorint An den Thermen

KETTENHOTEL • FUNKTIONELL Schön ist nicht nur die ruhige Lage am Waldrand, auch die modernen Zimmer sind attraktiv. Über einen Verbindungsgang (hier bietet man übrigens Kosmetikanwendungen) gelangt man bequem zum Thermalbad nebenan. Im Restaurant "Pirol": schickes geradliniges Ambiente und kreativ-internationale Küche.

103 Zim ☕ – †98/188 € ††146/236 € – 1 Suite – ½ P

An den Heilquellen 8, beim Thermalbad, 9 km über Basler Straße A2 ✉ 79111 – ✆ 0761 49080 – www.dorint.com/freiburg

Stadt Freiburg

BUSINESS • MODERN Das Hotel liegt bei der Universitätsklinik. Großzügig der Hallenbereich, besonders elegant die Juniorsuiten und Suiten (teils mit Panorama-Dachterrasse). Wer's moderner mag, fragt nach den Zimmern im Neubau. Mit im Haus: top Privatpraxen.

170 Zim – 145/175 € 165/215 € – 3 Suiten – ½ P

Breisacher Str. 84, über Friedrichstraße A1 ✉ 79110 – ✆ 0761 89680 – www.hotel-stadt-freiburg.de

Stadt Freiburg – siehe Restaurantauswahl

Park Hotel Post

URBAN • GEMÜTLICH In dem Jugendstilhaus von 1884 dreht sich alles um Bücher: Die Zimmer sind nach Schriftstellern benannt, es gibt Bücher zum Kaufen oder Ausleihen, und schon der Eingangsbereich erinnert an eine Bibliothek! Hübsch der moderne Frühstücksraum.

45 Zim – 109/189 € 149/239 €

Stadtplan : A1-h – *Eisenbahnstr. 35 ✉ 79098 – ✆ 0761 385480 – www.park-hotel-post.de*

Victoria

URBAN • GEMÜTLICH Das Haus von 1875 hat schon einen eigenen Charme: Es liegt am Altstadtrand, wird nach ökologischen Prinzipien geführt und hat schicke, wohnliche Zimmer und einen schönen kleinen Saunabereich, nicht zu vergessen das gute Frühstück mit vielen Bioprodukten und die stadtbekannte "Hemingway Bar" mit Smoker Lounge.

64 Zim – 100/160 € 127/199 € – 3 Suiten – 15 €

Stadtplan : A1-p – *Eisenbahnstr. 54 ✉ 79098 – ✆ 0761 207340 – www.hotel-victoria.de*

Zum Roten Bären

HISTORISCHES GEBÄUDE • GEMÜTLICH Ein engagiert geführtes Haus am Schwabentor mit 700-jähriger Tradition als Gasthaus. Die Zimmer liegen teils zum Platz Oberlinden oder zum Innengarten, einige sind etwas moderner. Nette Veranstaltungsräume und historischer Weinkeller.

25 Zim – 79/129 € 120/189 €

Stadtplan : B2-u – *Oberlinden 12 ✉ 79098 – ✆ 0761 387870 – www.roter-baeren.de*

Zum Roten Bären – siehe Restaurantauswahl

The Alex Hotel

BUSINESS • MODERN Klein, individuell und persönlich. Ein modernes, chic-urbanes Stadthotel, das in einer ruhigen Seitenstraße in Bahnhofsnähe liegt. Die Zimmer sind nicht groß, aber wertig, zum Frühstück gibt's hausgemachte Marmelade - schön sitzt man auf der Terrasse! Regionale Weine in der "Winery29".

39 Zim – 85/157 € 94/169 € – 10 €

Stadtplan : A1-a – *Rheinstr. 29 ✉ 79104 – ✆ 0761 296970 – www.the-alex-hotel.de – geschlossen 23. Dezember - 13. Januar*

Schwarzwälder Hof

FAMILIÄR • FUNKTIONELL Im Herzen der Breisgau-Metropole liegt der engagiert geführte Familienbetrieb. Die Zimmer gibt's von aufgefrischt bis ganz modern und richtig chic! Hübsch ist auch die holzgetäfelte Gaststube, in der man bürgerlich isst. Tipp für Autofahrer: Parken Sie in der Schlossberggarage gegenüber.

40 Zim – 78/88 € 113/120 €

Stadtplan : B2-s – *Herrenstr. 43 ✉ 79098 – ✆ 0761 38030 – www.shof.de*

In Freiburg-Günterstal Süd: 2 km über A2, Richtung Schauinsland

Kühler Krug

REGIONAL • GASTHOF XX Wer frische badische Küche mag, ist richtig bei Georg und Tanja Fehrenbach in dem gemütlichen alten Gasthof vor dem Torbogen. Appetit macht z. B. "Rebhühnchen 'Winzerin Art', Cognactrauben, Sauerkraut, Kartoffelpüree". Schöne Gästezimmer gibt es auch, und mit der Straßenbahn kommt man bequem in die Stadt.

Menü 25/75 € – Karte 27/56 €

7 Zim – 76 € 98 €

Torplatz 1 ✉ 79100 – ✆ 0761 29103 – www.kuehlerkrug.de – geschlossen 5. - 18. Februar und Mittwoch - Donnerstag

In Freiburg-Herdern Nord: 1 km über Karlstraße B1

Chez Eric

FRANZÖSISCH-KLASSISCH • FREUNDLICH XX Hoch über Freiburg thront das "Panorama Hotel" mit seinem eleganten Restaurant - einmalig ist da natürlich der Blick von der tollen Terrasse! Man kocht stark französisch inspiriert und konsequent klassisch. Spezialität sind Krusten- und Schalentiere, frische Austern und ganze Fische vom Grill. Oder lieber "Kalbsroulade, gefüllt mit Steinpilzen in Rosmarinrahm"?

Menü 39 € (vegetarisch)/99 € – Karte 58/96 €

Panorama Hotel Mercure, Wintererstr. 89 ✉ 79104 – ✆ 0761 51030 – www.chez-eric.de

Panorama Hotel Mercure

BUSINESS • FUNKTIONELL Das "etwas andere" Kettenhotel: persönlich geführt und in Freiburgs schönster Lage! Hier fühlen sich Business- und Feriengäste gleichermaßen wohl. Man hat moderne Zimmer, einen hübschen Wellnessbereich und die Aussicht ist traumhaft.

86 Zim – 90/230 € 110/230 € – 17 €

Wintererstr. 89 ✉ 79104 – ✆ 0761 51030 – www.mercure.com/1128

Chez Eric – siehe Restaurantauswahl

In Freiburg-Lehen West: 3 km über Dreisamstraße A2

Hirschen

MARKTKÜCHE • GEMÜTLICH XX Möchten Sie in der gemütlichen Gaststube speisen oder lieber im eleganteren Restaurant? Kulinarisch geht es klassisch zu, da heißt es z. B. "Hummerravioli, Blattspinat, Beurre blanc". Wer es bürgerlicher mag, freut sich z. B. über "saure Kalbsleber". Tipp: zur Gänse-Saison zeitig reservieren!

Menü 37/79 € – Karte 34/77 €

Hotel Hirschen, Breisgauer Str. 47 ✉ 79110 – ✆ 0761 897769681 – www.hirschen-freiburg.de

Hirschen

BUSINESS • MODERN Geschmackvolle Wohnräume mit toskanischer bzw. provenzalischer Note in einem gewachsenen Gasthof von 1698. Tolle Penthouse-Juniorsuite. Schön frühstückt man im Sommer auf der Gartenterrasse mit Blick zum Swimming-Pool.

70 Zim – 105/188 € 156/250 € – ½ P

Breisgauer Str. 47 ✉ 79110 – ✆ 0761 8977690 – www.hirschen-freiburg.de

Hirschen – siehe Restaurantauswahl

Ein wichtiges Geschäftsessen oder ein Essen mit Freunden? Das Symbol weist auf Veranstaltungsräume hin.

In Freiburg-Munzingen Süd-West: 13 km über Basler Straße A2, jenseits der A 5

sHerrehus

KREATIV • KLASSISCHES AMBIENTE Die Gourmet-Variante der "Schloss Reinach"-Gastronomie kommt stilvoll, aber keineswegs steif daher! Gekocht wird finessenreich, kreativ und gleichzeitig angenehm reduziert - gerne verwendet man Produkte aus der Region. Schön die vorwiegend badische und französische Weinauswahl. Wunderbar der Innenhof!

→ Forellen Ceviche, schwarzer Knoblauch, gebrannte Milch, Knoblauchcrumble. Dornbachtaler Rehrücken, Mole Poblano, Selleriecrème, geschmorte Kirschen. Schwarzwälder Kirsch, Fichtensprösslinge, Schokolade, Kirschsorbet.

Menü 44 € (vegetarisch)/115 € – Karte 69/88 €

Hotel Schloss Reinach, St. Erentrudis-Str. 12, B 31 ✉ 79112 – ✆ 07664 4070 – www.schlossreinach.de – Dienstag - Freitag nur Abendessen – geschlossen 3. Januar - 6. Februar, August 2 Wochen und Sonntag - Montag

sBadische Wirtshus

REGIONAL • GEMÜTLICH Moderne trifft auf Tradition! Sehr nett das Ambiente aus Natursteinboden, Wirtshaustischen und Bartresen aus dunklem Holz. Aus der Küche kommt Badisches aus frischen, guten Produkten, Spezialität sind Schmorgerichte wie Kalbsbäckle oder Rouladen. Oder mögen Sie lieber "Heilbutt & Räucheraal auf Wirsing"?

Menü 40/60 € – Karte 40/70 €

Hotel Schloss Reinach, St. Erentrudis-Str. 12, B 31 ✉ 79112 – ✆ 07664 407480 – www.schlossreinach.de – Januar - April: Dienstag - Donnerstag nur Abendessen – geschlossen Mittwoch

Schloss Reinach

HISTORISCH • MODERN Hier wird stetig investiert und modernisiert, dennoch hat das schöne Anwesen von 1607 seinen Gutshof-Charme bewahrt. Wohnen können Sie in chic-modernen oder klassischeren Zimmern. Dazu ein überaus attraktiver Spa und anspruchsvolle Gastronomie. Im Sommer locken Veranstaltungen und Konzerte im Innenhof.

93 Zim – †94 € ††135 € – 5 Suiten – ½ P

St. Erentrudis-Str. 12, B 31 ✉ 79112 – ✆ 07664 4070 – www.schlossreinach.de

sHerrehus • **sBadische Wirtshus** – siehe Restaurantauswahl

FREILASSING

Bayern – 16 194 Ew. – Höhe 422 m – Regionalatlas **67**-O21
Michelin Straßenkarte 546

Moosleitner

REGIONAL • GASTHOF Seit Jahrhunderten pflegt man hier die Wirtshaustradition. Die sehr schönen gemütlichen Stuben mit ihrem ländlichen Charme sind ebenso einladend wie die frische regionale Küche - Lust auf "ausgelöstes Kräuterbackhendl mit Sauce Tartare"?

Menü 20 € – Karte 27/54 €

Hotel Moosleitner, Wasserburger Str. 52, West: 2,5 km ✉ 83395 – ✆ 08654 63060 – www.moosleitner.com – geschlossen 1. - 6. Januar und Samstagmittag, Sonntag

Moosleitner

HISTORISCH • TRADITIONELL Das Anwesen a. d. 13. Jh. ist heute ein komfortables Landhotel mit wohnlichen Zimmern, moderner Technik sowie Sauna- und Fitnessbereich, und auch eine Ladestation für Elektroautos hat man hier! Ideal ist die Lage auch für Salzburg-Besucher.

58 Zim – †72/99 € ††120/149 € – 1 Suite – ½ P

Wasserburger Str. 52, West: 2,5 km ✉ 83395 – ✆ 08654 63060 – www.moosleitner.com – geschlossen 1. - 6. Januar

Moosleitner – siehe Restaurantauswahl

FREINSHEIM

Rheinland-Pfalz – 4 976 Ew. – Höhe 132 m – Regionalatlas **47**-E16
Michelin Straßenkarte 543

WEINreich

REGIONAL • WEINSTUBE In der Altstadt haben die engagierten Gastgeber ihre charmant-moderne Weinstube samt hübschem Innenhof. Wie wär's z. B. mit dem "Dauerbrenner": Rumpsteak vom Charolais-Rind? Beliebt ist auch der "Burgertag" jeden ersten Do. im Monat. Und wer übernachten möchte, findet hier reizende, ganz individuelle Zimmer.

Menü 35/49 € – Karte 36/48 €

5 Zim – 65/75 € 95/99 € – 1 Suite

Hauptstr. 25 67251 – 06353 9598640 (Tischbestellung ratsam) – www.weinstube-weinreich.de – geschlossen Januar - Februar 3 Wochen, Juli 2 Wochen und Sonntag - Dienstagmittag, außer an Feiertagen

Von-Busch-Hof

INTERNATIONAL • KLASSISCHES AMBIENTE International ist die Küche in diesem klassisch gehaltenen Restaurant hinter ehrwürdigen Klostermauern. Appetit auf "geschmorte Rinderbacke in Rotweinsauce" oder "Winterkabeljau mit Zitronensauce"? Tipp für den Sommer: der schöne Innenhof!

Menü 35/58 € – Karte 33/45 €

Von-Busch-Hof 5 67251 – 06353 7705 – www.von-busch-hof.de – nur Abendessen, sonntags auch Mittagessen – geschlossen Mitte Januar - Mitte Februar und Montag - Dienstag

Altstadthof

HISTORISCH • MODERN Ein kleines Schmuckstück direkt in der Altstadt - historischer Rahmen, modernes Interieur. Wer länger bleibt, schätzt das Apartment mit Küche. Donnerstagabends hat die "WeinBAR" geöffnet (hier bekommt man auch Snacks). Schöne "Scheune" zum Tagen. Parken in der Friedhofstraße.

15 Zim – 72/92 € 111/131 €

Hauptstr. 27 67251 – 06353 932250 – www.altstadthof-freinsheim.de – geschlossen 23. Dezember - 13. Januar

Landhotel Altes Wasserwerk

LANDHAUS • MODERN Das denkmalgeschützte Haupthaus mit schöner Fachwerkfassade - einst Wasserwerk - ist heute Teil eines hübschen, engagiert geführten Hotels. Besonders komfortabel hat man es in den Studios oder Appartements, mal was anderes sind die Turmzimmer! Tipp: Frühstücken Sie im Wintergarten zum kleinen Park!

33 Zim – 69/85 € 98/141 €

Burgstr. 9 67251 – 06353 932520 – www.landhotel-altes-wasserwerk.de – geschlossen 23. - 28. Dezember

FREISING

Bayern – 45 857 Ew. – Höhe 448 m – Regionalatlas **58**-M19
Michelin Straßenkarte 546

In Freising-Haindlfing Nord-West: 5 km über B 301, in Erlau links

Gasthaus Landbrecht

MARKTKÜCHE • RUSTIKAL So stellt man sich einen bayerisch-ländlichen Gasthof vor: In dem Familienbetrieb herrscht eine ungezwungene Atmosphäre, gekocht wird mit regionalen Produkten. Im Winter wärmt der Kachelofen, im Sommer sitzt es sich angenehm im Biergarten!

Menü 32/42 € – Karte 24/51 €

Freisinger Str. 1 85354 – 08167 8926 – www.gasthaus-landbrecht.de – Mittwoch - Freitag nur Abendessen – geschlossen nach Ostern 2 Wochen, nach Pfingsten 10 Tage, Mitte August - Anfang September und Montag - Dienstag

FREUDENSTADT

Baden-Württemberg – 22 235 Ew. – Höhe 728 m – Regionalatlas **54**-F19
Michelin Straßenkarte 545

Warteck

FRANZÖSISCH-KLASSISCH • ELEGANT XX Oliver Gläßel bringt hier klassische Küche mit bürgerlichen Einflüssen auf den Tisch. Freuen darf man sich da z. B. auf "Kalbsrahmgulasch mit Pfifferlingen und Spätzle" oder "Kabeljau mit Champagnerkraut und Kartoffelmousseline". Neben dem gediegenen Restaurant gibt es auch schöne Gästezimmer - und ein gutes Frühstück.

Menü 49 € – Karte 34/76 €

13 Zim – 68/85 € 103/110 €

Stuttgarter Str. 14 ✉ 72250 – ✆ 07441 91920 – www.hotelwarteck.de – geschlossen Dienstag - Mittwoch

Langenwaldsee

FAMILIÄR • INDIVIDUELL Toll die Lage am See, herzlich die Gastgeber, richtig wohnlich die Zimmer (auch geräumige Juniorsuiten), dazu Kosmetik, Ayurveda und Private Spa, ein einladender Zen-Garten und eine Holzterrasse zum Wasser. Schwimmen im See auf eigene Gefahr. Im Restaurant legt man Wert auf Regionales. Tipp: selbstgebackene Kuchen.

38 Zim – 59/105 € 110/210 € – ½ P

Straßburger Str. 99, an der B 28, Süd-West: 3 km ✉ 72250 – ✆ 07441 88930 – www.hotel-langenwaldsee.de – geschlossen 9. - 20. Dezember

Adler

FAMILIÄR • FUNKTIONELL Hier kümmert man sich herzlich um die Gäste, dank stetiger Investitionen ist alles tipptopp gepflegt und die Zimmer sind wertig eingerichtet, im OG mit Balkon. Dekorativ: Fotografien des Chefs schmücken das Haus. Im Restaurant gibt's Flammkuchen als Spezialität. Günstig die zentrale Lage nahe Bahnhof und Busbahnhof.

21 Zim – 78/105 € 108/138 € – ½ P

Forststr. 17 ✉ 72250 – ✆ 07441 91520 – www.adler-fds.de – geschlossen 4. - 21. November

In Freudenstadt-Kniebis West: 12 km über die B 28 – Höhe 920 m

Waldblick

FAMILIÄR • AUF DEM LAND Der Familienbetrieb liegt richtig idyllisch, ist sympathisch, ausgesprochen gepflegt und hat Schwarzwälder Flair. Attraktiv der Freizeitbereich samt Kosmetik und Massage sowie Saunahaus - schön der Blick vom Ruhebereich im OG. Teich und "Knusperhäusle" (ideal für Familien) im hübschen Garten. Übernachtung inkl. HP.

31 Zim – 93/115 € 170/230 € – ½ P

Eichelbachstr. 47 ✉ 72250 – ✆ 07442 8340 – www.waldblick-kniebis.de – geschlossen März 2 Wochen, Ende November 3 Wochen

In Freudenstadt-Lauterbad Süd-Ost: 4,5 km über B 28 und B 294 Richtung Freiburg

Stüble

REGIONAL • LÄNDLICH XX Echtes Schwarzwald-Feeling kommt im heimeligen "Stüble" auf: Komplett in warmem Holz gehalten und stimmig dekoriert, ist es ein charmanter Rahmen für die ambitionierte regional-saisonale Küche. Schön sitzt man auch auf der Terrasse.

Menü 36/68 € – Karte 34/54 €

Hotel Lauterbad, Amselweg 5, (Zufahrt über Kinzigtalstraße) ✉ 72250 – ✆ 07441 860170 (Tischbestellung erforderlich) – www.lauterbad-wellnesshotel.de

Lauterbad

SPA UND WELLNESS • INDIVIDUELL Chic-modern sind hier sowohl die Zimmer (fast alle mit Balkon) als auch der Spa (verschiedene Ruhezonen, beheizter Außenpool, Massagen, Kosmetik...). Für Liebhaber des klassischen Schwarzwaldstils hat man auch ein paar Zimmer. Tipp: Wanderung (ca. 30 Min.) zur "Berghütte" mit Vesper, Burger & Co.

37 Zim – 100/147 € 200/254 € – 4 Suiten – ½ P

Amselweg 5, (Zufahrt über Kinzigtalstraße) 72250 – 07441 860170 – www.lauterbad-wellnesshotel.de

Stüble – siehe Restaurantauswahl

Grüner Wald

SPA UND WELLNESS • AUF DEM LAND Ideal für Urlaub und Wellness: ruhige Lage, schöne Landschaft, vielfältige Anwendungen und wohnliche Zimmer, nach Süden mit Balkon - Tipp: die hübschen neueren mit unbehandeltem Holz! Bürgerlich-regionale Küche im "Bienenkörble", vom Wintergarten mit Terrasse blickt man ins Grüne. Dazu die Bar "Weingeist".

42 Zim – 94/152 € 158/214 € – 1 Suite – ½ P

Kinzigtalstr. 23 72250 – 07441 860540 – www.gruener-wald.de – geschlossen 13. - 29. Januar

FREYUNG

Bayern – 7 083 Ew. – Höhe 655 m – Regionalatlas **60**-Q18
Michelin Straßenkarte 546

Landhotel Brodinger

FAMILIÄR • FUNKTIONELL Ein gepflegtes Landhotel am Ortsrand beim Freibad. Man bietet wohnliche Zimmer mit individuellem Touch sowie einen kleinen, aber hübschen neuzeitlichen Wohlfühlbereich. Gemütlich-bayerisch ist das Ambiente im Restaurant.

19 Zim – 73/85 € 120/140 € – ½ P

Zuppinger Str. 3 94078 – 08551 4342 – www.brodinger.de

In Freyung-Ort Süd-West: 1 km

Landgasthaus Schuster

KLASSISCHE KÜCHE • FREUNDLICH XX Bereits seit 1989 haben die Schusters ihr charmantes Gasthaus - die vielen Stammgäste sprechen für sich! Hier schätzt man die abwechslungsreiche klassisch-saisonale Küche und den ausgesprochen herzlichen Service samt guter Weinberatung.

Menü 38/95 € – Karte 37/75 €

Ort 19 94078 – 08551 7184 – www.landgasthaus-schuster.de – geschlossen Sonntagabend - Dienstagmittag

FRICKENHAUSEN

Bayern – 1 241 Ew. – Höhe 180 m – Regionalatlas **49**-I16
Michelin Straßenkarte 546

Ehrbar-Fränkische Weinstube

REGIONAL • RUSTIKAL X Das nette Fachwerkhaus ist ein Traditionsbetrieb mit Charme. Gemütlich die liebenswert-rustikalen Stuben, regional die Küche. Lust auf "Fränkische Versucherle" oder "Sauerbraten, Rotkohl, Köße"? Im Sommer ein Muss: die reizende Hofterrasse.

Karte 22/52 €

Hauptstr. 17 97252 – 09331 651 – www.ehrbar-weinstube.de – geschlossen 18. Februar - 15. März, 24. Juni - 7. Juli, 14. - 23. Oktober und Montag - Dienstag, Freitagmittag

Meintzinger

HISTORISCH · GEMÜTLICH Wie schön man in einem Weingut wohnen kann, zeigt dieses Haus mit Familientradition seit 1790. Wertige, geschmackvoll-moderne Einrichtung von den individuell geschnittenen Zimmern über den edlen Frühstückraum bis zum Saunabereich. Sehr chic: "Qube" für Veranstaltungen und Degustationen.

29 Zim – 89/145 € 135/175 €

Babenbergplatz 4 ✉ 97252 – ✆ 09331 87110 – www.hotel-meintzinger.de

FRICKINGEN

Baden-Württemberg – 2 912 Ew. – Höhe 473 m – Regionalatlas **63**-G21
Michelin Straßenkarte 545

In Frickingen-Altheim Nord-West: 2 km über Leustetter Straße

Löwen

INTERNATIONAL · GEMÜTLICH Hier ist inzwischen die 4. Generation im Haus, und die sorgt für regional-internationale Küche mit Bezug zur Saison. Die frischen, guten Produkte finden sich z. B. in "gebratenem Felchenfilet, Kräutermayonnaise, Spargel-Karotten-Kartoffel-Gemüse". Gemütlich das Ambiente, lauschig die Terrasse unter Kastanien.

Menü 29/34 € – Karte 30/44 €

Hauptstr. 41 ✉ 88699 – ✆ 07554 8631 (Tischbestellung ratsam) – www.loewen-altheim.de – nur Abendessen, sonntags auch Mittagessen – geschlossen Weihnachten - Neujahr, nach Fastnacht 3 Wochen, August 1 Woche und Sonntagabend - Montag

FRIEDBERG

Bayern – 29 081 Ew. – Höhe 514 m – Regionalatlas **57**-K19
Michelin Straßenkarte 546

Gersters Genusswerkstatt im Zieglerbräu N

REGIONAL · RUSTIKAL Gemütlich-rustikal ist das Ambiente in dem über 300 Jahre alten Zieglerbräu, freundlich der Service, schmackhaft die regional-saisonale Küche - und die gibt's z. B. als "gefüllte Kalbsbrust mit Kartoffel-Gurkensalat". Von der Terrasse schaut man auf die historischen Gebäude und den Brunnen am Marienplatz.

Menü 36 € – Karte 18/50 €

Marienplatz 14 ✉ 86316 – ✆ 0821 2621415 – www.genusswerkstatt-im-zieglerbraeu.de – geschlossen Dienstag

Park Ambiente

FAMILIÄR · MODERN Sehr gut schläft man bei Familie Seidl an der Romantischen Straße: private Atmosphäre, gepflegte zeitgemäße Zimmer, frisches Frühstück - und drum herum ein schöner Park. Der Chef verrät Ihnen gerne, wo man in der Gegend gut golfen kann!

10 Zim – 64/95 € 89/115 €

Probststr. 14 ✉ 86316 – ✆ 0821 44823497 – www.park-ambiente.de

In Friedberg-Harthausen

Speisezimmer

KLASSISCHE KÜCHE · ELEGANT Das modern-elegante kleine "Speisezimmer" ist das kulinarische Aushängeschild des "Landgasthofs zum Herzog Ludwig". Die klassische Küche gibt es z. B. als "Filet vom Skrei mit Erbsenmousseline, confierter Kartoffel und Weißweinsauce". Alternativ kann man in der netten Gaststube bürgerlich-regional essen.

Menü 37/85 € – Karte 32/60 €

Ringstr. 9 ✉ 86316 – ✆ 08205 9635599 – www.zumherzogludwig.de – nur Abendessen – geschlossen Montag - Mittwoch

FRIEDBERG (HESSEN)

Hessen – 27 859 Ew. – Höhe 159 m – Regionalatlas **38**-F14
Michelin Straßenkarte 543

In Friedberg-Dorheim Nord-Ost: 3 km über B 455

Bastian's Restaurant Ⓝ

KLASSISCHE KÜCHE XX Das nette Landgasthaus mit der geschmackvollen hellen Einrichtung und der schönen Terrasse setzt auf kulinarische Klassik. Probieren Sie z. B. "Schweinebauch, Jakobsmuschel, Blumenkohl, Curry". Sehr freundlich und charmant der Service.

Menü 39/79 € – Karte 38/62 €

Erbsengasse 16 ✉ 61169 – ☎ 06031 6726551 (Tischbestellung ratsam) – www.bastians-restaurant.de – nur Abendessen, sonntags auch Mittagessen – geschlossen 1. - 6. Januar und Sonntagabend - Montag

FRIEDEWALD

Hessen – 2 400 Ew. – Höhe 387 m – Regionalatlas **39**-I12
Michelin Straßenkarte 543

Göbels Schlosshotel Prinz von Hessen

HISTORISCHES GEBÄUDE • VINTAGE Ideal für Wellness, Tagung oder Festlichkeiten ist das aus einer Wasserburg a. d. 16. Jh. entstandene Hotel. Die wohnlich-modernen Zimmer und Themensuiten sind wertig ausgestattet. Das Restaurant ist unterteilt in die Prinzenstube und den lichten Schlossgarten.

90 Zim – †106/136 € ††202/222 € – 13 Suiten – ½ P

Schlossplatz 1 ✉ 36289 – ☎ 06674 92240 – www.goebels-schlosshotel.de

FRIEDLAND

Niedersachsen – 9 198 Ew. – Höhe 181 m – Regionalatlas **29**-I11
Michelin Straßenkarte 541

Genießer Stube (Daniel Raub)

KLASSISCHE KÜCHE • LÄNDLICH XX In der kleinen Stube mit dem geschmackvoll-klassischen Ambiente wird man herzlich und charmant umsorgt, während Daniel Raub und sein Team angenehm reduzierte und finessenreiche Gerichte voller Aromen auf den Teller bringen. Ein Blick auf die Weinkarte lohnt sich ebenfalls.

→ Adlerfisch und Staudensellerie. Wildgarnele und Gemüse. Hirschkalb und Wirsing.

Menü 80/165 €

6 Zim – †45/65 € ††65/95 €

Weghausstr. 20 ✉ 37133 – ☎ 05504 93500 (Tischbestellung erforderlich) – www.geniesserstube.de – nur Abendessen – geschlossen Februar 2 Wochen, Oktober 2 Wochen und Montag - Dienstag

Landhaus Biewald – siehe Restaurantauswahl

Landhaus Biewald

MARKTKÜCHE • FAMILIÄR X Familie Raub (bereits die 3. Generation) bietet in heller, leichter Atmosphäre - oder auf der schönen Terrasse - einen unkomplizierten Mix aus regionaler und mediterraner Küche. Wie wär's z. B. mit "Filet vom Wildlachs, Safranschaum, Blattspinat, Rahmpolenta"? Gepflegte Gästezimmer hat man übrigens auch.

Menü 25/60 € – Karte 28/48 €

Restaurant Genießer Stube, Weghausstr. 20 ✉ 37133 – ☎ 05504 93500 – www.biewald-friedland.de – geschlossen Februar 2 Wochen, Oktober 2 Wochen und Montag - Dienstag

In Friedland - Groß-Schneen Süd: 10 km

Schillingshof

FRANZÖSISCH-KREATIV • ELEGANT Ein elegantes Restaurant in einem Fachwerkhaus von 1648. Gekocht wird modern, kreativ, ambitioniert und produktorientiert, gerne auch mit Zutaten aus der Umgebung. Der Service freundlich-charmant, gut die Weinberatung. Übernachtungsgäste freuen sich über schöne Zimmer.

Menü 40/110 € - Karte 48/75 €

6 Zim - 65 € 119 € - 18 €

Lappstr. 14 37133 - 05504 228 - www.schillingshof.de - Mittwoch - Freitag nur Abendessen - geschlossen Januar 3 Wochen, Juli - August 3 Wochen und Montag - Dienstag

FRIEDRICHSHAFEN

Baden-Württemberg – 58 350 Ew. – Höhe 400 m – Regionalatlas **63**-H21
Michelin Straßenkarte 545

In Friedrichshafen-Fischbach West: 5 km

Traube am See

SPA UND WELLNESS • GEMÜTLICH Nahe dem See liegt dieses über die Jahre gewachsene Haus. Hier gibt es verschiedene Zimmertypen, wohnlich sind sie alle, teilweise schön geradlinig-modern. Einladend auch der große Wellnessbereich und die Liegewiese. Im Restaurant serviert man regionale Küche.

94 Zim - 82/190 € 110/240 € - ½ P

Meersburger Str. 11 88048 - 07541 9580 - www.traubeamsee.de

In Friedrichshafen-Schnetzenhausen Nord-West: 4 km

Krone

BUSINESS • GEMÜTLICH Der ehemalige Gasthof von 1835 ist zu einem imposanten Hotelkomplex gewachsen. Unzählige Freizeitangebote von Luftgewehrschießen bis zur Beauty-Behandlung, eine Brennerei, in der Obst von der eigenen Plantage zu Schnaps verarbeitet wird, sowie verschiedene behagliche Restaurantstuben nebst netter Terrasse.

145 Zim - 99/150 € 165/300 € - 11 Suiten - ½ P

Untere Mühlbachstr. 1 88045 - 07541 4080 - www.ringhotel-krone.de - geschlossen 20. - 25. Dezember

FRIEDRICHSTADT

Schleswig-Holstein – 2 491 Ew. – Höhe 2 m – Regionalatlas **1**-G3
Michelin Straßenkarte 541

Aquarium

FAMILIÄR • GEMÜTLICH Richtig wohnlich und in ansprechendem neuzeitlichem Stil gehalten sind die Zimmer in diesem Haus, teilweise hat man Sicht auf den Mittelburggraben - auch von der Terrasse. Im Restaurant kocht man international-regional, nachmittags gibt es hausgebackenen Kuchen im Café. Zum Entspannen: Kosmetik und Massage.

37 Zim - 85/113 € 101/156 € - ½ P

Am Mittelburgwall 2 25840 - 04881 93050 - www.hotel-aquarium.de

In jedem Sternerestaurant werden drei Beispielgerichte angegeben, die den Küchenstil widerspiegeln. Nicht immer finden sich diese Gerichte auf der Karte, werden aber durch andere repräsentative Speisen ersetzt.

FRIESENHEIM

Baden-Württemberg – 12 621 Ew. – Höhe 161 m – Regionalatlas **53**-D19
Michelin Straßenkarte 545

In Friesenheim-Oberweier

Mühlenhof

REGIONAL • GASTHOF XX Das familiengeführte Restaurant des gleichnamigen Hotels ist gefragt, denn hier isst man gut und preislich fair und der Service ist freundlich und flott. Gekocht wird regional-bürgerlich und saisonal, z. B. "badische Hechtklößchen in Rieslingsoße". Gerne kommt man auch zum günstigen Lunch. Lecker: hausgebackene Kuchen.

Menü 35/46 € – Karte 17/32 €

32 Zim – 58/62 € 95/98 €

Oberweierer Hauptstr. 33 ✉ 77948 – ✆ 07821 6320 – www.landhotel-muehlenhof.de – geschlossen 4. - 22. Februar, 5. - 23. August und Dienstag

FÜRSTENFELDBRUCK

Bayern – 35 163 Ew. – Höhe 517 m – Regionalatlas **65**-L20
Michelin Straßenkarte 546

Fürstenfelder

REGIONAL • FREUNDLICH X Eine schöne Location: drinnen modernes Ambiente unter einem tollen weißen Kreuzgewölbe, draußen die Terrasse und der SB-Biergarten. Gekocht wird saisonal und mit Bioprodukten aus der Region. Der Blick aufs Kloster ist auch eine reizvolle Kulisse für Hochzeiten!

Karte 27/54 €

Fürstenfeld 15 ✉ 82256 – ✆ 08141 88875410 – www.fuerstenfelder.com

FÜRTH

Bayern – 121 519 Ew. – Höhe 295 m – Regionalatlas **50**-K16
Michelin Straßenkarte 546

Siehe Umgebungsplan Nürnberg

Kupferpfanne

KLASSISCHE KÜCHE • RUSTIKAL XX Schön gemütlich hat man es in dem gediegen eingerichteten Restaurant gegenüber dem Rathaus. Hier heißt es klassisch speisen, so z. B. "Milchkalbsrücken mit frischen Wintertrüffeln auf Gemüse" oder "Skrei Grenobler Art aus dem Backofen".

Menü 33 € (mittags)/74 € – Karte 56/78 €

Stadtplan : A1-n – *Königstr. 85 ✉ 90762 – ✆ 0911 771277 (Tischbestellung ratsam) – www.ew-kupferpfanne.de – geschlossen Sonntag sowie an Feiertagen*

La Palma

ITALIENISCH • ELEGANT XX Freunde typisch italienischer Küche schätzen dieses helle, mit eleganter Note gestaltete Restaurant, in dem man charmant bedient wird. Die vielen Klassiker kommen ebenso gut an wie die saisonale Tageskarte und die entsprechenden Weine.

Menü 35/55 € – Karte 31/56 €

Stadtplan : A1-b – *Karlstr. 22 ✉ 90763 – ✆ 0911 747500 (Tischbestellung ratsam) – www.minneci.de – geschlossen Montag*

Werners Hotel

FAMILIÄR • MODERN Das Hotel befindet sich mitten in der Stadt. Ein Großteil der Zimmer liegt zum recht ruhigen Innenhof, meist in modernem Design. Im Restaurant gibt es internationale Küche und Fleischspezialitäten. Authentische Tapas und "San Miguel"-Bier vom Fass in der Tapasbar "La Tasca" nebenan. Tipp: Parken im Parkhaus gegenüber.

35 Zim – 75/119 € 109/199 € – 2 Suiten

Stadtplan : A1-d – *Friedrichstr. 20 ✉ 90762 – ✆ 0911 740560 – www.werners-hotel.de – geschlossen Ende Dezember - Anfang Januar*

FÜSSEN

Bayern - 14 881 Ew. - Höhe 808 m - Regionalatlas **64**-J22
Michelin Straßenkarte 546

Sommer

SPA UND WELLNESS · GEMÜTLICH Ein sehr schönes Ferienhotel: tolle Lage am Forggensee, gepflegte Zimmer von gediegen bis modern-alpenländisch, zahlreiche Freizeitmöglichkeiten vom großzügigen Spa bis zum Ausflug mit dem Leihfahrrad. Regional-saisonale und internationale Küche im Restaurant mit Wintergarten - abends sollten Sie reservieren!

57 Zim - 112/180 € 186/300 € - 13 Suiten - ½ P

Weidachstr. 74 ✉ 87629 - ✆ 08362 91470 - www.hotel-sommer.de

Christine

FAMILIÄR · GERADLINIG Hier spürt man das Engagement des Gastgebers: Die Zimmer sind tipptopp gepflegt, man wird herzlich und persönlich umsorgt und zum Frühstück gibt's immer eine kleine Besonderheit. Außerdem wohnt man hier schön ruhig. Hingucker: ein über 40 Jahre alter großer Farn!

13 Zim - 95 € 140/160 €

Weidachstr. 31 ✉ 87629 - ✆ 08362 7229 - www.hotel-christine-fuessen.de

In Füssen-Hopfen am See Nord: 5 km

Am Hopfensee

FAMILIÄR · MODERN Das Hotel liegt direkt am Hopfensee und zeigt sich schön modern, von der schicken Bar-Lounge (hier 40 Sorten Gin!) über die wohnlichen Zimmer (meist mit Balkon) bis zum Saunabereich samt Hamam und "Kazumi-Spa". Im Wintergarten speist man bei See- und Bergblick, klassisch die Küche. Pizza im "Riviera" nebenan.

40 Zim - 90/120 € 90/250 € - 2 Suiten - ½ P

Uferstr. 10 ✉ 87629 - ✆ 08362 50570 - www.hotel-am-hopfensee.de

Geiger

FAMILIÄR · AUF DEM LAND Schön die Lage direkt an der Uferpromenade, reizvoll die Aussicht. Und wie möchten Sie wohnen? Modern oder in einem Landhauszimmer? Im Restaurant samt Wintergarten mit Seeblick bietet man traditionell-regionale und internationale Küche. Probieren Sie auch den hausgebackenen Kuchen!

30 Zim - 60/120 € 100/250 € - ½ P

Uferstr. 18 ✉ 87629 - ✆ 08362 7074 - www.hotel-geiger.de

FÜSSING, BAD

Bayern - 6 870 Ew. - Höhe 320 m - Regionalatlas **60**-P19 - Michelin Straßenkarte 546

Glockenturm

KLASSISCHE KÜCHE · ELEGANT Stilvoll-elegant und modern zugleich kommt das Restaurant daher - man beachte die sehenswerte alte Schiffsglocke in der Kuppel! Gekocht wird klassisch-saisonal mit internationalen und regionalen Einflüssen. Wie wär's mit "Ganze Seezunge Müllerin Art" oder "Holzapfel's Schnitzel"?

Menü 47/74 € - Karte 39/68 €

Holzapfel Hotels, Thermalbadstr. 4 ✉ 94072 - ✆ 08531 9570 - www.hotel-holzapfel.de - Montag - Freitag nur Abendessen, außer an Feiertagen

DAS MÜHLBACH - Thermal Spa & Hotel

SPA UND WELLNESS · GEMÜTLICH Eine wirklich wohnliche familiäre Adresse mit freundlichem Service ist das gewachsene Hotel am Mühlbach. Zeitgemäße Zimmer, schöne Lounge, attraktiver Wellnessbereich samt Arztpraxis. Wie wär's mit der eleganten "Kaisersuite" mit privatem Spa? Eine hübsche kleine Hochzeitskapelle gibt es übrigens auch. Traditionell-regionale Küche im gemütlichen "Kirchawirt".

57 Zim - 108/134 € 190/258 € - 5 Suiten

Bachstr. 15, Safferstetten, Süd: 1 km ✉ 94072 - ✆ 08531 2780 - www.muehlbach.de - geschlossen 15. - 22. Dezember

Holzapfel Hotels

SPA UND WELLNESS • KLASSISCH Hier investiert man stetig, entsprechend gefragt ist das Hotel! Man hat schöne modern-elegante Zimmer, wunderbar entspannen können Sie im "Zen Spa" bei Massage und Kosmetik, dazu eine tolle Sicht über die Region. "Therme I" - über einen Bademantelgang zu erreichen - ist für Hausgäste kostenfrei.

105 Zim – 109/136 € 198/244 € – 12 Suiten – ½ P

Thermalbadstr. 4 94072 – 08531 9570 – www.hotel-holzapfel.de

Glockenturm – siehe Restaurantauswahl

Parkhotel

SPA UND WELLNESS • KLASSISCH Ruhig und doch zentrumsnah liegt die gewachsene Hotelanlage. Darf es eines der modern-eleganten Zimmer sein? Oder mögen Sie es lieber klassisch? Großzügig der Freizeit- und Spabereich, der neben kosmetischen auch medizinische Anwendungen bietet.

74 Zim – 93/108 € 182/220 € – 2 Suiten – ½ P

Waldstr. 16 94072 – 08531 9280 – www.parkhotel.stopp.de – geschlossen 6. Januar - 6. Februar, 20. - 26. Dezember

FULDA

Hessen – 65 540 Ew. – Höhe 257 m – Regionalatlas **39**-H13
Michelin Straßenkarte 543

Goldener Karpfen

INTERNATIONAL • FREUNDLICH XX Hier bietet man saisonal-internationale Küche mit Geschmack und Aroma. Aus frischen, wertigen Produkten entsteht z. B. "Karpfen im Sesammantel, Kokos-Chili-Kraut, Rieslingsauce, Petersilienkartoffeln". Dazu eine elegante und zugleich gemütliche Atmosphäre.

Menü 32 € (mittags unter der Woche)/89 € – Karte 33/72 €

Hotel Goldener Karpfen, Simpliziusbrunnen 1 36037 – 0661 86800 – www.hotel-goldener-karpfen.de

Dachsbau

TRADITIONELLE KÜCHE • GEMÜTLICH XX Schön fügt sich das jahrhundertealte Haus mit der hübsch bemalten Fassade in das Altstadtbild. Passend dazu das liebenswerte Ambiente, die traditionelle Küche der Chefin und der aufmerksame Service durch den Chef.

Menü 25/60 € – Karte 33/61 €

Pfandhausstr. 8 36037 – 0661 74112 – www.dachsbau-fulda.de – geschlossen August 2 Wochen und Montag - Dienstag

Goldener Karpfen

TRADITIONELL • INDIVIDUELL Das Stadthaus im Zentrum beherbergt hinter seiner über 300 Jahre alten Fassade eine schön dekorierte Lobby mit Kamin sowie wohnliche Zimmer von stilvoll-gediegen bis chic-modern. Wie wär's mit einem der netten Themenzimmer?

50 Zim – 125/250 € 165/490 € – 4 Suiten – ½ P

Simpliziusbrunnen 1 36037 – 0661 86800 – www.hotel-goldener-karpfen.de

Goldener Karpfen – siehe Restaurantauswahl

GAIENHOFEN

Baden-Württemberg – 3 260 Ew. – Höhe 425 m – Regionalatlas **63**-G21
Michelin Straßenkarte 545

In Gaienhofen-Hemmenhofen

Seensucht

INTERNATIONAL • FREUNDLICH XX Die Terrasse ist wohl der idyllischte Ort zum Speisen! Und wenn das Wetter mal nicht mitspielt, schauen Sie vom Restaurant (schön in Weiß gehalten) durch die großen Panoramfenster auf den See! Aus der Küche kommen z. B. "Seeteufelbäckchen auf cremigem Risotto und Radieschen süß-sauer".

Menü 35/84 € – Karte 33/55 €

Hotel Höri am Bodensee, Uferstr. 20 78343 – 07735 8110 – www.hoeri-am-bodensee.de

Höri am Bodensee

FAMILIÄR • INDIVIDUELL Reizvoll liegt das Hotel am Seeufer mit Bootsanleger, schöner Liegewiese und Strandzugang. Die Zimmer sind alle zeitgemäß und wohnlich, meist mit Balkon. Abgerundet wird das Angebot durch einen großzügigen Spabereich.

70 Zim – 89/199 € 159/210 € – ½ P

Uferstr. 20 78343 – 07735 8110 – www.hoeri-am-bodensee.de

Seensucht – siehe Restaurantauswahl

Kellhof

GASTHOF • GEMÜTLICH Das Fachwerkhaus liegt nicht weit vom See und beherbergt seit über 20 Jahren ein schönes Ferienhotel mit tipptopp gepflegten, freundlich-wohnlichen Zimmern. Dazu bietet man in gemütlicher Atmosphäre bürgerliche Marktküche, die fast ausschließlich aus regionalen Produkten zubereitet wird.

14 Zim – 95/110 € 110/150 € – ½ P

Hauptstr. 318 78343 – 07735 2035 – www.kellhof.de – geschlossen November - März

In Gaienhofen-Horn

Gasthaus Hirschen

GASTHOF • INDIVIDUELL Hier hat man nicht nur einen traditionsreichen Gasthof, sondern auch ein modernes Hotel. Besonders schön die Landhaussuiten in der Villa Maria sowie die Superior-Zimmer und Panoramasuiten im Neubau - hier auch der schicke Wellnessbereich. Dazu hübscher Garten, gemütlich-ländliches Restaurant und charmante Terrasse.

46 Zim – 86/121 € 172/232 € – 5 Suiten – ½ P

Kirchgasse 3 78343 – 07735 93380 – www.hotelhirschen-bodensee.de – geschlossen 14. Januar - 12. Februar

GARBSEN

Niedersachsen – 59 957 Ew. – Höhe 54 m – Regionalatlas **18**-H8
Michelin Straßenkarte 541

In Garbsen-Berenbostel

Landhaus am See

KLASSISCHE KÜCHE • ELEGANT XX So speist man gerne: schönes Interieur im Landhausstil, tolle Terrasse, Blick in den Garten Richtung See. Gekocht wird mit saisonalem und mediterranem Einfluss, so z. B. "Zanderfilet, Krustentiersauce, Blumenkohlgraupen, Mandelbutter".

Menü 59/89 € – Karte 37/69 €

Hotel Landhaus am See, Seeweg 27 30827 – 05131 46860 (Tischbestellung ratsam) – www.landhausamsee.de – geschlossen Ende Dezember - Anfang Januar und Sonntag

Landhaus am See

LANDHAUS • INDIVIDUELL Was dieses Haus interessant macht? Es wird engagiert geführt, liegt idyllisch am See und hat geschmackvolle, individuelle Zimmer im Reetdachhaus und in der "Buchtbude" - teils mit Seeblick. Dazu ein gutes Frühstück und ein Traum von Garten!

49 Zim – 100/150 € 130/160 € – 2 Suiten

Seeweg 27 30827 – 05131 46860 – www.landhausamsee.de – geschlossen Ende Dezember - Anfang Januar

Landhaus am See – siehe Restaurantauswahl

GARMISCH-PARTENKIRCHEN

Bayern – 26 319 Ew. – Höhe 708 m – Regionalatlas **65**-K22
Michelin Straßenkarte 546

Joseph Naus Stub'n (N)

REGIONAL • GEMÜTLICH Das behaglich-ländliche Restaurant ist nicht einfach nur ein nettes Stüberl, man isst hier auch ausgesprochen gut, und das zu einem fairen Preis. Wie wär's z. B. mit "Tatar vom Ammergauer Kalb mit Kapern, Parmesan und Pumpernickel" oder "geschmorter Ochsenbacke mit Sellerie-Gorgonzola-Stampf"?

Menü 37/55 € – Karte 34/54 €

Hotel Zugspitze, Klammstr. 19 ✉ 82467 – ✆ 08821 9010 – www.hotel-zugspitze.de – nur Abendessen

Husar

KLASSISCHE KÜCHE • GEMÜTLICH Schon von außen ist das über 400 Jahre alte Gasthaus mit seiner bemalten Fassade ein Hingucker, drinnen dann charmante Stuben, in denen man aufmerksam mit klassischer Küche umsorgt wird - und die gibt es z. B. als "im Speckmantel gebratene Fasanenbrüstchen auf Champagnerkraut".

Karte 34/81 €

Fürstenstr. 25 ✉ 82467 – ✆ 08821 9677922 (Tischbestellung ratsam) – www.restauranthusar.de – nur Abendessen, sonntags auch Mittagessen – geschlossen Mai 2 Wochen, September 2 Wochen und Montag - Dienstag

Wurzelwerk

MODERNE KÜCHE • REGIONALES AMBIENTE Klare Linien, warme Töne, viel Holz... Wirklich charmant das geradlinig-rustikale Interieur in diesem Abendrestaurant! Passend dazu die ambitionierte moderne Regionalküche - die gibt es z. B. als "gegrillten Bachsaibling, Schrobenhauser Spargel, Sauerrahm, Leindotteröl". Besonders schön: die Terrasse zum Kurpark!

Menü 59/89 € – Karte 30/58 €

Hotel Werdenfelserei, Alleestr. 28 ✉ 82467 – ✆ 08821 6869390 – www.werdenfelserei.de – nur Abendessen

vaun

INTERNATIONAL • BISTRO Das nette moderne kleine Bistro hat sich mit seiner frischen Küche einen Namen gemacht. Appetit machen da z. B. "Couscous-Salat, Granatapfel, karamellisierte Feige, Entenbrust" oder "Zanderfilet, Spinatgnocchi, Ratatouille, Parmesanschaum".

Karte 26/44 €

Zugspitzenstr. 2 ✉ 82467 – ✆ 07735 8110 – www.hoeri-am-bodensee.de – nur Abendessen – geschlossen Sonntag, Feiertage

Staudacherhof

SPA UND WELLNESS • INDIVIDUELL Die Staudachers sind Hoteliers aus Leidenschaft, und das merkt man an den individuellen, geschmackvoll-wohnlichen und sehr hochwertigen Zimmern, am tollen Spa auf 1400 qm, am richtig guten Frühstück und an der 3/4-Pension, die vor allem beim Abendessen kaum Wünsche offen lässt - wie wär's mal mit "bayurvedisch"? Schöne Weinempfehlungen.

49 Zim – †140/200 € ††245/375 € – 4 Suiten – ½ P

Höllentalstr. 48 ✉ 82467 – ✆ 08821 9290 – www.staudacherhof.de

Werdenfelserei (N)

BOUTIQUE-HOTEL • REGIONAL Ein Hotspot unter den Garmischer Hotels! Am Michael-Ende-Kurpark liegt das reine Vollholz-Hotel, das regionale Akzente, liebevolle Details und luxuriöse Großzügigkeit gelungen vereint. Wunderschön und wertig hat man es hier - darf es eine Suite mit eigenem Spa oder Kamin sein? Zum Relaxen: toller Ruheraum unter hoher Dachschräge, Ganzjahres-Außenpool, Bar "neun10"...

51 Zim – †163/220 € ††226/340 € – 8 Suiten

Alleestr. 28 ✉ 82467 – ✆ 08821 6869390 – www.werdenfelserei.de

Wurzelwerk – siehe Restaurantauswahl

Obermühle N

HISTORISCH • MODERN Bis 1634 reicht die Familientradition zurück, seit 1925 beherbergt man hier Gäste. Seither hat sich viel getan: Von den überaus wohnlichen Zimmern über den Spa bis zum Restaurant "Reiser's" ist alles sehr geschmackvoll mit modern-alpinem Chic gestaltet. Die Küche: ambitioniert, international und mit regionalem Bezug.

93 Zim – †124/399 € ††129/399 € – 9 Suiten – ½ P

Mühlstr. 22 ✉ 82467 – ✆ 08821 7040 – www.hotel-obermuehle.de

Reindl's Partenkirchner Hof

FAMILIÄR • REGIONAL Eine schöne Adresse ist das gewachsene Hotel unter familiärer Leitung: wohnliche Zimmer (einige sehr hübsch mit rustikaler Täfelung!), moderner Saunabereich, herrlicher Blick aufs Wettersteingebirge... Im eleganten Restaurant bietet man klassische Küche und eine gute Weinauswahl.

50 Zim – †100/190 € ††150/250 € – 10 Suiten – ½ P

Bahnhofstr. 15 ✉ 82467 – ✆ 08821 943870 – www.reindls.de – geschlossen November

Zugspitze N

LANDHAUS • GEMÜTLICH Hier lässt es sich klasse Urlaub machen: Man hat wohnliche Zimmer mit Landhaus-Charme, meist mit Bergblick und Balkon, sowie ein gutes Spa-Angebot samt "Vino Spa" und Taiji-Schule. Dazu ausgezeichnetes Frühststück und anspruchsvolle HP. Der gemütlich-moderne Pavillon "Zugspitz Stad'l" dient als Bar und Restaurant.

45 Zim – †109/199 € ††148/338 € – 3 Suiten – ½ P

Klammstr. 19 ✉ 82467 – ✆ 08821 9010 – www.hotel-zugspitze.de

Joseph Naus Stub'n – siehe Restaurantauswahl

Rheinischer Hof

FAMILIÄR • GEMÜTLICH Seit vielen Jahren führt die Inhaberfamilie dieses wohnliche Ferienhotel und verbessert immer wieder! Viele der Zimmer (teils im Haus Windrose vis-à-vis) haben Südbalkone, hier hat man's schön sonnig. Entspannen können Sie im Saunabereich oder bei einer Massage.

35 Zim – †69/125 € ††98/155 € – 4 Suiten – ½ P

Zugspitzstr. 76 ✉ 82467 – ✆ 08821 9120 – www.rheinischerhof-garmisch.de

GEDERN

Hessen – 7 439 Ew. – Höhe 315 m – Regionalatlas **38**-G14
Michelin Straßenkarte 543

Schlosshotel

HISTORISCHES GEBÄUDE • ROMANTISCH In dem hübschen Schloss a. d. 13. Jh. wohnen die Gäste in gepflegten, behaglich eingerichteten Zimmern mit Holzfußboden und Altbau-Flair. Das Restaurant: "Eleonore", "Ritterstube" und das "Gefängnis". Bemerkenswert sind der Wappen- und der Gartensaal.

17 Zim – †59/90 € ††90/130 € – ½ P

Schlossberg 5 ✉ 63688 – ✆ 06045 96150 – www.schlosshotel-gedern.de

GEHRDEN

Niedersachsen – 14 550 Ew. – Höhe 76 m – Regionalatlas **18**-H9
Michelin Straßenkarte 541

Berggasthaus Niedersachsen

KLASSISCHE KÜCHE • LÄNDLICH XX Das historische Anwesen auf dem Gehrdener Berg bietet richtig gute Küche: ein interessanter Mix aus bürgerlichen und feinen klassischen Gerichten, von "Hannoverschem Zungenragout" bis "Steinbutt mit Krustentier-Béarnaise". Tolle Terrasse! Tipp: werktags ab 15 Uhr sowie am Wochenende durchgehend warme Küche.

Menü 37/79 € – Karte 32/55 €

Köthnerberg 4 ✉ 30989 – ✆ 05108 3101 (Tischbestellung ratsam) – www.berggasthaus-niedersachsen.de – Mittwoch - Freitag nur Abendessen – geschlossen 1. - 12. Oktober, über Weihnachten und Montag - Dienstag

GEISENHEIM

Hessen – 11 627 Ew. – Höhe 88 m – Regionalatlas **47**-E15
Michelin Straßenkarte 543

In Geisenheim-Johannisberg Nord: 4,5 km in Richtung Presberg

✿✿ Schwarzenstein Nils Henkel

KREATIV • ELEGANT XXX Hier hat es einen Umzug gegeben: Das Gourmetrestaurant befindet sich nun im lichten Glaspavillon mit Rheingau-Blick, und es ist noch schicker und edler geworden: elegante Grautöne, formschöne Samtsessel, dunkler Schieferboden... Im Mittelpunkt steht dennoch die Küche von Nils Henkel, der zuvor viele Jahre Küchenchef im „Gourmetrestaurant Lerbach" in Bergisch Gladbach war. Nun hat er seine Wirkungsstätte auf "Burg Schwarzenstein", die eingebettet und romantisch in einer herrlichen Landschaft liegt, umgeben von Weinreben. Nils Henkel, einer der Besten seiner Zunft, zaubert mit Meisterhand lukullische Highlights der Extraklasse, geprägt von sehr viel Einfallsreichtum und Finesse. Mit seinen beiden Menüs „Flora" und „Fauna" – letzteres komplett vegetarisch - zeigt der Meister die ganze Bandbreite seines großen Könnens. So überzeugt unter anderem der servierte Hummer samt feiner Kontraste aus Erbsen und Kokosmilch absolut und zeigt ganz klar Henkels eigene Handschrift.

→ Kingfisch Ceviche, Grapefruit, Staudensellerie. Rehbock, Essigkirschen, Currylinsen, Pfifferlinge. Aprikose, Mandel, Porcelana Schokolade, Fichtennadel.

Menü 140/210 €

Hotel Burg Schwarzenstein, Rosengasse 32 ✉ 65366 – ✆ 06722 99500 (Tischbestellung erforderlich) – www.burg-schwarzenstein.de – Mittwoch - Freitag nur Abendessen – geschlossen 1. - 22. Januar und Montag - Dienstag

Burgrestaurant

MARKTKÜCHE • MEDITERRANES AMBIENTE XX Das Lokal befindet sich im historischen Teil der Burg. Von der Laubenterrasse oder von einem der Fensterplätze hat man eine einzigartige Aussicht, während man saisonal speist. Probieren Sie auch mal Klassiker wie Sauerbraten.

Menü 54/68 € – Karte 41/56 €

Hotel Burg Schwarzenstein, Rosengasse 32 ✉ 65366 – ✆ 06722 99500 – www.burg-schwarzenstein.de – geschlossen 1. - 6. Januar

Grill & Winebar

GRILLGERICHTE • TRENDY XX Ein weiteres Gastronomie-Konzept der Burg Schwarzenstein: leger und modern die Atmosphäre, passend dazu Speisen wie Steak vom Holzkohlegrill, Fish & Seafood, Burger... Und das alles natürlich bei traumhaftem Blick über die Weinberge.

Karte 40/85 €

Hotel Burg Schwarzenstein, Rosengasse 32 ✉ 65366 – ✆ 06722 99500 – www.burg-schwarzenstein.de – geschlossen 1. - 22. Januar und Montag - Dienstag

Schlossschänke auf dem Johannisberg

REGIONAL • HISTORISCHES AMBIENTE X Das freundliche Restaurant im Schloss Johannisberg hat einen tollen Wintergarten - wunderbar der Blick aufs Rheintal! Es gibt regional-saisonale Küche und internationale Klassiker. Übrigens: 1775 entstand hier quasi das Prädikat "Spätlese".

Karte 36/60 €

Schlossallee 1 ✉ 65366 – ✆ 06722 96090 – www.kuffler.de

Kleines Budget? Profitieren Sie von den Mittagsmenüs zu moderaten Preisen.

Burg Schwarzenstein

HISTORISCHES GEBÄUDE • ELEGANT Was aus der historischen Burganlage entstanden ist, verdient die Bezeichnung Luxushotel! Traumhafte Lage in den Weinbergen mit weiter Sicht, wunderschöne, wertige Zimmer, meist in chic-geradlinigem Design (klasse die Panoramasuite!), und last but not least das ungebrochene Engagement der Familie Teigelkamp.

49 Zim – 195/225 € 290/320 € – 2 Suiten – 25 €

Rosengasse 32 65366 – 06722 99500 – www.burg-schwarzenstein.de – geschlossen 1. - 6. Januar

Schwarzenstein Nils Henkel • **Grill & Winebar** • **Burgrestaurant** – siehe Restaurantauswahl

Haus Neugebauer

FAMILIÄR • FUNKTIONELL Hübsch anzuschauen ist das einstige Schulhaus von 1911 mit der schmucken Natursteinfassade. Es liegt angenehm ruhig im Wald, man wird sehr freundlich umsorgt, wohnt gepflegt und am Morgen gibt es ein gutes Frühstück. Von der Terrasse hat man einen schönen Blick ins Grüne.

21 Zim – 79/99 € 105/145 € – ½ P

Haus Neugebauer 1, nahe der Straße nach Presberg, Nord-West: 2,5 km 65366 – 06722 96050 – www.hotel-neugebauer.de – geschlossen 15. Januar - 15. Februar

GEISINGEN

Baden-Württemberg – 6 042 Ew. – Höhe 667 m – Regionalatlas **62**-F21
Michelin Straßenkarte 545

Zum Hecht

MARKTKÜCHE • GASTHOF XX Hinter der markant roten Fassade dürfen Sie eine der besten Küchen der Region erwarten! Die mediterran geprägten Speisen nennen sich z. B. "Ligurische Fischsuppe mit Gambas" oder "Lamm, Artischocken, Bohnen, Püree".

Menü 44/68 € – Karte 40/66 €

6 Zim – 38/48 € 68/78 €

Hauptstr. 41 78187 – 07704 281 – www.zumhecht.de – nur Abendessen – geschlossen Montag - Dienstag

GEISLINGEN an der STEIGE

Baden-Württemberg – 26 673 Ew. – Höhe 464 m – Regionalatlas **56**-I19
Michelin Straßenkarte 545

In Geislingen-Weiler ob Helfenstein Ost: 3 km - Höhe 640 m

Burghotel

FAMILIÄR • KLASSISCH Alles hier ist tipptopp gepflegt, darauf legt man großen Wert! Vieles spricht für das Haus: die ruhige Lage, wohnliche Zimmer, die Frühstücksterrasse, das komfortable Hallenbad und natürlich auch die herzlichen Gastgeberinnen selbst.

23 Zim – 69/119 € 119/169 €

Schalkstetter Str. 1 73312 – 07331 93260 – www.burghotel-schiehle.de – geschlossen 22. Dezember - 7. Januar

GELDERN

Nordrhein-Westfalen – 33 191 Ew. – Höhe 25 m – Regionalatlas **25**-B10
Michelin Straßenkarte 543

See Park Janssen

BUSINESS • MODERN Panoramapool, Fitness mit Betreuung, hochwertiges Beautyangebot... Hier gibt es Spa-Vielfalt auf rund 8000 qm. Dazu freundliche Zimmer, Lage am See und Golfplatz gleich nebenan. Tipp: die modernen Panorama-Zimmer in warmen Tönen! Zum See hin auch das Restaurant samt Wintergarten und die Terrasse.

88 Zim – 83/162 € 122/189 € – ½ P

Danziger Str. 5 47608 – 02831 9290 – www.seepark.de

GELNHAUSEN

Hessen – 22 265 Ew. – Höhe 159 m – Regionalatlas **48**-G14
Michelin Straßenkarte 543

Bergschlösschen

ITALIENISCH • ELEGANT XX In einmalig schöner Lage wird hier richtig gute authentisch italienische Küche geboten. Je nach Saison bekommen Sie bretonischen Hummer, weiße Trüffel und immer topfrischen Fisch! Das Olivenöl holt der Chef höchstpersönlich aus Apulien!

Menü 35/86 € – Karte 39/67 €

Am Schlößchen 4 ✉ 63571 – ✆ 06051 472647
– www.restaurant-bergschloesschen.de – geschlossen Dienstag, Samstagmittag

GELSENKIRCHEN

Nordrhein-Westfalen – 257 651 Ew. – Höhe 52 m – Regionalatlas **26**-C11
Michelin Straßenkarte 543

In Gelsenkirchen-Buer

Courtyard by Marriott

KETTENHOTEL • MODERN Ein komfortables Hotel mit technisch gut ausgestatteten Zimmern - in den oberen Etagen die Executive-Zimmer. Sauna- und Fitnessbereich im 11. Stock mit tollem Blick auf die Veltins-Arena. Dazu direkter Zugang zum "medicos.AufSchalke"-Gesundheitszentrum. Das Restaurant "Green Olive" bietet mediterrane Küche.

198 Zim – †103/350 € ††103/350 € – 4 Suiten – ☕ 19 €

Parkallee 3 ✉ 45891 – ✆ 0209 8600 – www.courtyardgelsenkirchen.de

GENGENBACH

Baden-Württemberg – 10 730 Ew. – Höhe 175 m – Regionalatlas **54**-E19
Michelin Straßenkarte 545

Die Reichsstadt

REGIONAL • FREUNDLICH XX Gute badisch-saisonale Küche gibt es in dem charmanten historischen Gasthaus, z. B. als "Gengenbacher Forellenröllchen auf Kürbisrisotto" oder als "Zwiebelrostbraten mit Spätzle". Tipp: Beim Menü "Himmlisch Einfach" kombinieren Sie selbst. Oder lieber das Monatsmenü? Wahrhaft bezaubernd die Terrasse!

Menü 40/105 € – Karte 34/69 €

Hotel Die Reichsstadt, Engelgasse 33 ✉ 77723 – ✆ 07803 96630
– www.die-reichsstadt.de – geschlossen Februar und Montag - Dienstagmittag

Ponyhof

REGIONAL • LÄNDLICH X Ein Restaurant, das man sich in der Nachbarschaft wünscht! Hier stehen zwei Brüder gemeinsam mit dem Vater am Herd. Das Ergebnis: Schmackhaftes von moderner Küche (z. B. "Rübenvielfalt, Räucheraal, gedörrte Physalis, Sonnenblumencreme") über Klassiker wie Cordon bleu bis zum Dry Aged Rind. Tipp: hausgemachte Kuchen!

Menü 54/98 € – Karte 25/99 €

Mattenhofweg 6 ✉ 77723 – ✆ 07803 1469 – www.ponyhof.co – geschlossen Montag sowie jeden 2. Dienstag im Monat

Die Reichsstadt

HISTORISCHES GEBÄUDE • MODERN Sie wohnen direkt in der Altstadt in einem ganz reizenden und schicken kleinen Hotel, das Altes und Neues wirklich gelungen miteinander verbindet. Schön modern und individuell die Zimmer, herzlich der Service, hübsch die Sauna und der Garten, klasse die Skylounge auf dem Dach mit Blick über die Stadt!

26 Zim ☕ – †105/155 € ††160/190 € – 5 Suiten – ½ P

Engelgasse 33 ✉ 77723 – ✆ 07803 96630 – www.die-reichsstadt.de

Die Reichsstadt – siehe Restaurantauswahl

Stadthotel Pfeffermühle

FAMILIÄR • KLASSISCH Nur wenige Schritte und schon ist man in der historischen Altstadt! Und das Haus selbst? Es ist sehr gepflegt und wird von der Familie mit Engagement geführt. Fragen Sie nach den neueren Zimmern - sie sind schön zeitgemäß gestaltet. Dachterrasse mit Aussicht!

25 Zim – 62/69 € 90/92 €

Oberdorfstr. 24 77723 – 07803 93350 – www.pfeffermuehle-gengenbach.de

Pfeffer & Salz

FAMILIÄR • MODERN Eine gepflegte familiäre und ruhige Adresse oberhalb der Altstadt - dazu gehört auch ein Weingut samt kleiner Vinothek. Fragen Sie nach den neueren Zimmern mit Bezug zum Thema Wein. Im Restaurant und auf der großen Terrasse bietet man Internationales und Regionales - beliebt bei Paaren: "Twingle-Menü" inklusive Wein.

24 Zim – 60/75 € 90/115 € – ½ P

Mattenhofweg 3 77723 – 07803 93480 – www.pfefferundsalz-gengenbach.de

GERNSBACH

Baden-Württemberg – 13 949 Ew. – Höhe 174 m – Regionalatlas **54**-E18
Michelin Straßenkarte 545

Werners Restaurant

FRANZÖSISCH-KLASSISCH • ELEGANT Auch wenn man in dem eleganten Restaurant wirklich schön sitzt, so sollten Sie sich nicht die wunderbare Terrasse entgehen lassen - herrlich der Ausblick von hier! Im Mittelpunkt steht aber doch die durchdachte Küche, die Klassisches und Modernes kombiniert. Eines der Menüs ist vegetarisch. Schön auch die Weinkarte.

→ Glasiertes Kalbsherzbries, Spitzkohl, Pfifferlinge. Ganzer Hummerschwanz aus der Salzcocotte. Feines vom Schwarzfederhuhn in zwei Gängen, Spargel, Haselnuss, Sauce Albuféra, Trüffel.

Menü 59/97 € – Karte 76/112 €

Hotel Schloss Eberstein, Schloss Eberstein 1 76593 – 07224 995950 – www.schlosseberstein.com – nur Abendessen, sonntags auch Mittagessen – geschlossen 1. - 10. Januar und Montag - Dienstag

Schloss-Schänke

REGIONAL • BÜRGERLICH Die gemütlich-rustikale Schloss-Schänke, der schöne "gotische Raum", die herrliche Platanen-Terrasse mit traumhaftem Blick - lauter tolle Plätze für regional-saisonale Küche oder "Badische Happas". Es gibt z. B. "Badisches Hirschragout und rosa gebratene Keule, Speck-Rahmwirsing, Spätzle, Preiselbeerbirne".

Menü 37 € – Karte 28/52 €

Hotel Schloss Eberstein, Schloss Eberstein 1 76593 – 07224 995950 – www.schlosseberstein.com

Schloss Eberstein

HISTORISCHES GEBÄUDE • GEMÜTLICH Das Schloss in wunderbarer Aussichtslage am hauseigenen Weinberg hat Charme und Atmosphäre. Moderne, sehr wohnliche und hochwertige Zimmer, dazu eine reizvolle kleine Liegewiese zwischen historischen Mauern - exklusiv für Hotelgäste.

14 Zim – 115/195 € 158/248 €

Schloss Eberstein 1 76593 – 07224 995950 – www.schlosseberstein.com

Werners Restaurant • **Schloss-Schänke** – siehe Restaurantauswahl

Romantiklandhaus Hazienda

LANDHAUS • MEDITERRAN Die Gastgeber haben ihre Passion für das Mittelmeer nach Baden geholt! Liebevoll und individuell wurden die Apartments (mit Küchenzeile) im südländischen Hazienda-Stil eingerichtet. Auch der schöne große Garten versprüht mediterranes Flair.

10 Zim – 98/149 € 98/159 €

Pflasteräcker 26 76593 – 07224 989304 – www.romantiklandhaus.de

In Gernsbach-Staufenberg West: 2,5 km

Sternen

REGIONAL • RUSTIKAL X In 4. Generation wird der Gasthof von der Familie geführt. In gemütlichen, teils holzgetäfelten Stuben speist man regional-saisonal, so z. B. "Medaillons vom Hirschkalb mit Pfifferlingen". Man kann hier auch schön gepflegt übernachten und für Kinder gibt es einen Spielplatz. Praktisch: Tankstelle für E-Mobile.

Menü 30 € – Karte 25/52 €

14 Zim – †59/89 € ††83/107 € – 5 €

Staufenberger Str. 111 ✉ 76593 – ✆ 07224 3308 – www.sternen-staufenberg.de – geschlossen 2. Februar - 10. März, 27. Juli - 15. August und Donnerstag

GIESSEN

Hessen – 83 280 Ew. – Höhe 159 m – Regionalatlas **37**-F13
Michelin Straßenkarte 543

Restaurant Tandreas

INTERNATIONAL • FREUNDLICH XX Schön das geradlinig-moderne Ambiente, gut und frisch die Küche. Geboten wird ein breiter Mix an Gerichten, von "Rehragout mit Rahmwirsing" bis "Frühlingsrolle von der Ente". Zuvorkommend die Patronne. Mittags ist das Angebot reduzierter.

Menü 36 € – Karte 37/62 €

Hotel Tandreas, Licher Str. 55 ✉ 35394 – ✆ 0641 94070 – www.tandreas.de – geschlossen 1. - 6. Januar, Ende Juni - Anfang August 1 Woche und Samstagmittag, Sonntag - Montagmittag

heyligenstaedt

INTERNATIONAL • TRENDY XXX Hohe Decken, Stahlträger, große Sprossenfenster, hier und da freigelegte Backsteinwände... Den Charakter der einstigen Fabrikhalle hat man bewusst bewahrt, dazu stilvoll-modernes Design und schmackhafte Speisen wie "Wildgarnelen mit Krustentierschaum und Papaya". Mittags nur kleine Lunch-Karte.

Menü 89 € (abends) – Karte 34/77 €

Hotel heyligenstaedt, Aulweg 41 ✉ 35392 – ✆ 0641 4609650 – www.restaurant-heyligenstaedt.de – geschlossen 1. - 6. Januar und Sonntag - Montagmittag, Dienstagmittag, Mittwochmittag, Samstagmittag

Tandreas

FAMILIÄR • MODERN Das stilvolle kleine Hotel der engagierten und stets präsenten Tanja Gerlach steht dem Restaurant in nichts nach. Hochwertig das Frühstück, wohnlich die in warmen Farben gehaltenen Zimmer. Besonders komfortabel: Juniorsuite und Appartement.

32 Zim – †99/129 € ††119/169 € – 2 Suiten – ½ P

Licher Str. 55 ✉ 35394 – ✆ 0641 94070 – www.tandreas.de

Restaurant Tandreas – siehe Restaurantauswahl

heyligenstaedt

HISTORISCH • DESIGN Richtig apart der Industrie-Charme der einstigen Werkzeugmaschinenfabrik (1876 von Louis Heyligenstaedt gegründet), und dem steht das wertige, chic-moderne Interieur bestens zu Gesicht! Gutes Frühstücksbuffet. Toll: Außensauna auf dem Dach!

20 Zim – †100/140 € ††120/240 € – 15 €

Aulweg 41 ✉ 35392 – ✆ 0641 4609650 – www.restaurant-heyligenstaedt.de – geschlossen 1. - 6. Januar

heyligenstaedt – siehe Restaurantauswahl

GIFHORN

Niedersachsen – 41 617 Ew. – Höhe 53 m – Regionalatlas **19**-J8
Michelin Straßenkarte 541

Ratsweinkeller

KLASSISCHE KÜCHE • GEMÜTLICH XX In den holzgetäfelten Stuben des alten Fachwerkhauses sitzt man nicht nur gemütlich, auch Küche und Service sind einen Besuch wert. Man kocht klassisch-regional, von "Maultaschen mit Rahmwirsing" bis "Heidschnucke mit Senf-Kräuterkruste, Kartoffelgratin, Rotkraut". Beliebter Mittagstisch.

Menü 45 € – Karte 31/50 €

Cardenap 1 ✉ 38518 – ✆ 05371 59111 (Tischbestellung erforderlich) – geschlossen Montag und Mittwoch

GLASHÜTTEN

Hessen – 5 380 Ew. – Höhe 510 m – Regionalatlas **47**-F14
Michelin Straßenkarte 543

Glashüttener Hof

INTERNATIONAL • FAMILIÄR XX Diese sympathische Adresse ist beliebt wegen ihrer angenehm unkomplizierten Atmosphäre, dem charmanten Service und Gerichten wie "Kotelett vom Bentheimer Landschwein". Toller Mittagstisch: Man bestellt einen Hauptgang und bekommt Suppe, Salat und Dessert dazu! Gepflegt übernachten kann man hier ebenfalls.

Menü 18 € – Karte 32/68 €

9 Zim – †60/75 € ††110/175 € – ☕ 7 €

Limburger Str. 86, B 8 ✉ 61479 – ✆ 06174 6922 – www.glashuettenerhof.com – geschlossen 8. - 22. Januar und Sonntagabend - Montag

In Glashütten-Schlossborn Süd-West: 3,5 km

Schützenhof

KREATIV • LÄNDLICH XX Lothar und Martina Mohr sind Gastronomen aus Leidenschaft und ihr Faible für feine Küche bringt sie in die besten Restaurants der Welt. Man verwendet gute Produkte und kocht modern-kreativ auf klassischer Basis, z. B. "Gamba Roja mit Mango". Dazu schöne Weine.

Menü 82 € (abends) – Karte 55/78 €

Langstr. 13 ✉ 61479 – ✆ 06174 61074 – www.schuetzenhof-mohr.de – geschlossen Montag - Dienstagmittag, Mittwochmittag, Donnerstagmittag, Sonntagmittag

GLEISWEILER

Rheinland-Pfalz – 602 Ew. – Höhe 285 m – Regionalatlas **54**-E17
Michelin Straßenkarte 543

Landhotel Herrenhaus Barthélemy

LANDHAUS • MEDITERRAN Voller Liebe zum Detail steckt das tolle Anwesen von 1619, die "Chambres d'hôtes" der Provence waren hier Vorbild. Individuelle Zimmer, antike Stücke, geschmackvolle Deko... Dazu der traumhafte Barockgarten und sehr persönliche Atmosphäre! Zusätzlich drei schöne Ferienwohnungen in der Remise von 1775.

2 Zim ☕ – †100/130 € ††125/145 € – 2 Suiten

Bergstr. 4 ✉ 76835 – ✆ 06345 953022 – www.herrenhaus-barthelemy.com – geschlossen 7. Januar - 24. Februar

GLINDE

Schleswig-Holstein – 17 991 Ew. – Höhe 24 m – Regionalatlas **10**-J5
Michelin Straßenkarte 541

San Lorenzo

ITALIENISCH • KLASSISCHES AMBIENTE XX Zum Wohlfühlen ist die schmucke Villa mit ihrem stilvollen Interieur und dem lichten Wintergarten. Charmant wird man mit frischer gehobener italienischer Küche umsorgt - Pastagerichte sind ebenso schmackhaft wie z. B. "Loup de mer mit Mönchsbart". Tipp: sehr interessantes Tagesmenü mit Weinbegleitung!

Menü 50/89 € – Karte 49/81 €

Kupfermühlenweg 2 ✉ 21509 – ✆ 040 7112424 (Tischbestellung ratsam) – www.san-lorenzo-glinde.de – nur Abendessen – geschlossen Montag

GLONN

Bayern - 4 964 Ew. - Höhe 536 m - Regionalatlas **66**-M20
Michelin Straßenkarte 546

In Glonn-Herrmannsdorf Nord-Ost: 3 km über Rotter Straße, nach Mecking links

Wirtshaus zum Herrmannsdorfer Schweinsbräu

MARKTKÜCHE • LÄNDLICH X Hier setzt man auf Bio-Qualität. Aus den hochwertigen Produkten des eigenen Hofguts bereitet man für Sie ein Überraschungsmenü zu. Daneben gibt es auch Klassiker wie Schweinsbraten sowie richtig gute Steaks! Ein Hingucker auch das Restaurant selbst: ein großer hoher Raum mit modern-rustikalem Scheunen-Ambiente samt Balkenkonstruktion bis unters Dach.

Menü 59/160 € - Karte 39/92 €

Herrmannsdorf 7 ✉ 85625 - ✆ 08093 909445 - www.herrmannsdorfer.de - Sonn- und Feiertage nur Mittagessen

GLOTTERTAL

Baden-Württemberg - 3 153 Ew. - Höhe 306 m - Regionalatlas **61**-E20
Michelin Straßenkarte 545

Zum Goldenen Engel

REGIONAL • RUSTIKAL XX Gemütlich hat man es in dem charmanten 500 Jahre alten Traditionsgasthaus. Zur gepflegten Atmosphäre passt die klassisch-regionale Küche von "hausgemachter Wildschweinbratwurst mit Wirsing und Püree" bis "Zander mit Dijonsenf gratiniert auf Meerrettich-Spitzkohl". Lecker auch die Desserts! Sie möchten übernachten? Im Schwarzwälder Stil oder lieber moderner?

Menü 35 € (vegetarisch)/58 € - Karte 30/59 €

14 Zim - †58/85 € ††90/110 €

Friedhofweg 2 ✉ 79286 - ✆ 07684 250 - www.goldener-engel-glottertal.de - geschlossen nach Fastnacht 2 Wochen, November 2 Wochen und Mittwoch

Hirschen

REGIONAL • FREUNDLICH XX Wer in einem "Klassiker" wie diesem gemütlichen Restaurant speist, darf sich auf "einfach badische" Gerichte wie "geschmorten Rehpfeffer mit Rotkraut und Spätzle" freuen, aber auch auf französisch geprägte Speisen wie "Skrei unter der Trüffelkruste mit Mangold und Senfschaum".

Menü 37/76 € - Karte 29/66 €

Hotel Hirschen, Rathausweg 2 ✉ 79286 - ✆ 07684 810 - www.hirschen-glottertal.de - geschlossen Montag

Wirtshaus zur Sonne

REGIONAL • FAMILIÄR X Seit über 300 Jahren ist der Gasthof bereits in Familienhand. Drinnen sitzt man in einer wunderschönen holzgetäfelten Stube, draußen lockt die hübsche Gartenterrasse. Auf den Tisch kommt Schmackhaftes wie "Tafelspitzsülze auf Radieschen-Carpaccio" oder "Skrei mit Tomaten und Kräutern gebraten".

Menü 30/45 € - Karte 26/52 €

Talstr. 103 ✉ 79286 - ✆ 07684 242 - www.sonne-glottertal.de - geschlossen über Fastnacht 2 Wochen und Mittwoch - Donnerstag

Gasthaus Adler

REGIONAL • GASTHOF XX Was passt besser zum Schwarzwald als badische Küche in urgemütlichen Stuben? Auch der herzliche Service sorgt dafür, dass man sich wohlfühlt, während man sich z. B. die winterlichen Wild- und Gänsegerichte schmecken lässt. Zum Übernachten: wohnliche, teils auch einfache Zimmer.

Karte 29/68 €

14 Zim - †60/90 € ††80/105 € - 1 Suite

Talstr. 11 ✉ 79286 - ✆ 07684 90870 - www.adler-glottertal.de - geschlossen 8. - 23. Januar und Dienstag

Hirschen

LANDHAUS • TRADITIONELL Ein sehr gepflegter Familienbetrieb mit unterschiedlichen Zimmern vom kleineren EZ bis zur großzügigen Suite, schönem Wellnessangebot samt Kosmetik und Massage sowie einem eigenen Park. In der Winzerstube neben dem Hotel kann man gut vespern. Tipp: Wein aus der Privat-Weinkellerei.

49 Zim – 78/98 € 89/192 € – ½ P

Rathausweg 2 79286 – 07684 810 – www.hirschen-glottertal.de

Hirschen – siehe Restaurantauswahl

Zum Kreuz

FAMILIÄR • GEMÜTLICH Der familiengeführte Schwarzwaldgasthof wurde in den letzten Jahren kontinuierlich renoviert und erweitert. So hat man heute einen schicken Spa und zeitgemäße Zimmer in unterschiedlichen Kategorien. Und gastronomisch? Hinter der traditionellen Fachwerkfassade bietet man klassische und regionale Küche.

36 Zim – 60/110 € 130/180 € – 1 Suite – ½ P

Landstr. 14 79286 – 07684 80080 – www.zum-kreuz.de

GLÜCKSBURG

Schleswig-Holstein – 5 820 Ew. – Höhe 17 m – Regionalatlas **2**-H2
Michelin Straßenkarte 541

Felix

REGIONAL • FREUNDLICH XX Hier sitzt man angenehm leger in stimmiger Atmosphäre, schaut auf die Förde und lässt sich mediterran und regional inspirierte Gerichte wie "Seezunge, Algen, Crunch, Allerlei Möhre" oder "Sauerbraten vom Reh, Rote Bete, Arme Ritter" schmecken. Schöne Terrasse!

Menü 39/79 € (abends) – Karte 46/73 €

Strandhotel, Kirstenstr. 6 24960 – 04631 6141500 – www.strandhotel-gluecksburg.de

Strandhotel

HISTORISCH • MODERN 1872 als Kurhotel erbaut und nach einem Brand 1914 wiedereröffnet, ist die schöne Ferienadresse heute als "weißes Schloss am Meer" bekannt. Geschmackvoll der skandinavische Stil, alles sehr wohnlich - fragen Sie nach den Zimmern mit Fördeblick! Erholung findet man auch in der hübschen "Wellness-Lounge".

33 Zim – 99/169 € 199/259 € – 3 Suiten – ½ P

Kirstenstr. 6 24960 – 04631 61410 – www.strandhotel-gluecksburg.de

Felix – siehe Restaurantauswahl

In Glücksburg-Meierwik Süd-West: 3 km

Meierei Dirk Luther

KLASSISCHE KÜCHE • ELEGANT XXX Wenn Sie hier an einem der schönen Tische, die aus 100 Jahre alten Ostseeholzstegen gefertigt sind, Platz nehmen und durch die bodentiefen Fenster schauen, ist das ein Erlebnis, das seinesgleichen sucht: Sie genießen nicht nur die elegante Atmosphäre, sondern haben zudem noch freien Blick über die Flensburger Förde bis hinüber an die dänische Küste! Dies ist das Reich von Dirk Luther. Mit großen Ambitionen steht der gebürtige Hamburger am Herd und kocht mit Leidenschaft eine schnörkellose und klare Küche auf klassischer Basis. Ein Gedicht ist zum Beispiel seine tadellos abgeschmeckte Seezunge oder auch der Atlantik-Hummer, der kreativ und mit Finesse zubereitet wird. Weinliebhaber sollten einen Blick in die Karte werfen, denn hier stehen rund 700 Positionen zur Wahl!

→ Atlantik Hummer, 3 x junge Erbsen, Krustentierjus. Impérial Taube, Nüsse, Rote Bete, Buchenpilze. Limettensoufflé, Erdbeere, Schokoladendrops, Rhabarber.

Menü 178/198 €

Vitalhotel Alter Meierhof, Uferstr. 1 24960 – 04631 6199411 (Tischbestellung erforderlich) – www.alter-meierhof.de – nur Abendessen – geschlossen 2. Juli - 10. August, 8. - 19. Oktober, 24. Dezember - 11. Januar und Sonntag - Montag

Brasserie

INTERNATIONAL • LÄNDLICH XX Eine schöne Alternative zur Gourmetküche der "Meierei". In freundlicher Atmosphäre gibt es international-regionale Küche. Auf der Karte z. B. "Tatar vom Glücksstädter Matjes", "in Rotwein geschmorte Rinderbacke" oder "Seesaibling mit Zitronen-Thymianschaum".

Karte 47/76 €

Vitalhotel Alter Meierhof, Uferstr. 1 ✉ 24960 – ✆ 04631 6199410 – www.alter-meierhof.de

Vitalhotel Alter Meierhof

SPA UND WELLNESS • GEMÜTLICH Was für ein Haus! Viel stilvoller und wertiger kann man an der Ostsee nicht wohnen. Elegante Einrichtung mit skandinavischem Touch, sehr guter, aufmerksamer Service, beeindruckendes Frühstück, ein orientalischer Spa auf rund 1400 qm und dann auch noch die Lage direkt an der Förde!

52 Zim – †140/390 € ††210/580 € – 2 Suiten – ½ P

Uferstr. 1 ✉ 24960 – ✆ 04631 61990 – www.alter-meierhof.de

Meierei Dirk Luther • **Brasserie** – siehe Restaurantauswahl

In Glücksburg-Holnis Nord-Ost: 5 km

Ostsee-Strandhaus (N)

LANDHAUS • AM MEER Einzigartig die Lage am Meer - ein fast endloser Strand vor der Tür, klasse der Blick! Geschmackvoll das nordische Design, alle Zimmer mit kleiner Küche. Highlight: die Penthouse-Suiten! Die Kunst im Haus stammt übrigens von Hans-Ruprecht Leiß. Check-in, Frühstück und Kleinigkeiten im Strandcafé (100 m entfernt).

10 Zim – †99/179 € ††109/189 € – 7 Suiten – 12 €

An der Promenade 1 ✉ 24960 – ✆ 04631 622071 – www.ostsee-strandhaus-holnis.de

Lodge am Meer

FAMILIÄR • AM MEER Die Vorfreude aufs Relaxen am Strand kommt hier schon beim Frühstücken - die Förde haben Sie nämlich direkt vor Augen! Die Zimmer können sich ebenfalls sehen lassen: freundlich, gemütlich, mit warmem Holz - passend zum familiären Charakter des Hauses. Praktisch: italienisches Restaurant im Haus.

15 Zim – †79/129 € ††98/168 € – ½ P

Drei 5 ✉ 24960 – ✆ 04631 61000 – www.lodgeammeer.de

GMUND am TEGERNSEE

Bayern – 5 912 Ew. – Höhe 740 m – Regionalatlas **66**-M21
Michelin Straßenkarte 546

Jennerwein

REGIONAL • BÜRGERLICH X Eine wirklich nette Adresse mit charmant-rustikaler Gasthaus-Atmosphäre. In den gemütlichen Stuben bekommt man frische und saisonal-bayerische Küche: "Böfflamott mit Wurzelgemüse", "gebratener Zander auf Rahmwirsing", "Knödel-Tris"...

Menü 27/35 € – Karte 30/51 €

Münchner Str. 127 ✉ 83703 – ✆ 08022 706050 – www.gasthaus-jennerwein.de – geschlossen Dienstag - Mittwoch

In Gmund-Ostin

Ostiner Stub'n

INTERNATIONAL • GASTHOF XX Das Ambiente in dem regionstypischen Gasthaus ist gemütlich und hat alpenländisches Flair, hübsch der Garten. Aus der Küche kommen international-saisonale Gerichte ebenso wie bayerische Schmankerl. Appetit macht z. B. "gegrilltes Duroc-Schweinekotelett, eingelegte Austernpilze, Bäckerinkartoffeln".

Menü 43/51 € – Karte 24/51 €

Schlierseer Str. 60 ✉ 83703 – ✆ 08022 7059810 – www.ostiner-stubn.de – geschlossen Januar 2 Wochen, Oktober 1 Woche und Dienstag - Mittwoch

STELLARE DYNAMIK

Bakterienküche

Fermentiertes Elchmoos war gestern. Die Zukunft gehört dem bakteriellen One-Bite-Menü.

Tiroler Bergkäse g.U., Vorarlberger Bergkäse g.U., so der schlichte Name des Jahrhundertmenüs. Understatement pur. Die Extrem-Niedertemperatur-Bakterienküche ist Retrofuturismus vom Feinsten. Die Senner – so heißen diese speziellen Großmeister des Käsens – nehmen einfach beste Rohmilch aus den Alpen, Lab als Motivation für die Bakterien und vielleicht noch ein wenig Salz. Zunächst nur ein Vormittag Arbeit. Und dann monatelanges Bakterien dressieren. Das beherrschen nur echte Könner. Extrem-Niedertemperatur bedeutet beim Käse vielleicht 15°C bei hoher Luftfeuchtigkeit. Dafür dauert der Garvorgang dann mindestens ein halbes Jahr. Ein Jahr ist keine Seltenheit. In der Zeit verwandeln hochspezialisierte Bakterien dickgelegte Milch in Käse, erschaffen eigenständig eine Vielzahl von Geruchs- und Geschmacksstoffen, erarbeiten eine neue Textur – ein Naturwunder.

DIE BEGEGNUNG

Am Anfang steht der Duft, der vom großem Charakter des Käses kündet. Der erste Biss schon offenbart das harmonische Paradoxon vom bröseligen Schmelz des Käseteigs. Obertöne von Wiesenklee und Löwenzahn umspielen Anklänge von Tannenduft und Bergquellwasser. Von unten schieben dunkle Rahmnoten, durchwebt von kräftiger Würze, belegt mit einem Fettsäuremuster, so fein wie Babyhaut. Ganz viel vegetarisches Umami, aber perfekt ausbalanciert mit Vanille und exotischen Zitrusnoten. Das alles in einem Biss, auf einem Kubikzentimeter. Mutige Reduktion in der Form, nur ein Hauch Inszenierung. Geschützter Bergkäse – immer eine Begegnung wert.

Das einzige Problem von geschütztem Bergkäse ist die lange Zubereitungsdauer. Andererseits lohnt es sich ja mitunter auch, bis zu einem Jahr auf einen Tisch in einem Spitzenrestaurant zu warten. Da lässt sich auch so ein langfristiges Konzept wie Tiroler Bergkäse g.U. oder Vorarlberg Bergkäse g.U. umsetzen. Dem Käse gehört die Zukunft.

GNOTZHEIM

Bayern - 834 Ew. - Höhe 473 m - Regionalatlas **57**-K17
Michelin Straßenkarte 546

Gasthof Gentner

REGIONAL • GASTHOF X Der familiengeführte Gasthof gibt ein stimmiges Bild ab: ein traditionsreiches Haus, Produkte aus der Region, "Slow Food"-Mitglied... und das Obst kommt von der eigenen Streuobstwiese. Sie speisen in sorgsam restaurierten Stuben und übernachten in hübschen geräumigen Zimmern mit ländlichem Charme.

Menü 30/42 € - Karte 32/50 €

7 Zim - 67/75 € 110/140 €

Spielberg 1 ✉ 91728 - ✆ 09833 988930 - www.gasthof-gentner.de - geschlossen März 1 Woche, September 2 Wochen und Montag - Dienstag, November - März: Sonntagabend - Dienstag

GÖHREN Mecklenburg-Vorpommern → Siehe Rügen (Insel)

GÖHREN-LEBBIN

Mecklenburg-Vorpommern - 581 Ew. - Höhe 89 m - Regionalatlas **13**-N5
Michelin Straßenkarte 542

Blüchers

MARKTKÜCHE • CHIC XX Entsprechend dem "Organic"-Konzept des Hauses verwendet man im Restaurant Produkte aus der Region, teilweise sogar aus der eigenen Landwirtschaft. Interessant: Immer wieder stellen Gastköche ihre Gerichte vor. Das Interieur: eine gelungene Verbindung von zeitgemäßem Chic und historischem Flair.

Menü 99 € - Karte 55/85 €

Hotel Schloss Fleesensee, Schlossstr. 1 ✉ 17213 - ✆ 039932 80100 - www.schlosshotel-fleesensee.de - nur Abendessen - geschlossen Sonntag - Montag, außer Feiertage

Schloss Fleesensee

HISTORISCHES GEBÄUDE • KLASSISCH Ein richtig schönes herrschaftliches Anwesen ist das Schloss von 1842 nebst verschiedenen Dependancen. Die hochwertigen Zimmer gibt es chic-modern oder klassisch. Tipp: Spa-Suiten mit eigener Sauna. Stilvoll designt die Lobby und die Lounge "Wine and Book". Internationale Kost in der luftig-lichten Orangerie.

179 Zim - 168/208 € 188/228 € - 16 Suiten - ½ P

Schlossstr. 1 ✉ 17213 - ✆ 039932 80100 - www.schlosshotel-fleesensee.com

Blüchers - siehe Restaurantauswahl

GÖRLITZ

Sachsen - 54 193 Ew. - Höhe 208 m - Regionalatlas **44**-S12
Michelin Straßenkarte 544

Schneider Stube

REGIONAL • GEMÜTLICH XX Das "Tuchmacher" ist mit seinen gemütlichen Stuben eine Institution in der Stadt. Lust auf saisonal-internationale Küche? Oder lieber einen der bewährten Klassiker? Auf der Karte z. B. "Zanderfilet auf Weinkraut" oder "Frikassee vom Landkaninchen in Weinrahm-Estragon-Sauce". Ein Traum: der Innenhof!

Menü 32/72 € - Karte 30/53 €

Hotel Tuchmacher, Peterstr. 8 ✉ 02826 - ✆ 03581 47310 - www.tuchmacher.de - geschlossen Montagmittag

Tuchmacher

HISTORISCH • INDIVIDUELL Sie wohnen in einem sehenswerten, aus mehreren Gebäuden zusammengesetzten Renaissance-Bürgerhaus mit stilgerecht-elegantem Interieur. Wahre Kunstwerke sind die bemalten Holzbalkendecken in manchen Zimmern! Toll die Altstadtlage!

59 Zim - 93/133 € 113/133 € - 1 Suite - 12 € - ½ P

Peterstr. 8 ✉ 02826 - ✆ 03581 47310 - www.tuchmacher.de

Schneider Stube - siehe Restaurantauswahl

Via Regia

URBAN • MODERN Gelungen hat man den schönen historischen Häusern ein stilvoll-modernes Interieur verliehen. Entsprechend dem Namen Via Regia ("Königliche Straße") sind die wertigen Zimmer Städten entlang der alten Handelsroute gewidmet. Klein, aber fein: der Saunabereich. Restaurant mit bürgerlicher und mediterraner Küche.

37 Zim – †71/105 € ††85/119 € – 3 Suiten – 12 €

Jauernicker Str. 15-16 ✉ 02826 – ✆ 03581 7644330 – www.viaregia-goerlitz.bestwestern.de

GÖTTINGEN

Niedersachsen – 117 665 Ew. – Höhe 150 m – Regionalatlas **29**-I11
Michelin Straßenkarte 541

Augusta

REGIONAL • BRASSERIE Zwischen historischen Klostermauern sitzt man hier im Uni-Gebäude in einem schönen Kellergewölbe, wertig das Interieur im Bistro-Stil. Es gibt deutsche und französische Küche, von "Coq au vin" und "Lachs rheinischer Art" über Quiche bis Flammkuchen. Hübsch die Terrasse auf dem Vorplatz. Günstiger Lunch.

Karte 23/60 €

Am Wilhelmsplatz 3 ✉ 37083 – ✆ 0551 48865333 – www.restaurant-augusta.de – geschlossen Montag - Dienstag

FREIgeist (N)

BUSINESS • DESIGN Ganz dem "FREIgeist"-Stil entsprechend kommt das Hotel modern und sehr attraktiv daher: Helles Holz, angenehme Farben und gezielte Design-Akzente bestimmen das Bild. Ebenso trendig und stylish das Restaurant INTUU - hier gibt es japanisch-südamerikanische Nikkei-Küche. Originell: Die Bar hat ihr eigenes Kräuterbeet!

117 Zim – †109/199 € ††119/209 € – 1 Suite – 19 €

Berliner Str. 30 ✉ 37073 – ✆ 0551 999530 – www.freigeist-goettingen.de

In Göttingen - Groß-Ellershausen West: 4 km

Freizeit In

BUSINESS • MODERN Das zeitgemäß-funktionale Tagungs- und Businesshotel bietet mit unterschiedlichen Zimmerkategorien für jeden das Passende, dazu Wellness auf 8800 qm, verschiedene Restaurants sowie die "Orient Lounge" für Events. Praktisch: die Nähe zur A7.

209 Zim – †79/149 € ††119/189 € – 1 Suite – ½ P

Dransfelder Str. 3, an der B 3, jenseits der A 7 ✉ 37079 – ✆ 0551 90010 – www.freizeit-in.de

GOSLAR

Niedersachsen – 50 457 Ew. – Höhe 255 m – Regionalatlas **29**-J10
Michelin Straßenkarte 541

In Goslar-Hahnenklee Süd-West: 16 km - Höhe 560 m

Njord

FAMILIÄR • DESIGN Ein freundlich geführtes Hotel mit schönen Zimmern (meist mit Balkon) und Bibliothek unterm Dach mit Blick auf den Kranichsee. Für Ihre Freizeit: Kosmetikangebot sowie nahegelegene Wanderwege und Sommerrodelbahn.

24 Zim – †70/85 € ††105/135 € – 1 Suite – ½ P

Parkstr. 2 ✉ 38644 – ✆ 05325 5289370 – www.hotelnjord.com

GOTHA

Thüringen – 44 682 Ew. – Höhe 300 m – Regionalatlas **40**-K12
Michelin Straßenkarte 544

Am Schlosspark

BUSINESS • KLASSISCH Ideal die Lage bei der schönen 37 ha großen Parkanlage des Schlosses Friedenstein, und in die Altstadt ist es auch nicht weit! Wohnlich das klassisch-elegante Ambiente, gut das Wellnessangebot mit Kosmetik und Massage. International-regionale Küche im stilvoll-freundlichen Restaurant mit überdachbarer Terrasse.

94 Zim – 88/98 € 115/130 € – ½ P

Lindenauallee 20 99867 – 03621 4420 – www.hotel-am-schlosspark.de

GOTTENHEIM

Baden-Württemberg – 2 799 Ew. – Höhe 194 m – Regionalatlas **61**-D20
Michelin Straßenkarte 545

Zur Krone

REGIONAL • GEMÜTLICH XX Die Stuben in dem schmucken Gasthaus a. d. 18. Jh. haben nicht nur eine nette Atmosphäre, man isst auch gut, nämlich klassisch-saisonale Gerichte wie "Sauerbraten vom Tuniberger Weidelamm auf Schnippelbohnen mit Parmesangnocchi". Und gepflegt übernachten kann man hier ebenfalls.

Menü 36/58 € – Karte 27/60 €

14 Zim – 65/115 € 90/130 €

Hauptstr. 57 79288 – 07665 6712 – www.krone-gottenheim.de – nur Abendessen – geschlossen 25. Februar - 11. März, 1. - 19. August, 10. - 18. November und Sonntag - Montag

GRAAL-MÜRITZ

Mecklenburg-Vorpommern – 4 152 Ew. – Höhe 5 m – Regionalatlas **12**-N3
Michelin Straßenkarte 542

IFA

SPA UND WELLNESS • MODERN Hier kann man wirklich schön Ferien machen, und das nur einen Steinwurf vom Meer entfernt! Buchen Sie eines der seeseitigen Zimmer - oder ziehen Sie einen Bungalow mit Kitchenette vor? Entspannen lässt es sich auch wunderbar im großzügigen Spa-Bereich oder auf der einladenden Terrasse zum Garten.

150 Zim – 110/160 € 142/218 € – 5 Suiten – ½ P

Waldstr. 1 18181 – 038206 730 – www.ifa-graal-mueritz-hotel.com

Haus am Meer

LANDHAUS • AM MEER Vor allem die attraktive strandnahe Lage macht dieses persönlich geführte Hotel aus. Fragen Sie nach den Zimmern mit Meerblick! Nett sitzt man im hellen, freundlichen Restaurant bei bürgerlicher Küche.

34 Zim – 47/89 € 78/159 € – ½ P

Zur Seebrücke 36 18181 – 038206 7390 – www.ham-ostsee.de – geschlossen 21. - 25. Dezember

GRAFENHAUSEN

Baden-Württemberg – 2 222 Ew. – Höhe 895 m – Regionalatlas **62**-E21
Michelin Straßenkarte 545

Tannenmühle

GASTHOF • TRADITIONELL Mühlenmuseum, Tiergehege, eigene Forellenzucht, Spielplatz... Das Anwesen an einem Bach am Waldrand ist ein kleiner Erlebnispark auf 13 ha! Zimmer meist mit Balkon und Küchenzeile, hübsch und ganz schwarzwaldtypisch die Gaststuben. Gekocht wir regional-bürgerlich - schauen Sie auch auf die Forellenkarte!

19 Zim – 53/62 € 90/120 € – ½ P

Tannenmühleweg 5, Süd-Ost: 3 km 79865 – 07748 215 – www.tannenmuehle.de – geschlossen Januar 2 Wochen

GRAINAU

Bayern – 3 462 Ew. – Höhe 758 m – Regionalatlas **65**-K22
Michelin Straßenkarte 546

Henri-Philippe

INTERNATIONAL • ELEGANT XX Wer das geschmackvolle Restaurant im Sommer besucht, sollte einen Tisch auf der Terrasse wählen - hier hat man einen fantastischen Ausblick, während man z. B. "Kabeljau mit Blutwurst-Kartoffelstampf" genießt! Do. - So. zusätzliches Gourmet-Menü mit Gerichten wie "Drachenkopf, Belugalinsen, Speck, Apfel".

Menü 38/135 € (abends) – Karte 37/78 €

Alpenhotel Waxenstein, Höhenrainweg 3 ✉ 82491 – ✆ 08821 9840 (Tischbestellung erforderlich) – www.waxenstein.de

Gasthaus am Zierwald

REGIONAL • GEMÜTLICH X Über 40 Jahre ist das Gasthaus mit Zugspitzblick in Familienhand. Man kocht frisch, schmackhaft und mit badischem Einfluss - da dürfen Maultaschen und Flammkuchen ebenso wenig fehlen wie "geröstete Blutwurst mit Apfelscheiben" oder "geschmorte Kalbsbäckle".

Menü 20/27 € – Karte 26/45 €

5 Zim – †56/62 € ††90/98 €

Zierwaldweg 2 ✉ 82491 – ✆ 08821 98280 – www.zierwald.de – geschlossen 9. - 24. Januar und Mittwoch

Alpenhotel Waxenstein

LANDHAUS • INDIVIDUELL Ein wunderschönes Hotel, zum einen wegen des zeitgemäßen Landhausstils, zum anderen wegen der tollen Aussicht auf Waxenstein und Zugspitze. Letzteres ist ein guter Grund, eines der Südzimmer mit Balkon zu buchen!

41 Zim – †95/190 € ††160/260 € – 2 Suiten – ½ P

Höhenrainweg 3 ✉ 82491 – ✆ 08821 9840 – www.waxenstein.de

Henri-Philippe – siehe Restaurantauswahl

Längenfelder Hof

FAMILIÄR • GEMÜTLICH Diese charmante kleine Ferienadresse hat modern-alpinen Chic - alles ist mit Geschmack gestaltet und liebevoll dekoriert. Von vielen Zimmern hat man einen schönen Blick auf die imposante Bergkulisse Grainaus. Zur Wohlfühl-Atmosphäre kommt übrigens noch ein ausgezeichnetes Frühstück.

19 Zim – †68/150 € ††116/170 €

Längenfelderstr. 8 ✉ 82491 – ✆ 08821 985880 – www.laengenfelder-hof.de – geschlossen 10. November - 15. Dezember

Lassen Sie sich bei Ihrer Reservierung den zurzeit gültigen Preis mitteilen.

GRASELLENBACH

Hessen – 3 932 Ew. – Höhe 389 m – Regionalatlas **48**-G16
Michelin Straßenkarte 543

Siegfriedbrunnen

LANDHAUS • FUNKTIONELL Seit über 100 Jahren wird das ruhig gelegene Hotel von der Familie geführt. Man bietet hier wohnliche Zimmer (auch Allergikerzimmer mit Holzfußboden), ein gediegen-rustikales Restaurant auf zwei Ebenen (internationale Küche) sowie ein Tagungszentrum. Eine kleine Oase: der schöne Garten mit Meerwasserpool!

62 Zim – †76/95 € ††141/156 € – 2 Suiten – ½ P

Hammelbacher Str. 7 ✉ 64689 – ✆ 06207 6080 – www.siegfriedbrunnen.com

GREIFSWALD

Mecklenburg-Vorpommern – 56 685 Ew. – Höhe 5 m – Regionalatlas **13**-P4
Michelin Straßenkarte 542

Tischlerei

REGIONAL • FREUNDLICH Eine absolut sympathische lockere Adresse, die etwas versteckt zwischen Segelmachern und Werften liegt. Schön gesellig sitzt man an langen Tischen (im Winter gerne am Kamin) und wählt von der Tafel Leckeres wie frische Austern, Kalbssteak für zwei Personen oder Fischgerichte. Hübsch die Terrasse zum Hafen.

Karte 34/65 €

Salinenstr. 22 ✉ 17489 – ✆ 03834 884848 – geschlossen Sonntag

goldmarie

INTERNATIONAL • BISTRO Der Partnerbetrieb der "Tischlerei" setzt ebenfalls auf das bewährte Konzept aus ungezwungener, lebhafter Atmosphäre und Speisenangebot von der Tafel. Hier liest man z. B. Garnelenburger, Soljanka oder Königsberger Klopse. Sie mögen Bier? Man hat eine große Auswahl an Craft-Bieren (auch gezapft).

Karte 13/33 €

Fischstr. 11 ✉ 17489 – ✆ 03834 8876103 – geschlossen Sonntag

In Greifswald-Wieck Ost: 4 km

Büttner's

INTERNATIONAL • FREUNDLICH Direkt am Hafen und mit Blick auf den Ryck..., da ist die Terrasse natürlich gefragt! Aber auch drinnen sitzt man schön in hellem nordischem Ambiente. Gekocht wird regional und international - Lust auf "Dorschfilet mit Gewürzgrünkohl"?

Menü 38/89 € – Karte 46/70 €

Am Hafen 1a ✉ 17493 – ✆ 03834 8870737 – www.buettners-restaurant.de – Dienstag - Donnerstag nur Abendessen – geschlossen Anfang September 2 Wochen und Montag

GRENZACH-WYHLEN

Baden-Württemberg – 14 073 Ew. – Höhe 272 m – Regionalatlas **61**-D21
Michelin Straßenkarte 545

Rührberger Hof (N)

KLASSISCHE KÜCHE • TRENDY Dass das historische Anwesen einmal landwirtschaftlich genutzt wurde, sieht man dem heutigen Restaurant mit seiner hübschen modernen Einrichtung nicht mehr an. Richtig gut die klassisch basierte Küche: "Kalbszunge auf Linsensalat", "Spargelcremesuppe mit Sot l'y Laisse", "Chuck Flap vom Wagyu-Rind"...

Menü 25 € (mittags unter der Woche)/60 € – Karte 33/67 €

Hotel Rührberger Hof, Inzlinger Str. 1, Nord: 3 km im Ortsteil Rührberg ✉ 79639 – ✆ 07624 91610 – www.ruehrbergerhof.com – geschlossen Anfang - Mitte Januar und Montag - Dienstag

Rührberger Hof (N)

FAMILIÄR • MODERN Der Landgasthof a. d. 19. Jh. hat eine lange gastronomische Tradition. Heute beherbergt er geschmackvolle moderne Zimmer, die wohnlich und funktionell zugleich sind. Wer etwas mehr Platz und einen Balkon mit schöner Sicht möchte, bucht die Juniorsuite im DG.

19 Zim – †75/100 € ††120/160 €

Inzlinger Str. 1, Nord: 3 km im Ortsteil Rührberg ✉ 79639 – ✆ 07624 91610 – www.ruehrbergerhof.com – geschlossen Anfang - Mitte Januar

Rührberger Hof – siehe Restaurantauswahl

Im Ortsteil Grenzach

Eckert (Nicolai Peter Wiedmer)

KREATIV • DESIGN Ob Sie im chic-modernen Wintergarten speisen (von hier gelangt man auch auf die Terrasse) oder in der Bar-Lounge mit Bistro-Atmosphäre, die Karte ist überall die gleiche. Man kocht angenehm klar und mit internationalen Einflüssen. Schön die über 250 Positionen umfassende Weinkarte. Mittags etwas reduziertes Angebot. Mo. und Di. abends Brasseriekarte.

→ Rindstatar, Umeboshi, Trüffelmayonnaise, Kartoffelschaum. Jakobsmuschel Tataki, Meerrettich, Radieschen. Kabeljau, Zwiebelconfit, Spinat.

Menü 85/118 € – Karte 57/80 €

Hotel Eckert, Basler Str. 20, an der B 34 ✉ 79639 – ✆ 07624 91720 – www.eckert-grenzach.de – geschlossen Montag - Dienstag

Eckert

FAMILIÄR • DESIGN Der Familienbetrieb ist ein echtes Schmuckstück mit seiner ausgesprochen hochwertigen modernen Designereinrichtung! Draußen kann man auf der Liegewiese entspannen, dazu ein Außenpool mit Gegenstromanlage. Praktisch: Ladestationen für Elektrofahrzeuge.

46 Zim – †72/118 € ††95/118 € – ☕ 12 €

Basler Str. 20, an der B 34 ✉ 79639 – ✆ 07624 91720 – www.eckert-grenzach.de

✿ **Eckert** – siehe Restaurantauswahl

GREVEN

Nordrhein-Westfalen – 35 854 Ew. – Höhe 45 m – Regionalatlas **26**-D9
Michelin Straßenkarte 543

Altdeutsche Gaststätte Wauligmann

TRADITIONELLE KÜCHE • GEMÜTLICH Das charmante Gasthaus der Wauligmanns (Familienbetrieb seit 1841) ist hier schon eine Institution - sogar die Bushaltestelle vor dem Haus ist nach der Familie benannt! Die westfälische Küche kommt an, so z. B. die hausgemachten Würste!

Karte 24/63 €

Schifffahrter Damm 22, Süd-Ost: 4 km über B 481 in Richtung Münster, jenseits der A 1 ✉ 48268 – ✆ 02571 2388 – www.gaststaette-wauligmann.de – geschlossen 24. Dezember - 6. Januar, 5. - 27. August und Montag - Dienstag

GRIESBACH im ROTTAL, BAD

Bayern – 8 626 Ew. – Höhe 453 m – Regionalatlas **59**-P19
Michelin Straßenkarte 546

In Bad Griesbach-Therme Süd: 3 km Richtung Bad Füssing

Maximilian

SPA UND WELLNESS • ELEGANT In dem komfortablen Hotel werden Wellness und Golf groß geschrieben. Man bietet Spa auf 2500 qm und einen Shuttle-Service zu den Golfplätzen des "Hartl Resorts". Verschiedene Boutiquen im Haus. Internationale Küche im eleganten Restaurant.

194 Zim ☕ – †112/158 € ††184/276 € – 11 Suiten – ½ P

Kurallee 1 ✉ 94086 – ✆ 08532 7950 – www.quellness-golf.com/maximilian

Das Ludwig

SPA UND WELLNESS • MODERN Freizeit, Familien, Urlaub... Das Konzept kommt an! Mit Soccer Camp, Geocaching, Golfer-Service, einem Spa auf über 1800 qm und vielem mehr gibt's für Groß und Klein die passende Aktivität. Beruhigend zu wissen: Kinder werden hier sehr gut betreut!

175 Zim ☕ – †110/120 € ††190/210 € – 12 Suiten – ½ P

Am Kurwald 2 ✉ 94086 – ✆ 08532 7990 – www.quellness-golf.com/dasludwig

Fürstenhof

SPA UND WELLNESS • GEMÜTLICH Behaglich sind die Zimmer hier alle, besonders wohnlich die neueren. Viele mit Balkon, schön auch die Galeriezimmer. Gut das Spa-Angebot samt medizinisch-therapeutischen Behandlungen, hübsch die Sonnenterrasse. Das Ambiente im Restaurant reicht von stilvoll bis ländlich. Tipp: Kuchen am Nachmittag.

140 Zim – 107/113 € 202/214 € – 8 Suiten – ½ P

Thermalbadstr. 28 ✉ 94086 – ✆ 08532 9810 – www.quellness-golf.com/fuerstenhof

GRÖNENBACH, BAD

Bayern – 5 417 Ew. – Höhe 718 m – Regionalatlas **64**-I21
Michelin Straßenkarte 546

Charlys Topf-Gucker

REGIONAL • GEMÜTLICH Bei Charly Bittner wird mit regionalem und saisonalem Bezug gekocht, und das richtig lecker! Tipp: Kommen Sie mal donnerstags zum "Topf-Gucker-Burger"! Oder wie wär's mit dem guten Sonntagsbraten? Das charmante Restaurant hat auch eine schöne Terrasse direkt auf dem Marktplatz.

Karte 30/56 €

Marktplatz 8 ✉ 87730 – ✆ 08334 259725 – www.topf-gucker.com – Mittwoch – Freitag nur Abendessen, außer an Feiertagen – geschlossen Montag – Dienstag

GRONAU in WESTFALEN

Nordrhein-Westfalen – 46 265 Ew. – Höhe 38 m – Regionalatlas **26**-C9
Michelin Straßenkarte 543

In Gronau-Epe Süd: 3,5 km über B 474

Heidehof

MARKTKÜCHE • LÄNDLICH Klassisch-saisonale Gerichte wie "Seezunge Müllerin" oder "Spitzen vom Rindsfilet Stroganoff" kommen in dem reetgedeckten Haus auf den Tisch. Sehr beliebt sind der Wintergarten und die Terrasse, im Winter sitzt man gerne im Kaminzimmer.

Menü 20 € (mittags)/60 € – Karte 31/78 €

Amtsvenn 1, West: 5 km, Richtung Alstätte ✉ 48599 – ✆ 02565 1330 – www.restaurant-heidehof.de – geschlossen Montag – Dienstag

GROSS MECKELSEN

Niedersachsen – 475 Ew. – Höhe 35 m – Regionalatlas **9**-H6
Michelin Straßenkarte 541

In Groß Meckelsen-Kuhmühlen West: 5 km, jenseits der A 1, über Lindenstraße, hinter Groß Meckelsen rechts abbiegen

Zur Kloster-Mühle

LANDHAUS • MODERN Idyllisch liegt der Gutshof mit seinen charmanten Häusern an einem kleinen Weiher. In den schönen modernen Zimmern (darunter ein hochwertiges Wellnesszimmer mit Whirlpool!) steht sogar Wein und Sekt bereit. Am Morgen gibt es ein reichhaltiges Frühstücksbuffet. Regional-mediterrane Küche im Restaurant.

17 Zim – 90/160 € 150/260 € – ½ P

Kuhmühler Weg 7 ✉ 27419 – ✆ 04282 594190 – www.kloster-muehle.de – geschlossen Ende Dezember – Anfang Januar

GROSS NEMEROW

Mecklenburg-Vorpommern – 1 142 Ew. – Höhe 63 m – Regionalatlas **13**-P5
Michelin Straßenkarte 542

Lisette

MARKTKÜCHE • KLASSISCHES AMBIENTE Am schönsten sitzt man im luftig-lichten Wintergarten oder auf der Terrasse, um sich frische regional-saisonale Küche aus guten heimischen Produkten schmecken zu lassen. Und die gibt es z. B. als "Zweierlei vom Havelländer Apfelschwein, Marsalajus, Bröselkartoffeln".

Menü 35/65 € – Karte 33/53 €

Hotel Bornmühle, Bornmühle 35, westlich der B 96 ✉ 17094 – ✆ 039605 600 – www.bornmuehle.de

Bornmühle

LANDHAUS • MODERN Ruhig liegt das gut geführte Hotel oberhalb des Tollensesees - ideal für Ausflüge in die schöne Umgebung. Alternativ locken der hübsche Garten und der attraktive Wellness- und Fitnessbereich. Chic-modern die Zimmer, see- oder landseitig und mit wertigem "Schlaf-Gesund-Konzept" sowie Infotainment per Tablet.

66 Zim – †89/99 € ††126/180 € – 2 Suiten – ½ P

Bornmühle 35, westlich der B 96 ✉ 17094 – ✆ 039605 600 – www.bornmuehle.de

Lisette – siehe Restaurantauswahl

GROSS PLASTEN

Mecklenburg-Vorpommern – 707 Ew. – Höhe 55 m – Regionalatlas **13**-O5
Michelin Straßenkarte 542

Schloss Groß Plasten

HISTORISCHES GEBÄUDE • INDIVIDUELL Das schöne historische Anwesen bietet im Schloss wie auch im Kutscherhaus wohnlich-klassische Zimmer. Wer es individueller mag, sollte eines der Themen- oder Nostalgie-Zimmer wählen. Vom eleganten Restaurant blickt man in den Garten, reizvolle Terrasse zum See.

54 Zim – †70/85 € ††99/195 € – ½ P

Parkallee 36 ✉ 17192 – ✆ 039934 8020 – www.schlosshotel-grossplasten.de

GROSSHEUBACH

Bayern – 5 139 Ew. – Höhe 132 m – Regionalatlas **48**-G16
Michelin Straßenkarte 546

Zur Krone

MARKTKÜCHE • GASTHOF XX In dem rund 200 Jahre alten Gasthaus kümmert sich Familie Restel sehr engagiert um Ihr leibliches Wohl. Aus der Küche kommt eine große Bandbreite an schmackhaften Gerichten, vom bürgerlichen "Cordon bleu" bis zum feinen "Seeteufel mit Riesengarnelen auf Weißweinrisotto". Im Sommer nette begrünte Terrasse.

Menü 38/48 € – Karte 32/59 €

9 Zim – †65/75 € ††95/100 €

Miltenberger Str. 1 ✉ 63920 – ✆ 09371 2663 – www.gasthauskrone.de – geschlossen 4. - 8. März, 5. - 14. August, 21. Oktober - 5. November und Montag, Freitagmittag

GROSSKARLBACH

Rheinland-Pfalz – 1 128 Ew. – Höhe 118 m – Regionalatlas **47**-E16
Michelin Straßenkarte 543

Gebrüder Meurer

INTERNATIONAL • ROMANTISCH XX Wie ein Landhaus im Süden: wohnliche Räume, schöne Farben, rustikale Note... Nicht zu vergessen die hübsche Terrasse. Und dazu Gerichte wie "Wildkaninchenkeule in Barolosauce an Sauerrahmschwarzwurzeln und Safrantagliatelle".

Menü 49/71 € – Karte 44/68 €

Hotel Gebrüder Meurer, Hauptstr. 67 ✉ 67229 – ✆ 06238 678 – www.restaurant-meurer.de – nur Abendessen

Karlbacher

KLASSISCHE KÜCHE • GEMÜTLICH XX In dem über 400 Jahre alten Fachwerkhaus hat man Gourmetrestaurant und Weinstube zusammengelegt, und das Konzept kommt an: ein Mix aus ambitionierten Speisen wie "Pulpo und Sellerie in Paprika-Vinaigrette" und Klassikern wie "geschmortem Junghahn mit Rotweingemüse". Schön auch der glasüberdachte Innenhof.

Menü 35 € (mittags unter der Woche)/96 € – Karte 59/73 €

Hauptstr. 57 ✉ 67229 – ✆ 06238 3737 (Tischbestellung ratsam) – www.karlbacher.info – geschlossen Anfang Januar 3 Wochen und Montag - Dienstag

Gebrüder Meurer

LANDHAUS • KLASSISCH Wirklich toll, wie man hier die Themen Weinbau und Kunstgeschichte zu einem Stück Toskana in der Pfalz vereint hat! Im Sommer ist das charmante Anwesen wie gemacht für Hochzeiten, traumhaft der Garten! Die Zimmer wertig, individuell und geschmackvoll, am Wochenende Kaffee und Kuchen in der lichten Orangerie.

15 Zim – 90 € 130 €

Hauptstr. 67 67229 – 06238 678 – www.restaurant-meurer.de

Gebrüder Meurer – siehe Restaurantauswahl

GROSSSCHÖNAU

Sachsen – 5 692 Ew. – Höhe 310 m – Regionalatlas **44**-S12
Michelin Straßenkarte 544

In Großschönau-Waltersdorf Süd: 2,5 km

Quirle-Häusl

GASTHOF • GEMÜTLICH Die Gastgeber sind in der Volksmusik ein bekanntes Duett und leiten ebenso leidenschaftlich das historische Oberlausitzer Umgebindehaus mit dem Kaiserlichen Postamt von 1900 als Gästehaus. Gemütliche Atmosphäre im rustikalen Restaurant "Blockstube". Biergarten im Innenhof.

25 Zim – 55/80 € 89/109 € – ½ P

Hauptstr. 51 02799 – 035841 606060 – www.quirle.de – geschlossen 11. - 25. März, 15. - 29. Juli, 11. - 25. November, 23. - 27. Dezember

GROSS-UMSTADT

Hessen – 20 613 Ew. – Höhe 160 m – Regionalatlas **48**-G15
Michelin Straßenkarte 543

Farmerhaus

AFRIKANISCH • EXOTISCHES AMBIENTE Wenn man die original afrikanischen Spezialitäten auf der Terrasse genießt und dabei auf die Weinberge schaut, hat man fast ein bisschen das Gefühl, im "Grande Roche" in Paarl (Südafrika) zu sein! Authentisch auch die Deko im Restaurant.

Menü 80/110 € – Karte 54/86 €

Am Farmerhaus 1 64823 – 06078 911191 – www.farmerhaus.de – nur Abendessen – geschlossen Januar 2 Wochen und Sonntag - Montag

Farmerhaus Lodge

LANDHAUS • DESIGN Rund 2 km vom Restaurant "Farmerhaus" findet man in einer ehemaligen Hofreite im Zentrum ein nicht alltägliches Designhotel. Mit Liebe zum Detail hat man überall afrikanische Kunst und dekorative Accessoires aufs Stimmigste arrangiert. Toller Innenhof. 800 m weiter: das Gästehaus "Blumeins" - eine überaus geschmackvoll eingerichtete Jugendstilvilla mit großem Garten.

10 Zim – 95/200 € 110/279 € – 3 Suiten – 10 €

Carlo-Mierendorffstr. 5 64823 – 06078 9307570 – www.farmerhaus-lodge.de

GRÜNBERG

Hessen – 13 597 Ew. – Höhe 273 m – Regionalatlas **38**-G13
Michelin Straßenkarte 543

Villa Emilia

FAMILIÄR • GEMÜTLICH Schön gepflegt und wohnlich hat man es in diesem freundlich-familiär geführten Haus. An die hübsche "Villa" (hier befindet sich das Restaurant mit saisonaler Küche) schließen sich der Hotelanbau sowie der Garten an.

12 Zim – 75 € 103 €

Gießener Str. 42, B 49 35305 – 06401 6447 – www.hotel-villa-emilia.de – geschlossen Juli - Anfang August 6 Wochen

GRÜNWALD

Bayern – 11 014 Ew. – Höhe 581 m – Regionalatlas **65**-L20
Michelin Straßenkarte 546

Alter Wirt

REGIONAL • FREUNDLICH XX Sympathisch-leger ist es hier! In der "Wirtschaft" gibt es durchgehend warme Küche - beliebt der Mittags-Imbiss. Etwas besser eingedeckt ist das "Restaurant" mit urigem Charme. Man setzt auf Bioprodukte - auf der Karte z. B. "Altbayerisches Böfflamot, Austernpilze, Kohlrabi, Gartenkresse-Semmelknödel".

Karte 27/59 €

Hotel Alter Wirt, Marktplatz 1 ✉ 82031 – ✆ 089 6419340 – www.alterwirt.de

Alter Wirt

GASTHOF • GEMÜTLICH Ein gestandener bayerischer Landgasthof, der nach ökologischen Aspekten geführt wird. Sie wohnen in gepflegten hellen Zimmern, die allergikergerecht mit Naturholzmöbeln und Parkett ausgestattet sind. Dazu freundlicher Service.

50 Zim – †89/169 € ††139/199 €

Marktplatz 1 ✉ 82031 – ✆ 089 6419340 – www.alterwirt.de

Alter Wirt – siehe Restaurantauswahl

GSCHWEND

Baden-Württemberg – 4 893 Ew. – Höhe 476 m – Regionalatlas **56**-H18
Michelin Straßenkarte 545

Herrengass

INTERNATIONAL • CHIC XX In dem ehemaligen Kolonialwarenladen sitzt man in frischer moderner Atmosphäre und wird freundlich umsorgt. Auf den Tisch kommen schmackhafte Gerichte mit saisonalem und regionalem Bezug. Probieren Sie z. B. "gebratenen Kalbsrücken mit Pilzkruste, Portweinjus, Kerbelknollen, Kartoffel-Schnittlauchstrudel".

Menü 37/81 € – Karte 32/63 €

Welzheimer Str. 11 ✉ 74417 – ✆ 07972 912520 – www.herrengass-gschwend.de – Mittwoch - Freitag nur Abendessen – geschlossen 1. - 9. Januar und Montag - Dienstag

GÜSTROW

Mecklenburg-Vorpommern – 28 791 Ew. – Höhe 14 m – Regionalatlas **12**-M4
Michelin Straßenkarte 542

Kurhaus am Inselsee

LANDHAUS • GEMÜTLICH In ruhiger Lage am Inselsee wohnt man stilvoll-klassisch, Zimmer zur Seeseite mit Balkon. Dazu aufmerksamer Service, gutes Frühstück sowie Restaurant mit Brasserie-Flair und Terrasse zum Park. 200 m weiter, ebenfalls am Strand, liegt das etwas einfachere Schwesterhotel. Auch Radfahrer schätzen das Haus.

48 Zim – †79/109 € ††129/149 € – 3 Suiten – ½ P

Heidberg 1, Süd-Ost: 4 km ✉ 18273 – ✆ 03843 8500 – www.kurhaus-guestrow.de

GÜTERSLOH

Nordrhein-Westfalen – 96 085 Ew. – Höhe 75 m – Regionalatlas **27**-F10
Michelin Straßenkarte 543

ParkRestaurant

INTERNATIONAL • KLASSISCHES AMBIENTE XXX Schön elegant kommt das gastronomische Prunkstück des "Parkhotels" daher, dazu eine wunderbare Terrasse zum Garten mit Teich. Auf der Karte Klassiker wie "Wiener Schnitzel vom Weidekalb" sowie Internationales wie "Label Rouge Lachs mit Noilly-Prat-Sauce" oder Steaks vom Grill.

Menü 32 € (mittags) – Karte 36/63 €

Parkhotel, Kirchstr. 27 ✉ 33330 – ✆ 05241 8770 – www.parkhotel-gt.de – geschlossen Samstagabend, Sonntagabend

Parkhotel

BUSINESS • ELEGANT Ansprechend der großzügige Rahmen und der zeitlos-elegante Stil. Es empfängt Sie eine repräsentative Halle mit Piano und Kamin sowie klassischer Bar. In Sachen Wohnkomfort stehen drei Zimmerkategorien sowie verschiedene Suiten zur Wahl. Gemütlich das mediterran-legere "Bellini" mit italienischer Küche.

100 Zim – 99/159 € 99/159 € – 3 Suiten – 18 € – ½ P

Kirchstr. 27 33330 – 05241 8770 – www.parkhotel-gt.de

ParkRestaurant – siehe Restaurantauswahl

GULDENTAL

Rheinland-Pfalz – 2 500 Ew. – Höhe 140 m – Regionalatlas **46**-D15
Michelin Straßenkarte 543

Der Kaiserhof

REGIONAL • CHIC Der Kaiserhof überrascht hinter seiner traditionellen Gasthausfassade mit schickem frischem Design! Ebenso ansprechend die Küche: moderne Gerichte wie "Scholle mariniert 'Asia-Style'" oder Klassiker wie "Köhler Steak". Zauberhaft der Innenhof, charmant der Service. Zum Übernachten hat man wohnliche Zimmer.

Menü 45/72 € – Karte 39/61 €

12 Zim – 66/82 € 104/120 €

Hauptstr. 2 55452 – 06707 94440 – www.kaiserhof-guldental.de – geschlossen Montagmittag, Dienstag - Donnerstagmittag, Freitagmittag

GUMMERSBACH

Nordrhein-Westfalen – 49 734 Ew. – Höhe 250 m – Regionalatlas **36**-D12
Michelin Straßenkarte 543

In Gummersbach-Dieringhausen Süd: 7 km über B 55

Mühlenhelle (Michael Quendler)

FRANZÖSISCH-MODERN • ELEGANT Wo könnte man Gourmetküche stilgerechter präsentieren als in einer eindrucksvollen Villa? Was in dem hellen, eleganten Raum auf den Teller kommt, sind ausgezeichnete Produkte, die modern und kreativ zubereitet werden. Die Gerichte sind schön harmonisch und nicht überladen. Es gibt auch immer ein veganes Menü. Der Service ist ausgesprochen freundlich und versiert, passend die Weinempfehlung.

→ Kaninchen, Paprika, Artischocke. Eifler Lamm, Couscous, Mandel, Minze, Aubergine. Original Beans Schokolade, Himbeere, Rote Beete.

Menü 49 € (vegetarisch)/129 € – Karte 54/98 €

Hotel Die Mühlenhelle, Hohler Str. 1 51645 – 02261 290000 (Tischbestellung ratsam) – www.muehlenhelle.de – nur Abendessen, sonntags auch Mittagessen – geschlossen 2. - 18. Januar, 22. Juli - 22. August und Montag - Mittwoch

Mühlenhelle - Bistro

MARKTKÜCHE • LÄNDLICH Das schöne Restaurant mit der angenehm luftigen Atmosphäre ist eine nette Alternative zum Gourmet. Auch hier isst man gut, aus der einsehbaren Küche kommt Saisonales wie "Hirschragout mit Rosenkohl und Serviettenknödel" oder "Pilzlasagne mit Kürbiskernpesto".

Menü 36/42 € – Karte 33/59 €

Hotel Mühlenhelle, Hohler Str. 1 51645 – 02261 290000 – www.muehlenhelle.de – geschlossen 2. - 18. Januar, 22. Juli - 22. August

Mühlenhelle

LANDHAUS • ELEGANT Hübsch ist die denkmalgeschützte Villa, in der sich Familie Quendler überaus charmant und persönlich um ihre Gäste kümmert. Geräumige, hochwertige und geschmackvolle Zimmer mit schicken Bädern, dazu nette kleine Aufmerksamkeiten überall im Haus!

13 Zim – 80/105 € 100/140 € – ½ P

Hohler Str. 1 51645 – 02261 290000 – www.muehlenhelle.de – geschlossen 2. - 18. Januar, 22. Juli - 22. August

Mühlenhelle • **Mühlenhelle - Bistro** – siehe Restaurantauswahl

GUNDELFINGEN

Baden-Württemberg - 11 345 Ew. - Höhe 232 m - Regionalatlas **61**-D20
Michelin Straßenkarte 545

Bahnhöfle

FRANZÖSISCH-KLASSISCH • LÄNDLICH X Ein Freiburger Klassiker der französischen Küche. Auf den Tisch kommen "Rinderfilet mit Pfifferlingen", "Ente aus dem Ofen" oder Fisch in allen Variationen - darf es vielleicht "Seeteufel mit Steinpilzen" sein? Dazu eine Weinauswahl mit stark badischem Bezug. Schön die Terrasse vor dem Haus.

Karte 32/86 €

Bahnhofstr. 16 ✉ 79194 - ✆ 0761 5899949 - www.bahnhoeflegundelfingen.de - nur Abendessen, sonntags auch Mittagessen - geschlossen Mittwoch, Sonntagabend

In Gundelfingen-Wildtal

Sonne Wildtal

MARKTKÜCHE • GERADLINIG XX Ein schöner Kontrast: außen die sorgsam sanierte Fachwerkfassade, drinnen freundliches modernes Interieur. Auf der Karte z. B. "Rindsroulade mit Rotkohl", "geschmortes Kalbsrosenstück mit Nussbutterschaum und Burgundertrüffel" oder "Jakobschmuscheln in Curry-Zitronengrasschaum". Nette Terrasse am Dorfplatz.

Menü 45/75 € - Karte 30/74 €

Talstr. 80 ✉ 79194 - ✆ 0761 61257060 - www.sonnewildtal.com - Mittwoch - Freitag nur Abendessen - geschlossen Montag - Dienstag

GUNDELFINGEN an der DONAU

Bayern - 7 622 Ew. - Höhe 438 m - Regionalatlas **56**-J19
Michelin Straßenkarte 546

neuhof am see

MARKTKÜCHE • TRENDY X Hier lockt zum einen die tolle Seelage, zum anderen das gute Essen. Gerichte wie "36h-Wammerl in süßer Sojasauce mariniert mit Kimchi und Erdnüssen" oder "Rinderschmorbraten mit Pfannengemüse" gibt es als modernes Menü oder à la carte als gehobene Wirtshausküche. Beliebt: Terrasse und Biergarten!

Menü 53/101 € - Karte 32/67 €

Äußere Günzburger Str. 1, (Zufahrt über Haldenweg), Süd-West: 6 km, über B 16 Richtung Günzburg ✉ 89423 - ✆ 09073 958690 - www.neuhof.de - nur Abendessen, sonntags auch Mittagessen - geschlossen Montag - Dienstag

GUNZENHAUSEN

Bayern - 16 385 Ew. - Höhe 416 m - Regionalatlas **57**-K17
Michelin Straßenkarte 546

Parkhotel Altmühltal

BUSINESS • KLASSISCH Ein Tagungs- und Ferienhotel direkt am Radwanderweg mit schönem Freizeitbereich auf 400 qm und recht individuell eingerichteten Gästezimmern. Zur Terrasse hin ergänzt ein kleiner Wintergartenanbau das Restaurant "Chicorée".

62 Zim ☕ - †92/102 € ††140/161 € - 5 Suiten - ½ P

Zum Schießwasen 15 ✉ 91710 - ✆ 09831 5040 - www.aktiv-parkhotel.de

HAAN

Nordrhein-Westfalen - 30 166 Ew. - Höhe 160 m - Regionalatlas **36**-C11
Michelin Straßenkarte 543

EssensArt

INTERNATIONAL • FREUNDLICH XX Trotz der etwas versteckten Lage hat man sich hier mit saisonaler Küche einen Namen gemacht. Das Angebot reicht vom vegetarischen Menü bis zu internationalen Gerichten. Die Gastgeber sind herzlich-engagiert, das Ambiente freundlich, draußen die nette überdachte Terrasse.

Menü 51 € (vegetarisch)/86 € - Karte 39/66 €

Bachstr. 141 ✉ 42781 - ✆ 0212 9377921 - www.essensart-haan.de - geschlossen 16. Juli - 7. August und Montag - Dienstag

HADAMAR

Hessen - 12 297 Ew. - Höhe 130 m - Regionalatlas **37**-E14
Michelin Straßenkarte 543

Nassau-Oranien

HISTORISCH • GEMÜTLICH Ein hübsches denkmalgeschütztes Fachwerkhaus von 1690, das neuzeitlich erweitert wurde. Sie schlafen in wohnlichen Zimmern von Landhausstil bis geradlinig-modern. Chic auch die "Hirschbar". Dazu ein schöner Kosmetik- und Massagebereich.

60 Zim - 69/95 € 95/129 € - ½ P

Am Elbbachufer 12 ✉ 65589 - 06433 9190 - www.nassau-oranien.de

HÄUSERN

Baden-Württemberg - 1 277 Ew. - Höhe 889 m - Regionalatlas **62**-E21
Michelin Straßenkarte 545

Adler (Florian Zumkeller)

FRANZÖSISCH-KLASSISCH • LÄNDLICH XX Sterneküche hat hier gewissermaßen Tradition, denn seit 1966 hält man im Hause Zumkeller dieses Niveau, seit 2011 unter der Leitung von Florian Zumkeller. Geschickt verbindet man Klassik mit modernen Elementen und internationalen Einflüssen, ausgesuchte Produkte sind dabei selbstverständlich. Das Ambiente: von traditionell bis geradlinig-chic - immer gemütlich!

➜ Ravioli vom Kohlrabi mit Litschi, Petersilienwurzel und Radieschen. Gebeizte Lachsforelle mit Cima di Rapa, weiße Polenta und Macadamia Crunch. Kalbsfilet mit Texturen von der Karotte.

Menü 85/125 € - Karte 70/93 €

Hotel Adler, St.-Fridolin-Str. 15 ✉ 79837 - 07672 4170 - www.adler-schwarzwald.de - nur Abendessen - geschlossen 12. - 29. Januar, 24. Juni - 9. Juli, 26. Oktober - 5. November und Montag - Dienstag

Kamino (N)

MEDITERRAN • GEMÜTLICH XX Aus dem einstigen "Chämi-Hüsli" der Familie Zumkeller (Betreiber des "Adlers") ist das gemütliche "Kamino" entstanden. Hier gibt es frische mediterrane Küche mit Tapas und Gerichten wie "gebratener Pulpo & Garnelen, Mojosauce, marokkanischer Couscous". Oder lieber ein bürgerliches "Kalbsrahmschnitzel mit Pilzen"? Zum Übernachten hat man zwei hübsche, wohnliche Zimmer.

Menü 36/40 € - Karte 25/41 €

St.-Fridolin-Str. 1 ✉ 79837 - 07672 4819970 - www.restaurant-kamino.de - geschlossen Anfang Januar 1 Woche, Anfang September 2 Wochen und Mittwoch - Donnerstag

Adler

SPA UND WELLNESS • INDIVIDUELL Wie schön sich Tradition und Moderne verbinden lassen, sieht man hier z. B. an den tollen zeitgemäß-puristisch und gleichzeitig ländlich designten Zimmern. Doch keine Sorge, der geschätzte "Adler"-Charme ist erhalten geblieben! Ebenso natürlich die Wertigkeit überall im Haus, vom Spa über Frühstück und Halbpension (im Preis inkl.) bis zum Service!

39 Zim - 149/199 € 269/490 € - 4 Suiten - ½ P

St.-Fridolin-Str. 15 ✉ 79837 - 07672 4170 - www.adler-schwarzwald.de

Adler - siehe Restaurantauswahl

Sie suchen ein Hotel für einen besonders angenehmen Aufenthalt?
Reservieren Sie in einem roten Haus: ...

HAGNAU

Baden-Württemberg - 1 411 Ew. - Höhe 409 m - Regionalatlas **63**-G21
Michelin Straßenkarte 545

Rebstöckle

REGIONAL • BÜRGERLICH In dem sympathischen Restaurant nahe dem See setzt man auf frische Produkte aus der Region - schmackhaft z. B. "gebratener Seezander auf Bohnen schwäbisch-sauer". Auch übernachten kann man hier: Die Zimmer sind hell und zeitgemäß.

Menü 28/45 € - Karte 27/58 €

11 Zim - 45/95 € 100/125 €

Seestr. 10 88709 - 07532 43190 - www.hotel-rebstoeckle.de - geschlossen Anfang Januar 3 Wochen, über Fasching 1 Woche, Ende Oktober - Mitte November, Oktober - Ende Februar: Montag - Mittwoch, März - September: Sonntagabend und Donnerstag

Burgunderhof

LUXUS • AUF DEM LAND Seit über 40 Jahren ist Familie Renn mit Herzblut bei der Sache. Klasse die Lage zwischen Weinbergen und Obstwiesen, schön und wertig die Einrichtung, toll der Garten, bei gutem Wetter Blick über den See. Um Sie herum der laufende Bio-Weingutbetrieb nebst Brennerei. Mindestaufenthalt 3 Nächte (ab 18 Jahre).

12 Zim - 185/365 € 195/495 €

Am Sonnenbühl 70 88709 - 07532 807680 - www.burgunderhof.de - geschlossen 29. Oktober - März

Bodenseehotel Renn

FAMILIÄR • MODERN Das Hotel hat moderne Zimmer (teilweise mit Seeblick) und einen netten Garten für Sie. Etwas einfacher sind die Zimmer im historischen Haus "Guter Tropfen" vis-à-vis - hier auch das Restaurant samt schöner Terrasse mit schattenspendender Kastanie.

35 Zim - 80/120 € 100/180 € - ½ P

Hansjakobstr. 4 88709 - 07532 494780 - www.bodenseehotel-renn.de - geschlossen Januar - Februar

Der Löwen

GASTHOF • INDIVIDUELL Sie wohnen in geschmackvollen Zimmern von klassisch bis modern oder in schmucken Suiten mit historischem Flair. Zum Frühstück locken Backwaren aus der eigenen Bäckerei. Absolut sehenswert: der Japangarten mit Koiteichen und schönem Baumbestand! Charmant die Gaststube mit Kreuzgewölbe, hübsch die Terrasse.

14 Zim - 75/140 € 100/140 € - 2 Suiten - ½ P

Hansjakobstr. 2 88709 - 07532 433980 - www.loewen-hagnau.de

Zur Winzerstube

LANDHAUS • GEMÜTLICH Hier lockt die Lage direkt am See, und den hat man von einigen Zimmern im Blick - die meisten mit Balkon. Tipp: das schicke Dach-Studio mit toller Sicht! Zum Relaxen bietet man diverse Massagen, ebenso angenehm ist der private Seezugang. Regionale Küche im Restaurant, sehr schön der Wintergarten am Wasser!

17 Zim - 169/199 € 189/245 € - ½ P

Seestr. 1 88709 - 07532 494860 - www.zurwinzerstube.de - geschlossen 2. Januar - 15. März

HAIGER

Hessen - 19 339 Ew. - Höhe 278 m - Regionalatlas **37**-E13
Michelin Straßenkarte 543

Villa Busch N

INTERNATIONAL • ELEGANT Wirklich schön: In einer ausgesprochen aufwändig sanierten Villa hat man eine angenehme, geradlinige und stilvolle Atmosphäre geschaffen, in der man internationale Küche bietet. Probieren Sie die Fischgerichte - hier liegt der Schwerpunkt der Karte.

Menü 38 € (mittags)/80 € - Karte 42/68 €

Westerwaldstr. 4, Zufahrt über Hickenweg 35708 - 02773 9189031 - www.villabusch.com - geschlossen Dienstag

HALBERSTADT

Sachsen-Anhalt - 40 440 Ew. - Höhe 122 m - Regionalatlas **30**-K10
Michelin Straßenkarte 542

Villa Heine

HERRENHAUS • KLASSISCH Eine ehemalige Fabrikantenvilla mit Anbau und Tagungszentrum, in der Mitte der hübsche kleine Park - hierhin sind die großzügigen Zimmer ausgerichtet. Im rustikalen Brauhaus Heine Bräu trinkt man zur bürgerlich-regionalen Küche gerne das eigene Bier. Es gibt übrigens auch Produkte der Wurstfabrik nebenan.

61 Zim - 79/99 € 139/159 € - 4 Suiten - ½ P

Kehrstr. 1 38820 - 03941 31400 - www.hotel-heine.de

HALLBERGMOOS

Bayern - 10 364 Ew. - Höhe 460 m - Regionalatlas **58**-M19
Michelin Straßenkarte 546

In Hallbergmoos-Goldach Süd: 2 km

Daniel's

LANDHAUS • KLASSISCH Angenehm persönlich wird das schmucke kleine Hotel geführt. Es ist mit Stil und Liebe hochwertig und stimmig eingerichtet, herzlich und aufmerksam der Service, gut das Frühstück... Ein Haus mit individuellem Charme!

26 Zim - 79/199 € 99/229 €

Hauptstr. 11 85399 - 0811 55120 - www.hotel-daniels.de - geschlossen 22. Dezember - 6. Januar

HALLE (SAALE)

Sachsen-Anhalt - 232 470 Ew. - Höhe 100 m - Regionalatlas **31**-M11
Michelin Straßenkarte 542

MahnS Chateau

INTERNATIONAL • BISTRO Vor der Marienkirche finden Sie dieses angenehm leger-moderne Restaurant, in dem man frische internationale Speisen für Sie zubereitet - auch die Steaks kommen gut an. Mittags gibt's eine einfache Karte für den schnellen Hunger.

Menü 46 € (abends) - Karte 44/129 €

Oleariusstr. 4a 06108 - 0345 20369860 - www.mahns-chateau.de - geschlossen August 1 Woche und Montagmittag

Dorint Charlottenhof

KETTENHOTEL • MODERN In dem Hotel in der Stadtmitte erwarten Sie wohnliche, klassisch gehaltene Gästezimmer. Im obersten Stock befindet sich der "Vital-Club" - hier ist der Außenwhirlpool das Highlight! Direkt an die Lobby schließt sich das Restaurant an.

164 Zim - 81/140 € 94/153 € - 2 Suiten - 16 € - ½ P

Dorotheenstr. 12 06108 - 0345 29230 - www.dorint.com/halle

HALLE (WESTFALEN)

Nordrhein-Westfalen - 21 158 Ew. - Höhe 125 m - Regionalatlas **27**-F9
Michelin Straßenkarte 543

Hollmann

BUSINESS • FUNKTIONELL Ein zeitgemäßes und funktionelles Hotel, in dem Sie sehr gepflegte, geräumige Zimmer, ein gutes Preis-Leistungs-Verhältnis und eine engagierte Gastgeberin erwarten. Tipp: Nach hinten liegen die Zimmer ruhiger. Im freundlich-modernen Restaurant speist man regional und mediterran. Gemütlich die urige Bierstube.

35 Zim - 59/68 € 75/104 € - 2 Suiten

Alleestr. 20 33790 - 05201 81180 - www.hollmann-halle.de

In Halle-Künsebeck Süd: 5 km

Landgasthof Pappelkrug

BÜRGERLICHE KÜCHE • LÄNDLICH Ein richtig schönes Landgasthaus: geschmackvoll-modern das Interieur, gekocht wird regional, saisonal und mediterran, z. B. "geschmortes Schweinebäckchen mit Spitzkohlgemüse" oder "Lachssteak, Balsamicogemüse, Safran-Tagliatelle". Sie möchten übernachten? Man hat wohnliche, mit Liebe zum Detail eingerichtete Zimmer.

Karte 29/41 €

10 Zim – 75/95 € 99/129 €

Pappelstr. 4 ✉ 33790 – ✆ 05201 7479 – www.landgasthof-pappelkrug.de – nur Abendessen – geschlossen 30. Juli - 5. August

HALLENBERG

Nordrhein-Westfalen – 4 457 Ew. – Höhe 420 m – Regionalatlas **37**-F12
Michelin Straßenkarte 543

Diedrich

SPA UND WELLNESS • MODERN Das Hotel wird seit 1898 von Familie Diedrich geführt. Sehr schön der geradlinig-moderne Stil im "Lichtflügel" mit einigen komfortableren Zimmern, toll der großzügige Spa samt schickem Ruheraum. Im Restaurant "Antons" bietet man Regionales.

57 Zim – 89/154 € 160/248 € – 2 Suiten – ½ P

Nuhnestr. 2, B 236 ✉ 59969 – ✆ 02984 9330 – www.hotel-diedrich.de

HALTERN am SEE

Nordrhein-Westfalen – 37 526 Ew. – Höhe 40 m – Regionalatlas **26**-C10
Michelin Straßenkarte 543

Ratsstuben (Daniel Georgiev)

MARKTKÜCHE • FREUNDLICH Anspruchsvoll und modern ist hier die Küche, saisonal und mit internationalen Einflüssen. Dazu bietet man eine gut sortierte Weinkarte mit rund 250 Positionen. Bei Stammgästen und Stadtbesuchern ist übrigens der einfache Mittagstisch sehr beliebt.

→ Tatar vom Ochsenfilet, Olivenöl, Kapern, Senf, Schalotten. Müritzer Rehrücken, Sellerie, Rosmarin, Champignons, Kartoffelschaum. Joghurt und Fenchel, Dill, Rote Bete, Rahmeis.

Menü 49/105 € – Karte 47/72 € – unter der Woche am Mittag einfache Karte

Hotel Ratshotel, Mühlenstr. 3, Zufahrt über Lippstraße ✉ 45721 – ✆ 02364 3465 – www.hotel-haltern.de – geschlossen 1. - 16. Januar und Mittwoch

Am Turm

URBAN • MODERN In dem kleinen Hotel wohnt man nicht nur sehr gepflegt, es liegt auch günstig: Anziehungspunkte sind die nahe Altstadt und der See, interessant auch das Römermuseum. Das Restaurant bietet internationale Küche. Praktisch ist der öffentliche Parkplatz gegenüber.

14 Zim – 79/89 € 109/119 € – ½ P

Turmstr. 4 ✉ 45721 – ✆ 02364 96010 – www.hotel-amturm.de

Ratshotel

URBAN • KLASSISCH Schön wohnlich ist es in dem kleinen Hotel direkt am Marktplatz mit seinen hochwertig eingerichteten Zimmern und dem freundlich-modernen Frühstücksraum. Und da die Umgebung bei Radwanderern beliebt ist, hat man auch eine Fahrrad-Garage!

12 Zim – 89/99 € 119/129 €

Mühlenstr. 3, Zufahrt über Lippstraße ✉ 45721 – ✆ 02364 3465 – www.hotel-haltern.de – geschlossen 1. - 16. Januar

Ratsstuben – siehe Restaurantauswahl

HAMBERGE

Schleswig-Holstein – 1 523 Ew. – Höhe 7 m – Regionalatlas **11**-J4
Michelin Straßenkarte 541

Restaurant Hauck

INTERNATIONAL • ELEGANT XX Wintergarten-Atmosphäre kommt in dem schönen geradlinig-eleganten Restaurant auf, dafür sorgt die große Glasfront. Auf der Karte z. B. "Skreifilet, gestovter Spitzkohl, Kartoffelstampf, Pommery-Senfsauce", aber auch Saisonales wie Spargel, Wild etc. Gute Weinempfehlungen - der Gastgeber ist auch Sommelier.

Menü 38/58 € - Karte 36/67 €

Stormarnstr. 14 ✉ 23619 – ✆ 0451 8997110 – www.restaurant-hauck.de
– geschlossen Montag - Donnerstagmittag

GUCCI

HAMBURG

Wer denkt bei Hamburgs Gastronomie nicht unweigerlich an Scholle, Aal und Steinbutt? Keine Frage, die Hansestadt ist ein Eldorado für Liebhaber von Fisch und allem, was das Meer zu bieten hat, doch hier im hohen Norden gibt es kulinarisch noch weit mehr zu entdecken. Ob traditionelle regionale Klassiker wie Pannfisch, Hamburger Aalsuppe und Labskaus oder modern-kreative Gerichte, Sushi und Steaks, ob bodenständig-deftig oder fein, raffiniert und innovativ, so abwechslungsreich die Küche, so vielfältig auch die Restaurants selbst. Ob im geschäftigen Zentrum oder im Szene-Stadtteil St. Pauli, ob in der trendigen HafenCity oder in den vornehmen Elbvororten, in Sachen Atmosphäre reicht die Palette vom nordisch-charmanten Landgasthof über die chic-moderne In-Location bis zur hanseatisch-eleganten Villa. Was Sie auf keinen Fall verpassen sollten, ist eine der zahlreichen tollen Terrassen an der Waterkant mit Blick auf Alster oder Elbe!

Wir mögen besonders:

Die Aussicht im **Louis - by Thomas Martin** gegenüber der Elbphilharmonie. Als Fischliebhaber im **Jellyfish** voll auf seine Kosten kommen. Während des Hafengeburtstags von einem Eckzimmer des **Empire Riverside Hotels** das bunte Treiben beobachten! **The Table Kevin Fehling** als absolute kulinarische Spitze der Stadt! Moderne griechische Küche im **The Greek.**

1 734 280 Ew – Höhe 6 m

- Regionalatlas 10-I5
- Michelin Straßenkarte 541

J. Loic / Photononstop

UNSERE RESTAURANTAUSWAHL

ALLE RESTAURANTS VON A BIS Z

A-B

C

D

E

F

G

H

I-J

M. Möller / EyeEm / Getty Images

J. Hoersch / Picture Press / Getty Images

Rocky89 / iStock

RESTAURANTS AM SONNTAG GEÖFFNET

UNSERE HOTELAUSWAHL

juefraphoto / iStock

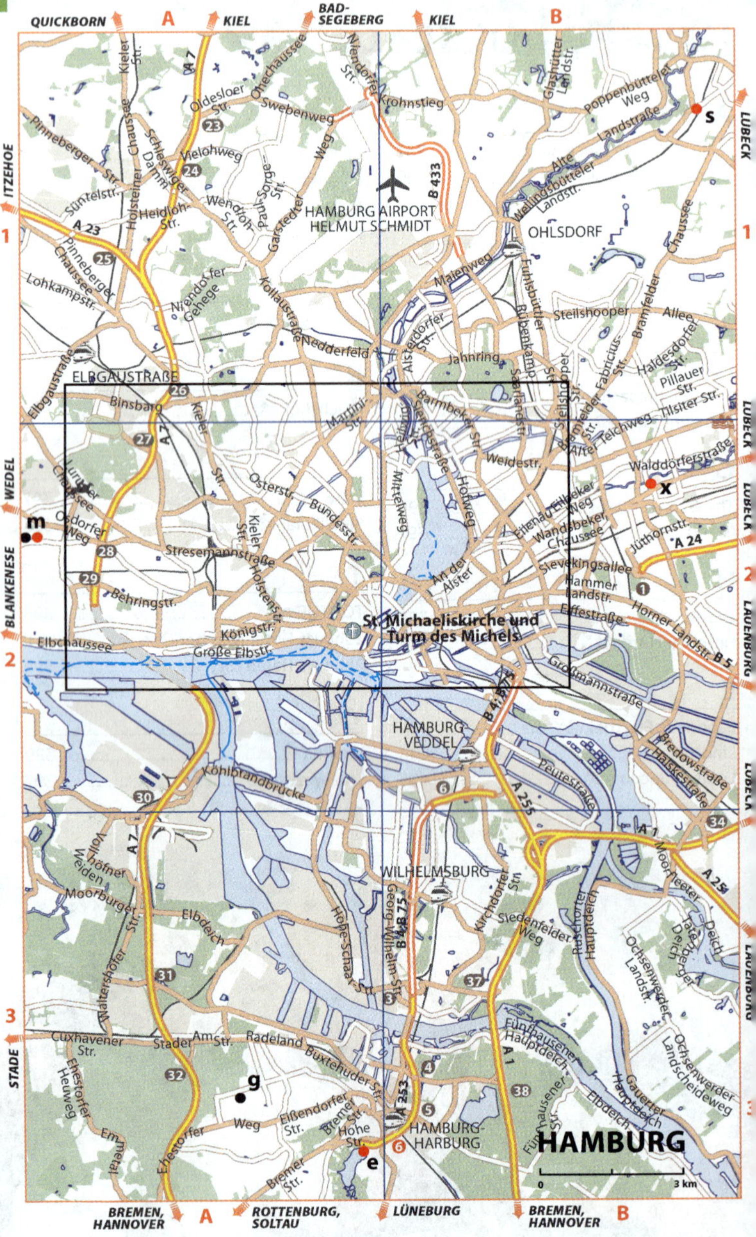
QUICKBORN
KIEL
BAD-SEGEBERG
KIEL
LÜBECK
ITZEHOE
WEDEL
BLANKENESE
LAUENBURG
STADE
BREMEN, HANNOVER
ROTTENBURG, SOLTAU
LÜNEBURG
BREMEN, HANNOVER
HAMBURG AIRPORT HELMUT SCHMIDT
OHLSDORF
ELBGAUSTRASSE
St. Michaeliskirche und Turm des Michels
HAMBURG VEDDEL
WILHELMSBURG
HAMBURG-HARBURG
Köhlbrandbrücke
Krohnstieg
Swebenweg
Vielohweg
Nedderfeld
Jahnring
Steilshooper Allee
Binsbarg
Osterstr.
Bundesstr.
Stresemannstraße
Behringstr.
Königstr.
Große Elbstr.
Elbchaussee
Mittelweg
Weidestr.
Walddörferstraße
Sievekingsallee
Horner Landstr.
Grossmannstraße
Peutestraße
Bredowstraße
Halskestraße
Waltershofer Str.
Moorburger Str.
Cuxhavener Str.
Stader Str.
Radeland
Buxtehuder Str.
Hohe-Schaar-Str.
Georg-Wilhelm-Str.
Kirchdorfer Str.
Siedenfelder Weg
Fünfhausener Hauptdeich
Ochsenwerder Landscheideweg
HAMBURG
0
3 km

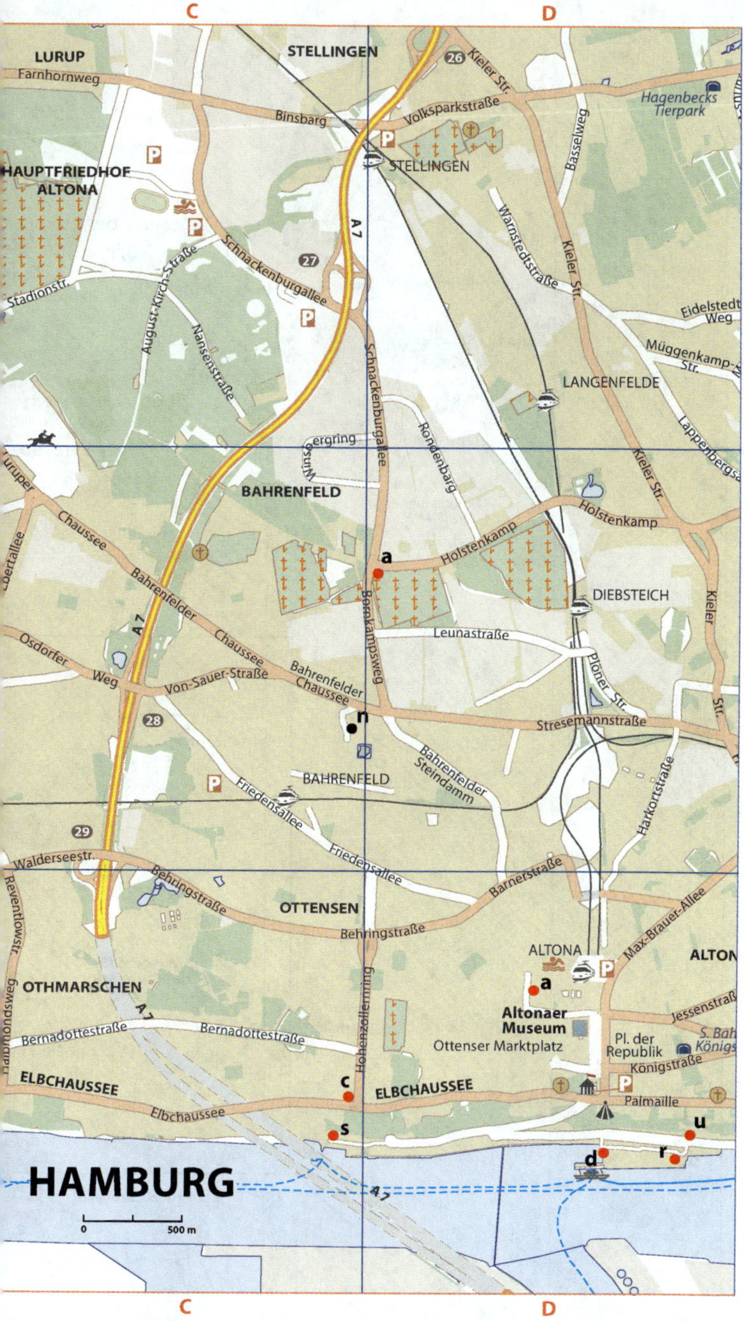
C
D
LURUP
STELLINGEN
Farnhornweg
Binsbarg
Volksparkstraße
Kieler Str.
26
Hagenbecks Tierpark
STELLINGEN
Basselweg
HAUPTFRIEDHOF ALTONA
Schnackenburgallee
27
A7
Warnstedtstraße
Kieler Str.
Stadionstr.
August-Kirch-Straße
Nansenstraße
Eidelstedter Weg
Müggenkamp-Str.
LANGENFELDE
Lappenbergsa
ergring
Rondenbarg
Schnackenburgallee
Luruper Chaussee
BAHRENFELD
Holstenkamp
Kieler Str.
Holstenkamp
a
DIEBSTEICH
Bornkampsweg
Leunastraße
Kieler Str.
Bahrenfelder Chaussee
Osdorfer Weg
Von-Sauer-Straße
Bahrenfelder Chaussee
Plöner Str.
n
28
Stresemannstraße
Bahrenfelder Steindamm
BAHRENFELD
Friedensallee
Harkortstraße
29
Walderseestr.
Behringstraße
Friedensallee
Barnerstraße
OTTENSEN
Behringstraße
Max-Brauer-Allee
Reventlowstr.
ALTONA
ALTON
OTHMARSCHEN
a
Jessenstraß
Altonaer Museum
Bernadottestraße
Bernadottestraße
Hohenzollernring
Ottenser Marktplatz
Pl. der Republik
S. Bah Königs
Königstraße
ELBCHAUSSEE
c
ELBCHAUSSEE
Palmaille
Elbchaussee
s
u
d
r
HAMBURG
A7
0
500 m
C
D

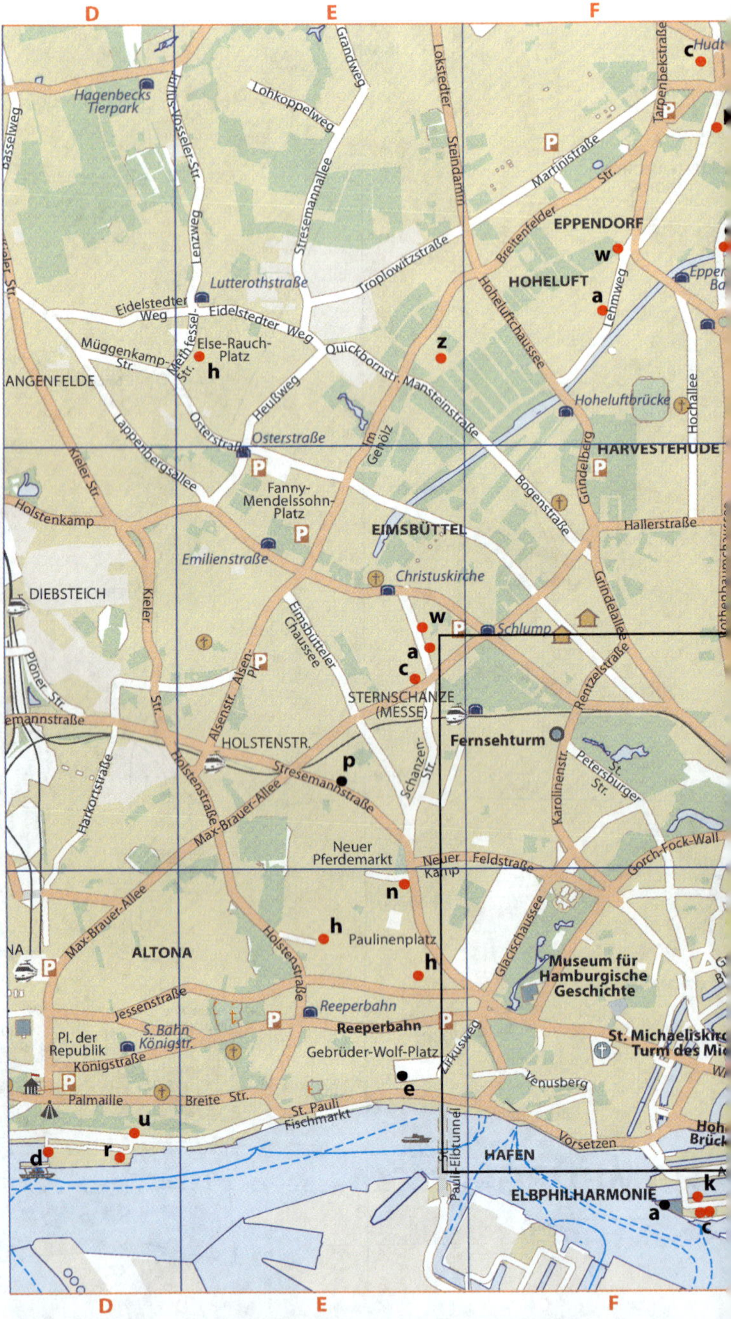
D
E
F
Hagenbecks Tierpark
Julius-Vosseler-Str.
Grandweg
Lohkoppelweg
Lokstedter Steindamm
Tarpenbekstraße
Hudt
Martinistraße
Str.
Stresemannallee
Lenzweg
Troplowitzstraße
Breitenfelder
EPPENDORF
HOHELUFT
Lehmweg
Lutterothstraße
Eidelstedter Weg
Müggenkamp-Str.
Methfessel-Str.
Else-Rauch-Platz
Quickbornstr.
Mansteinstraße
Hoheluftchaussee
Hoheluftbrücke
Hochallee
ANGENFELDE
Heußweg
Osterstraße
Im Gehölz
Lappenbergsallee
HARVESTEHUDE
Kieler Str.
Fanny-Mendelssohn-Platz
Bogenstraße
Grindelberg
Holstenkamp
EIMSBÜTTEL
Hallerstraße
Emilienstraße
Christuskirche
DIEBSTEICH
Kieler Str.
Eimsbütteler Chaussee
Schlump
Grindelallee
Plöner Str.
Alsenstr.
Alsen-Pl.
Rentzelstraße
STERNSCHANZE (MESSE)
Stresemannstraße
HOLSTENSTR.
Fernsehturm
Karolinenstr.
St. Petersburger Str.
Schanzen-Str.
Harkortstraße
Holstenstraße
Max-Brauer-Allee
Neuer Pferdemarkt
Neuer Kamp
Feldstraße
Gorch-Fock-Wall
Glacischaussee
Max-Brauer-Allee
ALTONA
Paulinenplatz
Holstenstraße
Museum für Hamburgische Geschichte
Jessenstraße
Reeperbahn
Reeperbahn
Pl. der Republik
S. Bahn Königstr.
Königstraße
Gebrüder-Wolf-Platz
Zirkusweg
St. Michaeliskirche
Turm des Mi
Venusberg
Palmaille
Breite Str.
St. Pauli Fischmarkt
St. Pauli-Elbtunnel
Vorsetzen
HAFEN
ELBPHILHARMONIE
D
E
F

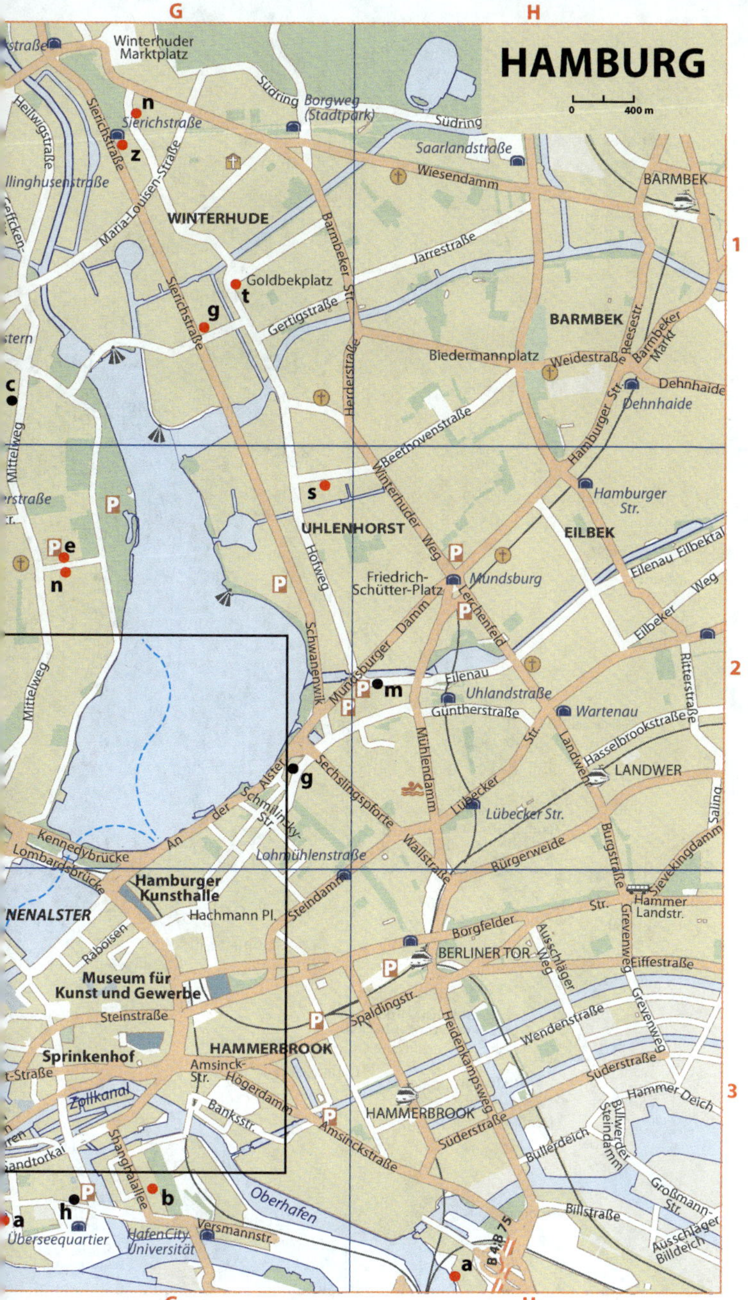
G
H
HAMBURG
0
400 m
Winterhuder Marktplatz
Südring
Borgweg (Stadtpark)
Sierichstraße
Saarlandstraße
Wiesendamm
BARMBEK
WINTERHUDE
Maria-Louisen-Straße
Barmbeker Str.
Jarrestraße
Goldbekplatz
Gertigstraße
BARMBEK
Biedermannplatz
Weidestraße
Dehnhaide
Beethovenstraße
Hamburger Str.
UHLENHORST
Winterhuder Weg
Hofweg
EILBEK
Friedrich-Schütter-Platz
Mundsburg
Lerchenfeld
Mundsburger Damm
Schwanenwik
Eilenau
Uhlandstraße
Güntherstraße
Wartenau
Hasselbrookstraße
LANDWER
Mühlendamm
Lübecker Str.
Sechslingspforte
Schmilinskystr.
An der Alster
Kennedybrücke
Lombardsbrücke
Lohmühlenstraße
Wallstraße
Bürgerweide
Burgstraße
Hamburger Kunsthalle
Hachmann Pl.
Steindamm
Hammer Landstr.
Borgfelder Str.
BERLINER TOR
Ausschläger Weg
Eiffestraße
Museum für Kunst und Gewerbe
Steinstraße
Spaldingstr.
Wendenstraße
HAMMERBROOK
Sprinkenhof
Amsinck-Str.
Högerdamm
Zollkanal
Banksstr.
Heidenkampsweg
Süderstraße
HAMMERBROOK
Hammer Deich
Amsinckstraße
Billwerder Steindamm
Bullerdeich
Oberhafen
Shanghaiallee
Versmannstr.
HafenCity Universität
Überseequartier
Billstraße
Großmann-Str.
Ausschläger Billdeich
Mittelweg
Heilwigstraße
NENALSTER
1
2
3

J
K
1
2
3
Kleiner Schäferkamp
STERNSCHANZENPARK
Schröderstiftstraße
Laufgraben
Bundesstraße
Rentzelstraße
Papendamm
Reinfeldstr.
Johnsallee
Schlüterstraße
Rothenbaumchaussee
Grindelallee
n
Sternschanze
STERNSCHANZE (MESSE)
An der Verbindungsbahn
Bundesstr.
Edmund-Siemers-Allee
Tiergartenstraße
Tiergarten-Straße
Fernsehturm
Messeplatz
Lagerstraße
St. Petersburger Str.
PLANTEN UN BLOMEN
Dammtor
ALTER BOTANISCHER GARTEN
Sternstraße
Lagerstraße
Flora-Neumann-Str.
Karolinenstraße
Vorwerkstraße
Glashüttenstr.
Karolinen-Str.
Bei den Kirchhöfen
Jungiusstraße
Stephansplatz
Marktstraße
s
Marktstr.
Messehallen
Karolinenstr.
KLEINE WALLANLAGEN
Gorch-Fock-Wall
Dammtorwall
Neuer Kamp
Feldstraße
Feldstraße
Sievekingplatz
Dammtorwall
a
Drehbahn
Gänsemarkt
Dammtorstraße
Sievekingplatz
Glacischaussee
Karl-Muck-Platz
St. Anscharpl.
Neue ABC-Str.
Gänsemarkt
Gerhof-Str.
Heiligengeistfeld
GROSSE WALLANLAGEN
Holstenwall
Pilatuspool
Kaiser-Wilhelm-Straße
Hohe Bleichen
d
Poststr.
Glacischaussee
Kohlhöfen
Bleichen
Galle
Museum für Hamburgische Geschichte
Neanderstraße
Peter-Str.
Hütten
Große Bleichen
t
Budapester Str.
n
St. Pauli
Millerntorpl.
Wexstraße
Stadthausbrücke
Bleichen
Neuer Wall
Alster-
Holstenwall
p
Neuer Steinweg
Alter Steinweg
Reeperbahn
e
Helgoländer Allee
Ludwig-Erhard-Straße
STADTHAUSBRÜCKE
s
Alter Wall
Mönke
Zirkusweg
Fleet
Rödingsmarkt
St. Michaeliskirche und Turm des Michels
Teilfeld
Krayenkamp
Willy-Brandt-Str.
Böhmkenstr.
Seewartenstraße
NEUSTADT
Stintfang
Venusberg
Bei der Erholung
St. Pauli Hafenstr.
LANDUNGSBRÜCKEN
SCHAARMARKT
graben
Herrlichkeit
Rödingsmarkt
Deichstr.
Nikolai-
Cremon
Ditmar-Koel-Straße
Rambach-Str.
Neuer Weg
Neustädter
Am Baumwall
Stubbenhuk
Herren-
g
Vorsetzen
Baumwall
Baumwall
Otto-Sill-Brücke
Kajen
Binnenhafen
Hohe Brücke
Kehrwieder
Miniatur Wunderland
J
K

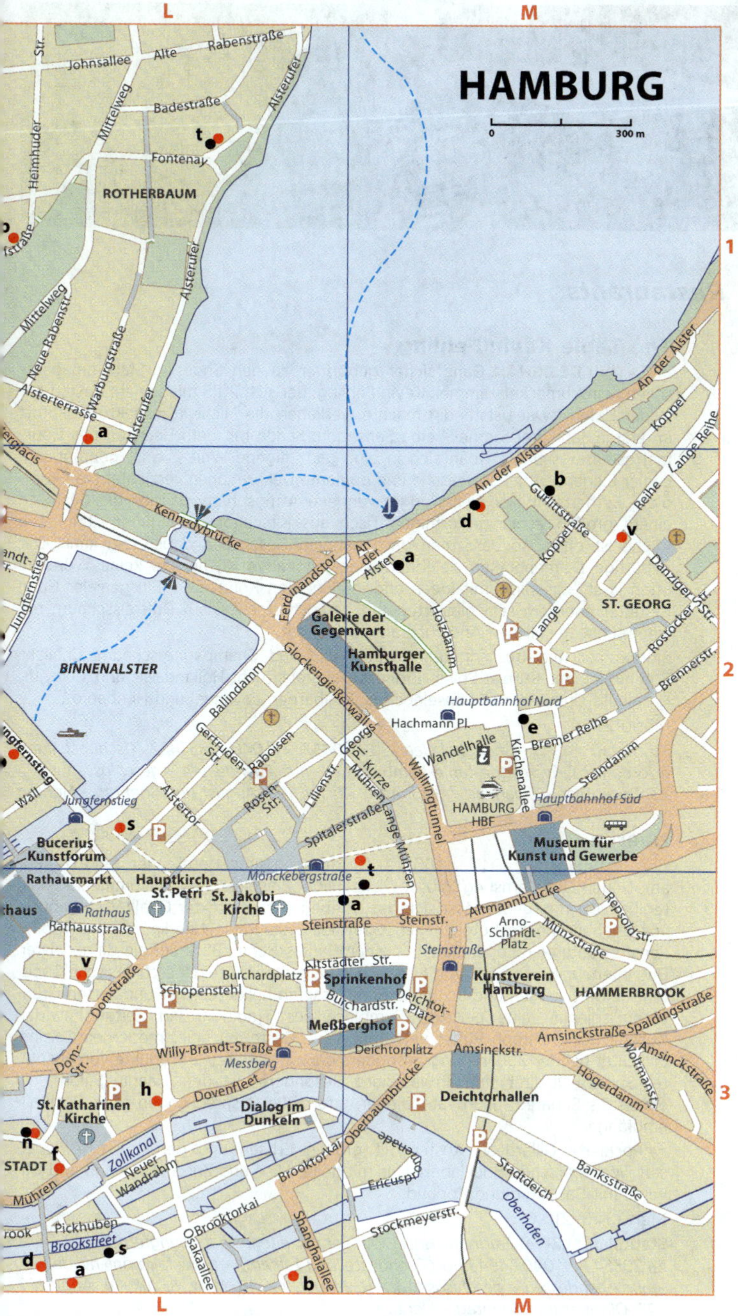
HAMBURG
0
300 m
L
M
1
2
3
ROTHERBAUM
BINNENALSTER
ST. GEORG
HAMMERBROOK
STADT
Johnsallee
Rabenstraße
Alte
Badestraße
Fontenay
Mittelweg
Heimhuder
Alsterufer
Neue Rabenstr.
Warburgstraße
Alsterterrasse
Kennedybrücke
Jungfernstieg
Ferdinandstor
An der Alster
Gurlittstraße
Koppel
Lange Reihe
Danziger Str.
Rostocker Str.
Brennerstr.
Holzdamm
Galerie der Gegenwart
Hamburger Kunsthalle
Glockengießerwall
Ballindamm
Gertruden Str.
Raboisen
Rosen Str.
Lilienstr.
Georgs Pl.
Kurze Mühren
Lange Mühren
Spitalerstraße
Alstertor
Hauptbahnhof Nord
Hachmann Pl.
Wandelhalle
Kirchenallee
Bremer Reihe
Steindamm
HAMBURG HBF
Hauptbahnhof Süd
Wallringtunnel
Museum für Kunst und Gewerbe
Bucerius Kunstforum
Rathausmarkt
Hauptkirche St. Petri
St. Jakobi Kirche
Mönckebergstraße
Rathaus
Rathausstraße
Steinstraße
Steinstr.
Altmannbrücke
Arno-Schmidt-Platz
Münzstraße
Repsoldstr.
Altstädter Str.
Burchardplatz
Sprinkenhof
Burchardstr.
Deichtor-Platz
Kunstverein Hamburg
Schopenstehl
Domstraße
Meßberghof
Deichtorplätz
Amsinckstr.
Amsinckstraße
Spaldingstraße
Woltmanstr.
Högerdamm
Willy-Brandt-Straße
Messberg
Dom-Str.
Dovenfleet
Dialog im Dunkeln
Deichtorhallen
St. Katharinen Kirche
Zollkanal
Neuer Wandrahm
Brooktorkai
Oberbaumbrücke
Ericusspitze
Stadtdeich
Bankstraße
Oberhafen
Stockmeyerstr.
Mühren
Pickhuben
Brooksfleet
Osakaallee
Shanghaiallee
Wall
a
b
d
e
f
h
n
s
t
v

Im Zentrum

M. Falzone/AWL Images/Getty Images

Restaurants

✿✿✿ The Table Kevin Fehling

KREATIV • DESIGN XxX Ganz sicher gehört er zu den Shooting-Stars am deutschen Feinschmecker-Himmel: Kevin Fehling, der sich 2015 mit seinem Restaurant in der Hafencity selbstständig machte, verliehen die Michelin Inspektoren sofort im ersten Jahr drei Sterne – eine Sensation. Schon mit dem Betreten des Gourmetrestaurants begibt man sich in eine ganz eigene Welt. Sie ist geprägt von cooler Eleganz. Auf Tischwäsche und opulente Dekorationen verzichtet man komplett. Es herrscht eine völlig ungezwungene Atmosphäre, da sich die Gäste an einem großen, schlangenförmigen Tisch aus Kirschholz gegenüber sitzen. Die Küche ist offen, so dass man ganz nah am Geschehen dabei sein kann. Der gebürtige Delmenhorster zelebriert eine innovative Küche, die keine Wünsche offen lässt – gespickt mit Ideen und intelligenten Kontrasten. Ein genialer Gang ist unter anderem sein glasierter und geräucherter Aal auf Duftreisschaum mit einem unbestechlichen Anspruch an die Qualität.

→ Hummer mit Kressenpüree, Lardo, Yuzu und Champagnerschaum. Challans Entenbrust mit Kürbis, Shiso, Erdnuss, Passionsfrucht-Hollandaise und Curryjus. Haselnuss-Crémeux mit Gänselebereis, Rhabarber, Lavendel und Himbeere.

Menü 210 €

Stadtplan : G3-b – *Shanghaiallee 15 ✉ 20457 – ✆ 040 22867422 (Tischbestellung erforderlich) – www.the-table-hamburg.de – nur Abendessen – geschlossen 23. Dezember - 7. Januar, 7. - 15. April, 21. Juli - 12. August und Sonntag - Montag*

✿✿ Haerlin

FRANZÖSISCH-KREATIV • LUXUS XxXxX Im legendären Hotel „Vier Jahreszeiten" am Neuen Jungfernstieg gibt es unzählige Beispiele für vollkommenes Gästeglück. Doch nirgends lässt sich das Streben nach perfekter Qualität so genussvoll erleben wie im hoteleigenen Gourmet-Restaurant „Haerlin" – dank großer Fensterfronten ein Logenplatz mit einem fantastischen Blick auf die Binnenalster. Das Interieur ist geprägt von klassischer Eleganz: Reinseidene chinesische Tapeten, Goldprägungen und luxuriöse Samtsessel in hellen Creme- und zarten Grüntönen spiegeln eine perfekte Symbiose aus Tradition und Zeitgeist wider. Küchenchef Christoph Rüffer verwöhnt seine Gäste mit einer modernen Cuisine. Er achtet bei der Zubereitung besonders darauf, dass seine Produkte von absoluter Spitzen-Qualität sind. Etwas ganz Besonderes ist der „Haerlin Salon", ein exquisites Separee für Private Dinner, informelle Besprechungen oder Cocktailempfänge.

→ Pochierte Gillardeau Auster mit grünen Erbsen und geröstetem Zwiebelsaft. Wolfsbarsch in Bouillabaissejus mit heller Miso und Zucchini. Mango und Olivenöl mit Basilikum und Koriander.

Menü 145/210 €

Stadtplan : L2-v – *Fairmont Hotel Vier Jahreszeiten, Neuer Jungfernstieg 9 ✉ 20354 – ✆ 040 34943310 (Tischbestellung ratsam) – www.fairmont-hvj.de – nur Abendessen – geschlossen 1. - 6. Januar, 4. - 10. März, 8. Juli - 4. August, 7. - 13. Oktober und Sonntag - Montag*

Lakeside

KREATIV • DESIGN Sensationell der Blick über Hamburg! In der 7. Etage liegt der luftige, lichtdurchflutete Raum mit schickem, klarem Interieur in elegantem Weiß. Dem niveauvollen Rahmen ebenbürtig ist die saisonal orientierte Küche, die voller Kreativität, feiner Kontraste und ausgesuchter Produkte steckt. Sehr gut die Weinberatung.

→ Förde Garnele, Lardo, Kaviar, Auster. Taube, Kalbsbries, Rote Bete. Schokolade, Shiso, Vanille, Apfel.

Menü 165 € - Karte 101/160 €

Stadtplan : L1-t - *Hotel The Fontenay, Fontenay 10 ✉ 20354 - ✆ 040 60566050 (Tischbestellung erforderlich) - www.thefontenay.de - nur Abendessen - geschlossen Sonntag - Montag*

bianc

KREATIV • DESIGN Mediterrane Küche auf modern-kreative Art - das ist der Stil von Matteo Ferrantino, dessen persönliche Handschrift sowohl sein Talent als auch seine sehr guten bisherigen Stationen erkennen lässt. Die Architektur von Julia Erdmann sorgt in dem Bürogebäude in der HafenCity für eine schicke Atmosphäre zum tollen Essen.

→ Hummer, Karotten, Orange. Huhn, Jakobsmuschel, Mais, Kapern. Joghurt, Himbeere, Rhabarber.

Menü 80/160 €

Stadtplan : L3-a - *Am Sandtorkai 50 ✉ 20457 - ✆ 040 18119797 (Tischbestellung ratsam) - www.bianc.de - nur Abendessen - geschlossen 14. - 28. Januar, 12. - 26. August und Sonntag - Montag*

SE7EN OCEANS

FRANZÖSISCH-KLASSISCH • CHIC Dass man in der Europa-Passage nicht nur gut shoppen kann, beweist das Gourmetrestaurant in der 2. Etage - toll der Blick auf den Jungfernstieg. Auf Basis erstklassiger Produkte wird moderne internationale Küche mit Sinn für das Wesentliche umgesetzt. Mittags bietet man auch einen Business-Lunch.

→ Bretonische Makrele, Gurke, Dill. Steinköhler, Sellerie, Brunnenkresse. Westfälisches Juvenilferkel, Mairüben, Zwiebeln.

Menü 43 € (mittags)/129 € - Karte 56/85 €

Stadtplan : L2-s - *Ballindamm 40, (2. Etage), Europa-Passage ✉ 20095 - ✆ 040 32507944 - www.se7en-oceans.de - geschlossen 4. - 11. Februar, 5. - 25. August und Sonntag - Montag*

Tschebull

ÖSTERREICHISCH • GEMÜTLICH Ein Stück Österreich findet man in dem schönen Kontorhaus in der Altstadt. Klassiker wie Wiener Schnitzel, Kaiserschmarrn & Co. schmecken hier ebenso wie "Heilbuttfilet in der Nuss-Gewürzkruste, süßsaure Schwammerl, Topfen-Spinattascherl". Legerer: "Beisl" mit "Austrian Tapas".

Menü 32 € (mittags) - Karte 34/68 €

Stadtplan : M2-t - *Mönckebergstr. 7 ✉ 20095 - ✆ 040 32964796 (Tischbestellung ratsam) - www.tschebull.de - geschlossen Sonntag, Feiertage*

Brook

INTERNATIONAL • TRENDY Hier gibt es schmackhafte ehrliche Küche, die auf frischen Produkten basiert. Mögen Sie Fisch vom berühmten Fischmarkt um die Ecke oder lieber "Lammcarré mit Parmesankartoffeln" oder "Rumpsteak mit provenzalischem Schmorgemüse"? Abends ist die hübsch angestrahlte Speicherstadt vis-à-vis ein schöner Anblick!

Menü 19 € (mittags)/45 € - Karte 37/54 €

Stadtplan : L3-f - *Bei den Mühren 91 ✉ 20457 - ✆ 040 37503128 - www.restaurant-brook.de - geschlossen Sonntag - Montag*

Cox

INTERNATIONAL • BISTRO X Sympathisch-leger - ein Bistro im besten Sinne! Das bunt gemischte Publikum bestellt hier z. B. "gegrilltes Kabeljaufilet mit Paprika-Chili-Pesto" oder "gebackenes Lammhaxenfleisch mit Koriander-Mayonnaise". Mittags unschlagbares Preis-Leistungs-Verhältnis!

Menü 20 € (mittags) - Karte 36/52 €

Stadtplan : M2-v - *Lange Reihe 68 ✉ 20099 - ☎ 040 249422 - www.restaurant-cox.de - geschlossen Samstagmittag, Sonntagmittag*

Le Plat du Jour

FRANZÖSISCH-KLASSISCH • BISTRO X Sehr beliebt ist der mündlich empfohlene "Plat du Jour" - da kommt man gern schon mittags in das lebendige Bistro. Küche und Einrichtung (Schwarz-Weiß-Fotos, eng gestellte Tische...) sind ganz authentisch. Lust auf hausgemachte Pastete oder "gebratenen Kabeljau mit Senfsauce und Linsen"?

Karte 34/45 €

Stadtplan : L3-v - *Dornbusch 4 ✉ 20095 - ☎ 040 321414 - www.le-plat-du-jour.de*

Jahreszeiten Grill

FRANZÖSISCH-KLASSISCH • ELEGANT XXX Eine stilvolle Hamburger Institution mit Art-déco-Ambiente, die neben Klassikern wie "Hamburger Pannfisch, Senfsauce, Bratkartoffeln" auch Feines wie "Atlantik-Hummer mit Frisée und Kräutern" sowie Grillgerichte bietet - immer aus erstklassigen Produkten.

Menü 33 € (mittags)/116 € - Karte 60/118 €

Stadtplan : L2-v - *Fairmont Hotel Vier Jahreszeiten, Neuer Jungfernstieg 9 ✉ 20354 - ☎ 040 34940 - www.fairmont-hvj.de*

NIKKEI NINE

JAPANISCH • CHIC XX Einer der angesagtesten kulinarischen Hotspots der Elbmetropole! Die Atmosphäre ist stylish und warm zugleich, gekocht wird japanisch mit peruanischen Einflüssen: "Toban Yaki von Meeresfrüchten", "kalte Soba-Nudeln, Ei, Kaviar, Dashi-Soja", Wagyu-Steak, Sushi & Sashimi... Die Produkte sind top!

Menü 32 € (mittags)/89 € - Karte 47/183 €

Stadtplan : L2-v - *Fairmont Hotel Vier Jahreszeiten, Neuer Jungfernstieg 9 ✉ 20534 - ☎ 040 34943399 - www.fairmont-hvj.de - geschlossen Sonntagmittag*

Anna Sgroi

ITALIENISCH • ELEGANT XX Charmant ist die Atmosphäre in dem aufwändig renovierten Haus von 1897. Angenehm reduziert ist sowohl das stilvoll-gemütliche Interieur als auch die klassisch italienische Küche. Letztere gibt es z. B. als "Ravioli von Sylter-Royal-Austern und Spinat mit Schnittlauch". Zusätzliches günstiges Mittagsangebot.

Menü 75/87 € - Karte 39/72 €

Stadtplan : G2-e - *Milchstr. 7 ✉ 20148 - ☎ 040 28003930 - www.annasgroi.de - geschlossen Sonntag - Montag, Samstagmittag sowie an Feiertagen mittags*

DIE BANK

INTERNATIONAL • BRASSERIE XX Einer der Hotspots der Stadt! Kein Wunder, denn die Kassenhalle im 1. OG des einstigen Bankgebäudes von 1897 ist eine beeindruckende Location. Es gibt z. B. "Carpaccio vom Label Rouge Lachs, Gurke, Apfel, Avocado, Queller" oder Klassiker wie "Steak Frites vom Weideochsen". Bar mit Brasserie-Karte.

Menü 29 € (mittags)/59 € - Karte 44/66 €

Stadtplan : K2-d - *Hohe Bleichen 17 ✉ 20354 - ☎ 040 2380030 - www.diebank-brasserie.de - geschlossen Sonntag sowie an Feiertagen*

Henriks

INTERNATIONAL • DESIGN XX In dem chic designten Restaurant wird ambitioniert gekocht. Das Angebot ist ein Mix aus asiatischer, mediterraner und regionaler Küche und reicht von Wiener Schnitzel bis Hummer. Dazu eine gute Weinauswahl. Beliebt die großzügige Terrasse samt Lounge.

Karte 30/105 €

Stadtplan : L1-b – *Tesdorpfstr. 8 ✉ 20148 – ✆ 040 288084280 (Tischbestellung erforderlich) – www.henriks.cc*

Heritage

GRILLGERICHTE • TRENDY XX Das Restaurant bietet nicht nur einen fantastischen Ausblick auf die Alster, auch die Küche lockt. Es gibt Internationales wie "Nordsee-Steinbutt mit Belugalinsen und Limonen-Hollandaise" oder erstklassige gereifte Steaks mit besonderem Aroma - dem 800°-US-Southbend-Broiler sei Dank!

Menü 89/89 € – Karte 56/111 €

Stadtplan : M2-d – *Hotel Le Méridien, An der Alster 52 ✉ 20099 – ✆ 040 21001070 – www.heritage-hamburg.com – nur Abendessen*

IZAKAYA

JAPANISCH • ELEGANT XX Hier gibt es authentische japanische Küche mit einem für Deutschland ausgesprochen umfangreichen Angebot an top Produkten. Macht Ihnen z. B. "Crispy Soft Shell Crab, Mango & Chili Lime Dressing" Appetit? Die Atmosphäre ist lebhaft und hip - chic die Bar. Das Glasdach des Innenhofs lässt sich öffnen!

Karte 45/96 €

Stadtplan : L3-n – *Hotel Sir Nikolai, Katharinenstrasse 29 ✉ 20457 – ✆ 040 29996669 – www.izakaya-restaurant.com*

Parkview N

INTERNATIONAL • FREUNDLICH XX Sie mögen es leger und dennoch stilvoll? Zur entspannten Atmosphäre gesellen sich ein - dank raumhoher Fensterfront - schöner Blick auf Alster und Park, freundlicher Service und gute internationale Küche, z. B. als "Wolfsbarschfilet auf der Haut gebraten, mediterrane Gemüsepfanne, Pesto, Gnocchi". Toll die Terrasse.

Menü 34 € (mittags unter der Woche) – Karte 37/99 €

Stadtplan : L1-t – *Hotel The Fontenay, Fontenay 10 ✉ 20354 – ✆ 040 60566050 – www.thefontenay.de*

petit bonheur

FRANZÖSISCH-KLASSISCH • BRASSERIE XX Draußen die geschmackvolle Jugendstilfassade, drinnen eine charmant-elegante Brasserie - sehr schön die Bilder aus der Kunstsammlung des Chefs! Gekocht wird natürlich klassisch-französisch, von Taschenkrebssalat über Bouillabaisse bis zum Entrecôte. Und als Dessert am Tisch flambierte Crêpes Suzette?

Menü 44/66 € – Karte 41/87 €

Stadtplan : J3-p – *Hütten 85 ✉ 20355 – ✆ 040 33441526 – www.petitbonheur-restaurant.de – geschlossen Samstagmittag, Sonntag - Montag, Feiertage, außer Adventssonntage und Weihnachten*

Piazza Romana

ITALIENISCH • KLASSISCHES AMBIENTE XX Von der belebten Hotelhalle gelangt man in dieses Restaurant mit italienisch-mediterranem Angebot. An einigen Tischen direkt in der Halle kann man bei Minestrone, Linguine oder Gambas auch mitten im Geschehen sitzen.

Karte 27/59 €

Stadtplan : K1-m – *Hotel Grand Elysée, Rothenbaumchaussee 10 ✉ 20148 – ✆ 040 41412734 – www.grand-elysee.com*

STRAUCHS FALCO

INTERNATIONAL • TRENDY XX In den Elbarkaden mitten in der HafenCity finden Sie dieses schicke, stylische Restaurant. Gekocht wird international - schmackhaft z. B. "Thunfischtatar Oriental mit Sesamhippe und Verjus", "mediterrane Fisch- und Krustentiersuppe" oder "Nackensteak vom Iberico-Schwein". Im OG eine Tapasbar.

Karte 28/93 €

Stadtplan : L3-b – *Koreastr. 2 ✉ 20457 – ✆ 040 226161511 – www.falco-hamburg.de*

THEO'S

STEAKHOUSE • BRASSERIE XX Ganz wie in einem New York Steakhouse kommen hier exklusive Fleischstücke aus dem Southbend-Grillofen. Tipp: Probieren Sie unbedingt die Steaks vom "Uckermärker" - die Rinder werden nach den Vorgaben des Hauses gezogen!

Karte 44/81 €

Stadtplan : K1-m – *Hotel Grand Elysée, Rothenbaumchaussee 10 ✉ 20148 – ✆ 040 41412855 – www.grand-elysee.com – nur Abendessen – geschlossen Sonntag*

VLET in der Speicherstadt

MODERNE KÜCHE • HIP XX In diesem trendig-modernen und lebendigen Restaurant mitten im Weltkulturerbe Speicherstadt hat man sich "Hamburger Feinschmeckerküche" auf die Fahnen geschrieben. Da liest man auf der Karte Labskaus, Pannfisch oder Hutzelbrot - auf eigene Art zubereitet! Tipp: Parken Sie im "Contipark".

Menü 69/89 € – Karte 53/78 €

Stadtplan : L3-d – *Sandtorkai 23/24, (Eingang über die Kibbelstegbrücke, 1. Etage, Block N) ✉ 20457 – ✆ 040 334753750 – www.vlet.de – nur Abendessen – geschlossen Sonntag*

YOSHI im Alsterhaus

JAPANISCH • TRENDY XX Auf dem "Feinschmecker-Boulevard", der 4. Etage des noblen Einkaufszentrums, hat man einen Treffpunkt für Freunde japanischer Esskultur geschaffen. Japanische Köche bringen hier Tradition und Moderne in Einklang, z. B. mit "Kamo-Nabe", "Blaukrabben-Tempura mit Matcha-Salz" oder Sushi. Gefragte Dachterrasse!

Menü 26 € (mittags unter der Woche)/95 € – Karte 22/113 €

Stadtplan : L2-b – *Jungfernstieg 16, (Alsterhaus 4. OG - Direkter Lift-Zugang Poststr. 8) ✉ 20354 – ✆ 040 36099999 – www.yoshi-hamburg.de – geschlossen Sonntag, Feiertage*

Basil & Mars

MODERNE KÜCHE • HIP X Trendig-chic und angenehm leger ist es in dem Restaurant direkt bei der Kennedybrücke. Aus der offenen Küche kommt ein moderner Mix aus regionalen, mediterranen und asiatischen Einflüssen: "Querrippe, 12 h im Ofen gegart", "Pulpo vom Grill", "Sashimi-Salat"... Mo. - Fr. einfachere Mittagskarte.

Menü 47 € (abends) – Karte 38/65 €

Stadtplan : L1-a – *Alsterufer 1 ✉ 20354 – ✆ 040 41353535 – www.basilundmars.com – geschlossen Samstagmittag, Sonntag*

Bistrot Vienna

MARKTKÜCHE • BISTRO X Charmant-lebhaft ist das etwas versteckt liegende kleine Restaurant. In quirlig-legerer Atmosphäre gibt es saisonal-internationale Gerichte wie "Carpaccio vom Oktopus" oder "Fenchelbratwurst mit Rahmwirsing". Reservierung nicht möglich!

Menü 28 € – Karte 26/46 €

Stadtplan : E2-c – *Fettstr. 2 ✉ 20357 – ✆ 040 4399182 – www.vienna-hamburg.de – nur Abendessen – geschlossen Montag*

Butcher's american steakhouse

STEAKHOUSE • FAMILIÄR Steak-Liebhaber aufgepasst! Hier setzt man auf exklusives Nebraska-Beef, und das steht auf dem Teller absolut im Mittelpunkt! Wer Seafood vorzieht, bekommt ebenfalls tolle Qualität. Tipp: Besonders gemütlich hat man es im Winter am Kamin.

Karte 60/173 €

Stadtplan : G2-n - *Milchstr. 19 ✉ 20148 - ✆ 040 446082 - www.butchers-steakhouse.de - geschlossen Samstagmittag, Sonntagmittag sowie an Feiertagen mittags*

CARLS an der Elbphilharmonie

REGIONAL • BRASSERIE Französische Küche mit norddeutschem Einschlag gibt es in dieser eleganten Brasserie - da liest man auf der Karte z. B. Boeuf Bourguignon, Fischsuppe, "Carls Hanseatenplatte"... Nicht zu vergessen der günstige "Plat du jour" - Hafenblick inklusive. Dazu Tartes und Kleinigkeiten im Bistro, im Laden Gewürze und Feinkost!

Menü 39/42 € - Karte 38/75 €

Stadtplan : F3-c - *Am Kaiserkai 69 ✉ 20457 - ✆ 040 300322400 - www.carls-brasserie.de*

Coast by east

FUSION • FREUNDLICH Schön am Wasser gelegen, an den "Marco-Polo-Terrassen" am Rand der HafenCity! Ein weiterer Trumpf ist das Konzept: euro-asiatische Speisen und kreative Sushiküche. Im UG gibt es noch mehr Gastronomie: die Enoteca mit italienischem Angebot. Ab 18 Uhr parken Sie in der Unilever-Garage nebenan.

Karte 44/74 €

Stadtplan : G3-a - *Großer Grasbrook 14 ✉ 20457 - ✆ 040 30993230 - www.coast-hamburg.de*

The Greek

GRIECHISCH • TRENDY Ein 08/15-Angebot à la Gyros dürfen Sie hier nicht erwarten, stattdessen bietet das moderne Restaurant am Hafen auf seinen drei Ebenen eine gehobene moderne griechische Küche, z. B. in Form von "Lammschulter, Auberginenkaviar, Pita-Brot, Cardamomjoghurt" oder "Moraitiko Hilopitaki". Mittags kleinere Karte.

Menü 20 € (mittags unter der Woche) - Karte 33/55 €

Stadtplan : J3-g - *Vorsetzen 53 ✉ 20459 - ✆ 040 31807370 - www.thegreek.hamburg*

Heldenplatz

FRANZÖSISCH-MODERN • TRENDY Gute Nachricht für Nachtschwärmer: Hier bietet man bis nachts um 2 Uhr die gesamte Karte! In modern-legerem Umfeld genießt man z. B. "Iberico-Schwein, Aubergine, rote Zwiebel, Baumtomate". Und zum Nachtisch "Schokoladentarte, Erdnuss, Karamell, Zitrus"? Alle Weine werden übrigens offen ausgeschenkt.

Menü 55/69 € - Karte 48/65 €

Stadtplan : L3-h - *Brandstwiete 46 ✉ 20457 - ✆ 040 30372250 - www.heldenplatz-restaurant.de - nur Abendessen - geschlossen Ende Dezember - Anfang Januar und Montag - Dienstag*

Kinfelts Kitchen & Wine N

MARKTKÜCHE • CHIC In unmittelbarer Nähe zur Elbphilharmonie betreibt der aus dem besternten "Trüffelschwein" bekannte Kirill Kinfelt sein zweites Restaurant. Chic-modern die Einrichtung, ambitioniert und zugleich bodenständig die regional-saisonale Küche. Die schöne Weinauswahl zeigt fundiertes Sommelierwissen. Preiswerte Mittagskarte.

Menü 49/69 € - Karte 43/50 €

Stadtplan : F3-k - *Am Kaiserkai 56 ✉ 20457 - ✆ 040 30068369 - www.kinfelts.de - geschlossen Montag*

LOUIS - by Thomas Martin

MARKTKÜCHE • ELEGANT Gegenüber Elbphilharmonie und Schiffsanlager sitzt man hier bei schöner Aussicht in wertig-elegantem Ambiente. Mit Sternekoch Thomas Martin als Ideengeber entstehen kreative internationale Gerichte, die man nach dem "Sharing"-Prinzip auswählt.

Karte 42/48 €

Stadtplan : F3-c - *Am Kaiserkai 69, (Eingang über CARLS) 20457 - 040 300322413 - www.louisrestaurant.de - nur Abendessen*

La Mirabelle

FRANZÖSISCH-KLASSISCH • GEMÜTLICH Der Name lässt es bereits vermuten: Hier wird französisch gekocht, und dabei verzichtet man auf Chichi, vielmehr setzt man auf Geschmack - so z. B. bei "Kabeljau mit Senfsauce". Käseliebhaber aufgepasst: Man hat rund 50 französische Sorten!

Menü 35/63 € - Karte 54/67 €

Stadtplan : K1-n - *Bundesstr. 15 20146 - 040 4107585 - www.la-mirabelle-hamburg.de - nur Abendessen - geschlossen 1. - 14. Januar und Sonntag - Montag sowie an Feiertagen*

Petit Délice

FRANZÖSISCH-KLASSISCH • NACHBARSCHAFTLICH Hier wird in netter lebendiger Atmosphäre klassische Küche mit regionalem Einfluss serviert - da macht "gerösteter Pumpernickel mit Rührei und Rauchaal" genauso Appetit wie "Seeteufel auf Spitzkohl mit Gurken-Relish". Sehr schön die Terrasse zum Fleet! Nebenan im "Traiteur" geht es einfacher zu.

Menü 25 € (mittags) - Karte 37/73 €

Stadtplan : K2-p - *Große Bleichen 21, (in der Galleria Passage) 20354 - 040 343470 - www.petit-delice-hamburg.de - geschlossen Sonntag sowie an Feiertagen*

Hotels

Fairmont Hotel Vier Jahreszeiten

GROSSER LUXUS • ELEGANT Ein Grandhotel alter Schule mit über 120 Jahren Tradition - das spiegelt sich in Stil, Eleganz, Service und hanseatischer Diskretion wider! Keine Frage, hier wohnt man absolut wertig und geschmackvoll, und das direkt an der Binnenalster. Highlight in Sachen Design ist die exklusive "Ralph Lauren Suite"! Legendär: Afternoon Tea in der stilvollen "Wohnhalle".

139 Zim - 265/295 € 295/595 € - 17 Suiten - 45 €

Stadtplan : L2-v - *Neuer Jungfernstieg 9 20354 - 040 34940 - www.fairmont-hvj.de*

Haerlin • **Jahreszeiten Grill** • **NIKKEI NINE** - siehe Restaurantauswahl

The Fontenay

GROSSER LUXUS • ELEGANT Edel-modernes Design gepaart mit hanseatischer Zurückhaltung, das hat Stil! Schön licht die Architektur, äußerst hochwertig die Ausstattung. Alles hier vermittelt Exklusivität, von den großzügigen Zimmern (teils mit herrlichem Blick zur Alster) über den Spa samt tollem Pool in der 6. Etage bis zum Bemühen um den Gast.

113 Zim - 355/745 € 355/745 € - 17 Suiten - 35 €

Stadtplan : L1-t - *Fontenay 10 20354 - 040 60566050 - www.thefontenay.de*

Lakeside • **Parkview** - siehe Restaurantauswahl

Atlantic Kempinski

GROSSER LUXUS • KLASSISCH Das "Weiße Schloss an der Alster" zeigt sich so richtig luxuriös! Sie betreten eine Lobby voll purer Klassik, nächtigen in Zimmern von edler Zeitlosigkeit (feines Ebenholz, topmoderne Technik...) und tagen oder feiern in stilvollen Salons! Im eleganten Restaurant serviert man klassische Küche.

221 Zim - 169/549 € 199/579 € - 33 Suiten - 35 €

Stadtplan : M2-a - *An der Alster 72 20099 - 040 28880 - www.kempinski.com/hamburg*

Park Hyatt

GROSSER LUXUS • MODERN Im 1. Stock empfängt das einstige Kontorhaus von 1912 seine Gäste, die es sich hier in der geschmackvollen Lounge gemütlich machen können. Mit Wertigkeit und moderner Eleganz sucht das Luxushotel seinesgleichen. Das Restaurant "Apples" lädt mit seiner Showküche zum Zuschauen ein.

283 Zim – 185/380 € 250/450 € – 21 Suiten – 34 €

Stadtplan : M3-t – *Bugenhagenstr. 8, (im Levantehaus) 20095 – 040 33321234 – www.hamburg.park.hyatt.de*

Grand Elysée

LUXUS • KLASSISCH Das größte privat betriebene Luxushotel Deutschlands! Elegant die Zimmer, weitläufig die Halle mit Boutique und Café, die Brasserie schließt sich an. Im Haus finden sich rund 800 Exponate aus der Kunstsammlung der Eigentümerfamilie. Tipp: ruhig gelegene Gartenhofzimmer oder Südzimmer zum Moorweidenpark.

510 Zim – 170/280 € 190/300 € – 18 Suiten – 25 €

Stadtplan : K1-m – *Rothenbaumchaussee 10 20148 – 040 414120 – www.grand-elysee.com*

Piazza Romana • **THEO'S** – siehe Restaurantauswahl

Le Méridien

KETTENHOTEL • MODERN Der attraktive klare Stil zieht sich von den Zimmern (hier speziell entworfene therapeutische Betten) bis in den Wellnessbereich. Was halten Sie von einem Panorama-Zimmer zur Alster in einer der oberen Etagen? Ebenso schön ist die Sicht von Restaurant und Bar im 9. Stock (auch per Außen-Glaslift erreichbar!).

275 Zim – 149/289 € 169/309 € – 14 Suiten – 32 €

Stadtplan : M2-d – *An der Alster 52 20099 – 040 21000 – www.lemeridienhamburg.com*

Heritage – siehe Restaurantauswahl

SIDE N

LUXUS • DESIGN "SIDE 2.0" trifft es auf den Punkt, denn hinter der schicken Glas-Naturstein-Fassade hat Matteo Thun ein topmodernes, klares, exklusives Design geschaffen, angefangen bei der 28 m hohen Lobby über die geräumigen Zimmer samt neuester Technik bis zum tollen Spa und der farbenfrohen Sky Lounge mit Dachterrasse! Im trendigen "[m]eatery" kommen Fleischfans auf ihre Kosten.

178 Zim – 190/350 € 190/350 € – 10 Suiten – 28 €

Stadtplan : K2-a – *Drehbahn 49 20354 – 040 309990 – www.side-hamburg.de*

The Westin

LUXUS • TRENDIG Das neue Wahrzeichen Hamburgs, die Elbphilharmonie, ist eine wirklich spektakuläre Location: unten alter Speicher, oben futuristisches Bauwerk, im Übergang die "Plaza". Grandios der Blick auf Hafen und HafenCity, hell, topmodern, puristisch die Zimmer, chic der Spa. "The Saffron" bietet internationale Küche.

244 Zim – 220/500 € 220/500 € – 39 Suiten – 30 €

Stadtplan : F3-a – *Am Platz der Deutschen Einheit 2 20038 – 040 8000100 – www.westinhamburg.com*

AMERON Hotel Speicherstadt

HISTORISCH • VINTAGE Sie wohnen direkt in der Speicherstadt, und zwar im ehemaligen Kontorhaus der Kaffeebörse. Für Charme sorgt trendiges Design im 50er-Jahre-Look, das zusammen mit warmen Tönen ein wohnliches Ambiente schafft. Das Restaurant "Cantinetta" erreicht man über die "Seufzerbrücke" - hier speist man italienisch.

192 Zim – 169/449 € 169/449 € – 20 €

Stadtplan : L3-s – *Am Sandtorkai 4 20457 – 040 6385890 – www.hotel-speicherstadt.de*

The George

URBAN · DESIGN Modern-britisch der Stil - cool und urban. Ob Bibliothek, Bar oder Zimmer, überall gedeckte Töne und Details wie Bilder, Bezüge, Tapeten. Geräumig die "M"-Zimmer, die "S"-Zimmer kleiner und zur Straße gelegen. Genießen Sie von der Dachterrasse den Blick über Hamburg! Mediterran-italienische Küche im "DaCaio".

125 Zim – †150/290 € ††150/290 € – 2 Suiten – ☕ 22 €

Stadtplan : G2-g – *Barcastr. 3* ✉ *22087* – ✆ *040 2800300*
– *www.thegeorge-hotel.de*

Reichshof

HISTORISCH · ELEGANT Ein echtes Lifestyle-Hotel! 1910 als Grandhotel erbaut, findet sich hier ein Mix aus Tradition und Moderne. Chic und wohnlich die Zimmer, lebendig die Lobby mit markanten Marmorsäulen - hier trinkt auch gerne einfach mal einen Kaffee. Breites Speisenangebot im Restaurant.

275 Zim – †169 € ††169 € – 3 Suiten – ☕ 21 € – ½ P

Stadtplan : M2-e – *Kirchenallee 34* ✉ *20099* – ✆ *040 3702590*
– *www.reichshof-hamburg.com*

Sir Nikolai

URBAN · ELEGANT Direkt am Nikolai-Fleet liegt dieses zunächst unscheinbar wirkende Gebäude. Das Interieur: trendy, modern, hochwertig. Die Zimmer sind zwar nicht allzu groß, aber fast schon luxuriös ausgestattet. Das Parken übernimmt man für Sie.

94 Zim – †145/230 € ††145/230 € – 4 Suiten – ☕ 23 €

Stadtplan : L3-n – *Katharinenstr. 29* ✉ *20457* – ✆ *040 29996660*
– *www.sirhotels.com/nikolai*

IZAKAYA – siehe Restaurantauswahl

TORTUE (N)

BOUTIQUE-HOTEL · ELEGANT Wertiges modern-elegantes Design von der Lobby über die Zimmer bis zu den Restaurants! In der "brasserie" speist man französisch, im "JIN GUI" asiatisch. Dazu ein herrlicher Innenhof sowie Bars, in denen regelmäßig angesagte After-Work-Partys stattfinden. Überall im Haus präsent: das Markenzeichen Schildkröte (frz. "tortue") in Form von Statuen, Lampen, Bildern...

120 Zim – †170/250 € ††190/280 € – 6 Suiten – ☕ 22 €

Stadtplan : K2-t – *Stadthausbrücke 10* ✉ *20355* – ✆ *040 33441400*
– *www.tortue.de*

HENRI

URBAN · VINTAGE Ein Hotel mit besonderer Atmosphäre: Hochwertig und mit dem Komfort von heute lässt man in dem einstigen Kontorhaus die 50-60er Jahre wieder aufleben. Charmant: Lounge mit Wohnzimmer-Flair, Küche mit Snacks und Getränken sowie täglichem "Abendbrod" und Kuchen am Wochenende!

61 Zim – †98/138 € ††118/158 € – 4 Suiten – ☕ 16 €

Stadtplan : LM3-a – *Bugenhagenstr. 21* ✉ *20095* – ✆ *040 5543570*
– *www.henri-hotel.com*

25hours Hafen City

URBAN · INDIVIDUELL An Individualität ist das hier kaum zu überbieten! Da trifft junges klares Design auf gemütliches Holz, Seemannsgeschichten, alte Schallplatten im loungigen "Vinyl Room", Gäste-Seesack in der Hafensauna auf dem Dach... Und die Zimmer sind natürlich Kojen! Am Wochenende Langschläferfrühstück bis 12 Uhr.

170 Zim – †140/500 € ††150/510 € – ☕ 21 €

Stadtplan : G3-h – *Überseeallee 5* ✉ *20457* – ✆ *040 2577770*
– *www.25hours-hotels.com*

Mittelweg

PRIVATHAUS • GEMÜTLICH Der Charme der Jahrhundertwende ist in der Villa von 1890 allgegenwärtig: Treppenhaus, Stuckdecke im stilvollen Frühstücksraum, liebenswert arrangierte Farben, Muster und klassische Möbel in den Zimmern. Lauschig der kleine Garten, praktisch die eigenen Parkplätze.

30 Zim – 125/165 € 125/165 €

Stadtplan : G1-c – *Mittelweg 59 ✉ 20149 – ✆ 040 4141010 – www.hotel-mittelweg-hamburg.de*

Miramar & Mare

BOUTIQUE-HOTEL • INDIVIDUELL Nicht weit von der Alster liegen die zwei Jugendstilhäuser von 1902 bzw. 1904. Außen hübsche klassische Fassaden, drinnen geschmackvolle und individuelle Einrichtung mit Liebe zum Detail. In beiden Häusern gibt es ein frisches Frühstück.

30 Zim – 95/120 € 125/155 €

Stadtplan : H2-m – *Armgartstr. 20 ✉ 22087 – ✆ 040 51900940 – www.hotelmiramar.de*

Wedina

BOUTIQUE-HOTEL • INDIVIDUELL Rotes Haus, Blaues Haus, Grünes Haus, Gelbes Haus - mal sonnig und frisch, mal puristisch oder mit literarischen Werken. Die Bücher (auch in der Lobby) sind übrigens von den Autoren signiert. Nicht versäumen: Frühstück im Garten und Stadttour per Leihfahrrad! Schön: Die Alster liegt gleich um die Ecke.

54 Zim – 125/205 € 145/225 € – 15 €

Stadtplan : M2-b – *Gurlittstr. 23 ✉ 20099 – ✆ 040 2808900 – www.hotelwedina.de*

Außerhalb des Zentrums

ullstein bild/Getty Images

In Hamburg-Altona

Landhaus Scherrer (Heinz O. Wehmann)

FRANZÖSISCH-KLASSISCH • ELEGANT In vielen Restaurants ein Trend, bei Heinz O. Wehmann seit Jahren eine Selbstverständlichkeit: herausragende regionale, oftmals biozertifizierte Produkte! Diese werden in dem stilvollen Haus klassisch und mit Geschmack verarbeitet. Ebenfalls klassisch, aber keineswegs steif der geschulte Service. Tolle Weine. Regionale Klassiker in "Wehmann's Bistro".

→ Gebratene Pilgermuschel mit Stängelrübe und Krustentierschaum. Steinbutt an der Gräte gebraten mit Fenchel, Tomate und Olive. Maibockrücken mit Pfifferlingen und Lauchpüree.

Menü 72/128 € – Karte 63/101 €

Stadtplan : C3-c – *Elbchaussee 130 ✉ 22763 – ✆ 040 883070030 – www.landhausscherrer.de – geschlossen Sonntag*

Petit Amour (Boris Kasprik)

FRANZÖSISCH-KREATIV · CHIC Recht intim ist das kleine Restaurant in dem netten Eckhaus - wertig, modern und gleichermaßen gemütlich! Es gibt kreative Küche auf klassischer Basis, bei der der Chef geschickt mit Strukturen und Aromen spielt. Immer im Fokus: die ausgezeichneten Produkte. Der Service aufmerksam, freundlich, versiert.

→ Terrine von der Foie Gras und grünem Tee mit Rhabarber und Brioche. Steinbutt unter Kartoffelschuppen mit Vin Jaunejus, grünem Spargel und Morcheln. Geeiste Gariguette Erdbeeren, grüne Mandeln und konfierte Orange.

Menü 115/185 €

Stadtplan : D3-a - *Spritzenplatz 11 ✉ 22765 - ✆ 040 30746556 (Tischbestellung ratsam) - www.petitamour-hh.com - nur Abendessen - geschlossen Ende Januar - Anfang Februar 2 Wochen, Ende Juni - Juli 4 Wochen und Sonntag - Dienstag*

RIVE Bistro

FISCH UND MEERESFRÜCHTE · BRASSERIE Die Betreiber des "Tschebull" leiten auch dieses direkt am Hafen gelegene Bistro. Es gibt Seafood und Grillgerichte mit Geschmack und Niveau, aber auch Klassiker wie Hamburger Pannfisch und Wiener Schnitzel sind zu haben. Im Sommer ist die wunderbare Terrasse praktisch ein Muss! Durchgehend warme Küche.

Menü 30 € (mittags unter der Woche) - Karte 35/87 €

Stadtplan : D3-r - *Van-der-Smissen Str. 1 ✉ 22767 - ✆ 040 3805919 (Tischbestellung ratsam) - www.rive.de - geschlossen Montag*

Fischereihafen Restaurant

FISCH UND MEERESFRÜCHTE · KLASSISCHES AMBIENTE Eine Institution in Hamburg, die überwiegend Fischgerichte bietet. Man speist in klassisch-maritimem Ambiente mit Blick auf den Hafen, umsorgt vom geschulten Service. Beliebt ist natürlich das günstige Mittagsmenü.

Menü 25 € (mittags)/65 € - Karte 38/98 €

Stadtplan : D3-d - *Große Elbstr. 143 ✉ 22767 - ✆ 040 381816 - www.fischereihafenrestaurant.de*

HACO N

MODERNE KÜCHE · GEMÜTLICH Trendig und relaxed geht es in dem netten Eck-Restaurant zu (der Name "HACO" setzt sich übrigens aus "HAmburg" und "COrner" zusammen). Der modern-skandinavische Stil der Einrichtung findet sich auch in der produktorientierten Küche wieder, und die ist auch für Vegetarier und Veganer ein Vergnügen.

Karte 49/96 €

Stadtplan : E3-h - *Clemens-Schultz Str. 18 ✉ 20359 - ✆ 040 74203939 - www.restaurant-haco.com - nur Abendessen - geschlossen 23. Dezember - 6. Januar und Sonntag - Montag*

Henssler Henssler

ASIATISCHE EINFLÜSSE · GERADLINIG Hier sind vor allem die Sushi- und Sashimi-Variationen gefragt, es gibt aber auch Gerichte wie "Filet von der Dorade" oder "Rib Eye vom Heiderind" mit Beilage und Sauce nach Wahl. Oder lieber "Sushi to go"?

Menü 69 € (abends) - Karte 32/70 €

Stadtplan : D3-u - *Große Elbstr. 160 ✉ 22767 - ✆ 040 38699000 (Tischbestellung ratsam) - www.hensslerhenssler.de - geschlossen Sonntag*

Das Weisse Haus

INTERNATIONAL · FREUNDLICH In dem kleinen weißen Häuschen nahe dem Övelgönner Museumshafen erwartet man Sie in legerer Bistro-Atmosphäre zu leckeren internationalen Gerichten wie "Filet vom Wolfsbarsch in Zitronenthymian gebraten auf Spargelrisotto mit Blaubeeren". Im Sommer lockt die Terrasse.

Menü 39/60 € - Karte 37/47 €

Stadtplan : C3-s - *Neumühlen 50 ✉ 22763 - ✆ 040 3909016 - www.das-weisse-haus.de - geschlossen Montag*

MY PLACE

URBAN • INDIVIDUELL Ein kleines Hotel nahe dem Szeneviertel Schanze mit charmant-modernen Zimmern, ganz individuell, jedes nach einem Hamburger Stadtteil benannt. Im "Living Room" gibt's kostenlos Kaffee und Tee. Die Marmelade zum kleinen Frühstück ist übrigens hausgemacht!

16 Zim – 74/115 € 99/115 € – 2 Suiten – 5 €

Stadtplan : E2-p – *Lippmannstr. 5 22769 – 040 28571874 – www.myplace-hamburg.de*

In Hamburg-Bahrenfeld

Rach & Ritchy

FLEISCH • FREUNDLICH X Das Häuschen mit der farbig-frischen Fassade birgt ein nettes trendiges und angenehm legeres Restaurant, das sich auf erstklassige Steaks spezialisiert hat, vom Holsteiner Rind über australisches Black Angus bis U.S. Beef. Und vorneweg vielleicht die Meeresfrüchteplatte? Beliebt: die charmante Terrasse.

Karte 34/70 €

Stadtplan : D2-a – *Holstenkamp 71 22525 – 040 89726170 (Tischbestellung ratsam) – www.rach-ritchy.de – geschlossen Sonntag - Montag, Samstagmittag sowie an Feiertagen mittags*

25hours Hotel Number One

URBAN • MODERN Das ehemalige Lagerhaus ist gefragt bei Freunden von urbanem Design mit Retro-Touch. Da passt auch der moderne Stil des Restaurants ins Bild, hier gibt's regionale und italienische Küche. Tipp: Leihfahrräder sowie "Mini" zur Stadterkundung! Praktisch auch die Parkplätze am Haus.

128 Zim – 85/300 € 85/300 € – 16 €

Stadtplan : C2-n – *Paul-Dessau-Str. 2 22761 – 040 855070 – www.25hours-hotels.com*

In Hamburg-Blankenese West: 16 km über Elbchaussee A2

Süllberg - Seven Seas (Karlheinz Hauser)

FRANZÖSISCH-MODERN • LUXUS XXXX Da, wo Hamburg am hanseatischsten ist, in Blankenese, liegt das „Süllberg - Seven Seas". Hoch über der Elbe in einem wilhelminischen Klinkerbau mit hübschen Türmchen im Zuckerbäckerstil, die Räume ausgestattet in stilvoller Noblesse, zelebriert seit 2002 Herdkünstler und Patron Karlheinz Hauser Feinschmeckerkultur auf höchstem Niveau. Den Michelin Inspektoren gefällt seine ideenreiche, französisch geprägte Küche, die auf erstklassigen Produkten basiert. So wird zum Beispiel die Seezunge perfekt glasig gegart und begeistert durch ein sehr feines Aroma. Dem Anspruch an den Töpfen und Pfannen entspricht die gut sortierte Weinkarte, die Kennerschaft und Charakter verrät. Ein Besuch hier ist ein unvergessliches Erlebnis für jeden Liebhaber der Haute Cuisine. Und wenn Sie nach so viel Genuss nicht gleich wieder abreisen möchten, können Sie hier auch niveauvoll übernachten.

→ Thunfisch "roh mariniert", Ananas, grüne Olive, Ponzu. Loup de Mer "Eau de Moule", Muscheln, Rhabarber, Hijiki Algen. Frühjahrs Trüffel "Los Ancones Schokolade", Ingwer, Kaffee, Mandarine.

Menü 130 € (vegetarisch)/190 €

10 Zim – 180/200 € 200/240 € – 1 Suite – 19 €

Süllbergsterrasse 12 22587 – 040 8662520 – www.karlheinzhauser.de – nur Abendessen – geschlossen Januar - 12. Februar und Montag - Dienstag

Deck 7 – siehe Restaurantauswahl

Deck 7

REGIONAL • GEMÜTLICH XX Modern-eleganter Stil, ruhige Erdtöne, schöner Schiffsboden... Das zweite Süllberg-Restaurant ist etwas legerer, die Küche saisonal-international. Im Sommer hausgemachter Kuchen auf der Terrasse, im Winter Rustikales in der "Almhütte".

Menü 32 € – Karte 35/73 €

Restaurant Süllberg - Seven Seas, Süllbergsterrasse 12 22587 – 040 86625277 – www.karlheinzhauser.de

In Hamburg-Duvenstedt Nord-Ost: 21 km über B1, Richtung Kiel

LENZ

REGIONAL · FREUNDLICH So ein Restaurant wünscht man sich um die Ecke: moderne, freundliche Atmosphäre und gute regionale Küche von Labskaus über geschmorte Ochsenbacke bis zur leckeren roten Grütze, dazu feine Kindergerichte. Der lichte Wintergarten lässt sich übrigens im Sommer öffnen!

Menü 28 € (abends)/44 € – Karte 26/62 €

Poppenbütteler Chaussee 3 ✉ 22397 – ✆ 040 60558887 – www.restaurant-lenz.de – geschlossen Dienstag

In Hamburg-Eimsbüttel

Jellyfish

FISCH UND MEERESFRÜCHTE · TRENDY In dem trendig-puristischen Restaurant wird modern und dezent kreativ gekocht, der Schwerpunkt liegt - wie der Name bereits vermuten lässt - auf Fisch und Meeresfrüchten. Geboten wird ein Menü, dessen ausdrucksstarke und durchdachte Gänge man auch à la carte wählen kann. Versiert und angenehm locker der Service - folgen Sie auch ruhig den Empfehlungen des Sommeliers.

→ Makrele, Lauchvinaigrette, Jalapeno. Pulpo, Spargel, Salsa verde, Holzkohle. Kabeljau, Aal, Birne, Bohne, Speck.

Menü 98/134 €

Stadtplan : E2-a – *Weidenallee 12 ✉ 20357 – ✆ 040 4105414 – www.jellyfish-restaurant.de – nur Abendessen – geschlossen 23. Dezember - 6. Januar und Dienstag*

Zipang

JAPANISCH · GERADLINIG "Zipang" bedeutet "Reich der aufgehenden Sonne" - so kocht man hier traditionell japanisch, bindet aber auch gelungen westliche Einflüsse mit ein. In puristischem Ambiente gibt es z. B. "Lachs Teriyaki - Panierter Thunfisch" oder Sushi und Sashimi. Gut die Auswahl an hochwertigen Sake! Einfacheres Lunch-Angebot.

Menü 32 € (mittags)/65 € (abends) – Karte 32/63 €

Stadtplan : E1-z – *Eppendorfer Weg 171 ✉ 20253 – ✆ 040 43280032 – www.zipang.de – An Feiertagen nur Abendessen – geschlossen Sonntag - Montag*

Heimatjuwel

KREATIV · GERADLINIG Marcel Görke, in Hamburg kein Unbekannter, hat hier ein geradlinig-rustikales und ganz legeres kleines Restaurant. Die kreativ-regionale Küche gibt es z. B. als "Winterkabeljau, Kartoffel, Meerrettich, Spitzkohl, Rote-Bete-Sud". Sehr reduzierter und einfacher Mittagstisch. Kleine Terrasse auf dem Gehweg.

Menü 44/87 € – Karte 49/55 €

Stadtplan : E1-h – *Stellinger Weg 47 ✉ 20255 – ✆ 040 42106989 – www.heimatjuwel.de – geschlossen März 1 Woche, August 2 Wochen und Sonntag - Dienstagmittag, Mittwochmittag, Samstagmittag*

Witwenball

MODERNE KÜCHE · GEMÜTLICH Wo einst das Tanzbein geschwungen wurde, gibt es heute in sympathisch-ungezwungener Atmosphäre frische, schmackhafte Gerichte wie "Zander, Blumenkohl, Purple Curry, Rosine" sowie gute vornehmlich deutsche Weine. Schön die große Marmortheke.

Menü 35 € (vegetarisch) – Karte 38/58 €

Stadtplan : E2-w – *Weidenallee 20 ✉ 20357 – ✆ 040 53630085 – www.witwenball.com – nur Abendessen – geschlossen Montag*

In Hamburg-Eppendorf

Piment (Wahabi Nouri)

KREATIV • NACHBARSCHAFTLICH XX Wahabi Nouri hat einfach ein Gefühl fürs Produkt! Mit seiner eigenen Handschrift unterstreicht er die schönen Aromen ausgezeichneter Zutaten und stellt sie so ganz in den Mittelpunkt. Dezent bindet er dabei auch seine nordafrikanischen Wurzeln mit ein. Freundlich und geschult der Service, gut die Weinberatung.

→ Geflämmte Gelbflossen Makrele, Tatar, Zitronengranité, kandierter Apfel. Gemüse Couscous mit Arganöl und Orangenblütenschaum. Étouffée Taube mit B'stilla und Ras el Hanout Jus.

Menü 78/108 €

Stadtplan : F1-a – *Lehmweg 29 ✉ 20251 – ✆ 040 42937788 (Tischbestellung ratsam) – www.restaurant-piment.de – nur Abendessen – geschlossen Mittwoch und Sonntag*

Stüffel (N)

MARKTKÜCHE • CHIC X So attraktiv wie die Lage direkt am Isekai ist auch die saisonale Küche mit mediterranem und regionalem Einfluss. Aus guten Produkten entsteht z. B. "Steinbeißerfilet mit Tomaten-Brot-Salat & Basilikum". Dazu eine gut sortierte Weinkarte - der Chef berät Sie auch gerne selbst. Serviert wird in stylish-modernem Bistro-Ambiente oder auf der Terrasse am Kai.

Menü 37/56 € – Karte 35/58 €

Stadtplan : F1-e – *Isekai 1 ✉ 20249 – ✆ 040 60902050 – www.restaurantstueffel.de – geschlossen Montag*

Brechtmanns Bistro

ASIATISCHE EINFLÜSSE • GERADLINIG X Ausgesprochen beliebt ist das sympathische modern-puristische Bistro der Brechtmanns. Es gibt frische asiatisch inspirierte Marktküche, z. B. als "knusprigen Tatar vom Thunfisch, Gurke, Wasabi, süß-saure Ananas" oder "gesottenen Rindertafelspitz in Bouillon, Wurzelgemüse, Apfel".

Menü 32 € – Karte 31/56 €

Stadtplan : F1-c – *Erikastr. 43 ✉ 20251 – ✆ 040 41305888 – www.brechtmann-bistro.de*

Cornelia Poletto

ITALIENISCH • FREUNDLICH X Cornelia Poletto (bekannt aus ihrem früheren Restaurant und aus dem Fernsehen) bietet hier Italien auf 100 qm - z. B. als schönes "Menu del giorno", aber auch im Laden in Form von Gewürzen, Wein, Pasta, Käse. Tipp: die Kochschule!

Menü 59/98 € – Karte 45/86 €

Stadtplan : F1-p – *Eppendorfer Landstr. 80 ✉ 20249 – ✆ 040 4802159 – www.cornelia-poletto.de – geschlossen Sonntag - Montag sowie an Feiertagen*

Poletto Winebar

ITALIENISCH • GEMÜTLICH X In der gemütlich-quirligen Weinbar heißt es bei italienischer Küche "sehen und gesehen werden". Hier bestellt man z. B. "Entrecôte vom Rind, Tomaten-Rucola, gehobelter Parmesan". Und als Dessert vielleicht "Tiramisu Classico"? Kleiner Weinladen nebenan.

Menü 32 € – Karte 35/62 €

Stadtplan : F1-w – *Eppendorfer Weg 287 ✉ 20251 – ✆ 040 38644700 – www.poletto-winebar.de*

In Hamburg-Flottbek

Zur Flottbeker Schmiede (N)

PORTUGIESISCH • BISTRO XX Lust auf ein bisschen Portugal in Hamburg? In der denkmalgeschützten alten Schmiede trifft traditionell-deutsches Ambiente (samt authentischer Deko und offener Feuerstelle von einst) auf südländisch-familiäre Atmosphäre und portugiesisch-mediterrane Küche in Form von leckeren Tapas.

Karte 22/47 €

Baron-Voght-Str. 79, über Stresemannstraße A2 ✉ 20038 – ✆ 040 20918236 – www.zurflottbekerschmiede.de – nur Abendessen – geschlossen 1. - 7. Januar und Montag

HYGGE Brasserie & Bar

REGIONAL • BRASSERIE XX "Hygge" (dänisch) steht für Geborgenheit, Vertrautheit, Gemeinschaft... Chic, stylish und entspannt ist es in dem hübschen Fachwerkhaus, Herzstück der mittige Kamin. Es gibt saisonal-regionale Gerichte wie "poelierte Linumer Kalbsbrust mit Pot au Feu von Frühlingsgemüse". Trendige Bar-Lounge.

Menü 36/60 € – Karte 35/60 €

Stadtplan : A2-m – *Hotel Landhaus Flottbek, Baron-Voght-Str. 179 ✉ 22607 – ✆ 040 82274160 – www.hygge-hamburg.de – nur Abendessen – geschlossen Samstagmittag, Sonntagmittag*

Landhaus Flottbek

FAMILIÄR • GEMÜTLICH Das geschmackvolle Ensemble aus mehreren Bauernhäusern a. d. 18. Jh. beherbergt neben dem guten Restaurant auch schöne wohnliche Zimmer mit nordischem Touch - vielleicht eines zum Garten hin? Am Morgen lockt ein leckeres Frühstück.

25 Zim – †110/150 € ††140/190 € – ☕ 19 €

Stadtplan : A2-m – *Baron-Voght-Str. 179 ✉ 22607 – ✆ 040 82274110 – www.landhaus-flottbek.de*

HYGGE Brasserie & Bar – siehe Restaurantauswahl

In Hamburg-Harburg

Leuchtturm

FISCH UND MEERESFRÜCHTE • GEMÜTLICH XX Seezunge, Zander, wilder Loup de Mer... Fisch und Meeresfrüchte sind hier Spezialität. Serviert werden die frische Küche und auch die schönen Weine und Grappas bei mediterranem Flair oder auf der Terrasse am Außenmühlteich. Großer Festsaal.

Menü 34/69 € – Karte 36/78 €

Stadtplan : A3-e – *Außenmühlendamm 2 ✉ 21077 – ✆ 040 70299777 – www.leuchtturm-harburg.de*

Lindtner

BUSINESS • MODERN Ein wohnlich-komfortables Privathotel unter engagierter Leitung mit Konferenz- und Veranstaltungsräumen für bis zu 1000 Personen. Gönnen Sie sich doch mal die "Penthouse-" oder die "Kamendy-Suite"! Hochwertiger Wellnessbereich, Restaurant mit internationaler Küche. Gratis Elektroauto-Ladestation vor dem Haus.

128 Zim ☕ – †117/187 € ††157/257 € – 9 Suiten

Stadtplan : A3-g – *Heimfelder Str. 123 ✉ 21075 – ✆ 040 790090 – www.lindtner.com*

In Hamburg-Lemsahl-Mellingstedt

Nord: 20 km über B1, Richtung Lübeck

Stock's Restaurant

FISCH UND MEERESFRÜCHTE • DESIGN XX Ein charmantes Fachwerkhaus, unter dessen Reetdach man schön gemütlich sitzt. Freundlich umsorgt lässt man sich leckere Fischgerichte wie "Black Cod, Avocadopüree, Teriyaki" schmecken. Oder haben Sie Lust auf Sushi? Für Fleischliebhaber gibt's z. B. "Rinderfiletspitzen, Waldpilze, Tagliatelle".

Menü 23 € (mittags unter der Woche)/54 € – Karte 30/75 €

An der Alsterschleife 3 ✉ 22399 – ✆ 040 6113620 (Tischbestellung ratsam) – www.stocks.de – geschlossen Montag

Kaminstube – siehe Restaurantauswahl

Kaminstube

ÖSTERREICHISCH • GEMÜTLICH X Warmes Holz, Felle auf Stühlen und Bänken, Geweih als Deko - modern-alpenländisches Flair in nordischen Gefilden! Passend dazu österreichische Gerichte wie "Wiener Schnitzel mit Kartoffel-Gurkensalat", aber auch "krossen Zander mit Rahmsauerkraut", "Barbecue Spareribs" oder Sushi. Dachterrasse.

Menü 32/38 € – Karte 31/52 €

Stock's Fischrestaurant, An der Alsterschleife 3, (1. Etage) ✉ 22399 – ✆ 040 61136217 – www.stocks.de – nur Abendessen – geschlossen Montag - Dienstag

In Hamburg-Nienstedten West: 13 km über Elbchaussee A2

Jacobs Restaurant

FRANZÖSISCH-KLASSISCH • CHIC Schon die Eltern von Küchenchef Thomas Martin hatten ein hervorragendes und im Guide MICHELIN erwähntes Restaurant in Mannheim. Sicher war dies mit einer der Gründe, weshalb er sich für den Beruf des Kochs entschieden hat. Nach seiner Ausbildung auf der „Burg Windeck" beim ehemaligen Sternekoch Peter Wehlauer und nach Stationen wie z. B. Eckart Witzigmanns „Aubergine" in München übernahm er 1997 die Regie im „Jacobs". Ein wunderschönes Refugium von hanseatischer Eleganz - direkt an der Elbchaussee gelegen und umgeben von herrlichen klassischen Patriziervillen. Große, prachtvolle Kronleuchter, gepaart mit einem kosmopolitischen Interieur aus zurückhaltender und edler Vornehmheit, prägen das Ambiente der Räume mit ihrem spektakulären Ausblick auf die vorbeifließende Elbe. Passend dazu die herausragende Leistung von Thomas Martin, der eine klassische, finessenreiche Cuisine kredenzt, die man sich auch gerne auf der herrlichen Lindenterrasse zu Gemüte führt. Ein kulinarisches Vergnügen von höchster Perfektion.

→ Samtsuppe vom Hummer, Riesling-Beerenauslese, Estragon-Royale. Bretonischer Steinbutt mit Beurre Blanc. Karamellisierte Altländer Apfeltarte, Crème Chantilly.

Menü 102/148 € – Karte 66/115 €

Hotel Louis C. Jacob, Elbchaussee 401 ✉ 22609 – ✆ 040 82255406 (Tischbestellung ratsam) – www.hotel-jacob.de – Mittwoch - Freitag nur Abendessen – geschlossen Montag - Dienstag

Weinwirtschaft Kleines Jacob

KLASSISCHE KÜCHE • WEINSTUBE Für so manchen ist das hier schon zum Lieblingsrestaurant geworden - kein Wunder, denn bei Weinstuben-Charme, warmem Kerzenlicht und aufmerksamem Service hat man es wirklich schön. Aus der offenen Küche kommt z. B. "Backfisch mit Kartoffelsalat und Schmand". Speisen und Weine nur aus deutschsprachigem Anbaugebiet.

Menü 36 € – Karte 36/67 €

Hotel Louis C. Jacob, Elbchaussee 404 ✉ 22609 – ✆ 040 82255510 (Tischbestellung ratsam) – www.kleines-jacob.de – nur Abendessen, sonntags auch Mittagessen

Il Sole

ITALIENISCH • FREUNDLICH Wer bei dem wohlklingenden Namen frische italienisch-mediterrane Speisen vermutet, liegt völlig richtig. Appetit macht hier z. B. "ganzer Loup de Mer vom Grill mit Kräutern gefüllt". Freuen darf man sich auch auf herzlich-charmanten Service!

Karte 33/61 €

Nienstedtener Str. 2d ✉ 22609 – ✆ 040 82310330 – www.il-sole.de – geschlossen Montag

Louis C. Jacob

LUXUS • KLASSISCH Wunderbar die Lage, sehr gut die Führung, top der Service und überall im Haus hanseatische Eleganz! Darf es vielleicht ein Elbzimmer mit herrlicher Sicht sein? Geschichtlich Interessierte lassen sich den historischen Eiskeller zeigen!

66 Zim – 🕴180/400 € 🕴🕴200/475 € – 19 Suiten – ☕ 32 €

Elbchaussee 401 ✉ 22609 – ✆ 040 822550 – www.hotel-jacob.de

Jacobs Restaurant • **Weinwirtschaft Kleines Jacob** – siehe Restaurantauswahl

In Hamburg-Rothenburgsort

100/200 (N) (Thomas Imbusch)

KREATIV • CHIC "Industrial Chic" in einem urbanen Loft, Blickfang die offene, rundherum einsehbare Küche mit tollem Molteni-Herd. Hier entsteht bei 100 bzw. 200 Grad (daher der Name) ein kreatives Überraschungsmenü, und zwar nach dem "Nose to Tail"-Prinzip. Serviert wird auf stylischen Tischplatten aus Baumstämmen - von den Köchen persönlich! Hinweis: Reservierung über Ticketsystem.

→ Odefey´s Huhn mit Sauce Rouennaise. Lunge "Bordelaiser Art". Brioche mit Renekloden.

Menü 95/119 €

Stadtplan : H3-a – *Brandshofer Deich 68 ✉ 20539 – ✆ 040 30925191 – www.100200.kitchen – nur Abendessen – geschlossen Sonntag - Montag*

In Hamburg-St. Pauli

Nil

INTERNATIONAL • NACHBARSCHAFTLICH X In dem Restaurant im Szeneviertel "Schanze" sitzt man zwar ein bisschen eng, aber gemütlich. Dazu gute Gerichte wie "Zickleinbratwurst mit Linsen und Pastinaken-Apfelsenf" oder "gebratener Skrei mit Ofenmöhren und Koriander". Schön der nach hinten gelegene Garten. Kochkurse nebenan.

Menü 30/42 € - Karte 32/50 €

Stadtplan : E3-n - *Neuer Pferdemarkt 5 ✉ 20359 - ✆ 040 4397823 - www.restaurant-nil.de - nur Abendessen - geschlossen Dienstag, außer im Dezember*

philipps

INTERNATIONAL • HIP X Eine wirklich nette Adresse, etwas versteckt in einer Seitenstraße. Über ein paar Stufen nach unten gelangt man in ein freundlich-puristisches Lokal mit niedrigen Decken. Locker und engagiert der Service, modern-saisonal die Karte - hier z. B. "Sashimi von der Eismeerforelle, Soja, Ingwer, grüner Spargel, Navetten".

Menü 38/60 € - Karte 32/60 €

Stadtplan : J2-s - *Turnerstr. 9 ✉ 20357 - ✆ 040 63735108 - www.philipps-restaurant.de - geschlossen Sonntag - Montag*

East

FUSION • DESIGN XX Kaum in Worte fassen lässt sich der ganz besondere Mix aus fernöstlichem Flair und westlicher Industriegeschichte! Mitten in der einstigen Werkshalle: Sushitresen. Ansonsten gibt es moderne Gerichte wie "gebratenen Wild-Zander, Rahmsauerkraut, Speck, Trauben" oder feine Steaks vom Southbend-Grill.

Karte 38/105 €

Stadtplan : J2-n - *Hotel East, Simon-von-Utrecht-Str. 31 ✉ 20359 - ✆ 040 309933 - www.east-hamburg.de - nur Abendessen*

Clouds - Heaven's Bar & Kitchen

FRANZÖSISCH-MODERN • DESIGN X Der Blick ist schlichtweg grandios! Hoch über Elbe und Michel speist man modern, schön die Auswahl an Fleisch-Cuts. Ein Klassiker ist auch das am Tisch zubereitete Tatar. Das Interieur: stylish-urban. Ab Mai: Dachterrasse "heaven's nest" für Drinks und Snacks!

Karte 50/130 € - mittags einfache Karte

Stadtplan : J3-e - *Reeperbahn 1, (im 23. Stock der Tanzenden Türme) ✉ 20359 - ✆ 040 30993280 (Tischbestellung erforderlich) - www.clouds-hamburg.de - geschlossen Samstagmittag, Sonntagmittag*

haebel N

FRANZÖSISCH-KREATIV • ZEITGEMÄSSES AMBIENTE X Ein sehr kleines Restaurant im charmant-modernen Bistrostil, aus dessen offener Küche ein nordisch-französisch inspiriertes Überraschungsmenü kommt - die Karte verrät nur die ausgezeichneten Zutaten, die dann kreativ und angenehm reduziert zubereitet werden.

Menü 74/85 €

Stadtplan : E3-h - *Paul-Roosen-Str. 31 ✉ 22767 - ✆ 01517 2423046 - www.haebel.hamburg - Dienstag - Freitag nur Abendessen - geschlossen Sonntag - Montag*

East

BUSINESS • DESIGN Einst Eisengießerei, heute Trendhotel! Topmodern und wertig: neueste Technik, sehr spezielles Design, durchdacht bis ins kleinste Detail! Nicht minder stylish: "Sporting Club".

130 Zim - †109/299 € ††119/299 € - 8 Suiten - ☕ 32 €

Stadtplan : J2-n - *Simon-von-Utrecht-Str. 31 ✉ 20359 - ✆ 040 309930 - www.east-hamburg.de*

East - siehe Restaurantauswahl

Empire Riverside Hotel

BUSINESS • DESIGN Puristisches Design von David Chipperfield bestimmt das Hotel nahe den Landungsbrücken. Fragen Sie nach den (Eck-) Zimmern mit Hafenblick! Den bietet auch das Restaurant "Waterkant" - hier kommt in der offenen Showküche Fisch auf den Grill. Der In-Treff schlechthin ist die Panorama-Bar "20 up" im 20. Stock!

327 Zim - 129/179 € 129/179 € - 23 €

Stadtplan : E3-e - *Bernhard-Nocht-Str. 97 ✉ 20359 - ✆ 040 311190 - www.empire-riverside.de*

In Hamburg-Sülldorf West: 15 km über A2, Richtung Wedel

Memory

INTERNATIONAL • FAMILIÄR XX In dem freundlichen Restaurant mit mediterranem Touch wird Klassik groß geschrieben, und zwar in Form eines frei wählbaren Menüs - hier z. B. "Skrei auf Champagnerkraut mit Senfsauce". Gekocht wird mit klarer Linie und ohne Chichi. Nette Terrasse hinterm Haus.

Menü 49/89 €

Sülldorfer Landstr. 222, B 431 ✉ 22589 - ✆ 040 86626938 - www.memory-hamburg.de - nur Abendessen - geschlossen März 1 Woche, Juli - August 3 Wochen, Samstagmittag und Sonntag - Montag, Feiertage

In Hamburg-Uhlenhorst

Wolfs Junge N

MARKTKÜCHE • FREUNDLICH X Hier setzt man auf Regionalität und Nachhaltigkeit - da passt das "Nose to Tail"-Konzept gut ins Bild! Die Zutaten bezieht man von ausgewählten Produzenten, Gemüse und Kräuter baut man zum Teil selbst an. Mittags gibt es einfache Kost wie "hausgemachte Bratwurst", abends ein ambitioniert-kreatives Menü mit Gerichten wie "Angler Sattelschwein, Kimchi, Zwiebelferment".

Menü 24 € (mittags)/79 € (abends)

Stadtplan : G2-s - *Zimmerstr. 30 ✉ 22085 - ✆ 040 20965157 - www.wolfs-junge.de - geschlossen Sonntag - Montag, Samstagmittag*

In Hamburg-Volksdorf Nord-Ost: 16 km über Wandsbecker Chaussee B2, Richtung Lübeck

Dorfkrug

MARKTKÜCHE • RUSTIKAL XX Richtig charmant ist das historische Haus am Museumsdorf mit seinen alten Bauernwerkzeugen, Holzbalken und offenem Kamin. Auf der Karte finden sich Klassiker wie "Zwiebelrostbraten mit Spätzle", aber auch Asiatisches wie "Lachs-Sashimi".

Karte 36/70 €

Im alten Dorfe 44 ✉ 22359 - ✆ 040 6039294 - www.dorfkrug-volksdorf.com - nur Abendessen - geschlossen Montag - Dienstag

Hotel du Nord

BUSINESS • MODERN Geschmackvoll hat man die großzügigen, komfortablen und wertigen Zimmer in dem kleinen Designhotel in klarem modernem Stil eingerichtet. Ebenso geradlinig-zeitgemäß das Ambiente im "Villaggio", die Küche ist italienisch.

25 Zim - 111/149 € 143/175 €

Im alten Dorfe 40 ✉ 22359 - ✆ 040 63856960 - www.hotel-dunord.de

In Hamburg-Wandsbek

Ni Hao

CHINESISCH • KLASSISCHES AMBIENTE X Kanton, Szechuan, Shanghai und Peking - Freunde der chinesischen Küche lassen sich hier auf authentische Art die vier Haupt-Küchenstile näher bringen. Macht Ihnen vielleicht das traditionelle Pekingenten-Menü in vier Gängen Appetit?

Menü 28/49 € - Karte 25/39 €

Stadtplan : B2-x - *Wandsbeker Zollstr. 25 ✉ 22041 - ✆ 040 6520888 - www.ni-hao.de*

In Hamburg-Winterhude

Trüffelschwein (Kirill Kinfelt)

MODERNE KÜCHE · FREUNDLICH XX Hier kocht man modern, geschmacksintensiv und ausdrucksstark. Zur feinen Küche in Form zweier stimmiger Menüs kommen ein kompetenter, herzlicher Service samt guter Weinberatung und ein freundliches, angenehm geradliniges Ambiente.

→ Raviolo, Rote Bete, Trüffel. Geschmorte Iberico Backe, Trüffel, Karotte, Mandel. Lammhaxe, Aubergine, Spargel, Gewürze.

Menü 89/139 €

Stadtplan : G1-t – *Mühlenkamp 54 ✉ 22303 – ✆ 040 69656450 (Tischbestellung ratsam) – www.trueffelschwein-restaurant.de – nur Abendessen – geschlossen 1. - 3. Januar, 18. - 24. März, 15. - 28. Juli und Sonntag - Montag*

Gallo Nero

ITALIENISCH · MEDITERRANES AMBIENTE XX Ristorante, Enoteca, "Alimentari con Cucina", drei schöne Terrassen... In dieser Winterhuder Institution heißt es italienische Lebensart samt produktbezogener Gerichte wie "Burrata con datterino e culatello di Zibello" oder "Calamaretti alla griglia". Dazu tolle italienische Rotweine und schöne Rieslinge!

Menü 49/89 € – Karte 39/68 €

Stadtplan : G1-g – *Sierichstr. 46 ✉ 22301 – ✆ 040 27092229 – www.gallo-nero.net*

Portomarin

SPANISCH · GEMÜTLICH XX Lust auf ambitionierte spanische Küche? Aus sehr guten, frischen Produkten entsteht hier z. B. "Wildfang-Wolfsbarsch, Zitronen-Essenz, Honig-Lavendelblütenbutter, Kikos". Die Atmosphäre dazu ist gemütlich und charmant. Schöne Weinauswahl.

Menü 47 € – Karte 38/56 €

Stadtplan : G1-n – *Dorotheenstr. 180 ✉ 22299 – ✆ 040 46961547 – www.portomarin.de – nur Abendessen – geschlossen August 3 Wochen und Sonntag - Montag*

Zeik

INTERNATIONAL · NACHBARSCHAFTLICH X Ein sympathisches kleines Restaurant in einer angenehmen Wohngegend. Gekocht wird reduziert, regional und nachhaltig. Auf der Karte z. B. "Nordseekrabben, Quark, Salate" oder "Kabeljau, Kohlrabi, Sauerampfer".

Menü 54/99 € – Karte 48/73 €

Stadtplan : BT-u – *Sierichstr. 112 ✉ 22299 – ✆ 040 46653531 – www.zeik.de – nur Abendessen – geschlossen Sonntag - Montag*

HAMELN

Niedersachsen - 56 310 Ew. - Höhe 62 m - Regionalatlas **28**-H9
Michelin Straßenkarte 541

Bellevue

FAMILIÄR • FUNKTIONELL In der familiär geführten Villa a. d. J. 1910 wohnen Sie jenseits der Weser. Gut die Parkplatzsituation, freundlich, wohnlich und funktionell die Gästezimmer. Am Morgen sitzen Sie im angenehm hellen Frühstücksraum zum kleinen Garten.

18 Zim - 78/150 € 98/180 €

Klütstr. 34 31787 - 05151 98910 - www.hotel-bellevue-hameln.de

Jugendstil

HISTORISCHES GEBÄUDE • ART DÉCO Die Gründerzeitvilla von 1903 bietet ihren Gästen einen schönen historischen Rahmen und ansprechende, wohnlich gestaltete Zimmer. Tipp: Suite in der oberen Etage mit kleinem Wintergarten. Gut auch die zentrale Lage.

21 Zim - 80/95 € 99/140 € - 1 Suite

Wettorstr. 15 31785 - 05151 95580 - www.hotel-jugendstil.de - geschlossen 21. Dezember - 7. Januar

HAMM in WESTFALEN

Nordrhein-Westfalen - 176 580 Ew. - Höhe 63 m - Regionalatlas **27**-E10
Michelin Straßenkarte 543

Denkma(h)l

MARKTKÜCHE • GERADLINIG Das Konzept: Lehr- und Trainingsgastronomie. Am Abend gibt es ambitionierte saisonale Küche als kleines A-la-carte-Angebot (hier z. B. "gebratener Wolfsbarsch, Kräuterschaum, Fenchel, Kartoffelkuchen") oder als "Überraschungs-Gourmet-Menü". Mittags ist die Karte einfacher und günstiger.

Menü 31 € (vegetarisch)/59 € (abends) - Karte 44/61 €

Ostenallee 73 59063 - 02381 3053211 - www.denkmahl-hamm.de - geschlossen 27. Dezember - 17. Januar und Samstagmittag, Sonntag

In Hamm-Wiescherhöfen

Wieland-Stuben

FRANZÖSISCH-KLASSISCH • ELEGANT "Suprême von der Wachtel, Balsamicolinsen, Apfel, Kartoffel" oder "Hüfte vom Salzwiesenlamm, Bohnenragout, Möhrencreme" sind schöne Beispiele für die klassisch-saisonale Küche. Jeder der Restauranträume ist anders, aber alle sind elegant und stimmig, und draußen lockt eine herrliche Terrasse!

Menü 26 € (mittags)/94 € - Karte 39/74 €

Wielandstr. 84 59077 - 02381 401217 - www.wielandstuben.de - geschlossen 1. - 15. Januar und Montag - Dienstag, Samstagmittag

HANAU

Hessen - 90 934 Ew. - Höhe 104 m - Regionalatlas **48**-G14
Michelin Straßenkarte 543

In Hanau-Steinheim Süd: 4 km

Birkenhof

BUSINESS • MODERN Ein schönes gepflegtes Haus mit hübschem Garten, in dem man auch gut feiern kann. Bei den Zimmern reicht das Angebot vom einfacheren "Economy" über "Deluxe" bis zur Suite. Das Restaurant bietet internationale Küche - angenehm sitzt man auf der Terrasse.

45 Zim - 79/169 € 139/199 € - 4 Suiten

Von-Eiff-Str. 37 63456 - 06181 64880 - www.hotelbirkenhof.de - geschlossen 26. Dezember - 6. Januar

HANN. MÜNDEN

Niedersachsen – 23 711 Ew. – Höhe 127 m – Regionalatlas **29**-H11
Michelin Straßenkarte 541

Alter Packhof

HISTORISCH • AUF DEM LAND In der Altstadt, am Zusammenfluss von Fulda und Werra, steht das einstige Lagerhaus von 1837, in dem wohnliche Zimmer bereitstehen. Zwei Juniorsuiten mit eigener Sauna. Das Restaurant ist im Landhausstil gehalten.

25 Zim – 80/95 € 130/145 €

Bremer Schlagd 10 ✉ 34346 – ✆ 05541 98890 – www.packhof.com – geschlossen 2. - 7. Januar

In Hann. Münden-Laubach Süd-Ost: 6 km über Hedemündener Straße

Flux - Biorestaurant Werratal

REGIONAL • LÄNDLICH XX Ungekünstelt, natürlich, einfach und ehrlich, so das Motto von Gastgeber Jörg Treichel. Seine reine Bio-Küche gibt es z. B. als "Bio-Kalbstafelspitz, Apfel-Meerrettich, Bouillongemüse, geröstete Kartoffelspäne". Oder lieber vegetarisch/vegan? Gluten- und laktosefrei ist auch kein Problem. Idyllischer Garten.

Menü 28 € (vegetarisch)/47 € – Karte 33/44 €

Biohotel Werratal, Buschweg 40 ✉ 34346 – ✆ 05541 9980 – www.flux-biohotel.de – geschlossen Anfang Januar 1 Woche und Sonntag - Montag

Flux - Biohotel Werratal

FAMILIÄR • AUF DEM LAND Das gepflegte Landhotel bietet helle, wohnliche Zimmer, die im Haupthaus besonders freundlich und neuzeitlich sind. Nach einem guten Frühstück aus Bio-Produkten geht's auf zu Wanderungen, Radtouren oder Kanufahrten. Praktisch: Dank der nahen A7 ist das Hotel gut erreichbar.

40 Zim – 75/110 € 89/130 € – ½ P

Buschweg 40 ✉ 34346 – ✆ 05541 9980 – www.flux-biohotel.de – geschlossen Januar 1 Woche

Flux - Biorestaurant Werratal – siehe Restaurantauswahl

W. Dieterich/mauritius images/age fotostock

WIR MÖGEN BESONDERS...

Das junge nordische Konzept des **Jante**. Im trendigen **Handwerk** das kreative Geschehen in der einsehbaren Küche beobachten. **Gallo Nero** für authentische Speisen und Weine aus Italien. **Die Insel** am Maschsee als Institution mit klassisch-französischer Küche und toller Weinkarte. Im **zeitfür** an der längsten Theke Hannovers einen Drink einnehmen.

HANNOVER

Niedersachsen - 523 642 Ew. - Höhe 55 m - Regionalatlas **19**-I8
Michelin Straßenkarte 541

Restaurants

✿ Jante (Tony Hohlfeld)

KREATIV • GEMÜTLICH XX Ein rundum stimmiges Bild: Das professionelle junge Team schafft hier eine ebenso junge Atmosphäre, und das passt wunderbar zur kreativen Küche. Man bietet ein Menü, das - ebenso wie die frische geradlinig-moderne Einrichtung des Restaurants - skandinavisch inspiriert ist. Schön die Terrasse zum kleinen Park.

➜ Topinambur, Lauch, Kastanienblüte. Saibling, Gurke, Senfsaat, Apfel. Taube, Pflaume, Lupinen Miso.

Menü 77/99 €

Stadtplan : H2-j - *Marienstr. 116 ✉ 30171 - ✆ 0511 54555606 - www.jante-restaurant.de - nur Abendessen - geschlossen Januar 2 Wochen, Juli - August 3 Wochen und Sonntag - Montag*

Die Insel

FRANZÖSISCH-KLASSISCH • ZEITGEMÄSSES AMBIENTE XXX Eine Institution in Hannover, und das direkt am Maschsee. Mittags lockt das tolle Preis-Leistungs-Verhältnis, am Abend speist man noch etwas gehobener. Gekocht wird klassisch mit mediterranen und regionalen Einflüssen, so z. B. "Seeteufel, gegrillter Kürbis, Pancettajus".

Menü 64/98 € (abends) - Karte 53/90 €

Stadtplan : C3-k - *Rudolf-von-Bennigsen-Ufer 81, (1. Etage) ✉ 30519 - ✆ 0511 831214 (Tischbestellung ratsam) - www.dieinsel.com*

Titus

FRANZÖSISCH-KLASSISCH • NACHBARSCHAFTLICH XX Charmant das kleine Restaurant mit seiner modern-eleganten Atmosphäre und dem sehr aufmerksamen und versierten Service. Auf der Karte z. B. "Rücken vom Frischling mit Raz el Hanout" und "Aprikose Melba mit Panna Cotta und Matchaeis". Man wählt das kleine oder das große Menü oder à la carte daraus.

Menü 60/90 €

Stadtplan : C3-z - *Wiehbergstr. 98 ✉ 30519 - ✆ 0511 835524 (Tischbestellung ratsam) - www.restaurant-titus.com - nur Abendessen - geschlossen Anfang - Mitte Januar und Sonntag - Montag*

A
B
NEUSTADT, A. RÜBENBERGE
WUNSTORF
MINDEN
HAMELN
ELZE
1
2
3
HERRENHAUSEN
HAINHOLZ
HERRENHÄUSER GÄRTEN
Wilhelm-Busch-Museum
LIMMER
DAVEN
LINDEN
BADENSTEDT
BORNUM
RICKLINGEN
OBERRICKLINGEN
Karl-König-Platz
Goetheplatz
Deisterplatz
Schützenplatz
Waterloop
August-Holweg-Platz
Am Steinto
Marktki
Stöckener Str.
Fuhsestr.
Leinhäuser Weg
Vinnhorster Weg
Schaumburg-Str.
Burgweg
Rehagen
Schulenburger Landstraße
Melanchthonstraße
Haltenhoffstraße
Herrenhäuser Str.
Herrenhäuser Kirchweg
Nienburger Str.
Continental
Weidendamm
Arndtstra
Wunstorfer Landstr.
Wunstorfer Str.
Carlo-Schmid-Allee
Sichelstr.
Limmer-Str.
Eichenbrink
Südfeldstraße
Neue Speicherstr.
Am Lindener Hafen
Fössestraße
Spinnerei-Str.
Königsworther Str.
Brühlstraße
Humboldt-Str.
Blumenauer Str.
Falken-Str.
Deisterstraße
Lavesallee
Davenstedter Str.
Bauweg
Badenstedter Str.
Bornumer Str.
Göttinger Str.
Ritter-Brüning-Straße
Geveker Kamp
Woermannstraße
Plantagenstr.
Empelder Str.
Hermann-Ehlers-Allee
Berliner Str.
Bückeburger Allee
Friedrich-Ebert-Str.
Frankfurter Allee
Ricklinger Stadtweg
Chaussee
Göttinger Chaussee
Wallensteinstraße
Hamelner Chaussee
Bergfeldstr.
B 6
B 65
L 390
HANNOVER
0
1 km

HAMBURG
C
D
VAHRENWALD
LIST
Kirchweg
Lister
Podbielskistraße
Walderseestraße
Klingerstraße
Gehägestraße
CELLE
Ferdinand-Wallbrecht-Straße
Jakobi-Str.
Voßstraße
Wedekind-Str.
Welfenplatz
Bödekerstraße
Hohenzollernstraße
Bernadotteallee
Waldchaussee
B 3
1
Zoo Hannover
Berliner Allee
Fritz-Behrens-Allee
KLEEFELD
Königstraße
Lavesstraße
Opernplatz
Schackstraße
Clausewitzstraße
Berckhusenstraße
BRAUNSCHWEIG
Plathnerstr.
Kirchröder Str.
Osterstraße
Marienstraße
Hans-Böckler-Allee
Aegidientorplatz
2
Bischofsholer Damm
Sallstraße
Stephans-Platz
Sallplatz
Hildesheimer Str.
Geibelstraße
Jordanstraße
Lindemannallee
Bemeroder Str.
Mainzer Str.
h
Altenbekener Damm
Rudolf-von-Bennigsen-Ufer
B 65
B 6;B 65
WALDHEIM
Salzburger Str.
B 3;B 6;B 65
Maschsee
k
WALDHAUSEN
B 6
3
DÖHREN
Am Schafbrinke
Dreiecks-Teich
Schützenallee
Peiner Str.
Abelmannstr.
Sieben-Meter-Teich
z
Garkenburgstr.
HILDESHEIM
SARSTEDT

E
F
1
2
3
HERRENHÄUSER GÄRTEN
An der Strangriede
Appelstraße
Kniestraße
Heisenstraße
Engelbosteler Damm
Schaufelder Str.
Schneiderberg
Callinstraße
Nienburger Str.
Rehbockstraße
Hahnenstr.
Am Kleinen Felde
Asternstraße
Tulpenstr.
Lilienstraße
Nelkenstraße
Warstraße
Schneiderberg
WELFENGARTEN
Christuskirche
Leibniz Universität
Jägerstraße
Lodyweg
Am Moritzwinkel
L 190
Weidendamm
Kopernikusstraße
Kopernikus-Str.
Gerhardtstr.
Kornstraße
Marschnerstraße
Continentalplatz
Vahrenwalder Str.
Dessauerstraße
Isernhagener Str.
Werder-Str.
Wörthstr.
Raiffeisenstr.
Bronsartstraße
Hamburger Allee
Hagenstraße
Welfenpl
Voßstraße
Gustav-Adolf-Str.
Arndtstraße
Nordfelder Reihe
Striehlstraße
Nikolaistraße
Herschelstraße
Schloßwender Str.
Am Klagesmarkt
Postkamp
Körnerstraße
Celler Str.
Brüderstr.
Herrenstr.
Goseriede
Stiftstraße
Otto-Brenner-Straße
Kurt-Schumacher-Straße
Königsworther Platz
Weddigenufer
Königsworther Str.
Oeltzenstr.
Andertensche Wiese
Brühlstraße
Escherstr.
Am Steintor
Steintor
Kröpcke
Clevertor
Am Marstall
Schmiedestraße
Osterstr.
Glocksee
Dreyerstr.
Goethestraße
Braunstr.
Goetheplatz
Goetheplatz
Historisches Museum
Ottenstraße
Starkestraße
Elisenstraße
Limmerstraße
Pavillonstr.
Spinnereistraße
Am Küchengarten
Glockseestraße
Rote Reihe
Leibnizufer
Marktkirche
Markthalle
Osterstraße
Rampenstraße
Blumenauer Str.
Humboldtstraße
Gartenallee
Wittekindstr.
Stephanusstraße
Eleonorenstr.
Adolfstr.
Waterloo
Davenstedter Str.
Lindener Marktplatz
Falkenstraße
Niemeyerstr.
Hohe Str.
Posthornstraße
Deisterstraße
Waterlooplatz
Waterloostraße
Culemannstraße
Hannah-Arendt-Weg
Neues Rathaus
Landesmuseum Hannover
Sprengel-Museum
Am Schützenpl.
Lavesallee
Schützenplatz
B 6
Thöneweg
Am Spielfelde
Deisterplatz
Krankenhaus Siloah
Allerweg
Beuermannstraße
Wolfgang-Besemer-Ufer
Robert-Enke-Straße
Karl-Thiele-Weg
Bornumer Str.
Hanomagstraße
Göttinger Str.
Charlottenstraße
Rickling er Str.
Ritter-Brüning-Straße
Roesebeckstraße
Stadionbrücke
Tonstraße

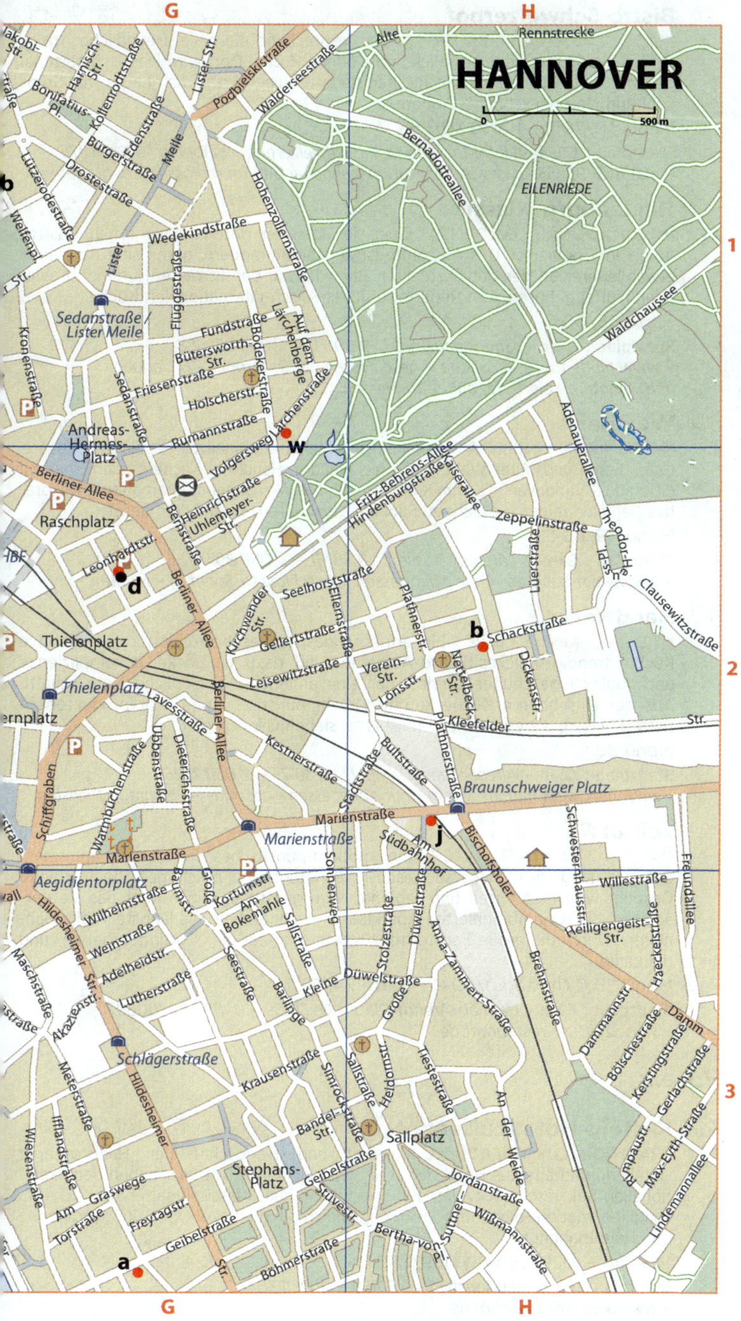
HANNOVER
0
500 m
G
H
1
2
3
EILENRIEDE
Rennstrecke
Alte
Bernadotteallee
Waldchaussee
Walderseestraße
Podbielskistraße
Lister Str.
Hohenzollernstraße
Auf dem Lärchenberge
Lärchenstraße
Volgersweg
Wedekindstraße
Sedanstraße / Lister Meile
Sedanstraße
Kronenstraße
Fundstraße
Bütersworth-Str.
Bodekerstraße
Friesenstraße
Holscherstr.
Rumannstraße
Andreas-Hermes-Platz
Berliner Allee
Raschplatz
Leonhardtstr.
Bernstraße
Heinrichstraße
Uhlemeyer-Str.
Fritz-Behrens-Allee
Hindenburgstraße
Kaiserallee
Zeppelinstraße
Adenauerallee
Theodor-Heuss-Platz
Clausewitzstraße
Lüerstraße
Seelhorststraße
Ellernstraße
Plathnerstr.
Schackstraße
Dickensstr.
Kirchwender Str.
Gellertstraße
Leisewitzstraße
Verein-Str.
Lönsstr.
Nettelbeck-Str.
Kleefelder Str.
Thielenplatz
Lavesstraße
Ubbenstraße
Dieterichsstraße
Kestnerstraße
Stadtstraße
Bultstraße
Plathnerstraße
Braunschweiger Platz
Schwesternhausstr.
Marienstraße
Am Südbahnhof
Bischofsholer Damm
Willestraße
Freundallee
Heiligengeist-Str.
Haeckelstraße
Schiffgraben
Warmbüchenstraße
Aegidientorplatz
Hildesheimer Str.
Wilhelmstraße
Baumstr.
Große
Kortumstr.
Am Bokemahle
Sallstraße
Sonnenweg
Stolzestraße
Düwelstraße
Anna-Zammert-Straße
Brehmstraße
Dammannstr.
Bölschestraße
Kerstingstraße
Gerlachstraße
Weinstraße
Adelheidstr.
Lutherstraße
Seestraße
Barlinge
Kleine Düwelstraße
Große
Maschstraße
Akazienstr.
Schlägerstraße
Meterstraße
Krausenstraße
Simrockstraße
Heidornstr.
Tiestestraße
An der Weide
Rumpaustr.
Max-Eyth-Straße
Lindemannallee
Ifflandstraße
Wiesenstraße
Bandel-Str.
Sallplatz
Stephans-Platz
Geibelstraße
Jordanstraße
Wißmannstraße
Am Graswege
Torstraße
Freytagstr.
Stüvestr.
Bertha-von-Suttner-Pl.
Böhmerstraße
Hildesheimer Str.
Jakobi-Str.
Harnisch-Str.
Kollenrodtstraße
Bonifatius-Pl.
Edenstraße
Meile
Bürgerstraße
Drostestraße
Lützerodestraße
Welfenpl.
Flüggestraße
Lister
HBF
Ernst-August-Platz
Marienstraße
P
a
b
d
j
w

Bistro Schweizerhof

KLASSISCHE KÜCHE • BISTRO XX Sehr ansprechend die helle, freundliche Atmosphäre hier, interessant der Blick in die offene Küche. Dort wird klassisch-saisonal gekocht - macht Ihnen vielleicht "Kalbsleber Berliner Art" oder "Lachs mit Grünkohl und Maronenschaum" Appetit?

Menü 40/79 € - Karte 30/56 €

Stadtplan : G2-d - *Hotel Crowne Plaza Schweizerhof, Hinüberstr. 6 ✉ 30175 - ✆ 0511 3495253 - www.schweizerhof-hannover.de - geschlossen Sonntagabend*

Hindenburg-Klassik

INTERNATIONAL • ELEGANT XX Einer der Klassiker der Hannover'schen Gastronomie im Zooviertel. Das Ambiente ist angenehm modern, gerne sitzt man auch etwas legerer an der gut bestückten Bar oder auf der Terrasse. Hummer, Kaviar oder Trüffel gehören zum Repertoire der klassisch-internationalen Küche.

Karte 36/60 €

Stadtplan : H2-b - *Gneisenaustr. 55 ✉ 30175 - ✆ 0511 858588 - www.hindenburg-klassik.de - geschlossen 23. Dezember - 6. Januar und Sonntag, Feiertage, außer an Messen*

WeinBasis

MARKTKÜCHE • TRENDY XX Lebendig, leger und trendig-stilvoll - so die Atmosphäre. Gutes Essen und guter Wein gehen hier Hand in Hand: die Küche modern-saisonal ("Dorade & Vadouvan", "Lamm & Soubise"...), das Weinangebot international. Dekorative Gemälde zeigen die Liebe zu Südafrika. Kleine Terrasse auf dem Gehsteig.

Menü 49/83 €

Stadtplan : G1-w - *Lärchenstrasse 2 ✉ 30161 - ✆ 0511 89711735 - www.wein-basis.de - nur Abendessen - geschlossen Sonntag - Montag*

Handwerk N

MODERNE KÜCHE • CHIC X Ein erfrischendes, junges Konzept: modern-kreative Küche, trendig-schickes Bistro-Ambiente und dazu ein locker-unkomplizierter und zugleich geschulter Service, der eine angenehm persönliche Note schafft. Aus der einsehbaren Küche kommen recht puristische und sehr produktorientierte Speisen, die es als Menü mit bis zu sieben Gängen gibt.

Menü 89 €

Stadtplan : C3-h - *Altenbekener Damm 17 ✉ 30173 - ✆ 0511 26267588 - www.handwerk-hannover.com - nur Abendessen - geschlossen Montag - Dienstag*

zeitfür N

MARKTKÜCHE • FREUNDLICH X Ein modern-puristisches Restaurant an einem Seiteneingang des niedersächsischen Landtags im prächtigen Leineschloss. Gekocht wird mediterran und regional, vom günstigen Lunch über das Vesperangebot bis zur ambitionierten Abendkarte. Besonderheit: die längste Theke Hannovers. Durch die große Fensterfront schaut man auf die "Göttinger Sieben" und die Leine.

Menü 20 € (mittags)/69 € - Karte 24/59 €

Stadtplan : F2-z - *Hannah-Arendt-Platz 1 ✉ 30159 - ✆ 0511 89700692 - www.zeitfuer-restaurant.de*

Hotels

Kastens Hotel Luisenhof

TRADITIONELL • INDIVIDUELL Klassiker und Flaggschiff der Hannoveraner Hotellerie und ältestes Hotel der Stadt. Sehr gelungen, wie hier neben dem traditionellen Stil geschmackvolle Moderne Einzug hält! Klassisch-saisonale Küche im stilvollen, modern-eleganten "MARY's". Gleich um die Ecke: Oper, Fußgängerzone und Hauptbahnhof.

149 Zim - †129/259 € ††139/299 € - 11 Suiten - ☕ 22 €

Stadtplan : F2-b - *Luisenstr. 1 ✉ 30159 - ✆ 0511 30440 - www.kastens-luisenhof.de*

Crowne Plaza Schweizerhof

URBAN • MODERN Das privat geführte Hotel im Zentrum ist eines der komfortabelsten Häuser der Stadt. Sie wohnen in sehr geräumigen Zimmern und genießen alle Business- und Tagungsannehmlichkeiten sowie den attraktiven Spa und die gepflegte Gastronomie.

197 Zim – 105/495 € 125/795 € – 4 Suiten – 22 €

Stadtplan : G2-d – *Hinüberstr. 6 30175 – 0511 34950 – www.schweizerhof-hannover.de*

Bistro Schweizerhof – siehe Restaurantauswahl

In Hannover-Buchholz Nord-Ost: 7 km über Herrmann-Bahlsen-Allee D1

Gallo Nero

ITALIENISCH • RUSTIKAL XX Es ist der Fachwerk-Charme des alten Bauernhauses, der das gemütlich-moderne Restaurant so reizvoll macht, doch auch die frische, authentische italienische Küche kommt an, so z. B. Pasta oder "Kotelett vom Ibericio-Schwein mit Steinpilzen".

Menü 39/75 € – Karte 32/75 €

Groß-Buchholzer Kirchweg 72b 30655 – 0511 5463434 – www.gallo-nero-hannover.com – geschlossen 4. - 26. Juli und Dienstag, Samstagmittag, außer an Messen

In Hannover-Kirchrode Ost: 10 km über Kirchröder Straße D2

Tropeano Di-Vino

ITALIENISCH • RUSTIKAL XX Wirklich hübsch, wie das ehemalige Bauernhaus a. d. 15. Jh. hier auf drei Ebenen rustikales Flair verbreitet. Es gibt gute Cucina Italiana, z. B. "Ravioli di Zucca alla Mantovana" oder "Spalla di Agnello al Forno stufata". Schöne Terrasse.

Menü 42/75 € – Karte 33/48 €

Kleiner Hillen 4 30559 – 0511 3533138 – www.restaurant-tropeano.de – geschlossen Montag

In Hannover-List

boca

MODERNE KÜCHE • TRENDY X Hier ist es schlicht, trubelig und hip! In der offenen Küche der etwas schummrigen Gastro-Bar wird lecker und unkonventionell gekocht: vegetarisches Menü auf Wunsch mit Fleisch- oder Fisch-"Upgrade" oder A-la-carte-Gerichte wie "Thunfischsteak, Sellerie-Wasabi-Püree, Rettich, Apfel, Sesam-Soja-Vinaigrette".

Menü 30 € (vegetarisch)/39 €

Stadtplan : G1-b – *Spichernstr. 7, (Eingang Kriegerstr. 43) 30161 – 0511 64209778 (Tischbestellung ratsam) – www.boca-gastrobar.de – nur Abendessen – geschlossen Anfang August 2 Wochen und Sonntag - Montag*

HANSTEDT

Niedersachsen – 5 275 Ew. – Höhe 40 m – Regionalatlas **19**-I6
Michelin Straßenkarte 541

Sellhorn

SPA UND WELLNESS • FUNKTIONELL Eine wohnliche Ferienadresse unter familiärer Leitung, zu der auch ein gutes Spa-Angebot gehört. Zimmer teils mit Gartenblick - den hat man auch von der hübschen Innenhofterrasse! Im Restaurant bietet man Regionales wie "geschmorte Roulade vom Hirsch mit Pfifferlingen", dazu eine schöne Weinauswahl.

46 Zim – 96/141 € 134/272 € – 3 Suiten – ½ P

Winsener Str. 23 21271 – 04184 8010 – www.hotel-sellhorn.de

HARDERT

Rheinland-Pfalz – 822 Ew. – Höhe 300 m – Regionalatlas **36**-D13
Michelin Straßenkarte 543

Corona - Hotel zur Post

MEDITERRAN • GASTHOF XX Hier isst man richtig gerne! Sergio und Kerstin Corona sorgen als eingespieltes Team für charmanten Service und mediterran inspirierte Küche. Schmackhaft und kraftvoll sind z. B. "Vitello tonnato" oder "Hähnchenbrust mit gebratenem Spargel und Gnocchi", und das Preis-Leistungs-Verhältnis ist bemerkenswert!

Menü 30/45 € – Karte 28/58 €

8 Zim – †38 € ††70 €

Mittelstr. 13 ✉ 56579 – ✆ 02634 2727 – www.restaurantcorona.de – geschlossen Montag - Dienstag

HARDHEIM

Baden-Württemberg – 6 831 Ew. – Höhe 271 m – Regionalatlas **48**-H16
Michelin Straßenkarte 545

Wohlfahrtsmühle

REGIONAL • GASTHOF XX Ländlichen Charme versprüht dieses hübsche Anwesen: draußen Teiche, Bachläufe und viel Grün, drinnen gemütliche Stuben, in denen man gut isst, so z. B. Wild aus eigener Jagd und Forellen aus eigener Zucht. Wenn Sie übernachten möchten: Man hat gepflegte, wohnliche Gästezimmer.

Karte 30/54 €

13 Zim – †65/85 € ††95/110 €

Wohlfahrtsmühle 1 ✉ 74736 – ✆ 06283 22220 – www.wohlfahrtsmuehle.com – geschlossen Februar 2 Wochen, August 2 Wochen und Sonntag - Dienstagmittag

HAREN (EMS)

Niedersachsen – 23 255 Ew. – Höhe 9 m – Regionalatlas **16**-D7
Michelin Straßenkarte 541

Zur Ems

TRADITIONELLE KÜCHE • GASTHOF X Der Chef ist ein wahrer Wein- und Spirituosen-Kenner und nimmt seine Gäste gerne mit in den Keller oder den Cognacraum! Wer auf der Terrasse speist, genießt den Blick auf die Ems. Gekocht wird traditionell und saisonal.

Karte 23/62 €

Emmelerstr. 2 ✉ 49733 – ✆ 05932 6403 – www.zur-ems.de – geschlossen Ende März - April 2 Wochen, Ende September - Oktober 2 Wochen und Sonntagabend - Dienstag, Samstagmittag

HARRISLEE

Schleswig-Holstein – 11 190 Ew. – Höhe 43 m – Regionalatlas **2**-H2
Michelin Straßenkarte 541

In Harrislee-Wassersleben Nord: 5 km

Das Wassersleben

LANDHAUS • AM MEER Das Hotel liegt reizvoll am Yachthafen - die Förde kann man von fast allen Zimmern sehen! Auch im Restaurant und auf der Terrasse genießt man den Ostseeblick, gekocht wird saisonal und regional, frisch und mit guten Produkten. Am Haus führt übrigens ein schöner Wanderweg vorbei!

25 Zim – †89/145 € ††145/189 €

Wassersleben 4 ✉ 24955 – ✆ 0461 77420 – www.hotel-wassersleben.de

Frühstück inklusive? Die Tasse steht gleich hinter der Zimmeranzahl.

HARSEWINKEL

Nordrhein-Westfalen – 24 183 Ew. – Höhe 65 m – Regionalatlas **27**-F9
Michelin Straßenkarte 543

Poppenborg's Stübchen

TRADITIONELLE KÜCHE • GASTHOF X Dies ist die etwas legerere Restaurantvariante des Poppenborg'schen Traditionsbetriebs. Appetit machen hier z. B. "Seewolf mit Senfsauce" oder "Tafelspitz westfälisch". Hübsch die Terrasse im Grünen!

Karte 28/55 €

Restaurant Poppenborg, Brockhäger Str. 9 ✉ 33428 – ✆ 05247 2241 – www.poppenborg.com – geschlossen 1. - 9. Januar, 9. - 19. April, 24. Juli - 1. August, 15. - 23. Oktober und Dienstagmittag, Mittwoch

Poppenborg

FRANZÖSISCH-KLASSISCH • ELEGANT XX Ein echter Klassiker! Die Poppenborgs betreiben das Haus seit vielen Jahren und sind bekannt für klassische Küche. Die genießt man in eleganter Atmosphäre, serviert wird z. B. "Hummer mit Spargelrisotto" oder "Kalbsrücken mit Morcheln und Kartoffelgratin". Romantische Gartenterrasse.

Menü 69/99 €

18 Zim – †59/75 € ††95/99 €

Brockhäger Str. 9 ✉ 33428 – ✆ 05247 2241 – www.poppenborg.com – geschlossen 1. - 9. Januar, 9. - 19. April, 24. Juli - 1. August, 15. - 23. Oktober und Dienstagmittag, Mittwoch

Poppenborg's Stübchen – siehe Restaurantauswahl

In Harsewinkel-Marienfeld Süd-Ost: 4 km über B 513

Residence Klosterpforte

LANDHAUS • INDIVIDUELL Das 140 000 qm große Anwesen mit historischem Flair hat individuelle Zimmer von klassisch-elegant bis zum modernen "Sporthotel"-Zimmer, einen kleinen See und zwei eigene Fußballplätze sowie das gemütliche "Klosterstübchen" mit internationaler Küche. Zudem: "Klosterkeller" mit rustikal-bürgerlichem Angebot.

151 Zim – †115/160 € ††140/225 € – 7 Suiten – ½ P

Klosterhof 2 ✉ 33428 – ✆ 05247 7080 – www.klosterpforte.de

HARTENSTEIN

Sachsen – 4 714 Ew. – Höhe 360 m – Regionalatlas **42**-O13
Michelin Straßenkarte 544

Der Feengarten

MARKTKÜCHE • LÄNDLICH XX Keine Frage, am besten kann man das Grün ringsum natürlich auf der tollen Terrasse zum Park genießen! Schön sitzt man aber auch im gemütlich-eleganten getäfelten Restaurant. Hier wie dort serviert man klassische und regionale Gerichte.

Menü 41/67 € – Karte 30/58 €

Hotel Jagdhaus Waldidyll, Talstr. 1 ✉ 08118 – ✆ 037605 840 – www.romantikhotel-waldidyll.de – Montag - Mittwoch nur Abendessen – geschlossen 27. Januar - 5. Februar

Gästehaus Wolfsbrunn

HISTORISCHES GEBÄUDE • KLASSISCH Stilvolle Salons, elegante Gästezimmer, ein wunderbarer Park..., das Schloss a. d. J. 1912 ist schon ein herrschaftliches Anwesen. Und es ist nicht nur richtig schön, sondern liegt auch noch ruhig am Ortsrand. Im Restaurant "Artichoke" gibt es international-saisonale Küche.

22 Zim – †100/120 € ††140/160 € – 2 Suiten – ½ P

Stein 8, (Zufahrt über Wildbacherstraße) ✉ 08118 – ✆ 037605 760 – www.gaestehaus-wolfsbrunn.de

Jagdhaus Waldidyll

HISTORISCH • GEMÜTLICH Etwas Schöneres hätte aus dem einstigen Bergarbeiter-Erholungsheim von 1930 kaum werden können. Ruhig die Lage abseits im Wald, dazu viele liebenswerte Details: charmante kleine Lobby mit Kamin, elegante Zimmer und freundlicher Service, der schon beim guten Frühstück auffällt, und dann der wunderbare Garten!

24 Zim – 79/130 € 119/160 € – 4 Suiten – ½ P

Talstr. 1 ✉ 08118 – ✆ 037605 840 – www.romantikhotel-waldidyll.de

Der Feengarten – siehe Restaurantauswahl

HARTMANNSDORF

Sachsen – 4 468 Ew. – Höhe 320 m – Regionalatlas **42**-O12
Michelin Straßenkarte 544

Laurus

MARKTKÜCHE • FREUNDLICH X In dem hellen, modernen Restaurant setzt man auf Produkte aus der Region, die man zu schmackhaften saisonalen Gerichten verarbeitet - und die nennen sich z. B. "sächsischer Saibling mit Rote Beete und Erbsencreme" oder "Kalbshaxe mit Petersilienwurzelgratin". Hübsch die Terrasse zum Kräutergarten.

Menü 37 € (vegetarisch)/65 € – Karte 32/73 €

Limbacher Str. 19 ✉ 09232 – ✆ 03722 505210 – www.restaurant-laurus.de – Dienstag - Freitag nur Abendessen – geschlossen Anfang Januar 1 Woche, 9. - 30. Juli und Sonntag - Montag

HARZBURG, BAD

Niedersachsen – 21 619 Ew. – Höhe 261 m – Regionalatlas **30**-J10
Michelin Straßenkarte 541

Restaurant Behnecke

MARKTKÜCHE • ELEGANT XX Schön die Verbindung von Eleganz und Gemütlichkeit. Die Karte ist saisonal, bürgerlich und auch klassisch-international beeinflusst samt Monats-Spezialitäten und Romantik-Menü. Für Raucher hat man die rustikale Bierstube. Hübsche Salons.

Menü 26/60 € – Karte 32/72 €

Hotel Braunschweiger Hof, Herzog-Wilhelm-Str. 54 ✉ 38667 – ✆ 05322 7880 – www.hotel-braunschweiger-hof.de

Braunschweiger Hof

FAMILIÄR • AUF DEM LAND Das Haus mit dem ländlich-eleganten Charakter und dem freundlichen Service ist seit 1894 in Familienhand. Die Zimmer sind klassisch oder modern eingerichtet und allesamt wohnlich. Haben Sie auch den charmanten Kosmetikbereich in einem Nebenflügel gesehen?

68 Zim – 90/110 € 140/165 € – 12 Suiten – ½ P

Herzog-Wilhelm-Str. 54 ✉ 38667 – ✆ 05322 7880 – www.hotel-braunschweiger-hof.de

Restaurant Behnecke – siehe Restaurantauswahl

HASELÜNNE

Niedersachsen – 12 504 Ew. – Höhe 21 m – Regionalatlas **16**-D7
Michelin Straßenkarte 541

Jagdhaus Wiedehage

TRADITIONELLE KÜCHE • GASTHOF XX Bis ins 16. Jh. reicht die Geschichte dieses ansprechenden Hauses zurück, das mit vielen Jagdtrophäen dekoriert ist. Ein klassisch-rustikales Restaurant mit lauschiger Terrasse. Hier speist man traditionell-regional und saisonal.

Menü 30/45 € – Karte 31/50 €

Steintorstr. 9 ✉ 49740 – ✆ 05961 7922 – www.jagdhaus-wiedehage.de – Dienstag - Donnerstag nur Abendessen – geschlossen Montag

HASLACH im KINZIGTAL

Baden-Württemberg – 6 909 Ew. – Höhe 220 m – Regionalatlas **54**-E20
Michelin Straßenkarte 545

In Haslach-Schnellingen Nord: 2 km über B 33

Mosers Blume

LANDHAUS • AUF DEM LAND Engagiert führt die Familie das Haus in 4. Generation. Die wohnlichen Zimmer sind meist modern im Stil. Zum Relaxen: Sauna- und Ruhebereich im Nebenhaus - hier auch der Außenpool. Im gemütlichen Restaurant gibt es Klassiker und Saisonales. Ausflugstipp: "Silberstube" mit Kaffee und Kuchen im ehemaligen Bergwerk.

61 Zim – †58/98 € ††82/158 € – ½ P

Schnellinger Str. 56 ✉ 77716 – ✆ 07832 91250 – www.mosers-blume.de

HATTINGEN

Nordrhein-Westfalen – 54 407 Ew. – Höhe 90 m – Regionalatlas **26**-C11
Michelin Straßenkarte 543

Diergardts Kühler Grund

KLASSISCHE KÜCHE • GEMÜTLICH XX In dem langjährigen Familienbetrieb (4. Generation) merkt man die Leidenschaft fürs Kochen. Für seine schmackhaften klassisch-saisonalen Gerichte setzt der Chef auf richtig gute Produkte, darunter hochwertiges Fleisch aus dem eigenen Reifeschrank! Da macht "Ribeye vom Angus Beef" ebenso Appetit wie "gegrilltes Filet vom Wildfang-Steinbutt". Auch für Feiern ideal.

Menü 20 € (mittags unter der Woche)/59 € – Karte 26/67 €

Am Büchsenschütz 15 ✉ 45527 – ✆ 02324 96030 – www.diergardt.com
– geschlossen Montag - Dienstag

Gute Küche zu moderatem Preis? Folgen Sie dem Bib Gourmand

HAUSEN ob VERENA

Baden-Württemberg – 758 Ew. – Höhe 807 m – Regionalatlas **62**-F20
Michelin Straßenkarte 545

Hofgut Hohenkarpfen

INTERNATIONAL • FREUNDLICH XX Der Blick ist wirklich klasse, da sollten Sie unbedingt auf der Terrasse speisen! Wenn das Wetter nicht mitspielt, sitzt man drinnen in gemütlich-modernem Ambiente und lässt sich z. B. "Thunfisch, Steckrübe, Chorizo, Apfel" schmecken.

Menü 42/84 € – Karte 34/62 €

Hotel Hofgut Hohenkarpfen, Am Hohenkarpfen 1, Süd-West: 2 km ✉ 78595
– ✆ 07424 9450 – www.hohenkarpfen.de
– geschlossen 2. - 5. Januar

Hofgut Hohenkarpfen

LANDHAUS • MODERN Einfach fantastisch die exponierte Lage - wo hat man schon 75 ha Naturschutzgebiet samt toller Aussicht um sich herum? Die Zimmer in der einstigen Scheune sind schön geradlinig, wohnlich und durchdacht, dekoriert mit Original-Gemälden. Gegen Gebühr bewundern Sie im Haus Ausstellungen der Kunststiftung!

21 Zim – †94/104 € ††122/144 € – ½ P

Am Hohenkarpfen 1, Süd-West: 2 km ✉ 78595 – ✆ 07424 9450
– www.hohenkarpfen.de – geschlossen 2. - 5. Januar

Hofgut Hohenkarpfen – siehe Restaurantauswahl

HAUZENBERG

Bayern – 11 564 Ew. – Höhe 546 m – Regionalatlas **60**-Q19
Michelin Straßenkarte 546

Landgasthaus Gidibauer-Hof

REGIONAL • RUSTIKAL Richtig gut isst man hier, und die regionale Küche gibt es zudem zu wirklich fairen Preisen. Appetit macht z. B. "gesottenes Rindermaiserl im Kartoffel-Wurzelsud" - das Rindfleisch stammt übrigens aus eigener Zucht. Freundlich und gemütlich-rustikal das Ambiente. Für Gesellschaften: schöner ehemaliger Ochsenstall.

Menü 24/38 € – Karte 16/47 €

Hotel Landgasthaus Gidibauer-Hof, Grub 7, Süd: 0,5 km ✉ 94051 – ✆ 08586 96440 – www.gidibauer.de – geschlossen vor Ostern 1 Woche und Montag

Landgasthaus Gidibauer-Hof

HISTORISCH • GEMÜTLICH "Naturhotel" trifft es genau, denn der historische Vierseithof liegt wunderbar im Grünen und ist passend zur schönen Naturstein-Architektur mit wertigen Massivholzmöbeln ausgestattet. Wer es geradlinig-modern mag, bucht ein Zimmer im "Salettl". Man kümmert sich herzlich um seine Gäste!

18 Zim – 49/79 € 79/109 € – 1 Suite – ½ P

Grub 7, Süd: 0,5 km ✉ 94051 – ✆ 08586 96440 – www.gidibauer.de – geschlossen vor Ostern 1 Woche

Landgasthaus Gidibauer-Hof – siehe Restaurantauswahl

In Hauzenberg-Haag Süd: 8 km

Anetseder (N)

REGIONAL • GERADLINIG Schön sitzt man hier unter einer hohen Decke in trendig-modernem Ambiente und wird freundlich umsorgt. Gekocht wird frisch und richtig gut, dabei legt man Wert auf saisonale Produkte, vorzugsweise aus der Region. Lecker z. B. "Zweierlei vom bayerischen Rind, Kartoffel-Röstzwiebelpüree, gegrillter Mais, Lauchzwiebel".

Menü 30/42 € – Karte 20/48 €

Lindenstr. 15 ✉ 94051 – ✆ 08586 1314 – www.anetseder-wirtshauskultur.de – geschlossen Mitte Januar 2 Wochen und Montag - Mittwochmittag, Donnerstagmittag

HAVELBERG

Sachsen-Anhalt – 6 646 Ew. – Höhe 29 m – Regionalatlas **21**-M7
Michelin Straßenkarte 542

Art Hotel Kiebitzberg

BOUTIQUE-HOTEL • MODERN Interessant sind hier die Lage an der Havel und die schöne geradlinig-moderne Einrichtung samt attraktiver künstlerischer Note. Eines der Zimmer ist eine Wellness-Juniorsuite mit Sauna. Tipp: "PonTOM"-Bootscharter! Im Wintergarten und auf der Terrasse speist man mit Blick ins Grüne. Spezialität: Wagyu-Rind.

31 Zim – 80/124 € 100/144 € – 4 Suiten – ½ P

Schönberger Weg 6 ✉ 39539 – ✆ 039387 595151 – www.arthotel-kiebitzberg.de

HAYINGEN

Baden-Württemberg – 2 148 Ew. – Höhe 661 m – Regionalatlas **63**-H20
Michelin Straßenkarte 545

ROSE (N)

BIO • ZEITGEMÄSSES AMBIENTE Bei Familie Tress dreht sich alles um das Thema Bio sowie die Verwertung von Tieren nach dem "Nose to Tail"-Prinzip. Man kocht regional und saisonal, gerne auch vegetarisch. Dazu gibt es ausschließlich Demeter-Weine. Mit im Haus: Shop mit Kochbüchern, Suppen, Eintöpfen, Pasta... Zum Übernachten: Gästehaus gegenüber.

Menü 32 € (vegetarisch)/45 € – Karte 32/50 €

12 Zim – 60/90 € 110/130 €

Aichelauer Str. 6 ✉ 72534 – ✆ 07383 94980 – www.biorestaurant-rose.de – geschlossen 13. - 28. Januar und Montag, November - März: Montag - Dienstag

M. Moxter/imageBROKER/age fotostock

WIR MÖGEN BESONDERS...
Das **oben** für sein tolles 13-Gänge-Menü in wertigem Ambiente. **Scharff's Schlossweinstube** in der Schlossruine über der Altstadt als besondere Location. Mit Stil und Charme in der **Hirschgasse** übernachten und den fast schon musealen Charakter des **Le Gourmet** auf sich wirken lassen. Die traditionsreiche **Mensurstube**, die von vergangenen Studentenzeiten erzählt.

HEIDELBERG

Baden-Württemberg - 154 715 Ew. - Höhe 114 m - Regionalatlas **47**-F16
Michelin Straßenkarte 545

Restaurants

✿ Le Gourmet

KREATIV • ROMANTISCH XXX Das Restaurant hat richtig Charme dank stilvoll-historischer Details wie Fachwerkdecke, Sandsteinwände, Parkettboden, Kachelofen... Das Saisonmenü verbindet in seinen bis zu neun Gängen aromenreich und stimmig klassische und modern-kreative Küche. Dazu freundlich-geschulter Service samt guter Weinberatung.

→ Crevette Royale mit Apfel und Kochsud von Currylinsen. Kohlrabi im Heu gebacken mit Herbsttrompeten, Quitte und weißer Mohn-Pfeffersauce. Filet vom Bœuf de Hohenlohe, Petersilie, Seitling de Paris und lauwarme Kalbskopf-vinaigrette.

Menü 75/175 €

Stadtplan : E1-s - *Hotel Die Hirschgasse, Hirschgasse 3 ✉ 69120 - ✆ 06221 4540 (Tischbestellung ratsam) - www.hirschgasse.de - nur Abendessen - geschlossen 1. - 15. Januar, August 2 Wochen und Sonntag - Montag*

✿ Oben (N)

KREATIV • CHIC XX Idyllisch liegt der "Kohlhof" zwischen Wald und Wiesen. Darf es ein Aperitif im charmanten Innenhof sein? Im liebevoll und wertig designten Gastraum mit fast schon intimer Atmosphäre und Blick in die Küche gibt es ein Menü mit 13 kreativen, regional geprägten Gängen - die Produkte kommen z. T. aus dem eigenen Garten. Hinweis: Bezahlung nur per Überweisung.

→ Stör, Fenchel, unreife Blaubeeren. Kohlrabi und Mohnkapern, Nuss, Wiesen-kräuteressig. Landschweinwedel, Boskoop, Kren, Senfsaat.

Menü 120 €

Am Kohlhof 5, 8 km über Gaiberger Weg C2 ✉ 69117 - ✆ 0172 9171744 - www.restaurant-oben.de - nur Abendessen - geschlossen Februar 3 Wochen, Anfang September 1 Woche und Sonntag - Dienstag

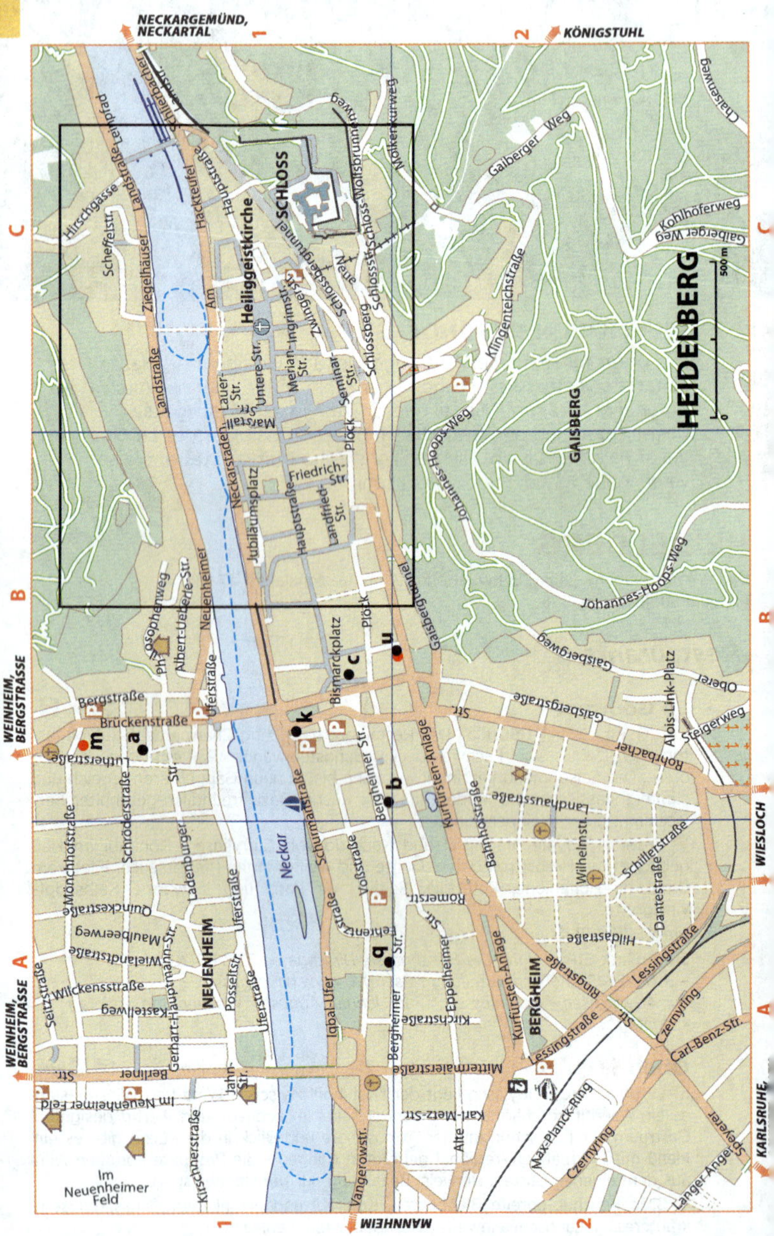

HEIDELBERG
NECKARGEMÜND, NECKARTAL
KÖNIGSTUHL
WEINHEIM, BERGSTRASSE
WIESLOCH
KARLSRUHE
MANNHEIM
SCHLOSS
Heiliggeistkirche
GAISBERG
NEUENHEIM
BERGHEIM
Neckar
Im Neuenheimer Feld
Landstraße
Ziegelhäuser Landstraße
Hirschgasse
Scheffelstr.
Leinpfad
Schlierbacher Landstr.
Am Hackteufel
Hauptstraße
Neckarstaden
Marstallstr.
Lauer-Str.
Untere Str.
Merian-Str.
Ingrimstr.
Zwingerstr.
Schlossberg
Neue Schlossstr.
Schloss-Wolfsbrunnenweg
Molkenkurweg
Schlossbergtunnel
Seminar-Str.
Plöck
Friedrich-Str.
Landfried-Str.
Jubiläumsplatz
Bismarckplatz
Gaisbergtunnel
Johannes-Hoops-Weg
Klingenteichstraße
Galberger Weg
Kohlhöferweg
Chaisenweg
Gaisbergweg
Gaisbergstraße
Oberer
Alois-Link-Platz
Steigerweg
Rohrbacher Str.
Landhausstraße
Wilhelmstr.
Schillerstraße
Dantestraße
Hildastraße
Ringstraße
Lessingstraße
Czernyring
Carl-Benz-Str.
Speyerer
Langer Anger
Max-Planck-Ring
Kurfürsten-Anlage
Bahnhofstraße
Römerstr.
Eppelheimer Str.
Kirchstraße
Mittermaierstraße
Karl-Metz-Str.
Alte
Bergheimer Str.
Voßstraße
Fehrentzstraße
Schurmanstraße
Iqbal-Ufer
Vangerowstr.
Philosophenweg
Albert-Ueberle-Str.
Neuenheimer
Uferstraße
Bergstraße
Brückenstraße
Lutherstraße
Mönchhofstraße
Schröderstraße
Ladenburger Str.
Quinckestraße
Maulbeerweg
Wielandtstraße
Gerhart-Hauptmann-Str.
Wilckensstraße
Seitzstraße
Kastellweg
Posseltstr.
Jahnstr.
Berliner Str.
Kirschnerstraße
0
500 m
A
B
C
1
2

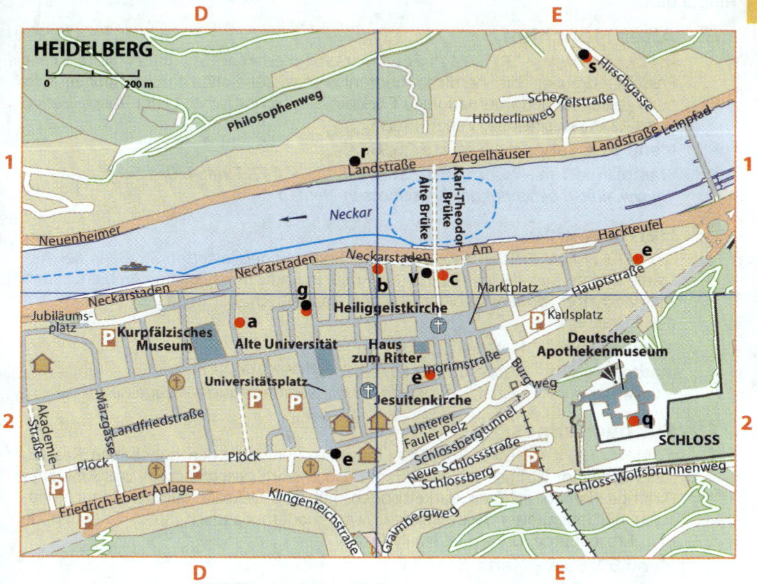

Scharff's Schlossweinstube im Heidelberger Schloss

KLASSISCHE KÜCHE · ELEGANT Nicht nur der Schlossbesuch ist ein Highlight für jeden Stadtbesucher, auch ein Essen bei Martin Scharff ist zweifelsohne lohnenswert! In eleganten historischen Räumen präsentiert man klassisch-moderne Gerichte in Menüform. Im Sommer ein Muss: der romantische Schlosshof!

→ Entenleberterrine mit Rhabarbermarmelade, Whiskey Sour Perlen, Lardo und Oxalis. Bärlauchrisotto und Schaum mit Wachsei und eingelegten Buchenpilzen. Rinderfilet mit sautiertem Radicchio, schwarzem Knoblauchpüree und wildem Brokkoli.

Menü 95/145 €

Stadtplan : E2-q – *Schlosshof 1 ✉ 69117 – ✆ 06221 8727010 – www.heidelberger-schloss-gastronomie.de – nur Abendessen – geschlossen Sonntag - Montag*

Backmulde

REGIONAL · GEMÜTLICH Lust auf "Petersilienwurzelcremesuppe" oder "Kalbstafelspitz mit Meerrettichwirsing und Butterkartoffeln"? Gut isst man hier mitten in der Altstadt in einer hübschen einstigen Schifferherberge a. d. 17. Jh.! Gepflegt übernachten kann man im gleichnamigen Hotel.

Menü 35/45 € – Karte 33/60 €

27 Zim – †105/115 € ††119/130 €

Stadtplan : D2-a – *Schiffgasse 11 ✉ 69117 – ✆ 06221 53660 – www.gasthaus-backmulde.de – nur Abendessen – geschlossen Januar 1 Woche, August 2 Wochen und Sonntag - Montag*

Die Kurfürstenstube

FRANZÖSISCH-KLASSISCH · ELEGANT Ein Klassiker der Stadt! Die mächtige Kassettendecke und Wandvertäfelungen mit schönen Intarsienarbeiten bewahren ein Stück Geschichte. Gekocht wird klassisch mit modernen Einflüssen. Juli und August hat das Sommerrestaurant geöffnet.

Menü 70/85 € – Karte 59/82 €

Stadtplan : B2-u – *Der Europäische Hof Heidelberg, Friedrich-Ebert-Anlage 1 ✉ 69117 – ✆ 06221 5150 – www.europaeischerhof.com – nur Abendessen – geschlossen Juli - August*

Alter Mönchhof

INTERNATIONAL • TRENDY XX Geschmackvoll-moderner Stil hinter historischer Fassade, draußen die herrliche begrünte Terrasse. Sehen lassen können sich auch regionale und internationale Gerichte wie "schottischer Label-Rouge-Lachs, gegrillte Wassermelone, Venere-Reis".

Menü 52 € (abends) – Karte 26/63 €

Stadtplan : B1-m – *Mönchhofstr. 3 ✉ 69120 – ✆ 06221 9145470 – www.alter-moenchhof.de – geschlossen Montag*

Herrenmühle

INTERNATIONAL • RUSTIKAL XX In einer kopfsteingepflasterten Straße in der Altstadt finden Sie dieses Restaurant mit freundlich-rustikalem Ambiente und schmackhafter bodenständiger Küche. Romantisch hat man es draußen auf der Terrasse.

Menü 56/98 € – Karte 45/69 €

Stadtplan : E1-e – *Hauptstr. 239 ✉ 69117 – ✆ 06221 602909 – www.herrenmuehle.net – nur Abendessen, sonntags auch Mittagessen*

Simplicissimus

KLASSISCHE KÜCHE • ELEGANT XX Der Klassiker unter den gehobenen Restaurants der Stadt ist nach wie vor einen Besuch wert: geschmackvoll das Ambiente (kräftige Farben, schöner Parkettboden, hübsche Deko...), gut der Service, lauschig die Innenhofterrasse. Gekocht wird modern-klassisch, so z. B. "Loup de mer, Erbsenpüree, Urkarotte, Noilly Prat".

Menü 59/89 € – Karte 54/79 €

Stadtplan : E2-a – *Ingrimstr. 16 ✉ 69117 – ✆ 06221 6732588 – www.simplicissimus-restaurant.com – nur Abendessen – geschlossen Ende August - Anfang September 2 Wochen und Sonntag - Montag*

Weißer Bock

INTERNATIONAL • GEMÜTLICH XX Für Gemütlichkeit sorgen hier hübsche Details wie Holztäfelung und historische Fotos. Aus der Küche kommen internationale und regionale Gerichte wie "gegrillter Wolfsbarsch mit Riesling-Sabayone, Paprika, Auberginen-Risotto".

Menü 40/70 € – Karte 47/70 €

Stadtplan : D2-g – *Hotel Weißer Bock, Große Mantelgasse 24 ✉ 69117 – ✆ 06221 90000 – www.weisserbock.de – Montag - Freitag nur Abendessen – geschlossen Sonntag*

Mensurstube

KLASSISCHE KÜCHE • GEMÜTLICH X Blanke Holztische mit Schnitzereien einstiger Studenten, freigelegtes Mauerwerk und allerlei Zierrat prägen das Bild der historischen Stube. Während man die Aura vergangener Mensuren (Fechtkämpfe) auf sich wirken lässt, wählt man von einer wechselnden Tageskarte saisonale Gerichte - mal klassisch, mal modern.

Karte 27/34 €

Stadtplan : E1-s – *Hotel Die Hirschgasse, Hirschgasse 3 ✉ 69120 – ✆ 06221 4540 (Tischbestellung ratsam) – www.hirschgasse.de – nur Abendessen – geschlossen 1. - 15. Januar und Sonntag - Montag*

Chambao N

KREATIV • MEDITERRANES AMBIENTE X Ein junges, erfrischendes Konzept mit mediterranem Flair. Aus tollen Produkten entstehen kreative Gerichte wie "Yellowfin-Thunfisch, sautierte Artischocken, Dashi & Buchenpilze". Nebenan im legeren "Chambino" gibt es leckere Tapas. Hier wie dort hat man eine schöne Terrasse mit Blick auf die Alte Brücke!

Menü 41/64 € – Karte 27/66 €

Stadtplan : DE1-b – *Dreikönigstr. 1 ✉ 69117 – ✆ 06221 7258271 – www.chambao-heidelberg.com – Dienstag - Freitag nur Abendessen – geschlossen 1. März - 1. April und Montag*

Wirtshaus zum Nepomuk

TRADITIONELLE KÜCHE • ROMANTISCH Schön gemütlich ist das Restaurant im Hotel "Zur Alten Brücke": Viel Holz schafft typische Wirtshausatmosphäre, dazu hübsche Deko, Kissen, Bilder an den Wänden... Auf dem Teller z. B. klassischer Rostbraten oder auch halbe Ente. Gerne sitzt man im hübschen Innenhof.

Karte 31/59 €

18 Zim – †99/130 € ††110/160 €

Stadtplan : E1-c – *Obere Neckarstr. 2 ✉ 69117 – ✆ 06221 739130 – www.altebruecke.com – nur Abendessen , April - September: Samstag und Sonntag mittags geöffnet*

Hotels

Der Europäische Hof Heidelberg

LUXUS • INDIVIDUELL Grandhotel-Tradition seit 1865. Seit jeher ein Haus mit Stil, in dessen klassisches Flair man behutsam Moderne einbindet. Fitness und Relaxen mit Stadtblick heißt es im "Panorama Spa" auf 600 qm samt toller Dach-Liegeterrasse! Mittags speist man im "Fritz". Repräsentativ die Veranstaltungsräume.

118 Zim – †189/309 € ††228/384 € – 3 Suiten – 28 €

Stadtplan : B2-u – *Friedrich-Ebert-Anlage 1 ✉ 69117 – ✆ 06221 5150 – www.europaeischerhof.com*

Die Kurfürstenstube – siehe Restaurantauswahl

Die Hirschgasse

HISTORISCH • INDIVIDUELL 1472 erstmals erwähnt, heute ein Hotel der besonderen Art: Hier ist es charmant bis unters Dach, man wird ausgesprochen freundlich betreut, wohnt überaus individuell und stilvoll und bekommt am Morgen ein ausgesuchtes Frühstück. Schön die Lage am Heiligenberg gegenüber der Altstadt.

20 Zim – †95/165 € ††185/365 € – 31 € – ½ P

Stadtplan : E1-s – *Hirschgasse 3 ✉ 69120 – ✆ 06221 4540 – www.hirschgasse.de – geschlossen 1. - 15. Januar*

Le Gourmet • **Mensurstube** – siehe Restaurantauswahl

Heidelberg Suites

BOUTIQUE-HOTEL • MODERN Was könnte man aus drei eleganten Stadtvillen in wunderbarer Neckarlage Schöneres machen als ein niveauvolles Boutique-Hotel? Highlight ist die "Sky Suite"! Auf dem Wasser ist die restaurierte historische "H. S. Patria" für Events oder als A-la-carte-Restaurant buchbar.

26 Zim – †175/245 € ††285/385 € – 21 Suiten – 25 €

Stadtplan : D1-r – *Neuenheimer Landstr. 12 ✉ 69120 – ✆ 06221 655650 – www.heidelbergsuites.com*

Arthotel

BOUTIQUE-HOTEL • MODERN Sehr gelungen die Verbindung von Alt und Neu, alles ist wertig und chic - ein Boutique-Hotel im besten Sinne! Besonders schön wohnt man im Erkerzimmer, relaxen kann man auf der Dachterrasse. Geradlinig-modern auch das Restaurant, toll der Innenhof. Übrigens: Trotz Altstadtlage hat man eine Tiefgarage!

24 Zim – †116/186 € ††131/206 € – 15 € – ½ P

Stadtplan : D2-e – *Grabengasse 7 ✉ 69117 – ✆ 06221 650060 – www.arthotel.de*

Bergheim 41

URBAN • DESIGN Design-Fans aufgepasst! Überall im Haus hochmoderne Möbel, wertige Materialien, schöne Dielenböden, topaktuelle Technik, großzügige Bäder... und auf dem Dach eine Terrasse mit Aussicht! Frühstück und Snacks im "Kaffeekultur". Angrenzend das "Alte Hallenbad" mit Markthalle, Lokalen, Geschäften.

32 Zim – †99/159 € ††109/179 € – 14 €

Stadtplan : B1-b – *Bergheimer Str. 41 ✉ 69115 – ✆ 06221 750040 – www.bergheim41.de*

Holländer Hof

HISTORISCH • KLASSISCH Einst nächtigten holländische Holzhändler in dem denkmalgeschützten Haus, heute freuen sich Heidelberg-Besucher über die zentrale Lage an der Alten Brücke, die individuelle, wohnliche Einrichtung, den freundlichen Service und ein gepflegtes Frühstück. Tipp: Parkhaus P12.

38 Zim – 🚹90/136 € 🚹🚹100/185 € – 1 Suite – ☕ 15 €

Stadtplan : E1-v – *Neckarstaden 66 ✉ 69117 – ✆ 06221 60500*
– *www.hollaender-hof.de*

Panorama

HISTORISCHES GEBÄUDE • FUNKTIONELL Ganz ruhig liegt das Hotel zwar nicht, doch dafür direkt am Neckar und die Schallisolierung ist top! Geschmackvoll und angenehm modern die Zimmer (viele klimatisiert), am Morgen ein frisches Frühstück. Nach einem Bummel durch die nahe Altstadt geht's am Abend auf einen Absacker in die Bar-Lounge.

32 Zim ☕ – 🚹100/150 € 🚹🚹135/190 €

Stadtplan : B1-k – *Bismarckstr. 19 ✉ 69115 – ✆ 06221 1852100*
– *www.panorama-heidelberg.de*

Qube

BUSINESS • DESIGN Klar, puristisch, wertig - so das Design in dem nach ökologischen Aspekten gestalteten Hotel samt schöner Dachterrasse mit Schlossblick! Ebenso exquisit und chic die 50 m entfernte Qube-Villa. Tipp: die ruhigen Zimmer zum Garten! Das Angebot im Restaurant reicht vom Wiener Schnitzel bis zum gegrillten Thunfischsteak.

65 Zim – 🚹108/188 € 🚹🚹128/238 € – ☕ 19 € – ½ P

Stadtplan : A1-q – *Bergheimer Str. 74 ✉ 69115 – ✆ 06221 187990*
– *www.qube-heidelberg.de*

Astoria

PRIVATHAUS • MODERN Die charmante, etwas versteckt gelegene Villa von 1907 ist ideal für Individualisten, die "Understatement" bevorzugen. An der Eingangstür steht nach wie vor "Pension Astoria", nichtsdestotrotz hat man es hier komfortabel, modern und wohnlich. Gut das Frühstück, nett die kleine Bar. Begrenzte Parkkapazität.

7 Zim ☕ – 🚹95/145 € 🚹🚹150/190 €

Stadtplan : B1-a – *Rahmengasse 30 ✉ 69120 – ✆ 06221 7290350*
– *www.heidelberg-astoria.de*

Weißer Bock

GASTHOF • INDIVIDUELL In ihrer 300-jährigen Geschichte war diese Heidelberger Institution schon mal ein Brauhaus und auch Studentenverbindungshaus der Ripuaria. Es liegt mitten in der Altstadt (Neckar und Fußgängerzone ganz in der Nähe), die Zimmer geschmackvoll und wohnlich, der Service zuvorkommend.

23 Zim – 🚹65/90 € 🚹🚹90/140 € – ☕ 12 €

Stadtplan : D2-g – *Große Mantelgasse 24 ✉ 69117 – ✆ 06221 90000*
– *www.weisserbock.de*

🍴 **Weißer Bock** – siehe Restaurantauswahl

Goldene Rose

URBAN • FUNKTIONELL Ein Altstadthotel wie aus dem Bilderbuch! Individuelle Zimmer, schönes, frisches Frühstück (im Sommer im Innenhof!), perfekte Lage wenige Schritte von der Fußgängerzone. Reservieren Sie einen der Parkplätze am Haus - Ihr Auto wird geparkt!

37 Zim ☕ – 🚹79/125 € 🚹🚹125/190 €

Stadtplan : B1-c – *St. Annagasse 7 ✉ 69117 – ✆ 06221 905490*
– *www.hotel-goldene-rose.de*

In Heidelberg-Grenzhof Nord-West: 8 km über A1, Richtung Mannheim

Gutsstube

MARKTKÜCHE • LÄNDLICH XX Mögen Sie es ländlich-charmant oder lieber moderner? Die regional-internationale Küche kann man sich sowohl in der Stube als auch im Wintergarten schmecken lassen - oder aber draußen im Freien! Mittags nur Lunchbuffet. Tolle Festscheune.

Menü 49/89 € (abends) – Karte 45/61 €

Hotel Grenzhof, Grenzhof 9 ✉ 69123 – ✆ 06202 9430 (abends Tischbestellung erforderlich) – www.grenzhof.de – geschlossen 23. - 30. Dezember und Samstagmittag, Sonntag

Grenzhof

LANDHAUS • GEMÜTLICH Schön wohnt man in dem erweiterten Gutshof in dörflicher Lage. Wie wär's mit einem der ausgesprochen geschmackvollen Themenzimmer? Vielleicht "Apfelblüte", "Landlust" oder "Morgentau"? Hübsche Stoffe, Holzböden und stimmige Accessoires schaffen individuelle und gemütlich-schicke Räume.

35 Zim – †98/123 € ††138/160 € – ½ P

Grenzhof 9 ✉ 69123 – ✆ 06202 9430 – www.grenzhof.de – geschlossen 23. - 30. Dezember

Gutsstube – siehe Restaurantauswahl

In Heidelberg-Handschuhsheim Nord: 3 km über B1, Richtung Weinheim

Ai Portici

ITALIENISCH • RUSTIKAL X Freundlich-familiär die Atmosphäre, frisch die italienische Küche, und die bietet man auf einer kleinen Standardkarte samt einiger leckerer Pizzen und in Form von Tagesempfehlungen. Tipp: Fragen Sie auch nach den Weinen aus der Vineria!

Menü 38/50 € – Karte 28/62 €

Rottmannstr. 2, Eingang Steubenstraße ✉ 69121 – ✆ 06221 472817 – www.ai-portici.de – geschlossen Anfang Januar 1 Woche, über Pfingsten 1 Woche, August 2 Wochen und Dienstag, Samstagmittag

In Heidelberg-Rohrbach Süd : 6 km über Rohrbacher Straße B1

Traube

INTERNATIONAL • GEMÜTLICH X Ein gemütliches Lokal, das von einem jungen Team engagiert geführt wird. Auf der saisonal beeinflussten Karte liest man z. B. "Freilandhuhn, Bimi, Reiscreme". Tipp: öffentlicher Parkplatz bei der Thorax-Klinik drei Gehminuten entfernt.

Karte 40/63 €

Rathausstr. 75 ✉ 69126 – ✆ 06221 6737222 – www.traube-heidelberg.de – nur Abendessen, sonntags auch Mittagessen – geschlossen Dienstag - Mittwoch

HEIDESHEIM am RHEIN

Rheinland-Pfalz – 7 509 Ew. – Höhe 100 m – Regionalatlas **47**-E15
Michelin Straßenkarte 543

Gourmetrestaurant Dirk Maus

FRANZÖSISCH-KLASSISCH • CHIC XX Im Mittelpunkt steht hier ganz klar die aromareiche moderne Küche von Dirk Maus. Aber auch das Drumherum stimmt: Historische Bruchsteinwände und klare Formen harmonieren wunderbar und sorgen ebenso wie der charmante Service für eine Atmosphäre zum Wohlfühlen. Nicht zu vergessen die fair kalkulierte Weinkarte.

→ Steinköhler, Blumenkohl, Purple Curry, Mango, Wasabi. Kalb, Bohne, Birne, Speck, Senf. Reh, Petersilienwurzel Tasmanischer Bergpfeffer, Kirsche.

Menü 85/120 €

Sandhof 7 ✉ 55262 – ✆ 06132 4368333 – www.dirk-maus.de – nur Abendessen – geschlossen Juli - August 2 Wochen und Montag - Dienstag

Landgasthaus Sandhof – siehe Restaurantauswahl

Landgasthaus Sandhof

INTERNATIONAL • GEMÜTLICH Ein kleines bisschen legerer ist es im zweiten Maus'schen Restaurant. Hier wird man aber nicht weniger freundlich umsorgt und die Küche kann sich ebenfalls sehen lassen: "Zander mit Blutwurst auf Linsen", "geschmorte Schweinebäckchen mit gerührter Polenta"...

Menü 42/53 € – Karte 41/59 €

Gourmetrestaurant Dirk Maus, Sandhof 7 ✉ 55262 – ✆ 06132 4368333 – www.dirk-maus.de – nur Abendessen – geschlossen Juli - August 2 Wochen und Montag - Dienstag

HEIGENBRÜCKEN

Bayern – 2 233 Ew. – Höhe 274 m – Regionalatlas **48**-H15
Michelin Straßenkarte 546

Villa Marburg im Park

KLASSISCHE KÜCHE • ELEGANT Ob Sie elegant oder etwas rustikaler sitzen, in beiden Restaurants reicht man die gleiche Karte. Und die bietet Gerichte der "Fusion Cuisine" oder der "Neuen Deutschen Küche". Lust auf "gegrilltes Schweinefilet & Pulled Pork mit Honig-Whiskeymarinade" oder lieber "Hühnerfrikassee mit gedämpfter Reisrolle"?

Menü 33/79 € – Karte 34/50 €

Hotel Villa Marburg im Park, Werner-Wenzelstr. 1 ✉ 63869 – ✆ 06020 979990 – www.villa-marburg.de – geschlossen 2. - 8. Januar, August 2 Wochen und Sonntagabend

Villa Marburg im Park

BUSINESS • MODERN Wohnlich-elegant hat man es in der Villa a. d. 19. Jh. nebst modernem Anbau. Geschmackvoll-gediegen die Zimmer und Juniorsuiten, für Ihre Freizeit gibt es Massage und Kosmetik, Indoor-Golf-Simulator oder auch das 100 m entfernte Naturschwimmbad (für Hausgäste kostenfrei).

38 Zim – †95/115 € ††125/155 € – 2 Suiten – ½ P

Werner-Wenzelstr. 1 ✉ 63869 – ✆ 06020 979990 – www.villa-marburg.de – geschlossen 2. - 8. Januar, August 2 Wochen

Villa Marburg im Park – siehe Restaurantauswahl

Landgasthof Hochspessart

LANDHAUS • GEMÜTLICH Hier ist man mit Engagement bei der Sache. Die Zimmer sehr gepflegt und wohnlich, die Küche regional - eine Spezialität sind Wildgerichte, -schinken und -würste. Dazu gute fränkische und deutsche Weine. Für Aktive: schöne Wander- und Radwege in der Umgebung.

39 Zim – †62/85 € ††100/140 € – ½ P

Lindenallee 40 ✉ 63869 – ✆ 06020 97200 – www.hochspessart.de

HEIKENDORF

Schleswig-Holstein – 8 141 Ew. – Höhe 19 m – Regionalatlas **3**-J3
Michelin Straßenkarte 541

StrandHotel Seeblick (N)

LANDHAUS • AM MEER Nur ein paar Schritte über die Promenade und schon steht man am schönen Sandstrand! Und auch das Interieur überzeugt: Alles ist mit hellen, warmen Tönen im geschmackvoll-maritimen Vintage-Stil gestaltet. Darf es vielleicht die 220 qm große Penthouse-Suite mit Sauna und vier Dachterrassen sein? Restaurant zum Meer.

13 Zim – †110/200 € ††130/225 € – 1 Suite

Uferweg 2 ✉ 24226 – ✆ 0431 5332180 – www.strandhotel-seeblick.de

HEILBRONN

Baden-Württemberg – 119 841 Ew. – Höhe 157 m – Regionalatlas **55**-G17
Michelin Straßenkarte 545

Bachmaier

MARKTKÜCHE • TRENDY Sehr nett ist dieses modern in warmen Farben gehaltene Restaurant, schmackhaft die saisonale Küche des oberbayerischen Patrons - mittags kommt das günstige 3-Gänge-Menü gut an, abends bietet man ein variables 4-Gänge-Menü. Die Chefin managt kompetent den Service, gut die offene Weinbegleitung.

Menü 25 € (mittags)/44 € (abends)

Untere Neckarstr. 40 ✉ 74072 - ✆ 07131 6420560 - www.restaurant-bachmaier.de - geschlossen Juni 2 Wochen, Weihnachten - Anfang Januar 2 Wochen und Samstagmittag, Sonntag - Dienstagmittag, Feiertage

Magnifico da Umberto

ITALIENISCH • FREUNDLICH Umberto Scuccia ist kein Unbekannter in Heilbronn. In dem attraktiven, geradlinig und wertig eingerichteten Restaurant im 12. Stock des WTZ-Turmes bietet man italienische Küche, die angenehm reduziert ist und das Produkt in den Mittelpunkt stellt. Dazu gibt's einen tollen Blick auf die Stadt!

Karte 68/78 €

Im Zukunftspark 10, (12. Etage) ✉ 74072 - ✆ 07131 74564140 - www.wtz-magnifico.de - nur Abendessen - geschlossen Sonntag - Montag

Trattoria da Umberto

ITALIENISCH • FREUNDLICH Etwas versteckt in einer Seitengasse liegt die nette Trattoria mit hübscher begrünter Terrasse. Geboten wird italienische Küche à la Mamma - am Herd steht die sympathische Mutter des Chefs.

Karte 33/53 €

Schellengasse 16 ✉ 74072 - ✆ 07131 7247655 - www.da-umberto.com - nur Abendessen - geschlossen August und Montag

Park-Villa

PRIVATHAUS • INDIVIDUELL Eine schmucke Villa von 1912 samt hübscher Dependance und individuellen Zimmern, zu finden in einer angenehmen Wohngegend. Wundern Sie sich nicht, wenn Sie im Garten einen Geparden sehen! Er gehört ebenso zum Haus wie die eigenen Schnee-Eulen und die Fische im Teich.

25 Zim - 98/125 € 119/145 € - 10 €

Gutenbergstr. 30 ✉ 74074 - ✆ 07131 95700 - www.hotel-parkvilla.de - geschlossen 17. August - 1. September, 23. Dezember - 8. Januar

TraumRaum

URBAN • INDIVIDUELL Sie suchen etwas Besonderes? Detailgenau und hochwertig machen die "TraumRäume" Lust auf das exotische Bangkok, das aparte Island, das farbenprächtige Rio de Janairo...! Sydney werden Sie sofort erkennen! Praktisch: Das Haus liegt verkehrsgünstig am Bahnhof.

23 Zim - 85/159 € 125/199 €

Bahnhofstr. 31 ✉ 74072 - ✆ 07131 5919240 - www.hotel-traumraum.de - geschlossen 24. Dezember - 6. Januar

In Heilbronn-Böckingen West: 2 km

Rebstock la petite Provence

FRANZÖSISCH-KLASSISCH • FAMILIÄR Ein freundlicher 2-Mann-Betrieb, genauer gesagt Mann-Frau-Betrieb: Der aus dem Burgund stammende Dominique Champroux und seine Frau Beate sind ein eingespieltes Team und bieten Ihnen leckere französische Gerichte. Tipp: Einmal im Monat gibt es ein Weinmenü. Und wie wär's mal mit einem Kochkurs?

Menü 37/85 € - Karte 37/60 €

Eppinger Str. 43, Ecke Ludwigsburger Straße ✉ 74080 - ✆ 07131 4054351 - www.rebstock-provence.de - nur Abendessen - geschlossen Anfang Januar 2 Wochen, September 3 Wochen und Sonntag - Dienstag

In Heilbronn-Sontheim Süd: 5 km

Piccolo Mondo

ITALIENISCH • FREUNDLICH XX Mit Hingabe und sympathisch-natürlicher Freundlichkeit umsorgt man hier bereits seit 1979 seine Gäste. Es gibt einfachere Gerichte, aber auch eine ambitionierte und beliebte Tageskarte. Charmant die Weinlauben-Terrasse.

Menü 45 € - Karte 26/53 €

Hauptstr. 9 ✉ 74081 - ✆ 07131 251133 - www.piccolo-mondo.org - geschlossen über Fasching 2 Wochen, August 2 Wochen und Montag - Dienstag, Samstagmittag

HEILIGENBERG

Baden-Württemberg - 2 988 Ew. - Höhe 726 m - Regionalatlas **63**-G21
Michelin Straßenkarte 545

Bayerischer Hof

REGIONAL • BÜRGERLICH X Wirklich sehr gepflegt ist dieser Gasthof. Hier bekommt man regional-bürgerliche Küche, z. B. in Form von "geschmorter Kalbshaxe mit Waldpilzrahm". Es gibt auch eine rustikale Stube, in der man leger bei einem Bier sitzen kann. Sie möchten übernachten? Man hat praktische, neuzeitliche Zimmer.

Menü 25 € - Karte 19/45 €

6 Zim - †43/59 € ††74/80 €

Röhrenbacherstr.1 ✉ 88633 - ✆ 07554 217 - www.bayerischerhof-heiligenberg.de - geschlossen Februar 2 Wochen und Dienstag

HEILIGENHAFEN

Schleswig-Holstein - 9 139 Ew. - Höhe 7 m - Regionalatlas **3**-K3
Michelin Straßenkarte 541

Meereszeiten

BOUTIQUE-HOTEL • MODERN Das Boutique-Hotel in Speicherstadt-Architektur liegt praktisch zwischen Yacht- und Fischereihafen - von jedem der schicken modernen Zimmer schaut man aufs Wasser. Schön (und abends sehr gefragt) die Bar-Lounge. Wellness und Fitness im obersten Stock.

82 Zim - †69/204 € ††94/249 € - 4 Suiten

Am Yachthafen 2 ✉ 23774 - ✆ 04362 500500 - www.hafenhotel-meereszeiten.de - (Hennak Timmermann, Mo)

HEILIGENSTADT in OBERFRANKEN

Bayern - 3 574 Ew. - Höhe 304 m - Regionalatlas **50**-K15
Michelin Straßenkarte 546

In Heiligenstadt-Veilbronn Süd-Ost: 3 km

Landhaus Sponsel-Regus

SPA UND WELLNESS • INDIVIDUELL Familienbetrieb seit über 250 Jahren - da wird das Wohl des Gastes groß geschrieben! Die Zimmer sind unterschiedlich und sehr wohnlich - darf es vielleicht eine der chic-modernen Juniorsuiten oder Turmsuiten im neuen "Schlössla" sein? Ebenso komfortabel der Spa auf 1000 qm, gemütlich die Restaurantstuben. HP inklusive.

68 Zim - †56/99 € ††122/172 € - 5 Suiten - ½ P

Veilbronn 9 ✉ 91332 - ✆ 09198 92970 - www.sponsel-regus.de - geschlossen 6. Januar - 1. Februar, 14. - 21. Dezember

HEIMBUCHENTHAL

Bayern - 2 180 Ew. - Höhe 234 m - Regionalatlas **48**-H15
Michelin Straßenkarte 546

Lamm

SPA UND WELLNESS · GEMÜTLICH Aus vier Häusern besteht das gewachsene Wellness- und Tagungshotel im Ortskern. Sie wohnen in individuellen Zimmern, besonders komfortabel im Palais-Gebäude. Dazu relaxen Sie im gepflegten Spa und lassen sich im Restaurant leicht gehobene Regionalküche servieren.

75 Zim – 85/115 € 120/160 € – ½ P

St.-Martinus-Str. 1 ✉ 63872 – ✆ 06092 9440 – www.hotel-lamm.de

HEINSBERG

Nordrhein-Westfalen – 41 138 Ew. – Höhe 38 m – Regionalatlas **35**-A12
Michelin Straßenkarte 543

Janses Mattes

INTERNATIONAL · BÜRGERLICH Das gepflegte Gasthaus ist eines der ältesten in der Gegend und seit jeher eine beliebte Adresse für regional-internationale Küche. Auch wenn sich das Restaurant an einer stark befahrenen Straße befindet, kann man dennoch schön draußen essen, denn die Terrasse liegt nach hinten!

Menü 30/50 € – Karte 33/54 €

Janses Mattes 1, Süd: 4 km, an der B 221 Richtung Geilenkirchen ✉ 52525 – ✆ 02452 22056 – www.jansesmattes.de – geschlossen Juli - August 3 Wochen und Montag - Dienstag

In Heinsberg-Randerath Süd-Ost: 8 km, jenseits der A 46

St. Jacques (Alexander Wulf)

FRANZÖSISCH-MODERN · ELEGANT Ein klasse Team ist hier am Werk, und das erfüllt das geschmackvoll-wohnliche Restaurant mit Leben und Charme. Umsichtig und unprätentiös serviert man moderne Küche mit dem ein oder anderen angenehm dezenten russischen Akzent. Dazu eine schöne Weinauswahl samt beispielhafter Beratung! Schicke Kochschule!

→ Sibirischer Gemüsegarten, Stör, Smetana. Schweinebauch "Borschtsch-Style". Wagyu Tafelspitz, Rote Bete, Spitzkohl, Pelmeni.

Menü 99/159 €

Feldstr. 50 ✉ 52525 – ✆ 02453 306980 (Tischbestellung ratsam) – www.burgstuben-residenz.de – nur Abendessen – geschlossen Sonntag - Montag

Brasserie WIR – siehe Restaurantauswahl

Brasserie WIR

MARKTKÜCHE · BRASSERIE Diese wirklich nette Brasserie hat eine leicht rustikale Note, dennoch bekommt man hier die Qualität, für die das Haus bekannt ist! Schmackhaft z. B. "Fischsuppe", "Wiener Schnitzel mit Kartoffel-Gurkensalat", "Perlhuhn mit Champagnerkraut"...

Menü 39/48 € – Karte 41/64 €

Restaurant St. Jacques, Feldstr. 50 ✉ 52525 – ✆ 02453 306980 – www.burgstuben-residenz.de – nur Abendessen – geschlossen Sonntag - Montag

In Heinsberg-Unterbruch Nord-Ost: 3 km, über B 221 Richtung Wassenberg

Altes Brauhaus

KLASSISCHE KÜCHE · TRADITIONELLES AMBIENTE 1779 steht über dem Eingang des schönen "Alten Brauhauses", in dem nie Bier gebraut wurde. Stattdessen gibt es hier heute schmackhafte klassische Speisen wie z. B. "Rinderfilet, Selleriepüree, Rosenkohlblätter". Sehenswert die elegant-traditionellen Stuben mit kostbarer Holztäfelung und Schnitzereien.

Karte 39/65 €

Wurmstr. 4 ✉ 52525 – ✆ 02452 61035 – www.altesbrauhaus-heinsberg.de – geschlossen Juli 1 Woche, 23. Oktober - 4. November und Samstagmittag, Montag - Dienstag

HEITERSHEIM

Baden-Württemberg - 6 045 Ew. - Höhe 254 m - Regionalatlas **61**-D21
Michelin Straßenkarte 545

Landhotel Krone

MARKTKÜCHE • LÄNDLICH XX Hier sitzen Sie in schönen gemütlichen Stuben (wie wär's mit einem Platz am Kachelofen?) und lassen sich badische Spezialitäten wie "Ochsenbrust mit Meerrettich" oder Saisonales wie "geschmorte Bauernente mit Rotkohl und Klößen" schmecken. Mittags reduziertes Angebot mit preislich fairem "Bistromenü".

Menü 22 € (mittags)/58 € - Karte 27/56 €

Landhotel Krone, Hauptstr. 12 ✉ 79423 - ✆ 07634 51070 - www.landhotel-krone.de - geschlossen Dienstag - Mittwochmittag

Landhotel Krone

GASTHOF • INDIVIDUELL Gästebetreuung wird bei Familie Rottmann-Thoma groß geschrieben. Die Zimmer in dem liebevoll eingerichteten historischen Gasthaus sind wohnlich-elegant, ein ansprechender Kontrast dazu die geradlinig-modernen Appartements im Wellnesshaus.

36 Zim - †84/112 € ††116/158 € - 3 Suiten - ½ P

Hauptstr. 12 ✉ 79423 - ✆ 07634 51070 - www.landhotel-krone.de

Landhotel Krone - siehe Restaurantauswahl

OX Hotel

GASTHOF • MODERN Kein Wunder, dass das Hotel gut gebucht ist, denn die Kombination von historischem Rahmen und modernem Interieur ist wirklich gelungen. Man hat sehr schöne trendige, klar designte Zimmer, W-Lan ist kostenfrei, freundlich der Service. Dazu ein sympathisches Café-Restaurant mit bürgerlicher Küche.

24 Zim - †74/78 € ††94/98 €

Im Stühlinger 10 ✉ 79423 - ✆ 07634 6955855 - www.oxhotel.de

HELGOLAND (INSEL)

Schleswig-Holstein - 1 356 Ew. - Höhe 40 m - Regionalatlas **8**-E3
Michelin Straßenkarte 541

Rickmers Insulaner

FAMILIÄR • INDIVIDUELL An der Promenade liegt das Hotel mit hübschem Garten und freundlichen, wohnlichen Zimmern. Suiten teils mit Kitchenette. Toll die Wellness-Suiten mit Wärmeliege und Dampfbad! Zum Relaxen gibt's im UG den netten Private Spa. "Galerie" nennt sich das mit zahlreichen Gemälden dekorierte Restaurant.

45 Zim - †99/129 € ††119/229 € - 7 Suiten - ½ P

Am Südstrand 2 ✉ 27498 - ✆ 04725 81410 - www.rickmers-insulaner.de

HENNEF (SIEG)

Nordrhein-Westfalen - 46 399 Ew. - Höhe 67 m - Regionalatlas **36**-C13
Michelin Straßenkarte 543

In Hennef-Heisterschoß Nord-Ost: 7 km, über B 478 Richtung Waldbröhl, in Bröl links nach Happerschloss abbiegen

Sängerheim - Das Restaurant

MARKTKÜCHE • FREUNDLICH XX Macht Ihnen z. B. "Barberie-Ente - Relish und Knusper - mit Kürbisknödel" Appetit? In dem modernen Restaurant wird international und mit saisonalen Einflüssen gekocht, und das mit Geschmack. Freundlich der Service. Hinter dem Haus die schöne Terrasse.

Karte 29/53 €

Teichstr. 9 ✉ 53773 - ✆ 02242 3480 - www.das-saengerheim.de - Montag - Samstag nur Abendessen, außer an Sonn- und Feiertagen - geschlossen über Karneval, über Pfingsten und Dienstag - Mittwoch

HEPPENHEIM an der BERGSTRASSE

Hessen – 25 001 Ew. – Höhe 106 m – Regionalatlas **47**-F16
Michelin Straßenkarte 543

Goldener Engel

GASTHOF • FUNKTIONELL Ein hübsches Fachwerkhaus mitten in der Altstadt, seit 1782 Familienbetrieb. Etwas Besonderes: die "Wohn- & Schlafstuben" im Haus "Goldkind" mit schickem modernem Design. Hier auch die tolle "Spa-Mansarde": große Maisonette unterm Dach mit Sauna! Bei Restaurantgästen gefragt: Terrasse auf dem Marktplatz.

26 Zim – 85/140 € 115/280 € – ½ P

Großer Markt 2, Zufahrt über Laudenbacher Tor ✉ 64646 – ✆ 06252 2563 – www.goldener-engel-heppenheim.de – geschlossen 22. Dezember - 13. Januar

Villa Boddin

GASTHOF • GEMÜTLICH Schön fügt sich das kleine Hotel in die Altstadt mit ihren schönen Fachwerkhäusern ein. Gelungen hat man Mauerwerk und alte Holzbalken mit hochwertiger elegant-mediterraner Einrichtung kombiniert. Frühstück mit Blick auf den Marktplatz.

10 Zim – 85/88 € 115/125 €

Großer Markt 3, Zufahrt über Graeffstraße ✉ 64646 – ✆ 06252 68970 – www.villa-boddin.de

HERFORD

Nordrhein-Westfalen – 65 538 Ew. – Höhe 65 m – Regionalatlas **28**-F9
Michelin Straßenkarte 543

Am Osterfeuer

REGIONAL • FREUNDLICH XX Schon viele Jahre ist das Haus von Hans-Jörg Dunker für seine gute Küche bekannt. Man kocht regional und mit mediterranen Einflüssen - darf es vielleicht "Filet vom Wollschwein mit Rahmpilzen" sein? Oder lieber "gegrillter weißer Heilbutt, Safranschaum, Serrano-Schinken, cremiges Risotto"?

Menü 40/50 € – Karte 35/58 €

Hellerweg 35 ✉ 32052 – ✆ 05221 70210 – www.am-osterfeuer.de – nur Abendessen, sonntags auch Mittagessen – geschlossen Mitte Juli - Ende August 3 Wochen und Montag - Dienstag

Die Alte Schule

INTERNATIONAL • WEINSTUBE X In einem Fachwerkhaus a. d. 17. Jh. befindet sich dieses sympathische Restaurant auf zwei Ebenen. Gekocht wird international und mit klassischen Einflüssen, so z. B. "Lammrücken mit zweierlei Krusten, Tomatenpolenta, Bohnen". Schöne deutsche und italienische Weine.

Menü 28/69 € – Karte 37/70 €

Holland 39 ✉ 32052 – ✆ 05221 51558 – www.diealteschule.com – nur Abendessen – geschlossen Sonntag, Feiertage

Zur Fürstabtei

HISTORISCHES GEBÄUDE • HISTORISCH Außen historisch, innen zeitgemäß! Schön fügt sich das Fachwerkhaus a. d. 17. Jh. in die Altstadt ein, gleich gegenüber das Münster (Kirche der Fürstabtei). Die Zimmer sind hübsch und praktisch, stilvoll der Frühstücksraum. Geschichtliches dient als Deko.

20 Zim – 78/95 € 105/115 €

Elisabethstr. 9 ✉ 32052 – ✆ 05221 27550 – www.fuerstabtei.de

In Herford-Schwarzenmoor Nord-Ost: 2,5 km Richtung Vlotho

Aureus

MODERNE KÜCHE • FARBENFROH XX Das Restaurant ist in klassisch-gediegenem Stil gehalten, schön die farbliche Gestaltung. An gut eingedeckten Tischen werden Sie freundlich mit moderner Küche umsorgt, und die gibt es z. B. als "Jakobsmuscheln, marokkanische Salzzitronen, Risotto, Dille".

Karte 44/65 €

Hotel Vivendi, Paracelsusstr. 14 ✉ 32049 – ✆ 05221 9200 – www.vivendi-hotel.de – Montag - Freitag nur Abendessen – geschlossen August und Donnerstag

Vivendi

FAMILIÄR • INDIVIDUELL Sehr gepflegt und freundlich-familiär geführt ist diese ruhig gelegene Adresse im westfälischen Stil. Die Gästezimmer sind praktisch eingerichtet, schöne Fotos mit Naturmotiven zieren das Haus.

23 Zim – 79/95 € 105/125 € – 9 €

Paracelsusstr. 14 32049 – 05221 9200 – www.vivendi-hotel.de – geschlossen August

Aureus – siehe Restaurantauswahl

HERINGSDORF Mecklenburg-Vorpommern → Siehe Usedom (Insel)

HERLESHAUSEN

Hessen – 2 821 Ew. – Höhe 210 m – Regionalatlas **39**-I12
Michelin Straßenkarte 543

In Herleshausen-Holzhausen Nord-West: 8 km über Nesselröden

La Vallée Verte (N) (Peter Niemann)

KREATIV • CHIC XXX Dies ist das kulinarische Aushängeschild des Traditionshotels! Ein kleines Restaurant mit Stil und Chic, in dem es ein regionales und ein bretonisches Menü gibt. Die Gerichte sind finessenreich, ausdrucksstark und sehr saisonal geprägt. Auch der überaus charmante Service trägt zum einladenden Bild bei.

→ Zanderfilet, Gartenerbsen, krosser Knoblauch, Haselnuss. Braunes Bergschaf, Möhre, Löwenzahn, Dinkel, Heuschaum. Wildbrombeere, Sorbet, Baumkuchen, Anis-Limonen-Halbgefrorenes.

Menü 89/184 € – Karte 88/126 €

Hotel Hohenhaus, Hohenhaus 1 37293 – 05654 9870 – www.hohenhaus.de – nur Abendessen – geschlossen 1. Januar - 6. Februar und Sonntag - Dienstag

Hohenhaus Grill (N)

REGIONAL • RUSTIKAL XX Das zweite Hohenhaus'sche Restaurant kommt mit klassisch-rustikaler Note und warmer Atmosphäre daher - schön der Kachelofen a. d. 18. Jh. Aus tollen, überwiegend regionalen Produkten entsteht hier z. B. "Terrine vom Hohenhauser Wild, Honig-Kohlrabi, Haselnuss-Selleriecreme". Von der Terrasse schaut man ins Grüne.

Menü 32/38 € – Karte 28/66 €

Hotel Hohenhaus, Hohenhaus 1 37293 – 05654 9870 – www.hohenhaus.de – nur Abendessen, sonntags auch Mittagessen – geschlossen 4. - 29. Januar und Sonntagabend - Montag

Hohenhaus

HISTORISCHES GEBÄUDE • KLASSISCH Man muss es inmitten des weitläufigen hauseigenen Wald- und Wiesengebiets erst einmal finden, doch es lohnt sich, denn das einstige Rittergut a. d. 16. Jh. ist ein wahres Idyll und ein komfortables Hotel mit klassisch-gediegenen Zimmern und sehr gutem Service. Abends lässt es sich schön am Kamin verweilen.

28 Zim – 120/160 € 220/280 € – 20 € – ½ P

Hohenhaus 1 37293 – 05654 9870 – www.hohenhaus.de

La Vallée Verte • **Hohenhaus Grill** – siehe Restaurantauswahl

HERNE

Nordrhein-Westfalen – 165 640 Ew. – Höhe 65 m – Regionalatlas **26**-C11
Michelin Straßenkarte 543

Gute Stube im Parkhotel (N)

MODERNE KÜCHE • ELEGANT XX In einem hübschen Palais-Gebäude beim Stadtgarten befindet sich dieses modern-elegante Restaurant nebst Dachterrasse. Auf der modern-internationalen Karte liest man z. B. "Schaufelstück vom Tiroler Milchkalb mit Teriyaki-Marinade". Einfachere Alternative am Abend: das "Stübchen", dazu der Biergarten. Gepflegt übernachten kann man im angeschlossenen "Parkhotel".

Menü 50/75 € – Karte 45/68 €

71 Zim – 67/84 € 84/101 € – 10 €

Schäferstr. 109 44623 – 02323 9550 – www.parkhotel-herne.de – geschlossen Montag

HEROLDSBERG

Bayern – 8 399 Ew. – Höhe 362 m – Regionalatlas **50**-K16
Michelin Straßenkarte 546

Sosein.

KREATIV • TRENDY Man muss klingeln, um in das historische Fachwerkhaus gelassen zu werden. Schön das Ambiente, ein Mix aus rustikal und modern. Wer hierher zum Essen kommt, lässt sich auf eine ganz eigene Philosophie ein. Die Küche von Felix Schneider ist nicht einfach nur kreativ, was auf den Teller kommt, ist außergewöhnlich: Der ehrgeizige Küchenchef setzt auf vollkommene Klarheit und Reduzierung auf das Wesentliche, Effekthascherei gibt es nicht! Alles wird selbst gemacht - verwendet wird, was die Saison bietet, und das in bester Qualität. Absolut hervorragend ist schon das Brot zu Beginn. Dies wird ebenso umfassend erklärt wie auch die folgenden Gänge des Menüs. Da wird z. B. der topfrische Zander nach respektvoller "Ike Jime"-Methode geschlachtet, perfekt gegrillt und mit einer feinwürzigen Kräutervinaigrette serviert. Und dazu vielleicht mal einen tollen Saft statt Wein? Den versierten Service leitet die freundliche Sommelière - da ist Ihnen die passende Getränkebegleitung ebenso gewiss wie das 2-Sterne-Niveau der Küche.

→ Gegrillter Zander und Petersilie. Mangalicaschwein und Nesselspinat. Eingelegte Birne und Heu.

Menü 130 €

Hauptstr. 19 ✉ 90562 – ✆ 0911 95699680 – www.sosein-restaurant.de – nur Abendessen – geschlossen Montag

Freihardt

GRILLGERICHTE • ZEITGEMÄSSES AMBIENTE Hier wird international gekocht und auch mit Bezug zur Region, die Metzgerei nebenan garantiert Frische. Lust auf "Garnelenpfännchen" oder "Zwiebelrostbraten à la Freihardt"? Ein Highlight sind auch die Steaks! Tipp: Im lichten Wintergarten sitzt man fast wie im Freien.

Menü 25 € (mittags)/65 € – Karte 37/66 €

Hauptstr. 81 ✉ 90562 – ✆ 0911 5180805 – www.freihardt.com – geschlossen über Pfingsten 2 Wochen, Montag - Mittwochmittag, Donnerstagmittag

Hof 19

FAMILIÄR • DESIGN In dem schön sanierten alten Fachwerkhaus darf man sich auf wohnlich-moderne Zimmer freuen, die zum Garten hin liegen und alle eine Wellnessdusche haben. Frühstück gibt's in einem charmanten historischen Sandsteingebäude, einst Stallungen.

7 Zim – †79/320 € ††92/320 €

Hauptstr. 19 ✉ 90562 – ✆ 0911 95699388 – www.hotel-hof19.com – geschlossen 1. - 7. Januar

HERRENALB, BAD

Baden-Württemberg – 7 458 Ew. – Höhe 365 m – Regionalatlas **54**-F18
Michelin Straßenkarte 545

In Bad Herrenalb-Rotensol Nord-Ost: 5 km

Lamm

REGIONAL • LÄNDLICH "Geschmelzte Maultaschen" oder lieber "Hirschragout mit Pilzen und Spätzle"? Man kocht richtig gut, und zwar schwäbisch-badisch und saisonal. Dazu gibt es eine schöne Weinkarte, nicht zu vergessen das spezielle Whisky-Angebot. Viel warmes Holz sorgt für Gemütlichkeit, im Sommer genießt man von der Terrasse die Sicht.

Menü 28 € (mittags unter der Woche)/68 € – Karte 34/61 €

Hotel Lamm, Mönchstr. 31 ✉ 76332 – ✆ 07083 92440 – www.lamm-rotensol.de – geschlossen über Fasching und Montag, außer an Feiertagen

Lamm

LANDHAUS · GEMÜTLICH Schön wohnlich hat man es in dem gut geführten Familienbetrieb. Von vielen Zimmern schaut man übers Albtal - vielleicht sehen Sie vom Balkon sogar die Pferde auf der Weide hinterm Haus grasen! Besonders modern sind die Zimmer unterm Dach mit hübschem Bad und teils mit großem Dachfenster!

30 Zim – 85/118 € 128/138 € – 1 Suite – ½ P

Mönchstr. 31 ✉ 76332 – ✆ 07083 92440 – www.lamm-rotensol.de – geschlossen über Fasching

Lamm – siehe Restaurantauswahl

HERRSCHING am AMMERSEE

Bayern – 10 206 Ew. – Höhe 568 m – Regionalatlas **65**-L20
Michelin Straßenkarte 546

Chalet am Kiental

KREATIV · CHIC XX Als reizvoller Mix aus Alt und Neu kommt das schöne moderne Restaurant in dem historischen Bauernhaus daher, und hier bietet man Ihnen kreativ inspirierte Menüs. Möchten Sie vielleicht auch über Nacht bleiben? Die Gästezimmer sind mit Geschmack und Liebe zum Detail individuell eingerichtet.

Menü 37 € (mittags unter der Woche)/136 € – Karte 37/78 €

9 Zim – 105/195 € 145/225 € – 13 €

Andechs Str. 4 ✉ 82211 – ✆ 08152 982570 – www.gourmetchalet.de – geschlossen Dienstag - Mittwoch

HERSBRUCK

Bayern – 12 132 Ew. – Höhe 336 m – Regionalatlas **50**-L16
Michelin Straßenkarte 546

In Hersbruck-Kühnhofen Nord: 2 km Richtung Hormersdorf

Grüner Baum

FAMILIÄR · GEMÜTLICH Schön, wie das Hotel über der Landschaft thront. Hübsche ländlich-moderne Zimmer, sehr gutes Frühstück, herzliches Personal - man spürt das Engagement der Gastgeber. Regionale Küche im Restaurant. Tipp: Probieren Sie im Sommer die Brennnessel- oder Sauerampfer-Spätzle der Chefin - sie hat ein Faible für Kräuter!

31 Zim – 62/84 € 98/108 € – 1 Suite

Kühnhofen 3 ✉ 91217 – ✆ 09151 609560 – www.gruener-baum-kuehnhofen.de

HERSFELD, BAD

Hessen – 28 839 Ew. – Höhe 209 m – Regionalatlas **39**-H12
Michelin Straßenkarte 543

L'étable

MODERNE KÜCHE · ELEGANT XX Dass man hier in einem ehemaligen Kuhstall (frz.: "l'étable") speist, lässt nur noch der Name vermuten. Das schmucke historische Haus in der Altstadt war einst Postkutschenstation, heute wird kreativ und geradlinig gekocht - moderne produktorientierte Gerichte mit angenehmen Kontrasten und einer gewissen Leichtigkeit. Wenn möglich verwendet man Zutaten aus der Region.

→ Glen Douglas Lachs gebeizt und geflämmt, Jasminreis, Koriander, Buttermilchdashi. Simmentaler Rind, Spargel, Mais, BBQ Aromen, Miso. Apfelhaube, Rohmilch-Camembert, Apfelschnaps, Apfelmost, Apfelsherry.

Menü 64/98 €

Hotel Zum Stern, Linggplatz 11, (Zufahrt über Webergasse) ✉ 36251 – ✆ 06621 1890 (Tischbestellung ratsam) – www.zumsternhersfeld.de – nur Abendessen, sonntags auch Mittagessen – geschlossen Januar - Februar und Montag - Mittwoch, Ende Juni - Ende August: Montag - Dienstag

Stern's Restaurant

REGIONAL • GEMÜTLICH XX Dies ist die "gute Stube" des historischen Hotels, ländlich-charmant das Ambiente mit Holztäfelung und schönem weißem Kachelofen. Aus der Küche kommen regionale Gerichte mit internationalem Einfluss - wie wär's z. B. mit "gebratenem Rhönforellenfilet, Spinatpüree, Kartoffelgnocchi"?

Menü 39/52 € – Karte 37/75 €

Hotel Zum Stern, Linggplatz 11, (Zufahrt über Webergasse) ✉ 36251 – ✆ 06621 1890 – www.zumsternhersfeld.de

Zum Stern

FAMILIÄR • GEMÜTLICH Die Zimmer in dem traditionsreichen Hotel sind geschmackvoll gestaltet - teils mit altem Fachwerk, teils auch mit schönen modernen Stoffen und Möbeln. Hübsch auch der Saunabereich. Freundlich der Service, praktisch die variablen Veranstaltungsräume, angenehm die Fußgängerzone vor dem Haus.

45 Zim – †60/165 € ††124/179 € – ½ P

Linggplatz 11, (Zufahrt über Webergasse) ✉ 36251 – ✆ 06621 1890 – www.zumsternhersfeld.de

L'étable • **Stern's Restaurant** – siehe Restaurantauswahl

HERXHEIM

Rheinland-Pfalz – 10 543 Ew. – Höhe 129 m – Regionalatlas **54**-E17
Michelin Straßenkarte 543

In Herxheim-Hayna Süd-West: 2,5 km Richtung Kandel

Pfälzer Stube

REGIONAL • GEMÜTLICH XX Lust auf Pfälzer Küche, gespickt mit internationalen Einflüssen? Dann sind Sie in den charmanten Stuben goldrichtig! Saumagen, Kutteln und Maultaschen sind ebenso lecker wie z. B. die "Komposition vom Pfälzer Freilandgeflügel" oder "Entrecôte vom Milchkalbsrücken mit Schmelze von Haynaer Ziegenkäse".

Menü 49/70 € – Karte 31/67 €

Hotel Krone, Hauptstr. 62 ✉ 76863 – ✆ 07276 5080 – www.hotelkrone.de

Kronen-Restaurant

FRANZÖSISCH-KLASSISCH • ELEGANT XX In dieser Institution der Pfälzer Gastronomie hat die nächste Generation übernommen. Die Küche ist aufwändig und ambitioniert, beruht auf ausgesuchten Produkten und immer wieder nimmt man Bezug zur Region.

Menü 123/139 €

Hotel Krone ✉ 76863 – ✆ 07276 5080 (Tischbestellung erforderlich) – www.hotelkrone.de – nur Abendessen – geschlossen Sonntag - Dienstag

Krone

FAMILIÄR • GEMÜTLICH Egal, ob man das schmucke Landhotel aus gastronomischer Sicht oder in Sachen Wohnkomfort betrachtet, es ist nach wie vor ein Aushängeschild der Pfalz! Man schläft in geschmackvollen, individuellen Zimmern und entspannt im schönen Wellnessbereich. Dazu ist vom ausgedehnten Frühstück bis zum stimmungsvollen Dinner auch für das leibliche Wohl gesorgt.

62 Zim – †105/149 € ††170/240 € – 4 Suiten – ½ P

Hauptstr. 62 ✉ 76863 – ✆ 07276 5080 – www.hotelkrone.de

Pfälzer Stube • **Kronen-Restaurant** – siehe Restaurantauswahl

Ein wichtiges Geschäftsessen oder ein Essen mit Freunden?
Das Symbol ⇔ weist auf Veranstaltungsräume hin.

HERZLAKE

Niedersachsen – 4 248 Ew. – Höhe 22 m – Regionalatlas **16**-D7
Michelin Straßenkarte 541

In Herzlake-Aselage Ost: 4 km, Richtung Berge

Mühlenrestaurant

REGIONAL • LÄNDLICH Möchten Sie im Mühlenrestaurant speisen oder lieber im rustikalen Jagdzimmer? Oder vielleicht auf der schönen Terrasse mit alter Eiche? Es gibt internationale Küche mit regional-saisonalem Einfluss. Mittagessen nur auf Anfrage.

Menü 30/70 € – Karte 34/78 €

Hotel Aselager Mühle, Zur alten Mühle 12 ✉ 49770 – ✆ 05962 93480 – www.aselager-muehle.de – nur Abendessen – geschlossen 3. - 17. Januar

Aselager Mühle

LANDHAUS • TRADITIONELL Idyllisch liegt die einstige Windmühle am Waldrand. Neben wohnlich-komfortablen, teils sehr geräumigen Zimmern erwartet die Gäste Entspannung bei Kosmetik- und Massageanwendungen. Übrigens: In der Mühle hat man ein Standesamt.

50 Zim – †75/151 € ††121/201 € – ½ P

Zur alten Mühle 12 ✉ 49770 – ✆ 05962 93480 – www.aselager-muehle.de – geschlossen 3. - 17. Januar

Mühlenrestaurant – siehe Restaurantauswahl

HERZOGENAURACH

Bayern – 22 946 Ew. – Höhe 301 m – Regionalatlas **50**-K16
Michelin Straßenkarte 546

HerzogsPark

BUSINESS • KLASSISCH Das komfortable Businesshotel liegt recht ruhig und dennoch günstig zu den großen Firmen der kleinen Stadt. Geräumig die öffentlichen Bereiche, gut die Tagungsräume, stilvoll die Zimmer mit zeitgemäßer Technik, freundlich das Restaurant, nett die Bar. Wie wär's mit Kosmetik und Massage neben Sauna, Pool und Fitness?

120 Zim – †155/225 € ††180/250 € – 3 Suiten – 16 €

Beethovenstr. 6 ✉ 91074 – ✆ 09132 7780 – www.herzogspark.de

Impala

BUSINESS • DESIGN Ein wirklich schickes kleines Designhotel, komplett in modern-puristischem Stil! Die Zimmer sind geräumig und jedes hat eine Küchenzeile. Außerdem im Haus: Wäscheraum, Trockner und Bügelstation. Parken in der Tiefgarage inklusive. Praktisch: die Nähe zu den Sport-Outlets.

18 Zim – †95 € ††120 €

Hans-Sachs-Str. 2a ✉ 91074 – ✆ 09132 750320 – www.hotel-impala.eu

HESSDORF

Bayern – 3 570 Ew. – Höhe 290 m – Regionalatlas **50**-K16
Michelin Straßenkarte 546

In Heßdorf-Dannberg Nord-West: 4 km, über Hannberg, in Niederlinberg links abbiegen

Wirtschaft von Johann Gerner

REGIONAL • GEMÜTLICH Hier heißt es wohlfühlen in charmanten Stuben. Freuen Sie sich auf gehobene regionale Küche - die "Wildhasenkeule auf Rotkraut" schmeckt ebenso lecker wie das "warme Schokoladenküchlein mit Kakisorbet"! Wer über Nacht bleiben möchte, schläft im hübschen "Häusla" (für 2-7 Personen).

Menü 56/82 € – Karte 34/52 €

Dannberg 3 ✉ 91093 – ✆ 09135 8182 – www.wvjg.de – Mittwoch - Freitag nur Abendessen – geschlossen Anfang Januar 1 Woche, über Fasching 1 Woche, nach Pfingsten 1 Woche, Ende August - Anfang September 3 Wochen und Montag - Dienstag, außer an Feiertagen

HESSHEIM

Rheinland-Pfalz – 2 973 Ew. – Höhe 100 m – Regionalatlas **47**-E16
Michelin Straßenkarte 543

Ellenbergs

REGIONAL • GEMÜTLICH In dem Gasthaus mit der gelben Fassade sorgen die Ellenbergs für freundlichen Service und gute regional-saisonal beeinflusste Küche, so gibt es hier in ländlich-gemütlichem Ambiente z. B. "Kalbsfilet im Fleischfond gegart mit Bouillongemüse und frischem Meerrettich". Schön übernachten kann man ebenfalls.

Menü 27 € (vegetarisch)/44 € – Karte 31/51 €

4 Zim – 65 € 78 €

Hauptstr. 46a 67258 – 06233 61716 – www.ellenbergs-restaurant.de – nur Abendessen, sonntags auch Mittagessen – geschlossen Januar 1 Woche, Juli - August 2 Wochen, Anfang - Mitte Oktober 1 Woche

HILCHENBACH

Nordrhein-Westfalen – 14 947 Ew. – Höhe 360 m – Regionalatlas **37**-E12
Michelin Straßenkarte 543

Hof 31

BUSINESS • MODERN Eine sehr sympathische Adresse mit wohnlichem Ambiente in geradlinig-modernem Stil sowie einem guten Frühstücksbuffet. Zwei der Zimmer sind geräumige Appartements.

21 Zim – 65/75 € 85/95 € – 10 €

Bruchstr. 31 57271 – 02733 1248590 – www.hof31.de

Haus am Sonnenhang

FAMILIÄR • AUF DEM LAND Der engagiert geführte Familienbetrieb überzeugt durch seine angenehm ruhige und exponierte Lage mit schöner Sicht. Die Zimmer sind gepflegt und individuell, einige mit Balkon. Von der hübschen Gartenterrasse des Restaurants schaut man auf das Rothaargebirge.

18 Zim – 65/85 € 90/125 € – 2 Suiten

Wilhelm-Münker-Str. 21 57271 – 02733 7004 – www.hotel-am-sonnenhang.de – geschlossen Mitte Juli - Ende August 2 Wochen

In Hilchenbach-Vormwald Süd-Ost: 2 km über B 508

Steubers Siebelnhof

LANDHAUS • GEMÜTLICH Großzügige, sehr komfortable Zimmer mit wertigem Interieur hat dieses geschmackvolle Landhotel von 1566 zu bieten. Einfacher sind die Zimmer im Gästehaus - hier auch das Hallenbad. Zum Speisen wählt man zwischen dem hübsch dekorierten Restaurant "Chesa" und den gemütlich-rustikalen "Ginsburg Stuben".

30 Zim – 75/95 € 180/250 € – 5 Suiten – 15 € – ½ P

Vormwalder Str. 54 57271 – 02733 89430 – www.steubers-siebelnhof.de

HILDEN

Nordrhein-Westfalen – 54 894 Ew. – Höhe 50 m – Regionalatlas **36**-C12
Michelin Straßenkarte 543

Pungshaus

MARKTKÜCHE • GEMÜTLICH Richtig gemütlich hat man es in dem netten Fachwerkhäuschen und gut essen kann man hier ebenfalls. Die marktfrische Küche gibt es z. B. als "Kalbsfilet mit lila Kartoffelpüree und gebratenem grünen Spargel".

Menü 33 € (mittags)/50 € – Karte 41/61 €

Grünstr. 22 40723 – 02103 61372 – www.pungshaus.de – geschlossen Samstagmittag, Sonntag

HILDESHEIM

Niedersachsen - 99 979 Ew. - Höhe 93 m - Regionalatlas **29**-I9
Michelin Straßenkarte 541

Stadtresidenz

FAMILIÄR • ELEGANT Sie möchten individuell und geschmackvoll wohnen? In diesem Haus in einem Wohn- und Bürogebiet hat man es komfortabel und elegant, Theater und Altstadt ganz in der Nähe. Tipp: Frühstücken Sie im Sommer im Innenhof. Nachmittags "Tea Time".

18 Zim – †95/250 € ††126/290 € – 6 Suiten

Steingrube 4 ✉ 31141 – ✆ 05121 6979892 – www.hotel-stadtresidenz.de – geschlossen 20. Dezember - 10. Januar, 18. April - 22. April

HINDELANG, BAD

Bayern - 4 959 Ew. - Höhe 825 m - Regionalatlas **64**-J22
Michelin Straßenkarte 546

In Bad Hindelang-Oberjoch Nord-Ost: 7 km über B 308 - Höhe 1 130 m

Panorama Hotel Oberjoch

LUXUS • MODERN Tolle Lage unweit der Lifte, klasse Spa auf 3000 qm, hübsche Zimmer im modern-alpinen Stil - die Suiten mit Extras wie Billardtisch, Fitnessgeräten, Wellnessbereich...! HP inklusive, ebenso Bergbahn und Busse. Schwerpunkt im "Zwölfhundert NN": hochwertige Steaks und schöne deutsche Weine. Trendig-rustikale Gastro-Alternative: "Meckatzer Sportalp" unweit des Hotels.

114 Zim – †181/242 € ††302/424 € – ½ P

Paßstraße 41 ✉ 87541 – ✆ 08324 93330 – www.panoramahotel-oberjoch.de

Lanig

SPA UND WELLNESS • ROMANTISCH Bei Familie Lanig kann man sich wirklich wohlfühlen. Es gibt hier schöne gemütliche Zimmer mit alpinem Charme und einen großzügigen Spa - überall schaffen Naturmaterialien wie Holz und Stein Bezug zur Region. Und draußen warten Lifte, Loipen, Wanderwege... Hochwertige HP inklusive.

52 Zim – †130/250 € ††200/450 € – 8 Suiten – ½ P

Ornachstr. 11 ✉ 87541 – ✆ 08324 7080 – www.lanig.de – geschlossen 24. November - 6. Dezember

HINTERZARTEN

Baden-Württemberg - 2 476 Ew. - Höhe 893 m - Regionalatlas **61**-E21
Michelin Straßenkarte 545

OSCARS fine dining N

FRANZÖSISCH • ELEGANT XXX Sehr gelungen hat man im Gourmetrestaurant des "Adlers" Klassik und Moderne vereint. Das gilt sowohl fürs Ambiente (hier trifft Historie auf Chic) als auch für die Küche: Auf klassischer Basis und mit kreativer Note werden ausgezeichnete Produkte z. B. zu "Onglet & Short Rib vom US-Beef, Heu, Lauch, Kartoffel".

Menü 87/158 € – Karte 88/98 €

Parkhotel Adler, Adlerplatz 3 ✉ 79856 – ✆ 07652 1270 (Tischbestellung erforderlich) – www.parkhoteladler.de – nur Abendessen – geschlossen 4. - 19. Februar, 12. August - 3. September und Montag - Dienstag

Adler Stuben

KLASSISCHE KÜCHE • ELEGANT XX Mit ihren alten Holztäfelungen und niedrigen Decken kommen die Stuben des historischen Schwarzwaldhauses schön gemütlich daher, gut macht sich dazu der moderne Touch. Dieser findet sich auch in der Küche, z. B. bei "Atlantik-Seeteufel, Zitrusfrucht, zweierlei Fenchel, Chorizo-Ravioli". Dazu badische Klassiker wie Zwiebelrostbraten.

Karte 35/92 €

Parkhotel Adler, Adlerplatz 3 ✉ 79856 – ✆ 07652 1270 – www.parkhoteladler.de

Thomahof

INTERNATIONAL • GEMÜTLICH XX Das stimmige und behagliche Ambiente des attraktiven Ferienhotels zieht sich bis ins Restaurant. Da passt die frische klassische Küche schön ins Bild - darf es vielleicht "pochiertes Kalbsfilet mit Steinpilz-Tomatenvinaigrette" sein?

Menü 40/47 € – Karte 33/54 €

Hotel Thomashof, Erlenbrucker Str. 16 ✉ 79856 – ✆ 07652 1230 – www.thomahof.de

Parkhotel Adler

BOUTIQUE-HOTEL • INDIVIDUELL Ein Schwarzwald-Klassiker zum Wohlfühlen, dafür sorgen ein stilvoller Mix aus Tradition und Moderne, wohnlich-elegante Zimmer und ein Spa auf 1500 qm, nicht zu vergessen der 4 ha große Park samt Wildgehege. Einladend auch das Café "Diva".

56 Zim – 🚹139/189 € 🚹🚹209/329 € – 10 Suiten

Adlerplatz 3 ✉ 79856 – ✆ 07652 1270 – www.parkhoteladler.de

OSCARS fine dining • **Adler Stuben** – siehe Restaurantauswahl

Erfurths Bergfried

LANDHAUS • GEMÜTLICH Mit Engagement hat Familie Erfurth dieses kleine luxuriöse Ferienidyll geschaffen: sehr schöne individuelle Zimmer mit allem Komfort und hübschen Einrichtungsdetails, attraktiver Spa nebst Barfußgarten sowie anspruchsvolle inkludierte HP. Gegenüber hat man noch ein einfacheres Hotel garni mit Appartements.

42 Zim – 🚹110/145 € 🚹🚹222/280 € – 2 Suiten – ½ P

Sickinger Str. 28 ✉ 79856 – ✆ 07652 1280 – www.bergfried.de

Kesslermühle

SPA UND WELLNESS • AUF DEM LAND So wünscht man sich ein Ferienhotel: geschmackvoll, wohnlich und hochwertig, dazu ein Spa auf 1000 qm und die tolle Lage im Grünen mit Wanderwegen und Loipen ringsum. Hier wird stetig investiert, so hat man großzügige Zimmer von Landhausstil bis chic-alpin. Kulinarisch: gute 3/4-Pension.

48 Zim – 🚹121/146 € 🚹🚹238/300 € – 6 Suiten – ½ P

Erlenbrucker Str. 45 ✉ 79856 – ✆ 07652 1290 – www.kesslermuehle.de – geschlossen Mitte November - Mitte Dezember

Reppert

SPA UND WELLNESS • KLASSISCH Ein Familienbetrieb wie aus dem Bilderbuch! Was die Repperts hier bieten, reicht von der geschmackvollen "Wohnzimmer-Lobby" über individuelle Zimmer und Spa-Vielfalt auf 1000 qm bis zur erstklassigen 3/4-Pension. Letztere beginnt mit einem Frühstück bis 12 Uhr und endet mit einem umfassenden Abendmenü.

42 Zim – 🚹126/169 € 🚹🚹180/320 € – 4 Suiten – ½ P

Adlerweg 21 ✉ 79856 – ✆ 07652 12080 – www.reppert.de – geschlossen 11. November - 5. Dezember

Thomahof

SPA UND WELLNESS • INDIVIDUELL Ein Wellness- und Ferienhotel par excellence hat die engagierte Familie Thoma hier. Reizvoll die Lage am Kurpark, wohnlich und individuell die Zimmer im eleganten Landhausstil, hübsch der öffentliche Bereich und der Spa. Die 3/4-Pension mit hochwertigem Abendmenü ist im Preis enthalten.

49 Zim – 🚹132/136 € 🚹🚹216/278 € – 4 Suiten – ½ P

Erlenbrucker Str. 16 ✉ 79856 – ✆ 07652 1230 – www.thomahof.de

Thomahof – siehe Restaurantauswahl

In Hinterzarten-Alpersbach West: 5 km

Zur Esche

REGIONAL • LÄNDLICH Die Stube mit ihrem warmen Zirbelholz verbindet ländliche Gemütlichkeit mit einer eleganten Note. Gekocht wird saisonal und mit reichlich Kräutern - da macht z. B. "Zanderfilet mit Kapern, Verjus und Topinambur-Lauchgemüse" Appetit.

Menü 38/68 € - Karte 41/67 €

Waldhotel Fehrenbach, Alpersbach 9 ✉ 79856 - ✆ 07652 91940 - www.waldhotel-fehrenbach.de - geschlossen Montag - Dienstag

Waldhotel Fehrenbach

GASTHOF • GEMÜTLICH Der sympathische Familienbetrieb bietet Ihnen neben der reizvollen Lage etwas außerhalb von Hinterzarten wohnliche Zimmer und ein ausgezeichnetes frisches Frühstück - die hausgemachten Marmeladen und Tees können Sie auch für zuhause kaufen!

14 Zim - 95/135 € 135/145 € - ½ P

Alpersbach 9 ✉ 79856 - ✆ 07652 91940 - www.waldhotel-fehrenbach.de

Zur Esche - siehe Restaurantauswahl

Zum Engel

GASTHOF • TRADITIONELL Hier genießt man die ruhige Lage im Grünen und die schöne Sicht in 1030 m Höhe, dazu freundliche Gastgeber und eine nette familiäre Atmosphäre. Sie wohnen in gepflegten Zimmern im Landhausstil und lassen sich in gemütlichen Restaurantstuben bürgerliche Küche servieren.

9 Zim - 60/70 € 92/110 € - 2 Suiten - ½ P

Alpersbach 14 ✉ 79856 - ✆ 07652 1539 - www.engel-hinterzarten.de - geschlossen 25. März - 12. April, 12. November - 14. Dezember

In Hinterzarten-Bruderhalde Süd-Ost: 7,5 km über B 31

Alemannenhof

MODERNE KÜCHE • RUSTIKAL Möchten Sie in hübschen rustikalen Stuben speisen oder lieber auf der herrlichen See-Terrasse? Mittags gibt es Vesper im Tapas-Stil, Käsespätzle, Schnitzel..., am Abend "Fine Dining" wie "Lammrücken, Aprikose, Aubergine, Parmesan".

Menü 41/60 € (abends) - Karte 29/123 €

Hotel Alemannenhof, Bruderhalde 21, am Titisee ✉ 79856 - ✆ 07652 91180 - www.hotel-alemannenhof.de

Alemannenhof

BOUTIQUE-HOTEL • ROMANTISCH Hier hat man einen schicken Stilmix aus Tradition und Moderne geschaffen. In den Zimmern warmes Holz und klare Formen - 200 m entfernt bietet man auch Appartements für Familien. Dazu die wunderbare Lage nebst toller Sicht!

20 Zim - 90/179 € 139/239 € - 1 Suite - ½ P

Bruderhalde 21, am Titisee ✉ 79856 - ✆ 07652 91180 - www.hotel-alemannenhof.de

Alemannenhof - siehe Restaurantauswahl

HIRSCHAID

Bayern - 12 023 Ew. - Höhe 248 m - Regionalatlas **50**-K15
Michelin Straßenkarte 546

In Hirschaid-Röbersdorf West: 5 km

Gasthaus Wurm

GASTHOF • TRADITIONELL Mitten im Dorf steht das kleine Hotel mit rosa Fassade, das von Familie Wurm mit Herz und Engagement geleitet wird. Alles ist tipptopp gepflegt, hübsch die freundlichen und individuellen Zimmer. Dazu gutes Frühstück sowie fränkische Küche in charmant-ländlichen Stuben. Biergarten unter Linden.

16 Zim - 52/65 € 88/110 €

Ringstr. 40 ✉ 96114 - ✆ 09543 84330 - www.gasthaus-wurm.de - geschlossen 11. - 21. Januar, 28. Mai - 10. Juni

HIRSCHBERG

Baden-Württemberg - 9 582 Ew. - Höhe 120 m - Regionalatlas **47**-F16
Michelin Straßenkarte 545

In Hirschberg-Großsachsen

Krone

INTERNATIONAL • GEMÜTLICH XX Sie sind recht verschieden, die Restaurantstuben in dem gleichnamigen Hotel, aber alle gemütlich. Wie hier findet sich auch in der Küche Klassisches neben Modernem, "Schwäbischer Zwiebelrostbraten" neben "Lachs, Wasabi & Thai-Spargel".

Menü 20 € (mittags)/75 € - Karte 32/68 €

64 Zim - 65/80 € 80/100 €

Landstr. 9, B 3 69493 - 06201 5050 - www.krone-grosssachsen.de - geschlossen 21. - 24. Dezember

HÖCHENSCHWAND

Baden-Württemberg - 2 498 Ew. - Höhe 1 008 m - Regionalatlas **62**-E21
Michelin Straßenkarte 545

Hubertusstuben

KLASSISCHE KÜCHE • FREUNDLICH XX Nicht nur die Gäste seines wenige Gehminuten entfernten Hotels kommen gerne in Frank Portens Restaurant. Hier lässt man sich klassische und internationale Küche servieren, z. B. "gebratenen Kabeljaurücken, Buchweizen-Risotto, Hummerschaum".

Menü 30/36 € - Karte 30/56 €

Kurhausplatz 1, (1. Etage), Eingang St.-Georg-Straße 79862 - 07672 411601 - www.porten.de - geschlossen 7. - 29. Januar und Dienstag

Alpenblick

SPA UND WELLNESS • INDIVIDUELL Das Wellnesshotel ist beliebt, denn hier gibt es wohnliche Zimmer (Tipp: stylish-chic im Anbau), einen modernen Spa (Motto "Wasser und Salz") und nicht zuletzt die Bio-Vollpension (für Hausgäste inkl.). A-la-carte-Gäste bekommen in der urig-charmanten Schwarzwaldstube z. B. Rösti-Gerichte oder Flambi-Spieße.

37 Zim - 140/160 € 260/280 € - ½ P

St.-Georg-Str. 9 79862 - 07672 4180 - www.alpenblick-hotel.de

HÖCHST im ODENWALD

Hessen - 10 008 Ew. - Höhe 157 m - Regionalatlas **48**-G15
Michelin Straßenkarte 543

In Höchst-Hetschbach Nord-West: 2 km über B 45 Richtung Groß-Umstadt

Gaststube

REGIONAL • BÜRGERLICH X Lust auf frische regional-bürgerliche Küche? In der gemütlichen, angenehm unkomplizierten Gaststube der "Krone" lässt man sich z. B. "Kalbstafelspitz, Kohlrabi, Spätzle, Senfsoße" oder "Odenwälder Forellenfilet, Blattspinat, Apfelwein-Kräutersoße" schmecken.

Menü 27 € - Karte 25/52 €

Restaurant Krone, Rondellstr. 20 64739 - 06163 931000 - www.krone-hetschbach.de - geschlossen Januar 1 Woche, Juli - August 2 Wochen und Montag, Donnerstag

Krone

KLASSISCHE KÜCHE • ELEGANT XX Modern, klassisch und saisonal sind z. B. "Zander, Kalbsbries, Spargel" oder "Lammrücken, Bohnen, Bärlauch" - gerne kocht man in dem geradlinig-eleganten Restaurant mit heimischen Produkten. Freundlicher Service samt guter Weinberatung (400 Positionen). Gepflegt übernachten kann man ebenfalls.

Menü 48/110 € - Karte 48/68 €

20 Zim - 59/64 € 108/118 € - ½ P

Rondellstr. 20 64739 - 06163 931000 - www.krone-hetschbach.de - geschlossen Januar 1 Woche, Juli - August 2 Wochen und Montag - Dienstagmittag, Mittwochmittag, Donnerstag

Gaststube - siehe Restaurantauswahl

HÖCHSTÄDT an der DONAU

Bayern - 6 603 Ew. - Höhe 416 m - Regionalatlas **56**-J19
Michelin Straßenkarte 546

Zur Glocke

MARKTKÜCHE • CHIC XX Chic-modern ist es bei Familie Stoiber, gekocht wird saisonal und klassisch, von "Maischolle mit Blattspinat und Sauce Hollandaise" bis "rosa gebratene Rehkeule an Kirschessigjus mit Erbsencreme". Im Sommer sind die Plätze im Freien unter der Kastanie gefragt. Und zum Übernachten hat man wohnliche Zimmer.

Menü 33 € (vegetarisch)/45 € - Karte 30/61 €

7 Zim - 55/75 € 85/100 €

Friedrich-von-Teck-Str. 12 89420 - 09074 957885 - www.restaurant-zur-glocke.de - Mittwoch - Freitag nur Abendessen - geschlossen Montag - Dienstag

HÖHN

Rheinland-Pfalz - 3 045 Ew. - Höhe 508 m - Regionalatlas **37**-E13
Michelin Straßenkarte 543

Millé

INTERNATIONAL • FREUNDLICH XX Herzlich leitet die Familie das behagliche Restaurant in der Ortsmitte. Geboten werden internationale Gerichte wie "Lachs im Sesammantel" oder "Rinderfilet unter Ziegenkäse". Speisen Sie im Sommer auch mal im schön angelegten Garten!

Menü 40/56 € - Karte 38/70 €

Rheinstr. 2 56462 - 02661 8448 - www.restaurant-mille.de - nur Abendessen, sonntags auch Mittagessen - geschlossen Montag - Dienstag

HÖHR-GRENZHAUSEN

Rheinland-Pfalz - 9 368 Ew. - Höhe 250 m - Regionalatlas **36**-D14
Michelin Straßenkarte 543

Heinz

SPA UND WELLNESS • INDIVIDUELL Wie aus dem Ei gepellt ist der gut geführte Familienbetrieb, der schön auf einer Anhöhe liegt. Neben individuellen Zimmern (Klassik, Basic, Lebensart, Themenzimmer) laden die herrliche Liegewiese und der attraktive große Spa zum Relaxen ein. Von der Terrasse des Restaurants genießt man die Aussicht.

98 Zim - 89/153 € 146/236 € - 2 Suiten - ½ P

Bergstr. 77 56203 - 02624 94300 - www.hotel-heinz.de - geschlossen 22. - 24. Dezember

HÖRSTEL

Nordrhein-Westfalen - 19 578 Ew. - Höhe 45 m - Regionalatlas **16**-D8
Michelin Straßenkarte 543

In Hörstel-Riesenbeck Süd-Ost: 6 km über Bevergern, jenseits der A 30

Surenburg

INTERNATIONAL • FREUNDLICH XX Hier bekommt man ambitionierte internationale Küche, und darf es am Nachmittag ein Stück hausgemachter Kuchen sein? Abends geht man gerne auf einen Cocktail in die stilvolle "Präsidenten Bar". Im Sommer ein Muss: die große Terrasse!

Menü 36 € - Karte 39/68 €

Parkhotel Surenburg, Surenburg 13, Süd-West: 1,5 km 48477 - 05454 93380 (abends Tischbestellung ratsam) - www.parkhotel-surenburg.com

Westfälische Stube

MODERNE KÜCHE • LÄNDLICH XX Während Sie in dem kleinen Restaurant mit all seinem warmen Holz die gemütliche Atmosphäre genießen, entstehen in der Küche kreative Gerichte mit regionalen, aber auch mediterranen Einflüssen.

Menü 89/119 €

Parkhotel Surenburg, Surenburg 13, Süd-West: 1,5 km 48477 - 05454 93380 (Tischbestellung erforderlich) - www.parkhotel-surenburg.com - nur Abendessen - geschlossen Februar, 15. Juli - 31. August und Sonntag - Dienstag

Parkhotel Surenburg

LANDHAUS • GEMÜTLICH Richtig schön die malerische Lage, angrenzend eine große Reitanlage. Modern-elegant die Zimmer, zuvorkommend der Service, ausgezeichnet das Frühstück, dazu das attraktive "Badehaus" - Sauna und Schwimmbad kann man spät abends exklusiv mieten! Und wie wär's mit einem Spaziergang zum nahen Wasserschloss?

28 Zim – 99/129 € 159/199 € – ½ P

Surenburg 13, Süd-West: 1,5 km 48477 – 05454 93380 – www.parkhotel-surenburg.com

Surenburg • **Westfälische Stube** – siehe Restaurantauswahl

HÖVELHOF

Nordrhein-Westfalen – 15 922 Ew. – Höhe 107 m – Regionalatlas **28**-F10
Michelin Straßenkarte 543

Gasthof Brink

FRANZÖSISCH-KLASSISCH • FAMILIÄR XX Seit 1880 ist Familie Brink in diesem schönen Haus aktiv. Eine Bastion klassisch-französischer Küche, unkompliziert und sehr schmackhaft. Hausgemachte Pasteten und Terrinen sind ebenso gefragt wie "Kalbsrückensteak mit Sauce Béarnaise" und "Seezunge Müllerin" oder das 4-Gänge-Menü in kleinen Portionen.

Menü 65 € – Karte 31/64 €

9 Zim – 45/55 € 75/85 €

Allee 38 33161 – 05257 3223 (Tischbestellung ratsam) – nur Abendessen – geschlossen 1. - 14. Januar, Ende Juli - Anfang August 2 Wochen und Montag

In Hövelhof-Riege Nord-West: 5 km Richtung Kaunitz, dann rechts ab

Gasthaus Spieker

REGIONAL • GASTHOF XX In geschmackvollen, wirklich liebenswert dekorierten Räumen lässt man sich regionale Küche mit mediterranem Touch schmecken, so z. B. "Spiekers leckere Tapas" oder "Lammragout auf Bulgur, grüner Spargel, Crème fraîche". Und wer dazu ein bisschen mehr Wein trinken möchte, kann auch gepflegt übernachten.

Karte 25/51 €

13 Zim – 60/68 € 90/95 €

Detmolder Str. 86 33161 – 05257 2222 – www.gasthaus-spieker.de – nur Abendessen, sonntags auch Mittagessen – geschlossen Montag, außer an Feiertagen

HOF

Bayern – 44 325 Ew. – Höhe 500 m – Regionalatlas **41**-M14
Michelin Straßenkarte 546

Central

BUSINESS • FUNKTIONELL Das Hotel liegt gegenüber dem Theater und ist mit der direkten Anbindung an die "Freiheitshalle" auch ideal für Tagungen. Wohnliche Zimmer, toll die Sauna mit Panoramablick, dazu Kosmetik und Massage, Indoor-Golf sowie ein elegantes Restaurant mit Speisen von fränkisch bis international.

100 Zim – 95/135 € 105/145 € – 1 Suite – ½ P

Kulmbacher Str. 4 95030 – 09281 6050 – www.hotel-central-hof.de

HOFBIEBER

Hessen – 5 927 Ew. – Höhe 380 m – Regionalatlas **39**-I13
Michelin Straßenkarte 543

In Hofbieber-Steens Süd-Ost: 8 km über Langenbieber und Elters

Berghotel Lothar Mai Haus

LANDHAUS • MODERN Sie mögen's ruhig? Das Haus steht einsam in erhöhter Lage, toll der Blick über Wald und Wiesen! Wohnliche Zimmer (Landhausstil oder modern und allergikergerecht), Freizeitangebot mit Hallenbad, Kosmetik und Massage sowie ein gemütliches Restaurant und eine Terrasse mit grandioser Aussicht. Regionale Küche.

30 Zim – 66/79 € 128/138 € – 2 Suiten – ½ P

Lothar-Mai-Str. 1 36145 – 06657 96080 – www.lothar-mai-haus.de

HOFHEIM am TAUNUS

Hessen – 38 598 Ew. – Höhe 136 m – Regionalatlas **47**-F15
Michelin Straßenkarte 543

Die Scheuer

REGIONAL • GEMÜTLICH Richtig charmant, die einstige "Hammelsche Scheune" a. d. 17. Jh.! Da lassen sich auch viele Stammgäste in gemütlicher Atmosphäre Spezialitäten wie Wild aus eigener Jagd oder Bouillabaisse schmecken. Im Sommer lockt die Terrasse.

Menü 45/70 € – Karte 41/71 €

Burgstr. 12 ✉ 65719 – ☎ 06192 27774 – www.die-scheuer.de – geschlossen Montag - Dienstag

In Hofheim-Diedenbergen Süd-West: 3 km über B 519

Romano

ITALIENISCH • FAMILIÄR Schon über 30 Jahre steht Familie Romano für frische klassisch-italienische Küche mit Schwerpunkt Fisch. Die Speisen werden auf einer Tafel empfohlen und am Tisch erklärt. Dazu eine gute Weinauswahl samt passender Beratung. Terrasse im Hof.

Karte 32/92 €

Casteller Str. 68 ✉ 65719 – ☎ 06192 37108 – www.ristorante-romano.eu – geschlossen 23. Dezember - 4. Januar und Samstagmittag, Montag

HOHEN DEMZIN

Mecklenburg-Vorpommern – 381 Ew. – Höhe 70 m – Regionalatlas **13**-N5
Michelin Straßenkarte 542

Wappen-Saal

KLASSISCHE KÜCHE • ELEGANT Sie dinieren in einem eindrucksvollen historischen Saal und genießen charmanten, versierten Service. Klassisch-französisch die beiden Menüs - hier z. B. "in Fenchelöl confierte Malchiner Forelle" oder "Filet vom Limousin-Rind".

Menü 45/100 € – Karte 58/89 €

Schlosshotel Burg Schlitz, Burg Schlitz 2, nahe der B 108, Süd: 2 km, Richtung Waren ✉ 17166 – ☎ 03996 12700 – www.burg-schlitz.de – nur Abendessen – geschlossen Montag - Dienstag

Schlosshotel Burg Schlitz

LUXUS • KLASSISCH Das imposante Schloss auf dem 180 ha großen Anwesen wurde 1806 von Graf Schlitz erbaut und ist heute ein aufwändig und edel mit Stil und Geschmack eingerichtetes Hotel. Klassisch-elegant sind die großen Zimmer mit meist wunderschönen Decken, toll der Spa. Brasserie "Louise" mit französischer Küche.

15 Zim – †170/200 € ††198/270 € – 6 Suiten – ☕ 25 € – ½ P

Burg Schlitz 2, nahe der B 108, Süd: 2 km, Richtung Waren ✉ 17166 – ☎ 03996 12700 – www.burg-schlitz.de

Wappen-Saal – siehe Restaurantauswahl

HOHENKAMMER

Bayern – 2 382 Ew. – Höhe 471 m – Regionalatlas **58**-L19
Michelin Straßenkarte 546

Camers Schlossrestaurant

MEDITERRAN • ELEGANT In dem herrschaftlichen Schlossgebäude darf man auf zweierlei Konzepte gespannt sein: Im Sommer kocht man eher mediterran und klassisch, im Winter asiatisch inspiriert - immer modern, handwerklich präzise und ausdrucksstark. Der Rahmen: angenehm geradliniges Ambiente unter einem schönen Gewölbe. Im angeschlossenen Hotel: klares Design in hellem Holz und Stein.

→ Tatar vom Wagyu, Wachtelei, Imperial Kaviar, Bauernbrot. Jakobsmuschel, Passionsfrucht, bunte Rüben, Ingwieraromen. Lamm aus der Auvergne, Münchner Malz, Aubergine, Fregola Sarda.

Menü 89/99 € – Karte 78/85 €

Schlossstr. 25 ✉ 85411 – ☎ 08137 93443 – www.camers.de – nur Abendessen – geschlossen 21. Dezember - 14. Januar und Sonntag - Montag

HOHENSTEIN

Hessen – 5 964 Ew. – Höhe 340 m – Regionalatlas **47**-E14
Michelin Straßenkarte 543

Hofgut Georgenthal

LANDHAUS • KLASSISCH Einsam liegt der ehemalige Zehnthof a. d. J. 1692 umgeben von Wald und Wiese, vor der Tür ein Golfplatz. Das Hotel bietet wohnlich-elegantes Ambiente sowie einen freundlichen Badebereich und Anwendungen. Interessant auch das kleine "Limes"-Museum. Mediterran-regionale Küche im "Giorgios".

39 Zim – †130/179 € ††169/218 € – 1 Suite – ½ P

Georgenthal 1, Süd-Ost: 5,5 km über Steckenroth, Richtung Strinz-Margarethä ✉ 65329 – ✆ 06128 9430 – www.hofgut-georgenthal.de – geschlossen 2. - 13. Januar

HOHENTENGEN am HOCHRHEIN

Baden-Württemberg – 3 673 Ew. – Höhe 378 m – Regionalatlas **62**-E21
Michelin Straßenkarte 545

Wasserstelz

HISTORISCH • GEMÜTLICH Über 1000 Jahr alt, ehemals Gesindehaus und Teil einer Burganlage - so viel Historie bringt reichlich Atmosphäre mit sich, und die spürt man in den wohnlichen Zimmern sowie in der Gaststube mit Holztäfelung und Kachelofen. Am Rhein hat man übrigens einen Bootsanleger und eine Badestelle.

12 Zim – †60/65 € ††98/110 € – 1 Suite – ½ P

Guggenmühle 15, Nord-West: 3 km, unterhalb der Burgruine Weißwasserstelz ✉ 79801 – ✆ 07742 92300 – www.wasserstelz.de

In Hohentengen-Lienheim West: 5 km

Landgasthof Hirschen

MARKTKÜCHE • GASTHOF Ausflugsziele gibt es in der Gegend einige, und als Abschluss kehren Sie hier in freundlich-ländlichem Ambiente ein und lassen sich regionale und mediterran beeinflusste Speisen schmecken. Und zum Übernachten hat man gepflegte Gästezimmer und Appartements.

Menü 43 € – Karte 21/62 €

12 Zim – †59/69 € ††95 €

Rheintalstr. 13 ✉ 79801 – ✆ 07742 7635 – www.hirschen-lienheim.de – geschlossen Samstag - Sonntag, Feiertage

HOHWACHT

Schleswig-Holstein – 851 Ew. – Höhe 19 m – Regionalatlas **3**-J3
Michelin Straßenkarte 541

Hohe Wacht

FAMILIÄR • KLASSISCH Die Lage an einem kleinen Park, nur wenige Schritte vom Strand entfernt, sowie geräumige Zimmer mit wohnlicher Einrichtung sprechen für das Hotel. Wie wär's mit Kosmetik oder Massage zur Entspannung? Restaurant mit elegantem Touch, im Wintergarten mit Meerblick.

93 Zim – †130/160 € ††155/185 € – 2 Suiten – ½ P

Ostseering 5 ✉ 24321 – ✆ 04381 90080 – www.hohe-wacht.de

Genueser Schiff

LANDHAUS • AM MEER Schöner könnte das reetgedeckte weiße Haus kaum liegen - Strand und Meer gleich vor der Tür. Die Zimmer (darunter auch Maisonetten und Appartements) sind wohnlich und individuell, teilweise mit Antiquitäten, viele mit Ostseeblick. Die Hälfte der Zimmer im Gästehaus am Wald (300 m entfernt). Regional-mediterrane Küche.

29 Zim – †65/110 € ††160/240 € – 8 Suiten

Seestr. 18 ✉ 24321 – ✆ 04381 7533 – www.genueser-schiff.de

HOLLFELD

Bayern - 5 141 Ew. - Höhe 403 m - Regionalatlas **50**-L15
Michelin Straßenkarte 546

Wittelsbacher Hof

GASTHOF • FUNKTIONELL Eine gepflegte Adresse, die in 3. Generation familiär geführt wird. Die Zimmer sind mit Landhausmöbeln wohnlich ausgestattet, im Restaurant (gemütlich die holzvertäfelte Zirbelstube) bietet man regional-bürgerliche Küche und Vespergerichte.

8 Zim - 50/55 € 75/80 € - ½ P

Langgasse 8, B 22 96142 - 09274 90960 - www.wittelsbacher-hof-hollfeld.de - geschlossen 4. - 13. November

HOLZDORF

Schleswig-Holstein - 839 Ew. - Höhe 25 m - Regionalatlas **2**-I2
Michelin Straßenkarte 541

Landhotel Rosenduft

LANDHAUS • AUF DEM LAND Sie suchen Ruhe und Natur pur? Hier finden Sie ein wahres Kleinod mitten im Grünen, in dem Sie sehr geschmackvoll und individuell wohnen, am Morgen ein nicht alltägliches Frühstück genießen und zudem ausgesprochen aufmerksam umsorgt werden. Auf Wunsch gibt es am Abend eine kleine Auswahl an Gerichten.

6 Zim - 69/129 € 89/168 €

Glasholz 1 24364 - 04352 912003 - www.landhotel-rosenduft.de - geschlossen Januar

HOLZKIRCHEN

Bayern - 16 021 Ew. - Höhe 691 m - Regionalatlas **66**-M21
Michelin Straßenkarte 546

In Holzkirchen-Großhartpenning Süd-West: 4 km über B 13

Altwirt

BUSINESS • GEMÜTLICH Wo einst ein alter Landgasthof stand, bietet heute dieses familiengeführte Hotel wohnliche Zimmer und einen hübschen Saunabereich - beides in warmen Farben gehalten. Im Restaurant (sehr charmant die "Altwirtstubn") serviert man regionale und internationale Gerichte.

40 Zim - 98/120 € 130/160 € - 2 Suiten - ½ P

Tölzer Str. 135 83607 - 08024 303220 - www.hotel-altwirt.de

HOMBURG (SAAR)

Saarland - 41 504 Ew. - Höhe 233 m - Regionalatlas **46**-C17
Michelin Straßenkarte 543

In Homburg-Erbach

La Petite Maison

KLASSISCHE KÜCHE • GEMÜTLICH XX Richtig charmant ist das hübsche kleine Restaurant, draußen sitzt man schön auf der lauschigen Terrasse. Gekocht wird mit französischem Einfluss - probieren Sie z. B. "Cordon bleu vom Kalbsrücken mit Karotten-Ingwer-Mousseline".

Menü 35/69 € - Karte 36/70 €

Simonstr. 1 66424 - 06841 15211 - www.lapetitemaison.saarland - geschlossen Anfang Januar 2 Wochen, Ende Mai - Anfang Juni 2 Wochen und Sonntag - Montag, Samstagmittag

HOMBURG vor der HÖHE, BAD

Hessen - 52 752 Ew. - Höhe 197 m - Regionalatlas **47**-F14
Michelin Straßenkarte 543

Sänger's Restaurant

FRANZÖSISCH-KLASSISCH • KLASSISCHES AMBIENTE XX Seit über 40 Jahren hält Klaus Sänger kulinarisch die klassische Fahne hoch. In elegantem Ambiente hinter wilhelminischer Fassade bietet man z. B. "Lammrücken unter der Kräuterkruste" oder "bretonischen Hummer". Und dazu einen schönen Bordeaux oder Burgunder?

Menü 36 € (mittags unter der Woche)/109 € - Karte 65/97 €

Kaiser-Friedrich-Promenade 85 ✉ 61348 - ✆ 06172 928839 - www.saengers-restaurant.de - geschlossen Juli - August 2 Wochen und Sonntag - Montag

Steigenberger

BUSINESS • ELEGANT Ein luxuriöses Hotel direkt gegenüber dem ältesten Kurpark Europas. In den Zimmern hat man mit wertigen Materialien Klassik und Moderne geschmackvoll vereint. Zum Entspannen gibt es einen kleinen Saunabereich. Im Restaurant "RITTER'S" serviert man internationale und regionale Küche.

174 Zim - †115/399 € ††125/709 € - 11 Suiten - ☕ 26 € - ½ P

Kaiser-Friedrich-Promenade 69 ✉ 61348 - ✆ 06172 1810 - www.bad-homburg.steigenberger.de

In Bad Homburg-Dornholzhausen West: 4 km

Lindenallee (N)

INTERNATIONAL • CHIC XX Geschmackvoll das geradlinig-elegante Ambiente, versiert der Service, richtig gut die Küche. Aus frischen Produkten entstehen hier z. B. leckere "Ravioli von Ricotta und Kartoffel" oder "auf der Haut gebratener Zander mit Gurkengemüse und Senfsauce".

Menü 42 € - Karte 39/65 €

Lindenallee 2 ✉ 61350 - ✆ 06172 8506601 - www.restaurant-lindenallee.de - nur Abendessen - geschlossen Dienstag - Mittwoch

HONNEF, BAD

Nordrhein-Westfalen - 25 078 Ew. - Höhe 75 m - Regionalatlas **36**-C13
Michelin Straßenkarte 543

In Bad Honnef-Rhöndorf Nord: 1,5 km

Caesareo

ITALIENISCH • FAMILIÄR XX Seit Jahren wird das hübsche lichte Restaurant engagiert geführt und bietet gute "Cucina Italiana" - da hat man viele Stammgäste und auch so mancher Politiker war hier schon zu Gast. Sehr schön ist die Terrasse zum Garten hinterm Haus.

Menü 68 € - Karte 44/76 €

Rhöndorfer Str. 39 ✉ 53604 - ✆ 02224 75639 (Tischbestellung ratsam) - www.caesareo.de - geschlossen Dienstag

HOPFERAU

Bayern - 1 110 Ew. - Höhe 811 m - Regionalatlas **64**-J21
Michelin Straßenkarte 546

Schloss zu Hopferau

HISTORISCH • MODERN Sehr schön, wie das Schloss a. d. 15. Jh. Historie und Moderne vereint. Gemütlich sitzt man in der ländlich-charmanten "Schlossküche" beim Frühstück, nachmittags gibt's Kaffee und Kuchen. Regionale Küche im eleganten Abendrestaurant. Sie lieben Oldtimer? Darf es ein Ausflug im Rolls Royce sein? Auch Trauungen möglich.

15 Zim ☕ - †79/144 € ††118/193 € - ½ P

Schloßstr. 9 ✉ 87659 - ✆ 08364 984890 - www.schloss-hopferau.com

HORB

Baden-Württemberg - 24 430 Ew. - Höhe 437 m - Regionalatlas **54**-F19
Michelin Straßenkarte 545

Quartier 77

MARKTKÜCHE • FREUNDLICH X In einer ehemaligen Kaserne finden Sie dieses geradlinig gehaltene Lokal. Gekocht wird schmackhaft, frisch und saisonal. Neben Gerichten wie "gebratenes Zanderfilet, Spinatcreme, Thymian-Tomaten-Gnocchi" macht auch das "Regionale Menü" Appetit. Passende Räume für Events gibt es ebenfalls.

Karte 34/53 €

Am Garnisonsplatz 4 ✉ 72160 - ✆ 07451 6230977 - www.quartier77.de - geschlossen Samstag - Sonntagmittag

HORBEN

Baden-Württemberg - 1 128 Ew. - Höhe 607 m - Regionalatlas **61**-D20
Michelin Straßenkarte 545

Gasthaus zum Raben (Steffen Disch)

FRANZÖSISCH-KLASSISCH • GEMÜTLICH X Ein Gasthaus im besten Sinne! Gemütlich-ländlich das Ambiente, herzlich-badisch der Service und die Küche eine gelungene Mischung aus gehoben-regional und klassisch-französisch, immer fein abgestimmt und produktbezogen. Und nach guten regionalen Weinen in schönen wohnlichen Zimmern übernachten?

→ Wachtelknusper, Möhren, Curry. Roter Gamba, Dim Sum, Schwarzwald Miso, Dashi, Yuzu. Rehrücken, Sellerie, Topfenknödel, Mispeln.

Menü 58 € (vegetarisch)/108 € - Karte 40/92 €

6 Zim - †90/120 € ††120/160 €

Dorfstr. 8 ✉ 79289 - ✆ 0761 556520 (Tischbestellung ratsam) - www.raben-horben.de - Mittwoch - Freitag nur Abendessen - geschlossen Montag - Dienstag

HORGAU

Bayern - 2 568 Ew. - Höhe 465 m - Regionalatlas **57**-J19
Michelin Straßenkarte 546

Zum Schwarzen Reiter

HISTORISCH • THEMENBEZOGEN Seit über 250 Jahren lebt man hier Familientradition! Mit einem Faible für Farben und Themen (am schönsten sind die "Elemente"-Zimmer im "Haus der Sinne"!) hat man ein schönes Umfeld geschaffen. Nett auch der Wellnessbereich. Auffallend freundlich die Mitarbeiter im Hotel und in den gemütlichen Gaststuben.

48 Zim - †78/120 € ††95/150 €

Hauptstr. 1, B 10 ✉ 86497 - ✆ 08294 86080 - www.flairhotel-platzer.de - geschlossen 21. Dezember - 5. Januar

HORNBACH

Rheinland-Pfalz - 1 478 Ew. - Höhe 233 m - Regionalatlas **53**-C17
Michelin Straßenkarte 543

Refugium

INTERNATIONAL • ELEGANT XXX Im Gourmetrestaurant der Kloster-Gastronomie trifft ein tolles altes Kreuzgewölbe auf moderne Eleganz. In den ambitionierten wechselnden Menüs "Flora" und "Fauna" hat jedes Gericht seinen eigenen Namen - auch à la carte wählbar.

Menü 62/125 € - Karte 54/74 €

Hotel Kloster Hornbach, Im Klosterbezirk ✉ 66500 - ✆ 06338 910100 - www.kloster-hornbach.de - nur Abendessen - geschlossen Januar, Ende Mai - Anfang Juni 2 Wochen, Ende Oktober - Anfang November 2 Wochen und Montag - Dienstag

Kloster Hornbach

HISTORISCH • INDIVIDUELL Eine gelungene Einheit von Historie und Moderne ist das Kloster a. d. 8. Jh. Ganz individuell die Zimmertypen: Remise, Shaker, Mediterran, Asien, Ethno. Oder wie wär's mit einer bewusst schlichten "Pilgerzelle"? Die Mitarbeiter auffallend herzlich, ein Traum die Gartenanlage samt Kräutergarten! Regional-internationale Küche in der gemütlichen "Klosterschänke".

48 Zim – 99/169 € 139/214 € – ½ P

Im Klosterbezirk ✉ 66500 – ✆ 06338 910100 – www.kloster-hornbach.de

Refugium – siehe Restaurantauswahl

Lösch für Freunde

GROSSER LUXUS • INDIVIDUELL Ein einzigartiger Ort voller Individualität: von Plätzen der Begegnung ("Wohnzimmer", Weinlounge oder die lange Tafel für gemeinsame Abendessen) über tolle, durch Paten erschaffene Wohnwelten wie "Literarium", "Jagdzimmer", "Konrads Salon"... bis zum Service samt Vollpension inkl. Snacks, Kaffee & Kuchen!

15 Zim – 149/189 € 235 € – 7 Suiten

Hauptstr. 19 ✉ 66500 – ✆ 06338 91010200 – www.loesch-fuer-freunde.de – geschlossen Januar

HORN-BAD MEINBERG

Nordrhein-Westfalen – 17 120 Ew. – Höhe 207 m – Regionalatlas **28**-G10
Michelin Straßenkarte 543

Im Stadtteil Fissenknick

Die Windmühle

REGIONAL • LÄNDLICH In der einstigen Getreidemühle sitzt man heute bei Familie Lemke gemütlich in der Mühlenstube, im Kaminzimmer oder auf der Terrasse und lässt sich Leckeres wie "Seeteufelmedaillon auf Morchelrisotto" oder "geschmortes Ochsenbäckchen mit Spitzkohl" schmecken. Mit Hingabe empfiehlt man Ihnen ausgesuchte deutsche Weine.

Menü 37/54 € – Karte 28/48 €

Windmühlenweg 10 ✉ 32805 – ✆ 05234 919602 – www.diewindmuehle.de – geschlossen Mitte Januar - Anfang Februar und Montag - Mittwochmittag, Donnerstagmittag

HORNBERG (ORTENAUKREIS)

Baden-Württemberg – 4 299 Ew. – Höhe 384 m – Regionalatlas **62**-E20
Michelin Straßenkarte 545

Adler

GASTHOF • MODERN In dem historischen Haus erwartet Sie familiäre Führung im besten Sinne, denn man kümmert sich zuvorkommend um die Gäste. Das Engagement merkt man auch an der Wohnlichkeit, am guten Frühstück, am liebenswerten Ambiente im Restaurant. Tipp: Komfortzimmer in der 1. und 2. Etage - diese sind etwas moderner.

19 Zim – 53/58 € 82/92 € – ½ P

Hauptstr. 66 ✉ 78132 – ✆ 07833 935990 – www.hotel-adler-hornberg.de – geschlossen 5. - 12. Januar, 28. Februar - 12. März

In Hornberg-Fohrenbühl Nord-Ost: 8 km Richtung Schramberg

Landhaus Lauble

LANDHAUS • FUNKTIONELL Richtig idyllisch, wie das typische Schwarzwaldhaus am Waldrand liegt. Umgeben von Grün genießen Sie den Badeteich und die überdachte Restaurantterrasse, für Kinder gibt's den Streichelzoo. Hübsch: "Berg-Quell" mit Sauna, Ruheraum und - auf Nachfrage - Beautybehandlungen. Speisen kann man bürgerlich-regional.

22 Zim – 60/65 € 110/130 € – 2 Suiten – ½ P

Fohrenbühl 65 ✉ 78132 – ✆ 07833 93660 – www.landhaus-lauble.de – geschlossen über Fasching 1 Woche

HOYERSWERDA

Sachsen – 33 825 Ew. – Höhe 116 m – Regionalatlas **34**-R11
Michelin Straßenkarte 544

In Hoyerswerda-Zeißig Süd-Ost: 3 km Richtung Bautzen über die B 96

Westphalenhof

INTERNATIONAL • FREUNDLICH XX Bei den Brüdern Westphal (der eine Küchenchef, der andere Sommelier) speist man saisonal-international, von Spargel aus eigenem Anbau bis "geheimes Filet vom Eichelschwein, gebratene Salatherzen, Haselnüsse". Dazu können Sie sich direkt im Weindepot eine schöne Flasche aussuchen. Stilvoll-gediegen das Ambiente.

Menü 38 € (abends)/75 € – Karte 35/63 €

Dorfaue 43 ✉ 02977 – ✆ 03571 913944 – www.westphalenhof.de – geschlossen Januar 1 Woche und Montag

HÜCKESWAGEN

Nordrhein-Westfalen – 15 029 Ew. – Höhe 270 m – Regionalatlas **36**-D12
Michelin Straßenkarte 543

In Hückeswagen-Kleineichen Süd-Ost: 1 km

Haus Kleineichen

TRADITIONELLE KÜCHE • RUSTIKAL XX Wer es alpenländisch mag, ist hier genau richtig. Viel warmes Holz, ein Ofen und charmante Deko verbreiten Gemütlichkeit, auf der Karte z. B. "Gänsekeule mit Bratapfel, Apfelrotkohl und Kartoffelknödel". Beliebt: das günstige Mittagsangebot.

Menü 31 € – Karte 27/43 €

Bevertalstr. 44 ✉ 42499 – ✆ 02192 4375 – www.haus-kleineichen.de – geschlossen Montag - Dienstag, außer an Feiertagen

HÜFINGEN

Baden-Württemberg – 7 595 Ew. – Höhe 684 m – Regionalatlas **62**-F21
Michelin Straßenkarte 545

In Hüfingen-Mundelfingen Süd-West: 7,5 km über Hausen

Landgasthof Hirschen

REGIONAL • FAMILIÄR XX Das Engagement von Chefin Verena Martin und ihrer (übrigens rein weiblichen) Brigade spürt und schmeckt man: In charmanter Atmosphäre gibt es "geröstetes Grießsüpple mit Bergkäse", "Dreierlei vom Kalb" oder auch "Schwarzwälder Saibling mit Linsen und Speckkartoffeln".

Menü 37/77 € – Karte 33/64 €

Wutachstr. 19 ✉ 78183 – ✆ 07707 99050 – www.hirschen-mundelfingen.de – geschlossen Januar 2 Wochen, Ende August - Anfang September 2 Wochen und Mittwoch - Donnerstag

HUNGEN

Hessen – 12 399 Ew. – Höhe 150 m – Regionalatlas **38**-G14
Michelin Straßenkarte 543

Hungener Käsescheune

REGIONAL • TRENDY X Die sanierte alte Scheune ist ein echtes Schmuckstück und speziell noch dazu mit der einsehbaren Käserei und dem "Genussladen"! Aus der Küche kommen z. B. "cremiger Burrata auf roter Beete" oder "rosa gebratener Kalbsrücken mit zweierlei Steckrüben". Mittags einfacheres Angebot. Lust auf ein Käse-Seminar?

Menü 14 € (mittags unter der Woche)/37 € – Karte 34/45 €

Brauhofstr. 3 ✉ 35410 – ✆ 06402 5188572 (Tischbestellung erforderlich) – www.kaesescheune.de – geschlossen 1. - 6. Januar, 1. - 14. Juli und Sonntagabend - Dienstagmittag

HUSUM

Schleswig-Holstein - 22 215 Ew. - Höhe 14 m - Regionalatlas **1**-G3
Michelin Straßenkarte 541

Altes Gymnasium

HISTORISCH • KLASSISCH Ein schmuckes Anwesen mit historischem Charme, 1866/67 als Schule erbaut und liebevoll zu einem Hotel mit viel Atmosphäre umgestaltet. Besonders hübsch sind die Superior-Zimmer, dazu Wellness auf über 1000 qm. Frühstück im einstigen Schulhof, heute luftig-lichter Wintergarten. Stilvoll-elegant das nach Literatur-Nobelpreisträger Rudolf Eucken benannte Restaurant.

53 Zim - †105/149 € ††169/229 € - ½ P

Süderstr. 2, Zufahrt über Ludwig-Nissen-Straße ✉ 25813 - ✆ 04841 8330 - www.geniesserhotel-altes-gymnasium.de

Altes Zollamt

HISTORISCHES GEBÄUDE • DESIGN Wirklich gelungen: In dem denkmalgeschützten Gebäude des einstigen Zollamts trifft modern-maritimer Look auf historische Details. Neben dem Design werden auch Zimmernamen wie "Backbord", "Sammelstelle" etc. der Geschichte des Hauses gerecht. Schön die Lage direkt am Hafenbecken - das Zentrum erreicht man gut zu Fuß.

24 Zim - †89/124 € ††89/124 € - 2 Suiten

Kleikuhle 1 ✉ 25813 - ✆ 04841 2033 - www.hotel-altes-zollamt.de

Thomas Hotel Spa & Lifestyle

BOUTIQUE-HOTEL • ELEGANT Eine schöne Adresse: ideal die zentrale Lage nahe dem Hafen, wertig die Ausstattung. Tipp: die modernen "Horizon"-Zimmer im obersten Stock mit tollem Blick! Chic der Saunabereich, auch Kosmetik und Massage sind buchbar. Abends dient der Frühstücksbereich als Bar-Lounge.

52 Zim - †79/169 € ††99/179 € - 4 Suiten

Am Zingel 7 ✉ 25813 - ✆ 04841 66200 - www.thomas-hotel.de

HUY

Sachsen-Anhalt - 7 454 Ew. - Höhe 194 m - Regionalatlas **30**-K9
Michelin Straßenkarte 542

In Huy-Westerburg West: 15 km

Wasserschloß Westerburg

HISTORISCHES GEBÄUDE • HISTORISCH Einzigartig, romantisch und wie gemacht für Hochzeiten! In der ältesten Wasserburg Deutschlands (im 8. Jh. Stützpunkt von Karl dem Großen) finden sich natürlich hier und da auch Antiquitäten. Eindrucksvolles gotisches Gewölbe im Restaurant. Terrasse am Wassergraben mit Blick in den Park.

55 Zim - †90/130 € ††140/198 € - 2 Suiten - ½ P

Westerburg 34 ✉ 38836 - ✆ 039422 9550 - www.hotel-westerburg.de

IBURG, BAD

Niedersachsen - 10 579 Ew. - Höhe 119 m - Regionalatlas **27**-E9
Michelin Straßenkarte 541

Zum Freden

LANDHAUS • MODERN Aus einem Bauernhof hat sich dieses Hotel entwickelt, in dem die Familie im Einklang mit der langen Tradition stetig modernisiert. In den Zimmern schöner zeitgemäßer Stil und warme Töne. Helles, elegantes Restaurant, dazu eine Bar mit Bistrobereich im Wintergarten.

39 Zim - †70/110 € ††99/180 € - ½ P

Zum Freden 41 ✉ 49186 - ✆ 05403 4050 - www.hotel-freden.de - geschlossen 1. - 8. Januar

ICHENHAUSEN

Bayern - 8 689 Ew. - Höhe 489 m - Regionalatlas **56**-J19
Michelin Straßenkarte 546

In Ichenhausen-Autenried

Autenrieder Brauereigasthof

TRADITIONELL · MODERN Schön wohnlich hat man es bei Familie Feuchtmayr - die Chefin hat ein Händchen fürs Einrichten, überall im Haus finden sich warme Töne. Und was wäre ein Brauereigasthof ohne Biergarten? Hier, unter alten Bäumen, schmeckt das Selbstgebraute natürlich am besten!

29 Zim – 82/118 € 136/158 € - ½ P

Hopfengartenweg 2 89335 - 08223 968440 - www.brauereigasthof-autenried.de - geschlossen 6. - 14. Januar

IDAR-OBERSTEIN

Rheinland-Pfalz - 28 148 Ew. - Höhe 300 m - Regionalatlas **46**-C16
Michelin Straßenkarte 543

Im Stadtteil Idar

Parkhotel

BUSINESS · ELEGANT Das schöne Gebäude a. d. J. 1906 beherbergt gediegene, teils mit Stilmöbeln eingerichtete Zimmer (Komfortzimmer mit Klimaanlage) und einen modernen Saunabereich. Im eleganten Restaurant "Manzi's" speist man klassisch-international, im Bistro "Classico" gibt es bürgerlich-regionale Gerichte.

37 Zim – 90/125 € 130/170 € - ½ P

Hauptstr. 185 55743 - 06781 50900 - www.parkhotel-idaroberstein.de

IDSTEIN

Hessen - 23 801 Ew. - Höhe 266 m - Regionalatlas **47**-E14
Michelin Straßenkarte 543

Henrich HÖER's Speisezimmer

KLASSISCHE KÜCHE · ROMANTISCH XX Die historischen Räume mit ihrem rustikalen Touch sowie der lauschige Lindenhof gehören ebenso zum Höerhof wie die gute Küche - probieren Sie z. B. "Lamm von Sylter Salzwiesen, Karottenschaum, Lauch, Apfel, Haselnuss". Kleine Mittagskarte.

Menü 30 € (mittags unter der Woche)/83 € - Karte 43/61 €

Hotel Höerhof, Obergasse 26 65510 - 06126 50026 - www.hoerhof.de - geschlossen Anfang Januar 1 Woche, über Fasching und Sonntagabend

Höerhof

HISTORISCH · MODERN Das freundlich geführte Hotel samt nettem Restaurant in der Oberstadt ist ein schönes jahrhundertealtes Fachwerkgebäude, das seinen historischen Charme bewahrt hat.

14 Zim - 98/128 € 126/156 € - 5 € - ½ P

Obergasse 26 65510 - 06126 50026 - www.hoerhof.de - geschlossen Anfang Januar 1 Woche

Henrich HÖER's Speisezimmer - siehe Restaurantauswahl

IFFELDORF

Bayern - 2 537 Ew. - Höhe 603 m - Regionalatlas **65**-L21
Michelin Straßenkarte 546

Landgasthof Osterseen

LANDHAUS · AM SEE In dem engagiert geführten Haus ist alles tipptopp gepflegt und gemütlich - die Möbel in den Zimmern stammen vom örtlichen Schreiner. Dazu kommt noch die schöne Lage - hübsch die Terrasse mit Blick auf die größtenteils unter Naturschutz stehenden Osterseen. Tipp: Man verleiht Fahrräder.

24 Zim – 84/109 € 112/162 € - ½ P

Hofmark 9 82393 - 08856 92860 - www.landgasthof-osterseen.de - geschlossen 7. - 29. Januar

IHRINGEN

Baden-Württemberg - 5 976 Ew. - Höhe 204 m - Regionalatlas **61**-D20
Michelin Straßenkarte 545

Bräutigam

REGIONAL • GEMÜTLICH XX Was bei den freundlichen Gastgebern auf den Tisch kommt, ist schmackhaft, badisch und nennt sich z. B. "Schäufele und Blutwurst auf Rahmsauerkraut". Oder mögen Sie lieber "Chateaubriand flambiert" (für 2 Pers.)? Gepflegt übernachten können Sie hier übrigens auch.

Menü 27/59 € - Karte 31/65 €
19 Zim - 68/75 € 95/120 €

Bahnhofstr. 1 ✉ 79241 - ☎ 07668 90350 - www.braeutigam-hotel.de - geschlossen 2. - 17. Januar und Montag - Dienstagmittag

Holzöfele (N)

REGIONAL • GASTHOF XX In diesem Traditionshaus in Ihringen kommt auch unter neuer Leitung reichlich Geschmack auf den Teller! Die badisch und international-französisch inspirierte Küche gibt es z. B. als "geröstetes Kalbsbries auf Topinambur-Stampf", "Garnele x 3" oder "Schwertfisch-Carpaccio". Nett sitzt man auf der Terrasse vor dem Haus.

Menü 33 € (abends) - Karte 31/50 €

Bachenstr. 46 ✉ 79241 - ☎ 07668 207 - www.holzoefele-ihringen.com - geschlossen Montag - Dienstag

Winzerstube

GASTHOF • ELEGANT Ein wirklich ansprechendes Haus. Fragen Sie nach den geräumigeren und schön modernen Zimmern im Haus "Sankt Vitus" - alle mit großem Balkon. Im Wintergarten oder in der Stube mit Kachelofen und Holztäfelung gibt es regionale Küche und internationale Klassiker. Hübsche Terrasse!

32 Zim - 85/100 € 110/130 € - 4 Suiten - 10 € - ½ P

Wasenweiler Str. 36 ✉ 79241 - ☎ 07668 970910 - www.winzerstube-ihringen.de

ILBESHEIM bei LANDAU in der PFALZ

Rheinland-Pfalz - 1 179 Ew. - Höhe 202 m - Regionalatlas **47**-E17
Michelin Straßenkarte 543

Hubertushof

MODERNE KÜCHE • GEMÜTLICH X Warum die jahrhundertealte ehemalige Postkutschenstation so beliebt ist? Das Ambiente ist schön, traumhaft der Innenhof, der Service herzlich, die Küche gut. Der Mix aus regional und international bietet z. B. "Kaninchen mit Datteln und Salzzitrone" oder im Sommer auch Steaks vom Smoker. Dienstags Sushi.

Menü 36 € (vegetarisch)/37 € - Karte 33/55 €

Arzheimer Str. 5 ✉ 76831 - ☎ 06341 930239 (Tischbestellung ratsam) - www.restaurant-hubertushof-ilbesheim.de - Dienstag - Freitag nur Abendessen - geschlossen Sonntag - Montag

ILLERTISSEN

Bayern - 16 730 Ew. - Höhe 513 m - Regionalatlas **64**-I20
Michelin Straßenkarte 546

Illertisser Hof

BOUTIQUE-HOTEL • INDIVIDUELL Aus dem ehemaligen Gasthof im Zentrum ist ein richtig schickes Boutique-Hotel mit Charme geworden! Sie wohnen in individuellen, wertig eingerichteten Zimmern von trendig designt bis ländlich-modern. Im DG gibt es einen schönen Sauna-Lounge-Bereich. Das separat geführte Restaurant bietet italienische Küche.

33 Zim - 84/89 € 108/120 €

Carnac-Platz 9 ✉ 89257 - ☎ 07303 9500 - www.illertisser-hof.de - geschlossen über Weihnachten 1 Woche

In Illertissen-Dornweiler Süd-West: 1,5 km Richtung Dietenheim

Vier Jahreszeiten Restaurant Imhof

MARKTKÜCHE • GASTHOF Bei Andreas Imhof isst man richtig gut, da ist der "Rostbraten mit Kraut-Krapfen" praktisch ein Muss! Oder mögen Sie lieber "geschmorten Kalbstafelspitz mit Kohlrabi und Rahm-Morcheln"? Drinnen ist das Gasthaus hell und modern, draußen sitzt man schön im Biergarten - hier gibt's auch einfachere Gerichte.

Menü 36/65 € - Karte 26/59 €

Dietenheimer Str. 63 ✉ 89257 - ✆ 07303 9059600 - www.vier-jahreszeiten-illertissen.de - geschlossen Februar 2 Wochen, Oktober 2 Wochen und Samstagmittag, Montag

ILLSCHWANG

Bayern - 2 010 Ew. - Höhe 488 m - Regionalatlas **51**-M16
Michelin Straßenkarte 546

Weißes Roß

REGIONAL • GASTHOF Was im Hause Nägerl auf den Tisch kommt, ist regional und saisonal, frisch und aromatisch - das Fleisch stammt übrigens aus der eigenen Metzgerei! Und das Ambiente? Gemütlich und ländlich-charmant ist es hier.

Menü 78 € (abends) - Karte 23/57 €

Hotel Weißes Roß, Am Kirchberg 1 ✉ 92278 - ✆ 09666 188050 - www.weisses-ross.de - geschlossen 6. - 14. Januar und Montag

Cheval Blanc N

KLASSISCHE KÜCHE • CHIC Das kleine Gourmetrestaurant im "Weißen Roß" präsentiert sich chic, hochwertig und mit rustikal-elegantem Touch - gelungen hat man Altes mit Neuem verbunden! Aus der Küche kommen sehr ambitionierte und interessante klassische Gerichte mit moderner Note, so z. B. "Kalbsbries, Steinpilztortellini, Nussbutterschaum". Charmant und aufmerksam der Service.

Menü 96 € - Karte 54/79 €

Hotel Weißes Roß, Am Kirchberg 1 ✉ 92278 - ✆ 09666 188050 - www.weisses-ross.de - nur Abendessen - geschlossen 6. - 14. Januar und Sonntag - Dienstag

Weißes Roß

SPA UND WELLNESS • MODERN Vom Metzgereigasthof zum Wellnesshotel! Familie Nägerl hat eine sehr komfortable und moderne Adresse für Erholungsuchende geschaffen: angenehm großzügig der Rahmen, schön die klar designten, wohnlich-eleganten Zimmer, attraktiv der Spa...

37 Zim - 87/142 € 154/244 € - ½ P

Am Kirchberg 1 ✉ 92278 - ✆ 09666 188050 - www.weisses-ross.de - geschlossen 6. - 14. Januar

Weißes Roß • Cheval Blanc - siehe Restaurantauswahl

ILSENBURG

Sachsen-Anhalt - 9 432 Ew. - Höhe 250 m - Regionalatlas **30**-J10
Michelin Straßenkarte 542

Landhaus Zu den Rothen Forellen

LANDHAUS • KLASSISCH Schon von außen ein Blickfang, attraktiv die zentrale Lage am Forellensee. Man wohnt in exklusiver Landhaus-Atmosphäre, toll die Badehaus-Juniorsuiten direkt am Wasser! Dazu leckeres Frühstück, entspannende Spa-Anwendungen und richtig guter Service! Schön das "Landhaus-Restaurant" mit Wintergarten und Terrasse zum See. Einen Besuch wert: das Kloster im Ort.

76 Zim - 145/250 € 220/350 € - ½ P

Marktplatz 2 ✉ 38871 - ✆ 039452 9393 - www.rotheforelle.de

ILSFELD

Baden-Württemberg - 9 056 Ew. - Höhe 240 m - Regionalatlas **55**-G17
Michelin Straßenkarte 545

Häußermann's Ochsen

REGIONAL • FAMILIÄR Was in dem traditionsreichen Familienbetrieb (bereits seit 1895) auf den Tisch kommt, ist traditionell-regional und saisonal, so z. B. "Zwiebelrostbraten mit Spätzle" oder auch Spargelgerichte. Tipp: "Probiererles-Menü". Schinken räuchert man übrigens selbst. Praktisch: Man kann hier gut parken.

Menü 31 € - Karte 28/60 €

25 Zim - †45/60 € ††65/85 € - ☕ 5 €

König-Wilhelm-Str. 31 ✉ 74360 - ✆ 07062 67900 - www.ochsen-ilsfeld.de - geschlossen 1. - 25. Januar, Juli - August 1 Woche und Donnerstag - Freitagmittag

IMMENSTAAD am BODENSEE

Baden-Württemberg - 6 367 Ew. - Höhe 407 m - Regionalatlas **63**-H21
Michelin Straßenkarte 545

Heinzler

REGIONAL • GASTHOF Bei den Heinzlers darf man sich auf frische regional-internationale und saisonal beeinflusste Gerichte wie "Ragout vom Reh in Wacholderrahm mit Pilzen" oder "Doradenfilet in Safran-Muschelsud" freuen. Schön sind sowohl die modern-rustikale Jagdstube als auch die Terrasse - fast direkt am Wasser!

Karte 27/53 €

Hotel Heinzler, Strandbadstr. 3 ✉ 88090 - ✆ 07545 93190 - www.heinzleramsee.de

Seehof

REGIONAL • GEMÜTLICH Im Sommer sitzt man angesichts der tollen Seelage natürlich am besten auf der Terrasse, um sich Leckeres wie "Bodensee-Hechtfilet mit Pinienkern-Buttersauce und Spargel-Graupen" schmecken zu lassen. Drinnen ist es aber ebenfalls schön - mal gemütlich-rustikal, mal modern. Hauseigene Patisserie.

Menü 29/70 € - Karte 30/67 €

Hotel Seehof, Bachstr. 15, (Am Yachthafen) ✉ 88090 - ✆ 07545 9360 - www.seehof-hotel.de - geschlossen über Weihnachten

Heinzler

FAMILIÄR • AM SEE Wunderbar die Lage am See samt eigenem Strandbereich, Liegewiese und Bootsanleger, schön die wohnlich-modernen Zimmer - meist mit Seesicht. Toll die Panoramasuiten mit top Ausblick! Freier Eintritt ins Strandbad gegenüber sowie in den "BALANCE. Fitness Club". Tipp: Mieten Sie die "Stingray 250 CR"-Yacht!

34 Zim ☕ - †69/120 € ††138/238 € - 2 Suiten - ½ P

Strandbadstr. 3 ✉ 88090 - ✆ 07545 93190 - www.heinzleramsee.de

Heinzler - siehe Restaurantauswahl

Seehof

FAMILIÄR • INDIVIDUELL Richtig schön wohnt man in dem Hotel von 1885. Klasse die Lage direkt am Yachthafen, idyllisch die Liegewiese mit Seezugang. Darf es vielleicht eines der schicken Panoramazimmer sein? Etwas Besonderes sind auch die beiden maritimen Bootshauszimmer! 200 m entfernt die Anlegestelle für Seerundfahrten.

45 Zim ☕ - †80/120 € ††130/250 €

Bachstr. 15, (am Yachthafen) ✉ 88090 - ✆ 07545 9360 - www.seehof-hotel.de

Seehof - siehe Restaurantauswahl

INGELHEIM am RHEIN

Rheinland-Pfalz - 24 155 Ew. - Höhe 110 m - Regionalatlas **47**-E15
Michelin Straßenkarte 543

Wasem Kloster Engelthal

REGIONAL • TRENDY Das einstige Kloster a. d. 13. Jh. war lange ein landwirtschaftlicher Betrieb, heute hat Familie Wasem hier ein modernes Restaurant mit schönem weißem Kreuzgewölbe, die Küche ist regional-international. Toll auch die Veranstaltungsräume.

Menü 39 € - Karte 25/49 €

Edelgasse 15 ✉ 55218 - ✆ 06132 2304 - www.wasem.de - Montag - Samstag nur Abendessen - geschlossen 27. Dezember - 6. Januar und Mittwoch

INGOLSTADT

Bayern - 131 002 Ew. - Höhe 374 m - Regionalatlas **57**-L18
Michelin Straßenkarte 546

Avus

MARKTKÜCHE • ELEGANT XX Modern-elegantes Restaurant in der ersten Etage des gläsernen "Audi Forums". Das Speisenangebot ist international-saisonal, wochentags günstiges Lunchmenü. "Audi museum mobile" nebenan.

Menü 25 € (mittags unter der Woche)/79 € – Karte 42/77 €

Auto-Union-Strasse 1, (im Audi Forum) ✉ 85045 – ✆ 0841 8941071 – www.moevenpick-restaurants.com/ingolstadt-audi-forum – geschlossen Sonntag

THE CLASSIC OLDTIMER HOTEL

BUSINESS • MODERN Ins Auge sticht hier nicht nur das schicke Gebäude-Design, besonderer Blickfang ist eine Oldtimer-Ausstellung über zwei Etagen! Die Zimmer geradlinig-modern, günstig die Lage neben der Saturn-Arena, gut die Anbindung an BAB und Stadt.

128 Zim ☕ – †125/159 € ††150/175 €

Erni-Singerl-Str. 1 ✉ 85053 – ✆ 0841 981200 – www.oldtimer-hotel.com – geschlossen 24. Dezember - 6. Januar

INZLINGEN

Baden-Württemberg – 2 434 Ew. – Höhe 377 m – Regionalatlas **61**-D21
Michelin Straßenkarte 545

Inzlinger Wasserschloss

KLASSISCHE KÜCHE • HISTORISCHES AMBIENTE XXX Denkmalgeschütztes Gemäuer, ein Wassergraben drum herum, stilvoll-elegantes Interieur... Hier bieten die herzlichen Gastgeber kreativ-internationale Gerichte wie z. B. "junge Taube aus dem Elsass mit Steinplizen und Ravioli". Richtig schön übernachten können Sie im 150 m entfernten Gästehaus.

Menü 52 € (mittags unter der Woche)/98 € – Karte 57/99 €

12 Zim ☕ – †70/120 € ††95/160 €

Riehenstr. 5 ✉ 79594 – ✆ 07621 47057 – www.inzlinger-wasserschloss.de – geschlossen Februar 2 Wochen und Dienstag - Mittwoch

Krone

MARKTKÜCHE • CHIC XX Richtig chic ist das modern-elegante Restaurant im gleichnamigen Hotel, die Küche klassisch-international - da macht z. B. "Rücken vom regionalen Weidelamm mit Erbsen-Minze-Risotto" Appetit. Oder lieber "Wolfsbarsch, Rucola-Pesto, Grillgemüse, Ofenkartoffeln"?

Menü 72 € – Karte 34/71 €

23 Zim – †65/80 € ††90/110 € – ☕ 9 €

Riehenstr. 92 ✉ 79594 – ✆ 07621 2226 – www.krone-inzlingen.de

IPHOFEN

Bayern - 4 540 Ew. - Höhe 250 m - Regionalatlas **49**-J16
Michelin Straßenkarte 546

Deutscher Hof

REGIONAL • GASTHOF X Seit über 30 Jahren verköstigen Franz und Kreszentia Steinruck in dem historischen Fachwerkhaus ihre Gäste, und das mit unkomplizierten schmackhaften Gerichten wie "Rinderroulade mit Blaukraut und Kloß". Sehr nett und persönlich die Chefin im Service! So behaglich wie das Restaurant sind auch die Gästezimmer.

Karte 27/50 €

6 Zim ☕ – †58 € ††75/85 €

Ludwigstr. 10 ✉ 97346 – ✆ 09323 3348 – www.deutscher-hof-iphofen.de – nur Abendessen – geschlossen 18. August - 9. September, 23. Dezember - 31. Januar und Sonntag - Montag

Zur Iphöfer Kammer

MARKTKÜCHE • LÄNDLICH Das kleine historische Gasthaus liegt direkt am Marktplatz des hübschen Weinortes. In dem gemütlichen Lokal oder auf der netten Terrasse serviert man Ihnen richtig leckere Gerichte wie "Rotbarbe mit Ratatouille" oder "Perlhuhnbrust mit Risotto und Pfifferlingen". Dazu gibt's sehr schöne Weine vom Weingut Wirsching.

Karte 35/53 €

Marktplatz 24 ✉ 97346 – ✆ 09323 8772677 – www.kammer-iphofen.com – nur Abendessen, sonntags auch Mittagessen – geschlossen Mitte Januar - Mitte Februar, Anfang Juli 2 Wochen und Sonntagabend - Dienstag

Zehntkeller

REGIONAL • GEMÜTLICH In dem hübschen Haus bekommt man gute Küche und ebensolche Weine. Letztere stammen vom eigenen Weingut und passen wunderbar zu "Brust von der Maispoularde mit Apfel-Curry-Sauce" oder "Rotbarbenfilet mit Grillgemüse". Mittags deutlich kleinere Auswahl.

Menü 33/85 € (abends) – Karte 32/88 €

Hotel Zehntkeller, Bahnhofstr. 12 ✉ 97346 – ✆ 09323 8440 – www.zehntkeller.de

99er Kulinarium

MARKTKÜCHE • FREUNDLICH In einer Altstadtgasse nahe Marktplatz und Kirche heißt es in gemütlichen Stuben regional-saisonale Küche. Lust auf "24 h geschmorte Rinderbacke, gegrillter Hokkaido, Kürbisgnocchi"? Einfachere Mittagskarte. Schön die Terrasse hinterm Haus.

Menü 25 € – Karte 18/34 €

Pfarrgasse 18 ✉ 97346 – ✆ 09323 804488 – www.99er-kulinarium.de – geschlossen Montag und Donnerstag, Juli - Ende Oktober: Montag

Zehntkeller

HISTORISCH • KLASSISCH Bereits seit drei Generationen betreibt Familie Seufert das schmucke Anwesen mit Weingut. Und das versprüht mit seinem historisch-gemütlichen Rahmen jede Menge Charme. Schön wohnlich hat man es in den stilvoll-klassischen Zimmern, die meist ruhig zum Innenhof hin liegen.

59 Zim – 93/115 € 135/173 € – 5 Suiten – ½ P

Bahnhofstr. 12 ✉ 97346 – ✆ 09323 8440 – www.zehntkeller.de

Zehntkeller – siehe Restaurantauswahl

Altstadthotel Bausewein

FAMILIÄR • GEMÜTLICH So richtig nett hat man es in dem Haus mit der markant roten Fassade: sympathisch-familiär der Service, schön wohnlich die Zimmer und dazu ein Frühstücksbuffet mit vielen hausgemachten Produkten. In der getäfelten rustikalen Weinstube gibt's bürgerliche Küche und Öko-Weine aus eigenem Anbau.

10 Zim – 74/94 € 103/119 €

Breite Gasse 1 ✉ 97346 – ✆ 09323 876670 – www.altstadthotel-bausewein.de

Das kleine Hotel

FAMILIÄR • INDIVIDUELL Wer es gerne etwas privater hat, wird das in einer Wohngegend gelegene kleine Hotel mögen. Die Zimmer sind sehr gepflegt und ganz individuell gestaltet. Wert legt man auch auf das gute Frühstück mit Hausgemachtem wie Marmelade, Pasteten...

9 Zim – 79/109 € 119/149 €

Mainbernheimer Str. 10 ✉ 97346 – ✆ 09323 1246 – www.das-kleine-hotel-iphofen.de

In Iphofen-Birklingen Ost: 7 km

Augustiner am See

REGIONAL • GEMÜTLICH Klassenzimmer oder lieber Klosterstüble? In dem Haus mit der langen Geschichte (einst Teil des Klosters) sitzt man gemütlich bei saisonal-regionalen Gerichten wie "gebackenem Aischgründer Karpfen". Beliebt: die Terrasse zum See!

Menü 30/40 € – Karte 22/44 €

Klostergasse 6 ✉ 97346 – ✆ 09326 978950 – www.augustiner-am-see.de – geschlossen über Fasching 2 Wochen, August 2 Wochen und Mittwoch - Donnerstag

ISERLOHN

Nordrhein-Westfalen – 92 899 Ew. – Höhe 247 m – Regionalatlas **27**-D11
Michelin Straßenkarte 543

VierJahreszeiten

LANDHAUS • MODERN Das Hotel liegt schön im Grünen beim Seilersee. Sie wohnen in neuzeitlich eingerichteten Zimmern und entspannen im attraktiven Sauna- und Poolbereich. Im Restaurant mit hübscher Terrasse zum See gibt es internationale Küche. Übrigens: Der Kaffee kommt aus der eigenen Rösterei!

69 Zim – 89/149 € 109/169 € – ½ P

Seilerwaldstr. 10 ✉ 58636 – ✆ 02371 9720 – www.vierjahreszeiten-iserlohn.de

In Iserlohn-Lössel Süd-West: 6 km

Neuhaus

INTERNATIONAL • GEMÜTLICH XX Lust auf international-saisonale Gerichte wie "Wiener Schnitzel vom Weidekalb mit Bratkartoffeln" oder "gebratenes Steinbuttfilet mit Risotto vom grünen Spargel"? Serviert wird in den schönen Restaurantbereichen "Kaminzimmer" und "Gaststube". Auch der sonntägliche Brunch ist beliebt.

Menü 32/60 € – Karte 30/62 €

Hotel Neuhaus, Lösseler Str. 149 ✉ 58644 – ✆ 02374 97800 – www.hotel-neuhaus.de – Montag - Freitag nur Abendessen

Neuhaus

FAMILIÄR • INDIVIDUELL Ein ansprechendes Anwesen: wohnlich-individuelle Zimmer einschließlich moderner Spa-Suite, romantischer Garten mit Skulpturen, Obstbäumen und einem 700 Jahre alten Brunnen mit Bergquellwasser, dazu ein toller kleiner Day Spa in einem Fachwerkhaus von 1753.

33 Zim – 78/120 € 128/180 € – 2 Suiten – ½ P

Lösseler Str. 149 ✉ 58644 – ✆ 02374 97800 – www.hotel-neuhaus.de

Neuhaus – siehe Restaurantauswahl

ISERNHAGEN

Niedersachsen – 23 331 Ew. – Höhe 58 m – Regionalatlas **19**-I8
Michelin Straßenkarte 541

In Isernhagen-Hohenhorster Bauerschaft

Auszeit

FAMILIÄR • GEMÜTLICH Das kleine Hotel ist sehr gepflegt und freundlich geführt, die Räume sind liebevoll im Landhausstil eingerichtet und am Morgen gibt es ein gutes Frühstücksbuffet. In der "Lütte Bar" bedient man sich mit Getränken und Knabbereien. Gute Bahnanbindung nach Hannover. Auch bei Radtouristen eine gefragte Adresse.

27 Zim – 79/89 € 89/109 €

Burgwedeler Str. 151 ✉ 30916 – ✆ 0511 972560 – www.auszeit-isernhagen.de

In Isernhagen-Farster Bauernschaft

Heinrichs

TRADITIONELLE KÜCHE • GASTHOF X In dem Gasthaus mit der hübschen Backsteinfassade ist man stolz auf die lange Familientradition. Hier darf man sich auf gemütliche Atmosphäre mit altdeutschem Charme und regional-saisonale Küche freuen. Lust auf "Variation von der Ente" oder "geschmorte Rinderroulade mit Apfelrotkraut"? Tipp: schöner Garten!

Menü 25/49 € – Karte 28/56 €

Hauptstr. 1 ✉ 30916 – ✆ 05139 87310 – www.restaurant-heinrichs.de – geschlossen Montag - Dienstag

ISNY

Baden-Württemberg – 13 351 Ew. – Höhe 704 m – Regionalatlas **64**-I21
Michelin Straßenkarte 545

Allgäuer Stuben

REGIONAL • GEMÜTLICH XX Frisch und regional ist hier die Küche, dazu gehören leckere hausgemachte Maultaschen ebenso wie "Legauer Bachforelle Müllerin". Montag ist Pasta-Tag. Mittwochs und samstags wird am offenen Kamin gegrillt, im Sommer draußen auf der Terrasse zum Hotelgarten.

Menü 28/45 € – Karte 31/52 €

Hotel Hohe Linde, Lindauer Str. 75, B 12 ✉ 88316 – ✆ 07562 97597 – www.hohe-linde.de – nur Abendessen – geschlossen Sonntag

Restaurant 62°

MARKTKÜCHE • FREUNDLICH XX Speisen mit Aussicht? Das können Sie in dem freundlich-eleganten Restaurant - besonders schön ist der Blick auf die Voralpenregion von der Terrasse! Man kocht saisonal, mit Produkten aus der Region, z. B. "sous-vide gegarter Maibock-Rücken".

Menü 35/65 € – Karte 40/87 €

Allgäuer Terrassen Hotel, Alpenblickweg 3, Nord-West: 3,5 km über Neutrauchburg ✉ 88316 – ✆ 07562 97100 – www.terrassenhotel.de

Allgäuer Terrassen Hotel

LANDHAUS • FUNKTIONELL Das Haus liegt schön am Hang und so haben alle Zimmer eine tolle Aussicht nach Süden! Außerdem gibt es hier ein gutes Freizeitangebot von Squash über Sauna und Massage bis Fliegenfischen und Wandern.

28 Zim – †70/95 € ††130/140 € – ½ P

Alpenblickweg 3, Nord-West: 3,5 km über Neutrauchburg ✉ 88316 – ✆ 07562 97100 – www.terrassenhotel.de

Restaurant 62° – siehe Restaurantauswahl

Hohe Linde

FAMILIÄR • INDIVIDUELL Sehr gepflegt und engagiert geführt ist dieser Familienbetrieb am Stadtrand. Sie mögen es modern? Die neueren Zimmer sind geradlinig und mit hellen Naturtönen schön wohnlich gestaltet. Zum Relaxen: großer Garten mit Teich.

29 Zim – †75/85 € ††120/150 € – 5 Suiten – ½ P

Lindauer Str. 75, B 12 ✉ 88316 – ✆ 07562 97597 – www.hohe-linde.de

Allgäuer Stuben – siehe Restaurantauswahl

ISSELBURG

Nordrhein-Westfalen – 10 716 Ew. – Höhe 17 m – Regionalatlas **25**-B10
Michelin Straßenkarte 543

In Isselburg-Anholt Nord-West: 3,5 km

Wasserpavillon

MARKTKÜCHE • CHIC XXX Direkt auf dem Schlossteich liegt das rundum verglaste, elegante Restaurant, herrlich der Blick übers Wasser in den Park - da ist natürlich auch die Terrasse sehr gefragt! Geboten wird saisonale klassische Küche.

Menü 42/80 € – Karte 40/70 €

Parkhotel Wasserburg Anholt, Schloß 1, Zufahrt über Kleverstraße ✉ 46419 – ✆ 02874 4590 – www.schloss-anholt.de

Parkhotel Wasserburg Anholt

HISTORISCHES GEBÄUDE • KLASSISCH Das stilvolle jahrhundertealte Wasserschloss ist ein Ort zum Entspannen: ringsum ein 34 ha großer Park, der zum Spazierengehen einlädt, dazu ein eigenes Museum. Geschmackvoll und individuell die Zimmer, auch Themenzimmer wie "Seerose" oder "Prinzensuite".

31 Zim – †109/159 € ††169/209 € – 3 Suiten – ½ P

Schloß 1, Zufahrt über Kleverstraße ✉ 46419 – ✆ 02874 4590 – www.schloss-anholt.de

Wasserpavillon – siehe Restaurantauswahl

JAGSTHAUSEN

Baden-Württemberg – 1 762 Ew. – Höhe 212 m – Regionalatlas **48**-H17
Michelin Straßenkarte 545

Schlosshotel Götzenburg

HISTORISCHES GEBÄUDE • INDIVIDUELL Hier finden Sie den Charme, den Sie von einer alten Schlossanlage erwarten, hübsch die historischen Details und natürlich der Schlosspark! Hauptburg und Vorburg sind gleichermaßen wohnlich - mal gediegen, mal geschmackvoll im Landhausstil. Interessant: Weinkeller mit Blick ins ehemalige Verlies!

25 Zim – †109/149 € ††149/189 € – 3 Suiten – ½ P

Schloßstr. 20, (1. Etage) ✉ 74249 – ✆ 07943 94360 – www.schlosshotel-goetzenburg.de

JAMELN

Niedersachsen – 1 051 Ew. – Höhe 19 m – Regionalatlas **20**-K7
Michelin Straßenkarte 541

Das Alte Haus

INTERNATIONAL • GEMÜTLICH X Jede Menge Charme hat das hübsche Fachwerkhaus mit seiner rustikalen Einrichtung. Blickfang ist der offen ins Restaurant integrierte Grill - ein Muss ist da das "Feersisch Rind"! Ebenfalls lecker ist z. B. "Rehcarpaccio an Steinpilzen mit Trüffelöl".

Karte 21/46 €

Bahnhofstr. 1 ✉ 29479 – ✆ 05864 608 (Tischbestellung ratsam) – www.jameln.de – nur Abendessen – geschlossen Montag - Mittwoch

JENA

Thüringen – 108 207 Ew. – Höhe 148 m – Regionalatlas **41**-L12
Michelin Straßenkarte 544

Landgrafen

REGIONAL • FREUNDLICH XX Einen fantastischen Blick über die Stadt bietet dieses Restaurant, das zu Recht als "Balkon Jenas" bezeichnet wird. Gekocht wird international mit regional-saisonalen Einflüssen. Schön auch der Biergarten vor dem Haus. Drei individuelle Gästezimmer zum Übernachten: Landhaus-, Art-déco- oder Hochzeitszimmer.

Karte 24/53 €

3 Zim – †50 € ††65/95 € – 8 €

Landgrafenstieg 25, (Zufahrt über Am Steiger) ✉ 07743 – ✆ 03641 507071 – www.landgrafen.com – Dienstag - Donnerstag nur Abendessen – geschlossen Februar und Montag

SCALA - Das Turm Restaurant

INTERNATIONAL • CHIC XX Wie wär's mit einem Essen in 128 m Höhe bei traumhaftem Stadtblick? Die ambitionierte modern-internationale Küche gibt es am Abend z. B. als "Strauß, Mais, Traube, Ahornsirup, Popcorn". Mittags wählt man von einer etwas günstigeren Karte.

Menü 30 € (mittags unter der Woche)/102 € – Karte 48/69 €

SCALA - Das Turm Hotel, Leutragraben 1, (im JenTower, 28. Etage) ✉ 07743 – ✆ 03641 356666 (abends Tischbestellung ratsam) – www.scala-jena.de

SCALA - Das Turm Hotel

URBAN • MODERN Wo könnte der Blick über Jena eindrucksvoller sein als hoch oben im "JenTower", einem der Wahrzeichen der Stadt? Tolle Sicht von jedem der Zimmer (hier klares, reduziertes Design) sowie beim Frühstück. Gut die Lage mitten im Zentrum.

17 Zim – †89/119 € ††106/129 € – 20 €

Stadtplan : A1-s – *Leutragraben 1, (im JenTower, 27. Etage) ✉ 07743 – ✆ 03641 3113888 – www.scala-jena.de*

SCALA - Das Turm Restaurant – siehe Restaurantauswahl

JOHANNESBERG

Bayern – 3 909 Ew. – Höhe 372 m – Regionalatlas **48**-G15
Michelin Straßenkarte 546

Helbigs Gasthaus

MARKTKÜCHE • FREUNDLICH X "Casual Fine Dining" ist das Konzept der Helbigs. Angenehm leger die Atmosphäre, aufmerksam, freundlich und geschult der Service. Das Angebot reicht von traditionellen Gasthausgerichten bis zum "Genussmenü".

Menü 41/112 € (abends) – Karte 41/89 €

Hotel Auberge de Temple, Hauptstr. 2 ✉ 63867 – ✆ 06021 4548300 (Tischbestellung ratsam) – www.auberge-de-temple.de – geschlossen Januar - Oktober: Sonntag - Montag, November - Dezember: Montag

Auberge de Temple

GASTHOF • INDIVIDUELL Sie sollten nicht nur zum Essen zu den Helbigs kommen, denn geschmackvoller kann man kaum übernachten! Neben den wertigen, individuellen und geräumigen Zimmern (sie tragen übrigens die Namen von Künstlern) genießt man eine liebevolle Betreuung durch die Familie samt persönlich serviertem Frühstück.

6 Zim – 124/164 € 174/214 €

Hauptstr. 2 ✉ 63867 – ✆ 06021 4548300 – www.auberge-de-temple.de

Helbigs Gasthaus – siehe Restaurantauswahl

JORK

Niedersachsen – 11 746 Ew. – Höhe 1 m – Regionalatlas **10**-I5
Michelin Straßenkarte 541

In Jork-Borstel Nord: 1 km

Die Mühle Jork

REGIONAL • LÄNDLICH XX Liebenswert hat man die ehemalige Mühle von 1856 im rustikalen Stil eingerichtet. Zu ambitionierten saisonalen Gerichten wie "Royal Taube, Aubergine, Dattel, Pistazie" bietet man gute Weine. Mittags einfachere Karte. Idyllisch die Terrasse.

Menü 25 € (mittags)/99 € – Karte 36/66 €

Am Elbdeich 1 ✉ 21635 – ✆ 04162 6395 – www.diemuehlejork.de – geschlossen Januar und Montag - Dienstag, außer an Feiertagen

JUGENHEIM

Rheinland-Pfalz – 1 583 Ew. – Höhe 155 m – Regionalatlas **47**-E15
Michelin Straßenkarte 543

Weedenhof

MEDITERRAN • WEINSTUBE X Schön gemütlich hat man es in dem mit Holz und Bruchstein hübsch gestalteten Restaurant. Dazu gibt es schmackhafte mediterran-regionale Küche mit saisonalen Einflüssen, z. B. als "Lammrücken mit Kräuterkruste und Ratatouille-Törtchen". Übernachten können Sie übrigens auch richtig nett und gepflegt.

Menü 29 € (vegetarisch)/45 € – Karte 31/48 €

8 Zim – 65/70 € 94/110 €

Mainzerstr. 6 ✉ 55270 – ✆ 06130 941337 – www.weedenhof.de – nur Abendessen – geschlossen Mitte Juli - Anfang August 3 Wochen und Montag - Dienstag, außer an Feiertagen

JUIST (INSEL)

Niedersachsen – 1 589 Ew. – Höhe 3 m – Regionalatlas **7**-C5
Michelin Straßenkarte 541

Danzer's

INTERNATIONAL • FREUNDLICH XX Schon das klassisch-elegante Ambiente ist ansprechend - ganz zu schweigen von der Terrasse mit Deichblick! Dazu gibt es international-regionale Küche wie "Wolfsbarschfilet in Speckbutter auf Belugalinsen". Kleinere Mittagskarte.

Menü 42/75 € (abends) – Karte 30/62 €

Hotel Achterdiek, Wilhelmstr. 36 ✉ 26571 – ✆ 04935 8040 – www.hotel-achterdiek.de – geschlossen 11. November - 22. Dezember

Rüdiger's

MARKTKÜCHE • ELEGANT XX In dem eleganten kleinen Restaurant kommt auf den Tisch, was die Saison zu bieten hat. Probieren Sie z. B. Maischolle mit frischen Krabben oder Juister Austern! Mittags kleinere Karte. Schöne Terrasse.

Menü 39/90 € (abends) – Karte 38/95 €

Hotel Pabst, Strandstr. 15 ✉ 26571 – ✆ 04935 8050 – www.hotelpabst.de – geschlossen 6. - 31. Januar, 24. November - 19. Dezember und Dienstag

Achterdiek

SPA UND WELLNESS • GEMÜTLICH Ein Ferienhotel wie man es sich wünscht! Ruhige Lage, warme, angenehme Atmosphäre, schöne, individuelle Zimmer (meist mit Blick aufs Wattenmeer) und ein Service, der dem geschmackvollen Interieur in nichts nachsteht!

46 Zim – †101/236 € ††182/312 € – 3 Suiten – ½ P

Wilhelmstr. 36 ✉ 26571 – ✆ 04935 8040 – www.hotel-achterdiek.de – geschlossen 11. November - 22. Dezember

Danzer's – siehe Restaurantauswahl

Pabst

TRADITIONELL • GEMÜTLICH Sie können sich aussuchen, ob Sie modern oder doch lieber klassisch-friesisch wohnen möchten. Familie Pabst (bereits die 4. Generation) investiert ständig in ihr Haus und macht es so für die Gäste richtig behaglich und hübsch!

50 Zim – †110/220 € ††210/400 € – 6 Suiten – ½ P

Strandstr. 15 ✉ 26571 – ✆ 04935 8050 – www.hotelpabst.de – geschlossen 6. - 31. Januar, 24. November - 19. Dezember

Rüdiger's – siehe Restaurantauswahl

Westfalenhof

FAMILIÄR • FUNKTIONELL Schön und sehr gepflegt wohnt man in dem familiär geleiteten Haus. Neben hellen, geschmackvollen Zimmern (darunter recht großzügige Eckzimmer sowie Südzimmer mit Balkon) erwartet Sie ein gutes Frühstücksbuffet.

20 Zim – †74/89 € ††104/164 €

Friesenstr. 24 ✉ 26571 – ✆ 04935 91220 – www.hotel-westfalenhof.de – geschlossen Ende Oktober - Ende März

KAHL am MAIN

Bayern – 7 481 Ew. – Höhe 110 m – Regionalatlas **48**-G15
Michelin Straßenkarte 546

Zeller

INTERNATIONAL • FREUNDLICH XX Von gemütlich-rustikal bis modern-elegant reicht hier das Ambiente. Schön auch die Speisekarte - da liest man z. B. "Filet vom Weiderind mit glasiertem Wurzelgemüse". Und als Dessert vielleicht "Crème brûlée mit Blutorangensorbet"?

Menü 22 € (mittags unter der Woche)/60 € – Karte 31/70 €

Hotel Zeller, Aschaffenburger Str. 2, an der B 8 ✉ 63796 – ✆ 06188 9180 – www.hotel-zeller.de – geschlossen 23. Dezember - 2. Januar

Zeller

BUSINESS • FUNKTIONELL Ein Haus mit Flair, das für Business ebenso ideal ist wie für Privatgäste. Neben wohnlich-zeitgemäßen Zimmern hat man einen gepflegten Wellnessbereich und eine ansprechende Gastronomie. Tipp: Frühstücken Sie im Sommer auf der Terrasse!

82 Zim – †98/198 € ††178/240 € – 1 Suite

Aschaffenburger Str. 2, an der B 8 ✉ 63796 – ✆ 06188 9180 – www.hotel-zeller.de – geschlossen 23. Dezember - 2. Januar

Zeller – siehe Restaurantauswahl

KAISERSLAUTERN

Rheinland-Pfalz – 97 382 Ew. – Höhe 251 m – Regionalatlas **46**-D16
Michelin Straßenkarte 543

SAKS

BUSINESS • DESIGN Das SAKS steht für urbanen Lifestyle! Die Zimmer: wertig, wohnlich und chic in klaren Linien und warmen, metallischen Tönen - fragen Sie nach den Einraum-Spa-Suiten mit Balkon! Trendiges Design auch in der Lobby-Bar samt gemütlicher Lounge.

92 Zim – 🚹129/159 € 🚹🚹149/179 € – ☕15 €

Stiftsplatz 11, (Zufahrt über Spittelstraße) ✉ 67655 – ☎ 0631 361250 – www.sakshotels.com

Zollamt

URBAN • DESIGN Seit über 30 Jahren betreibt Familie Folz dieses Hotel und ist mit Herzblut bei der Sache - alles ist top in Schuss, geschmackvoll der klare moderne Stil, die Zimmer wertig eingerichtet und durchdacht bis ins Detail. Nicht zu vergessen das gute Frühstück!

33 Zim – 🚹87/106 € 🚹🚹106/125 € – ☕14 €

Buchenlochstr. 1 ✉ 67663 – ☎ 0631 3166600 – www.hotel-zollamt.de – geschlossen 19. Dezember - 11. Januar

KAISHEIM

Bayern – 3 817 Ew. – Höhe 470 m – Regionalatlas **57**-K18
Michelin Straßenkarte 546

In Kaisheim-Leitheim Süd-Ost: 6 km

Weingärtnerhaus

INTERNATIONAL • GERADLINIG XX Im schönen Weingärtnerhaus von 1542 (benannt nach den unterhalb gelegenen Weinbergen) kocht man schmackhaft und mit guten Produkten: "lauwarmes Carpaccio vom Kalbskopf mit Garnelen und Trüffelsabayon", "Zander Berliner Art mit Blutwurst und Kartoffelpüree"... Tipp: Man hat auch diverse südafrikanische Weine.

Menü 35/63 € – Karte 37/51 €

Hotel Schloss Leitheim, Schlossstr. 1 ✉ 86687 – ☎ 09097 485980 (abends Tischbestellung erforderlich) – www.schloss-leitheim.de – Montag - Freitag nur Abendessen – geschlossen 1. - 14. Januar

Schloss Leitheim

LANDHAUS • ELEGANT In herrlicher exponierter Weitsicht-Lage steht dieses ausgesprochen geschmackvolle Hotel, das sich gelungen in das Rokoko-Ensemble des Schlosses einfügt. Die Zimmer sind elegant, hell und wohnlich, technisch "up to date" und die Minibar ist inklusive. Toll das Frühstück, chic der Spa samt Außenpool.

47 Zim ☕ – 🚹125/140 € 🚹🚹180/240 € – 2 Suiten – ½ P

Schloss-Str. 1 ✉ 86687 – ☎ 09097 485980 – www.schloss-leitheim.de – geschlossen 1. - 14. Januar

Weingärtnerhaus – siehe Restaurantauswahl

KALKAR

Nordrhein-Westfalen – 13 685 Ew. – Höhe 15 m – Regionalatlas **25**-B10
Michelin Straßenkarte 543

Meier's Restaurant

INTERNATIONAL • FREUNDLICH XX Chef Michael Meier stammt aus Wien und so mischen sich auch Klassiker aus seiner Heimat unter die internationalen Gerichte. Und wo möchten Sie speisen? Im Restaurant mit mediterranem Touch, im Wintergarten oder auf der idyllischen Innenhofterrasse? Charmant der Service. Einfache Karte im Bistro "Mango".

Menü 45/58 € – Karte 31/52 €

Markt 14 ✉ 47546 – ☎ 02824 3277 – www.meiers-restaurant.de – nur Abendessen – geschlossen 23. Dezember - 6. Januar und Mittwoch

KALKHORST

Mecklenburg-Vorpommern – 1 732 Ew. – Höhe 30 m – Regionalatlas **11**-K4
Michelin Straßenkarte 542

In Kalkhorst-Groß Schwansee Nord-West: 3 km

Schlossgut Gross Schwansee

HISTORISCHES GEBÄUDE • DESIGN Ein stilvolles Schlossgut von 1745, viel Grün drum herum und zur Ostsee ist es auch nicht weit! Hochwertig und individuell die Zimmer im Schloss, im Neubau geradlinig (hier alle Zimmer mit Balkon/Terrasse). Vor dem Haus der schöne Naturbadeteich. Attraktiv das "Schlossrestaurant 1745" mit Kreuzgewölbe und Wintergarten. Brasserie mit regionaler Küche.

55 Zim – †118/198 € ††148/228 € – 8 Suiten – ½ P

Am Park 1 ✉ 23942 – ✆ 038827 88480 – www.schwansee.de

KALLSTADT

Rheinland-Pfalz – 1 239 Ew. – Höhe 152 m – Regionalatlas **47**-E16
Michelin Straßenkarte 543

Intense

KREATIV • FREUNDLICH XX Einfach eine coole Location! Tolles altes Gewölbe, modernes Design, Lounge-Musik, lockerer junger Service... Das kreative Menü von Benjamin Peifer ist eine beeindruckende Hommage an die Region mit gekonnt eingesetzten Techniken aus aller Welt - da ist die ein oder andere Überraschung gewiss - im positiven Sinne!

→ Kingfish als Ceviche, Tomate, Jalapeno. Saibling in Miso mariniert, Fenchel mit Koriander, Sesam, Dashiessig. Elsässische Taube, Feige, Tabak vom Feigenblatt.

Menü 100/120 €

Weinstr. 80, (im Weissen Ross) ✉ 67169 – ✆ 06322 9591150 (Tischbestellung erforderlich) – www.restaurant-inten.se – nur Abendessen – geschlossen Sonntag - Montag

Kallstadter Hof

TRADITIONELLE KÜCHE • LÄNDLICH XX Sehr gefragt das charmante Restaurant mit Holztäfelung und Kamin! Und das liegt zum einen am unkomplizierten, aufmerksamen Service, zum anderen an der Küche: Pfälzer Klassiker und Saisonales, z. B. "Kalbsrückensteak mit Kräuterseitlingen".

Menü 23/49 € – Karte 26/48 €

Hotel Kallstadter Hof, Weinstr. 102 ✉ 67169 – ✆ 06322 6001090 (Tischbestellung ratsam) – www.kallstadter-hof.de

Vinothek im Weingut am Nil

INTERNATIONAL • CHIC XX Das historische Gemäuer mischt gelungen rustikal und chic-modern - wertig und stimmig. Dazu ein Traum von Innenhof! Die Küche reicht von "Hähnchen-Saté mit asiatischem Glasnudelsalat" über "Rinderfilet mit Chorizo-Kruste" bis zu Flammkuchen und Snacks zu einem Glas Wein. Tipp: die edlen Gästezimmer!

Karte 31/59 €

7 Zim – †120/180 € ††135/195 € – 1 Suite

Neugasse 21 ✉ 67169 – ✆ 06322 9563160 – www.weingutamnil.de – nur Abendessen, sonntags auch Mittagessen – geschlossen Montag - Dienstag

Weinhaus Henninger

REGIONAL • WEINSTUBE X Es ist schon wirklich gemütlich hier. Es gibt Pfälzer Klassiker, und das in liebenswerten Stuben, im schönen Innenhof oder im ehemaligen Barrique-Keller mit spezieller Atmosphäre. Probieren Sie sich durch die hiesige Küchen- und Weinlandschaft, von Saumagen bis Rumpsteak, von Riesling bis Spätburgunder.

Karte 29/50 €

Hotel Weinhaus Henninger, Weinstr. 93 ✉ 67169 – ✆ 06322 2277 – www.weinhaus-henninger.de – geschlossen Montagmittag

Weinhaus Henninger

HISTORISCH • MODERN Über vier Jahrhunderte gibt es den Vierkanthof schon, heute ein geschmackvolles Hotel mit schönen, hochwertigen Zimmern - attraktiv auch der moderne Landhausstil im Gästehaus "Weinkastell" vis-à-vis. Am Morgen ein frisches Landfrühstück.

13 Zim – 90/140 € 100/170 € – 16 € – ½ P

Weinstr. 93 67169 – 06322 2277 – www.weinhaus-henninger.de

Weinhaus Henninger – siehe Restaurantauswahl

Kallstadter Hof

TRADITIONELL • GEMÜTLICH In dem denkmalgeschützten ehemaligen Winzerhof kann man sich wirklich wohlfühlen, denn hier gibt es nette Zimmer im Landhausstil, kleine Aufmerksamkeiten wie Obst und Wasser sowie herzlichen Service. Und auch die Umgebung ist schön: Nur wenige Meter entfernt können Sie wunderbar zwischen Reben spazierengehen.

14 Zim – 70/99 € 84/99 € – 8 € – ½ P

Weinstr. 102 67169 – 06322 6001090 – www.kallstadter-hof.de

Kallstadter Hof – siehe Restaurantauswahl

Erwarten Sie in einem oder nicht den gleichen Service wie in einem oder .

KALTENKIRCHEN

Schleswig-Holstein – 20 145 Ew. – Höhe 31 m – Regionalatlas **10**-I4
Michelin Straßenkarte 541

Dreiklang Business und Spa Resort

BUSINESS • FUNKTIONELL Schön wohnt man hier in freundlich-frisch gestalteten Zimmern, zudem hat man direkten Zugang zur benachbarten "Holsten-Therme". Und gastronomische Auswahl gibt es auch: regionale Küche in der "Speisekammer" oder Steaks und Seafood im stylischen "Oakland".

61 Zim – 100/113 € 126/136 € – 2 Suiten – ½ P

Norderstr. 6 24568 – 04191 9210 – www.hotel-dreiklang.de

KAMP-LINTFORT

Nordrhein-Westfalen – 37 118 Ew. – Höhe 28 m – Regionalatlas **25**-B11
Michelin Straßenkarte 543

Wellings Parkhotel

INTERNATIONAL • TRENDY Nicht nur das Restaurant mit Bar-Lounge und modernem Ambiente ist schön: Im Sommer werden Sie die Terrasse lieben, wenn Sie unter großen Sonnenschirmen sitzen und in den Garten mit kleinem See schauen!

Menü 39/59 € – Karte 33/75 €

Wellings Parkhotel, Neuendickstr. 96 47475 – 02842 21040 – www.wellings-parkhotel.de

Wellings Parkhotel

URBAN • MODERN Wie möchten Sie Ihr Zimmer? Elegant im "Haus der Alleen", freundlich-funktionell im "Gartenhaus" oder wohnlich-modern designt im "Haus der Ideen"? Dazu ein attraktiver Freizeitbereich nebst Anwendungen sowie gute Tagungsräumlichkeiten. Trendig-gemütliche "Wirtschaft" mit großem internationalem Bierangebot.

140 Zim – 99/120 € 119/149 € – 13 €

Neuendickstr. 96 47475 – 02842 21040 – www.wellings-parkhotel.de

Wellings Parkhotel – siehe Restaurantauswahl

KANDEL

Rheinland-Pfalz – 8 842 Ew. – Höhe 123 m – Regionalatlas **54**-E17
Michelin Straßenkarte 543

Zum Riesen

REGIONAL • TRENDY X Ein schönes modernes Restaurant mit sympathischer Atmosphäre und guter, frischer Küche. Es gibt Regionales und Internationales, z. B. "Tataki und Tatar vom Thunfisch, Yuzu-Gurke, Wasabi, Erdnüsse" oder "Bienwald-Reh à la Boeuf Bourguignon". Interessant auch das Überraschungsmenü mit Weinbegleitung! Zum Übernachten hat man hübsche, ganz individuelle Zimmer.

Menü 35/65 € – Karte 30/53 €

16 Zim – †40/60 € ††60/80 € – ☐ 5 €

Rheinstr. 54 ✉ 76870 – ✆ 07275 3437 (Tischbestellung ratsam) – www.hotelzumriesen.de – nur Abendessen – geschlossen Anfang Januar 2 Wochen und Sonntag - Montag

KANDERN

Baden-Württemberg – 8 163 Ew. – Höhe 352 m – Regionalatlas **61**-D21
Michelin Straßenkarte 545

Zur Weserei

KLASSISCHE KÜCHE • LÄNDLICH XX Schon viele Jahre führt die Familie ihre historische Weserei und bietet in ländlich-gemütlichem Ambiente oder auf der schönen Terrasse klassisch-traditionelle Küche - machen Ihnen z. B. Lammrücken oder Kalbsrückensteak Appetit?

Menü 20 € (mittags unter der Woche)/65 € – Karte 29/81 €

20 Zim ☐ – †66/109 € ††109/114 €

Hauptstr. 81 ✉ 79400 – ✆ 07626 445 – www.weserei.de – geschlossen Januar 2 Wochen, März - Oktober: Montag - Dienstagmittag, November - Februar: Montag - Dienstag

In Kandern-Egerten Süd: 8 km, Richtung Lörrach, in Wollbach links ab

Jägerhaus

INTERNATIONAL • FREUNDLICH XX In dem kleinen Haus am Waldrand kocht man schmackhaft, frisch und mit australischem Einfluss. Auf der Karte z. B. "Aussie's prime"-Rinderfilet oder "Surf'n turf", und zum Nachtisch "Pavlova", ein leckeres Schaumkuchendessert! Dazu freundlicher Service. Etwas für Kunstfreunde: eigenes Max-Böhlen-Museum!

Karte 40/71 €

Wollbacher Str. 30 ✉ 79400 – ✆ 07626 8715 (Tischbestellung ratsam) – www.restaurant-jaegerhaus.de – Donnerstag - Samstag nur Abendessen – geschlossen Januar, August und Sonntagabend - Mittwoch

In Kandern-Wollbach Süd: 6 km, Richtung Lörrach

Pfaffenkeller

MARKTKÜCHE • FAMILIÄR X Wohnzimmeratmosphäre im besten Sinne: liebevoll arrangierte Deko, ein heimeliger Kachelofen, alte Holzbalken und dazu gute produktorientierte Küche! Wie wär's z. B. mit "Ochsenbäckle, Süßkartoffel, Möhrchen"? Draußen auf der lauschigen Terrasse sitzt es sich nicht weniger schön!

Menü 55/75 € – Karte 34/73 €

Hotel Pfaffenkeller, Rathausstr. 9 ✉ 79400 – ✆ 07626 9774290 – www.pfaffenkeller.de – nur Abendessen, sonntags auch Mittagessen – geschlossen Februar, Anfang August 2 Wochen und Montag - Dienstag

Kleines Budget? Profitieren Sie von den Mittagsmenüs zu moderaten Preisen.

Pfaffenkeller

FAMILIÄR • INDIVIDUELL Sie suchen das Besondere? Die beiden Betreiber stecken sehr viel persönliches Engagement in das ehemalige Pfarr- und Domänenhaus von 1618 und geben ihm so seine eigene Note: Stil und Geschmack, allerlei Antiquitäten, kleine Aufmerksamkeiten... TV hat man übrigens nicht. Schauen Sie mal in den Hofladen, hier gibt's eigene Erzeugnisse!

9 Zim – 90/110 € 130/150 € – ½ P

Rathausstr. 9 ✉ 79400 –
✆ 07626 9774290 – www.pfaffenkeller.de – geschlossen Februar, Anfang August 2 Wochen

Pfaffenkeller – siehe Restaurantauswahl

KAPELLEN-DRUSWEILER

Rheinland-Pfalz – 960 Ew. – Höhe 159 m – Regionalatlas **54**-E17
Michelin Straßenkarte 543

Gästehaus N°31 im Rosengarten

FAMILIÄR • INDIVIDUELL Rosen sind hier allgegenwärtig - als Deko in den Zimmern mit ihren romantisch-nostalgischen Accessoires und schönem Holzfußboden und natürlich im bezaubernden Garten, in dem man auch gerne frühstückt! Auf Anfrage Abendmenü für Hausgäste.

2 Zim – 72/99 € 99/129 € – 1 Suite

Obere Hauptstr. 31 ✉ 76889 –
✆ 06343 9885013 – www.no31.de

KAPPELRODECK

Baden-Württemberg – 5 870 Ew. – Höhe 220 m – Regionalatlas **54**-E19
Michelin Straßenkarte 545

In Kappelrodeck-Waldulm Süd-West: 2,5 km

Zum Rebstock

REGIONAL • GASTHOF XX Eine Adresse, die Spaß macht! In dem einladenden historischen Fachwerkhaus (seit 1750 in Familienhand) sitzt man in reizenden holzgetäfelten Stuben bei charmantem Service und richtig guter badischer Küche. Tipp: Vorspeise und Dessert als kleine "Versucherle"! Für daheim: selbstgebranntes Kirsch- und Zwetschgenwasser.

Menü 36/64 € – Karte 30/48 €
11 Zim – 56/69 € 104/128 €

Kutzendorf 1 ✉ 77876 –
✆ 07842 9480 – www.rebstock-waldulm.de –
Montag - Freitag nur Abendessen

KARBEN

Hessen – 21 936 Ew. – Höhe 125 m – Regionalatlas **47**-F14
Michelin Straßenkarte 543

Neidharts Küche

REGIONAL • FREUNDLICH XX Seit Jahren stehen die Neidharts für leckere Regionalküche, und die gibt es z. B. als "gebratenen Zander auf Schwarzwurzel" oder "Kalbsrahmgulasch mit Spätzle". Das schöne Ambiente (nett auch die Terrasse hinterm Haus) und der charmante Service durch die Chefin machen das attraktive Bild komplett.

Menü 30/49 € – Karte 30/44 €

Robert-Bosch-Str. 48 ✉ 61184 –
✆ 06039 934443 (Tischbestellung ratsam) – www.neidharts-kueche.de – nur Abendessen, sonntags auch Mittagessen – geschlossen Januar 1 Woche, Ende Juli - August 2 Wochen und Montag - Dienstag

KARLSRUHE

Baden-Württemberg - 300 051 Ew. - Höhe 115 m - Regionalatlas **54**-F18
Michelin Straßenkarte 545

sein (Thorsten Bender)

MODERNE KÜCHE • INTIM XX Das kleine Restaurant liegt in einer recht ruhigen Wohnstraße, das Ambiente modern-puristisch, aber keineswegs kühl. Das kommt ebenso an wie die kreative Küche, und die überzeugt durch Klarheit, gute Produkte und Geschmack!

→ Pulpo, Chorizo, Tomate, Olive, Kartoffel. Rinderfilet, BBQ, Mais, Paprika, Whisky-Rauchjus. Ricotta, Cerealien, Honig, Feige.

Menü 32 € (mittags unter der Woche)/79 € – Karte 55/69 €

Scheffelstr. 57 ✉ 76135 – ✆ 0721 40244776 – www.restaurant-sein.de – geschlossen 21. Januar - 5. Februar, 24. Juni - 9. Juli, 24. September - 8. Oktober und Montag - Dienstag, Samstagmittag, Sonntagmittag

Oberländer Weinstube

KLASSISCHE KÜCHE • GEMÜTLICH XX Das Stadthaus von 1826 sprüht nur so vor Charme: drinnen gemütlich-traditionelle holzgetäfelte Stuben, draußen der reizende Innenhof. Was hier aus der Küche kommt, nennt sich z. B. "Tafelspitz vom Rind mit Pommery Senf und Sellerie" und ist richtig schmackhaft. Mittags kleinere Karte.

Menü 32 € (mittags)/61 € – Karte 34/54 €

Akademiestr. 7 ✉ 76133 – ✆ 0721 25066 – www.oberlaender-weinstube.de – geschlossen 24. Dezember - 6. Januar, über Ostern 2 Wochen, Ende August - Anfang September 2 Wochen und Sonntag - Montag

BRICK + BONE Steakhouse (N)

GRILLGERICHTE • TRENDY XX Sie lieben Steaks und legen Wert auf erstklassige Fleischqualität? Hier kommt edles Rindfleisch aus Nebraska vom Grill - überaus schmackhaft und aromatisch! Dazu eine rund 1000 Positionen umfassende Weinkarte, aufmerksamer Service und chic-urbanes Ambiente.

Karte 58/120 €

Waldstr. 79 ✉ 76133 – ✆ 0721 205000 – www.brickandbone.de – geschlossen Montag, Samstagmittag

EigenArt

INTERNATIONAL • FREUNDLICH XX In dem gepflegten alten Stadthaus nahe dem Marktplatz sitzt man in legerer Bistro-Atmosphäre oder im geradlinig-eleganten Restaurant und speist saisonal, z. B. "FlussZanderFilet, RoteBeteRisotto, SafranSchaum, BabyMangold". Reduzierte, günstigere Mittagskarte.

Menü 40/60 € – Karte 29/54 €

Hebelstr. 17 ✉ 76133 – ✆ 0721 5703443 – www.eigenart-karlsruhe.de – geschlossen über Pfingsten 1 Woche, August - September 2 Wochen und Samstagmittag, Sonntag

Livingroom

MARKTKÜCHE • FREUNDLICH X Ein freundliches Restaurant mit charmant-modernem Ambiente und angenehm legerem Service. Aus der Küche kommen kreative Gerichte wie "Risotto, Parmesan, Trüffel, Ei" oder "Steinbutt, grüner Spargel, Blutorange, Granatapfel". Mittags kleinere Karte.

Menü 49/99 € – Karte 34/63 €

Sophienstr. 112 ✉ 76135 – ✆ 01515 2539420 – www.l-room.de – geschlossen Samstagmittag, Sonntagmittag, Montag

In Karlsruhe-Durlach Ost: 7 km

Zum Ochsen

FRANZÖSISCH-KLASSISCH • ELEGANT XXX Wer bei Familie Jollit zu Gast ist, schätzt die klassisch-französische Küche, und die serviert man z. B. als "Pavé vom Kabeljau mit Spargel und Morchelschaum". Und dazu ein schöner Wein aus Frankreich (Heimat des Chefs)? Zum Übernachten: charmante und wertig eingerichtete Zimmer.

Menü 35 € (mittags unter der Woche)/99 € – Karte 56/100 €

10 Zim ☕ – †110/135 € ††140/160 €

Pfinzstr. 64 ✉ 76227 – ✆ 0721 943860 – www.ochsen-durlach.de – geschlossen Ende August - Anfang September 3 Wochen und Montag - Dienstag

Anders auf dem Turmberg

INTERNATIONAL • FREUNDLICH XX Herrlich die Lage, wunderbar der Blick über Karlsruhe! Noch mehr fürs Auge (und natürlich für den Gaumen) bietet man mit dem schönen Mix aus kreativer, klassischer und saisonaler Küche - auch an Vegetarier ist gedacht. Und das alles bei modernem Ambiente und freundlichem Service.

Menü 35 € (mittags)/119 € - Karte 73/87 €

Reichardtstr. 22 ✉ 76227 - ✆ 0721 41459 - www.anders-turmberg.de - geschlossen Montagmittag, Dienstag - Donnerstagmittag, Freitagmittag, Samstagmittag

Der Blaue Reiter

URBAN • INDIVIDUELL Schön wohnlich hat man es in diesem gut geführten Hotel - ansprechend die Deko mit Bildern der Künstlergruppe "Der Blaue Reiter". Recht modern die Superiorzimmer sowie die großzügigen Zimmer im Gästehaus "Kubus". Sehr gute Tagungsräume, im 3. OG mit kleiner Dach-Lounge. Rustikales Restaurant mit Hausbrauerei.

88 Zim - †99/169 € ††119/189 € - 2 Suiten

Amalienbadstr. 16 ✉ 76227 - ✆ 0721 942660 - www.hotelderblauereiter.de

In Karlsruhe-Grünwinkel West: 5 km

Kesselhaus

INTERNATIONAL • BISTRO X Die denkmalgeschützte Industrie-Architektur des schön sanierten Backstein-Kesselhauses ist schon ein toller Rahmen! In dem luftig-hohen großen Raum mit Empore gibt es bei modernem Bistroflair internationale Speisen wie z. B. "Schulter vom Merinolamm mit Ricotta-Schupfnudeln, Bohnengemüse und Paprika-Thymianjus".

Menü 55 € (abends)/69 € - Karte 38/68 €

Griesbachstr. 10c ✉ 76185 - ✆ 0721 6699269 - www.kesselhaus-ka.de - geschlossen Sonntagabend - Montag, Samstagmittag

In Karlsruhe-Neureut Nord: 7 km

Nagels Kranz

REGIONAL • GEMÜTLICH X Hier setzt man auf erstklassige Produkte, die sich z. B. in "Hirschrücken, Serviettenknödel, Rahmwirsing, Macadamia-Crumble" finden. Tipp: das "Wilde Welt"-Menü. Nett die Atmosphäre, ob im gemütlichen Lokal oder auf der lauschigen Terrasse im Hof.

Menü 58/68 € - Karte 39/75 €

Neureuter Hauptstr. 210 ✉ 76149 - ✆ 0721 705742 (Tischbestellung ratsam) - www.nagels-kranz.de - geschlossen Anfang Januar 1 Woche und Sonntag - Montag, Samstagmittag

KASSEL

Hessen - 194 747 Ew. - Höhe 167 m - Regionalatlas **28**-H11
Michelin Straßenkarte 543

VOIT (Sven Wolf)

MODERNE KÜCHE • HIP XX Sie sitzen hier unter einer hohen Decke, schön klar das Design, durch große Fenster schaut man zur Straße. Die Küche ist frisch und modern, das Produkt steht im Mittelpunkt. Man bietet ein 8-Gänge-Menü, aus dem Sie auch à la carte wählen können. Gut die kleine Weinkarte.

→ Tatar vom Rind, schwarzer Knoblauch, Himbeere. Zander, Erbse, Morchel, Estragon. Schokolade, Lavendel, Sauerklee.

Menü 98 € - Karte 54/60 €

Friedrich-Ebert-Str. 86 ✉ 34119 - ✆ 0561 50376612 - www.voit-restaurant.de - nur Abendessen - geschlossen Januar 1 Woche, 9. - 29. Juli und Sonntag - Montag

El Erni

SPANISCH • GEMÜTLICH XX Ein schönes lebendiges Restaurant - die spanisch-internationale Küche kommt gut an. Ebenso der freundliche Service sowie das gemütliche und zugleich elegante Ambiente. Tipp: Probieren Sie die Tapas-Platte!

Karte 29/60 €

Parkstr. 42 ✉ 34119 - ✆ 0561 710018 - www.el-erni.de - nur Abendessen

Waldhotel Elfbuchen

LANDHAUS • GEMÜTLICH Schön ist die ruhige Waldlage hinter dem Herkules-Denkmal, hübsch die ländlich-behaglichen Zimmer, darunter drei Juniorsuiten mit Whirlwanne. Darf es vielleicht mal eine Kutschfahrt sein? Oder Wellness im Kurparkhotel (Schwesterbetrieb)? Bürgerliche Küche im Restaurant, nachmittags locken Kaffee und Kuchen.

11 Zim ☕ - †98/105 € ††138/155 € - 2 Suiten - ½ P

Aussichtsturm Elfbuchen 1, West: 2 km, ab Unterer Parkplatz Herkules, Zufahrt für Hotelgäste frei ✉ 34131 - ✆ 0561 969760 - www.waldhotel-elfbuchen.de

In Kassel-Bad Wilhelmshöhe

Kurparkhotel

BUSINESS • FUNKTIONELL In der Nähe des Schlossparks liegt das familiär geführte Hotel mit den wohnlichen Zimmern - besonders schön sind die Komfort-Plus-Zimmer. Am Nachmittag lockt im Restaurant leckerer Kuchen aus der eigenen Konditorei.

80 Zim ☕ - †105/145 € ††137/167 € - 3 Suiten - ½ P

Wilhelmshöher Allee 336 ✉ 34131 - ✆ 0561 31890 - www.kurparkhotel-kassel.de

Schlosshotel Bad Wilhelmshöhe

URBAN • MODERN Nicht nur die tolle Lage im Bergpark Wilhelmshöhe besticht, sondern auch die Zimmer und das wertige Wellnessangebot samt Naturbadeteich. Das Highlight: Penthouse-Suite auf zwei Etagen mit Blick auf Schloss, Herkules, Löwenburg und Stadt!

130 Zim ☕ - †100/120 € ††120/140 € - 5 Suiten - ½ P

Schloßpark 8 ✉ 34131 - ✆ 0561 30880 - www.schlosshotel-kassel.de

Steinernes Schweinchen

BUSINESS • MODERN Schön wohnen Sie hier in attraktiven zeitgemäßen Zimmern (von den talseitigen genießt man den Blick!) und am Morgen erwartet Sie ein gutes Frühstücksbuffet. Im Restaurant wird moderne Küche serviert. Alternativ gibt es im "Kleinen Schweinchen" Bürgerliches vom Grill.

83 Zim ☕ - †95/155 € ††125/185 € - 2 Suiten

Konrad-Adenauer-Str. 117 ✉ 34132 - ✆ 0561 940480 - www.steinernes-schweinchen.de

KAUB

Rheinland-Pfalz - 823 Ew. - Höhe 90 m - Regionalatlas **46**-D15
Michelin Straßenkarte 543

Zum Turm

KLASSISCHE KÜCHE • GEMÜTLICH XX In dem gemütlichen 300 Jahre alten Haus neben dem namengebenden historischen Stadtturm wird mit saisonal-internationalen Einflüssen gekocht. Auf der Karte liest man z. B. "Strammer Max von Kabeljau" oder "Rehnüsschen mit Waldpilzen". Tipp für Übernachtungsgäste: die Turm-Suite für 4 Personen.

Menü 39/89 € - Karte 29/64 €

6 Zim ☕ - †68/99 € ††88/160 € - 1 Suite

Zollstr. 50 ✉ 56349 - ✆ 06774 92200 - www.rhein-hotel-turm.de - Montag - Samstag nur Abendessen - geschlossen November und Dienstag, Januar - März: Montag - Donnerstag

KEHL

Baden-Württemberg - 34 513 Ew. - Höhe 139 m - Regionalatlas **53**-D19
Michelin Straßenkarte 545

Grieshaber's Rebstock

FRANZÖSISCH-MODERN • FREUNDLICH XX Eine schöne Mischung aus Tradition und Moderne - das gilt sowohl für das charmante Ambiente als auch für die schmackhafte Küche mit reichlich Aroma und Ausdruck sowie ausgesuchten Produkten - egal ob "Saltimbocca vom Seeteufel mit Thymiansauce" oder "Rehragout mit Pilzen". Ein Muss: die Terrasse hinterm Haus!

Karte 33/63 €

Hotel Grieshaber's Rebstock, Hauptstr. 183 ✉ 77694 – ✆ 07851 91040 – www.rebstock-kehl.de – nur Abendessen – geschlossen Anfang Januar 1 Woche, über Fastnacht 2 Wochen, August 2 Wochen und Sonntag - Montag

Grieshaber's Rebstock

FAMILIÄR • INDIVIDUELL Zum Wohlfühlen: Die Zimmer ("Spiegel", "Journal", "Schwarzwaldmädel", "Hilde"...) sind so schön wie individuell (fragen Sie nach den ruhigeren zum Garten!), man wird herzlich umsorgt und genießt ein reichhaltiges Frühstücksbuffet. Tipp: Mieten Sie das Beetle Cabrio samt Picknickkorb! Montagabends Pasta für Hotelgäste.

48 Zim – 72/165 € 109/185 €

Hauptstr. 183 ✉ 77694 – ✆ 07851 91040 – www.rebstock-kehl.de – geschlossen Anfang Januar 1 Woche, über Fastnacht 2 Wochen, August 2 Wochen

Grieshaber's Rebstock – siehe Restaurantauswahl

In Kehl-Kork Süd-Ost: 4 km

Hirsch

REGIONAL • LÄNDLICH XX Lust auf badische Küche mit einem Schuss Internationalem? Auf den Tisch kommen hier z. B. "Kartoffelsüppchen mit Kracherle", "Hirschpfeffer mit Spätzle" oder auch "Gamba und Kalbskopf im Paella-Sud mit Couscous".

Menü 21 € (mittags unter der Woche)/86 € (abends) – Karte 24/67 €

Hotel Hirsch, Gerbereistr. 20 ✉ 77694 – ✆ 07851 99160 – www.hirsch-kork.de – geschlossen 1. - 13. Januar, August 3 Wochen und Samstagmittag, Sonntag

Hirsch

GASTHOF • GEMÜTLICH Nicht nur bürgerlich-regionale Küche hat der historische "Hirsch" zu bieten, auch auf Übernachtungsgäste ist der Familienbetrieb mit seinen gepflegten und funktionell ausgestatteten Zimmern eingestellt.

60 Zim – 59/89 € 84/120 € – ½ P

Gerbereistr. 20 ✉ 77694 – ✆ 07851 99160 – www.hirsch-kork.de

Hirsch – siehe Restaurantauswahl

In Kehl-Sundheim Süd-Ost: 3 km

Storchenest N

MEDITERRAN • BÜRGERLICH X Das unscheinbare Haus beherbergte früher eine Pilsstube, heute bieten die jungen Betreiber hier gehobene mediterrane Küche. Appetit machen z. B. "Safranrisotto mit Miesmuscheln, Tomaten und Pecorino" oder "geschmorte Ochsenbäckchen mit Petersilientagliatelle und Champignons".

Menü 48 € (abends) – Karte 37/46 € – mittags einfache Karte

Hauptstr. 323 ✉ 77694 – ✆ 07851 9558488 – www.storchenestrestaurant.com – geschlossen Montag - Dienstag, Samstagmittag

KELL am SEE

Rheinland-Pfalz – 1 899 Ew. – Höhe 480 m – Regionalatlas **45**-B16
Michelin Straßenkarte 543

Fronhof

FAMILIÄR • MODERN Eine sympathische Adresse am Stausee oberhalb des Ortes. Die Zimmer sind wohnlich und haben meist einen Balkon zum See, dazu ein freundliches Restaurant samt Terrasse, einen schönen Garten und nebenan ein Gestüt nebst Reitanlage. Tipp: Spaziergang um den See (ca. 30 Minuten) mit Einkehr im "Hau's am See"!

10 Zim – 65/68 € 100/105 €

Am Stausee, Nord: 1 km ✉ 54427 – ✆ 06589 1641 – www.hotel-fronhof.de – geschlossen 10. November - 1. Dezember

KELLENHUSEN

Schleswig-Holstein – 1 019 Ew. – Höhe 4 m – Regionalatlas **11**-K3
Michelin Straßenkarte 541

Erholung

FAMILIÄR • MODERN Was das familiengeführte Ferienhotel in dem ehemaligen Fischerdorf interessant macht? Von hier sind es nur fünf Gehminuten zum Ostseestrand, dazu bietet man wohnlich-moderne Zimmer und einen schicken Wellnessbereich. Außerdem hat man ein ebenso ansprechend gestaltetes Restaurant mit regionaler Küche.

35 Zim – 59/75 € 90/140 € – 3 Suiten – ½ P

Am Ring 31/Strandstr. 1 ✉ 23746 – ✆ 04364 470960 – www.hotel-erholung.de

KELSTERBACH

Hessen – 14 981 Ew. – Höhe 107 m – Regionalatlas **47**-F15
Michelin Straßenkarte 543

Ambiente Italiano in der Alten Oberförsterei

ITALIENISCH • ELEGANT XX In der schmucken Villa von 1902 sitzt man in einem eleganten Wintergarten mit Blick auf Kirche und Main. Ambitionierte italienische Speisen sind hier z. B. "gegrillter Seeteufel in Nusskruste, Artischocken-Barigoul, Petersilienkartoffelpüree", dazu gute Weine. Toll die wettergeschützte Terrasse! Business Lunch.

Menü 37/99 € – Karte 49/73 €

Staufenstr. 16 ✉ 65451 – ✆ 06107 9896840 – www.ambienteitaliano.de – geschlossen 1. - 12. Januar und Samstagmittag, Sonntag, außer im Sommer

Trattoria Alte Oberförsterei – siehe Restaurantauswahl

Trattoria Alte Oberförsterei

ITALIENISCH • FREUNDLICH X Sie essen gern traditionell-italienisch? In der gemütlich-modernen Trattoria bietet man neben "Vitello Tonnato", "Lasagnetta Tradizionale" oder "Saltimbocca alla Romana" auch "Pizze Classiche" und auch glutenfreie Gerichte.

Menü 37 € – Karte 29/56 €

Restaurant Ambiente Italiano in der Alten Oberförsterei, Staufenstr. 16 ✉ 65451 – ✆ 06107 9896840 – www.ambienteitaliano.de – geschlossen 1. - 12. Januar und Samstagmittag, Sonntag, außer im Sommer

KEMPFELD

Rheinland-Pfalz – 808 Ew. – Höhe 526 m – Regionalatlas **46**-C15
Michelin Straßenkarte 543

Gartenhotel Hunsrücker Fass

LANDHAUS • GEMÜTLICH Das an der malerischen Edelsteinstraße gelegene Haus hat einen tollen Garten mit Koi-Teichen, wohnliche Landhaus-Zimmer, meist mit Balkon, und ein gemütliches Restaurant nebst rustikaler Stube. Gekocht wird international und traditionell, Spezialität ist Hunsrücker Spießbraten vom Grill.

20 Zim – 72/84 € 110/300 € – 1 Suite – ½ P

Hauptstr. 70 ✉ 55758 – ✆ 06786 9700 – www.gartenhotel-hunsruecker-fass.de – geschlossen Anfang Januar - Anfang Februar 4 Wochen

KENZINGEN

Baden-Württemberg – 9 667 Ew. – Höhe 177 m – Regionalatlas **61**-D20
Michelin Straßenkarte 545

Scheidels Restaurant zum Kranz

KLASSISCHE KÜCHE • TRADITIONELLES AMBIENTE XX Die lange Familientradition (7. Generation) verpflichtet und so geht es hier engagiert und zugleich traditionell-bodenständig zu. Historisch-charmant die Gaststube, der Service herzlich und aus der Küche kommen schmackhafte klassische Gerichte wie "Sauté von der Wachtel, Wirsing, Pommes dauphines".

Menü 36/65 € – Karte 28/59 €

4 Zim – 72/75 € 98/106 €

Offenburger Str. 18, an der B 3 ✉ 79341 – ✆ 07644 6855 – www.scheidels-kranz.de – geschlossen über Fastnacht 2 Wochen, November 2 Wochen und Montag - Dienstag

Schieble

BÜRGERLICHE KÜCHE • ZEITGEMÄSSES AMBIENTE Das Haus sticht einem ins Auge mit seiner orangefarbenen Fassade und den roten Fensterläden. Drinnen lässt man sich in ländlich-modernem Ambiente frische bürgerliche Speisen schmecken. Gerne kommt man auch zum günstigen Mittagstisch.

Menü 30 € – Karte 18/51 €

Hotel Schieble, Offenburger Str. 6, an der B 3 ✉ 79341 – ✆ 07644 9269990 – www.hotel-schieble.de – geschlossen 27. Februar - 21. März, 31. Juli - 22. August und Sonntagabend - Montag, Mittwochmittag, Freitagmittag, Samstagmittag

Schieble

GASTHOF • GEMÜTLICH Man merkt es dem Hotel an, dass es mit viel Engagement geführt wird, und das bereits in der 4. Generation. Schön der Empfangsbereich, sehr ansprechend und wohnlich der Landhausstil in den Zimmern, freundlich der Service.

26 Zim – †60/85 € ††90/119 € – 1 Suite – ½ P

Offenburger Str. 6, an der B 3 ✉ 79341 – ✆ 07644 9269990 – www.hotel-schieble.de – geschlossen 27. Februar - 21. März, 31. Juli - 22. August

Schieble – siehe Restaurantauswahl

KERNEN im REMSTAL

Baden-Württemberg – 15 041 Ew. – Höhe 271 m – Regionalatlas **55**-H18
Michelin Straßenkarte 545

In Kernen-Stetten

Malathounis

MEDITERRAN • GEMÜTLICH "Modern greek cuisine" heißt es bei den sympathischen Eheleuten Malathounis. Eine Mischung aus mediterraner Leichtigkeit und Kraft - das ist der unverkennbare Stil des Chefs. Seine griechischen Wurzeln merkt man den kreativen Speisen an, wobei sie nie zu dominant sind. Umsorgt wird man in dem charmanten Restaurant von der herzlichen Chefin.

→ Seesaibling, Ouzogelee, fermentierte Mairitterlinge, griechischer Joghurt. Gefüllte Wachtel, Mokkajus, Fava, Granatapfel-Spinat. Olivenöl-Schokolade, Zitrusfrüchte, Lychee, Rosenwasser, Pistazie.

Menü 52/75 € – Karte 67/83 €

Gartenstr. 5 ✉ 71394 – ✆ 07151 45252 – www.malathounis.de – geschlossen über Fasching 1 Woche, August - September 2 Wochen und Sonntag - Montag, Feiertage

Zum Ochsen

INTERNATIONAL • GASTHOF Viele Stammgäste mögen das über 300 Jahre alte Gasthaus, und das liegt nicht zuletzt an Fleisch- und Wurstwaren aus eigener Herstellung. Auf den Tisch kommen Maultaschen und Rahmrostbraten, aber auch nicht ganz Alltägliches wie Kalbsherz oder Kalbskopf! Sie möchten übernachten? Man hat ein Gästehaus im Ort.

Menü 42/84 € – Karte 40/68 €

Kirchstr. 15 ✉ 71394 – ✆ 07151 94360 – www.ochsen-kernen.de – geschlossen Dienstag - Mittwoch

KERPEN

Nordrhein-Westfalen – 64 171 Ew. – Höhe 95 m – Regionalatlas **35**-B12
Michelin Straßenkarte 543

Schloss Loersfeld

FRANZÖSISCH-KLASSISCH • ELEGANT Das jahrhundertealte Schloss samt 10 ha großem Park ist schon ein prächtiger Rahmen für diese kulinarische Institution in der Region. In stilvoll-historischen Räumen genießt man saisonale klassische Küche. Tipp: Übernachten kann man in drei hübschen Appartements in einem Nebenhaus.

Menü 48 € (mittags unter der Woche)/143 € – Karte 79/97 €

Schloss Loersfeld 1, Nord: 2 km, nahe der Straße von Kerpen nach Sindorf ✉ 50171 Kerpen – ✆ 02273 57755 (Tischbestellung ratsam) – www.schlossloersfeld.de – geschlossen 23. Dezember - 14. Januar, 8. - 25. Juli und Sonntag - Montag

KETSCH

Baden-Württemberg – 12 619 Ew. – Höhe 101 m – Regionalatlas **47**-F17
Michelin Straßenkarte 545

Die Ente

MODERNE KÜCHE • ELEGANT XX Appetit auf klassisch-mediterrane Küche mit saisonalen Einflüssen? In stimmigem Ambiente gibt es z. B. "Steinbutt gegrillt, Speck, Salbei, Beurre Blanc, Spargel". Wer gerne Seeblick hat, speist im Wintergarten oder auf der Terrasse.

Menü 22 € – Karte 37/72 €

See Hotel, Kreuzwiesenweg 5 ✉ 68775 – ✆ 06202 6970 – www.restaurant-die-ente.de – geschlossen Anfang Januar 1 Woche und Samstagmittag, Sonntag

Gasthaus Adler

REGIONAL • FREUNDLICH XX Die Leute mögen das gepflegte Gasthaus, und im Sommer die nette Hofterrasse! Ob in den gemütlichen Stuben oder im gediegenen Restaurant, es gibt einen Mix aus bürgerlicher und gehobener Küche. Für besondere Anlässe hat man separate Räume.

Menü 25/85 € – Karte 28/73 €

Schwetzinger Str. 21 ✉ 68775 – ✆ 06202 609004 – www.adler-ketsch.de – geschlossen Fasching 1 Woche, August 2 Wochen und Sonntagabend - Montag

See Hotel

LANDHAUS • MODERN Wirklich toll die ruhige Lage, der kleine See gleich vor der Tür! Alles ist sehr gepflegt und die Gastgeber sind engagiert. Sie mögen es besonders modern? Die neueren Zimmer sind schön geradlinig, in warmen Tönen gehalten und klimatisiert.

70 Zim – 89/159 € 119/199 € – 1 Suite

Kreuzwiesenweg 5 ✉ 68775 – ✆ 06202 6970 – www.seehotel.de

Die Ente – siehe Restaurantauswahl

KIEDRICH

Hessen – 3 983 Ew. – Höhe 165 m – Regionalatlas **47**-E15
Michelin Straßenkarte 543

Weinschänke Schloss Groenesteyn (N) (Dirk Schröer)

MODERNE KÜCHE • GEMÜTLICH X In der gemütlich-rustikalen ehemaligen Gutsschänke wird man freundlich und aufmerksam umsorgt, die Chefin empfiehlt so manch schönen Wein aus der Region. Dazu kommen aus der Küche von Dirk Schröer ausdrucksstarke moderne Gerichte mit klassischer Basis, und zwar zu einem wirklich interessanten Preis! Terrasse mit Blick auf Weinberge und Burg Scharfenstein.

→ Weißes Tomatenmousse, gegrillter Thunfisch, Parmesan. Bretonische Scholle, Sojasud, Shiitake, Kopfsalat, Sojabohnen. Zitronen-Mohnkuchen, kandierte Zitronen, Joghurteis.

Menü 58 € – Karte 43/75 €

Oberstr. 36 ✉ 65399 – ✆ 06123 1533 – www.weinschaenke-schlossgroenesteyn.de – geschlossen Januar und Montagmittag, Dienstag - Donnerstagmittag, Freitagmittag

Nassauer Hof

BUSINESS • MODERN In schöner Lage oberhalb des Rheins wohnen Sie in geschmackvoll-modernen Zimmern mit Teakholzmöbeln und Holzfußboden. Angenehm licht ist der attraktive verglaste Frühstücksraum mit Terrasse. Tipp: das ca. 2 km entfernte Kloster Eberbach.

21 Zim – 79/91 € 149/151 €

Bingerpfortenstr. 17 ✉ 65399 – ✆ 06123 999360 – www.hotel-nassauerhof.de – geschlossen Ende Dezember - Anfang Januar

KIEL

Schleswig-Holstein – 243 148 Ew. – Höhe 5 m – Regionalatlas **3**-I3
Michelin Straßenkarte 541

Ahlmanns

FRANZÖSISCH-MODERN • CHIC XX Das hat Stil: Man hat das historische Flair des Raumes bewahrt und gelungen mit moderner Geradlinigkeit und warmen Tönen kombiniert. Die Küche kreativ, ausdrucksstark und aus hervorragenden Produkten. Der Service sehr aufmerksam, freundlich und geschult, gut auch die Weinberatung. Draußen lockt die Terrasse am Park.

→ Förde Garnele, Kürbis, Mandarine und Ingwer. Steinbutt, Römersalat, Granatapfel, Speck. Holsteiner Wagyu Rind, Mangold, Karotte und Körner.

Menü 68/170 €

Hotel Kieler Kaufmann, Niemannsweg 102 ✉ 24105 – ✆ 0431 88110 – www.kieler-kaufmann.de – nur Abendessen – geschlossen Sonntag - Dienstag

Kieler Yacht Club

REGIONAL • TRENDY XX Geradlinig-modernes Ambiente, tolle Sicht auf die Kieler Förde und dazu ambitionierte international-regionale Küche. Letztere gibt es z. B. als "Fjordforellenfilet im Knusperteig mit Matcha-Espuma, Gemüse und Sesam-Udonnudeln" oder als "Hamburger Labskaus".

Karte 33/66 €

Hotel Kieler Yacht Club, Kiellinie 70 ✉ 24105 – ✆ 0431 88130 – www.hotel-kyc.de

Weinstein

MODERNE KÜCHE • GEMÜTLICH X Das Restaurant von Mario E. Brüggemann gehört zweifelsohne zu den Top-Adressen der Stadt, denn hier gibt es in legerer Atmosphäre schmackhafte saisonale Gerichte wie "Holsteiner Kalb - Filet & Ragout - mit Blumenkohl, Mango & Bärlauchgnocchi". Tipp: das ambitionierte Heimat-Menü "domum" auf Vorbestellung.

Menü 33 € (vegetarisch)/110 € – Karte 44/66 €

Holtenauer Str. 200 ✉ 24105 – ✆ 0431 555577 – www.weinstein-kiel.com – nur Abendessen – geschlossen Januar 2 Wochen, August 2 Wochen und Sonntag - Montag

Hotel Kieler Yacht Club

BUSINESS • MODERN An diesem historischen Ort (einstiges Maschinenhaus des kaiserlichen Yachtclubs von 1887) ist heute alles topmodern und hochwertig, beeindruckend die maritimen Gemälde. Toll die Suite mit freistehendem Whirlpool und großem Balkon!

18 Zim – †149/319 € ††189/359 € – 3 Suiten

Kiellinie 70 ✉ 24105 – ✆ 0431 88130 – www.hotel-kyc.de

Kieler Yacht Club – siehe Restaurantauswahl

Kieler Kaufmann

HISTORISCH • KLASSISCH Die schmucke ehemalige Bankiersvilla von 1911 hat dank stetiger Investitionen so einiges zu bieten. Wohnlich und geschmackvoll die Zimmer im Marienflügel, in der Villa oder im Parkflügel. Zum Relaxen: Sauna, Beauty & Co. Im modern-legeren "Kaufmannsladen" gibt's z. B. Steaks und Burger.

57 Zim – †135/165 € ††183/223 € – 1 Suite

Niemannsweg 102 ✉ 24105 – ✆ 0431 88110 – www.kieler-kaufmann.de

Ahlmanns – siehe Restaurantauswahl

KIRCHBERG an der JAGST

Baden-Württemberg – 4 106 Ew. – Höhe 384 m – Regionalatlas **56**-I17
Michelin Straßenkarte 545

Landhotel Kirchberg

LANDHAUS • TRADITIONELL Familie Bagusch führt ihr Haus mit Engagement und Herz, alles ist sehr gepflegt. Die Zimmer sind freundlich und funktionell, die Preise sind fair und die Lage ist günstig - man liegt am Kocher-Jagst-Rad- und Wanderweg und auch die BAB ist gut erreichbar. Im Restaurant bietet man regionale Küche.

17 Zim – †72/82 € ††103/113 €

Eichenweg 2 ✉ 74592 – ✆ 07954 98880 – www.landhotelkirchberg.de – geschlossen 1. - 10. Januar, über Weihnachten

KIRCHDORF an der AMPER

Bayern – 3 002 Ew. – Höhe 440 m – Regionalatlas **58**-M19
Michelin Straßenkarte 546

Zum Caféwirt

MARKTKÜCHE • FREUNDLICH In dem traditionellen Gasthaus mit der hübschen Fassadenmalerei sitzt man in schlichtem, freundlichem Ambiente bei regional-saisonaler Küche, und die reicht vom "Backhendl Caféwirt" über "Hirschmedaillons unter der Nusskruste mit Schwarzbrotknödel" bis zum sonntäglichen Schweinebraten. Preiswertes Tagesmenü.

Menü 28/35 € – Karte 15/42 €

Hirschbachstr. 9 ✉ 85414 – ✆ 08166 9987222 – www.cafewirt.de – Donnerstag - Samstag nur Abendessen – geschlossen Anfang Januar 1 Woche, Ende August - Anfang September 2 Wochen und Montag, Mittwoch

KIRCHDORF an der ILLER

Baden-Württemberg – 3 478 Ew. – Höhe 556 m – Regionalatlas **64**-I20
Michelin Straßenkarte 545

In Kirchdorf-Oberopfingen Süd: 3 km

Landgasthof Löwen

REGIONAL • LÄNDLICH Bei Familie Ruhland (bereits die 4. Generation) darf man sich auf Schmackhaftes wie "Zweierlei vom Milchkalb, Spargelragout, Bärlauch-Gnocchi" freuen. Oder darf es das Genießer-Menü sein? Ideal, wenn Sie auf der Durchreise sind: schöne Zimmer und Autobahnnähe.

Menü 37/69 € – Karte 32/67 €

10 Zim – 59/79 € 79/89 €

Kirchdorfer Str. 8 ✉ 88457 – ✆ 08395 667 – www.loewen-oberopfingen.de – nur Abendessen, sonntags auch Mittagessen – geschlossen Anfang August 2 Wochen und Montag

KIRCHDORF (Kreis MÜHLDORF am INN)

Bayern – 1 335 Ew. – Höhe 551 m – Regionalatlas **66**-N20
Michelin Straßenkarte 546

Christian's Restaurant - Gasthof Grainer

KLASSISCHE KÜCHE • GEMÜTLICH Sie mögen klassisch-französische Küche? Finessenreich und nicht zu verspielt? Es gibt ein Überraschungsmenü, das schön aufs Wesentliche reduziert ist und auf exzellente Produkte setzt. Die persönliche Atmosphäre in dem jahrhundertealten Gasthaus ist der äußerst charmanten Chefin, ihres Zeichens Sommelière, zu verdanken. Sonntags 12 - 18 Uhr Gourmetmenü.

→ Rotbarbe mit Wildkräutersalat, Paparikasoße und Auberginenkaviar. Steinbutt mit Spargel-Morchelragout und Ofentomaten. Milchkalbskotelett unter der Kalbsbries-Apfelkruste mit Lauch und Karotte.

Menü 65/115 €

Dorfstr. 1, (Anfahrt über Alte-Schul-Str. 2) ✉ 83527 – ✆ 08072 8510 (Tischbestellung erforderlich) – www.christians-restaurant.de – nur Abendessen, sonntags auch Mittagessen – geschlossen Sonntagabend - Dienstag

KIRCHEN (SIEG)

Rheinland-Pfalz – 8 559 Ew. – Regionalatlas **37**-E13
Michelin Straßenkarte 543

In Kirchen-Katzenbach Ost: 3 km

Zum weißen Stein

GASTHOF • GEMÜTLICH Die Historie des Hauses reicht bis ins 17. Jh. zurück, der Komfort der Zimmer ist dagegen "up to date", zudem sind sie sehr wohnlich und bieten teilweise einen Blick zum Koikarpfenteich im Garten. Im ländlich-eleganten Restaurant serviert man regionale und internationale Küche.

39 Zim – 70/92 € 100/128 € – ½ P

Dorfstr. 50 ✉ 57548 – ✆ 02741 95950 – www.zum-weissen-stein.de

KIRCHHEIM unter TECK

Baden-Württemberg – 39 396 Ew. – Höhe 311 m – Regionalatlas **55**-H19
Michelin Straßenkarte 545

In Kirchheim unter Teck-Ötlingen West: 2,5 km, Richtung Wendlingen

Rössle

GASTHOF • MODERN Natürliches Licht ist in dem kleinen Hotel ein ganz entscheidender Wohlfühlfaktor - offen, luftig, hell! Die Zimmer sind chic, modern und mit individueller Note eingerichtet. Im Gasthaus von 1662 hat man auch eine gemütliche kleine Gaststube, in der es Mo. - Fr. abends schwäbische Küche gibt.

17 Zim – †80/120 € ††114/145 € – ☕13 €

Stuttgarter Str. 202 ✉ 73230 – ✆ 07021 807770 – www.roessle-kirchheim.de

KIRCHHEIM an der WEINSTRASSE

Rheinland-Pfalz – 1 855 Ew. – Höhe 155 m – Regionalatlas **47**-E16
Michelin Straßenkarte 543

Schwarz Gourmet

FRANZÖSISCH • INTIM XX Hinter markanten roten Sandsteinmauern findet man dieses elegante kleine Restaurant. In intimer Atmosphäre bekommt man ein französisch angehauchtes und modern inspiriertes Menü, in dem beste Produkte schön geradlinig in Szene gesetzt werden. Dazu herzlicher Service.

➜ Risonirisotto mit Onsen Ei, Trüffelspinat und Hokkaido Kürbis. Prime Beef, Kräuterseitlinge, Kaffee-Kirschsauce, Rote Bete, Zucchini. Schokovariation, Tarte, Ganache, Parfait, Mousse.

Menü 85/119 €

Weinstraße Süd 1 ✉ 67281 – ✆ 06359 9241702 (Tischbestellung erforderlich) – www.schwarz-restaurant.de – nur Abendessen – geschlossen 21. Oktober - 6. November und Montag - Mittwoch

Schwarz Restaurant – siehe Restaurantauswahl

Schwarz Restaurant

INTERNATIONAL • BISTRO X Ein bisschen Wohnzimmerflair vermittelt die im schicken Bistrostil gehaltene Restaurant-Alternative im Hause Schwarz. Die Küche bietet internationale Einflüsse, aber auch regionale Klassiker wie der berühmte Saumagen werden hier kreativ interpretiert.

Menü 49/59 € – Karte 32/63 €

Restaurant Schwarz Gourmet, Weinstraße Süd 1 ✉ 67281 – ✆ 06359 9241702 (Tischbestellung ratsam) – www.schwarz-restaurant.de – geschlossen 21. Oktober - 6. November und Montagmittag, Dienstag - Donnerstagmittag

KIRCHLAUTER

Bayern – 1 332 Ew. – Höhe 344 m – Regionalatlas **50**-K15
Michelin Straßenkarte 546

In Kirchlauter-Pettstadt

Gutshof Andres

REGIONAL • GASTHOF X Ein denkmalgeschützter Gutshof mit Familientradition seit 1839, eingerahmt von altem Baumbestand und mit kleinem See vor der Tür. Auf den Tisch kommt Regionales, zudem können Sie hausgemachte Aufstriche und Brände kaufen. Zwei Appartements im einstigen Brauhaus, moderne Doppelzimmer in der ehemaligen Remise.

Menü 25/55 € – Karte 23/49 €

14 Zim ☕ – †69/79 € ††108/129 €

Pettstadt 1 ✉ 96166 – ✆ 09536 221 – www.gutshof-andres.de – geschlossen Montag - Mittwochmittag, Donnerstagmittag

KIRCHZARTEN

Baden-Württemberg – 9 784 Ew. – Höhe 392 m – Regionalatlas **61**-D20
Michelin Straßenkarte 545

Sonne

REGIONAL • BÜRGERLICH Gemütlich sitzt man hier in hübschen Stuben mit Holztäfelung und Dielenboden. Gekocht wird richtig gut, und zwar ein Mix aus Traditionellem und modernen Ideen, von "badischem Ochsenfleisch mit Meerrettichsauce" bis "Barbarie-Entenbrust, Süßkartoffelpüree, Mangold, Kokosschaum, Zwetschgen-Chutney". Schöne Terrasse.

Menü 30/49 € – Karte 28/54 €

Hotel Sonne, Hauptstr. 28 ✉ 79199 – ✆ 07661 901990 – www.sonne-kirchzarten.de – geschlossen Freitagmittag, Samstagmittag

Sonne

GASTHOF • GEMÜTLICH Seit sieben Generationen investiert Familie Rombach stetig in das Traditionshaus von 1725! Das Ergebnis sind z. B. die freundlich designten Landhaus-Zimmer oder - wenn Sie's ein bisschen frecher mögen - die "Schwarzwald-Pop"-Zimmer. Nicht zu vergessen der ansprechende moderne Saunabereich samt Anwendungen.

21 Zim – †69/99 € ††95/145 € – 3 Suiten – ½ P

Hauptstr. 28 ✉ 79199 – ✆ 07661 901990 – www.sonne-kirchzarten.de

Sonne – siehe Restaurantauswahl

In Kirchzarten - Burg-Birkenhof

rainhof scheune

BOUTIQUE-HOTEL • DESIGN Design, Wertigkeit und ein Stück Geschichte treffen hier zusammen - historisches Holz und freigelegtes Mauerwerk sind besondere Hingucker. Schön die individuellen Zimmer wie "Poesiezimmer", "Bauernstube", "Landhaus"... sowie der Saunabereich. Die Küche ist regional-international, lecker die Kuchenauswahl.

14 Zim – †79/119 € ††99/139 € – 2 Suiten – 14 € – ½ P

Höllentalstr. 96 ✉ 79199 – ✆ 07661 9886110 – www.rainhof-hotel.de

In Kirchzarten - Burg-Höfen Ost: 1 km

Schlegelhof

MARKTKÜCHE • LÄNDLICH Ein Gasthaus, wie man es sich wünscht: heimelig-wohnliche Atmosphäre, herzlicher Service und dazu schmackhafte, frische Küche von deftig-regional wie "Bibiliskäs mit Brägele" bis klassisch-fein wie "Rehrücken mit Szechuanpfeffer". Schön auch die Weinauswahl. Herrlich die Gartenterrasse.

Menü 37/72 € – Karte 37/71 €

Hotel Schlegelhof, Höfener Str. 92 ✉ 79199 – ✆ 07661 5051 (Tischbestellung ratsam) – www.schlegelhof.de – nur Abendessen, sonntags auch Mittagessen – geschlossen nach Pfingsten 2 Wochen und Mittwoch

Schlegelhof

GASTHOF • GEMÜTLICH Die Freundlichkeit und das Engagement der Familie Schlegel machen das Haus so beliebt, aber auch die hochwertige Einrichtung kommt an: unbehandeltes helles Naturholz und wohnliche Farben machen es hier richtig schön! Lust auf Entspannung? Hübscher Sauna- und Ruhebereich zum Garten, dazu Kosmetik und Massage.

11 Zim – †97/109 € ††134/224 €

Höfener Str. 92 ✉ 79199 – ✆ 07661 5051 – www.schlegelhof.de – geschlossen nach Pfingsten 2 Wochen.

Schlegelhof – siehe Restaurantauswahl

KIRKEL

Saarland – 10 042 Ew. – Höhe 240 m – Regionalatlas **46**-C17
Michelin Straßenkarte 543

In Kirkel-Neuhäusel

Ressmann's Residence

MODERNE KÜCHE • FREUNDLICH XX Das moderne Ambiente mit klaren Formen und hellen warmen Tönen kommt bei den Gästen gut an, ebenso die ambitionierte international-saisonal beeinflusste Küche sowie die schöne kleine Weinkarte. Einer der Räume ist klimatisiert. Oder sitzen Sie lieber draußen? Der nette Biergarten liegt ruhig hinterm Haus.

Menü 20 € (mittags unter der Woche)/69 € - Karte 31/69 €

Hotel Ressmann's Residence, Kaiserstr. 87 ✉ 66459 - ✆ 06849 90000 - www.ressmanns-residence.de - geschlossen Anfang Januar 2 Wochen und Dienstag, Samstagmittag, Sonntagabend

Ressmann's Residence

BUSINESS • FUNKTIONELL Der gut geführte Familienbetrieb liegt im Ortskern und verfügt über ausgesprochen gepflegte und freundlich eingerichtete Gästezimmer. Dazu gibt es am Morgen ein gutes Frühstücksbuffet.

20 Zim ☕ - †71/79 € ††85/89 € - 1 Suite

Kaiserstr. 87 ✉ 66459 - ✆ 06849 90000 - www.ressmanns-residence.de - geschlossen Anfang Januar 2 Wochen

Ressmann's Residence - siehe Restaurantauswahl

KIRN

Rheinland-Pfalz - 8 184 Ew. - Höhe 190 m - Regionalatlas **46**-D15
Michelin Straßenkarte 543

Kyrburg

KLASSISCHE KÜCHE • RUSTIKAL X In einem Gebäude von 1764 - intergriert in die Kyrburg a. d. 12. Jh. - befindet sich das rustikale Restaurant mit modernem Anbau und Whisky-Museum (zahlreiche Destillate werden offen ausgeschenkt), traumhaft die Terrasse mit Blick ins Nahetal. Geboten wird Klassisches wie Zanderfilet oder Rehrücken.

Karte 32/53 €

Auf der Kyrburg 1 ✉ 55606 - ✆ 06752 91190 - www.kyrburg.de - geschlossen 18. Februar - 6. März und Montag - Dienstag

KIRSCHAU

Sachsen - 6 469 Ew. - Höhe 249 m - Regionalatlas **44**-R12
Michelin Straßenkarte 544

JUWEL

FRANZÖSISCH-MODERN • CHIC XX Zum Wohlfühlen ist das kulinarische "Juwel" des Hauses: stimmiges, wertiges Interieur, Blick in den Garten, ein wirklich gutes Serviceteam, das Sie auch in Sachen Wein kompetent berät, und last but not least die überaus interessante Küche: klassische Basis, kreativ inspiriert, mit reichlich Finesse und Intensität.

→ Wagyu Navel Short Rib, Schwarzkirsche, wilder Fenchel. Gillardeau Auster, Sojabohne, Ingwer. Grapefruit, Toffee, Basilikum.

Menü 103/157 €

Hotel BEI SCHUMANN, Bautzener Str. 20 ✉ 02681 - ✆ 03592 5200 - www.bei-schumann.de - nur Abendessen - geschlossen 22. - 30. April, 8. Juli - 20. August und Sonntag - Dienstag

WEBERSTUBE

MARKTKÜCHE • RUSTIKAL X Holztäfelung, Kachelofen, geschmackvolle Deko... Die gemütlich-rustikale Stube ist wirklich charmant! Gekocht wird saisonal, dazu die Stuben-Klassiker. Wert legt man auf regionale Produkte wie Saibling vom Forellenhof Ermisch oder Kellers Rindfleisch. Der Service ist freundlich und geschult.

Karte 42/60 €

Hotel BEI SCHUMANN, Bautzener Str. 20 ✉ 02681 - ✆ 03592 5200 - www.bei-schumann.de - nur Abendessen - geschlossen September - Mai: Montag, Juni - August: Dienstag - Mittwoch

AL FORNO

ITALIENISCH • FREUNDLICH Richtig gemütlich hat man es hier bei typisch italienischen Gerichten und authentischem Ambiente. Aus der Showküche samt Holzofen kommen natürlich auch Klassiker wie Antipasti, Pizza und Pasta! Nett die Terrasse.

Karte 30/62 €

Hotel BEI SCHUMANN, Bautzener Str. 20 ✉ 02681 – ✆ 03592 5200 – www.bei-schumann.de – nur Abendessen – geschlossen Sonntag, Juni - August: Sonntag - Montag

BEI SCHUMANN

SPA UND WELLNESS • INDIVIDUELL Ein wahres Erholungsrefugium und einzigartig in der Oberlausitz! Wie viel Herzblut in diesem Haus steckt, merkt man am beeindruckenden Spa-Tempel, an den wertig-wohnlichen Zimmern und edlen Suiten sowie an zahlreichen kleinen Aufmerksamkeiten! Sehr gut das Frühstück im "Kirschgarten" - hier tagsüber Snacks.

23 Zim – 75/108 € 150/252 € – 22 Suiten – ½ P

Bautzener Str. 74 ✉ 02681 – ✆ 03592 5200 – www.bei-schumann.de

JUWEL • **WEBERSTUBE** • **AL FORNO** – siehe Restaurantauswahl

KISSINGEN, BAD

Bayern – 21 323 Ew. – Höhe 220 m – Regionalatlas **49**-I14
Michelin Straßenkarte 546

Laudensacks Gourmet Restaurant

FRANZÖSISCH-KLASSISCH • ELEGANT Das Restaurant von Hermann Laudensack ist eine Bastion klassischer Hochküche mit modernen Elementen, und das mitten in Franken. In eleganter Atmosphäre wird man mit ausgesuchten Produkten verwöhnt und auch in Sachen Wein aufmerksam und geschult umsorgt. Im Sommer schöne Terrasse zum Park!

→ Hummercannellono, Hummercrème, Gartengurke, Wassermelone, Buttermilch. Bresse Poularde Zitronenthymiansauce, Artikschocken, Spinat, Pinienkernpüree. Rhöner Reh, Tonkabohnenjus, Brombeeren, wilder Brokkoli, Topfenknödel.

Menü 56/102 € – Karte 62/81 €

Laudensacks Parkhotel, Kurhausstr. 28 ✉ 97688 – ✆ 0971 72240 (Tischbestellung ratsam) – www.laudensacks-parkhotel.de – nur Abendessen – geschlossen Ende Dezember - Mitte Januar und Sonntag - Montag

Schuberts Wein & Wirtschaft

REGIONAL • WEINSTUBE Das hat Charme: Von der original Weinstube a. d. J. 1893 bis zum Garten sitzt man sehr schön und angenehm leger. Aus der Küche kommt Schmackhaftes wie "Waller in der Senfkruste mit Meerrettich-Birnen-Wirsing" oder "Sauerbraten von der Ochsenbacke mit Apfel-Blaukraut". Und dazu vielleicht einen Frankenwein?

Menü 49 € – Karte 33/52 €

Kirchgasse 2 ✉ 97688 – ✆ 0971 2624 – www.weinstube-schubert.de – geschlossen Montag - Dienstag

Laudensacks Parkhotel

BOUTIQUE-HOTEL • GEMÜTLICH Seit fast drei Jahrzehnten ist Familie Laudensack nicht nur ein Garant für kulinarische Höhen, auch geschmackvolles und komfortables Wohnen samt erstklassigem Frühstück ist Ihnen hier gewiss. Nicht zu vergessen der schöne Wellnessbereich (Tipp: das Beauty-Angebot der Chefin) und der 4000 qm große Park. Halbpension auch an Ruhetagen des Gourmetrestaurants.

20 Zim – 94/105 € 158/186 € – 1 Suite – ½ P

Kurhausstr. 28 ✉ 97688 – ✆ 0971 72240 – www.laudensacks-parkhotel.de – geschlossen Ende Dezember - Mitte Januar

Laudensacks Gourmet Restaurant – siehe Restaurantauswahl

Dappers Hotel Spa Genuss

SPA UND WELLNESS • MODERN Vor über 100 Jahren von Namensgeber Carl Franz Dapper als Sanatorium eröffnet, ist das stattliche Sandsteingebäude heute ein geschmackvoll-modernes Hotel: klare Formen und warme Farben von den Zimmern über den Spa bis ins Wintergarten-Restaurant - hier internationale Küche.

27 Zim – 69/119 € 109/189 € - 10 Suiten - ½ P

Menzelstr. 21 ✉ 97688 - ✆ 0971 785480 - www.dappers-hotel.de

KLEINES WIESENTAL

Baden-Württemberg - 200 Ew. - Höhe 920 m - Regionalatlas **61**-D21
Michelin Straßenkarte 545

Im Ortsteil Schwand

Sennhütte

REGIONAL • FREUNDLICH Essen Sie gerne bürgerlich-regional? Oder lieber moderner? Bei Familie Grether gibt es beides, von "geschnetzelte Kalbsleber, Balsamicosauce, Rösti" bis "Eismeerforelle, marinierter Spargel, Miso-Mayonnaise". Gekocht wird schmackhaft, unkompliziert und mit guten, frischen Produkten.

Menü 50 € – Karte 26/52 €

Hotel Sennhütte, Schwand 14 ✉ 79692 - ✆ 07629 91020 - www.sennhuette.com - geschlossen Februar und Dienstag

Sennhütte

GASTHOF • FUNKTIONELL Ideal, um die schöne Schwarzwaldlandschaft zu genießen! Tipptopp gepflegt und wohnlich hat man es in dem sehr gut geführten traditionsreichen Familienbetrieb in einem kleinen Dorf. Tipp: Hausmacher Wurst und selbst gebackener Kuchen.

12 Zim – 63/76 € 110/114 € – 3 Suiten – ½ P

Schwand 14 ✉ 79692 - ✆ 07629 91020 - www.sennhuette.com - geschlossen Februar

Sennhütte – siehe Restaurantauswahl

KLEINWALLSTADT

Bayern - 5 776 Ew. - Höhe 123 m - Regionalatlas **48**-G15
Michelin Straßenkarte 546

Landgasthof zum Hasen

MARKTKÜCHE • GASTHOF Gemütlich ist es in dem Gasthof von 1554: rustikale Einrichtung mit hübscher Deko, draußen der schöne Innenhof! Sie werden herzlich umsorgt und bekommen regional geprägte Küche mit internationalen Einflüssen serviert. Sie möchten übernachten? So liebenswert wie der Gastraum sind auch die Zimmer.

Menü 22/69 € – Karte 26/58 €

6 Zim – 70/78 € 95/98 € – 2 Suiten – 10 €

Marktstr. 3 ✉ 63839 - ✆ 06022 7106590 - www.kleinwallstadt-zumhasen.de - geschlossen über Fasching, August 2 Wochen, November 1 Woche und Montag - Dienstag

K. Kreder/Prisma/age

WIR MÖGEN BESONDERS...

Die ausgesuchten Produkte von Walser Bauern im urigen **Wirtshaus Hoheneck**. Als Hotelgast im **Alpenhof Jäger** mit dem Chef auf Wandertour gehen und danach in der gemütlichen **Humbachstube** richtig gut essen. Die tolle Wein-, Rum- und Whiskyauswahl in der **Birkenhöhe**. Schickes Design und Sterneküche im exklusiven **Travel Charme Ifen Hotel**.

KLEINWALSERTAL

Vorarlberg - 5 015 Ew. - Regionalatlas **64**-I22
Michelin Straßenkarte 730

In Riezlern - Höhe 1 100 m

Humbachstube im Alpenhof Jäger

REGIONAL · GEMÜTLICH XX Richtig gemütlich sitzt man in der kleinen Stube bei schmackhafter regionaler Küche, z. B. in Form von "Rumpsteak vom Walser Jungrind mit Chili-Frischkäsekruste und Frühlingsgemüse". Beliebt sind auch Wildgerichte. Charmant der Service samt guter Weinberatung.

Menü 37/75 € - Karte 37/84 €

Hotel Alpenhof Jäger, Unterwestegg 17 ✉ 87567 - ✆ 0043 5517 5234 (Tischbestellung erforderlich) - www.alpenhof-jaeger.de - nur Abendessen - geschlossen 22. April - 29. Mai, 2. - 29. Juli, 11. November - 12. Dezember und Dienstag - Mittwoch

Alpenhof Jäger

FAMILIÄR · GEMÜTLICH Ein liebevoll restauriertes Walserhaus von 1683, das um einen Anbau im regionalen Stil erweitert wurde. Das kleine Hotel mit den gepflegten rustikalen Gästezimmern wird von Familie Jäger engagiert geleitet. HP inklusive.

12 Zim - †91/99 € ††160/198 €

Unterwestegg 17 ✉ 87567 - ✆ 0043 5517 5234 - www.alpenhof-jaeger.de - geschlossen 22. April - 29. Mai, 2. - 29. Juli, 11. November - 12. Dezember

In Hirschegg - Höhe 1 125 m

Kilian Stuba

KREATIV · ELEGANT XXX Schon das modern-elegante Interieur lässt Feines erwarten! Hier kocht man kreativ und reduziert sich aufs Wesentliche - klasse, wie dabei der intensive Geschmack ausgezeichneter Produkte zur Geltung kommt! Kompetent empfiehlt man dazu die passenden Weine - man hat natürlich zahlreiche österreichische.

→ St. Pierre mit Aquarello Risotto, Taschenkrebs, Limonenblätter-Beurre blanc. Donald Russel Lammrücken mit bunten Harissalinsen, Avocadodip, Vadouvanjus. Walser Reh mit Herzkirschjus, sautierte Eierschwammerl, Brokkoli, Bramatakrapferl.

Menü 90/120 € - Karte 92/112 €

Travel Charme Ifen Hotel, Oberseitestr. 6 ✉ 87568 - ✆ 0043 5517 6080 - www.travelcharme.com - nur Abendessen - geschlossen 21. - 29. April, 16. Juni - 1. Juli, 4. - 19. August, 3. - 25. November und Sonntag - Montag

Carnozet

REGIONAL • FREUNDLICH Geschmackvoll-modernes Ambiente und regionale Küche mit Bezug zur Saison - wer das mag, ist im "Carnozet" genau richtig. Aus guten, frischen Produkten entsteht hier Leckeres wie "auf der Haut gebratenes Heimertinger Saiblingsfilet, Veltlinersoße, Paradeiser-Rollgerste, gebratener Blumenkohl".

Menü 35/59 € - Karte 33/56 €

Travel Charme Ifen Hotel, Oberseitestr. 6 ✉ 87568 - ✆ 0043 5517 6080 - www.travelcharme.com - nur Abendessen

Sonnenstüble

REGIONAL • LÄNDLICH Hier sorgen warmes Holz und Kachelofen für Gemütlichkeit, während man Sie z. B. mit "Tatar vom Walser Rind" oder "Heimertinger Saibling mit Rieslinggemüse" verwöhnt. Dazu eine sehr gute Weinauswahl samt Raritäten aus Italien und Frankreich.

Menü 45/95 € (abends) - Karte 41/80 €

Hotel Birkenhöhe, Oberseitestr. 34 ✉ 87568 - ✆ 0043 5517 5587 - www.birkenhoehe.com - geschlossen 31. März - 29. Mai, 4. November - 18. Dezember und Dienstag - Mittwoch

Travel Charme Ifen Hotel

SPA UND WELLNESS • MODERN Alpiner Charme und Moderne vereint: Der geradlinig-elegante Stil des Designers Lorenzo Bellini trifft hier auf schöne Naturmaterialien wie Holz und Stein. Schicke Zimmer mit Balkon oder Terrasse, toller "PURIA Premium Spa" auf 2300 qm, klasse Aussicht. HP im Restaurant "Theo's".

117 Zim – †152/332 € ††218/664 € - 8 Suiten - ½ P

Oberseitestr. 6 ✉ 87568 - ✆ 0043 5517 6080 - www.travelcharme.com

Kilian Stuba • **Carnozet** - siehe Restaurantauswahl

Birkenhöhe

SPA UND WELLNESS • GEMÜTLICH Das ruhig gelegene Ferienhotel mit Aussicht aufs Kleinwalsertal ist ein gut geführter Familienbetrieb mit wohnlichem Ambiente und Spa samt Panoramahallenbad. Täglich lockt leckerer hausgebackener Kuchen und für Rum- und Whisky-Freunde hat man in der Bar rund 100 Sorten.

39 Zim – †120/220 € ††220/340 € - 5 Suiten - ½ P

Oberseitestr. 34 ✉ 87568 - ✆ 0043 5517 5587 - www.birkenhoehe.com - geschlossen 31. März - 29. Mai, 4. November - 18. Dezember

Sonnenstüble - siehe Restaurantauswahl

Sonnenberg

FAMILIÄR • GEMÜTLICH Schön die Lage über dem Tal, dazu der urige Charme des Walser Bauernhauses a. d. 16. Jh., nicht zu vergessen die herzlichen, engagierten Gastgeber! Nachmittags gibt's hausgebackenen Kuchen. Übrigens: Bei Eis und Schnee erspart man Ihnen die beschwerliche Fahrt hier hinauf, man holt Sie unten im Ort ab.

13 Zim – †58/103 € ††120/170 € - 1 Suite - ½ P

Am Berg 26 ✉ 87568 - ✆ 0043 5517 5433 - www.kleinwalsertal-sonnenberg.de - geschlossen 31. März - 18. Mai, 21. Oktober - 18. Dezember

In Mittelberg - Höhe 1 220 m

Wirtshaus Hoheneck

TRADITIONELLE KÜCHE • GEMÜTLICH Ein charmant-rustikales Gasthaus, unten und oben ist es gleichermaßen gemütlich, hier wie dort mit herrlicher Bergblick-Terrasse. Gekocht wird regional-saisonal, so z. B. "Golasch vom Hirschegger Rend mit Serviettenknödel", dazu schöne Weine aus Österreich. Tipp: nachmittags Kaffee und hausgebackener Kuchen.

Menü 35 € (mittags)/73 € - Karte 26/52 €

Walserstr. 365 ✉ 87569 - ✆ 0043 5517 55225 - www.hoheneck.at - geschlossen Mitte November - Anfang Dezember und Dienstag

Haller's Geniesserhotel

SPA UND WELLNESS · GEMÜTLICH Das Hotel der Familie Haller ist wohnlich im alpinen Stil eingerichtet, bietet freundlichen Service, eine hochwertige Halbpension und einen schönen Spa auf 1500 qm, und von den Zimmern schaut man auf die umliegenden Berge! Die Aussicht genießt man übrigens auch von der Terrasse.

55 Zim – 155/205 € 250/330 € – 30 Suiten – ½ P

Von Klenze Weg 5 ✉ 87569 – ✆ 0043 5517 5551 – www.hallers.at – geschlossen 15. April - 30. Juni

Leitner

SPA UND WELLNESS · GEMÜTLICH Neben der schönen Lage überzeugt hier der aufwändig gestaltete Spabereich auf 1000 qm - vom Ruheraum hat man einen tollen Bergblick! Die Zimmer sind behaglich, einige sind besonders hübsch im modern-alpenländischen Stil eingerichtet.

20 Zim – 112/175 € 210/310 € – 15 Suiten – ½ P

Walserstr. 355 ✉ 87569 – ✆ 0043 5517 5788 – www.leitner-hotel.at – geschlossen 8. April - 20. Mai, 5. November - 15. Dezember

Naturhotel Lärchenhof

FAMILIÄR · GEMÜTLICH Der Familienbetrieb ist eine Symbiose aus Tradition und Moderne. Man hat sich den Themen Region und Natur verschrieben, von der ökologischen Bauweise (schön z. B. "Alpschwitz"-Sauna mit viel Holz und Stein) bis zu Bio-Lebensmitteln (man hat eigene Honig-Produkte). HP inklusive, im Sommer auch Bergbahnkarte.

19 Zim – 74/114 € 136/182 € – 5 Suiten – ½ P

Schützabühl 2 ✉ 87569 – ✆ 0043 5517 6556 – www.naturhotel-laerchenhof.at – geschlossen 15. April - 17. Mai, 4. November - 19. Dezember

KLETTGAU

Baden-Württemberg – 7 478 Ew. – Höhe 424 m – Regionalatlas **62**-E21
Michelin Straßenkarte 545

In Klettgau-Grießen

Landgasthof Mange

MARKTKÜCHE · FREUNDLICH XX Eine der besten Adressen der Region und preislich richtig fair! Man kocht überwiegend regional und mit Bezug zur Saison - darf es vielleicht "Kaninchenrückenfilet, Weckknödel, Spargelfrikassee, Schnittlauch" sein? Probieren Sie auch Schnaps und Brot - beides stammt aus der eigenen Produktion der Familie.

Menü 35 € (mittags)/65 € – Karte 29/51 €

Kirchstr. 2 ✉ 79771 – ✆ 07742 5417 (Tischbestellung erforderlich) – www.mange-griessen.de – Mittwoch - Freitag nur Abendessen – geschlossen August 2 Wochen und Montag - Dienstag

KLINGENBERG am MAIN

Bayern – 6 119 Ew. – Höhe 128 m – Regionalatlas **48**-G15
Michelin Straßenkarte 546

Straubs Restaurant

KLASSISCHE KÜCHE · TRENDY X Der Hotelname "Straubs Schöne Aussicht" gilt auch fürs Restaurant: Durch die im Sommer offene Fensterfront und von der überdachten Terrasse schaut man auf Weinberge, Burg, Main! Auf der Karte Leckeres wie "Lammrücken 'Lion Poivre', Auberginenpüree, confiertes Gemüse". Für Übernachtungsgäste hat man gepflegte, freundliche Zimmer und einen netten Saunabereich.

Menü 37/69 € – Karte 41/60 €

28 Zim – 59/95 € 83/130 € – 8 €

Bahnhofstr. 18, am linken Mainufer ✉ 63911 – ✆ 09372 930300 – www.straubs-schoene-aussicht.de – nur Abendessen, sonntags auch Mittagessen – geschlossen August 2 Wochen und Montag - Dienstag

KLÜTZ

Mecklenburg-Vorpommern – 3 064 Ew. – Höhe 12 m – Regionalatlas **11**-K4
Michelin Straßenkarte 542

Landhaus Sophienhof

LANDHAUS • MODERN Wenige Gehminuten vom Schloss Bothmer entfernt steht das schön sanierte Fachwerkhaus von 1854, dessen Zimmer nordisch-wohnlichen Charme versprühen. Gemütlich das kleine Café, im Sommer sitzt man im hübschen Garten.

4 Zim – †48/78 € ††68/98 € – 1 Suite – 12 €

Wismarsche Str. 34, Zufahrt über Schulstraße ✉ 23948 – ✆ 038825 267080 – www.gartenhotel-sophienhof.de

KNITTELSHEIM

Rheinland-Pfalz – 1 035 Ew. – Höhe 123 m – Regionalatlas **54**-E17
Michelin Straßenkarte 543

Steverding's Isenhof

KLASSISCHE KÜCHE • RUSTIKAL XX Wer beim Anblick dieses reizenden historischen Fachwerkhauses ein gemütliches und charmantes Interieur erwartet, liegt ganz richtig. Hübsche rustikale Elemente verbinden sich hier gelungen mit einer eleganten Note, in der Küche mischen sich klassische und moderne Einflüsse.

Menü 98/118 €

Hauptstr. 15a ✉ 76879 – ✆ 06348 5700 (Tischbestellung erforderlich) – www.isenhof.de – Donnerstag - Samstag nur Abendessen – geschlossen Januar 3 Wochen und Sonntagabend - Mittwoch

KOBERN-GONDORF

Rheinland-Pfalz – 3 157 Ew. – Höhe 82 m – Regionalatlas **36**-D14
Michelin Straßenkarte 543

Alte Mühle Thomas Höreth

REGIONAL • ROMANTISCH X Ein echtes Bijou: Die Stuben sind liebevoll dekoriert, dazu ein Innenhof, der idyllischer kaum sein könnte, und ein eigenes Weingut! Möchten Sie da nicht etwas länger bleiben? Man hat individuelle und sehr wohnliche Gästezimmer, die schön ruhig liegen! Am Wochenende kann man hier auch standesamtlich heiraten.

Menü 39/79 € – Karte 26/56 €

14 Zim – †185/240 € ††225/280 €

Mühlental 17, Kobern ✉ 56330 – ✆ 02607 6474 (Tischbestellung ratsam) – www.thomashoereth.de – nur Abendessen – geschlossen Januar 3 Wochen

KOBLENZ

Rheinland-Pfalz – 111 434 Ew. – Höhe 60 m – Regionalatlas **36**-D14
Michelin Straßenkarte 543

Da Vinci

FRANZÖSISCH-KREATIV • DESIGN XX Modern ist das Konzept dieses Restaurants in bester Zentrumslage gegenüber dem Kurfürstlichen Schloss. Puristisch das Ambiente, kreativ das finessenreiche Menü mit internationalen Einflüssen. Auch Charme und Herzlichkeit kommen nicht zu kurz, dafür sorgt das geschulte Serviceteam. Tipp: regionale Weinempfehlungen.

→ Langustine, Taschenkrebs, Tomate. Steinbutt, Blumenkohl, Zitrone. Erdbeere, Rhabarber, Eisenkraut.

Menü 69/155 €

Deinhardplatz 3 ✉ 56068 – ✆ 0261 9215444 (Tischbestellung ratsam) – www.davinci-koblenz.de – nur Abendessen – geschlossen 25. Februar - 10. März und Montag - Dienstag

Schiller's Restaurant

MODERNE KÜCHE • ELEGANT XX Das Restaurant des Hotels "Stein" steht für aufwändige und ausdrucksstarke moderne Küche, in der Top-Produkte mit intensiven Aromen gekonnt kombiniert werden. Serviert wird das Ganze in Menüform - einen Teil der Gerichte gibt es als kleine Gänge. Der Rahmen: ein schöner Wintergarten nebst Terrasse.

→ Marinierte Gemüse mit Krustentier. Reh aus heimischen Wäldern mit fermentiertem Honig. Birkenholzsorbet.

Menü 85/145 €

30 Zim – 85/95 € 115/145 €

Mayener Str. 126 ✉ 56070 – ✆ 0261 963530 – www.schillers-restaurant.de – nur Abendessen – geschlossen Sonntag - Montag

GERHARDS GENUSSGESELLSCHAFT

KLASSISCHE KÜCHE • FREUNDLICH X Zu Klosterzeiten wurde hier, nicht weit vom Deutschen Eck, wo Rhein und Mosel zusammenfließen, Proviant gelagert, heute gibt es in dem schönen alten Gewölbe mit modernem Interieur richtig gute Küche: "Rinderfilet mit Rotwein-Pfeffersauce", "Skreifilet mit Petersilien-Graupen"... Herrlich die Terrasse.

Menü 25 € (mittags unter der Woche)/55 € – Karte 35/53 €

Danziger Freiheit 3 ✉ 56068 – ✆ 0261 91499133 – www.gerhards-genussgesellschaft.de – November - Ostern: Dienstag - Donnerstag nur Abendessen – geschlossen 18. Februar - 7. März und Montag

Verbene N

MODERNE KÜCHE • TRENDY XX Mit dem schmucken kleinen Restaurant im Herzen der Altstadt hat Koblenz eine wirklich interessante kulinarische Adresse! Es gibt ein modernes, regional inspiriertes Menü mit sehr ambitionierten Gerichten wie "Blaue Garnelen aus Bayern, gerösteter Topinambur, Gartenkresse". Tipp für den Sommer: der Innenhof!

Menü 48/99 € – Karte 50/65 €

Brunnenhof /Königspfalz 1 ✉ 56068 – ✆ 0261 10046221 – www.restaurant-verbene.de – nur Abendessen – geschlossen Sonntag - Montag

Augusta

REGIONAL • FREUNDLICH X Auch an der Touristen- (und Kneipen-) Meile von Koblenz kann man gepflegt essen: Hier gibt es regional-saisonale Küche, z. B. als "Maifelder Schweinerücken mit Zwiebel-Senfkruste" oder "Tatar vom Eifler Rind". Terrasse zum Rheinufer!

Menü 78 € – Karte 31/61 €

Rheinstr. 2a, Eingang Rheinzollstraße ✉ 56068 – ✆ 0261 91446822 – www.augusta-koblenz.de – geschlossen Februar 2 Wochen, Oktober 2 Wochen und Montag

CHIARO

MEDITERRAN • BISTRO X Wirklich nett sitzt man hier in einem hübschen legeren Bistro in der Altstadt, draußen die schöne Terrasse zum Münzplatz. Wer gerne mediterran isst, darf sich z. B. auf "marinierten Spargel mit Bärlauchcreme und gegrillten Scampi" freuen.

Menü 54 € – Karte 29/53 €

Münzstr. 3 ✉ 56068 – ✆ 0261 97379371 – www.chiaro-restaurant.de – Dienstag - Donnerstag nur Abendessen – geschlossen Sonntag - Montag

Altstadthotel

URBAN • VINTAGE Das schöne alte Haus mitten in der Stadt hat neben modernen Zimmern auch ein Café mit Brotmanufaktur - toll die verschiedenen Sauerteig-Brote mit diversen Aufstrichen! Tipp: Frühstücken Sie hier! Hinweis: Rezeption nur bis 18 Uhr geöffnet.

14 Zim – 70/90 € 85/105 € – 15 €

Jesuitenplatz 1 ✉ 56068 – ✆ 0261 201640 – www.altstadt-hotel-koblenz.de

R. Mattes/hemis.fr

WIR MÖGEN BESONDERS...

Ox & Klee am ehemaligen Zollhafen mit seinem modernen Konzept - und tollen Cocktails im EG! Kölscher Charme und eigenwillige Deko im **La Société**. Französische Bistroküche par excellence im angenehm ungezwungenen **Capricorn [i] Aries**. Im **Gasthaus Scherz** bei Wiener Schnitzel, Tafelspitz & Co. ein bisschen Österreich in der Domstadt erleben.

KÖLN

Nordrhein-Westfalen - 1 046 680 Ew. - Höhe 53 m - Regionalatlas **36**-C12
Michelin Straßenkarte 543

Stadtpläne siehe Seiten 495-498

Restaurants

✿✿ Ox & Klee

MODERNE KÜCHE • CHIC XX Richtig trendig ist es hier. Das beginnt schon bei der Location, denn das Restaurant befindet sich im mittleren Kranhaus - da darf man Industrie-Architektur und Hafenblick erwarten. Zusammen mit der stimmig-schicken Einrichtung ergibt das einen absolut modernen Look. Ebenso modern kommt die Küche daher. Es gibt ein "Menu Surprise": 4 - 9 ausgesprochen durchdachte und kreative Gänge, die nur so strotzen vor Ausdruck und Kraft. Daniel Gottschlich und sein Team setzen dabei auf eine klare Linie, so kommen die exzellenten Produkte schön zur Geltung. Und der Service? Der ist versiert, charmant und ungezwungen, und auch ein bisschen besonders, denn die Köche selbst bringen die Speisen zu Ihnen an den Tisch! Und wer mal ein anderes Ess-Konzept kennen lernen möchte, geht in die Food-Bar "Bayleaf" im EG. Hier bekommt man ein Menü mit Cocktail-Begleitung, genannt "Food Pairing". Einfach nur ein Snack geht aber auch. Sicher eines der unkompliziertesten Restaurants der Kölner Sterne-Gastronomie.

→ Jakobsmuschel mit Fenchel, Orangenschalenpüree und Krustentiergazpacho. Confierte Fjordforelle mit schwarzem Trüffel, gebundener Hühnersud. Kalb mit Lavendelpüree, Holunder und Salbei.

Menü 84/162 €

Stadtplan : G3-x – *Im Zollhafen 18, (im Kranhaus 1) ✉ 50678 – ✆ 0221 16956603 (Tischbestellung erforderlich) – www.oxundklee.de – nur Abendessen – geschlossen Sonntag - Montag*

✿✿ Le Moissonnier

FRANZÖSISCH-KREATIV • BISTRO X Seit 1987 heißt es in dem angenehm legeren Restaurant "Savoir-vivre". Wer die Türe öffnet und dort eintritt, fühlt sich automatisch in das quirlige Paris mit seinen entzückenden Bistros versetzt. Charmante Jugendstilelemente und hübsches Interieur mit aparter Patina tragen ihr Übriges dazu bei. Äußerst zuvorkommend und perfekt im Umgang mit den Gästen zeigen sich die herzlichen Gastgeber Liliane und Vincent Moissonnier. Landsmann Monsieur Eric Menchon, der seit Beginn die Küchenbrigade anführt, begeistert sein Publikum mit einer exzellenten Cuisine, die auf seiner französischen Heimat basiert, und macht unvergleichlich intensive Genussmomente erlebbar. Er hat den Mut, seine unverkennbare Handschrift raffiniert einzubringen, ohne dabei das Produkt an sich aus den Augen zu verlieren. Wer das Glück hat, finessenreiche Momente wie die perfekt rosa gegarte und schön gewürzte Taubenbrust mit kraftvoller Taggiasche-Oliven-Jus zu genießen, der kommt ganz bestimmt wieder!

→ Foie gras de canard Maison. Ris de veau de lait caramélisé. Pigeonneau des Landes rôti.

Menü 94 € (unter der Woche)/142 € - Karte 79/117 €

Stadtplan : F1-e - *Krefelder Str. 25 ✉ 50670 - ✆ 0221 729479 (Tischbestellung erforderlich) - www.lemoissonnier.de - geschlossen Sonntag - Montag*

taku

ASIATISCH · GERADLINIG XX Hier trifft asiatische Küche auf europäische Einflüsse. Das Ergebnis: durchdachte und ausgesprochen sorgfältig zubereitete Gerichte voller Geschmack, Kraft und Finesse. Stimmig das Interieur dazu: klar, modern, elegant. Der Service überaus freundlich. Man beachte auch die sehr gute Weinauswahl samt Sake.

→ Thai-Bouillabaisse, Hummer, Bouchot-Muscheln, Calamaretti. Greater Omaha Gold Label Beef, frischer Wasabi, japanischer Senf, Rettich, Knoblauch, Ponzu. Peking Ente, Leber, Haut, Essenz, Flügel, Brust, Dim Sum.

Menü 92 € (vegetarisch)/145 € - Karte 72/103 €

Stadtplan : J1-a - *Excelsior Hotel Ernst, Domplatz/Trankgasse 1 ✉ 50667 - ✆ 0221 2701 (Tischbestellung ratsam) - www.taku.de - nur Abendessen - geschlossen über Karneval 1 Woche, über Ostern 1 Woche, Juli - August 4 Wochen und Sonntag - Montag*

Alfredo (Roberto Carturan)

ITALIENISCH · FREUNDLICH XX Ausgezeichnete italienische Küche ohne große Schnörkel bietet Roberto Carturan hier. Mit seinem geradlinigen und reduzierten Stil bringt er Frische, Finesse und jede Menge Geschmack auf den Teller. Für ein angenehmes Drumherum sorgt der freundliche, ungezwungene und zugleich elegante Service. Auch der Chef selbst ist gerne am Gast und erklärt seine Gerichte.

→ Variation von Oktopus und Sepia. Ravioli mit Knurrhahn-Füllung und Pistazien. Rotbarbe mit Aubergine und Büffelricotta.

Menü 56/102 € - Karte 60/88 €

Stadtplan : J2-k - *Tunisstr. 3 ✉ 50667 - ✆ 0221 2577380 (Tischbestellung ratsam) - www.ristorante-alfredo.com - geschlossen Juli - August 3 Wochen und Samstag - Sonntag, Feiertage*

maximilian lorenz N

REGIONAL · CHIC XX Hier hat man sich ganz der deutschen Küche verschrieben, und die kommt kreativ in Form zweier Menüs daher: "Innovation" als moderne Variante, "Tradition" als klassische Alternative - beide top in Produktqualität, Handwerk und Geschmack! Passend dazu gibt es nur deutsche Weine. Hochwertig das geradlinige Interieur, elegant in dunklen Tönen gehalten.

→ Rheinische Tomaten, Wildkräuter, Basilikumöl, Molkevinaigrette. Rehkeule, Wirsing, Sellerie, Pilze. Frankfurter Kräuter, Himbeere, Distelöl.

Menü 85/136 € - Karte 74/99 €

Stadtplan : K1-c - *Johannisstr. 64 ✉ 50668 - ✆ 0221 37999192 - www.maximilianlorenz.de - nur Abendessen - geschlossen über Karneval 2 Wochen, Juli - August 3 Wochen und Sonntag - Montag*

heinzhermann – siehe Restaurantauswahl

La Société

MODERNE KÜCHE · NACHBARSCHAFTLICH XX Zugegeben, die Lage in einer Nebenstraße nahe dem Bahnhof Süd ist nicht die attraktivste. Doch das Restaurant mit interessantem Deko-Mix und angenehm unprätentiöser Atmosphäre bietet an wertig eingedeckten Tischen modern-internationale und saisonale Küche - gekocht wird exakt, kraftvoll, aromareich. Nicht mehr wegzudenken: "Kölsche Tapas" zum Auftakt!

→ Gebeizte Auster mit grünen Aromen, Paprika, Gazpacho, Nacho. Eifler Rehrücken, Shortbread, Chutney, Pastinake, Earl Grey. "Kräutergarten" - Mandel, Hüttenkäse, Hibiskus.

Menü 65/139 € - Karte 66/99 €

Stadtplan : E3-d - *Kyffhäuser Str. 53 ✉ 50674 - ✆ 0221 232464 (Tischbestellung erforderlich) - www.restaurant-lasociete.de - nur Abendessen - geschlossen Juli 3 Wochen*

maiBeck (Jan C. Maier und Tobias Becker)

MODERNE KÜCHE • TRENDY Hier gibt es Spitzenküche auf unkomplizierte Art, und das zu wirklich fairen Preisen! Klar, dass das gefragt ist. Aber auch die superfreundliche Art der beiden Gastgeber macht das Restaurant sympathisch. Gekocht wird geradlinig und ohne Chichi, dafür mit Kraft und Ausdruck, Produktqualität hat oberste Priorität. Die meisten Gerichte bekommt man übrigens auch als kleine Portion.

→ Rosa gebratener Rindertafelspitz, rheinische Mixed Pickles, Frankfurter Kräuter. Wolfsbarsch, Kopfsalat, Erbse, Kalbskopf. Ochsenbacke, Rübstiel, Linse.

Menü 46 € - Karte 39/57 €

Stadtplan : K1-x - *Am Frankenturm 5 ✉ 50667 - ✆ 0221 96267300 (Tischbestellung erforderlich) - www.maibeck.de - geschlossen Montag*

NeoBiota (N) (Sonja Baumann und Erik Scheffler)

MODERNE KÜCHE • HIP Frisch, locker, trendig - ein unkompliziertes Konzept, das ankommt! Das "Neo" bietet von 10 - 15 Uhr ein gutes Frühstück (toll die verschiedenen Sorten hausgemachtes Brot!), am Abend kommt im "Biota" ein modernes Gourmetmenü aus der offenen Küche, für das hochwertige Produkte mit richtig viel Geschmack und schönen Kontrasten zubereitet werden.

→ Zander, Erbsen, Fichtensprossen. Lamm, sommerliche Bohnen. Handkäs, Grüne Soße, Apfel.

Menü 75/150 €

Stadtplan : E2-d - *Ehrenstr. 43c, Ecke Kleine und Große Brinkgasse ✉ 50667 - ✆ 0221 27088908 - www.restaurant-neobiota.de - nur Abendessen - geschlossen 28. Februar - 6. März, Juli - August 2 Wochen und Sonntag - Montag*

Capricorn [i] Aries Brasserie

FRANZÖSISCH-KLASSISCH • BISTRO Eine Brasserie, wie man sie sich wünscht: sympathisch-ungezwungen, gemütlich, lebendig! Und genauso unkompliziert ist auch die schmackhafte Küche, z. B. in Form von "Poulet à l'Estragon". Charmant der Service.

Menü 33/59 € - Karte 29/58 €

Stadtplan : F3-b - *Alteburgerstr. 31 ✉ 50678 - ✆ 0221 3975710 - www.capricorniaries.com - geschlossen Samstagmittag, Sonntag, Mittwoch*

Metzger & Marie

TRADITIONELLE KÜCHE • RUSTIKAL Ein gelernter Metzger und ein ehemaliges Funkenmariechen bieten hier Traditionelles, sowohl in Sachen Ambiente (sympathisch der Mix aus rustikal und modern) als auch in der Küche: Wiener Schnitzel, Sauerbraten, aber auch Vegetarisches, dazu schöne deutsche und österreichische Weine. Jung-legere Atmosphäre.

Karte 35/65 €

Stadtplan : B2-b - *Kasparstr. 19 ✉ 50670 - ✆ 0221 99879353 - www.metzgermarie.de - nur Abendessen - geschlossen Ende August - Mitte September 3 Wochen und Dienstag - Mittwoch*

Wein & Dine

MODERNE KÜCHE • TRENDY Trendige und gleichzeitig warme Atmosphäre, offene Küche, freundlich-sympathischer Service - so kommt das schicke kleine Restaurant daher. Hier stellt man sich sein Menü einfach selbst zusammen - von der modern-internationalen Karte wählt man z. B. "Adlerfisch, Safran-Quinoa, Artischocke, Chorizo".

Menü 37/57 € - Karte 39/54 €

Stadtplan : B2-a - *Weißenburgstr. 32 ✉ 50670 - ✆ 0221 91391875 - www.wein-dine.de - nur Abendessen - geschlossen über Karneval und Sonntag - Montag*

KÖLN
0
1 km
A
B
NEUSS
LEVERKUSEN, DÜSSELDORF
MÖNCHENGLADBACH
DÜREN, AACHEN
AACHEN
DÜREN
EUSKIRCHEN
ZÜLPICH
BRÜHL
1
2
3
AUWEILER
PESCH
LONGERICH
NIEHL
WEIDENPESC
MAUENHEIM
OSSENDORF
NIPES
BICKENDORF
VOGELSANG
MÜNGERSDORF
EHRENFELD
DOM
Museum für Ostasiatische Kunst
LINDENTHAL
SÜLZ
KLETTENBERG
STOTZHEIM
EFFEREN
HERMULHEIM
HÜRTH
RONDOF
KREUZ KÖLN-NORD
KREUZ KÖLN-WEST
KREUZ KÖLN-SÜ
CONTAINER BAHNHOF
A 1
A 57
A 4
L 34
K 1
102
103
104
28
29
30
11
Militärringstraße
Geestemünder
Neusser Landstr.
Escher Str.
Pescher Weg
Auweilerweg
Venloer Str.
Alte Escher Str.
Mathias-Brüggen-Str.
Butzweiler-Str.
Robert-Perthel-Straße
Longericher Str.
Hugo-Eckener-Straße
Butzweilerstr.
Rochusstr.
Kanalstraße
Parkgürtel
Kempener Str.
Hauptstr.
Freimersdorfer Weg
Militärringstr.
Iltisstraße
Subbelrather Str.
Lise-Meitner-Ring
Vogelsanger Str.
Äußere Kanalstraße
Vitalisstraße
Ehrenfeldgürtel
Liebigstraße
Kölner Str.
Brauweiler Str.
Moltke Str.
Ludwig-Jahn-Straße
Aachener Str.
Maarweg
Stolberger Str.
Innere Kanalstraße
Erftstr.
Hansaring
Tunis-Str.
Kirchweg
Kölner Weg
Salzburger Weg
Militärringstraße
Kitschburger Str.
Roonstr.
Dürener Str.
Deckstein Str.
Gleueler Str.
Luxemburger Str.
Vorgebirgstraße
Bonner Wall
Toyota-Allee
Holzstraße
Bachemer Str.
Horbeller Str.
Gleueler Str.
Gottesweg
Höninger Weg
Berrenrather
Efferener Str.
Brühler Str.
Militärringstraße
Kölner Str.
Frechener Str.
Hermülheimer Str.
Sudetenstr.
Krankenhaus-Str.
Luxemburger Str.
Eifeltor
Landstraße
Hans-Böckler-Str.
Jägerpfad
Am Kalscheurener Str.
Kapellenstraße
Im Feldrain
Ursulastraße
Bonnstraße
Marktweg
Bödingerstraße
Brühler Str.
Zaunhofstraße
Gennerstraße
Luxemburger Str.
Eifmenichstraße
Frechener Str.
Industriestraße
n
r
z
s
a
e
b

C
D
LEVERKUSEN, DÜSSELDORF
FLITTARD
DÜNNWALD
STAMMHEIM
HÖHENHAUS
MÜLHEIM
HOLWEIDE
RIEHL
KREUZ KÖLN OST
MERHEIM
BUCHFORST
DEUTZ
VINGST
KALK
DREIECK HEUMAR
KREUZ GREMBERG
POLL
ENSEN
GREMBERGHOVEN
St. Maria Königin
RODENKIRCHEN
PORZ
WEISS
Rhein
WIPPERFÜRTH
OLPE
FRANKFURT
BONN
1
2
3
b
e
f
g
z
A 3
A 4
A 59
A 559
B 55
B 55a
L 124
K 16
L 84
Roggendorfstr.
Düsseldorfer Str.
Dünnwalder Kommunalweg
Leuchterstraße
Kalkweg
Berliner Str.
Birkenweg
Thuleweg
Höhenfelder Mauspfad
Bergisch Gladbacher Str.
Paffrather Str.
Honschaftsstraße
Piccoloministr.
Gladbacher
Dellbrücker Mauspfad
Strundener Str.
Bensberger Marktweg
Colonia Allee
Mülheimer Brücke
Clevischer Ring
Bergisch
Herler Str.
Amsterdamer Str.
Boltensternstraße
Riehler Str.
Auenweg
Deutz-Mülheimer Str.
Danzier Str.
Pfälzischer Ring
Olpener Str.
Kalker Hauptstraße
Deutz-Kalker Str.
Dillenburger Str.
Ostheimer Str.
Homar Str.
Frankfurter Str.
Rösrather Str.
Neubrücker Ring
Lützerath Str.
Rather Mauspfad
Siegburger Str.
Am Grauen Stein
Rolshover Str.
Alter Deutzer Postweg
Kölner Str.
Militärringstr.
Friedrich-Ebert-Str.
Ringstraße
Weißer Str.
Sürther Str.
Theodor-Heuss-Straße
Eiler Str.
Hirschgraben
Kaiserstraße
Waldstraße
Hauptstraße
Frankfurter Str.
Industriestr.
Wattigniesstr.
Am Feldrain
Kölnstr.
Sürther Hauptstr.
Wahner Str.
Bonner Landstraße
Steinstraße
Walther Str.

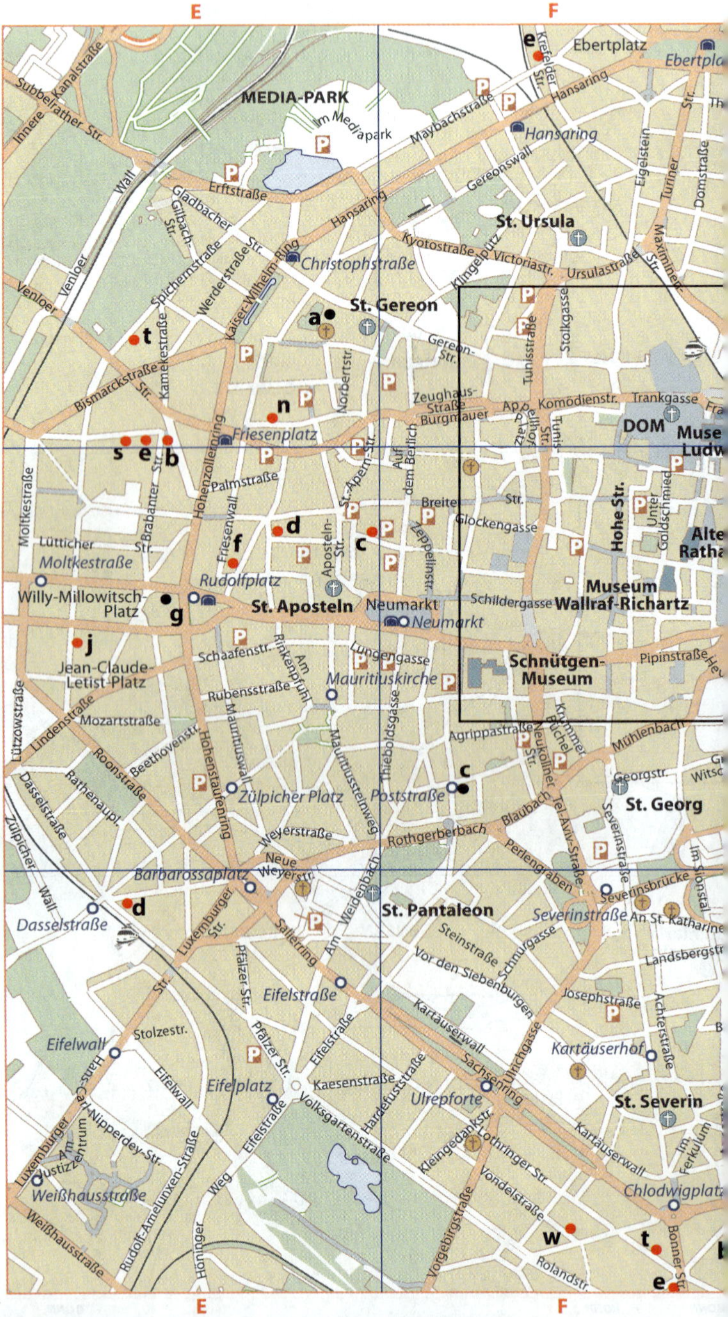
E
F
1
2
3
MEDIA-PARK
St. Ursula
St. Gereon
DOM
St. Aposteln
Neumarkt
Museum Wallraf-Richartz
Schnütgen-Museum
St. Georg
St. Pantaleon
St. Severin
Ebertplatz
Hansaring
Christophstraße
Friesenplatz
Rudolfplatz
Moltkestraße
Willy-Millowitsch-Platz
Jean-Claude-Letist-Platz
Mauritiuskirche
Zülpicher Platz
Poststraße
Barbarossaplatz
Dasselstraße
Eifelstraße
Eifelwall
Eifelplatz
Ulrepforte
Severinstraße
Kartäuserhof
Chlodwigplatz
Weißhausstraße

KÖLN
0
300 m
G
H
1
2
3
KÖLN MESSE
KÖLN
MESSE
Messe Sporthalle
St. Kunibert
RHEIN
Trankgassenwerft
Niederichstr.
Konrad-Adenauer-Ufer
Kennedy-Ufer
Auenweg
Deutz-Mülheimer Str.
Pfälzischer Ring
Brügelmann-Str.
Barmer Str.
Lenneper Str.
B 55a
Legienstraße
Opladener Str.
Constantin-Str.
Deutz
Urbanstr.
Deutzer Freiheit
Minden Str.
Neuhöfferstraße
Deutzer Brücke
Deutzer Freiheit
Reischpl.
Eumeniusstr.
ALTER DEUTZER
Deutz-Kalker Str.
Gießener Str.
Eitorfer Str.
Betzdorfer Str.
Reitweg
Thusneldastraße
Alarichstraße
Tempelstraße
Mathildenstraße
Helenenwallstraße
Gotenring
Severinsbrücke
Suevenstraße
Alemannenstr.
Gebrüder-Coblenz-Str.
Deutzer Ring
B 55
L 124
Rheinufertunnel
Leystapel
St. Maria
Lyskirchen
Imhoff-Stollwerck-Museum
Olympic Museum
RHEINAUHAFEN
Auf der Hansawerft
Bayenstraße
Siegburger Str.
Cheruskerstr.
Im Hasental
Drehbrücke
Alter Mühlenweg
Dr.-Simons-Str.
Wissener Weg
Kannebäckerstraße
DEUTZER FRIEDHOF
Alfred-Schütte-Allee
DEUTZER HAFEN
Poller Kirchweg
Poller Kirchweg
Siegburger Str.
Allerseelenstr.
Am Schnellert
Raiffeisenstraße
Am Grauen Stein
Ubierring
Trajanstraße
Agrippinaufer
y
g
x
a

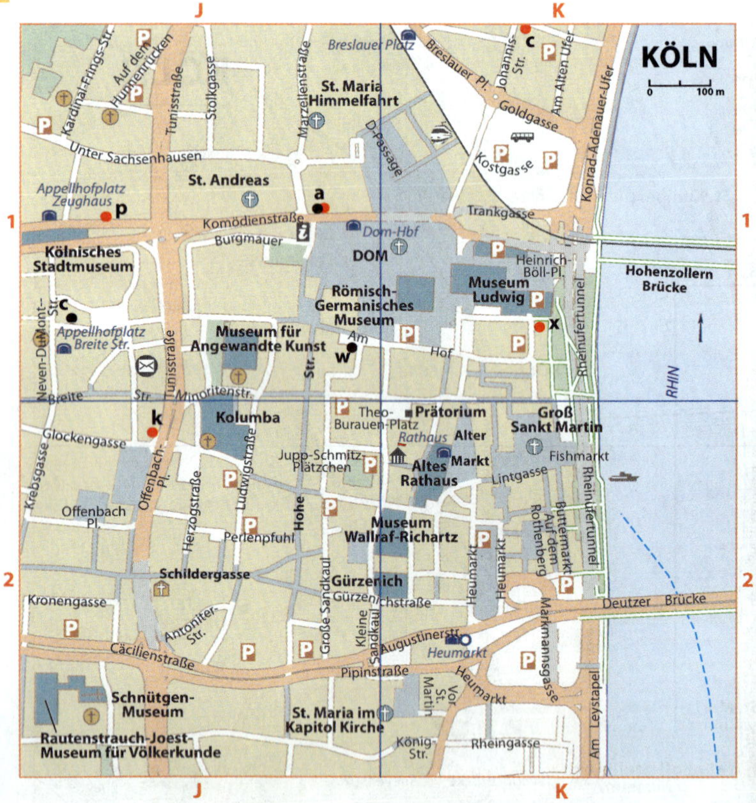

Hanse Stube

KLASSISCHE KÜCHE · KLASSISCHES AMBIENTE XXX Die "gute Stube" der Stadt ist das zweite und ebenfalls niveauvolle Restaurant des Hauses. Die Atmosphäre ist stilvoll-elegant, den klassischen Service erlebt man z. B. bei der am Tisch tranchierten Ochsenbrust. Wunderbare Weinauswahl.

Menü 43 € (mittags)/98 € – Karte 64/116 €

Stadtplan : J1-a – *Excelsior Hotel Ernst, Domplatz/Trankgasse 1 ✉ 50667 – ✆ 0221 2701 – www.excelsiorhotelernst.com*

Pure White Foodclub

GRILLGERICHTE · TRENDY XX Im Schwesterbetrieb des trendigen Bistros "Pure White" gleich um die Ecke geht es komfortabler zu, das kulinarische Konzept ist ähnlich: absolute Spitzenprodukte, puristisch-geschmackvoll auf dem Josper-Holzkohlegrill zubereitet. Vom richtigen Platz aus können Sie in die Küche schauen!

Karte 50/113 €

Stadtplan : E1-b – *Brabanter Str. 48 ✉ 50672 – ✆ 0221 96026556 – www.pure-white-food.de – nur Abendessen – geschlossen Sonntag - Mittwoch*

ACHT

INTERNATIONAL • TRENDY Eine trendig-urbane Adresse in den Spichernhöfen am Rande des Belgischen Viertels. Man sitzt an blanken Holztischen, schaut in die Küche und speist Saisonal-Internationales wie "Tatar vom U.S. Beef" oder "Fischsuppe ACHT". Schöner Innenhof.

Menü 43/53 € – Karte 39/65 €

Stadtplan : E1-t – *Spichernstr. 10 ✉ 50672 – ✆ 0221 16818408 – www.restaurant-acht.de – nur Abendessen – geschlossen Weihnachten - Neujahr und Sonntag sowie an Feiertagen*

Christoph Pauls Restaurant im Hopper N

INTERNATIONAL • GERADLINIG Christoph Paul, kein Unbekannter in der rheinischen Gastro-Szene, leitet hier im Hotel "Hopper" zusammen mit Ehefrau Juliane dieses modern-trendige Restaurant (markant das sakrale Motiv an der Wand!). Gekocht wird international-saisonal, so z. B. "Label Rouge Lachs, Zitronenrisotto, Safran-Limonenschaum". Schön die Terrasse unter alten Bäumen.

Menü 44/50 € – Karte 42/52 €

Stadtplan : E2-j – *Brüsseler Str. 26 ✉ 50764 – ✆ 0221 92440500 – www.christoph-paul.koeln – nur Abendessen – geschlossen Sonntag - Montag*

Gruber's Restaurant

ÖSTERREICHISCH • FREUNDLICH In dem charmanten Restaurant (sehenswert die Hundertwasser-Replikate) gibt es am Abend österreichische Klassiker wie Tafelspitz, Kaiserschmarrn & Co. sowie Ambitioniertes wie "Rote Garnele, Kürbis, Grillhendlfond, Ricotta-Ravioli". Mittags "Schnitzelmenü" oder günstiges Tagesgericht. Für Gesellschaften: "Österia".

Menü 30 € (mittags)/90 € (abends) – Karte 43/70 €

Stadtplan : C2-g – *Clever Str. 32 ✉ 50668 – ✆ 0221 7202670 – www.grubersrestaurant.de – geschlossen Samstagmittag, Sonntag, Feiertage*

heinzhermann N

INTERNATIONAL • CHIC In dem Weinlokal macht es Spaß zu essen, denn man sitzt in moderner Bistro-Atmosphäre (Blickfang sind die dekorativen Weinschränke) und isst richtig gut. Dazu rund 1500 internationale Weine. Freundlich der Service samt engagiertem Sommelier. Mittags kommt man gerne zum beliebten Business-Lunch.

Menü 37/49 € – Karte 36/68 €

Stadtplan : K1-c – *Restaurant maximilian lorenz, Johannisstr. 64 ✉ 50668 – ✆ 0221 37999192 – www.weinlokal-heinzhermann.de – geschlossen über Karneval 2 Wochen und Samstagmittag, Sonntag - Montag*

Heising und Adelmann

INTERNATIONAL • BISTRO Ein lebendiges Bistro - im Eingangsbereich die Bar, draußen eine tolle Terrasse. Zur kleinen Auswahl an internationalen Gerichten - z. B. "gebratene Scampi auf Paprika-Gazpacho" - gibt es eine gute Weinkarte, die fair kalkuliert ist.

Menü 35/75 € – Karte 39/55 €

Stadtplan : E1-n – *Friesenstr. 58 ✉ 50670 – ✆ 0221 1309424 – www.heising-und-adelmann.de – nur Abendessen – geschlossen Sonntag - Montag*

HENNE.Weinbar N

INTERNATIONAL • BRASSERIE Im Herzen der lebendigen Altstadt hat Hendrik ("Henne") Olfen sein sympathisches Lokal mit Bistro-Atmosphäre - und das ist richtig gefragt! Mittags gibt es eine einfache Karte, am Abend laden modern-saisonale Gerichte im Tapas-Stil zum Teilen ein. Nett die mittige kleine Terrasse.

Menü 25 € (mittags) – Karte 29/47 €

Stadtplan : E2-f – *Pfeilstr. 31 ✉ 50672 – ✆ 0221 34662647 – www.henne-weinbar.de – geschlossen Anfang Januar 2 Wochen und Sonntag*

Nada

INTERNATIONAL • HIP "Eifeler Lammhüfte, marinierte Feigen, in Honig eingelegter Knoblauch, Belugalinsen, Rosmarinjus" ist ein schönes Beispiel für die moderne internationale Küche. Das Ambiente: ein hoher runder Raum in warmen Tönen, über Ihnen ein markanter Leuchter!

Menü 42/98 € - Karte 36/68 €

Stadtplan : C2-g - *Clever Str.32 ✉ 50668 - ✆ 0221 88899944 - www.nadakoeln.de - nur Abendessen - geschlossen Sonntag, Feiertage*

Poisson

FISCH UND MEERESFRÜCHTE • BISTRO Der Name sagt es bereits, hier stehen Fisch und Meeresfrüchte im Mittelpunkt: Austern, gebratene Calamaretti, bretonischer Seeteufel oder geangelter Wolfsbarsch... Lassen Sie die erstklassigen Produkte vor Ihren Augen in der offenen Küche zubereiten! Tipp für Autofahrer: Parkhaus gleich nebenan.

Karte 54/98 €

Stadtplan : E2-c - *Wolfsstr. 6 ✉ 50667 - ✆ 0221 27736883 - www.poisson-restaurant.de - geschlossen über Karneval und Sonntag - Montag, Feiertage*

Pure White

FISCH UND MEERESFRÜCHTE • NACHBARSCHAFTLICH Locker-leger hat man es hier nahe dem Friesenplatz, in der Küche nur top Produkte! Probieren Sie die norwegische Kingcrab, Austern oder wilden Heilbutt! Oder lieber Fleisch? Dry Aged Beef aus den USA, Schottland oder Japan vom Josper-Grill.

Karte 49/120 €

Stadtplan : E1_2-e - *Antwerpener Str. 5 ✉ 50672 - ✆ 0221 29436507 (Tischbestellung ratsam) - www.pure-white-food.de - nur Abendessen - geschlossen Sonntag*

Sorgenfrei

INTERNATIONAL • FREUNDLICH Eine wirklich nette lebendige Adresse im Belgischen Viertel, die mit internationaler Küche (z. B. "Fjord-Lachs, Endiviensalat, weiße Bohne, Vanille-Birne, Röstknoblauch" oder "Steak frites" als Klassiker) sowie mit schönen europäischen Weinen lockt (nebenan hat man auch eine Weinhandlung).

Menü 38/58 €

Stadtplan : E1_2-s - *Antwerpener Str. 15 ✉ 50672 - ✆ 0221 3557327 - www.sorgenfrei-koeln.com - nur Abendessen - geschlossen über Karneval und Sonntag, Feiertage*

Teatro

ITALIENISCH • NACHBARSCHAFTLICH Italienisch speisen heißt es in dem sympathisch-familiären Restaurant in dem typisch kölschen "Veedel". Dekorativ: Schwarz-Weiß-Fotos diverser Filmstars in einem der beiden Räume, Theaterkulisse als Wandbild im anderen. Von der Terrasse auf dem Gehsteig beobachtet man das lebhafte Treiben. Tipp: günstiger Lunch.

Menü 21 € (mittags) - Karte 37/88 €

Stadtplan : F3-e - *Zugweg 1 ✉ 50677 - ✆ 0221 80158020 - www.teatro-ristorante.de - geschlossen Dienstag, Samstagmittag, Sonntagmittag*

Thormann

KLASSISCHE KÜCHE • INTIM In dem kleinen Restaurant serviert man Ihnen in charmant-persönlicher Atmosphäre eine klassisch geprägte Küche, die z. B. als "Entrecôte von der spanischen Milchkuh in Sherry-Schokoladenjus" daherkommt. Dazu freundlicher Service.

Menü 38/80 € - Karte 45/56 €

Stadtplan : F3-t - *Elsaßstr. 4 ✉ 50677 - ✆ 0221 3104491 - www.restaurant-thormann.de - nur Abendessen - geschlossen Sonntag - Montag*

Zippiri Gourmetwerkstatt

SARDISCH • FREUNDLICH Die Betreiberfamilie - Gastronomen mit Leib und Seele - hat sardische Wurzeln, und die lässt man auch in schmackhafte Gerichte wie "geschmortes Kaninchen, Mandeln, Kapern, Oliven, getrocknete Tomaten" mit einfließen. Dazu gibt es eine gute Weinauswahl.

Menü 50 € (abends)/110 € - Karte 47/99 €

Stadtplan : C2-z - *Riehler Str. 73 ✉ 50668 - ✆ 0221 92299584 - www.zippiri.de - nur Abendessen, sonntags auch Mittagessen - geschlossen 1. - 7. Januar, 25. Februar - 10. März, 4. - 11. Juni, 29. Juli - 25. August und Dienstag*

Hotels

Excelsior Hotel Ernst

GROSSER LUXUS • KLASSISCH Das Grandhotel von 1863 - direkt gegenüber dem Dom - ist das Flaggschiff der Kölner Hotellerie und ein Ort mit Charme, Stil und unaufdringlichem Luxus, klassisch und modern zugleich. Der Service sucht seinesgleichen, in den Classic-Zimmern ebenso wie in den edlen Suiten.

137 Zim - †230/830 € ††250/850 € - 21 Suiten - ☕ 34 €

Stadtplan : J1-a - *Domplatz/Trankgasse 1 ✉ 50667 - ✆ 0221 2701 - www.excelsiorhotelernst.com*

taku • **Hanse Stube** - siehe Restaurantauswahl

Im Wasserturm

HISTORISCH • DESIGN Der imposante 140 Jahre alte Wasserturm ist nach wie vor eine Besonderheit! Die Lobby ein echter Hingucker mit den aparten hohen Backsteinwänden und freischwebenden Zugängen zu den überaus wohnlichen Zimmern.

88 Zim - †119/237 € ††139/237 € - 4 Suiten - ☕ 28 €

Stadtplan : F2-c - *Kaygasse 2 ✉ 50676 - ✆ 0221 20080 - www.hotel-im-wasserturm.de*

Steigenberger

BUSINESS • TRENDIG Direkt am Rudolfplatz erwartet Sie schönes modernes Design in warmen Farben und klaren Formen, von der großen Lobby bis in die chic und durchdacht gestalteten Zimmer (alle mit Nespresso-Maschine und technisch "up to date"). Das Restaurant bietet Internationales. Praktisch: öffentliche Tiefgarage unterm Haus.

304 Zim ☕ - †145/215 € ††165/230 € - 1 Suite

Stadtplan : E2-g - *Habsburgerring 9 ✉ 50674 - ✆ 0221 2280 - www.koeln.steigenberger.com*

THE QVEST hideaway

BOUTIQUE-HOTEL • DESIGN Kein Hotel von der Stange ist das einstige Stadtarchiv! Chic der Mix aus Neogotik, Design und Kunst, die Atmosphäre leger, die Gästebetreuung sehr gut und individuell. Ihnen gefällt ein Möbelstück oder ein Accessoire? Sie können es kaufen!

33 Zim - †130/780 € ††160/870 € - 1 Suite - ☕ 20 €

Stadtplan : E1-a - *Gereonskloster 12 ✉ 50670 - ✆ 0221 2785780 - www.qvest-hotel.com*

art'otel cologne

URBAN • DESIGN Hotel und Galerie in einem: trendiges Design, sehr gute Technik mit kostenfreiem W-Lan sowie überall im Haus Werke der koreanischen Künstlerin SEO, dazu eine tolle Dachterrasse. Das stylische Ambiente des Hotels setzt sich im Restaurant fort - schön der Blick auf Rheinhafen und Schokoladenmuseum.

217 Zim - †109 € ††109 € - 1 Suite - ☕ 14 €

Stadtplan : G2-a - *Holzmarkt 4 ✉ 50676 - ✆ 0221 80103800 - www.artotels.com/cologne*

Eden Hotel Früh am Dom

URBAN • MODERN Topaktuell und auf Wunsch mit Domblick, so wohnen Sie hier. Auf die Aussicht braucht man auch beim Frühstück nicht zu verzichten, ebenso wenig bei Tagungen oder im Restaurant (das "Hof 18" wurde übrigens an einem 18. eröffnet und bietet 18 Gerichte - nettes Zahlenspiel!).

78 Zim – †90/230 € ††115/310 €

Stadtplan : J1-w – *Sporergasse 1 ✉ 50667 – ✆ 0221 2613295 – www.hotel-eden.de*

Humboldt1

BOUTIQUE-HOTEL • INDIVIDUELL Schon eine spezielle Adresse, dieses sympathisch-persönlich geführte kleine Boutique-Hotel! Die Zimmer sind hochwertig und mit individueller Note eingerichtet - besonders hübsch ist Zimmer Nr. 6: eine Maisonette mit Bad unterm Dach.

7 Zim – †170/599 € ††290/899 €

Stadtplan : J1-c – *Kupfergasse 10, (1. Etage) ✉ 50667 – ✆ 0221 27243387 – www.humboldt1.de*

In Köln-Brück Ost: 13 km

Gut Wistorfs

LANDHAUS • GEMÜTLICH Wenn Sie lieber etwas außerhalb von Köln wohnen, ist der Gutshof a. d. 17. Jh. ideal: behaglicher Landhausstil, Zimmer mit allergikerfreundlichem Fliesenboden, meist zum ruhigen Innenhof. Internationale und regionale Küche, gemütliche Bar für Aperitif, Digestif oder ein Bier. Tolle Veranstaltungsscheune.

13 Zim – †80 € ††104/128 €

Stadtplan : D2-b – *Olpener Straße 845 ✉ 51109 – ✆ 0221 8804790 – www.gut-wistorfs.de*

In Köln-Deutz

Hyatt Regency

LUXUS • KLASSISCH Das Businesshotel liegt zwar auf der "Schäl Sick", also auf der "falschen" (rechten) Rheinseite, doch von hier hat man den besten Blick auf den Dom! Wohnliche Eleganz, äußerst komfortable Zimmer, sehr guter Service. Internationales im Restaurant "Glashaus" im 1. OG, mit Sushibar. Dazu "Legends Bar".

289 Zim – †169/229 € ††199/259 € – 17 Suiten

Stadtplan : G2-y – *Kennedy-Ufer 2a ✉ 50679 – ✆ 0221 8281234 – www.cologne.regency.hyatt.de*

Stadtpalais

BUSINESS • MODERN Gegenüber der LANXESS-Arena hat man das ehemalige Kaiser-Wilhelm-Bad zum Hotel umgebaut. Historisches trifft auf moderne "Pott"-Architektur, der sehenswerte Original-Fliesenspiegel in der Halle gibt die schöne Farbgestaltung vor. Absacker in "Bio's Bar" - hier auch Leihgaben von Namensgeber Alfred Biolek.

115 Zim – †119/319 € ††149/339 €

Stadtplan : H2-g – *Deutz-Kalker-Str. 52 ✉ 50679 – ✆ 0221 880420 – www.hotelstadtpalais.de*

In Köln-Ehrenfeld

Carls

INTERNATIONAL • NACHBARSCHAFTLICH Sie mögen's sympathisch-nachbarschaftlich? Dann wird Ihnen diese charmante bürgerlich-rustikale Adresse gefallen, und die Küche kommt auch an: international-regional, von "Thunfischsteak mit Chicorée-Zitronen-Risotto" bis "Himmel un Äd".

Karte 24/51 €

Stadtplan : B1_2-e – *Eichendorffstr. 25, (Neu Ehrenfeld) ✉ 50823 – ✆ 0221 58986656 – www.carlsrestaurant.de – nur Abendessen – geschlossen über Karneval, Juli 3 Wochen und Montag - Dienstag*

In Köln-Lindenthal

ZEN Japanese Restaurant

JAPANISCH • GERADLINIG Mitten in einem Wohngebiet bekommen Sie gute japanische Küche zu fairem Preis! Aus frischen Produkten entstehen hier neben Sushi und Sashimi z. B. "Hourenso No Goma-Ae" (Spinat mit Sesamsauce) oder "Sake No Teriyaki" (gegrilltes Lachsfilet mit Teriyakisauce). Puristisch-leger die Atmosphäre.

Karte 22/58 €

Stadtplan : B2-z – *Bachemer Str. 236 ✉ 50935 – ✆ 0221 28285755 (Tischbestellung ratsam) – www.restaurant-zen.de – nur Abendessen – geschlossen Montag*

In Köln-Müngersdorf

Maître im Landhaus Kuckuck (Erhard Schäfer)

FRANZÖSISCH-KLASSISCH • ELEGANT Wenn es um klassische Küche geht, sind Sie bei Erhard Schäfer bestens aufgehoben. In dem schön beim Sportpark gelegenen Landhaus (gleich um die Ecke übrigens das FC-Stadion) ist er Patron und Küchenchef dieses eleganten kleinen Gourmetrestaurants. Top Produkte sind bei ihm eine Selbstverständlichkeit, überaus geschmacksintensiv die daraus zubereiteten Gerichte.

→ Bretonischer Wolfsbarsch mit mediterranem Gemüse im Pergament gegart. Tournedo Rossini mit Perigord-Trüffeljus. Erdbeeren mit Rhabarbereis, Mascarponemousse und weißer Schokolade.

Menü 109/129 € – Karte 81/93 €

Stadtplan : A2-r – *Olympiaweg 2, Zufahrt über Roman-Kühnel-Weg ✉ 50933 – ✆ 0221 485360 (Tischbestellung erforderlich) – www.landhaus-kuckuck.de – nur Abendessen – geschlossen 25. Februar - 10. März, 15. - 28. April, 15. Juli - 11. August und Montag - Dienstag*

In Köln - Porz-Langel Süd: 17 km über Hauptstraße D3"

Zur Tant (Thomas Lösche)

KLASSISCHE KÜCHE • FREUNDLICH Angenehm schnörkellos und klassisch - so kocht Thomas Lösche, und dabei stehen ausgesuchte Zutaten, Präzision und Geschmack im Mittelpunkt. Unter den guten Weinen finden sich auch zahlreiche österreichische. Tipp: Bei schönem Wetter sollten Sie auf der Rheinterrasse speisen!

→ Chioggia Rübe, Holunderblüte, Ziegenkäse, Engelshaar, Haselnuss. Kabeljau, Olivensauce, Spinat, Salzzitrone, Tomate, Risotto. Topfenknödel, Vanillesauce, Rhabarber, Joghurteis.

Menü 75/95 € – Karte 64/78 €

Rheinbergstr. 49 ✉ 51143 – ✆ 02203 81883 – www.zurtant.de – geschlossen über Karneval und Mittwoch - Donnerstag

Piccolo – siehe Restaurantauswahl

Piccolo

REGIONAL • GEMÜTLICH Hier kocht man mit frischen Produkten und Bezug zur Region. Appetit machen da z. B. "Lachs, rote Rübe, Gurke, Crème fraîche" oder "Ochsenbäckchen, Schmorsauce, Petersilienwurzel, Kartoffelpüree". Sie können sich Ihr 3-Gänge-Menü selbst zusammenstellen, der Preis bleibt immer gleich!

Menü 37 € – Karte 36/45 €

Restaurant Zur Tant, Rheinbergstr. 49 ✉ 51143 – ✆ 02203 81883 – www.zurtant.de – geschlossen über Karneval und Mittwoch - Donnerstag

In Köln-Rodenkirchen

AURA by Luis Dias

MEDITERRAN • RUSTIKAL Elegant und geschmackvoll hat man es hier bei den Dias', wunderbar der Rheinblick. Am Abend gibt es eine ambitionierte Küche mit mediterraner Note: "Seeteufel, Cima di Rapa, Datteln", "Reh, Haselnuss, Tramezzini, Romanesco"... Im angenehm legeren "Bistro by Luis Dias" isst man etwas einfacher.

Menü 25 € (mittags unter der Woche)/89 € – Karte 46/76 €

Stadtplan : C3-f – *Uferstr. 16 ✉ 51069 – ✆ 0221 37984606 – www.aura-koeln.de – geschlossen Ende Juli - Anfang August 2 Wochen und Montag, Samstagmittag*

In Köln-Sülz

Gasthaus Scherz

ÖSTERREICHISCH • NACHBARSCHAFTLICH Als gebürtiger Vorarlberger setzt Michael Scherz in seiner neuen Wirkungsstätte (nur einen Katzensprung von der ehemaligen entfernt) auf österreichische Küche samt k. u. k. Klassikern wie Backhendl, Wiener Schnitzel und Innereien - Letztere auch an der (14 m langen!) Bar "Bagage". Abends gibt es zudem das modernere "Schmankerl-Menü". Schöne Weine aus Österreich.

Menü 33/66 € - Karte 26/64 €

Stadtplan : B2-s - *Luxemburger Str. 256 ✉ 50667 - ✆ 0221 16929440 - www.scherzrestaurant.de - geschlossen 23. - 25. Dezember und Montagmittag*

In Köln-Weiden

Garten-Hotel Ponick

FAMILIÄR • MODERN Das Haus liegt ruhig in einem Wohngebiet, wird persönlich geführt und bietet moderne, äußerst gepflegte Zimmer. Schön: Frühstück im Garten! Günstig ist die Nähe zum Stadion und zum Weidener Einkaufszentrum.

33 Zim - †75/329 € ††94/359 € - ☕ 10 €

Stadtplan : A2-n - *Königsberger Str. 5 ✉ 50858 - ✆ 02234 40870 - www.garten-hotel.de - geschlossen 21. Dezember - 7. Januar*

In Köln-Zollstock

EuroNova arthotel

BUSINESS • DESIGN Zwischen zahlreichen Bürogebäuden steht dieses topmoderne Hotel. Geradlinigkeit und Purismus lautet die Devise, die Zimmer geräumig und hochwertig. Als Businessgast können Sie "Bürotel"-Räume mieten - ideal zum Arbeiten. Das Restaurant "BU 1" bietet internationale Küche in stylischer Atmosphäre.

73 Zim - †85/250 € ††110/265 € - ☕ 17 €

Stadtplan : B3-a - *Zollstockgürtel 65 ✉ 50969 - ✆ 0221 9333300 - www.euronova-arthotel.de*

KÖNGEN

Baden-Württemberg - 9 632 Ew. - Höhe 281 m - Regionalatlas **55**-H18
Michelin Straßenkarte 545

Alte Vogtei (Lars Volbrecht)

MODERNE KÜCHE • INTIM Mit Herzblut setzen die engagierten Gastgeber und ihr Team in dem reizenden Fachwerkhaus von 1485 ein frisches junges Konzept um. Charmant das Interieur, die Atmosphäre freundlich und intim, die Küche modern-kreativ, raffiniert, kraftvoll. Lauschige Terrasse.

→ Kalbskopf, Bries und Mixed Pickles. Seeteufel, Artischocke, Lardo, Basilikum und Zitrone. Erdbeere, Sauerampfer, Quark und Vanille.

Menü 66/92 € - Karte 61/77 €

Oberdorfstr. 15 ✉ 73257 - ✆ 07024 8682666 - www.altevogtei.com - nur Abendessen - geschlossen Sonntag - Montag, Feiertage

Schwanen

REGIONAL • ZEITGEMÄSSES AMBIENTE Chic-modern das Ambiente, frisch und schmackhaft die Küche. Aus guten Produkten entstehen regionale und internationale Gerichte wie z. B. "Rostbraten, Butterzwiebel, Röstkartoffel" oder "Dorade Royale, wilder Brokkoli, Kürbisrisotto". Tipp: das Mittagsmenü.

Menü 36 € (mittags unter der Woche) - Karte 32/51 €

Hotel Schwanen, Schwanenstr. 1 ✉ 73257 - ✆ 07024 97250 - www.schwanen-koengen.de - geschlossen 24. Dezember - 7. Januar und Sonntag - Montag

Tafelhaus

REGIONAL • FREUNDLICH Im modern-eleganten Restaurant des Businesshotels "Neckartal" bekommt man neben Klassikern wie Zwiebelrostbraten oder Käsespätzle auch mediterran-internationale Gerichte wie "gebackenes Wachtel-Ei auf Thunfischtatar mit Wasabi-Panna-Cotta".

Menü 54/67 € - Karte 32/53 €

29 Zim - 82/98 € 102/125 €

Bahnhofstr. 19 73257 - 07024 97220 - www.hotel-neckartal.com - nur Abendessen - geschlossen 1. - 6. Januar und Sonntag

Schwanen

GASTHOF • FUNKTIONELL Bereits in 3. Generation ist die Familie hier engagiert im Einsatz, alles ist tipptopp gepflegt. Die Zimmer reichen vom praktischen Business-Einzelzimmer bis zum großzügigen Superior. Neben dem Restaurant gibt es abends noch das "Bistro K.B." mit traditioneller und schwäbischer Küche.

62 Zim - 87/108 € 124/138 € - ½ P

Schwanenstr. 1 73257 - 07024 97250 - www.schwanen-koengen.de - geschlossen 24. Dezember - 7. Januar

Schwanen - siehe Restaurantauswahl

KÖNGERNHEIM

Rheinland-Pfalz – 1 333 Ew. – Höhe 125 m – Regionalatlas **47**-E15
Michelin Straßenkarte 543

Brot & Bouquet N

MARKTKÜCHE • ROMANTISCH Drinnen sympathisch-rustikales Flair und liebevolle Deko, draußen im Innenhof eine wunderbare Terrasse. Das ist der einladende Rahmen für schmackhafte internationale und regionale Gerichte wie z. B. "gebratenen Zander mit Specktrauben und Silvanerschaum". Gerne empfiehlt man regionale Weine aus der direkten Umgebung.

Menü 25/60 € - Karte 37/57 €

Hotel Jordan's Untermühle, Außerhalb 1 55278 - 06737 71000 - www.jordans-untermuehle.de

Jordan's Untermühle N

SPA UND WELLNESS • GEMÜTLICH Aus der ehemaligen Wassermühle a. d. 16. Jh. ist ein wirklich schönes Landhotel entstanden, das Familie Jordan mit Herzblut führt. Geschmackvoll wohnt man in den Häusern "Kuschelmühle", "Traummühle" und "Mühle N° 7" - von ländlich-charmant bis geradlinig-modern. Dazu Wellness auf rund 1000 qm.

48 Zim - 99/113 € 146/204 € - 1 Suite

Außerhalb 1 55278 - 06737 71000 - www.jordans-untermuehle.de

Brot & Bouquet - siehe Restaurantauswahl

KÖNIGSBRONN

Baden-Württemberg – 7 086 Ew. – Höhe 499 m – Regionalatlas **56**-I18
Michelin Straßenkarte 545

In Königsbronn-Zang Süd-West: 6 km

Ursprung N (Andreas Widmann)

KREATIV • CHIC Wirklich schön, wie man in dem kleinen Restaurant mit der fast schon intimen Atmosphäre ein wertig-schickes Interieur aus modernem und heimisch-rustikalem Stil geschaffen hat. Und dieser Mix findet sich auch in der geschmacksintensiven Küche wieder: regional und kreativ, mit eigener Idee und ausgesuchten Produkten aus der Umgebung.

→ Kalbsbries glasiert mit Kirschblüten und Kartoffel. Rosa gebratenes Reh mit Dinkel, Hanfsamen und Blaubeeren. Aprikose und Rührkuchen mit Quinoa und Thymian.

Menü 68/108 €

Hotel Wildmann's Löwen, Struthstr. 17 89551 - 07329 96270 (Tischbestellung erforderlich) - www.loewen-zang.de - nur Abendessen - geschlossen Anfang September 2 Wochen, Juli 3 Wochen und Montag - Dienstag

Gasthaus Widmann's Löwen

TRADITIONELLE KÜCHE • LÄNDLICH Was man hier in gemütlicher Atmosphäre serviert, sind regionale und traditionelle Gerichte, für die gute, frische Produkte verwendet werden. Probieren Sie doch mal Spezialitäten vom Ostalb-Lamm! Oder lieber ein Klassiker wie Zwiebelrostbraten? Tipp: eigene Kochschule gegenüber.

Menü 37 € – Karte 22/58 €

Widmann's Löwen, Struthstr. 17 ✉ 89551 – ✆ 07328 96270 – www.loewen-zang.de – geschlossen Anfang September 2 Wochen und Dienstag - Mittwochmittag

Widmann's Löwen

GASTHOF • AUF DEM LAND Nordic Walking, Radtouren, ein Besuch im Steiff-Museum..., das Hotel der engagierten Widmanns ist ein guter Ausgangspunkt. Wohnlich die Zimmer, mal ländlich, mal modern. Etwas Besonderes sind die schicken "LANDzeit"- und "LANDglück"-Zimmer oder die Lodges mit Blick auf die Streuobstwiese! Tipp für Feste: die gemütlich-urige Kerbenhofhütte am Waldrand.

27 Zim – 🚹59/185 € 🚹🚹84/319 € – ½ P

Struthstr. 17 ✉ 89551 – ✆ 07328 96270 – www.loewen-zang.de – geschlossen Anfang September 2 Wochen

Ursprung • **Gasthaus Widmann's Löwen** – siehe Restaurantauswahl

KÖNIGSFELD im SCHWARZWALD

Baden-Württemberg – ✉ 78126 – 5 853 Ew. – Höhe 761 m – Regionalatlas **62**-E20
Michelin Straßenkarte 545

In Königsfeld-Buchenberg

Café Rapp

KLASSISCHE KÜCHE • FREUNDLICH Ursprünglich als Bäckerei und Café geführt, ist der Familienbetrieb heute auch ein Restaurant, in dem Qualität, Geschmack und Preis stimmen. Lust auf "gesottenen Tafelspitz auf Marktgemüse mit Petersilienkartoffeln und Meerrettichsauce"? Nachmittags ein Muss: die leckeren frischen Kuchen! Hübsche Gästezimmer.

Menü 37/54 € – Karte 32/60 €

6 Zim – 🚹64/74 € 🚹🚹88/118 €

Dörfle 22 ✉ 78126 – ✆ 07725 91510 – www.cafe-rapp.de – geschlossen Januar 1 Woche, über Fastnacht 2 Wochen, August 3 Wochen und Montag - Dienstag

KÖNIGSTEIN im TAUNUS

Hessen – 16 115 Ew. – Höhe 362 m – Regionalatlas **47**-F14
Michelin Straßenkarte 543

Villa Rothschild Kempinski

LUXUS • INDIVIDUELL In einem Park steht die schmucke Bankiers-Villa von 1894 - ein edles und stilvolles Boutiquehotel mit geschmackvollen Zimmern. Shuttle-Service zum Ascara-Spa des Schwesterbetriebs "Falkenstein". "Casual Fine Dining" im schicken Restaurant "Grill & Health". In "Tizian's Bar & Brasserie" gibt es Snacks wie Flammkuchen und Clubsandwiches, aber auch Wiener Schnitzel und Zander.

22 Zim – 🚹169/239 € 🚹🚹199/299 € – 4 Suiten

Im Rothschildpark 1 ✉ 61462 – ✆ 06174 29080 – www.kempinski.com/villarothschild

In Königstein-Falkenstein Nord-Ost: 2 km

Falkenstein Grand Kempinski

LUXUS • KLASSISCH Ein nobles Bild, vom schmucken Äußeren des Häuserensembles bis zum wertigen Interieur (einschließlich der prächtigen Säle) und dem umfassenden Spa-Angebot - nicht zu vergessen der ausgezeichnete Service! Picknicken Sie doch mal sonntags im Park, während Ihre Kinder den Spielplatz erkunden! Regionales, Internationales und "Health Food" im Restaurant "Landgut Falkenstein".

88 Zim – 🚹150/229 € 🚹🚹170/279 € – 24 Suiten – 32 € – ½ P

Debusweg 6 ✉ 61462 – ✆ 06174 900 – www.kempinski.com/falkenstein

KÖNIGSWINTER

Nordrhein-Westfalen – 40 057 Ew. – Höhe 80 m – Regionalatlas **36**-C13
Michelin Straßenkarte 543

Petit Lion

INTERNATIONAL • GEMÜTLICH XX Restaurant und Vinothek unter einem Dach! Gastronomisch bietet das Hotel "Krone" eine mediterran und französisch beeinflusste Küche, dazu eine gute Weinauswahl nebst versierter Beratung. Schön auch das Ambiente: moderner Look in traditionsreichem Rahmen.

Menü 37/99 € – Karte 40/71 €

Hauptstr. 374 ✉ 53639 – ✆ 02223 700970 – www.krone-koenigswinter.de – geschlossen Montag

KÖTZTING, BAD

Bayern – 7 203 Ew. – Höhe 409 m – Regionalatlas **59**-O17
Michelin Straßenkarte 546

In Bad Kötzting-Liebenstein Nord: 7 km in Richtung Ramsried

– Höhe 650 m

Leos by Stephan Brandl

KREATIV • GEMÜTLICH XXX Hochwertig, stimmig und modern ist hier nicht nur das ausgesuchte Interieur in alpenländischem Chic. Was auf den Teller kommt, ist durchdacht, aromareich und zeugt von handwerklichem Können und nicht zuletzt von ausgezeichneter Produktqualität. Begleitend vielleicht eine schöne glasweise Weinempfehlung?

→ Gillardeau Auster, Austernwasser, fermentierte Soja, Gurke. Langoustine, Apfelblüten, Curry. Rinderfilet pochiert, Rotwein, Aubergine, Poverade.

Menü 105/135 € – Karte 64/78 €

Hotel Bayerwaldhof, Liebenstein 25 ✉ 93444 – ✆ 09941 94800 (Tischbestellung erforderlich) – www.bayerwaldhof.de – nur Abendessen – geschlossen 20. August - 9. September und Sonntag - Dienstag

Bayerwaldhof

SPA UND WELLNESS • GEMÜTLICH Lust auf ruhige Lage, Aussicht und alpenländischen Charme? Für Erholung sorgen hier wohnliche Zimmer (traditionell oder modern), aufmerksames Personal und Spa-Vielfalt auf 10 000 qm. Einladend der Garten mit zwei Naturbadeteichen und Blockhaussauna. Einen Reitstall hat man übrigens auch. HP inklusive.

88 Zim – †130/280 € ††250/330 € – 6 Suiten – ☕ 17 € – ½ P

Liebenstein 25 ✉ 93444 – ✆ 09941 94800 – www.bayerwaldhof.de

✿ **Leos by Stephan Brandl** – siehe Restaurantauswahl

KOHLGRUB, BAD

Bayern – 2 599 Ew. – Höhe 828 m – Regionalatlas **65**-K21
Michelin Straßenkarte 546

Das Johannesbad

SPA UND WELLNESS • INDIVIDUELL Hier lautet der Untertitel "Medical Spa & Vitalrefugium", entsprechend umfangreich das Angebot an Beauty, Massage & Co. Schön zur Ruhe kommt man auch in der Kaminbibliothek und im alpinen Landhausambiente der Zimmer und des Restaurants mit abendlichem Menü. Die Führung engagiert und herzlich-familiär.

41 Zim ☕ – †74/105 € ††148/210 € – 1 Suite – ½ P

Saulgruber Str. 6 ✉ 82433 – ✆ 08845 840 – www.johannesbad-schober.de – geschlossen Mitte November - Ende Dezember

Baden-Württemberg – 81 692 Ew. – Höhe 405 m – Regionalatlas **63**-G21
Michelin Straßenkarte 545

✿✿ Ophelia

FRANZÖSISCH-KREATIV • ELEGANT XXX Der Bodensee ist ein herrliches Fleckchen Erde, um die Lebensbatterien genussvoll wieder aufzuladen. Geradezu prädestiniert ist hierfür das „Ophelia", das mit 2 Sternen geadelte Restaurant im Hotel „Riva", direkt an der Uferpromenade gelegen. Über einen separaten Eingang einer Jugendstilvilla aus dem Jahr 1909 gelangt man in ein Refugium, liebevoll ausgestattet in unaufdringlicher Eleganz mit wertvollen Holzböden und schicken Sesseln, die mit auberginefarbenem bzw. grauem Samt bezogen sind. Edel eingedeckte Tische und eine traumhafte halbrunde Terrasse mit Blick auf das glitzernde Wasser des Bodensees vollenden das stimmige Ambiente. Rasch stellt sich heraus, dass Küchenchef Dirk Hoberg sich wohlgeübt in der Kunst zeigt, feinste kulinarische Gerichte mit angenehmer Leichtigkeit und dennoch mit geschmacklicher Tiefe zu kreieren. Sein Handwerk sowie die Produkte, die er verwendet, sind exzellent. Er versteht es sehr gut, moderne Elemente spielerisch miteinander zu verbinden, und verzichtet dabei gänzlich auf gekünstelte Effekthascherei.

→ Gänsestopfleber, Trüffel, Haselnuss. Rochen, Fenchel, Passe Pierre, Olive. Reh, Spitzkohl, Kirsche.

Menü 105 € (vegetarisch)/170 € – Karte 141/148 €

Hotel RIVA, Seestr. 25, Zufahrt über Kamorstraße ✉ 78464 – ✆ 07531 363090 (Tischbestellung ratsam) – www.hotel-riva.de – nur Abendessen – geschlossen 29. Januar - 6. März, 8. - 23. Oktober und Dienstag - Mittwoch

✿ San Martino - Gourmet (Jochen Fecht)

FRANZÖSISCH-KREATIV • FREUNDLICH XX Man hat nur an wenigen Abenden geöffnet, die Zahl der Tische lässt sich an einer Hand abzählen und die Speisenauswahl ist ebenso reduziert, doch das 5-Gänge-Menü hat es in sich! Finessenreich und geschmacksintensiv wird klassisch basierte Küche modern umgesetzt. Klares Design und sehr freundlicher, professioneller Service schaffen einen angenehm ungezwungenen Rahmen.

→ Kabeljau und Dashi, Rüben, Wasabi, Rucola. Carabinero und Fenchel, Frühlingslauch, Nizza Oliven, Sea Fennel. Wagyu Beef und Milchkalb, Karotte, grüner Spargel, Shimeji.

Menü 135/160 € – Karte 114/138 €

Bruderturmgasse 3, (Zugang über Schlachttorgasse) ✉ 78462 – ✆ 07531 2845678 (Tischbestellung ratsam) – www.san-martino.net – nur Abendessen – geschlossen Januar - Februar und Sonntag - Mittwoch

San Martino - Bistro – siehe Restaurantauswahl

Brasserie Colette Tim Raue

FRANZÖSISCH • BRASSERIE X Ganz im Stil einer französischen Brasserie kommt sowohl die Atmosphäre als auch die Küche daher. Es gibt typische Klassiker wie "Boeuf Bourguignon" oder "Moules Frites". Und zum Abschluss vielleicht "Tarte au citron"? Schön sitzt man hier im 1. Stock auch auf der Terrasse zur Fußgängerzone.

Menü 24 € (mittags)/59 € – Karte 35/76 €

Brotlaube 2A ✉ 78462 – ✆ 07531 1285100 – www.brasseriecolette.de – geschlossen Montag - Dienstag

Papageno

INTERNATIONAL • ELEGANT XX Hier kann man mitten in der Altstadt von Konstanz eine reduzierte klassische Küche aus besten Produkten genießen. In modern-elegantem Ambiente wird z. B. "gebratener Steinbutt mit Spinat und Artischocken à la Barigoule" aufgetischt. Interessante Mittagsmenüs.

Menü 48/85 € – Karte 54/82 €

Hüetlinstr. 8a ✉ 78462 – ✆ 07531 368660 – www.restaurant-papageno.net – geschlossen über Fastnacht und Montag - Dienstag

RIVA

INTERNATIONAL • FREUNDLICH XX Besonders schön ist es in dem mediterran gehaltenen Restaurant, wenn die bodentiefen Fenster zur Terrasse und zum See geöffnet sind! Auf der Karte z. B. "Ricotta-Gnudi, gebratene Kräuterseitlinge, Bärlauchpesto" oder "Filet vom Bodenseefelchen, Blattspinat, Pinienkerne". Und als Dessert "Tarte Tatin"?

Menü 37 € – Karte 36/74 €

Hotel RIVA, Seestr. 25, Zufahrt über Kamorstraße ✉ 78464 – ✆ 07531 363090 – www.hotel-riva.de

San Martino - Bistro

INTERNATIONAL • FREUNDLICH X Auch in der Bistro-Variante der "San Martino"-Gastronomie isst man durchaus mit Niveau, ob "Coq au Vin", "Bouillabaisse", "Skrei vom Teppanyaki-Grill" oder "Kaiserschmarrn mit Rum-Rosinen" - geschulter Service und lockere Atmosphäre inklusive.

Menü 58 € – Karte 38/102 €

Restaurant San Martino - Gourmet, Bruderturmgasse 3, Zugang über Schlachttorgasse ✉ 78462 – ✆ 07531 2845678 (Tischbestellung erforderlich) – www.san-martino.net – geschlossen Sonntag - Montag

RIVA

SPA UND WELLNESS • MODERN Modern-dezenter Luxus in absoluter Paradelage! Die Uferpromenade vor der Tür, wertig-schickes Interieur, exzellentes Frühstück, dazu eine tolle Lounge mit Seeblick und der klasse Spa, der nach der Erweiterung des Hauses kaum Wünsche offen lässt! Übrigens: Der beheizte Pool auf dem Dach ist ein ganzjähriges Vergnügen!

46 Zim – †110/293 € ††200/466 € – 5 Suiten

Seestr. 25, Zufahrt über Kamorstraße ✉ 78464 – ✆ 07531 363090 – www.hotel-riva.de

✿✿ **Ophelia** • **RIVA** – siehe Restaurantauswahl

Hotel 47°

BUSINESS • MODERN Eine schöne Adresse am Seerhein: geradliniges Design, wertige Materialien, warme Töne, gutes Platzangebot und moderne Technik. Im Restaurant "Friedrichs" schaut man durch die Fensterfront auf den See und die Stadt. Am Abend kocht man international mit regional-saisonalem Bezug, mittags nur Lunchbuffet.

99 Zim – †110/190 € ††150/330 € – ½ P

Reichenaustr. 17 ✉ 78462 – ✆ 07531 127490 – www.47grad.de

Steigenberger Inselhotel

HISTORISCH • KLASSISCH Das Dominikanerkloster a. d. 13. Jh. mit seinem wunderschönen Kreuzgang wird seit 1874 als Hotel geführt, seit 1966 ist es ein Steigenberger! Trumpf ist hier natürlich die Lage am See - herrlich die Liegewiese! Internationale Küche im schicken Seerestaurant mit hübscher Terrasse, Regionales in der Dominikanerstube.

100 Zim – †135/225 € ††215/305 € – 2 Suiten – ½ P

Auf der Insel 1 ✉ 78462 – ✆ 07531 1250 – www.konstanz.steigenberger.de

In Konstanz-Staad Nord-Ost: 4 km

Schiff am See

INTERNATIONAL • ELEGANT X "Wiener Schnitzel vom Kalbsrücken mit Kartoffelsalat", "Filet vom Saibling auf der Haut gebraten mit mediterranem Risotto", "Ganzes Räucherfelchen mit Meerrettich"... Im Restaurant des Hotels "Schiff am See" erwarten Sie gute Küche und freundlicher Service. Zum Übernachten hat man helle, freundliche Zimmer.

Menü 25 € – Karte 29/49 €

33 Zim – †79/119 € ††109/169 € – 4 Suiten

William-Graf-Platz 2 ✉ 78464 – ✆ 07531 34424 – www.ringhotel-schiff.de – geschlossen Mittwochmittag, Donnerstagmittag

KORSCHENBROICH

Nordrhein-Westfalen - 32 306 Ew. - Höhe 46 m - Regionalatlas **35**-B11
Michelin Straßenkarte 543

In Korschenbroich-Steinhausen Ost: 10 km

Gasthaus Stappen

REGIONAL • GASTHOF XX Das gemütlich-moderne Restaurant in dem hübschen Backsteinhaus wird seit Generationen engagiert geführt. Die Küche ist regional-international und bietet z. B. "Steinbeißer in Krustentierschaum" oder auch "Wiener Schnitzel". Dazu die Vinothek und der schöne Innenhof. Tipp: Man hat chic-moderne Gästezimmer!

Menü 39/64 € – Karte 37/64 €

5 Zim - 88/108 € 118/158 €

Steinhausen 39 ✉ 41352 – ✆ 02166 88226 – www.gasthaus-stappen.de – nur Abendessen, sonntags auch Mittagessen – geschlossen 27. Dezember - 4. Januar und Dienstag

KOSEROW Mecklenburg-Vorpommern ➔ Siehe Usedom (Insel)

KRAIBURG am INN

Bayern - 4 032 Ew. - Höhe 462 m - Regionalatlas **66**-N20
Michelin Straßenkarte 546

Hardthaus

INTERNATIONAL • ROMANTISCH XX In dem denkmalgeschützten Haus umgibt Sie das charmante Ambiente eines ehemaligen Kolonialwarenladens. Ebenso einladend der gemütliche Gewölbe-Weinkeller und die schöne Terrasse am Marktplatz. Gekocht wird international und kreativ. Im Haus gegenüber hat man moderne, hochwertige Zimmer.

Menü 30/128 € – Karte 34/96 €

5 Zim - 69/80 € 72/128 € - 8 € - ½ P

Marktplatz 31 ✉ 84559 – ✆ 08638 73067 – www.hardthaus.de – Dienstag - Samstag nur Abendessen – geschlossen Montag

KRAKOW am SEE

Mecklenburg-Vorpommern - 3 472 Ew. - Höhe 50 m - Regionalatlas **12**-N5
Michelin Straßenkarte 542

In Krakow-Kuchelmiß Nord-Ost: 9,5 km

Ich weiß ein Haus am See

FRANZÖSISCH-KLASSISCH • FAMILIÄR XX Ein wahrhaft idyllisches Fleckchen Erde! Auf dem wunderbaren Grundstück direkt am See steht ein echtes kleines Bijou, in dem sich Familie König herzlich um Sie kümmert. Jeden Abend gibt es ein anderes Menü - klassisch, auf den Punkt gebracht, aus top Produkten. Dazu eine Weinkarte mit Raritäten. Für Übernachtungsgäste: hübsche Landhauszimmer und tolles Frühstück!

➔ Salat von gebratenem Spargel mit Entenleber und Trüffelvinaigrette. Kross gebratener Zander mit weißen Bohnen und Zitronen. Geschmorte Kalbsbäckchen mit Wildkräuterrisotto und Wiesenbocksbart.

Menü 90 €

11 Zim - 70/110 € 90/130 € - 15 €

Paradiesweg 3, in Seegrube, Süd-West: 5 km ✉ 18292 – ✆ 038457 23273 (Tischbestellung ratsam) – www.hausamsee.de – nur Abendessen – geschlossen Sonntag - Montag, November - März: Sonntag - Donnerstag und Juli - August: nur Montag

KRANZBERG

Bayern - 4 074 Ew. - Höhe 483 m - Regionalatlas **58**-L19
Michelin Straßenkarte 546

In Kranzberg-Hohenbercha Süd-West: 5 km jenseits der A 9

Hörger Biohotel und Tafernwirtschaft

GASTHOF • GEMÜTLICH Ein Gasthaus mit über 100-jähriger Familientradition. Im eigenen Apfelgarten steht ein moderner Vollholzbau mit hübschen geradlinigen Zirbelholz-Zimmern, einfachere Zimmer im Haupthaus. Bio-Küche in gemütlichen ländlich-rustikalen Stuben.

25 Zim – 64/89 € 89/169 € – ½ P

Hohenbercha 38 ✉ 85402 – ✆ 08166 990980 – www.hoerger-biohotel.de – geschlossen 4. - 17. August, 27. Dezember - 7. Januar

KREFELD

Nordrhein-Westfalen – 222 500 Ew. – Höhe 38 m – Regionalatlas **25**-B11
Michelin Straßenkarte 543

Elfrather Mühle

INTERNATIONAL • FREUNDLICH Direkt am Golfplatz steht die einstige Mühle von 1823 - da ist natürlich die Terrasse mit Blick ins Grüne gefragt! In modernem Ambiente gibt es frische international-saisonale Küche. Man hat übrigens schöne Räumlichkeiten für Hochzeiten.

Menü 30/69 € – Karte 28/68 €

An der Elfrather Mühle 145, Nord-Ost: 7 km ✉ 47802 – ✆ 02151 7899722 (Tischbestellung ratsam) – www.elfrather-muehle.de – geschlossen Ende Dezember - Anfang Januar, über Karneval 1 Woche

In Krefeld-Bockum

Villa Medici

ITALIENISCH • KLASSISCHES AMBIENTE Eine herrschaftliche Villa: außen schmucke Fassade, drinnen Empfangshalle mit toller Treppe und stilvolle Räume mit schönem Parkett. Repräsentativ auch der Service am Tisch: Hier werden große Fische tranchiert, Antipasti auf dem Wagen präsentiert. Herrliche Terrasse im Garten. Mittagstisch in der "Cantinetta".

Karte 36/90 €

9 Zim – 90/150 € 120/200 €

Schönwasserstr. 73 ✉ 47800 – ✆ 02151 50660 – www.villa-medici-krefeld.de – geschlossen Juli - August 3 Wochen und Samstagmittag, Sonntag

KREMMEN

Brandenburg – 7 108 Ew. – Höhe 39 m – Regionalatlas **22**-O7
Michelin Straßenkarte 542

In Kremmen-Groß Ziethen Süd: 6 km

Schloss Ziethen

HISTORISCH • INDIVIDUELL Ein schmuckes Herrenhaus a. d. 14. Jh. in einem netten Park. Hübsch sind die wohnlichen Zimmer, die diversen Salons und die kleine Bibliothek. Im Rosenhaus hat man einen schönen Tagungsbereich. Das Restaurant "Die Orangerie" ist ein luftig-hoher Raum mit großen Bogenfernstern und reizvoller Terrasse zum Park.

44 Zim – 95/132 € 119/162 € – 1 Suite – ½ P

Alte Dorfstr. 33 ✉ 16766 – ✆ 033055 950 – www.schlossziethen.de – geschlossen 2. - 6. Januar, 23. - 24. Dezember

In Kremmen-Sommerfeld Nord: 8 km

Sommerfeld

SPA UND WELLNESS • MODERN Das Hotel liegt am Beetzer See und bietet einen ansprechenden Spa sowie wohnlich-komfortable Zimmer. Besonders schön sind die geräumigen Wellness-Relax-Zimmer. Die Restaurantbereiche nennen sich Kranich, Bistro Frosch und Roter Salon.

78 Zim – 97/137 € 156/172 € – 2 Suiten – ½ P

Beetzer Str. 1a ✉ 16766 – ✆ 033055 970 – www.hotelsommerfeld.de – geschlossen Anfang Januar 1 Woche

KRESSBRONN am BODENSEE

Baden-Württemberg – 8 438 Ew. – Höhe 407 m – Regionalatlas **63**-H21
Michelin Straßenkarte 545

Meersalz

INTERNATIONAL • ELEGANT In dem ehemaligen Steinmetz-Betrieb kocht man für Sie modern und international-saisonal. Auf der Karte z. B. "Pulpo-Carpaccio mit Kalamansi und Chili" oder "Perlhuhnbrust mit Kräuter-Maultaschen und Spargel". Oder lieber das "Tasting-Menü"? Elegant das Ambiente, zuvorkommend und freundlich der Service.

Menü 48/68 € (abends) – Karte 43/57 €

Boutique-Hotel Friesinger, Bahnhofstr. 5 ✉ 88079 – ✆ 07543 9398787 (Tischbestellung ratsam) – www.restaurant-meersalz.de – Mittwoch - Samstag nur Abendessen – geschlossen März 2 Wochen, November 2 Wochen und Montag - Dienstag, außer an Feiertagen

Boutique-Hotel Friesinger

BOUTIQUE-HOTEL • MODERN Das kleine Bijou nahe dem See steht für stilvoll-moderne, individuelle, geräumige und hochwertige Zimmer, für Liebe zum Detail überall im Haus sowie für ehrliche Herzlichkeit - schlichtweg ein "Vorzeige"-Boutique-Hotel!

5 Zim – †98/168 € ††136/176 € – 2 Suiten

Bahnhofstr. 5 ✉ 88079 – ✆ 07543 9398787 – www.boutique-hotel-friesinger.de – geschlossen März 2 Wochen, November 2 Wochen

Meersalz – siehe Restaurantauswahl

Pension am Bodensee

LANDHAUS • INDIVIDUELL Das charmante ehemalige Fischerhaus wird sehr persönlich geführt, liegt direkt am See und bietet individuelle, geschmackvolle Zimmer. Toll der Sauna-, Lounge- und Terrassenbereich direkt am Wasser - das ist Bodensee-Feeling pur! Zum Entspannen: Massagen und Bäder. 200 m entfernt: "Park-Villa" mit Apartments.

8 Zim – †85/165 € ††110/220 € – 1 Suite

Bodanstr. 7 ✉ 88079 – ✆ 07543 7382 – www.pension-am-bodensee.de – geschlossen Februar 2 Wochen, November 2 Wochen

In Kressbronn-Retterschen Süd-Ost: 1 km

Sonnenhof

HERRENHAUS • MODERN Toll die Lage oberhalb des Bodensees, wohnlich-modern die Zimmer, teilweise mit schöner Sicht. Einfachere und preisgünstigere Zimmer im älteren Gästehaus. Zum eigenen Badestrand am See sind es 10 Gehminuten. Tipp: Frühstück oder Abendessen im Sommer auf der Terrasse - beeindruckend der Blick!

79 Zim – †55/219 € ††85/269 € – 1 Suite – ½ P

Sonnenhof 8 ✉ 88079 – ✆ 07543 500220 – www.sonnenhof-bodensee.de

KREUTH

Bayern – 3 522 Ew. – Höhe 787 m – Regionalatlas **66**-M21
Michelin Straßenkarte 546

In Kreuth-Weißach West: 1 km

MIZU Sushi-Bar

JAPANISCH • DESIGN In diesem stylischen Restaurant des "Bachmair Weissach" gibt es einen Mix aus klassischer und moderner japanischer Küche, von traditionellem Sashimi und neuen Sushi-Variationen über Gerichte wie "Schweinebauch, Zwetschgen, Kastanienpüree" bis zu Desserts wie "Sesam-Tofu mit Sojasaucen-Karamelleis".

Karte 34/58 €

Hotel Bachmair Weissach, Wiesseer Str. 1 ✉ 83700 – ✆ 08022 278523 – www.bachmair-weissach.com – nur Abendessen – geschlossen Dienstag

Gasthof zur Weissach

REGIONAL • GASTHOF Im "Gasthof zur Weissach" von 1861 gibt es bayerische Küche, und zwar in hübschen Stuben, die teils in ihrem ursprünglichen Zustand daherkommen! Auf der Karte: "Bayerische Bouillabaisse", Wiener Schnitzel vom Milchkalb", "Kaiserschmarrn"...

Karte 37/67 €

Hotel Bachmair Weissach, Wiesseer Str. 1 ✉ 83700 – ✆ 08022 278523 – www.bachmair-weissach.com

Bachmair Weissach

RESORT • MONTAN So wünscht man sich ein luxuriöses Ferien- & Wellnessresort: Zimmer und Suiten mit erstklassiger Technik und hochwertigem Interieur, ein 4500 qm großer Spa samt schickem japanischem "Mizu Onsen Spa" und dazu ein schönes gastronomisches Angebot, das im Winter durch die "Kreuther Fondue Stube" abgerundet wird.

141 Zim – †284/464 € ††334/513 € – 72 Suiten – ½ P

Wiesseer Str. 1 ✉ 83700 – ✆ 08022 2780 – www.bachmair-weissach.com

MIZU Sushi-Bar • **Gasthof zur Weissach** – siehe Restaurantauswahl

KREUZNACH, BAD

Rheinland-Pfalz – 48 813 Ew. – Höhe 108 m – Regionalatlas **46**-D15
Michelin Straßenkarte 543

Im Kittchen

MEDITERRAN • WEINSTUBE Das kleine Restaurant in der Altstadt ist beliebt wegen seiner charmanten Atmosphäre und der guten Küche. Tipp: das interessante Überraschungsmenü im Tapas-Stil! Oder lieber à la carte? Es gibt z. B. "Topinambursuppe mit Chorizo" oder "geschmorte Kalbsbäckchen mit Buchenpilzen".

Menü 32/72 € – Karte 36/62 €

Alte Poststr. 2 ✉ 55545 – ✆ 0671 9200811 (Tischbestellung ratsam) – nur Abendessen – geschlossen über Ostern, Juli - Anfang August 2 Wochen und Sonntag - Montag, Feiertage

Im Gütchen

MEDITERRAN • TRENDY Kaum zu glauben, dass dieser modern-elegante, luftig-hohe Raum mal ein Schweinestall war! Die freundlichen Gastgeber bieten in dem schön sanierten Gebäude a. d. 18. Jh. charmanten Service und aromatische mediterran geprägte Küche aus guten Zutaten, z. B. "gebratener Pulpo, Tomaten-Nudel-Risotto, Kräuterartischocken".

Menü 60/99 € – Karte 41/64 €

Hüffelsheimer Str. 1 ✉ 55545 – ✆ 0671 42626 – www.jan-treutle.de – nur Abendessen – geschlossen 19. Februar - 6. März und Dienstag - Mittwoch

KRONACH

Bayern – 16 849 Ew. – Höhe 320 m – Regionalatlas **50**-L14
Michelin Straßenkarte 546

Die Kronacher Stadthotels

HISTORISCH • INDIVIDUELL In der charmanten Oberstadt warten in den historischen Häusern Pfarrhof, Am Pförtchen und Zum Floßherrn liebevoll gestaltete Zimmer auf Sie - vier Zimmer haben sogar einen kleinen Balkon und Blick zur Festung, besonders chic sind die Juniorsuiten im Pfarrhof. Tipp: eigenes Bier und Ente als Spezialität im "Antlabräu".

40 Zim – †92/106 € ††116/169 € – ½ P

Amtsgerichtsstr. 12 ✉ 96317 – ✆ 09261 504590 – www.stadthotel-pfarrhof.de

KRONBERG im TAUNUS

Hessen – 18 170 Ew. – Höhe 257 m – Regionalatlas **47**-F14
Michelin Straßenkarte 543

Schlossrestaurant

FRANZÖSISCH • HISTORISCHES AMBIENTE XXX In dem ehrwürdigen Saal mit seinem besonderen Flair fühlt man sich zurückversetzt in die Kaiserzeit. Dagegen hat die Küche bei aller Klassik auch moderne Züge - ausdrucksstarke Gerichte, die begleitet werden von rund 500 Positionen Wein. Wunderbar die Terrasse zum Park.

Menü 48 € (mittags)/125 € (abends) – Karte 55/76 €

Schlosshotel Kronberg, Hainstr. 25 ✉ 61476 – ✆ 06173 70101 – www.schlosshotel-kronberg.de

Grüne Gans

FRANZÖSISCH • FREUNDLICH XX Die ehemalige Schlosserei a. d. 17. Jh. ist ein gemütlich-moderner Rahmen für französisch-internationale Küche. Neben leckeren Flammkuchen bekommt man z. B. auch "Tatar von der Fjordforelle" oder "Wildsaugulasch, Blaukraut, Maronen, Klöße".

Karte 39/55 €

Pferdstr. 20 ✉ 61476 – ✆ 06173 783666 – www.gruene-gans.com – Montag – Samstag nur Abendessen

Schlosshotel Kronberg

HISTORISCHES GEBÄUDE • KLASSISCH Schlichtweg beeindruckend: der 58 ha große Park mit herrlichem Baumbestand, das Schloss a. d. 19. Jh. mit Renaissance-, Barock- und Tudor-Elementen, zahlreiche Antiquitäten und Kunst, Lüster und alte Gobelins. Dazu Annehmlichkeiten vom Schuhputzservice bis zum Butler. Ein Grandhotel alter Schule, das Geschichte atmet!

62 Zim – †265/555 € ††305/595 € – 12 Suiten – ☕ 35 € – ½ P

Hainstr. 25 ✉ 61476 – ✆ 06173 70101 – www.schlosshotel-kronberg.de

Schlossrestaurant – siehe Restaurantauswahl

KROZINGEN, BAD

Baden-Württemberg – 17 839 Ew. – Höhe 234 m – Regionalatlas **61**-D20
Michelin Straßenkarte 545

In Bad Krozingen-Schmidhofen Süd: 3,5 km über B 3

Storchen (Fritz und Jochen Helfesrieder)

KLASSISCHE KÜCHE • GASTHOF XX Über 40 Jahre hat Familie Helfesrieder den Gasthof von 1764 und bewahrt den schönen ländlichen Charakter, ohne stehenzubleiben. Die klassisch geprägte Küche von Vater und Sohn basiert auf Top-Produkten. Auf Chichi verzichtet man, stattdessen setzt man auf Geschmack. Zum Übernachten: wohnlich-moderne Zimmer.

→ Bouillabaisse von Atlantikfischen, Röstbrot, Sauce Rouille. Badische Hechtklößchen mit Rieslingsauce, hausgemachte Nudeln, Gemüserauten. Rücken vom Schwarzwälder Färsenrind, cremiger Spinat, kleine Grießknödel, Mairüble, Misoschaum.

Menü 36 € (mittags)/114 € – Karte 44/94 €

8 Zim ☕ – †70/125 € ††85/135 €

Felix und Nabor Str. 2 ✉ 79189 – ✆ 07633 5329 (Tischbestellung ratsam) – www.storchen-schmidhofen.de – geschlossen Sonntag - Montag

KRÜN

Bayern – 1 879 Ew. – Höhe 875 m – Regionalatlas **65**-L22
Michelin Straßenkarte 546

Alpenhof

FAMILIÄR • GEMÜTLICH Ein alpenländisches Ferienhotel, in dem eine sehr freundliche und familiäre Atmosphäre herrscht. Man hat nicht nur einen schönen Garten und wohnliche Zimmer (Juniorsuiten mit Teeküche), sondern auch den sehr ansprechenden Saunabereich "Alpin-Spa" auf rund 500 qm!

24 Zim – †69/99 € ††138/198 € – 3 Suiten – ½ P

Edelweißstr. 11 ✉ 82494 – ✆ 08825 1014 – www.alpenhof-kruen.de – geschlossen 6. November - 19. Dezember

In Krün-Elmau Süd-West: 9 km über Kais, nur über mautpflichtiger Straße zu erreichen

Luce d'Oro

MODERNE KÜCHE • CHIC XXX Das gastronomische Highlight auf Schloss Elmau! Was dieses einzigartige Hideaway am Fuße des Wettersteingebirges im Hotel- und Spa-Bereich an Luxus bietet, findet in der Sterneküche des "Luce d'Oro" sein kulinarisches Pendant. Hier wird kreativ gekocht, die Produkte sind top. Nur selten bekommt man eine Imperial-Taube von solch exzellenter Qualität! Schön rosa gebraten, zart und ungeheuer geschmackvoll, wird das exquisite Fleisch mit kräftiger Soja-Limettenjus und karamellisierter Miso-Aubergine kombiniert, was feine Kontraste bringt und interessante asiatische Einflüsse zeigt. Zu verdanken sind die wunderbar durchdachten Gerichte Christoph Rainer, der bereits mit 2-Sterne-Küche im Frankfurter "Tiger-Gourmetrestaurant" von sich reden machte. Dem Niveau der Speisen wird das wertige Interieur voll und ganz gerecht: edles naturbelassenes Holz, geradlinig-modernes Design, warme Farben und dazu eine gelungene Beleuchtung, die dem Raum den namengebenden Goldschimmer verleiht. Kurzum: ein Ort, der Klasse und Wohlfühl-Atmosphäre vereint!

→ Isländischer Kaisergranat, Mumbai Curry, Macadamia, Spargel. Wagyu Beef in zwei Gängen serviert, Gyoza, Reiscrème, Kombuessigsud. Original Beans Schokolade, Passionsfruchtganache.

Menü 100/175 €

Hotel Schloss Elmau, Elmau 2 ✉ 82493 – ✆ 08823 180 (Tischbestellung erforderlich) – www.schloss-elmau.de – nur Abendessen – geschlossen 21. - 27. Januar, 18. März - 7. April, 6. - 26. Mai, 16. - 22. September, 2. - 15. Dezember und Sonntag - Dienstag

Fidelio

THAILÄNDISCH • KLASSISCHES AMBIENTE XX "Gaeng Kiew Warn Nua", "Piew Wan Goong", "Ka Pow Gai"... So oder so ähnlich liest sich die thailändische Speisekarte. Dazu genießt man das geradlinig-moderne Interieur in dem schönen hohen Raum - von den Fensterplätzen mit Aussicht.

Menü 50 € – Karte 57/71 €

Hotel Schloss Elmau, Elmau 2 ✉ 82493 – ✆ 08823 180 (Tischbestellung erforderlich) – www.schloss-elmau.de – nur Abendessen

Tutto Mondo & Summit

MEDITERRAN • ELEGANT XX Ob "Tutto Mondo" oder "Summit", in beiden Restaurantbereichen erwartet Sie der gleiche interessante Mix an Gerichten, von Mediterranem wie "Ravioli von Scamorza und Aubergine" oder "Brasato al Barolo" bis hin zu exklusiven Steaks. Tolle Panoramaterrasse.

Menü 50 € – Karte 55/99 €

Hotel Schloss Elmau Retreat, Elmau 2 ✉ 82493 – ✆ 08823 180 (Tischbestellung erforderlich) – www.schloss-elmau.de – nur Abendessen

Schloss Elmau

GROSSER LUXUS • MODERN Das "Luxury Spa & Cultural Hideaway" gehört weit über die Region hinaus zu den führenden Ferienhotels! Das historische Schloss ist ein Ort der Großzügigkeit und des Stils und dennoch alles andere als steif. Elegante Zimmer, pure Spa-Vielfalt inklusive "Familiy Spa", tolles gastronomisches Angebot. HP inkl.

115 Zim – †232/435 € ††440/760 € – 20 Suiten – ½ P

Elmau 2 ✉ 82493 – ✆ 08823 180 – www.schloss-elmau.de

Luce d'Oro • **Fidelio** – siehe Restaurantauswahl

Schloss Elmau Retreat

GROSSER LUXUS • MODERN Sie möchten das "Gesamtwerk" Schloss Elmau genießen, mögen es aber etwas diskreter und intimer? Dann ist dieses Luxushotel richtig! Es bietet das Nonplusultra in Sachen Großzügigkeit, Design, Wertigkeit - von den Juniorsuiten und Suiten bis zum Spa samt "Shantigiri Spa". Traumhaft der Blick auf die Bergwelt! HP inkl.

115 Zim – †200/390 € ††410/720 € – 20 Suiten – ½ P

Elmau 2 ✉ 82493 – ✆ 08823 180 – www.schloss-elmau.de

Tutto Mondo & Summit – siehe Restaurantauswahl

In Krün-Kranzbach

Süd-West: 7 km über Klais, nur über mautpflichtige Straße zu erreichen

Das Kranzbach

SPA UND WELLNESS • INDIVIDUELL Das "Schloss Kranzbach" von 1915 - mit dem Flair eines englisches Landsitzes - ist heute ein Wellnesshotel par excellence! Geschmackvolle Zimmer, ein Spa auf 3500 qm mit allem, was das Herz begehrt, dazu ein klasse Frühstück samt eigenem Saftraum sowie eine hervorragende 3/4-Pension (inkl.). Tipp: das Baumhaus im Wald oder die Suiten im modernen Gartenflügel!

136 Zim – †215/277 € ††390/544 € – 3 Suiten – ½ P

Kranzbach 1 ✉ 82493 – ✆ 08823 928000 – www.daskranzbach.de

KRUMMHÖRN

Niedersachsen – 12 209 Ew. – Höhe 1 m – Regionalatlas **7**-C5
Michelin Straßenkarte 541

In Krummhörn-Greetsiel

Greetsieler Grachtenhaus

FAMILIÄR • REGIONAL Hier fühlt man sich sofort wohl: familiär die Atmosphäre, hübsch die frische, nordisch-moderne Einrichtung. Charmant die kleine Terrasse, angrenzend eine Ruhezone mit Strandkörben... Und das alles an einer Gracht mit Anleger.

10 Zim – †80 € ††120 €

Justus-Hanssen-Weg 1 ✉ 26736 – ✆ 04926 926070 – www.greetsieler-grachtenhaus.de – geschlossen Januar, November

Hohes Haus

HISTORISCH • FUNKTIONELL Im Zentrum, unweit des Hafens, finden Sie das historische Gebäude nebst alter Pastorei als Gästehaus. Hübsch und wohnlich die Zimmertypen "Greetsiel", "Krummhörn" und "Ostfriesland". Speisen kann man in der "Upkammer" (im Winter am Kamin) oder in der gemütlichen Schänke. Bürgerliche Karte mit viel Fisch.

33 Zim – †74/104 € ††118/138 € – ½ P

Hohe Str. 1, Zufahrt über Kalvarienweg, Hotelroute 1 ✉ 26736 – ✆ 04926 1810 – www.hoheshaus.de – geschlossen 20. Januar - 3. Februar

KUDDEWÖRDE

Schleswig-Holstein – 1 364 Ew. – Höhe 28 m – Regionalatlas **10**-J5
Michelin Straßenkarte 541

Grander Mühle

HISTORISCH • INDIVIDUELL Das schöne Ensemble aus Backstein-Fachwerkhäusern liegt idyllisch direkt an der Bille, auf dem Gelände der ältesten Korn-Wasser-Mühle Deutschlands. Hier erwarten Sie eine schicke Lobby, individuelle Zimmer, allerlei Antiquitäten und Kunst sowie ein gutes Frühstück. Italienische Küche im Restaurant gegenüber.

13 Zim – †65/80 € ††71/101 € – 10 €

Lauenburgerstr. 1 ✉ 22958 – ✆ 04154 81021 – www.grandermuehle.de – geschlossen Januar

KÜHLUNGSBORN

Mecklenburg-Vorpommern – 7 825 Ew. – Höhe 10 m – Regionalatlas **12**-M3
Michelin Straßenkarte 542

Tillmann Hahns Gasthaus

REGIONAL • LÄNDLICH In freundlich-nordischem Landhaus-Ambiente bietet man regional-saisonale Küche - wie wär's mit "Ostsee-Wildlachs mit geschwenktem Schmorsalat, Duftreis und Frühlingszwiebel-Ingwerpesto"? Im Bistro gibt's tagsüber Feinkost, Kuchen etc.

Menü 35/49 € – Karte 23/49 €

Hotel Villa Astoria, Ostseeallee 2 ✉ 18225 – ✆ 038293 410214 – www.villa-astoria.de – nur Abendessen – geschlossen Januar - Mai: Montag - Dienstag

Neptun

FAMILIÄR • GEMÜTLICH An einer belebten Einkaufsstraße in der Stadtmitte liegt das Hotel mit seinen recht großzügigen, wohnlich-stilvoll gestalteten Gästezimmern. Schön auch das Restaurant im klassischen Bistrostil, erweitert durch einen lichten Wintergarten. Internationale Küche.

39 Zim – †80/140 € ††95/170 € – 1 Suite – ½ P

Strandstr. 37 ✉ 18225 – ✆ 038293 630 – www.neptun-hotel.de

Strandblick

SPA UND WELLNESS • FUNKTIONELL Man hat hier Jugendstil-Flair bewahrt (sehenswert der Eingangsbereich und das Treppenhaus!) und Modernes gelungen integriert, so z. B. den Spa mit Pool. Individuell der Zuschnitt der Zimmer: mal mit Erker, mal als Suite angelegt. Im Restaurant "Strandauster" serviert man regionale Küche.

47 Zim – †115/170 € ††130/185 € – 5 Suiten – ½ P

Ostseeallee 6 ✉ 18225 – ✆ 038293 633 – www.ringhotel-strandblick.de

Villa Astoria

PRIVATHAUS • GEMÜTLICH Schön und strandnah wohnt man in der attraktiven Villa von 1910. Die Suiten reichen von "Standard" über "Komfort" bis "Komfort Plus im Dachgeschoss", im Turm eine Maisonette-Suite - alle Räume sind geschmackvoll in warmen Farben gehalten.

19 Suiten – ††105/179 € – ½ P

Ostseeallee 2 ✉ 18225 – ✆ 038293 410210 – www.villa-astoria.de

Tillmann Hahns Gasthaus – siehe Restaurantauswahl

Westfalia

LANDHAUS • GEMÜTLICH Die Jugendstilvilla ist nicht nur komfortabel und wohnlich, sie liegt auch nur einen Steinwurf von der Ostsee entfernt - Zimmer mit Balkon oder Loggia zur Seeseite. Für Familien: Ferienhaus mit direktem Zugang zum sehr schönen Garten!

15 Zim – †75/120 € ††120/160 €

Ostseeallee 17 ✉ 18225 – ✆ 038293 43490 – www.westfalia-kuehlungsborn.de

KÜNZELSAU

Baden-Württemberg – 14 926 Ew. – Höhe 218 m – Regionalatlas **48**-H17
Michelin Straßenkarte 545

Anne-Sophie

INTERNATIONAL • FREUNDLICH Sie sitzen gemütlich unter freigelegten Deckenbalken, im luftig-lichten Wintergarten oder auf der Terrasse zum Schlossplatz und lassen sich z. B. "Bachsaibling mit Lauchgemüse und Krabben" oder "Zwiebelrostbraten vom Weiderind mit handgeschabten Spätzle" servieren - saisonal, schmackhaft und preislich fair.

Menü 30 € – Karte 33/49 €

Hotel Anne-Sophie, Schlossplatz 9 ✉ 74653 – ✆ 07940 93462041 – www.hotel-anne-sophie.de – geschlossen 27. Dezember - 3. Januar

handicap.

MODERNE KÜCHE • ELEGANT XXX Das Konzept des geschmackvollen Restaurants: Man integriert erfolgreich Menschen mit Handicap - daher der Name. Stilvoll der Rahmen aus Geradlinigkeit und Kunst, an der Decke ein Himmelsgemälde von Markus Schmidgall. Einfachere Lunchkarte.

Menü 65/85 € - Karte 29/68 €

Hotel Anne-Sophie, Hauptstr. 22 ✉ 74653 - ✆ 07940 93460 - www.hotel-anne-sophie.de - geschlossen 27. Dezember - 8. Januar, Ende Juli - Mitte September und Sonntagabend - Dienstag, Samstagmittag

Anne-Sophie

HISTORISCH • ELEGANT Die moderne Architektur des Neubaus ist ein gelungener Kontrast zum 300 Jahre alten Stadthaus und dem "Würzburger Bau" von 1710 samt diverser Kunstobjekte. Sie wohnen in großzügigen, geschmackvoll-eleganten Zimmern oder günstiger im Gästehaus Anne-Sophie. Schauen Sie sich auch im "Lindele-Laden" um!

49 Zim - †89/140 € ††130/170 €

Hauptstr. 22 ✉ 74653 - ✆ 07940 93460 - www.hotel-anne-sophie.de - geschlossen 23. Dezember - 3. Januar

Anne-Sophie • **handicap.** - siehe Restaurantauswahl

KÜPS

Bayern - 7 706 Ew. - Höhe 299 m - Regionalatlas **50**-L14
Michelin Straßenkarte 546

Werners Restaurant

MEDITERRAN • FREUNDLICH XX Bereits seit 1983 sorgen Werner Hühnlein und seine Frau, gebürtige Sizilianerin, für kulinarisches Niveau. Gekocht wird stark mediterran geprägt, so z. B. "Kürbis-Minestrone mit Ricotta-Ravioli" oder "Porchetta" ("mediterranes Spanferkel-Schäufele").

Menü 49/56 € - Karte 36/59 €

Griesring 16 ✉ 96328 - ✆ 09264 6446 - www.werners-restaurant.de - nur Abendessen - geschlossen September 2 Wochen und Sonntag

KÜRTEN

Nordrhein-Westfalen - 19 553 Ew. - Höhe 185 m - Regionalatlas **36**-C12
Michelin Straßenkarte 543

Zur Mühle

INTERNATIONAL • GEMÜTLICH XX Hermann und Kerstin Berger sorgen in dem traditionsreichen Haus (Familienbetrieb seit 1895) für richtig gute international inspirierte Küche, und die gibt es z. B. als "Lachstranche, Rucola-Pestokruste, Teriyakibohnen, Kartoffelpüree & süßer Senf". Und das Ambiente? Gemütlich mit moderner Note.

Menü 39 € (abends)/52 € - Karte 27/51 €

Wipperfürther Str. 391 ✉ 51515 - ✆ 02268 6629 (Tischbestellung ratsam) - www.restaurant-zur-muehle.com - geschlossen Juli - August 3 Wochen und Dienstag - Mittwoch

KUHLEN-WENDORF

Mecklenburg-Vorpommern - 820 Ew. - Höhe 30 m - Regionalatlas **12**-L5
Michelin Straßenkarte 542

Im Ortsteil Wendorf

Schlosshotel Wendorf

HISTORISCHES GEBÄUDE • ELEGANT Erholung pur: ein schmuckes Herrenhaus auf einem weitläufigen Grundstück mit Wiesen, Park und See. Drinnen eine stilvolle Lobby mit Bibliothek, Bar und Zigarrenlounge sowie hochwertig-elegante Zimmer und das schöne Restaurant "Cheval Blanc". Tipp: Gönnen Sie sich auch Kosmetik und Sauna.

21 Zim - †125/190 € ††170/220 € - 11 Suiten - ½ P

Hauptstr. 9 ✉ 19412 - ✆ 038486 33660 - www.schlosshotel-wendorf.de - geschlossen November - Ende April

KUPPENHEIM

Baden-Württemberg – 8 065 Ew. – Höhe 127 m – Regionalatlas **54**-E18
Michelin Straßenkarte 545

In Kuppenheim-Oberndorf

Süd-Ost: 2 km Richtung Freudenstadt

Raubs Landgasthof

FRANZÖSISCH-KLASSISCH • LÄNDLICH XX Sie finden den traditionellen Gasthof mit der schön berankten Fassade im Ortskern bei der Heilig-Kreuz-Kirche. Das charmante Landhausflair, der aufmerksame Service, die feine, durchdachte klassische Küche, all das zeugt vom großen Engagement der Familie. Und wie wär's mit einem der wohnlichen Gästezimmer?

→ Rahmsuppe von Krustentieren und Ingwer mit Ravioli von wilder Gamba. Wolfsbarsch mit kross gebratener Haut auf Blumenkohl, Mango und Curry Mumbai. Rücken und würziges Ragout von Limousin Lamm mit zweierlei Kichererbsen und Fenchel.

Menü 33 € (mittags unter der Woche)/128 € – Karte 55/95 €

5 Zim – 68/108 € 105/140 €

Hauptstr. 41 76456 – 07225 75623 (Tischbestellung ratsam) – www.raubs-landgasthof.de – geschlossen März 1 Woche, Ende August - Anfang September 2 Wochen und Sonntag - Dienstagmittag

LAASPHE, BAD

Nordrhein-Westfalen – 13 841 Ew. – Höhe 330 m – Regionalatlas **37**-F12
Michelin Straßenkarte 543

In Bad Laasphe-Feudingen

West: 9 km über B 62 sowie Feudingen und Volkholz, in Saßmannshausen links

Landhotel Doerr

LANDHAUS • INDIVIDUELL Was dieses Haus interessant macht? Es stehen unterschiedliche, aber stets gemütlich-wohnlich gestaltete Zimmer bereit, dazu ein vielfältiger und ebenso ansprechender Wellnessbereich. Und im großzügigen, über zwei Etagen angelegten Restaurant erwartet Sie eine ländlich-elegante Atmosphäre.

49 Zim – 90/105 € 150/180 € – 1 Suite – ½ P

Sieg-Lahn-Str. 8 57334 – 02754 3700 – www.landhotel-doerr.de

Lahntal-Hotel

GASTHOF • GEMÜTLICH Ein schönes familiengeführtes kleines Landhotel. Die Zimmer sind recht geräumig und wohnlich in ländlichem Stil eingerichtet, hübsch die Sauna und das Hallenbad. Und am Morgen wartet ein gutes Frühstücksbuffet auf Sie. Behaglich das Restaurant mit rustikalem Charme.

15 Zim – 85/115 € 160/250 € – 2 Suiten – ½ P

Sieg-Lahn-Str. 23 57334 – 02754 1285 – www.lahntalhotel.de

Im Auerbachtal

FAMILIÄR • INDIVIDUELL Sie mögen es ruhig und wohnlich? Das sympathische kleine Hotel liegt am Waldrand und bietet schöne, in hellen warmen Farben gehaltene Zimmer, jedes ist einem Künstler gewidmet. Einladend auch der Wintergarten und die kleine Bibliothek.

16 Zim – 64/69 € 90/98 € – 2 Suiten – ½ P

Wiesenweg 5 57334 – 02754 375880 – www.auerbachtal.de – geschlossen 22. Dezember - 15. Januar

In Bad Laasphe-Glashütte

West: 14 km über B 62 sowie Feudingen und Volkholz, in Saßmannshausen links

Rôtisserie Jagdhof Stuben - Die Braterei

GRILLGERICHTE • GEMÜTLICH XX Schon allein der große Rôtisseriegrill neben der offenen Küche verbreitet in dem liebevoll dekorierten Restaurant Gemütlichkeit. Es gibt Leckeres vom Holzkohlegrill sowie traditionell-klassische und internationale Küche - auch das ein oder andere Lieblingsgericht von Patron Edmund Dornhöfer ist vertreten!

Menü 68 € – Karte 44/73 €

Hotel Jagdhof Glashütte, Glashütter Str. 20 57334 – 02754 3990 – www.jagdhof-glashuette.de – nur Abendessen – geschlossen Montag

Jagdhof Glashütte

LUXUS • GEMÜTLICH Die Dornhöfers sind beispielhafte und liebenswürdige Gastgeber! Dass man hier nicht stehenbleibt, zeigt u. a. der attraktive Spa. Dazu schöne Einrichtung mit ländlichem Charme und ruhige Lage umgeben von Wald und Wiese. Reizend: die "Fuhrmannskneipe", mit der hier einst alles begann! "Stammgastrevier" heißt die bürgerlich-regionale Wittgensteiner Küche. Interessant: Gastkoch-Konzept im "Ars Vivendi".

20 Zim – 138/228 € 276/396 € – 9 Suiten – ½ P

Glashütter Str. 20 57334 – 02754 3990 – www.jagdhof-glashuette.de

Rôtisserie Jagdhof Stuben - Die Braterei – siehe Restaurantauswahl

LABOE

Schleswig-Holstein – 4 899 Ew. – Höhe 21 m – Regionalatlas **3**-J3
Michelin Straßenkarte 541

Seeterrassen

FAMILIÄR • AM MEER Was dieses Hotel interessant macht? Es liegt am Meer - nur wenige Schritte vom Strand entfernt - und verfügt über zeitgemäß-funktionale Zimmer, teilweise mit Seeblick. Auch im Restaurant und auf der Terrasse genießt man die Aussicht. Tipp: ganz in der Nähe das Marine-Ehrenmal und das Museums-U-Boot "U-995"!

40 Zim – 53/70 € 92/110 €

Strandstr. 84 24235 – 04343 6070 – www.seeterrassen-laboe.de – geschlossen Dezember - Januar

LADENBURG

Baden-Württemberg – 11 380 Ew. – Höhe 106 m – Regionalatlas **47**-F16
Michelin Straßenkarte 545

Backmulde

FRANZÖSISCH-MODERN • GEMÜTLICH So ein Lokal wünscht man sich in der Nachbarschaft: tolles Essen, ausgesuchte Weine nebst versierter Beratung und dazu die gemütliche Atmosphäre eines charmanten jahrhundertealten Fachwerkhauses! Tipp: Weinladen gegenüber.

Menü 55/79 € – Karte 44/72 €

Hauptstr. 61 68526 – 06203 404080 (Tischbestellung ratsam) – www.back-mul.de – Dienstag - Freitag nur Abendessen – geschlossen Montag

Zum güldenen Stern N

BÜRGERLICHE KÜCHE • FREUNDLICH Hier darf man sich auf freundliche Gastgeber und gute Küche zu fairen Preisen freuen. In dem eher schlicht gehaltenen Gasthaus a. d. J. 1598 (das älteste in Ladenburg) gibt es frische bürgerliche Gerichte wie "Pfifferlingssüppchen" oder "Wiener Schnitzel mit Kartoffel-Gurkensalat". Mittags ist das Tagesessen beliebt.

Menü 30 € – Karte 28/43 €

Hauptstr. 65 68526 – 06203 15566 – www.sternladenburg.de – geschlossen Anfang Januar 2 Wochen, 12. - 28. August und Dienstag - Donnerstagmittag

LAGE (LIPPE)

Nordrhein-Westfalen – 34 719 Ew. – Höhe 102 m – Regionalatlas **28**-G9
Michelin Straßenkarte 543

In Lage-Stapelage Süd-West: 7 km über B 66 Richtung Bielefeld

Haus Berkenkamp

FAMILIÄR • TRADITIONELL Außerhalb und mitten im Grünen liegt der ehemalige Bauernhof von 1849, zu dem auch ein wunderbarer parkähnlicher Garten und eine Damwildzucht gehören. Eine schöne gepflegte Adresse, die von der Familie sympathisch geführt wird.

20 Zim – 52/54 € 86/88 € – ½ P

Im Heßkamp 50 32791 – 05232 71178 – www.haus-berkenkamp.de – geschlossen 8. - 18. März, 4. - 25. Oktober

LAHR (SCHWARZWALD)

Baden-Württemberg - 44 195 Ew. - Höhe 170 m - Regionalatlas **53**-D19
Michelin Straßenkarte 545

Grüner Baum

REGIONAL • GASTHOF X Besonders schön sitzt man auf der Terrasse hinter dem über 300 Jahre alten Gasthof unter einer großen Kastanie, aber auch drinnen hat man es bei den engagierten Gastgebern gemütlich. Es gibt Traditionelles, aber auch mediterrane Einflüsse, von "Schweinelendchen mit Waldpilzrahm" bis "Loup de mer mit cremigem Lauch".

Menü 39/55 € - Karte 21/53 €

Burgheimer Str. 105 ✉ 77933 - ✆ 07821 22282 - www.gruenerbaum-lahr.de - geschlossen Sonntagabend

In Lahr-Reichenbach Ost: 3,5 km über B 415

Adler (Daniel Fehrenbacher)

FRANZÖSISCH-MODERN • CHIC XX Moderne und Klassik gehen hier Hand in Hand - das gilt sowohl fürs Ambiente (ein Mix aus geradlinig-schickem Stil und Schwarzwaldcharme) als auch für die Küche. Daniel Fehrenbacher verarbeitet sehr gute Produkte zu ausdrucksstarken, stimmigen Gerichten mit schönen Kontrasten.

→ Jakobsmuschel mit Petersilie, Banane und Jalapenos. Rehfilet mit Wassermelone, Kerbel und Buchenpilzen. Grüner Apfel mit Shizo und weißer Schokolade.

Menü 63/154 €

Hotel Adler, Reichenbacher Hauptstr. 18, B 415 ✉ 77933 - ✆ 07821 906390 - www.adler-lahr.de - nur Abendessen - geschlossen über Fasnacht 2 Wochen, August und Montag - Dienstag

Gasthaus

REGIONAL • GASTHOF X Auch im "Gasthaus" mischen sich Moderne und Tradition, optisch und kulinarisch. Hier geht es etwas legerer zu, man isst aber ebenfalls gut: Spezialitäten sind Wildgerichte und Stubenküken vom Grill. Sehenswert: der lange Eichentisch.

Menü 35 € - Karte 33/62 €

Hotel Adler, Reichenbacher Hauptstr. 18, B 415 ✉ 77933 - ✆ 07821 906390 - www.adler-lahr.de - geschlossen über Fasnacht 2 Wochen und Montagmittag, Dienstagmittag

Adler

FAMILIÄR • INDIVIDUELL Familientradition wird bei den Fehrenbachers groß geschrieben, und das seit 4 Generationen. Das Haus hat sehr zur Freude der Gäste über all die Jahre seinen badischen Charme bewahrt und trotzdem passt auch der ganz moderne Stil einiger Zimmer gut ins Bild!

20 Zim ☕ - †85/105 € ††130/150 € - ½ P

Reichenbacher Hauptstr. 18, B 415 ✉ 77933 - ✆ 07821 906390 - www.adler-lahr.de - geschlossen über Fasnacht 2 Wochen

Adler • **Gasthaus** - siehe Restaurantauswahl

LANDAU in der PFALZ

Rheinland-Pfalz - 44 465 Ew. - Höhe 144 m - Regionalatlas **54**-E17
Michelin Straßenkarte 543

Altstadt Stern'l No 1

MARKTKÜCHE • BISTRO X Das sympathische kleine Bistro liegt nur wenige Schritte vom Rathausplatz und hat einen einladenden Biergarten. Aus der Küche (durchgehend geöffnet) kommen Tapas und Snacks sowie wöchentlich wechselnde Gerichte mit saisonalem Bezug. Dazu gibt's schöne Weine von namhaften Weingütern aus dem Umkreis.

Karte 24/51 €

Kleiner Platz 6 ✉ 76829 - ✆ 06341 929450 - geschlossen Sonntag - Montag

Weinstube zur Blum

REGIONAL • WEINSTUBE Der historische Vierflügelbau ist bei Touristen und Einheimischen gleichermaßen gefragt! Saisonale Gerichte von der Tafel und Pfälzer Spezialitäten wie "Saumagen auf Rieslingkraut" isst man im Sommer am liebsten im Innenhof: auf zwei Etagen von Holzarkaden eingefasst und wirklich charmant!

Karte 23/43 €

Kaufhausgasse 9 ✉ 76829 – ✆ 06341 897641 (Tischbestellung ratsam) – www.zurblum.de – geschlossen Sonntag - Dienstagmittag, Donnerstagmittag, Freitagmittag

Parkhotel

BUSINESS • FUNKTIONELL Schon ein Hingucker, der aparte Kontrast von modernem Hotelbau und direkt angeschlossener historischer Festhalle! Besonders schön die geradlinig-zeitgemäßen Zimmer mit Bezug zum Thema Weinbau. Zum Park hin wohnen Sie übrigens ruhiger. Praktisch: Am Haus gibt es eine öffentliche Tiefgarage und Stellplätze.

77 Zim – 99/144 € 129/174 € – 1 Suite – ½ P

Mahlastraße 1, an der Festhalle ✉ 76829 – ✆ 06341 1450 – www.parkhotel-landau.de

In Landau-Arzheim West: 4 km

Weinstube Hahn

REGIONAL • WEINSTUBE Stammgäste haben die herzlichen Betreiber so einige, denn man sitzt richtig nett in gemütlich-rustikaler Atmosphäre und essen kann man auch gut. Fast ein Muss: "Fläschknepp mit Meerrettichsoße und Bratkartoffeln"! Dazu Weine aus der Region.

Karte 27/37 €

Arzheimer Hauptstr. 50 ✉ 76829 – ✆ 06341 33144 (Tischbestellung ratsam) – nur Abendessen – geschlossen Weihnachten - Neujahr, Ende Juni 1 Woche, September 1 Woche und Dienstag - Mittwoch

In Landau-Nussdorf Nord: 3 km

Villa Delange

HERRENHAUS • INDIVIDUELL Wirklich schön mischt sich das stilvolle Landhausambiente mit dem historischen Charme des einstigen Weinguts, überall liebevolle Deko. Ebenso wertig, nur etwas moderner, sind die Zimmer im 50 m entfernten Gästehaus.

18 Zim – 78/110 € 99/140 €

Lindenbergstr. 30, (mit Gästehaus) ✉ 76829 – ✆ 06341 676740 – www.villa-delange.com

LANDSHUT

Bayern – 67 509 Ew. – Höhe 393 m – Regionalatlas **58**-N19
Michelin Straßenkarte 546

Fürstenzimmer und Herzogstüberl

FRANZÖSISCH-KLASSISCH • FREUNDLICH Stilvoll-elegantes Fürstenzimmer, Herzogstüberl mit bayerischem Flair, tolle Terrasse... Sie werden stets mit frischer klassischer Küche umsorgt. Man beachte auch die fair kalkulierte Weinkarte mit Raritäten. Wie wär's mit einem Kochkurs?

Menü 56 € – Karte 61/79 €

Hotel Fürstenhof, Stethaimer Str. 3 ✉ 84034 – ✆ 0871 92550 – www.hotel-fuerstenhof-landshut.de – nur Abendessen – geschlossen Anfang Januar 2 Wochen, Mitte August 2 Wochen und Sonntag - Montag

Bellini

ITALIENISCH • MEDITERRANES AMBIENTE Lust auf Trüffel? Entsprechende Gerichte gibt es hier immer, sogar als Pizza! Weitere Leidenschaft neben italienischer Küche sind Weinraritäten aus Italien und Frankreich sowie Grappa (besonders der von Levi). Toll die begrünte Hofterrasse!

Menü 17 € (mittags unter der Woche)/50 € – Karte 34/45 €

Papiererstr. 12 ✉ 84034 – ✆ 0871 630303 – www.bellini-landshut.de – geschlossen Samstagmittag

Bernlochner

INTERNATIONAL • BÜRGERLICH XX Sie finden dieses freundliche Restaurant an der Isar, nicht weit von der Fußgängerzone. Die Küche ist international ausgerichtet und man setzt dabei auf frische Produkte der Saison - Klassiker stehen ebenso auf der Karte.

Menü 45 € - Karte 30/49 €

Ländtorplatz 2 ✉ 84028 - ✆ 0871 43083777 - www.bernlochner-restaurant.de - geschlossen November - März: Montag

Goldene Sonne

HISTORISCH • GEMÜTLICH Das schmucke historische Gebäude in der Altstadt beherbergt geschmackvoll gestaltete, wohnliche Zimmer mit individuellem Zuschnitt und guter technischer Ausstattung. Rustikale Gaststube mit bürgerlicher Karte. Nett ist der Biergarten im Innenhof.

60 Zim - †100/150 € ††120/190 € - 2 Suiten

Neustadt 520 ✉ 84028 - ✆ 0871 92530 - www.goldenesonne.de

Fürstenhof

FAMILIÄR • INDIVIDUELL Charmant ist dieses Stadthaus von 1906: Umsichtig die Gastgeber, wertig und wohnlich die Zimmer, auffallend das Bemühen um den Gast, immer wieder kleine Aufmerksamkeiten. Sie suchen etwas Besonderes? Keramik-Suite oder Tuchhändler-Zimmer!

21 Zim - †85/108 € ††115/135 € - 1 Suite - ½ P

Stethaimer Str. 3 ✉ 84034 - ✆ 0871 92550 - www.hotel-fuerstenhof-landshut.de - geschlossen Anfang Januar 2 Wochen, Mitte August 2 Wochen

Fürstenzimmer und Herzogstüberl - siehe Restaurantauswahl

LANGEN

Hessen - 36 058 Ew. - Höhe 144 m - Regionalatlas **47**-F15
Michelin Straßenkarte 543

Merzenmühle

KLASSISCHE KÜCHE • FREUNDLICH XX Die über 600 Jahre alte Mühle liegt recht schön und hat eine hübsche Terrasse, drinnen gepflegte gemütlich-rustikale Atmosphäre. Aus der Küche kommen frische Gerichte wie "Hirschrücken, Walnusskruste, Schokojus". Einfachere Alternative: die "Scheuer", ein Mix aus Heurigem und Apfelweinlokal samt Biergarten.

Menü 19 € (mittags)/65 € - Karte 36/63 €

Koberstädter Str. 204, Ost: 2 km ✉ 63225 - ✆ 06103 53533 - www.merzenmuehle.de - geschlossen Samstagmittag, Sonntagabend - Montag

Mosbach's Restaurant

FRANZÖSISCH-KLASSISCH • FREUNDLICH XX In dem hübschen Fachwerkhaus im Ortskern setzen die elsässischen Brüder Guy und Dominique Mosbach auf traditionelle französische Speisen. Probieren Sie z. B. "Poulet de Bresse à la Crème" oder "Saiblingsklöße 'Nantua'". Sonntags bis 16 Uhr warme Küche.

Menü 25 € (mittags)/48 € - Karte 30/69 €

Vierhäusergasse 1 ✉ 63225 - ✆ 06103 502713 (Tischbestellung ratsam) - www.mosbachs.com - geschlossen Ende Dezember - Anfang Januar, Mitte Juni 2 Wochen und Samstagmittag, Sonntagabend - Montag

LANGENARGEN

Baden-Württemberg - 7 848 Ew. - Höhe 398 m - Regionalatlas **63**-H21
Michelin Straßenkarte 545

Malereck

INTERNATIONAL • LÄNDLICH XX Ausgesprochen schön ist es hier: wunderbar der eigene Park, toll die Terrasse zum Yachthafen mit Blick ins Grüne, elegant das Restaurant. Die ambitionierte Küche bietet Internationales mit regional-saisonalen Einflüssen, z. B. "gebratenen Steinbutt & Pulpo, Kaffir-Limetten-Schaum, marinierten Fenchel".

Menü 26 € (unter der Woche)/65 € - Karte 32/62 €

Aargenstr. 60/4, (im BMK-Yachthafen) ✉ 88085 - ✆ 07543 912491 - www.restaurantmalereck.de - geschlossen 30. Oktober - 9. November, 20. Dezember - Mitte Februar und Dienstag

Schuppen 13

ITALIENISCH • GEMÜTLICH XX Das stilvoll-maritime Restaurant nebst hübscher Terrasse ist eine feste Gastro-Größe direkt am Yachthafen. Aus richtig guten Produkten entstehen italienisch-saisonale Speisen wie "Heilbutt in Kapernbutter, weißer Spargel, Krabbenkartoffeln". Eine Spezialität ist die "Pasta fresca".

Menü 26/62 € - Karte 38/62 €

Argenweg 60, (im BMK-Yachthafen) ✉ 88085 - ✆ 07543 1577 - www.schuppen13.de - geschlossen Ende Oktober - Anfang November 2 Wochen, Mitte Dezember - Mitte Februar und Montag

Engel

FAMILIÄR • KLASSISCH Das Hotel im Zentrum, direkt an der Promenade, bietet wohnliche Zimmer und sehr schöne große Suiten sowie einen freundlich gestalteten Saunabereich und ein eigenes Strandbad. Teil des Restaurants ist ein zum Ufer hin gelegener Wintergarten mit Terrasse.

41 Zim - †80/90 € ††130/160 € - 4 Suiten - ½ P

Marktplatz 3 ✉ 88085 - ✆ 07543 93440 - www.engel-bodensee.de - geschlossen Ende Januar - Anfang März

Im Winkel

FAMILIÄR • MODERN Wie zu Hause fühlt man sich in dem tipptopp gepflegten Haus der herzlichen Familie Reiß. Sie wohnen in freundlichen, zeitgemäßen Zimmern, genießen das frische Frühstücksbuffet und entspannen im netten Saunabereich. Alternativ hat man im Ort noch geräumige Appartements.

8 Zim - †65/130 € ††99/150 € - 2 Suiten

Im Winkel 9 ✉ 88085 - ✆ 07543 934010 - www.hotel-imwinkel.de - geschlossen 15. November - 31. März

In Langenargen-Schwedi Nord: 2 km

Schwedi

FAMILIÄR • AM SEE Das Haus liegt schön ruhig im Grünen am See, die wohnlichen Zimmer teils seeseitig und mit Balkon - eine der Suiten mit Sauna. Attraktiv: glasüberdachtes Hallenbad, Ruhebereich und Liegewiese mit Seeblick. Massagen buchbar. Restaurant mit Fischspezialitäten - Bodenseefische aus familiärem Fischereibetrieb.

27 Zim - †60/105 € ††100/180 € - 3 Suiten - ½ P

Schwedi 1 ✉ 88085 - ✆ 07543 934950 - www.hotel-schwedi.de - geschlossen November - Anfang Februar

LANGENAU

Baden-Württemberg - 14 526 Ew. - Höhe 458 m - Regionalatlas **56**-I19
Michelin Straßenkarte 545

Gasthof zum Bad (Hans Häge)

FRANZÖSISCH-KLASSISCH • LÄNDLICH XX Ob modern beeinflusste klassische Küche oder bürgerlich-regionale Gerichte, in diesem Familienbetrieb wird richtig gut gekocht, und zwar ausdrucksstark, exakt und mit ausgesuchten Produkten. Und das Ambiente? Schön hell und geradlinig.

→ Thunfisch, Gurke, Avocado, Miso, Rettich, Senfeis. Königskrabbe, Karotte, Kürbis, Bergamotte. Rücken vom Langenauer Reh, Sellerie, Mispel, Buchenpilze, Serviettenknödel.

Menü 43/118 € - Karte 43/73 €

Hotel Gasthof zum Bad, Burghof 11 ✉ 89129 - ✆ 07345 96000 - www.gasthof-zum-bad.de - geschlossen 27. Dezember - 8. Januar, Ende Juli - Mitte August und Sonntagabend - Montag

Gasthof zum Bad

GASTHOF • GEMÜTLICH Ein Haus, in dem man wirklich gerne übernachtet, denn hier ist die ganze Familie mit viel Herzblut im Einsatz! Außerdem sind die Zimmer schön zeitgemäß und wohnlich, das Frühstück ist lecker und die Preise stimmen auch. Praktisch: Günzburg mit "Legoland" sowie Ulm sind schnell erreicht.

36 Zim – 64/84 € 94/115 €

Burghof 11 ✉ 89129 – ✆ 07345 96000 – www.gasthof-zum-bad.de – geschlossen 27. Dezember - 8. Januar, Ende Juli - Mitte August

Gasthof zum Bad – siehe Restaurantauswahl

LANGENLONSHEIM

Rheinland-Pfalz – 3 724 Ew. – Höhe 110 m – Regionalatlas **47**-E15
Michelin Straßenkarte 543

Jugendstil-Hof

LUXUS • INDIVIDUELL Richtig chic hat man es hier! Die Chefin ist Inneneinrichterin und so dienen die Räume quasi als "Showroom" für die hochwertige Einrichtung, die man auch kaufen kann. Die Atmosphäre ist privat, man wird persönlich betreut und zum Frühstück gibt's frische Eier der eigenen Hennen und Obst aus dem Garten.

3 Zim – 160/178 € 188/198 €

Naheweinstr. 172 ✉ 55450 – ✆ 06704 9638682 – www.jugendstil-hof.de

LANGENZENN

Bayern – 10 443 Ew. – Höhe 313 m – Regionalatlas **50**-K16
Michelin Straßenkarte 546

In Langenzenn-Keidenzell Süd: 4 km

Keidenzeller Hof (Martin Grimmer)

MODERNE KÜCHE • LÄNDLICH XX Lust auf moderne Küche in Menüform? Hier finden sich stimmige, ausdrucksstarke Gerichte, die aus tollen Produkten zubereitet werden. Dazu werden drei Weine zum Kennenlernen vorgestellt. Schön auch das Restaurant selbst mit seinem Mix aus rustikal und elegant. Sonntagmittags isst man ein bisschen bodenständiger. Ideal für Feste: die Scheune.

→ Schneekrabbe, Spargel, Rhabarber. Saibling, Erbse, Holunderblüte. Kräuter, Süßholz, Zierquittenblüte.

Menü 95 €

Fürther Str. 11 ✉ 90579 – ✆ 09101 901226 – www.keidenzeller-hof.de – geschlossen Mitte Oktober - Anfang November, Montag - Donnerstagmittag, Freitagmittag

LANGEOOG (INSEL)

Niedersachsen – 1 757 Ew. – Höhe 5 m – Regionalatlas **7**-D4
Michelin Straßenkarte 541

Logierhus

SPA UND WELLNESS • MODERN Schön und angenehm komfortabel wohnen Sie hier. Warmes Holz und Naturtöne verleihen den Zimmern ihren nordischen Touch. Ansprechend und modern auch der Wellnessbereich und das geradlinig gehaltene Restaurant "Anno 1828" mit international beeinflusster Regionalküche. Praktisch: Die Inselbahn ist nicht weit.

31 Zim – 80/91 € 144/224 € – 5 Suiten – ½ P

Mittelstr. 10 ✉ 26465 – ✆ 04972 91190 – www.logierhus-langeoog.de

Norderriff

LANDHAUS • MODERN Ein echtes friesisches Schmuckstück: sehr wohnlich, sehr wertig und sehr geschmackvoll im nordischen Stil, die Führung angenehm persönlich, die Lage ruhig und nicht weit vom schönsten Strand! Dazu leckeres Frühstück und inkludierte Minibar.

8 Zim – 100/140 € 160/170 € – 6 Suiten

Willrath-Dreesen-Str. 25 ✉ 26465 – ✆ 04972 96980 – www.hotel-norderriff.de – geschlossen Dezember - Januar

De Insulåner (N)

FAMILIÄR • GEMÜTLICH Richtig chic ist dieses persönlich geführte kleine Hotel (ursprünglich als Hotel "Deutscher Kaiser" um die Jahrhundertwende erbaut), von den wohnlich-modernen Zimmern bis zum eleganten Frühstücksraum - hier gibt's am Morgen ein ansprechendes Buffet. Zudem liegt das Haus schön am charmanten Rosengarten beim Rathaus.

12 Zim ☕ - †75/150 € ††150/170 € - 7 Suiten

Vormann-Otten-Weg 12 ✉ 26465 -
✆ 04972 777 - www.hotel-de-insulaner.de

Flörke

FAMILIÄR • MODERN Hier tut sich immer wieder etwas, so dürfen sich die Gäste auf einen attraktiven Wellnessbereich sowie frische, helle, wohnliche Zimmer und Appartements freuen. Und im Sommer Frühstück im Garten? Gut ist auch die zentrale Lage nicht weit vom Inselbahnhof.

47 Zim ☕ - †70/105 € ††125/170 € - 3 Suiten

Hauptstr. 17 ✉ 26465
- ✆ 04972 92200 - www.hotel-floerke.de -
geschlossen November - Karneval

Kolb

SPA UND WELLNESS • KLASSISCH Das tolle Ferienhotel besteht aus den Häusern "Classic", "Lifestyle" (hier der sehr schöne Spa) und "Inselchalets" - die Zimmer geschmackvoll, individuell und chic, vom eleganten "Goldrausch" über geradlinige Moderne bis zur mediterranen Note. Das maritime Restaurant "Schiffchen" bietet Internationales.

36 Zim ☕ - †100/110 € ††170/198 € - 2 Suiten - ½ P

Barkhausenstr. 30 ✉ 26465 -
✆ 04972 9104165 - www.hotel-kolb.de

mare

FAMILIÄR • GEMÜTLICH In dem Hotel in einer ruhigen Wohngegend stehen freundlich-zeitgemäße Suiten verschiedener Kategorien bereit, die alle über eine kleine Küche und meist über Balkone verfügen. Schön entspannen können Sie auch im Wellnessgarten mit Naturpool oder bei Massagen. Im Restaurant "bunte-Kuh" gibt es Steaks und Fisch.

24 Suiten ☕ - ††146/205 € - ½ P

Kiebitzweg 8 ✉ 26465 - ✆ 04972 92260 - www.suiten-hotel-mare.de
- geschlossen Mitte November - Februar

LANGERRINGEN

Bayern - 3 711 Ew. - Höhe 569 m - Regionalatlas **65**-K20
Michelin Straßenkarte 546

In Langerringen-Schwabmühlhausen Süd: 5 km

Untere Mühle

FAMILIÄR • FUNKTIONELL Keine alltägliche Adresse! Eine einstige Kornmühle auf einem 22 ha großen Anwesen mit gemütlichen und individuellen Zimmern (darunter die Themenzimmer Bambus und Afrika), eigener Bio-Black-Angus-Rinderzucht, vielfältiger Gastronomie mit "Hexenküche" und uriger Hütte sowie Räumen zum Feiern und Tagen.

35 Zim ☕ - †59/75 € ††87/112 €

Untere Mühle 1 ✉ 86853 -
✆ 08248 1210 - www.unteremuehle.de

Lassen Sie sich bei Ihrer Reservierung den zurzeit gültigen Preis mitteilen.

LANGERWEHE

Nordrhein-Westfalen – Höhe 135 m – Regionalatlas **35**-B12
Michelin Straßenkarte 543

In Langerwehe-Merode Süd-Ost: 4,5 km Richtung Düren, über B 264 und Pier

Wettsteins Restaurant

REGIONAL • LÄNDLICH XX Bei Rudolf und Stefanie Wettstein dürfen Sie sich auf bürgerliche Klassiker wie Rostbraten freuen, aber auch auf ambitionierte Gerichte wie "gegrillte Jakobsmuscheln mit krossem Schweinebauch, Birne und Bohnen". Im Sommer sitzt man sehr schön auf der Terrasse. Man hat auch passende Räume für Gesellschaften.

Menü 36/52 € – Karte 33/54 €

Schlossstr. 66 ✉ 52379 – ✆ 02423 2298 – www.wettsteins-restaurant.de – geschlossen 22. Juli - 10. August und Montag - Dienstag

LANGWEILER

Rheinland-Pfalz – 251 Ew. – Höhe 510 m – Regionalatlas **46**-C15
Michelin Straßenkarte 543

Kloster Marienhöh

SPA UND WELLNESS • GEMÜTLICH Hier hat man ein ehrwürdiges Kloster zu einem schönen Hideaway im Naturpark Saar-Hunsrück gemacht, das bei Familien sehr gefragt ist. Chic-modern designte Zimmer mit guter Technik, dazu ein geschmackvoller Spa. In der "Pilgerlodge" vis-à-vis gibt es 12 einfachere Zimmer.

66 Zim – †99/129 € ††118/229 € – ½ P

Marienhöh 2 ✉ 55758 – ✆ 06786 292990 – www.klosterhotel-marienhoeh.de

LAUCHHEIM

Baden-Württemberg – 4 714 Ew. – Höhe 492 m – Regionalatlas **56**-J18
Michelin Straßenkarte 545

Roter Ochsen (N)

TRADITIONELL X Lust auf gute Küche, herzlichen Service und nette ländlich-rustikale Atmosphäre? Bei Familie Groll legt man Wert auf frische Produkte, und die stammen teilweise sogar aus eigener Produktion - lecker z. B. "Züricher Kalbsgeschnetzeltes in Rahmsoße". Tipp: günstiger Mittagstisch. Gepflegt übernachten kann man ebenfalls.

Karte 26/53 €

16 Zim – †58/70 € ††78/95 € – 6 €

Hauptstr. 24 ✉ 73466 – ✆ 07363 5329 – www.roter-ochsen-lauchheim.de – geschlossen August - September 3 Wochen und Montag

LAUDA-KÖNIGSHOFEN

Baden-Württemberg – 14 443 Ew. – Höhe 192 m – Regionalatlas **49**-H16
Michelin Straßenkarte 545

Im Stadtteil Beckstein Süd-West: 2 km ab Königshofen über B 292

Becksteiner Rebenhof

LANDHAUS • GEMÜTLICH Schön wohnlich hat man es in dem neuzeitlichen Hotel etwas oberhalb des Dorfes, toll der Blick auf die Weinberge. Großzügige Zimmer mit kleiner Küchenzeile, attraktiver Schwimmbad- und Saunabereich nebst Kosmetik und Massage. Regionale Küche im hellen, freundlichen Restaurant. Tipp: Fahrradverleih.

25 Zim – †98/128 € ††158/228 € – 8 Suiten – ½ P

Am Hummelacker 34 ✉ 97922 – ✆ 09343 62780 – www.rebenhof.net – geschlossen 20. - 27. Dezember

LAUDENBACH

Bayern - 1 419 Ew. - Höhe 127 m - Regionalatlas **48**-G16
Michelin Straßenkarte 546

Goldner Engel

KLASSISCHE KÜCHE • GASTHOF Der Familienbetrieb mit eigener Metzgerei steht schon viele Jahre für Qualität. In den ländlich gehaltenen Stuben serviert man Ihnen frische Gerichte wie z. B. "gebratenen Kabeljau mit Kartoffelsalat und Grüner Soße". Tipp für Übernachtungsgäste: Die neueren Zimmer sind besonders chic.

Menü 31/45 € - Karte 22/53 €

9 Zim - 46/71 € 77/122 €

Miltenberger Str. 5 63925 - 09372 99930 - www.goldner-engel.de - geschlossen über Fasching und Mittwoch

LAUF an der PEGNITZ

Bayern - 26 122 Ew. - Höhe 327 m - Regionalatlas **50**-L16
Michelin Straßenkarte 546

Waldgasthof am Letten

REGIONAL • LÄNDLICH Hier sitzt man in gemütlichen Nischen (charmant die rustikalen Holzbalken) bei freundlichem Service und schmackhafter regional-internationaler Küche - macht Ihnen vielleicht "Rindergulasch mit Quarkspätzle und Salat" Appetit?

Menü 26 € (mittags)/55 € - Karte 25/56 €

Hotel Waldgasthof am Letten, Letten 13, Süd: 2.5 km 91207 - 09123 9530 - www.waldgasthof-am-letten.de - geschlossen 22. Dezember - 7. Januar und Sonntag sowie an Feiertagen

Waldgasthof am Letten

GASTHOF • MODERN Wohnliche und gleichzeitig funktionale Gästezimmer bieten in dem gut geführten Familienbetrieb zeitgemäßen Komfort. Das Haus liegt am Waldrand und dennoch verkehrsgünstig unweit der Autobahn.

52 Zim - 90/155 € 115/195 € - ½ P

Letten 13, Süd: 2,5 km 91207 - 09123 9530 - www.waldgasthof-am-letten.de - geschlossen 22. Dezember - 7. Januar

Waldgasthof am Letten - siehe Restaurantauswahl

LAUFFEN am NECKAR

Baden-Württemberg - 10 931 Ew. - Höhe 175 m - Regionalatlas **55**-G17
Michelin Straßenkarte 545

Elefanten

REGIONAL • BÜRGERLICH Im Herzen der netten Stadt hat Familie Glässing ihr freundliches Gasthaus, und das schon in 4. Generation. Gekocht wird frisch, saisonal und schmackhaft, z. B. regionale Klassiker wie "Rostbraten mit Spätzle und Maultasche". Und vorneweg vielleicht ein "Hummersüppchen mit Gemüsestreifen"?

Menü 42 € - Karte 28/57 €

12 Zim - 70/85 € 102/125 €

Bahnhofstr. 12 74348 - 07133 95080 - www.hotel-elefanten.de - nur Abendessen, sonntags auch Mittagessen - geschlossen Anfang Januar 2 Wochen, Anfang August 2 Wochen und Freitag

Gästehaus Kraft

FAMILIÄR • GEMÜTLICH Die ruhige Lage in den Weinbergen vor den Toren der kleinen Stadt ist wirklich schön. Außerdem kann man hier gut und preisgünstig übernachten - die Zimmer sind zeitgemäß und wohnlich, einige recht groß. Probieren Sie die hauseigenen Weine!

34 Zim - 59/74 € 84/98 €

Nordheimer Str. 50 74348 - 07133 98250 - www.gaestehaus-kraft.de - geschlossen 23. Dezember - 7. Januar

LAUMERSHEIM

Rheinland-Pfalz – 893 Ew. – Höhe 108 m – Regionalatlas **47**-E16
Michelin Straßenkarte 543

Zum Weißen Lamm

REGIONAL • GASTHOF XX Seit vielen Jahren führen die Hofheinz' ihr hübsches ländlich-elegantes Restaurant nebst reizvollem Innenhof. Während Patronne Sigrid und ihr kleines Team Sie freundlich umsorgen, kocht Ehemann Kai regional, saisonal und schmackhaft, so z. B. "Rinderragout mit Schmorgemüse und Pfifferlingsknödel".

Menü 37/75 € – Karte 33/56 €

Hauptstr. 38 ✉ 67229 – ✆ 06238 929143 – www.lamm-laumersheim.de – nur Abendessen, sonntags auch Mittagessen – geschlossen Dienstag - Mittwoch

LAUTENBACH (ORTENAUKREIS)

Baden-Württemberg – 1 843 Ew. – Höhe 215 m – Regionalatlas **54**-E19
Michelin Straßenkarte 545

Sonne

INTERNATIONAL • LÄNDLICH XX Wirklich gemütlich sitzt man in dem holzgetäfelten Restaurant bei schmackhafter Küche. Die regionale Karte reicht von "Lachs-Hechtklößchen mit Hummerschaumsauce" über "gefüllte Kalbsbrust" bis zum Wild aus eigener Jagd. Haben Sie auch das Bodenfenster gesehen? Unter Ihnen lagern schöne Weine! Im "Sonnenstüble" Di.-Sa. tagsüber Klassiker und Vesper.

Menü 36/56 € – Karte 27/53 €

Hotel Sonnenhof, Hauptstr. 51, B 28 ✉ 77794 – ✆ 07802 704090 – www.sonnenhof-lautenbach.de – nur Abendessen, sonntags auch Mittagessen

Sonnenhof

LANDHAUS • MODERN Der gewachsene Gasthof hat nicht nur gute Küche zu bieten, schön übernachten kann man hier auch. Die Zimmer gibt es von wohnlich-gediegen bis frisch-modern - wie wär's z. B. mit einem schicken "Renchtalzimmer" mit Blick über die Region? Attraktiv auch der Freizeitbereich in den oberen Etagen. Kosmetik buchbar.

48 Zim – †105/130 € ††160/210 € – ½ P

Hauptstr. 51 ✉ 77794 – ✆ 07802 704090 – www.sonnenhof-lautenbach.de

Sonne – siehe Restaurantauswahl

LAUTERBACH

Hessen – 13 226 Ew. – Höhe 296 m – Regionalatlas **38**-H13
Michelin Straßenkarte 543

schuberts

REGIONAL • BRASSERIE X Gerne lässt man sich in legerer Brasserie-Atmosphäre klassisch-regionale Küche servieren. Die gibt's z. B. als "gekochten Kalbstafelspitz mit Rahmspitzkohl" oder "Rote-Bete-Carpaccio mit Trüffelöl". Alternativ sitzt man in der gemütlichen Weinstube "Entennest" - die Karte ist hier dieselbe. Sonntags Brunch.

Menü 25/60 € – Karte 27/67 €

Romantik Hotel Schubert, Kanalstr. 12 ✉ 36341 – ✆ 06641 96070 – www.hotel-schubert.de – geschlossen 23. - 26. Dezember und Sonntagabend

Romantik Hotel Schubert

LANDHAUS • INDIVIDUELL In der Stadtmitte, direkt am Flüsschen Lauter, steht das Haus der Familie Schubert mit seinen individuellen Zimmern. Darf es vielleicht ein modern-alpines "Landhauszimmer" sein? Oder lieber eines der Themenzimmer (Zen, Toskana und Rosen)?

33 Zim – †75/105 € ††135/150 € – 1 Suite – ½ P

Kanalstr. 12 ✉ 36341 – ✆ 06641 96070 – www.hotel-schubert.de

schuberts – siehe Restaurantauswahl

LAUTERBERG, BAD

Niedersachsen - 10 506 Ew. - Höhe 296 m - Regionalatlas **29**-J10
Michelin Straßenkarte 541

Revita

SPA UND WELLNESS • AUF DEM LAND Wie möchten Sie wohnen? In hübschen "Landhaus"- oder gediegenen "Domicil"-Zimmern, oder ziehen Sie modern-rustikalen "Harzstyle" vor? Dazu Restaurant-Vielfalt: gemütlicher "Hirschfänger" mit regionaler Karte oder Buffet, "Lollo Rosso" mit Vital-Küche, elegantes "Brunello" mit toller Sicht, und im Parkrestaurant isst man klassisch-international. HP inklusive.

260 Zim - 144/162 € 238/274 € - 12 Suiten

Sebastian-Kneipp-Promenade 56 ✉ 37431 - ✆ 05524 831 - www.revita-hotel.de

LEBACH

Saarland - 19 261 Ew. - Höhe 275 m - Regionalatlas **45**-B16
Michelin Straßenkarte 543

Locanda Grappolo d'Oro

MEDITERRAN • FREUNDLICH XX Hell und freundlich das Restaurant, sympathisch die Gastgeber, frisch und schmackhaft die mediterran inspirierte Küche. Pasta, Gnocchi, Brot..., alles ist hausgemacht. Und zum Abschluss gibt es einen richtig guten Espresso!

Menü 66/84 € - Karte 49/75 €

Mottener Str. 94, (im Gewerbegebiet), West: 2 km an der B 268 ✉ 66822 - ✆ 06881 3339 - geschlossen 26. Juni - 10. Juli und Samstagmittag, Sonntagabend - Montag

LECHBRUCK

Bayern - 2 702 Ew. - Höhe 737 m - Regionalatlas **65**-K21
Michelin Straßenkarte 546

Auf der Gsteig

LANDHAUS • GEMÜTLICH Nicht nur für Golfer attraktiv: Neben dem 18-Loch-Platz und Indoor-Golf überzeugen die ruhige Lage, wohnliche Zimmer (Tipp: die alpen- oder seeseitigen) und der schöne Saunabereich nebst Panoramapool sowie Massage- und Kosmetikangebot. Aus der Küche kommt Regionales und Internationales, Terrasse mit Aussicht.

38 Zim - 89/199 € 140/235 € - 4 Suiten - ½ P

Gsteig 1, Nord-West: 3 km in Richtung Bernbeuren, dann links abbiegen ✉ 86983 - ✆ 08862 98770 - www.aufdergsteig.de

LEER

Niedersachsen - 33 925 Ew. - Höhe 3 m - Regionalatlas **16**-D6
Michelin Straßenkarte 541

Zur Waage und Börse

REGIONAL • GEMÜTLICH XX Eine Institution in Leer ist das Traditionshaus mit dem friesischen Charme, das sich so schön in den Stadtkern einfügt - gerne sitzt man auf der Terrasse am Hafen! Auf der Karte Leckeres "Aus der Heimat" und "Aus der Fremde".

Karte 35/55 €

Neue Str. 1 ✉ 26789 - ✆ 0491 62244 - www.restaurant-zur-waage.de - geschlossen Dienstag, November sowie Januar - März: Montag - Dienstag

Hafenspeicher

HISTORISCHES GEBÄUDE • MODERN Wirklich schön wohnt man hier direkt am Leeraner Hafen. Der 1872 erbaute ehemalige Speicher beherbergt geräumige Zimmer, die hochwertig und modern eingerichtet sind. Im "Pier 23" gibt es internationale Küche, Cocktails in "Trader's Bar".

100 Zim - 105/177 € 105/177 €

Ledastr. 23 ✉ 26789 - ✆ 0491 9975300 - www.hotel-hafenspeicher.de

LEIMEN

Baden-Württemberg - 26 097 Ew. - Höhe 118 m - Regionalatlas **47**-F17
Michelin Straßenkarte 545

Weinstube Jägerlust

REGIONAL • WEINSTUBE Seit 1707 hat Familie Seeger ihr Weingut und seit über 120 Jahren auch diese Weinstube, die mit ihrem historisch-rustikalen Charme schön urig-gemütlich ist. "Hausgemacht" heißt hier die Devise - traditionell und ehrlich: Maultaschen, Fleischküchle oder Ochsenfleisch mit Meerrettichsauce, dazu Eigenbauweine.

Karte 27/46 €

Rohrbacher Str. 101 ✉ 69181 - ✆ 06224 77207 - www.seegerweingut.de - nur Abendessen - geschlossen 24. Dezember - Ende Januar, über Ostern 2 Wochen, Mitte August - Mitte September und Samstag - Montag

Seipel

FAMILIÄR • GEMÜTLICH Hier hat jemand ein Händchen für schöne Deko: Das familiengeführte Haus in einem Wohngebiet nahe dem Sportpark hat eine behaglich-mediterrane Note, geschmackvoll die Zimmer (Tipp: Juniorsuite in der obersten Etage), ebenso ansprechend der Frühstücksraum - gut und frisch das Buffet!

24 Zim - †78/88 € ††99/125 €

Bürgermeister-Weidemaier-Str. 26 ✉ 69181 - ✆ 06224 9820 - www.hotelseipel.de - geschlossen 20. Dezember - 6. Januar

LEINFELDEN-ECHTERDINGEN

Baden-Württemberg - 38 266 Ew. - Höhe 432 m - Regionalatlas **55**-G18
Michelin Straßenkarte 545

Siehe Stadtplan Stuttgart (Umgebungsplan)

Im Stadtteil Leinfelden

Am Park

REGIONAL • FREUNDLICH Seit über 20 Jahren steht Familie Schienle für gute Küche und angenehmes Wohnen. Im gediegenen Restaurant serviert man Regionales - auf der Karte z. B. "Kalbsrahmbraten, Tagliatelle, Gemüse" oder "gebratener Zander, Blattspinat, Kartoffeln, Limonensauce". Schön die Terrasse!

Menü 42 € - Karte 28/58 €

38 Zim - †80/160 € ††100/180 €

Stadtplan : B3-k - *Lessingstr. 4 ✉ 70771 - ✆ 0711 903100 - www.hotelampark-leinfelden.de - geschlossen 28. Juli - 19. August, Ende Dezember - 7. Januar und Samstag - Sonntag, Feiertage*

Im Stadtteil Echterdingen

Parkhotel Stuttgart Messe-Airport

BUSINESS • MODERN Kein Hotel von der Stange - das lässt schon die imposante Fassade erahnen. Das Interieur kommt geradlinig-chic und in angenehmen Naturmaterialien daher, zudem hat jede Etage ein regionales Motto (Stuttgart Airport, Wilhelma...). On top: Sauna mit Dachterrasse. Wie möchten Sie speisen? Modern im Parkrestaurant mit Showküche oder urig-gemütlich im Brauhaus?

218 Zim - †99/245 € ††120/266 € - 2 Suiten - 21 € - ½ P

Stadtplan : C3-b - *Filderbahnstr. 2 ✉ 70771 - ✆ 0711 633440 - www.parkhotel-stuttgart.de*

Lassen Sie sich bei Ihrer Reservierung den zurzeit gültigen Preis mitteilen.

LEINGARTEN

Baden-Württemberg – 11 092 Ew. – Höhe 179 m – Regionalatlas **55**-G17
Michelin Straßenkarte 545

Straub's Dorfkrug

REGIONAL • RUSTIKAL X "Dorfkrug-Pfännle", "Saure Nierle", "Straub's Schwabenstreich" oder auch die leckere "Crème brûlée mit marinierten Erdbeeren"... Die schwäbische Alternative zum "Löwen" ist gut, günstig und hat so manchen Stammgast! Tipp zum Lunch: das Tagesgericht auf der Tafel!

Karte 33/53 €

Restaurant Uwe Straub's Löwen, Heilbronner Str. 43 ✉ 74211 – ✆ 07131 403678 – www.uwe-straub.de – geschlossen Montag - Dienstag, Freitagmittag, Samstagmittag

Uwe Straub's Löwen

FRANZÖSISCH-KLASSISCH • FREUNDLICH XX Uwe Straub kümmert sich um den Service, steht am Herd und berät seine Gäste immer mal gerne selbst in Sachen Wein - ein Gastronom im besten Sinne also! Die Küche ist klassisch orientiert, aber auch mit modernen Ideen gespickt. Ansprechend auch das Ambiente: hell, freundlich und angenehm klar im Design.

Karte 58/86 €

Heilbronner Str. 43 ✉ 74211 – ✆ 07131 403678 (Tischbestellung ratsam) – www.uwe-straub.de – nur Abendessen – geschlossen Sonntag - Dienstag

Straub's Dorfkrug – siehe Restaurantauswahl

LEINSWEILER

Rheinland-Pfalz – 414 Ew. – Höhe 263 m – Regionalatlas **54**-E17
Michelin Straßenkarte 543

Leinsweiler Hof

REGIONAL • FREUNDLICH XX Keine Frage, hier isst man am liebsten auf der herrlichen Terrasse, aber auch im lichten, freundlichen Restaurant genießt man die schöne Sicht. Gekocht wird regional und international - probieren Sie die "Pfälzer Tapas" und das wechselnde Menü. Angeschlossene Bar.

Menü 34/79 € – Karte 28/61 €

Hotel Leinsweiler Hof, Leinsweilerhof 1, (an der Weinstraße nach Eschbach), Süd: 1 km ✉ 76829 – ✆ 06345 4090 – www.leinsweilerhof.de – geschlossen 4. - 24. Januar

Leinsweiler Hof

FAMILIÄR • AUF DEM LAND Der hübsche Sandsteinbau samt Anbau "Weinland" liegt toll in den Weinbergen - da locken natürlich Außenpool und Terrasse! Drinnen wohnliche Zimmer, Kessler-Suite mit sehenswertem Wandgemälde, attraktiver Wellnessbereich mit Panoramablick.

61 Zim – †94/120 € ††159/199 € – ½ P

Leinsweilerhof 1, (an der Weinstraße nach Eschbach), Süd: 1 km ✉ 76829 – ✆ 06345 4090 – www.leinsweilerhof.de – geschlossen 4. - 24. Januar

Leinsweiler Hof – siehe Restaurantauswahl

Westend 61 RM/ Photononstop

WIR MÖGEN BESONDERS...

Das **Falco** für Essen, Sicht und Service – ein rundum gelungenes Gesamtpaket! Urbanes Ambiente und asiatische Küche im **Planerts**. Französische Bistro-Gerichte zu fairen Preisen (vor allem mittags!) im **La Mirabelle**. Das **Stadtpfeiffer** als Gourmetadresse im Neuen Gewandhaus. Der Mix aus historischer Architektur und modernem Stil im **Arcona LIVING BACH 14**.

LEIPZIG

Sachsen – 544 479 Ew. – Höhe 112 m – Regionalatlas **32**-N11
Michelin Straßenkarte 544

Stadtpläne siehe nächste Seiten

Restaurants

✿✿ Falco

KREATIV • DESIGN XXX Ein Schwarzwälder sorgt in Sachsen für kulinarische Genüsse der Extraklasse: Peter Maria Schnurr, geboren in Forbach im Murgtal, ist ein Talent, das sein Handwerk in den besten Sterne-Restaurants der Republik gelernt hat. Nach seiner Ausbildung im Restaurant „Fallert" in Sasbachwalden folgten unter anderem Stationen im „Hirschen" in Sulzburg, im „Waldhotel Sonnora" in Dreis, im „First Floor" in Berlin und bei Jean-Claude Bourgueil im „Schiffchen" in Düsseldorf. Peter Maria Schnurr sprüht vor Ideen, die er kraftvoll und ausdrucksstark in seinem 7-Gänge-Menü präsentiert. Seine Saucen und Fonds sind ebenso top wie die Qualität der verarbeiteten Produkte. Den Gelbflossen-Thunfisch versieht er mit Tupfern von Mango-Gel - da wird sogar der klasse Stadtblick von der 27. Etage zur Nebensache!
Der herzliche und ausgezeichnete Service sowie die umfangreiche Weinauswahl mit sehr guter Jahrgangstiefe vollenden das lukullische Ausgeh-Erlebnis in der Leipziger City.

➜ Langoustine "Annika Maria" 2006, Granny Smith, Lardo, Crème fraîche, Caviar Royal Premium. Kalbsbries in Nussbutter geröstet, Rhabarber, Futterrübe à la Rouille, roter Gamberoni, Bouillabaisse-Aufguss. Flüssiges Glück, Gyokuro Teeblätter Spinat, Mangostane, Seifenbaumfrucht, weiße Schokolade, Softeis von der Kefirknolle.

Menü 166/248 € – Karte 274/459 €

Stadtplan : E1-a – *Hotel The Westin, Gerberstr. 15, (27. Etage) ✉ 04105 – ✆ 0341 9882727 (Tischbestellung ratsam) – www.falco-leipzig.de – nur Abendessen – geschlossen Mitte Juli - Mitte August und Sonntag - Montag*

Ein wichtiges Geschäftsessen oder ein Essen mit Freunden?
Das Symbol weist auf Veranstaltungsräume hin.

LEIPZIG
0
1 km
LANDBERG
A
HALLE
B
DESSAU, WITTENBERG
A 14
B 2
1
2
3
HALLE SCHKEUDITZ
MERSEBURG
WEISSENFELS
BREITENFELD
Gustav-Adolf-Allee
Wiederitzscher Landstraße
Delitzscher Landstraße
Podelwitzer Str.
WIEDERITZSCH
Südtangente
LINDENTHAL
Neue Hallesche Str.
Landsberger Straße
Delitzscher Str.
Virchowstr.
Zschortauer Str.
WAHREN
Hallesche Str.
Linkelstraße
Travniker Str.
MÖCKERN
Olbrichtstraße
Slevogtstr.
Georg-Schumann-Straße
Weiße Elster
Luppe
Gustav-Esche-Straße
GOHLIS
Virchowstraße
m
Delitzscher Str.
Wittenberger Str.
Str.
r
c
a
Parthe
Leipziger Str.
Ludwig-Hupfeld-Str.
Roscher-Str.
Eutritzscher Str.
Berliner
Pfaffendorfer Str.
Zöllnerweg
Waldstraße
Hans-Driesch-Straße
Am Sportforum
Elsterbecken
Cottaweg
LEUTZSCH
Georg-Schwarz-Straße
Friesenstr.
Ranstädter Steinweg
Brandenburg
Merseburger Str.
Jahnallee
Friedrich-Ebert-Str.
Ernst-Keil-Str.
Käthe-Kollwitz-Str.
Mendelssohn-Ha
Plautstraße
LINDENAU
Lützner Str.
Karl-Heine-Straße
Hochflutkanal
u
Russis Gedächtni
PLAGWITZ
Wundtstr.
Arthur-Hoffmann-Straße
Gießerstraße
SCHLEUSSIG
Antonienstraße
Antonien-Str.
Schleußiger Weg
August-Bebel-Straße
Karl-Liebknecht-Straße
Bernhard-Göring-Straße
Brünner Str.
Schönauer Str.
Diezmannstraße
Windorfer Str.
Richard-Lehma
Ratzelstraße
Dieskaustraße
CONNEWITZ
LEIPZIGER
Brandstr.
Bornaische Str.
Bismarck-Straße
GERA
CHEMNITZ

C
D
SEEHAUSEN
BMW-Allee
Seehausener Allee
Dingolfinger Str.
Handelsring
Allee
24
Am
Schenkberg
Merkwitzer Landstraße
SEEGERITZ
Hauptstr.
PLAUSSIG
Plaußiger Dorfstr.
A 14
Stralsunder Str.
Göteborger Str.
Am Veitsberg
Graßdorfer Str.
1
FRANKFURT/ODER
Tauchaer Str.
Portitzer Str.
MOCKAU
Tauchaer Str.
Wodanstraße
TAUCHA
Str.
Kieler Str.
THEKLA
EUTRIZSCH
Rostocker Str.
Teslastraße
Leipziger Str.
Gärtnerweg
Sommerfelder Str.
Heiterblickstr.
Torgauer Str.
25
Stöhrerstraße
Brahestraße
Portitzer Allee
A 14
Mockauer
Theklaer
Leupoldstr.
SCHÖNEFELD
Kamenzer Str.
Hohentichelnstr.
2
DRESDEN
Ossietzkystr.
Paunsdorfer
26
Volksgartenstr.
Gorkistraße
Torgauer Str.
PAUNSDORF
Herzberger Str.
WURZEN
Permoserstraße
Permoserstraße
Adenauerallee
Allee
Riesaer Str.
Riesaer Str.
Riesaer Str.
Eisenbahnstraße
Torgauer Str.
Str.
Hans-Weigel-Str.
Hugo-Aurig-Str.
Geithainer Str.
Wurzner
DRESDEN
MÖLKAU
Paunsdorfer Str.
Gutberletstr.
ENGELSDORF
WURZEN
Althener Str.
Engelsdorfer Str.
Zweinaundorfer Str.
Riebeckstraße
Str.
Sommerfelder Str.
Brandiser Str.
BAALSDORF
Prager Str.
STÖTTERITZ
Kärrnerweg
Holzhäuser Str.
Kolm-Str.
Holzhäuser Str.
3
Naunhofer Str.
Kärrnerstraße
Baalsdorfer
An der Tabaksmühle
Prager Str.
Stötteritzer Landstraße
PROBSTHEIDA
Mölkauer Str.
Händel-Haupt-Str.
HOLZ-HAUSEN
Strümpell-Str.
Russenstr.
Kleinpösnaer Str.
Connewitzer Str.
C
GRIMMA
GERA
CHEMNITZ
D

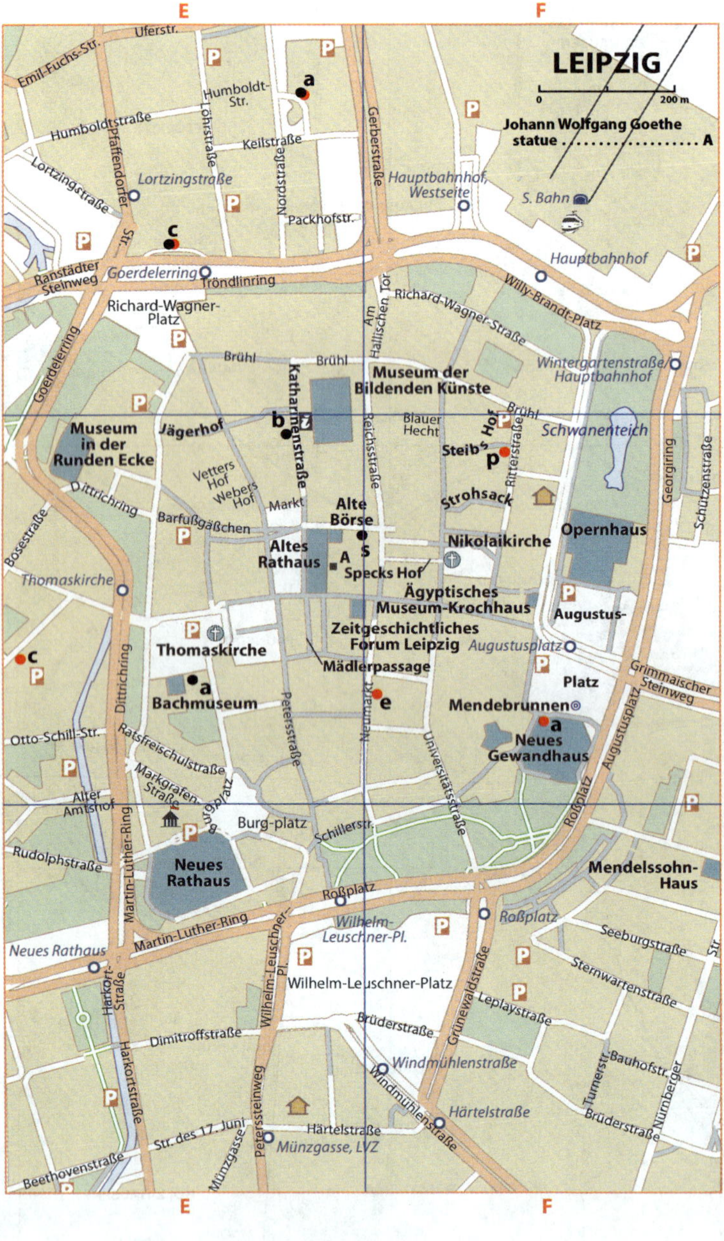
LEIPZIG
0
200 m
Johann Wolfgang Goethe statue .... A
E
F
1
2
3
Uferstr.
Emil-Fuchs-Str.
Humboldt-Str.
Humboldtstraße
Löhrstraße
Keilstraße
Nordstraße
Gerberstraße
Lortzingstraße
Pfaffendorfer Str.
Packhofstr.
Hauptbahnhof, Westseite
S. Bahn
Hauptbahnhof
Ranstädter Steinweg
Goerdelerring
Tröndlinring
Richard-Wagner-Platz
Am Hallischen Tor
Richard-Wagner-Straße
Willy-Brandt-Platz
Wintergartenstraße/ Hauptbahnhof
Brühl
Katharinenstraße
Museum der Bildenden Künste
Goerdelerring
Museum in der Runden Ecke
Jägerhof
Reichsstraße
Blauer Hecht
Steibs Hof
Ritterstraße
Schwanenteich
Georgiring
Schützenstraße
Vetters Hof
Webers Hof
Dittrichring
Markt
Alte Börse
Strohsack
Barfußgäßchen
Bosestraße
Altes Rathaus
Specks Hof
Nikolaikirche
Opernhaus
Thomaskirche
Ägyptisches Museum-Krochhaus
Augustus-
Zeitgeschichtliches Forum Leipzig
Augustusplatz
Thomaskirche
Mädlerpassage
Platz
Grimmaischer Steinweg
Bachmuseum
Petersstraße
Neumarkt
Mendebrunnen
Neues Gewandhaus
Augustusplatz
Otto-Schill-Str.
Ratsfreischulstraße
Universitätsstraße
Markgrafen-Straße
Burgplatz
Alter Amtshof
Roßplatz
Burg-platz
Schillerstr.
Rudolphstraße
Martin-Luther-Ring
Neues Rathaus
Mendelssohn-Haus
Roßplatz
Wilhelm-Leuschner-Pl.
Roßplatz
Martin-Luther-Ring
Neues Rathaus
Harkort-Straße
Wilhelm-Leuschner-Platz
Seeburgstraße
Sternwartenstraße
Leplaystraße
Grünewaldstraße
Brüderstraße
Dimitroffstraße
Harkortstraße
Windmühlenstraße
Windmühlenstraße
Bauhofstr.
Turnerstr.
Nürnberger Str.
Härtelstraße
Brüderstraße
Str. des 17. Juni
Härtelstraße
Petersteinweg
Münzgasse
Münzgasse, LVZ
Beethovenstraße

Stadtpfeiffer (Detlef Schlegel)

FRANZÖSISCH-MODERN • ELEGANT Klassisch-französische Küche auf moderne Art interpretieren, das gelingt Detlef Schlegel immer wieder aufs Neue. Er kocht angenehm klar und ohne große Spielereien, die Produktqualität steht außer Frage. Für einen geschulten, freundlichen und diskreten Service in dem zeitlos-eleganten Restaurant sorgt Gastgeberin Petra Schlegel.

→ Entenleber, Kaffeekrokant, schwarzer Holunder. Oktopus, Safran, Anis. Taube, Lakritz, Topinambur.

Menü 58/138 € – Karte 114/120 €

Stadtplan : F2-a – *Augustusplatz 8, (Neues Gewandhaus) ✉ 04109 – ✆ 0341 2178920 (Tischbestellung ratsam) – www.stadtpfeiffer.de – nur Abendessen – geschlossen Juli - August und Sonntag - Montag*

C'est la vie

FRANZÖSISCH • ELEGANT Was man hier hinter großen Fenstern in stilvoll-modernem Ambiente serviert bekommt, ist ein Stück Frankreich. Sowohl die Küche als auch die Weinkarte sind französisch ausgerichtet - viele der Weine werden auch glasweise angeboten.

Menü 55/118 € – Karte 56/66 €

Stadtplan : E2-c – *Zentralstr. 7 ✉ 04109 – ✆ 0341 97501210 – www.cest-la-vie.restaurant – nur Abendessen – geschlossen Sonntag - Montag*

Max Enk

REGIONAL • ELEGANT Einst stand hier das Gewandhaus von Leipzig, heute finden Sie im historischen Städtischen Kaufhaus dieses elegante Restaurant, schön in einem Hof gelegen. Auf der Karte: Leipziger Allerlei, Wiener Schnitzel oder auch diverse Steak-Cuts.

Menü 19 € (mittags)/69 € – Karte 34/79 €

Stadtplan : F2-e – *Neumarkt 9 ✉ 04109 Leipzig – ✆ 0341 99997638 – www.max-enk.de – geschlossen Sonntagabend*

Michaelis

INTERNATIONAL • KLASSISCHES AMBIENTE Gerne kommt man in das Restaurant des gleichnamigen Hotels, das dank vieler Fenster schön hell und freundlich ist. Sie speisen lieber draußen? Hinter dem Haus befindet sich eine nette Terrasse.

Menü 38/48 € – Karte 40/54 €

Stadtplan : B3-u – *Hotel Michaelis, Paul-Gruner-Str. 44 ✉ 04107 – ✆ 0341 26780 – www.michaelis-leipzig.de – nur Abendessen – geschlossen Sonntag*

Villers

INTERNATIONAL • KLASSISCHES AMBIENTE Sie sitzen in klassisch-elegantem Ambiente unter einer schönen hohen Decke und wählen z. B. "Fjordforelle aus der Ostsee, Gurke, Zucchini, Ajo Blanco, Verjus". Im Sommer lockt die Innenhof-terrasse.

Menü 74/104 € – Karte 56/74 €

Stadtplan : E1-c – *Hotel Fürstenhof, Tröndlinring 8 ✉ 04105 – ✆ 0341 1400 – www.restaurant-villers.de – nur Abendessen – geschlossen Sonntag - Montag*

Planerts

INTERNATIONAL • GERADLINIG "Casual fine dining" trifft es auf den Punkt: Hohe Decken, frei liegende Lüftungsschächte, urbaner Stil und die offene Küche vermitteln trendigen "Industrial Style", dazu wird ambitioniert und mit asiatischen Einflüssen gekocht.

Menü 20 € (mittags)/75 € – Karte 39/55 €

Stadtplan : F2-p – *Ritterstr. 23 ✉ 04109 – ✆ 0341 99999975 (Tischbestellung ratsam) – www.planerts.com – geschlossen Sonntag - Montag*

Hotels

Fürstenhof

HISTORISCH • KLASSISCH Das repräsentative Patrizierpalais von 1770 bietet einen klassisch-eleganten Rahmen für luxuriösen Hotelkomfort. Tipp: "Brockhaus-Suite" mit letzter aktueller Print-Ausgabe in 30 Bänden! Schön die Badelandschaft, prächtig der historische Serpentinsaal. Bistrokarte in der "Vinothek 1770" und im "Wintergarten".

90 Zim – †165/365 € ††165/365 € – 3 Suiten – ☕ 31 €

Stadtplan : E1-c – *Tröndlinring 8 ✉ 04105 – ✆ 0341 1400 – www.hotelfuerstenhofleipzig.com*

Villers – siehe Restaurantauswahl

Steigenberger Grandhotel Handelshof

LUXUS • MODERN Die klassische Fassade des einstigen Handelshofes von 1909 könnte wohl kaum repräsentativer in Szene gesetzt werden. Während das historische Flair außen architektonisch festgehalten wird, herrscht innen stilvolle Moderne! Das Restaurant "Le Grand" bietet französisch und mediterran geprägte Küche.

167 Zim ☕ – †169/289 € ††189/309 € – 10 Suiten

Stadtplan : EF2-s – *Salzgäßchen 6 ✉ 04109 – ✆ 0341 3505810 – www.leipzig.steigenberger.de*

The Westin

BUSINESS • MODERN Das Tagungs- und Businesshotel liegt günstig im Zentrum, großzügig die Lobby, gut ausgestattet der Konferenzbereich. Wer es gerne besonders komfortabel, modern und hochwertig hat, bucht ein Zimmer in den oberen Etagen. Und gönnen Sie sich auch eine Massage! Restaurant "Gusto" mit leichter europäischer Küche.

404 Zim – †99/289 € ††109/299 € – 32 Suiten – ☕ 21 €

Stadtplan : E1-a – *Gerberstr. 15 ✉ 04105 – ✆ 0341 9880 – www.westinleipzig.com*

Falco – siehe Restaurantauswahl

Arcona LIVING BACH 14

URBAN • INDIVIDUELL Das hat Charme: historischer Rahmen und wohnlich-modernes Interieur - wer etwas Besonderes möchte, bucht eine Juniorsuite mit toller alter Kassettendecke! Ideal die Lage in der Stadtmitte: Bachdenkmal und Bachhaus nebenan, Thomaskirche vis-à-vis. Gemütlich essen kann man in der Weinwirtschaft mit Showküche.

52 Zim – †79/249 € ††89/259 € – 1 Suite – ☕ 18 € – ½ P

Stadtplan : E2-a – *Thomaskirchhof 13 ✉ 04109 – ✆ 0341 496140 – www.arcona.de*

Michaelis

BUSINESS • ELEGANT In dem sorgsam restaurierten Gebäude aus der Gründerzeit stehen zeitgemäße und technisch gut ausgestattete Zimmer bereit, junges Design im Nebengebäude. Modern tagen kann man in der "Alten Essig-Manufactur".

91 Zim ☕ – †79/89 € ††109/139 € – ½ P

Stadtplan : B3-u – *Paul-Gruner-Str. 44 ✉ 04107 – ✆ 0341 26780 – www.michaelis-leipzig.de*

Michaelis – siehe Restaurantauswahl

Fregehaus

URBAN • INDIVIDUELL Mitten im Zentrum liegt dieses individuelle kleine Hotel, Sie erreichen es über einen Innenhof. Es erwarten Sie modern eingerichtete Zimmer und eine Chefin, die sich freundlich um Sie kümmert.

17 Zim – †76/136 € ††86/146 € – 3 Suiten – ☕ 12 €

Stadtplan : E2-b – *Katharinenstr. 11 ✉ 04109 – ✆ 0341 26393157 – www.hotel-fregehaus.de – geschlossen 22. - 28. Dezember*

In Leipzig-Gohlis

Schaarschmidt's

BÜRGERLICHE KÜCHE • GEMÜTLICH XX Das Restaurant ist wirklich hübsch und wird engagiert geführt. Hier isst man Tatar, Hirschrücken, Crêpe Suzette... Die Renner auf der Karte: Gohliser Filettopf oder Sächsische Rinderroulade! Mit Bäumchen begrünte kleine Terrasse zur Straße.

Karte 29/64 €

Stadtplan : B2-m – *Coppistr. 32 ✉ 04157 – ✆ 0341 9120517 (Tischbestellung ratsam) – www.schaarschmidts.de – nur Abendessen*

Drogerie

INTERNATIONAL • BISTRO X Dieses schöne lebendige Restaurant war tatsächlich mal eine Drogerie, kleine Details hier und da erinnern noch daran. Heute bestellt man z. B. "Kabeljau mit Tomaten-Auberginen-Couscous" oder "Rotkohlsuppe mit Iberico-Bonbon".

Menü 40/80 € – Karte 34/66 €

Stadtplan : B2-r – *Schillerweg 36 ✉ 04155 – ✆ 0341 22286466 (Tischbestellung ratsam) – www.drogerie-leipzig.net – nur Abendessen – geschlossen Sonntag*

La Mirabelle

FRANZÖSISCH-KLASSISCH • NACHBARSCHAFTLICH X Ein kleines Stück Frankreich in Leipzig. Nett die lebhafte Atmosphäre und das Bistro-Flair, an den Wänden wechselnde Kunst. Bestellt wird von der Tafel, abends ist die Auswahl etwas größer - Lust auf Coq au vin oder Boeuf Bouguignon? Die Weine stammen übrigens von eher weniger bekannten Erzeugern.

Karte 34/48 €

Stadtplan : B2-a – *Gohliser Str. 11 ✉ 04105 – ✆ 0341 5902981 – www.la-mirabelle.de – geschlossen Montagabend, Samstagmittag, Sonntag*

Münsters

MARKTKÜCHE • GEMÜTLICH X Gemütlich ist es hier: rustikale Backsteindecke, Bilder und Weinflaschen als Deko. In der ehemaligen Mühle serviert man Saisonales wie "Steinbutt unter der Kartoffelkruste, Hummerschaum, Anis-Kürbisgemüse". Das Lokal ist sehr gefragt, und der große Biergarten erst! Bar in der 2. Etage.

Karte 34/58 €

Stadtplan : B2-c – *Platnerstr. 13 ✉ 04155 – ✆ 0341 5906309 – www.münsters.com – nur Abendessen – geschlossen Sonntag*

LEIWEN

Rheinland-Pfalz – 1 557 Ew. – Höhe 129 m – Regionalatlas **45**-B15
Michelin Straßenkarte 543

SEKTSTUUF - ST. Laurentius (N)

LANDHAUS • MODERN Das hübsche kleine Hotel gehört zum gleichnamigen Weingut und wird sehr herzlich und professionell geführt. Hier hat man nicht nur schöne wohnlich-moderne Zimmer, man kann auch gut essen. Im charmant-trendigen Restaurant nebst Vinothek serviert man ab 15 Uhr leckere Kleinigkeiten, abends zudem ein ambitioniertes Menü.

6 Suiten ☕ – ††105/150 € – 2 Zim

Euchariusstr. 15 ✉ 54340 – ✆ 06507 939055 – www.sektstuuf.de – geschlossen Mitte Dezember - Ende Februar

Kleines Budget? Profitieren Sie von den Mittagsmenüs zu moderaten Preisen.

LENGERICH

Nordrhein-Westfalen – 22 056 Ew. – Höhe 80 m – Regionalatlas **27**-E9
Michelin Straßenkarte 543

Hinterding

FRANZÖSISCH-KLASSISCH • ELEGANT Die ehemalige Ärztevilla ist schon von außen schön anzusehen, innen setzt sich das stilvolle Bild fort: hohe Räume, warme Farben, wohnlich-elegante Atmosphäre und dazu klassische Küche aus guten Produkten - gerne serviert man auch auf der Terrasse.

Menü 59/69 € – Karte 43/74 €

5 Zim – 74 € 118 €

Bahnhofstr. 72 49525 – 05481 94240 – www.hinterding-lengerich.de – nur Abendessen, sonntags auch Mittagessen – geschlossen September 2 Wochen und Montag, Donnerstag

LENGGRIES

Bayern – 9 835 Ew. – Höhe 679 m – Regionalatlas **65**-L21
Michelin Straßenkarte 546

In Lenggries-Schlegldorf Nord-West: 5 km, links der Isar in Richtung Bad Tölz, über Wackersberger Straße

Schweizer Wirt

REGIONAL • GEMÜTLICH Seit 1983 verwöhnt Chefin Barbara Hipp ihre Gäste mit leckeren unkomplizierten Gerichten wie "Matjestatar auf grünen Bohnen", "Kalbsrücken und gratinierter Tafelspitz mit Püree" oder "Marillenpalatschinken". Charmant die Atmosphäre in dem ehemaligen Bauernhof.

Karte 25/50 €

Schlegldorf 83 83661 – 08042 8902 (Tischbestellung ratsam) – www.schweizer-wirt.de – geschlossen Montag - Dienstag

LENNESTADT

Nordrhein-Westfalen – 25 800 Ew. – Höhe 410 m – Regionalatlas **37**-E12
Michelin Straßenkarte 543

In Lennestadt-Halberbracht Nord-Ost: 7 km ab Altenhundem über die B 236, in Meggen rechts abbiegen

Eickhoffs Landgasthof

INTERNATIONAL • FAMILIÄR Der Familienbetrieb ist eine wirklich gepflegte Adresse, die schmackhafte Küche bietet. Man kocht regional und international, dazu hat man eine gut sortierte, fair kalkulierte Weinkarte. Im Sommer lockt die Terrasse mit Aussicht.

Karte 23/48 €

Am Kickenberg 10 57368 – 02721 81358 – www.eickhoff-halberbracht.de – geschlossen Dienstagabend - Mittwoch

LENZKIRCH

Baden-Württemberg – 4 904 Ew. – Höhe 808 m – Regionalatlas **62**-E21
Michelin Straßenkarte 545

In Lenzkirch-Saig Nord-West: 7 km über die B 315

Saigerhöh

SPA UND WELLNESS • INDIVIDUELL Hier oben auf einer Waldlichtung in 1055 m Höhe genießen Sie einen tollen Ausblick, wohnen ruhig in schönen, individuellen Zimmern und lassen es sich im umfangreichen Spa- und Freizeitbereich gut gehen. Nicht zu vergessen das gepflegte HP- und A-la-carte-Angebot.

95 Zim – 84/139 € 139/289 € – 15 Suiten – ½ P

Saiger Höhe 8 79853 – 07653 6850 – www.saigerhoeh.de

Ochsen

GASTHOF • TRADITIONELL Über 400 Jahre bewirtet man in diesem gewachsenen Schwarzwaldgasthof schon Gäste. Es erwarten Sie wohnliche Zimmer, teilweise mit Balkon, sowie ein Freizeitbereich mit Massage und Hamam. Urtümlich und heimelig ist die rustikale Gaststube mit Kachelofen.

35 Zim – 78/90 € 136/176 € – ½ P

Dorfplatz 1 79853 – 07653 90010 – www.ochsen-saig.de – geschlossen 10. November – 19. Dezember

LICHTENBERG (OBERFRANKEN)

Bayern – 1 023 Ew. – Höhe 564 m – Regionalatlas **41**-M41
Michelin Straßenkarte 546

Harmonie

REGIONAL • FREUNDLICH XX Das charmante Haus von 1823 hat seinen traditionellen Charakter bewahrt – schönes altes Holz macht es richtig gemütlich! Freundlich umsorgt speist man hier regional-saisonale Gerichte wie "fränkische Schiefertrüffelsuppe" oder "geschmorte Rehkeule". Beim Eingang kann man übrigens einen Blick in die Küche erhaschen.

Menü 35 € (vegetarisch)/60 € – Karte 28/67 €

Schloßberg 2 95192 – 09288 246 – www.harmonie-lichtenberg.com – geschlossen Januar 2 Wochen und Montag – Mittwochmittag

LIEBENZELL, BAD

Baden-Württemberg – 8 915 Ew. – Höhe 333 m – Regionalatlas **54**-F18
Michelin Straßenkarte 545

Koch

FAMILIÄR • GEMÜTLICH Eine wirklich sympathische Adresse: herzlich und familiär die Gastgeber, wohnlich die Einrichtung, alles tipptopp gepflegt. Und den Tag beginnen Sie mit einem leckeren, frischen Frühstücksbuffet. Gut auch die Lage: zentral und dennoch relativ ruhig.

16 Zim – 48/70 € 80/110 €

Sonnenweg 3 75378 – 07052 1306 – www.hotelkoch.com – geschlossen Mitte Dezember – Januar

In Bad Liebenzell – Monakam Nord-Ost: 4,5 km

Hirsch Genusshandwerk

MODERNE KÜCHE • GASTHOF X Würden Sie in dem traditionsreichen Gasthaus in diesem kleinen Dörfchen eine solch interessante moderne Küche vermuten? Frisch und freundlich das Ambiente, auf der Karte z. B. "Hirschrücken & französische Blutwurst, Cranberries, Petersilienwurzel" oder "Maronenravioli, Topinambur, 70-Minuten-Ei, Chicorée".

Menü 37/75 € – Karte 36/78 €

Monbachstr. 47 75378 – 07052 2367 – www.hirsch-genusshandwerk.de – Montag – Freitag nur Abendessen – geschlossen über Fasching, August und Dienstag – Donnerstag

LIMBACH-OBERFROHNA

Sachsen – 24 014 Ew. – Höhe 360 m – Regionalatlas **42**-O13
Michelin Straßenkarte 544

Lay-Haus

FAMILIÄR • KLASSISCH Familiär-engagiert wird das historische Haus mitten in der kleinen Stadt geleitet, in dem wohnlich-gemütliche Zimmer bereitstehen. Im Restaurant serviert man bürgerliche Küche, ebenso im "Felsenkeller" – dieser ist in Schieferfels gehauen und wirklich etwas Besonderes!

48 Zim – 58/64 € 74/88 €

Markt 3 09212 – 03722 73760 – www.lay-hotel.de

LIMBURG an der LAHN

Hessen – 33 906 Ew. – Höhe 122 m – Regionalatlas **37**-E14
Michelin Straßenkarte 543

360° (Alexander Hohlwein)

MODERNE KÜCHE • GERADLINIG Warum es hier Spaß macht, zu essen? Die Küche ist frisch und kreativ, sehr gut das Preis-Leistungs-Verhältnis, der Service freundlich und geschult und das Ambiente modern. Dazu kommt der tolle Blick von der 3. Etage des Einkaufszentrums "WerkStadt" - da ist die Dachterrasse gefragt! Zusätzliche Mittagskarte.

→ Holzmakrele, Tomaten-Brotsalat, Hüttenkäse, Anchovis, Rauke. Limousin Lammrücken, Haxe, Artischocke, Merguez. Manjari Schokolade, Kalamata Olive, schwarze Johannisbeere, Holunder.

Menü 30 € (mittags)/100 € – Karte 74/84 €

Bahnhofsplatz 1a ✉ 65549 – ✆ 06431 2113360 – www.restaurant360grad.de – geschlossen 1. - 14. Januar und Sonntag - Montag

Himmel und Erde

MARKTKÜCHE • HISTORISCHES AMBIENTE Das ist schon ein besonderer Rahmen: Sie speisen in der 1896 erbauten ehemaligen Kapelle am Schafsberg unter einer hohen Gewölbedecke! Gekocht wird klassisch und mit modernen Einflüssen, so z. B. "Schweinebauch, Blumenkohl, Portweinjus".

Menü 55/86 €

Joseph-Heppel-Str. 1a ✉ 65549 – ✆ 06431 5847208 – www.kapelle-himmelunderde.de – nur Abendessen – geschlossen Sonntag - Montag

DOM Hotel

TRADITIONELL • FUNKTIONELL Hoteltradition seit 1832 bietet dieses klassische Stadthaus. Schön die sehr zentrale Lage direkt am Kornmarkt, elegant der Rahmen, gepflegt die unterschiedlich geschnittenen Zimmer. Im "Restaurant de Prusse" in der 1. Etage isst man saisonal-international - beliebt die Fensterplätze zur Fußgängerzone.

42 Zim – †88/145 € ††108/165 € – ☕ 13 € – ½ P

Grabenstr. 57 ✉ 65549 – ✆ 06431 9010 – www.domhotellimburg.de – geschlossen 24. Dezember - 6. Januar

LINDAU im BODENSEE

Bayern – 24 740 Ew. – Höhe 401 m – Regionalatlas **63**-H22
Michelin Straßenkarte 546

KARRisma (N)

KREATIV • FREUNDLICH Richtig chic, dieses kleine Restaurant: Mit klaren Formen, geschmackvollen Farben und Stoffen sowie dekorativen Accessoires (Hingucker die zahlreichen Spiegel an der Wand) hat man hier ein charmant-modernes Ambiente geschaffen. Eine Speisekarte gibt es nicht, man bietet ein immer wieder wechselndes Menü.

Menü 68/88 €

Hotel Adara, Alter Schulplatz 1, auf der Insel ✉ 88131 – ✆ 08382 9435041 (Tischbestellung erforderlich) – www.adara-lindau.de – nur Abendessen – geschlossen 23. - 27. Dezember und Sonntag - Montag

Bayerischer Hof

LUXUS • KLASSISCH Ein echter Bodensee-Klassiker! Ideale Seelage am Hafen, elegante Zimmer (toll die Suiten) und ein umfassendes Wellnessangebot, das man sich mit dem benachbarten Schwesterhotel teilt. Schön auch das Hallenbad und der Garten- und Poolbereich!

104 Zim ☕ – †144/243 € ††203/345 € – 4 Suiten – ½ P

Bahnhofplatz 2 ✉ 88131 – ✆ 08382 9150 – www.bayerischerhof-lindau.de

Helvetia

TRADITIONELL · MODERN Wie gemacht für Romantiker und Wellnessfans: geschmackvolle "Wellrooms", Themensuiten und tolle schwimmende "Yacht Rooms" im Hafen, sensationelle Panoramasauna nebst Infinity-Pool auf dem Dach, toller Relaxbereich... Tipp: Yacht für Ausflüge buchbar! Regional-mediterrane Küche im eleganten Restaurant, einfachere Mittagskarte. Exklusiv für Hotelgäste: "Habour Lounge".

45 Zim – 99/210 € 160/260 € – 5 Suiten – ½ P

Seepromenade 3, auf der Insel 88131 – 08382 9130 – www.hotel-helvetia.com

Reutemann-Seegarten

TRADITIONELL · KLASSISCH Das Hotel an der Promenade besteht aus zwei ansprechenden alten Stadthäusern mit gediegenen, freundlichen Zimmern. Saunabereich und Spa im "Bayerischen Hof". Highlight - und sehr beliebt - ist die Seeterrasse des ganzjährig geöffneten Restaurants, von der man auf die Hafeneinfahrt schaut.

62 Zim – 101/133 € 144/274 € – ½ P

Ludwigstr. 23, auf der Insel 88131 – 08382 9150 – www.reutemann-lindau.de – geschlossen 5. November - 31. März

Adara N

BOUTIQUE-HOTEL · GEMÜTLICH Jede Menge Charme hat das Boutique-Hotel in dem denkmalgeschützten Gebäudeensemble! Und das liegt nicht zuletzt am wertigen Interieur mit allerlei geschmackvollen Details. Gelungen der Mix aus alt und neu: rustikales Holz, Naturstein, moderner Stil. Tipp: Parkplatz "P5" bei der "Inselhalle". Ferienwohnung ab 3 Nächten.

16 Zim – 170/200 € 200/230 € – 2 Suiten

Alter Schulplatz 1, auf der Insel 88131 – 08382 943500 – www.adara-lindau.de

KARRisma – siehe Restaurantauswahl

Golfhotel Bodensee

LANDHAUS · FUNKTIONELL Herrlich liegt das Hotel inmitten eines Golfplatzes! Die Zimmer (darunter auch Turmzimmer und Maisonetten) sind schön frisch und modern, bieten recht viel Platz sowie Blick ins Grüne. Letzteren genießt man auch auf der Restaurantterrasse bei internationaler Küche. Zum Relaxen: Sauna, Kosmetik und Massage.

33 Zim – 99/109 € 159/169 € – 3 Suiten – ½ P

Lampertsweiler 51, (auf dem Golfplatz Weißensberg), Nord-Ost: 8 km 88138 – 08389 89100 – www.golfhotel-bodensee.de – geschlossen 15. November - 15. März

In Lindau-Aeschach Nord: 2 km

Am Rehberg

FAMILIÄR · KLASSISCH Alles ist schön wohnlich bei der charmant-engagierten Familie Bast, von der Halle über die großzügigen Zimmer (Tipp: Komfort-Suite "D3" unterm Dach!) bis zum alpenländisch-eleganten Frühstücksraum. Zum Entspannen: kleines Hallenbad und Sauna, nicht zu vergessen der hübsche Garten!

12 Suiten – 98/128 € – 7 Zim

Am Rehberg 29 88131 – 08382 3329 – www.lindauhotels.de – geschlossen Januar - Ende März, November - Dezember

In Lindau-Hoyren Nord-West: 4 km

VILLINO

MODERNE KÜCHE · FREUNDLICH XXX Hier spürt man das Engagement der Gastgeber, und die nächste Generation ist inzwischen mit von der Partie. Der herzliche, versierte, sehr gut organisierte Service samt kompetenter Weinberatung begeistert ebenso wie die saisonorientierte kreative Küche mit asiatischen und mediterranen Einflüssen. Luftig, hell, stilvoll das Ambiente, toll der Innenhof.

→ Asiatische Vorspeisenvariation. Knuspriger Spanferkelbauch, süß-sauer. Steinbutt, geschmorte Zucchini, Jus von geröstetem Gemüse.

Menü 88/154 € – Karte 94/114 €

Hotel VILLINO, Mittenbuch 6 88131 – 08382 93450 (Tischbestellung erforderlich) – www.villino.de – nur Abendessen – geschlossen 22. - 25. Dezember, 6. Januar - 25. März: Sonntag - Montag

VILLINO

LANDHAUS • GEMÜTLICH Umgeben von Wiesen und Obstplantagen finden Sie ein wahres Kleinod! Zeitloser italienischer Charme zieht sich durch das ganze Haus: elegante und romantische Zimmer, top Service, eine mit Liebe zum Detail gestaltete Saunalandschaft und nicht zuletzt ein mediterraner Traumgarten von 4000 qm!

21 Zim – 110/180 € 170/290 € – 3 Suiten

Mittenbuch 6 ✉ 88131 – ✆ 08382 93450 – www.villino.de – geschlossen 21. - 25. Dezember

VILLINO – siehe Restaurantauswahl

In Lindau-Bad Schachen Nord-West: 4 km

Schachener Hof

KLASSISCHE KÜCHE • FAMILIÄR XX Bei Familie Kraus darf man sich auf schmackhafte klassisch-saisonale Küche freuen, z. B. als "Felchenfilets vom Bodensee mit Weißweinsauce" oder "Rinderrücken, Bärlauchbutter, Schalottensauce". Darf es vielleicht das "schwäbische Menü" sein? Oder lieber das "Gourmetmenü"? Schön die Terrasse unter alten Kastanienbäumen. Gepflegt übernachten können Sie hier auch.

Menü 32/75 € – Karte 31/56 €

9 Zim – 69/79 € 88/120 €

Schachener Str. 76 ✉ 88131 – ✆ 08382 3116 (Tischbestellung ratsam) – www.schachenerhof-lindau.de – nur Abendessen, sonntags auch Mittagessen – geschlossen Januar - Mitte Februar, Anfang November 1 Woche und Dienstag - Mittwoch

LINGEN

Niedersachsen – 52 503 Ew. – Höhe 23 m – Regionalatlas **16**-D8

Michelin Straßenkarte 541

Altes Landhaus

LANDHAUS • FUNKTIONELL Das schöne Landhaus am Stadtrand bietet neben wohnlichen Zimmern im Stammhaus auch topmoderne und sehr komfortable Zimmer im Anbau! Auf der hübschen Innenhofterrasse kann man auch frühstücken. Das Restaurant besteht aus einem angenehm lichten Wintergarten und dem Kaminzimmer.

36 Zim – 65/95 € 80/125 € – ½ P

Lindenstr. 45 ✉ 49808 – ✆ 0591 804090 – www.alteslandhaus.de – geschlossen 1. - 17. Januar, Oktober 2 Wochen

LINSENGERICHT

Hessen – 9 914 Ew. – Höhe 145 m – Regionalatlas **48**-G14

Michelin Straßenkarte 543

In Linsengericht-Eidengesäß Süd-Ost: 3 km, jenseits der A 66

Der Löwe

INTERNATIONAL • GASTHOF XX Seit Jahren wird das Haus der Sauters für seine schmackhafte regional-internationale Küche geschätzt. In gediegener Atmosphäre kommen z. B. "In Kräutern und Knoblauch gebratener Oktopus, Paprika, Zucchini, Tomatenreis" oder "Kabeljaurücken in geräucherter weißer Petersiliensauce" auf den Tisch.

Karte 36/61 €

Dorfstr. 20 ✉ 63589 – ✆ 06051 71343 – www.derloewe.com – Mittwoch - Freitag nur Abendessen – geschlossen Januar 2 Wochen, Juli 2 Wochen und Montag - Dienstag

LIPPSPRINGE, BAD

Nordrhein-Westfalen – 15 358 Ew. – Höhe 140 m – Regionalatlas **28**-G10

Michelin Straßenkarte 543

Park Hotel

SPA UND WELLNESS • MODERN Der Kurpark liegt direkt vor dem Haus, in die Fußgängerzone ist es auch nur ein Katzensprung. Dazu das vielfältige Angebot des "Arminius Spa" und der schöne Naturbadeteich. Einige Zimmer mit Balkon zum Park. Blick ins Grüne auch vom schicken Restaurant "Karl" samt Gartenterrasse und Lounge.

135 Zim – 114/164 € 143/173 € – ½ P

Peter-Hartmann-Allee 4 ✉ 33175 – ✆ 05252 9630 – www.parkhotel-lippspringe.de

LIPPSTADT

Nordrhein-Westfalen – 66 518 Ew. – Höhe 75 m – Regionalatlas **27**-F10
Michelin Straßenkarte 542

Fellini

ITALIENISCH • GEMÜTLICH XX In dem Fachwerkhaus a. d. 18. Jh. unweit des Marktplatzes erlaubt die offene Küche interessante Einblicke. Hier entstehen frische italienische Speisen, zu denen man schöne Weine aus Italien serviert. Gerne sitzt man auch auf der hübschen überdachbaren Terrasse. Freundlich der Service durch die Chefin.

Karte 36/60 €

Cappelstr. 44a ✉ 59555 – ✆ 02941 924150 – www.fellini-lippstadt.de – nur Abendessen – geschlossen Sonntag

LÖBAU

Sachsen – 15 288 Ew. – Höhe 263 m – Regionalatlas **44**-S12
Michelin Straßenkarte 544

Berg-Gasthof Honigbrunnen

HISTORISCHES GEBÄUDE • TRADITIONELL 1896 als Ausflugslokal erbaut, bei einem Brand zerstört und mit enormem Aufwand restauriert. Die Mühe hat sich gelohnt: Die historische Fassade ist wiederhergestellt, das Interieur geschmackvoll. Einmalige Panoramalage im Naturschutzgebiet, fantastischer Blick von der Terrasse!

23 Zim – 62/70 € 100/120 € – 8 €

Löbauer Berg 4, Ost: 2,5 km ✉ 02708 – ✆ 03585 4139130 – www.honigbrunnen.de

LÖNINGEN

Niedersachsen – 13 156 Ew. – Höhe 22 m – Regionalatlas **16**-E7
Michelin Straßenkarte 541

Rüwe

FAMILIÄR • GEMÜTLICH In dem kleinen Hotel sorgen die freundlichen Gastgeber dafür, dass alles tipptopp gepflegt ist. Wohnliche Zimmer mit Parkett, teils auch mit Balkon oder schöner Dachterrasse. Zum Restaurant gehören eine nette begrünte Terrasse und ein kleiner Barbereich. Fahrradverleih.

11 Zim – 68 € 94/98 € – ½ P

Parkstr. 15 ✉ 49624 – ✆ 05432 94200 – www.hotel-ruewe.de – geschlossen 27. Dezember - 15. Januar

LÖRRACH

Baden-Württemberg – 48 601 Ew. – Höhe 294 m – Regionalatlas **61**-D21
Michelin Straßenkarte 545

Drei König

MARKTKÜCHE • TRENDY X In der 1. Etage des historischen Hauses speist man in lockerer Atmosphäre. Schön die geradlinige Einrichtung samt Parkettboden, hübsch die Balkonterrasse. Empfehlungen auf der Schiefertafel ergänzen die Karte. Mittags einfacheres Angebot.

Menü 20 € (mittags)/72 € – Karte 34/70 €

Basler Str. 169, (1. Etage) ✉ 79539 – ✆ 07621 4258333 – www.restaurant-dreikoenig.de – geschlossen Sonntag - Montag

Villa Elben

PRIVATHAUS · ELEGANT Schön wohnt man hier bei einer sympathischen Gastgeberin. Stilvoll die Lobby, tipptopp gepflegt die Zimmer, chic der moderne Frühstücksraum (gut das Buffet!), und versäumen Sie es nicht, im Sommer auf der Dachterrasse zu entspannen!

34 Zim – 86/109 € 116/130 €

Hünerbergweg 26 ✉ 79539 – ✆ 07621 577080 – www.villa-elben.de

In Lörrach-Brombach Nord-Ost: 4 km, über Brombacher Straße, jenseits der A 98

Villa Feer

INTERNATIONAL · ELEGANT XX Was man Ihnen in der schmucken alten Villa an internationalen Gerichten serviert, nennt sich z. B. "gebratenes Filet vom Wolfsbarsch auf geräucherter Gerste mit gefüllter Zucchiniblüte und Grapefruit". Hübsch die hellen, freundlichen Räume, toll der Garten!

Menü 49/84 € – Karte 54/64 €

Beim Haagensteg 1 ✉ 79541 – ✆ 07621 5791077 – www.villa-feer.com – geschlossen Mitte - Ende März, Mitte - Ende Oktober und Sonntagabend - Dienstag

LOHMAR

Nordrhein-Westfalen – 29 820 Ew. – Höhe 70 m – Regionalatlas **36**-C12
Michelin Straßenkarte 543

In Lohmar-Wahlscheid Nord-Ost: 4 km über B 484

Schloss Auel

HISTORISCHES GEBÄUDE · INDIVIDUELL Historischen Charme versprüht das tolle dreiflügelige Schloss am Golfplatz. Stilgerecht hat man zahlreiche Antiquitäten in das individuelle, sehr wohnliche Interieur integriert. Schön auch die "Golflodge". Alternativ zum Restaurant gibt es Snacks im Bistro. Eigene Kapelle.

28 Zim – 75/115 € 95/150 € – 15 €

Haus Auel 1, an der B 484 ✉ 53797 – ✆ 02206 60030 – www.schlossauel.de

LOHME Mecklenburg-Vorpommern ➜ Siehe Rügen (Insel)

LOHNE

Niedersachsen – 25 070 Ew. – Höhe 43 m – Regionalatlas **17**-F7
Michelin Straßenkarte 541

Haus Uptmoor (N)

MARKTKÜCHE · ELEGANT XX Was in der stattlichen Gründerzeitvilla von 1906 geboten wird, ist nicht von der Stange! In drei eleganten Räumen und auf der hübschen Terrasse speist man mittags einfacher, aber gut und preislich wirklich fair, am Abend empfiehlt man direkt am Tisch ein "Menu Surprise" mit modernen Gerichten wie "Wolfsbarsch, Graupen, Tomate, Pfifferlinge".

Menü 19 € (mittags)/100 € – Karte 38/65 €

Marktstr. 30 ✉ 49393 – ✆ 04442 7396669 – www.restaurant-haus-uptmoor.de – geschlossen Sonntagabend - Dienstag, Samstagmittag

LOHR am MAIN

Bayern – 15 036 Ew. – Höhe 161 m – Regionalatlas **48**-H15
Michelin Straßenkarte 546

In Lohr-Wombach Süd: 2 km über Westtangente

Spessarttor

TRADITIONELLE KÜCHE · GASTHOF X Der alteingesessene Familienbetrieb ist ein seriös geführtes Haus, in dem man in gemütlichen Stuben regional isst. Wie wär's mit "Krustentierrahmsuppe mit Scampi"? Genauso lecker ist der "Hirschbraten mit Blaukraut und Knödel". Im Gasthof sowie im 300 m entfernten Gästehaus kann man auch sehr gut übernachten.

Menü 21/88 € – Karte 20/45 €

35 Zim – 55/85 € 90/110 €

Wombacher Str. 140 ✉ 97816 – ✆ 09352 87330 – www.hotel-spessarttor.de – geschlossen Montag - Dienstag

LONGUICH

Rheinland-Pfalz – 1 287 Ew. – Höhe 130 m – Regionalatlas **45**-B15
Michelin Straßenkarte 543

WeinKulturgut Longen-Schlöder

LANDHAUS • INDIVIDUELL Winzer und Gastronom Markus Longen hat hier nicht nur ein Weingut und ein Restaurant, sondern auch ein ansprechendes Hotelkonzept: 20 kleine Winzerhäuschen inmitten einer Streuobstwiese - von Matteo Thun geradlinig-modern und mit heimischen Materialien designt. In der Vineria-Vinothek: Weinstubenkarte mit regionalen Produkten sowie wechselndes Angebot auf der Tafel.

20 Zim ☕ – 👤85/120 € 👥118/175 € – ½ P

Kirchenweg 9 ✉ 54340 – ✆ 06502 8345 – www.longen-schloeder.de – geschlossen 15. Dezember - 15. Januar

LORCH

Hessen – 3 752 Ew. – Höhe 86 m – Regionalatlas **46**-D15
Michelin Straßenkarte 543

Hotel im Schulhaus

HISTORISCH • MODERN Die Schulbank drückt hier keiner mehr, heute ist das Haus direkt an der Wisper ein topmodernes und wohnlich-komfortables Hotel. Geradlinig und wertig das Interieur, toll die Penthouse-Zimmer. Zum Frühstück gibt's frische Produkte.

44 Zim ☕ – 👤70/105 € 👥90/155 € – 1 Suite

Schwalbacher Str. 41 ✉ 65391 – ✆ 06726 807160 – www.hotel-im-schulhaus.com – geschlossen 7. Januar - 7. Februar

Frühstück inklusive? Die Tasse ☕ steht gleich hinter der Zimmeranzahl.

LOSHEIM am SEE

Saarland – 15 809 Ew. – Höhe 300 m – Regionalatlas **45**-B16
Michelin Straßenkarte 543

La Küsine

REGIONAL • BÜRGERLICH X Der Name ist ein passendes Wortspiel, denn in der Bundeszentrale der "KÜS" ist dieses Restaurant untergebracht. Gekocht wird regional, so z. B. "Hirschrücken mit zweierlei Beete und hausgemachten Schupfnudeln". Gefragt: der Mittagstisch.

Menü 21 € (mittags unter der Woche)/35 € – Karte 27/55 €

Zur Küs 1 ✉ 66679 – ✆ 06872 505505 – www.lakuesine.de – geschlossen 15. - 29. Juli und Samstagmittag, Montag

LOTTSTETTEN

Baden-Württemberg – 2 174 Ew. – Höhe 433 m – Regionalatlas **62**-F21
Michelin Straßenkarte 545

In Lottstetten-Nack Süd: 1,5 km

Gasthof zum Kranz

REGIONAL • GASTHOF XX Bereits in der 7. Generation ist der Gasthof von 1769 in Familienhand, schön die modern-elegante Einrichtung in klaren Linien. Aus der Küche kommen schmackhafte klassisch-internationale Speisen - im Herbst sollten Sie Wild probieren! Zum Übernachten hat man vier einfache, aber gepflegte Zimmer (ohne TV).

Menü 30 € (mittags)/85 € – Karte 38/68 €

Dorfstr. 23 ✉ 79807 – ✆ 07745 7302 – www.gasthof-zum-kranz.de – geschlossen Februar 2 Wochen, August 3 Wochen und Dienstag - Mittwoch

LUDORF

Mecklenburg-Vorpommern – 477 Ew. – Höhe 67 m – Regionalatlas **13**-N6
Michelin Straßenkarte 542

Morizaner

REGIONAL • GEMÜTLICH XX In dem behaglichen Restaurant spürt man den Charme des alten Gutshauses. Gerne sitzt man auf der Terrasse zum Park, der das Haus von der Müritz trennt. Für die regional-saisonale Küche verwendet man Produkte aus der Umgebung.

Menü 35/59 € – Karte 43/63 €

Hotel Gutshaus Ludorf, Rondell 7 ✉ 17207 – ✆ 039931 8400 – www.gutshaus-ludorf.de – 8. März - 11. April und 15. Oktober - 18. Dezember nur Abendessen – geschlossen 7. Januar - 7. März

Gutshaus Ludorf

LANDHAUS • HISTORISCH Das Herrenhaus ist Teil eines schön erhaltenen Gutsensembles an der Müritz. Hinter seiner hübschen Backsteinfassade a. d. 17. Jh. verbirgt sich ein geschmackvolles Interieur mit historischem Flair. Zimmer teilweise mit Parkett.

26 Zim – †67/86 € ††110/160 € – 2 Suiten – ½ P

Rondell 7 ✉ 17207 – ✆ 039931 8400 – www.gutshaus-ludorf.de – geschlossen 7. Januar - 7. März

Morizaner – siehe Restaurantauswahl

LUDWIGSBURG

Baden-Württemberg – 91 116 Ew. – Höhe 293 m – Regionalatlas **55**-G18
Michelin Straßenkarte 545

Gutsschenke

INTERNATIONAL • FREUNDLICH XX Wirklich schön, wie man das geschmackvoll-moderne Interieur der "Gutsschenke" in den historischen Rahmen der Domäne Monrepos eingebunden hat. Das ist ebenso einladend wie die Küche - hier stehen Nachhaltigkeit und der Bezug zur Region im Vordergrund.

Karte 43/58 €

Schlosshotel Monrepos, Domäne Monrepos 22, (beim Schloss Monrepos), Nord-West: 6 km ✉ 71634 – ✆ 07141 3020 – www.schlosshotel-monrepos.de – geschlossen 1. - 7. Januar, 18. August - 9. September und Sonntag - Montag

Post-Cantz

REGIONAL • BÜRGERLICH XX In dem Traditionshaus a. d. 18. Jh. zeigt sich Familie Buhl in 3. Generation unverändert engagiert! Man hat zahlreiche Stammgäste, und die mögen schwäbische Klassiker ebenso wie Saisonales, da sind "saure Kutteln" und "Rostbraten mit Maultäschle" ebenso gefragt wie "Zanderfilet auf Rahmkraut".

Karte 26/66 €

Eberhardstr. 6 ✉ 71634 – ✆ 07141 923563 – www.post-cantz.de – geschlossen 1. - 4. Januar, über Fasching 1 Woche, Juni 2 Wochen, Ende August - Anfang September 10 Tage und Mittwoch - Donnerstag

Schlosshotel Monrepos

BUSINESS • GERADLINIG Hier genießt man attraktiven modernen Wohnkomfort inmitten einer hübschen Parkanlage samt Schloss und See sowie Golfplatz und Reitverein. Der Tag beginnt schön mit einem Frühstück im Wintergarten oder auf der Terrasse zum See.

75 Zim – †120/200 € ††140/220 € – 2 Suiten – ½ P

Domäne Monrepos 22, (beim Schloss Monrepos), Nord-West: 6 km ✉ 71634 – ✆ 07141 3020 – www.schlosshotel-monrepos.de

Gutsschenke – siehe Restaurantauswahl

LUDWIGSHAFEN am RHEIN

Rheinland-Pfalz – 163 832 Ew. – Höhe 96 m – Regionalatlas **47**-F16
Michelin Straßenkarte 543

A table

KLASSISCHE KÜCHE • ZEITGEMÄSSES AMBIENTE XX Auf freundlich-versierten Service und modernes Ambiente darf man sich hier ebenso freuen wie auf klassisch-internationale Küche, und die gibt es z. B. als "Medaillon vom bretonischen Seeteufel mit Garnelenravioli und geschmortem Chicorée".

Menü 34 € (mittags)/90 € – Karte 51/79 €

Welserstr. 25 ✉ 67063 – ✆ 0621 68556565 – www.atable.lu – geschlossen Samstagmittag, Sonntag - Montagmittag

In Ludwigshafen-Friesenheim

Das Gesellschaftshaus

INTERNATIONAL • KLASSISCHES AMBIENTE XX Geradezu herrschaftlich kommt das historische Gesellschaftshaus der BASF daher. Klassisch das Interieur, freundlich und kompetent der Service, auf der Karte z. B. "Szechuan-Entenbrust, Sojaglace, Curryspitzkohl, gebrannte Macadamianuss-Polentaschnitte, Pflaumen-Gel", dazu stimmige Weine.

Menü 58 € (unter der Woche)/102 € – Karte 53/69 €

Wöhlerstr. 15 ✉ 67063 – ✆ 0621 6078888 – www.gesellschaftshaus.basf.de – nur Abendessen – geschlossen 24. Dezember - 1. Januar und Samstag - Sonntag, Feiertage

LUDWIGSLUST

Mecklenburg-Vorpommern – 12 243 Ew. – Höhe 35 m – Regionalatlas **11**-L6
Michelin Straßenkarte 542

Hotel de Weimar

HISTORISCH • KLASSISCH Gediegen und stilvoll wohnt es sich nur wenige Gehminuten vom Schloss entfernt, und zwar im ehemaligen Palais der Fürstin von Weimar! Auch zum Essengehen ist das Haus eine schöne Adresse: Das Restaurant "Ambiente" befindet sich im glasüberdachten Innenhof und bietet internationale Küche. Gute Weinauswahl.

44 Zim – 79/95 € 99/220 € – 2 Suiten – ½ P

Schlossstr. 15 ✉ 19288 – ✆ 03874 4180 – www.hotel-de-weimar.de – geschlossen 16. - 27. Dezember

LÜBBEN

Brandenburg – 13 672 Ew. – Höhe 50 m – Regionalatlas **33**-Q9
Michelin Straßenkarte 542

STRANDHAUS

BOUTIQUE-HOTEL • MODERN Toll die Lage direkt an der Spree. Die Einrichtung wertig und schön wohnlich-modern - darf es vielleicht eine Spa-Suite sein? Machen Sie auch mal eine Kahnfahrt oder mieten Sie ein Paddelboot! Öffentliches Strandbad ganz in der Nähe. Saisonale Küche im Restaurant mit herrlicher Terrasse. Hübsche Lounge.

16 Zim – 108/178 € 128/228 € – 4 Suiten – ½ P

Ernst-von-Houwald-Damm 16 ✉ 15907 – ✆ 03546 7364 – www.strandhaus-spreewald.de

LÜBBENAU

Brandenburg – 16 082 Ew. – Höhe 52 m – Regionalatlas **33**-Q10
Michelin Straßenkarte 542

Schloss Lübbenau

HISTORISCHES GEBÄUDE • KLASSISCH Mit Stil hat die Grafenfamilie zu Lynar in dem Schloss mitten in einem tollen Park ein Stück Historie bewahrt: schöner alter Treppenaufgang, klassische Zimmer im Schloss und hübsche Landhaus-Zimmer im Marstall, Saunabereich im Gewölbe, Restaurant mit regional-saisonaler Küche. Dazu ein großer Festsaal.

64 Zim – 70/80 € 100/140 € – 10 Suiten

Schlossbezirk 6 ✉ 03222 – ✆ 03542 8730 – www.schloss-luebbenau.de – geschlossen 22. Dezember - 1. Januar

McPHOTO/vario images RM/age fotostock

WIR MÖGEN BESONDERS...

Im **Anno 1216** mitten in der Altstadt stilvoll und individuell wohnen. Nachmittags nach dem Strandspaziergang in der in sympathisch-legeren **Weinwirtschaft** leckere frische Flammkuchen essen - eine nette Alternative zur Gourmetküche des **Buddenbrooks**. Den schönen historischen Rahmen der **Zimberei**. Am Mittag im **VAI** eine Shopping-Pause einlegen.

LÜBECK

Schleswig-Holstein – 214 420 Ew. – Höhe 13 m – Regionalatlas **11**-K4
Michelin Straßenkarte 541

Restaurants

Wullenwever (Roy Petermann)

KLASSISCHE KÜCHE • ELEGANT Bereits seit 1990 verwöhnt Roy Petermann in dem wunderschönen Patrizierhaus a. d. 16. Jh. seine Gäste mit feiner klassischer Küche aus hervorragenden Produkten. Ob Sie im geschmackvollen Restaurant oder auf der herrlichen Terrasse im Innenhof speisen, Sie werden stets aufmerksam und charmant umsorgt.

→ Vitello Tonnato mit gebackener Artischocke. Gegrillter Hummer, Erbsen, Wurzel und Vanille. Rehrücken mit Pfifferlingen und Kirschen.

Menü 65/125 €

Stadtplan : A2-a – *Beckergrube 71 ✉ 23552 – ✆ 0451 704333 (Tischbestellung ratsam) – www.wullenwever.de – nur Abendessen – geschlossen Ende März - Anfang April 2 Wochen, Ende Oktober 2 Wochen und Sonntag - Montag*

Die Zimberei

KLASSISCHE KÜCHE • ELEGANT Altstadtflair, schickes Ambiente und dann noch gutes Essen? In dem Kaufmannshaus a. d. 13. Jh. serviert man frische Speisen wie "Garnelenbratwurst mit Linsensalat und Tomatensalsa" oder "geschmorten Ochsenschwanz mit Kartoffel-Trüffelnocken". Toll für Veranstaltungen: beeindruckende stilvoll-historische Säle!

Menü 42/53 € – Karte 44/67 €

Stadtplan : B2-z – *Königstr. 5, (im Haus der Gemeinnützigen Gesellschaft) ✉ 23552 – ✆ 0451 73812 – www.zimberei.de – nur Abendessen – geschlossen Januar 1 Woche und Sonntag - Montag*

Johanna Berger

INTERNATIONAL • ELEGANT Etwas versteckt liegt das Haus aus der Gründerzeit mitten im Zentrum. Charmant das Interieur mit Dielenboden, Lüstern und elegantem Touch, draußen die schöne Terrasse. Aus der Küche kommt z. B. "Zanderfilet, grüner Spargel, Kräuterseitlinge". Mittags einfacheres Angebot - auf Wunsch auch die Abendkarte.

Menü 43/60 € (abends) – Karte 34/59 €

Stadtplan : B2-b – *Dr.-Julius-Leber-Str. 69 ✉ 23552 – ✆ 0451 58696890 – www.restaurant-johanna-berger.de – geschlossen Montag - Dienstag*

VAI

INTERNATIONAL • TRENDY Im Herzen der Altstadt - und perfekt für Shopping-Fans - liegt das moderne kleine Lokal samt nettem Innenhof. Die Atmosphäre ist entspannt, die Küche frisch - auf der Karte liest man z. B. "Wolfsbarschfilet mit Chorizo-Blumenkohlgröstl".

Menü 22 € (mittags)/65 € - Karte 36/67 €

Stadtplan : A2-c - *Hüxstr. 42 ✉ 23552 - ✆ 0451 4008083 - www.restaurant-vai.de - geschlossen Sonntag*

Hotels

Radisson Blu Senator

KETTENHOTEL • MODERN Das Flaggschiff der innerstädtischen Lübecker Hotellerie ist für Businessgäste und Touristen gleichermaßen interessant. Es liegt unweit des Holstentors an der Trave und hat schöne moderne Zimmer mit wohnlichem Farbkonzept sowie einen attraktiven Freizeitbereich. Gastronomisch gibt es das elegante "Nautilo" mit internationaler Küche und die maritim-rustikale "Kogge".

221 Zim - †133/181 € ††133/181 € - 3 Suiten - ☕ 22 €

Stadtplan : A2-s - *Willy-Brandt-Allee 6 ✉ 23554 - ✆ 0451 1420 - www.senatorhotel.de*

Anno 1216

BOUTIQUE-HOTEL • INDIVIDUELL Dem schmucken alten Backsteinhaus von 1216 hat man ein wirklich schönes wertig-elegantes Interieur verpasst: Antikes und Modernes im Mix, überall im Haus toller Dielenboden, hohe Decken und Stuck! Highlight: die Einraumsuiten mit sehenswerter Malerei. Hinweis: Das Hotel hat nur Do. - So. geöffnet.

11 Zim - †108/138 € ††136/168 € - ☕ 11 €

Stadtplan : A2-e - *Alfstr. 38 ✉ 23552 - ✆ 0451 4008210 - www.hotelanno1216.de - geschlossen Januar*

In Lübeck-Travemünde Nord-Ost: 19 km

Stadtplan siehe Seite 553

Buddenbrooks

FRANZÖSISCH-KREATIV • ELEGANT Das kulinarische Flaggschiff des A-ROSA! Die Atmosphäre ist elegant, die Speisekarte klein, aber sehr anspruchsvoll: moderne Klassik, finessenreich und ausdrucksstark. "Dienstags-Special": kleines Menü zu besonders fairem Preis. Tipp: Gourmet-Halbpension für Hausgäste in "Seiger's Esszimmer".

→ Langustino "Marrakesch", Bulgur, Aubergine und Datteltomate. Gebratene Entenleber "Schwarzwälder Art", Schwarzkirsche, Kaymak und Zartbitterschokolade. Sorbet von der Holunderblüte, Rhabarber, Waldmeister und Himbeere.

Menü 99/139 € - Karte 95/105 €

Stadtplan : D1-a - *Hotel A-ROSA, Außenallee 10 ✉ 23570 - ✆ 04502 3070835 (Tischbestellung erforderlich) - www.buddenbrooks-travemuende.de - nur Abendessen - geschlossen Sonntag - Montag*

Villa Mare - Balthazar

KREATIV • DESIGN Schön passt das stilvoll-moderne Design zu der historischen Villa an der Promenade. Komfortabel sitzt man an einem der vier Tische, genießt den Ausblick und lässt sich vom geschulten, aufmerksamen Service mit durchdachten, klaren und finessenreichen Gerichten verwöhnen - man wählt aus einem 8-Gänge-Menü.

→ Gänseleber 50°C, Rote Beeren , Balsamico, Brioche. Seeteufel, weiße Bohnen, Chorizo, Tomaten, Kapern. US-Beef, Senfsaat, Apfel, Petersilie.

Menü 59/129 €

Stadtplan : D1-c - *Kaiserallee 6 ✉ 23570 - ✆ 04502 86250 (Tischbestellung erforderlich) - www.villa-mare-ostsee.de - nur Abendessen - geschlossen 15. - 31. Januar und Sonntag - Montag*

Grand 1904 – siehe Restaurantauswahl

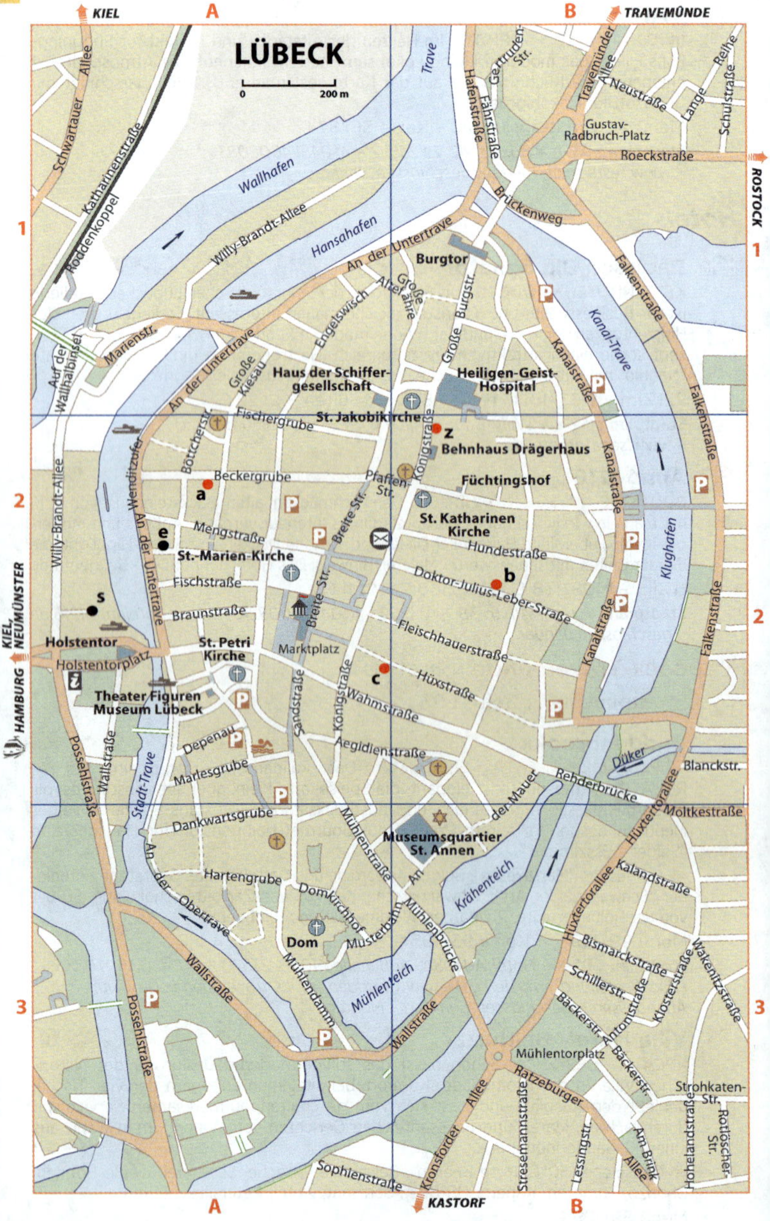
LÜBECK
0
200 m
KIEL
TRAVEMÜNDE
ROSTOCK
KIEL, NEUMÜNSTER
HAMBURG
KASTORF
A
B
1
2
3
Wallhafen
Hansahafen
Trave
Burgtor
Haus der Schiffergesellschaft
Heiligen-Geist-Hospital
St. Jakobikirche
Behnhaus Drägerhaus
Füchtingshof
St. Katharinen Kirche
St.-Marien-Kirche
Holstentor
Holstentorplatz
St. Petri Kirche
Marktplatz
Theater Figuren Museum Lübeck
Museumsquartier St. Annen
Dom
Mühlenteich
Krähenteich
Klughafen
Kanal-Trave
Stadt-Trave
Mühlentorplatz
Gustav-Radbruch-Platz
Schwartauer Allee
Katharinenstraße
Roddenkoppel
Willy-Brandt-Allee
An der Untertrave
Marienstr.
Auf der Wallhalbinsel
Große Kiesau
Engelswisch
Alfstraße
Große Altefähre
Große Burgstr.
Hafenstraße
Fährstraße
Gertruden-Str.
Travemünder Allee
Neustraße
Lange Reihe
Schulstraße
Roeckstraße
Brückenweg
Falkenstraße
Kanalstraße
Fischergrube
Böttcherstr.
Beckergrube
Pfaffen-Str.
Königstraße
Breite Str.
Mengstraße
Hundestraße
Doktor-Julius-Leber-Straße
Fischstraße
Braunstraße
Fleischhauerstraße
Hüxstraße
Wahmstraße
Sandstraße
Aegidienstraße
Depenau
Marlesgrube
Dankwartsgrube
Hartengrube
Domkirchhof
Musterbahn
Mühlenstraße
Mühlenbrücke
Mühlendamm
An der Mauer
An der Obertrave
Wenditzufer
Wallstraße
Possehlstraße
Dükér
Blanckstr.
Rehderbrücke
Moltkestraße
Hüxtertorallee
Kalandstraße
Bismarckstraße
Schillerstr.
Bäckerstr.
Antonistraße
Klosterstraße
Wakenitzstraße
Ratzeburger Allee
Kronsforder Allee
Stresemannstraße
Lessingstr.
Am Brink
Hohelandstraße
Strohkaten-Str.
Rotlöscher-Str.
Sophienstraße
a
b
c
e
s
z

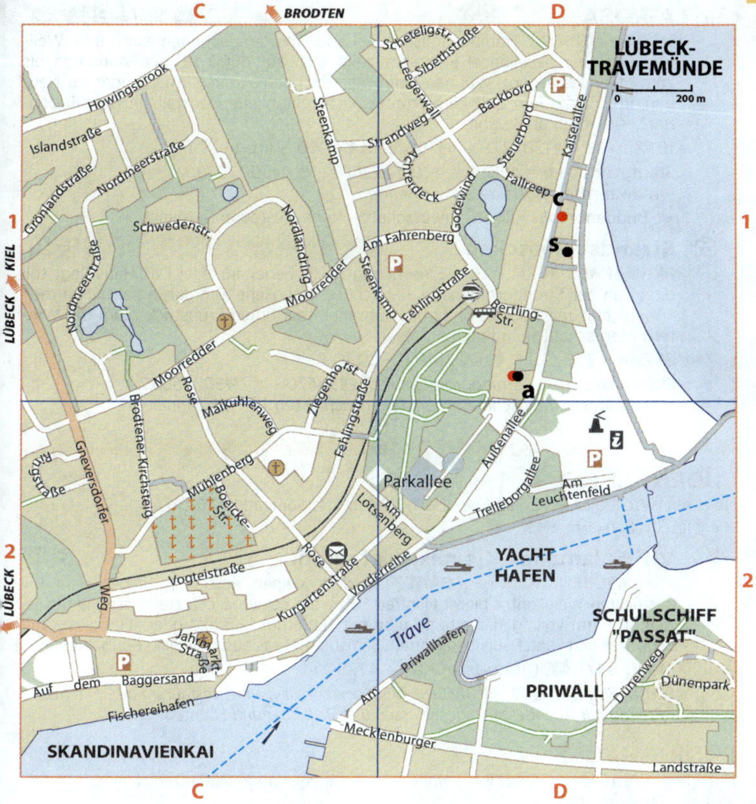

Grand 1904

MARKTKÜCHE • FREUNDLICH XX Im zweiten Restaurant der schmucken "Villa Mare" geht es bei frischen klassisch-mediterranen Gerichten wie "Ente aus dem Ofen in zwei Gängen" legerer zu. Interessant auch das Tapasmenü. Herrlich die Terrasse mit Meerblick. Do. - Sa. abends Fondue im Weinkeller.

Menü 29/39 € – Karte 36/56 €

Stadtplan : D1-c – *Restaurant Villa Mare, Kaiserallee 6 ✉ 23570 – ✆ 04502 86250 – www.villa-mare-ostsee.de – Dienstag - Donnerstag nur Abendessen – geschlossen 15. - 31. Januar und Montag*

Weinwirtschaft

REGIONAL • RUSTIKAL X Nicht ohne Grund ist das Lokal so gut besucht: Die Atmosphäre ist locker und es gibt eine tolle Auswahl an offenen Weinen, zu denen man Leckeres aus deutschsprachigen Weinregionen serviert, z. B. "Sulz von blauen Zipfeln mit Kren" oder "Zander mit Blutwurstkruste". Oder lieber Klassiker wie "Fiaker-Gulasch"?

Menü 35 € (abends) – Karte 34/55 €

Stadtplan : D1-a – *Hotel A-ROSA, Außenallee 10 ✉ 23570 – ✆ 04502 3070847 (Tischbestellung ratsam) – www.a-rosa.de – Oktober - Juli: Montag - Freitag nur Abendessen*

A-ROSA

LUXUS • MODERN Traditionsreiches Seebad, modernes Ferienresort und Wellnesshotel par excellence! Letzteres zeigt sich auf 4500 m² von Ayurveda bis zum Meerwasserpool. Wohnen kann man im ehemaligen Kurhaus oder im Neubau, immer modern und komfortabel. Nicht alltägliche Cocktails in der "Fusion-Bar". Kids-Club ab 3 Jahre.

191 Zim – 128/278 € 198/398 € – 40 Suiten – ½ P

Stadtplan : D1-a – *Außenallee 10 ✉ 23570 – ✆ 04502 30700 – www.a-rosa-resorts.de/travemuende*

Buddenbrooks • **Weinwirtschaft** – siehe Restaurantauswahl

Strandschlösschen

PRIVATHAUS • GEMÜTLICH Eine richtig nette Ferienadresse! Das Haus liegt toll direkt an der Strandpromenade, hat schöne wohnliche Zimmer in hellen, warmen Tönen (teils mit Loggia) und vom hübschen maritimen Frühstücksraum mit Wintergarten schaut man Richtung Meer.

31 Zim – 79/99 € 129/149 € – 10 €

Stadtplan : D1-s – *Strandpromenade 7 ✉ 23570 – ✆ 04502 75035 – www.hotel-strandschloesschen.de – geschlossen 15. - 31. Januar*

LÜDENSCHEID

Nordrhein-Westfalen – 72 923 Ew. – Höhe 420 m – Regionalatlas **36**-D11
Michelin Straßenkarte 543

VIF Salzmanns Kleines Restaurant

KLASSISCHE KÜCHE • ELEGANT XX In dem kleinen Restaurant neben dem toll bestückten Weinkontor bietet Manfred Salzmann seine geschätzte klassische Küche, z. B. in Form von "geflämmtem Pulpo mit Butternuss-Kürbis" oder "Flanksteak mit Schwarzwurzel und Räucherkartoffel". Samstagmittags ausschließlich Bouillabaisse!

Menü 54/114 € (abends) – Karte 47/80 €

Südstr. 70a ✉ 58509 – ✆ 02351 8947585 – www.vif-kleines-restaurant.de – Mittwoch - Freitag nur Abendessen – geschlossen 6. - 31. Januar und Sonntag - Dienstag

LÜDINGHAUSEN

Nordrhein-Westfalen – 23 921 Ew. – Höhe 50 m – Regionalatlas **26**-D10
Michelin Straßenkarte 543

Hotel No. 11

BOUTIQUE-HOTEL • DESIGN Mitten in der Altstadt steht das intime kleine Hotel. Alles ist ausgesprochen charmant, hochwertig und liebevoll eingerichtet, vom Kaminraum mit Bibliothek über das Frühstücksbistro bis in die Zimmer sorgt Erlesenes und Kurioses aus diversen Nachbarländern für besonderes Flair. Öffentlicher Parkplatz am Haus.

7 Zim – 70/105 € 100/125 €

Hermannstr. 11 ✉ 59348 – ✆ 02591 7949176 – www.no11hotel.de

LÜNEBURG

Niedersachsen – 72 546 Ew. – Höhe 20 m – Regionalatlas **19**-J6
Michelin Straßenkarte 541

RÖHMS DELI

MARKTKÜCHE • CHIC X Ein unkompliziertes modernes Konzept. In freundlich-elegant ganter Bistro-Atmosphäre serviert man saisonale Gerichte wie "Kabeljau, zweierlei Erbsen, Rösti-Pommes", die leckeren Desserts wählen Sie an der Theke. Abends gibt es zusätzlich ein ambitioniertes 3-Gänge-Menü. Top die Produkte, toll der Geschmack.

Menü 49 € (abends) – Karte 30/55 €

Heiligengeiststr. 30 ✉ 21335 – ✆ 04131 24160 – www.roehmsdeli.de – geschlossen Januar 1 Woche, Juli - Mitte August 2 Wochen, Oktober 1 Woche und Sonntag - Montag, Freiertage

Einzigartig

FAMILIÄR • INDIVIDUELL Sie lieben das Besondere? In dem verwinkelten weißen Häuschen geht es eine alte Holztreppe hinauf zu den Zimmern, der Charme des rund 450 Jahre alten Gebäudes ist allgegenwärtig! Schöner Holzfußboden, hier und da freigelegte Balken, dazu klarer zeitgemäßer Stil. Freundliche Bistro-Atmosphäre im Restaurant.

16 Zim – 104/114 € 149/169 €

Lünertorstr. 3 21335 – 04131 4006000 – www.hoteleinzigartig.de

In Lüneburg-Häcklingen Süd-West: 8 km

Ristorante Osteria

ITALIENISCH • TRADITIONELLES AMBIENTE XX Ob "Skreifilet in Spargelsauce" oder "Fettuccine mit Lammsugo", hier kocht man frisch und authentisch italienisch. Keine Frage, dass man da viele Stammgäste hat, und die lieben auch die Atmosphäre: lebendig, gemütlich und angenehm leger!

Menü 36/69 € – Karte 34/61 €

Hauptstr. 2 21335 – 04131 789227 – www.osteria-lueneburg.de – nur Abendessen, sonntags auch Mittagessen – geschlossen 15. Juli - 9. August und Montag - Dienstag, außer an Feiertagen

LÜTJENBURG

Schleswig-Holstein – 5 289 Ew. – Höhe 33 m – Regionalatlas **3**-J3
Michelin Straßenkarte 541

PUR

MARKTKÜCHE • BISTRO X In dem netten geradlinig gehaltenen kleinen Bistro kocht man saisonal und gerne mit Produkten aus der Region, von Flammkuchen über Burger und Salate bis "Lammbraten vom Coburger Fuchsschaf, Ginsauce, Bärlauch-Ravioli, Gemüse". Tipp: Im Feinkostladen gibt's u. a. Wein und selbstgemachte Saucen und Marmeladen!

Karte 22/45 €

Neuwerkstr. 9 24321 – 04381 404147 – www.einfachpurgeniessen.de – geschlossen Montag, September - Juni: Montag - Dienstag

LÜTJENSEE

Schleswig-Holstein – 3 276 Ew. – Höhe 53 m – Regionalatlas **10**-J5
Michelin Straßenkarte 541

Fischerklause

REGIONAL • FREUNDLICH XX Hier angelt man noch selbst: Aal, Hecht, Karpfen... Daraus bereitet man Leckeres wie "geräucherten Aal auf Vollkornbrot mit Kräuterrührei" zu. Oder lieber Wild aus eigener Jagd? Dazu u. a. Weine aus Österreich. Herrliche Terrasse zum See. Tipp: hausgemachtes Eis an schönen Sommertagen im Freien am Bootshaus!

Karte 30/61 €

Hotel Fischerklause, Am See 1 22952 – 04154 792200 – www.fischerklause-luetjensee.de – geschlossen 8. - 15. Oktober und Montag - Dienstagmittag, Mittwochmittag

Seehof

BÜRGERLICHE KÜCHE • LÄNDLICH XX Mehr Landidylle geht kaum! Klasse die Lage direkt am See, drum herum viel Grün und das eigene Damwildgehege - da lockt natürlich die tolle Terrasse! Gekocht wird klassisch-regional, z. B. "Wildragout aus eigener Jagd" oder "Holsteiner Spiegelkarpfen mit Sahnemeerrettich". Ländlich-charmante Gästezimmer.

Karte 25/60 €

6 Zim – 50/90 € 90/130 € – 10 €

Seeredder 19 22952 – 04154 70070 – www.seehof-luetjensee.de – geschlossen Montag - Dienstag, Mittwochabend

Fischerklause

LANDHAUS • FUNKTIONELL Ein Traum für alle, die es idyllisch mögen, ist die Lage direkt am Lütjensee! Die Zimmer sind modern gestaltet, teilweise mit wunderbarem Blick auf den See, und im Sommer beginnt der Tag mit einem Frühstück auf der Terrasse.

12 Zim – †75/85 € ††95/115 € – ☕ 10 €

Am See 1 ✉ 22952 – ✆ 04154 792200 – www.fischerklause-luetjensee.de – geschlossen 8. - 15. Oktober

Fischerklause – siehe Restaurantauswahl

LUNDEN

Schleswig-Holstein – 1 707 Ew. – Höhe 3 m – Regionalatlas **1**-G3
Michelin Straßenkarte 541

Lindenhof 1887

REGIONAL • FAMILIÄR XX An einem begrünten Platz mit Lindenbäumen steht der erweiterte Gasthof von 1887. In schönem modernem Ambiente (klare Formen und warme Farben) speist man regional-saisonal, z. B. "Nordseescholle mit Speck" oder "geschmorte Lammkeule, weiße Bohnen, grüner Spargel". Attraktiv auch die geradlinig-zeitgemäßen Gästezimmer.

Menü 35 € – Karte 29/69 €

6 Zim ☕ – †80 € ††130 €

Friedrichstr. 39 ✉ 25774 – ✆ 04882 407 – www.lindenhof1887.de – nur Abendessen – geschlossen Dienstag

LUPENDORF

Mecklenburg-Vorpommern – 859 Ew. – Höhe 57 m – Regionalatlas **13**-N5
Michelin Straßenkarte 542

In Lupendorf-Ulrichshusen Süd-West: 3 km

Schloss & Gut Ulrichshusen

HISTORISCHES GEBÄUDE • ELEGANT Idyllisch die Lage am See, schön der historische Rahmen, wohnlich und elegant die Einrichtung. Auch der Gutshof im 2 km entfernten Tressow gehört zum Hotel. Hier weitere Zimmer, Ferienwohnungen und ein Veranstaltungsbereich - toll auch für Hochzeiten. Charmant-rustikales Restaurant im ehemaligen Pferdestall.

116 Zim ☕ – †105/115 € ††130/150 € – 2 Suiten – ½ P

Seestr. 14 ✉ 17194 – ✆ 039953 7900 – www.ulrichshusen.de

MAGDEBURG

Sachsen-Anhalt – 232 306 Ew. – Höhe 50 m – Regionalatlas **31**-L9
Michelin Straßenkarte 542

Selma & Rudolph

REGIONAL • KLASSISCHES AMBIENTE XX Elegant kommt das Restaurant in dem stattlichen Sandsteingebäude von 1898 daher, schön die Holztäfelung. Die Küche ist klassisch-regional - sonntags kommt man gerne zum Lunchbuffet.

Menü 39/49 € – Karte 34/61 €

Gareisstr. 10, (Haus des Handwerks) ✉ 39106 – ✆ 0391 59765020 – www.selmarudolph.com – geschlossen Montag - Dienstag

Dorint Herrenkrug Parkhotel Magdeburg

HISTORISCH • ART DÉCO Herzstück der Hotelanlage in dem wunderschönen weitläufigen Herrenkrug Park ist ein schmuckes Jugendstilgebäude mit sehenswertem Saal. Gediegene Zimmer, Kosmetikangebot und gute Tagungsbereiche. Zum Restaurant "Die Saison" gehört ein luftig-lichter Wintergarten und eine tolle Terrasse zum Park.

149 Zim – †80/160 € ††100/180 € – 1 Suite – ☕ 18 € – ½ P

Herrenkrug 3 ✉ 39114 – ✆ 0391 85080 – www.dorint.com/magdeburg

Residenz Joop

FAMILIÄR • KLASSISCH Bei Familie Joop wohnt man in einer eleganten Gründerzeitvilla in einem schönen ruhigen Viertel. Die Atmosphäre ist angenehm persönlich, das Frühstück gut, im Sommer lockt der kleine Garten. Auf Wunsch bekommen Sie am Abend einen Snack.

25 Zim – †98/120 € ††124/138 €

Jean-Burger-Str. 16 ✉ 39112 – ✆ 0391 62620 – www.residenzjoop.de

In Magdeburg-Ottersleben Süd-West: 7 km, Richtung Wansleben

Landhaus Hadrys

REGIONAL • FREUNDLICH XX Das hübsche Landhaus steht auf einem großen Gartengrundstück, toll im Sommer die Terrasse! Drinnen elegantes Ambiente. Gekocht wird saisonal-regional, gerne auch Wildgerichte. Tipp: Kochkurse kann man hier ebenfalls machen!

Menü 37/58 € – Karte 28/52 €

An der Halberstädter Chaussee 1 ✉ 39116 – ✆ 0391 6626680 – www.landhaus-hadrys.de – Dienstag - Donnerstag nur Abendessen – geschlossen Juli 2 Wochen, Oktober 2 Wochen und Sonntag - Montag

MAIERHÖFEN

Bayern – 1 567 Ew. – Höhe 741 m – Regionalatlas **64**-I21
Michelin Straßenkarte 546

Landhotel zur Grenze

REGIONAL • GASTHOF XX Eine schöne Adresse ist dieser gestandene Gasthof: Er liegt angenehm im Grünen, bietet freundlichen und zuvorkommenden Service sowie einen gediegen-ländlichen Rahmen für die regional-internationale Küche. Lust auf "Salzwiesenlamm provenzalisch mit Polenta"? Zudem hat man sehr gepflegte Gästezimmer.

Menü 36/75 € – Karte 34/56 €

14 Zim – †78/83 € ††122/145 €

Schanz 2, Nord: 3 km ✉ 88167 – ✆ 07562 975510 – www.landhotel-zur-grenze.de – geschlossen März - April 1 Woche, November 3 Wochen und Montag - Dienstagmittag

Natur-Landhaus Krone N

LANDHAUS • REGIONAL Hier setzen die engagierten und freundlichen Gastgeber auf den Bezug zur Natur. Von den wohnlichen Zimmern über den schönen Freizeitbereich samt "Wellness-Garten" bis zum Restaurant schaffen natürliche Materialien wohltuendes Allgäu-Flair. Gekocht wird mit Bioprodukten.

28 Zim – †69/89 € ††138/164 €

Kirchweg 2 ✉ 88167 – ✆ 08383 254 – www.naturlandhaus-krone.de – geschlossen 16. November - 6. Dezember

MAIKAMMER

Rheinland-Pfalz – 4 333 Ew. – Höhe 151 m – Regionalatlas **47**-E17
Michelin Straßenkarte 543

Dorf-Chronik

MARKTKÜCHE • GEMÜTLICH X Ein Winzerhaus von 1747 samt charmantem Hof - da ist es drinnen wie draußen gleichermaßen gemütlich. Gekocht wird frisch, regional-saisonal (z. B. "geschmorte Ochsenbacke, Serviettenknödel, Wurzelgemüse"), hier und da mediterrane und asiatische Einflüsse. Dazu Weine vom eigenen Weingut - auch in der Vinothek.

Menü 30 € (abends)/57 € – Karte 25/67 €

Marktstr. 7 ✉ 67487 – ✆ 06321 58240 – www.restaurant-dorfchronik.de – Montag - Freitag nur Abendessen – geschlossen Ende Juli - Anfang August und Mittwoch - Donnerstag

Immenhof

FAMILIÄR • KLASSISCH Ein engagiert geführter Familienbetrieb, in dem immer wieder investiert wird. So ist alles tipptopp gepflegt, die Zimmer sind wohnlich, schön der Spa mit diversen Anwendungen und schicken modernen Ruhebereichen. Im Restaurant samt Wintergarten bietet man regionale und internationale Küche.

54 Zim – †80/84 € ††124/156 € – 2 Suiten – ½ P

Immengartenstr. 26 ✉ 67487 – ✆ 06321 9550 – www.hotel-immenhof.de

MAINBURG

Bayern – 14 567 Ew. – Höhe 422 m – Regionalatlas **58**-M19
Michelin Straßenkarte 546

Espert-Klause

INTERNATIONAL • TRENDY XX Klassisch und saisonal wird in diesem modernen Restaurant gekocht. Kultige Kugellampen schaffen ein bisschen 70er Jahre-Flair, hinter dem Haus die nette Terrasse. Auf Vorbestellung bietet man auch ein Hummermenü.

Menü 26/80 € – Karte 31/54 €

Espertstr. 7 ✉ 84048 – ✆ 08751 1342 (mittag Tischbestellung erforderlich) – www.espert-klause.de – geschlossen Ende Januar 2 Wochen, August - September 5 Wochen und Sonntagabend - Dienstag, im Dezember: Sonntagabend - Montag

MAINTAL

Hessen – 37 680 Ew. – Höhe 103 m – Regionalatlas **48**-G14
Michelin Straßenkarte 543

In Maintal-Dörnigheim

Fleur de Sel N

FRANZÖSISCH-KLASSISCH • LÄNDLICH X Hier serviert man Ihnen in nettem mediterranem Ambiente frische klassisch geprägte Küche. Wie wär's z. B. mit "Wolfsbarsch, Walnussrisotto, glasiertes Wurzelgemüse, Petersilienpesto" oder "Iberico-Schweinebäckchen, geschmorte rote Paprika, Rosmarinjus"?

Menü 35/44 € – Karte 35/58 €

Florscheidstr. 19 ✉ 63477 – ✆ 06181 9683385 – www.restaurant-fleurdesel.de – nur Abendessen, sonntags auch Mittagessen – geschlossen Dienstag

Irmchen

FAMILIÄR • GEMÜTLICH Eine fast schon legendäre Adresse - und immer gut gebucht. Das liegt an Chefin Irmgard "Irmchen" Daubenthaler, die hier für eine ganz persönliche Note sorgt. Alles ist wirklich auffallend gepflegt und man hat es schön heimelig. Und dann ist da noch das ausgezeichnete Frühstück samt frischen Waffeln!

22 Zim – †90 € ††100 €

Berliner Str. 4 ✉ 63477 – ✆ 06181 43000 – www.hotel-irmchen.de

MAINZ

Rheinland-Pfalz – 206 991 Ew. – Höhe 110 m – Regionalatlas **47**-E15
Michelin Straßenkarte 543

FAVORITE restaurant

FRANZÖSISCH-MODERN • ELEGANT XXX Wer sich die durchdachte, präzise zubereitete und modern inspirierte Küche zu Gemüte führen möchte, fragt am besten nach einem Tisch am Fenster - oder speisen Sie auf der Terrasse, hier ist der Blick auf Rhein und Dom besonders schön.

→ Carpaccio von weißen Garnelen mit gebackenem Spargel in der Tempurahülle. Bretonischer Steinbutt mit Petersilienfarce souffliert. Ragout von Himbeeren mit aufgeschäumtem Sauerrahm.

Menü 49 € (mittags unter der Woche)/140 € – Karte 86/114 €

Favorite Parkhotel, Karl-Weiser-Str. 1 ✉ 55131 – ✆ 06131 8015133 – www.my-favorite-mainz.de – geschlossen Februar 3 Wochen, August 3 Wochen und Montag - Dienstag, Samstagmittag

Geberts Weinstuben

KLASSISCHE KÜCHE • WEINSTUBE XX Frische, Geschmack, Aroma - dafür steht die Küche von Frank Gebert. Klassisch-traditionelle Gerichte sind hier z. B. "lauwarme Terrine von Zander und Lachs" oder "Kalbsrücken mit Morchelrahmsauce". Geschmackvoll-elegant das Ambiente, draußen im Hof die weinberankte Terrasse.

Menü 36 € – Karte 33/49 €

Frauenlobstr. 94 ✉ 55118 – ✆ 06131 611619 – www.geberts-weinstuben.de – geschlossen Juli 3 Wochen und Montag - Dienstag

Restaurant Bellpepper

INTERNATIONAL • TRENDY XX Das schicke und recht stylische Restaurant bietet nicht nur freie Sicht auf den Rhein, sondern auch in die offene Küche, aus der modernisierte regionale Gerichte sowie hochwertige Steaks kommen. Mittags kleinere und günstigere Auswahl.

Menü 49/59 € (abends) – Karte 33/64 €

Hotel Hyatt Regency, Templerstr. 6 ✉ 55116 – ✆ 06131 731234 – www.mainz.regency.hyatt.com

Heinrich's Die Wirtschaft

TRADITIONELLE KÜCHE • BÜRGERLICH X Lebendig-gemütliche Kneipen-Atmosphäre zu frischer, unkomplizierter Küche? Man bietet hier z. B. Leberwurststrudel oder Ochsenbacke, dazu Weine aus Rheinhessen. Der Chef ist übrigens auch passionierter Maler und hat eine eigene Galerie.

Karte 32/51 €

Martinsstr. 10 ✉ 55116 – ✆ 06131 9300661 – www.heinrichs-die-wirtschaft.com – geschlossen Sonntag - Montag

Hyatt Regency

KETTENHOTEL • MODERN Businesshotel am Zusammenfluss von Main und Rhein mit großzügiger Lobby und "Club Olympus Spa". Besonders schön: Club-Zimmer und Suiten mit Flussblick. Neben dem "Bellpepper" mit Terrasse hat man noch den Biergarten und die "Rheintöchter-Terrasse". Bar und Innenhof im historischen Bereich "Fort Malakoff".

265 Zim – †195/395 € ††235/435 € – 3 Suiten – ☕ 30 €

Templerstr. 6 ✉ 55116 – ✆ 06131 731234 – www.mainz.regency.hyatt.com

Restaurant Bellpepper – siehe Restaurantauswahl

Favorite Parkhotel

BUSINESS • MODERN Dies ist das Teamhotel des FSV Mainz 05 und Lebenswerk der engagierten Familie Barth. Und die investiert stetig: tolles Konferenzcenter, zeitgemäß designte Zimmer - zwei Suiten sind die luxuriösesten der Stadt. "Weinbar": moderne Küche und sehr gute Weine im Offenausschank. Biergarten direkt am Stadtpark.

144 Zim ☕ – †149/189 € ††189/229 € – 7 Suiten – ½ P

Karl-Weiser-Str. 1 ✉ 55131 – ✆ 06131 80150 – www.favorite-mainz.de

FAVORITE restaurant – siehe Restaurantauswahl

In Mainz-Finthen West: 7 km

Stein's Traube

MARKTKÜCHE • FREUNDLICH XX In 5. Generation leitet Familie Stein dieses freundlich eingerichtete Gasthaus samt nettem Innenhof - im Sommer ist das hier ein wirklich lauschiges Plätzchen! Der Service herzlich, die Küche saisonal und im Weinkeller über 200 Positionen.

Menü 38/58 € – Karte 26/49 €

Poststr. 4 ✉ 55126 – ✆ 06131 40249 – www.steins-traube.de – geschlossen über Fasching 2 Wochen, Juli - August 2 Wochen und Montag - Dienstagmittag

Atrium

BUSINESS • DESIGN Ein reines Privathotel, und es hat viel zu bieten: 2000 qm Konferenzfläche sind ideal für Tagungen, dazu hat man schöne moderne Zimmer mit sehr guter Technik sowie - auch für Kurzurlauber interessant - einen attraktiven Wellnessbereich. Geschmackvoll-stylish das Ambiente im Restaurant "Adagio".

147 Zim – 89/349 € 99/359 € – 3 Suiten – 12 € – ½ P

Flugplatzstr. 44 55126 – 06131 4910 – www.atrium-mainz.de – geschlossen Ende Dezember - Anfang Januar 2 Wochen

MAISACH

Bayern – 13 413 Ew. – Höhe 514 m – Regionalatlas **65**-L20
Michelin Straßenkarte 546

In Maisach-Überacker Nord: 3 km über Überackerstraße

Gasthof Widmann

INTERNATIONAL • GEMÜTLICH XX Man schmeckt, dass hier mit Freude gekocht wird. Es gibt Saisonales und Internationales mit Bezug zur Region - probieren Sie z. B. "Medaillon vom Kalbsfilet, geröstete Artischocken, Estragonsauce"! Serviert wird in zwei gemütlichen Stuben.

Karte 42/51 €

Bergstr. 4 82216 – 08135 485 (Tischbestellung erforderlich) – nur Abendessen – geschlossen Weihnachten - 10. Januar, 15. August - 15. September und Sonntag - Montag

MALCHOW

Mecklenburg-Vorpommern – 6 591 Ew. – Höhe 75 m – Regionalatlas **13**-N5
Michelin Straßenkarte 542

Rosendomizil

FAMILIÄR • INDIVIDUELL Mit Geschmack hat man hier hochwertige und moderne Wohnräume geschaffen, wunderbar die Lage am See. Nur einen Steinwurf entfernt: Gästehaus "Hofgarten" mit tollem Loungegarten, Badesteg und Sauna. Wintergartenflair im Restaurant/Café zum Wasser hin. Hauseigene Bäckerei und Konditorei.

27 Zim – 79/129 € 119/149 € – ½ P

Lange Str. 2 17213 – 039932 18065 – www.rosendomizil.de

MALENTE-GREMSMÜHLEN, BAD

Schleswig-Holstein – 10 453 Ew. – Höhe 32 m – Regionalatlas **11**-J3
Michelin Straßenkarte 541

See-Villa

FAMILIÄR • GEMÜTLICH In einem Garten steht die kleine Villa, in der eine zuvorkommende, sehr persönliche Gästebetreuung und viele kleine Annehmlichkeiten selbstverständlich sind. Von hier aus ist der Dieksee in ein paar Minuten zu Fuß erreichbar.

13 Zim – 59/79 € 89/99 € – 3 Suiten

Frahmsallee 11 23714 – 04523 1871 – www.hotel-see-villa.de – geschlossen 27. Januar - 28. Februar, 22. - 26. Dezember

MANDELBACHTAL

Saarland – 10 825 Ew. – Höhe 310 m – Regionalatlas **53**-C17
Michelin Straßenkarte 543

In Mandelbachtal-Gräfinthal

Gräfinthaler Hof

REGIONAL • LÄNDLICH XX Gut besucht ist die einstige Klosterbrauerei a. d. 18. Jh. mit ihrer charmanten Terrasse. Man kocht hier mit regionalen Produkten wie Saibling aus Ballweiler, Ziegenkäse aus Erfweiler, Bliesgaulamm... Probieren Sie auch "Wildragout mit Pilzen und Klößen". Mi. - Fr. günstiger Mittagstisch.

Menü 37/39 € – Karte 33/59 €

Gräfinthal 6 66399 – 06804 91100 – www.graefinthaler-hof.de – geschlossen 25. Februar - 5. März, 7. - 18. Oktober und Montag - Dienstag

kentoh/iStock

WIR MÖGEN BESONDERS...
Im **Le comptoir 17** wie in einem Bistro in Paris sitzen. Sich nach dem Shoppen im **Opus V** hoch oben im Modehaus kreativ bekochen lassen. „Finest Bistronomy" im **Emma Wolf since 1920**. Als Liebhaber von nicht alltäglichem Design im **Speicher 7** wohnen und auf der Terrasse des **Marly** das angenehme Hafenflair direkt am Rhein auf sich wirken lassen.

MANNHEIM

Baden-Württemberg - 299 844 Ew. - Höhe 97 m - Regionalatlas **47**-F16
Michelin Straßenkarte 545

Restaurants

✿✿ Opus V

MODERNE KÜCHE • CHIC XxX Wer sein Einkaufserlebnis zusätzlich mit einem kulinarischen Erlebnis verbinden möchte, der fährt nach Mannheim ins "Opus V" und genießt dort im Modehaus „engelhorn Mode im Quadrat" eine kreative und moderne Hochküche vom Feinsten. „On top of the roof" kocht der junge Tristan Brandt, ein ehemaliger Schüler von Harald Wohlfahrt, mit Leib und Seele. Er führt das Restaurant und seine Küchenbrigade ausgezeichnet und hat damit absolut ein gastronomisches Konzept gefunden, das seinesgleichen sucht.

Das Interieur ist eine Hommage an das Restaurant „Noma" in Kopenhagen, das ihn auf einer seiner Reisen so sehr begeistert hat. Brandts Kreationen sind durchdacht und bilden dabei eine besondere Harmonie. Er konzentriert sich auf das Wesentliche und stellt das Produkt und die Qualität in den Vordergrund. Inspiriert von seinen Lehr- und Wanderjahren in Shanghai lässt er hier und da asiatische Einflüsse zu. So ist es nicht verwunderlich, dass er für seine virtuose Kochkunst in relativ kurzer Zeit mit einem zweiten MICHELIN Stern ausgezeichnet wurde.

→ Toro, Ama Ebi, Tomate. Salat, Kalb, Zwiebel. Schokolade, Beeren, Olive.

Menü 105/185 €

O5, 9-12, (in der 6. Etage des Modehaus Engelhorn) ✉ 68161
- ✆ 0621 1671155 (Tischbestellung ratsam) - www.restaurant-opus-v.de
- nur Abendessen - geschlossen 28. Januar - 17. Februar, 29. Juli - 18. August und Sonntag - Montag, Feiertage

In jedem Sternerestaurant ✿ werden drei Beispielgerichte angegeben, die den Küchenstil widerspiegeln. Nicht immer finden sich diese Gerichte auf der Karte, werden aber durch andere repräsentative Speisen ersetzt.

Marly (Gregor Ruppenthal)

KLASSISCHE KÜCHE • ELEGANT Wenn hier mit Präzision und Feingefühl kreative, mediterran inspirierte Speisen zubereitet werden, steht das Produkt absolut im Mittelpunkt und wird ausgesprochen schön präsentiert. Überaus attraktiv auch der Rahmen: ein ehemaliger Speicher direkt am Rhein, toll die Terrasse!

→ Bretonische Sardine mit Fenchel und Parmesan. Bäckchen vom Ibaiamaschwein, grüner Spargel, Kichererbse, Pfeffer und Zitrone. Schokolade, Buchweizen und Cassis.

Menü 62 € (mittags)/115 €

Rheinvorlandstr. 7, (am Hafen, im Speicher 7) ✉ 68159 – ✆ 0621 86242121 (Tischbestellung ratsam) – www.restaurant-marly.com – geschlossen Juni - Juli 3 Wochen und Sonntag - Montag

Doblers

KLASSISCHE KÜCHE • ELEGANT Seit über 30 Jahren gibt es das Restaurant der Doblers und man ist bekannt für die tolle Qualität der Produkte. Diese stehen nach wie vor im Mittelpunkt der klassisch-mediterranen Küche, zu der man u. a. gerne badische oder Pfälzer Weine empfiehlt. Modern-elegant das Ambiente, gefragt die kleine Terrasse.

→ Tatar vom bretonischen Hummer mit Crème von Kirschtomaten. Steinbutt mit Pfälzer Spargel, Morcheln und Fèves. Entrecote vom U.S. Rind mit Hummus und Tropea Zwiebeln.

Menü 40 € (mittags)/96 € – Karte 69/93 €

Seckenheimer Str. 20 ✉ 68165 – ✆ 0621 14397 (Tischbestellung ratsam) – www.doblers.de – geschlossen Ende Juni - Anfang Juli und Sonntag - Montag

le Corange

FRANZÖSISCH-MODERN • GERADLINIG Auch im zweiten Restaurant des Modehauses Engelhorn (das französische "cor" steht für "Horn", "ange" für "Engel") wird finessenreich und geschmacksintensiv gekocht - die Küche ist französisch geprägt und wird modern umgesetzt. Wirklich toll die Aussicht! Eine Etage tiefer: "Faces Lounge" und Champagnerbar.

→ Fjord Forelle roh mariniert mit Ochsenmark, Bohne und Artischocke. Heilbutt gebraten mit Blumenkohl, Erdnuss und eingewecktem Auszug von der Strauchtomate. Banane und Zimt mit Tamarinde.

Menü 59/155 € – Karte 66/125 €

O 5, 9-12, (in der 6. Etage des Modehaus Engelhorn) ✉ 68161 – ✆ 0621 1671133 (Tischbestellung ratsam) – www.corange-restaurant.de – Montag - Mittwoch nur Abendessen – geschlossen Juni 2 Wochen, Ende August - Anfang September 2 Wochen und Donnerstag, Sonntag, Feiertage

Emma Wolf since 1920

INTERNATIONAL • TRENDY Was Sie im UG des modernen Shoppingcenters mitten in der Stadt erwartet, ist "Finest Bistronomy". In legerer Atmosphäre kann man hier den Köchen bei der Arbeit zuschauen. Es gibt auch eine Bar mit Austern, Tatar und Snacks. Benannt ist das Restaurant übrigens nach der Großmutter des Chefs.

→ Jakobsmuschel, Mais, Rettich, Jalapeno. Kabeljau, Chili-Tomatennage, Kaki, Koriander. Vanille-Zimteis Popcornschaum, Blaubeere.

Menü 54/85 € – Karte 53/66 €

Q6 Q7, (UG) ✉ 68161 – ✆ 0621 18149550 (Tischbestellung ratsam) – www.emmawolf1920.com – geschlossen Sonntag - Montag, Feiertage

Le comptoir 17

FRANZÖSISCH • BISTRO So richtig sympathisch ist dieses Bistro mit seiner lebendig-legeren Atmosphäre, dem ausgesprochen netten Service und der schmackhaften klassisch-französischen Küche aus hervorragenden Produkten. Probieren Sie z. B. frische Austern, "Wildfang-Garnelen auf Tabouleh", "gebratenen Zander, Waldpilze, umbrische Linsen"...

Karte 37/57 €

Lameystr. 17 ✉ 68165 – ✆ 0621 73617000 (abends Tischbestellung ratsam) – www.comptoir17.com – geschlossen August 3 Wochen und Sonntag - Montag

C-Five

INTERNATIONAL • TRENDY Modernes Restaurant mit schöner Terrasse auf dem Gelände des Zeughaus-Museums. Auf der Karte machen z. B. "Black Angus Rinderfilet, Rosmarinkartoffeln, Rotweinjus" oder "Seeteufel, Safransauce, Passepierre" Appetit.

Menü 61 € (abends) – Karte 47/82 €

C5,1 ✉ 68159 – ✆ 0621 1229550 (Tischbestellung ratsam) – www.c-five.de – geschlossen Sonntagabend

Pinzgauer Stub'n

ÖSTERREICHISCH • RUSTIKAL Ein Stück "k.u.k. Gastlichkeit" mitten in der kurpfälzischen Quadratestadt. Ungezwungen-alpenländisch die Atmosphäre, in der Küche mischen sich österreichische und internationale Einflüsse. Dazu passt ein guter Wein aus Österreich.

Menü 35/45 € – Karte 24/62 €

Schwetzinger Str. 175 ✉ 68165 – ✆ 0621 449675 – www.pinzgauerstubn.de – geschlossen 3. - 12. März, 10. - 21. Juni, 5. - 27. August und Montag - Dienstag

Hotels

Dorint Kongresshotel

KETTENHOTEL • FUNKTIONELL Möchten Sie chic-modern wohnen oder ziehen Sie den bewährten klassischen Stil vor? Als bedeutendes Businesshotel in der Innenstadt hat man zahlreiche eigene Tagungs- und Veranstaltungsräume und trumpft zudem mit direktem Zugang zum Congress Center Rosengarten! Klassisch-mediterrane Küche. Kastanienterrasse.

285 Zim – †90/280 € ††90/310 € – 2 Suiten

Friedrichsring 6 ✉ 68161 – ✆ 0621 12510 – www.dorint.com/mannheim

Speicher 7

BOUTIQUE-HOTEL • DESIGN Früher ein Getreidespeicher, heute ein attraktives und nicht alltägliches Hotel. Moderne Elemente mit kultigen Details der 50er und 60er Jahre - stylish, trendig und wirklich toll, von den großen Zimmern mit Loftflair (Tipp: "Silolounge" mit 12 m hohem Bad!) bis zur loungigen Bar. Und all das direkt am Rhein!

20 Zim – †155/450 € ††155/450 € – 19 €

Rheinvorlandstr. 7 ✉ 68159 – ✆ 0621 1226680 – www.speicher7.com

MARBURG

Hessen – 73 147 Ew. – Höhe 186 m – Regionalatlas **38**-F13
Michelin Straßenkarte 543

MARBURGER Esszimmer

INTERNATIONAL • CHIC Chic das modern-elegante Restaurant im EG des Hauptsitzes der Deutschen Vermögensberatung, schön die vorgelagerte Terrasse. Neben "Ravioli von geschmorter Kalbshaxe" oder "Kabeljau in Senfsauce" finden Sie auf der Karte auch Sushi.

Menü 44/62 € – Karte 34/59 €

Anneliese Pohl Allee 1 ✉ 35037 – ✆ 06421 8890471 – www.marburger-esszimmer.de – geschlossen Sonntag - Montag

Rosenpark

MEDITERRAN • CHIC Chic-modern ist das Ambiente hier, durch die raumhohen Fenster schaut man auf die schöne Terrasse. Gekocht wird mediterran - auch Pizza findet sich auf der Karte.

Menü 24/35 € – Karte 28/44 €

VILA VITA Hotel Rosenpark, Anneliese Pohl Allee 7 ✉ 35037 – ✆ 06421 60050 – www.rosenpark.com

Bückingsgarten

MARKTKÜCHE • GASTHOF Ein charmantes Haus direkt unterhalb des Schlosses - markant die mächtige alte Sandsteinmauer, toll die Sicht. Man kocht ambitioniert, saisonal und mit internationalem Einfluss. Auf der Terrasse gibt's alternativ auch eine einfachere Karte.

Menü 33/65 € – Karte 34/71 €

Landgraf-Philipp-Str. 6, (Zufahrt über Gisonenweg) ✉ 35037 – ✆ 06421 1657771 – www.bueckingsgarten-marburg.de – geschlossen Anfang Januar 2 Wochen

VILA VITA Hotel Rosenpark

LUXUS • MODERN Das geschmackvolle Grandhotel ist für Privatgäste ebenso geeignet wie für Tagungen und Geschäftsreisende. Sie genießen die Lage direkt an der Lahn, die wohnlichen Zimmer, das umfassende Spa-Angebot und die großzügigen öffentlichen Bereiche. In der gemütlich-rustikalen Zirbelstube speist man regional.

194 Zim – †119/209 € ††139/229 € – 46 Suiten – ☕ 18 €

Anneliese Pohl Allee 7 ✉ 35037 – ✆ 06421 60050 – www.rosenpark.com

Rosenpark – siehe Restaurantauswahl

In Marburg - Wehrshausen-Dammühle West: 6 km

Dammühle

GASTHOF • GEMÜTLICH Die idyllisch gelegene einstige Mühle a. d. 14. Jh. beherbergt wohnliche Zimmer in drei Gebäudetrakten. Chic und modern designt: "Kuhstall"-Zimmer, Suiten und Penthouse-Juniorsuite, ebenso das Restaurant in geradlinigem Stil. Schöner Biergarten mit Blick ins Grüne.

25 Zim ☕ – †93/113 € ††125/145 € – 2 Suiten

Dammühlenstr. 1 ✉ 35041 – ✆ 06421 93560 – www.hotel-dammuehle.de

MARCH

Baden-Württemberg – 8 914 Ew. – Höhe 201 m – Regionalatlas **61**-D20
Michelin Straßenkarte 545

In March-Neuershausen Nord-West: 1 km

Jauch's Löwen

REGIONAL • LÄNDLICH Bei Familie Jauch kocht man badisch mit internationalen Einflüssen - Lust auf "Kalbsplätzchen mit Morchelrahm" oder "Hirschkalbsrücken in der Schokoladen-Nusskruste"? Hell, offen und freundlich hat man das Gasthaus gestaltet, draußen eine schöne Terrasse. Und zum Übernachten hat man gemütliche Zimmer.

Menü 37/60 € – Karte 24/62 €

15 Zim ☕ – †66/69 € ††108/114 €

Eichstetter Str. 4 ✉ 79232 – ✆ 07665 92090 – www.jauch-loewen.de – geschlossen über Fasching 1 Woche und Mittwoch - Donnerstag

MARIA LAACH

Rheinland-Pfalz – 615 Ew. – Höhe 285 m – Regionalatlas **36**-C14
Michelin Straßenkarte 543

Seehotel Maria Laach

HISTORISCH • FUNKTIONELL 1865 als Gästehaus des Benediktinerklosters erbaut, heute ein sehr geflegtes Hotel, das mit seiner tollen ruhigen Lage und Blick auf Laacher See und Abtei besticht! Es gibt verschiedene Restaurantbereiche, eine schöne Terrasse sowie eine Bier- und Weinstube im UG.

69 Zim – †80/150 € ††150/250 € – ☕ 20 € – ½ P

Am Laacher See ✉ 56653 – ✆ 02652 584512 – www.seehotel-maria-laach.de

MARKT NORDHEIM

Bayern – 1 146 Ew. – Höhe 332 m – Regionalatlas **49**-J16
Michelin Straßenkarte 546

In Markt Nordheim-Ulsenheim Süd-West: 7 km, Richtung Uffenheim

Landgasthaus Zum Schwarzen Adler

GASTHOF • FUNKTIONELL Das Gasthaus a. d. 17. Jh. liegt in dörflicher Umgebung, schöne Wanderwege ganz in der Nähe, Rothenburg ob der Tauber ist schnell erreicht. Gepflegte Zimmer, bürgerlich-regionale Küche sowie ein Sauna- und Ruhebereich, den man schön in das alte Fachwerk eingebunden hat. Wintergarten für Feierlichkeiten.

14 Zim – 50/75 € 80/120 € – ½ P

Ulsenheim 97 ✉ 91478 – ✆ 09842 8206 – www.frankenurlaub.de – geschlossen Januar 3 Wochen, August 2 Wochen

MARKTBERGEL

Bayern – 1 541 Ew. – Höhe 363 m – Regionalatlas **49**-J16
Michelin Straßenkarte 546

Rotes Ross

REGIONAL • GASTHOF Lust auf frische regionale Küche in freundlich-gemütlicher Atmosphäre? Das Restaurant des gleichnamigen Hotels der Familie Bogner bietet dafür z. B. "Zwiebelrostbraten mit Spätzle". Ebenso lecker: "Jakobsmuscheln auf Linsengemüse".

Menü 29/48 € – Karte 27/56 €

11 Zim – 56/60 € 78/88 €

Würzburger Str. 1 ✉ 91613 – ✆ 09843 936600 – www.rotes-ross-marktbergel.de – nur Abendessen, an Sonn- und Feiertagen auch Mittagessen – geschlossen Ende August - Anfang September 2 Wochen und Dienstag

MARKTBREIT

Bayern – 3 725 Ew. – Höhe 191 m – Regionalatlas **49**-I16
Michelin Straßenkarte 546

Alter Esel

REGIONAL • FAMILIÄR Das herzliche junge Betreiberpaar hat in dem historischen Haus am Altstadtrand ein richtig charmantes Restaurant. Gekocht wird saisonal und sehr schmackhaft - probieren Sie z. B. "weißen Thunfisch, Venere-Reis, Schmorgurken". Mittags kleine Tageskarte, am Abend ein Menü.

Menü 23 € (abends)/59 € – Karte 36/46 €

Marktstr. 10 ✉ 97340 – ✆ 09332 5949477 – www.alteresel-marktbreit.de – geschlossen Montag - Dienstag

Michels Stern

REGIONAL • GASTHOF Seit jeher steckt Familie Michel jede Menge Engagement in ihr Gasthaus, inzwischen die 4. Generation. Wolfgang Michel kocht von bürgerlich bis fein, vom Sauerbraten bis zum "rosa gebratenen Hirschrücken mit Macairekartoffeln", sein Bruder Stefan empfiehlt mit Leidenschaft den passenden Frankenwein.

Menü 30/40 € – Karte 23/43 €

12 Zim – 59/69 € 84/89 €

Bahnhofstr. 9 ✉ 97340 – ✆ 09332 1316 – www.michelsstern.de – geschlossen Ende Februar 1 Woche, Anfang August 2 Wochen und Mittwoch - Donnerstagmittag

Löwen

GASTHOF • HISTORISCH Das jahrhundertealte Fachwerkhaus nahe dem Stadttor vereint das Flair von einst mit zeitgemäßem Komfort. Man bietet historisch-romantische, aber auch neuzeitlich-funktionale Zimmer. In den gemütlichen Gaststuben gibt es bürgerliche Küche.

29 Zim – 72/84 € 92/104 € – ½ P

Marktstr. 8 ✉ 97340 – ✆ 09332 50540 – www.loewen-marktbreit.de – geschlossen 10. - 16. Februar

MARKTHEIDENFELD

Bayern - 10 901 Ew. - Höhe 154 m - Regionalatlas **48**-H15
Michelin Straßenkarte 546

Weinhaus Anker

FRANZÖSISCH • GEMÜTLICH XX In der liebenswerten Stube isst man französisch-regional, von "gebratenen Wachtelbrüsten mit gebackenem Ziegen-Camembert" bis "Backfisch vom Hädefelder Mainfischer mit Grüner Sauce". Do - Mo abends kleine fränkische Karte im rustikalen Gewölbe "Schöpple". Im Hotel übernachtet man zentral und gemütlich.

Menü 35/89 € - Karte 30/61 €

39 Zim - 83/103 € 122/135 € - 1 Suite

Obertorstr. 13 ✉ 97828 - ✆ 09391 6004801 (Tischbestellung ratsam) - www.weinhaus-anker.de

MARXZELL

Baden-Württemberg - 5 047 Ew. - Höhe 387 m - Regionalatlas **54**-F18
Michelin Straßenkarte 545

In Marxzell-Frauenalb

Landgasthof König von Preussen

LANDHAUS • THEMENBEZOGEN Das jahrhundertealte Traditionshaus gegenüber dem Kloster wird seit 1990 als Familienbetrieb geführt. Inzwischen hat die junge Generation übernommen und investiert: chic die Themenzimmer "Romantik", "Burg", "Dolce Vita"... Das Restaurant mit schöner Terrasse bietet traditionelle und internationale Küche.

11 Zim - 75/90 € 100/110 € - 5 € - ½ P

Klosterstr. 10 ✉ 76359 - ✆ 07248 1617 - www.koenig-von-preussen.com

MASELHEIM

Baden-Württemberg - 4 437 Ew. - Höhe 542 m - Regionalatlas **64**-I20
Michelin Straßenkarte 545

In Maselheim-Sulmingen Nord-West: 2,5 km

Lamm

REGIONAL • LÄNDLICH XX "Saiblingsfilet mit geschmortem Spargel" oder "Kalbsrücken unter Chorizo-Brotkrumen mit Morchelrahm"? Man kocht frisch und produktbezogen, regional und modern beeinflusst. Das Ambiente elegant-ländlich, der Service herzlich und aufmerksam.

Menü 39/56 € - Karte 34/53 €

Baltringer Str. 14 ✉ 88437 - ✆ 07356 937078 - www.sulminger-lamm.de - nur Abendessen, sonntags auch Mittagessen - geschlossen Anfang Januar 1 Woche, Mitte August - Anfang September und Montag - Dienstag

MASSWEILER

Rheinland-Pfalz - 1 015 Ew. - Höhe 435 m - Regionalatlas **46**-D17
Michelin Straßenkarte 543

Borst

FRANZÖSISCH-KLASSISCH • FAMILIÄR XX Wohnlich-moderner Stil und hübsche Deko, dazu aufmerksamer Service und ambitionierte klassische Küche. Man spürt das Engagement der Gastgeber, und das seit 1988. Auf der Karte z. B. "Steinbutt auf Beluga-Linsen". Zum Übernachten: einfache, gepflegte Zimmer im Gästehaus gegenüber.

Menü 35/75 € - Karte 48/77 €

5 Zim - 50 € 70 €

Luitpoldstr. 4 ✉ 66506 - ✆ 06334 1431 - www.restaurant-borst.de - geschlossen Montag - Dienstag

MAUTH

Bayern – 2 279 Ew. – Höhe 821 m – Regionalatlas **60**-Q18
Michelin Straßenkarte 546

In Mauth-Finsterau Nord: 5 km über Am Goldenen Steig, Zwölfhäuser und Heinrichsbrunn - Höhe 998 m

Landhotel Bärnriegel

FAMILIÄR • REGIONAL Der aus zwei Häusern bestehende Familienbetrieb liegt ruhig am Ortsrand und verfügt über behagliche Gästezimmer im regionstypischen Landhausstil. Ländliches Ambiente auch im Restaurantbereich. HP inklusive.

20 Zim – 60/80 € 110/130 € – ½ P

Halbwaldstr. 32 ✉ 94151 – ✆ 08557 96020 – www.landhotel-baernriegel.de

MAYEN

Rheinland-Pfalz – 18 626 Ew. – Höhe 250 m – Regionalatlas **36**-C14
Michelin Straßenkarte 543

W gourmet

KLASSISCHE KÜCHE • ELEGANT XXX Eine feste Gastrogröße in der Stadt, die auch für Catering bekannt ist. In dem eleganten Restaurant nahe dem Marktplatz kocht man klassisch-saisonal, so z. B. "Atlantik-Seezunge mit Kapernbutter". Dazu eine gut sortierte Weinkarte.

Menü 69/89 € – Karte 77/88 €

Marktplatz 10 ✉ 56727 – ✆ 02651 49770 (Tischbestellung ratsam) – www.w-gourmet.com – nur Abendessen, sonntags auch Mittagessen – geschlossen Sonntagabend - Dienstag

MEDDERSHEIM

Rheinland-Pfalz – 1 327 Ew. – Höhe 165 m – Regionalatlas **46**-D15
Michelin Straßenkarte 543

Landgasthof zur Traube

REGIONAL • GASTHOF X Schon seit 1998 haben Ingrid und Herbert Langendorf ihr gemütlich-rustikales Lokal in dem hübschen Naturstein-Fachwerk-Haus. Gekocht wird richtig gut - es gibt regional und klassisch geprägte Gerichte wie z. B. "Schweinebäckchen, Wirsinggemüse, Kartoffelknödel". Oder vielleicht ein Fischgericht? Dazu regionale Weine.

Karte 30/58 €

Sobernheimer Str. 2 ✉ 55566 – ✆ 06751 950382 – www.langendorfstraube.de – geschlossen 15. Juli - 8. August, 24. Dezember - 10. Januar und Sonntagabend, Dienstag - Mittwoch

MEERANE

Sachsen – 14 850 Ew. – Höhe 250 m – Regionalatlas **42**-N13
Michelin Straßenkarte 544

Schwanefeld

HISTORISCH • GEMÜTLICH Eine gepflegte Hotelanlage mit hübschem Fachwerkhaus a. d. 17. Jh. und nettem Garten mit Teich. Eine Besonderheit: die hauseigene Schokoladenmanufaktur! Die behaglichen Gaststuben sind im historischen Teil des Hotels untergebracht. Schön entspannen können Sie z. B. bei Massagen und Beauty-Behandlungen.

52 Zim – 89/119 € 119/149 € – 1 Suite – ½ P

Schwanefelder Str. 22 ✉ 08393 – ✆ 03764 4050 – www.schwanefeld.de

MEERBUSCH

Nordrhein-Westfalen – 54 599 Ew. – Höhe 36 m – Regionalatlas **25**-B11
Michelin Straßenkarte 543

Siehe Düsseldorf (Umgebungsplan)

In Meerbusch-Büderich

Anthony's Kitchen

FRANZÖSISCH-MODERN • TRENDY Ein schicker Mix aus Restaurant und Kochschule. Das moderne Design und die legere Atmosphäre nebst freundlichem und geschultem Service kommen ebenso gut an wie die kreativen Gerichte, die hier aus der offenen Küche kommen.

→ Lachs, Pak Choi, Papaya, Macadamia. U.S. Rinderfilet, Kürbis, Perlzwiebel, Birne. Nougat, Pekannuss, Heidelbeere, Saure Sahne.

Menü 75/95 € – Karte 58/65 €

Stadtplan : A1-b – *Moerser Str. 81 ✉ 40667 – ✆ 02132 9851425 – www.anthonys.kitchen – nur Abendessen – geschlossen Montag - Mittwoch*

Landhaus Mönchenwerth

KLASSISCHE KÜCHE • ELEGANT In dem einladenden Landhaus direkt am Rhein (toll die Terrasse!) bietet man mediterran und modern beeinflusste Küche - da macht z. B. "Maibock mit karamellisiertem Rhabarber und Marsala-Jus" Appetit. Sehr charmant der Service.

Menü 65/95 € – Karte 54/100 €

Stadtplan : B1-c – *Niederlöricker Str. 56 ✉ 40667 – ✆ 02132 757650 – www.moenchenwerth.de – nur Abendessen, sonntags auch Mittagessen – geschlossen über Karneval und Montag, außer an Messen*

WINELIVE im Lindenhof

MEDITERRAN • BISTRO In dem netten Backsteinhaus wählt man von einer internationalen Karte. Dazu gibt es eine schöne Weinauswahl (rund 40 Weine werden offen ausgeschenkt) und gemütliche Bistro-Atmosphäre. Angeschlossen die Vinothek.

Karte 25/44 €

Stadtplan : A1-a – *Dorfstr. 48 ✉ 40667 – ✆ 02132 6586460 – www.winelive.de – nur Abendessen – geschlossen Montag - Dienstag, Feiertage*

Villa Meererbusch

LANDHAUS • INDIVIDUELL Eine familiäre Adresse mit privatem Rahmen. Antike Möbelstücke schaffen eine stilvolle Atmosphäre. Im schönen Frühstücksraum mit Flügel erwarten Sie ein gutes Buffet und freundlicher Service.

17 Zim – †100/110 € ††110/120 € – ☕ 15 €

Stadtplan : A1-g – *Hindenburgstr. 4 ✉ 40667 – ✆ 02132 93340 – www.hotel-villa-meererbusch.de – geschlossen 22. Dezember - 6. Januar, 13. Juli - 4. August*

MEERFELD

Rheinland-Pfalz – ✉ 54531 – 349 Ew. – Höhe 370 m – Regionalatlas **45**-B14
Michelin Straßenkarte 543

Poststuben

INTERNATIONAL • GEMÜTLICH Kein Wunder, dass man so viele Gäste hat: Man wird aufmerksam umsorgt und was an regional-saisonalen Gerichten auf den Tisch kommt, ist frisch und schmackhaft! Auf der Karte liest man z. B. "geschmortes Rinderbäckchen mit Steinpilzen" oder "Eifeler Forelle im Ganzen gebraten mit zerlassener Butter und Salzkartoffeln".

Menü 35 € – Karte 30/49 €

Hotel Zur Post, Meerbachstr. 24 ✉ 54531 – ✆ 06572 931900 – www.die-post-meerfeld.de – November - Dezember nur Abendessen – geschlossen Januar und Montag - Dienstag

Zur Post

FAMILIÄR • FUNKTIONELL Bereits in 5. Generation sorgt Familie Molitor dafür, dass man hier richtig gut wohnen kann. Die Zimmer sind gepflegt, freundlich und haben einen Balkon, wirklich schön entspannen kann man im attraktiven modernen Saunabereich samt Schwimmbad! Die Lage ist übrigens ideal für einen Wanderurlaub!

33 Zim ☕ – †63/73 € ††106/126 € – ½ P

Meerbachstr. 24 ✉ 54531 – ✆ 06572 931900 – www.die-post-meerfeld.de – geschlossen Januar

Poststuben – siehe Restaurantauswahl

MEERSBURG

Baden-Württemberg – 5 684 Ew. – Höhe 444 m – Regionalatlas **63**-G21
Michelin Straßenkarte 545

Casala

MODERNE KÜCHE • ELEGANT XX Das schicke wertige Interieur und die durchdachte moderne Küche ergeben ein stimmiges Bild. Die klassisch-saisonal beeinflussten Gerichte gibt es in Form zweier Menüs - darf es vielleicht mal vegetarisch sein? Schön der Seeblick.

→ Atlantik Hummer, Kohlrabi, Trüffel. Riso Venere, Rotwein, Braune Butter, Blattspinat. Allgäuer Reh, Kakao, Sauerkirsche, Wirsing.

Menü 90/140 €

Hotel Residenz am See, Uferpromenade 11 ✉ 88709 – ✆ 07532 80040 – www.hotel-residenz-meersburg.com – nur Abendessen – geschlossen Februar, Anfang November - Anfang Dezember und Montag - Mittwoch

Residenz am See

INTERNATIONAL • ELEGANT XX Hier sollten Sie rechtzeitig einen Tisch in Fensternähe reservieren, dann genießen Sie den reizvollen Ausblick am besten, während Sie sich international-saisonale Gerichte wie "Hechtklößchen mit Blattspinat und Rieslingschaum" schmecken lassen. Interessant: das Lunchmenü-Konzept.

Menü 29 € (mittags)/79 € – Karte 50/65 €

Stadtplan : B2-r – *Hotel Residenz am See, Uferpromenade 11 ✉ 88709 – ✆ 07532 80040 – www.hotel-residenz-meersburg.com – geschlossen Dienstag, im Winter: Dienstag - Mittwoch*

Winzerstube zum Becher

TRADITIONELLE KÜCHE • RUSTIKAL XX Gemütlich hat man es in dem 400 Jahre alten Gasthaus mit dem rustikalen Charme, seit 1884 ist es in Familienbesitz. Gekocht wird regional - Appetit machen da z. B. "Kalbsnieren in Cognacsauce". Nette kleine Terrasse nach hinten.

Menü 29 € (mittags)/75 € – Karte 25/48 €

Höllgasse 4 ✉ 88709 – ✆ 07532 9009 (Tischbestellung ratsam) – www.winzerstube-zum-becher.de – geschlossen Januar 2 Wochen und Montag

Residenz am See

BOUTIQUE-HOTEL • MODERN Was das Haus so angenehm macht? Es liegt am See, man wird persönlich umsorgt und wohnt in modernen, hochwertig und individuell eingerichteten Zimmern - von den Balkonen genießt man die Seesicht, ebenso beim tollen Frühstück! Im schönen Garten kann man wunderbar relaxen. HP inklusive.

23 Zim – †129/164 € ††234/342 € – 2 Suiten – ½ P

Uferpromenade 11 ✉ 88709 – ✆ 07532 80040 – www.hotel-residenz-meersburg.com

Casala • **Residenz am See** – siehe Restaurantauswahl

Villa Seeschau

LANDHAUS • INDIVIDUELL Die familiengeführte Villa mit gediegenem Rahmen liegt ruhig über der Altstadt. Modern und stilvoll die geräumigen Zimmer, in der Suite haben Sie sogar eine eigene Sauna! Schön zum Verweilen: der gepflegte Garten mit Seeblick. Keine Kinder.

16 Zim – †90/160 € ††160/300 € – 1 Suite

Von-Laßberg-Str. 12 ✉ 88709 – ✆ 07532 434490 – www.hotel-seeschau.de – geschlossen Dezember - Februar

3 Stuben

HISTORISCH • INDIVIDUELL Das sympathische Hotel befindet sich in einem hübschen restaurierten Fachwerkhaus in der Altstadt. Auf die Gäste warten hier individuell und wohnlich gestaltete Zimmer und ein ansprechendes Restaurant in hellen, warmen Tönen. Gekocht wir saisonal-international.

28 Zim – †75/95 € ††125/180 € – ½ P

Kirchstr. 7 ✉ 88709 – ✆ 07532 80090 – www.3stuben.de – geschlossen 17. Dezember - 10. März

See Hotel Off

FAMILIÄR · GEMÜTLICH Das Hotel liegt am ruhigen Teil der Uferpromenade. Von den freundlichen Zimmern schaut man auf den See oder die Weinberge, die Liegewiese bietet direkten Zugang zum Wasser. Wie wär's mit Massage oder Kosmetik? Zimmerpreise inklusive Halbpension.

21 Zim – 91/161 € 146/171 € – ½ P

Uferpromenade 51 ✉ 88709 – ✆ 07532 44740 – www.seehotel-off.de – geschlossen Januar

Bären

GASTHOF · INDIVIDUELL Der historische Familienbetrieb hat schon Charme - das liegt zum einen an der verwinkelten Bauweise, zum anderen an den antiken Möbeln hier und da! In der gemütlichen Gaststube serviert man Regionales. Nett die Terrasse am Marktplatz.

20 Zim – 52/75 € 92/128 € – ½ P

Marktplatz 11 ✉ 88709 – ✆ 07532 43220 – www.baeren-meersburg.de – geschlossen Mitte November - Mitte März

MEININGEN

Thüringen – 21 072 Ew. – Höhe 290 m – Regionalatlas **39**-J13
Michelin Straßenkarte 544

Posthalterei

INTERNATIONAL · GEMÜTLICH XX Auch bei Theaterbesuchern beliebt! Schön sitzt man an gut eingedeckten Tischen, umgeben von warmem Holz, alten Natursteinbögen und hübscher Deko. Es gibt z. B. "Blutwurstravioli mit Champagnerkraut" oder "Kalbsrücken in Miso-Soja". Gut sortierte Weinkarte.

Karte 35/72 €

Hotel Sächsischer Hof, Georgstr. 1 ✉ 98617 – ✆ 03693 4570 – www.saechsischerhof.com – nur Abendessen – geschlossen Mitte Juli - Mitte August und Sonntag - Dienstag

Sächsischer Hof

TRADITIONELL · HISTORISCH Das traditionsreiche Hotel - einst Poststation - liegt gegenüber dem Englischen Garten, nahe dem Theater und dem Schlosspark. Großzügig die "Postmeister"- und "Komfort"-Zimmer, kleiner die "Classic". Neben der "Posthalterei" gibt es die charmante holzgetäfelte "Kutscherstube" mit regional-saisonaler Küche.

40 Zim – 79/89 € 99/119 € – 3 Suiten – 12 € – ½ P

Georgstr. 1 ✉ 98617 – ✆ 03693 4570 – www.saechsischerhof.com

Posthalterei – siehe Restaurantauswahl

MEISENHEIM

Rheinland-Pfalz – 2 853 Ew. – Höhe 160 m – Regionalatlas **46**-D16
Michelin Straßenkarte 543

Meisenheimer Hof

MARKTKÜCHE · GEMÜTLICH X In den drei hübschen kleinen Restaurantstuben lässt man sich in ungezwungener Atmosphäre von Chef Markus Pape richtig gut bekochen - auf der Karte z. B. "Filet vom Hunsrücker Saibling, wilder Brokkoli, Zitronen-Graupen, Beurre Blanc". Dazu viele Eigenbau-Weine und eine unerwartete Bordeaux-Auswahl.

Menü 37/88 € – Karte 34/67 €

Hotel Meisenheimer Hof, Obergasse 33, (Zufahrt über Stadtgraben) ✉ 55590 – ✆ 06753 1237780 – www.meisenheimer-hof.de – geschlossen 2. - 19. Januar und Montag - Dienstagmittag, Mittwochmittag, Samstagmittag

Meisenheimer Hof

HISTORISCH • INDIVIDUELL Schön vereint das aufwändig sanierte Gebäudeensemble Historie (alte Böden, Antiquitäten...) und Moderne. Speziell: einstiges Stadtkino als Open-Air-Veranstaltungsraum. Gegenüber das Café "Meisentörtchen" mit Kuchen, Feinkost und kleiner Bücherauswahl. Zudem gibt es das "Kochhaus": ein Gästehaus mit Kochschule.

19 Zim – 👤90/119 € 👥130/169 € – 3 Suiten – ½ P

Obergasse 33, (Zufahrt über Stadtgraben) ✉ 55590 – ✆ 06753 1237780 – www.meisenheimer-hof.de – geschlossen 2. - 19. Januar

Meisenheimer Hof – siehe Restaurantauswahl

Gute Küche zu moderatem Preis? Folgen Sie dem Bib Gourmand

MEISSEN

Sachsen – 27 273 Ew. – Höhe 110 m – Regionalatlas **43**-P12
Michelin Straßenkarte 544

OHM'S

REGIONAL • KLASSISCHES AMBIENTE XX Mit ihrer geschmackvollen Einrichtung und gepflegter Tischkultur tragen die kleinen Restauranträume (darunter ein Wintergarten) dem schönen Villen-Flair Rechnung. Man kocht sächsisch und international, so z. B. "Sülze vom Meißner Landschwein" oder "sächsischer Saibling mit Selleriefond". "Garden Lounge" zum Hotelpark.

Karte 34/67 €

Dorint Parkhotel Meissen, Hafenstr. 27 ✉ 01662 – ✆ 03521 72250 – www.dorint.com/meissen

Dorint Parkhotel Meissen

BUSINESS • KLASSISCH Mittelpunkt der Hotelanlage ist die schmucke Jugendstilvilla von 1870! Elegant die Zimmer - fragen Sie nach den neueren! Einige mit Blick auf die Albrechtsburg. Hübsch: Wellnessbereich und Garten, Terrasse und "Weingarten" am Elbradweg.

118 Zim – 👤78/158 € 👥101/181 € – ½ P

Hafenstr. 27 ✉ 01662 – ✆ 03521 72250 – www.dorint.com/meissen

OHM'S – siehe Restaurantauswahl

Goldener Löwe

HISTORISCH • GEMÜTLICH Hier wohnen Sie mitten in der historischen Altstadt in einem über 350 Jahre alten Gasthaus. Die Zimmer sind gediegen eingerichtet und liegen teilweise ruhig zum Innenhof. Nett das gemütlich-rustikale Restaurant, ebenso die Terrasse zur Fußgängerzone.

36 Zim – 👤75/90 € 👥125/165 € – ½ P

Heinrichsplatz 6, (Zufahrt über Kleinmarkt) ✉ 01662 – ✆ 03521 41110 – www.goldener-loewe-meissen.com

MELLE

Niedersachsen – 45 804 Ew. – Höhe 76 m – Regionalatlas **27**-F9
Michelin Straßenkarte 541

Lüers im Heimathof

MARKTKÜCHE • GEMÜTLICH X Das reizende Fachwerkhaus von 1620 ist Teil eines Museumsdorfes. Rustikale alte Holzbalken machen es schön gemütlich. Das Angebot ist saisonal, nachmittags gibt's selbstgebackene Kuchen - im Sommer ist dafür die Terrasse besonders beliebt!

Karte 29/57 €

Friedrich-Ludwig-Jahn-Str. 10, (im Erhohlungszentrum am Grönenberg) ✉ 49324 – ✆ 05422 925091 – www.luers-im-heimathof.de – geschlossen Februar 1 Woche und Montag - Dienstag

In Melle-Wellingholzhausen

Waldschänke

MARKTKÜCHE • GEMÜTLICH Das hat Charme: ein liebenswertes Sammelsurium unterschiedlichster Accessoires und Dekorationen, mal nostalgisch, mal hip-modern. Gekocht wird regional und international, teilweise mit selbst erzeugten Produkten (z. B. Eier von eigenen Hühnern hinterm Haus). Idylle pur ist der Garten, daneben Tiergehege.

Menü 28/40 € - Karte 32/44 €

Dissener Str. 73 ✉ 49326 – ✆ 05429 2683 – www.steinreich-alexanderbachmann.eu – geschlossen Montag - Donnerstagmittag, Freitagmittag, Samstagmittag

MELLRICHSTADT

Bayern – 5 560 Ew. – Höhe 270 m – Regionalatlas **39**-J14
Michelin Straßenkarte 546

Biohotel Sturm

SPA UND WELLNESS • GEMÜTLICH Ein wirklich schönes Haus: wohnliche Zimmer (die gibt's als "Tradition" oder modern als "Zeitgeist"), Naschgarten, Badeteich, Blockhaussauna, Wellness-Anwendungen... Und im Küchenhaus im Garten backt man eigenes Holzofenbrot und stellt Marmelade her - hier wie auch im Restaurant "schulze/s" setzt man auf Bio!

43 Zim – †93/115 € ††93/141 € – ½ P

Ignaz-Reder-Str. 3 ✉ 97638 – ✆ 09776 81800 – www.hotel-sturm.com – geschlossen 18. - 24. Dezember

MELSUNGEN

Hessen – 13 334 Ew. – Höhe 179 m – Regionalatlas **39**-H12
Michelin Straßenkarte 543

Centrinum

HISTORISCH • MODERN Gelungen verbindet das Hotel in der Altstadt Moderne mit Fachwerk-Charme. Die zeitgemäßen Zimmer sind individuell eingerichtet, hübsch der kleine Saunabereich. Internationale Küche im Bistro. Von der Terrasse beobachtet man das Geschehen in der Fußgängerzone.

21 Zim – †80 € ††120 € – 1 Suite

Rosenstr. 1 ✉ 34212 – ✆ 05661 926060 – www.centrinum.de

MEMMELSDORF

Bayern – 8 813 Ew. – Höhe 262 m – Regionalatlas **50**-K15
Michelin Straßenkarte 546

Brauereigasthof Drei Kronen

GASTHOF • INDIVIDUELL Dieser Gasthof hat jede Menge Charme! Dafür sorgen die lange Historie (Brautradition seit 1457), richtig schöne, wohnliche Zimmer (wie wär's mit dem "Braumeistertempel"?) und gemütliche Stuben (eine davon mit alter Original-Täfelung und Kachelofen). Dazu gibt es regionale Küche, und auch Bierproben sind möglich.

36 Zim – †60/95 € ††90/125 € – ½ P

Hauptstr. 19 ✉ 96117 – ✆ 0951 944330 – www.drei-kronen.de – geschlossen 21. - 24. Dezember

MEMMINGEN

Bayern – 42 201 Ew. – Höhe 601 m – Regionalatlas **64**-I20
Michelin Straßenkarte 546

Falken

BUSINESS • FUNKTIONELL In dem Hotel inmitten der Altstadt hat man wohnliche, neuzeitliche Zimmer für Sie - besonders beliebt die "Business-Suiten" mit Dampfdusche. Fragen Sie auch nach den Zimmern in der 4. Etage mit Blick über Memmingen!

42 Zim – †87/108 € ††125/136 € – 1 Suite

Roßmarkt 3, (1. Etage) ✉ 87700 – ✆ 08331 94510 – www.hotel-falken-memmingen.com

MEPPEN

Niedersachsen – 34 549 Ew. – Höhe 14 m – Regionalatlas **16**-D7
Michelin Straßenkarte 543

von Euch

INTERNATIONAL • FREUNDLICH XX Schön sitzt man in dem hellen, eleganten Restaurant oder auf der hübschen begrünten Terrasse hinter dem Haus. Auf der Karte z. B. "Bäckchen vom Limburger Klosterschwein, Kartoffelcreme, glasierte Karotten, Portwein-Jus" oder "gegrillter Hummer, Safran-Risotto, Gemüse, Limetten-Beurre-Blanc".

Menü 39/59 € – Karte 29/59 €

Hotel von Euch, Kuhstr. 21 ✉ 49716 – ✆ 05931 4950100 – www.hotelvoneuch.de – nur Abendessen

von Euch

URBAN • MODERN Freundlich kümmert man sich in dem Hotel im Zentrum um seine Gäste. Sie wohnen in tipptopp gepflegten, neuzeitlich eingerichteten Zimmern (geräumiger die Superior-Zimmer) und genießen am Morgen ein gutes Frühstück.

29 Zim – 80/89 € 87/99 €

Kuhstr. 21 ✉ 49716 – ✆ 05931 4950100 – www.hotelvoneuch.de

von Euch – siehe Restaurantauswahl

MERGENTHEIM, BAD

Baden-Württemberg – 22 763 Ew. – Höhe 206 m – Regionalatlas **49**-I16
Michelin Straßenkarte 545

Bundschu

MARKTKÜCHE • BÜRGERLICH XX Hier wird regional, saisonal und mit mediterranen Einflüssen gekocht. Nach wie vor ein Klassiker: die Bouillabaisse. Oder mögen Sie lieber "Schwäbischen Rostbraten, Röstzwiebelchen, Kalbsjus, Dinkelspätzle, Maultasche"? Schön die Terrasse zum Garten.

Menü 30/46 € – Karte 23/48 €

Hotel Bundschu, Milchlingstr. 24 ✉ 97980 – ✆ 07931 9330 – www.hotel-bundschu.de – geschlossen Montag

Bundschu

FAMILIÄR • FUNKTIONELL Familie Bundschu leitet ihr Haus mit viel Engagement und bietet ihren Gästen freundliche, wohnliche Zimmer und einen attraktiven Wellnessbereich. Das Haus eignet sich auch bestens für Tagungen und Veranstaltungen aller Art.

60 Zim – 75/105 € 99/150 € – ½ P

Milchlingstr. 24 ✉ 97980 – ✆ 07931 9330 – www.hotel-bundschu.de

Bundschu – siehe Restaurantauswahl

MERSEBURG

Sachsen-Anhalt – 33 317 Ew. – Höhe 100 m – Regionalatlas **31**-M11
Michelin Straßenkarte 542

Radisson BLU

KETTENHOTEL • FUNKTIONELL Das barocke Zech'sche Palais ist Teil dieses Hotels oberhalb der Stadt. Wer gerne einen schönen Ausblick genießt, bucht ein Businesszimmer im OG mit angeschlossener Dachterrasse! International beeinflusste Küche im Restaurant "Belle Epoque". Man hat auch stilvolle historische Säle.

132 Zim – 70/105 € 75/115 € – 1 Suite – 17 € – ½ P

Oberaltenburg 4 ✉ 06217 – ✆ 03461 45200 – www.merseburg-radissonblu.com

MERTESDORF

Rheinland-Pfalz – 1 644 Ew. – Höhe 220 m – Regionalatlas **45**-B15
Michelin Straßenkarte 543

Weis

LANDHAUS • MODERN Das in den Weinbergen des Ruwertals gelegene familiengeführte Hotel mit Weingut verfügt über zeitgemäße und wohnliche Zimmer sowie einen modernen Sauna- und Anwendungsbereich. Gemütlich hat man es sowohl im Restaurant "Vinum" mit Kachelofen als auch in der etwas rustikaleren Weinstube.

48 Zim – †73/89 € ††99/136 € – ½ P

Eitelsbacher Weg 4 ✉ 54318 – ✆ 0651 95610 – www.hotel-weis.de

MESCHEDE

Nordrhein-Westfalen – 30 002 Ew. – Höhe 260 m – Regionalatlas **27**-F11
Michelin Straßenkarte 543

Von Korff

INTERNATIONAL • GERADLINIG XX Das Restaurant im gleichnamigen Hotel - ein Patrizierhaus von 1902 nebst architektonisch gelungener Erweiterung - bietet internationale Küche in ansprechendem geradlinigem Ambiente. Schöne Auswahl an Bordeaux-Weinen.

Menü 25/59 € – Karte 28/65 €

26 Zim – †69/79 € ††94/99 € – 9 €

Le-Puy-Str. 19 ✉ 59872 – ✆ 0291 99140 – www.hotelvonkorff.de – geschlossen Sonntag

In Meschede-Remblinghausen Süd: 6 km

Landhotel Donner

REGIONAL • LÄNDLICH X Hier wird klassisch-regional gekocht, und zwar richtig gut - da macht z. B. "Rehnüsschen mit Preiselbeersauce" Appetit. Wirklich gemütlich das Ambiente: hübsche ländliche Gaststuben mit hochwertigen Stoffen und warmem Holz. Und nachmittags selbst gebackenen Kuchen auf der schönen Gartenterrasse?

Menü 37/49 € – Karte 27/54 €

Landhotel Donner, Zur alten Schmiede 4 ✉ 59872 – ✆ 0291 952700 – www.landhotel-donner.de – geschlossen 7. - 24. Januar und Mittwoch

Landhotel Donner

FAMILIÄR • GEMÜTLICH Familie Donner hat den Gasthof von 1911 in dem historischen Handelshaus zu einem sympathischen, tipptopp gepflegten und wohnlichen kleinen Hotel gemacht. Fragen Sie nach den neuzeitlicheren Zimmern! Dazu gibt's Tipps für Ihre Wanderung.

14 Zim – †72/85 € ††102/125 € – ½ P

Zur alten Schmiede 4 ✉ 59872 – ✆ 0291 952700 – www.landhotel-donner.de – geschlossen 7. - 24. Januar

Landhotel Donner – siehe Restaurantauswahl

MESPELBRUNN

Bayern – 2 173 Ew. – Höhe 269 m – Regionalatlas **48**-H15
Michelin Straßenkarte 546

Müller's Frischeküche

MARKTKÜCHE • FAMILIÄR X In ländlich-charmanten Stuben speist man regional-saisonal und auch international beeinflusst. Wie wär's mit dem Menü "Feinschmecker"? Hier z. B. "gebratener Rotbarsch mit Kartoffelpüree und Ingwer-Kürbiskern-Parmesanpesto"? Oder lieber ein Schnitzel von "Müller's Klassikern"? Terrasse mit schöner Sicht!

Menü 30/48 € – Karte 23/54 €

Müller's Landhotel, Am Dürrenberg 1, (Hessenthal), Nord: 2 km ✉ 63875 – ✆ 06092 824820 – www.muellers-landhotel.eu – nur Abendessen

Müller's Landhotel

FAMILIÄR • FUNKTIONELL Schön modern und sehr großzügig wohnt man in dem Familienbetrieb oberhalb von Mespelbrunn. Von den Zimmern zur Talseite hat man eine reizvolle Sicht, ruhiger schläft man zum Weinberg. Am Morgen gibt es ein ansprechendes Frühstücksbuffet.

29 Zim – †51/91 € ††90/142 € – 2 Suiten – ½ P

Am Dürrenberg 1, (Hessenthal), Nord: 2 km ✉ 63875 – ✆ 06092 824820 – www.muellers-landhotel.eu

Müller's Frischeküche – siehe Restaurantauswahl

MESSKIRCH

Baden-Württemberg – 8 203 Ew. – Höhe 616 m – Regionalatlas **63**-G20
Michelin Straßenkarte 545

In Meßkirch-Menningen Nord-Ost: 5 km über B 311

Zum Adler Leitishofen

REGIONAL • GASTHOF XX Etwas abseits liegt dieser familiengeführte Gasthof samt netter Terrasse mit Blick ins Grüne. Gekocht wird regional-bürgerlich mit internationalen Einflüssen, vom "Schweinerückensteak mit Bärlauchkruste" bis zur "mediterranen Fischsuppe".

Menü 39 € – Karte 21/51 €

Leitishofen 35, an der B 311 ✉ 88605 – ✆ 07575 925080 – www.adler-leitishofen.de – geschlossen Januar 2 Wochen und Dienstag - Mittwochmittag

MESSSTETTEN

Baden-Württemberg – 11 276 Ew. – Höhe 907 m – Regionalatlas **63**-G20
Michelin Straßenkarte 545

In Meßstetten-Hartheim Süd-West: 3 km über Hauptstraße

Lammstuben

REGIONAL • GASTHOF XX Geschmackvoll die drei Stuben (Kachelofen, Wandvertäfelungen und bemalte Holzdecken machen es stilvoll und charmant), regional die Küche. Lust auf Schlachtfest, Kochkurs oder Spargelessen? Je nach Jahreszeit stehen besondere Aktionen an.

Menü 23/42 € – Karte 22/53 €

Römerstr. 2 ✉ 72469 – ✆ 07579 621 – www.lammstuben.de – geschlossen Anfang Februar 2 Wochen, Anfang August 2 Wochen und Dienstag - Mittwochmittag

METTLACH

Saarland – 12 125 Ew. – Höhe 175 m – Regionalatlas **45**-B16
Michelin Straßenkarte 543

In Mettlach-Orscholz Nord-West: 6 km, jenseits der Saar, im Wald links abbiegen

Landhotel Saarschleife

KLASSISCHE KÜCHE • LÄNDLICH XX Freundlich umsorgt sitzt man in behaglichem Ambiente und lässt sich regional-saisonal beeinflusste klassische Küche schmecken. Lust auf Wild aus Orscholzer und Mettlacher Jagd? Oder lieber "Brust und Keule von der Ente aus dem Ofenrohr"?

Menü 30/84 € – Karte 34/68 €

Landhotel Saarschleife, Cloefstr. 44 ✉ 66693 – ✆ 06865 1790 – www.hotel-saarschleife.de – geschlossen Montagmittag

Landhotel Saarschleife

LANDHAUS • INDIVIDUELL Familie Buchna führt ihr Haus sehr engagiert, immer wieder wird investiert. Schön wohnlich hat man es hier - fragen Sie nach den neuen geradlinig-modern gestalteten Zimmern! Entspannen können Sie auch im gepflegten Freizeitbereich.

42 Zim – †79/144 € ††129/198 € – ½ P

Cloefstr. 44 ✉ 66693 – ✆ 06865 1790 – www.hotel-saarschleife.de

Landhotel Saarschleife – siehe Restaurantauswahl

METZINGEN

Baden-Württemberg – 21 394 Ew. – Höhe 350 m – Regionalatlas **55**-G19
Michelin Straßenkarte 545

Zur Schwane

MARKTKÜCHE • LANDHAUS Hier wird das Thema Alb groß geschrieben. Region und Saison sorgen für gute Produkte, aus denen schmackhafte Gerichte wie "Schmorbraten vom Albrind mit Spätzle" zubereitet werden. Beliebt auch der Business Lunch. Hingucker im Restaurant ist ein großes Panoramabild der Schwäbischen Alb.

Menü 59 € – Karte 23/81 €

Hotel Schwanen, Bei der Martinskirche 10 ✉ 72555 – ✆ 07123 9460 – www.schwanen-metzingen.de

Schwanen

BUSINESS • MODERN Ein engagiert geführter Familienbetrieb in idealer Shopping-Lage nur wenige Gehminuten von einem der Mode-Outlets. Die Zimmer sind wirklich schön: schickes Design und wertige Materialien! Bistro-Bar "Mezzo" mit Gartenwirtschaft.

72 Zim – 84/198 € 105/239 € – 15 €

Bei der Martinskirche 10 ✉ 72555 – ✆ 07123 9460 – www.schwanen-metzingen.de

Zur Schwane – siehe Restaurantauswahl

MICHELSTADT

Hessen – 16 173 Ew. – Höhe 206 m – Regionalatlas **48**-G16
Michelin Straßenkarte 543

Die Träumerei

FAMILIÄR • INDIVIDUELL Ein wahres Bijou! So wertig wie individuell und dazu ausgesprochen charmant sind die Zimmer in den beiden aufwändig sanierten historischen Häusern. Im ebenso reizenden Café: Frühstück, tagsüber Kuchen, Paninis & Co. Abends bürgerlich-regionale Küche im "Rathausbräu" gegenüber.

15 Zim – 108/130 € 145/170 €

Obere Pfarrgasse 3 ✉ 64720 – ✆ 06061 703333 – www.die-traeumerei.com

MICHENDORF

Brandenburg – 12 128 Ew. – Höhe 45 m – Regionalatlas **22**-O8
Michelin Straßenkarte 542

In Michendorf-Wildenbruch Süd-Ost: 4 km

Gasthof Zur Linde

REGIONAL • GEMÜTLICH Liebenswert-rustikal ist hier die Atmosphäre. Im Winter schafft ein Kamin Behaglichkeit, im Sommer ist der Hofgarten mit der alten Kastanie ein Traum! Auf den Tisch kommt regionale Küche.

Menü 33 € – Karte 39/48 €

Hotel Gasthof Zur Linde, Kunersdorfer Str. 1 ✉ 14552 – ✆ 033205 23020 – www.linde-wildenbruch.de – geschlossen Dienstag - Mittwoch

Gasthof Zur Linde

LANDHAUS • GEMÜTLICH Auf einem schönen, ehemals bäuerlich genutzten Anwesen gegenüber der Kirche übernachten Sie bei freundlichen Gastgebern in sechs überaus wohnlichen und modernen Zimmern, darunter eine Ferienwohnung im Nebengebäude.

6 Zim – 82/109 € 139/184 € – ½ P

Kunersdorfer Str. 1 ✉ 14552 – ✆ 033205 23020 – www.linde-wildenbruch.de

Gasthof Zur Linde – siehe Restaurantauswahl

Ein wichtiges Geschäftsessen oder ein Essen mit Freunden?
Das Symbol weist auf Veranstaltungsräume hin.

MIESBACH

Bayern – 11 241 Ew. – Höhe 697 m – Regionalatlas **66**-M21
Michelin Straßenkarte 546

MANUELIS

MARKTKÜCHE • NACHBARSCHAFTLICH Richtig charmant ist das kleine Restaurant mit seiner betont legeren, lockeren Atmosphäre. Aus regionalen Produkten entstehen z. B. "Ziegenkäse, Blätterteig, Honig" oder "Wildfang-Saibling, Navetten, Rote-Beete-Knödel". Dazu ausschließlich deutsche Weine. Freitagabends nur ein 5-Gänge-Überraschungsmenü.

Menü 39/99 € – Karte 27/79 €

Kolpingstr. 2 ✉ 83714 – ✆ 08025 9229693 – www.manuelis.de – nur Abendessen, sonntags auch Mittagessen – geschlossen Montag - Dienstag

MILTENBERG

Bayern – 9 310 Ew. – Höhe 129 m – Regionalatlas **48**-G16
Michelin Straßenkarte 546

Hopfengarten

GASTHOF • FUNKTIONELL Ein hübscher Gasthof in zentraler Lage. Wie wär's mit einem "Deluxe"-Zimmer? Eines mit Whirlwanne, das andere mit Dampfdusche! Oder lieber eines der besonders wohnlichen "Churfranken"-Zimmer? Im Restaurant serviert man u. a. viele Schmorgerichte. Praktisch: Unterstellmöglichkeit für Motor- und Fahrräder.

19 Zim – †58/98 € ††96/122 € – ½ P

Ankergasse 16 ✉ 63897 – ✆ 09371 97370 – www.flairhotel-hopfengarten.de

MINTRACHING

Bayern – 4 820 Ew. – Höhe 335 m – Regionalatlas **58**-N18
Michelin Straßenkarte 546

In Mintrachting-Sengkofen Süd-Ost: 6 km über Regensburgerstraße

Gasthaus zum Goldenen Krug

MODERNE KÜCHE • GEMÜTLICH Man kann das Gasthaus an der Ortseinfahrt eigentlich nicht verfehlen! Drinnen ist es gemütlich-rustikal, draußen auf der Terrasse spenden im Sommer große Bäume Schatten. Gern kommt man auch aus der weiteren Umgebung, um hier richtig gut zu essen, z. B. "2erlei Iberico-Schwein, Maronijus, Schwarzwurzel-Wirsinggemüse".

Menü 34/69 € – Karte 33/50 €

Brunnenstr. 6 ✉ 93098 – ✆ 09406 2855811 – www.zum-goldenen-krug.de – nur Abendessen, sonntags auch Mittagessen – geschlossen Mitte - Ende April 2 Wochen, Ende Oktober 1 Woche und Montag - Dienstag

MITTENWALD

Bayern – 7 325 Ew. – Höhe 923 m – Regionalatlas **65**-L22
Michelin Straßenkarte 546

Das Marktrestaurant (Andreas Hillejan)

REGIONAL • GERADLINIG Mit seiner eigenen verfeinerten Wirtshausküche kommt der gebürtige Rheinländer Andreas Hillejan richtig gut an. In legerer, unkomplizierter Atmosphäre gibt es finessenreiche, ausdrucksstarke Gerichte mit regionalem Anstrich, aber auch Bodenständigeres wie Wiener Schnitzel oder Rostbraten. Tipp: die beiden Menüs.

→ Blaue Garnele, Erbse, Kokos, Apfel-Pimentosauce. Kabeljau, Chorizosud, Perlzwiebel, Orange. Rehrücken, Radicchio, Senfbrot, Sommertrüffel, Schwarzwurst.

Menü 46/79 € – Karte 41/68 €

Dekan-Karl-Platz 21 ✉ 82481 – ✆ 08823 9269595 – www.das-marktrestaurant.de – geschlossen März 1 Woche, November 1 Woche und Sonntag - Montag

Alpengasthof Gröbl-Alm

GASTHOF • AUF DEM LAND Sie wohnen hier richtig auf dem Land! Die Familie betreibt auch den angrenzenden Bauernhof mit Pferden, Ziegen, Schafen..., das kommt auch bei Kindern gut an! Die einsame Lage über der Stadt ist schön ruhig, die Atmosphäre typisch bayerisch-behaglich, der Blick von der Terrasse und vom Saunabereich ein Traum!

28 Zim – 58/165 € 90/182 € – 3 Suiten

Gröbl-Alm 1, Nord: 2 km ✉ 82481 – ✆ 08823 9110 – www.groeblalm.de – geschlossen 18. März - 17. April, 28. Oktober - 18. Dezember

Lautersee

LANDHAUS • GEMÜTLICH Warum diese Adresse so gefragt ist? Ruhe, grandioser Alpenblick, direkter Seezugang mit eigenem Badesteg, Terrasse mit Sicht aufs Wasser, schöne Kuchenauswahl - beliebt auch bei Wanderern, die die vielen Wege rund ums Hotel erkunden. Übrigens: Das Haus ist nur mit Sondergenehmigung per Auto erreichbar.

10 Zim – 54/64 € 132/142 € – 3 Suiten – ½ P

Am Lautersee 1, Süd-West: 3 km über Leutascher Straße ✉ 82481 – ✆ 08823 1017 – www.hotel-lautersee.de – geschlossen Mitte März - Ende April, Ende Oktober - Mitte Dezember

MÖLLN

Schleswig-Holstein – 18 622 Ew. – Höhe 19 m – Regionalatlas **11**-K5
Michelin Straßenkarte 541

Zum Weissen Ross

MARKTKÜCHE • FAMILIÄR Wer in dem traditionsreichen Familienbetrieb speist, kann direkt auf den Stadtsee schauen - oder in die offene Küche. Mittags sind die einfacheren Tagesessen gefragt, abends bietet man interessante Gerichte wie "Seezungenfilets in Brioche gebacken". Tipp: Das hausgemachte Sonnenblumenkernbrot ist ein Gedicht!

Menü 31 € (abends) – Karte 28/60 €

8 Zim – 68/95 € 115/121 € – 1 Suite

Hauptstr. 131 ✉ 23879 – ✆ 04542 2772 – www.weissesross.com – geschlossen Sonntagabend - Montag

MÖNCHENGLADBACH

Nordrhein-Westfalen – 256 853 Ew. – Höhe 60 m – Regionalatlas **35**-B11
Michelin Straßenkarte 543

Eickes Gourmetrestaurant

MODERNE KÜCHE • DESIGN Man sitzt hier in einem schönen modern-eleganten Restaurant und lässt sich Klassisches oder Kreatives servieren. Auf der Karte z. B. "Schwarzfederhuhn mit Kartoffel-Kräuterpüree" oder "Calamari gefüllt mit Blutwurst vom Holzkohlefeuer".

Menü 59/79 € – Karte 59/73 €

Hotel Palace St. George, Konrad-Zuse-Ring 10, (Nord Park) ✉ 41179 – ✆ 02161 549880 – www.palace-st-george.de – nur Abendessen – geschlossen Sonntag - Dienstag

Eickes Bistro Restaurant

INTERNATIONAL • BISTRO Warum die Bistrovariante der Eickes'schen Gastronomie so gut ankommt? Die Atmosphäre ist angenehm leger und man bietet eine abwechslungsreiche Speisenauswahl vom Hummer bis zum beliebten Schnitzel. Im Sommer sitzt man auch draußen schön.

Menü 42/50 € – Karte 38/78 €

Hotel Palace St. George, Konrad-Zuse-Ring 10, (Nord Park) ✉ 41179 – ✆ 02161 549880 – www.palace-st-george.de

Palace St. George

BOUTIQUE-HOTEL • DESIGN Hier hat jemand Geschmack bewiesen: Schön, modern und sehr wertig ist die einstige englische Kaserne beim Borussia-Park! Angenehm auch der freundliche Service, das gute Frühstücksbuffet und die Terrasse mit Lounge. Etwas Besonderes: Im 1. Stock dient eine ehemalige Kirche als Tagungs- und Veranstaltungsraum.

12 Zim – 🚹80/110 € 🚹🚹115/165 € – 1 Suite – ☕15 €

Konrad-Zuse-Ring 10, (Nord Park) ✉ 41179 – ✆ 02161 549880 – www.palace-st-george.de

Eickes Gourmetrestaurant • **Eickes Bistro Restaurant** – siehe Restaurantauswahl

Rosenmeer

BUSINESS • DESIGN Überall bestimmt wertiges geradlinig-modernes Design das Bild. In den Zimmern ruhige Farben, hübsche Stoffe und warmer Parkettboden, ebenso chic und trendig sind Lounge, Bar und das kompett verglaste lichte Restaurant mit Terrasse zum Stadtpark "Bunter Garten" (schön auch zum Spazierengehen).

16 Zim – 🚹65/98 € 🚹🚹85/128 € – 3 Suiten – ☕12 €

Schürenweg 45 ✉ 41063 – ✆ 02161 462420 – www.rosenmeer.net

In Mönchengladbach-Hardt West: 6 km

Lindenhof

KLASSISCHE KÜCHE • GASTHOF XX Eine gefragte Adresse ist das familiengeführte Restaurant in dem gleichnamigen Hotel. Das Ambiente ist schön behaglich und zugleich elegant, die Küche klassisch, ambitioniert und produktorientiert.

Menü 39/100 € – Karte 48/79 €

16 Zim ☕ – 🚹79/129 € 🚹🚹118/159 €

Vorster Str. 535 ✉ 41169 – ✆ 02161 559340 (Tischbestellung ratsam) – www.lindenhof-mg.de – nur Abendessen – geschlossen Sonntag - Montag

MOERS

Nordrhein-Westfalen – 102 923 Ew. – Höhe 30 m – Regionalatlas **25**-B11
Michelin Straßenkarte 543

Kurlbaum

KLASSISCHE KÜCHE • ELEGANT XX Das zeitlos-elegante Restaurant in der Fußgängerzone hat zahlreiche Stammgäste, und die mögen die klassisch geprägte Küche hier. Gerne kommt man auch zur Mittagszeit - da gibt es ein 2-Gänge-Menü zu einem attraktiven Preis!

Menü 49 € (vegetarisch)/82 € – Karte 49/67 €

Burgstr. 7, (1. Etage) ✉ 47441 – ✆ 02841 27200 (Tischbestellung ratsam) – www.restaurant-kurlbaum.de – Samstag - Montag nur Abendessen – geschlossen Dienstag

In Moers-Repelen Nord: 3,5 km, Richtung Kamp-Lintfort

Zur Linde

MARKTKÜCHE • GASTHOF XX Das über 220 Jahre alte Bauernhaus hat Atmosphäre - dafür sorgt die reizende Einrichtung der Stuben, mit der die Gastgeber Liebe zum Detail bewiesen haben. Und im Innenhof wartet eine charmante Terrasse auf Sie! Gekocht wird international und regional.

Menü 39/76 € – Karte 33/75 €

Hotel Zur Linde, An der Linde 2 ✉ 47445 – ✆ 02841 9760 – www.hotel-zur-linde.de

Zur Linde

HISTORISCH • MODERN Hier hat man ein denkmalgeschütztes Gasthaus und ein historisches Bauernhaus gelungen mit einem modernen Anbau verbunden. Es erwarten Sie wohnliche Zimmer, ein ansprechender Saunabereich und gute Tagungsmöglichkeiten.

60 Zim – 🚹99/120 € 🚹🚹119/149 € – 3 Suiten – ☕13 € – ½ P

An der Linde 2 ✉ 47445 – ✆ 02841 9760 – www.hotel-zur-linde.de

Zur Linde – siehe Restaurantauswahl

MOLFSEE

Schleswig-Holstein – 4 840 Ew. – Höhe 24 m – Regionalatlas **3**-I3
Michelin Straßenkarte 541

Bärenkrug

REGIONAL • LÄNDLICH X Von der "Friesenstube" bis zum lauschigen Hofgarten, hier darf man sich auf einen Mix aus Holsteiner und gehoben-internationaler Küche freuen. Lust auf "Sauerfleisch mit Bratkartoffeln" oder "geschmorte Markeruper Entenbrust, Jus, Cashewnüsse, grüner Spargel"?

Menü 27/54 € (abends) – Karte 30/61 €

Hotel Bärenkrug, Hamburger Chaussee 10, B 4 ✉ 24113 – ✆ 04347 71200 – www.baerenkrug.de – Dienstag - Freitag nur Abendessen – geschlossen 22. Dezember - 4. Januar und Montag

Bärenkrug

GASTHOF • GEMÜTLICH In dem historischen Gasthof, den Familie Sierks seit 1919 betreibt, fühlt man sich einfach wohl, denn das Haus wird engagiert geführt und die Zimmer sind hübsch und richtig wohnlich. Praktisch für Stadttouristen: Das Zentrum von Kiel ist nur 10 km entfernt.

36 Zim – †75/88 € ††120/140 € – ½ P

Hamburger Chaussee 10, B 4 ✉ 24113 – ✆ 04347 71200 – www.baerenkrug.de – geschlossen 22. Dezember - 4. Januar

Bärenkrug – siehe Restaurantauswahl

MONSCHAU

Nordrhein-Westfalen – 11 841 Ew. – Höhe 440 m – Regionalatlas **35**-A13
Michelin Straßenkarte 543

Schnabuleum

REGIONAL • GEMÜTLICH X Das Bruchsteinhaus mit dem rustikalen Charme liegt neben der seit jeher in Familientradition betriebenen Senfmühle von 1882. Was liegt da näher, als regionale Senfgerichte anzubieten? Auf der Karte finden sich z. B. "Monschauer Senfcremesuppe" oder "Senfrostbraten vom Weidemastbullen mit Portwein-Senfsauce und Döppekuchen". Passend dazu: Senfmuseum und Laden.

Menü 30 € – Karte 26/51 €

Laufenstr. 118 ✉ 52156 – ✆ 02472 909840 (Tischbestellung ratsam) – www.senfmuehle.de – geschlossen Montag - Dienstag

MONTABAUR

Rheinland-Pfalz – 12 600 Ew. – Höhe 230 m – Regionalatlas **37**-E14
Michelin Straßenkarte 543

Bernhards

MARKTKÜCHE • ZEITGEMÄSSES AMBIENTE XX Hätten Sie in dem Gewerbegebiet solch ein chic-modernes Restaurant erwartet? Man hat nicht nur eine schöne Aussicht auf Schloss Montabaur, durch eine Glasscheibe schaut man in die Küche - hier entsteht Internationales mit regional-saisonalem Einfluss. Tipp: Dry Aged Beef vom Grill oder auch Schmorgerichte!

Menü 43 € (abends) – Karte 35/82 €

Rudolf-Diesel-Str. 6, (im Gewerbegebiet Alter Galgen, 1. Etage), Nord: 2,5 km, jenseits der A 3 (Ausfahrt Nr. 40) ✉ 56410 – ✆ 02602 937444 – www.bernhards.restaurant – geschlossen Januar 1 Woche und Samstagmittag, Sonntag - Montag

MOOS

Baden-Württemberg – 3 294 Ew. – Höhe 396 m – Regionalatlas **62**-G21
Michelin Straßenkarte 545

Gasthaus Schiff

GASTHOF • AM SEE Der langjährige Familienbetrieb ist eine schöne gepflegte Ferienadresse in relativ ruhiger Lage nahe dem Bootshafen. Sie wohnen im Stammhaus, im Gästehaus "Sabrina" oder im "Fischerhaus". Letzteres hat besonders moderne Zimmer in maritimem Stil. Tipp: auf der Terrasse unter Platanen frischen Seefisch genießen!

33 Zim – 49/89 € 88/158 € – ½ P

Hafenstr. 1 78345 – 07732 99080 – www.schiff-moos.de – geschlossen Februar - Mitte März

MOOS bei DEGGENDORF

Bayern – 2 194 Ew. – Höhe 316 m – Regionalatlas **59**-O18
Michelin Straßenkarte 546

[KOOK] 36 (N)

INTERNATIONAL • FREUNDLICH XX Ein freundliches modernes Restaurant in einer ruhigen Wohngegend, in dem Ihnen ein sympathisches Team international-saisonale Speisen wie "Ente, Polenta, Sherry, Rotkohl" bietet. Und wie wär's mit einem Aperitif oder Digestif in der Lounge mit ihren bequemen Chesterfield-Sesseln? Im Sommer lockt die schöne Terrasse.

Menü 41/109 € – Karte 32/55 €

Thundorfer Str. 36 94554 – 09938 9196636 – www.kook36.com – geschlossen Montag - Mittwochmittag

MORITZBURG

Sachsen – 8 322 Ew. – Höhe 175 m – Regionalatlas **43**-Q12
Michelin Straßenkarte 544

Adams Gasthof (N)

MARKTKÜCHE • LÄNDLICH X Die ehemalige sächsisch-königliche Ausspanne von 1675 ist ein sympathischer Gasthof, der idyllisch an einem Teich liegt - wunderbar die Terrasse! Gekocht wird frisch und mit vielen regionalen Produkten, z. B. "Lachsforelle aus dem Rauch, Meerrettich, Rote Bete, Kraut".

Karte 23/33 €

Markt 9 01468 – 035207 99775 – www.adamsgasthof.de

MORSCHEN

Hessen – 3 340 Ew. – Höhe 195 m – Regionalatlas **39**-H12
Michelin Straßenkarte 543

Poststation

REGIONAL • PUB XX Im Nebengebäude des Hotels Kloster Haydau, der Poststation von 1765, kocht man regional und klassisch - gerne verwendet man auch heimische Produkte. Auf der Karte z. B. "Eubacher Bio-Poulardenbrust, Kerbelknolle, kleines Gemüse, Risotto".

Menü 37/69 € – Karte 35/59 €

Hotel Kloster Haydau, In der Haydau 2 34326 – 05664 939100 – www.hotel-kloster-haydau.de – nur Abendessen, sonntags auch Mittagessen – geschlossen 2. - 6. Januar

Kloster Haydau

HISTORISCH • MODERN Durch und durch modern ist das Hotel direkt an der schönen historischen Klosteranlage, von der großzügigen Empfangshalle, über die hellen, geradlinig und klar designten Zimmer bis zum Sauna- und Anwendungsbereich. Alternativ gibt es noch die Poststation a. d. 18. Jh. mit 13 individuellen Zimmern.

134 Zim – 95/115 € 120/140 € – 2 Suiten – 15 €

In der Haydau 2 34326 – 05664 939100 – www.hotel-kloster-haydau.de – geschlossen 2. - 6. Januar

Poststation – siehe Restaurantauswahl

MOSBACH

Baden-Württemberg - 22 781 Ew. - Höhe 156 m - Regionalatlas **48**-G17
Michelin Straßenkarte 545

In Mosbach-Nüstenbach Nord-West: 4 km Richtung Reichenbach

Landgasthof zum Ochsen

MARKTKÜCHE • GEMÜTLICH XX Freigelegte Holzbalken, charmante Deko, dazu schön eingedeckte Tische... Hier speist man herzlich umsorgt in stilvoll-gemütlicher Atmosphäre, und zwar frische regionale Gerichte wie "geschmorte Ochsenbäckchen mit Kartoffel-Petersilienpüree und Gemüse". Tipp: Schweizer Wochen im Januar. Ox-Scheune für Feiern.

Menü 35/38 € - Karte 30/55 €

Im Weiler 6 ✉ 74821 - ✆ 06261 15428 (Tischbestellung ratsam) - www.restaurant-zum-ochsen.de - nur Abendessen - geschlossen 1. - 10. Januar, August und Montag - Mittwoch

MÜHLHAUSEN

Thüringen - 33 201 Ew. - Höhe 209 m - Regionalatlas **39**-J12
Michelin Straßenkarte 544

Raabe (N)

BOUTIQUE-HOTEL • MODERN Mitten im historischen Zentrum mit seinen elf Kirchen und der Stadtmauer steht die schmucke Villa von 1886. Es ist ein schickes kleines Boutique-Hotel mit geräumigen modernen Zimmern und toller Dachterrasse - herrlich die Aussicht hier! Im stilvollen Restaurant erwartet Sie ambitionierte international-klassische Küche.

8 Zim ☕ - 🚹110 € 🚹🚹150 €

Brückenstr. 9 ✉ 99974 - ✆ 036014 039418 - www.raabe-muehlhausen.de

MÜHLHEIM am MAIN

Hessen - 27 753 Ew. - Höhe 102 m - Regionalatlas **48**-G15
Michelin Straßenkarte 543

In Mühlheim-Lämmerspiel Süd-Ost: 5 km über Lämmerspieler Straße

Das Waitz

FRANZÖSISCH-KLASSISCH • ELEGANT XXX Das elegante Abendrestaurant ist das kulinarische Herzstück des traditionsreichen Hotels. Die frische internationale Küche gibt es z. B. als "Riesling-Risotto, Muscheln, geschmorter Radicchio, Safran" oder als "krossen Zander, Puy-Linsen, Blutwurst-Krapfen".

Menü 35/75 € - Karte 37/58 €

Hotel Landhaus Waitz, Bischof-Ketteler-Str. 26 ✉ 63165 - ✆ 06108 6060 - www.das-waitz.de - nur Abendessen, sonntags auch Mittagessen - geschlossen 1. - 6. Januar

Landhaus Waitz

LANDHAUS • INDIVIDUELL Motto des engagiert geführten Hauses: "Tradition, Evolution, Innovation". Man hat individuelle Zimmer von modern-toskanischem Landhausstil bis klassisch-elegant (drei Zimmer sind große Maisonetten), dazu die moderne "Steff's Lounge" (beliebt hier der Mittagstisch) und die gemütliche Zigarrenbar "Fledermaus".

74 Zim - 🚹95/145 € 🚹🚹125/195 € - 7 Suiten - ☕13 €

Bischof-Kettelerstrasse 26 ✉ 63165 - ✆ 06108 6060 - www.hotel-waitz.de - geschlossen 1. - 6. Januar

Das Waitz - siehe Restaurantauswahl

MÜLHEIM an der RUHR

Nordrhein-Westfalen - 167 108 Ew. - Höhe 40 m - Regionalatlas **26**-C11
Michelin Straßenkarte 543

am Kamin

MODERNE KÜCHE • RUSTIKAL XX Als einer der talentierten jungen Küchenchefs im Lande sorgt Sven-Niklas Nöthel in dem ruhig in einem Park gelegenen Fachwerkhaus von 1732 für modern-kreative Küche. Geschult der Service - die Köche selbst erklären die Speisen. Dazu Weinempfehlungen am Tisch. Toll die Gartenterrasse!

→ Kalbsbries mit Kopfsalat, jungem Knoblauch und Steinpilzen. Austern mit Estragon, Gurke, Rettich. Schafsjoghurt mit Baumspinat, Kerbel und Nussbuttereis.

Menü 65/105 € - Karte 44/65 €

Striepensweg 62 ✉ 45473 - ✆ 0208 760036 - www.restaurant-amkamin.de - geschlossen 1. - 17. Januar und Samstagmittag

Villa am Ruhrufer

BOUTIQUE-HOTEL • DESIGN Die herrschaftliche Villa an der Ruhr (1898 erbaut) ist der Inbegriff eines Boutique-Hotels: individuell, geradlinig-chic, auffallend wertig! Beispielhaft der Service, z. B. Shuttle zu den eigenen Golfplätzen und in die City. Noch etwas ruhiger schläft man im Hinterhaus. Kleines Speisenangebot für Hausgäste.

6 Zim - †175/275 € ††195/295 € - 6 Suiten - ☕ 25 €

Dohne 105 ✉ 45468 - ✆ 0208 9413970 - www.villa-am-ruhrufer.de

In Mülheim-Mintard West: 8 km, Richtung Düsseldorf

Landhaus Höppeler

REGIONAL • BÜRGERLICH X Peter Höppeler bietet in seinem Landhaus ambitionierte Küche mit regionalen Einflüssen, und die gibt es z. B. als "kross gebratene Ente, Holunderblütensauce, Kohlrabi". Tipp: Fragen Sie nach den Tagesempfehlungen. Nett die Terrasse.

Karte 36/64 €

August-Thyssen-Str. 123 ✉ 45481 - ✆ 02054 18578 - www.landhaus-hoeppeler.de - geschlossen Montag - Dienstag

In Mülheim-Speldorf West: 4 km, Richtung Duisburg

Mölleckens Altes Zollhaus

INTERNATIONAL • FREUNDLICH X Bei den Mölleckens darf man sich in freundlich-elegantem Ambiente auf Klassiker wie Wiener Schnitzel sowie international-saisonale Gerichte freuen, und ein vegetarisches Menü gibt es ebenfalls. Darf es mittags vielleicht der günstige Business Lunch sein? Gerne sitzt man auch auf der Terrasse.

Menü 34 € (vegetarisch)/39 € - Karte 42/51 €

5 Zim - †55 € ††75 € - ☕ 12 €

Duisburger Str. 239 ✉ 45478 - ✆ 0208 50349 - www.moelleckensalteszollhaus.de - geschlossen Anfang Januar 1 Woche und Sonntagabend - Montag, Samstagmittag

MÜLHEIM (MOSEL)

Rheinland-Pfalz - 1 011 Ew. - Höhe 119 m - Regionalatlas **46**-C15
Michelin Straßenkarte 543

Culinarium R 2.0

INTERNATIONAL • ELEGANT XX Ein ehemaliger Kolonialwarenladen in frischem Style - modern und gemütlich zugleich. Auf der Karte z. B. "Roulade vom Eifler Kaninchen im Schinkenmantel, Orangen-Pfeffer-Schaum, Karotten & Linsen-Risotto" oder "Australisches Flank Steak vom Black Angus".

Karte 40/66 €

Weinromantikhotel Richtershof, Hauptstr. 81 ✉ 54486 - ✆ 06534 9480 - www.weinromantikhotel.com - nur Abendessen - geschlossen 7. Januar - 7. Februar und Sonntag - Dienstag

Weinromantikhotel Richtershof

HISTORISCH • INDIVIDUELL Schön das historische Gebäudeensemble (einst Weingut), hübsch die Zimmer von "Petit Charme" über "Flair", "Charme" und "Grand" bis hin zur Juniorsuite und Suite. Reizvolle Gartenanlage und eleganter römischer Spa nebst Beautyatelier. Sehenswert: Fassweinkran im Frühstücksraum sowie Kellergewölbe auf 1700 qm! Regional-saisonale Küche in der "Remise".

40 Zim – †99/185 € ††165/205 € – 3 Suiten – ½ P

Hauptstr. 81 ✉ 54486 – ✆ 06534 9480 – www.weinromantikhotel.com

Culinarium R 2.0 – siehe Restaurantauswahl

Weisser Bär

BOUTIQUE-HOTEL • THEMENBEZOGEN Der Mosel ganz nah: Viele der Zimmer, das Restaurant samt Terrasse sowie der schöne Wellnessbereich bieten Flussblick. Exotische Deko vom Empfang über die "African Lodge"-Bar bis zum "Dschungelbad", Themenzimmer wie Hacienda, Eschnapur, Bacchus... Tipp: Kabinen und Suiten auf dem Moselschiff am Ufer! Im Restaurant klassisch-regionale Küche und gute Rieslingauswahl.

28 Zim – †97/165 € ††149/279 € – 5 Suiten – ½ P

Moselstr. 7, B 53 ✉ 54486
– ✆ 06534 94770 – www.hotel-weisser-baer.de

Schiffmann

SPA UND WELLNESS • FUNKTIONELL Für Gesundheitsbewusste und Ruhesuchende: großes Gartengrundstück, Blick ins Grüne, dazu ein umfassendes Spa-Angebot samt Heilfasten, TCM, Reiki... sowie Speisen von vegetarisch/vegan über allergikergerecht bis klassisch. Inklusive: Wasser, Telefonieren ins dt. Festnetz, W-Lan, Leihfahrräder...

52 Zim – †106/126 € ††170/190 € – ½ P

Veldenzer Str. 49a ✉ 54486
– ✆ 06534 93940 – www.landhaus-schiffmann.de
– geschlossen 27. Juli - 11. August, 16. - 30. Dezember

Domizil Schiffmann

BUSINESS • MODERN Eine nette Adresse ist das ganz modern eingerichtete kleine Hotel mitten im Ort. W-Lan und Telefon (deutsches Festnetz) sind inklusive, alle Zimmer (auch Allergikerzimmer) mit Balkon oder Terrasse. Im Restaurant bürgerlich-saisonale Küche einschließlich vegetarischer Speisen. Tipp: interessante Arrangements!

18 Zim – †60/70 € ††96/115 € – ½ P

Hauptstr. 52 ✉ 54486
– ✆ 06534 947690 – www.domizil-schiffmann.de –
geschlossen Januar

MÜLHEIM-KÄRLICH

Rheinland-Pfalz – 10 980 Ew. – Höhe 76 m – Regionalatlas **36**-D14
Michelin Straßenkarte 543

Zur Linde

MARKTKÜCHE • GEMÜTLICH XX Gemütlich hat man es bei Familie Linden (5. Generation). Im Restaurant und in der Winzerstube bietet man saisonal, regional und international beeinflusste Küche, so z. B. "Cordon bleu vom Maifelder Schwein mit Frühlingslauch" oder "gratinierten Lammrücken auf provenzalischem Gemüse". Vinothek.

Karte 27/59 €

Bachstr. 12, Mülheim ✉ 56218
– ✆ 02630 4130 – www.zurlinde.info –
geschlossen über Karneval 1 Woche, Oktober 2 Wochen und Montagabend - Dienstag, Samstagmittag

MÜLLHEIM

Baden-Württemberg – 18 528 Ew. – Höhe 267 m – Regionalatlas **61**-D21
Michelin Straßenkarte 545

Hebelstube

MARKTKÜCHE • LÄNDLICH XX Hier war der Poet Johann Peter Hebel namengebend und er verewigte den historischen Gasthof mit den hübschen Stuben sogar in einem Gedicht. Gekocht wird saisonal mit regionaler und klassischer Note - wie wär's z. B. mit "Taubenbrust, Getreidejus, Rauch, Spitzkohl"?

Menü 27 € (mittags unter der Woche)/76 € – Karte 35/72 €

Landhotel Alte Post, Posthalterweg, B 3 ✉ 79379 – ✆ 07631 17870 – www.alte-post.net

Messer und Gradel

FUSION • HIP X Das moderne Konzept aus Restaurant, Lounge und Bar kommt an, ebenso die trendige "Weltküche", wie man sie selbst nennt: bewusst kleine Portionen von asiatisch über kalifornisch bis mediterran - lecker sind da z. B. Linguine mit Hummer oder frische Bouchot-Muscheln. Schöne Terrasse.

Menü 38/86 € – Karte 31/71 €

Goethestr. 10 ✉ 79379 – ✆ 07631 10060 – www.messerundgradel.de – nur Abendessen – geschlossen Dienstag - Mittwoch

Taberna

MARKTKÜCHE • HIP X Im Herzen von Müllheim leiten die sympathischen Birks' (sie gebürtige Südafrikanerin, er Engländer) dieses charmante Restaurant. Modern inspirierte Gerichte wie "geschmortes Färsenrind, confierte Chips, Béarnaise" können frei zum Menü kombiniert werden. Tipp: die Terrasse am bzw. über dem Klemmbach!

Menü 24 € (mittags)/48 € (abends)

Marktplatz 7 ✉ 79379 – ✆ 07631 174884 – www.taberna-restaurant.de – geschlossen Januar 2 Wochen, Ende August 2 Wochen und Sonntag - Montag

Appartement-Hotel im Weingarten

PRIVATHAUS • INDIVIDUELL Ein charmantes kleines Hotel in ruhiger Lage oberhalb der Stadt - da passt das Motto "wandern, biken, joggen, relaxen". Dazu darf man sich auf moderne, wohnliche Zimmer, ein frisches Frühstück und einen schönen (Wein-) Garten freuen.

13 Zim ☕ – 🚹85/120 € 🚹🚹110/140 €

Kochmatt 8 ✉ 79379 – ✆ 07631 36940 – www.app-hotel-im-weingarten.de

Landhotel Alte Post

GASTHOF • FUNKTIONELL Natürliche Materialien und warme Töne machen die Zimmer in der einstigen Posthalterei schön wohnlich. Benannt sind sie nach Rebsorten, Bäumen und Kräutern, im Gästehaus haben sie einen kleinen Balkon.

50 Zim ☕ – 🚹80/100 € 🚹🚹120/140 € – 1 Suite – ½ P

Posthalterweg, B 3 ✉ 79379 – ✆ 07631 17870 – www.alte-post.net

Hebelstube – siehe Restaurantauswahl

Altes Spital

HISTORISCHES GEBÄUDE • MODERN Was dieses ehemalige Spital interessant macht, ist die Kombination aus schönem denkmalgeschütztem historischem Rahmen und modernem Interieur. Zu den technisch sehr gut ausgestatteten und geradlinig-schlicht designten Zimmern kommt eine junge Gastronomie mit internationaler Küche.

29 Zim ☕ – 🚹74 € 🚹🚹94 €

Hauptstr. 78 ✉ 79379 – ✆ 07631 9899988 – www.spitalhotel.de

In Müllheim-Britzingen Nord-Ost: 5 km über Zunzingen

Hirschen

BÜRGERLICHE KÜCHE • LÄNDLICH Ein typisch badischer Familienbetrieb, in dem es schön gastlich zugeht, und das bei solider bürgerlicher Küche - da kommt schonmal die Suppenterrine auf den Tisch! Und danach vielleicht "Färsen-Rumpsteak mit Zwiebel-Kräuterkruste"? Nett der ländliche Charme. Einfach, aber gepflegt die Gästezimmer.

Menü 22 € (unter der Woche) – Karte 28/53 €

4 Zim – 70 € 70 €

Markgräfler Str. 22 79379 – 07631 5457 (Tischbestellung ratsam) – www.hirschen-britzingen.de – geschlossen 18. Dezember - 9. Januar, 4. - 12. Juni, 30. Juli - 14. August und Dienstag - Mittwoch, Sonntagabend

In Müllheim-Feldberg Süd-Ost: 6 km über Vögisheim

Ochsen

REGIONAL • GASTHOF Der Gasthof ist seit seiner Gründung 1763 in Familienbesitz. Drinnen reizende Stuben, draußen eine hübsche Terrasse und ein Innenhof (zur Weihnachtszeit mit kleinem Markt). Es wird frisch gekocht, z. B. "Kutteln in Weißweinsoße" oder "gebratene Dorade auf mediterranem Gemüse". Schön übernachten kann man auch.

Menü 29/55 € – Karte 26/69 €

7 Zim – 50/60 € 100 €

Bürgelnstr. 32 79379 – 07631 3503 – www.ochsen-feldberg.de – geschlossen Februar 3 Wochen, Ende August 2 Wochen

FooTToo/iStock

MÜNCHEN

Deftig bayerische Küche, wie man sie von Brauereigaststätten kennt, gehört zur „Weltstadt mit Herz" wie Frauenkirche, Viktualienmarkt und Englischer Garten. Aber das ist natürlich längst nicht alles. Die bayerische Landeshauptstadt ist in Sachen Gastronomie ebenso innovativ aufgestellt wie beispielsweise Berlin oder Hamburg. Auch hier heißt der Trend „jung und leger", und der reicht vom bodenständigen Lieblingslokal für jeden Tag bis zum 3-Sterne-Restaurant. Gerne beziehen die Gastronomen ihre Produkte aus der Region, auch Bio-Qualität steht hoch im Kurs.
München hat kulinarisch eine enorme Bandbreite zu bieten, von zünftig-bayerisch in Form von Leberkäs, Weißwurst & Co. über regional-saisonale und internationale Spezialitäten bis zur klassisch-französischen Hochküche. Auch Pizzerien und „Edel-Italiener" sind in der „nördlichsten Stadt Italiens" zahlreich vertreten. Nicht zu vergessen das nach wie vor boomende vegetarische und vegane Angebot. Tipp: Besuchen Sie unbedingt einen der tollen Biergärten – die haben hier Tradition!

In diesem Sinne: Servus in „Minga"!

Wir mögen besonders:

Jan Hartwigs 3-Sterne-Küche im **Atelier** als absolutes Hightlight für Gourmets! Im **EssZimmer** bei französisch-moderner Küche den speziellen Rahmen der BMW Welt genießen. Das „Japan meets Europa"-Konzept von Tohru Nakamura im **WERNECKHOF by Geisel**. Nach bayerisch-österreichischen Schmankerln im **Freisinger Hof** durch den Englischen Garten spazieren.

1 388 310 Ew. – Höhe 518 m

- Regionalatlas 65-L20
- Michelin Straßenkarte 546

M. Ripani/Sime/Photononstop

UNSERE RESTAURANTAUSWAHL

ALLE RESTAURANTS VON A BIS Z

A

B

C-D

E-F

G

Kaplanec / iStock

AngiePhotos / iStock

CLFortin / iStock

RESTAURANTS AM SONNTAG GEÖFFNET

UNSERE HOTELAUSWAHL

KhongkitWiriyachan / iStock

MÜNCHEN
0
2 km
A
B
1
2
3
KARLSFELD
DACHAU
STUTTGART, AUGSBURG
AUGSBURG
LINDAU
GERMERING
STARNBERG
GARMISCH-PARTENKIRCHEN, STARNBERG
INNSBRUCK
A 99
DR. MÜNCHEN-ALLACH
Lippweg
Siberstraße
Dachauer Str.
Ludwigsfelder Str.
FASANERIE NORD
Max-Born-Straße
MOOSACH
Olympia Einkaufszent
Müllerstadelstraße
Paul-Ehrlich-Weg
ALLACH
Eversbuschstraße
Goteboldstraße
A 8
KR. MÜNCHEN-WEST
Langwieder Hauptstr.
LOCHHAUSEN
Lochhausen
Lochhausener Str.
UNTERMENZING
Allacher Str.
Von-Kahr-Straße
MOOSACH BF
Pelkovenstr.
Moosacher Sankt-Martins-Pl.
Wintrichring
Hugo-Troendle-Straße
Mühlangerstraße
OBERMENZING
Menzinger Str.
Hanauer Str.
Westfriedh
Pippinger Str.
Verdistraße
Amalienburgstraße
Botanischer Garten
Menzinger Str.
Maria-Ward-Straße
Nymphenburg
Dall'Armistraße
Schloss Nymphenburg
Renatastraße
AUBING
Bergsonstraße
Altostraße
PIPPING
Alte Allee
Meyerbeer-Str.
Romanplatz
Hubertusstraß
NEUHAUSEN
Steubenpla
Kriemhildenstraße
Aubinger Str.
MÜNCHEN-PASING
a
Rathaus Pasing
Pasing Bahnhof
Offenbachstraße
Am Knie
Westbad
Landsberger Str.
Briefzentrum
Am Lokschuppe
NEUAUBING
Bodenseestraße
Gräfstraße
Willibaldplatz
Agnes-Bernauer-Straße
Fürstenrieder Str.
Lohensteinstraße
Agnes-Bernauer-Platz
PASING
Lautensackstraße
Hans-Thonau Straße
Brunhamstr.
Aubinger Str.
Planegger Str.
Blumenauer Str.
Laimer Pl.
Friedenheimer Str.
Siglstraße
Westendstr.
LOCHHAM
LAIM
Fachnerstraße
Stegener Weg
Säulingstraße
A 96
Lochhamer Str.
Pasinger Str.
BLUMENAU
Ammerseestraße
Senftenauerstraße
Gondrellplatz
UNTERSENDL
GRÄFELFING
KLEINHADERN
Haderner Stern
Partnach
Bahnhofstr.
Westpark
Ruffiniallee
Würmtalstraße
Großhadern
Holzapfelkreuth
Waldfriedhof-Str.
Albert-R
b
Klinikum Großhadern
MARTINSRIED
GROSSHADERN
MITTERSENDL
B 2
Pasinger Str.
Germeringer Str.
Münchner Str.
Südpark
Neurieder Str.
Fürstenrieder Wald
Haderner Weg
Tischlerstr.
Fürstenrieder Str.
Aidenbachstraß
Fürstenrieder Str.
Forstenrieder Allee
Machtlfing Str.
Forst-Kasten-Allee
Gautinger Str.
A 95
Basler Str.
OBERSENDLI
NEURIED
Fürstenried West
FORST KASTEN
Gautinger Str.
Stäblistraße
Lochhamer Str.
STOCKDORF
FORSTENRIED
Herterichstraße
Hofbrunnstr.
SOLLN

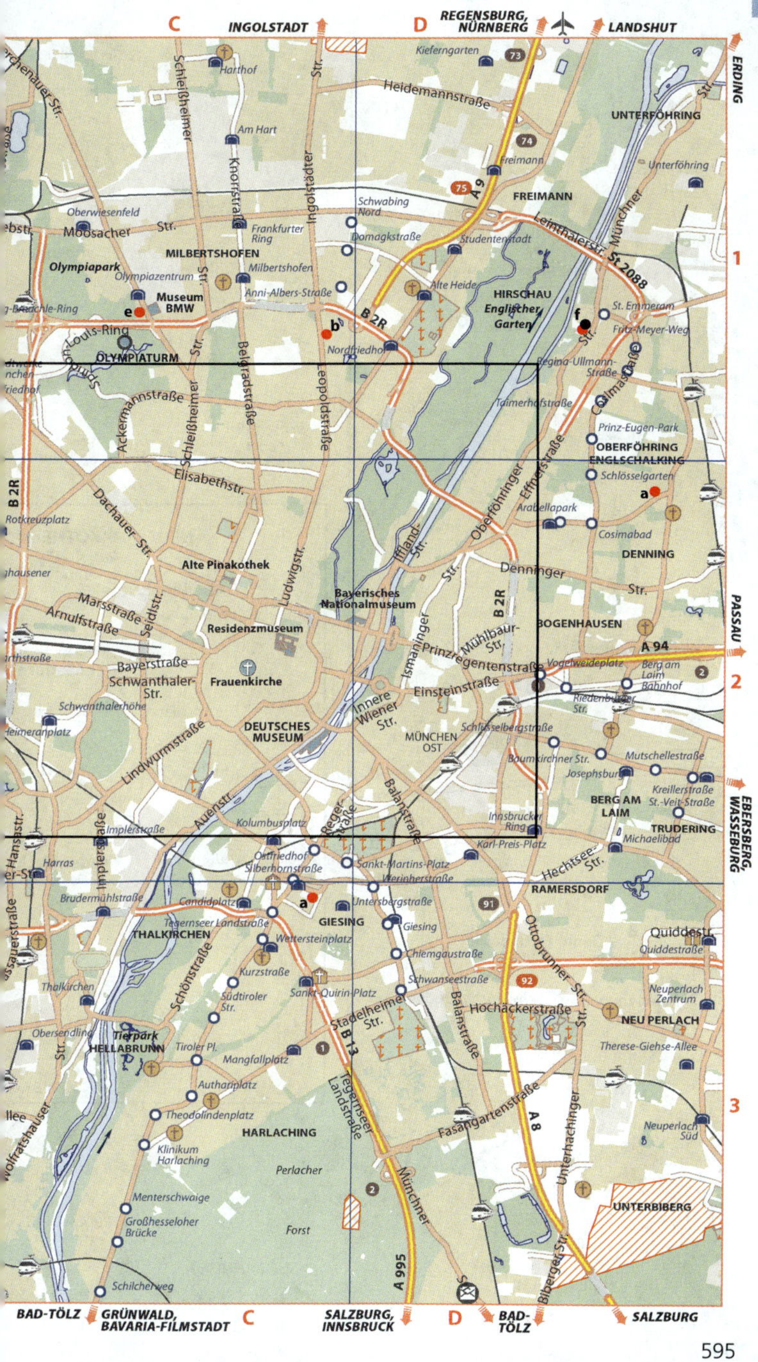

INGOLSTADT
REGENSBURG, NÜRNBERG
LANDSHUT
ERDING
PASSAU
EBERSBERG, WASSEBURG
SALZBURG
BAD-TÖLZ
SALZBURG, INNSBRUCK
BAD-TÖLZ
GRÜNWALD, BAVARIA-FILMSTADT
C
D
1
2
3
UNTERFÖHRING
FREIMANN
MILBERTSHOFEN
Olympiapark
Museum BMW
OLYMPIATURM
HIRSCHAU
Englischer Garten
OBERFÖHRING
ENGLSCHALKING
DENNING
BOGENHAUSEN
Alte Pinakothek
Bayerisches Nationalmuseum
Residenzmuseum
Frauenkirche
DEUTSCHES MUSEUM
MÜNCHEN OST
BERG AM LAIM
TRUDERING
RAMERSDORF
GIESING
THALKIRCHEN
Tierpark HELLABRUNN
HARLACHING
NEU PERLACH
UNTERBIBERG
Perlacher Forst
Heidemannstraße
Leinthalerstr.
St 2088
Moosacher Str.
Elisabethstr.
Dachauer Str.
Marsstraße
Arnulfstraße
Bayerstraße
Schwanthaler-Str.
Lindwurmstraße
Prinzregentenstraße
Einsteinstraße
Denninger Str.
Innere Wiener Str.
Balanstraße
Hochäckerstraße
Ottobrunner Str.
Fasangartenstraße
Tegernseer Landstraße
Schönstraße
Leopoldstraße
Ludwigstr.
Ingolstädter Str.
Schleißheimer Str.
Belgradstraße
Knorrstraße
Ackermannstraße
Effnerstraße
Oberföhringer Str.
Ismaninger Str.
Mühlbaur-Str.
Münchner Str.
A 9
A 94
A 8
A 995
B 2R
B 13
595

E
F
LUITPOLDPARK
Borstei
Dachauer Str.
Spiridon-Louis-Ring
Ackermannstraße
Karl-Theodor-Str.
Karl-Theodor-Straße
Olympiapark West
Landshuter Allee
Dachauer Str.
Olympiapark Süd
Herzogstraße
Clemensstraße
Goethe-Institut
Nordbad
Hohenzollernplatz
Hohenzollernstraße
Infanteriestraße
Barbarastraße
Leonrodplatz
Elisabethstraße
Elisabethplatz
Schleißheimer Str.
Josephsplatz
Neuhausen
Leonrodstraße
Fasaneriestraße
Hochschule München
Hochschule München (Lothstraße)
Volkartstraße
Albrechtstraße
Rotkreuzplatz
Nymphenburger Str.
Maillingerstraße
NEUE PINAKOTHEK
Theresienstraße
Alte Pinakothek
Posselt-platz
Stiglmaierplatz
Donnersbergerstraße
Marsstraße
Pappenheimstr.
Pinakothek der Moderne
Arnulfstraße
Wredestr.
Seidlstraße
Karlsplatz
Brienner Str.
Deroystraße
Hackerbrücke
Sophienstraße
Lenbach-Pl.
Maximiliansplatz
Hopfenstraße
Elisenstraße
Trappentreustraße
Landsberger Str.
Holzapfelstraße
Hermann-Lingg-Straße
Karlspl.
Schrenkstraße
Frauenkirche
Schwanthalerstraße
Sonnenstraße
B 2R
Bavariaring
Theresienwiese
Georg-Freundorfer-Platz
Ridlerstr.
Heimeranstr.
Heimeranplatz
Schwanthalerhöhe
Lindwurmstraße
Blumenstr.
Fraunhoferstr.
THERESIENWIESE
Theresienhöhe
Ganghoferstraße
GLOCKENBACH
Hansastraße
Häberlstr.
Westpark
Am Westpark
Radlkoferstr.
Poccistr.
Poccistraße
Kapuzinerstraße
Pfeuferstraße
Implerstraße
Lindwurmstraße
Tumblingerstraße
FRÜHLINGSANLAGE
Hansastr.
SUDBAHNHOF
Auenstraße
Humboldtstr.
1
2
3
a
b
c
e
s
P

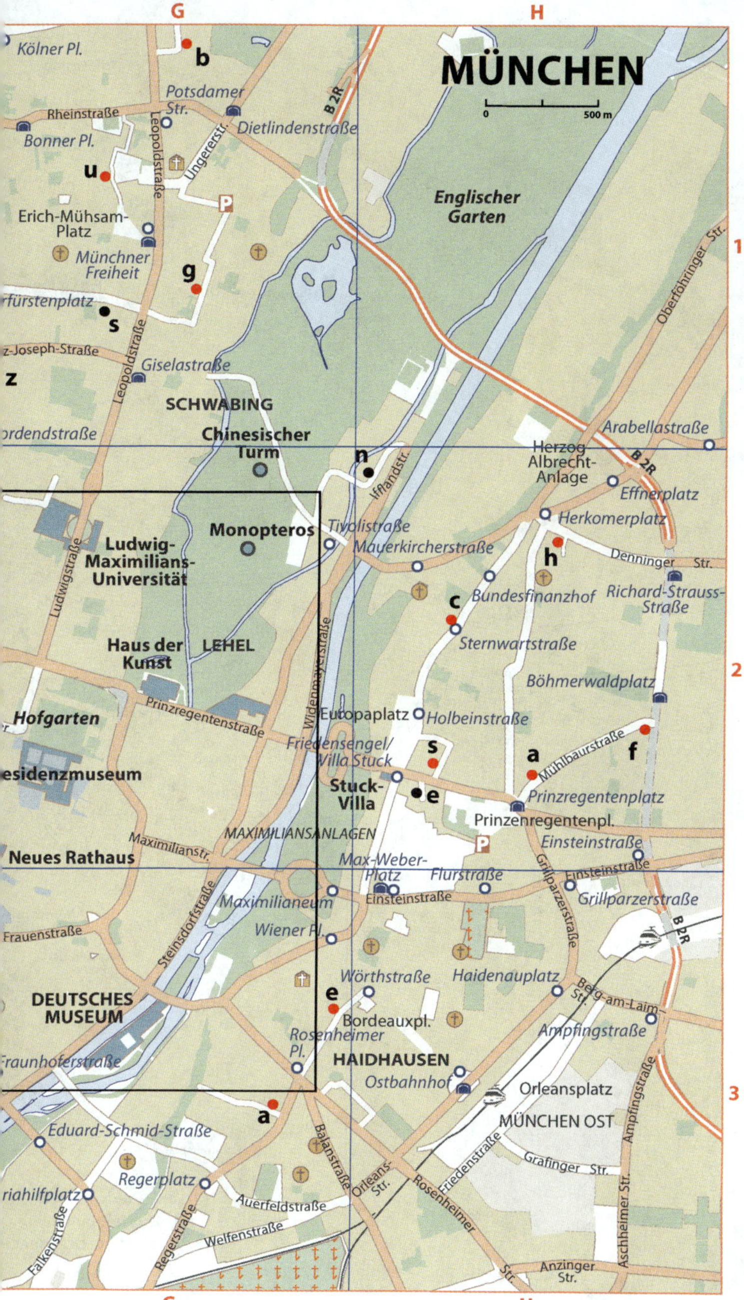

G
H
MÜNCHEN
0
500 m
Kölner Pl.
Potsdamer Str.
Rheinstraße
Bonner Pl.
Leopoldstraße
Ungererstr.
Dietlindenstraße
B 2R
Erich-Mühsam-Platz
Münchner Freiheit
Englischer Garten
fürstenplatz
z-Joseph-Straße
Giselastraße
SCHWABING
Oberföhringer Str.
ordendstraße
Chinesischer Turm
Arabellastraße
Herzog Albrecht-Anlage
Effnerplatz
Ifflandstr.
Herkomerplatz
Tivolistraße
Mauerkircherstraße
Denninger Str.
Monopteros
Ludwig-Maximilians-Universität
Ludwigstraße
Bundesfinanzhof
Richard-Strauss-Straße
Sternwartstraße
Haus der Kunst
LEHEL
Widenmayerstraße
Böhmerwaldplatz
Prinzregentenstraße
Hofgarten
Europaplatz
Holbeinstraße
Friedensengel/ Villa Stuck
Mühlbaurstraße
esidenzmuseum
Stuck-Villa
Prinzregentenplatz
Prinzenregentenpl.
MAXIMILIANSANLAGEN
Maximilianstr.
Einsteinstraße
Neues Rathaus
Max-Weber-Platz
Flurstraße
Grillparzerstraße
Maximilianeum
Frauenstraße
Wiener Pl.
Steinsdorfstraße
Wörthstraße
Haidenauplatz
Berg-am-Laim-Str.
DEUTSCHES MUSEUM
Bordeauxpl.
Ampfingstraße
Rosenheimer Pl.
Fraunhoferstraße
HAIDHAUSEN
Ostbahnhof
Orleansplatz
MÜNCHEN OST
Eduard-Schmid-Straße
Balanstraße
Friedenstraße
Grafinger Str.
Regerplatz
Orleans-Str.
Rosenheimer Str.
riahilfplatz
Auerfeldstraße
Welfenstraße
Regerstraße
Falkenstraße
Aschheimer Str.
Anzinger Str.
1
2
3

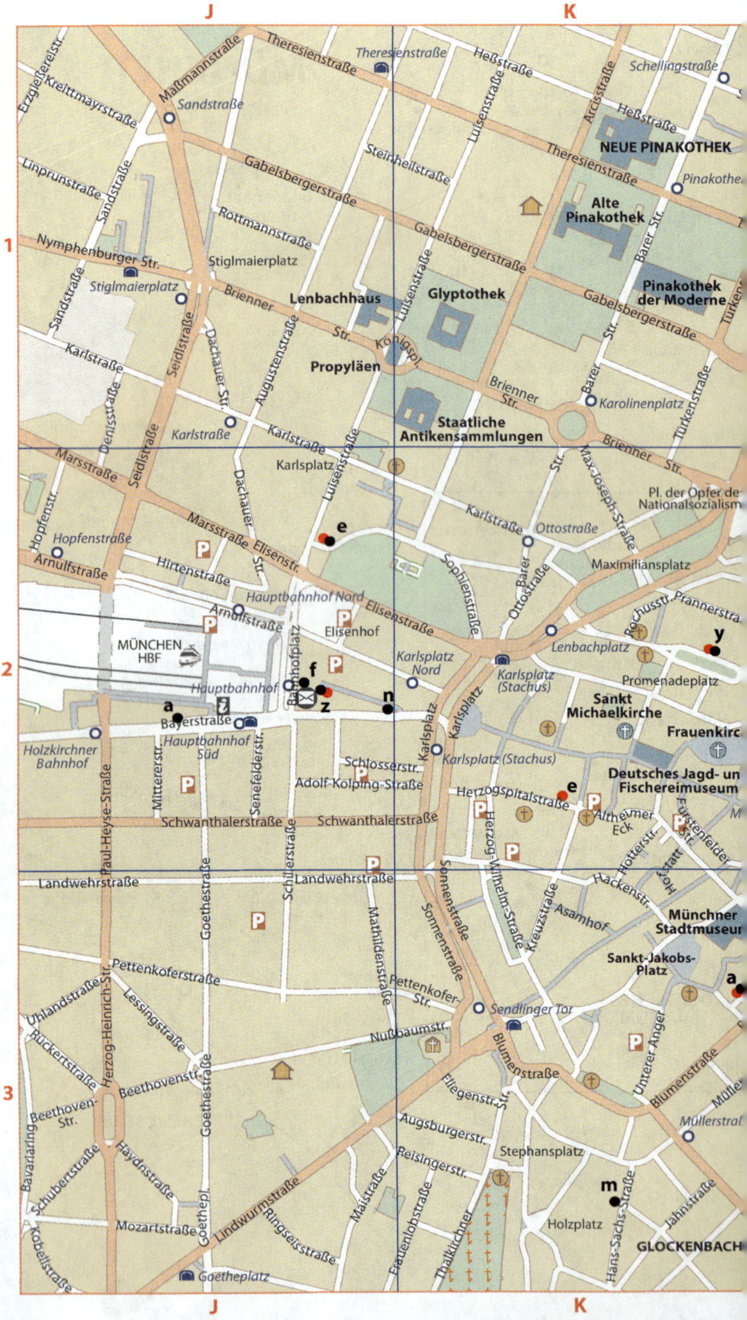
J
K
1
2
3
Theresienstraße
Heßstraße
Schellingstraße
Arcisstraße
Erzgießereistr.
Kreittmayrstraße
Maßmannstraße
Sandstraße
Luisenstraße
Steinheilstraße
NEUE PINAKOTHEK
Pinakothek
Linprunstraße
Gabelsbergerstraße
Alte Pinakothek
Rottmannstraße
Barer Str.
Nymphenburger Str.
Stiglmaierplatz
Pinakothek der Moderne
Brienner Str.
Lenbachhaus
Glyptothek
Karlstraße
Seidlstraße
Dachauer Str.
Augustenstraße
Königspl.
Propyläen
Türkenstraße
Karolinenplatz
Denisstraße
Staatliche Antikensammlungen
Marsstraße
Karlsplatz
Max-Joseph-Straße
Pl. der Opfer des Nationalsozialismus
Hopfenstr.
Hopfenstraße
Elisenstr.
e
Ottostraße
Arnulfstraße
Hirtenstraße
Maximiliansplatz
Sophienstraße
Hauptbahnhof Nord
Elisenstraße
Pacellistr.
Prannerstraße
Elisenhof
y
MÜNCHEN HBF
Lenbachplatz
Karlsplatz Nord
Bahnhofplatz
f
Promenadeplatz
Hauptbahnhof
z
Karlsplatz (Stachus)
a
n
Sankt Michaelkirche
Bayerstraße
Frauenkirche
Holzkirchner Bahnhof
Hauptbahnhof Süd
Mittererstr.
Senefelderstr.
Schlosserstr.
Deutsches Jagd- und Fischereimuseum
Adolf-Kolping-Straße
Herzogspitalstraße
Paul-Heyse-Straße
Altheimer Eck
Fürstenfelder Str.
Schwanthalerstraße
Herzog-Wilhelm-Straße
Hotterstr.
Hofstatt
Landwehrstraße
Schillerstraße
Goethestraße
Hackenstr.
Mathildenstraße
Sonnenstraße
Asamhof
Kreuzstraße
Münchner Stadtmuseum
Sankt-Jakobs-Platz
Pettenkoferstraße
Uhlandstraße
Herzog-Heinrich-Str.
Lessingstraße
Pettenkofer-Str.
Sendlinger Tor
Nußbaumstr.
Blumenstraße
Unterer Anger
Rückertstraße
Beethovenstr.
Fliegenstr.
Beethoven-Str.
Bavariaring
Augsburgerstr.
Müllerstraße
Schubertstraße
Haydnstraße
Stephansplatz
Reisingerstr.
m
Lindwurmstraße
Maistraße
Hans-Sachs-Straße
Jahnstraße
Ringseisstraße
Frauenlobstraße
Thalkirchner
Holzplatz
Mozartstraße
Goethepl.
GLOCKENBACH
Kobellstraße
Goetheplatz

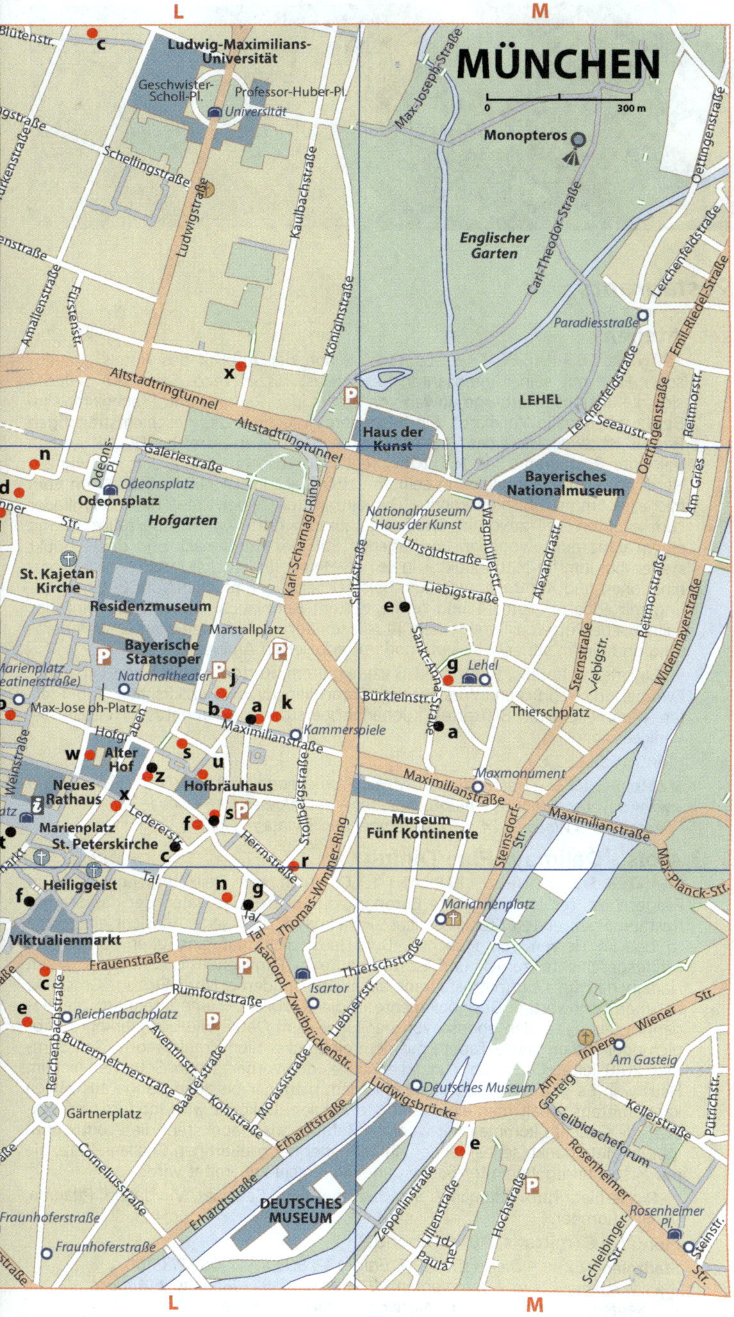
MÜNCHEN
0
300 m
Ludwig-Maximilians-Universität
Geschwister-Scholl-Pl.
Professor-Huber-Pl.
Universität
Schellingstraße
Ludwigstraße
Kaulbachstraße
Amalienstraße
Fürstenstr.
Königinstraße
Altstadtringtunnel
Max-Joseph-Straße
Monopteros
Englischer Garten
Carl-Theodor-Straße
Oettingenstraße
Lerchenfeldstraße
Emil-Riedel-Straße
Paradiesstraße
LEHEL
Seeaustr.
Reitmorstr.
Am Gries
Haus der Kunst
Galeriestraße
Odeonsplatz
Hofgarten
Bayerisches Nationalmuseum
Nationalmuseum/ Haus der Kunst
Wagmüllerstr.
Unsöldstraße
Alexandrastr.
Reitmorstraße
Widenmayerstraße
Karl-Scharnagl-Ring
Seitzstraße
Liebigstraße
St. Kajetan Kirche
Residenzmuseum
Marstallplatz
Bayerische Staatsoper
Nationaltheater
Marienplatz
Max-Joseph-Platz
Sankt-Anna-Straße
Lehel
Bürkleinstr.
Thierschplatz
Sternstraße
Liebigstr.
Maximilianstraße
Kammerspiele
Stollbergstraße
Maxmonument
Alter Hof
Neues Rathaus
Hofbräuhaus
Weinstraße
Ledererstr.
Herrnstraße
Museum Fünf Kontinente
Steinsdorfstr.
Max-Planck-Str.
Marienplatz
St. Peterskirche
Heiliggeist
Tal
Thomas-Wimmer-Ring
Mariannenplatz
Viktualienmarkt
Frauenstraße
Isartorpl.
Thierschstraße
Isartor
Rumfordstraße
Reichenbachplatz
Reichenbachstraße
Zweibrückenstr.
Liebherrstr.
Innere Wiener Str.
Am Gasteig
Buttermelcherstraße
Aventinstr.
Baaderstraße
Morassistraße
Deutsches Museum
Ludwigsbrücke
Kellerstraße
Pütrichstr.
Gärtnerplatz
Kohlstraße
Erhardtstraße
Celibidacheforum
Rosenheimer Str.
Corneliusstraße
DEUTSCHES MUSEUM
Zeppelinstraße
Lilienstraße
Hochstraße
Rosenheimer Pl.
Steinstr.
Fraunhoferstraße
Schleibinger Str.
L
M
1
2
3

Im Zentrum

Brzozowska/iStock

Restaurants

✿✿✿ Atelier

FRANZÖSISCH-KREATIV • ELEGANT XXX Schon der Anblick des Hotels „Bayerischer Hof“ mit seiner imposanten Fassade ist faszinierend. Seit 1897 befindet sich die luxuriöse Herberge unweit von Staatsoper, Rathaus und Frauenkirche im Besitz der Familie Volkhardt. Ein besonderes Highlight des geschichtsträchtigen Hauses ist zweifelsfrei das „Atelier“, das inzwischen mit drei MICHELIN Sternen gekrönte Restaurant. Seit Mai 2014 steht hier Ausnahmetalent Jan Hartwig am Herd, der sich schon gleich in seinem ersten Jahr im „Atelier“ einen Stern vom Michelin Himmel pflücken konnte. Gemeinsam mit seiner Crew, deren Mitglieder zum größten Teil zuvor in Sterne-Restaurants tätig waren, überzeugt er mit einem ganz ausgewogenen und eigenen Stil. Der Geschmack und das Produkt stehen bei ihm im Mittelpunkt – in seinen Menüs finden sich faszinierende Kombinationen und Kontraste, wie zum Beispiel beim Lammrücken vom Gutshof Polting mit Ricotta, Tomate und fermentiertem Knoblauch. Abgerundet wird das kulinarische Portefeuille mit einem tadellosen Service, ausgezeichneter Weinberatung und einem super-schicken, modern-reduzierten Ambiente.

→ Bayerische Forelle, Kimizu mit Gartenkräutern, Kartoffelstampf und Schinken-Zwiebelsud. Rehrücken, Wirsingsalat, Petersilienwurzel, Herzkirschen und Pfeffer. Karamellisierter Blätterteig, Johannisbeerstrauch, Piemonteser Haselnüsse, Vanilleessig.

Menü 165/220 €

Stadtplan : K2-y – *Hotel Bayerischer Hof, Promenadeplatz 2 ✉ 80333 – ✆ 089 21200 – www.bayerischerhof.de – nur Abendessen – geschlossen 1. - 8. Januar, Juli - September 5 Wochen, 24. - 30. Dezember und Sonntag - Montag*

✿✿ Alois - Dallmayr Fine Dining (N)

FRANZÖSISCH-MODERN • ELEGANT XXX Ob man das Delikatessengeschäft im Erdgeschoss (es ist das größte Europas), das Bistro, das Café oder das Sterne-Restaurant im ersten Stock besucht - „Dallmayr“ ist in jeder Hinsicht ein „place to be“ im Herzen von München. Das Haus blickt auf eine über 300-jährige Erfolgsgeschichte zurück und ist bis heute in Familienbesitz. Mit dem neuen Namen hält im Gourmetrestaurant auch eine moderne Note Einzug. Geschickt hat man hochwertige Designelemente in die stilvollen Räume integriert: Die eleganten Sessel zeugen ebenso von der Liebe zum Detail wie der markante Teppich oder die originelle Tapete mit dem eindrucksvollen Kranichmotiv. Seit Sommer 2018 leitet Christoph Kunz die Küche, der vorher schon Souschef hier im Haus war. Es gibt ein festes Menü, aus dem man vier bis zehn Gänge auswählen kann; mittags erhält man eine verkürzte Version. Gekocht wird modern und präzise, die Gerichte kommen mit wenigen Zutaten aus. Dabei steht die Produktqualität im Mittelpunkt, sei es bei der Makrele oder der großartigen Challans-Ente, die mit Mispel und geflämmter Sahne ohne viel Chichi zubereitet wird.

→ Rinderfilet, Tofu, Edamame. Schwarzfederhuhn, Senfsaat, Vin Jaune. Pflaume, Vanille, Lorbeer.

Menü 50 € (mittags)/185€ (abends)

Stadtplan : L2-w – *Dienerstr. 14, (1. Etage) ✉ 80331 – ✆ 089 2135100 – www.dallmayr.com – geschlossen 14. - 30. April, 9. - 18. Juni, 4. August - 3. September und Sonntag - Mittwochmittag, Feiertage*

Schuhbecks Fine Dining

MODERNE KÜCHE • FREUNDLICH XXX Ein weiteres Aushängeschild von Alfons Schuhbeck am Platzl: das Ambiente elegant, aber nicht steif, der Service freundlich, geschult und gut besetzt. Aus der Küche kommen zwei saisonale Menüs - modern, harmonisch und ausdrucksstark, hervorragend die Produktqualität.

→ Gillardeau Auster mit Zitrone. Bretonischer Steinbutt, Spargel, Mole, Quinoa, Jalapeno. Passionsfrucht, Mango, Joghurt, Koriander.

Menü 78/116 €

Stadtplan : L2-s – *Pfisterstr. 9 ✉ 80331 – ✆ 089 2166900 – www.schuhbeck.de – geschlossen Anfang Januar 2 Wochen, August 3 Wochen und Sonntag - Montag*

Les Deux

FRANZÖSISCH-MODERN • FREUNDLICH XX "Les Deux", das sind Gastgeber Fabrice Kieffer und Küchenchef Edip Sigl, die hier in bester City-Lage mit ihrem chic designten Restaurant gut ankommen. Die Küche modern-klassisch, überaus angenehm der sehr freundliche Service, schön die Weinkarte.

→ Entenleberparfait, Ingwer, Miso, Popcorn, Alge. Tranche vom Bretonischen Steinbutt, Ratatouille, Basilikum, Safran. Französische Entenbrust, Sellerie, Blaukraut, Markklößchen, Buchenpilze, Purple Curry.

Menü 48 € (mittags unter der Woche)/120 € – Karte 73/154 €

Stadtplan : L2-p – *Maffeistr. 3a, (1. Etage) ✉ 80333 – ✆ 089 710407373 (Tischbestellung ratsam) – www.lesdeux-muc.de – geschlossen Sonntag, Feiertage*

Brasserie – siehe Restaurantauswahl

Schwarzreiter

MODERNE KÜCHE • ELEGANT XX Unter dem Namen "Young Bavarian Cuisine" werden hier erstklassige Produkte, die meist aus der Region kommen, modern, finessenreich und mit schönen Kontrasten zubereitet. Dazu kümmert man sich aufmerksam und geschult um seine Gäste, und auch das hochwertige Interieur in hellen, warmen Tönen und klaren Linien unterstreicht das niveauvolle Bild.

→ Steinpilze, bayerischer Reis, Kerbelknolle. Eifeler Ur-Lamm, Bohne, Birne, Speck. Slyrs Whiskey, dunkle Schokolade, Tabak, Pflaume.

Menü 92/119 €

Stadtplan : L2-a – *Hotel Vier Jahrszeiten Kempinski, Maximilianstr. 17 ✉ 80539 – ✆ 089 21250 – www.schwarzreiter.com – nur Abendessen – geschlossen August und Sonntag - Montag*

Tian

VEGETARISCH • TRENDY XX Auch wenn hier rein vegetarisch/vegan gekocht wird, geschmacklich braucht man auf nichts zu verzichten. Kreativität, Finesse und Intensität bieten sowohl das kleinere Mittagsmenü als auch das Abendmenü, letzteres gibt es auf Wunsch aber auch schon mittags. Hinzu kommen Chic und Design, eine interessante Bar, eine nette Innenhofterrasse und die Lage am Viktualienmarkt.

→ Lauchherzen, Kartoffel, Trüffel. Zucchiniblüte, Pfifferlinge, Petersilie. Weinbergpfirsich, Basilikum, Mascarpone.

Menü 37 € (mittags)/112 € – Karte 65/71 €

Stadtplan : L3-c – *Frauenstr. 4 ✉ 80469 – ✆ 089 885656712 – www.taste-tian.com – geschlossen Sonntag - Montag, Feiertage*

Colette Tim Raue

FRANZÖSISCH • BRASSERIE X Mit diesem Konzept trifft Tim Raue den Nerv der Zeit: Man fühlt sich wie in einer französischen Brasserie, die Atmosphäre gemütlich und angenehm ungezwungen, die Küche richtig gut und bezahlbar. Wie wär's z. B. mit "Huhn im Blätterteig, Trüffeljus, Topinambur"? Hochwertige Produkte sind selbstverständlich.

Menü 49 € – Karte 37/72 €

Stadtplan : F3-c – *Klenzestr. 72 ✉ 80469 – ✆ 089 23002555 – www.brasseriecolette.de – nur Abendessen*

Schuhbecks in den Südtiroler Stuben

REGIONAL • RUSTIKAL XXX Hier hat man ein neues Konzept: In gewohnt elegantem Ambiente treffen bayerische Schmankerl auf italienische Spezialitäten. "Teilen und Genießen" lautet das Motto: Anstelle der klassischen Menüfolge wählt man Vor- und Hauptspeisen ganz nach Belieben. Ebenfalls am Platzl: Eis, Schokolade, Gewürze, Wein.

Karte 35/70 €

Stadtplan : L2-u – *Platzl 6 ✉ 80331 – ✆ 089 2166900 – www.schuhbeck.de – geschlossen Anfang Januar 1 Woche und Sonntag*

Blauer Bock

INTERNATIONAL • CHIC XX Das schöne moderne Restaurant hat viele Stammgäste, und das liegt nicht zuletzt an guten Gerichten wie "Thunfisch, Rote Bete, Apfel, Meerrettich", "Seeteufel, Kohlrabi, Nussbutter" oder "geschmorte Kalbsbackerl, Wurzelgemüse, Lauchpüree".

Menü 34 € (mittags)/79 € (abends) – Karte 42/162 €

Stadtplan : K3-a – *Hotel Blauer Bock, Sebastiansplatz 9 ✉ 80331 – ✆ 089 45222333 – www.restaurant-blauerbock.de – geschlossen Sonntag - Montag, Feiertage*

Galleria

ITALIENISCH • GEMÜTLICH XX Eine sehr sympathische Adresse! In dem liebevoll dekorierten kleinen Restaurant (ein Hingucker sind die farbenfrohen Bilder) gibt es richtig gute italienische Küche! Macht Ihnen "Tortelli mit Kalbsbrust und Dörrobst an Brandy-Lorbeerschaum" Appetit?

Menü 25 € (mittags unter der Woche)/79 € – Karte 45/59 €

Stadtplan : L2-x – *Sparkassenstr. 11, Ecke Ledererstraße ✉ 80331 – ✆ 089 297995 – www.ristorante-galleria.de*

Garden-Restaurant

INTERNATIONAL • FREUNDLICH XX Ausgesprochen chic: Die hohe Wintergartenkonstruktion mit ihrem Industrial-Style und der lichten Atmosphäre hat ein bisschen was von einem Künstleratelier. Aus der Küche kommen neben Klassikern auch moderne, leichte Gerichte. Lunchmenü.

Menü 40 € (mittags)/82 € (abends) – Karte 54/84 €

Stadtplan : K2-y – *Hotel Bayerischer Hof, Promenadeplatz 2 ✉ 80333 – ✆ 089 21200 (Tischbestellung ratsam) – www.bayerischerhof.de*

Halali

KLASSISCHE KÜCHE • GEMÜTLICH XX Eine echte Institution. In dem Gasthaus a. d. 19. Jh. mit dunkler Holztäfelung sitzt es sich gemütlich bei guter saisonaler Küche: "Medaillons vom bayerischen Rehrücken, Schwammerl, Wacholdersauce", "Loup de Mer, Graupenrisotto, Lauch"...

Menü 29 € (mittags unter der Woche)/69 € – Karte 41/77 €

Stadtplan : L1-x – *Schönfeldstr. 22 ✉ 80539 – ✆ 089 285909 – www.restaurant-halali.de – geschlossen Samstagmittag, Sonntag und an Feiertagen, Oktober - Weihnachten: Samstagmittag, Sonntagmittag*

Jin

ASIATISCH • GERADLINIG XX Besonders ist hier sowohl das wertige geradlinig-asiatische Interieur als auch die aromenreiche panasiatische Küche, die chinesisch geprägt ist, aber auch japanische und europäische Einflüsse zeigt: "Carpaccio vom Lachs, Ponzu, Ingwer, Algen", "Entrecôte vom Charolais-Rind, Wokgemüse, Chili"...

Menü 66/96 € – Karte 31/61 €

Stadtplan : L3-g – *Kanalstr. 14 ✉ 80538 – ✆ 089 21949970 – www.restaurant-jin.de – geschlossen Montag*

Matsuhisa Munich

ASIATISCH • TRENDY XX Asiatische Küche à la Nobu Matsuhisa erwartet Sie in dem geradlinig-eleganten Restaurant in der 1. Etage. Die Gerichte sind klar und fein, die Produkte frisch und gut. Klassiker wie "Black Cod" dürfen da nicht fehlen!

Karte 34/140 €

Stadtplan : L2-s – *Hotel Mandarin Oriental, Neuturmstr. 1, (1. Etage) ✉ 80331 – ✆ 089 290981875 – www.mandarinoriental.com*

Nymphenburger Hof

INTERNATIONAL • FREUNDLICH XX Wirklich schön diese Traditionsadresse. Der Chef ist gebürtiger Steirer und so finden sich auf der Karte auch Gerichte aus seiner Heimat, dazu ausgewählte österreichische Weine. Nett sitzt man auf der lauschigen Terrasse.

Menü 29 € (mittags)/85 € - Karte 38/78 €

Stadtplan : E2-a – *Nymphenburger Str. 24 ✉ 80335 – ✆ 089 1233830 – www.nymphenburgerhof.de – geschlossen Sonntag - Montag, Feiertage*

Pageou

MEDITERRAN • GEMÜTLICH XX Hinter der prächtigen historischen Fassade gibt Ali Güngörmüs (ehemals am Herd des "Le Canard nouveau" in Hamburg) mediterrane Küche mit nordafrikanischem Einfluss zum Besten. Dazu geschmackvolles Interieur und entspannte Atmosphäre. Schön die ruhige Terrasse im Hof. Mittags Businesslunch.

Menü 35 € (mittags)/129 € - Karte 59/96 €

Stadtplan : K2-c – *Kardinal-Faulhaber-Str. 10, (1. Etage) ✉ 80333 – ✆ 089 24231310 – www.pageou.de – geschlossen Sonntag - Montag, Feiertage*

Pfistermühle

REGIONAL • RUSTIKAL XX Ein separater Eingang führt in die einstige herzogliche Mühle (1573), wo Sie in stilvoll-bayerischem Ambiente (schön das Kreuzgewölbe) Regionales wie "geschmortes Rindsbackerl, Pastinakenpüree, Butter-Rahmwirsing, Dörrobstsauce" speisen.

Menü 52/74 € (abends) – Karte 46/73 €

Stadtplan : L2-z – *Hotel Platzl, Pfisterstr. 4 ✉ 80331 – ✆ 089 23703865 – www.pfistermuehle.de – geschlossen Sonntag*

Rocca Riviera

MEDITERRAN • TRENDY XX Stylish-elegant kommt das Restaurant unweit des Odeonsplatzes daher - chic der 50er/60er-Jahre-Retro-Charme! Man speist hier nach dem Food-Sharing-Prinzip Kleinigkeiten der mediterran-französischen Fusionküche oder man genießt Steaks und Fisch vom Holzkohlegrill.

Menü 28/86 € – Karte 33/82 €

Stadtplan : L2-n – *Wittelsbacherplatz 2 ✉ 80331 – ✆ 089 28724421 – www.roccariviera.com – geschlossen Samstagmittag, Sonntag*

Shane's Restaurant

MODERNE KÜCHE • TRENDY XX "The place to be" würde man in der irischen Heimat von Shane McMahon sagen. Modern sowohl das Ambiente als auch die feine Küche in Form eines Überraschungsmenüs, der Service leger und kompetent. Lounge-Food in Shane's Bar/Lounge mit Terrasse.

Menü 68/136 €

Stadtplan : F3-s – *Geyerstr. 52 ✉ 80469 – ✆ 089 74646820 – www.shanesrestaurant.de – nur Abendessen – geschlossen 1. - 7. Januar und Sonntag - Montag*

Le Stollberg

KLASSISCHE KÜCHE • FREUNDLICH XX Das Restaurant wird engagiert geführt, hat eine freundliche Atmosphäre und bietet saisonale Gerichte wie "Seezungenfilets, junger Spinat, Kapern-Olivenpüree". Kommen Sie doch auch mal zum günstigen Lunch. Samstags durchgehend geöffnet.

Menü 57/73 € – Karte 45/61 €

Stadtplan : L2_3-r – *Stollbergstr. 2 ✉ 80539 – ✆ 089 24243450 – www.lestollberg.de – geschlossen Juni 2 Wochen und Sonntag, Feiertage*

Weinhaus Neuner

TRADITIONELLE KÜCHE • TRADITIONELLES AMBIENTE X Schön, wie Kreuzgewölbe, Fischgrätparkett und Holztäfelung den traditionellen Charme des historischen Hauses bewahren. Dazu Speisen, die zu einem gehobenen Münchner Wirtshaus passen - probieren Sie z. B. "Flusskrebs-Maultaschen", "Gröstl vom Waller" oder "Wachtelbrust mit Schmorgemüse".

Menü 25 € (mittags unter der Woche)/65 € – Karte 45/69 €

Stadtplan : K2-e – *Herzogspitalstr. 8 ✉ 80331 – ✆ 089 2603954 – www.weinhaus-neuner.de*

Brasserie

INTERNATIONAL • BISTRO Sie mögen lebendige und moderne Bistro-Atmosphäre? Dann können Sie sich im EG des "Les Deux" international-saisonale Gerichte wie "Gnocchi mit Spargel und Black Tiger Garnelen" schmecken lassen. Oder lieber "alte" und "neue" Klassiker wie "Mini-Burger" und "Beef Tatar mit Imperial Caviar"?

Karte 37/92 €

Stadtplan : L2-p – *Restaurant Les Deux, Maffeistr. 3a ✉ 80333 – ✆ 089 710407373 (Tischbestellung ratsam) – www.lesdeux-muc.de – geschlossen Sonntag, Feiertage*

Brenner Operngrill

GRILLGERICHTE • HIP Hier trifft man sich! In der eindrucksvollen großen Gewölbehalle (einst Marstall der Residenz) vereinen sich Bar, Café und Restaurant zu einem lebendigen Hotspot der Münchner Gastroszene. Es gibt hausgemachte Pasta sowie Fleisch und Fisch vom Grill, einer offenen Feuerstelle mitten im Raum!

Karte 26/57 €

Stadtplan : L2-b – *Maximilianstr. 15 ✉ 80331 – ✆ 089 4522880 – www.brennergrill.de*

Cafe Luitpold

TRADITIONELLE KÜCHE • FREUNDLICH Hier sitzt man in lebendiger Kaffeehaus-Atmosphäre, auf der Karte Traditionelles und internationale Einflüsse. Tipp: leckere "Luitpold Tapas" am Abend. Sehenswert das eigene Museum im 1. Stock mit Blick in die Backstube. Apropos: Probieren Sie auch Torten, Pralinen & Co.!

Menü 36/69 € – Karte 24/50 €

Stadtplan : L2-g – *Brienner Str. 11 ✉ 80333 – ✆ 089 2428750 – www.cafe-luitpold.de – geschlossen Sonntagabend, Montagabend, außer an Feiertagen*

Gandl

KLASSISCHE KÜCHE • GEMÜTLICH Sie speisen in einem ehemaligen Kolonialwarenladen - die Regale sind teilweise geblieben und auch einige Produkte verkauft man noch. Die Gerichte reichen von klassisch-französisch bis international. Tipp für Sommertage: Terrasse zum Platz!

Menü 22 € (mittags unter der Woche)/60 € – Karte 36/66 €

Stadtplan : M2-g – *St.-Anna-Platz 1 ✉ 80538 – ✆ 089 29162525 – www.gandl.de – geschlossen Sonntag, Montagabend*

Gesellschaftsraum

KREATIV • HIP Sie mögen es ungezwungen, urban, trendy? Passend zur Atmosphäre wird in dem Restaurant mitten in der Altstadt kreativ, modern und ambitioniert gekocht. Der Service angenehm leger. Mittags einfachere Karte.

Menü 65/95 € (abends) – Karte 62/68 €

Stadtplan : L2-f – *Bräuhausstr. 8 ✉ 80331 – ✆ 089 55077793 – www.der-gesellschaftsraum.de – geschlossen Sonntag*

KOI

JAPANISCH • FREUNDLICH Auf zwei Etagen kann man sich hier sowohl optisch als auch kulinarisch an einem interessanten Stilmix erfreuen. Aus frischen Produkten entsteht eine Mischung aus japanischer und europäischer Küche samt Sushi und Fleisch vom Robata-Grill.

Karte 39/124 €

Stadtplan : L2-d – *Wittelsbacherplatz 1 ✉ 80333 – ✆ 089 89081926 – www.koi-restaurant.de – geschlossen Samstagmittag, Sonntag, Feiertage*

Little London

GRILLGERICHTE • FREUNDLICH Lebendig geht es in dem Steakhouse am Isartor zu, vorne die große klassische Bar mit toller Whiskey- und Gin-Auswahl. Freuen Sie sich auf hochwertiges Fleisch - gefragt ist z. B. Black Angus Prime Beef vom Grill, aber auch Maispoulardenbrust oder Lammkarree.

Karte 45/209 €

Stadtplan : L3-n – *Tal 31 ✉ 80331 – ✆ 089 222239470 – www.little-london.de – nur Abendessen – geschlossen im August: Sonntag - Montag*

Rüen Thai

THAILÄNDISCH • FAMILIÄR Zahlreiche Stammgäste schätzen die südthailändische Küche, die man hier bereits seit 1990 bietet. Es gibt verschiedene Currys, Riesengarnelen, Ente, Rinderfilet... Wie wär's mit einem Menü mit Weinbegleitung? Auf Vorbestellung auch Fingerfood-Menü. Auf der großen Weinkarte finden sich auch Raritäten.

Menü 52/78 € – Karte 30/56 €

Stadtplan : E3-a – *Kazmairstr. 58 ✉ 80339 – ✆ 089 503239 – www.rueen-thai.de – Freitag - Sonntag sowie an Feiertagen nur Abendessen – geschlossen April 1 Woche, Juni - Juli 3 Wochen*

Sparkling Bistro (N)

MODERNE KÜCHE • BISTRO Das hübsche, freundliche Bistro liegt ein bisschen versteckt, doch die Suche lohnt sich! Es wird persönlich und engagiert geführt und das spiegelt sich auch in der ambitionierten produkt- und marktorientierten Küche wider. Das Konzept: abends das Menü "Exkursion", mittags ein reduziertes Lunchmenü.

Menü 30 € (mittags)/100 €

Stadtplan : L1-c – *Amalienstr. 89, (in der Amalien Passage) ✉ 80799 – ✆ 089 46138267 – www.bistro-muenchen.de – geschlossen 27. Dezember - 7. Januar und Montagmittag, Samstagmittag, Sonntag, Feiertage*

TOSHI

JAPANISCH • GERADLINIG Steht Ihnen der Sinn nach authentisch japanischer Küche? So typisch wie die puristische Einrichtung ist auch die Karte: Schmackhaftes aus Fernost, Sushi, Teppanyaki und auch Pan-Pacific-Cuisine. Um die Ecke das etwas lebhaftere "Japatapa".

Menü 50 € (mittags unter der Woche)/140 € (abends) – Karte 40/100 €

Stadtplan : L2-k – *Wurzerstr. 18 ✉ 80539 – ✆ 089 25546942 – www.restaurant-toshi.de – geschlossen Sonntag - Montag*

VINOTHEK by Geisel

REGIONAL • RUSTIKAL Hier sitzen Sie in gemütlich-rustikalem Ambiente unter einer schönen Gewölbedecke. Zum tollen Weinangebot gibt es mediterran inspirierte Gerichte wie "Edelfische im Bouillabaissefond mit Artischocken, Stangensellerie und Rouillecrostini", dazu Pasta und Klassiker wie "Roastbeef mit Bratkartoffeln".

Menü 45 € (abends) – Karte 41/69 €

Stadtplan : J2-z – *Hotel EXCELSIOR by Geisel, Schützenstr. 11 ✉ 80335 – ✆ 089 551377140 – www.excelsior-hotel.de – geschlossen Sonntagmittag*

Walter & Benjamin (N)

MODERNE KÜCHE • TRENDY Nicht weit vom Viktualienmarkt finden Sie diesen freundlich-legeren Mix aus Weinbar und Restaurant. Gekocht wird modern und ambitioniert, Appetit macht da z. B. "Skrei, Karotte, Petersilie". Toll die Weinauswahl mit Schwerpunkt Alte Welt und Bio-Weine. Samstags tagsüber Kleinigkeiten und hausgebackene Kuchen.

Menü 54/80 € – Karte 41/65 €

Stadtplan : L3-e – *Rumfordstr. 1 ✉ 80469 – ✆ 089 26024174 – www.walterundbenjamin.de – Dienstag - Freitag nur Abendessen – geschlossen 1. - 7. Januar und Sonntag - Montag, Feiertage*

Hotels

Mandarin Oriental

GROSSER LUXUS • KLASSISCH Ein Palais der Neorenaissance, Luxushotel mit internationalem Ruf und eine der führenden Adressen im Lande! Exlusives Wohnen und ebensolcher Service sind eine Selbstverständlichkeit. I-Tüpfelchen: Rooftop-Pool mit Blick bis zu den Alpen! In der Bar: Auszug aus der "Matsuhisa"-Karte sowie asiatische Klassiker.

67 Zim – †575/895 € ††575/895 € – 6 Suiten – ☕ 44 €

Stadtplan : L2-s – *Neuturmstr. 1 ✉ 80331 – ✆ 089 290980 – www.mandarinoriental.com/munich*

Matsuhisa Munich – siehe Restaurantauswahl

Bayerischer Hof

GROSSER LUXUS • KLASSISCH Das Grandhotel von 1841 steht für Klassik, modernen Luxus, Individualität - Wertigkeit hat oberste Priorität! Szenetreff im Sommer: Dachgarten mit klasse Aussicht! Eindrucksvoll auch "Falk's Bar" im Spiegelsaal von 1839! Teil der vielfältigen Gastronomie: "Trader Vic's" mit polynesischer Küche, bayerisch-rustikal der "Palais Keller".

316 Zim – 320/400 € 400/600 € – 21 Suiten – 41 €

Stadtplan : K2-y – *Promenadeplatz 2 ✉ 80333 – ✆ 089 21200 – www.bayerischerhof.de*

Atelier • **Garden-Restaurant** – siehe Restaurantauswahl

The Charles

GROSSER LUXUS • ELEGANT Luxus vermittelt das schöne Hotel am Alten Botanischen Garten mit edler geradlinig-eleganter Einrichtung und hochwertigem Spa sowie allen erdenklichen Serviceleistungen. Toll die Suiten mit Blick auf die Stadt. Das Konzept im Restaurant "Sophia's" nennt sich "Botanical Bistronomy".

136 Zim – 270/980 € 270/980 € – 24 Suiten – 42 €

Stadtplan : J2-e – *Sophienstr. 28 ✉ 80333 – ✆ 089 5445550 – www.roccofortehotels.com/de/hotels-and-resorts/the-charles*

Hilton Munich Park

KETTENHOTEL • MODERN Interessant ist hier die Lage am Englischen Garten, direkt am Eisbach, und die Nähe zur Innenstadt. Viele der schön geradlinigen Zimmer bieten eine tolle Sicht. Gut auch das Wellnessangebot und der große Fitnessbereich. Dazu ausgezeichnete Tagungsmöglichkeiten. Internationale Küche im Restaurant.

475 Zim – 139/479 € 139/479 € – 9 Suiten – 29 €

Stadtplan : H2-n – *Am Tucherpark 7 ✉ 80538 – ✆ 089 38450 – www.hiltonhotels.de*

Roomers N

LUXUS • DESIGN Wohnlichkeit meets Glamour & Chic - das ist der typische "Roomers"-Charme! Wertig-durchdachte Zimmer (vielleicht mit Terrasse samt Jacuzzi?), dazu Beauty und Fitness, das Restaurant "IZAKAYA" mit japanisch-südamerikanischer Küche, eine coole Bar sowie der spezielle "Hidden Room" (Reservierung). 150 m vom Hotel isst man im "Servus Heidi" regional-mediterran.

280 Zim – 170/548 € 170/548 € – 4 Suiten – 32 €

Stadtplan : E2-b – *Landsberger Str. 68 ✉ 80339 – ✆ 089 4522020 – www.roomers-munich.com*

Sofitel Munich Bayerpost

KETTENHOTEL • DESIGN Gelungen hat man in das imposante denkmalgeschützte Gebäude aus der Gründerzeit moderne Architektur und zeitgenössisches Design integriert. Das steht auch dem hochwertigen Spa gut zu Gesicht - schauen Sie sich den interessanten Pool an! International-französische Küche im schicken Restaurant "Délice La Brasserie".

386 Zim – 220/350 € 220/350 € – 10 Suiten – 40 €

Stadtplan : J2-a – *Bayerstr. 12 ✉ 80335 – ✆ 089 599480 – www.sofitel-munich.com*

Vier Jahreszeiten Kempinski

LUXUS • KLASSISCH Der Klassiker der Münchner Grandhotels a. d. J. 1858 hat historischen Charme, wie man ihn nur noch selten findet. Doch auch die Moderne hat hier Einzug gehalten, in sehr komfortabler und wohnlicher Form. In der Tagesbar - zur Maximilianstraße hin gelegen - serviert man Internationales.

254 Zim – 240/700 € 300/1165 € – 51 Suiten – 42 €

Stadtplan : L2-a – *Maximilianstr. 17 ✉ 80539 – ✆ 089 21250 – www.kempinski.com/vierjahreszeiten*

Schwarzreiter – siehe Restaurantauswahl

BEYOND by Geisel (N)

LUXUS • ELEGANT Ein ganz neues Konzept der "Geisel Privathotels": Die kleine Residenz vereint Luxus und "Wohlfühlen wie zuhause"! Äußerst zentrale Lage, exklusive "Schlafzimmer", dazu ein Wohnzimmer mit Bibliothek und eine Wohnküche (hier Frühstück und auf Wunsch Ihr Lieblingsgericht) sowie 24-h-Concierge-Service - alles inklusive!

19 Zim ☕ - 🚹440/1260 € 🚹🚹480/1300 €

Stadtplan : L2-t - *Marienplatz 22, (Zufahrt über Rindermarkt 17, 5. Etage)*
✉ *80331* - ✆ *089 700746700* - *www.beyond-muc.de*

ANNA HOTEL by Geisel

BUSINESS • MODERN Auf ein junges und junggebliebenes Publikum trifft man in dem modernen Hotel direkt am Stachus. Wenn Sie Panoramasicht möchten, nehmen Sie ein Zimmer im obersten Stock. Ganz diskret und ebenso chic wohnt man im Nebengebäude! Das Bistro nebst gut besuchter Bar bietet euro-asiatische Gerichte.

73 Zim - 🚹160/620 € 🚹🚹160/620 € - 2 Suiten - ☕ 22 €

Stadtplan : J2-n - *Schützenstr. 1* ✉ *80335* - ✆ *089 599940* - *www.annahotel.de*

Cortiina

URBAN • ELEGANT Ein schönes Haus in etwas versteckter, aber doch sehr zentraler Lage: wertige Materialien, wohin man schaut - Holz, Schiefer, Jura-Marmor und Naturfarben absolut stimmig kombiniert! In der Weinbar "Grapes" gibt es zur guten Weinauswahl ein kleines Speisenangebot.

70 Zim - 🚹169/309 € 🚹🚹209/469 € - 5 Suiten - ☕ 25 €

Stadtplan : L2-c - *Ledererstr. 8* ✉ *80331* - ✆ *089 2422490* - *www.cortiina.com*

EXCELSIOR by Geisel

BUSINESS • KLASSISCH Familie Geisel investiert stetig in ihre Betriebe, so auch in dieses Hotel. Sehr schön und wohnlich die Zimmer, toll das Frühstück, nicht zu vergessen die Lobby mit ihren Lüftlmalereien. Und dann ist da noch die zentrale Lage zwischen Stachus und Hauptbahnhof!

114 Zim - 🚹150/480 € 🚹🚹175/525 € - ☕ 22 €

Stadtplan : J2-z - *Schützenstr. 11* ✉ *80335* - ✆ *089 551370* - *www.excelsior-hotel.de*

🍴 **VINOTHEK by Geisel** - siehe Restaurantauswahl

Louis

URBAN • ELEGANT Top die Lage am Viktualienmarkt - von hier stammen die ausgesuchten Zutaten fürs Frühstück! Das Hotel gefällt sowohl mit modernem Design als auch mit Wohnlichkeit. Dazu Annehmlichkeiten wie Schuhputzservice, Tageszeitung... Die japanische Küche des "Emiko" genießt man im Sommer auf der Dachterrasse zum Hof.

72 Zim - 🚹179/479 € 🚹🚹229/609 € - ☕ 29 €

Stadtplan : L3-f - *Viktualienmarkt 6* ✉ *80331* - ✆ *089 41119080*
- *www.louis-hotel.com*

Platzl

TRADITIONELL • GEMÜTLICH Das Hotel mitten in der Altstadt hat schon einen gewissen Charme - das liegt an schön zeitgemäß designten, wohnlichen Zimmern sowie am attraktiven Erholungsbereich im Stil des Maurischen Kiosks von Ludwig II.

166 Zim - 🚹165/365 € 🚹🚹215/415 € - 1 Suite - ☕ 29 €

Stadtplan : L2-z - *Sparkassenstr. 10* ✉ *80331* - ✆ *089 237030* - *www.platzl.de*

🍴 **Pfistermühle** - siehe Restaurantauswahl

Blauer Bock

FAMILIÄR • MODERN Nur einen Steinwurf vom Viktualienmarkt entfernt hat man es hier schön gepflegt. Die Zimmer sind in unterschiedlichen Stilen eingerichtet - die zum Innenhof hin liegen ruhiger.

67 Zim ☕ - 🚹99/199 € 🚹🚹154/354 € - 5 Suiten

Stadtplan : K3-a - *Sebastiansplatz 9* ✉ *80331* - ✆ *089 45222333*
- *www.hotelblauerbock.de*

🍴 **Blauer Bock** - siehe Restaurantauswahl

domus

BUSINESS · FUNKTIONELL Hier lässt es sich wirklich gut wohnen: Das Haus liegt nicht weit von der Innenstadt, die Zimmer sind sehr gepflegt und zeitgemäß und im Sommer kann man auch auf der hübschen kleinen Terrasse frühstücken! Im modern-eleganten "Vecchia Lanterna" bekommt man klassisch-mediterrane Küche.

45 Zim ☕ - 🚹75/240 € 🚹🚹128/290 €

Stadtplan : M2-e - *St.-Anna-Str. 31 ✉ 80538 - ✆ 089 2177730 - www.domus-hotel.de*

Opéra

PRIVATHAUS · INDIVIDUELL Sie suchen etwas Spezielles? Das kleine Schmuckstück nahe der Oper hat sehr individuelle Zimmer: Kunst, dazu zahlreiche Antiquitäten, unter die sich aber auch moderne Akzente mischen. Tipp für Sommertage: Frühstück im reizenden Innenhof!

25 Zim ☕ - 🚹150/190 € 🚹🚹170/210 € - 3 Suiten

Stadtplan : M2-a - *St.-Anna-Str. 10 ✉ 80538 - ✆ 089 2104940 - www.hotel-opera.de*

Torbräu

TRADITIONELL · KLASSISCH Das älteste Hotel der Stadt gibt es schon seit 1490, zu finden direkt neben dem historischen Isartor. Unterschiedliche Einrichtungsstile sorgen für Charme: in den Zimmern von traditionell bis topmodern (Suiten mit Blick zum Alten Rathaus), im "Schapeau" Jugendstilatmosphäre zu bayerisch-mediterraner Küche.

87 Zim ☕ - 🚹170/215 € 🚹🚹190/315 € - 3 Suiten

Stadtplan : L3-g - *Tal 41 ✉ 80331 - ✆ 089 242340 - www.torbraeu.de*

25hours The Royal Bavarian (N)

HISTORISCH · AUSGEFALLEN Angesagtes "25hours"-Konzept im lebendigen Hauptbahnhof-Viertel. Im einstigen Telegraphenamt von 1869 wohnt man heute richtig chic: "Dienstbotenkammer", "Herrschaftszimmer", "Adelsgemach"... - jedes erzählt seine eigene kleine Geschichte. Tagsüber schmökert man in der Bibliothek, abends trifft man sich in der "Boilerman Bar". Frühstück im trendigen Restaurant "NENI".

164 Zim - 🚹149/999 € 🚹🚹149/999 € - 1 Suite - ☕ 24 €

Stadtplan : J2-f - *Bahnhofplatz 1, (1. Etage) ✉ 80335 - ✆ 089 9040010 - www.25hours-hotels.com*

The Flushing Meadows

FAMILIÄR · DESIGN Eine trendige Location, nach außen bewusst zurückhaltend - da kann man schon mal vorbeifahren! Die Zimmer (3. und 4. Stock): cool, modern, mit Industriecharme. Im OG Szenebar mit Terrasse. Kostenloser Fahrradverleih.

16 Zim - 🚹120/350 € 🚹🚹150/450 € - ☕ 11 €

Stadtplan : L3-b - *Frauenhoferstr. 32 ✉ 80469 - ✆ 089 55279170 - www.flushingmeadowshotel.com*

Olympic

BUSINESS · INDIVIDUELL Gäste aus der Mode- und Medienbranche sind ein deutliches Indiz: Dies ist ein sehr individuelles Haus! Stilvolles Interieur, Kunst, Zimmer zu ruhigen, grünen Innenhöfen. U-Bahn ganz in der Nähe. Parkplatz am besten gleich mit reservieren!

37 Zim ☕ - 🚹95/160 € 🚹🚹160/200 €

Stadtplan : K3-m - *Hans-Sachs-Str. 4 ✉ 80469 - ✆ 089 231890 - www.hotel-olympic.de*

Frühstück inklusive? Die Tasse ☕ steht gleich hinter der Zimmeranzahl.

Außerhalb des Zentrums

ekash/iStock

In München-Bogenhausen

Acquarello (Mario Gamba)

MEDITERRAN · FREUNDLICH XXX Was könnte besser zum südländischen Flair dieses freundlich-eleganten Restaurants passen als italienisch-mediterrane und französische Küche? Diese bieten Mario Gamba und sein Team hier seit 1994. Man kocht fein, leicht und mit ausgesuchten Zutaten, dazu schöne Weine aus Italien. Aufmerksam und geschult der Service.

→ Gambas, Rotweinbutter, Birne, Sesam, Sauerrahm, Chili. Ravioli, Walnuss, Ricotta, Parmesansabayon. Brasato, Ragout, Brotmantel, Selleriepüree, kleines Gemüse.

Menü 49 € (mittags unter der Woche)/119 € – Karte 82/108 €

Stadtplan : H2-f – *Mühlbaurstr. 36 ✉ 81677*
– ✆ 089 4704848 – www.acquarello.com
– geschlossen 1. - 3. Januar, Montag, Samstagmittag, Sonntagmittag sowie an Feiertagen mittags

Bogenhauser Hof

KLASSISCHE KÜCHE · TRADITIONELLES AMBIENTE XXX Moderne Linien tun der Gemütlichkeit des traditionsreichen Gasthauses keinen Abbruch! Die zahlreichen (Stamm-) Gäste schätzen die ambitionierte klassische Küche von Rinderroulade bis Hummer. Wunderschön der Garten. Weinkarte mit Raritäten.

Menü 88 € – Karte 47/80 €

Stadtplan : H2-c – *Ismaninger Str. 85 ✉ 81675*
– ✆ 089 985586 – www.bogenhauser-hof.de
– geschlossen 24. Dezember - 7. Januar und Sonntag, Feiertage

Hippocampus

ITALIENISCH · ELEGANT XX Reservieren Sie lieber, denn die lebendige Atmosphäre, der charmante Service und italienische Gerichte wie "Galetto mit Artischocken" oder "Tortelli mit Erbsen, Minze und Calamaretti" ziehen viele Gäste an - ebenso die ruhige Terrasse!

Menü 30 € (mittags unter der Woche)/70 € – Karte 49/64 €

Stadtplan : H2-a – *Mühlbaurstr. 5 ✉ 81677*
– ✆ 089 475855 – www.hippocampus-restaurant.de
– geschlossen Montag, Samstagmittag

Käfer-Schänke

INTERNATIONAL · GEMÜTLICH XX Der Name "Käfer" gehört einfach zur Münchner Gastroszene! Der Feinkostladen unter einem Dach mit dem gemütlichen Restaurant garantiert sehr gute Zutaten, aus denen man u. a. beliebte Klassiker zubereitet. Für besondere Anlässe: zahlreiche ganz individuelle Stuben.

Menü 40 € (mittags)/109 € – Karte 53/113 €

Stadtplan : H2-s – *Prinzregentenstr. 73, (1. Etage) ✉ 81675*
– ✆ 089 4168247 (Tischbestellung ratsam) – www.feinkost-kaefer.de/schaenke
– geschlossen Sonntag, Feiertage

Huber

INTERNATIONAL • TRENDY In dem modernen Restaurant (das schicke geradlinige Interieur stammt von einem Münchner Designer) bekommt man ambitionierte international-saisonale Gerichte wie "Filet vom Seewolf, Mönchsbart, Gnocchi". Dazu schöne österreichische Weine.

Menü 69/95 €

Stadtplan : H2-h - *Newtonstr. 13 ✉ 81679 - ✆ 089 985152 - www.huber-restaurant.de - geschlossen Sonntag - Dienstagmittag, Feiertage*

Palace

TRADITIONELL • KLASSISCH Ein geschmackvolles Hotel, das zahlreiche Musiker zu seinen Stammgästen zählt. Erdtöne und Dielenboden machen es hier ausgesprochen wohnlich. Charmant der kleine Freizeitbereich mit Dachterrasse, hübsch der Garten. Täglich "Afternoon Tea" in der Palace Bar, klassisch-internationale Küche im Restaurant.

89 Zim - †186/390 € ††225/430 € - 6 Suiten - ☕ 35 €

Stadtplan : H2-e - *Trogerstr. 21 ✉ 81675 - ✆ 089 419710 - www.hotel-muenchen-palace.de*

In München-Englschalking

Martinelli (N)

ITALIENISCH • FREUNDLICH Sie mögen italienische Gastlichkeit und ebensolche Küche? In dem kleinen Restaurant kocht man mit modernen und saisonalen Einflüssen - da heißt es z. B. "Pecorino-Ravioli mit Walnuss und Balsamico" oder "Hirsch-Rücken mit Quitten". Als Auftakt gibt es immer luftgetrockneten Schinken und leckeres Brot!

Menü 55/77 € - Karte 51/75 €

Stadtplan : D2-a - *Wilhelm-Dieß-Weg 2, (Ecke Englschalkinger Straße) ✉ 81927 - ✆ 089 931416 - geschlossen Ende August - Anfang September 2 Wochen und Samstagmittag, Sonntag*

In München-Giesing

Gabelspiel (Florian Berger)

MODERNE KÜCHE • FAMILIÄR Wirklich sympathisch: In der gänzlich unprätentiösen und angenehm familiären Atmosphäre hier spürt man das Herzblut der Gastgeber - ebenso in der modernen regional-saisonalen Küche, die es als Wahl-Menü gibt. Im Sommer lockt die nette Terrasse.

→ Seeforelle vom Birnbaum, Karotte, Kardamom, Sanddorn. Verkohlte Sardine, Quinoa, Paprika, Sonnenblumenkerne. Zweierlei vom Kalb, Artischocke, Kräuterjus.

Menü 58/89 €

Stadtplan : C3-a - *Zehentbauernstr. 20 ✉ 81539 - ✆ 089 12253940 - www.restaurant-gabelspiel.de - nur Abendessen - geschlossen 1. - 9. Januar und Sonntag - Montag*

In München-Großhadern

Johannas

MARKTKÜCHE • LÄNDLICH Mit frischen Produkten und ohne viel Schnickschnack wird in dem gemütlichen Restaurant des in 3. Generation familiengeführten Hotels "Neumayr" gekocht - lecker z. B. "Rinderbrühe, Leberknödel, Schnittlauch" oder "Wiener Schnitzel, Preiselbeeren, Kartoffel-Endiviensalat", und dazu rund 450 tolle Weine.

Menü 37/85 € - Karte 27/80 €

48 Zim ☕ - †85/125 € ††95/150 €

Stadtplan : B3-b - *Heiglhofstr. 18 ✉ 81377 - ✆ 089 7411440 - www.hotel-neumayr.de - geschlossen 11. - 31. März, 27. - 30. Dezember und Donnerstag, außer an Feiertagen*

In München-Haidhausen

✿ Showroom

KREATIV · FREUNDLICH X Das Konzept kommt an: ungezwungene Atmosphäre, dazu kreative Küche, bei der das Produkt absolut im Mittelpunkt steht. Auf dem Teller jede Menge stimmig kombinierte Aromen in Form eines Überraschungsmenüs, und das wird Ihnen kompetent am Tisch vorgestellt! Sehr gut auch die Weinberatung.

→ Hamachi, Rharbarer, Radieschen, Johannisbeeren. Wagyu, Steinpilze, Brioche, Tinte, Curry, Brokkoli. Guave, Avocado, Basilikum, Pininenkerne, Rum.

Menü 115/135 €

Stadtplan : M3-e – *Lilienstr. 6 ✉ 81669 – ✆ 089 44429082 (Tischbestellung erforderlich) – www.showroom-restaurant.de – nur Abendessen – geschlossen 6. - 27. August und Samstag - Sonntag, Feiertage*

Vinaiolo

ITALIENISCH · GEMÜTLICH X Ein Stück Dolce Vita in der Altstadt von Haidhausen: Service mit südländischem Charme, die Küche typisch italienisch. Komplett wird das gemütlich-authentische Bild durch Einrichtungsstücke eines alten Krämerladens aus Triest!

Menü 59 € (abends) – Karte 51/61 €

Stadtplan : G3-e – *Steinstr. 42 ✉ 81667 – ✆ 089 48950356 – www.vinaiolo.de – geschlossen Samstagmittag*

Atelier Gourmet

FRANZÖSISCH-KLASSISCH · BISTRO X Klein, eng, lebhaft, gut besucht - eben einfach nett! Das kulinarische Pendant zur sympathischen Atmosphäre: leckere und frische Gerichte wie "Rinderfilet, Artischocken, Graupen, Gremolata, Sardellen-Sabayon" - wählen Sie Ihr Menü von der Tafel. Dazu flotter Service und gute Weinberatung.

Menü 42/86 €

Stadtplan : G3-a – *Rablstr. 37 ✉ 81669 – ✆ 089 487220 – www.ateliergourmet.de – nur Abendessen – geschlossen 15. - 23. April, 10. - 18. Juni, 26. August - 9. September und Sonntag*

In München-Milbertshofen

✿✿ EssZimmer

FRANZÖSISCH-MODERN · CHIC XXX Ein Restaurant auf dem dritten Level der imposanten BMW Welt am Fuße des Olympiaturms zu haben, ist auch für Starkoch Bobby Bräuer etwas ganz Besonderes. Mit einem Lift gelangt der Gast in die schicken Räume, deren modernes Interieur das urbane Flair Münchens dokumentiert. Zusammen mit dem spektakulären Blick auf den hallenartigen Showroom von BMW weckt dieses Ambiente Erwartungen, die von der Küche mühelos erfüllt werden. Bobby Bräuer serviert anspruchsvolle, sorgfältig und exakt zubereitete kreativ-französische Gerichte. Der gebürtige Münchner beherrscht sein Handwerk hervorragend, was sich auch in der klar strukturierten Präsentation auf dem edlen Porzellan widerspiegelt. Dazu offeriert der bestens geschulte Sommelier eine großartige Selektion erlesener Tropfen, die das Weinkennerherz höher schlagen lässt. Nicht nur für Bobby Bräuer dürfte mit diesem Restaurant ein Traum in Erfüllung gegangen sein.

→ Felsenrotbarbe, Bärlauch, Safran, Yuzu. Salzwiesenlamm, Bries, Zunge, Pak Choi. Holunder, Himbeere, Basilikum, Tonic.

Menü 135/195 €

Stadtplan : C1-e – *Am Olympiapark 1, (3. Etage in der BMW Welt, über Lift erreichbar) ✉ 80809 – ✆ 089 358991814 (Tischbestellung ratsam) – www.esszimmer-muenchen.de – nur Abendessen – geschlossen Januar 2 Wochen, August und Sonntag - Montag, Feiertage*

Bavarie – siehe Restaurantauswahl

Bavarie

INTERNATIONAL • BISTRO Regionalität und Nachhaltigkeit sind zwei Grundgedanken der Bavarie-Idee. So setzt man beim Kombinieren bayerischer und französischer Elemente auf hochwertige Produkte. Ein Klassiker ist z. B. "Ceviche vom Label Rouge Lachs". Terrasse mit Blick auf Olympiapark und -turm.

Menü 34/65 € – Karte 38/50 €

Stadtplan : C1-e – *Restaurant EssZimmer, Am Olympiapark 1, (2. Etage in der BMW Welt, über Lift erreichbar) ✉ 80809 – ✆ 089 358991818 – www.feinkost-kaefer.de – geschlossen August 3 Wochen und Sonntagabend sowie an Feiertagen abends*

In München-Nymphenburg

Acetaia

ITALIENISCH • GEMÜTLICH Ein echtes Kleinod am Nymphenburger Kanal, und noch dazu ein wirklich sympathisches! Hier genießt man italienische Küche und gemütliche Atmosphäre mit tollem Jugendstil-Flair. Der Name stammt übrigens vom alten Aceto Balsamico, den man hier auch kaufen kann.

Menü 70 € (abends)/105 € – Karte 50/70 €

Stadtplan : C2-a – *Nymphenburger Str. 215 ✉ 80639 – ✆ 089 13929077 – www.restaurant-acetaia.de – geschlossen Samstagmittag*

In München-Oberföhring

Freisinger Hof

REGIONAL • GASTHOF Der charmante Gasthof von 1875 ist immer gut besucht, denn die Atmosphäre ist gemütlich und das Essen schmeckt! Es gibt Klassiker aus Bayern und Österreich - im Mittelpunkt steht Gekochtes vom Rind! Und als Dessert vielleicht "Palatschinken mit Marillenmarmelade"?

Karte 34/58 €

Stadtplan : D1-f – *Hotel Freisinger Hof, Oberföhringer Str. 189 ✉ 81925 – ✆ 089 952302 – www.freisinger-hof.de – geschlossen 28. Dezember - 9. Januar*

Freisinger Hof

LANDHAUS • GEMÜTLICH Eine schöne Adresse, traditionell und zeitgemäß zugleich und zudem nur einen Katzensprung vom Englischen Garten entfernt! Es stehen tipptopp gepflegte und behagliche Gästezimmer zur Verfügung, die kleine Halle ist hell und freundlich.

50 Zim – 135/600 € 169/700 €

Stadtplan : D1-f – *Oberföhringer Str. 191 ✉ 81925 – ✆ 089 952302 – www.freisinger-hof.de – geschlossen 28. Dezember - 9. Januar*

Freisinger Hof – siehe Restaurantauswahl

In München-Schwabing

Tantris

FRANZÖSISCH-KLASSISCH • VINTAGE Seit mehr als vier Jahrzehnten kommen Gourmets an diesen schon fast magischen Ort, der für sie wie ein Wahrzeichen zu München gehört. Das „Tantris“, dem seine Patrons in all den Jahren mit unerschöpflicher Kreativität permanent neue Ausstrahlungskraft verliehen haben, wurde seit seiner Eröffnung fast durchgehend mit zwei (zeitweise sogar mit drei) Sternen gekürt. Über das extravagante 70er-Jahre-Interieur, das sich noch im Originalzustand befindet, könnte man Bände schreiben. Bei Hans Haas, der seit 1991 das Küchen-Zepter in der Hand hat, werden die hochwertigen Zutaten durch handwerkliches Können erst zur Geltung gebracht, wobei die natürlichen Aromen der Produkte im Vordergrund stehen. Seine Gerichte sind klar strukturiert und bestechen mit geschmacklich passend aufeinander abgestimmten Kontrasten, die z. B. dem glasierten Kalbsbries mit Erbsen und Perigord-Trüffel Kraft, Ausdruck und Finesse verleihen. Die Passion für seinen Beruf hat bei Hans Haas in all den Jahren nie nachgelassen, obwohl - wie man weiß – ein immenser Aufwand hinter einer Küche auf diesem Niveau steckt.

→ Lauchpüree mit Kaviar und Nussbutter. Lauwarme Seeforelle mit Fenchel-Safranpüree und Limonen-Buttermilchfond. Medaillons vom Rehrücken mit Balsamicokirschen und Briochenockerl.

Menü 100 € (mittags unter der Woche)/225 € – Karte 101/173 €

Stadtplan : G1-b – *Johann-Fichte-Str. 7 ✉ 80805 – ✆ 089 3619590 (Tischbestellung ratsam) – www.tantris.de – geschlossen 1. - 16. Januar, 14. April - 1. Mai, 1. - 11. September, 22. - 27. Dezember, Januar - September: Sonntag - Dienstag, Feiertage und Oktober - Dezember: Sonntag - Montag, Feiertage*

✿✿ WERNECKHOF by Geisel

KREATIV • GEMÜTLICH XX Tohru Nakamura hat allen Grund zum Strahlen: Schon kurz nachdem der Deutsch-Japaner Anfang 2016 das Zepter im „Werneckhof" übernahm, hat sich das Restaurant nahe dem Englischen Garten als kulinarischer Dauerbrenner etabliert und ihn ganz schnell in die 2-Sterne-Liga katapultiert. Es ist neben der Top-Qualität auch die Leichtigkeit, mit der man sehr gute Produkte, klassische Zubereitung und japanische Einflüsse kombiniert, die hier beeindruckt und viele Anhänger feiner Genüsse immer wieder nach Schwabing pilgern lässt. Als wäre das nicht schon Grund genug für einen Besuch, erwartet Sie zudem noch eine überaus gemütliche Atmosphäre, die etwas an einen traditionellen Gasthof aus längst vergangener Zeit erinnert. Edles Kirschbaumholz, eine urige umlaufende Eckbank und Sprossenfenster, gefertigt mit wertvoller Milchglaskunst, werden kombiniert mit edler Tischkultur und hübschen Blumenarrangements. Auch für Feierlichkeiten, insbesondere für Hochzeiten (das Standesamt Mandlstraße liegt in unmittelbarer Nähe) bieten das Separee oder auch das ganze Restaurant den idealen Rahmen.

→ Tuna, Avocado, Dahlienknolle und geräucherte Ponzu. Burgaud Ente "Hanami" mit Kirschblüten und Mandeln. Mango, Yuzu, Thaibasilikum und schwarzer Sesam.

Menü 150/180 €

Stadtplan : G1-g – *Werneckstr. 11 ✉ 80802 – ✆ 089 38879568 (Tischbestellung erforderlich) – www.geisels-werneckhof.de – Dienstag - Freitag nur Abendessen – geschlossen Ende Juli - Mitte August, 24. - 30. Dezember und Sonntag - Montag*

La Bohème

MARKTKÜCHE • TRENDY X Trendig-urban die Atmosphäre, modern die Küche. Abends kocht man ambitioniert (wie wär's z. B. mit "Loup de Mer, Bouillabaisse-Gemüse, Perlgraupenrisotto"?), mittags ist das Angebot einfacher. Sonntags gibt es Brunch. Und kommen Sie doch auch mal zu einer Zauberveranstaltung oder einem Musikabend!

Menü 35/69 € – Karte 37/98 €

Stadtplan : C1-b – *Leopoldstr. 180 ✉ 80804 – ✆ 089 23762323 – www.boheme-schwabing.de – nur Abendessen, sonntags auch Mittagessen*

Le Cézanne

FRANZÖSISCH • FAMILIÄR X In dem sympathischen Restaurant an der Ecke kocht der Chef Speisen aus seiner Heimat Frankreich. Von der Tafel oder von der kleinen Klassiker-Karte wählt man z. B. "Fischsuppe mit Croûtons und Rouille" oder "geschmorte Kalbsroulade mit Kartoffelgratin". Im Sommer ist die Fensterfront geöffnet.

Menü 45/50 € – Karte 27/56 €

Stadtplan : G1-z – *Konradstr. 1 ✉ 80801 – ✆ 089 391805 (Tischbestellung ratsam) – www.le-cezanne.de – nur Abendessen – geschlossen August 3 Wochen und Montag, Feiertage*

Bibulus

ITALIENISCH • ELEGANT XX Wenn ein Restaurant beliebt ist bei den Einheimischen, spricht das für sich! Hier mag man die gute, unkomplizierte italienische Küche und den charmanten Service - am liebsten sitzt man draußen auf dem kleinen Platz unter Platanen. Günstiger Lunch.

Menü 26 € (mittags)/79 € – Karte 38/65 €

Stadtplan : G1-u – *Siegfriedstr. 11 ✉ 80803 – ✆ 089 396447 – www.bibulus-ristorante.de – geschlossen Samstagmittag, Sonntag*

Il Borgo

ITALIENISCH • ELEGANT XX Seit 1989 ist dieses italienische Restaurant eine schöne Konstante in Schwabing. Das Ambiente ist modern-elegant und gemütlich zugleich, gelungen hat man alte Wandfliesen und die ursprüngliche Theke integriert. Auf der Karte liest man z. B. "Steinbutt mit Basilikum-Scampi-Farce auf Schwarzwurzeln".

Menü 59 € – Karte 46/66 €

Stadtplan : F1-e – *Georgenstr. 144 ✉ 80797 – ✆ 089 1292119 – www.il-borgo.de – geschlossen Sonntag, Samstagmittag sowie an Feiertagen mittags*

SCHWABINGER WAHRHEIT by Geisel (N)

BUSINESS • MODERN Mitten im pulsierenden Schwabing findet man dieses "Hybrid-Hotel" der Privathotelier-Familie Geisel, das auf Businessgäste und Stadttouristen gleichermaßen ausgelegt ist. Das Design: geradlinig, jung, schnörkellos und dennoch mit gewissem Chic! Interessant für Familien: "Teamzimmer" für max. 6 Personen. Zum Relaxen: Innenhofterrasse mit Jacuzzi sowie moderne Sauna.

77 Zim – †120/400 € ††120/400 € – 3 Suiten – ☕ 14 €

Stadtplan : G1-s – *Hohenzollernstr. 5 ✉ 80801 – ✆ 089 383810 – www.schwabinger-wahrheit.de*

In München-Pasing

Essence

KLASSISCHE KÜCHE • CHIC XX Auch im Münchner Westen kommt man in den Genuss ambitionierter Küche. In dem geschmackvoll-modernen Restaurant samt Lounge und wunderbarer Innenhofterrasse kocht man am Abend Klassisches wie "Rücken vom Limousin-Lamm mit Salzzitronenjus". Mittags Business-Lunch und kleiner Auszug aus der Abendkarte.

Menü 20 € (mittags unter der Woche)/81 € (abends) – Karte 55/72 €

Stadtplan : A2-a – *Gottfried-Keller-Str. 35 ✉ 81245 – ✆ 089 80040025 – www.essence-restaurant.de – geschlossen Montag, Samstagmittag*

MÜNSING

Bayern – 4 230 Ew. – Höhe 666 m – Regionalatlas **65**-L21
Michelin Straßenkarte 546

Gasthaus Sebastian Limm

REGIONAL • LÄNDLICH X Ein Traditionsgasthof mit eigener Metzgerei - hier wird gutes Essen aus hervorragenden Produkten groß geschrieben! Neben Klassikern wie Tafelspitzsülze, Bauernente oder Schmorgerichten findet man auch internationale Einflüsse wie z. B. bei "gebratenem Pulpo auf Rote-Rüben-Carpaccio".

Menü 17 € (mittags unter der Woche)/60 € – Karte 21/50 €

Hauptstr. 29 ✉ 82541 – ✆ 08177 411 – www.gasthauslimm.de – geschlossen 22. August - 10. September, Weihnachten - Neujahr und Sonntagabend - Montagmittag, Mittwoch

Schlossgut Oberambach (N)

HISTORISCH • KLASSISCH Ein tolles Anwesen! Das ehemalige Hofgut mit seinen verschiedenen Gebäuden ist heute ein Bio-Hotel. Neben freundlich-wohnlichen Zimmern gibt es einen schönen Naturbadeteich und einen kleinen Schlosspark mit Seeblick - etwas entfernt der private Seezugang. Dazu hat man ein Wintergarten-Restaurant und das Schlosscafé für nachmittags. Tipp: Remise für Grillabende.

40 Zim ☕ – †80/150 € ††120/260 € – 4 Suiten

Oberambach 1 ✉ 82541 – ✆ 08177 9323 – www.schlossgut.de – geschlossen 21. - 26. Dezember

R. Harding/hemis.fr

WIR MÖGEN BESONDERS...

Die beliebte Bouillabaisse im **Giverny - Caveau de Champagne** probieren. In der modern-behaglichen Atmosphäre der **Villa Medici** am Stadtrand mediterrane Küche genießen. Sich im **Brust oder Keule** einen schönen deutschen Wein empfehlen lassen. An einem kalten Wintertag im „Westfälischen Raum" des **Landhaus Eggert** am alten Kamin sitzen.

MÜNSTER (WESTFALEN)

Nordrhein-Westfalen - 302 178 Ew. - Höhe 60 m - Regionalatlas **26**-D9
Michelin Straßenkarte 543

Restaurants

von Rhemen

FRANZÖSISCH-KLASSISCH • FREUNDLICH XXX Sie sitzen in einem stilvollen hohen Raum unter einer schönen Stuckdecke und lassen sich modern interpretierte klassische Gerichte wie "Tranche vom Kabeljau, Blumenkohl, Trauben, Joghurtschaum, geräucherte Mandeln" schmecken.

Menü 41/99 € - Karte 48/63 €

Hotel Schloss Wilkinghege, Steinfurter Str. 374, (Zufahrt über Wilkinghege 41, über Steinfurter Straße A1) ✉ 48159 - ✆ 0251 144270 - www.schloss-wilkinghege.de - geschlossen 23. - 25. Dezember und Sonntag - Montagmittag

Villa Medici

MEDITERRAN • DESIGN XX In dieser Münsteraner Institution empfängt man Sie in stilvoll-modern designtem Ambiente zu ambitionierter und schmackhafter mediterraner Küche und italienischem Wein. Sie möchten übernachten? Man hat auch fünf schöne Gästezimmer.

Menü 30/60 € - Karte 50/79 €

Prozessionsweg 402, über Warendorder Straße C1 ✉ 48155 - ✆ 0251 39776940 - www.villa-medici-muenster.de - geschlossen Anfang Januar 2 Wochen und Montag - Dienstag, Samstagmittag

Chesa Rössli

INTERNATIONAL • ELEGANT XX Die etwas gehobenere Alternative zum Hotelrestaurant: stimmig-moderne Atmosphäre, dazu ambitionierte internationale Küche. Die Weine kann man zuvor im Eingangsbereich aus den großen Chambrairs wählen. Mittags fair kalkuliertes Businessmenü.

Menü 35/80 € - Karte 31/68 €

Stadtplan : A2-s - *Hotel Mövenpick, Kardinal-von-Galen-Ring 65 ✉ 48149 - ✆ 0251 8902627 - www.chesa-roessli.de - geschlossen Juli - August 4 Wochen und Sonntag - Montag, Samstagmittag*

Gabriel's

INTERNATIONAL • DESIGN XX Blattgold, italienischer Naturstein, Kunst... So ansprechend wie das geradlinige Design des Restaurants sind auch die internatio-nal-saisonalen Speisen. Feiern und Veranstaltungen finden hier ebenfalls den passenden Rahmen.

Menü 39/59 € – Karte 36/64 €

Stadtplan : B2-b – *Hotel Kaiserhof, Bahnhofstr. 14 ✉ 48143 – ✆ 0251 4178600 – www.kaiserhof-muenster.de – nur Abendessen – geschlossen Sonntag, Feiertage*

Giverny - Caveau de Champagne

FRANZÖSISCH-KLASSISCH • GEMÜTLICH XX In dem langjährigen Familienbetrieb führt inzwischen die nächste Generation Regie. Ansprechend sind sowohl das elegante Bistro-Flair als auch die französische Küche: Austern, Bouillabaisse, "Medaillons vom Seeteufel und Bouchot Muscheln", "gefüllte Brust vom Schwarzfederhuhn"...

Menü 54/76 € (abends) – Karte 63/83 €

Stadtplan : B1-g – *Spiekerhof 25 ✉ 48143 – ✆ 0251 511435 – www.restaurant-giverny.de – geschlossen Sonntag - Montag, Feiertage*

Brust oder Keule

MARKTKÜCHE • FREUNDLICH X Das Restaurant kommt gut an bei den Gästen, und das liegt an der hübschen modernen Einrichtung, am freundlichen Service samt kompetenter Weinberatung und nicht zuletzt an den frischen saisonalen Gerichten.

Menü 69 € – Karte 53/68 €

Stadtplan : B1-d – *Melchersstr. 32 ✉ 48149 – ✆ 0251 9179656 (Tischbestellung ratsam) – www.brustoderkeule.de – nur Abendessen – geschlossen Juli - August 3 Wochen und Montag, Januar - November: Sonntag - Montag*

Hotels

Factory Hotel

URBAN • DESIGN Diese recht spezielle Lifestyle-Adresse - eine ehemalige Brauerei, deren alte Industrie-Architektur mit einem Neubau kombiniert wurde - bietet puristisch designte Zimmer, die großzügige trendige Bar "TIDE" sowie die Restaurants "EAT" mit regional-internationaler Küche und "la tapia" mit spanischem Angebot. Leger: "MOLE" als Speise-Kneipe.

144 Zim – †99/319 € ††99/319 € – 16 Suiten – ☕ 17 €

An der Germania Brauerei 5, (Zufahrt über Grevener Str. 91 A1) ✉ 48159 – ✆ 0251 41880 – www.factoryhotel.de

Kaiserhof

HISTORISCH • MODERN Das traditionsreiche Haus im Herzen Münsters steht nach wie vor für engagierte Führung und hochwertiges Interieur zum Wohlfühlen. Wie wär's mit etwas Ruhe im schönen Spa oder einem Buch im Kaminzimmer?

95 Zim – †99/263 € ††119/263 € – 5 Suiten – ☕ 19 € – ½ P

Stadtplan : B2-b – *Bahnhofstr. 14 ✉ 48143 – ✆ 0251 41780 – www.kaiserhof-muenster.de*

Gabriel's – siehe Restaurantauswahl

Mövenpick

KETTENHOTEL • FUNKTIONELL Hier lässt es sich zeitgemäß-komfortabel wohnen, gut tagen und auch schön entspannen: In der 6. Etage Sauna- und Fitnessbereich samt Dachterrasse und kleinem Ruheraum mit Panoramablick! Restaurant mit internationaler und Schweizer Küche. Die Lage: verkehrsgünstig, im Grünen, nur ca. 15 Gehminuten vom Zentrum.

224 Zim – †99/185 € ††119/205 € – 2 Suiten – ☕ 23 €

Stadtplan : A2-s – *Kardinal-von-Galen-Ring 65 ✉ 48149 – ✆ 0251 89020 – www.movenpick.com/muenster*

Chesa Rössli – siehe Restaurantauswahl

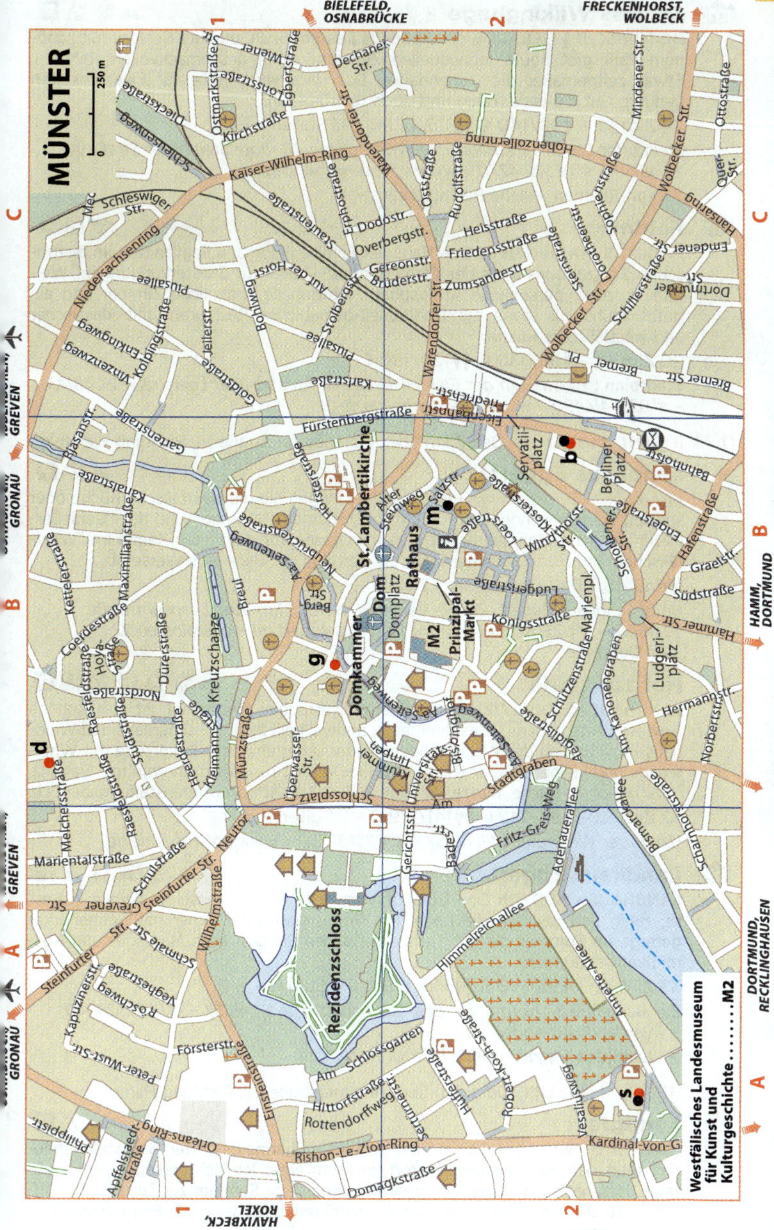
MÜNSTER
0
250 m
BIELEFELD, OSNABRÜCKE
FRECKENHORST, WOLBECK
GRONAU
GREVEN
HAVIXBECK, ROXEL
HAMM, DORTMUND
DORTMUND, RECKLINGHAUSEN
Residenzschloss
Domkammer
Dom
Domplatz
St. Lambertikirche
Rathaus
Prinzipal-Markt
M2
Servatii-platz
Berliner Platz
Ludgeri-platz
Bahnhofstr.
Kaiser-Wilhelm-Ring
Hohenzollernring
Niedersachsenring
Orléans-Ring
Rishon-Le-Zion-Ring
Kardinal-von-G
Warendorfer Str.
Wolbecker Str.
Hafenstraße
Hammer Str.
Schlossplatz
Am Stadtgraben
Steinfurter Str.
Grevener Str.
Wilhelmstraße
Neutor
Münzstraße
Kreuzschanze
Fürstenbergstraße
Hörsterstraße
Salzstr.
Ludgeristraße
Königsstraße
Marienpl.
Schützenstraße
Aegidiistraße
Himmelreichallee
Adenauerallee
Annette-Allee
Bismarckallee
Fritz-Greis-Weg
Schlossgarten
Einsteinstraße
Hüfferstraße
Robert-Koch-Straße
Domagkstraße
Vesaliusweg
Westfälisches Landesmuseum für Kunst und Kulturgeschichte M2

Schloss Wilkinghege

HISTORISCHES GEBÄUDE • KLASSISCH Das im 16. Jh. erbaute Schloss mit schönem Park gibt heute individuellen Zimmern einen geschmackvollen Rahmen. Etwas zeitgemäßer die Dependance. Das Haus wird gerne für Feierlichkeiten genutzt. Gut die Lage: ruhig und doch zentrumsnah.

34 Zim – 99/140 € 115/170 € – 13 Suiten – ½ P

Steinfurter Str. 374, (Zufahrt über Wilkinghege 41), über Steinfurter Straße A1 48159 – 0251 144270 – www.schloss-wilkinghege.de

von Rhemen – siehe Restaurantauswahl

Feldmann

FAMILIÄR • INDIVIDUELL Das Haus der Familie Feldmann liegt mitten im historischen Zentrum, vis-à-vis der Clemenskirche - ideal für Stadterkundungen! Weitere Vorzüge: persönliche Atmosphäre, individuelle, wohnliche Zimmer und ein gutes Frühstück sowie ein traditionell-gemütliches Restaurant mit klassischer und westfälischer Küche.

20 Zim – 80/130 € 120/180 €

Stadtplan : B2-m – *An der Clemenskirche 14, Anfahrt über Loerstraße 48143 – 0251 414490 – www.hotel-feldmann.de*

In Münster-Handorf Ost: 7 km über Warendorfer Straße C1, Richtung Bielefeld

Landhaus Eggert

FRANZÖSISCH-MODERN • LANDHAUS XX Mögen Sie die westfälische Küche oder speisen Sie lieber moderner? Zur Wahl stehen das "Heimat-" und das "Genießer-Menü". In der kalten Jahreszeit sitzt man gerne vor dem alten Kamin im "Westfälischen Raum", im Sommer lockt die Terrasse mit Blick aufs Wersetal.

Menü 45/89 € – Karte 34/72 €

Hotel Landhaus Eggert, Zur Haskenau 81, Nord: 5 km über Dorbaumstraße 48157 – 0251 328040 – www.landhaus-eggert.de – geschlossen 22. - 25. Dezember

Hof zur Linde

LANDHAUS • INDIVIDUELL Aus einem historischen Bauernhof ist das schöne Anwesen entstanden. Jedes Zimmer ist anders, beliebt sind Fischerhaus und Waldhaus - idyllisch an der Werse gelegen! Oder lieber eine Spa-Juniorsuite mit Whirlwanne und kleiner Sauna? Das Restaurant vereint rustikalen Charme mit Eleganz, dazu regionale Küche. Klasse: einstige Scheune als schicker Veranstaltungsbereich.

52 Zim – 84/142 € 141/179 € – 8 Suiten – ½ P

Handorfer Werseufer 1 48157 – 0251 32750 – www.hof-zur-linde.de

Landhaus Eggert

LANDHAUS • MODERN Der Gutshof von 1030 ist eine geschmackvolle Adresse, ruhig und idyllisch die Lage. Im Winter sind die Zimmer mit Sonnenerker gefragt, im Sommer die mit Terrasse! Gönnen Sie sich auch Massage- und Kosmetikanwendungen.

33 Zim – 93/146 € 148/178 € – 4 Suiten – ½ P

Zur Haskenau 81, Nord: 5 km über Dorbaumstraße 48157 – 0251 328040 – www.landhaus-eggert.de

Landhaus Eggert – siehe Restaurantauswahl

In Münster-Hiltrup Süd: 6 km über Hammerstraße B2, Richtung Hamm

Landgraf

INTERNATIONAL • LÄNDLICH X Der regionale Charme des roten Backsteingebäudes setzt sich auch im Inneren fort, in Form eines ländlich-gediegenen Restaurants. Man hat auch einen Wintergarten, der sich im Sommer zur Terrasse hin öffnen lässt. Die Küche ist international beeinflusst, dazu saisonale Empfehlungen.

Karte 23/63 €

10 Zim – 75 € 105 €

Thierstr. 26 48165 – 02501 1236 – www.hotel-landgraf.de – geschlossen Montag

MÜNSTER-SARMSHEIM

Rheinland-Pfalz – 2 872 Ew. – Höhe 100 m – Regionalatlas **47**-E15
Michelin Straßenkarte 543

Weinstube Kruger-Rumpf

REGIONAL • WEINSTUBE Charmant ist die ländliche Weinstube des bekannten Weinguts. Hier wie auch auf der hübschen Terrasse serviert man z. B. "Lammrücken in der Kräuterkruste mit Rosmarinjus". Außerdem können Sie in netten modernen Gästezimmern übernachten.

Menü 28/90 € – Karte 26/49 €

Rheinstr. 47 ✉ 55424 – ✆ 06721 45050 – www.kruger-rumpf.com – nur Abendessen – geschlossen 23. Dezember - 5. Januar und Montag

MÜNSTERTAL

Baden-Württemberg – 5 026 Ew. – Höhe 373 m – Regionalatlas **61**-D21
Michelin Straßenkarte 545

In Untermünstertal

Landhaus Langeck

GASTHOF • INDIVIDUELL Ideal für erholsame Urlaubstage in ländlicher Umgebung: ruhige Lage, jede Menge Grün ringsum - da kann man direkt vor der Tür loswandern! Tipp: Fragen Sie nach den besonders hübschen Landhaus-Zimmern. In der gemütlich-ländlichen Gaststube macht die regionale Karte Appetit.

21 Zim – †67/85 € ††128/134 € – ½ P

Langeck 6 ✉ 79244 – ✆ 07636 7877580 – www.langeck.de – geschlossen Januar

In Obermünstertal

Landgasthaus zur Linde

REGIONAL • GASTHOF Der historische Gasthof am Neumagenbach ist bekannt für seine Forellengerichte. Und im Winter wird's auch schon mal norddeutsch (die Wurzeln der Inhaber), da gibt's dann z. B. Grünkohl mit Pinkel. Alte Stube, Jägerstube, Kaminstube, überall ist es richtig gemütlich - auch in den wohnlichen Landhauszimmern.

Menü 39 € – Karte 22/50 €

9 Zim – †77/104 € ††84/139 € – 2 Suiten

Krumlinden 13 ✉ 79244 – ✆ 07636 447 – www.landgasthaus.de – geschlossen Oktober - April: Donnerstag

Spielweg

FRANZÖSISCH-KLASSISCH • GEMÜTLICH In dem jahrhundertealten Stammhaus mit seinen reizenden, ländlich-charmanten Stuben gibt es neben Spielweg-Klassikern wie "Sauté von Kalbsbries und -nierle mit Pommery-Senfsauce" auch moderne Gerichte wie "Wildschwein im Orient" - alles gewohnt niveauvoll!

Menü 49/89 € – Karte 42/77 €

Hotel Spielweg, Spielweg 61 ✉ 79244 – ✆ 07636 7090 – www.spielweg.com

Spielweg

FAMILIÄR • INDIVIDUELL Ein Ferienhotel mit Charme und eigener Note, und das in idyllischer Lage! Seit Generationen führt Familie Fuchs das Haus und investiert stetig. So wohnt man in individuellen Zimmern von klassisch-traditionell bis modern-regional. Ausgezeichnet das Frühstück mit Käse aus der eigenen Käserei!

41 Zim – †119/180 € ††145/267 € – 3 Suiten – ½ P

Spielweg 61 ✉ 79244 – ✆ 07636 7090 – www.spielweg.com

Spielweg – siehe Restaurantauswahl

MUGGENSTURM

Baden-Württemberg - 6 136 Ew. - Höhe 123 m - Regionalatlas **54**-E18
Michelin Straßenkarte 545

Lamm

INTERNATIONAL • GASTHOF XX In dem traditionellen Gasthof hat man zahlreiche Stammgäste, und die schätzen neben der gepflegten, freundlichen Atmosphäre natürlich vor allem die gute regional-internationale Küche. Probieren Sie z. B. "gegrillte Medaillons vom Schweinefilet, Pfeffer-Béarnaise, Gemüse der Sasion".

Menü 37/59 € - Karte 35/62 €

Hauptstr. 24 ✉ 76461 - ✆ 07222 52005 - www.lamm-muggensturm.de - geschlossen Dienstag - Mittwochmittag, Samstagmittag

MULFINGEN

Baden-Württemberg - 3 705 Ew. - Höhe 288 m - Regionalatlas **49**-I17
Michelin Straßenkarte 545

In Mulfingen-Ailringen Nord-West: 7,5 km über Ailringer Straße

Amtskeller

FRANZÖSISCH-KLASSISCH • ELEGANT XX Toll ist hier schon der Rahmen: ein altes Naturstein-Tonnengewölbe kombiniert mit modern-elegantem Stil. In erster Linie geht es aber um die ausgezeichnete Küche - klassisch, produktorientiert und sehr ausdrucksstark, im Mittelpunkt die ausgesuchten (gerne lokalen) Zutaten. Aromareich die Menüs: "Vor der Haustür" mit regionalem Bezug, etwas internationaler "Über den Tellerrand".

→ Maultaschen vom Ziegenfrischkäse mit Kaninchenragout. Lachsforelle aus dem Erlenbachtal mit Kohlrabi und Estragon. Rostbraten vom Hohenloher Weiderind mit gerösteten Zwiebeln, Spätzle und Rotweinsoße.

Menü 76/111 € - Karte 61/82 €

Hotel Amtshaus, Kirchbergweg 3 ✉ 74673 - ✆ 07937 9700 - www.amtshaus-ailringen.de - Mittwoch - Freitag nur Abendessen - geschlossen 1. - 16. Januar und Montag - Dienstag

Amtshaus

LANDHAUS • MODERN Vom kleinen Einzelzimmer bis zur geräumigen Maisonette findet in dem hübschen kleinen Hotel von 1650 jeder das Passende. Geschmackvolles Ambiente, moderne Technik, ausgewähltes Frühstück..., und all das umgeben von schönem altem Fachwerk.

15 Zim - †104/139 € ††159/169 € - 3 Suiten

Kirchbergweg 3 ✉ 74673 - ✆ 07937 9700 - www.amtshaus-ailringen.de

Amtskeller - siehe Restaurantauswahl

In Mulfingen-Heimhausen Süd: 4 km Richtung Buchenbach

Jagstmühle

REGIONAL • LÄNDLICH X Mit seinem gemütlich-eleganten Interieur passt das Restaurant wunderbar ins schöne Jagstmühlen-Bild. Die helle, warme Holztäfelung, ein Kachelofen, hübsche Stoffe - all das sorgt für Behagen. Gekocht wird regional und saisonal - probieren Sie doch mal das "Regio-Tapas-Menü"!

Menü 48/75 € - Karte 27/55 €

Hotel Jagstmühle, Jagstmühlenweg 10 ✉ 74673 - ✆ 07938 90300 - www.jagstmuehle.de

Jagstmühle

LANDHAUS • KLASSISCH Ein richtig charmantes Anwesen ist diese ehemalige Mühle an der Jagst. Die tollen, liebevoll eingerichteten Zimmer verteilen sich auf verschiedene Häuser, alles ist überaus hochwertig und geschmackvoll. Als Besonderheit hat man eine eigene Insel - ein herrlicher Ort zum Entspannen und für Feste.

28 Zim - †105/145 € ††135/180 € - ½ P

Jagstmühlenweg 10 ✉ 74673 - ✆ 07938 90300 - www.jagstmuehle.de

Jagstmühle - siehe Restaurantauswahl

MURNAU

Bayern - 11 882 Ew. - Höhe 688 m - Regionalatlas **65**-L21
Michelin Straßenkarte 546

Murnauer Reiter

REGIONAL • CHIC XX Auch gastronomisch bleibt der "Alpenhof" nicht stehen - darf es vielleicht das chic-moderne "Panorama-Restaurant" sein? Schön sind auch die anderen Räume, und die ambitionierte Küche gibt es überall. Aus sehr guten Produkten entsteht z. B. "gebratener Zander mit Sauerkraut und Blutwurst-Kartoffelstrudel".

Menü 40/90 € (abends) - Karte 36/61 €

Hotel Alpenhof Murnau, Ramsachstr. 8 ✉ 82418 - ☎ 08841 4910 - www.alpenhof-murnau.com

Alpenhof Murnau

LUXUS • MONTAN Ein Luxus-Ferienhotel im Wandel: Hier wird stetig investiert und erneuert, der Servicegedanke bleibt! Neben geschmackvollen Zimmern (Tipp: die ganz modernen!) bietet man ein tolles Frühstück (auch für Langschläfer) und reichlich Wellness. Dazu viel Natur ringsum und schöne Sicht auf Wetterstein und Estergebirge.

104 Zim – †139/239 € ††169/369 € – 15 Suiten – ½ P

Ramsachstr. 8 ✉ 82418 – ☎ 08841 4910 – www.alpenhof-murnau.com

Murnauer Reiter – siehe Restaurantauswahl

Angerbräu

HISTORISCHES GEBÄUDE • KLASSISCH In dem komplett sanierten historischen Haus lässt es sich schön wohnen: gepflegte, behagliche Zimmer mit gutem Platzangebot, Saunabereich im DG, wechselnde Kunstaustellungen. Zum Essen geht man ins Bistro "Weinfee" - hier gibt's Internationales, darunter auch Flammkuchen.

28 Zim – †75/111 € ††110/141 € – 1 Suite – ½ P

Untermarkt 44 ✉ 82418 – ☎ 08841 625876 – www.angerbraeu.de

Griesbräu

GASTHOF • GEMÜTLICH Im Herzen der Stadt finden Sie diesen engagiert-familiär geführten Brauereigasthof mit seinen wohnlichen Zimmern in modern-ländlichem Stil. Neben bayerischer Kost im gemütlichen Restaurant bekommt man alternativ im "Brauhaus" hausgebrautes Bier und allerlei Schmankerl (Selbstbedienung).

40 Zim – †69/79 € ††120/140 € – ½ P

Obermarkt 37 ✉ 82418 – ☎ 08841 1422 – www.griesbraeu.de – geschlossen Januar

Post

HISTORISCH • MONTAN Jede Menge Charme steckt in der über 400 Jahre alten ehemaligen Poststation, und das kommt an! Alles ist sehr gepflegt und wohnlich-alpenländisch, das Frühstück frisch und reichhaltig. Dazu liegt das Haus schön in der Fußgängerzone.

16 Zim – †66/129 € ††99/149 €

Obermarkt 1, (Zufahrt über Petersgasse 1) ✉ 82418 – ☎ 08841 48780 – www.hotel-post-murnau.de – geschlossen Ende November - Ende Dezember

NAGOLD

Baden-Württemberg - 21 470 Ew. - Höhe 411 m - Regionalatlas **54**-F19
Michelin Straßenkarte 545

Burg

REGIONAL • LÄNDLICH XX Im Zentrum liegt das familiengeführte Restaurant mit behaglichem ländlich-rustikalem Flair und schöner Gartenterrasse. Man kocht regional-traditionell - wie wär's z. B. mit "geschmorter Wildhasenkeule mit Wacholdersauce" oder "Kalbsnieren an Dijon-Senfsößle"?

Menü 34 € – Karte 21/58 €

Gerichtsplatz 8, (über Burgstr. 2) ✉ 72202 – ☎ 07452 3735 – www.restaurant-burg.de – geschlossen 2. - 18. August und Montag - Dienstag

Ostaria da Gino

ITALIENISCH • FAMILIÄR Schön familiär geht es hier zu! Typisch italienisch die Speisen, ungezwungen und charmant die Atmosphäre! Man berät Sie gerne bei der Auswahl von der Tafel, ebenso in Sachen Wein. Vielleicht noch was Leckeres für zuhause aus dem Feinkostladen? Übrigens: Man bietet auch Kochkurse an.

Menü 49/69 € (abends) – Karte 36/66 €

Querstr. 3 ✉ 72202 – ✆ 07452 66610 – www.dagino-nagold.de – geschlossen Sonntag

Adler

URBAN • FUNKTIONELL Das denkmalgeschützte Fachwerkhaus von 1675 (seit 1702 als Gasthof genutzt) steht im Zentrum, nicht weit vom Fluss Nagold. Die Zimmer sind wertig ausgestattet, besonders modern die Zimmer im Gästehaus. Nett sind die ländlichen Restaurantstuben im alten Gasthof. Man bietet bürgerliche Küche.

45 Zim – †65/82 € ††96/120 €

Badgasse 1, (Zufahrt über Oberamteistraße) ✉ 72202 – ✆ 07452 869000 – www.hotel-adler-nagold.de

NASTÄTTEN

Rheinland-Pfalz – 4 177 Ew. – Höhe 280 m – Regionalatlas **47**-E14
Michelin Straßenkarte 543

Oranien

MARKTKÜCHE • FAMILIÄR Das Restaurant der Familie Debus liegt etwas erhöht am Ortsrand und bietet von den meisten Plätzen eine nette Aussicht. Aus der Küche kommen bürgerlich-regionale Gerichte. Gepflegt übernachten kann man auch.

Menü 19 € (abends) – Karte 19/43 €

10 Zim – †45/70 € ††75/100 €

Oranienstr. 10 ✉ 56355 – ✆ 06772 1035 – www.hotel-restaurant-oranien.de – nur Abendessen, sonntags auch Mittagessen – geschlossen 1. - 10 . Januar und Sonntagabend - Montag

NAUEN

Brandenburg – 16 761 Ew. – Höhe 35 m – Regionalatlas **22**-O8
Michelin Straßenkarte 542

In Nauen-Ribbeck West: 6 km

Schloss Ribbeck

REGIONAL • KLASSISCHES AMBIENTE Wer kennt ihn nicht, Theodor Fontanes "Herrn von Ribbeck auf Ribbeck im Havelland"? In dem schönen Schloss mit seinem verlockenden Birnengarten speisen Sie Regionales. Das Anwesen ist natürlich auch ein toller Rahmen für Hochzeiten!

Karte 25/42 €

Theodor-Fontane-Str. 10 ✉ 14641 – ✆ 033237 85900 – www.schlossribbeck.de – bis 18 Uhr geöffnet, Freitag - Sonntag bis 21 Uhr geöffnet

NAUHEIM, BAD

Hessen – 31 018 Ew. – Höhe 148 m – Regionalatlas **38**-F14
Michelin Straßenkarte 543

Zuleger's N

MARKTKÜCHE • ZEITGEMÄSSES AMBIENTE Wolfgang Zuleger ist kein Unbekannter in der Wetterau. Er kocht frisch und schmackhaft - mittags gibt es eine einfachere Tageskarte, abends Gerichte wie "Loup de mer & Riesengarnele, Risotto, Krustentiersoße" oder "Oldenburger Ente mit Steckrübenpüree".

Menü 30 € (abends) – Karte 25/58 €

Mittelstr. 3 ✉ 61231 – ✆ 06032 700870 – www.zulegers.de – geschlossen Januar 1 Woche und Montag - Dienstag, Samstagmittag

NAUMBURG

Sachsen-Anhalt – 32 756 Ew. – Höhe 135 m – Regionalatlas **41**-M12
Michelin Straßenkarte 542

Gasthof Zufriedenheit

GASTHOF • MODERN Richtig schön wohnlich hat man es in dem Haus im Zentrum: Die Einrichtung ist wertig und geschmackvoll-modern in ruhigen Tönen gehalten - die Zimmer liegen zum Hof, die Juniorsuiten (darunter auch Maisonetten) zur Fußgängerzone. Frisch und freundlich die Atmosphäre im Restaurant, regional-saisonal die Küche.

17 Zim – 🚹95/140 € 🚹🚹185/230 € – 2 Suiten – ☕22 € – ½ P

Steinweg 26 ✉ 06618 – ✆ 03445 7912051 – www.gasthof-zufriedenheit.de

Zur Alten Schmiede

HISTORISCHES GEBÄUDE • INDIVIDUELL Der Name erinnert noch an die einstige Huf- und Wagenschmiede, heute stehen hier wohnliche Zimmer bereit - besonders schön und zeitgemäß im Nebenhaus. Hübsch die elegante kleine Halle. Gemütlich sitzt man im rustikalen Restaurant mit nettem Schmiede-Dekor.

60 Zim – 🚹82/95 € 🚹🚹105/135 € – 4 Suiten – ☕15 € – ½ P

Lindenring 36 ✉ 06618 – ✆ 03445 261080 – www.hotel-zur-alten-schmiede.de

NAURATH (WALD)

Rheinland-Pfalz – 355 Ew. – Höhe 323 m – Regionalatlas **45**-B15
Michelin Straßenkarte 543

✿ Rüssel's Landhaus

KREATIV • CHIC XXX Wirklich idyllisch, dieses charmante Mühlenanwesen! Drinnen verbreiten schöne Materialien, Farben und Deko Landhausflair und eine elegante Note. Hier zeigt sich das Engagement von Ruth und Harald Rüssel ebenso wie in der kreativ-saisonalen Küche, die auf ausgezeichneten regionalen Zutaten basiert - Wild kommt aus eigener Jagd. Ein Traum: die Terrasse am kleinen See!

→ Kabeljau, Gillardeau Auster, Tapioka, Fenchel, Schinkenschaum. Naurather Reh, Rücken und Schulter, Holunderblüte, Mispel, Hafercrème. Rhabarber, Hibiskusbaiser, Butterkeks, Ingwereis.

Menü 120/150 € – Karte 95/107 €

Hotel Rüssel's Landhaus, Büdlicherbrück 1, Nord-Ost: 1,5 km ✉ 54426 – ✆ 06509 91400 (abends Tischbestellung ratsam) – www.ruessels-landhaus.de – geschlossen Januar 2 Wochen, Juli - August 2 Wochen und Montagmittag, Dienstag - Donnerstagmittag

Rüssel's Hasenpfeffer

REGIONAL • LÄNDLICH X Eine wirklich hübsche Alternative zum Rüssel'schen Gourmetrestaurant und beliebt bei den Gästen, denn hier kocht man schmackhaft und mit guten Produkten. Gerne bestellt man z. B. Wild und Geschmortes - ein Hasengericht findet sich übrigens auch immer auf der regional-saisonalen Karte.

Menü 37/64 € – Karte 33/61 €

Hotel Rüssel's Landhaus, Büdlicherbrück 1, Nord-Ost: 1,5 km ✉ 54426 – ✆ 06509 91400 – www.ruessels-landhaus.de – geschlossen Januar 2 Wochen, Juli - August 2 Wochen und Dienstag - Donnerstagmittag

Rüssel's Landhaus

LANDHAUS • INDIVIDUELL Der Name Rüssel steht nicht nur für richtig gute Küche. Werfen Sie einen Blick in die Zimmer und Sie werden über Nacht bleiben wollen! Ob Landhausstil oder Themen wie "Weinselig" oder "Provence", hier ist ein Raum schöner als der andere!

14 Zim ☕ – 🚹95/140 € 🚹🚹120/235 € – 2 Suiten

Büdlicherbrück 1, Nord-Ost: 1,5 km ✉ 54426 – ✆ 06509 91400 – www.ruessels-landhaus.de – geschlossen Januar 2 Wochen, Juli - August 2 Wochen

✿ **Rüssel's Landhaus** • **Rüssel's Hasenpfeffer** – siehe Restaurantauswahl

NECKARGEMÜND

Baden-Württemberg - 13 237 Ew. - Höhe 127 m - Regionalatlas **47**-F17
Michelin Straßenkarte 545

Christians Restaurant

FRANZÖSISCH-KLASSISCH • ZEITGEMÄSSES AMBIENTE XX Schöne Rundbogenfenster geben in dem hellen, geradlinigen Restaurant den Blick auf den Neckar frei, während man Klassisches mit mediterranem Einfluss serviert bekommt, z. B. "Maispoulardenbrust, Risotto mit grünem Spargel und Kerbelsoße".

Menü 37/98 € - Karte 35/66 €

Neckarstr. 40 ✉ 69151 - ✆ 06223 9737323 - www.restaurant-christian.de - geschlossen Dienstag - Mittwoch

Limoncello cucina e vino

ITALIENISCH • OSTERIA X In der gemütlich-sympathischen Osteria in der Altstadt gibt es Typisches aus Italien. Neben Antipasti und Pasta zählt auch Dry-Aged-Rindfleisch vom Grill zu den Spezialitäten. Etwas Leckeres für zuhause? Im Shop finden Sie das Passende.

Menü 42/75 € - Karte 35/64 €

Hauptstr. 16 ✉ 69151 - ✆ 06223 8014460 - www.limoncello-neckargemuend.de - nur Abendessen - geschlossen Montag - Dienstag

In Neckargemünd-Waldhilsbach Süd-West: 5 km über B 45 Richtung Sinsheim

Zum Rössel

REGIONAL • LÄNDLICH X Gut essen kann man in der einstigen Poststation von 1642. In dem hübschen traditionell gehaltenen Restaurant gibt es Klassiker wie "Zander mit Kartoffel-Gurkensalat" oder "Medaillons vom Schweinefilet mit frischen Pilzen". Dazu interessante Monatsempfehlungen. Tipp: Auf Vorbestellung Gourmetmenü im "Zimmerle".

Menü 36 € - Karte 29/47 €

Heidelberger Str. 15 ✉ 69151 - ✆ 06223 2665 - www.roessel-waldhilsbach.de - geschlossen 11. - 19. Juni und Montag - Dienstag

NECKARTAILFINGEN

Baden-Württemberg - 3 684 Ew. - Höhe 295 m - Regionalatlas **55**-G19
Michelin Straßenkarte 545

Gasthaus Schwanen N

REGIONAL • LÄNDLICH XX Freundlich und ländlich-traditionell ist die Atmosphäre in den Gasträumen im 1. Stock. Passend dazu kocht man bürgerlich-regional, mit Blick fürs Detail und angenehmer Würze. Der Chef ist selbst Jäger - da probiert man gerne mal entsprechende Spezialitäten. Tipp: eigene Produkte zum Mitnehmen.

Karte 24/49 €

Nürtingerstr. 18 ✉ 72666 - ✆ 07127 929420 - www.schwanen-neckartailfingen.de - geschlossen Montagmittag, Dienstag - Mittwoch, Freitagmittag, Samstagmittag

NECKARZIMMERN

Baden-Württemberg - 1 521 Ew. - Höhe 150 m - Regionalatlas **48**-G17
Michelin Straßenkarte 545

Burg Hornberg

HISTORISCHES GEBÄUDE • TRADITIONELL Hier locken ganz klar der historische Rahmen und die Lage hoch über dem Neckartal, umgeben von Weinbergen. In die Burganlage a. d. 11 Jh. (1517 von Götz von Berlichingen gekauft) hat man ein charmantes Hotel integriert. Beeindruckend die Sicht, toll die Terrasse. Im Burghof Verkauf von Eigenbauweinen.

31 Zim - †78/110 € ††120/180 € - 1 Suite

Burg Hornberg 2 ✉ 74865 - ✆ 06261 92460 - www.burg-hotel-hornberg.de - geschlossen Januar

NENNDORF, BAD

Niedersachsen – 10 537 Ew. – Höhe 82 m – Regionalatlas **18**-H8
Michelin Straßenkarte 541

In Bad Nenndorf-Riepen Nord-West: 4,5 km über die B 65 Richtung Minden

August

INTERNATIONAL • GEMÜTLICH XX Lange Familientradition und richtig gute Küche - dafür stehen die Gehrkes. Gekocht wird frisch, saisonal und mit internationalem Einfluss: "Hirschkeulenbraten mit Waldpilzsauce", "Entenbrust und Spitzkohl mit Chorizo und Rosinen", "Seehechtfilet auf Bandnudel-Wokgemüse"... Weinschrank mit toller Auswahl!

Menü 28/33 € – Karte 30/51 €

Hotel Schmiedegasthaus Gehrke, Riepener Str. 21 ✉ 31542 – ✆ 05725 94410 – www.schmiedegasthaus.de – geschlossen Anfang Januar 1 Woche, Ende Juli - Anfang August 2 Wochen und Montag

Schmiedegasthaus Gehrke

LANDHAUS • GEMÜTLICH Richtig nett übernachtet man in dem gepflegten Gasthof mit Familientradition seit fünf Generationen. Im Haupthaus freundliche Zimmer in neuzeitlichem Stil, die im Gästehaus sind etwas größer - alle mit kostenfreiem W-Lan. Abends hat man die Dorfstube "Esse" als bürgerliche Restaurant-Alternative zum "August".

19 Zim – 68/88 € 98/123 € – ½ P

Riepener Str. 21 ✉ 31542 – ✆ 05725 94410 – www.schmiedegasthaus.de – geschlossen Anfang Januar 1 Woche

August – siehe Restaurantauswahl

NETTETAL

Nordrhein-Westfalen – 41 605 Ew. – Höhe 45 m – Regionalatlas **25**-A11
Michelin Straßenkarte 543

In Nettetal-Hinsbeck

Sonneck

BÜRGERLICHE KÜCHE • FAMILIÄR XX 150 Jahre Familientradition hat das freundlich-gemütliche Restaurant von Birgit und Ernst-Willi Franken. Aus der Küche kommt Schmackhaftes wie "kaltes Roastbeef mit Röstkartoffeln und Remouladensauce" oder "geschmortes Kaninchen mediterrane Art". Sehr schön die Terrasse im Garten - hier wachsen auch Kräuter.

Menü 33/50 € – Karte 32/61 €

Schlossstr. 61 ✉ 41334 – ✆ 02153 4157 – www.restaurantsonneck.de – geschlossen Januar - Februar 2 Wochen, September - Oktober 2 Wochen und Montag - Dienstag

NEUBERG

Hessen – 5 227 Ew. – Höhe 135 m – Regionalatlas **48**-G14
Michelin Straßenkarte 543

In Neuberg-Ravolzhausen Nord: 2 km

Bei den Tongruben

FAMILIÄR • INDIVIDUELL Engagiert leitet Familie Kremhöller ihr Haus - es ist tipptopp gepflegt und liebevoll eingerichtet, zudem liegt es recht ruhig. Besonders hübsch: die Zimmer mit Dachschräge. Schön auch der Sauna- und Fitnessbereich. Abends bietet man im Bistro kleine Snacks.

28 Zim – 99/235 € 110/290 €

Im Unterfeld 19 ✉ 63543 – ✆ 06183 20400 – www.hotel-tongruben.de – geschlossen 14. Dezember - 7. Januar

NEUBEUERN

Bayern – 4 313 Ew. – Höhe 478 m – Regionalatlas **66**-N21
Michelin Straßenkarte 546

Auers Schlosswirtschaft

REGIONAL • GASTHOF X Seit über 30 Jahren wird der sympathische Gasthof mit Engagement geführt. Die charmant-ländlichen Stuben versprühen Gemütlichkeit, der Service ist aufmerksam und gekocht wird regional-saisonal. Appetit macht da z. B. "Bayerische Rinderlende, Spargelratatouille, Kräuterpolenta". Schöne Terrasse mit Bäumen.

Karte 33/56 €

Rosenheimer Str. 8 ✉ 83115 – ✆ 08035 2669 – www.auers-schlosswirtschaft.de – nur Abendessen – geschlossen 9. - 18. Juni, 24. August - 11. September und Sonntag - Montag

NEUBURG am INN

Bayern – 4 313 Ew. – Höhe 452 m – Regionalatlas **60**-P19
Michelin Straßenkarte 546

Hoftaferne Neuburg

REGIONAL • GEMÜTLICH XX In der Hoftaferne von 1440 wird richtig gut gekocht, und zwar bayerisch-österreichisch. Auf der Karte finden sich Klassiker und gehobenere Gerichte - Lust auf Tafelspitzsülze, Wiener Schnitzel, Kaiserschmarrn & Co.? Drinnen charmant-historisches Flair, draußen lockt im Sommer der Biergarten!

Menü 20 € (mittags unter der Woche)/69 € – Karte 30/57 €

Hotel Hoftaferne Neuburg, Am Burgberg 5 ✉ 94127 – ✆ 08507 923120 – www.hoftaferne-neuburg.de – geschlossen 10. - 31. März, 28. Juli - 5. August, 5. - 11. November und Montag

Hoftaferne Neuburg

HISTORISCHES GEBÄUDE • HISTORISCH An der ehemaligen Wehranlage a. d. 11. Jh. hat man ein Gästehaus mit hübschen wohnlichen Zimmern. Aber nicht nur das gepflegte Ambiente ist erwähnenswert, auch die Lage: ruhig, erhöht und mit schöner Aussicht.

24 Zim – †75 € ††125 €

Am Burgberg 5 ✉ 94127 – ✆ 08507 923120 – www.hoftaferne-neuburg.de – geschlossen 10. - 31. März, 28. Juli - 5. August, 3. - 11. November

Hoftaferne Neuburg – siehe Restaurantauswahl

NEUBURG an der DONAU

Bayern – 28 910 Ew. – Höhe 149 m – Regionalatlas **57**-L18
Michelin Straßenkarte 546

In Neuburg-Bergen Nord-West: 8 km über Ried, im Igstetter Wald links

Gaststube

REGIONAL • LÄNDLICH X So stellt man sich eine historische bayerische Gaststube vor: Holzbalken an der Decke, Dielenboden, Kachelofen - rustikal und schön gemütlich! Auf dem Teller Leckeres wie "Tafelspitz vom Hohenloher Rind, Meerrettich, Schnittlauchsoße, Blattspinat, Bratkartoffeln".

Menü 30/79 € – Karte 34/76 €

Hotel Zum Klosterbräu, Kirchplatz 1 ✉ 86633 – ✆ 08431 67750 – www.zum-klosterbraeu.de – geschlossen 21. - 29. Dezember, über Fasching und Montagmittag, außer an Feiertagen

Zum Klosterbräu

GASTHOF • GEMÜTLICH Familientradition seit 1744! Hübsch die Zimmer mit wertigem Vollholz und warmen Farben, toll das Kreuzgewölbe in Lobby und Malztenne (hier gibt es Frühstück), ein Traum der Klostergarten samt Outdoor-Pool. Chic: modern-rustikales Badehaus im historischen Zehntstadel.

26 Zim – †114/139 € ††164/189 € – 1 Suite – ½ P

Kirchplatz 1 ✉ 86633 – ✆ 08431 67750 – www.zum-klosterbraeu.de – geschlossen 21. - 29. Dezember, über Fasching

Gaststube – siehe Restaurantauswahl

NEUBURG an der KAMMEL

Bayern - 3 155 Ew. - Höhe 506 m - Regionalatlas **56**-J20
Michelin Straßenkarte 546

Landhaus Jekle

KLASSISCHE KÜCHE • LÄNDLICH XX Günther Jekle (bereits die 4. Generation in diesem Familienbetrieb) bietet in dem gemütlichen Restaurant ein interessantes Gourmetmenü, aus dem Sie auch à la carte wählen können. Mögen Sie z. B. "Sashimi Magnum Lachs auf konfierten Kartoffeln mit Zitrone & Kräutern"? Oder lieber ein hochwertiges Steak?

Menü 42/129 € (abends) - Karte 41/72 €

Marktplatz 4 ✉ 86476 - ✆ 08283 1707 - www.guentherjekle.de - nur Abendessen, sonntags auch Mittagessen - geschlossen Sonntagabend - Mittwoch

NEUDROSSENFELD

Bayern - 3 807 Ew. - Höhe 334 m - Regionalatlas **51**-L15
Michelin Straßenkarte 546

Schloss Neudrossenfeld

MARKTKÜCHE • RUSTIKAL XX Der rechte Schlossflügel hat einiges zu bieten: ein schönes Restaurant (mal gemütlich-rustikal, mal modern), eine Vinothek und im OG einen Saal. Draußen die tolle Terrasse! Aus der Küche kommt Klassisches mit ländlichem Einfluss - Appetit macht da z. B. "Hirschrücken mit Pinienkruste und gegrillten Schalotten".

Menü 52 € - Karte 40/58 €

Schlossplatz 2 ✉ 95512 - ✆ 09203 68368 - www.schloss-neudrossenfeld.de - nur Abendessen, sonntags auch Mittagessen - geschlossen Montag - Dienstag

NEUENAHR-AHRWEILER, BAD

Rheinland-Pfalz - 27 135 Ew. - Höhe 104 m - Regionalatlas **36**-C13
Michelin Straßenkarte 543

Im Stadtteil Bad Neuenahr

Steigenberger

KETTENHOTEL • KLASSISCH Der große klassische Bau befindet sich im Herzen der Stadt. Nicht nur die komfortablen Zimmer in Haupthaus, Mittelbau und Westflügel versprechen Erholung, auch die beeindruckende Bäderabteilung im Haus sowie die Therme "Ahr-Resort".

216 Zim ☕ - 🚹104/168 € 🚹🚹158/288 € - 5 Suiten - ½ P

Kurgartenstr. 1 ✉ 53474 - ✆ 02641 9410 - www.bad-neuenahr.steigenberger.de

Villa Aurora

FAMILIÄR • ART DÉCO Sie suchen eine stilvolle Adresse in schöner Lage? Das aus drei Villen bestehende Hotel bietet dafür individuelle, klassisch gehaltene Zimmer vom normalen Einzelzimmer bis zur Suite. Im Restaurant serviert man internationale und regionale Küche.

50 Zim ☕ - 🚹88/165 € 🚹🚹145/195 € - 2 Suiten - ½ P

Georg-Kreuzberg-Str. 8 ✉ 53474 - ✆ 02641 9430 - www.aurora.de - geschlossen 11. November - 7. Dezember

Weyer

FAMILIÄR • INDIVIDUELL Hier wird stetig investiert, um den Gästen eine wertige Ausstattung zu bieten. Die Zimmer sind individuell und immer wohnlich gestaltet, schön auch der Spa-Bereich, und im Restaurant erwarten Sie freundliches Ambiente und saisonale Küche.

34 Zim ☕ - 🚹62/90 € 🚹🚹110/150 € - 1 Suite - ½ P

Wolfgang-Müller-Str. 10 ✉ 53474 - ✆ 02641 8940 - www.hotel-weyer.de - geschlossen Januar

Im Stadtteil Ahrweiler Nord: 1 km

Hohenzollern an der Ahr

KLASSISCHE KÜCHE • KLASSISCHES AMBIENTE XX Eine grandiose Aussicht auf das Ahrtal erwartet Sie hier! Das elegante Restaurant samt herrlicher Panoramaterrasse bietet eine klassisch-international ausgerichtete Küche. Darf es vielleicht mal ein vegetarisches Menü sein?

Menü 40 € (mittags)/75 € – Karte 45/67 €

Hotel Hohenzollern an der Ahr, Am Silberberg 50 ✉ 53474 – ✆ 02641 9730 – www.hotelhohenzollern.com – geschlossen Juli - August 2 Wochen

Prümer Gang

MARKTKÜCHE • FREUNDLICH XX Stilvoll und modern ist es hier und gut essen kann man auch. Unter den saisonalen Gerichten finden sich z. B. "Rinderfiletmedaillon unter der Kräuterkruste" oder "Schollenfilet mit Zitrone und Kapernbutter". Schöne regionale Weine.

Menü 32/57 € – Karte 35/58 €

Hotel Prümer Gang, Niederhutstr. 58, Zufahrt über Plätzerstraße ✉ 53474 – ✆ 02641 4757 – www.pruemergang.de – geschlossen Juli - August 2 Wochen und Montag - Dienstagmittag

Hohenzollern an der Ahr

FAMILIÄR • GEMÜTLICH Das familiengeführte Hotel bietet dank seiner erhöhten Lage in den Weinbergen einen fantastischen Blick aufs Ahrtal. Schön für Aktive: Direkt am Haus verläuft der Rotweinwanderweg. Die Zimmer sind wohnlich, einige besonders modern.

27 Zim – †75/88 € ††125/155 € – ½ P

Am Silberberg 50 ✉ 53474 – ✆ 02641 9730 – www.hotelhohenzollern.com – geschlossen 2. - 15. Januar

Hohenzollern an der Ahr – siehe Restaurantauswahl

Prümer Gang

URBAN • MODERN Das kleine Hotel in der Altstadt wird engagiert geführt, entsprechend wertig die Zimmer (schönes Parkett, puristischer Stil, moderne Bäder) und herzlich die Gästebetreuung. Hübsche Sauna im alten Gewölbe.

12 Zim – †80/85 € ††139/145 € – ½ P

Niederhutstr. 58, Zufahrt über Plätzerstraße ✉ 53474 – ✆ 02641 4757 – www.pruemergang.de – geschlossen Juli - August 2 Wochen

Prümer Gang – siehe Restaurantauswahl

Im Stadtteil Heimersheim Ost: 6 km

Freudenreich

INTERNATIONAL • GEMÜTLICH XX Bereits seit 1993 führen Lothar und Sabine Freudenreich dieses Haus. Auf der Karte z. B. "Filet vom Wolfsbarsch und gebratene Gamba auf Petersilien-Risotto" oder "Cordon bleu vom Kalb auf weißem Spargel". Schön wohnlich das Restaurant, ganz modern das Nebenzimmer. Hübsch die Terrasse mit Weinbergblick!

Menü 37/54 € – Karte 39/60 €

6 Zim – †89/109 € ††119/139 €

Göppinger Str. 13 ✉ 53474 – ✆ 02641 6868 – www.freudenreich-restaurant.de – nur Abendessen, sonntags auch Mittagessen – geschlossen Ende Februar 2 Wochen und Montag - Dienstag

Im Stadtteil Heppingen Ost: 4 km

Steinheuers Restaurant Zur Alten Post

FRANZÖSISCH-KLASSISCH • ELEGANT XXX Hinter der schönen Fassade eines typischen Landgasthofs verbirgt sich das Sterne-Restaurant der Familie Steinheuer. Seit vielen Jahren geben sich hier die Gäste - darunter auch zahlreiche Stammgäste - die Klinke in die Hand. Sie sind begeistert von dem hübschen modernen Ambiente und den hochwertigen und stilvollen Dekorationen, die den Charme des Hauses unterstreichen. Großes Anliegen des Patrons Hans Stefan

Steinheuer: Alle sollen sich wohlfühlen und zufrieden sein. Das gelingt ihm nicht zuletzt mit seiner Küche: Seine Kreationen sind klassisch und markant zubereitet, wobei er sich von internationalen Einflüssen inspirieren lässt. Nicht entgehen lassen sollte man sich zum Nachtisch die Birne „Schöne Helene"- wirklich ein Genuss! Vor einiger Zeit ist Tochter Désirée zusammen mit ihrem Mann Christian Binder in den elterlichen Betrieb eingestiegen und sorgt dafür, dass die lange Tradition des Hauses auf professionelle und persönliche Art und Weise fortgesetzt wird.

→ Gänseleber mit Madeira und Olive. Hummer mit Karotte, Cru de Cacao und Beurre Blanc. Ahrtaler Rehrücken mit Mispeln, Topfenknödel, Spitzkohl und Kampott-Pfefferjus.

Menü 115/180 €

Landskroner Str. 110, (Eingang Konsumgasse) ✉ 53474 – ✆ 02641 94860 – www.steinheuers.de – Montag - Freitag nur Abendessen – geschlossen Anfang Januar 3 Wochen, Ende Juli - Anfang August 3 Wochen und Dienstag - Mittwoch

Steinheuers Landgasthof Poststuben

REGIONAL • LÄNDLICH XX Dies ist nicht "Steinheuer light", sondern ein ganz eigenständiges Restaurant mit ambitionierter Frischeküche, die z. B. als "Salat von Kalbskopf und Zunge mit Böhnchen" oder "Zander auf Rieslingkraut" überzeugt. Wer übernachten möchte, wählt die Doppelzimmer im Haupthaus oder das komfortable Gästehaus.

Menü 42/62 € – Karte 40/58 €

11 Zim – 108/165 € 135/245 € – 1 Suite

Landskroner Str. 110 ✉ 53474 – ✆ 02641 94860 – www.steinheuers.de – geschlossen Anfang Januar 2 Wochen und Dienstag - Mittwoch

Im Stadtteil Walporzheim Süd-West: 4 km

Historisches Gasthaus Sanct Peter Restaurant Brogsitter

KLASSISCHE KÜCHE • ELEGANT XXX So stimmig das Restaurant Eleganz und Gemütlichkeit vereint, so gelungen verbindet die Küche Klassisches mit modernen Akzenten. Der Service freundlich und sehr gut geschult. Sie sind Weinliebhaber? Die tolle Auswahl mit über 100 offen ausgeschenkten Weinen macht die Entscheidung nicht leicht.

→ Hummer, Avocado, rosa Grapefruit. Bretonischer Steinbutt, Morcheln, Erbsen, Eigelb. Eifler Rehrücken, Pfifferlinge, Wirsing, Balsamicokirschen.

Menü 112/155 € – Karte 110/114 €

Walporzheimer Str. 134 ✉ 53474 – ✆ 02641 97750 (Tischbestellung ratsam) – www.sanct-peter.de – nur Abendessen – geschlossen Januar - Februar 3 Wochen, Juli - August 3 Wochen und Montag - Dienstag

Historisches Gasthaus Sanct Peter Restaurant Weinkirche – siehe Restaurantauswahl

Historisches Gasthaus Sanct Peter Restaurant Weinkirche

INTERNATIONAL • LÄNDLICH XX Ein stilvolles Restaurant mit Galerie, dessen Historie bis ins 13. Jh. zurückgeht. Sehr schön speist man auch im schmucken Innenhof oder in der leger-modernen Raucherlounge mit Bar. Alternative: die Kaminstube mit Vesperangebot.

Menü 70/89 € – Karte 56/76 €

Historisches Gasthaus Sanct Peter Restaurant Brogsitter, Walporzheimer Str. 134 ✉ 53474 – ✆ 02641 97750 – www.sanct-peter.de

Sanct Peter

PRIVATHAUS • KLASSISCH Hier wohnt man klassisch-elegant im schmucken Romantik-Hotel oder geradlinig-zeitlos in den großzügigen Zimmern des modernen Landhotels. Zum schönen Ambiente kommen aufmerksamer Service, ein sehr gutes Frühstück und ein Traum von Garten!

23 Zim – 118/143 € 158/208 €

Walporzheimer Str. 118 ✉ 53474 – ✆ 02641 905030 – www.hotel-sanctpeter.de

NEUENBÜRG

Baden-Württemberg – 7 680 Ew. – Höhe 323 m – Regionalatlas **54**-F18
Michelin Straßenkarte 545

Gasthaus Grösseltal

TRADITIONELLE KÜCHE • RUSTIKAL X In einem romantischen Seitental liegt das gut 150 Jahre alte Gasthaus, charmant die Atmosphäre in den schlicht-rustikalen Stuben. Gekocht wird klassisch-traditionell - lassen Sie sich nicht die "geschmorten Rinderbäckle in Lembergersauce mit handgeschabten Spätzle" entgehen! Nett die Terrasse vor dem Haus.

Karte 30/54 €

Grösseltal 1, Ost: 4 km in Richtung Engelsbrand ✉ 75305 – ✆ 07082 2385 – www.gasthaus-groesseltal.de – geschlossen Sonntag - Montag

NEUENDETTELSAU

Bayern – 7 585 Ew. – Höhe 438 m – Regionalatlas **50**-K17
Michelin Straßenkarte 546

Sonne

GASTHOF • MODERN Seit über 500 Jahren bewirtet man hier Gäste! Der gewachsene Familienbetrieb wird engagiert geführt und ist tipptopp gepflegt. Sie dürfen sich auf wohnliche Zimmer und ein gutes Frühstück freuen, und in den netten Restaurantstuben gibt es fränkische Gasthausküche. Auch für Hochzeitsfeiern eine schöne Adresse.

69 Zim – †67/88 € ††94/120 €

Hauptstr. 43 ✉ 91564 – ✆ 09874 5080 – www.landhotel-sonne.com – geschlossen 1. - 6. Januar, 5. - 30. August

NEUENDORF bei WILSTER

Schleswig-Holstein – 470 Ew. – Regionalatlas **9**-H4
Michelin Straßenkarte 541

In Neuendorf-Sachsenbande Süd-Ost: 2 km

Zum Dückerstieg

REGIONAL • LÄNDLICH XX Ein hübsches, gemütliches Restaurant mit ländlichem Flair, in dem saisonal und regional gekocht wird. Klassiker wie "gebratene Scholle in Speckbutter" schmecken ebenso gut wie "krosser Spanferkelrücken mit Estragonsoße, Rahmsteckrüben und Pilzen".

Menü 39/49 € – Karte 26/47 €

Hotel Zum Dückerstieg, Dückerstieg 7 ✉ 25554 – ✆ 04823 92929 – www.dueckerstieg.de – geschlossen 27. Dezember - 7. Januar und Montag

Zum Dückerstieg

GASTHOF • GEMÜTLICH Eine freundlich-familiär geführte Adresse, und das bereits in 4. Generation. Sie wohnen im Gästehaus in schönen wertig eingerichteten Zimmern (Tipp: Zimmer "elf" mit charmanten Schrägen), gefrühstückt wird gegenüber im Gasthaus von 1910.

11 Zim – †72/99 € ††93/115 €

Dückerstieg 7 ✉ 25554 – ✆ 04823 92929 – www.dueckerstieg.de

Zum Dückerstieg – siehe Restaurantauswahl

NEUENKIRCHEN

Mecklenburg-Vorpommern – 2 355 Ew. – Höhe 6 m – Regionalatlas **13**-P4
Michelin Straßenkarte 542

Stettiner Hof

LANDHAUS • FUNKTIONELL Eine Besonderheit dieses Familienbetriebs ist die Ausstellung restaurierter alter Maschinen - im schön angelegten Garten gibt's sogar eine Mini-Eisenbahn! Tipp: Komfortabler sind die Giebelzimmer, darunter eine Maisonette. Das Restaurant hat Bistro-Atmosphäre und einen Wintergarten, davor die Terrasse.

24 Zim – †62/78 € ††82/88 € – ½ P

Theodor-Körner-Str. 20 ✉ 17498 – ✆ 03834 899624 – www.stettiner-hof.de

NEUHARDENBERG

Brandenburg – 2 583 Ew. – Höhe 12 m – Regionalatlas **23**-R8
Michelin Straßenkarte 542

Schloss Neuhardenberg

HISTORISCHES GEBÄUDE • MODERN Inmitten eines wunderbaren Parks wohnen Sie hier in einem Schloss a. d. 18. Jh. Die Zimmer sind modern-elegant, darunter Galerie-Zimmer auf zwei Ebenen - darf es vielleicht ein Sternenzimmer mit Glasdach sein? Die "Brennerei" ist ein sympathisch-rustikales Restaurant mit typischer Landgasthaus-Küche.

54 Zim – †97/127 € ††132/162 € – 2 Suiten – ½ P

Schinkelplatz ✉ 15320 – ✆ 033476 6000 – www.schlossneuhardenberg.de

NEUHARLINGERSIEL

Niedersachsen – 986 Ew. – Höhe 3 m – Regionalatlas **8**-E5
Michelin Straßenkarte 541

Poggenstool

REGIONAL • GASTHOF XX Sehr freundlich wird das gemütlich gestaltete Restaurant in Deichnähe von der Inhaberfamilie geleitet, serviert wird überwiegend regionale Küche samt Nordsee-Klassikern wie Steinbutt und Seezunge. Zum Übernachten hat man gepflegte wohnliche Gästezimmer.

Karte 18/64 €

7 Zim – †60/70 € ††95/119 €

Addenhausen 1 ✉ 26427 – ✆ 04974 91910 – www.poggenstool.de – nur Abendessen – geschlossen Anfang Januar - Fasching, Mitte November - Mitte Dezember und Montag - Dienstag

Sie möchten spontan verreisen? Besuchen Sie die Internetseiten der Hotels, um von deren Sonderkonditionen zu profitieren.

NEUHAUS am RENNWEG

Thüringen – 6 860 Ew. – Höhe 800 m – Regionalatlas **40**-K13
Michelin Straßenkarte 544

Schieferhof

BOUTIQUE-HOTEL • INDIVIDUELL Das hübsche Haus von 1908 ist ein persönlich geführtes, geschmackvoll und individuell mit künstlerischer Note eingerichtetes Boutique-Hotel. Für Aktivurlauber, Kreative und Businessgäste gleichermaßen interessant. Im Restaurant setzt man auf regionale Produkte und Slow Food.

38 Zim – †85/100 € ††110/150 €

Eisfelder Str. 26, B 281 ✉ 98724 – ✆ 03679 7740 – www.schieferhof.de

NEUHAUSEN (ENZKREIS)

Baden-Württemberg – 5 217 Ew. – Höhe 482 m – Regionalatlas **54**-F18
Michelin Straßenkarte 545

In Neuhausen-Hamberg

Grüner Wald N

REGIONAL • RUSTIKAL XX Gelungen hat man hier hochwertiges geradliniges Interieur mit landlichem Charme verbunden. Auf schöne massive Holztische kommen schmackhafte regionale Klassiker wie z. B. "Rostbraten von der Färse mit handgeschabten Spätzle". Als etwas rustikalere Alternative gibt es das "Braustüble". Biere aus der eigenen Brauerei.

Karte 32/68 €

Hauptstr. 2 ✉ 75242 – ✆ 07234 9473899 – www.gruenerwald.de – nur Abendessen, sonntags auch Mittagessen – geschlossen Montag - Dienstag

NEUHÜTTEN

Rheinland-Pfalz – 768 Ew. – Höhe 540 m – Regionalatlas **45**-C16
Michelin Straßenkarte 543

Le temple (Christiane Detemple-Schäfer)

FRANZÖSISCH-MODERN • CHIC XXX Christiane Detemple-Schäfer und Oliver Schäfer sind hier seit 1992 mit ungebrochenem Engagement im Einsatz und bieten ein finessenreiches Menü voller Ideen und Kreativität. Von Geschmack zeugt auch das geradlinige modern-elegante Interieur. Und aufmerksamer Service steht außer Frage. Sie möchten übernachten? Man hat helle, wohnliche Zimmer mit mediterranem Touch.

→ Variationen von der Gänseleber, Rhabarber, Haselnuss. Salzwiesenlammrücken, Avocado, Paprika. Zuckerperle, Aromen von Kirsch, Holunder und Schokolade.

Menü 104/148 € – Karte 73/93 €

6 Zim – †60/80 € ††110 €

Saarstr. 2 ✉ 54422 – ✆ 06503 7669 (Tischbestellung erforderlich) – www.le-temple.de – nur Abendessen, sonntags auch Mittagessen – geschlossen 25. Juni - 19. Juli und Mittwoch

Bistro – siehe Restaurantauswahl

Bistro

REGIONAL • BISTRO X Das Bistro im Hause Detemple-Schäfer hat ein bisschen was von einer modernen Dorfwirtschaft, in der man richtig gut und zu fairen Preisen essen kann. Probieren Sie z. B. "Vitello Tonnato mit Rucola und Parmesan", "Kartoffelsuppe mit Garnelen" oder hochwertige Steaks vom "Ibérico Secreto Bellota".

Menü 36 € – Karte 26/73 €

Restaurant Le temple, Saarstr. 2 ✉ 54422 – ✆ 06503 7669 (Tischbestellung erforderlich) – www.le-temple.de – nur Abendessen, sonntags auch Mittagessen – geschlossen 25. Juni - 19. Juli und Mittwoch

NEU-ISENBURG

Hessen – 36 354 Ew. – Höhe 122 m – Regionalatlas **47**-F15
Michelin Straßenkarte 543

Siehe Stadtplan Frankfurt am Main

In Neu-Isenburg-Gravenbruch Süd-Ost: 11 km

Kempinski Hotel Frankfurt Gravenbruch

LUXUS • KLASSISCH Die schöne Parklage direkt an einem kleinen See ist hier ebenso attraktiv wie das ausgesprochen wohnliche Interieur im ganzen Haus. Alles ist stimmungsvoll und mit Geschmack gestaltet: Lobby, Smokers Lounge, Ballsaal, Zimmer und Suiten... Restaurant "Levante" mit libanesischer Küche. Internationales Angebot im "EssTisch", Regionales in der "Torschänke". Dazu das asiatische Steakhaus "NIU".

225 Zim – †159/599 € ††159/599 € – 26 Suiten – 33 €

Stadtplan : D3-t – *Graf zu Ysenburg und Büdingen-Platz 1 ✉ 63263 – ✆ 069 389880 – www.kempinski.com/gravenbruch*

NEUKIRCH (BODENSEEKREIS)

Baden-Württemberg – 2 643 Ew. – Höhe 562 m – Regionalatlas **63**-H21
Michelin Straßenkarte 545

In Neukirch-Goppertsweiler Ost: 2 km, Richtung Wangen

Gasthof zum Hirsch

INTERNATIONAL • LÄNDLICH XX Mit drei gemütlichen Stuben und einer charmanten Gartenterrasse ist hier für lauter hübsche Plätze gesorgt. Dazu gibt's gute Küche, ganz gleich ob Sie regional, asiatisch oder mediterran essen möchten. Zum Übernachten hat man freundlich-funktionale Zimmer. Darf es vielleicht auch mal ein Kochkurs sein?

Menü 28/39 € – Karte 26/50 €

8 Zim – †70/75 € ††90/98 €

Argenstr. 29 ✉ 88099 – ✆ 07528 1765 – www.gasthof-zum-hirsch.com – Mittwoch - Freitag nur Abendessen – geschlossen 4. - 17. März, 9. - 22. September und Montag - Dienstag

NEULEININGEN

Rheinland-Pfalz – 808 Ew. – Höhe 250 m – Regionalatlas **47**-E16
Michelin Straßenkarte 543

Alte Pfarrey (Silvio Lange)

FRANZÖSISCH-MODERN • ELEGANT XX Möchten Sie in schönem klassisch-historischem Ambiente speisen oder lieber im lichten modern-eleganten Wintergarten an tollen schweren Holztischen mit Blick auf das alte Gemäuer? Draußen lockt der herrliche Innenhof. Aus der Küche kommen feine saisonal inspirierte Kreationen aus top Produkten.

→ Gänseleber, Rhabarber, Pfefferjus. Maibock, Mairübchen, Brombeere. Erdbeere, Joghurt, Minze.

Menü 68/119 €

Hotel Alte Pfarrey, Untergasse 54 ✉ 67271 – ✆ 06359 86066 – www.altepfarrey.de – Dienstag - Donnerstag nur Abendessen – geschlossen 25. Februar - 5. März, 15. - 24. Juli und Sonntagabend - Montag

H'manns

KLASSISCHE KÜCHE • LÄNDLICH XX Ein richtig charmantes elegantes Restaurant, in dem Qualität oberste Priorität hat - so findet man auf der Karte bei jedem Gericht eine kurze Erklärung zu den verwendeten Produkten. Genießen Sie die klassisch-saisonale Küche und die schönen Weine doch mal auf der Balkonterrasse mit Aussicht!

Menü 52/79 € – Karte 38/70 €

Am Goldberg 2 ✉ 67271 – ✆ 06359 5341 – www.hmanns.de – Mittwoch - Freitag nur Abendessen – geschlossen Montag - Dienstag

Alte Pfarrey

HISTORISCH • INDIVIDUELL Ein malerischer Ort! Das schmucke Häuserensemble a. d. 16. Jh. birgt hübsche, individuelle Zimmer mit historischem Charme - oder darf es vielleicht eine der beiden modernen Maisonetten mit Terrasse und Ausblick sein?

11 Zim – †115/125 € ††130/180 €

Untergasse 54 ✉ 67271 – ✆ 06359 86066 – www.altepfarrey.de – geschlossen 25. Februar - 5. März, 15. - 24. Juli

Alte Pfarrey – siehe Restaurantauswahl

NEUMAGEN-DHRON

Rheinland-Pfalz – ✉ 54347 – 2 297 Ew. – Höhe 130 m – Regionalatlas **45**-B15
Michelin Straßenkarte 543

Lekker

INTERNATIONAL • HIP X In dem schönen historischen Haus speist man in einem tollen Gewölbe mit stylish-modernem Ambiente. Gekocht wird saisonal inspiriert - wie wär's mir dem beliebten Überraschungsmenü? Mittags wählt man auch gerne Kalbsschnitzel, Rumpsteak & Co. von der Bistrokarte. Hübsche Terrasse!

Menü 27/55 € – Karte 31/63 €

Hotel Lekker, Grafenweg 1 ✉ 54347 – ✆ 06507 939771 – www.hotel-lekker.com – Montag - Dienstag nur Abendessen – geschlossen Januar 2 Wochen, Juli 1 Woche, November 1 Woche und Mittwoch

Lekker

HISTORISCH • MODERN Das stattliche Gasthaus a. d. 18. Jh. bietet Ihnen sehr großzügige Appartements und Suiten, von etwas schlichter bis fast schon luxuriös, dazu ein frisches, gutes Frühstück. Nicht zu vergessen die zentrale Lage nahe der Mosel.

9 Zim – †75/99 € ††99/149 € – 5 Suiten – ½ P

Grafenweg 1 ✉ 54347 – ✆ 06507 939771 – www.hotel-lekker.com – geschlossen Januar 2 Wochen, Juli 1 Woche, November 1 Woche

Lekker – siehe Restaurantauswahl

NEUMARKT in der OBERPFALZ

Bayern – 38 800 Ew. – Höhe 424 m – Regionalatlas **50**-L17
Michelin Straßenkarte 546

Mehl

BUSINESS • GEMÜTLICH Familie Siermann führt ihr Haus mit Engagement und Herzblut, das merkt man an der Pflege, an der wertigen und wohnlichen Einrichtung, am guten, frischen Frühstück! Die Zimmer sind hell und freundlich. Tipp: Besuchen Sie die z. B. das Maybach-Museum im Ort. Für Aktive sind auch die Fahrradrouten interessant.

24 Zim – †72/99 € ††92/136 €

Viehmarkt 20 ✉ 92318 – ✆ 09181 2920 – www.hotel-mehl.de

NEUMÜNSTER

Schleswig-Holstein – 77 588 Ew. – Höhe 22 m – Regionalatlas **10**-I4
Michelin Straßenkarte 541

Am Kamin

KLASSISCHE KÜCHE • ELEGANT XX Hier wird klassisch-saisonal gekocht, so z. B. "Mignon vom Kalbsfilet mit Mandelbutterkruste" oder "Skreifilet, Petersilienpüree, Beluga-Linsen". Zudem hat man es richtig gemütlich, vor allem an kalten Winterabenden am Kamin! Mittags interessantes Lunchmenü.

Menü 24 € (mittags)/65 € (abends) – Karte 52/60 €

Propstenstr. 13 ✉ 24534 – ✆ 04321 42853 – www.am-kamin.info – geschlossen Juli - August 3 Wochen und Sonntag - Montag, Feiertage

NEUNBURG vorm WALD

Bayern – 8 099 Ew. – Höhe 398 m – Regionalatlas **51**-N17
Michelin Straßenkarte 546

In Neunburg-Hofenstetten West: 9 km Richtung Schwarzenfeld, in Fuhrn links

Obendorfer's Eisvogel (Hubert Obendorfer)

KREATIV • CHIC XXX Hubert Obendorfer verfolgt eine moderne Linie, und die ist ausgesprochen fein, aromareich und angenehm reduziert - ganz deutlich die eigene Idee dabei! Das Serviceteam arbeitet mit Witz und Charme, ist geschult und vor allem sehr aufmerksam! Schön: Die großen Fenster geben den Blick auf die Region frei.

→ Getauchte Jakobsmuschel, Erbse, Zitrusfrucht, Fenchel, Macadamia. Kalbskopf, Steinpilze, Rührei. Irisches Anchorena Lamm, Rücken gratiniert, Lauch, Tomaten-Essigjus.

Menü 120/156 €

Landhotel Birkenhof, Hofenstetten 55 ✉ 92431 – ✆ 09439 9500 (Tischbestellung ratsam) – www.landhotel-birkenhof.de – nur Abendessen – geschlossen 15. - 27. Dezember und Sonntag - Montag

Turmstube

REGIONAL • ELEGANT XX Freundlich und elegant hat man es hier, während man sich regionale Speisen aus sehr guten Produkten servieren lässt. Darf es vielleicht "geschmortes Rinderbäckchen mit Wurzelgemüse und Kartoffelpüree" sein? Tipp: Genießen Sie die Aussicht von der Terrasse.

Menü 36/46 € (abends) – Karte 36/61 €

Landhotel Birkenhof, Hofenstetten 55 ✉ 92431 – ✆ 09439 9500 – www.landhotel-birkenhof.de – geschlossen 15. - 27. Dezember

Landhotel Birkenhof

SPA UND WELLNESS • GEMÜTLICH Seit über 30 Jahren betreut Familie Obendorfer hier mit Engagement ihre Gäste. Schön die Lage im Grünen, die wohnlich-eleganten Zimmer und großzügigen modernen Suiten sowie der Spa, der keine Wünsche offen lässt! Whisky-Liebhaber zieht es in die Hotelbar, Kochwillige ins "Genuss Atelier"!

70 Zim – †96/134 € ††163/218 € – 15 Suiten – ½ P

Hofenstetten 55 ✉ 92431 – ✆ 09439 9500 – www.landhotel-birkenhof.de – geschlossen 15. - 27. Dezember

Obendorfer's Eisvogel • **Turmstube** – siehe Restaurantauswahl

NEUNKIRCHEN (SAAR)

Saarland – 45 794 Ew. – Höhe 224 m – Regionalatlas **46**-C17
Michelin Straßenkarte 543

In Neunkirchen-Kohlhof Süd-Ost: 5 km, jenseits der A 8

Hostellerie Bacher - Wögerbauer

KLASSISCHE KÜCHE • ELEGANT XXX Schön sitzt man sowohl im eleganten Restaurant als auch auf der mediterranen Terrasse. Serviert wird klassische Küche, die hier und da auch österreichische Einflüsse hat. Kinder freuen sich über den Spielplatz, und auch auf Veranstaltungen ist man gut eingestellt.

Menü 45 € (abends)/108 € – Karte 35/85 €

Hotel Hostellerie Bacher - Wögerbauer, Limbacher Str. 2 ✉ 66539 – ✆ 06821 31314 (Tischbestellung ratsam) – www.hostellerie-bacher.de – Dienstag - Samstag nur Abendessen – geschlossen Sonntagabend - Montag

Hostellerie Bacher - Wögerbauer

LANDHAUS • FUNKTIONELL Ein attraktives Anwesen ist das vom Inhaber geführte Hotel. Freundlich und wohnlich die Zimmer, hübsch der Wintergarten fürs Frühstück (probieren Sie auch mal Schinken und Forellen aus der eigenen Räucherei!), dazu eine gepflegte Außenanlage.

19 Zim – †80/89 € ††120 € – 1 Suite – ½ P

Limbacher Str. 2 ✉ 66539 – ✆ 06821 31314 – www.hostellerie-bacher.de

Hostellerie Bacher - Wögerbauer – siehe Restaurantauswahl

NEUPOTZ

Rheinland-Pfalz – 1 916 Ew. – Höhe 103 m – Regionalatlas **54**-E17
Michelin Straßenkarte 543

Zur Krone (Faycal Bettioui)

MARKTKÜCHE • FREUNDLICH XX Warum dieses gemütlich-zeitgemäße kleine Restaurant so gut besucht ist? Bei sehr freundlichem, aufmerksamem und geschultem Service genießt man klassische Speisen mit modernem Touch, die ohne Effekthascherei auskommen. Vielmehr setzt man auf erstklassige Produkte - dennoch sind die Preise überaus fair!

→ Makrele, Gurke, Apfel, Dashi-Vinaigrette. Jakobsmuschel, Sellerie, Blaubeere, Seeigelsauce. Filet vom Lamm, Karottenvariation, schwarzer Knoblauch.

Menü 69 € – Karte 49/56 €

Hauptstraße 25 ✉ 76777 – ✆ 07272 9337845 – www.zurkroneneupotz.de – nur Abendessen, sonntags auch Mittagessen – geschlossen Montag - Dienstag

Gehrlein's Hardtwald

REGIONAL • LÄNDLICH XX Es liegt etwas versteckt, das Restaurant der Familie Gehrlein. Drinnen ist es schön gemütlich, im Garten die hübsche Terrasse. Hier wie dort gibt es Schmackhaftes wie die Spezialität Zander. Fisch kommt übrigens aus der eigenen Fischerei am Rhein. Tipp: richtig wohnliche Zimmer im Gästehaus vis-à-vis.

Menü 35/89 € (abends) – Karte 27/52 €

10 Zim – †55/69 € ††85 €

Sandhohl 14 ✉ 76777 – ✆ 07272 2440 – www.gehrlein-hardtwald.de – geschlossen Ende Dezember - Anfang Januar 2 Wochen, Juli - Anfang August 2 Wochen, Oktober 2 Wochen und Mittwoch - Donnerstag

Zum Lamm

KLASSISCHE KÜCHE • LÄNDLICH X Wer bei den Kregers isst, sollte mal den Zander probieren! Ebenso lecker sind aber z. B. auch "geschmorte Ochsenbacken mit Rotweinsauce, Pilzen, Wirsing und Serviettenknödel" oder "Penne Rigate mit Garnelen und mediterranem Gemüse". Zum guten Essen kommt noch die behagliche Atmosphäre.

Menü 28/60 € – Karte 27/50 €

6 Zim – †42/45 € ††78/83 €

Hauptstr. 7 ✉ 76777 – ✆ 07272 2809 (Tischbestellung ratsam) – www.gasthof-lamm-neupotz.de – geschlossen Juli - August 3 Wochen, Montagmittag, Dienstag, Freitagmittag, Sonntagabend sowie an Feiertagen abends

NEUSS

Nordrhein-Westfalen – 152 644 Ew. – Höhe 40 m – Regionalatlas **35**-B11
Michelin Straßenkarte 543

Herzog von Burgund

MARKTKÜCHE • ELEGANT XX Außen schöne Villa, innen gemütliches klassisch-elegantes Ambiente. Der Service freundlich-versiert, die Küche saisonal - ein Klassiker ist das Wiener Schnitzel. Zusätzliches Mittagsmenü. Die Terrasse ist eine grüne Oase inmitten der Stadt!

Menü 29 € (mittags unter der Woche)/64 € – Karte 38/50 €

Erftstr. 88 ✉ 41460 – ✆ 02131 23552 – www.herzogvonburgund.de – geschlossen Januar 2 Wochen und Samstagmittag, Sonntag - Montag

Spitzweg

MARKTKÜCHE • CHIC XX Chic der geradlinig-moderne Look samt markantem Rot und dekorativen Bildern an den Wänden. Draußen an der Straße die lebendige Terrasse. Auf der Karte finden sich saisonale, regionale und internationale Gerichte.

Menü 48 € – Karte 34/62 €

Glockhammer 43a ✉ 41460 – ✆ 02131 6639660 – www.restaurant-spitzweg.de – nur Abendessen – geschlossen Juli - August 2 Wochen und Sonntag

Zum Stübchen

KLASSISCHE KÜCHE • FREUNDLICH XX Freundlich-elegant hat man es in diesem Restaurant, dazu wird man geschult umsorgt. Die Küche orientiert sich an der Saison - mittags bietet man zusätzlich eine günstigere Karte. Schön sitzt man auch auf der Terrasse.

Menü 30 € (mittags unter der Woche)/74 € – Karte 27/61 €

Preussenstr. 73 ✉ 41464 – ✆ 02131 82216 – www.restaurant-zum-stuebchen.de – geschlossen Montag, Samstagmittag

NEUSTADT an der AISCH

Bayern – 12 520 Ew. – Höhe 293 m – Regionalatlas **49**-J16
Michelin Straßenkarte 546

Allee Hotel

TRADITIONELL • KLASSISCH Außen schmuckes ehemaliges Schulhaus von 1866, innen klassisch-elegante Zimmer mit modernem Komfort, im Gästehaus schön mit Parkett. Tipp: kostenfreier Room-Service! Die Küche bietet Klassiker und Saisonales - hübsch der lichte Wintergarten zum Park. Etwas Besonderes ist das "Oelkabinett": eine Bar mit origineller Deko vom Druckmesser bis zum Ölkanister!

41 Zim – †70/85 € ††99/136 €

Alleestr. 14, an der B 8/470 ✉ 91413 – ✆ 09161 89550 – www.allee-hotel.de – geschlossen 20. Dezember - 1. Januar

NEUSTADT an der DONAU

Bayern – 13 308 Ew. – Höhe 354 m – Regionalatlas **58**-M18
Michelin Straßenkarte 546

In Neustadt-Bad Gögging Nord-Ost: 4 km

Marc Aurel

SPA UND WELLNESS • MODERN Das komfortable Hotel empfängt Sie mit einer Lobby im römischen Stil. Man bietet Wellness- und Freizeitangebote auf 2800 qm und variable Tagungsräume sind ebenfalls vorhanden. Im Restaurant "DOMUS" serviert man Menüs - man legt Wert auf Produkte aus der Region.

152 Zim – †99/109 € ††160/180 € – 13 Suiten – ½ P

Heiligenstädter Str. 34 ✉ 93333 – ✆ 09445 9580 – www.marcaurel.de

Der Eisvogel

SPA UND WELLNESS • GEMÜTLICH Was mit einem Gasthof begann, ist heute ein wirklich komfortables Hotel: Neben wohnlichen Zimmern (fragen Sie nach den neuesten!) bietet man Spa-Vielfalt auf 1600 qm und ein Restaurant mit vielen gemütlichen Stuben. Und auch die Umgebung hat ihren Reiz: Das Haus liegt schön ruhig am Flüsschen Abens.

52 Zim – 80/150 € 176/216 € – 6 Suiten – ½ P

An der Abens 20 ✉ 93333 – ✆ 09445 9690 – www.hotel-eisvogel.de

NEUSTADT an der SAALE, BAD

Bayern – 15 053 Ew. – Höhe 242 m – Regionalatlas **39**-I14
Michelin Straßenkarte 546

Fränkischer Hof

HISTORISCHES GEBÄUDE • GEMÜTLICH Das jahrhundertealte Fachwerkhaus am Anfang der Fußgängerzone ist ein familiengeführtes Gasthaus mit langer Tradition. Gepflegt und wohnlich die Zimmer, gemütlich das Restaurant nebst schöner Scheune und Gewölbekeller, dazu der romantische Innenhof. Parken können Sie in der Apothekergasse (200 m entfernt).

11 Zim – 59/69 € 89/109 € – ½ P

Spörleinstr. 3 ✉ 97616 – ✆ 09771 61070 – www.hotelfraenkischerhof.de

NEUSTADT an der WEINSTRASSE

Rheinland-Pfalz – 52 564 Ew. – Höhe 136 m – Regionalatlas **47**-E17
Michelin Straßenkarte 543

Urgestein im Steinhäuser Hof (Hedi Rink)

FRANZÖSISCH-MODERN • ROMANTISCH "Grundstein", "Meilenstein", "Urvertrauen" oder vegetarisch? In den Menüs legt man jede Menge Kreativität und Aufwand an den Tag, sehr gut die Produkte. Trefflich die Weinempfehlungen: Klassiker ebenso wie junge Winzer. Es ist übrigens der älteste pfälzische Bürgerhof mit Ursprung im 13. Jh., schön das Kreuzgewölbe. Weinbar und toller Innenhof (Tipp: Jazz-Events).

→ Dorade, Taboulé, Rosenwasservinaigrette, Schwarzkümmelchip. Lammrücken und Keule, Süßkartoffel, Karotte, Erdnuss, Kokos. Limone, Orange, Kalamansi, Kumquat, Yuzu, Wodka, Zitrone.

Menü 120/190 €

6 Zim – 90/110 € 90/130 € – 9 €

Rathausstr. 6a ✉ 67443 – ✆ 06321 489060 (Tischbestellung ratsam) – www.restaurant-urgestein.de – nur Abendessen – geschlossen 21. Januar – 20. Februar und Sonntag - Montag

Das Esszimmer (N)

MEDITERRAN • INTIM Richtig nett hat man es in dem Gasthaus in der Altstadt: hübsch das freundliche, geradlinig-moderne Ambiente, angenehm intim die Atmosphäre. Aus der offenen Küche kommen italienisch-mediterrane Gerichte wie "knuspriger Oktopus mit Kartoffelcreme und Bottarga". Schön sitzt man auch auf der Terrasse!

Menü 42/66 € – Karte 33/55 €

Hintergasse 38 ✉ 67433 – ✆ 06321 354996 – www.esszimmer-neustadt.de – geschlossen Sonntag - Dienstagmittag

Zwockelsbrück

MARKTKÜCHE • RUSTIKAL Hohe Decken, hübsche Rundbogenfenster, alter Dielenboden... Der liebevoll gestaltete ehemalige Antiquitätenladen hat seinen historischen Charme bewahrt. Modern und kreativ ist dagegen das wöchentlich wechselnde Menü mit sehr ambitionierten Gerichten wie "Dry Aged Rind, Teriyaki, Mais". Wunderschön die Terrasse.

Menü 44/69 €

Bergstr. 1 ✉ 67434 – ✆ 06321 8791707 – www.zwockelsbrueck.de – nur Abendessen – geschlossen Sonntag - Montag

Palatina

HISTORISCH • MODERN Nur fünf Gehminuten von der Altstadt wurde ein historisches Weingut zu einem äußerst geschmackvollen, modernen und komfortablen Hotel nebst schönem Innenhof. In einem neuen Anbau hat man das Steakhaus "Tables" und eine Vinothek. Lounge-Bar "Cove" im Gewölbekeller von Sept. - April.

38 Zim – 80/110 € 110/150 € – 13 €

Gartenstr. 8 ✉ 67433 – ✆ 06321 924000 – www.hotel-palatina.com

In Neustadt-Diedesfeld Süd-West: 4 km über Hambach

Grünwedels Restaurant

MARKTKÜCHE • ELEGANT XX Wirklich schön sitzt man in dem ehemaligen Weingut in hellem, elegantem Ambiente unter einem weißen Kreuzgewölbe. Aus der Küche kommen saisonale und regionale Gerichte, darunter z. B. "Sous-vide gegartes Milchkalbsteak, gebratener Spargel, Sellerie-Kartoffelpüree". Auch für Feiern eine ideale Adresse.

Menü 32 € (vegetarisch)/56 € – Karte 27/55 €

Weinstr. 507 ✉ 67434 – ✆ 06321 2195 (Tischbestellung ratsam) – www.gruenwedels-restaurant.de – nur Abendessen, samstags und sonntags auch Mittagessen – geschlossen Mittwoch - Donnerstag

In Neustadt-Gimmeldingen Nord: 3 km

moro

MODERNE KÜCHE • TRENDY X So richtig geschmackvoll ist das moderne Restaurant von "Netts Landhaus", und die Lage ist ebenfalls schön - das genießt man vor allem auf der Terrasse mit Aussicht. Und dann ist da noch die ambitionierte saisonale Küche, z. B. als "Entrecôte vom Kalb mit Gnocchi und Pfifferlingen".

Menü 39/65 € – Karte 40/57 €

Meerspinnstr. 46 ✉ 67435 – ✆ 06321 1879140 – www.moro-restaurant.de – nur Abendessen, sonntags auch Mittagessen – geschlossen Dienstag - Mittwoch

Netts Landhaus

LANDHAUS • MODERN Sie mögen es individuell und charmant-modern? In zwei liebevoll sanierten historischen Gebäuden hat man ausgesprochen hübsche Zimmer. Ebenso schön wohnt man wenige Gehminuten entfernt im Herrenhaus einer ehemaligen Essigfabrik von 1812.

15 Zim – 95/120 € 120/145 €

Meerspinnstr. 46 ✉ 67435 – ✆ 06321 60175 – www.nettslandhaus.de

Mugler Weinhotel

LANDHAUS • INDIVIDUELL Mitten im historischen Ortskern liegt das sympathische und mit persönlicher Note geführte kleine Hotel. Die Zimmer sind wirklich schön, hochwertig und individuell, toll der Garten. Wie wär's mit einem Glas Sekt oder Wein des traditionsreichen Weinguts? Man hat eine Vinothek.

8 Zim – 93/108 € 99/120 €

Peter-Koch-Str. 50 ✉ 67435 – ✆ 06321 66062 – www.weingut-mugler.de

In Neustadt-Haardt Nord: 2 km

Spinne

REGIONAL • FREUNDLICH X In dem geradlinig gehaltenen Restaurant am Waldrand wird regional-saisonal gekocht, so z. B. "Kotelett vom Schwäbisch-Hällischen Bioschwein mit Bratkartoffeln". Und wie wär's mit dem Menü? Das gibt es übrigens auch vegetarisch. Zum Übernachten hat man freundliche, moderne Zimmer.

Menü 33 € (vegetarisch)/71 € – Karte 28/54 €

9 Zim – 70 € 95 €

Eichkehle 58 ✉ 67433 – ✆ 06321 9597799 – www.restaurant-spinne.com – nur Abendessen, sonntags auch Mittagessen – geschlossen Februar 2 Wochen und Dienstag - Mittwoch

NEUSTRELITZ

Mecklenburg-Vorpommern – 20 476 Ew. – Höhe 75 m – Regionalatlas **13**-O6
Michelin Straßenkarte 542

Schlossgarten

FAMILIÄR • MODERN Das engagiert geführte Haus im Zentrum der Stadt verfügt über wohnliche Zimmer in klassischem Stil, die teilweise zum Garten hin liegen - hier lässt es sich schön entspannen. Es gibt auch ein paar Zimmer mit historisch-stilvoller Note.

24 Zim – †57/74 € ††75/110 €

Tiergartenstr. 15 ✉ 17235 – ✆ 03981 24500
– www.hotel-schlossgarten.de

Dieser Guide lebt von Ihren Anregungen, die uns stets willkommen sind. Egal ob Sie uns eine besonders angenehme Erfahrung oder eine Enttäuschung mitteilen wollen – schreiben Sie uns!

NEU-ULM

Bayern – 55 689 Ew. – Höhe 471 m – Regionalatlas **56**-I19
Michelin Straßenkarte 546

Stephans-Stuben

KLASSISCHE KÜCHE • CHIC XX Seit über 20 Jahren bieten Franziska und Siegfried Pfnür in ihrem schönen Restaurant schmackhafte klassische Küche: "Schaumsuppe und Cannelloni vom Hummer", "Skrei im Speckmantel", "gefüllter Ochsenschwanz in Merlot"... Für die freundliche Atmosphäre sorgen eine modern-mediterrane Note und charmanter Service.

Menü 32 € (mittags unter der Woche)/110 € – Karte 34/72 €

Bahnhofstr. 65 ✉ 89231 – ✆ 0731 723872
– www.stephans-stuben.de – geschlossen Anfang August 2 Wochen und Sonntagabend - Dienstag

In Neu-Ulm-Reutti

Süd-Ost: 6,5 km, Richtung Augsburg

Peúnt

REGIONAL • TRENDY XX Topmodern und chic kommt das Restaurant daher, schön der Blick ins Grüne! Die Küche ist ein Mix aus Internationalem und Regionalem - probieren Sie z. B. "Presa vom Iberico-Schwein mit Kartoffel-Kidneybohnen-Püree und Chorizo" oder "hausgemachte Maultaschen mit Speck, Zwiebeln und Käse". Gute Weinauswahl.

Menü 45/65 € – Karte 32/47 €

Hotel Meinl, Marbacher Str. 4 ✉ 89233 – ✆ 0731 70520
– www.hotel-meinl.de – nur Abendessen

Meinl

FAMILIÄR • GEMÜTLICH Bei den engagierten Gastgebern hat man es nicht nur wohnlich, das Haus liegt auch schön am Ortsrand - ideal für Jogger und Radfahrer. Die Zimmer sind klassisch oder ganz modern eingerichtet, immer gut in Technik und Größe. Am Morgen gibt's ein frisches Frühstück.

30 Zim – †89/140 € ††115/160 €

Marbacher Str. 4 ✉ 89233 – ✆ 0731 70520 – www.hotel-meinl.de

Peúnt – siehe Restaurantauswahl

NEUWIED

Rheinland-Pfalz – 63 769 Ew. – Höhe 65 m – Regionalatlas **36**-D14
Michelin Straßenkarte 543

Coquille St. Jacques im Parkrestaurant Nodhausen (Florian Kurz)

FRANZÖSISCH-KREATIV • ELEGANT XXX In dem eleganten Fine-Dining-Bereich des Parkrestaurants wird mit hervorragenden Produkten gekocht: auf klassischer Basis und mit modernen Einflüssen, klar und ohne Chichi. An hochwertig eingedeckten Tischen wird man freundlich umsorgt - auch mit der ein oder anderen schönen Weinempfehlung.

→ Saibling, Blumenkohl, Lauch, Champagner. Challans Ente, Spitzkohl, Sanddorn, Brezenknödel. Pfirsichmüsli.

Menü 90/115 €

Nodhausen 1, Nord: 3 km, über B 256 nach Niederbieber ✉ 56567 – ✆ 02631 813423 (Tischbestellung erforderlich) – www.parkrestaurant-nodhausen.de – nur Abendessen – geschlossen Januar 2 Wochen, August und Sonntag - Dienstag

Brasserie Nodhausen – siehe Restaurantauswahl

Brasserie Nodhausen

MARKTKÜCHE • ELEGANT XX In der Brasserie des schmucken historischen Anwesens gibt es international, regional und saisonal geprägte Küche - auf der Karte z. B. "Kabeljau mit Blattspinat und Orangengnocchi". Oder darf es vielleicht ein Steak sein? Ansprechend auch das Wintergartenflair.

Menü 32 € (mittags)/52 € – Karte 33/54 €

Restaurant Coquille St. Jacques im Parkrestaurant Nodhausen, Nodhausen 1, Nord: 3 km, über B 256 nach Niederbieber ✉ 56567 – ✆ 02631 813423 (Tischbestellung ratsam) – www.parkrestaurant-nodhausen.de – geschlossen Januar 2 Wochen und Sonntag - Montag

NIDEGGEN

Nordrhein-Westfalen – 9 718 Ew. – Höhe 300 m – Regionalatlas **35**-B13
Michelin Straßenkarte 543

Burg Nideggen - Brockel Schlimbach N

MODERNE KÜCHE • LÄNDLICH XX Wirklich hübsch, diese historische kleine Stube: komplett holzgetäfelt und mit schicken Designelementen gespickt. Hier verwirklichen sich die beiden namengebenden Patrons mit einem regional beeinflussten modernen Menü, das reich ist an vollmundigen Aromen und auf top Produkte setzt. Dazu ausgezeichneter Service und eine interessante Weinbegleitung.

→ Entenleber, Pfifferlinge, Kohlrabi, Brunnenkresse. Heilbutt, kandierte Oliven, Fenchel, Orange, Gin. Pfirsich, Pistazie, Tonkabohne.

Menü 68/105 €

Kirchgasse 10 ✉ 52385 – ✆ 02427 9091066 – www.burgrestaurant-nideggen.de – nur Abendessen, sonntags auch Mittagessen – geschlossen Anfang Januar 1 Woche und Montag - Dienstag

Kaiserblick – siehe Restaurantauswahl

Kaiserblick N

MARKTKÜCHE • TRENDY XX Das Hauptrestaurant des tollen Anwesens a. d. 12. Jh. kommt ebenfalls modern daher. Auf der regional und international geprägten Karte liest man z. B. "Bärlauchsuppe mit pochiertem Landei" oder "Eifeler Kaninchenkeule, Blumenkohl, Perlzwiebeln, confierte Kartoffeln". Schöne Terrasse im Burghof.

Karte 37/57 €

Restaurant Burg Nideggen, Kirchgasse 10 ✉ 52385 – ✆ 02427 9091066 – www.burgrestaurant-nideggen.de – geschlossen Anfang Januar 1 Woche und Montag - Dienstag

NIEDERHAUSEN

Rheinland-Pfalz – 541 Ew. – Höhe 127 m – Regionalatlas **46**-D15
Michelin Straßenkarte 543

Hermannshöhle

KLASSISCHE KÜCHE • GEMÜTLICH XX In dem ehemaligen Fährhaus von 1517 gibt es regional-mediterran inspirierte Gerichte wie "Kalbsrücken mit Salbei gebraten und Blattspinat". Hübsch: modernes Vinothek-Ambiente samt begehbarem verglastem Weinkühlschrank - Schwerpunkt sind Weine aus der Region.

Menü 37/70 € - Karte 31/59 €

Hermannshöhle 1, Süd-West: 2 km ✉ 55585 - ✆ 06758 6486 - www.hermannshoehle-weck.de - geschlossen Montag, November - März: Montag - Dienstag

NIEDERHORBACH

Rheinland-Pfalz - 477 Ew. - Höhe 165 m - Regionalatlas **54**-E17
Michelin Straßenkarte 543

Weinhotel Fritz Walter

TRADITIONELL • THEMENBEZOGEN Das ans eigene Weingut angeschlossene Hotel hat schöne wohnlich-moderne Zimmer für Sie, die in Deko und Farben das Thema Wein aufgreifen. Das Restaurant bietet Regionales wie z. B. "Saibling aus Eußerthal mit Schmorgurken, Butterkartoffeln und Weißburgundersauce". Tipp: Speisen Sie im hübschen Innenhof.

9 Zim ☕ - †108/131 € ††130/151 € - ½ P

Landauer Str. 82 ✉ 76889 - ✆ 06343 936550 - www.fritz-walter.de

NIEDERKASSEL

Nordrhein-Westfalen - 37 025 Ew. - Höhe 55 m - Regionalatlas **36**-C12
Michelin Straßenkarte 543

In Niederkassel-Uckendorf Nord-Ost: 2 km über Spicher Straße

Clostermanns Le Gourmet

KREATIV • ELEGANT XX Ein geschmackvoll-elegantes Restaurant, das man über den Innenhof erreicht - hier hat man eine herrliche Terrasse! In der Küche werden exzellente Produkte zu modernen Gerichten mit eigener Idee, angeboten als Menü mit Wahlmöglichkeit. Der Service ist auffallend freundlich und angenehm natürlich, gut die Weinberatung.

→ Kalbstatar, Topinambur, Aprikose süß-sauer, Estragonmayonnaise. Entenbrust, Rote Bete, Sauerteigcreme, Cassisjus. Parfait von karamellisierten Sonnenblumenkernen, Mango, Pfirsich, blonde Schokolade.

Menü 55/79 €

Hotel Clostermanns Hof, Heerstraße 2a ✉ 53859 - ✆ 02208 94800 - www.clostermannshof.de - nur Abendessen - geschlossen Montag - Dienstag

Clostermanns Hof

LANDHAUS • GEMÜTLICH Aus einem hübschen historischen Gutshof ist das stilvoll-wohnliche Hotel entstanden. Auch die Lage überzeugt: beim Golfplatz, umgeben von viel Grün, zwischen Köln und Bonn, nicht weit vom Flughafen. Im Hotelrestaurant bietet man bürgerlich-regionale Küche. Schöne Terrasse zum Park sowie Biergarten im Innenhof.

66 Zim ☕ - †75/130 € ††85/160 € - ½ P

Heerstraße 2a ✉ 53859 - ✆ 02208 94800 - www.clostermannshof.de

Clostermanns Le Gourmet - siehe Restaurantauswahl

NIEDERNBERG

Bayern - 4 961 Ew. - Höhe 117 m - Regionalatlas **48**-G15
Michelin Straßenkarte 546

Seehotel

BUSINESS • FUNKTIONELL Wie ein kleines Dorf am See! Eigener Strand, Spa, Tagungsbereich, die wohnlich-schicke Lounge-Bar "Hannes", der Weinladen "Reblaus" sowie individuelle Zimmer, oft mit Seeblick. Nicht zu vergessen das gute Serviceangebot. Im Restaurant mit toller Seeterrasse speist man international, von Steak bis vegetarisch.

101 Zim - †118/133 € ††149/220 € - 11 Suiten - ☕ 16 € - ½ P

Leerweg, Süd-West: 1,5 km ✉ 63843 - ✆ 06028 9990 - www.seehotel-niedernberg.de

NIEDERSTETTEN

Baden-Württemberg – 4 868 Ew. – Höhe 306 m – Regionalatlas **49**-I17
Michelin Straßenkarte 545

Krone

GASTHOF • FUNKTIONELL Hätten Sie hinter der historischen Fassade des alten Gasthofs derart moderne Zimmer erwartet? Klare Linien und warme Farben sind hier stimmig und wohnlich kombiniert. Die Zimmer im Gästehaus sind etwas funktioneller. Im Restaurant wählen Sie zwischen der "Kronenstube" und der eleganten "Guten Stube".

32 Zim – †70/99 € ††110/150 € – ½ P

Marktplatz 3 ✉ 97996 – ✆ 07932 8990 – www.hotelgasthofkrone.de – geschlossen 23. Dezember - 6. Januar

NIEDERWEIS

Rheinland-Pfalz – 250 Ew. – Höhe 207 m – Regionalatlas **45**-B15
Michelin Straßenkarte 543

Schloss Niederweis

KLASSISCHE KÜCHE • LÄNDLICH XX In der ehemaligen Kornscheune des Schlosses a. d. 18. Jh. wird klassisch-saisonal gekocht, schmackhaft z. B. "Filet vom Winterkabeljau, Rotweinbutter, Lauchgemüse, Kartoffelpüree". Attraktiv-modern das Ambiente samt historischem Dachstuhl, reizvoll der Garten. Schöner Festsaal - ein Standesamt hat man übrigens auch!

Karte 35/43 €

Hauptstr. 9 ✉ 54668 – ✆ 06568 9696450 – www.schloss-niederweis.de – geschlossen März - April 2 Wochen, September - Oktober 2 Wochen und Montag - Dienstag

NIEDERWINKLING

Bayern – 2 543 Ew. – Höhe 320 m – Regionalatlas **59**-O18
Michelin Straßenkarte 546

Buchners

FAMILIÄR • AUF DEM LAND Im Hotel der Achatz' lässt es sich richtig gut wohnen. Alles ist durchdacht, modern und überaus wertig. Speisen können Sie hier im Haus oder Sie nutzen den Shuttle-Service zum Sternerestaurant "Buchner", das die Familie in Welchenberg betreibt.

31 Zim – †69/119 € ††95/139 €

Hauptstr. 20 ✉ 94559 – ✆ 09962 2035107 – www.buchners-hotel.de

In Niederwinkling-Welchenberg Süd-West: 1,5 km

✿ Buchner (Mathias Achatz)

MODERNE KÜCHE • RUSTIKAL XX Familienbetrieb seit 1882! In 5. Generation bringt Mathias Achatz in der Küche Moderne und Klassik in Einklang, sein Bruder Andreas ist verantwortlich für die Vinothek - gerne kauft man hier die guten Weine auch für zu Hause. Im Service die engagierten Seniorchefs. Tipp: eigenes Hotel im Nachbarort!

→ Gebeizter Schottischer Lachs, Avocado, Radieschen, Senf, Liebstöckel. Rehrücken, Sellerie, Spitzkohl, Schupfnudeln, Rotkrautsalat, Preiselbeerjus. Joghurt und Erdbeere, Sauerampfer.

Menü 65/105 € – Karte 57/74 €

Freymannstr. 15 ✉ 94559 – ✆ 09962 730 (Tischbestellung ratsam) – www.buchner-welchenberg.de – geschlossen Montag - Dienstag

Frühstück inklusive? Die Tasse steht gleich hinter der Zimmeranzahl.

NIENSTÄDT

Niedersachsen – Höhe 106 m – Regionalatlas **18**-G9
Michelin Straßenkarte 541

In Nienstädt-Sülbeck West: 2 km

Sülbecker Krug

INTERNATIONAL • FREUNDLICH Lust auf Prime Beef aus dem 800°-Ofen? Auf der Karte liest man Internationales und auch Klassiker wie "geschmortes Kalbsbäckchen von Peter's Farm". Und als Dessert vielleicht "Schwarzwälder Kirsch"? Man hat auch eine Weinbar für Raucher und zum Übernachten stehen schlichte, gepflegte Gästezimmer bereit.

Menü 35/49 € – Karte 34/64 €

10 Zim – 30/45 € 45/70 € – ohne

Mindener Str. 6, B 65 ✉ 31688
– 05724 95500 – www.suelbeckerkrug.de – nur Abendessen, sonntags auch Mittagessen – geschlossen Montag - Dienstag

NIERSTEIN

Rheinland-Pfalz – 8 048 Ew. – Höhe 85 m – Regionalatlas **47**-F15
Michelin Straßenkarte 543

Villa Spiegelberg

PRIVATHAUS • KLASSISCH Hier besticht vor allem die Lage: Das geschmackvolle Anwesen ist umrahmt von Reben und hat zudem noch einen schönen eigenen Garten, in dem man im Sommer auch frühstücken kann! Freundlich die Gastgeber, gediegen-funktionell die Zimmer.

11 Zim – 75/95 € 95/120 €

Hinter Saal 21 ✉ 55283 –
06133 5145 – www.villa-spiegelberg.de –
geschlossen über Ostern

NITTEL

Rheinland-Pfalz – 2 341 Ew. – Höhe 180 m – Regionalatlas **45**-A16
Michelin Straßenkarte 543

Culinarium

MARKTKÜCHE • ELEGANT Modern-elegant: klare Linien, warmer Holzfußboden, schicker Kaminofen, Deko zum Thema Kulinarik und Wein. Dazu regional-saisonale Küche von "Wiener Schnitzel mit Petersilienkartoffeln" bis "Lachsforelle, Chicorée, Schwarzwurzel".

Menü 47 € – Karte 26/55 €

Hotel Culinarium, Weinstr. 5 ✉ 54453
– 06584 91450 – www.culinarium-nittel.de –
nur Abendessen, sonntags auch Mittagessen – geschlossen März und Sonntagabend - Dienstag

Culinarium

FAMILIÄR • AUF DEM LAND Direkt an der Mosel und nur wenige Meter von der luxemburgischen Grenze liegt das familiengeführte Weingut. Einige der wohnlichen Zimmer im 300 m entfernten Gästehaus, hier auch Sauna und Kochschule. Sehr schön die modernen Zimmer im Haupthaus, Thema ist Wein. Nehmen Sie auch Wein für zu Hause mit!

20 Zim – 55/65 € 78/90 €

Weinstr. 5, (mit Gästehaus) ✉ 54453
– 06584 91450 – www.culinarium-nittel.de –
geschlossen März

Culinarium – siehe Restaurantauswahl

NÖRDLINGEN

Bayern - 19 655 Ew. - Höhe 441 m - Regionalatlas **56**-J18
Michelin Straßenkarte 546

Wirtshaus Meyers Keller

MARKTKÜCHE • LÄNDLICH In 3. Generation betreibt Joachim (Jockl) Kaiser mit seiner Frau das schöne Wirtshaus mit rustikal-modernem Chic und charmantem Service. In den beiden Restauranträumen (ehemals Gourmet und Wirtsstube) kann man von einer einheitlichen Speisekarte ungezwungen kombinieren, von feiner Marktküche bis zum modernen Menü. Toll: die Terrasse unter alten Linden und Kastanien!

→ Schneckennudel aus Briocheteig, gefüllt mit hausgemachter Blutwurst und Birnenkompott. Huchenfilet in Nussbutter confiert, gedünstete Spitzmorcheln, Sherrysauce. Leber vom Rieser Heidelamm mit eingelegten, gepickelten und gedünsteten Rüben.

Menü 52/139 € - Karte 43/76 €

Marienhöhe 8 ✉ 86720 - ✆ 09081 4493 - www.meyerskeller.de - geschlossen Januar 2 Wochen, Juni 10 Tage und Montag - Mittwochmittag

NÖRTEN-HARDENBERG

Niedersachsen - 8 056 Ew. - Höhe 140 m - Regionalatlas **29**-I10
Michelin Straßenkarte 541

Novalis

FRANZÖSISCH-KLASSISCH • ELEGANT Drinnen sitzt man in schönem stilvoll-elegantem Ambiente, draußen mit Blick auf den Reitplatz und die historische Burganlage. Die Küche ist saisonal beeinflusst und basiert auf sehr guten Produkten, der Service ist aufmerksam und herzlich.

Menü 67/108 € - Karte 74/91 €

Hardenberg BurgHotel, Hinterhaus 11a ✉ 37176 - ✆ 05503 9810 - www.hardenberg-burghotel.de - nur Abendessen - geschlossen Sonntag - Montag

Hardenberg BurgHotel

TRADITIONELL • ELEGANT Hotel mit langer Familientradition am Fuße der Burgruine. Alles ist sehr geschmackvoll, von den Zimmern bis zum "BurgSpa". Gemütlich-rustikale Alternative zum "Novalis": "Keilerschänke" mit bürgerlich-regionaler Küche. Schön der Park, bekannt das eigene Reitturnier. 6 km entfernt hat man eine Golfanlage. Standesamt auf der Burg.

42 Zim - 129/229 € 189/289 € - 2 Suiten - ½ P

Hinterhaus 11a ✉ 37176 - ✆ 05503 9810 - www.hardenberg-burghotel.de

Novalis - siehe Restaurantauswahl

NOHFELDEN

Saarland - 9 964 Ew. - Höhe 350 m - Regionalatlas **46**-C16
Michelin Straßenkarte 543

In Nohfelden-Bosen West: 8,5 km

Victor's Seehotel Weingärtner

KETTENHOTEL • INDIVIDUELL Fünf Minuten zu Fuß sind es von hier zum See, doch das ist nicht der einzige Vorteil dieses Hauses. Die Zimmer sind individuell und wohnlich, von Bauernstil bis elegant, und im Fachwerkhäuschen nebenan heißt es Wellness & Beauty. In unterschiedlichen Stuben speist man traditionell und international.

99 Zim - 79/130 € 109/170 € - ½ P

Bostalstr. 12 ✉ 66625 - ✆ 06852 8890 - www.victors.de

In Nohfelden-Gonnesweiler Süd-West: 6 km

LUMI

INTERNATIONAL • CHIC Auch wenn das lichte und hell designte Restaurant richtig angenehm ist, die traumhafte Terrasse mit Seeblick ist dennoch nicht zu toppen! Auf der Karte z. B. "Rindertatar-Stulle, Schnittlauch, Radieschen" oder "Freilandhuhn-Frikassee, Pfifferlinge, Erbsen, Emmer". Typische Kräuter bringen keltische Einflüsse.

Menü 35/52 € (abends) - Karte 29/58 € - mittags einfache Karte

Seezeitlodge Hotel & Spa, Am Bostalsee 1 ✉ 66625 - ✆ 06852 8098375 (Tischbestellung erforderlich) - www.seezeitlodge-bostalsee.de

Seezeitlodge Hotel & Spa

SPA UND WELLNESS • DESIGN Unmittelbar am malerischen Bostalsee und direkt am Naturpark Saar-Hunsrück liegt dieses Spa-Hideaway. Wirklich schön die modernen, großzügigen Zimmer, toll das Gesamtangebot einschließlich "Seele baumeln lassen" - und das geht ganz wunderbar im bemerkenswerten Spa auf 2700 qm samt keltischem Saunadorf!

98 Zim – 138/158 € 198/228 € – 2 Suiten – ½ P

Am Bostalsee 1 ✉ 66625 – ✆ 06852 80980 – www.seezeitlodge-bostalsee.de

LUMI – siehe Restaurantauswahl

NONNENHORN

Bayern – 1 692 Ew. – Höhe 404 m – Regionalatlas **63**-H22
Michelin Straßenkarte 546

Torkel

MARKTKÜCHE • GASTHOF Bei Familie Stoppel kocht man mit regionalem und saisonalem Bezug - da schmecken z. B. "Zwiebelrostbraten vom Bioland-Rind mit Bratkartoffeln" und "Bodensee-Felchenfilet in Dijonsenf". Serviert wird in freundlichen Räumen oder auf der hübschen Terrasse.

Menü 42/59 € – Karte 32/64 €

Hotel Torkel, Seehalde 14 ✉ 88149 – ✆ 08382 98620 – www.hotel-torkel.de – geschlossen Mittwoch, November und Januar - März: Dienstag - Mittwoch

Haus am See

REGIONAL • FREUNDLICH Der Blick auf See und Garten gibt dem hellen, eleganten Wintergartenrestaurant samt schöner Terrasse seinen besonderen Reiz. Auf der regional-saisonalen Karte liest man z. B. "hausgebeizte Lachsforelle, Dill-Gurken, Honig-Senf-Sauce, Pumpernickel" oder "Wiener Schnitzel, Petersilien-Kartoffeln, Preiselbeeren".

Menü 40/42 € – Karte 35/68 €

Hotel Haus am See, Uferstr. 23 ✉ 88149 – ✆ 08382 988510 – www.hausamsee-nonnenhorn.de – nur Abendessen – geschlossen 19. Dezember - 5. März und Mittwoch

Haus am See

FAMILIÄR • INDIVIDUELL Hier kann man schön die Seele baumeln lassen: geschmackvoll und wohnlich die Zimmer, attraktiv der Saunabereich mit Barfußpfad im überaus gepflegten Garten, der direkten Zugang zum See bietet! Und nachmittags gibt's hausgebackenen Kuchen.

24 Zim – 73/185 € 142/203 € – 1 Suite – ½ P

Uferstr. 23 ✉ 88149 – ✆ 08382 988510 – www.hausamsee-nonnenhorn.de – geschlossen 19. Dezember - 5. März

Haus am See – siehe Restaurantauswahl

Torkel

FAMILIÄR • ELEGANT Der engagiert geführte Familienbetrieb (bereits in 4. Generation) liegt nicht nur richtig toll, hier lässt es sich auch schön modern wohnen, und zum Relaxen hat man einen attraktiven Freizeitbereich mit Massage- und Kosmetikanwendungen.

26 Zim – 119/199 € 189/399 € – 3 Suiten – ½ P

Seehalde 14 ✉ 88149 – ✆ 08382 98620 – www.hotel-torkel.de

Torkel – siehe Restaurantauswahl

Lassen Sie sich bei Ihrer Reservierung den zurzeit gültigen Preis mitteilen.

NORDDORF Schleswig-Holstein ➜ Siehe Amrum (Insel)

NORDEN

Niedersachsen – 24 895 Ew. – Höhe 7 m – Regionalatlas **7**-D5
Michelin Straßenkarte 541

Reichshof

SPA UND WELLNESS · GEMÜTLICH Schön liegt das familiengeführte Hotel an der Fußgängerzone. Eigene Straßenschilder weisen den Weg zu den verschiedenen Häusern der Anlage. Hier finden Sie individuelle Zimmer von ländlich bis modern - besonders chic die beiden großzügigen "Wellness-Lofts"! Im Restaurant regional-saisonale Küche.

55 Zim – 95/135 € 140/160 € – 4 Suiten – ½ P

Neuer Weg 53 ✉ 26506 – ✆ 04931 1750 – www.reichshof-norden.de

NORDERNEY (INSEL)

Niedersachsen – 5 875 Ew. – Höhe 5 m – Regionalatlas **7**-D5
Michelin Straßenkarte 541

Seesteg

MODERNE KÜCHE · CHIC XX Wenn Sie nicht gerade den Blick Richtung Nordsee schweifen lassen (am liebsten natürlich von der Seeterrasse!), können Sie in dem wertig-schicken Restaurant das Geschehen in der verglasten Showküche beobachten. Hier werden ausgezeichnete Produkte zu aromareichen modernen Gerichten verarbeitet. Mittags kleinere Karte.

➜ Kaisergranat und 3x Blumenkohl. Steinbutt mit jungen Erbsen, roh mariniertem Fenchel, Bisque von der Nordseekrabbe. Taube mit Sauerklee, Mokkajus, Passionsfrucht und Sellerie.

Menü 44 € (vegetarisch)/88 € – Karte 47/98 € – mittags einfache Karte

Hotel Seesteg, Damenpfad 36a ✉ 26548 – ✆ 04932 893600 (abends Tischbestellung ratsam) – www.seesteg-norderney.de

N'eys

INTERNATIONAL · TRENDY XX "N'eys" nennt sich das kleine Abendrestaurant im Wintergarten. Stylish ist das Ambiente, grandios der Blick aufs Meer, und aus der Küche kommen klassisch-internationale Speisen.

Karte 46/80 €

Strandhotel Georgshöhe, Kaiserstr. 24 ✉ 26548 – ✆ 04932 898404 (Tischbestellung ratsam) – www.georgshoehe.de – nur Abendessen – geschlossen 1. - 25. Dezember und Montag

Esszimmer

MODERNE KÜCHE · HIP X Trendy-leger: morgens Frühstück, tagsüber Café, abends Restaurant. Letzteres bietet modern-saisonale Gerichte wie "Zander, Krustentierfond-Risotto, Erbsen und Rüben, Chorizo". Man sitzt ungezwungen umgeben von dekorativen Weinregalen. Der Service ist angenehm locker.

Menü 29/39 € – Karte 41/59 €

Hotel Inselloft, Damenpfad 37 ✉ 26548 – ✆ 04932 893809 – www.inselloft-norderney.de – nur Abendessen – geschlossen Anfang Dezember 3 Wochen und Montag

Strandhotel Georgshöhe

SPA UND WELLNESS · MODERN Ein idealer Ort zum Urlaubmachen: die strandnahe Lage und der große Spa, der u. a. Saunen mit Meerblick bietet! Toll für Freunde modernen Designs: die Zimmerkategorien "Prestige" und "Sportive". Im Wintergarten "Seeterrasse" gibt es regional-traditionelle Küche (ab 13 Uhr durchgehend).

132 Zim – 105/155 € 235/275 € – 25 Suiten – ½ P

Kaiserstr. 24 ✉ 26548 – ✆ 04932 8980 – www.georgshoehe.de – geschlossen 1. - 25. Dezember

N'eys – siehe Restaurantauswahl

Inselloft

LANDHAUS • MODERN Das frische, junge Konzept des schmucken Häuserensembles a. d. 19. Jh. kommt an: hochwertige Studios, Lofts und Penthouse-Zimmer in schickem nordisch-modernem Look, "Wohnzimmer"-Lounge, Spa-Shop nebst Anwendungen, "Design Shop 1837", "Wein & Deli", eigene Bäckerei und dazu locker-familiäre Atmosphäre.

35 Zim – 150/480 € 150/480 € – 7 Suiten – 18 €

Damenpfad 37 26548 – 04932 893800 – www.inselloft-norderney.de

Esszimmer – siehe Restaurantauswahl

Seesteg

BOUTIQUE-HOTEL • MODERN Es gibt wohl nichts in diesem Boutique-Hotel, das nicht exklusiv ist! Lage am Strand, Wertigkeit und Design der Lofts, Studios und Penthouse-Zimmer, Highlights wie Private Spa und Rooftop-Pool. Tipp: Genießen Sie den Sonnenuntergang in der "Milchbar" nebenan! Wer einen Parkplatz wünscht, sollte reservieren!

16 Zim – 270/530 € 290/550 € – 5 Suiten

Damenpfad 36a 26548 – 04932 893600 – www.seesteg-norderney.de

Seesteg – siehe Restaurantauswahl

Villa Ney

FAMILIÄR • GEMÜTLICH In einer ruhigen Dorfstraße befindet sich dieser moderne Villenbau. Ihnen stehen tipptopp gepflegte, wohnlich und elegant eingerichtete Zimmer zur Verfügung. Freundlich-maritim das Restaurant im UG - hier gibt es auch Frühstück.

10 Suiten – 100/175 € – 4 Zim

Gartenstr. 59 26548 – 04932 9170 – www.villa-ney.de

Haus Norderney

PRIVATHAUS • GEMÜTLICH Die Villa von 1927 ist eines der schönsten Häuser der Insel und perfekt für Individualisten! Klares Design in warmen Tönen, Frühstück im kleinen Garten, relaxen am Kamin oder in der Sauna, dazu kostenfreie Fahrräder und nette Kleinigkeiten!

10 Zim – 79/139 € 158/258 €

Janusstr. 6 26548 – 04932 2288 – www.hotel-haus-norderney.de – geschlossen 1. Dezember - 14. Februar

Aquamarin

PRIVATHAUS • GEMÜTLICH Eine richtig sympathisches Haus: Die Führung ist persönlich, schön und individuell die Zimmer, charmant-modern sind Lobby und Frühstücksraum mit hellem Dielenboden und hübschen Details. Tipp: entspannen auf der kleinen Dachterrasse.

13 Zim – 79/113 € 118/206 €

Friedrichstr. 5 26548 – 04932 92850 – www.hotel-aquamarin-norderney.de – geschlossen 2. Dezember - 14. Februar

NORDHAUSEN

Thüringen – 41 800 Ew. – Höhe 185 m – Regionalatlas **30**-K11
Michelin Straßenkarte 544

In Nordhausen-Rüdigsdorf

Feine Speiseschenke

MARKTKÜCHE • FREUNDLICH Richtig gute saisonale Küche gibt es hier. Spezialität sind Fleischgerichte - die Familie betreibt eine eigene Rinderzucht! Drinnen sitzt man in freundlichem modernem Ambiente, draußen hat man einen schönen Garten. Übernachten können Sie in einfachen, gepflegten Zimmern.

Menü 31/90 € – Karte 27/53 €

11 Zim – 53/58 € 72/79 €

Winkelberg 13 99734 – 03631 4736490 – www.speiseschenke.de – nur Abendessen, sonntags auch Mittagessen – geschlossen Sonntagabend - Montag

NORDHORN

Niedersachsen – 52 579 Ew. – Höhe 23 m – Regionalatlas **16**-C8
Michelin Straßenkarte 541

Riverside

BUSINESS • MODERN Komfortable Ausstattung, moderner Stil und wohnlich-warme Farben - und das unmittelbar am Vechtesee! Zur Seeseite liegen die Zimmer ruhiger. Das Restaurant "Pier99" sieht sich als legere "Strandbude", im Sommer mit geöffneter Glasfront, im Winter mit wärmendem Kamin.

32 Zim – 116/140 € 134/160 € – ½ P

Heseper Weg 40 ✉ 48529 – ✆ 05921 819810 – www.riverside-nordhorn.de

NORDKIRCHEN

Nordrhein-Westfalen – 9 677 Ew. – Höhe 65 m – Regionalatlas **26**-D10
Michelin Straßenkarte 543

Schloss Restaurant Venus

INTERNATIONAL • KLASSISCHES AMBIENTE XX Im "Westfälischen Versailles" finden Sie dieses klassisch-gediegene Gewölberestaurant - die zahlreichen Gemälde stammen übrigens von Patron Franz L. Lauter, einem passionierten Maler! Geboten wird ein ambitioniertes, kreatives Menü. Eine nette legere Alternative ist das "Bistrante" mit großer Terrasse.

Menü 30/58 € – Karte 41/50 €

Schloss 1 ✉ 59394 – ✆ 02596 972472 – www.lauter-nordkirchen.de – nur Abendessen, sonntags auch Mittagessen – geschlossen 2. - 31. Januar und Montag - Dienstag

NORDSTRAND

Schleswig-Holstein – 2 197 Ew. – Höhe 2 m – Regionalatlas **1**-G2
Michelin Straßenkarte 541

In Nordstrand-Süderhafen

Am Heverstrom

GASTHOF • GEMÜTLICH Gemütlich-familiär ist es hier. Charmant die Zimmer mit behaglichem Holz und friesischer Note (teils mit Terrasse, teils mit Blick aufs Wattermeer), ebenso das Restaurant mit schönem altem Tresen, gekocht wird regional. Der namengebende Heverstrom ist übrigens ein Gezeitenstrom zwischen Nordstrand und Husum.

10 Zim – 57/75 € 77/97 € – 1 Suite

Heverweg 14 ✉ 25845 – ✆ 04842 8000 – www.am-heverstrom.de – geschlossen 1. - 20. November

NORTHEIM

Niedersachsen – 28 833 Ew. – Höhe 120 m – Regionalatlas **29**-I10
Michelin Straßenkarte 541

FREIgeist

BUSINESS • MODERN Schöne Adresse für Business- und Privatgäste. Moderner Stil und ruhige Lage - an das Grundstück schließt sich direkt der Wald an. Für Aktive hat man einen Klettergarten, zudem bietet man einen Shuttleservice zum Golfplatz (5 Min.). Regionale Küche im Restaurant "Waldwerk". Terrasse zum Garten mit kleinem Teich.

62 Zim – 99/210 € 126/240 € – 13 € – ½ P

Am Gesundbrunnen, Ost: 1,5 km, über B 241 ✉ 37154 – ✆ 05551 6070 – www.freigeist-northeim.de

NOTZINGEN

Baden-Württemberg - 3 574 Ew. - Höhe 316 m - Regionalatlas **55**-H19
Michelin Straßenkarte 545

Die Kelter

MEDITERRAN • RUSTIKAL Gelungen hat man die ehemalige Kelter von 1700 restauriert! In einem schönen hohen Raum mit freigelegtem altem Fachwerk und dekorativen modernen Bildern bekommt man gute regional-mediterrane Küche - macht Ihnen vielleicht "geschmortes Kalbsossobuco an Wurzelgemüse" Appetit?

Menü 29/40 € - Karte 35/59 €

Kelterstr. 15 ✉ 73274 - ✆ 07021 863786 - www.kelter-notzingen.de - nur Abendessen, sonntags auch Mittagessen - geschlossen August 2 Wochen und Montag - Dienstag

NÜRBURG

Rheinland-Pfalz - 173 Ew. - Höhe 593 m - Regionalatlas **36**-C14
Michelin Straßenkarte 543

Dorint am Nürburgring

BUSINESS • FUNKTIONELL Modern-funktional sind die Zimmer dieses Tagungshotels in einer vor allem für Motorsport-Fans einmaligen Lage. Besonders interessant sind die Zimmer zur Rennstrecke hin. Restaurant mit Sicht zur Start- und Zielgeraden, Cockpit Bar mit Autosport-Dekor.

207 Zim - †79/599 € ††119/599 € - 3 Suiten

Grand-Prix-Strecke ✉ 53520 - ✆ 02691 3090 - www.dorint.com/nuerburgring

Lindner Congress & Motorsport Hotel

BUSINESS • MODERN Das Design in dem Hotel am Nürburgring ist ganz dem Motorsport gewidmet. Moderne und sehr wohnliche Zimmer, VIP-Etage mit Zugang zu Tribüne und Hubschrauber-Landeplatz auf dem Dach. Geradlinig-elegantes Restaurant mit angrenzender Terrasse, dazu Bar und Spielkasino sowie Davidoff Lounge.

154 Zim - †99/499 € ††139/539 € - 5 Suiten - ½ P

Stefan-Bellof-Straße ✉ 53520 - ✆ 02691 3025000 - www.lindner.de - geschlossen 21. Dezember - 1. Januar

M. Siepmann/
imageBROKER/age

WIR MÖGEN BESONDERS...

Sich im **Quo vadis** bei leckerer Pasta unter die vielen Stammgäste mischen. Im **Koch und Kellner** nicht nur als Gourmet, sondern auch als Weinliebhaber auf seine Kosten kommen. **Drei Raben** für seine Themenzimmer. Die innovative Spitzenküche im **Essigbrätlein**. Im trendig-modernen **Luma** die leckeren japanischen „Mochis" probieren.

NÜRNBERG

Bayern – 501 072 Ew. – Höhe 309 m – Regionalatlas **50**-K16
Michelin Straßenkarte 546

Restaurants

❀❀ Essigbrätlein (Andree Köthe)

KREATIV • GEMÜTLICH XX Im Herzen der Nürnberger Altstadt, unweit des weltberühmten Christkindlmarkts und der Lorenzkirche, liegt im Einklang mit dem historisch-urigen Flair der Umgebung das „Essigbrätlein". Ein wunderschönes, intimes Restaurant, bei dem man das Gefühl hat, als wäre man bei Freunden zu Besuch: Das Portal steht nicht offen – man muss klingeln, um Einlass zu erhalten. Selbstverständlich wird die Tür sofort geöffnet und der Gast persönlich willkommen geheißen. Gemütlich und heimelig präsentiert sich dann auch das Interieur, das sich perfekt für die Inszenierung eines stimmungsvollen Essens eignet.

Seit 1989 steht Patron Andree Köthe am Herd und bringt eine kreative und gekonnt auf den Punkt reduzierte Naturküche auf die edlen Teller. Dabei achtet er stets darauf, dass er hauptsächlich Produkte aus der Region verarbeitet, die er fundiert zubereitet und perfekt würzt. Jeder Gang ist durchdacht und besonders seine Fonds und Saucen sind ein Genuss. Es macht ganz einfach Spaß, hier zu essen!

→ Kartoffeln mit Staudensellerie. Lamm mit Steckrüben. Schokoladeneis mit Gurke und Grapefruit.

Menü 75 € (mittags)/155 € (abends)

Stadtplan : K1-z – *Weinmarkt 3 ✉ 90403 – ✆ 0911 225131 (Tischbestellung erforderlich) – www.essigbraetlein.de – geschlossen 24. Dezember - Anfang Januar und Sonntag - Montag*

Dieser Guide lebt von Ihren Anregungen, die uns stets willkommen sind. Egal ob Sie uns eine besonders angenehme Erfahrung oder eine Enttäuschung mitteilen wollen – schreiben Sie uns!

ZweiSinn Meiers | Fine Dining

KREATIV • ZEITGEMÄSSES AMBIENTE Jung, ungezwungen, stylish. Geradlinig-schickes Interieur, lockerer und charmanter Service, moderne und kreative Küche... Das passt alles wunderbar zusammen. Die Gerichte sind exakt und mit Finesse zubereitet und auch noch richtig hübsch anzuschauen. Rein vegetarisch ist das ausgezeichnete Essen übrigens ebenfalls zu haben.

→ Blaue Garnele, Banane, Limette, Tom Kha Gung, Koriander. Arktischer Saibling, Spargel, Eigelb, Rapsöl. Imperial Taube, Erbse, Morchel, Madeirajus.

Menü 85/120 €

Stadtplan : H1-b - *Äußere Sulzbacher Str. 118 ✉ 90491 - ✆ 0911 92300823 - www.meierszweisinn.de - nur Abendessen - geschlossen Anfang Januar 1 Woche, Ende August - Anfang September und Sonntag - Montag*

ZweiSinn Meiers | Bistro – siehe Restaurantauswahl

Entenstuben (Fabian Denninger)

MODERNE KÜCHE • ELEGANT Sie sitzen hier in geradlinigem und zugleich wohnlichem Ambiente, werden freundlich und aufmerksam umsorgt und genießen internationale Küche, die gelungen moderne Elemente einbezieht. Angenehm die klare Linie der Gerichte, ansprechend die Präsentation.

→ Saibling, Löwenzahn, Karotte. Reh, Rucola, Milchreis, Mispel. Veilchen, Erdbeere, Hafer.

Menü 89/119 € – Karte 54/73 €

Stadtplan : M1-e - *Schranke 9 ✉ 90489 - ✆ 0911 5209128 - www.entenstuben.de - nur Abendessen - geschlossen Anfang Januar 2 Wochen, Juli - August 3 Wochen und Sonntag - Montag*

Koch und Kellner

MODERNE KÜCHE • BISTRO Ein richtig nettes Bistro, in dem man auch noch sehr gut isst! Man setzt hier auf Klarheit und Reduktion auf das Wesentliche, kocht modern, lässt aber auch eine klassische Note einfließen. Das Ergebnis sind harmonische Kreationen ohne Spielerei. Übrigens: Der Patron ist Riesling-Fan - daher die schöne Auswahl!

→ Seeteufel, Kichererbsen, Granatapfel. Kalb, Bohnen, Tomaten. Weinbergpfirsich, Holunderblüten, Purple Curry, Champagner.

Menü 45 € (mittags)/99 € – Karte 52/65 €

Stadtplan : F2-n - *Obere Seitenstr. 4 ✉ 90429 - ✆ 0911 266166 - www.kochundkellner.de - geschlossen Januar 1 Woche, Juli - August 2 Wochen und Sonntag*

Luma (N)

JAPANISCH • TRENDY Stylish, minimalistisch, hell - so kommt das Restaurant daher, draußen eine hübsche Terrasse zum Lorenzer Platz. Die Geradlinigkeit der Einrichtung passt schön zur modernen Küche mit ihren japanisch-asiatischen Einflüssen. Wie wär's z. B. mit "Panko-Hühnchen"? Dessert-Tipp: Man bietet eine große Auswahl an "Mochis".

Karte 24/55 €

Stadtplan : L2-m - *Lorenzer Platz 23 ✉ 90403 - ✆ 0911 2059390 - www.luma-restaurant.de - geschlossen Sonntag*

Imperial by Alexander Herrmann (N)

INTERNATIONAL • TRENDY Hier im 1. OG geht es modern, chic und trendy zu. Locker die Atmosphäre, mittig die offene Küche. Hier entstehen internationale Speisen mit fränkischem Einfluss, man kocht ausdrucksstark und ambitioniert. Im EG das "Fränk'ness" - "The Urban Fränkisch Taste".

Menü 85 € – Karte 40/91 €

Stadtplan : L2-a - *Königstr. 70 ✉ 90402 - ✆ 0911 24029955 (Tischbestellung erforderlich) - www.ah-imperial.de - nur Abendessen - geschlossen Sonntag - Montag*

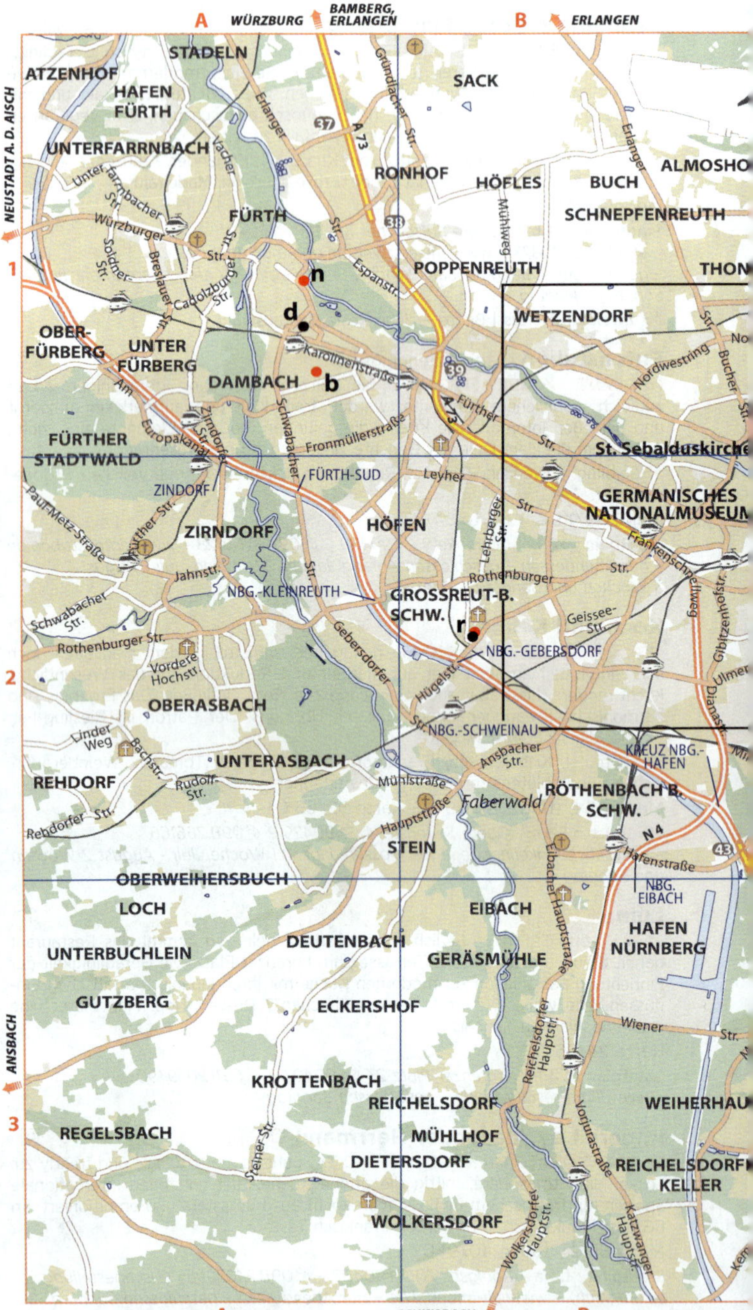
A
WÜRZBURG
BAMBERG, ERLANGEN
B
ERLANGEN
NEUSTADT A. D. AISCH
ANSBACH
SCHWABACH
1
2
3
STADELN
ATZENHOF
HAFEN FÜRTH
UNTERFARRNBACH
SACK
RONHOF
HÖFLES
BUCH
ALMOSHO
SCHNEPFENREUTH
FÜRTH
POPPENREUTH
THON
WETZENDORF
OBER-FÜRBERG
UNTER FÜRBERG
DAMBACH
FÜRTHER STADTWALD
ZINDORF
FÜRTH-SUD
St. Sebalduskirche
GERMANISCHES NATIONALMUSEUM
ZIRNDORF
HÖFEN
NBG.-KLEINREUTH
GROSSREUT-B. SCHW.
NBG.-GEBERSDORF
OBERASBACH
NBG.-SCHWEINAU
KREUZ NBG.-HAFEN
UNTERASBACH
REHDORF
RÖTHENBACH B. SCHW.
Faberwald
STEIN
NBG. EIBACH
OBERWEIHERSBUCH
LOCH
EIBACH
HAFEN NÜRNBERG
UNTERBUCHLEIN
DEUTENBACH
GERÄSMÜHLE
GUTZBERG
ECKERSHOF
KROTTENBACH
REICHELSDORF
WEIHERHAU
REGELSBACH
MÜHLHOF
DIETERSDORF
REICHELSDORF KELLER
WOLKERSDORF
n
d
b
r
A 73
37
38
39
43
N 4
Erlanger Str.
Gründlacher Str.
Vacher Str.
Unterfarrnbacher Str.
Würzburger Str.
Soldner-Str.
Breslauer Str.
Cadolzburger Str.
Espanstr.
Mühlweg
Erlanger Str.
Nordwestring
Bucher Str.
Karolinenstraße
Fürther Str.
Am Europakanal
Zirndorfer Str.
Schwabacher Str.
Fronmüllerstraße
Leyher Str.
Lehrberger Str.
Paul-Metz-Straße
Fürther Str.
Jahnstr.
Rothenburger Str.
Frankenschnellweg
Gibitzenhofstr.
Geissee-Str.
Schwabacher Str.
Rothenburger Str.
Vordere Hochstr.
Gebersdorfer Str.
Hügelstr.
Dianastr.
Ulmer
Linder Weg
Bachstr.
Rudolf-Str.
Rehdorfer Str.
Ansbacher Str.
Mühlstraße
Hauptstraße
Hafenstraße
Eibacher Hauptstraße
Wiener Str.
Reichelsdorfer Hauptstr.
Vorjurastraße
Steiner Str.
Wolkersdorfer Hauptstr.
Katzwanger Hauptstr.

NÜRNBERG
0
2 km
WÜRZBURG
PEGNITZ, BAYREUTH
AMBERG
REGENSBURG
BERLIN, BAYREUTH, HOF
AMBERG
REGENSBURG, NEUMARKT
MÜNCHEN
ANSBACH, HEILBRONN
AIRPORT NÜRNBERG
ZIEGELSTEIN
VOLKSPARK MARIENBERG
SCHAFHOF
ERLENSTEGEN
BEHRINGERSDORF
Behringersdorfer See
SCHWAIG
LAUFAMHOLZ
MÖGELDORF
St. Lorenzkirche
LORENZER REICHSWALD
NÜRNBERG
FISCHBACH
NÜRNBERG MESSE
LANGWASSER
ALTENFURT
Elisabeth-Selbert-Platz
FALKEN-HEIM
MOORENBRUNN
AN KREUZ NÜRNBERG-OST
KREUZ NÜRNBERG SUD
WENDELSTEIN
FEUCHT
WORZELDORF
WENDELSTEIN
Kalchreuther Str.
Bierweg
Bayreuther Str.
Äußere Kreslingstraße
Welserstr.
Äußere Sulzbacher Str.
Erlenstraße
Laufamholzstraße
Nürnberger Str.
Ostendstraße
Bahnhofstr.
Zerzabelshof-Str.
Passauer Str.
Siedlerstraße
Allersberger Str.
Hain-Str.
Regensburger Str.
Bayernstraße
Frankenstraße
Münchener
Beuthener Str.
Regensburger
Fischbacher Hauptstraße
Gleiwitzer Str.
Oelser
Löwenberger Str.
Otto-Bärnreuther-Str.
Breslauer Str.
Trierer Str.
Saarbrückener Str.
Liegnitzer Str.
Schwanstetter Str.
Spitzwegstr.
An der Radrunde
A 3
A 9
A 6
A 73
85
86
87
52
59
45
47
48
1
2
3
C
D
s
p
b
z
P

NÜRNBERG
0
500 m
E
F
1
2
3
THON
Thon
Kilianstraße
Röthensteig
Nordring
Bucher Str. / Nordring
Juvenellstra
Erlanger Str.
Bucher Str.
Marktäckerstraße
Frauentaler Weg
Holsteiner Str.
Parlerstraße
Wetzendorfer Str.
Brettergartenstr.
Bielefelder Str.
Nordwestring
Klinikum Nord
Schnieglinger Str.
Friedrich-Ebert-Platz
Archiv-Str.
w
Westfriedhof
Julienstraße
St. Johannisfriedhof
Johannisstraße
Fürther Str.
Eberhardshof
b
Neutorturm
Maximilianstraße
St. Sebalduskirc
Deutschherrnstraße
Bärenschanze
NBG. WESTRING
Jansenbrücke
Gostenhof
ROSENAU
GERMANISCH NATIONAL-MUSEUM
Leyher Str.
n
Jamintzerplatz
GOSTENHOF
Plärrer
Frauentorg
Witschelstraße
Steinbühler Str.
NBG. GOSTENHOF
Rothenburger Str.
Frankenschnellweg
Kohlenhofstraße
Steinbühl
SÜNDERSBÜHL
Von-der-Tann-Straße
Rothenburger Str.
Schwabacher Str.
ST. LEONHARD
Landgrabenstraße
Landg
Wallensteinstraße
Gustav-Adolf-Straße
St. Leonhard
Heynestraße
Humboldtstraße
STEINBÜHL
Brehmstraße
Geisseestraße
Schweinau
g
BAHNHOF-SCHWEINAU
SANDREUTH
Alemannenstraß
SCHWEINAU
Nopitschstraße
Gibitzenhofstraße
Ulmenstraße
Hohe Marter
NBG.-SÜDRING
N 4
Dianaplatz
Hansastraße
Dianastraße
Gibitzenhof
NBG.-SCHWEINAU

G
H
1
2
3
GROSSREUTH H.D.V.
Kilianstraße
BAHNHOF NORDOST
Eichendorffstr.
Kieslingstraße
Nordostbahnhof
Thumenberger Weg
Nordring
Nordring
Hintermayrstr.
SCHOPPERSHOF
GÄRTEN H.D.V.
Rollnerstraße
STADTPARK
Schoppershof
Ostbahnhof
b
ST- JOBST
MAXFELD
Maxfeld
Stadtpark Schleife
RENNWEG
Welserstraße
Tafelhalle
Tauroggenstraße
Wöhrder See
ckheimerstraße
Bayreuther Str.
Rennweg
Dr.-Gustav-Heinemann-Str.
Deichslerstraße
Lechnerstraße
Laufertorturm
GÄRTEN B/W
Bartholomäusstr.
Business Tower
OSTRING
Frauenkirche
Wöhrder Talübergang
Marthastraße
Ostendstraße
St. Lorenz
Tullnaupark
Arminiusstraße
WÖHRDER WIESE
DÜRRENHOF
Frauentorturm
Bahnhofstraße
ZERZABELSHOF
Goldbach
Regensburger
Stephanstraße
GLEIßHAMMER
TAFELHOF
Widhalmstraße
b
ST. PETER
Harsdörfferplatz
Str.
Scharrerstraße
Zerzabelshofstraße
Scheurlstraße
tisplatz
GALGENHOF
Anton-Müller-Platz
Peterskirche
Regensburger Str.
ufseßplatz
Wölckernstraße
Schweiggerstraße
Immelmannstraße
traße
Hummelsteiner Weg
Pl. der Opfer des Faschismus
Hainstraße
GLEISSHAMMER
hristuskirche
Holzgartenstraße
Fliegerstraße
Luitpoldhain
DUTZENDTEICH
Gudrunstraße
Wodanstraße
LUITPOLDHAIN
Maffeiplatz
Allersberger Str.
Münchener Str.
chuckertstraße
Tristanstraße
Bayernstraße
Doku-Zentrum
NORISRING
Siemensstraße
Volksfest-platz
Großer Dutzendteich
Lothringer Str.
Frankenstraße
Frankenstraße
Frankenstraße
Münchener Str.
Katzwanger Str.
Kleiner Dutzendteich
IBITZENHOF
Katzwanger Str.
Hasenbuck
Trafowerk
G
H

MINNECI Leonardo

ITALIENISCH • MEDITERRANES AMBIENTE XX Richtig schön verbindet sich der historische Charakter des alten Stadthauses von 1560 mit der Atmosphäre eines italienischen Ristorante. Auf der Karte z. B. "Lammcarré rosa gebraten, Caponata, römische Gnocchi", der Service freundlich und charmant.

Menü 52/80 € – Karte 44/64 €

Stadtplan : K2-f – *Zirkelschmiedsgasse 28* ✉ *90402* – ✆ *0911 209655* – *www.minneci-ristorante.de* – *geschlossen Sonntag - Montag*

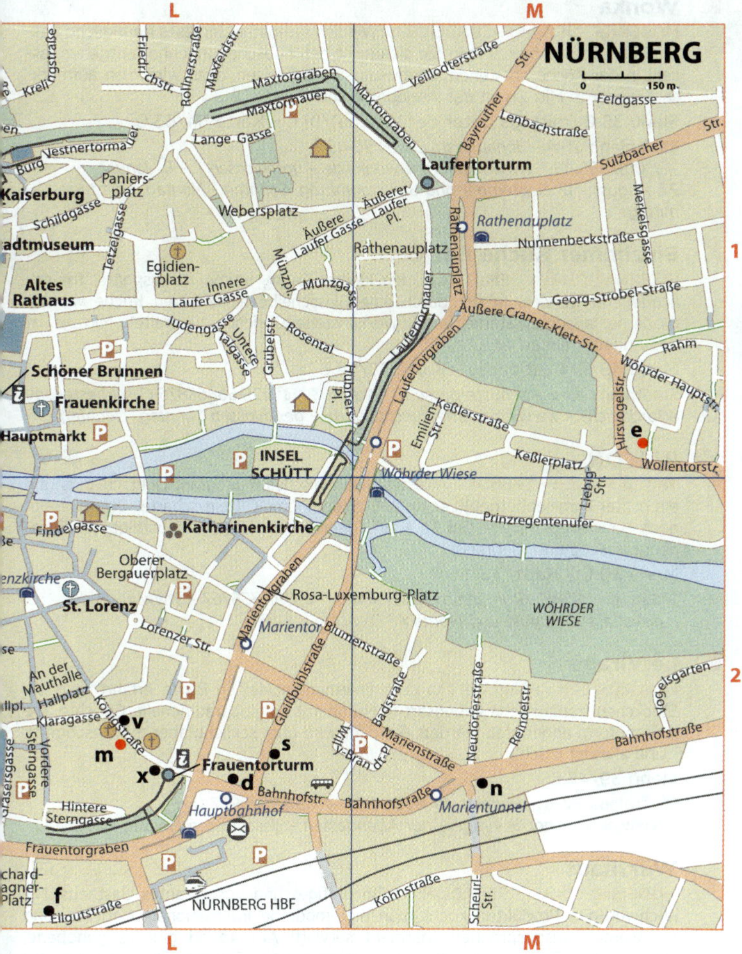

Restauration Fischer

INTERNATIONAL • INTIM XX In dem Haus a. d. 14. Jh. speist man im modernen EG (hier auch die einsehbare Küche) oder im OG unter der historischen Holzdecke. Geboten wird z. B. "gebratener Loup de Mer auf Fenchelgemüse" oder "Lammrücken auf Ratatouille-Gemüse".

Menü 55/65 € – Karte 48/57 €

Stadtplan : K2-f – *Schottengasse 1 ✉ 90402*
– *✆ 0911 9898870 – www.fischer-restauration.de*
– *nur Abendessen – geschlossen Januar 1 Woche, Juli 1 Woche und Montag*

Wonka

MODERNE KÜCHE • FREUNDLICH XX Wirklich sympathisch dieses freundliche Restaurant - im Sommer sollten Sie sich nicht den hübschen Innenhof entgehen lassen! In der Küche entstehen kreativ-klassische Speisen, dazu wird man aufmerksam umsorgt. Mittags ist das Angebot kleiner.

Menü 35 € (mittags unter der Woche)/91 € - Karte 54/63 €

Stadtplan : J1-w - *Johannisstr. 38 ✉ 90419 - ✆ 0911 396215 - www.restaurant-wonka.de - geschlossen 1. - 8. Januar, 27. August - 12. September und Samstagmittag, Sonntag - Montag, Feiertage mittags*

Einzimmer Küche Bar (N)

INTERNATIONAL • GEMÜTLICH X Ein kleiner Raum, intime Atmosphäre, freundlich-legerer Service. In der durch eine Glasscheibe einsehbaren Küche werden moderne, ausdrucksstarke und unverkünstelte Gerichte zubereitet. Mittags ist das Angebot einfacher.

Menü 48/71 € (abends) - Karte 28/52 €

Stadtplan : K1-e - *Schustergasse 10 ✉ 90403 - ✆ 0911 66463875 (Tischbestellung erforderlich) - www.einzimmerkuechebar.de - geschlossen Sonntag - Montag*

IU & ON

THAILÄNDISCH • TRENDY X Ältestes thailändisches Restaurant Deutschlands und ein echter Familienbetrieb! Lecker z. B. "Yam Plamük" (fein-scharfer Oktopussalat nach Hausrezept) oder "Gai Ta Krai" (gebratenes Hähnchenbrustfilet mit Zitronengrassauce und Klebreis).

Menü 30 € - Karte 38/55 €

Stadtplan : K1-p - *Roritzerstr. 10 ✉ 90419 - ✆ 0911 336767 - www.iu-on.de - geschlossen August und Montag - Dienstag*

Le Virage

FRANZÖSISCH • FAMILIÄR X In dem charmanten kleinen Bistro erfährt man ein Stückchen französische Lebensart in Nürnberg! Es gibt traditionelle Gerichte, die in Menüform angeboten werden. Gekocht wird eher schlicht, aber mit Geschmack - und alles ist frisch!

Menü 39/45 €

Stadtplan : F2-b - *Helmstr. 19 ✉ 90419 - ✆ 0911 9928957 - www.nefkom.net/le.virage - nur Abendessen - geschlossen Montag - Dienstag*

Würzhaus

MODERNE KÜCHE • GERADLINIG X Ein pfiffiges und interessantes Gasthaus! Mit hochwertigen Produkten kocht man hier moderne internationale Gerichte, und die werden ausgesprochen charmant serviert! Am Abend gibt es gehobene, ambitionierte Speisen wie "Kabeljau, gelbe Linsen, Gewürzasche", mittags das einfachere, unschlagbar günstige Menü!

Menü 21 € (mittags unter der Woche)/80 € - Karte 22/54 €

Stadtplan : F1-w - *Kirchenweg 3a ✉ 90419 - ✆ 0911 9373455 (Tischbestellung erforderlich) - www.wuerzhaus.info - geschlossen 1. - 8. Januar und Samstagmittag, Sonntag - Montagmittag*

ZweiSinn Meiers | Bistro

MODERNE KÜCHE • BISTRO X Zur Straße hin liegt das Bistro mit seiner markanten Theke und blanken Tischen, nett die Terrasse seitlich am Haus. Auf der Karte z. B. "Maishähnchen, Bohnencassoulet, Tomaten-Risoni". Mittags kommt der günstige Tagesteller gut an!

Karte 45/72 €

Stadtplan : H1-b - *ZweiSinn Meiers / Fine Dining, Äußere Sulzbacher Str. 118 ✉ 90491 - ✆ 0911 92300823 - www.meierszweisinn.de - geschlossen Anfang Januar 1 Woche, Ende August - Anfang September und Sonntag - Montag*

Hotels

Le Méridien Grand Hotel

HISTORISCH • ELEGANT Seit Ende des 19. Jh. werden hier Gäste beherbergt. Praktisch die Lage gegenüber dem Hauptbahnhof, dazu chic-moderne Zimmer mit klassischen Marmorbädern. Etwas kleiner: die "Superior Queen"-Zimmer. Internationale Küche in der Brasserie, sehenswert der denkmalgeschützte Richard-Wagner-Saal!

192 Zim ☕ - 🚹110/699 € 🚹🚹130/729 € - 5 Suiten

Stadtplan : L2-d - *Bahnhofstr. 1 ✉ 90402 - ✆ 0911 23220*
- *www.lemeridiennuernberg.com*

Sheraton Carlton

BUSINESS • MODERN Die klare Nr. 1 in der Stadt: beispielhafte Führung, luxuriös-komfortable Zimmer, attraktiver Spa im 8. und 9. Stock - von der tollen Sauna schaut man auf die bei Nacht beleuchtete Burg! Im Restaurant "Tafelhof" speist man international. Beliebt (auch bei den Einheimischen): das Gourmet-Buffet samtagabends sowie der Sonntagsbrunch.

164 Zim - 🚹99/235 € 🚹🚹139/275 € - 4 Suiten - ☕ 17 € - ½ P

Stadtplan : L2-f - *Eilgutstr. 15 ✉ 90443 - ✆ 0911 20030*
- *www.carlton-nuernberg.de*

Holiday Inn City Centre

KETTENHOTEL • MODERN Attraktiv sind hier die sehr gute zeitgemäß-funktionale Ausstattung sowie die Lage am Altstadtrand, nicht weit vom Hauptbahnhof. Nett der Frühstücksraum in klaren Linien, gemütlich die Bar & Brasserie "Nitri-Bizz" - hier gibt es internationale Gerichte.

260 Zim - 🚹74/119 € 🚹🚹99/155 € - 3 Suiten - ☕ 15 € - ½ P

Stadtplan : K2-a - *Engelhardgasse 12 ✉ 90402 - ✆ 0911 242500*
- *www.hi-nuernberg.de*

Drei Raben

URBAN • THEMENBEZOGEN Sie möchten die Geschichte Nürnbergs kennenlernen? In den schönen Themenzimmern kann man Wissenswertes nachlesen, außerdem liegt das kleine Hotel im Herzen der Stadt! Nicht zu vergessen das charmante, hilfsbereite Personal, das für eine angenehm persönliche Note sorgt. Morgens gibt es ein sehr gutes Frühstück, am Abend sind die Gäste zum Aperitif eingeladen.

22 Zim ☕ - 🚹120/250 € 🚹🚹120/250 €

Stadtplan : L2-v - *Königstr. 63 ✉ 90402 - ✆ 0911 274380*
- *www.hoteldreiraben.de*

Agneshof

BUSINESS • FUNKTIONELL Sie wohnen mitten in der Altstadt und dennoch ruhig - Dürerhaus und Kaiserburg sind nicht weit! Eine sympathische Adresse mit freundlichen und funktionalen Zimmern, meist zu den Gartenhöfen hin. Netter kleiner Saunabereich mit Whirlpool. Praktisch: Parken in der Tiefgarage.

74 Zim - 🚹90/250 € 🚹🚹110/270 € - ☕ 9 €

Stadtplan : K1-c - *Agnesgasse 10 ✉ 90403 - ✆ 0911 214440*
- *www.agneshof-nuernberg.de*

Am Heideloffplatz

FAMILIÄR • FUNKTIONELL Eine sympathische Adresse ist das engagiert geführte Hotel an einem kleinen Platz in relativ ruhiger Lage am Zentrumsrand. In jedem der wohnlichen Gästezimmer findet sich ein Original des Malers Dülp. Praktisch: Man hat eigene Parkplätze.

32 Zim - 🚹82/129 € 🚹🚹121/149 € - ☕ 9 €

Stadtplan : G2-b - *Heideloffplatz 7 ✉ 90478 - ✆ 0911 944530*
- *www.hotelamheideloffplatz.de - geschlossen 23. Dezember - 6. Januar*

Sorat Hotel Saxx

BUSINESS • MODERN Die Lage direkt in der Altstadt könnte nicht besser sein. Ebenso ansprechend die moderne Einrichtung - fragen Sie nach den geräumigen Juniorsuiten mit Blick zum Hauptmarkt! Hier findet übrigens auch der berühmte Christkindlesmarkt statt. Nettes Extra: Kaffee und Croissant am Morgen sind inklusive.

103 Zim – 79/295 € 99/315 € – 10 €

Stadtplan : K1-s – *Hauptmarkt 17, (Eingang über Waaggasse 7) 90403 – 0911 242700 – www.sorat-hotels.com*

Victoria

URBAN • MODERN Elegant und richtig modern ist das hübsche Haus von 1896 - ein toller Mix aus Tradition und Moderne. Tipp: das große Zimmer "LogenPlatz" mit Balkon und Blick aufs Museum! Wie wär's im Sommer mit Kaffee und Kuchen auf dem Klarissenplatz?

65 Zim – 82/128 € 98/158 €

Stadtplan : L2-x – *Königstr. 80 90402 – 0911 24050 – www.hotelvictoria.de*

art & business hotel

BUSINESS • INDIVIDUELL Ein wirklich stilvolles Haus, bemerkenswert die Kunst. Die Zimmer sind modern und eher klein, geräumiger die Superiorzimmer. Hübsch der Frühstücksraum samt Terrasse im Innenhof (Brot und Marmelade sind übrigens hausgemacht) sowie die Bar.

49 Zim – 62/205 € 92/230 €

Stadtplan : L2-s – *Gleißbühlstr. 15 90402 – 0911 23210 – www.art-business-hotel.com – geschlossen 23. Dezember - 7. Januar*

In Nürnberg-Boxdorf Nord: 9 km über Erlanger Straße B1

unvergeESSlich

INTERNATIONAL • GASTHOF XX Das Motto hier lautet "Franken geht fremd": Neben "Fränkischer Festtagssuppe" und "Wiener Schnitzel" gibt es Internationales wie "Thunfischvariation" und auch Vegetarisches/Veganes. Und als Dessert vielleicht leckeren lauwarmen Schokoladenkuchen?

Menü 37/75 €

Hotel Schindlerhof, Steinacher Str. 6 90427 – 0911 93020 – www.schindlerhof.de

Schindlerhof

BUSINESS • INDIVIDUELL Die aus mehreren Häusern bestehende Hotelanlage ist ideal für Businessgäste und auch auf Tagungen ausgelegt. Möchten Sie in einem klassischen Landhauszimmer schlafen oder lieber in einem modernen Ryokan-Zimmer? Schön die Hotelbar "DankBar".

90 Zim – 99/265 € 182/311 € – 2 Suiten

Steinacher Str. 6 90427 – 0911 93020 – www.schindlerhof.de

unvergeESSlich – siehe Restaurantauswahl

In Nürnberg-Großreuth bei Schweinau

Waidwerk N (Valentin Rottner)

MODERNE KÜCHE • CHIC XX Dies ist das kulinarische Aushängeschild im Hause Rottner. Junior Valentin Rottner und sein Team bieten hier ein kreatives Menü mit persönlicher Note. Dazu schickes geradlinig-modernes Interieur mit ländlichem Touch und Bezug zur Jagd - Letzteres kommt nicht von ungefähr: Der Patron ist Jäger.

→ Melone, Holunder, Ziegenkäse. Lachs, Gurke, Sauerrahm. Reh, Erbse, Fichte, Pilze, Blaubeere.

Menü 78/110 €

Hotel Rottner, Winterstr. 15 90431 – 0911 612032 – www.rottner-hotel.de – nur Abendessen – geschlossen 23. Dezember - 7. Januar, über Ostern, Juli - August 2 Wochen und Sonntag - Montag

Rottner

FAMILIÄR • MODERN Familie Rottner bietet nicht nur schöne wohnlich-moderne Zimmer, sondern auch charmante Stuben im separaten, 300 Jahre alten Gasthaus mit hübscher Fachwerkfassade - hier gibt es regionale und klassische Küche. Nicht zu vergessen der tolle Nussbaumgarten!

37 Zim – 82/160 € 121/245 €

Stadtplan : B2-r – *Winterstr. 15 ✉ 90431 – ✆ 0911 612032 – www.rottner-hotel.de – geschlossen 23. Dezember - 7. Januar und über Ostern*

Waidwerk – siehe Restaurantauswahl

In Nürnberg-Kraftshof

Nord: 7 km über Erlanger Straße und Kraftshofer Hauptstraße B1

Der Schwarze Adler

INTERNATIONAL • LÄNDLICH XX Hier ist man mit Herzblut bei der Sache - das merkt man an der stilvollen Stube des wunderschön restaurierten jahrhundertealten Hauses ebenso wie am engagierten Service und nicht zuletzt an der modern-saisonalen Küche - ausdrucksstark, klar und ohne Spielerei. Reizend die Gartenterrasse!

→ Gebratene Jakobsmuschel, Zwiebel, Pfirsich, Koriander. Geschmortes vom Weiderind, geräucherte Paprika, Pilze. Heidelbeere, Quark, Kamille.

Menü 57 € (mittags)/129 € – Karte 58/76 €

Kraftshofer Hauptstr. 166 ✉ 90427 – ✆ 0911 305858 (Tischbestellung ratsam) – www.schwarzeradler.de – geschlossen 1. - 16. Januar und Sonntag - Montag

In Nürnberg-Laufamholz

Park Hotel

FAMILIÄR • GEMÜTLICH Solche Häuser sollte es öfter geben: In dem sehr persönlich geführten kleinen Hotel kümmert man sich mit viel Engagement und Herzblut um die Gäste! Die Zimmer sind wohnlich und funktional, und versäumen Sie nicht das tolle Frühstück! Einladend auch der weitläufige Garten.

21 Zim – 85/100 € 100/120 €

Stadtplan : D1-p – *Brandstr. 64 ✉ 90482 – ✆ 0911 950700 – www.park-hotel-nuernberg.de – geschlossen Ende Dezember - Anfang Januar*

In Nürnberg-Moorenbrunn

Landgasthof Gentner

REGIONAL • GASTHOF X So richtig heimelig hat man es in den reizenden Zirbelholz-Stuben und gute Küche gibt's obendrein! Wie wär's mit "Filetspitzen, Waldpilzrahm, Kartoffelrösti"? Oder lieber "Forelle Müllerin, zerlassene Mandelbutter, Petersilienkartoffeln"? Kein Terrassenwetter? Dann setzen Sie sich ins Garten-Stüberl.

Karte 28/58 €

Stadtplan : D3-b – *Hotel Landgasthof Gentner, Bregenzer Str. 31 ✉ 90475 – ✆ 0911 80070 – www.landgasthof-gentner.de – Montag - Freitag nur Abendessen – geschlossen 29. Juli - 16. August, 23. Dezember - 7. Januar*

Landgasthof Gentner

GASTHOF • REGIONAL Hier spürt man das Engagement der Familie Gentner (bereits die 3. Generation): gepflegt die Einrichtung samt stimmiger Deko, gut das Frühstück, sehr nett die Gästebetreuung! Fragen Sie nach den neueren Zimmern.

52 Zim – 78/338 € 118/368 € – ½ P

Stadtplan : D3-b – *Bregenzer Str. 31 ✉ 90475 – ✆ 0911 80070 – www.landgasthof-gentner.de – geschlossen 29. Juli - 16. August, 23. Dezember - 7. Januar*

Landgasthof Gentner – siehe Restaurantauswahl

In Nürnberg-Schweinau

Gatto Rosso

ITALIENISCH • GEMÜTLICH X Wirklich gemütlich und schön gepflegt ist es in dem über 400 Jahre alten kleinen Fachwerkhaus. Das mögen die vielen Stammgäste ebenso wie die frischen italienischen Speisen und den freundlichen Service.

Karte 34/62 €

Stadtplan : E3-g – *Hintere Marktstr. 48 ✉ 90441 – ✆ 0911 666878 – www.gatto-rosso.de – geschlossen Samstagmittag, Sonntag*

In Nürnberg-Worzeldorf

Zirbelstube

REGIONAL • RUSTIKAL XX Ein schmuckes Sandsteingebäude von 1860 mit ebenso schönem Interieur. In der charmanten Zirbelstube serviert man z. B. "Skrei, Pernodsauce, Blattspinat, Safran-Risotto". Reizend die Terrasse. Sie können auch übernachten - man hat hübsche Gästezimmer. Ein freundlich geführter Familienbetrieb!

Menü 35/77 € – Karte 33/55 €

6 Zim – †88/132 € ††115/204 €

Stadtplan : C3-z – *Friedrich-Overbeck-Str. 1 ✉ 90455 – ✆ 0911 998820 – www.zirbelstube.com – geschlossen 1. - 14. Januar, 9. - 24. Juni und Sonntag - Montag*

NÜRTINGEN

Baden-Württemberg – 39 960 Ew. – Höhe 291 m – Regionalatlas **55**-H19
Michelin Straßenkarte 545

belsers Restaurant

FRANZÖSISCH-MODERN • CHIC X Direkt am Marktplatz ist das stylish-schicke Restaurant zu finden. Mittags kocht man etwas bürgerlicher, abends klassisch-modern, z. B. "rosa gebratene Barbarie-Entenbrust auf Lauch-Spinat-Cassoulet" oder "geschmorte Rinderbacke in Barolojus".

Menü 45 € (abends) – Karte 42/63 €

Brunnsteige 15 ✉ 72622 – ✆ 07022 7195860 – www.belsers.com – geschlossen Januar 2 Wochen und Sonntagabend - Montag

kellertraube Brasserie – siehe Restaurantauswahl

kellertraube Brasserie

FRANZÖSISCH • DESIGN X Im Gewölbekeller unter "belsers Restaurant" hat man die ebenso schön modern designte Brasserie. Hier ist die Küche "französisch-schwäbisch" - da machen z. B. "Les Maul Taschen" oder "Le Rost Braten" Appetit.

Karte 42/64 €

belsers Restaurant, Brunnsteige 15 ✉ 72622 – ✆ 07022 7195860 – www.belsers.com – nur Abendessen – geschlossen Sonntag - Montag

Weinstube zum Schloßberg

REGIONAL • NACHBARSCHAFTLICH X Hier ist man immer gut gebucht! Auch viele Stammgäste kommen gerne in die urig-gemütliche Weinstube unweit der Kirche, um sich bei den herzlichen Betreibern schwäbische Gerichte schmecken zu lassen.

Karte 29/50 €

Schloßberg 1 ✉ 72622 – ✆ 07022 32878 (Tischbestellung erforderlich) – nur Abendessen – geschlossen 28. August - 15. September und Sonntag - Montag

NUTHETAL

Brandenburg – 8 756 Ew. – Höhe 34 m – Regionalatlas **22**-O8
Michelin Straßenkarte 542

In Nuthetal-Philippsthal Süd-Ost: 6 km über Potsdamer Straße

Philippsthal

INTERNATIONAL • RUSTIKAL Der Weg zu diesem denkmalgeschützten Anwesen lohnt sich: schön das Ambiente mit seinem Mix aus Rustikalem und Modernem, reizend der Hofgarten und gekocht wird richtig gut - macht Ihnen z. B. "Fjord-Lachsfilet auf Rettich-Senfgemüse mit Kartoffel-Lauchpüree" Appetit?

Menü 39 € – Karte 27/72 €

Philippsthaler Dorfstr. 35 ✉ 14558 – ✆ 033200 524432 – www.restaurant-philippsthal.de – geschlossen März

OBERAMMERGAU

Bayern – 5 122 Ew. – Höhe 837 m – Regionalatlas **65**-K21
Michelin Straßenkarte 546

Ammergauer Maxbräu

REGIONAL • GASTHOF In der Hausbrauerei des "Maximilian" serviert man nicht nur ein frisch Gezapftes, es kommt auch saisonal-bayerische Küche auf den Tisch: "gebackener Ziegenkäse mit Ammergauer Bergblütenhonig", "Maxbräu Brotzeitbrett'l", "Schnitzel vom Werdenfelser Kalb"...

Menü 32 € – Karte 28/67 €

Hotel Maximilian, Ettaler Str. 5 ✉ 82487 – ✆ 08822 9487460 – www.ammergauer-maxbraeu.de – November - April: Montag - Freitag nur Abendessen

Maximilian

LUXUS • DESIGN Das alpine Lifestyle- & Designhotel ist schon ein kleines Schmuckstück! Man wohnt wirklich schön: Moderner Luxus und ausgezeichneter Service werden groß geschrieben, es gibt ein sehr gutes Frühstück und einen hübschen Saunabereich hat man ebenfalls. Und dann ist da noch der Malzduft aus der eigenen Brauerei...

18 Zim – 125/255 € 190/345 € – 2 Suiten – ½ P

Ettaler Str. 5 ✉ 82487 – ✆ 08822 948740 – www.maximilian-oberammergau.de

Ammergauer Maxbräu – siehe Restaurantauswahl

OBERAUDORF

Bayern – 4 932 Ew. – Höhe 480 m – Regionalatlas **66**-N21
Michelin Straßenkarte 546

Bernhard's

MARKTKÜCHE • FREUNDLICH Gerne sitzen die vielen (Stamm-) Gäste in behaglich-mediterranem Ambiente bei regionalen Speisen wie "Krustenbraten mit zweierlei Knödel und Speckkrautsalat". Oder lieber etwas Schweizerisches wie "Zürcher Geschnetzeltes"? Zum Übernachten hat man hübsche wohnliche Zimmer im Landhausstil.

Menü 44 € – Karte 28/51 €

10 Zim – 58/86 € 98/112 €

Marienplatz 2 ✉ 83080 – ✆ 08033 30570 – www.bernhards.biz – geschlossen Donnerstag, außer an Feiertagen

Feuriger Tatzlwurm

SPA UND WELLNESS • GEMÜTLICH Das Gasthaus a. d. 19. Jh. (reizend die Leiblstube von 1863!) ist heute ein komfortables Wellnesshotel mit stimmigem regionstypischem Konzept. Wohnlich und wertig die Einrichtung, vielfältig das Freizeitangebot. Und die wunderbare Natur gibt's gratis dazu: Blick aufs Kaisergebirge, Badeteich beim Wildbach...

78 Zim – 78/120 € 88/160 € – 2 Suiten – ½ P

Tatzelwurm, Nord-West: 8,5 km, an der Straße nach Bayrischzell ✉ 83080 – ✆ 08034 30080 – www.tatzlwurm.de

Bernhard's im Seebacher Haus

TRADITIONELL • HISTORISCH Neben dem gleichnamigen Restaurant hat die Familie gleich gegenüber auch dieses denkmalgeschützte Haus mit der bemalten Fassade. Richtig schön die liebenswert gestalteten Zimmer. Am Abend gibt's in der gemütlichen Stube Weine und Brotzeit.

24 Zim – 58/86 € 98/112 €

Kufsteiner Str. 10 83080 – 08033 30877620 – www.bernhards.biz

Im Ortsteil Niederaudorf Nord: 2 km Richtung Flintsbach

Alpenhof

GASTHOF • INDIVIDUELL Ein Gasthof mit Charme: herzlich-familiär und engagiert die Betreiber, freundlich die Zimmer (am komfortabelsten die "Edelweißzimmer"), gemütlich das regionstypische Restaurant nebst Terrasse. Schön für Kinder: Obstgarten und Spielplatz. Im Winter hat man übrigens die Langlaufloipe direkt vor der Tür.

17 Zim – 65/85 € 88/110 € – ½ P

Rosenheimer Str. 97 83080 – 08033 308180 – www.alpenhof-oberaudorf.de – geschlossen Mitte November - Dezember 3 Wochen

OBERAULA

Hessen – 3 157 Ew. – Höhe 326 m – Regionalatlas **38**-H13
Michelin Straßenkarte 543

Zum Stern

LANDHAUS • GEMÜTLICH Schon von außen nett anzusehen ist das schmucke Fachwerkhaus. Die meisten der ländlich-wohnlichen Gästezimmer liegen zum hübschen Garten hin und bieten einen Balkon, es gibt auch Familienzimmer. Bürgerlich-rustikal gehaltenes Restaurant mit Terrasse im Innenhof.

72 Zim – 68/83 € 98/130 € – ½ P

Hersfelder Str. 1, B 454 36280 – 06628 92020 – www.hotelzumstern.de

OBERBOIHINGEN

Baden-Württemberg – 5 399 Ew. – Höhe 276 m – Regionalatlas **55**-H19
Michelin Straßenkarte 545

Zur Linde

REGIONAL • BÜRGERLICH X Seit Jahrzehnten ein bewährter Klassiker in der Region! Mit sehr guten Produkten wird geschmackvoll und traditionell gekocht. Wie wär's z. B. mit "geschmälzten Maultaschen" oder "Hirschkalbsbraten mit Spätzle"? Tipp: Für Langzeitgäste hat man im Nebenhaus topmoderne Apartments.

Menü 33/65 € – Karte 22/55 €

Nürtinger Str. 24 72644 – 07022 61168 – www.linde-oberboihingen.de – geschlossen über Pfingsten 2 Wochen und Montag - Dienstag

OBERDING

Bayern – 5 975 Ew. – Höhe 468 m – Regionalatlas **58**-M19
Michelin Straßenkarte 546

In Oberding-Notzing Süd: 2 km

Kandler

REGIONAL • GASTHOF XX Im Restaurant des gleichnamigen Hotels bekommt man regional-saisonale Gerichte wie "gekochten Rindertafelspitz, Meerrettichsauce, Wirsing, Speck-Bratkartoffeln" oder "Roulade vom bayerischen Alpenrind in Rotweinsauce geschmort". Drinnen schöne Gewölbedecke und Holztäfelung, draußen hübsche Terrasse mit Springbrunnen.

Menü 25/69 € – Karte 24/62 €

47 Zim – 68/149 € 90/179 € – 3 Suiten – 14 €

Erdingermoosstr. 11 85445 – 08122 2826 – www.hotelkandler.de – geschlossen 27. Dezember - 6. Januar, 29. Juli - 23. August

OBERHAUSEN

Nordrhein-Westfalen – 209 292 Ew. – Höhe 42 m – Regionalatlas **26**-C11
Michelin Straßenkarte 543

Hackbarth's Restaurant

KREATIV • MEDITERRANES AMBIENTE X Kreativ-international inspiriert kocht man in dem hübschen Lokal in "Centro"-Nähe - auf der Karte liest man z. B. "Entenbrust auf gebratenem Spargel in spicy Honig-Soyasauce". Der Service freundlich-leger. Hübsch die kleine Terrasse.

Karte 25/59 €

Im Lipperfeld 44 ✉ 46047 – ✆ 0208 22188 – www.hackbarths.de – geschlossen 24. Dezember - 7. Januar und Samstagmittag, Sonntag

OBERHEIMBACH

Rheinland-Pfalz – 563 Ew. – Höhe 140 m – Regionalatlas **46**-D15
Michelin Straßenkarte 543

Weinberg-Schlösschen

REGIONAL • FAMILIÄR XX Nicht nur ein attraktives zeitgemäßes Ambiente und freundlicher Service sind Ihnen hier gewiss, gut essen kann man ebenso. Gekocht wird regional, so z. B. "Ragout vom Soonwald-Hirsch". Von der Terrasse schaut man auf die Reben.

Menü 25/42 € – Karte 30/40 €

Hotel Weinberg-Schlösschen, Hauptstr. 2 ✉ 55413 – ✆ 06743 9471840 – www.weinberg-schloesschen.de – nur Abendessen – geschlossen Januar - 1. März und Sonntag - Montag, November - Dezember: Montag - Donnerstag

Weinberg-Schlösschen

FAMILIÄR • MODERN Nur wenige Kilometer vom Rhein und inmitten der Weinberge liegt das Haus der Lambrichs. Die Zimmer reichen vom kleinen "Piccolo" bis zum schicken großen Turmzimmer mit verglastem Bad! Ansprechend modern sind sie alle, schön der Holzboden.

36 Zim – †75/105 € ††95/200 € – 1 Suite – ½ P

Hauptstr. 2 ✉ 55413 – ✆ 06743 9471840 – www.weinberg-schloesschen.de – geschlossen Januar - 1. März

Weinberg-Schlösschen – siehe Restaurantauswahl

OBERHOF

Thüringen – 1 664 Ew. – Höhe 800 m – Regionalatlas **40**-K13
Michelin Straßenkarte 544

Berghotel

SPA UND WELLNESS • GEMÜTLICH Ein wirklich schönes Ferienhotel mit Wellness auf über 1000 qm (u. a. mit Salzwasserpool, Hamam, Rhassoul...) und wohnlich-freundlichen Zimmern - etwas gehobener sind die modernen Zimmer in der Dependance "Villa Silva". Ansprechend auch das Restaurant in geradlinigem Stil sowie die schicke Cocktailbar mit Bowlingbahn.

70 Zim – †78/150 € ††99/350 € – ½ P

Theo-Neubauer-Str. 20 ✉ 98559 – ✆ 036842 270 – www.berghotel-oberhof.de

OBERKIRCH

Baden-Württemberg – 19 732 Ew. – Höhe 192 m – Regionalatlas **54**-E19
Michelin Straßenkarte 545

Haus am Berg

INTERNATIONAL • FREUNDLICH XX Ruhe, Weinberge ringsum, Blick bis zum Straßburger Münster... Kein Wunder, dass die Terrasse an warmen Sommertagen beliebt ist! Hier und im ländlichen Restaurant speist man international. Probieren Sie doch mal das beliebte Tagesmenü!

Menü 29/56 € – Karte 23/63 €

Am Rebhof 5, Zufahrt über Privatweg ✉ 77704 – ✆ 07802 4701 (Tischbestellung ratsam) – www.haus-am-berg-oberkirch.de – geschlossen Januar 2 Wochen, Juni 1 Woche, November 2 Wochen und Dienstag - Mittwochmittag

Obere Linde

HISTORISCH • TRADITIONELL Wenn man die zwei schmucken Fachwerkhäuser sieht, denkt man unweigerlich an wohltuend gemütliche Atmosphäre. Und die finden Sie sowohl in den Zimmern (hier können Sie auf Wunsch sogar in einem Himmelbett schlafen) als auch in den Restaurantstuben. Und draußen hat man eine schöne Gartenterrasse!

30 Zim – 75/108 € 110/150 € – ½ P

Hauptstr. 25 ✉ 77704 – ✆ 07802 8020 – www.obere-linde.de

In Oberkirch-Ödsbach Süd: 3 km

Waldhotel Grüner Baum

SPA UND WELLNESS • INDIVIDUELL Zur herrlichen Schwarzwaldlandschaft kommen hier noch ein großer Garten mit Streichelzoo, der "zeitlos SPA" auf 1000 qm samt tollem "Außen-Living-Pool", die Kaminlounge und das charmant-rustikale "Back- und Brennhus", dazu wohnliche Zimmer (Tipp: Panorama-Suite) und Restauranträume von ländlich bis elegant.

40 Zim – 100/132 € 180/280 € – 5 Suiten – ½ P

Alm 33 ✉ 77704 – ✆ 07802 8090 – www.waldhotel-gruener-baum.de

Die Alm (N)

FAMILIÄR • MODERN Der Name lässt es bereits vermuten: Das familiär geführte Haus liegt schön oberhalb des Ortes, ruhig und mit Blick ins Tal! Alles ist frisch und freundlich im modernen Schwarzwald-Style gehalten, von den geräumigen Zimmern mit Panoramafenstern bis zum "Almstüble" mit bürgerlich-regionaler Küche. Terrasse mit Aussicht!

17 Zim – 79/89 € 112/132 € – ½ P

Alm 32 ✉ 77704 – ✆ 07802 1319 – www.hotel-die-alm.de

In Oberkirch-Ringelbach Nord: 4 km, Richtung Kappelrodeck

Landhotel Salmen

GASTHOF • FUNKTIONELL Man merkt, mit welchem Engagement das Hotel geführt wird: Alles ist tipptopp gepflegt, die Zimmer sind freundlich - beliebt sind die modernen Business-Einzelzimmer, aber auch die Familienzimmer mit Themen-Kinderzimmer. Im ländlich-modernen Restaurant "Pinot" serviert man bürgerlich-saisonale Küche.

29 Zim – 72/85 € 100/130 € – ½ P

Weinstr. 10 ✉ 77704 – ✆ 07802 4429 – www.hotelsalmen.de
– geschlossen 3. - 24. November, 1. - 13. Februar

OBERMAISELSTEIN

Bayern – 947 Ew. – Höhe 859 m – Regionalatlas **64**-I22
Michelin Straßenkarte 546

Berwanger Hof

SPA UND WELLNESS • MODERN Hier lässt es sich richtig schön wohnen: ruhige Lage, hübsche Zimmer (Tipp: die neueren in schickem modern-alpinem Look), attraktiver "AlpenSpa" auf 1000 qm sowie regional-internationale Küche - Tipp: Speisen Sie auf der reizvollen Terrasse! HP inklusive.

42 Zim – 86/154 € 146/244 € – 4 Suiten – ½ P

Niederdorf 11 ✉ 87538
– ✆ 08326 36330 – www.berwangerhof.de
– geschlossen 3. - 7. Dezember

OBEROTTERBACH

Rheinland-Pfalz – 1 157 Ew. – Höhe 192 m – Regionalatlas **54**-E17
Michelin Straßenkarte 543

Schlössl

HISTORISCH • INDIVIDUELL Dieses Kleinod a. d. 18. Jh. besteht aus dem ehemaligen Amtshaus und der Zehntscheuer. Sie wohnen hier in sehr geschmackvollen, wertig eingerichteten Zimmern, genießen am Morgen ein frisches Frühstück (bei schönem Wetter gerne auf der Terrasse) und werden im "Gudd Gess" regional verköstigt. Am Wochenende bietet man auch ein großes Menü im Gourmetrestaurant.

8 Zim – 75/120 € 130/150 €

Weinstr. 6 ✉ 76889 – ✆ 06342 923230 – www.schloessl-suedpfalz.de – geschlossen Januar, Ende August 2 Wochen

OBER-RAMSTADT

Hessen – 14 848 Ew. – Höhe 217 m – Regionalatlas **47**-F15
Michelin Straßenkarte 543

Hessischer Hof

INTERNATIONAL • ELEGANT Hier kommen in modern-elegantem Ambiente frische regional-internationale Gerichte wie "Rumpsteak mit Kräuterravioli an Rotwein-Schalottenbutter" oder "Gratin vom Zanderfilet mit Langostinos und Zucchini" auf den Tisch. Gut übernachten kann man ebenfalls.

Karte 26/44 €

22 Zim – 59/94 € 89/94 € – 6 €

Schulstr. 14 ✉ 64372 – ✆ 06154 63470 – www.hehof.de – geschlossen 23. Dezember - 7. Januar und Freitag - Samstagmittag

OBERRIED

Baden-Württemberg – 2 827 Ew. – Höhe 455 m – Regionalatlas **61**-D20
Michelin Straßenkarte 545

Gasthaus Sternen Post

REGIONAL • LÄNDLICH In dem schönen Gasthaus von 1875 sitzen Sie in ländlich-charmanten Stuben bei schmackhaften Gerichten wie "geschnetzelter Hirschkalbsniere mit Rosenkohl und Rösti" oder "Skrei auf Rote-Bete-Risotto". Sie möchten übernachten? Dafür hat man freundliche, wohnliche Zimmer und eine schicke Ferienwohnung.

Menü 66 € – Karte 31/55 €

5 Zim – 65/85 € 85/100 € – 1 Suite

Hauptstr. 30 ✉ 79254 – ✆ 07661 989849 – www.gasthaus-sternen-post.de – geschlossen Montagabend - Dienstag

In Oberried-Hofsgrund Süd-West: 11 km Richtung Schauinsland

Die Halde

REGIONAL • RUSTIKAL Die hübschen rustikalen Stuben haben ihr historisches Flair bewahrt, das macht es hier richtig schön heimelig. Dazu bürgerlich-regionale Küche wie "Kalbsbratwurst auf Rahmwirsing" und Feines wie "Ossobuco vom Atlantik-Seeteufel mit Linsengemüse". Oder darf es vielleicht Wild aus eigener Jagd sein?

Menü 54/66 € – Karte 31/62 €

Hotel Die Halde, Halde 2, Süd-West: 1,5 km ✉ 79254 – ✆ 07602 94470 – www.halde.com – geschlossen 22. - 25. Dezember

Die Halde

SPA UND WELLNESS • MODERN Wandern Sie gerne? Der einstige Bauernhof liegt ruhig und abgeschieden in 1147 m Höhe, toll der Blick zum Feldberg und ins Tal! Die Einrichtung ist eine Mischung aus Modernem und Regionalem, hochwertig und wohnlich. Wellness gibt es u. a. in Form eines schönen Naturbadeteichs. HP inklusive.

39 Zim – 243/267 € 294/412 € – 2 Suiten – ½ P

Halde 2, Süd-West: 1,5 km ✉ 79254 – ✆ 07602 94470 – www.halde.com – geschlossen 22. - 25. Dezember

Die Halde – siehe Restaurantauswahl

OBERSTAUFEN

Bayern - 7 409 Ew. - Höhe 791 m - Regionalatlas **64**-I22
Michelin Straßenkarte 546

Esslust

MODERNE KÜCHE • GEMÜTLICH XX So richtig gemütlich hat man es in den charmant-gediegenen Stuben. Gekocht wird frisch, modern-saisonal und mit regionalen Einflüssen, so z. B. "in altem Aceto und Sternanis geschmorter Ochsenschwanz mit Steinbutt, Perlzwiebel, Karotte, Macadamia-Nüssen", aber auch Klassiker wie Zwiebelrostbraten.

Menü 59/125 € - Karte 41/74 €

Hotel Alpenkönig, Kalzhofer Str. 25 ✉ 87534 - ✆ 08386 93450 (Tischbestellung ratsam) - www.hotel-alpenkoenig.de - nur Abendessen - geschlossen 25. November - 24. Dezember und Sonntag

die.speisekammer

MODERNE KÜCHE • TRENDY XX Das trendig-wertige Design des Hotels setzt sich im Restaurant fort: Ein attraktiver Mix aus zeitgemäßer Geradlinigkeit und Bezug zur Natur. Passend dazu die Speisekarte: Hier spielen die Region und die Saison eine große Rolle und moderne Einflüsse finden sich ebenfalls.

Menü 45/79 € - Karte 48/68 €

Hotel DAS.HOCHGRAT, Rothenfelsstr. 6 ✉ 87534 - ✆ 08386 9914620 - www.die-speisekammer.de - nur Abendessen, sonntags auch Mittagessen - geschlossen Mittwoch

Allgäu Sonne

SPA UND WELLNESS • KLASSISCH Fantastisch der Blick über das Weißachtal, schön der 2100 qm große Wellnessbereich, dazu ein klasse Panorama-Fitnessraum auf 235 qm! Die Zimmer gediegen-klassisch oder stylish-modern. Im Restaurant samt toller Aussichtsterrasse serviert man international beeinflusste Regionalküche.

149 Zim – †97/131 € ††216/284 € - 10 Suiten - ½ P

Stießberg 1 ✉ 87534 - ✆ 08386 7020 - www.allgaeu-sonne.de

DAS.HOCHGRAT

LUXUS • MODERN Das ist modern-alpiner Chic! Das edle Interieur der Zimmer und Chalets vereint auf äußerst geschmackvolle Weise klare Linien, schöne wohnliche Stoffe und Naturmaterialien wie warmes Holz und Stein. Wie wär's mit dem "Panorama-Chalet"?

15 Suiten – ††125/246 € - 4 Zim

Rothenfelsstr. 6 ✉ 87534 - ✆ 08386 9914620 - www.das-hochgrat.de

die.speisekammer - siehe Restaurantauswahl

Rosenalp

SPA UND WELLNESS • KLASSISCH Hier bleibt man nicht stehen: schöner moderner Stil in Lounge, Restaurant und Bar sowie in vielen Zimmern, toll das Fitness- und Medical-Wellness-Angebot, ein Highlight der schicke große Spa auf 2000 qm, der kaum Wünsche offen lässt! Auch im hübschen Garten lässt es sich wunderbar entspannen.

100 Zim – †118/172 € ††240/314 € - 16 Suiten - ½ P

Am Lohacker 5 ✉ 87534 - ✆ 08386 7060 - www.rosenalp.de - geschlossen 24. November - 22. Dezember

Alpenkönig

LANDHAUS • GEMÜTLICH Familie Bentele hat hier ein echtes Schmuckstück: wertig und geschmackvoll die wohnlich-eleganten Zimmer mit hübschen modernen Details, schön der Kosmetik- und Freizeitbereich. Weiterer Wohlfühlfaktor: die angenehm persönliche Atmosphäre!

23 Zim – †93/108 € ††186/214 € - ½ P

Kalzhofer Str. 25 ✉ 87534 - ✆ 08386 93450 - www.hotel-alpenkoenig.de - geschlossen 25. November - 24. Dezember

Esslust - siehe Restaurantauswahl

Adler

GASTHOF • MONTAN Direkt im Herzen der Stadt steht der Traditionsgasthof von 1574 - sehr beliebt die Terrasse auf dem Kirchplatz! Sie wohnen schön gepflegt, beginnen den Tag mit einem guten Frühstück und später können Sie hier bürgerlich-regional essen. Das freundliche Personal ist auch bei der Parkplatzsuche behilflich.

27 Zim – 75/155 € 160/220 € – 1 Suite – ½ P

Kirchplatz 6 ✉ 87534 – ✆ 08386 93210 – www.adler-oberstaufen.de – geschlossen 1. - 14. Dezember

In Oberstaufen-Kalzhofen Nord-Ost: 1 km über Kalzhofer Straße

Haubers Naturresort

RESORT • FUNKTIONELL Ein tolles Resort auf 60 ha Grund mit Golfplatz, Wanderwegen, einem ganzen Bergrücken, zwei Almen und den komfortablen Hotels "Landhaus" und "Gutshof" - Letzteres mit schicken Themenzimmern. Dazu ein Wellnesshaus mit Panoramasauna am 2500 qm großen Natursee! Hochwertige HP - auch als Menü für externe Gäste.

62 Zim – 102/263 € 220/364 € – 8 Suiten – ½ P

Meerau 34 ✉ 87534 – ✆ 08386 93305 – www.haubers.de

OBERSTDORF

Bayern – 9 590 Ew. – Höhe 815 m – Regionalatlas **64**-J22
Michelin Straßenkarte 546

Das Maximilians

FRANZÖSISCH-MODERN • GEMÜTLICH "Das Maximilians" ist das Aushängeschild der Fetz'schen Gastronomie, denn hier wird klassisch-kreativ und mit top Produkten gekocht - ein saisonales Menü mit schönen Wahlmöglichkeiten. Wertig-elegantes Interieur und geschulter Service samt guter Weinberatung machen das niveauvolle Bild komplett.

➜ Saibling, Jungschweinebauch, Spargel, Waldmeister, Aprikose. Kabeljau, Kohlrabi, Bärlauch, Orange. Feines vom Lamm, Aubergine, Paprika, Grüne Sauce.

Menü 69/119 €

Hotel Das Freiberg, Freibergstr. 21 ✉ 87561 – ✆ 08322 96780 (Tischbestellung ratsam) – www.das.maximilians.de – nur Abendessen – geschlossen Sonntag - Montag

ESS ATELIER STRAUSS

KLASSISCHE KÜCHE • GEMÜTLICH Hier wird angenehm reduziert gekocht, mit ausgesuchten Produkten und modern-kreativen Einflüssen. Passend dazu der chic-alpine Look des Restaurants, geradlinig und gemütlich zugleich. Blickfang ist der tolle Weinklimaschrank!

➜ Wolfsbarsch und Jakobsmuschel, Karotte, Curry. Taube und Leber, 3erlei Mais, Nuss, Taubnessel. Rehrücken, Spitzkohl, Schwarzwurzel, Buchenpilze.

Menü 111/160 €

Hotel Löwen & Strauss, Kirchstr. 1 ✉ 87561 – ✆ 08322 800080 (Tischbestellung ratsam) – www.loewen-strauss.de – nur Abendessen – geschlossen April, November und Montag - Mittwoch

Das Fetzwerk

INTERNATIONAL • TRENDY Ein witziges Konzept, das Jung und Alt gleichermaßen anspricht: Die trendig-ungezwungene "Genuss-Werkstatt" bietet regional-internationales "Fast Slow Food" im Weckglas! Da heißt es z. B. "Patriotische Poularde" oder "Kicher-Tofu".

Karte 24/32 €

Hotel Das Freiberg, Freibergstr. 21 ✉ 87561 – ✆ 08322 96780 – www.das-fetzwerk.de

Das Jagdhaus

REGIONAL • GASTHOF X Das charmante Holzhaus von 1856 mit seinen drei Stuben ist ein netter Ableger des Sternerestaurants "Das Maximilians". Auf den Tisch kommen nur Produkte aus der Region - Tipp: die Wildgerichte! Im schönen Biergarten gibt's typische Speisen unter Kastanien.

Menü 37/45 € – Karte 30/54 €

Ludwigstr. 13 ✉ 87561 – ✆ 08322 987380 (abends Tischbestellung ratsam) – www.das-jagdhaus.de – geschlossen Mittwoch - Donnerstagmittag

Löwen-Wirtschaft

REGIONAL • GASTHOF X Der modern-rustikale Stil (schön die liebevollen Details wie alte Skier, Kuhglocken etc.) kommt ebenso gut an wie der freundliche Service und die schmackhafte regional-saisonale Küche. Letztere gibt's z. B. als "Wiener Schnitzel vom Allgäuer Milchkalb" oder "rosa Barbarie-Flugentenbrust mit Cassis-Blaukraut". Aktionsabende.

Menü 28/36 € – Karte 33/52 €

Hotel Löwen & Strauss, Kirchstr. 1 ✉ 87561 – ✆ 08322 800088 (abends Tischbestellung ratsam) – www.loewen-strauss.de – geschlossen April 3 Wochen, November und Montag - Dienstag

Parkhotel Frank

KLASSISCHE KÜCHE • ELEGANT XX Charmant und zuvorkommend wird man hier umsorgt, das Ambiente dazu ist gemütlich-elegant im Hauptrestaurant und chic-modern im "MaSiLeRo". In der Küche legt man Wert auf Bezug zur Saison und verwendet gerne Produkte aus der Region.

Menü 58/86 €

Parkhotel Frank, Sachsenweg 11 ✉ 87561 – ✆ 08322 7060 (Tischbestellung erforderlich) – www.parkhotel-frank.de – nur Abendessen – geschlossen Ende Dezember - Anfang Januar 2 Wochen

Ondersch Genusswirtschaft N

REGIONAL • FREUNDLICH XX Unter dem Motto "Ondersch" (Dialekt für "Anders") bietet man hier im "LOFT" einen Mix aus Kino, Streetfood-Bar und Genusswirtschaft. In der oberen Etage gibt es in lebendig-urbaner Atmosphäre richtig schmackhafte moderne Küche mit regionalem und saisonalem Bezug.

Menü 43/55 € – Karte 36/62 €

Ludwigstr. 7 ✉ 87561 – ✆ 08322 3004885 – www.ondersch.de – nur Abendessen – geschlossen April 2 Wochen, November 2 Wochen und Sonntag - Montag

Das Freiberg

LANDHAUS • MODERN Beeindruckend, was Familie Bolkart-Fetz hier geschaffen hat: richtig schöne, individuelle Zimmer, Suiten und Maisonetten. Lieben Sie es stylish mit extravaganten Details? Oder darf es ein schicker Mix aus modern und traditionell sein? Ebenso attraktiv: Sauna, Garten mit Pool, Massage. HP in der "Stube".

24 Zim – †122/223 € ††174/318 € – 3 Suiten

Freibergstr. 21 ✉ 87561 – ✆ 08322 96780 – www.das-freiberg.de

Das Maximilians • **Das Fetzwerk** – siehe Restaurantauswahl

Exquisit

SPA UND WELLNESS • ELEGANT Hier wurden nur wertigste Materialien verarbeitet, heimisches Holz und wohnliche Stoffe - behaglicher und geschmackvoller kann moderne Eleganz kaum sein! Auch kulinarisch fehlt es den Hausgästen an nichts dank des gehobenen Menüs. HP inklusive.

43 Zim – †188/270 € ††320/440 € – 9 Suiten – ½ P

Lorettostr. 20 ✉ 87561 – ✆ 08322 96330 – www.hotel-exquisit.de

Parkhotel Frank

SPA UND WELLNESS • KLASSISCH Bei den herzlichen Gastgebern hat man das Gefühl, zur Familie zu gehören! Zimmer gibt es von gemütlich-rustikal über modern bis elegant-gediegen, dazu Spa-Vielfalt samt toller "WellÉtage", verglaster "Welle" und Naturpool im schönen großen Garten. Tipp: Wanderung (45 Min.) zum Café "gruben1a" im Trettachtal.

81 Zim – 141/182 € 292/382 € – 8 Suiten – ½ P

Sachsenweg 11 ✉ 87561 – ✆ 08322 7060 – www.parkhotel-frank.de

Parkhotel Frank – siehe Restaurantauswahl

Löwen & Strauss

LANDHAUS • MODERN "AlpinLifeStyleHotel" im Herzen von Oberstdorf. Für den regionalen Bezug sorgen die Materialien ebenso wie die guten Produkte zum Frühstück! Schön der Saunabereich mit Jacuzzi und Dachterrasse. Tipp: Reservieren Sie zeitig einen Parkplatz.

25 Zim – 70/130 € 120/260 € – ½ P

Kirchstr. 1, (Zufahrt über Bachstr. 12) ✉ 87561 – ✆ 08322 800080 – www.loewen-strauss.de – geschlossen April und November

ESS ATELIER STRAUSS • **Löwen-Wirtschaft** – siehe Restaurantauswahl

OBERSTENFELD

Baden-Württemberg – 7 877 Ew. – Höhe 234 m – Regionalatlas **55**-H18

Michelin Straßenkarte 545

Zum Ochsen

REGIONAL • LÄNDLICH Bei der engagierten Familie Schick sitzt man in behaglichen Stuben bei schwäbischer, aber auch internationaler Küche. Zu den Klassikern gehören z. B. "Siedfleisch vom Ochsen-Bugblatt" oder "Chef's Maultaschen". Oder lieber "Brust und geschmortes Keulenragout vom Perlhuhn"? Im Sommer: schöne überdachte Terrasse!

Menü 34/55 € – Karte 29/60 €

Hotel Zum Ochsen, Großbottwarer Str. 31 ✉ 71720 – ✆ 07062 9390 – www.hotel-gasthof-zum-ochsen.de – geschlossen 1. - 11. Januar, Juli - August 3 Wochen und Montag - Dienstag

Zum Ochsen

GASTHOF • TRADITIONELL Ein gestandener Gasthof, den es schon über 300 Jahre gibt! Historisch ist in den Zimmern allerdings gar nichts: Sie sind schön modern, farblich frisch und technisch gut ausgestattet. Charmanter Service und gutes Frühstück machen das positive Bild komplett.

30 Zim – 79/99 € 117/127 € – ½ P

Großbottwarer Str. 31 ✉ 71720 – ✆ 07062 9390 – www.hotel-gasthof-zum-ochsen.de – geschlossen 1. - 11. Januar

Zum Ochsen – siehe Restaurantauswahl

OBERTHAL

Saarland – 6 059 Ew. – Höhe 300 m – Regionalatlas **46**-C16

Michelin Straßenkarte 543

In Oberthal - Steinberg-Deckenhardt Nord-Ost: 5 km

Zum Blauen Fuchs

FRANZÖSISCH-KLASSISCH • LÄNDLICH In gemütlich-elegantem Ambiente lassen Sie sich mit guter klassischer Küche umsorgen, die in Form zweier Menüs angeboten wird - hier z. B. "Flankensteak mit getrüffeltem Kartoffelstampf". Dazu berät Sie die Chefin freundlich in Sachen Wein.

Menü 40/92 € (abends unter der Woche) – Karte 54/69 €

Walhausener Str. 1 ✉ 66649 – ✆ 06852 6740 – www.zumblauenfuchs.de – nur Abendessen, sonntags auch Mittagessen – geschlossen 24. Dezember - 5. Januar, Juni 1 Woche, September 1 Woche und Sonntagabend - Dienstag

OBERTSHAUSEN

Hessen – 24 055 Ew. – Höhe 122 m – Regionalatlas **48**-G15
Michelin Straßenkarte 543

Zum Nachtwächter

MARKTKÜCHE • RUSTIKAL Es hat schon Atmosphäre, das denkmalgeschützte Fachwerkhaus a. d. J. 1709! Auf zwei Ebenen mit rustikalem Charme serviert man frische Marktküche, die z. B. mit "gegrillten Kräuter-Forellenfilets" oder "Kalbskotelett mit Bärlauchbutter" Appetit macht.

Karte 20/44 €

Fünfhäusergasse 3 ✉ 63179 – ✆ 06104 43376 – www.zum-nachtwaechter-obertshausen.de – geschlossen Samstagmittag

OBERUCKERSEE

Brandenburg – 1 687 Ew. – Regionalatlas **23**-Q6
Michelin Straßenkarte 542

In Oberuckersee-Seehausen

Seehotel Huberhof

LANDHAUS • GEMÜTLICH Ein wirklich schönes Hotel unter familiärer Leitung, das aus einem restaurierten alten Bauernhof entstanden ist. Gemütlich sowohl die Zimmer als auch die Gaststuben mit ihrem ländlichen Charme, toll der Innenhof! Angenehm der direkte Zugang zum Oberuckersee. Man hat auch Ferienwohnungen/-häuser.

22 Zim – †61/76 € ††76/110 € – 2 Suiten – ½ P

Dorfstr. 49 ✉ 17291 Seehausen – ✆ 039863 6020 – www.seehotel-huberhof.de – geschlossen Mitte Januar 2 Wochen

OBERURSEL (TAUNUS)

Hessen – 45 248 Ew. – Höhe 210 m – Regionalatlas **47**-F14
Michelin Straßenkarte 543

Kraftwerk - The Showroom

KREATIV • TRENDY Das einstige Kraftwerk ist nicht nur eine schicke Location, hier gibt es zudem zwei Restaurants unter einem Dach: "The Showroom" (ehemals Ausstellungsraum) bietet ein ambitioniertes kreativ-internationales Menü, "die Schnitzelmanufaktur" sieht sich als "Soulfood"-Konzept, das auf österreichische Küche setzt - hier spielt das Wiener Schnitzel die Hauptrolle.

Menü 69/98 €

Zimmersmühlenweg 2, (Gewerbegebiet) ✉ 61440 – ✆ 06171 929982 (Tischbestellung ratsam) – www.kraftwerkrestaurant.de – nur Abendessen – geschlossen Juli 2 Wochen und Sonntag - Montag, Feiertage

Dorint

BUSINESS • ELEGANT In einem 10 ha großen denkmalgeschützten Park mit über 280 verschiedenen seltenen Bäumen steht dieses schicke, mit wertigen Materialien ausgestattete Hotel samt originalgetreu nachgebauter "Villa Gans". Ambitioniert das international-regionale Speisenangebot im Restaurant. Hübsch der kleine Wellnessbereich.

125 Zim – †99/499 € ††99/499 € – 9 Suiten – ☕ 24 €

Königssteiner Str. 29 ✉ 61440 – ✆ 06171 27690 – www.dorint.com/oberursel

OBERWESEL

Rheinland-Pfalz – 2 814 Ew. – Höhe 180 m – Regionalatlas **46**-D15
Michelin Straßenkarte 543

Burgrestaurant Auf Schönburg

KLASSISCHE KÜCHE • ELEGANT Burgflair ist hier allgegenwärtig! Stilvoll die drei Stuben, herrlich die Terrassen, ob mit Rhein- oder Pfalzblick. Die Küche ist klassisch und saisonal beeinflusst, auf der Karte z. B. "warme Galantine vom Stubenküken mit Morchelfüllung, Rahmwirsing, Spätburgundersauce". Tagsüber zusätzliche Vesperkarte.

Menü 35/79 € – Karte 40/63 €

Burghotel Auf Schönburg, Schönburg 1, Süd: 2 km, Richtung Dellhofen ✉ 55430 – ✆ 06744 93930 (Tischbestellung ratsam) – www.hotel-schoenburg.com – geschlossen 6. Januar - 15. März und Montagmittag

Burghotel Auf Schönburg

HISTORISCHES GEBÄUDE • INDIVIDUELL Die wunderschöne Burg in toller exponierter Lage ist ein Ort zum Wohlfühlen: individuelle Zimmer mit ganz eigenem Charme (meist mit Balkon), dazu ein ausgezeichnetes Frühstück, ein romatischer Garten und ein traumhafter Blick! Tipp: per Fußweg "Elfenley" in 15 Min. in die Altstadt.

19 Zim – 85/135 € 150/300 € – 6 Suiten – ½ P

Schönburg 1, Süd: 2 km, Richtung Dellhofen 55430 – 06744 93930 – www.hotel-schoenburg.com – geschlossen 6. Januar - 15. März

Burgrestaurant Auf Schönburg – siehe Restaurantauswahl

Weinhaus Weiler

HISTORISCH • GEMÜTLICH In dem schmucken historischen Fachwerkhaus im Zentrum zeigt Familie Weiler volles Engagement: Alles ist sehr gepflegt, der Service ist persönlich, die Zimmer sind individuell und wohnlich - charmant die mit freigelegten Holzbalken. Dazu am Abend regionale Küche in gemütlich-rustikalem Ambiente.

10 Zim – 56/85 € 86/125 € – ½ P

Marktplatz 4 55430 – 06744 93050 – www.weinhaus-weiler.de – geschlossen November - Mitte März

In Oberwesel-Dellhofen Süd-West: 2,5 km

Gasthaus Stahl

FAMILIÄR • GEMÜTLICH Ein sympathischer ländlicher Gasthof, der von der Familie gut geführt wird. Schön und wohnlich die Zimmer im Landhausstil, hübsch der Garten mit Baumbestand. In den gemütlichen Gaststuben bietet man bürgerliche Küche und Eigenbauweine. Toller alter Saal.

20 Zim – 58/80 € 85/110 €

Am Talblick 6 55430 – 06744 416 – www.gasthaus-stahl.de – geschlossen Mitte Dezember - Anfang März

OBERWIESENTHAL

Sachsen – 2 208 Ew. – Höhe 914 m – Regionalatlas **42**-O14
Michelin Straßenkarte 544

Jens Weissflog

FAMILIÄR • MODERN Umgeben von Wiesen und Wald liegt das kleine Hotel des ehemaligen Skisprung-Olympiasiegers - das Thema Skispringen begleitet Sie von den Zimmernamen bis zur internationalen Speisekarte im gemütlichen Restaurant. Schön die Sicht auf die Region. Toll die moderne "Relax Lodge" mit Blockhausflair!

18 Zim – 89/171 € 99/204 € – ½ P

Emil-Riedel-Str. 50 09484 – 037348 100 – www.jens-weissflog.de – geschlossen 31. März - 11. April, 3. - 14. November

ODELZHAUSEN

Bayern – 4 724 Ew. – Höhe 499 m – Regionalatlas **57**-L20
Michelin Straßenkarte 546

Gutshotel und Bräustüberl

TRADITIONELL • GERADLINIG Ein zeitgemäßes Hotel mit historischem Rahmen. Schön hell und wohnlich sind die geräumigen Zimmer - originell: Durch drei Bäder zieht sich der alte Backsteinschornstein! In den rustikalen Braustuben gibt es eigenes Bier und bürgerlich-regionales Essen. Praktisch die gute Anbindung an die Autobahn.

32 Zim – 95 € 120 € – 1 Suite

Am Schloßberg 1 85235 – 08134 99870 – www.schlossgut-odelzhausen.de

ODENTHAL

Nordrhein-Westfalen – 14 769 Ew. – Höhe 85 m – Regionalatlas **36**-C12
Michelin Straßenkarte 543

Zur Post (Alejandro und Christopher Wilbrand)

FRANZÖSISCH-MODERN · ELEGANT Von außen hat das historische Gasthaus seinen traditionellen Charakter bewahrt, drinnen dann eine schöne modern-elegante Note. Ein stimmiger Rahmen für die ausdrucksstarke Küche der Brüder Wilbrand. Ausgesuchte Produkte und jede Menge Ideen stecken in den interessanten Gerichten. Man beachte auch die erlesenen Weine! Und danach im eigenen kleinen Hotel übernachten?

→ Störfilet von der Fischzucht Hahn in Wipperfürth, weißer Spargel, Spinat, Hijiki Alge. Geschmorte Ochsenbacke, Pak Choi, Blutwurstravioli, gebratene Äpfel. Parfait von weißer "Opalys" Schokolade, Mangosorbet, Passionsfruchtsauce, Ananassalat.

Menü 79/125 € – Karte 54/105 €

16 Zim – †89/129 € ††129/159 €

Hotel Zur Post, Altenberger-Dom-Str. 23 ✉ 51519 – ✆ 02202 977780 – www.zurpost.eu – Mittwoch - Freitag nur Abendessen – geschlossen Anfang Januar 1 Woche und Montag - Dienstag

Postschänke – siehe Restaurantauswahl

Postschänke

MARKTKÜCHE · BISTRO Gemütlich und sympathisch-lebhaft ist es hier. Das kommt ebenso an wie die schmackhafte saisonale Küche samt Tagesmenü. Wie wär's z. B. mit "Bergischem Lax von der Fischzucht Hahn auf Zitronengerstoni mit Blattspinat und Champagnerschaum"?

Menü 35 € – Karte 35/61 €

Hotel Zur Post, Altenberger-Dom-Str. 23 ✉ 51519 – ✆ 02202 977780 (Tischbestellung ratsam) – www.zurpost.eu – geschlossen Anfang Januar 1 Woche, Juli - August: Montag

ÖHNINGEN

Baden-Württemberg – 3 586 Ew. – Höhe 446 m – Regionalatlas **62**-F21
Michelin Straßenkarte 545

In Öhningen-Schienen Nord: 2,5 km in Richtung Radolfzell

Falconera (Johannes Wuhrer)

FRANZÖSISCH-KLASSISCH · FAMILIÄR Wer zu Anne und Johannes Wuhrer auf die Höri fährt, dem ist nicht nur eine sympathisch-familiäre Atmosphäre gewiss. In rustikal-eleganten Stuben gibt es eine konsequent klassische Küche, die auf tolle Produkte und intensiven Geschmack setzt. Im Sommer ist angesichts der idyllischen Lage natürlich die Terrasse ein Muss!

→ Tatar vom Thunfischfilet mit geröstetem Sesamöl, Focaccia. Loup de mer mit Cipolliniravioli, Blattspinat und Rotweinsauce. Gegrilltes Black Angus Rinderfilet mit Salsa von geräucherten Tomaten und Chili.

Menü 49 € (mittags)/107 € – Karte 86/94 €

Zum Mühlental 1 ✉ 78337 – ✆ 07735 2340 – www.falconera.de – geschlossen Sonntag - Dienstag

ÖHRINGEN

Baden-Württemberg – 22 949 Ew. – Höhe 230 m – Regionalatlas **55**-H17
Michelin Straßenkarte 545

Kleinod

MODERNE KÜCHE · TRENDY Chic ist das klare moderne Design hier in der Orangerie im Hoftheater. Gekocht wird saisonal und mit türkischen Einflüssen. Sie mögen Süßes? Als Dessert gibt's z. B. "Grießkuchen, Raki-Kokos-Sorbet, Maronencreme".

Menü 54/99 €

Uhlandstr. 27 ✉ 74613 – ✆ 07941 9894727 – www.restaurant-kleinod.de – nur Abendessen – geschlossen 1. - 9. Januar, 28. Juli - 8. September und Sonntag - Dienstag

OESTRICH-WINKEL

Hessen – 11 524 Ew. – Höhe 93 m – Regionalatlas **47**-E15
Michelin Straßenkarte 543

Im Stadtteil Winkel

Die Wirtschaft

REGIONAL • RUSTIKAL So stellt man sich eine Wirtschaft vor: sympathisch-rustikal und einfach gemütlich! Auf dem Teller bürgerlich-regionale Speisen wie das "Woi-Hinkelche" oder das saisonale "Kulinarium". Der Innenhof des einstigen Weinguts dient als Terrasse.

Karte 21/43 €

Hauptstr. 70 ✉ 65375 – ✆ 06723 7426 – www.die-wirtschaft.net – geschlossen Juni - Juli 3 Wochen und Montag - Dienstag

Gutsrestaurant Schloss Vollrads

REGIONAL • LÄNDLICH Das bekannte Weingut a. d. 13. Jh., die tolle Schlossanlage samt gepflegtem Garten, die Lage in den Weinbergen..., eine stilvolle Kulisse für Hochzeiten! Wer einfach "nur" schön essen gehen möchte, bekommt regional-saisonale Küche mit mediterranem Einschlag oder die zusätzliche Vesper- und Schmankerlkarte.

Menü 42/49 € – Karte 31/51 €

Vollradser Allee, Nord: 2 km ✉ 65375 – ✆ 06723 660 – www.schlossvollrads.com – geschlossen 27. Dezember - 22. Februar und Mittwoch, November - Ostern: Dienstag - Mittwoch, Sonntagabend

Frühstück inklusive? Die Tasse ☕ steht gleich hinter der Zimmeranzahl.

ÖSTRINGEN

Baden-Württemberg – 12 562 Ew. – Höhe 163 m – Regionalatlas **54**-F17
Michelin Straßenkarte 545

In Östringen-Tiefenbach Süd-Ost: 8 km Richtung Odenheim, nach 4 km links

Heitlinger Hof

LANDHAUS • MODERN Hier hat man die Kraichgauer Hügel- und Weinberglandschaft sowie das eigene Weingut und den Baden Golf & Country Club direkt vor der Tür. Die Zimmer wertig und geradlinig-modern, mit Balkon/Terrasse und schöner Sicht, zum Relaxen u. a. Massage und Kosmetik. Im Restaurant regional-saisonale Küche.

31 Zim ☕ – †100/180 € ††135/240 € – ½ P

Am Mühlberg 1 ✉ 76684 – ✆ 07259 464010 – www.heitlingerhof.de – geschlossen 2. - 6. Januar

ÖTISHEIM

Baden-Württemberg – 4 647 Ew. – Höhe 246 m – Regionalatlas **55**-F18
Michelin Straßenkarte 545

Sternenschanz

BÜRGERLICHE KÜCHE • GASTHOF Bei Familie Linck kann man richtig gut und preislich fair essen! Kein Wunder, dass man zahlreiche Stammgäste hat, und die mögen frische schwäbische Gerichte wie "Kutteln in Lembergersauce mit Bratkartoffeln", "Lachsmaultäschle" oder "Kalbsrahmbraten mit Spätzle". Im Sommer ist der schöne Garten beliebt.

Karte 25/54 €

Gottlob-Linck-Str. 2 ✉ 75443 – ✆ 07041 6667 (Tischbestellung ratsam) – www.sternenschanz.de – geschlossen über Fasching 1 Woche, August - September 3 Wochen und Montag - Dienstag

OEVENUM Schleswig-Holstein ➜ Siehe Föhr (Insel)

OEVERSEE

Schleswig-Holstein – 3 319 Ew. – Höhe 31 m – Regionalatlas **2**-H2
Michelin Straßenkarte 541

Krugwirtschaft

REGIONAL • GEMÜTLICH X Gemütlich hat man es hier bei all der liebenswerten Deko - Gemälde, Fotos, Karten, Krüge etc. schaffen einen geschichtlichen Bezug. Serviert wird gute regional-traditionelle Küche, z. B. als "Ostseescholle in Speck gebraten", aber auch Deftig-Leckeres wie "Wildschweinbratwürste, Rahmsauerkraut, Bratkartoffeln".

Menü 29 € (vegetarisch)/55 € – Karte 31/67 €

Hotel Historischer Krug, Grazer Platz 1, B 76 ✉ 24988 – ✆ 04630 9400 – www.historischer-krug.de

Privileg

KLASSISCHE KÜCHE • KLASSISCHES AMBIENTE XX In dem kleinen Gourmetrestaurant genießt man bei gepflegter Tischkultur schmackhafte klassische Gerichte wie "krossen Steinbutt, Rote Bete, Braeburn, Meerrettich". Gut die glasweise Weinbegleitung. Reichlich Deko unterstreicht die wohnlich-elegante Atmosphäre.

Menü 49/96 €

Hotel Historischer Krug, Grazer Platz 1, B 76 ✉ 24988 – ✆ 04630 9400 – www.historischer-krug.de – nur Abendessen – geschlossen 15. Januar - 1. März und Dienstag - Donnerstag

Historischer Krug

LANDHAUS • INDIVIDUELL Aus verschiedenen Häusern setzt sich dieses Anwesen zusammen, eines davon ein Reetdachhaus von 1519 - entsprechend individuell sind die Zimmer. Entspannen kann man in der "Krugtherme" u. a. bei Ayurveda oder aber im Garten.

60 Zim – †89/129 € ††139/169 € – ½ P

Grazer Platz 1, B 76 ✉ 24988 – ✆ 04630 9400 – www.historischer-krug.de

Krugwirtschaft • **Privileg** – siehe Restaurantauswahl

OFFENBACH

Hessen – 120 988 Ew. – Höhe 98 m – Regionalatlas **47**-F15
Michelin Straßenkarte 543

schauMahl

KREATIV • GEMÜTLICH XX In dem historischen Stadthaus setzt man auf kreative Küche mit gelungenen geschmacklichen Kontrasten. Man spielt mit asiatischen Aromen und verbindet sie mit klassischen Elementen. Interessant: Hier und da finden sich auch selten verwendete Produkte. Und die Atmosphäre? Richtig nett, leger und alles andere als steif. Kompetent und angenehm locker der Service.

Menü 53/123 € – Karte 50/73 €

Bismarckstr. 177 ✉ 63067 – ✆ 069 82993400 – www.schaumahl.de – nur Abendessen – geschlossen 24. Dezember - 10. Januar, 30. Juni - 3. August und Sonntag, Feiertage

Backschaft N

MODERNE KÜCHE • TRENDY X Über 100 Jahre alt ist das ehemalige Ausflugsschiff, auf dem Sie ein motiviertes Team zu einer besonderen gastronomischen Erfahrung begrüßt. Aus der Kombüse kommen moderne Gerichte wie "Meeräsche, Trevisano, Pastinake, Quitte". Im Sommer geht's aufs Oberdeck. Tipp: Parkplatz am Messehof drei Stunden kostenfrei.

Menü 49/54 € – Karte 45/63 €

Mainstraße - Parkplatz Messehof ✉ 63067 – ✆ 069 8007070 (Tischbestellung erforderlich) – www.backschaft.com – nur Abendessen – geschlossen 1. - 6. Januar, 15. - 23. März, 30. September - 6. Oktober und Sonntag - Montag, Feiertage

Graf

FAMILIÄR • FUNKTIONELL Zwei Brüder leiten mit Engagement dieses tipptopp gepflegte Hotel mitten in der Stadt. Es erwarten Sie zeitgemäße Standard- und Komfortzimmer sowie ein gutes Buffet im schicken, frischen Frühstücksraum. In der Bar bekommen Sie ein kleines Speisenangebot.

32 Zim – 75/89 € 85/109 €

Ziegelstr. 6, (Zufahrt über Schloßstraße) 63065 – 069 8008510 – www.hotel-graf.de – geschlossen 21. Dezember - 3. Januar

OFFENBURG

Baden-Württemberg – 57 687 Ew. – Höhe 163 m – Regionalatlas **53**-D19
Michelin Straßenkarte 545

Sonne

REGIONAL • TRADITIONELLES AMBIENTE XX Eine wirklich gemütliche badische Gaststube, die an die gute alte Zeit erinnert: Holzvertäfelungen, barocke Schränke, der grüne Kachelofen... Die regionale Küche serviert man im Sommer auch gerne auf der Terrasse mit Blick zum Marktplatz.

Menü 43 € – Karte 22/50 €

Hotel Sonne, Hauptstr. 94 77652 – 0781 9321646 – www.hotel-sonne-offenburg.de – geschlossen 1. - 10. Januar und Sonntag - Montagmittag, Feiertage

Wasser & Brot N

INTERNATIONAL • TRENDY X Legere Atmosphäre, stylish-moderner Look, offene Frontküche. Das in die verglaste Hotelhalle integrierte Restaurant bietet internationale Küche. Tagsüber und an Ruhetagen kleine Karte. Schön: der Weinkeller für Weinproben und Anlässe.

Menü 25 € (mittags)/55 € – Karte 39/119 €

Hotel Liberty, Grabenallee 8 77652 – 0781 28953000 – www.hotel-liberty.de – geschlossen Dienstag - Mittwoch

Liberty N

HISTORISCHES GEBÄUDE • MODERN Wohnen in einem ehemaligen Gefängnis? Schon die Architektur ist ein Hingucker: zwei schöne Sandsteingebäude a. d. 19. Jh., verbunden durch einen modernen Glasbau mit luftig-hoher Lobby samt Lounge mit Bibliothek. Alles hier ist äußerst chic und wertig designt - toll die alten Zellentüren! Tipp: Freizeitbad für Hotelgäste kostenfrei.

37 Zim – 150/210 € 150/210 € – 1 Suite – 15 €

Grabenallee 8 77652 – 0781 28953000 – www.hotel-liberty.de

Wasser & Brot – siehe Restaurantauswahl

Sonne

GASTHOF • INDIVIDUELL Familienbetrieb in 5. Generation. Den historischen Charakter des Hauses hat man bewusst bewahrt, schön die vielen Antiquitäten sowie die stilvolle Lounge mit Humidor und Bibliothek. Wer es lieber zeitgemäß-funktional hat, bucht ein Businesszimmer im Anbau. Es gibt auch ein paar Biedermeierzimmer mit Etagenbad.

35 Zim – 75/85 € 110/145 € – ½ P

Hauptstr. 94 77652 – 0781 932160 – www.hotel-sonne-offenburg.de – geschlossen 1. - 10. Januar

Sonne – siehe Restaurantauswahl

In Offenburg-Rammersweier Nord-Ost: 3 km

Blume

REGIONAL • LÄNDLICH XX In dem hübschen Fachwerkhaus hat man es richtig gemütlich bei schmackhaften regionalen und klassischen Gerichten wie "Rehragout mit Wacholdersoße". Beliebt ist auch "Krammer's Fischsuppe Bouillabaisse". Die Gästezimmer: individuell mit Namen wie "Rose" oder "Vergissmeinnicht".

Menü 39/56 € – Karte 33/60 €

6 Zim – 80/90 € 105/115 €

Weinstr. 160 77654 – 0781 33666 – www.gasthof-blume.de – geschlossen Januar 3 Wochen, 15. Juni - 1. Juli, 24. September - 2. Oktober und Sonntag - Montag

OFTERSCHWANG

Bayern – 1 967 Ew. – Höhe 864 m – Regionalatlas **64**-I22
Michelin Straßenkarte 546

Silberdistel

KLASSISCHE KÜCHE • ELEGANT Hier in der 4. Etage sollten Sie angesichts der wunderbaren Aussicht einen Fensterplatz wählen! Doch auch das Restaurant selbst mit seinem Mix aus elegantem Stil und alpenländischem Charme kann sich sehen lassen, ganz zu schweigen von der produktorientierten modernen Küche! Dazu kommt das Bemühen um den Gast, das in diesem traditionsreichen Haus allgegenwärtig ist.

→ Stör und sein Kaviar, Blumenkohl, geräuchertes Eigelb, Verjus-Beurre blanc. Bergstätter Reh, Zirbenessigjus, Belper Knolle. Delice von Bodensee Erdbeeren, Fichtensprossen, Orginal Beans Schokolade.

Menü 94/142 € – Karte 63/111 €

Hotel Sonnenalp Resort, Sonnenalp 1, (Zufahrt über Schweineberg 10) ✉ 87527 – ✆ 08321 2720 (Tischbestellung erforderlich) – www.sonnenalp.de – nur Abendessen – geschlossen Sonntag - Dienstag

freistil (N)

MODERNE KÜCHE • FREUNDLICH Ein sympathisch-modernes Restaurant, in dem regional und saisonal gekocht wird - wie wär's z. B. mit "Gunzesrieder Alpensaibling, Erbse, Bärlauch, Möhre"? Es gibt auch Vegetarisches. Mittags reduziertes Angebot. Gepflegt übernachten kann man hier ebenfalls - fragen Sie nach den neueren Zimmern.

Menü 39/62 € – Karte 26/47 €

15 Zim – †66/79 € ††132/158 € – 3 Suiten

Schweineberg 20 ✉ 87527 – ✆ 08321 7071 – www.kiehnes-freistil.de – geschlossen Sonntag - Dienstag

Sonnenalp Resort

GROSSER LUXUS • ELEGANT Seit 1919 investiert Familie Fäßler (4. Generation) immer wieder und hat hier eines der führenden Ferienresorts in Deutschland, das Tradition und Moderne vereint. Top Service, alpiner Luxus und Freizeitangebote aller Art samt Wellness auf 5000 qm, 45-Loch-Golfplatz und schöner Promenade mit zahlreichen Geschäften. HP inklusive. Trendig-rustikal: "Fäßlers Grillstube".

218 Zim – †196/331 € ††235/342 € – 48 Suiten – ½ P

Sonnenalp 1, (Zufahrt über Schweineberg 10) ✉ 87527 – ✆ 08321 2720 – www.sonnenalp.de

Silberdistel – siehe Restaurantauswahl

OLDENBURG

Niedersachsen – 160 907 Ew. – Höhe 4 m – Regionalatlas **17**-F6
Michelin Straßenkarte 541

Michael Schmitz Brasserie & Vinothek

INTERNATIONAL • TRENDY Gemütlich sitzt man hier umgeben von dekorativen Weinregalen - wie wär's mit einem der Galerie-Plätze samt Blick aufs Restaurant? Aus der Küche kommen z. B. Tatar, Austern, Dry-Aged Beef vom Grill oder zur Saison auch Ente.

Menü 20 € (mittags)/66 € – Karte 39/52 €

Altera Hotel, Herbartgang 6, (Zufahrt über Mottenstr. 13) ✉ 26122 – ✆ 0441 21908400 – www.schmitz-oldenburg.de – geschlossen 1. - 6. Januar und Sonntag - Montag

Altera Hotel

URBAN • MODERN Neben geradlinig und klar gehaltenen Zimmern mit moderner Technik darf man sich hier auf eine schöne Weinbar mit Lounge freuen. Besonders chic wohnt man in den Design-Lofts (mit iPod-Station und Klimaanlage) - die meisten in einem ca. 50 m entfernten Gebäude.

66 Zim – †80/140 € ††95/190 € – 1 Suite – ½ P

Herbartgang 23, (Zufahrt über Mottenstr. 13) ✉ 26122 – ✆ 0441 219080 – www.altera-hotels.de

Michael Schmitz Brasserie & Vinothek – siehe Restaurantauswahl

OLSBERG

Nordrhein-Westfalen – 14 739 Ew. – Höhe 360 m – Regionalatlas **27**-F11
Michelin Straßenkarte 543

Kurpark Villa

PRIVATHAUS • INDIVIDUELL In schöner ruhiger Lage am Kurpark steht das wohnlich-elegante Hotel mit geschmackvollen, im Gästehaus auch etwas moderneren Zimmern. Zudem bietet man einen Therapie- und Kosmetikbereich sowie ein lichtdurchflutetes Wintergartenrestaurant.

29 Zim – 69/104 € 110/156 € – ½ P

Mühlenufer 4a 59939 – 02962 97970 – www.kurparkvilla.info – geschlossen 7. - 19. Januar

Schinkenwirt

LANDHAUS • MODERN Das Hotel liegt ruhig außerhalb des Ortes, ringsum Wald und Wiese. Die Zimmer sind gepflegt, zeitgemäß und freundlich. Vom Restaurant und der Terrasse schaut man ins Grüne, gekocht wird saisonal. Am Haus befindet sich eine kleine Kapelle, zudem hat man eigenes Quellwasser.

18 Zim – 50/70 € 90/110 € – 2 Suiten – ½ P

Eisenberg 2, Nord-Ost: 2,5 km, Richtung Willingen, dann links ab 59939 – 02962 979050 – www.schinkenwirt.com – geschlossen Anfang Januar 1 Woche, vor Ostern 1 Woche, Juli 2 Wochen

OPPENAU

Baden-Württemberg – 4 663 Ew. – Höhe 277 m – Regionalatlas **54**-E19
Michelin Straßenkarte 545

Rebstock

GASTHOF • REGIONAL Freundlich und liebevoll wird das hübsche Fachwerkhaus von 1856 geleitet. Wohnlich die Zimmer - fragen Sie nach den neueren. Im gemütlichen Restaurant gibt es regionale Speisen, oder vielleicht lieber ein Vesper? Ein Muss ist im Sommer die erhöht gelegene Terrasse, unter der das Flüsschen Lierbach fließt!

15 Zim – 58/65 € 94/120 € – 1 Suite – ½ P

Straßburger Str. 13, Zufahrt über Karl-Friedrich-Str. 5 77728 – 07804 9780 – www.rebstock-oppenau.de – geschlossen 15. Oktober - 15. November

In Oppenau-Kalikutt West: 5 km über Ramsbach - Höhe 600 m

Kalikutt

REGIONAL • GASTHOF Ruhig liegt der familiengeführte Berggasthof auf einer Anhöhe - da genießt man die schöne Aussicht, während man sich bürgerlich-regionale Küche servieren lässt. Sie möchten übernachten? Man hat gepflegte Zimmer, teilweise mit Balkon. Sie können auch Kosmetik und Massage buchen, zudem gibt es einen Friseursalon.

Menü 26/38 € – Karte 24/59 €

27 Zim – 68/100 € 106/140 €

Kalikutt 10 77728 – 07804 450 – www.kalikutt.de – geschlossen Mitte Januar - Mitte Februar und Montag

OPPENHEIM

Rheinland-Pfalz – 7 308 Ew. – Höhe 100 m – Regionalatlas **47**-F15
Michelin Straßenkarte 543

Völker

REGIONAL • RUSTIKAL Sympathisch und ungezwungen, so sind Atmosphäre und Gastgeber. Was Sie keinesfalls versäumen sollten: eine Führung durch den einmaligen mittelalterlichen "Untergrund" - oder aber "Dinner for One uff rhoihessisch"!

Karte 35/55 €

Krämerstr. 7, (Eingang Schulstraße) 55276 – 06133 2269 – www.restaurant-voelker.de – geschlossen Januar, Ende Juli - Mitte August und Montag - Freitagmittag

ORB, BAD

Hessen – 9 531 Ew. – Höhe 189 m – Regionalatlas **48**-H14
Michelin Straßenkarte 543

Rauchfang

ITALIENISCH • RUSTIKAL XX Die Plätze hier sind rar - reservieren Sie also lieber, wenn Sie die moderne italienische Küche genießen möchten. Aus wirklich guten Produkten entsteht z. B. "Battuta vom Gelbflossenthunfisch, Pistazien, Lemon Myrtle, Assampfeffer". Gemütlich das Ambiente, freundlich der Service.

Menü 89 € – Karte 59/85 €

Gutenberg Str. 15 ✉ 63619 – ✆ 06052 912376 (Tischbestellung erforderlich) – www.restaurant-rauchfang.de – nur Abendessen – geschlossen Montag - Dienstag

ORTENBERG

Baden-Württemberg – 3 452 Ew. – Höhe 163 m – Regionalatlas **54**-E19
Michelin Straßenkarte 545

Edy's Restaurant im Glattfelder

MARKTKÜCHE • GEMÜTLICH XX Hier wird international-saisonal gekocht. Eine schöne Alternative zu den drei gediegenen holzgetäfelten Stuben ist die hübsch bepflanzte Terrasse mit Orangenbäumen, Kräutern etc. Tipp: Probieren Sie doch mal die selbst hergestellten Gewürzmischungen!

Menü 29/49 € – Karte 35/57 €

12 Zim – †59/72 € ††72/92 €

Kinzigtalstr. 20 ✉ 77799 – ✆ 0781 93490 – www.edys-restaurant-hotel.de – geschlossen Montag - Dienstag

OSNABRÜCK

Niedersachsen – 156 897 Ew. – Höhe 63 m – Regionalatlas **17**-E9
Michelin Straßenkarte 541

Walhalla

MARKTKÜCHE • FREUNDLICH XX Gelungen hat man dem traditionellen Haus eine moderne Note gegeben. Gekocht wird richtig gut, mit regionalem und saisonalem Bezug - auf der Karte z. B. "Roastbeef mit Remouladensauce und Bratkartoffeln". Tipp: schöne Plätze draußen im Hof.

Menü 55 € – Karte 34/60 €

Hotel Walhalla, Bierstr. 24 ✉ 49074 – ✆ 0541 34910 – www.hotel-walhalla.de

Tatort Engels

KREATIV • HIP X Leger und trendig ist es bei Hans-Peter Engels, und das kommt an bei den Gästen. Die Küche ist saisonal ausgerichtet - die Gerichte werden auf einer dekorativen roten Tafel präsentiert und wechseln täglich.

Menü 41 € – Karte 52/73 €

Adolfstr. 40 ✉ 49078 – ✆ 0541 6687319 – www.tatort-engels.de – nur Abendessen – geschlossen Sonntag - Montag

Steigenberger Hotel Remarque

BUSINESS • FUNKTIONELL Ideale Lage für Altstadttouren. Businessgäste schätzen die Tagungsräume sowie technisch gute Arbeitsplätze in den komfortablen Zimmern. Besonderheit: Kunst in der Halle. In der modernen "Weinwirtschaft" isst man international, Spezialität sind Tapas. Jeden 2. und 4. Sonntag im Monat gibt es Brunch.

153 Zim – †109/189 € ††119/289 € – 3 Suiten – ½ P

Natruper-Tor-Wall 1 ✉ 49076 – ✆ 0541 60960 – www.osnabrueck.steigenberger.de

AMG
S CS 6302
BISSIG.
WENN SIE IHN TRETEN.
BORN BOLD.
Der neue Mercedes-AMG C 63 S.
Kraftstoffverbrauch innerorts/außerorts/kombiniert: 14,0/7,8/10,1 l/100 km;
CO_2-Emissionen kombiniert: 230 g/km.

Landhaus Osterhaus

LANDHAUS • GEMÜTLICH Geräumig und wohnlich-elegant sind die Zimmer/Appartements in dem von der Inhaberfamilie freundlich geleiteten Haus. Mineralwasser, Kaffee/Tee und W-Lan sind gratis.

14 Zim – 89/98 € 105/125 €

Bramstr. 109a 49090 – 0541 9621231 – www.osterhaus.de – geschlossen 22. Dezember - 10. Januar

Walhalla

HISTORISCH • GEMÜTLICH Ein Ensemble historischer Häuser mitten in der Altstadt. Zimmer von klassisch bis geradlinig-modern, ein wertiger Saunabereich (auch Massagen) und die "David Lounge" als luftig-lichter Wintergarten mit Zugang zum Innenhof. Im angeschlossenen Nachbarhaus gibt's noch die "Olle Use EssBar" mit trendigem "Sharing"-Konzept.

69 Zim – 79/149 € 119/159 € – ½ P

Bierstr. 24 49074 – 0541 34910 – www.hotel-walhalla.de

Walhalla – siehe Restaurantauswahl

In Osnabrück-Stutthausen

Süd-West: 6 km Richtung Hagen, jenseits der A 30

Wilde Triebe

REGIONAL • TRENDY XX Trendig, puristisch und ideenreich sind in dem sanierten, über 150 Jahre alten ehemaligen Bahnhofsgebäude Kunst und Kulinarik vereint. In wertigem Ambiente aus Backstein, Beton, Stahl und Holz genießt man von eigens gebranntem Ton-Geschirr Schmackhaftes aus regionalen und saisonalen Produkten. Toller Garten.

Menü 35/52 € – Karte 39/59 €

Am Sutthauser Bahnhof 5 49082 – 0541 60079033 – www.wilde-triebe.de – nur Abendessen, sonntags auch Mittagessen – geschlossen Ende Dezember - Anfang Januar 2 Wochen und Dienstag - Donnerstag

OSTFILDERN

Baden-Württemberg – 37 785 Ew. – Höhe 348 m – Regionalatlas **55**-G18
Michelin Straßenkarte 545

In Ostfildern-Ruit

Hirsch N

MARKTKÜCHE • FREUNDLICH XX Der Traditionsbetrieb ist nicht nur ein gepflegtes Businesshotel, sondern auch ein Restaurant mit ambitionierter Küche aus frischen, guten Produkten. Gekocht wird regional und saisonal - probieren Sie z. B. "in Bärlauch sautierte Spargelspitzen mit Garnelen" oder "gebratene Kalbsleber mit Apfelspalten und Bratkartoffeln". Und dazu vielleicht einen Wein aus der Region?

Menü 27/79 € – Karte 24/56 €

62 Zim – 59/198 € 69/238 € – 12 €

Stuttgarter Str. 7 73760 – 0711 441300 – www.hirsch-hotel.com – geschlossen Sonntag

OSTRACH

Baden-Württemberg – 6 704 Ew. – Höhe 615 m – Regionalatlas **63**-H20
Michelin Straßenkarte 545

Landhotel zum Hirsch

BÜRGERLICHE KÜCHE • FREUNDLICH X In dem über 300 Jahre alten Gasthaus serviert man schnörkellose und handwerklich sauber gekochte bürgerliche Küche. Wie wär's mit einem Klassiker? Vielleicht "Ochsenfleisch vom Bürgermeisterstück mit Meerrettichsößle und Blattspinat"? Lecker auch die "Maultaschen im Eimantel gebraten mit Kartoffelsalat".

Menü 25/35 € – Karte 29/44 €

Landhotel zum Hirsch, Hauptstr. 27 88356 – 07585 92490 – www.landhotel-hirsch.de – geschlossen Anfang Januar 1 Woche

Landhotel zum Hirsch

GASTHOF • TRADITIONELL Familie Ermler (die 5. Generation!) führt ihr Haus mit Engagement, das spürt und sieht man vom charmanten Empfang über die ländlichen Standardzimmer und die modernen Komfortzimmer bis hin zum guten, frischen Frühstück - zum Wohlfühlen!

14 Zim – 60/75 € 90/108 € – ½ P

Hauptstr. 27 ✉ 88356 – ✆ 07585 92490 – www.landhotel-hirsch.de – geschlossen Anfang Januar 1 Woche

Landhotel zum Hirsch – siehe Restaurantauswahl

OTTERNDORF

Niedersachsen – 7 147 Ew. – Höhe 2 m – Regionalatlas **9**-G4
Michelin Straßenkarte 541

Am Medemufer

BUSINESS • MODERN Ein tipptopp gepflegtes, neuzeitliches Hotel mit nordisch-frischen Zimmern, sehr gutem Frühstück und reizvollem Garten. Dazu Kosmetik und Massage im "MioMare" in der Therme gegenüber. Restaurant "LeuchtFeuer" mit Terrasse zum Wasser, auf der Karte internationale und regionale Klassiker.

38 Zim – 79/109 € 99/139 € – 6 Suiten – ½ P

Goethestr. 15 ✉ 21762 – ✆ 04751 99990 – www.hotel-am-medemufer.de

OTTOBEUREN

Bayern – 8 137 Ew. – Höhe 660 m – Regionalatlas **64**-J21
Michelin Straßenkarte 546

Parkhotel Maximilian

SPA UND WELLNESS • MODERN Das komfortable Hotel liegt ruhig oberhalb des Klosters am Waldrand und ist beliebt bei Individual-, Wellness- und Businessgästen. Die Zimmer sind wohnlich-modern, entspannen kann man bei Kosmetik, Massage & Co. oder am schönen Pool im Freien! Sonntags Langschläferfrühstück.

110 Zim – 99/199 € 129/249 € – 1 Suite – ½ P

Bannwaldweg 11 ✉ 87724 – ✆ 08332 92370 – www.parkhotel-ottobeuren.de

OY-MITTELBERG

Bayern – 4 436 Ew. – Höhe 1 035 m – Regionalatlas **64**-J21
Michelin Straßenkarte 546

Im Ortsteil Mittelberg

Die Mittelburg

FAMILIÄR • GEMÜTLICH Von der Begrüßung über das sehr gute Frühstück bis zum Ausflugstipp ist der Service freundlich und hilfsbereit, die Leitung persönlich-familiär, ländlich-elegant das Ambiente. Im Restaurant tagsüber unter der Woche kleine Vesperkarte, abends sollte man reservieren. Beliebt: Kaffee und Kuchen am Nachmittag.

27 Zim – 79/111 € 142/188 € – 3 Suiten – ½ P

Mittelburgweg 1 ✉ 87466 – ✆ 08366 180 – www.mittelburg.de – geschlossen 4. November - 8. Dezember

PADERBORN

Nordrhein-Westfalen – 145 176 Ew. – Höhe 110 m – Regionalatlas **28**-G10
Michelin Straßenkarte 543

Balthasar (Elmar Simon)

FRANZÖSISCH-MODERN • ELEGANT XXX Wer die Vorfreude auf die klassisch-moderne Küche von Elmar Simon noch steigern möchte, schaut durch das Bullauge im Eingangsbereich - es gewährt einen Blick ins Herzstück des "Balthasar". Serviert wird in schönem, wertigem Ambiente, und zwar vom angenehm lockeren und gleichermaßen professionellen Team um Laura Simon.

→ Atlantik Hummer und Makrele, Bulgur, Kaviar, Orange. Isländer Kabeljau, Karotte, Curry, Kalbskopf. Driburger Maibockrücken, Bohne, Schalotte, Preiselbeere.

Menü 79/125 € - Karte 63/92 €

Stadtplan : B2-a - *Warburger Str. 28 ✉ 33098 - ✆ 05251 24448 - www.restaurant-balthasar.de - nur Abendessen - geschlossen 1. - 8. Januar, 9. - 26. August und Sonntag - Montag*

Arosa

URBAN • FUNKTIONELL Komfortabler könnte die Lage kaum sein: Sie wohnen ganz zentral in unmittelbarer Altstadtnähe und parken im hauseigenen Parkhaus! Besonders elegant sind die neueren Deluxe-Zimmer, sehr guter Tagungs- und Veranstaltungsbereich. Schöne Aussicht vom Schwimmbad im obersten Stock und auch von der Terrasse.

121 Zim - †70/109 € ††99/155 € - 2 Suiten - ☕ 16 € - ½ P

Stadtplan : A2-s - *Westernmauer 38 ✉ 33098 - ✆ 05251 1280 - www.arosa-paderborn.de*

Zur Mühle

FAMILIÄR • ELEGANT Das freundlich-familiäre Hotel liegt mitten im Zentrum, die Sehenswürdigkeiten erreicht man bequem zu Fuß. Die Zimmer sind geschmackvoll, wohnlich und durchdacht. Am Morgen gibt es ein gutes Frühstück - gerne auch auf der netten kleinen Terrasse. Abends kann man im "Angelo" italienisch essen.

25 Zim ☕ - †85/113 € ††115/137 € - 1 Suite

Stadtplan : A1-c - *Mühlenstr. 2 ✉ 33098 - ✆ 05251 10750 - www.hotelzurmuehle.de - geschlossen 21. Dezember - 6. Januar*

Galerie-Hotel

FAMILIÄR • INDIVIDUELL Ein richtig charmantes Haus: außen die hübsche spätgotische Giebelfront, drinnen gemütlich-individuelle Zimmer und dekorative Gemälde der Chefin, dazu das liebenswerte Restaurant "La Petite Galerie". Nicht zu vergessen der hausgemachte Kuchen! Tipp: Die schöne Grünanlage des Paderquellgebiets gleich vor der Tür.

11 Zim - †75/82 € ††115/120 € - ☕ 12 €

Stadtplan : A2-b - *Bachstr. 1 ✉ 33098 - ✆ 05251 12240 - www.galerie-hotel.de*

PANKER

Schleswig-Holstein - 1 436 Ew. - Höhe 62 m - Regionalatlas **3**-J3
Michelin Straßenkarte 541

Restaurant 1797

FRANZÖSISCH-KREATIV • LÄNDLICH XX Sie mögen es kreativ und legen Wert auf Produkte aus der Region? Mit eigener Handschrift stellt man in dem saisonalen Menü den Bezug zu Ostholstein in den Mittelpunkt. Tipp: interessante Weinbegleitung. Schön sitzt man im eleganten ehemaligen Jagdzimmer, oder zieht es Sie auf die Terrasse mit der tollen alten Rotbuche?

→ Sanft gegarter Saibling mit Flusskrebsen aus dem Selenter See, Erbse, Kohlrabi, Sauerampfer. Maibock aus heimischer Jagd mit Löwenzahn, Pfifferlingen und Sellerie. Geschmorter Rhabarber mit Waldmeister und Malz.

Menü 79/110 €

Hotel Ole Liese, (Gut Panker) ✉ 24321 - ✆ 04381 90690 (Tischbestellung ratsam) - www.ole-liese.de - nur Abendessen - geschlossen Januar - März, November - Mitte Dezember und Sonntag - Dienstag

Forsthaus Hessenstein

MARKTKÜCHE • GEMÜTLICH Dass das ehemalige Forsthaus unterhalb des Aussichtsturms eine gefragte Adresse ist, liegt an den heimelig-charmanten Stuben, am freundlichen Service und nicht zuletzt an der guten Küche, die es z. B. in Form von Klassikern wie Wiener Schnitzel, Zwiebelrostbraten oder Crème brûlée gibt.

Menü 37/45 € – Karte 31/50 €

Am Turm 1, West: 3 km ✉ 24321 – ✆ 04381 9416 – www.forsthaus.hessenstein.com – nur Abendessen, sonntags auch Mittagessen – geschlossen 21. Oktober - 7. November und Montag, November - März: Montag - Donnerstag

Ole Liese Wirtschaft

REGIONAL • GEMÜTLICH Eine sympathische Alternative zum Gourmetrestaurant "1797" ist die ländlich-gemütliche "Wirtschaft" mit ihrer schmackhaften regional-saisonalen Küche. Und die gibt es z. B. als "gedämpften Kabeljau, Spinat, gebratene Kartoffeln, Sauerkrautschaum". Lecker-unkompliziert z. B. Brotzeit oder Wiener Schnitzel.

Menü 38/53 € – Karte 40/50 €

Hotel Ole Liese, (Gut Panker) ✉ 24321 – ✆ 04381 90690 – www.ole-liese.de – November - April: Mittwoch - Freitag nur Abendessen – geschlossen Mai - Oktober: Montag und November - April: Montag - Dienstag

Ole Liese

LANDHAUS • ELEGANT Ein idyllisches Anwesen inmitten von Wald und Wiesen, nur zehn Minuten von der Ostsee entfernt. Geschmackvolle Zimmer (benannt nach Rebsorten), ein anspruchsvolles Frühstück, dazu sympathische und herzliche Gastgeber! Gut Panker ist übrigens bekannt für seine Trakehner-Zucht.

19 Zim – 79/165 € 99/175 € – 4 Suiten – ½ P

(Gut Panker) ✉ 24321 – ✆ 04381 90690 – www.ole-liese.de

Restaurant 1797 • **Ole Liese Wirtschaft** – siehe Restaurantauswahl

PAPENBURG

Niedersachsen – 35 981 Ew. – Höhe 1 m – Regionalatlas **16**-D6
Michelin Straßenkarte 541

Alte Werft

BUSINESS • FUNKTIONELL Gelungen hat man Industriearchitektur a. d. 19. Jh. - samt einiger erhaltener Werftmaschinen - in einen Hotelbau integriert. Neben neuzeitlichen Zimmern gibt es die Restaurants "Graf Goetzen" (internationale Küche) und "Schnürboden" (regionaleres Angebot) - Hingucker ist eine beachtliche Krankonstruktion.

122 Zim – 89/139 € 115/169 € – 9 Suiten – ½ P

Ölmühlenweg 1 ✉ 26871 – ✆ 04961 9200 – www.hotel-alte-werft.de

PAPPENHEIM

Bayern – 3 971 Ew. – Höhe 405 m – Regionalatlas **57**-K18
Michelin Straßenkarte 546

Zur Sonne

REGIONAL • GASTHOF Bei Familie Glück kann man richtig gut essen! Darf es etwas Saisonales sein oder lieber ein regionaler Klassiker? Wildgerichte machen hier ebenso Appetit wie "Zwiebelrostbraten Hohenloher Art". Mittags speist man im lichten Wintergarten im Neubau, im Sommer lockt die Terrasse.

Menü 30 € – Karte 21/45 €

Hotel Zur Sonne, Deisinger Str. 20 ✉ 91788 – ✆ 09143 837837 – www.sonne-pappenheim.de – geschlossen Ende Februar - Anfang März, Oktober 1 Woche und Dienstag, November - März: Dienstag - Mittwochmittag

Zur Sonne

GASTHOF • GEMÜTLICH Ein wirklich gepflegter Gasthof, der nicht zuletzt wegen seiner Lage am Altmühlradweg gut ankommt. Wer ein bisschen was Besonderes sucht, bucht am besten eines der tollen Themenzimmer - vielleicht eines mit rustikalem Hütten-Flair?

18 Zim – 56/80 € 84/110 € – ½ P

Deisinger Str. 20 ✉ 91788 – ✆ 09143 837837 – www.sonne-pappenheim.de – geschlossen Ende Februar - Anfang März, Oktober 1 Woche

Zur Sonne – siehe Restaurantauswahl

PARSBERG

Bayern – 6 731 Ew. – Höhe 553 m – Regionalatlas **58**-M17
Michelin Straßenkarte 546

Wirtsstuben

REGIONAL • LÄNDLICH XX Sie haben die Wahl: Es gibt zum einen die behaglich-rustikalen Wirtsstuben mit saisonaler und regional-bürgerlicher Küche, daneben hat man noch den "Hirschkönig" mit seinem schönen ländlich-modernen Design, in dem man Di. - Sa. abends ambitioniert speist. Alternative: der legere "Hirschenblobb" im "Gartenhaus".

Menü 35/98 € – Karte 25/61 €

Hotel Hirschen, Marktstr. 1a ✉ 92331 – ✆ 09492 6060 – www.hirschenhotels.com – geschlossen 22. - 26. Dezember

Hirschen

GASTHOF • GEMÜTLICH Ein echtes Traditionshaus im Herzen der kleinen Stadt. Außen die einladende gelbe Fassade, drinnen eine gemütliche Lobby, ein schöner Laden mit eigenen Metzgereiprodukten, hübsche wohnliche Zimmer und ein netter intimer Wellnessbereich. Hallenbad im 100 m entfernten "Gartenhaus" - hier sind die Zimmer moderner. Dazu gibt es noch das "Suitenhaus".

71 Zim – 84/148 € 119/169 € – 6 Suiten – ½ P

Marktstr. 1a ✉ 92331 – ✆ 09492 6060 – www.hirschenhotels.com – geschlossen 22. - 26. Dezember

Wirtsstuben – siehe Restaurantauswahl

PASSAU

Bayern – 49 952 Ew. – Höhe 262 m – Regionalatlas **60**-P19
Michelin Straßenkarte 546

Weingut

INTERNATIONAL • TRENDY X Nach einem Stadtbummel in chic-moderner Atmosphäre speisen? Die gute Küche gibt es z. B. als "Loinfilet vom Skrei, Rieslinggurken, Rote Bete, Butterkartoffeln, Meerrettichschaum". Dekorative Weinregale tragen zum schönen Ambiente bei, angeschlossen die Vinothek.

Menü 34 € – Karte 30/65 €

Theresienstr. 28 ✉ 94032 – ✆ 0851 37930500 – www.weingut-passau.de – Dienstag - Donnerstag nur Abendessen – geschlossen Sonntag - Montag, Feiertage

Das Oberhaus

REGIONAL • HIP X Ein echter Logenplatz ist das hier oben, fantastisch der Blick auf die Stadt - da ist die Terrasse natürlich der Renner! Es gibt gute bürgerlich-bayerische Küche, schmackhaft z. B. "Fränkische Bratwürstel", "Buttermilch-Backhendl" oder "Augustiner-Bierbraten". Tipp: Besuch der Veste Oberhaus mit Museum.

Menü 25/40 € – Karte 23/44 €

Oberhaus 1 ✉ 94034 – ✆ 0851 37930657 – www.dasoberhaus.com

Altstadt-Hotel

URBAN • FUNKTIONELL Sie möchten ein Zimmer mit Sicht auf das Dreiflüsse-eck? Schön modern oder lieber klassisch? Es gibt auch Themen-Juniorsuiten wie "Kristall", "Venedig", "Oxford"... Internationale Küche im Restaurant oder auf der Donauterrasse - hier frühstückt man im Sommer auch gerne!

35 Zim – 69/145 € 110/165 € – ½ P

Bräugasse 23, (am Dreiflüsseeck) 94032 – 0851 3370 – www.altstadt-hotel.de – geschlossen 22. - 27. Dezember und 3. - 9. Januar

König

URBAN • GEMÜTLICH Das Hotel liegt in der Altstadt an den Schiffsanlegestellen und verfügt über wohnlich-gediegene Gästezimmer - darf es vielleicht eines mit Blick auf die Donau sein?

41 Zim – 70/120 € 92/159 €

Untere Donaulände 1 94032 – 0851 3850 – www.hotel-koenig.de

Residenz

HISTORISCH • FUNKTIONELL In dem Familienbetrieb direkt am Donauufer wird immer wieder investiert. Die Zimmer sind schön wohnlich, es gibt verschiedene Kategorien. Darf es vielleicht eine der schicken Suiten sein? Feiner kleiner Saunabereich "ResidenzKlause" in der obersten Etage.

50 Zim – 69/149 € 89/179 €

Fritz-Schäffer-Promenade 6 94032 – 0851 989020 – www.residenz-passau.de – geschlossen über Weihnachten

PEINE

Niedersachsen – 48 553 Ew. – Höhe 68 m – Regionalatlas **19**-J9
Michelin Straßenkarte 541

In Peine-Stederdorf Nord: 3 km über B 444, jenseits der A 2

Schönau

FAMILIÄR • DESIGN Seit über 100 Jahren wird hier stetig investiert und modernisiert. Halle, Lounge-Bar, Zimmer..., alles ist wertig und chic. Fragen Sie nach den komfortablen Zimmern im Anbau. Oder mögen Sie's lieber etwas ländlicher? Elegant das Restaurant mit schöner Terrasse, daneben gibt es noch die rustikalere Bierstube.

65 Zim – 88/98 € 123/133 € – ½ P

Peiner Str. 17, B 444 31228 – 05171 9980 – www.hotel-schoenau.de

PENZBERG

Bayern – 16 174 Ew. – Höhe 596 m – Regionalatlas **65**-L21
Michelin Straßenkarte 546

Troadstadl

MARKTKÜCHE • GEMÜTLICH Saisonale Gerichte aus guten Produkten (z. B. "Lachsfilet aus Norwegen, Spinatpesto, Babyblattspinat, Gnocchi") bieten die freundlichen Gastgeber in dem ruhig gelegenen Haus a. d. 13. Jh. In den gemütlichen Stuben schaffen moderne Accessoires einen reizvollen Kontrast zum rustikalen Charakter des Restaurants.

Menü 40 € – Karte 30/62 €

Kirnberger Str. 1, nahe der BAB-Ausfahrt Penzberg 82377 – 08856 9482 (Tischbestellung ratsam) – www.troadstadl.com – nur Abendessen – geschlossen Sonntag und Dienstag

In Penzberg-Promberg Nord: 5 km Richtung Wolfratshausen

Hoisl-Bräu

FAMILIÄR • GEMÜTLICH Warum das schmucke Haus gefragt ist? Es liegt schön ruhig, die Preise sind fair, die Einrichtung ist gemütlich-bayerisch, das Frühstück gut. Bei schönem Wetter geht's raus auf die Südterrasse! Ein idealer Ausgangspunkt für Golfer, Radfahrer...

22 Zim – 60/100 € 80/125 € – 1 Suite

Promberg 1 82377 – 08856 9017330 – www.hoisl-braeu.de – geschlossen 11. - 23. Juni, 28. Oktober - 3. November

PERL

Saarland – 8 222 Ew. – Höhe 254 m – Regionalatlas **45**-A16
Michelin Straßenkarte 543

In Perl-Nennig Nord: 10 km über B 419

Victor's Fine Dining by christian bau

KREATIV • ELEGANT Er ist Visionär, Perfektionist und einer der besten Köche des Landes: Christian Bau, gebürtiger Offenburger und seit April 1998 Küchenchef auf Schloss Berg in Perl-Nennig. Er kocht nicht nur mit Leidenschaft und großem Können, er hat auch ein Markenzeichen: Absolut exakt, durchdacht und kreativ verbindet er klassische und japanische Küche. Er ist ein Meister darin, die einzelnen Gänge seines Menüs perfekt aufeinander abzustimmen – da wird die "Voyage Culinaire" vom "Japanischen Meer" bis zum "Hofgut Polting"-Lamm zum wahrhaft vollendeten Genuss! In der vornehmen Atmosphäre des wunderschönen Renaissance-Schlosses bieten die Restauranträumlichkeiten mit ihrem edlen und modernen Lifestyle-Konzept ein Erlebnis für höchste Ansprüche. Diesen wird auch Yildiz Bau, die Ehefrau von Christian Bau, die den Service charmant und professionell leitet, absolut gerecht. Die beiden haben sich übrigens bei der Arbeit in Harald Wohlfahrts „Schwarzwaldstube" vor vielen Jahren kennen und lieben gelernt.

→ Langoustine, Yamwurzel, Bergamotte, Thaicurry. Steinbutt, Morcheln, Spinat, Vin Jaune. Pistazie, Himbeere, Limone.

Menü 165/250 €

14 Zim – 162/175 € 192/205 € – 3 Suiten

Schlossstr. 27 ✉ 66706 – ✆ 06866 79118 – www.victors-fine-dining.de – nur Abendessen, sonntags auch Mittagessen – geschlossen Anfang Januar 2 Wochen, Ende Mai 2 Wochen, Ende September 2 Wochen und Montag - Dienstag

Victor's Residenz - Hotel Schloss Berg

SPA UND WELLNESS • FUNKTIONELL Nahe der Mosel und der Grenze zu Luxemburg und Frankreich liegt das elegante Hotel am Rande der Weinberge. Sie möchten sich ein besonderes Zimmer gönnen? Dann buchen Sie eine der "Götter-Suiten"! Zur Ruhe kommt man aber auch gut im hübschen Spa oder bei mediterraner Küche im "Bacchus". In der rustikalen "Scheune" serviert man Internationales. Schön: "Caesar's Bar".

99 Zim – 130/236 € 160/266 € – 7 Suiten – ½ P

Schlossstr. 27 ✉ 66706 – ✆ 06866 790 – www.victors.de

Zur Traube

GASTHOF • MODERN Hier wohnt man bei engagierten Gastgebern in wertig eingerichteten Zimmern. Mögen Sie's chic-modern oder lieber eleganten Landhausstil? Fragen Sie nach den besonders großzügigen Zimmern im Neubau. Im Restaurant serviert man bürgerliche Küche. An Fahrradfahrer ist übrigens auch gedacht.

11 Suiten – 89/139 € – 10 Zim – ½ P

Bübingerstr. 22, B 51 ✉ 66706 – ✆ 06866 349 – www.traube-nennig.de – geschlossen Mitte Dezember - Anfang Januar

PETERSHAGEN-EGGERSDORF

Brandenburg – 14 364 Ew. – Höhe 52 m – Regionalatlas **23**-Q8
Michelin Straßenkarte 542

Im Ortsteil Eggersdorf Nord-Ost: 2 km

Landgasthof zum Mühlenteich

LANDHAUS • GEMÜTLICH Das familiär geführte Hotel im Ortskern überzeugt durch freundlichen Service und wirklich wohnliche Gästezimmer im Landhausstil. Etwas Besonderes ist das Hochzeitszimmer: Es ist hübsch mit bemalten Bauernmöbeln eingerichtet. Gemütlich-rustikal hat man es beim Essen in der Bauernstube.

20 Zim – 73/105 € 103/135 €

Karl-Marx-Str. 32 ✉ 15345 – ✆ 03341 42660 – www.landgasthof.de

PETERSTAL-GRIESBACH, BAD

Baden-Württemberg - 2 666 Ew. - Höhe 393 m - Regionalatlas **54**-E19
Michelin Straßenkarte 545

Im Ortsteil Bad Griesbach

Le Pavillon

FRANZÖSISCH-KLASSISCH • KLASSISCHES AMBIENTE Idyllische Wiesentäler, rauschende Tannen und saubere Bäche - der sagenumwobene Schwarzwald ist ein Paradies für Naturliebhaber. Ein Ausflug dorthin lohnt sich unbedingt, vor allem für Feinschmecker. Denn der reizvoll gelegene Familienbetrieb „Dollenberg" bietet neben einem wunderschönen Hotel-Resort ein fantastisches Gourmetrestaurant. Küchenchef Martin Herrmann überzeugt die Michelin Inspektoren seit vielen Jahren mit seinem klassischen und geschmacklich ausgewogenen Kochstil. Dabei setzt er auf moderne Elemente, kombiniert mit durchdachter Präzision. Zudem beherrscht er die Kunst, hervorragende Saucen und Fonds zuzubereiten. Das Ambiente im „Le Pavillon" präsentiert sich mit gemütlicher Eleganz. Vornehme Stoffe in Taubenblau gehen eine gelungene Liaison mit dem edlen Mobiliar ein. Kristallgläser, feines Porzellan mit blau-goldenem Dekor und ein unbezahlbarer Blick durch die bodentiefen Fenster auf den herrlichen Schwarzwald machen die Inszenierung perfekt.

→ Marinierte rote Garnele, Avocado, Kräutersalat. Rehrückenfilet, Sellerie, Steinpilze, Barolojus, Sauerrahmknödel. Rhabarber, Champagnermousse, Champagnercrèmesorbet, Minzbaiser.

Menü 155 € - Karte 98/124 €

Hotel Dollenberg, Dollenberg 3 ✉ 77740 - ✆ 07806 780 (Tischbestellung ratsam) - www.dollenberg.de - Montag - Freitag nur Abendessen - geschlossen 11. - 27. März, 24. Juni - 10. Juli und Dienstag - Mittwoch

Kamin- und Bauernstube

REGIONAL • LÄNDLICH Der aufmerksame Service ist Ihnen sowohl in der ländlich-rustikalen Bauernstube als auch in der eleganten Kaminstube und auf der tollen großen Terrasse gewiss, ebenso regional-internationale Küche wie "Zander, Sauerkraut, Trauben, Speck". Tipp: das Menü der Woche! Dienstags beliebte "Küchenparty"!

Menü 25 € (unter der Woche)/56 € - Karte 36/70 €

Hotel Dollenberg, Dollenberg 3 ✉ 77740 - ✆ 07806 780 - www.dollenberg.de

Dollenberg

SPA UND WELLNESS • ELEGANT Dieses fabelhafte Feriendomizil ist das Lebenswerk von Meinrad Schmiederer und eines der Top-Hotels in Deutschland. Wohnräume mit Stil und Geschmack, Spa-Vielfalt auf rund 5000 qm, ein 1A-Service und Gastronomie vom 2-Sterne-Restaurant bis zur rustikalen Hütte. Und all das in einmalig schöner Lage!

63 Zim - 149/198 € 248/306 € - 38 Suiten - ½ P

Dollenberg 3 ✉ 77740 - ✆ 07806 780 - www.dollenberg.de

Le Pavillon • **Kamin- und Bauernstube** - siehe Restaurantauswahl

Häfner's Hotel Adlerbad

GASTHOF • GEMÜTLICH Den Charme des alten Fachwerkhauses spürt man schön in der komplett getäfelten Alten Dorfstube! Ebenso hübsch sind die Zimmer, klassich-elegant oder modern. Sie entspannen bei Moorbehandlung oder Massage und speisen regional und international in der gemütlichen Adlerstube.

24 Zim - 56 € 90/135 € - 2 Suiten - ½ P

Kniebisstr. 55, B 28 ✉ 77740 - ✆ 07806 98930 - www.adlerbad.de - geschlossen 17. November - 13. Dezember

PFAFFENWEILER

Baden-Württemberg – 2 519 Ew. – Höhe 252 m – Regionalatlas **61**-D20
Michelin Straßenkarte 545

Zehner's Stube

FRANZÖSISCH-KLASSISCH • ELEGANT Seit 1988 kocht Fritz Zehner hier im ehemaligen Rathaus a. d. 16. Jh., und das mit ungebrochenem Engagement. Seine Küche ist klassisch und basiert auf ausgezeichneten Produkten - toll die Saucen voller Finesse und Ausdruck! Zum niveauvollen Essen passt das stilvolle Ambiente mit schönem altem Kreuzgewölbe. Einfachere Alternative: "Weinstube" mit Terrasse.

→ Gänseleberterrine. Gratin von Langostinos mit Zitronengrasschaum. Deichlammrücken mit Bohnengemüse.

Menü 74/115 € – Karte 75/103 €

Weinstr. 39 ✉ 79292 –
✆ 07664 6225 – www.zehnersstube.de –
geschlossen Montag - Dienstagmittag

PFALZGRAFENWEILER

Baden-Württemberg – 7 059 Ew. – Höhe 636 m – Regionalatlas **54**-F19
Michelin Straßenkarte 545

In Pfalzgrafenweiler-Kälberbronn West: 7 km

Waldsägmühle

SPA UND WELLNESS • GEMÜTLICH Familie Ziegler hat hier am Wald ein schönes Hotel mit wohnlichem Ambiente. Perfekt zum Relaxen ist der ansprechende Spa "Zinsbach-Therme", oder Sie entspannen einfach auf der Wiese direkt am Waldrand. Im gemütlichen Restaurant serviert man Ihnen frische klassische Küche mit regionalen Einflüssen.

37 Zim – 85/90 € 138/170 € – ½ P

Waldsägmühle 1, Süd-Ost: 2 km an der Straße nach Durrweiler ✉ 72285 – ✆ 07445 85150 – www.waldsaegmuehle.de

PFINZTAL

Baden-Württemberg – 17 601 Ew. – Höhe 151 m – Regionalatlas **54**-F18
Michelin Straßenkarte 545

In Pfinztal-Söllingen

Villa Hammerschmiede

KLASSISCHE KÜCHE • GEMÜTLICH Ob in behaglichen Stuben oder im lichten Pavillon, man serviert Ihnen klassisch-regionale Küche, vom interessanten "Villa-Lunch" bis zum Feinschmecker-Menü am Abend. Wie wär's z. B. mit "sanft gesottenem Kalbstafelspitz aus dem Kupertopf"? Reizvolle Terrasse.

Menü 34 € (mittags unter der Woche)/110 € – Karte 43/96 €

Hotel Villa Hammerschmiede, Hauptstr. 162, B 10 ✉ 76327 – ✆ 07240 6010 – www.villa-hammerschmiede.de

Villa Hammerschmiede

HISTORISCHES GEBÄUDE • KLASSISCH Schon von außen wirkt die modern erweiterte Villa a. d. J. 1893 äußerst einladend, im Inneren besticht die exquisite Einrichtung. Viele der Zimmer liegen besonders ruhig zum weitläufigen Park. Gönnen Sie sich auch eine Kosmetikanwendung oder Massage in der "Spa-Suite"!

27 Zim – 112/226 € 169/298 € – 2 Suiten – 22 € – ½ P

Hauptstr. 162, B 10 ✉ 76327 –
✆ 07240 6010 – www.villa-hammerschmiede.de

Villa Hammerschmiede – siehe Restaurantauswahl

PFORZHEIM

Baden-Württemberg - 119 291 Ew. - Höhe 273 m - Regionalatlas **54**-F18
Michelin Straßenkarte 545

Hoppe's

FRANZÖSISCH • FREUNDLICH Man kommt immer wieder gerne hierher, denn das Restaurant ist gemütlich, charmant-lebendig und richtig sympathisch! Wer's elsässisch-badisch mag, darf sich z. B. auf "gegrillte Kalbsnieren mit Dijon-Senfsauce" oder "Flusszander mit Rieslingsauce" freuen.

Menü 30/60 € – Karte 34/57 €

Weiherstr. 15 ✉ 75173 – ✆ 07231 105776 – www.hoppes-pforzheim.de – nur Abendessen – geschlossen Januar 2 Wochen, Mai 2 Wochen, August und Sonntag, Feiertage

Parkhotel

BUSINESS • ELEGANT Bei schönem Stadtblick entspannen? Saunabereich samt Außenwhirlpool im obersten Stock! Ebenfalls hier oben: Panorama-Veranstaltungsraum. Die Gastronomie: Restaurant, Wintergarten-Café mit Terrasse, Bar. Gutes Frühstücksbuffet. Günstig die Lage beim Kongresszentrum, direkt im Zentrum am Zusammenfluss von Enz und Nagold.

207 Zim – †90/151 € ††131/446 € – 1 Suite – ½ P

Deimlingstr. 36 ✉ 75175 – ✆ 07231 1610 – www.parkhotel-pforzheim.de

PFRONTEN

Bayern - 8 162 Ew. - Höhe 880 m - Regionalatlas **64**-J22
Michelin Straßenkarte 546

In Pfronten-Obermeilingen Ost: 5 km, Richtung Füssen, dann rechts abbiegen

Berghotel Schlossanger Alp

REGIONAL • GEMÜTLICH "Kalbstafelspitz, Marktgemüse, Meerrettich-Schnittlauchsauce" ist nur eines der frischen, schmackhaften Gerichte aus der angenehm schnörkellosen naturorientierten Küche, die man hier in gemütlichen Stuben oder im Wintergarten genießt. Im Sommer lockt natürlich die Terrasse. Günstiges Mittagsmenü.

Menü 29 € (mittags)/69 € (abends) – Karte 37/68 €

Berghotel Schlossanger Alp, Am Schlossanger 1, (Höhe 1 130 m) ✉ 87459 – ✆ 08363 914550 (abends Tischbestellung ratsam) – www.schlossanger.de

Berghotel Schlossanger Alp

FAMILIÄR • GEMÜTLICH Erholen leicht gemacht: toller Service, charmantes Ambiente von der Kamin-Lounge mit Empore und Bibliothek bis in die individuellen Zimmer, Panoramasauna, Beautyprogramm, beheizter Außenpool und Naturbadeteich... und ringsum Bergkulisse! Tipp: die Giebel-Chalets!

21 Zim – †123/138 € ††219/249 € – ½ P

Am Schlossanger 1, (Höhe 1 130 m) ✉ 87459 – ✆ 08363 914550 – www.schlossanger.de

Berghotel Schlossanger Alp – siehe Restaurantauswahl

Burghotel auf dem Falkenstein

FAMILIÄR • INDIVIDUELL Das Haus ist schon etwas Besonderes: herzlich-engagiert die Führung, wertig-geschmackvoll und individuell die Zimmer, einzigartig die Lage unterhalb Deutschlands höchstgelegener Burgruine! Die Aussicht ist schlichtweg gigantisch, da speist man natürlich am liebsten auf der Terrasse! Tipp: die fünf Gehminuten entfernte Mariengrotte.

16 Zim – †115/185 € ††200/320 € – 5 Suiten – ½ P

Auf dem Falkenstein 1, (Höhe 1 250 m) ✉ 87459 – ✆ 08363 914540 – www.burghotel-falkenstein.de

PIDING

Bayern - 5 328 Ew. - Höhe 455 m - Regionalatlas **67**-O21
Michelin Straßenkarte 546

Lohmayr Stub'n

REGIONAL • LÄNDLICH XX Chef Sebastian Oberholzner ist Koch mit Leib und Seele, entsprechend gefragt sind seine leckeren Gerichte - es gibt z. B. "Wallerfilet im Wurzelsud" oder "Zweierlei vom Ochsen in Cabernetreduktion mit Trüffelpüree". Charmant umsorgt wird man in dem schönen historischen Haus ebenfalls.

Menü 33 € (vegetarisch)/50 € - Karte 28/48 €

Salzburger Str. 13 ✉ 83451 - ✆ 08651 714478 (Tischbestellung ratsam) - www.lohmayr.com - geschlossen Januar 1 Woche, nach Pfingsten 2 Wochen, September 1 Woche und Dienstag - Mittwoch

PIESPORT

Rheinland-Pfalz - 1 990 Ew. - Höhe 110 m - Regionalatlas **45**-C15
Michelin Straßenkarte 543

schanz. restaurant.

FRANZÖSISCH-MODERN • CHIC XXX Die Gemeinde Piesport ist der größte Weinbauort an der Mosel und bekannt für Tropfen der Spitzenklasse. Doch seit sich Thomas Schanz dort mit seinem Restaurant niedergelassen hat, entwickelte sich die Gegend zu einem wahren kulinarischen Magneten. Der gebürtige Trierer, zu dessen Lehrherren unter anderem Klaus Erfort und Helmut Thieltges gehörten, ist ein Verteidiger der klassischen Küche, setzt dabei mit Kreationen wie Kalbsbries mit Flusskrebsen aber auf einen ambitionierten modernen Stil. Das schicke Interieur des stylischen Flachdachbaus mit bodentiefen Fenstern bietet ein perfektes Ambiente zum Genießen und Verweilen. Umsorgt wird man von der herzlichen Gastgeberin persönlich, die mit viel Kompetenz und Charme den Service leitet.

→ Tranche vom wilden Steinbutt mit geschmolzenem Kalbskopf, Tomatenkompott und Sauce Bordelaise. Label Rouge Taubenbrust mit Sellerie, Buchenpilzen und einer Liaison von Dörraprikose und Tonkabohnenjus. Gebratenes Kalbsbries mit Flusskrebsen, Frühlingsmorcheln, Spargel, Erbse und Holunder.

Menü 96/146 € - Karte 109/128 €

schanz. hotel., Bahnhofstr. 8a ✉ 54498 - ✆ 06507 92520 (Tischbestellung ratsam) - www.schanz-restaurant.de - geschlossen 16. Januar - 6. Februar, 24. Juli - 7. August und Montag - Mittwochmittag, Samstagmittag

schanz. hotel.

FAMILIÄR • ELEGANT Das ansprechende Landhaus unweit der Mosel ist ein engagiert geführter Familienbetrieb, in dem man wirklich schön in modern-funktionellen Zimmern übernachtet und sehr gut frühstückt. Für Weinliebhaber: Man hat ein eigenes kleines Weingut.

12 Zim ☕ - 🚹87/93 € 🚻115/126 €

Bahnhofstr. 8a ✉ 54498 - ✆ 06507 92520 - www.schanz-hotel.de - geschlossen 16. Januar - 6. Februar, 24. Juli - 7. August

✿✿ **schanz. restaurant.** - siehe Restaurantauswahl

PILSACH

Bayern - 2 731 Ew. - Höhe 445 m - Regionalatlas **51**-L17
Michelin Straßenkarte 546

In Pilsach-Hilzhofen Süd-Ost: 9 km über B 299 Richtung Amberg, über Laaber, in Eschertshofen links

Landgasthof Meier

REGIONAL • LÄNDLICH X Richtig gelungen die Kombination aus charmant-rustikalem Landgasthof und trendig-modernem Anbau. Aus der Küche kommen z. B. "Birnen-Gelbe-Rüben-Suppe mit Kakao" oder "Sauerbraten vom Fleckvieh" - man verwendet viele Bio-Produkte sowie Gemüse und Kräuter aus dem eigenen Garten. Chic übernachten können Sie übrigens auch.

Menü 42/75 € - Karte 25/78 €

3 Zim ☕ - 🚹105/115 € 🚻165/185 € - 1 Suite

Hilzhofen 18 ✉ 92367 - ✆ 09186 237 - www.landgasthof-meier.de - geschlossen Montag - Dienstag, außer an Feiertagen

PINNEBERG

Schleswig-Holstein – 42 002 Ew. – Höhe 2 m – Regionalatlas **10**-I5
Michelin Straßenkarte 541

Rolin

INTERNATIONAL • KLASSISCHES AMBIENTE XX Elegant das Ambiente, freundlich der Service, schmackhaft und ambitioniert die Küche. Gekocht wird international, klassisch und saisonal - auf der Karte z. B. "Nordsee-Kabeljau & Wildgarnele, Ragout von weißem und grünem Spargel, Frühkartoffeln". Übrigens: "Rolin" ist der Name eines Schiffskapitäns.

Menü 37/75 € – Karte 34/55 €

Hotel Cap Polonio, Fahltskamp 48 ✉ 25421 – ✆ 04101 5330 – www.cap-polonio.de – geschlossen Donnerstag

Cap Polonio

FAMILIÄR • KLASSISCH Das Hotel mit den neuzeitlich-wohnlichen Zimmern ist seit 1935 in Familienhand. Wirklich toll, wie man hier einen Teil der Original-Einrichtung des namengebenden Luxusliners "Cap Polonio" integriert hat! Wie wär's mit einem Spaziergang im angrenzenden Park?

53 Zim – †92 € ††116 €

Fahltskamp 48 ✉ 25421 – ✆ 04101 5330 – www.cap-polonio.de

Rolin – siehe Restaurantauswahl

PIRMASENS

Rheinland-Pfalz – 40 046 Ew. – Höhe 387 m – Regionalatlas **53**-D17
Michelin Straßenkarte 543

Die Brasserie (Vjekoslav Pavic)

KLASSISCHE KÜCHE • FREUNDLICH X Hinter der auffallenden roten Fassade speisen Sie im vorderen Bistrobereich an Hochtischen oder hinten im Restaurant unter einem dekorativen Deckengemälde. Die Küche überzeugt mit Produktqualität, Finesse und Kraft und orientiert sich an der Saison. Umsorgt wird man freundlich, unkompliziert und geschult.

→ Marinierte Elsässer Gänseleber mit Holunderblüte und Gurken. Filet vom Isländischen Kabeljau mit Oktopus, Paprika, Kartoffeln und Safran. Rücken vom Pfälzer Maibock mit Spitzkohl, Sellerie und Sauerkirsch-Wasabisauce.

Menü 69 € – Karte 48/76 €

Landauer Str. 103 ✉ 66953 – ✆ 06331 7255544 (Tischbestellung ratsam) – www.diebrasserie-ps.de – geschlossen Januar 2 Wochen, 23. - 30. April, Juli - August 2 Wochen und Sonntag - Dienstagmittag, Mittwochmittag

In Pirmasens-Winzeln West: 4 km

Kunz

FAMILIÄR • KLASSISCH Familie Kunz steht für herzlichen Service, wohnliche Zimmer, Juniorsuiten und Suiten, einen ansprechenden zeitgemäßen Spa und am Morgen ein sehr gutes Frühstück. International-regionale Küche im gemütlich-eleganten Restaurant. Bekannt in der Region für gute Cocktails bis spät in den Abend: "Emil's Bar".

54 Zim – †85/105 € ††115/135 € – 2 Suiten – ½ P

Bottenbacher Str. 74 ✉ 66954 – ✆ 06331 8750 – www.hotel-kunz.de – geschlossen 22. Dezember - 5. Januar

PIRNA

Sachsen – 37 768 Ew. – Höhe 118 m – Regionalatlas **43**-Q12
Michelin Straßenkarte 544

Genusswerk

MARKTKÜCHE • TRENDY Nett die Lage in der Altstadt, freundlich-modern das Ambiente, schön der Mix aus saisonal-regionaler und internationaler Küche. Appetit machen da z. B. "in Burgunder geschmorte Kalbsbäckchen mit Wirsing" oder "Wallerfilet in Haselnussbutter mit Spinat und Kürbisrisotto".

Menü 37/59 € - Karte 32/48 €

Lange Str. 34 ✉ 01796 - ✆ 03501 5070491 - www.restaurant-genusswerk.de - nur Abendessen - geschlossen Sonntag - Montag, außer an Feiertagen

Pirn'scher Hof

URBAN • MODERN Das kleine Hotel am Marktplatz verbindet den Charme eines 300 Jahre alten Hauses mit schickem modernem Interieur. Etwas Besonderes: "Braumeister-Zimmer" oder "Terrassen-Zimmer". Das Restaurant "Platzhirsch" bietet von Di. - So. verschiedene Burger sowie selbstgebrautes Bier und eigene Destillate aus Rathen.

24 Zim - †60/80 € ††90/100 €

Am Markt 4 ✉ 01796 - ✆ 03501 44380 - www.pirnscher-hof.de

PLANEGG

Bayern - 10 499 Ew. - Höhe 542 m - Regionalatlas **65**-L20
Michelin Straßenkarte 546

siehe München (Umgebungsplan)

In Planegg-Martinsried

SEVEN AND MORE

FRANZÖSISCH • DESIGN Richtig chic das puristische Design in Schwarz und Weiß. Dank raumhoher Glasfront ist das Restaurant zudem schön licht. Man kocht mediterran mit südfranzösischen Einflüssen, z. B. "ausgelöste Taube, Erbsen-Minz-Püree, Frühlingszwiebeln". Günstiges Mittagsmenü.

Menü 28 € (mittags)/90 € - Karte 41/60 €

Am Klopferspitz 21 ✉ 82152 - ✆ 089 1892876777 - www.sevenandmore.de - geschlossen 24. Dezember - 1. Januar

PLAU AM SEE

Mecklenburg-Vorpommern - 6 116 Ew. - Höhe 70 m - Regionalatlas **12**-N5
Michelin Straßenkarte 542

Fackelgarten

FAMILIÄR • MODERN Ein schönes kleines Hotel an der historischen Elde-Hubbrücke. Geschmackvoll-modern die Zimmer - ab 3 Nächten können Sie auch das schicke Apartment unterm Dach buchen! Im Wintergarten und auf der Terrasse genießt man bei Frühstück, regional-mediterraner Küche sowie Kaffee und Kuchen den Blick aufs Wasser.

8 Zim - †60/70 € ††75/130 € - ½ P

Dammstr. 1 ✉ 19395 - ✆ 038735 8530 - www.fackelgarten.de - geschlossen 5. - 18. Februar

PLECH

Bayern - 1 296 Ew. - Höhe 461 m - Regionalatlas **50**-L16
Michelin Straßenkarte 546

In Plech-Bernheck Nord-Ost: 2,5 km, vor der Autobahn rechts

Veldensteiner Forst

GASTHOF • FUNKTIONELL Freundlich und meist recht geräumig sind die Zimmer in diesem Ferien- und Tagungshotel. Entspannen können Sie bei Kosmetikanwendungen und Massagen, außerdem hat man im Garten einen Naturbadeteich nebst Blockhaussauna. Restaurant mit bürgerlicher Küche.

37 Zim - †70/80 € ††116/124 € - 2 Suiten

Bernheck 38 ✉ 91287 - ✆ 09244 981111 - www.veldensteiner-forst.de - geschlossen Mitte Februar - Mitte März

PLEINFELD

Bayern – 7 443 Ew. – Höhe 382 m – Regionalatlas **57**-K17
Michelin Straßenkarte 546

Landgasthof Siebenkäs

REGIONAL • LÄNDLICH Lassen Sie sich das Mittagessen hier nicht entgehen! "Süßkartoffelsuppe mit Curry und Kokos" oder "Münchner Schnitzel, Rahmblumenkohl, Bratkartoffeln"? Internationales ist ebenso lecker wie regionalere Gerichte. Freitagsabends gibt es eine größere A-la-carte-Auswahl. Umsorgt wird man von der freundlichen Chefin.

Karte 24/50 €

Kirchenstr. 1 ✉ 91785 – ✆ 09144 8282 (Tischbestellung erforderlich) – www.landgasthof-siebenkaes.de – nur Mittagessen, Freitags auch Abendessen – geschlossen Januar 1 Woche, September 2 Wochen und Sonntag - Montag

PLEISKIRCHEN

Bayern – 2 390 Ew. – Höhe 450 m – Regionalatlas **59**-O20
Michelin Straßenkarte 546

Huberwirt (Alexander Huber)

MODERNE KÜCHE • GASTHOF In dem alteingesessenen bayerisch-charmanten Gasthaus steht Regionalität hoch im Kurs. Chef Alexander Huber verwendet nur ausgesuchte Zutaten, darunter Wurst und Schinken aus familieneigener Produktion. Gekocht wird klar, kraftvoll, modern-kreativ - und die Preise sind wirklich fair! Mi. - Sa. gibt es mittags das Menü "LunchZeit_1612" und das "Signatur-Menü".

→ Dry Aged Roastbeef, Radieserl, Rhabarber, Liebstöckel. Poltinger Lammschulter in Schmorjus, Chiemgaulinsen, breite und weiße Bohnen, Ricotta. Cannelloni von Kakao und Edelweiß-Schokolade, Himbeeren, Basilikumsorbet, Olivenöl.

Menü 45/100 € – Karte 42/73 €

Hofmark 3 ✉ 84568 – ✆ 08635 201 (Tischbestellung ratsam) – www.huber-wirt.de – geschlossen Januar 10 Tage, August 2 Wochen und Montag - Dienstag

PLEISWEILER-OBERHOFEN

Rheinland-Pfalz – 822 Ew. – Höhe 190 m – Regionalatlas **54**-E17
Michelin Straßenkarte 543

Reuters Holzappel

REGIONAL • ROMANTISCH Außen schmuckes Fachwerkhaus von 1742 mit reizendem Hof, drinnen jede Menge Charme durch warmes Holz, nette Deko und herzlichen Service! Es gibt traditionelle Pfälzer Küche samt Tagesempfehlungen, dazu regionale Weine. Man merkt, dass die Gastgeber mit Freude bei der Sache sind! Tipp: regelmäßige Weinabende.

Menü 34 € – Karte 28/50 €

2 Zim – 45 € 75/80 €

Hauptstr. 11, Oberhofen ✉ 76889 – ✆ 06343 4245 (Tischbestellung ratsam) – www.reuters-holzappel.de – nur Abendessen, sonntags auch Mittagessen – geschlossen Februar 1 Woche, Ende Juni - Anfang Juli 2 Wochen und Montag - Dienstag

Landhotel Hauer

LANDHAUS • MODERN Schön wohnt man in dem für die Region typischen Winzerort - das Haupthaus ist ein hübsches altes Fachwerkhaus. Neben komfortablen Zimmern hat man einen tollen modernen Sauna- und Ruhebereich mit schöner Aussicht. Reizvoll die Innenhofterrasse.

24 Zim – 77/95 € 103/135 € – 1 Suite – ½ P

Hauptstr. 31, Oberhofen ✉ 76889 – ✆ 06343 700700 – www.landhotel-hauer.de – geschlossen Januar 3 Wochen

PLIEZHAUSEN

Baden-Württemberg – 9 340 Ew. – Höhe 340 m – Regionalatlas **55**-G19
Michelin Straßenkarte 545

Schönbuch

KLASSISCHE KÜCHE • ELEGANT XX Ländlich-modern und elegant kommt das Restaurant im gleichnamigen Businesshotel daher - besonders schön sind die Fensterpätze mit Blick ins Tal! Gekocht wird klassisch-traditionell mit regional-saisonalen Einflüssen, von "Rostbraten" bis "Skreifilet mit Schweinebauch". Preislich interessantes Mittagsmenü. Gute Weinkarte und rund 200 Whiskypositionen.

Menü 39/69 € (abends) - Karte 35/50 €

59 Zim - †60/99 € ††90/149 € - ☕10 €

Lichtensteinstr. 45 ✉ 72124 - ✆ 07127 9750 - www.hotel-schoenbuch.de - geschlossen 27. Dezember - 6. Januar, August: Sonntag

In Pliezhausen-Dörnach Nord: 4 km, in Gniebel rechts

Landgasthaus zur Linde (Andreas Goldbach)

FRANZÖSISCH-KLASSISCH • GASTHOF X Durch und durch sympathisch ist das Gasthaus von Andreas und Irene Goldbach, vom ländlichen Charme der Räume über die unkomplizierte Atmosphäre bis zur klassisch-saisonalen Küche, die angenehm schnörkellos und zugleich anspruchsvoll ist.

→ Dreierlei vom Matjes. Rinderfilet mit Schmorzwiebeln und Kartoffelschnitte. Crema fritta mit Aprikosen und Holunderblütensorbet.

Menü 68/75 €

Schönbuchstr. 8 ✉ 72124 - ✆ 07127 890066 (Tischbestellung ratsam) - www.linde-doernach.de - geschlossen über Fasching 1 Woche, über Pfingsten 1 Woche, Mitte August - Anfang September 3 Wochen und Dienstag - Mittwoch, Samstagmittag

PLOCHINGEN

Baden-Württemberg - 13 809 Ew. - Höhe 276 m - Regionalatlas **55**-H18
Michelin Straßenkarte 545

Cervus

TRADITIONELLE KÜCHE • FREUNDLICH X Ein wirklich nettes Gasthaus, das Ihnen neben unkomplizierter, legerer Atmosphäre richtig schmackhafte und frische Küche bietet. Es gibt Maultaschensuppe, Rostbraten und Wiener Schnitzel, aber auch "Kutteln italienische Art" oder "Skrei in Safransauce". Mittags kleinere, einfachere Karte. Charmanter Innenhof.

Menü 23 € (mittags)/55 € (abends) - Karte 30/53 €

Bergstr. 1 ✉ 73207 - ✆ 07153 558869 (Tischbestellung ratsam) - www.gasthaus-cervus.de - Freitag - Samstag nur Abendessen - geschlossen Sonntag - Montag, Feiertage

In Plochingen-Stumpenhof Nord-Ost: 3 km Richtung Schorndorf

Stumpenhof

REGIONAL • RUSTIKAL XX Ein herzliches "Grüß Gott", eine aufmerksame Beate Wägerle, immer mit einem offenen Ohr für die Wünsche der Gäste..., so sehen hier über 75 Jahre Familientradition aus! Die gute Küche reicht von Maultaschen über Rostbraten bis "Hohenloher Dry Aged Rinderrücken in Portweinsauce". Terrasse mit Aussicht!

Menü 22 € (mittags unter der Woche)/63 € - Karte 28/62 €

Am Stumpenhof 1 ✉ 73207 - ✆ 07153 22425 (Tischbestellung ratsam) - www.stumpenhof.de - geschlossen Montag - Mittwochmittag

PÖSSNECK

Thüringen - 12 072 Ew. - Höhe 215 m - Regionalatlas **41**-L13
Michelin Straßenkarte 544

Villa Altenburg

HISTORISCHES GEBÄUDE • INDIVIDUELL Die in einem Park gelegene Villa von 1928 ist größtenteils im Originalzustand erhalten - einige schöne Antiquitäten und Parkettböden unterstreichen den historischen Charme. Genießen Sie vom Wintergarten oder von der Terrasse den Blick ins Grüne.

15 Zim ☕ - †73/115 € ††105/130 €

Straße des Friedens 49 ✉ 07381 - ✆ 03647 5042888 - www.villa-altenburg.de

POLLE

Niedersachsen - 1 180 Ew. - Höhe 90 m - Regionalatlas **28**-H10
Michelin Straßenkarte 541

Graf Everstein

REGIONAL • FREUNDLICH X Bei Familie Multhoff genießt man frische Küche bei wunderschöner Aussicht auf die Weser! Probieren Sie z. B. saisonale Wildgerichte oder Klassiker wie "Kalbsleber mit Apfel-Zwiebelgemüse" oder die "Weser-Bergland-Tapas".

Menü 29 € (mittags)/43 € - Karte 28/53 €

Amtsstr. 6 ✉ 37647 - ✆ 05535 999780 - www.graf-everstein.de - geschlossen Montag - Dienstag

PONHOLZ

Bayern - 10 894 Ew. - Höhe 574 m - Regionalatlas **58**-M17
Michelin Straßenkarte 546

Einkehr zur alten Post

REGIONAL • FREUNDLICH XX In der alten Post von 1766 macht es Spaß, zu essen! Gekocht wird regional mit saisonal-internationalen Einflüssen. Aus frischen, guten Produkten entstehen z. B. "geschmorte Ochsenbäckchen mit Kürbispüree" oder "gebratene Jakobsmuschel, Portulak, Avocadocreme, Safransauce". Interessant auch das Überraschungsmenü.

Menü 33/65 € - Karte 29/57 €

Postplatz 1 ✉ 93142 - ✆ 09471 6050646 - www.kandlbinders-kueche.de - nur Abendessen, an Sonn- und Feiertagen auch Mittagessen - geschlossen Dienstag - Mittwoch

POPPENHAUSEN (WASSERKUPPE)

Hessen - 2 560 Ew. - Höhe 452 m - Regionalatlas **39**-I14
Michelin Straßenkarte 543

Hof Wasserkuppe

LANDHAUS • MODERN Was diesen Familienbetrieb ausmacht? Er liegt relativ ruhig in einem Wohngebiet, wird freundlich geführt und bietet Ihnen schön wohnliche und zeitgemäße Zimmer (darunter zwei Studios mit Küchenzeile) sowie einen netten Sauna- und Badebereich nebst "Vital-Studio" für Massage und Kosmetik.

16 Zim - †73/85 € ††116/130 € - 1 Suite

Pferdskopfstr. 3 ✉ 36163 - ✆ 06658 9810 - www.hof-wasserkuppe.de

R. Schmid/Sime / Photononstop

WIR MÖGEN BESONDERS...

Im **kochZIMMER in der Gaststätte zur Ratswaage** niveauvolle „neue preußische Küche" entdecken. Das reizende **Juliette**, das ein bisschen „Savoir-vivre" nach Potsdam bringt. Im **Bayerischen Haus** in ruhiger Waldlage elegant wohnen, aufmerksam umsorgt werden und sich die moderne Sterneküche des **Friedrich-Wilhelm** gönnen.

POTSDAM

Brandenburg – 164 042 Ew. – Höhe 32 m – Regionalatlas **22**-O8
Michelin Straßenkarte 542

Restaurants

✿ Friedrich-Wilhelm

FRANZÖSISCH-MODERN • ELEGANT XXX Klasse und Niveau auf der ganzen Linie: edel das Interieur samt eleganter Holztäfelung, engagiert, geschult und freundlich der Service, aromenreich und stimmig die moderne Küche, begleitet von schönen deutschen Weinen. Tipp: ein Platz am offenen Kamin.

→ Kaisergranat, Grapefruit, Rauke und Szechuanpfeffer. Ibericoschwein, Spargel, Spitzmorchel, Mandel, Bärlauch. Rhabarber, Cerealien, Milch, Sauerampfer.

Menü 82/142 €

Hotel Bayrisches Haus, Elisenweg 2, (im Wildpark), Süd-West: 6 km über Zeppelinstraße A2 ✉ 14471 –
✆ 0331 55050 – www.bayrisches-haus.de –
nur Abendessen – geschlossen Januar, Juli - August und Sonntag - Dienstag

✿ kochZIMMER in der Gaststätte zur Ratswaage (N)

MODERNE KÜCHE • DESIGN XX Richtig stylish kommt die Ratswaage daher! Nach dem Umzug vom Beelitz zurück in ihre Heimatstadt setzen Familie Frankenhäuser und ihr Team hier auf die "neue preußische Küche" - finessenreich und mit eigener Note. Und vertrauen Sie ruhig auch auf die Weinempfehlungen des Patrons! Im Sommer lockt der tolle Innenhof.

→ Preußisches Allerlei und grüner Spargel, Möhren, Erbsen, Champignons, Hühnerbouillon. Kalbsbries, Karotte, Lavendel, Pfeffer. Marensin Huhn, Mais, Café de Paris, Chicorée, Rettich.

Menü 58/99 €

Stadtplan : A2-k – *Am Neuen Markt 10 ✉ 14467*
– ✆ 0331 20090666 – www.restaurant-kochzimmer.de –
nur Abendessen – geschlossen Januar - Februar 2 Wochen, Juli 3 Wochen und Sonntag - Montag

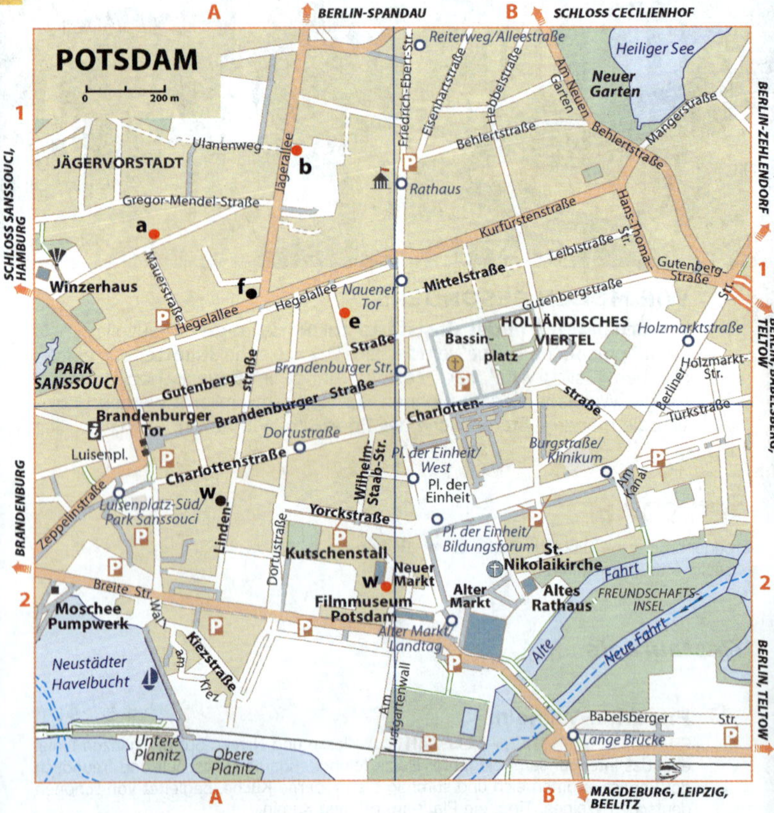

Speckers Landhaus

REGIONAL • FREUNDLICH Lust auf "Steckrübencremesuppe mit Vanille" und "Steinbutt mit Liebstöckelschaum und Speckvinaigrette"? Die saisonal inspirierte Küche und das Landhaus-Flair dieses langjährigen Familienbetriebs kommen an. Wer über Nacht bleibt, schläft in individuellen und charmanten Zimmern.

Menü 35/55 € – Karte 36/57 €

3 Zim – 70 € 85 €

Stadtplan : A1-b – *Jägerallee 13 ✉ 14469 – ✆ 0331 2804311 – www.speckers.de – nur Abendessen – geschlossen Sonntag - Montag*

Juliette

FRANZÖSISCH-KLASSISCH • GEMÜTLICH Sie suchen ein Stück französische Lebensart mitten in Potsdam? In dem wirklich liebenswerten Restaurant im Holländischen Viertel bietet man auf drei Ebenen bei dezenter Chansons-Begleitung ambitionierte klassische Küche. Wie wär's z. B. mit "Elsässer Saibling, Frühlingsgemüse, Pumpernickel"? Dazu die passenden Weine.

Menü 42/85 € – Karte 46/60 €

Stadtplan : A1-e – *Jägerstr. 39 ✉ 14467 – ✆ 0331 2701791 – www.restaurant-juliette.de – geschlossen Januar - November: Montag - Dienstag*

Pino

ITALIENISCH • GEMÜTLICH Hier ist man gerne Gast. Unverputzte Backsteinwände verleihen der netten Trattoria eine besondere Note, von der Schiefertafel wählt man italienische Speisen, die frisch und saisonal sind.

Menü 35/95 € – Karte 38/78 €

Stadtplan : A1-a – *Weinbergstr. 7 ✉ 14469 – ✆ 0331 2703030 – www.pino-potsdam.de – nur Abendessen – geschlossen Sonntag*

Hotels

Bayrisches Haus

SPA UND WELLNESS • ELEGANT Ein "Stadthotel" mitten im Wald. Herrlich die ruhige Lage (Tipp: Führung durch den Wildpark), wunderschön das Gebäudeensemble - Herzstück ist das Bayrische Haus von 1847. Wohnlich-wertige Zimmer mit kleinen Aufmerksamkeiten, freundliche Betreuung im attraktiven Spa. Frische saisonale Küche im "Bistro Elise".

41 Zim – †125/175 € ††155/205 € – ½ P

Elisenweg 2, (im Wildpark), Süd-West: 6 km über Zeppelinstraße A2 ✉ 14471 – ✆ 0331 55050 – www.bayrisches-haus.de

Friedrich-Wilhelm – siehe Restaurantauswahl

Am Jägertor

URBAN • INDIVIDUELL An einer belebten Straße in zentraler Lage direkt am Jägertor steht das stattliche Gebäude a. d. 18. Jh. Die Einrichtung ist wohnlich und elegant, ruhiger die Zimmer zum tollen Innenhof. In einer Art Wintergarten speist man international.

62 Zim – †104/151 € ††130/262 € – ½ P

Stadtplan : A1-f – *Hegelallee 11 ✉ 14467 – ✆ 0331 2011100 – www.potsdam-hotel-am-jaegertor.de*

Am Großen Waisenhaus

HISTORISCH • MODERN Angefangen hat alles 1753 als "Kaserne für Beweibte", heute ist der historische Bau im Zentrum ein modernes Hotel. Schön geradlinig die Einrichtung der Zimmer - wer alten Dielenboden mag, fragt nach den "Quartieren deluxe". Angenehm sitzt man am Morgen im Wintergarten beim guten Frühstück.

34 Zim – †85/99 € ††99/138 €

Stadtplan : A2-w – *Lindenstr. 28 ✉ 14467 – ✆ 0331 6010780 – www.hotelwaisenhaus.de*

POTTENSTEIN

Bayern – 5 286 Ew. – Höhe 368 m – Regionalatlas **50**-L16
Michelin Straßenkarte 546

Schwan

FAMILIÄR • FUNKTIONELL Bei den Bruckmayers schläft man nicht nur sehr gepflegt und preislich fair, ein Tipp ist auch das eigene Café: lecker die hausgebackenen Kuchen! Wenn's herzhaft sein soll, fragen Sie nach dem Wirtshaus der Familie, dem "Urbräu"! Übrigens: direkter und kostenloser Zugang zum "Juramar"-Bad, Sauna gegen Gebühr.

26 Zim – †54/65 € ††78/90 €

Am Kurzentrum 6 ✉ 91278 – ✆ 09243 9810 – www.hotel-bruckmayer.de – geschlossen Januar

In Pottenstein-Kirchenbirkig Süd: 4 km

Bauernschmitt

GASTHOF • FUNKTIONELL Im Dorfkern steht der erweiterte fränkische Landgasthof unter familiärer Leitung. Sehr gepflegte, praktische Zimmer, ein hübscher Garten sowie ein Saunabereich, Kosmetik und Massage. Bei schönem Wetter können Sie auf der Terrasse frühstücken. Bürgerlich speist man im rustikalen Restaurant.

50 Zim – 45/52 € 80/94 € – 2 Suiten – ½ P

St.-Johannes-Str. 25 ✉ 91278 – ✆ 09243 9890
– www.landgasthof-bauernschmitt.de – geschlossen 15. November - 14. Dezember

PRESSECK

Bayern – 1 840 Ew. – Höhe 642 m – Regionalatlas **50**-L14
Michelin Straßenkarte 546

In Presseck-Wartenfels Süd-West: 7,5 km

Gasthof Berghof - Ursprung

REGIONAL • GASTHOF "Tradition trifft Moderne" gilt sowohl fürs Ambiente als auch für die Küche. Da schmeckt die "Brodsuppn nach Oma Lottes Rezept" ebenso gut wie "rosa gebratener Hirschrücken, gegrillte Shiitake, Moosbeeren". Es gibt auch pfiffige Menüs und Brotzeiten. Den Wein wählt man per iPad. Gepflegt übernachten können Sie auch.

Menü 36/59 € – Karte 28/57 €

5 Zim – 49 € 79 €

Wartenfels 85 ✉ 95355 – ✆ 09223 229 – www.berghof-wartenfels.de
– geschlossen Mitte Januar - Mitte Februar und Montag - Dienstag

PRICHSENSTADT

Bayern – 3 127 Ew. – Höhe 248 m – Regionalatlas **49**-J15
Michelin Straßenkarte 546

Freihof

HISTORISCH • MODERN Der aufwändig restaurierte alte Gutshof kann sich wirklich sehen lassen: hochwertig und geschmackvoll das moderne Interieur, Fachwerk-Charme trifft auf klares Design. Sie möchten auf stilvolle Art die Gegend erkunden? Man verleiht Motorkutschen! Und für Feierlichkeiten gibt es die Eventscheune.

43 Zim – 126/136 € 136/210 € – ½ P

Freihofgasse 3 ✉ 97357 – ✆ 09383 9020340 – www.hotelfreihof.com
– geschlossen 2. - 8. Januar

Zum Storch

GASTHOF • GEMÜTLICH Aus dem Jahre 1658 stammt der Gasthof, der seit über 130 Jahren als Familienbetrieb geführt wird. Die Zimmer sind sehr gepflegt und in wohnlich-ländlichem Stil eingerichtet. Nett die Wirtschaft mit schönem Innenhof unter alten Bäumen. Weine aus eigenem Anbau.

13 Zim – 68/120 € 70/150 €

Luitpoldstr. 7 ✉ 97357 – ✆ 09383 6587 – www.gasthof-storch.de – geschlossen Januar

PRIEN am CHIEMSEE

Bayern – 10 355 Ew. – Höhe 533 m – Regionalatlas **66**-N21
Michelin Straßenkarte 546

Thomas Mühlberger

KLASSISCHE KÜCHE • BISTRO Das moderne Konzept kommt an: In legerer Atmosphäre sitzt man an einer langen Theke bei frischer klassisch-saisonaler Küche - gute Beratung auch in Sachen Wein. Abends wird das Bistro zum Küchenstudio für Veranstaltungen und Kochkurse.

Menü 36/130 € – Karte 53/79 €

Bernauer Str. 31 ✉ 83209 – ✆ 08051 966888 – www.kochstdunoch.de
– geschlossen Sonntag - Dienstag

Garden Hotel Reinhart

FAMILIÄR • GEMÜTLICH Wirklich gepflegt wohnt man hier: In den Zimmern helles warmes Holz und hübsche Stoffe (Einzelzimmer recht groß), draußen der schöne Garten mit Liegewiese, beim guten Frühstück schaut man ins Grüne. Außerdem liegt das Haus ruhig und seenah! Im Restaurant kocht man regional-saisonal.

37 Zim – 80/120 € 100/180 € – ½ P

Erlenweg 16 ✉ 83209 – ✆ 08051 6940 – www.reinhart-hotel.de

Neuer am See

GASTHOF • GEMÜTLICH Nur 200 m trennen Sie vom See und der Chiemsee-Schifffahrt zum Königsschloss. Highlight unter den wertigen Zimmern ist die große Panoramasuite unterm Dach. Freundlicher Cafébereich im Restaurant: Versuchen Sie erst gar nicht, den hausgemachten Leckereien zu widerstehen!

29 Zim – 59/88 € 95/150 € – 3 Suiten – ½ P

Seestr. 104 ✉ 83209 – ✆ 08051 609960 – www.neuer-am-see.de

PRITZWALK

Brandenburg – 11 909 Ew. – Höhe 63 m – Regionalatlas **21**-M6
Michelin Straßenkarte 542

Waldhotel Forsthaus Hainholz

LANDHAUS • GEMÜTLICH Wirklich gepflegt wohnt man in dem gut geführten Hotel, das schön in einem kleinen Wald liegt. Die Zimmer sind freundlich eingerichtet, man kümmert sich herzlich um die Gäste und am Morgen erwartet Sie ein gutes Frühstück. Die bürgerliche Küche lässt man sich im Sommer gerne auf der Terrasse servieren.

24 Zim – 65/75 € 85/95 €

Hainholz 2, Nord-Ost: 1,5 km über B 103 Richtung Meyenburg ✉ 16928 – ✆ 03395 300790 – www.hotel-hainholz.de – geschlossen 22. Oktober - 15. November

PULHEIM

Nordrhein-Westfalen – 53 345 Ew. – Höhe 47 m – Regionalatlas **35**-B12
Michelin Straßenkarte 543

In Pulheim-Stommeln Nord: 5 km Richtung Grevenbroich

Gut Lärchenhof

FRANZÖSISCH-MODERN • ELEGANT XXX An einem schönen Sommertag auf der tollen Terrasse sitzen, auf den Golfplatz schauen und dabei auch noch vorzüglich speisen? Für die ausgezeichnete moderne Küche werden sehr gute Produkte intelligent und kontrastreich zu aromareichen Gerichten verarbeitet. Dazu serviert Ihnen das freundliche, aufmerksame und versierte Team schöne Weine.

→ Lammbries, Waldpilze, Spinat und Roscoff Zwiebel. Kalbskotelett, Artischocke, Olive, Orange und Kartoffel. Amalfi Zitrone, Mascarpone, Rhabarber und weiße Schokolade.

Menü 85/139 €

Hahnenstraße, (im Golfclub Lärchenhof, Zufahrt über Am Steinwerk) ✉ 50259 – ✆ 02238 9231016 (Tischbestellung ratsam) – www.restaurant-gutlaerchenhof.de – Mittwoch - Freitag nur Abendessen – geschlossen Anfang Januar 2 Wochen, über Karneval und Montag - Dienstag

Bistro – siehe Restaurantauswahl

Bistro

MARKTKÜCHE • BISTRO X Wer es gerne mal ein bisschen einfacher hat, für den ist das Bistro ideal. Hier gibt es in neuzeitlichem Ambiente Klassiker und Aktuelles. Nicht nur für Golfer eine interessante Adresse.

Menü 35/60 € – Karte 25/70 €

Restaurant Gut Lärchenhof, Hahnenstraße, (im Golfclub Lärchenhof, Zufahrt über Am Steinwerk) ✉ 50259 – ✆ 02238 9231016 – www.restaurant-gutlaerchenhof.de – geschlossen Anfang Januar 2 Wochen, über Karneval

PULLACH

Bayern – 8 887 Ew. – Höhe 583 m – Regionalatlas **65**-L20
Michelin Straßenkarte 546

Seitner Hof

LANDHAUS • GEMÜTLICH Wohnliche Zimmer, ein schöner Garten, die ruhige Lage und dennoch eine gute Anbindung nach München, dazu der freundliche Service - da kommen schon so einige Annehmlichkeiten zusammen. Natürlich sei auch die kleine Bibliothek erwähnt!

40 Zim – †125/295 € ††165/350 €

Habenschadenstr. 4 ✉ 82049 – ✆ 089 744320 – www.seitnerhof.de – geschlossen 22. Dezember - 7. Januar

PUTBUS Mecklenburg-Vorpommern

→ Siehe Rügen (Insel)

PYRMONT, BAD

Niedersachsen – 19 088 Ew. – Höhe 111 m – Regionalatlas **28**-H9
Michelin Straßenkarte 541

Alte Villa Schlossblick

REGIONAL • FREUNDLICH XX In der netten Villa wird bürgerlich-regionale Küche aufgetischt. Und die bekommen Sie in ansprechendem Ambiente serviert: Angenehm hell durch die große Fensterfront, schön frisch durch die freundlichen Rottöne.

Menü 43 € (abends) – Karte 32/50 €

Hotel Alte Villa Schlossblick, Kirchstr. 23 ✉ 31812 – ✆ 05281 95660 – www.alte-villa-schlossblick.de – geschlossen 1. Januar - 14. Februar, 4. - 18. Oktober und Montag - Dienstag

Steigenberger

SPA UND WELLNESS • KLASSISCH Als einstiges "Fürstliches Kurhotel" bietet das Haus am Kurpark einen klassisch-komfortablen Rahmen. Gut ausgestattete Zimmer mit Balkon/Terrasse, dazu Wellness auf 1500 qm. Und gastronomisch? Restaurant "Palmengarten", Bistro "La bonne cuisine", Markthalle, Brasserie und "Bayerisches Platzl".

151 Zim – †105/160 € ††160/250 € – 3 Suiten – ½ P

Heiligenangerstr. 2-4 ✉ 31812 – ✆ 05281 1502 – www.bad-pyrmont.steigenberger.de

Alte Villa Schlossblick

PRIVATHAUS • GEMÜTLICH Schon die Fassade der denkmalgeschützten Villa von 1894 ist sehr einladend, dazu die attraktive Lage am Kurpark gegenüber der Spielbank. Drinnen ist das Haus natürlich ganz stilgerecht mit seinen hohen Räumen und der eleganten Einrichtung.

12 Zim – †59/62 € ††104/110 € – ½ P

Kirchstr. 23 ✉ 31812 – ✆ 05281 95660 – www.alte-villa-schlossblick.de – geschlossen 1. Januar - 14. Februar, 4. - 18. Oktober

Alte Villa Schlossblick – siehe Restaurantauswahl

QUEDLINBURG

Sachsen-Anhalt – 24 742 Ew. – Höhe 122 m – Regionalatlas **30**-K10
Michelin Straßenkarte 542

Weinstube

REGIONAL • KLASSISCHES AMBIENTE X Die ehemalige Stallung ist heute ein reizender Raum, in dem Terrakottafliesen, warme Töne und eine alte Backsteindecke ländliches Flair versprühen. Die Küche ist klassisch-regional und saisonbezogen, auf der Karte z. B. "Beelitzer Kaninchenkeule, Spitzkohl, Aprikose, Semmelknödel".

Menü 30 € – Karte 34/53 €

Hotel Am Brühl, Billungstr. 11 ✉ 06484 – ✆ 03946 96180 – www.hotelambruehl.de – nur Abendessen – geschlossen Januar - März: Sonntag

Hotel Am Brühl

HISTORISCH • GEMÜTLICH Ein denkmalgeschütztes Fachwerkgebäude und eine Gründerzeitvilla wurden sorgsam restauriert und bieten einen wirklich charmanten Rahmen. Entspannen lässt es sich z. B. am offenen Kamin oder im romantischen Innenhof. In die überaus sehenswerte Altstadt sind es übrigens nur ca. 10 Minuten zu Fuß!

48 Zim – 95/120 € 115/150 € – 5 Suiten – ½ P

Billungstr. 11 06484 – 03946 96180 – www.hotelambruehl.de

Weinstube – siehe Restaurantauswahl

RADEBEUL

Sachsen – 33 853 Ew. – Höhe 117 m – Regionalatlas **43**-Q12
Michelin Straßenkarte 544

Siehe Stadtplan Dresden

Atelier Sanssouci

KLASSISCHE KÜCHE • ELEGANT XX Schon der Rahmen ist einen Besuch wert: ein mediterran-eleganter Saal mit markanten Lüstern, Wandmalerei und hoher Stuckdecke, draußen die hübsche Terrasse! Nicht minder ansprechend ist die Küche: ein Mix aus Klassik und Moderne, basierend auf guten Produkten. Weinliebhabern wird die schöne umfangreiche Karte gefallen.

→ Teigtaschen mit Weinbergschnecken, Café de Paris, Salzzitrone. Atlantik Steinbutt, Malteser Sauce, Spargel, Muschelragout. Weiße Schokolade mit Kirschen, Tomate und Lavendel.

Menü 59/99 € – Karte 59/81 €

Stadtplan : A1-h – *Hotel Villa Sorgenfrei, Augustusweg 48 01445 – 0351 7956660 – www.atelier-sanssouci.de – nur Abendessen – geschlossen 28. Januar - 8. Februar und Dienstag - Mittwoch*

Villa Sorgenfrei

HERRENHAUS • GEMÜTLICH Ein wirklich wundervolles Anwesen ist das Herrenhaus a. d. 18. Jh. samt herrlichem Garten. Stilvolle Möbel, helle Farben, Dielenböden, teilweise gemütliche Dachschrägen... Die Zimmer mischen äußerst geschmackvoll historischen Charme mit modernem Komfort. Ein Genuss ist auch das A-la-carte-Frühstück!

14 Zim – 99/149 € 119/179 € – 2 Suiten – ½ P

Stadtplan : A1-h – *Augustusweg 48 01445 – 0351 7956660 – www.hotel-villa-sorgenfrei.de – geschlossen 28. Januar - 8. Februar*

Atelier Sanssouci – siehe Restaurantauswahl

RADEBURG

Sachsen – 7 390 Ew. – Höhe 147 m – Regionalatlas **43**-Q11
Michelin Straßenkarte 544

In Radeburg-Bärwalde Süd-West: 4,5 km

Gasthof Bärwalde

KLASSISCHE KÜCHE • LÄNDLICH X Wer auch das Umland von Dresden kulinarisch erkunden möchte, kommt um Familie Seidels Gasthaus in dem kleinen Dörfchen nicht herum! In gemütlich-gediegener Atmosphäre gibt es klassische Gerichte wie "Variation von Schönfelder Karpfen und Forelle". Die Weinkarte verrät, dass man lange im Badischen war.

Menü 32/56 € – Karte 30/47 €

Kalkreuter Str. 10a 01471 – 035208 342901 – nur Abendessen, sonntags auch Mittagessen – geschlossen Sonntagabend, Dienstag - Mittwoch

RADOLFZELL

Baden-Württemberg - 30 485 Ew. - Höhe 404 m - Regionalatlas **62**-G21
Michelin Straßenkarte 545

bora HotSpaResort

RESORT • DESIGN Urlauber, Wellnessgäste, Tagungen... Die Lage nur einen Steinwurf vom See entfernt und schickes wertiges Interieur im ganzen Haus spricht jeden an! Alle Zimmer mit Balkon. Sie möchten richtig schön entspannen? Skylounge mit toller Sicht, nebenan SPA samt textilfreiem Pool. Ambitionierte moderne Küche im "RUBIN".

84 Zim - 150/220 € 205/250 € - ½ P

Karl-Wolf-Str. 35 78315 - 07732 950400 - www.bora-hotsparesort.de

aquaTurm

URBAN • DESIGN Ein einzigartiges Null-Energie-Hotel. Hier verbindet sich der ökologische Aspekt mit chic-modernem Design und Wohlfühlkomfort. Highlight: die "Zoller Spa-Suite" in der 12. Etage! Wunderbar relaxen und frühstücken kann man in der "Unterseelounge" im 11. Stock bei toller Aussicht! Tipp für Familien: Apartments.

20 Zim - 115 € 155 € - 1 Suite

Güttingerstr. 15 78315 - 07732 52255 - www.aquaturm.de

K99

URBAN • MODERN Topmodern und urban geht es hier am äußersten Stadtrand zu. In den Zimmern geradliniger Stil, schöner Parkettboden und sehr gute Technik, der Frühstücksraum ein echtes Highlight: 8. Etage, tolle Dachterrasse, herrliche Aussicht!

60 Zim - 80/130 € 100/171 €

Kasernenstr. 99 78315 - 07732 9788899 - www.hotel-k99.de

In Radolfzell-Mettnau

Art Villa am See

FAMILIÄR • INDIVIDUELL So einiges zieht die Gäste hierher: traumhaft die Lage am Mettnaupark, der See vor der Tür, geschmackvolle Zimmer (klasse die Penthouse-Suite), der schöne Garten, die Ruhe, Beauty-Anwendungen.... Tolles Frühstück bis 13 Uhr! Der Chef bietet zudem eine ausgezeichnete Weinauswahl mit 500 Positionen.

9 Zim - 97/255 € 135/280 € - 3 Suiten

Rebsteig 2/2 78315 - 07732 94440 - www.artvilla.de

RAHDEN

Nordrhein-Westfalen - 15 365 Ew. - Höhe 45 m - Regionalatlas **17**-F8
Michelin Straßenkarte 543

Rupert

INTERNATIONAL • ELEGANT XX In schönem geradlinig-elegantem Ambiente gibt es moderne Küche, für die regionale Produkte verwendet werden. Appetit macht da z. B. "wildes Ossobuco von der Rehhaxe mit Petersilien-Walnussgremolata". Für Feiern: gemütliche "Schweizer Stuben" und "Spiegelsaal".

Menü 35/40 € - Karte 24/48 €

Hotel Westfalen Hof, Rudolf-Diesel-Str. 13 32369 - 05771 97000 - www.westfalen-hof.de

Westfalen Hof

LANDHAUS • GEMÜTLICH Interessant ist dieses gut geführte Haus zum einen wegen seiner neuzeitlich-wohnlichen Gästezimmer, zum anderen überzeugt hier ein gutes Sport- und Vitalangebot: Sauna, Soccer- und Tennishalle, Sky-Sportsbar, Kegelbahn...

34 Zim - 64/89 € 85/105 € - ½ P

Rudolf-Diesel-Str. 13 32369 - 05771 97000 - www.westfalen-hof.de

Rupert - siehe Restaurantauswahl

RAMMINGEN

Baden-Württemberg – Regionalatlas **56**-I19
Michelin Straßenkarte 545

Landgasthof Adler

REGIONAL • ELEGANT XX Freundlich und versiert wird man in dem hübschen traditionellen Gasthaus umsorgt. Die ambitionierte Küche reicht vom "Zanderfilet wie bei Oma" über "geschmortes Bürgermeisterstück im eigenen Saft" bis zur "lauwarmen Zitronentarte mit Sorbet". Interessante Weinkarte. Zum Übernachten: hochwertig-moderne Zimmer.

Menü 35/118 € – Karte 26/78 €

10 Zim – †74/158 € ††129/185 €

Riegestr. 15 ✉ 89192 – ✆ 07345 96410 – www.adlerlandgasthof.de – geschlossen 1. - 5. Januar, 10. - 25. August und Montag

RAMSAU

Bayern – 1 742 Ew. – Höhe 670 m – Regionalatlas **67**-O21
Michelin Straßenkarte 546

Berghotel Rehlegg

LANDHAUS • REGIONAL Der gewachsene Familienbetrieb ist ideal für Wanderer: Wanderweg zum Watzmann direkt am Haus, gratis dazu ein Rucksack mit Equipment! Man speist im hübschen regionstypischen Restaurant mit Sonnenterrasse und schläft in wohnlichen Zimmern. Tipp: schicke alpenländisch-moderne Suiten und Studios in der Residenz.

79 Zim – †99/115 € ††209/271 € – 8 Suiten – ½ P

Holzengasse 16 ✉ 83486 – ✆ 08657 98840 – www.rehlegg.de

Nutzkaser

GASTHOF • TRADITIONELL Kein Wunder, dass der Familienbetrieb sehr gut gebucht ist: einfach klasse die Lage mitten in den Bergen, ringsum tolle Wanderwege, traumhaft die Terrasse mit Blick auf Watzmann, Watzfrau und Hochkalter, dazu sympathische Gastgeber und behagliche Zimmer sowie Panoramarestaurant und gemütliches Kaminstüberl.

23 Zim – †61/73 € ††86/140 € – ½ P

Am Gseng 10, Nord: 6 km, an der Straße nach Loipl ✉ 83486 – ✆ 08657 388 – www.hotel-nutzkaser.de – geschlossen Mitte November - Mitte Dezember

RAMSEN

Rheinland-Pfalz – 1 776 Ew. – Höhe 232 m – Regionalatlas **47**-E16
Michelin Straßenkarte 543

Seehaus Forelle

FAMILIÄR • DESIGN In idyllischer Lage an einem Weiher erwarten Sie modern designte Zimmer im "haeckenhaus" sowie 100 m entfernt im "forsthaus" und einem kleinen Nebenhaus. TV auf Wunsch. Restaurant mit Seeterrasse, Kaminzimmer und elegantem "Grünem Salon". Süßwasserfisch-Spezialitäten.

20 Zim – †65/110 € ††90/130 € – ½ P

Eiswoog 1, Süd-West: 4 km, Richtung Kaiserslautern ✉ 67305 – ✆ 06356 60880 – www.seehaus-forelle.de

RANDERSACKER

Bayern – 3 366 Ew. – Höhe 175 m – Regionalatlas **49**-I16
Michelin Straßenkarte 546

Bären

REGIONAL • RUSTIKAL X Was dieses Restaurant so nett und beliebt macht? Zum einen ist es der traditionelle Charme, zum anderen die regionale Saisonküche - und natürlich die Spezialität: Forelle. Gerne sitzen die Gäste im Sommer im lauschigen Innenhof.

Karte 25/60 €

Hotel Bären, Würzburgerstr. 6 ✉ 97236 – ✆ 0931 70510 – www.baeren-randersacker.de – geschlossen 23. Dezember - 6. Januar, 11. - 29. August und Sonntag

Bären

GASTHOF • GEMÜTLICH Der hübsche Gasthof ist seit 1886 in Familienhand. Alles ist tipptopp gepflegt, die Atmosphäre sympathisch. Wie wär's mit einem der ganz modernen, schicken Zimmer? Und am Morgen gibt's ein frisches Frühstück. Tagungsräume im Gartenhaus.

42 Zim – 67/100 € 98/130 €

Würzburgerstr. 6 97236 – 0931 70510 – www.baeren-randersacker.de – geschlossen 23. Dezember - 6. Januar, 11. - 29. August

Bären – siehe Restaurantauswahl

RATEKAU

Schleswig-Holstein – 15 193 Ew. – Höhe 20 m – Regionalatlas **11**-K4
Michelin Straßenkarte 541

In Ratekau-Warnsdorf Nord-Ost: 9 km

Landhaus Töpferhof

LANDHAUS • ELEGANT Sie mögen es individuell? Dieses schöne Anwesen bietet hochwertige und wohnliche Zimmer im Haupthaus und in der "Alten Scheune". Im "Café Tausendschön" lockt hausgemachter Kuchen, draußen der große Garten mit Ententeich. Gemütliches Restaurant mit hübschem Wintergarten. Kostenloser Fahrradverleih.

32 Zim – 100/180 € 160/280 € – 4 Suiten – ½ P

Fuchsbergstr. 5 23626 – 04502 2124 – www.landhaus-toepferhof.de

RATHENOW

Brandenburg – 24 127 Ew. – Höhe 29 m – Regionalatlas **21**-N8
Michelin Straßenkarte 542

In Rathenow-Semlin Nord-Ost: 6 km über B 188, in Stechow links

Golf Resort Semlin am See

LANDHAUS • REGIONAL Ein Golfhotel in herrlich ruhiger Lage etwas außerhalb. Die Zimmer sind wohnlich gestaltet und verfügen über Balkon/Terrasse zum Golfplatz oder zum Wald. Gute Tagungsmöglichkeiten. Schön sind die Restaurantterrasse mit Blick ins Grüne sowie der große Barbereich.

72 Zim – 70/100 € 80/160 € – ½ P

Ferchesarer Str. 8b, Süd-Ost: 2,5 km 14712 – 03385 5540 – www.golfresort-semlin.de – geschlossen Februar

RATINGEN

Nordrhein-Westfalen – 86 636 Ew. – Höhe 50 m – Regionalatlas **26**-C11
Michelin Straßenkarte 543

In Ratingen-Homberg Ost: 5 km jenseits der A3

Essgold

INTERNATIONAL • GEMÜTLICH XX In dem Fachwerkhaus von 1875 sitzt man in einem gemütlich-modernen Raum mit Kachelofen z. B. bei "Kabeljau mit Limonenbuttersud und Zitronengras, Spargel und Risotto". Im Thekenbereich gibt es auch einige günstigere Bistrogerichte. Zum Übernachten hat man übrigens vier sehr hübsche Zimmer.

Menü 39 € – Karte 29/57 €

Dorfstr. 33 40882 – 02102 5519070 – www.restaurant-essgold.de – nur Abendessen – geschlossen Sonntag - Montag

Sie suchen ein Hotel für einen besonders angenehmen Aufenthalt?
Reservieren Sie in einem roten Haus: ....

In Ratingen-Lintorf Nord: 4 km, jenseits der A 52

Gut Porz

INTERNATIONAL • GEMÜTLICH In dem liebenswerten Fachwerkhaus mit Wintergarten wählt man Internationales wie "Sashimi vom Yellow Fin Tuna" oder eher Klassisches wie "Streifen vom Schweinefilet, Bohnen, Bratkartoffeln". Sehenswert die Deko zur Adventszeit!

Karte 36/50 €

Hülsenbergweg 10 ✉ 40885 –
✆ 02102 934080 – www.gutporz.de –
nur Abendessen, sonntags auch Mittagessen – geschlossen Januar 1 Woche, über Karneval 1 Woche, Juli - August 2 Wochen und Dienstag

RATSHAUSEN

Baden-Württemberg – 774 Ew. – Höhe 676 m – Regionalatlas **62**-F20
Michelin Straßenkarte 545

Adler

REGIONAL • RUSTIKAL Charmanter geht es kaum: In dem gemütlich-urigen Gasthaus von 1811 empfangen Sie Gastgeber mit Leib und Seele! Ausgesprochen herzlich umsorgt man Sie mit schwäbisch-saisonalen Gerichten wie "Ossobuco vom Ländlekalb". Man hat übrigens eigene Duroc-Schweine und Destillate stellt man auch selbst her.

Menü 35 € (abends) – Karte 33/69 €

Hohnerstr. 3 ✉ 72365 – ✆ 07427 2260 – www.adler-ratshausen.de –
Mittwoch - Freitag nur Abendessen – geschlossen August 2 Wochen und Montag - Dienstag

RAUENBERG

Baden-Württemberg – 8 457 Ew. – Höhe 132 m – Regionalatlas **47**-F17
Michelin Straßenkarte 545

Winzerhof

LANDHAUS • GEMÜTLICH Familie Menges steckt viel Herzblut in ihr Haus - inzwischen in der 4. Generation! Fragen Sie nach den ansprechenden und geräumigen Komfortzimmern. Restaurant "Angela" mit ambitioniertem Menü auf Vorbestellung. In den "Regionalen Stuben" bietet man eine saisonale Karte und eigenen Wein. Moderne Wein-Lounge.

70 Zim ☕ – 🚹79/140 € 🚹🚹125/224 € – ½ P

Bahnhofstr. 2-8 ✉ 69231 – ✆ 06222 9520 – www.winzerhof.net

RAUHENEBRACH

Bayern – 2 911 Ew. – Höhe 320 m – Regionalatlas **49**-J15
Michelin Straßenkarte 546

In Rauhenebrach-Schindelsee Ost: 9 km

Gasthaus Hofmann

REGIONAL • GASTHOF Nicht ohne Grund zieht es viele Stammgäste hier hinaus zu Bettina Hofmann, denn man hat es in den netten rustikalen Stuben nicht nur gemütlich, man isst auch gut. Gekocht wird kreativ-regional, es gibt z. B. "Ochsenschwanzragout, Hokkaido, Semmeltaler". Dazu schöne Weine. Wohnliche Gästezimmer hat man auch.

Menü 69 € – Karte 19/54 €

8 Zim – 🚹50/80 € 🚹🚹68/85 € – ☕ 11 €

Schindelsee 1 ✉ 96181 –
✆ 09549 98760 – www.schindelsee.de –
Mittwoch - Freitag nur Abendessen – geschlossen 7. - 30. Januar und Montag - Dienstag, November - März: Montag - Donnerstagmittag, Freitagmittag

RAVENSBURG

Baden-Württemberg - 49 172 Ew. - Höhe 450 m - Regionalatlas **63**-H21
Michelin Straßenkarte 545

Lumperhof

REGIONAL • LÄNDLICH Idyllisch liegt der familiengeführte Landgasthof im Grünen - reizvoll die Terrasse mit mächtiger alter Linde! Die schmackhaften regional-saisonalen Gerichte nennen sich z. B. "Rehragout mit Spätzle und Pilzen" oder "Ravensburger Spargel mit gebackenem Maischollenfilet und Sauce Hollandaise". Nur Barzahlung.

Menü 38/63 € - Karte 39/62 €

Lumper 1, Ost: 2 km in Richtung Schlier ✉ 88212 - ✆ 0751 3525001 - www.lumperhof.de - Mittwoch - Freitag nur Abendessen - geschlossen nach Pfingsten 2 Wochen und Montag - Dienstag

RECKLINGHAUSEN

Nordrhein-Westfalen - 114 147 Ew. - Höhe 85 m - Regionalatlas **26**-C10
Michelin Straßenkarte 543

Parkhotel Engelsburg

HERRENHAUS • KLASSISCH Mit Engagement wird das über 300 Jahre alte ehemalige Herrenhaus am Altstadtrand geführt. Wohnlich und elegant das Ambiente, als Besonderheit hat man im historischen Turm eine schöne Suite auf drei Etagen! Geradlinig das Restaurant "VESTTAFEL". Tipp: öffentliches Parkhaus gegenüber.

65 Zim - †106/138 € ††141/177 € - 14 Suiten - ½ P

Augustinessenstr. 10 ✉ 45657 - ✆ 02361 2010 - www.parkhotel-engelsburg.de - geschlossen 21. Dezember - 6. Januar

REES

Nordrhein-Westfalen - 21 244 Ew. - Höhe 17 m - Regionalatlas **25**-B10
Michelin Straßenkarte 543

In Rees-Reeserward Nord-West: 4 km über Westring und Wardstraße

Landhaus Drei Raben

REGIONAL • GEMÜTLICH Seinen Landgut-Charakter hat das Anwesen a. d. 18. Jh. bewahrt, entsprechend gemütlich - mit Kaminöfen und ländlichem Touch - ist auch das Interieur. Im Sommer lässt man sich die international-regionale Küche gerne auf der herrlichen Terrasse zum Rhein schmecken. Tagsüber sind Flammkuchen und Kuchen gefragt.

Karte 39/57 €

Reeserward 5 ✉ 46459 - ✆ 02851 1852 - www.landhaus-drei-raben.de - geschlossen Montag - Mittwochmittag, Donnerstagmittag, Freitagmittag

Linda Raymond/iStock

WIR MÖGEN BESONDERS...

Im **Storstad** in der 5. Etage bei nordisch-urbanem Flair und Domblick Sterneküche genießen. Das **Kreutzer's** beim Westhafen als Top-Adresse für Grillgerichte. Bei der Fusion-Küche des **Sticky Fingers** Rock 'n' Roll auf dem Teller erleben - hip und fresh! Mitten in der Altstadt im stilvollen Barockpalais **Orphée Großes Haus** den Charme historischer Räume spüren.

REGENSBURG

Bayern – 142 292 Ew. – Höhe 343 m – Regionalatlas **58**-N18
Michelin Straßenkarte 546

Restaurants

✿ **Storstad** (Anton Schmaus)

KREATIV • TRENDY XX Schwedisch ist hier nicht nur der Name, nordische Akzente finden sich auch im chic-modernen Design und in der kreativen Küche mit ihren feinen und zugleich kraftvollen Aromen. Der Service engagiert und geschult, kompetent die Weinberatung. Man hat hier oben im Turmtheater übrigens eine klasse Sicht auf den Dom!

→ Thunfisch, Dashi, alte Soyasauce, Rhabarber. Wolfsbarsch, Parmesan, Sardelle, Kopfsalat. Rehrücken, Kirsche, Majoran, Crème fraîche, Rote Bete.

Menü 40 € (mittags)/145 € – Karte 84/121 €

Stadtplan : B1-s – *Watmarkt 5, (5. Etage) ✉ 93047*
– ✆ 0941 59993000 (Tischbestellung erforderlich) – www.storstad.de
– geschlossen Anfang Januar 1 Woche und Sonntag - Montag, Feiertage

LUMA (N)

INTERNATIONAL • CHIC XX Lust auf modernen Chic und gute Küche? In dem überaus geschmackvoll und hochwertig eingerichteten Restaurant und auf der schönen Terrasse lässt man sich z. B. "Karree vom Iberico-Schwein, Chorizo-Risotto, Confit-Tomaten" schmecken. Im Bistro-Bar-Bereich gibt's alternativ Club Sandwich & Co.

Menü 52/69 € – Karte 46/64 €

Stadtplan : C1-m – *Hochweg 83 ✉ 93049*
– ✆ 0941 2805598 – www.luma-regensburg.de
– geschlossen 11. - 24. März und Montag - Dienstag, Samstagmittag

Für große Städte gibt es Stadtpläne, auf denen die Hotels und Restaurants eingezeichnet sind. Die Koordinaten (z.B. : Stadtplan : A3e) helfen Ihnen bei der Suche.

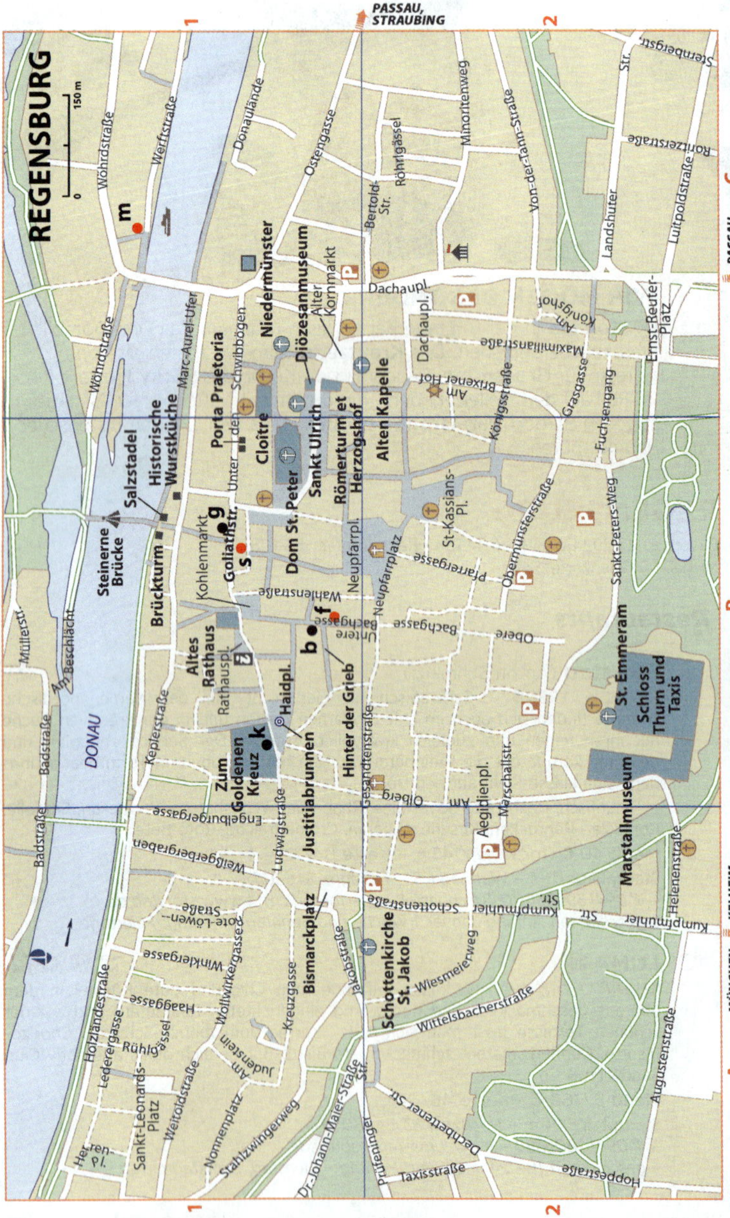
REGENSBURG
0
150 m
PASSAU, STRAUBING
PASSAU
MÜNCHEN, KELHEIM
A
B
C
1
2
DONAU
Steinerne Brücke
Brückturm
Salzstadel
Historische Wurstküche
Altes Rathaus
Rathauspl.
Kohlenmarkt
Goliathstr.
Porta Praetoria
Unter den Schwibbögen
Cloître
Niedermünster
Diözesanmuseum
Alter Kornmarkt
Dom St. Peter
Sankt Ulrich
Römerturm et Herzogshof
Alten Kapelle
Haidpl.
Zum Goldenen Kreuz
Justitiabrunnen
Hinter der Grieb
Neupfarrpl.
Neupfarrplatz
Untere Bachgasse
Bachgasse
Obere
Wahlenstraße
Pfarrergasse
St-Kassians-Pl.
Obermünsterstraße
Königsstraße
Am Brixener Hof
Dachaupl.
Maximilianstraße
Am Königshof
Grasgasse
Fuchsengang
Sankt-Peters-Weg
St. Emmeram
Schloss Thurn und Taxis
Marstallmuseum
Ernst-Reuter-Platz
Landshuter Str.
Luitpoldstraße
Ronizerstraße
Sternbergstr.
Von-der-Tann-Straße
Minoritenweg
Röhrlgässel
Bertold-Str.
Ostengasse
Donaulände
Werftstraße
Wöhrdstraße
Marc-Aurel-Ufer
Müllerstr.
Am Beschlächt
Badstraße
Keplerstraße
Engelburgergasse
Weißgerbergraben
Ludwigstraße
Gesandtenstraße
Am Ölberg
Aegidienpl.
Marschallstr.
Schottenstraße
Kumpfmühler Str.
Helenenstraße
Bismarckplatz
Schottenkirche St. Jakob
Jakobstraße
Wiesmeierweg
Wittelsbacherstraße
Augustenstraße
Rote-Löwen-Straße
Winklergasse
Wollwirkergasse
Haaggasse
Kreuzgasse
Holzländestraße
Ledererggasse
Rühlgässel
Am Judenstein
Weitoldstraße
Sankt-Leonards-Platz
He-ren-Pl.
Nonnenplatz
Stahlzwingerweg
Dr.-Johann-Maier-Straße
Prüfeninger Str.
Dechbettener Str.
Taxisstraße
Hoppestraße
m
g
s
b
f
k

Kreutzer's

INTERNATIONAL • TRENDY Die Lage beim Westhafen ist zwar etwas ab vom Schuss, doch der Besuch lohnt sich, denn hier gibt es richtig gutes Fleisch und Fisch vom Grill! Und auch die klassisch-internationalen Vorspeisen und Desserts können sich sehen lassen, ebenso der Business Lunch. Im Sommer locken Terrasse und "Garden Lounge".

Menü 20 € (mittags unter der Woche)/65 € - Karte 36/79 €

Prinz-Ludwig-Str. 15a, über Ostengasse C1, Richtung Passau ✉ 93055 - ✆ 0941 569565020 (abends Tischbestellung erforderlich) - www.kreutzers-restaurant.de - geschlossen Samstagmittag, Sonntag

Sticky Fingers

KREATIV • HIP Ein schön urbanes Konzept: cool das reduzierte Design, locker und leger die Atmosphäre, Musik zur akustischen Untermalung. Da passt die kreative Küche perfekt ins Bild - man speist übrigens mit Stäbchen.

Menü 49 € - Karte 30/83 €

Stadtplan : B1-f - *Unteren Bachgasse 9 ✉ 93047 - ✆ 0941 58658808 - www.stickyfingers.restaurant - nur Abendessen - geschlossen 1. - 8. Januar und Sonntag - Montag*

Hotels

Goliath am Dom

URBAN • ELEGANT Ein gut geführtes Hotel in Domnähe mit freundlichem Service und modern-elegantem Ambiente. In den Zimmern schafft liebenswerte Deko eine individuelle Note. Nettes Café und Dachterrasse mit schöner Sicht.

39 Zim - †135/150 € ††165/185 € - 2 Suiten

Stadtplan : B1-g - *Goliathstr. 10 ✉ 93047 - ✆ 0941 2000900 - www.hotel-goliath.de - geschlossen 22. - 26. Dezember*

Orphée Großes Haus

HISTORISCHES GEBÄUDE • INDIVIDUELL Für Autofahrer ist die Innenstadtlage zwar nicht ganz ideal, dafür stecken jede Menge Charme und Geschichte in diesem Haus! Wie könnte man attraktiver wohnen als in stilgerecht erhaltenen Räumen mit Stuck, Dielenböden, Kunst und Antiquitäten? Bistro mit Pariser Flair.

33 Zim - †115/195 € ††150/230 € - 1 Suite

Stadtplan : B1-b - *Untere Bachgasse 8 ✉ 93047 - ✆ 0941 596020 - www.hotel-orphee.de*

Orphée Andreasstadel

FAMILIÄR • INDIVIDUELL Das charmante ehemalige Salzstadel nahe der Steinernen Brücke besticht durch herzliche Gästebetreuung und geräumige, wertige Zimmer mit mediterraner Note, teils zu den Donauauen hin. Das Frühstück serviert man Ihnen auf dem Zimmer. Parkplatz in der Salzgasse.

10 Zim - †115/145 € ††150/185 €

Andreasstr. 26, über Griesersteg C1 ✉ 93059 - ✆ 0941 59602300 - www.hotel-orphee.de

Goldenes Kreuz

HISTORISCH • KLASSISCH Die einstige Kaiserherberge mit historischem Flair vereint in ihren individuellen und eleganten Zimmern Stilmöbel und moderne Formen. Wer etwas Besonderes sucht, bucht die Suite oder die Juniorsuite. Frühstück gibt's im hübschen Café. Schöner Kaisersaal mit barocker Stuckdecke.

10 Zim - †90/130 € ††110/140 € - 1 Suite

Stadtplan : B1-k - *Haidplatz 7, (2. Etage), Zufahrt über Rote-Hahnen-Gasse 2 ✉ 93047 - ✆ 0941 584020 - www.hotel-goldeneskreuz.de*

REHLINGEN-SIERSBURG

Saarland - 14 387 Ew. - Höhe 180 m - Regionalatlas **45**-B16
Michelin Straßenkarte 543

Im Ortsteil Eimersdorf Nord-West: 2 km ab Siersburg

Niedmühle

KLASSISCHE KÜCHE • LANDHAUS XX Wertig-elegant das Interieur, schön die Tischkultur, aufmerksam und geschult der Service. Dazu ambitionierte klassische Küche aus guten Produkten - und werfen Sie auch mal einen Blick in die fair kalkulierte Weinkarte. Gerne sitzt man im romantischen, zur Nied gelegenen Garten mit altem Baumbestand.

Menü 39 € (unter der Woche)/92 € - Karte 51/78 €

Hotel Niedmühle, Niedtalstr. 13 ✉ 66780 - ✆ 06835 67450 - www.restaurant-niedmuehle.de - geschlossen 26. September - 1. Oktober und Montag, Samstagmittag

Niedmühle

FAMILIÄR • MODERN Nicht nur gut essen kann man bei Familie Burbach: Schön hell und wohnlich-modern sind die Zimmer - charmant die Dachschrägen. Tipp: die große Juniorsuite. Frühstück gibt's im lichten Wintergarten. Im Sommer lockt die Liegewiese zur Nied.

11 Zim - †80/90 € ††120 € - ½ P

Niedtalstr. 13 ✉ 66780 - ✆ 06835 67450 - www.restaurant-niedmuehle.de - geschlossen 26. September - 1. Oktober

Niedmühle - siehe Restaurantauswahl

REICHELSHEIM

Hessen - 8 509 Ew. - Höhe 216 m - Regionalatlas **48**-G16
Michelin Straßenkarte 543

Treuschs Schwanen

KLASSISCHE KÜCHE • ELEGANT XX Der traditionsreiche Familienbetrieb bietet in elegantem Ambiente saisonale, klassisch-internationale Küche - darf es vielleicht "Lammrücken unter Bärlauchkruste auf Tomaten-Thymian-Jus" sein? Alternativ hat man noch die "Johanns-Stube" - hier gibt es Regionales. Tipp: eigener Apfelwein.

Menü 97 € - Karte 41/65 €

Rathausplatz 2, (Parkplatz an der Konrad Adenauer Allee) ✉ 64385 - ✆ 06164 2226 - www.treuschs-schwanen.com - geschlossen Februar 3 Wochen und Mittwoch - Donnerstag

In Reichelsheim-Eberbach Nord-West: 1,5 km über Konrad-Adenauer-Allee

O de vie

MEDITERRAN • LÄNDLICH X Wirklich nett ist das gemütlich-rustikale Ambiente hier, schön die Terrasse mit Blick ins Grüne. Und gut essen kann man obendrein: Die saisonal und mediterran inspirierte Küche gibt es z. B. als "Filet vom Odenwälder Rind mit Kruste aus Bärlauchzwiebeln" oder "Wachtelbrust auf Belugalinsen-Salat und Kräuteröl".

Menü 32/49 € - Karte 31/54 €

Landhotel Lortz, Eberbach 3a ✉ 64385 - ✆ 06164 4969 - www.landhotel.nu - Dienstag - Samstag nur Abendessen - geschlossen Anfang Januar 2 Wochen, Anfang Juli 2 Wochen und Sonntagabend - Montag

Landhotel Lortz

FAMILIÄR • FUNKTIONELL Am besten genießt man die ruhige Lage und den Ausblick von den Zimmern mit Balkon sowie von der Terrassen-Lounge. Nach dem guten Frühstück locken schöne Wanderwege, danach der Freizeitbereich des Hotels. Zimmer teils mit Küchenzeile.

18 Zim - †69/85 € ††105/125 € - 2 Suiten

Eberbach 3a ✉ 64385 - ✆ 06164 4969 - www.landhotel.nu - geschlossen Anfang Januar 2 Wochen, Anfang Juli 2 Wochen

O de vie - siehe Restaurantauswahl

REICHENAU (INSEL)

Baden-Württemberg – ✉ 78479 – 5 206 Ew. – Höhe 403 m – Regionalatlas **63**-G21
Michelin Straßenkarte 545

Im Ortsteil Mittelzell

Ganter Restaurant Mohren

INTERNATIONAL • GEMÜTLICH XX Ob in gemütlich-rustikalem oder chic-modernem Ambiente, man serviert frische Regionalküche mit internationalem Einfluss. Probieren Sie z. B. "Kalb x 2 - Tatar, Zunge, Estragon, Paprika" oder "Zander, Pastinake, Birne, Walnuss". Nicht verpassen sollte man auch die leckeren Desserts!

Menü 35/62 € – Karte 39/52 €

Ganter Hotel Mohren, Pirminstr. 141 ✉ 78479 – ✆ 07534 9944607 – www.mohren-bodensee.de – geschlossen November - März: Sonntag - Montag

Ganter Hotel Mohren

GASTHOF • MODERN Sie möchten schön modern wohnen? Das können Sie im geradlinig eingerichteten Neubau, aber auch im Stammhaus a. d. 17. Jh. - hier hat man in den Zimmern teilweise altes Fachwerk integriert. Sehr gut das Frühstück. Massage- und Kosmetikangebote gibt es auch.

38 Zim – †85/130 € ††99/200 € – ½ P

Pirminstr. 141 ✉ 78479 – ✆ 07534 99440 – www.mohren-bodensee.de

Ganter Restaurant Mohren – siehe Restaurantauswahl

Strandhotel Löchnerhaus

TRADITIONELL • AM SEE Das Ferienhotel - ursprünglich als Kurhaus gebaut - hat wohl die perfekte Lage: tolle Seesicht, eigener Seezugang, dazu der romantische Garten und die traumhafte Terrasse! Neben wohnlichen Zimmern gibt es noch das Restaurant mit regionaler Küche - reichlich Bodenseefisch inklusive!

40 Zim – †89/135 € ††160/215 € – ½ P

An der Schiffslände 12 ✉ 78479 – ✆ 07534 8030 – www.loechnerhaus.de – geschlossen November - Februar

REICHENHALL, BAD

Bayern – 17 327 Ew. – Höhe 473 m – Regionalatlas **67**-O21
Michelin Straßenkarte 546

Haus Seeblick

FAMILIÄR • TRADITIONELL Eine tolle Urlaubsadresse! Herrlich die Lage etwas oberhalb des Sees, vielfältig das Freizeitangebot: Blockhaussauna, Kosmetik und Massage, Reiten, Kegelbahn, Spielzimmer und Spielplatz, im Winter hauseigener kleiner Skihang und Langlaufloipe, dazu wohnliche Zimmer, meist mit Aussicht. Preise inkl. HP.

44 Zim – †75/115 € ††150/180 € – 4 Suiten – ½ P

Thumsee 10, (am Thumsee), West: 5 km, Richtung Inzell ✉ 83435 – ✆ 08651 98630 – www.hotel-seeblick.de – geschlossen 1. November - 8. Dezember

Hubertus

FAMILIÄR • TRADITIONELL Eine sehr nette familiäre Adresse, persönlich geführt und traumhaft am Thumsee gelegen - diesen sieht man von den meisten Zimmern aus. Die herrliche große Liegewiese bietet direkten Zugang zum See. Hausgäste können hier auch speisen, und das tun sie natürlich gerne auf der tollen Terrasse!

16 Zim – †45/58 € ††78/104 € – 2 Suiten

Thumsee 5, (am Thumsee), West: 5 km, Richtung Inzell ✉ 83435 – ✆ 08651 2252 – www.hubertus-thumsee.de – geschlossen Anfang November - Mitte Dezember

REICHERTSHAUSEN

Bayern – 4 949 Ew. – Höhe 448 m – Regionalatlas **58**-L19
Michelin Straßenkarte 546

In Reichertshausen-Langwaid Süd-West: 6 km, Richtung Hilgertshausen, in Lausham rechts ab

Gasthof zum Maurerwirt

KLASSISCHE KÜCHE • LÄNDLICH XX Gemütlich sitzt man in geschmackvollen Stuben, der ländliche Charme passt schön zur langen Tradition des Gasthauses. Gekocht wird ambitioniert und mit internationalem Einfluss. Der freundliche Service empfiehlt dazu den passenden Wein.

Menü 44/72 € – Karte 38/58 €

Scheyerer Str. 3 ✉ 85293 – ✆ 08137 809066 – www.maurerwirt.de – nur Abendessen, sonntags auch Mittagessen – geschlossen Montag - Dienstag, außer an Feiertagen

REICHSHOF

Nordrhein-Westfalen – 18 727 Ew. – Höhe 370 m – Regionalatlas **37**-D12
Michelin Straßenkarte 543

In Reichshof-Hespert

Ballebäuschen

FRANZÖSISCH-KLASSISCH • GEMÜTLICH XX Seit über 25 Jahren betreibt Familie Allmann dieses nette Restaurant - man lebt die Tradition und bleibt dennoch nicht stehen. Die Küche ist schmackhaft, frisch und ehrlich, sie reicht von regional bis klassisch und bietet auch Wild aus eigener Jagd. Mittags kleine Tageskarte. Schöne Terrasse hinterm Haus.

Menü 22 € (mittags)/64 € – Karte 30/66 €

Hasseler Str. 10 ✉ 51580 – ✆ 02265 9394 – www.ballebaeuschen.de – geschlossen Montag - Dienstag, außer an Feiertagen

REIL

Rheinland-Pfalz – 1 025 Ew. – Höhe 105 m – Regionalatlas **46**-C15
Michelin Straßenkarte 543

Heim's Restaurant

TRADITIONELLE KÜCHE • FAMILIÄR XX In dem rund 300 Jahre alten Haus sitzt man in geschmackvollem Ambiente bei frischer aromatischer Küche. Das breite Angebot von "Jägerschnitzel" über "geschmorte Schulter vom US-Beef" bis "Skrei im Bouillabaisse-Sud, Krustentierravioli, Sauce Rouille" spiegelt das ganze Können von Patron Christoph Heim wider. Tipp: die Fensterplätze mit Blick auf Weinberge und Mosel.

Menü 32/75 € – Karte 26/70 €

Hotel Reiler Hof, Moselstr. 27 ✉ 56861 – ✆ 06542 2629 – www.reiler-hof.de – geschlossen 12. November - 15. März und Mitte November - Anfang Dezember: Montag - Donnerstag

Reiler Hof

GASTHOF • TRADITIONELL Freundlich und familiär ist es bei den Heims. In zwei historischen Fachwerkhäusern direkt an der Moselpromenade hat man schöne wohnliche Zimmer - fragen Sie nach den schicken modernen Deluxe-Zimmern! Und darf es vielleicht auch eine eigene Sauna sein? Toll: Frühstück auf der Terrasse mit Moselblick!

26 Zim – 50/85 € 75/199 € – ½ P

Moselstr. 27 ✉ 56861 – ✆ 06542 2629 – www.reiler-hof.de – geschlossen 12. November - 15. März

Heim's Restaurant – siehe Restaurantauswahl

REINBEK

Schleswig-Holstein – 26 710 Ew. – Höhe 27 m – Regionalatlas **10**-J5
Michelin Straßenkarte 541

Waldhaus Reinbek

LANDHAUS • INDIVIDUELL Ein echter Hingucker ist das Haus mit markantem steilem Dach und vielen kleinen Gauben, dazu jede Menge Grün ringsum! Und drinnen? Zimmer im wohnlich-eleganten Landhausstil, Restaurant mit Orangerie, Pavillon und Zirbelstube sowie eine klassische Bar. Nicht zu vergessen der schicke kleine Spa mit Salzgrotte.

47 Zim – †150/175 € ††175/195 € – 2 Suiten – ☕ 20 € – ½ P

Loddenallee ✉ 21465 – ✆ 040 727520 – www.waldhaus.de

REIT im WINKL

Bayern – 2 374 Ew. – Höhe 696 m – Regionalatlas **67**-N21
Michelin Straßenkarte 546

Klauser's Restaurant

MEDITERRAN • GEMÜTLICH XX Seit Jahrzehnten wird das Haus mit Engagement und Leidenschaft geführt. Was man in den liebevoll eingerichteten Stuben sehr freundlich und aufmerksam serviert bekommt, ist klassisch und regional geprägt und nennt sich z. B. "Weidelamm in Rosmarin-Thymian-Kruste mit Petersilienmousseline".

Menü 36/82 € – Karte 35/71 €

Birnbacher Str. 8 ✉ 83242 – ✆ 08640 8424 – www.klausers.de – nur Abendessen – geschlossen Montag - Dienstag

Unterwirt

GASTHOF • GEMÜTLICH Im 14. Jh. erbaut und 1612 erstmals als Schankwirtschaft erwähnt! Die lange Tradition wird hier gepflegt, ohne dabei stehenzubleiben. So hat man wohnlich-charmante Zimmer, einen weitläufigen Wellnessbereich und schöne Restauranträume - mal modern-alpin, mal gemütlich-ländlich.

71 Zim ☕ – †79/165 € ††158/330 € – 3 Suiten – ½ P

Kirchplatz 2 ✉ 83242 – ✆ 08640 8010 – www.unterwirt.de

In Reit im Winkl-Blindau Süd-Ost: 2 km

Hotel & Chalet Gut Steinbach

LANDHAUS • MODERN Wirklich schön, wie das traditionelle Anwesen bayerische Gemütlichkeit und Moderne in Einklang bringt, und das in ruhiger, einsamer Lage umgeben von Natur. Darf es vielleicht eine der schicken Suiten im "Steinbacher Hof" sein? Oder lieber eines der sieben charmanten Chalets? Regionale Küche in hübschen ländlichen Stuben oder im modern-alpinen Restaurant "Heimat".

65 Zim ☕ – †120/260 € ††170/360 € – 15 Suiten – ½ P

Steinbachweg 10 ✉ 83242 – ✆ 08640 8070 – www.gutsteinbach.de

REMAGEN

Rheinland-Pfalz – 16 103 Ew. – Höhe 60 m – Regionalatlas **36**-C13
Michelin Straßenkarte 543

Alte Rebe

INTERNATIONAL • GERADLINIG X Eine hübsche Adresse direkt am Marktplatz etwas oberhalb des Rheins. Das Ambiente geradlinig-modern mit markanten Farbakzenten in Lila, charmant der Service. Auf der internationalen Karte machen z. B. "Tom Kha Gai" oder "geschmorte Kalbshaxe mit sautierten Pfifferlingen" Appetit. Mittags kleinere Karte.

Karte 36/65 €

Kirchstr. 4 ✉ 53424 – ✆ 02642 9029269 – www.alte-rebe-remagen.de – geschlossen September 2 Wochen und Montag - Dienstag

REMCHINGEN

Baden-Württemberg – 11 673 Ew. – Höhe 160 m – Regionalatlas **54**-F18
Michelin Straßenkarte 545

In Remchingen-Wilferdingen

Zum Hirsch

REGIONAL • RUSTIKAL XX Ein charmanter Fachwerk-Gasthof von 1688 - im Winter sitzt man gerne in der Ofenstube, im Sommer auf der schönen Terrasse. Sehr lecker sind z. B. "Tatar vom Schwarzwälder Färsenrind" oder "knusprig gebratener Flusszander, Weißburgundercreme, Apfel-Rahmsauerkraut". Mittags: "Eat & Talk". Das Haus ist auch eine praktische Übernachtungsadresse.

Menü 30 € (mittags)/78 € – Karte 33/52 €

17 Zim – 69/79 € 99/109 €

Hauptstr. 23 ✉ 75196 – ✆ 07232 79636 – www.hirsch-remchingen.de – geschlossen Sonntag - Montag

REMSCHEID

Nordrhein-Westfalen – 109 009 Ew. – Höhe 365 m – Regionalatlas **36**-C12
Michelin Straßenkarte 543

Heldmann

KLASSISCHE KÜCHE • ELEGANT XXX Seit 1995 steht Patron Ulrich Heldmann für klassische Küche, sein Engagement spiegelt sich im Niveau der Speisen wider. Den idealen Rahmen dafür bietet die schmucke Industriellenvilla a. d. 19. Jh. mit ihrem eleganten Interieur - schön der lichte Wintergarten. Aufmerksam und versiert der Service.

→ Gebeizte Fjord Forelle, Escabeche, Avocado, Peperoni, Perlzwiebel. Bergisches Rind, Sauerbraten, Zwiebel, Haselnuss. Maibowle, Waldmeister, Zitronenklee, Erdbeere, Himbeere.

Menü 70/110 €

Brüderstr. 56 ✉ 42853 – ✆ 02191 291941 (Tischbestellung ratsam) – www.heldmann-herzhaft.de – nur Abendessen – geschlossen Anfang Januar 1 Woche, Juli - August 3 Wochen und Sonntag - Montag, Feiertage

Herzhaft – siehe Restaurantauswahl

Herzhaft

INTERNATIONAL • BISTRO X Die gastronomische Alternative im Hause Heldmann ist bodenständiger, setzt aber ebenso auf Qualität und Geschmack. Ein schönes Beispiel für die frische Küche ist "Bergischer Rinderschmorbraten mit Frühlingsgemüse und Graubrotknödeln".

Menü 34/44 € – Karte 31/65 €

Restaurant Heldmann, Brüderstr. 56 ✉ 42853 – ✆ 02191 291941 – www.heldmanns-restaurant.de – geschlossen Anfang Januar 1 Woche, Juli - August 3 Wochen und Samstagmittag, Sonntag - Montag, Feiertage

REMSHALDEN

Baden-Württemberg – 13 630 Ew. – Höhe 255 m – Regionalatlas **55**-H18
Michelin Straßenkarte 545

In Remshalden-Hebsack

Lamm Hebsack

MARKTKÜCHE • GASTHOF XX Puppen-, Back-, Bauern- und Jägerstube - die Räume sind so gemütlich wie ihre Namen klingen! Eine Spezialität des Hauses: "Wurstknöpfle in Petersilienbutter geschmelzt, Filderkraut, Zwiebelstroh". Oder lieber "Barbarie-Entenbrust, Alblinsengemüse, Kartoffeln"? Dazu rund 300 Weine. Gepflegt übernachten kann man in dem traditionsreichen Familienbetrieb ebenfalls.

Menü 32 € (mittags)/65 € – Karte 35/63 €

23 Zim – 70/89 € 110/120 €

Winterbacher Str. 1 ✉ 73630 – ✆ 07181 45061 – www.lamm-hebsack.de – geschlossen 1. - 8. Januar und Sonntagabend, Feiertage

RENCHEN

Baden-Württemberg – 7 306 Ew. – Höhe 150 m – Regionalatlas **54**-E19
Michelin Straßenkarte 545

In Renchen-Erlach Süd-Ost: 2 km über Renchtalstraße in Richtung Oberkirch

Drei Könige

REGIONAL • LÄNDLICH Hier kümmert man sich freundlich und fürsorglich um seine Gäste. Sie sitzen gemütlich in holzvertäfelten Stuben und lassen sich schmackhafte regionale Gerichte servieren. Sehr beliebt im November und überregional bekannt: "Gänsebraten mit Rotkohl, Maronen und Kartoffelklößen".

Menü 26/68 € – Karte 23/55 €

Erlacher Str. 1 ✉ 77871 – ✆ 07843 2287 – www.3-koenige.de – geschlossen Februar 2 Wochen, Juni 1 Woche und Montag, Mittwoch

RENDSBURG

Schleswig-Holstein – 27 266 Ew. – Höhe 6 m – Regionalatlas **2**-I3
Michelin Straßenkarte 541

1690

URBAN • DESIGN Chic-modern ist die Einrichtung in dem charmanten Hotel, das nahe der Altstadt mit ihrem Paradeplatz liegt. Einige der Zimmer liegen ruhiger zum Innenhof - dieser ist mit seiner überdachten Lounge ein echtes kleines Idyll! Wer länger bleibt, kann tolle Apartments mit Küche buchen.

16 Zim – 69/84 € 89/109 €

Herrenstr. 6 ✉ 24768 – ✆ 04331 770290 – www.hotel-1690.de – geschlossen 20. Dezember - 6. Januar

RHEDA-WIEDENBRÜCK

Nordrhein-Westfalen – 47 177 Ew. – Höhe 72 m – Regionalatlas **27**-F10
Michelin Straßenkarte 543

Im Stadtteil Rheda

Reuter (Iris Bettinger)

FRANZÖSISCH-MODERN • ELEGANT "Interregiomediterraneurasisch" - so nennt Iris Bettinger ihre Küche. Hier verbindet Sie produktorientiert und mit kreativer Note regionale und internationale Einflüsse. In dem schönen wertig-eleganten Restaurant wird man zudem angenehm professionell umsorgt - auch der Sommelier berät Sie mit Herzblut.

→ Challans Entenbrust, Erdnuss, Shiitakepilz, roter Rettich, Pak Choi. Milchkalb - Filet-Backe-Bries - Steinhoffs Spargel. Mispel, Safranbaiser, Brioche und Eiscrème vom Fromage blanc.

Menü 89/174 €

Hotel Reuter, Bleichstr. 3 ✉ 33378 – ✆ 05242 94520 (Tischbestellung ratsam) – www.hotelreuter.de – nur Abendessen – geschlossen 26. Dezember - 8. Januar, 15. Juli - 30. August und Sonntag - Dienstag, Feiertage

Gastwirtschaft Ferdinand Reuter

MARKTKÜCHE • BISTRO Lust auf "Maispoulardenbrust mit Bärlauchkruste" oder "Schnitzel vom Schwäbisch Hällischen Landschwein"? Was hier gekocht wird, schmeckt richtig gut und basiert auf ausgesuchten Produkten, gerne aus der Region. Das Ambiente dazu: freundlich und modern - alte Fotos erinnern an die Geschichte des "Reuters".

Menü 37 € – Karte 31/54 €

Hotel Reuter, Bleichstr. 3 ✉ 33378 – ✆ 05242 94520 – www.hotelreuter.de – geschlossen 26. Dezember - 6. Januar und Freitagmittag, Samstagmittag, Sonntag, Feiertage

Emshaus

MARKTKÜCHE • FREUNDLICH XX Schön liegt das schmucke Backsteinhaus von 1936 zwischen Rosengarten und Schlosspark. In dem geschmackvollen Restaurant erwarten Sie sympathische Gastgeber sowie regionale, mediterrane und saisonale Gerichte wie "Maishähnchenbrust, Grappa-Rahmsauce, Spargelragout mit Tomaten". Sa. und So. gibt es nachmittags Kuchen.

Menü 35/37 € – Karte 34/52 €

Gütersloher Str. 22 ✉ 33378 – ✆ 05242 4060400 – www.emshaus-rheda.de – nur Abendessen, sonntags auch Mittagessen – geschlossen Montag - Dienstag

Reuter

FAMILIÄR • INDIVIDUELL Schon in 4. Generation betreibt die Familie mit Engagement dieses Haus, immer wieder wird investiert, alles ist topgepflegt, der Service aufmerksam. Die Zimmervielfalt reicht vom puristisch-praktischen kleinen Einzelzimmer bis zum schicken klimatisierten Komfortzimmer. Gut auch das Frühstück.

36 Zim – †72/105 € ††119/169 €

Bleichstr. 3 ✉ 33378 – ✆ 05242 94520 – www.hotelreuter.de – geschlossen 26. Dezember - 6. Januar

Reuter • **Gastwirtschaft Ferdinand Reuter** – siehe Restaurantauswahl

Im Stadtteil Wiedenbrück

Zur Wartburg

BUSINESS • MODERN Der engagierte Gastgeber hat aus dem Haus von 1889 ein echtes kleines Schmuckstück gemacht. Hier wohnt man individuell, geschmackvoll, komfortabel - es gibt auch kleinere, aber ebenso schicke Einzelzimmer. Sehr gutes, frisches Frühstück.

18 Zim – †65/88 € ††95/108 €

Mönchstr. 4, (Ecke Lange Straße) ✉ 33378 – ✆ 05242 92520 – www.hotel-zur-wartburg.de

RHEINE

Nordrhein-Westfalen – 73 944 Ew. – Höhe 35 m – Regionalatlas **16**-D8
Michelin Straßenkarte 543

Beesten

KLASSISCHE KÜCHE • FREUNDLICH XX Mit Engagement und Herz ist Familie Beesten hier in 4. Generation bei der Sache. Gemütlich sitzt man bei guten internationalen Gerichten wie "Carpaccio vom Rinderfilet" oder "Kabeljaufilet an Kräutersenfsauce mit Herzoginkartoffeln". Schön: Terrasse mit altem Baumbestand.

Menü 37/65 € – Karte 32/54 €

Eichenstr. 3 ✉ 48431 – ✆ 05971 3253 – www.restaurant-beesten.de – nur Abendessen – geschlossen Anfang Juli 2 Wochen und Donnerstag

Zum Alten Brunnen

FAMILIÄR • GEMÜTLICH Ein reizendes Anwesen wie ein kleines Dörfchen, mittig ein charmanter Hof mit Brunnen - hier gibt's bei schönem Wetter das Frühstück, und das wird am Tisch serviert. Man spürt die persönliche Note, überall im Haus geschmackvolle Details wie Antiquitäten. Darf es vielleicht eine klimatisierte Suite sein?

13 Zim – †85/128 € ††98/148 € – 3 Suiten

Dreierwalder Str. 25 ✉ 48429 – ✆ 05971 961715 – www.zumaltenbrunnen.de – geschlossen 24. Dezember - 2. Januar

RHEINSBERG

Brandenburg – 8 029 Ew. – Höhe 61 m – Regionalatlas **22**-O6
Michelin Straßenkarte 542

Der Seehof

REGIONAL • FREUNDLICH Schön sitzt man in dem angenehm hellen Restaurant mit Wintergarten und lässt sich regionale Küche servieren. Tipp für Sommertage: Wählen Sie einen Platz im herrlichen Innenhof!

Menü 32 € – Karte 24/40 €

Hotel Der Seehof, Seestr. 18 ✉ 16831 – ✆ 033931 4030 – www.seehof-rheinsberg.de

Der Seehof

PRIVATHAUS • GEMÜTLICH Sie finden das ehemalige Ackerbürgerhaus von 1750 ca. 100 m vom See entfernt. Hinter der frischen hellblauen Fassade erwartet Sie ein gepflegtes und freundliches Ambiente.

11 Zim ☕ – †65/85 € ††100/120 € – ½ P

Seestr. 18 ✉ 16831 – ✆ 033931 4030 – www.seehof-rheinsberg.de

Der Seehof – siehe Restaurantauswahl

RHODT unter RIETBURG

Rheinland-Pfalz – 1 117 Ew. – Regionalatlas **47**-E17

Michelin Straßenkarte 543

Wohlfühlhotel Alte Rebschule

LANDHAUS • MODERN Zum Wohlfühlen sind die ruhige Lage und der Blick auf das Rebenmeer (besonders schön von der Terrasse!), die sehr komfortablen Zimmer (chic z. B. die Barrique-Zimmer) und das Wellnessangebot. Dazu ein klassisches Restaurant mit wechselndem Abendmenü sowie das rustikale Gasthaus "Sesel". Verwöhnpension inkl.

37 Zim ☕ – †113/126 € ††190/216 € – 3 Suiten – ½ P

Theresienstr. 200 ✉ 76835 – ✆ 06323 70440 – www.alte-rebschule.de

Rhodter Adler

FAMILIÄR • AUF DEM LAND Einfach charmant der Mix aus Altem und Neuem, alles absolut liebenswert: die engagierten und herzlichen Gastgeber, die individuellen Zimmer, das historische Gemäuer, der lauschige Innenhof... Nicht zu vergessen das tolle Frühstück! Samstags saisonaler "Table d'hôte" samt Weinbegleitung. Parken 200 m entfernt.

12 Zim ☕ – †50/80 € ††65/95 €

Weinstr. 10 ✉ 76835 – ✆ 06323 9492770 – www.rhodter-adler.de – geschlossen Januar - Februar

RIEDENBURG

Bayern – 5 675 Ew. – Höhe 360 m – Regionalatlas **58**-M18

Michelin Straßenkarte 546

Forst's Landhaus

INTERNATIONAL • FREUNDLICH Hier kommen die freundliche Atmosphäre und die frische international ausgerichtete Küche gut an. Sie möchten dauBen sitzen? Man hat schöne Terrassenplätze am Bach. Gepflegt übernachten können Sie übrigens auch.

Menü 26 € (mittags)/82 € – Karte 27/71 €

11 Zim ☕ – †48/65 € ††75/88 €

Mühlstr. 37b ✉ 93339 – ✆ 09442 9919399 – www.forsts-landhaus.de – geschlossen Februar 2 Wochen, August 1 Woche und Montag - Dienstag

RIETBERG

Nordrhein-Westfalen – 28 990 Ew. – Höhe 78 m – Regionalatlas **27**-F10

Michelin Straßenkarte 543

Lind

BUSINESS • MODERN Großzügig, modern und hochwertig ausgestattet, ist das Hotel mitten in Rietberg für Urlauber und Businessgäste gleichermaßen ideal. Recht idyllisch: Hinter dem Haus verläuft die Ems. Gut entspannen kann man im "Lind Vital" bei Massage, Beauty & Co. Im Restaurant "Mauritz" gibt es mediterran-regionale Küche.

78 Zim ☕ – †79/134 € ††103/158 € – 2 Suiten – ½ P

Am Nordtor 1 ✉ 33397 – ✆ 05244 700100 – www.lind-hotel.de

In Rietberg-Mastholte Süd-West: 7 km über Mastholter Straße

Domschenke

REGIONAL • KLASSISCHES AMBIENTE XX Hier ist schon die 3. Generation im Einsatz. Ob Gaststube, Wintergarten oder draußen unter alten Bäumen, man umsorgt Sie herzlich mit regional-internationaler Küche von der "westfälischen Hochzeitssuppe" bis zum "mediterranen Wildschweinragout". Dazu Tagesangebot von der Tafel.

Karte 27/47 €

Lippstädter Str. 1 ✉ 33397 – ✆ 02944 318 – www.domschenke-mastholte.de – nur Abendessen, sonntags auch Mittagessen – geschlossen 1. - 8. Januar, 13. - 28 April, 25. Juli - 13. August, 15. - 27. Oktober, 21. - 27. Dezember und Dienstag sowie an Feiertagen

RIMSTING

Bayern – 3 805 Ew. – Höhe 564 m – Regionalatlas **66**-N21
Michelin Straßenkarte 546

Landhotel beim Has'n

GASTHOF • AUF DEM LAND Zwei Schwestern betreiben das sympathische Landhotel. Man wird freundlich-familiär umsorgt und darf sich auf wohnliche und sehr gepflegte Zimmer freuen. Im rustikalen Wirtshaus kommt regionale Küche auf den Tisch - am Wochenende auch für externe Gäste.

22 Zim – †53/63 € ††84/98 € – ½ P

Endorfer Str. 1 ✉ 83253 – ✆ 08051 609590 – www.landhotelbeimhasn.de

In Rimsting-Greimharting Süd-West: 4 km in Richtung Prien – Höhe 668 m

Der Weingarten

GASTHOF • AUF DEM LAND Die traumhafte Lage auf der Ratzinger Höhe und die einmalige Aussicht auf den Chiemgau machen Lust auf Natur. Alle Zimmer und Appartements mit Balkon oder Terrasse. Im Restaurant isst man bürgerlich. Der Biergarten zieht viele Gäste an. Toll der große Kinderspielplatz.

20 Zim – †60/70 € ††105/125 € – 4 Suiten

Weingarten 1, (Ratzinger Höhe), Nord-West: 1 km ✉ 83253 – ✆ 08051 1775 – www.ratzingerhoehe.info – geschlossen 6. Januar - Februar

RINGSHEIM

Baden-Württemberg – 2 274 Ew. – Höhe 170 m – Regionalatlas **61**-D20
Michelin Straßenkarte 545

Heckenrose

INTERNATIONAL • TRENDY XX Dass man hier richtig gut isst, hat sich bis in die Schweiz und ins Elsass herumgesprochen. Man sitzt in sympathisch-moderner Atmosphäre und lässt sich Internationales wie "Dorsch, Selleriemousseline, Lauch" oder "Rinderfilet, Artischocke, La Ratte" schmecken.

Menü 30/55 € – Karte 33/57 €

Hotel Heckenrose, Alte Bundesstr. 24 ✉ 77975 – ✆ 07822 789980 – www.hotel-heckenrose.de – nur Abendessen – geschlossen 24. Februar - 14. März, 1. - 14. November und Sonntag, Mittwoch

Heckenrose

GASTHOF • MODERN Das engagiert geführte Hotel ist beliebt bei Urlaubern und Familien, denn die Lage ist ideal für Ausflüge, z. B. in den nahen Europa-Park (Shuttle-Service), zudem gibt es im Haus einen netten Spiele- und Aufenthaltsraum samt Kickertisch! Ansprechend auch die Zimmer: geradlinig-zeitgemäß der Stil, teils mit Klimaanlage.

24 Zim – †65/79 € ††110/120 € – 1 Suite – ½ P

Alte Bundesstr. 24 ✉ 77975 – ✆ 07822 789980 – www.hotel-heckenrose.de – geschlossen 24. Februar - 14. März, 1. - 14. November

Heckenrose – siehe Restaurantauswahl

RINTELN

Niedersachsen – 25 129 Ew. – Höhe 56 m – Regionalatlas **28**-G9
Michelin Straßenkarte 541

Der Waldkater

LANDHAUS • MODERN Das neuzeitliche Fachwerkhaus liegt schön ruhig am Waldrand und beherbergt gepflegte Zimmer, die wohnlich im Landhausstil eingerichtet sind. Herzstück der Gastronomie ist die gemütlich-rustikale Brauerei mit Sudpfanne als Blickfang. An zwei Abenden in der Woche kann man auch im Restaurant "Waldkater" speisen.

31 Zim – †99/130 € ††135/145 € – ½ P

Waldkaterallee 27 ✉ 31737 – ✆ 05751 17980 – www.waldkater.com

RIPPOLDSAU-SCHAPBACH, BAD

Baden-Württemberg – 2 149 Ew. – Höhe 564 m – Regionalatlas **54**-E19
Michelin Straßenkarte 545

Im Ortsteil Bad Rippoldsau

Klösterle Hof

REGIONAL • FAMILIÄR Markus Klein kocht klassisch mit regional-saisonalem Bezug, so z. B. "Wolftäler Hirschragout, Rahmpilze, Kartoffelknödel, Preiselbeeren" oder "Bachsaibling mit Pinienkernen". Hier stimmen Geschmack und Preis, dazu nettes ländliches Ambiente. Tipp für Übernachtungsgäste: die "Wohlfühl-" und "Komfortzimmer".

Karte 19/52 €

8 Zim – †40/79 € ††76/98 €

Klösterleweg 2 ✉ 77776 – ✆ 07440 215 – www.kloesterle-hof.de – geschlossen Januar 3 Wochen, November 3 Wochen, November - März: Montag - Mittwoch, Sonntagabend sowie April - Oktober: Sonntagabend - Montag

Im Ortsteil Schapbach Süd: 10 km

Ochsenwirtshof

GASTHOF • REGIONAL Schön wohnlich hat man es in dem regionstypischen Haus, dazu bietet man einen netten kleinen Sauna- und Hallenbadbereich mit Sonnenterrasse sowie auf Anfrage auch Massage, und die Landschaft ringsum lädt zu Wanderungen ein. Zum Speisen geht's in die ländlichen Gaststuben oder auf die hübsche Terrasse.

15 Zim – †80/85 € ††120/135 € – ½ P

Wolfacher Str. 21, Süd-West: 1,5 km ✉ 77776 – ✆ 07839 919798 – www.ochsenwirtshof.de – geschlossen 10. November - 15. Dezember

RÖBEL (MÜRITZ)

Mecklenburg-Vorpommern – 5 095 Ew. – Höhe 65 m – Regionalatlas **13**-N6
Michelin Straßenkarte 542

Landhaus Müritzgarten

FAMILIÄR • AUF DEM LAND Am Waldrand, nur 200 m von der Müritz, liegt das aus zwei Landhäusern und vier Blockhäusern bestehende Hotel, das persönlich von Familie Neu geführt wird. Neben wohnlichen Zimmern hat man auch eine Vesperstube.

37 Zim – †75/105 € ††80/155 €

Seebadstr. 45, (Marienfelde), Nord-Ost: 1,5 km ✉ 17207 – ✆ 039931 8810 – www.hotel-mueritzgarten.de

Sie suchen ein Hotel für einen besonders angenehmen Aufenthalt?
Reservieren Sie in einem roten Haus: ... .

RÖDENTAL

Bayern – 13 075 Ew. – Höhe 350 m – Regionalatlas **40**-K14
Michelin Straßenkarte 546

In Rödental-Oeslau Ost: 2 km

Grosch

HISTORISCH • TRADITIONELL Der Gasthof von 1425 ist ein sympathischer Familienbetrieb mit Brauerei. Wer's schön modern mag, bucht ein Zimmer im Anbau (Brauhotel). In den gemütlichen Gaststuben isst man fränkisch-saisonal, besondere Spezialität unter den eigenen Bieren ist der Capreolus. Tipp: der Biergarten "Die Alm" unweit des Hotels.

44 Zim – †80/82 € ††110/112 € – ½ P

Oeslauer Str. 115 ✉ 96472 – ✆ 09563 7500 – www.der-grosch.de

In Rödental-Oberwohlsbach Nord: 5 km

Alte Mühle

INTERNATIONAL • GEMÜTLICH XX Freundlich und angenehm geradlinig kommt der Restaurantanbau daher. Gekocht wird international und regional, von "handgemachten Panzerotti mit Steinpilzfüllung in Trüffelbutter" bis zu "geschmorten Ochsenbäckchen in Barolosauce mit Nussbutterstampf".

Karte 26/62 €

Hotel Alte Mühle, Mühlgarten 5 ✉ 96472 – ✆ 09563 72380 – www.alte-muehle-hotel.com – nur Abendessen – geschlossen Sonntag

Alte Mühle

HISTORISCH • FUNKTIONELL Das 1902 auf den Fundamenten einer ehemaligen Getreidemühle entstandene Haus wird herzlich von der sympathischen Familie geleitet und bietet sehr gepflegte und zeitgemäß eingerichtete Gästezimmer.

24 Zim – †72/88 € ††105/115 € – ½ P

Mühlgarten 5 ✉ 96472 – ✆ 09563 72380 – www.alte-muehle-hotel.com

Alte Mühle – siehe Restaurantauswahl

RÖHRMOOS

Bayern – 6 267 Ew. – Höhe 505 m – Regionalatlas **58**-L19
Michelin Straßenkarte 546

In Röhrmoos-Großinzemoos Nord-West: 2 km

Landgasthof Brummer

REGIONAL • FAMILIÄR X Gemütlich hat man es in dem traditionsreichen Familienbetrieb, während man sich regionale und mediterrane Gerichte servieren lässt. Nett sitzt es sich auch im Biergarten. Sie möchten übernachten? Gepflegte Gästezimmer hat man ebenfalls.

Karte 23/52 €

13 Zim – †69/99 € ††89/129 €

Indersdorfer Str. 51 ✉ 85244 – ✆ 08139 7270 – www.landgasthof-brummer.de – geschlossen Montag - Dienstag

RÖSRATH

Nordrhein-Westfalen – 28 049 Ew. – Höhe 90 m – Regionalatlas **36**-C12
Michelin Straßenkarte 543

Klostermühle

BELGISCH • RUSTIKAL XX Das hübsche Fachwerkhaus hat auch im Inneren seinen rustikalen Charme bewahrt. Natursteinwände, Holzdecke und liebenswerte Deko verbreiten Gemütlichkeit. Gekocht wird klassisch-französisch, dazu Weine aus Frankreich.

Menü 29 € (mittags)/85 € – Karte 40/59 €

Zum Eulenbroicher Auel 15 ✉ 51503 – ✆ 02205 4758 – www.restaurant-klostermuehle.de – geschlossen Montag - Dienstag

ROETGEN

Nordrhein-Westfalen – 8 268 Ew. – Höhe 410 m – Regionalatlas **35**-A13
Michelin Straßenkarte 543

Gut Marienbildchen

GASTHOF • AUF DEM LAND Sympathisch und engagiert kümmert man sich um seine Gäste, das Haus ist tipptopp gepflegt und man hat hübsche, wohnliche Zimmer. In der Küche legt man Wert auf heimische Produkte, teilweise aus eigener Landwirtschaft - von hier kommen z. B. die Frühstückseier und die Kalbsbratwurst!

8 Zim – 65/90 € 95/150 € – ½ P

Münsterbildchen 3, B 258, Nord: 2 km ✉ 52159 – ✆ 02471 2523 – www.gut-marienbildchen.de – geschlossen vor Ostern 1 Woche, Juli - August 3 Wochen und Sonntag - Montagmittag

RÖTZ

Bayern – 3 422 Ew. – Höhe 453 m – Regionalatlas **52**-N17
Michelin Straßenkarte 546

In Rötz-Hillstett West: 4 km in Richtung Seebarn

Gregor's (Gregor Hauer)

KREATIV • ELEGANT XXX Schön stimmig das wertig-elegante Interieur in warmen Tönen, passend dazu der stilvolle Service samt versierter Weinberatung. In diesem niveauvollen Rahmen heißt es international-klassisch genießen, und zwar in Form von finessenreichen und aromatischen Speisen aus sehr guten Produkten.

→ Beef Tatar und Wildgarnele, Crème fraîche, Wachtelei, Consommé. Skreifilet, Reis, Morchel, Spargelcrème. Kalbsfilet, Tramezzini, Zwiebel, Bohne, Kartoffel.

Menü 89/107 €

Resort Die Wutzschleife, Hillstett 40 ✉ 92444 – ✆ 09976 180 (Tischbestellung erforderlich) – www.wutzschleife.com – nur Abendessen – geschlossen Anfang Januar - Mitte März, Ende Juli - Mitte September und Sonntag - Dienstag

Spiegelstube

REGIONAL • FREUNDLICH XX Auch in der schlichteren Alternative zum "Gregor's" kocht man geschmackvoll und ambitioniert - probieren Sie z. B. "Spanferkelfilet im Brotmantel" oder "Kabeljaumedaillons mit Pilzrisotto und Spinat".

Menü 30/48 € – Karte 34/57 €

Hotel Resort Die Wutzschleife, Hillstett 40 ✉ 92444 – ✆ 09976 180 – www.wutzschleife.com – geschlossen Sonntagmittag

Resort Die Wutzschleife

SPA UND WELLNESS • FUNKTIONELL Ob Wellness, Tagung, Kurzurlaub, Golf oder kulinarischer Genuss, das Resort-Hotel (seit über 125 Jahren in Familienbesitz) wird jedem gerecht! Großzügig die Atriumhalle über mehrere Etagen, freundlich der Service, nicht zu vergessen die ruhige Lage!

58 Zim – 79/176 € 109/238 € – 1 Suite – ½ P

Hillstett 40 ✉ 92444 – ✆ 09976 180 – www.wutzschleife.com

Gregor's • **Spiegelstube** – siehe Restaurantauswahl

ROHRDORF

Bayern – 5 592 Ew. – Höhe 476 m – Regionalatlas **66**-N21
Michelin Straßenkarte 546

Zur Post

GASTHOF • FUNKTIONELL Seit über 200 Jahren ist dieser echt bayerische Gasthof in Familienhand. Man ist engagiert und investiert stetig - fragen Sie nach den neueren modernen Zimmern! Im Restaurant wird Fleisch aus der eigenen Metzgerei verarbeitet, die Küche regional-bürgerlich. Praktisch: gute Anbindung an die Autobahn.

113 Zim – 57/99 € 74/110 €

Dorfplatz 14 ✉ 83101 – ✆ 08032 1830 – www.post-rohrdorf.de

RONNENBERG

Niedersachsen – 23 625 Ew. – Höhe 73 m – Regionalatlas **19**-H9
Michelin Straßenkarte 541

In Ronnenberg-Benthe Nord-West: 3 km

Benther Berg

INTERNATIONAL • ELEGANT XX Hier gibt es in elegantem Ambiente saisonal-internationale Gerichte auf klassischer Basis, und die nennen sich z. B. "Kalbsleber mit Schalotten und Salbei gebraten" oder "Zander, Paprikakraut, Rieslingsauce". Alternative: die etwas bürgerlichere Gaststubenkarte. Februar und September: Sushi & Asia-Küche.

Menü 36/55 € – Karte 31/48 €

Hotel Benther Berg, Vogelsangstr. 18 ✉ 30952 – ✆ 05108 64060 – www.hotel-benther-berg.de

Benther Berg

LANDHAUS • INDIVIDUELL Schön ist die Lage in einem Park am Waldrand oberhalb des Ortes. Die wohnlichen Zimmer gibt es vom kleinen Standard-Zimmer bis zur Juniorsuite, verteilt auf Altes Haus (1899 als Herrenhaus erbaut), Neues Haus und Landhaus.

65 Zim – †74/135 € ††96/175 € – ½ P

Vogelsangstr. 18 ✉ 30952 – ✆ 05108 64060 – www.hotel-benther-berg.de

Benther Berg – siehe Restaurantauswahl

ROSENHEIM

Bayern – 60 889 Ew. – Höhe 446 m – Regionalatlas **66**-N21
Michelin Straßenkarte 546

Parkhotel Crombach

BUSINESS • FUNKTIONELL An einem kleinen Park in der Stadtmitte liegt dieses Hotel mit seinen zeitgemäß und funktionell ausgestatteten Zimmern. Wer etwas mehr Komfort möchte, bucht eine der Juniorsuiten oder die Suite mit eigener Küche. Frühstück mit Parkblick!

63 Zim – †80/129 € ††118/172 € – 1 Suite

Kufsteiner Str. 2 ✉ 83022 – ✆ 08031 3580 – www.parkhotel-crombach.de – geschlossen 20. Dezember - 6. Januar

San Gabriele

BUSINESS • DESIGN Hier ist keine Wand gerade, jede Zimmertür hat eine andere Form. Vom Ameranger Architekten Rudolf Rechl stammt das ungewöhnliche Design. Wer hier übernachtet, sollte es ritterlich-rustikal mögen. Klosterflair im italienischen Restaurant "Il Convento": Gewölbe, Feuerstelle und Weinkeller.

38 Zim – †85/136 € ††115/175 € – 10 €

Zellerhornstr. 16 ✉ 83026 – ✆ 08031 26070 – www.hotel-sangabriele.de

ROSSBACH

Rheinland-Pfalz – 1 458 Ew. – Höhe 116 m – Regionalatlas **36**-D13
Michelin Straßenkarte 543

Zur Post

FAMILIÄR • AUF DEM LAND Der Gasthof von 1830 ist ein schönes Fachwerkhaus in zentraler und doch relativ ruhiger Lage im Ortskern. Am Frühstücksbuffet wird man freundlich betreut, im Restaurant bekommt man saisonal-regionale Küche serviert und relaxen kann man im hübschen Saunabereich mit Dachterrasse. "Dorfladen" mit Eigenprodukten.

12 Zim – †55/75 € ††85/95 € – ½ P

Wiedtalstr. 55 ✉ 53547 – ✆ 02638 280 – www.zur-post-rossbach.de

ROSSHAUPTEN

Bayern – 2 191 Ew. – Höhe 816 m – Regionalatlas **64**-J21
Michelin Straßenkarte 546

Kaufmann

TRADITIONELLE KÜCHE • LÄNDLICH XX Hier gibt's Saisonales und Klassiker der Region - "Forggenseezander auf Linsen" macht da ebenso Appetit wie "Zwieblrostbraten mit Kässpätzle". Und das Restaurant selbst? Gemütlich mit Holztäfelung oder hell und modern. Von den Fensterplätzen schaut man schön ins Grüne.

Menü 38 € – Karte 27/55 €

Hotel Kaufmann, Füssener Str. 44 ✉ 87672 – ✆ 08367 91230 (Tischbestellung ratsam) – www.hotel-kaufmann.de – Montag - Freitag nur Abendessen

Kaufmann

FAMILIÄR • MODERN Ehemals ein ländlicher Gasthof, heute ein modernes Ferienhotel unweit des Forggensees. Einige Zimmer muten fast schon puristisch an, andere sind traditionell. Der chic designte Spa glänzt u. a. mit dem lichtdurchfluteten Poolhaus und einer Panoramasauna mit Außen-Wasserfall.

39 Zim ☕ – †85/165 € ††135/215 € – 4 Suiten – ½ P

Füssener Str. 44 ✉ 87672 – ✆ 08367 91230 – www.hotel-kaufmann.de

Kaufmann – siehe Restaurantauswahl

S. Lubenow/imageBROKER / age fotostock

WIR MÖGEN BESONDERS...
In der **Yachthafenresidenz Hohe Düne** als Urlaubs-, Business- und Wellness-Gast ebenso gut aufgehoben sein wie als Feinschmecker – dem besternten **Butt** sei Dank! Das historische **Alte Hafenhaus** als richtig hübsche und individuelle Übernachtungsadresse. Backfisch, Austern & Co. im liebenswerten **Borwin Hafenrestaurant**.

ROSTOCK

Mecklenburg-Vorpommern – 204 167 Ew. – Höhe 13 m – Regionalatlas **12**-M4
Michelin Straßenkarte 542

Borwin Hafenrestaurant

FISCH UND MEERESFRÜCHTE • RUSTIKAL Gemütlich ist die charmant-traditionelle Atmosphäre hier am Hafen - beliebte Plätze sind die hübschen Sofas! Schwerpunkt sind Fischgerichte (Backfisch, Austern, Tagesfisch von der Tafel...), aber auch Fleisch ist zu haben. Schöner Blick aufs Wasser!

Menü 23 € – Karte 29/60 €

Stadtplan : D1-b – *Am Strande 2a ✉ 18055 – ✆ 0381 4907525 – www.borwin-hafenrestaurant.de*

Altes Hafenhaus

PRIVATHAUS • HISTORISCH Das schön sanierte 200 Jahre alte Stadthaus gegenüber dem alten Hafen ist ein individuelles kleines Hotel, in dem man stilvoll und gemütlich wohnt. Asiatische Massagen.

12 Zim – †89/119 € ††99/139 €

Stadtplan : D1-h – *Strandstr. 93 ✉ 18055 – ✆ 0381 4930110 – www.altes-hafenhaus.de*

In Rostock-Hohe Düne

Gourmet-Restaurant Der Butt

MODERNE KÜCHE • KLASSISCHES AMBIENTE Hier kommen Sie in den Genuss zweier finessenreicher moderner Menüs (eines davon vegetarisch), die mit ihrer Harmonie und ihrem klaren Aufbau handwerkliches Können beweisen - erstklassige Produktqualität steht dabei völlig außer Frage! Herrlich, wenn man dann noch bei Sonnenuntergang auf den Yachthafen blickt!

→ Atlantik Steinbutt, Kalbskopf, Gelbe Bete, Pekannuss, Romasalat. Mecklenburger Rehrücken, Sauerteigbrot, Aprikose, Waldaromen. Banane, Passionsfrucht, Joghurt, Baiser, Butterkeks.

Menü 119/149 €

Stadtplan : G1-y – *Hotel Yachthafenresidenz Hohe Düne, Am Yachthafen 1 ✉ 18119 – ✆ 0381 50400 (Tischbestellung erforderlich) – www.hohe-duene.de – nur Abendessen – geschlossen Sonntag - Montag*

Brasserie

REGIONAL • BRASSERIE XX Eine geschmackvoll eingerichtete große Brasserie mit Rundumblick, in der man regional speist. Sehr angenehm sitzt man auf der hübschen Terrasse mit Sicht auf den Hafen.

Karte 31/76 €

Stadtplan : G1-y – *Hotel Yachthafenresidenz Hohe Düne, Am Yachthafen 1* *18119* – *0381 50400* – *www.hohe-duene.de*

Yachthafenresidenz Hohe Düne

RESORT • MODERN Eine wirklich imposante Anlage am Meer - ideal für Wellness, Familien, Tagungen. Yachthafen direkt am Haus, die Zimmer klassisch-maritim, toller Spa auf über 4000 qm, Kinderclub samt Piratenschiff sowie Restaurantvielfalt von Pizza über Fisch bis Steakhouse.

342 Zim – 170/295 € 210/355 € – 26 Suiten – ½ P

Stadtplan : G1-y – *Am Yachthafen 1* *18119* – *0381 50400* – *www.hohe-duene.de*

Gourmet-Restaurant Der Butt • **Brasserie** – siehe Restaurantauswahl

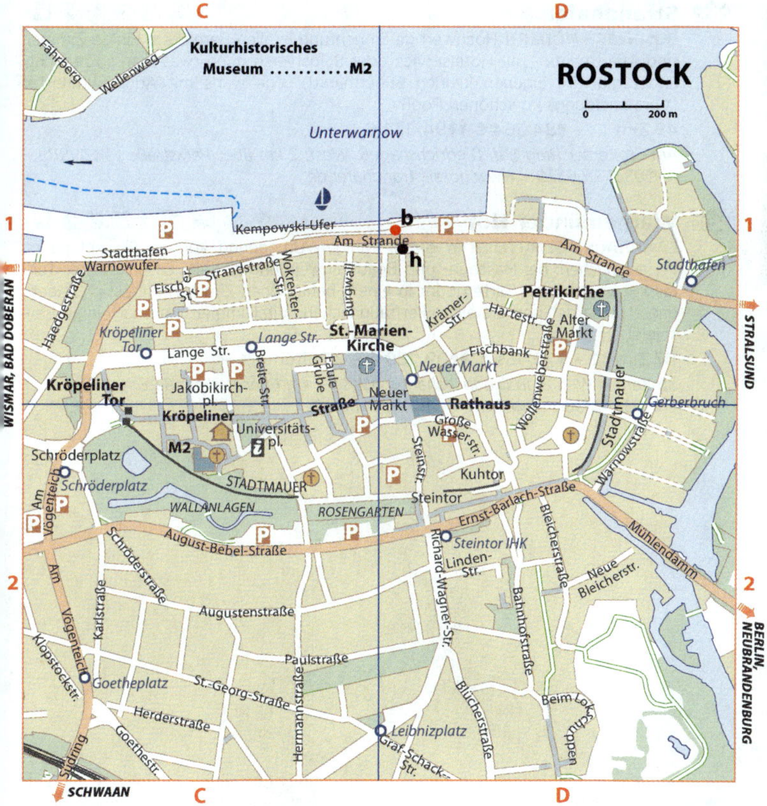

In Rostock-Warnemünde Nord-West: 11 km

Park-Hotel Hübner

LANDHAUS • MODERN Zeitgemäße Zimmer in freundlichen Tönen, ein schöner Sauna- und Badebereich sowie Massage und Kosmetikbehandlungen erwarten die Gäste hier. Tagungsraum vorhanden. Zum Restaurant gehört eine Vinothek, in der Sie auch ein Fläschchen Wein für zuhause kaufen können. Nette Terrasse mit Kräutergarten!

53 Zim – 139/185 € 179/230 € – ½ P

Stadtplan : F1-s – *Heinrich-Heine-Str. 31 18119 – 0381 54340 – www.parkhotelhuebner.de*

Strand-Hotel Hübner

LANDHAUS • AM MEER Wer an der Strandpromenade Urlaub macht, möchte auf den Meerblick nicht verzichten - und Sie haben ihn u. a. von einigen der Zimmer sowie von Sauna, Schwimmbad und Fitnessraum im obersten Stock, hier auch Liegeterrasse und Ruhebereich! Kosmetik und Massage im Schwesterhotel gegenüber.

95 Zim – 145/190 € 185/240 € – 6 Suiten – ½ P

Stadtplan : F1-a – *Seestr. 12 18119 – 0381 54340 – www.strandhotelhuebner.de*

Strandhafer

BUSINESS • MODERN Hochwertige Einrichtung in allen Bereichen! Einige Zimmer sind Apartments - mit Hotelservice oder Selbstversorgung (was man so braucht, findet man im eigenen kleinen Supermarkt!). Wie wär's mit Aqua-Gymnastik (Voranmeldung) im schönen Pool?

49 Zim – 84/164 € 94/174 €

Am Stolteraer Ring 1, in Diedrichshagen, West: 2 km über Parkstraße E1 18119 – 0381 3756570 – www.hotel-strandhafer.de

Warnemünder Hof

LANDHAUS • GEMÜTLICH In dieser ruhigen Umgebung können Sie entspannt Ferien machen: bei Massage- und Beautyanwendungen, beim Essen auf der Terrasse zum schönen Garten oder in einem behaglichen Zimmer - "Classic", "Reetdach-Mansarde" und die allergikerfreundlichen "Vitalzimmer" sind nur einige Beispiele!

117 Zim – 79/159 € 99/189 € – 7 Suiten – ½ P

Stolteraer Weg 8, in Diedrichshagen, West: 2 km über Parkstraße E1 18119 – 0381 54300 – www.warnemuender-hof.de

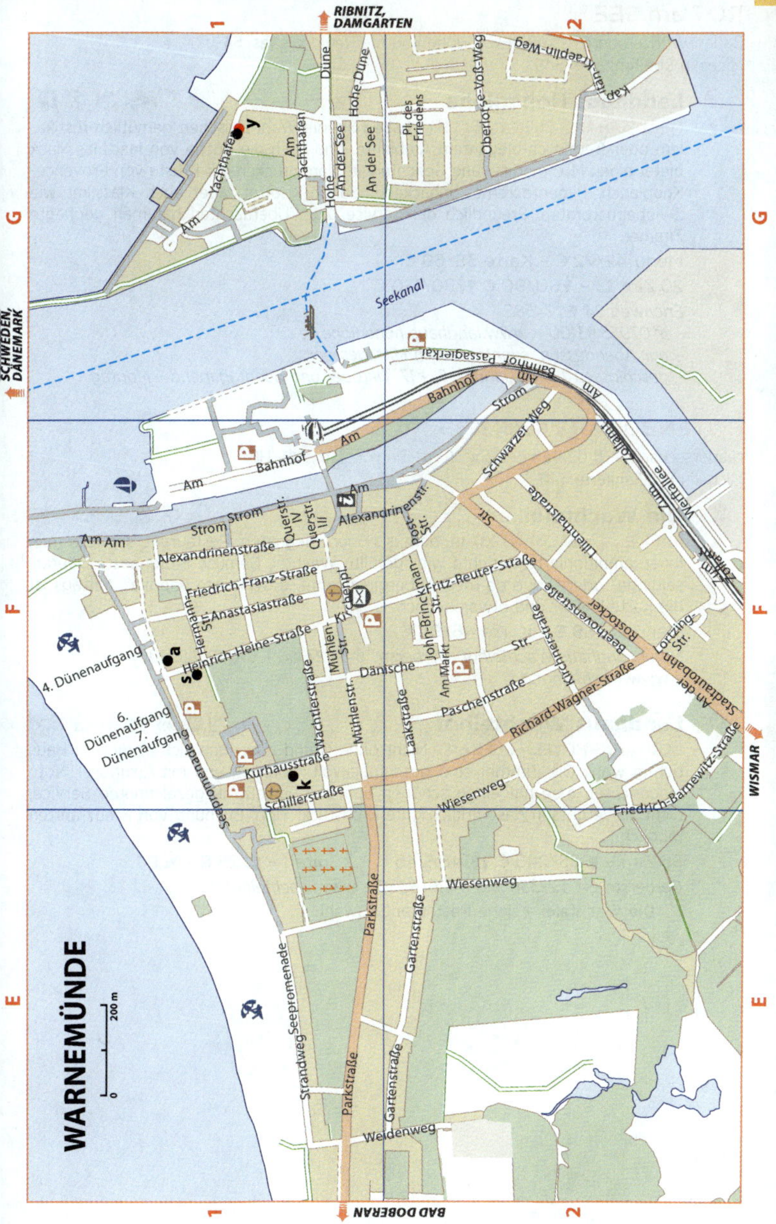
WARNEMÜNDE
0
200 m
RIBNITZ, DAMGARTEN
SCHWEDEN, DÄNEMARK
WISMAR
BAD DOBERAN
Seekanal
Am Yachthafen
Hohe Düne
An der See
Pl. des Friedens
Oberlotse-Voß-Weg
Kap-Ferdinand-Krapelin-Weg
Am Bahnhof
Passagierkai
Am Strom
Zum Zollamt
Werftallee
Alexandrinenstraße
Alexandrinenstr.
Querstr. IV
Querstr. III
Friedrich-Franz-Straße
Anastasiastraße
Hermann-Str.
Heinrich-Heine-Straße
Kirchenpl.
Mühlen Str.
Post-Str.
John-Brinckman-Str.
Fritz-Reuter-Straße
Schwarzer Weg
Lilienthalstraße
Rostocker Str.
Beethovenstraße
Kirchenstraße
Lortzing-Str.
An der Stadtautobahn
Dänische Str.
Am Markt
Paschenstraße
Richard-Wagner-Straße
Wachtlerstraße
Mühlenstr.
Laakstraße
Kurhausstraße
Schillerstraße
Seepromenade
4. Dünenaufgang
6. Dünenaufgang
7. Dünenaufgang
Wiesenweg
Friedrich-Barnewitz-Straße
Parkstraße
Gartenstraße
Strandweg
Weidenweg
a
s
k
y
1
2
G
F
E

ROT am SEE

Baden-Württemberg - 5 192 Ew. - Höhe 438 m - Regionalatlas **56**-I17
Michelin Straßenkarte 545

Landhaus Hohenlohe

MEDITERRAN • ELEGANT XX Hier haben Sie die Wahl zwischen gemütlich-rustikalem oder freundlich-elegantem Ambiente. Und auch die Küche von Matthias Mack bietet einen Mix: mediterrane Gerichte wie "Lammrücken mit Kruste von Provence-Knoblauch, Pimentocreme, gebackener Safran-Risotto", aber auch Klassiker wie Zwiebelrostbraten. Freundlich der Service. Zum Übernachten hat man gepflegte Zimmer.

Menü 42/72 € - Karte 35/69 €

20 Zim - 60/90 € 90/130 €

Erlenweg 24 ✉ 74585
- ✆ 07955 93100 - www.landhaus-hohenlohe.de
- nur Abendessen, sonntags auch Mittagessen
- geschlossen 1. - 17. Januar, 5. - 17. Oktober und Sonntagabend - Montag

ROTENBURG (WÜMME)

Niedersachsen - 21 023 Ew. - Höhe 21 m - Regionalatlas **18**-H6
Michelin Straßenkarte 541

Die Wachtelei

REGIONAL • ELEGANT XXX In dem schönen eleganten Restaurant serviert man Ihnen ambitionierte Gerichte wie "gefüllte Wachtel, Gemüse-Blütennest, Kräuterseitlinge" oder "Loup de mer, Auberginenconfit, geschmorte Paprika". Mittags ist die Karte kleiner und etwas einfacher.

Menü 45/59 € - Karte 46/94 €

Hotel Landhaus Wachtelhof, Gerberstr. 6 ✉ 27356 - ✆ 04261 8530
- www.wachtelhof.de

Landhaus Wachtelhof

BOUTIQUE-HOTEL • ELEGANT Nicht ohne Grund fühlt man sich in diesem Haus richtig wohl: Die Zimmer sind geschmackvoll, wohnlich und mit luxuriöser Note eingerichtet, man hat einen schönen Spa und genießt ausgezeichneten Service, nicht zu vergessen das wirklich gute Frühstück! Tipp: Buchung von Kreuzfahrten möglich.

36 Zim - 125/245 € 148/245 € - 2 Suiten - 25 € - ½ P

Gerberstr. 6 ✉ 27356 - ✆ 04261 8530 - www.wachtelhof.de

Die Wachtelei - siehe Restaurantauswahl

kabVisio/iStock

WIR MÖGEN BESONDERS...

Das **herrnschlösschen** mit seiner einzigartigen Mischung aus Historie, Chic und Service – definitv nicht „von der Stange"! Sich im **Landhaus Lebert** das preislich sehr faire Tagesessen schmecken lassen. Im reizenden Garten des charmanten **Gerberhauses** frisch gebackenen Kuchen genießen. Nach einem guten Essen im **Mittermeier** Wein und Feinkost für daheim mitnehmen.

ROTHENBURG ob der TAUBER

Bayern – 10 979 Ew. – Höhe 430 m – Regionalatlas **49**-I17
Michelin Straßenkarte 546

Restaurants

Mittermeier

MODERNE KÜCHE • HIP XX Trendig-leger und elegant zugleich kommt das schöne Restaurant daher. Hier sitzt man richtig gemütlich, während man freundlich mit guter Küche von klassisch bis modern umsorgt wird. Tipp: Wein und Delikatessen für zuhause. Raucherlounge.

Menü 46/76 € – Karte 44/64 €

Stadtplan : B1-v – *Hotel Villa Mittermeier, Vorm Würzburger Tor 7 ✉ 91541 – ✆ 09861 94540 (Tischbestellung erforderlich) – www.villamittermeier.de – nur Abendessen – geschlossen Januar - Februar 2 Wochen und Sonntag - Montag*

herrnschlösschen

INTERNATIONAL • INTIM X In historischen Mauern hat man ein stimmiges stilvoll-modernes Interieur geschaffen - man beachte den mächtigen Fachwerkbalken von 1526. Ein traumhafter Ort für eine Terrasse ist der Barockgarten! Die Küche widmet sich wechselnden Themen.

Menü 35/76 € – Karte 31/61 €

Stadtplan : A1-h – *Hotel herrnschlösschen, Herrngasse 20 ✉ 91541 – ✆ 09861 873890 – www.herrnschloesschen.de – nur Abendessen – geschlossen November und Montag - Dienstag*

topinambur

INTERNATIONAL • TRENDY X Freundlich, geradlinig und unkompliziert das Ambiente, frisch und saisonal die Küche - hier findet sich auch immer wieder die namengebende Knolle. Vor dem Eingang hat man eine nette Terrasse. Praktisch: öffentlicher Parkplatz in der Nähe.

Menü 40 € – Karte 35/57 €

Stadtplan : B1-f – *Prinzhotel Rothenburg, An der Hofstatt 3 ✉ 91541 – ✆ 09861 97585 – www.prinzhotel.rothenburg.de – nur Abendessen – geschlossen 1. - 8. Januar und Sonntag*

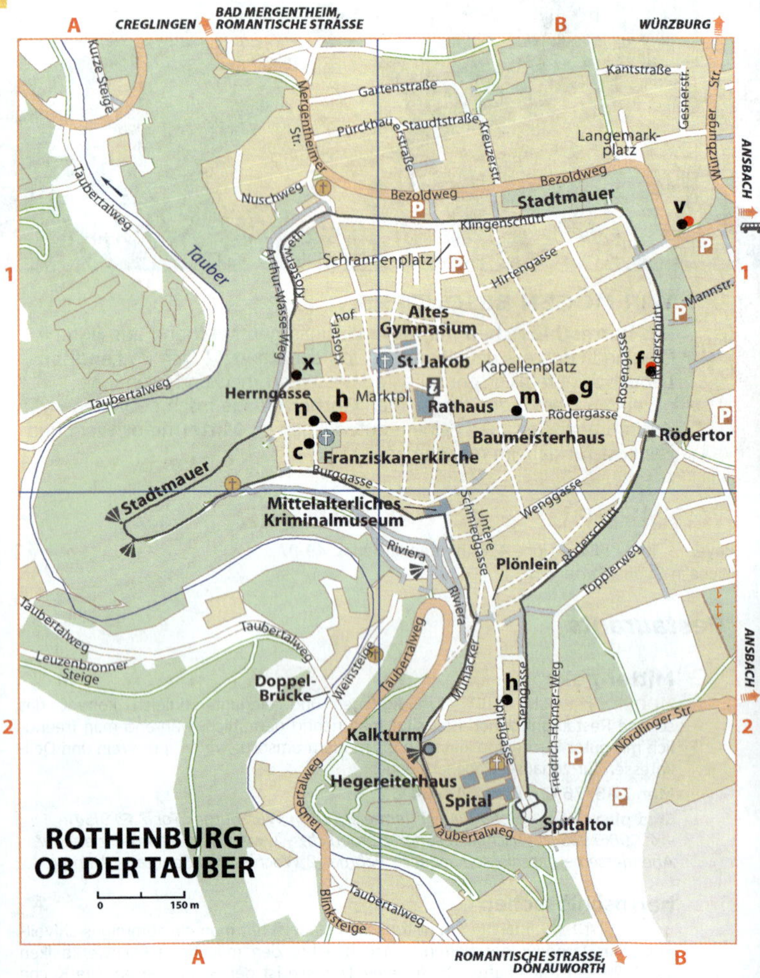

Hotels

herrnschlösschen

LUXUS • ELEGANT Es ist schon ein wahres "Bijou", dieses ausgesprochen charmante und geschmackvoll-luxuriöse Boutique-Hotel. Es wird mit persönlicher Note geführt, liegt toll mitten in der historischen Altstadt und hat individuelle, hochwertig designte Zimmer. Dazu exklusiver Service samt ausgezeichnetem Frühstück.

8 Zim ☕ – †155/195 € ††180/255 € – ½ P

Stadtplan : A1-h – *Herrngasse 20* ✉ *91541* – ✆ *09861 873890*
– *www.herrnschloesschen.de*

🍽 **herrnschlösschen** – siehe Restaurantauswahl

Villa Mittermeier

FAMILIÄR • INDIVIDUELL In der hübschen Sandsteinvilla von 1892 finden sich nicht nur wunderschöne individuelle Zimmer mit persönlichen Details (z. B. Schachspiel), man wird auch herzlich betreut und bekommt am Morgen ein hervorragendes Frühstück. Parken kann man vor dem Haus oder im Innenhof.

28 Zim – †89/145 € ††109/145 € – ☕15 € – ½ P

Stadtplan : B1-v – *Vorm Würzburger Tor 7* ✉ *91541* – ✆ *09861 94540* – *www.villamittermeier.de*

Mittermeier – siehe Restaurantauswahl

Burg-Hotel

HISTORISCH • GEMÜTLICH Von der kleinen Terrasse an der Stadtmauer schaut man so schön übers Taubertal, dass man hier schon zum Frühstück gerne sitzt. Die Zimmer sind geschmackvoll eingerichtet, etwas Besonderes ist die Suite "Burgschlösschen"! Private Spa.

11 Zim ☕ – †125/185 € ††155/205 € – 3 Suiten

Stadtplan : A1-x – *Klostergasse 3* ✉ *91541* – ✆ *09861 94890* – *www.burghotel.eu*

BurgGartenpalais

FAMILIÄR • HISTORISCH Ein Stück Stadtgeschichte ist das geschmackvolle kleine Hotel, denn in dem über 800 Jahre alten Patrizierhaus findet sich so manch historisches Detail. Sie wohnen in individuellen Zimmern von ländlich bis modern-elegant und speisen traditionell im gemütlichen Restaurant mit toller Terrasse im Garten.

14 Zim ☕ – †85/125 € ††145/195 € – 2 Suiten – ½ P

Stadtplan : A1-n – *Herrngasse 26* ✉ *91541* – ✆ *09861 8747430* – *www.burggartenpalais.de*

Klosterstüble

HISTORISCH • MODERN Neben dem Franziskanerkloster liegt das familiengeführte Hotel. Einige Zimmer sind moderner (klasse das "Falkennest"!), die im ursprünglichen Gasthof (über 500 Jahre alt) sind kleiner und gemütlich. Essen kann man hier Regionales, und zwar im rustikalen Restaurant oder auf der hübschen Terrasse.

23 Zim – †55/75 € ††78/148 € – 1 Suite – ☕10 €

Stadtplan : A1-c – *Heringsbronnengasse 5* ✉ *91541* – ✆ *09861 938890* – *www.klosterstueble.de*

Markusturm

HISTORISCH • INDIVIDUELL Mögen Sie es charmant-bäuerlich, stilvoll-elegant oder lieber schön modern? Sie wohnen hier geschmackvoll und individuell, und das bei sehr freundlichen Gastgebern! Interessantes Detail: Ein Teil der historischen Stadtmauer ist ins Haus integriert. In gemütlich-gediegenen Stuben gibt es regionale Küche.

24 Zim ☕ – †98/140 € ††140/190 € – 3 Suiten – ½ P

Stadtplan : B1-m – *Rödergasse 1* ✉ *91541* – ✆ *09861 94280* – *www.markusturm.de*

Prinzhotel Rothenburg

PRIVATHAUS • FUNKTIONELL Ein gepflegtes Haus, in dem man immer am Ball bleibt. Schön modern der Empfangsbereich, ebenso viele der Zimmer, zwei sogar mit Whirlwanne! Und die Lage gleich hinter der historischen Stadtmauer ist für Autofahrer nicht die schlechteste!

49 Zim – †55/145 € ††85/205 € – 1 Suite – ☕15 € – ½ P

Stadtplan : B1-f – *An der Hofstatt 3* ✉ *91541* – ✆ *09861 9750* – *www.prinzhotel.rothenburg.de*

topinambur – siehe Restaurantauswahl

Gerberhaus

HISTORISCH • GEMÜTLICH Das hat Charme! Sie übernachten in einer ehemaligen Gerberei a. d. 16. Jh., die heute liebenswerte Gästezimmer und ein ebenso reizendes Café beherbergt. Verlockend: der Duft von frisch gebackenem Kuchen! Ein wirklich lauschiges Plätzchen ist der Garten mit Blick auf die Stadtmauer!

20 Zim ☕ – †75/95 € ††98/140 € – 2 Suiten

Stadtplan : B2-h – *Spitalgasse 25* ✉ *91541* – ✆ *09861 94900* – *www.hotelgerberhaus.com*

Spitzweg

PRIVATHAUS • GEMÜTLICH Das schmucke Haus hat sich vom Herrschaftssitz a. d. J. 1536 über eine kleine Brauerei im 18. Jh. zu diesem schnuckeligen Hotel entwickelt - dabei hat sich das Gebäude kaum verändert und steht natürlich unter Denkmalschutz. Drinnen überall charmantes historisch-rustikales Flair.

9 Zim – 78/98 € 98/118 €

Stadtplan : B1-g – *Paradeisgasse 2 ✉ 91541 – ✆ 09861 94290 – www.hotel-spitzweg.de*

ROTHENFELDE, BAD

Niedersachsen – 7 776 Ew. – Höhe 100 m – Regionalatlas **27**-E9
Michelin Straßenkarte 541

Drei Birken

LANDHAUS • GEMÜTLICH Die Zimmer dieses Familienbetriebs sind teilweise sehr großzügig, einige sind als Themenzimmer für Damen oder Businessgäste ausgelegt. Darf es zum Entspannen vielleicht eine Massage- oder Kosmetikanwendung sein? Im Restaurant bietet man regionale und saisonale Küche.

45 Zim – 68/85 € 110/140 € – 3 Suiten – ½ P

Birkenstr. 3 ✉ 49214 – ✆ 05424 6420 – www.hotel-drei-birken.de

ROTTACH-EGERN

Bayern – 5 625 Ew. – Höhe 736 m – Regionalatlas **66**-M21
Michelin Straßenkarte 546

Restaurant Überfahrt Christian Jürgens

KREATIV • ELEGANT XXXX Die Kulisse des Tegernsees wirkt zu jeder Jahreszeit betörend schön. Das klare, saubere Wasser, die herrlichen Berge der Voralpen und die schmucken, mit Lüftlmalerei verzierten Häuser lassen die Herzen hüpfen. Wer dann noch die einzigartigen Kreationen von Christian Jürgens genießen darf, der, wie nur wenige Köche, ein sensationelles Feingefühl für Finesse und Geschmack und besonders für Saucen hat, der kann sich äußerst glücklich schätzen. Denn aus aller Welt reisen Gourmets an, um dieses kulinarische Feuerwerk zu erleben. Man erkennt sofort eine ganz eigene Handschrift, einfach top! Christian Jürgens hat sich mit der „Überfahrt" eine Location geschaffen, wo die Gäste eine außergewöhnliche und zugleich intime Atmosphäre genießen können. Die mit feinstem Hirschwildleder bespannten Wände, luxuriöse Sessel und Schwarz-Weiß-Fotografien des Tegernseer Tals sind eine liebvolle und vollendete Hommage an die alpine Umgebung.

→ Spitzmorcheln, Estragon, Sherrysud, Milchferkel. Raviolo, Langostino, Gänseleber, Artischocke, Perigord Trüffel. Rehbockrücken, Preiselbeer-Pfeffersauce, Rettich, Petersilie.

Menü 249/289 € – Karte 157/277 €

Althoff Seehotel Überfahrt, Überfahrtstr. 10 ✉ 83700 – ✆ 08022 6690 (Tischbestellung erforderlich) – www.restaurant-ueberfahrt.com – geschlossen 18. März - 11. April, 28. Oktober - 21. November und Montag - Mittwochmittag, Donnerstagmittag

Dichterstub'n

FRANZÖSISCH-KLASSISCH • ELEGANT XXX In dem verglasten Pavillon kommt nicht nur der gelungene Mix aus chic-modernem Interieur und rustikalem Holz gut an (schön auch die mittige offene Feuerstelle), was an den hochwertig eingedeckten blanken Tischen serviert wird, überzeugt ebenso: Thomas Kellermann bietet hier ein modernes Menü aus sehr guten Produkten.

→ Kleiner Erbseneintopf mit Sambuca, Mango und Pistazie. Ochsenmark gegrillt mit Pernodcrème und Melone. Käsekuchen mit Walnuss, Rucola und Birne.

Menü 128/218 €

Park-Hotel Egerner Höfe, Aribostr. 19 ✉ 83700 – ✆ 08022 666502 (Tischbestellung ratsam) – www.egerner-hoefe.de – nur Abendessen – geschlossen Sonntag - Dienstag

Egerner Bucht

INTERNATIONAL • ELEGANT XX Gedeckte Farben, moderne Formen, holzvertäfelte Wände, bodentiefe Fenster..., so das freundlich-elegante Ambiente. In der Küche setzt man auf saisonale Produkte aus der Alpenregion - daraus entstehen z. B. "Tatar vom bayerischen Bio-Aubrac-Rind " oder "Saiblingsfilet, Schmorgurken, Sauerampferschaum".

Karte 50/92 €

Althoff Seehotel Überfahrt, Überfahrtstr. 10 ✉ 83700 – ✆ 08022 6690 – www.seehotel-ueberfahrt.com – nur Abendessen

Hubertusstüberl & Malerstub'n

REGIONAL • GEMÜTLICH XX Gemütlich sitzt man hier im bayerisch-eleganten "Hubertusstüberl", in der "Maler Stub'n" oder im "St. Florian", und überall gibt's frische regionale Gerichte wie "Brust vom Dietramszeller Bauerngockel, Bergkasrisotto, glasierte Rübchen" oder "Seeforelle, Kohlrabi, Pfifferlinge, Kapern-Beurre-Blanc".

Menü 42 € – Karte 33/60 €

Park-Hotel Egerner Höfe, Aribostr. 19 ✉ 83700 – ✆ 08022 666502 – www.egerner-hoefe.de

Il Barcaiolo

ITALIENISCH • FREUNDLICH XX "Vitello Tonnato", "Antipasti misti", "Spaghetti alle vongole" oder lieber "Saltimbocca alla Milanese"? In dem schönen, lichten und lebendigen Restaurant samt attraktiver Terrasse wird authentische italienische Küche serviert.

Menü 45/68 € – Karte 44/80 €

Althoff Seehotel Überfahrt, Überfahrtstr. 10 ✉ 83700 – ✆ 08022 6690 – www.seehotel-ueberfahrt.com

Fährhütte 14

INTERNATIONAL • RUSTIKAL X Ein echtes Bijou ist das ruhig am Seeufer gelegene Restaurant der "Überfahrt". Traditionell, bodenständig und doch modern die Atmosphäre, herzlich-leger und versiert der Service. Aus der Küche kommt Internationales wie "Skreifilet, Zitronen-Mascarpone-Risotto, Beurre Rouge". Nicht mit dem Auto erreichbar, 300 m Fußweg.

Karte 37/77 €

Weißachdamm 50 ✉ 83700 – ✆ 08022 188220 (Tischbestellung ratsam) – www.faehrhuette14.de – geschlossen Ende Oktober 2 Wochen und Montag - Dienstag

Haubentaucher

INTERNATIONAL • BISTRO X Die Lage direkt am See ist einfach klasse - da ist die Terrasse natürlich der Renner! Die Atmosphäre angenehm unkompliziert, die Küche modern inspiriert. Mittags gibt es einige Gerichte von der Tafel, am Abend bietet man ein Menü.

Menü 42 € (abends) – Karte 24/58 €

Seestr. 30 ✉ 83700 – ✆ 08022 6615704 – www.haubentaucher-tegernsee.de – geschlossen Sonntagabend - Montag

Kirschner Stuben

INTERNATIONAL • RUSTIKAL X Nett die Lage am See, heimelig-gemütlich und sympathisch-lebendig die Atmosphäre, und dazu ein schöner Mix an guten, frischen Gerichten, von "Sashimi vom roten Thunfisch mit Spargel-Sushi" bis "Wildschweinrücken rosa gebraten mit Bärlauch-Tagliolini".

Menü 30/100 € – Karte 36/78 €

Hotel Maier im Kirschner, Seestr. 23 ✉ 83700 – ✆ 08022 67110 – www.maier-kirschner.de – geschlossen März 2 Wochen, November 3 Wochen und Mittwoch

Althoff Seehotel Überfahrt

GROSSER LUXUS • ELEGANT Die eleganten Zimmer in warmen Tönen wie auch der "4 elements spa" samt Spa-Suiten bieten Luxus, top die Lage direkt am See - hier kommt man in den Genuss eines eigenen Strandbades. Toll der Küchenpavillon für exklusive Kochkurse. Teil der vielfältigen Gastronomie ist die charmante "Bayernstube".

152 Zim – 220/570 € 255/605 € – 24 Suiten – ½ P

Überfahrtstr. 10 ✉ 83700 – ✆ 08022 6690 – www.seehotel-ueberfahrt.com

Restaurant Überfahrt Christian Jürgens • **Egerner Bucht** • **Il Barcaiolo** – siehe Restaurantauswahl

Park-Hotel Egerner Höfe

LUXUS • INDIVIDUELL Hier fühlt man sich richtig wohl: Regionaler Charme und moderne Elemente in gelungenem Mix, das Personal auffallend zuvorkommend, jeder versteht sich als Gastgeber! Wer's ganz besonders individuell mag, bucht die "Alm"-Zimmer. Hochwertige Suiten und Premium-Doppelzimmer in den Höfen Valentina und Catherina.

79 Zim – 109/199 € 149/599 € – 19 Suiten – ½ P

Aribostr. 19 ✉ 83700 – ✆ 08022 6660 – www.egerner-hoefe.de

Dichterstub'n • **Hubertusstüberl & Malerstub'n** – siehe Restaurantauswahl

Haltmair am See

FAMILIÄR • GEMÜTLICH Direkt am See liegt das sympathische familiär geführte Haus. Wohnlich sind die Landhauszimmer, Appartements sowie die Seesuite, chic und modern ist der Spabereich. Und das gute Frühstück genießt man bei gemütlicher Atmosphäre und Seeblick.

40 Zim – 85/175 € 130/210 € – 3 Suiten

Seestr. 33 ✉ 83700 – ✆ 08022 2750 – www.haltmair.de – geschlossen Ende November - Anfang Dezember 2 Wochen

Maier zum Kirschner (N)

FAMILIÄR • REGIONAL Hier lässt es sich schön urlauben: tolle Lage nebst Seeblick, geschmackvolle Zimmer mit alpenländischem Charme, ein schicker Saunabereich und der große Garten mit Sommerpool. Attraktiv auch die Suiten in der Dependance und die tolle Gartensuite im Hüttenstil.

42 Zim – 95/148 € 160/180 € – 11 Suiten

Seestr. 23 ✉ 83700 – ✆ 08022 67110 – www.maier-kirschner.de – geschlossen November 3 Wochen

Kirschner Stuben – siehe Restaurantauswahl

Fischerweber am See

FAMILIÄR • GEMÜTLICH So klein wie sympathisch ist das nette Ferienhotel direkt am See! Alles ist behaglich in hellem Holz gehalten. Wenn Sie länger bleiben möchten, buchen Sie eine Ferienwohnung! Und wie wär's mit einem Edelbrand oder Fruchtlikör aus der eigenen Brennerei?

6 Suiten – 110/130 € – 5 Zim

Überfahrtstr. 1 ✉ 83700 – ✆ 08022 92040 – www.fischerweber.de – geschlossen 11. - 28. November

Seerose

LANDHAUS • AM SEE Wohnlich und angenehm privat ist die Atmosphäre in dem Familienbetrieb in Seenähe - ruhig und gleichzeitig zentral gelegen. Man hat auch einen netten hellen Saunabereich und ein gemütliches Stüberl - und all das zu einem fairen Preis-Leistungs-Verhältnis!

19 Zim – 75/80 € 93/117 €

Stielerstr. 13 ✉ 83700 – ✆ 08022 924300 – www.seeroserottach.de – geschlossen 7. März - 6. April, 14. - 18. April, Ende Oktober - Mitte Dezember

ROTTENDORF

Bayern – 5 288 Ew. – Höhe 252 m – Regionalatlas **49**-I15
Michelin Straßenkarte 546

Waldhaus

REGIONAL • GEMÜTLICH XX Der langjährige Familienbetrieb mit seinen gemütlichen Stuben ist beliebt. Gekocht wird regional und international, es gibt viel Fisch, aber auch Saisonales wie Wild und Gans. Das Haus liegt verkehrsgünstig und doch schön am Waldrand.

Karte 19/31 €

Waldhaus 1, nahe der B 8 ✉ 97228 – ✆ 09302 92290 – www.waldhaus-leonhardt.de – geschlossen Mitte August - Anfang September, Ende Dezember 1 Woche und Mittwoch - Donnerstag

ROTTWEIL

Baden-Württemberg – 24 500 Ew. – Höhe 597 m – Regionalatlas **62**-F20
Michelin Straßenkarte 545

Johanniterstube

INTERNATIONAL • FREUNDLICH XX In dem gemütlichen Restaurant sitzen Sie mit Blick auf den alten Stadtgraben und werden dabei freundlich und aufmerksam mit international-saisonaler Küche umsorgt. Ein Muss ist im Sommer die schöne Terrasse! Für Hausgäste interessant: Menü mit gutem Preis-Leistungs-Verhältnis.

Menü 28/64 € – Karte 27/58 €

Hotel Johanniterbad, Johannsergasse 12 ✉ 78628 – ✆ 0741 530700 – www.johanniterbad.de – geschlossen 1. - 6. Januar und Sonntagabend - Montagmittag

Johanniterbad

BUSINESS • FUNKTIONELL Seit 1929 ist das Haus im Familienbesitz und wird engagiert geführt. Gut auch die Lage am historischen Stadtgraben in direkter Altstadtnähe. Fragen Sie nach den neueren Zimmern. Oder lieber die Suite? Sie ist gelungen in die Stadtmauer integriert und hat einen Whirlpool. Tipp: Besuch des Aussichtsturms.

31 Zim – 93/109 € 134/154 € – 1 Suite – ½ P

Johannsergasse 12 ✉ 78628 – ✆ 0741 530700 – www.johanniterbad.de – geschlossen 1. - 6. Januar

Johanniterstube – siehe Restaurantauswahl

RUDERSBERG

Baden-Württemberg – 11 113 Ew. – Höhe 279 m – Regionalatlas **55**-H18
Michelin Straßenkarte 545

In Rudersberg-Schlechtbach Süd: 1 km

Gasthaus Stern

REGIONAL • GASTHOF X Der unscheinbare Gasthof an der Ortsdurchfahrt bietet mehr als leckere typische Maultaschen. In rustikal-bürgerlichem Ambiente wird man sehr herzlich umsorgt, und zwar mit Schmackhaftem von "Jakobsmuscheln mit Liebstöckelkruste" über "Rindertafelspitz mit Meerrettich" bis "Feldhasenbraten in Rotwein-Preiselbeersoße".

Menü 37 € (vegetarisch)/47 € – Karte 24/61 €

Heilbronner Str. 16 ✉ 73635 – ✆ 07183 8377 – www.stern-schlechtbach.de – geschlossen Mittwoch - Donnerstag

RÜCKHOLZ

Bayern – 819 Ew. – Höhe 879 m – Regionalatlas **64**-J21
Michelin Straßenkarte 546

In Rückholz-Seeleuten Süd-West: 2 km über Aufmberg

Panorama Land- & Wellnesshotel

FAMILIÄR • GEMÜTLICH Klasse die ruhige Lage mit toller Sicht, schön wohnlich, freundlich und neuzeitlich die Zimmer, zum Relaxen Panorama-Sauna, Panorama-Ruheraum und beheizter Panorama-Pool. Tagsüber lockt hausgebackener Kuchen, abends ein Menü.

15 Zim – 132/164 € 184/250 € – 3 Suiten – ½ P

Seeleuten 62 ✉ 87494 – ✆ 08364 248 – www.panorama-allgaeu.de

RÜDESHEIM am RHEIN

Hessen – 9 773 Ew. – Höhe 86 m – Regionalatlas **47**-E15
Michelin Straßenkarte 543

Breuer's Rüdesheimer Schloss

FAMILIÄR • MODERN Das gut geführte Hotel der Familie Breuer (auch bekannt durch das Weingut) besteht aus dem Gutshaus von 1729 und dem Sickinger Hof. Kunst und Design prägen das Interieur, individuell die Zimmer, teils mit Klimaanlage. Das gemütlich-rustikale Restaurant wird ergänzt durch einen sehr netten Innenhof.

26 Zim – 89/109 € 129/159 € – 1 Suite – ½ P

Steingasse 10 ✉ 65385 – ✆ 06722 90500 – www.ruedesheimer-schloss.com – geschlossen 19. Dezember - 13. Februar

Brühl's Hotel Trapp

FAMILIÄR • TRADITIONELL In dem engagiert geführten Familienbetrieb - inzwischen unter der Leitung der Tochter - wird stetig investiert, schön der freundlich-moderne Stil, der hier Einzug hält. Dazu ein gutes Frühstück. Nett auch die Lage im Herzen des Weinortes.

40 Zim – 69/90 € 90/130 €

Kirchstr. 7 ✉ 65385 – ✆ 06722 91140 – www.hotel-trapp.de – geschlossen 1. Januar - 10. März, Ende Dezember 2 Wochen

Zum Bären

FAMILIÄR • FUNKTIONELL Das kleine Hotel ist ein langjähriger Familienbetrieb, in dem man am Ball bleibt. So hat man individuelle Zimmer von klassisch bis chic-modern. Toll für Radler: Werkstatt, Leihräder und viele Tourenvorschläge des fahrraderfahrenen Chefs!

18 Zim – 75/125 € 125/195 € – 10 €

Schmidtstr. 31 ✉ 65385 – ✆ 06722 90250 – www.zumbaeren.de – geschlossen 18. Dezember - 15. März

In Rüdesheim-Assmannshausen Nord-West: 5 km über B 42

Krone

HISTORISCHES GEBÄUDE • INDIVIDUELL Dies ist die Rheingauer Hotellegende! Seit 1541 werden hier Gäste beherbergt, und den historischen Charme des Hauses hat man bewahrt. Man wohnt überaus stilvoll und individuell, Zimmer mit Weinberg- oder Rheinblick. Die schöne "Kronenstube" bietet Regionales und Internationales, toll die Terrasse.

66 Zim – 119/169 € 159/249 € – 12 Suiten

Rheinuferstr. 10 ✉ 65385 – ✆ 06722 4030 – www.hotel-krone.com

Schön

FAMILIÄR • GEMÜTLICH Familie Schön betreibt hier ein Hotel mit Weingut, dessen Tradition auf einen im Jahr 1752 gegründeten Gasthof zurückgeht. Wie wär's mit einem Zimmer mit Balkon zum Rhein? Klassisch-gediegen das Restaurant, dazu eine hübsche überdachte Terrasse mit Weinlauben-Flair.

15 Zim – 68/95 € 95/125 € – 2 Suiten – ½ P

Rheinuferstr. 3 ✉ 65385 – ✆ 06722 2225 – www.karl-schoen.de – geschlossen 1. November - 1. April

N. Stengert/Novarc Images/ age fotostock

WIR MÖGEN BESONDERS...

Die kreative Küche und die unprätentiöse Atmosphäre im **freustil**. Im versteckten **Gutshaus Kubbelkow** abseits des Trubels stilvoll wohnen, im Park relaxen und klassisch speisen. Das wertig-stylische Design im Hotel **CERÊS** an der schönen Promenade von Binz. Während der Störtebeker Festspiele vom schmucken **Schlosshotel Ralswiek** auf die Seebühne schauen.

RÜGEN (INSEL)

Mecklenburg-Vorpommern – Regionalatlas **6**-P3

Michelin Straßenkarte 542

Baabe – 898 Ew.

Solthus am See

LANDHAUS • GEMÜTLICH Das reetgedeckte Haus liegt idyllisch im Grünen zwischen Selliner See und Greifswalder Bodden. Charmant die behaglichen Zimmer im Landhausstil, die holzgetäfelte kleine Bibliothek, das Restaurant im Blockhaus-Look samt Terrasse mit Blick zum Bodden... Tipp: Schiffsausflug - kleiner Anleger vor dem Haus.

39 Zim – 61/117 € 89/166 € – ½ P

Bollwerkstr. 1, Süd-West: 1 km 18586 – 038303 87160 – www.solthus.de

Villa Granitz

FAMILIÄR • FUNKTIONELL Hotel im Stil der Rügener Seebäderarchitektur, in dem man sich aufmerksam um die Gäste kümmert. Die Zimmer teilweise mit Balkon oder Terrasse, entspannen kann man im romantischen Garten oder am Meer nur wenige Gehminuten entfernt. Gemütlich: abendlicher Absacker in einem als Bar dienenden alten Fischerboot.

42 Zim – 50/78 € 78/112 € – 17 Suiten

Birkenallee 17 18586 – 038303 1410 – www.villa-granitz.de – geschlossen November - Ostern

Binz – 5 172 Ew.

freustil

KREATIV • TRENDY Hier findet man die kreativste und feinste Küche der größten deutschen Insel, und das zu einem beeindruckenden Preis-Leistungs-Verhältnis! Man kocht unkompliziert, aromatisch, leicht. Dazu passen der angenehm legere Service und die lockere Atmosphäre. Einfacher geht es in der "canteen" nebenan zu.

→ Rentier, Königskrabbe, Waldaromen. Landhuhn, Körner, Ei. Sanddorn, Hafer, Schokolade.

Menü 66/86 €

Hotel Vier Jahreszeiten, Zeppelinstr. 8 18609 – 038393 50444 – www.freustil.de – geschlossen Montag - Dienstag

NEGRO

MARKTKÜCHE • DESIGN XX Klare Linien und modernes Lichtkonzept ergeben ein schickes Interieur, draußen die schöne Terrasse mit Meerblick. Aus der Küche kommen saisonal-internationale Gerichte wie "Ostseelachs mit Graupenrisotto, Zitrus und Gemüsecreme".

Menü 48 € – Karte 31/65 €

Hotel CERÊS, Strandpromenade 24 ✉ 18609 – ✆ 038393 666777 – www.ceres-hotel.de – nur Abendessen

Strandhalle

TRADITIONELLE KÜCHE • TRADITIONELLES AMBIENTE X Wiener Schnitzel, Rinderroulade oder lieber "Ostseedorsch unter der Kartoffel-Rosmarinkruste auf Wirsing"? In dem netten Strandhaus am Ende der Promenade gibt's für jeden Geschmack etwas, dazu nostalgisches Flair und schönen Meerblick. Lieblingsplatz ist im Sommer die herrliche Terrasse mit Strandkörben.

Menü 36 € – Karte 30/56 €

Strandpromenade 5 ✉ 18609 – ✆ 038393 31564 – www.strandhalle-binz.de – geschlossen Montag

Grand Hotel Binz

SPA UND WELLNESS • ELEGANT Eine wohnlich-elegante Ferienadresse, die an die Bäderarchitektur erinnert. Zimmer zur Meer- oder zur Waldseite, sehr schön die Maisonette-Suiten. Zum Entspannen: der nahe Strand sowie Anwendungen im authentischen Thai-Bali-Spa! Internationale Küche im Restaurant mit Wintergarten und netter kleiner Terrasse.

122 Zim ☕ – †105/254 € ††170/338 € – 5 Suiten – ½ P

Strandpromenade 7 ✉ 18609 – ✆ 038393 150 – www.grandhotelbinz.com – geschlossen 6. Januar - 7. Februar

Travel Charme Kurhaus Binz

SPA UND WELLNESS • KLASSISCH Seit 1908 existiert der beeindruckende Bau an der bekannten Seebrücke. Komfortabel und wertig die Zimmer, großzügig der Wellnessbereich. Dazu die geräumige Atrium-Lobby, das gemütliche Kaminzimmer und die schöne Lounge-Bar "Kakadu". Regional-internationale Küche im klassisch-stilvollen "Kurhaus" (Meerblick inklusive), Grillgerichte im "Steakhaus".

137 Zim ☕ – †78/243 € ††152/411 € – 6 Suiten – ½ P

Strandpromenade 27, Zufahrt über Schillerstr. 5 ✉ 18609 – ✆ 038393 6650 – www.travelcharme.com/kurhaus-binz

CERÊS

LUXUS • DESIGN Der Eigentümer ist Architekt, daher das durchgestylte Interieur! Wertiges Design in Zimmern und Bädern (letztere teilweise mit Seeblick von der Badewanne!), schicker kleiner Spa, Innenhof mit Loungeflair. Tipp: Buchen Sie einen der hauseigenen Strandkörbe am Meer oder machen Sie einen Ausflug mit dem Porsche!

42 Zim ☕ – †163/253 € ††178/268 € – 6 Suiten – ½ P

Strandpromenade 24 ✉ 18609 – ✆ 038393 66670 – www.ceres-hotel.de

NEGRO – siehe Restaurantauswahl

Villa niXe (N)

BOUTIQUE-HOTEL • MODERN Die schmucke Villa von 1903 samt modernem Nebengebäude ist ein wahres Bijou - und Dependance des "HOTEL AM MEER". Sie wohnen in chic designten Zimmern (beeindruckend die mit Meerblick!) und genießen ein gutes Frühstück sowie angenehm persönlichen Service.

13 Zim ☕ – †160/220 € ††170/230 € – 3 Suiten

Strandpromenade 10 ✉ 18609 – ✆ 038393 666200 – www.nixe.de

Imperial

FAMILIÄR • GEMÜTLICH In der schönen Jugendstilvilla von 1903 hat man klassisch-wohnliche Zimmer für Sie, die meist Balkon und Ostseeblick bieten. Sehr nett: Frühstück auf der Terrasse zur Promenade! Nutzen Sie auch den Shuttleservice von und zum Bahnhof.

27 Zim – 50/90 € 75/155 €

Strandpromenade 20, Zufahrt über Schwedenstraße 18609 – 038393 1380 – www.karin-loew-hotellerie.de – geschlossen 4. - 9. Januar, 18. - 24. Dezember

Strandhotel Binz

FAMILIÄR • KLASSISCH Hübsch anzuschauen ist das Haus mit der historischen Fassade. In Stammhaus und Anbau überzeugen wohnliche Zimmer in geradlinig-modernem oder klassischem Stil, nicht zu vergessen der freundliche Service und die Lage nahe der Strandpromenade. Im Restaurant maritimes Flair und Fischküche. Hinweis: Tiefgarage mit Parkboxen-System für große Autos nicht ideal.

54 Zim – 79/199 € 99/219 € – ½ P

Strandpromenade 33, Zufahrt über Marienstraße 18609 – 038393 3810 – www.strandhotel-binz.de

Vier Jahreszeiten

SPA UND WELLNESS • KLASSISCH Außen die ansprechende weiße Fassade im typischen Bäderstil, innen schön wohnliche Zimmer - wie wär's mit frischem modern-maritimem Stil? Zum Wohlfühlen auch der Spa. Im freundlichen Restaurant "Orangerie" gibt es das HP-Angebot.

79 Zim – 79/199 € 119/219 €

Zeppelinstr. 8 18609 – 038393 500 – www.vier-jahreszeiten.de

freustil – siehe Restaurantauswahl

Göhren – 1 234 Ew. – Höhe 35 m

Hanseatic

SPA UND WELLNESS • FUNKTIONELL Ein neuzeitliches Hotel im Bäderstil mit markantem Turm (hier Café und Standesamt). Neben wohnlichen Zimmern mit Pantry sowie Appartements in den Villen Fortuna und Felicitas gibt es einen hübschen Spa. Gastronomisch bietet man mittags im Bistro eine kleine Karte, abends internationale Küche im Restaurant.

130 Zim – 69/169 € 89/250 € – 5 Suiten – ½ P

Nordperdstr. 2 18586 – 038308 515 – www.hotel-hanseatic.de

Travel Charme Nordperd

KETTENHOTEL • ELEGANT Leicht erhöht und relativ ruhig liegt das aus mehreren Häusern bestehende Ferienhotel. Tipptopp gepflegt und wohnlich die Zimmer, schön der großzügige Spa, herrlich der Garten mit tollem Meerblick. Und zum Strand haben Sie direkten Zugang.

91 Zim – 65/151 € 88/464 € – 4 Suiten – ½ P

Nordperdstr. 11 18586 – 038308 70 – www.travelcharme.com

Inselhotel

FAMILIÄR • FUNKTIONELL Nur 150 m vom Dünenwald entfernt empfangen Sie wirklich freundliche Gastgeber. Man hat neuzeitlich-funktionale Zimmer (darunter auch Appartements) und frühstücken kann man schön auf der Terrasse vor dem Haus. Übrigens: Parken ist inklusive.

26 Zim – 60/80 € 80/140 € – 5 Suiten

Wilhelmstr. 6 18586 – 038308 5550 – www.inselhotel-ruegen.de – geschlossen 15. November - 28. Dezember

Lohme - 460 Ew. - Höhe 50 m

Schloss Ranzow

HISTORISCH • GEMÜTLICH Der Weg an die nordöstliche Spitze der Insel lohnt sich: ein tolles Anwesen in exponierter Lage mit Traumblick! Im Schloss von 1900 schicke, edel-moderne Zimmer und das elegante Restaurant mit regionaler Küche, im Gästehaus geradlinig designte Appartements. Zudem Golfplatz und Hauskapelle.

20 Zim – 90/160 € 110/180 € – ½ P

Schlossallee 1 18551 – 038302 88910 – www.schloss-ranzow.de – geschlossen 2. Januar - 1. März, 2. - 16. November

Putbus - 4 330 Ew. - Höhe 50 m

In Putbus-Lauterbach Süd-Ost: 2 km

Badehaus Goor

HISTORISCH • KLASSISCH Direkt am Greifswalder Bodden steht die ehemalige fürstliche Residenz von 1818 - ein hübscher Rahmen für geschmackvolle, klassisch-wohnliche Zimmer. Schön sind auch Spa und Garten. Elegantes Restaurant mit Terrasse im reizvollen Innenhof.

85 Zim – 53/103 € 96/182 € – 5 Suiten – ½ P

Fürst-Malte-Allee 1 18581 – 038301 88260 – www.hotel-badehaus-goor.de

Ralswiek - 235 Ew. - Höhe 2 m

Schlosshotel Ralswiek

HISTORISCHES GEBÄUDE • INDIVIDUELL Wunderschön anzusehen ist das 1893 im Stil der Neurenaissance erbaute Schloss, das oberhalb des Jasmunder Boddens einsam in einem Park liegt. Auch Kosmetikanwendungen gibt es im Haus. Von der Terrasse des hübschen Restaurants schaut man auf Park, Bodden und Seebühne.

63 Zim – 65/88 € 80/193 € – 2 Suiten – ½ P

Parkstr. 35 18528 – 03838 20320 – www.schlosshotel-ralswiek.de

Sassnitz - 9 476 Ew. - Höhe 30 m

Gastmahl des Meeres

FISCH UND MEERESFRÜCHTE • GEMÜTLICH X Eine sympathische Adresse für Fischliebhaber. Hier freut man sich z. B. auf "gebratenen Heilbutt mit Kräuterbutter, Blattsalaten und Petersilienkartoffeln" - gerne sitzt man dazu auf der Terrasse zur Strandpromenade. Und wer in einem der ländlich-wohnlichen Zimmer übernachtet, hat einen eigenen Parkplatz.

Karte 23/48 €

12 Zim – 70/100 € 90/120 €

Strandpromenade 2 18546 – 038392 5170 – www.gastmahl-des-meeres-ruegen.de

Sehlen - 882 Ew. - Höhe 35 m

In Sehlen-Klein Kubbelkow Nord-West: 3,5 km, über die B 96 Richtung Bergen

Gutshaus Kubbelkow

INTERNATIONAL • ELEGANT XX Mit schmucker Fassade und stilvollen Salons bewahrt das denkmalgeschützte Herrenhaus in herrlich ruhiger Parklage den Charme von 1908. Gekocht wird frisch und ambitioniert, z. B. "Kubitzer Boddenzander, gelierter Bouillabaisse-Sud, gebratener Spargel". Tipp: Dieses Idyll bietet auch Gästezimmer: wertig-geschmackvoll, hier und da antike Stücke, toll das Frühstück!

Menü 46/78 € – Karte 43/61 €

8 Zim – 95/130 € 115/160 € – 2 Suiten

Im Dorfe 8 18528 – 03838 8227777 – www.kubbelkow.de – nur Abendessen – geschlossen Anfang Februar 2 Wochen

Sellin - 2 511 Ew. - Höhe 20 m

Ambiance

INTERNATIONAL • KLASSISCHES AMBIENTE XX Appetit machen hier ambitionierte international-saisonale Gerichte wie "Australisches Rinderfilet, exotisches Spargelragout, Estragonrisotto". Alternativ können Sie auch von der Karte des "Clou" nebenan wählen. Der Rahmen klassisch, der Service herzlich und versiert. Schön die Terrasse.

Menü 40/85 € - Karte 38/65 €

Hotel ROEWERS Privathotel, Wilhelmstr. 34 ✉ 18586 - ✆ 038303 1220 - www.roewers.de - nur Abendessen

Clou

INTERNATIONAL • FREUNDLICH X Sie sitzen in freundlicher Atmosphäre, werden geschult und angenehm leger umsorgt und lassen sich frische, gute Küche schmecken. Wie wär's z. B. mit "Filet vom Steinköhler unter der Kartoffelkruste, Rahmkohl, Dijon-Senfsauce"?

Menü 40 € - Karte 31/49 €

Hotel ROEWERS Privathotel, Wilhelmstr. 34 ✉ 18586 - ✆ 038303 1220 - www.roewers.de

ROEWERS Privathotel

LUXUS • GEMÜTLICH Das hübsche Villen-Ensemble ist eine ausgesprochen engagiert geführte Adresse, die sich zum Wohl des Gastes stetig weiterentwickelt. Die Zimmer wohnlich-elegant, die Mitarbeiter aufmerksam. Zudem findet man auf dem 1 ha großen Grundstück unweit des Ostseestrandes einen herrlichen Privatpark samt schönem Spa.

28 Zim ☕ - †175/215 € ††195/235 € - 24 Suiten - ½ P

Wilhelmstr. 34 ✉ 18586 - ✆ 038303 1220 - www.roewers.de

Ambiance • **Clou** - siehe Restaurantauswahl

RÜTHEN

Nordrhein-Westfalen - 10 668 Ew. - Höhe 380 m - Regionalatlas **27**-F11
Michelin Straßenkarte 543

In Rüthen-Kallenhardt Süd: 8 km über Suttrop

Knippschild

REGIONAL • FREUNDLICH XX Dorfstube, Bauernstube, Romantikstube - ausgesprochen gemütlich hat man es hier, die Einrichtung steckt voller Charme und Liebe zum Detail! Gekocht wird schmackhaft, saisonal und gerne mit regionalen Produkten, z. B. beim "Sauerbraten vom heimischen Überläufer (1-jähriges Wildschwein)". Der Service freundlich-leger.

Menü 29/50 € - Karte 32/52 €

Hotel Knippschild, Theodor-Ernst-Str. 3 ✉ 59602 - ✆ 02902 80330 - www.hotel-knippschild.de - geschlossen über Weihnachten

Knippschild

LANDHAUS • GEMÜTLICH Seit Generationen sorgen die Knippschilds für freundlich-familiären Service und schönes Ambiente. Immer wieder wird investiert, überall ist es gemütlich, dafür sorgen Farben, Stoffe, Holz... Schauen Sie sich auch das charmant-urige Saunadorf an! Elektrofahrräder kann man kostenlos leihen. Tipp: Absacker im "Wirtshaus".

20 Zim ☕ - †89/169 € ††128/208 € - 2 Suiten - ½ P

Theodor-Ernst-Str. 3 ✉ 59602 - ✆ 02902 80330 - www.hotel-knippschild.de - geschlossen über Weihnachten

Knippschild - siehe Restaurantauswahl

RUHPOLDING

Bayern - 6 799 Ew. - Höhe 656 m - Regionalatlas **67**-O21
Michelin Straßenkarte 546

Ortnerhof

SPA UND WELLNESS · GEMÜTLICH Wellness direkt im Hotel, Golfen gleich nebenan. Viel Platz hat man in den schönen Zimmern im neueren Anbau. "Private Spa Suite" für Paare, gemütliche Hotelbar in der Halle. Gekocht wird mit regional-saisonalem Bezug. HP inklusive.

44 Zim - 42/127 € 108/262 € - ½ P

Ort 6, (am Golfplatz), Süd: 3 km ✉ 83324 - ✆ 08663 88230 - www.ortnerhof.de

RUHSTORF an der ROTT

Bayern - 6 938 Ew. - Höhe 319 m - Regionalatlas **60**-P19
Michelin Straßenkarte 546

Antoniushof

FAMILIÄR · GEMÜTLICH Möchten Sie ein Zimmer im wohnlichen Landhausstil? Oder haben Sie es lieber frisch-modern? In dem traditionsreichen Familienbetrieb gibt es zudem einen schönen Spa und auch im Feng-Shui-Garten lässt es sich gut entspannen. Im Restaurant bietet man regional-internationale Küche.

39 Zim - 89/125 € 119/169 € - 3 Suiten - ½ P

Ernst-Hatz-Str. 2 ✉ 94099 - ✆ 08531 93490 - www.antoniushof.de

RUPPERTSBERG

Rheinland-Pfalz - 1 463 Ew. - Höhe 121 m - Regionalatlas **47**-E16
Michelin Straßenkarte 543

Hofgut Ruppertsberg

REGIONAL · RUSTIKAL Der historische Gasthof ist eine der Keimzellen des Weinguts Bürklin-Wolf und heute ein charmantes Restaurant samt herrlichem Innenhof - prädestiniert für Hochzeiten! Aus der Küche kommt z. B. "traditioneller Rindergulasch mit gebratenen Pilzen und Kartoffelknödeln" - man setzt übrigens auf Bio-Produkte.

Menü 36/69 € - Karte 35/72 €

Obergasse 2 ✉ 67152 - ✆ 06326 982097 - www.dashofgut.com - Dienstag - Freitag nur Abendessen - geschlossen Juli - August 2 Wochen und Januar - März: Sonntagabend - Montag, April - Dezember: Montag, Sonntagmittag

RUST

Baden-Württemberg - 3 948 Ew. - Höhe 164 m - Regionalatlas **53**-D20
Michelin Straßenkarte 545

ammolite - The Lighthouse Restaurant

MODERNE KÜCHE · DESIGN Nur die „Euromaus" hat in dem exklusiven Restaurant im „Europa Park" in Rust keinen Zutritt. Ansonsten ist diese coole Abend-Adresse im Erdgeschoss des Leuchtturms ein Ort, an dem sich Groß und Klein sofort wohl fühlt. Denn auch dort gehört das „Gute-Laune-Prinzip" des berühmten Freizeitparks zum Konzept und selbstverständlich gibt es auf Wunsch auch für Kinder, die zu „später Stunde" dabei sein dürfen, etwas Passendes zu essen. Das mondäne, in Blautönen gehaltene Szenario präsentiert sich vom Feinsten: opulente, kapitonierte Samtsessel, luxuriöse Vorhänge, raffinierte Illuminierung, edles Silber und feine Tischwäsche. Dazu setzt Chef de Cuisine Peter Hagen-Wiest auf eine klassische solide Küche. Seine mediterran beeinflussten Kreationen sind kontrastreich, mit vollem Aroma und Finesse zubereitet. Dem Niveau am Herd entspricht die gepflegte Auswahl auf der Weinkarte, die Kennerschaft und Charakter verrät und Lust auf interessante Kreszenzen macht.

→ Bachsaibling, Daikonrettich, Schwarzwaldmiso. Tafelspitzravioli, Cidre, Meerrettich. Lamm, Kichererbse, Aubergine, Kefir.

Menü 95/148 €

Hotel Bell Rock, Peter-Thumb-Str. 6 ✉ 77977 - ✆ 07822 776699 (Tischbestellung ratsam) - www.ammolite-restaurant.de - nur Abendessen, sonntags auch Mittagessen - geschlossen 30. Januar. - 24. Februar, 29. Juli - 18. August und Montag - Dienstag

Bell Rock

RESORT • ELEGANT Entdecken Sie das historische Neuengland! Stilvolle Fassaden und geschmackvolles Interieur mit maritimem Touch auf 40 000 qm. Zahlreiche schöne Details von den großen Bildern in der Halle über originelle Kinder-Etagenbetten im Schiffs-Look bis zum Pooldeck "Mayflower" widmen sich den Pilgervätern in Amerika.

225 Zim – 86/185 € 121/239 € – 35 Suiten

Peter-Thumb-Str. 6, (im Europa-Park) ✉ 77977 – ✆ 07822 8600 – www.europapark.de/bell-rock

ammolite - The Lighthouse Restaurant – siehe Restaurantauswahl

Colosseo

RESORT • MEDITERRAN Darf es ein bisschen historisches Rom sein? Das italienische Flair reicht vom Kolosseumbogen und der schönen Piazza über die hübsch dekorierten Zimmer bis zum Wellnessbereich. Und in den Restaurants gibt's natürlich auch Pizza und Pasta.

324 Zim – 86/176 € 121/227 € – 22 Suiten

Europa-Park-Str. 4, (im Europa-Park) ✉ 77977 – ✆ 07822 8600 – www.europapark.de/colosseo – geschlossen über Weihnachten

Santa Isabel

RESORT • MEDITERRAN Die Architektur ist einem portugiesischen Kloster nachempfunden, das Interieur versprüht mediterranen Charme. Schöner Spa, Restaurant im Stil einer Apotheke, hübsche Terrasse. Praktisch: Viele Zimmer sind für Familien geeignet.

66 Zim – 166/176 € 212/227 € – 8 Suiten

Europa-Park-Str. 4, (im Europa-Park) ✉ 77977 – ✆ 07822 8600 – www.europapark.de/santa-isabel – geschlossen 13. Januar - 5. April: Montag - Freitag

SAALEPLATTE

Thüringen – 2 714 Ew. – Regionalatlas **41**-L12
Michelin Straßenkarte 544

Im Ortsteil Eckolstädt

Venerius

INTERNATIONAL • TRENDY Das Restaurant liegt schon etwas ab vom Schuss, doch ein Besuch lohnt sich: Auf dem ehemaligen Kasernengelände erwarten Sie engagierte junge Gastgeber, modern-trendige Atmosphäre und international-saisonale Küche, und die macht z. B. als "Filet von der Gelbschwanzmakrele mit Rauch-Steckrüben-Gemüse" Appetit.

Menü 30 € (abends) – Karte 28/58 €

Darnstedter Str. 23 ✉ 99510 – ✆ 036421 35556 – www.restaurant-venerius.de – geschlossen 1. - 9. Januar, 15. Juli - 7. August und Montag – Donnerstagmittag, Freitagmittag

SAARBRÜCKEN

Saarland – 176 926 Ew. – Höhe 190 m – Regionalatlas **45**-C17
Michelin Straßenkarte 543

GästeHaus Klaus Erfort

FRANZÖSISCH-KLASSISCH • ELEGANT Strahlend weiß, herrschaftlich-luxuriös, so steht die mächtige Villa, das „GästeHaus" von Klaus Erfort, an einer belebten Straße in der Innenstadt von Saarbrücken. Wer hinter das schwarz lackierte schmiedeeiserne Tor tritt, taucht ab in eine Welt, die Augen und Gaumen schmeichelt. Das Ambiente der Gründerzeitvilla, die in einem herrlichen englischen Park steht, ist geprägt von klassischer und doch moderner Eleganz. Dieser Stil setzt sich auf der Speisekarte des Patrons fort – offeriert wird eine perfekte, klassisch zubereitete Cuisine, die man auf wertvollem Porzellan serviert. So präsentiert Klaus Erfort zum Beispiel einen fantastischen lauwarmen Wildlachs mit Fenchel und Beurre Blanc. Es versteht sich fast von selbst, dass man zu solch exzellenten Speisen eine treffliche Begleitung parat hat, und die kommt aus einem Weinkeller mit toller und sehr tiefer Auswahl.

➜ Auf Meersalz gegarte Langoustines "Royales" mit gegrilltem jungem Lauch. Gemüseacker mit Bretonischem Hummer, Olivenkrokant und pochiertem Wachtelei. Bäckeoffe von der Mieral Taube mit Trüffeljus und Gemüseragout.

Menü 135/210 € – Karte 104/169 €

Mainzer Str. 95 ✉ 66121 – ✆ 0681 9582682 (Tischbestellung ratsam) – www.gaestehaus-erfort.de – geschlossen 24. Dezember - Anfang Januar, Juli - August 2 Wochen und Samstagmittag, Sonntag - Montag, Feiertage

Esplanade

KREATIV • FREUNDLICH Hochwertig geht es in der ehemaligen Schule in der Innenstadt zu. Das gilt sowohl für das Restaurant selbst (ein freundlich-moderner Raum mit bodentiefen Fenstern) als auch für die Küche. Man kocht sehr aufwändig, kreativ und mit ausgezeichneten Produkten. Tipp: Kommen Sie auch mal zum preiswerten Lunch!

➜ Forelle, Schmorgurke, Dill, Hollandaise. Entenbrust, Sellerie, Gewürzhaut, Spitzkohl. Kirsche, Valrhona Schokolade, Sauerrahm.

Menü 59/129 € – Karte 62/121 €

Nauwieserstr. 5 ✉ 66111 – ✆ 0681 8596566 – www.esplanade-sb.de – geschlossen Dienstag - Mittwoch

L'Arganier im Handelshof

FRANZÖSISCH • KLASSISCHES AMBIENTE In den schönen klassisch-modernen Räumen des ehrwürdigen Handelshofs setzt man auf französische Küche mit marokkanischen Einflüssen. Lust auf "Tajine von der Kaninchenkeule"? Oder lieber "Reh aus dem Gewürzsud mit Kürbisgnocchi"?

Menü 28/88 € – Karte 38/72 €

Wilhelm-Heinrich-Str. 17 ✉ 66117 – ✆ 0681 56920 – www.larganier.de – geschlossen Sonntagabend - Montag, Samstagmittag

Schlachthof Brasserie

FLEISCH • BRASSERIE Mitten im Schlachthofviertel gelegen, steht in der charmanten Brasserie natürlich Fleisch im Mittelpunkt - an der "Schwamm sélection" mit ihrem Rind aus Trockenreifung kommt kein Steak-Liebhaber vorbei, aber auch "gebratener Pulpo mit Fenchel, Sellerie und Dill" ist lecker!

Menü 20 € (mittags unter der Woche)/39 € – Karte 33/59 €

Straße des 13. Januar 35 ✉ 66121 – ✆ 0681 6853332 (Tischbestellung ratsam) – www.schlachthof-brasserie.de – geschlossen Sonntag

Am Triller

BUSINESS • MODERN Kunst und modernes Design sind hier allgegenwärtig. Bei den Zimmern hat man die Qual der Wahl: ein helles "Economy"-Zimmer oder eines der ganz individuellen Themenzimmer von "Musée de Paris" über "Licht & Natur" bis zu den "SaarLegenden"-Zimmern mit ihrer vom Künstler Bernd Kissel gestalteten Comic-Wand? Im Restaurant setzt man auf Bioprodukte.

110 Zim – †85/195 € ††90/250 € – ☕ 15 €

Trillerweg 57 ✉ 66117 – ✆ 0681 580000 – www.hotel-am-triller.de

Domicil Leidinger

URBAN • INDIVIDUELL Familie Leidinger zeigt hier echtes Engagement! Juniorsuite oder Standardzimmer, Feng-Shui, Japan, Afrika... Wie möchten Sie wohnen? Eine richtige kleine Oase ist der charmante begrünte Zen-Innenhof. Dazu Theater mit Jazzclub im Hinterhaus. Im "s'Olivo" gibt es mediterrane Küche.

87 Zim ☕ – †99/135 € ††125/190 €

Mainzer Str. 10 ✉ 66111 – ✆ 0681 93270 – www.leidinger-saarbruecken.de

Bayrischer Hof

FAMILIÄR • GEMÜTLICH Das Haus in bevorzugter Wohnlage wird sehr intensiv und persönlich von der freundlichen Gastgeberin und ihrem Team geführt, ist überaus liebenswert eingerichtet und bietet den Gästen eine herzliche Betreuung.

22 Zim ☕ – †69/86 € ††89/106 €

St. Ingberter Str. 46, Rotenbühl, Ost: 3 km ✉ 66123 – ✆ 0681 9582840 – www.bayrischerhof-sb.de – geschlossen 28. Dezember - 6. Januar

Fuchs

HISTORISCH • MODERN Das denkmalgeschützte alte Stadthaus (Dependance von Klaus Erforts "GästeHaus") hat mehrere Pluspunkte: die Lage in der Fußgängerzone, vergünstigtes Parken (Rathaus- oder Theatergarage) sowie wohnlicher geradlinig-moderner Stil. Tipp: charmantes Dach-Apartment mit Loggia und Stadtblick!

9 Zim - 90/99 € 104/113 €

Kappenstr. 12 66111 - 0681 9591101 - www.hotelfuchs.de

In Saarbrücken - Alt-Saarbrücken

Restaurant Quack in der Villa Weismüller

MARKTKÜCHE • FREUNDLICH XX Das Angebot an frischen schmackhaften Speisen reicht hier von Sauerbraten über Rehrücken bis zu Thai-Gemüse-Curry mit Bliesgau-Lamm. Und dazu ein feiner Wein? Gefragt ist auch der "Chef's Table" mit Blick in die Küche. Champagner-Lounge.

Menü 32/68 € - Karte 33/62 €

Gersweiler Str. 43a 66117 - 0681 52153 - www.restaurant-quack.de - geschlossen Samstagmittag, Sonntag - Montag

SAARBURG

Rheinland-Pfalz - 6 982 Ew. - Höhe 130 m - Regionalatlas **45**-B16
Michelin Straßenkarte 543

Villa Keller

PRIVATHAUS • KLASSISCH Fliesen, Stuck, Holzböden... Vieles hier ist noch original, das macht die elegante Villa von 1801 zu einem kleinen Schmuckstück. Toll die Lage direkt an der Saar, schön die Aussicht auf die Burg. Klassisches Restaurant mit 200 Jahre altem Kachelofen. Alternativ gibt es das gemütlich-urige Wirtshaus mit bürgerlich-regionaler Küche. Nett der Biergarten im Innenhof.

11 Zim - 80/85 € 120/150 €

Brückenstr. 1 54439 - 06581 92910 - www.villa-keller.de - geschlossen Mitte Februar - Anfang März

SAARLOUIS

Saarland - 34 248 Ew. - Höhe 185 m - Regionalatlas **45**-B17
Michelin Straßenkarte 543

LOUIS

MODERNE KÜCHE • ELEGANT XXX Das Gourmetrestaurant des "LA MAISON" kommt stilvoll-modern und wertig, aber keineswegs steif daher - warme Farben, Fischgrätparkett und hohe Decken schaffen Atmosphäre. Die Küche setzt auf moderne Klassik, ambitioniert und niveauvoll.

→ Jakobsmuschel und Kalb, Estragonsenf, Ananas, grünes Curry. Challans Ente und Gewürze, Macadamianuss, Rosenkohl, Sellerie, Cassis. Blutorange, Marshmallow, Honigbrot und Himbeere.

Menü 79/149 €

Hotel LA MAISON, Prälat-Subtil-Ring 22 66740 - 06831 89440440 - www.lamaison-hotel.de - nur Abendessen - geschlossen 25. Dezember - 14. Januar, 7. Juli - 6. August und Sonntag - Dienstag

PASTIS bistro

FRANZÖSISCH • BISTRO X Schmackhafte klassische Bistroküche wie in Frankreich - da machen z. B. "Schwarzfederhuhn auf Pfannengemüse", "Königinpastetchen" oder "Confit de Canard" Appetit. Schön auch das Restaurant selbst. Es ist wertig eingerichtet, liegt in der 1. Etage und ist über den Feinkostladen erreichbar.

Menü 23 € (mittags unter der Woche) - Karte 31/62 €

Hotel LA MAISON, Prälat-Subtil-Ring 22 66740 - 06831 89440440 - www.lamaison-hotel.de - geschlossen 29. Juli - 6. August und Montag - Dienstag

LA MAISON

BOUTIQUE-HOTEL • INDIVIDUELL Hochwertig, individuell und mit stilvoll-modernem Design, so zeigt sich die historische Villa nebst Neubau. Wie wär's mit einer schicken Themen-Suite? Die Bäder hier sind ein echtes Highlight! Und haben Sie das tolle Treppenhaus gesehen? Wunderbar auch der Garten. Dazu zuvorkommender Service.

50 Zim – 130/145 € 170/175 € – 3 Suiten

Prälat-Subtil-Ring 22 66740 – 06831 89440440 – www.lamaison-hotel.de

LOUIS • **PASTIS bistro** – siehe Restaurantauswahl

SAAROW, BAD

Brandenburg – 5 090 Ew. – Höhe 45 m – Regionalatlas **23**-Q8
Michelin Straßenkarte 542

19hundert

REGIONAL • LÄNDLICH Ein Logenplatz am See, ob Sommer oder Winter! Es gibt die herrliche Terrasse und das Restaurant samt Wintergarten und Weinstube mit tollem Blick. Auf der Karte z. B. "Maispoulardenbrust mit Wurzelgemüse und Maronen-Kartoffelpüree".

Menü 28/65 € – Karte 25/46 €

Hotel Landhaus Alte Eichen, Alte Eichen 21 15526 – 033631 43090 – www.landhaus-alte-eichen.de – geschlossen 3. - 11. Januar

Esplanade Resort & Spa

SPA UND WELLNESS • MODERN Die schöne Hotelanlage am Scharmützelsee bietet freundlich-moderne Zimmer, ein vielfältiges Angebot im ansprechenden Spa sowie eine eigene Marina. "Spa-Suite" mit Sauna. Italienische Küche im "O'Vino" in der Dependance. In der beliebten "Pechhütte" gibt's zünftige Speisen.

170 Zim – 90/249 € 120/299 € – ½ P

Seestr. 49 15526 – 033631 4320 – www.esplanade-resort.de

Palais am See

LANDHAUS • KLASSISCH Annette und Peter Fink haben hier ein echtes Kleinod! Das privat anmutende kleine Hotel liegt einfach traumhaft, bietet eine wunderbare Aussicht und hat einen schönen Garten zum See sowie geschmackvolle Zimmer mit Stil und Charme. Auch das Frühstück kann sich sehen lassen - vielleicht auf der Terrasse?

9 Zim – 149/220 € 149/220 € – 1 Suite – 12 €

Karl-Marx-Damm 23 15526 – 033631 8610 – www.palais-am-see.de – geschlossen Januar - vor Pfingsten

Landhaus Alte Eichen

LANDHAUS • GEMÜTLICH Schön wohnt es sich in dem Hotel auf einer Halbinsel im See - hübsch die Juniorsuiten in der Villa. Der reizvolle Garten grenzt an den See, hier hat man einen Badesteg. Entspannen kann man auch beim umfangreichen Wellnessangebot.

32 Zim – 79/114 € 99/135 € – 6 Suiten – ½ P

Alte Eichen 21 15526 – 033631 43090 – www.landhaus-alte-eichen.de – geschlossen 3. - 11. Januar

19hundert – siehe Restaurantauswahl

SACHSA, BAD

Niedersachsen – 7 431 Ew. – Höhe 310 m – Regionalatlas **30**-J11
Michelin Straßenkarte 541

Romantischer Winkel

SPA UND WELLNESS • GEMÜTLICH Hier wird dem Gast einiges geboten: ruhige Lage am Schmelzteich, wohnliche Zimmer (auch Appartements), Spa auf 3500 qm samt "Kids Wellness", freundlicher Service, Kinderbetreuung... Im Restaurant gibt es international, regional und saisonal beeinflusste Küche. Sehenswert die kleine Kapelle in der historischen Villa.

72 Zim – 120/236 € 239/351 € – 6 Suiten – ½ P

Bismarckstr. 23 37441 – 05523 3040 – www.romantischer-winkel.de

SÄCKINGEN, BAD

Baden-Württemberg – 16 416 Ew. – Höhe 291 m – Regionalatlas **61**-D21
Michelin Straßenkarte 545

Genuss-Apotheke (Raimar Pilz)

KREATIV • TRENDY Ein frisches, modernes Konzept, das ankommt. Hinter den großen Fenstern der ehemaligen Apotheke sitzt man in einem hellen, geradlinig gehaltenen Raum an wertig eingedeckten Tischen - Blickfang ist die offene Küche. Hier kocht man kreativ und angenehm reduziert, top die Produkte. Abends ein Menü mit bis zu 8 Gängen, mittags eine kleinere Variante.

→ Gänseleber und Mandelmilch, Aprikose, Ras el Hanout. Lotte und Lauchinfusion, Schnittlauchöl, Gurke. Ziger und Haselnüsse, Rhabarber und Dinkelsteine.

Menü 56 € (mittags)/148 €

Schönaugasse 11 ✉ 79713 – ✆ 07761 9333767 (Tischbestellung erforderlich) – www.genuss-apotheke.de – geschlossen Juli - August 4 Wochen und Sonntag - Montag

Rheinsberg

LANDHAUS • MODERN Das Hotel liegt etwas außerhalb, ruhig und direkt am Golfplatz. Geradlinig-modern und wertig ausgestattet sind die Zimmer und Juniorsuiten, frisch das Frühstücksbuffet, dazu mittags und abends eine kleine Speisenauswahl. Tipp: Fahrrad- und E-Bike-Verleih.

26 Zim – †94/179 € ††109/229 €

Schaffhauserstr. 123/1, Ost: 3 km über die B 34, Obersäckingen, am Golfplatz ✉ 79713 – ✆ 07761 9998999 – www.hotelrheinsberg.de

SAILAUF

Bayern – 3 630 Ew. – Höhe 200 m – Regionalatlas **48**-G15
Michelin Straßenkarte 546

Schlosshotel Weyberhöfe N

HISTORISCHES GEBÄUDE • DESIGN Die historischen Weyberhöfe (ursprünglich Jagdschloss von 1265) wurden geschmackvoll, wertig und recht individuell gestaltet, gelungen die Verbindung von Klassik und Moderne. Zum Entspannen gibt es verschiedene Saunen, Hamam und Pool. Das imposante Anwesen ist übrigens auch ideal für Feierlichkeiten. "Rumpolt" mit international-saisonaler Küche.

40 Zim – †130 € ††150 € – 1 Suite – 19 €

Weyberhöfe 9 ✉ 63877 – ✆ 06093 993320 – www.schlosshotel-weyberhoefe.com – geschlossen Anfang Januar 2 Wochen

SALACH

Baden-Württemberg – 7 925 Ew. – Höhe 363 m – Regionalatlas **56**-H18
Michelin Straßenkarte 545

Burgrestaurant Staufeneck (Rolf Straubinger)

FRANZÖSISCH-KREATIV • ELEGANT Dass Wertigkeit hier groß geschrieben wird, zeigt zum einen das modern-elegante Interieur, zum anderen natürlich die Küche. Ob kreativ-französisch, regional oder mediterran, was alle Speisen gemeinsam haben, sind sehr gute Produkte, eigene Ideen sowie jede Menge Finesse und Ausdruck. Toll: die Terrasse mit bemerkenswerter Sicht!

→ Salat von Kalbsbries und Kalbskopf mit gepickeltem Gemüse. Bouillabaisse. Zander mit Senfkörnern und Linsen.

Menü 72 € (vegetarisch)/132 € – Karte 81/115 €

Burghotel Staufeneck, Staufenecker Straße, (in der Ruine Staufeneck), Ost: 3 km ✉ 73084 – ✆ 07162 933440 (Tischbestellung erforderlich) – www.burg-staufeneck.de – nur Abendessen, sonntags auch Mittagessen – geschlossen Montag - Dienstag

Burghotel Staufeneck

HISTORISCHES GEBÄUDE • ELEGANT Geschmackvoll wohnen in einem einsam und ruhig gelegenen Hotel mit tollem Blick über das Filstal! Schöne klassische Zimmer, moderne Technik, sehr gute Tagungsmöglichkeiten und ein attraktiver Wellnessbereich samt Panorama-Außenpool. Und das Frühstück lässt kaum Wünsche offen - besonders angenehm auf der Terrasse! Im rustikalen "Burgbistro" gibt's Klassiker.

43 Zim – 120/140 € 220/240 € – 3 Suiten

Burg Staufeneck 1, (in der Ruine Staufeneck), Ost: 3 km ✉ 73084 – ✆ 07162 933440 – www.burg-staufeneck.de

Burgrestaurant Staufeneck – siehe Restaurantauswahl

SALEM

Baden-Württemberg – 11 116 Ew. – Höhe 443 m – Regionalatlas **63**-G21
Michelin Straßenkarte 545

In Salem-Neufrach Süd-Ost: 3 km über Schlossstraße und Neufracher Straße

Reck's

REGIONAL • GASTHOF XX Regional-saisonale Küche lautet die Devise in den drei behaglichen Stuben - und natürlich auf der herrlichen Terrasse an der Obstwiese! Es gibt z. B. "Wiener Schnitzel mit Blatt- und Kartoffelsalat" oder "gebratenes Bodenseefelchenfilet auf Bohnen-Tomatengemüse".

Menü 34 € (abends) – Karte 27/52 €

Hotel Recks, Bahnhofstr. 111 ✉ 88682 – ✆ 07553 201 – www.recks-hotel.de – geschlossen über Fastnacht 3 Wochen, Anfang November 2 Wochen und Mittwoch - Donnerstagmittag

Reck's

FAMILIÄR • GEMÜTLICH Wirklich einladend ist der Gasthof von 1900: individuelle, wohnliche Zimmer, reichlich Kunst sowie ein schöner Garten mit alten Bäumen, dazu freundliche Gästebetreuung. Tipp: Im Neubau hat man stilvoll-moderne "Deluxe"-Zimmer mit direktem Gartenzugang - hier auch Spa-Bereich und Kunstgalerie.

26 Zim – 68/120 € 120/200 € – 1 Suite – ½ P

Bahnhofstr. 111 ✉ 88682 – ✆ 07553 201 – www.recks-hotel.de – geschlossen über Fastnacht 3 Wochen, Anfang November 2 Wochen

Reck's – siehe Restaurantauswahl

Landgasthof Apfelblüte

LANDHAUS • GEMÜTLICH Das gewachsene Hotel am Ortsausgang wird seit über 35 Jahren als Familienbetrieb geführt. Die Gästezimmer sind funktionell ausgestattet, die im Neubau sind etwas moderner im Stil. Im Restaurant sitzt man gemütlich bei regionaler Küche.

40 Zim – 65/105 € 110/125 € – ½ P

Markdorfer Str. 45 ✉ 88682 – ✆ 07553 92130 – www.landgasthof-apfelbluete.de – geschlossen Januar

SALZGITTER

Niedersachsen – 98 966 Ew. – Höhe 70 m – Regionalatlas **29**-J9
Michelin Straßenkarte 541

In Salzgitter-Bad

Golfhotel

HISTORISCH • MODERN Das Hotel unweit des Marktplatzes wird gut geführt und bietet freundlichen Service. Die Zimmer verteilen sich auf das Fachwerkhaus und einen Anbau, sie sind wohnlich und funktionell. Wer's noch schicker mag, sollte eines der Komfort-Zimmer buchen! Am Morgen gibt es ein appetitliches frisches Frühstück.

32 Zim – 65/98 € 89/120 €

Gittertor 5 ✉ 38259 – ✆ 05341 3010 – www.golfhotel-salzgitter.de

SALZUFLEN, BAD

Nordrhein-Westfalen – 52 277 Ew. – Höhe 80 m – Regionalatlas **28**-G9
Michelin Straßenkarte 543

Walter's Pharmacy

INTERNATIONAL • RUSTIKAL Sehenswert ist das gemütlich-rustikale Interieur mit der Original-Einrichtung einer Londoner Apotheke von 1860 - und am Eingang macht der einsehbare "Aging Room" Appetit auf heimisches Dry Aged Beef vom Grill. Tipp: individuell zusammengestelltes Menü (Vorspeise, Hauptgang, Beilage, Sauce, Dessert) zum Festpreis.

Menü 37/55 € – Karte 27/105 €

Hotel Altstadt-Palais Lippischer Hof, Mauerstr. 1 ✉ 32105 – ✆ 05222 534296 – www.hof-hotels.de – nur Abendessen

Lippischer Hof

BUSINESS • INDIVIDUELL Mitten in der historischen Altstadt liegt das Boutique-Hotel nebst Design-Neubau. Chic der Rahmen und die Zimmer, toll der Stadtblick beim Frühstück im "The View" mit Dachterrasse. Stilvoll-elegant der Schotten-Look im Salon "The Alchemist".

94 Zim – 94/154 € 136/164 € – 5 Suiten – ½ P

Mauerstr. 1 ✉ 32105 – ✆ 05222 5340 – www.hof-hotels.de

Walter's Pharmacy – siehe Restaurantauswahl

SAMERBERG

Bayern – 2 718 Ew. – Höhe 700 m – Regionalatlas **66**-N21
Michelin Straßenkarte 546

In Samerberg-Duft Süd: 6 km ab Törwang, über Eßbaum und Gernmühl - Höhe 800 m

Berggasthof Duftbräu

GASTHOF • GEMÜTLICH Bilderbuch-Idylle! Ruhe, Wald, Wiesen, und mittendrin der engagiert-familiär geführte Gasthof. Fragen Sie nach den Themenzimmern ("Fischerin", "Wirtsleut"...). Interessant der Bierlehrpfad. Für Restaurantgäste ist der Schweinsbraten ein Muss - und Selbstgebrautes im Biergarten bei tollem Blick auf die Region!

28 Zim – 66/90 € 100/130 €

Duft 1 ✉ 83122 – ✆ 08032 8226 – www.duftbraeu.de – geschlossen 24. März - 8. April

In Samerberg-Grainbach

Gasthof Alpenrose

REGIONAL • GASTHOF Bei der Kirche steht der schöne alteingesessene Gasthof (Familienbetrieb seit 1868). Drinnen gemütliche Stuben, draußen lauschiger Biergarten und Terrasse mit Aussicht. Gekocht wird bayerisch-saisonal - Lust auf "Bachforellenfilet, Risotto, Gemüse"? Tipp: die charmanten Gästezimmer im "Bauernstadl".

Menü 35/90 € – Karte 20/53 €

10 Zim – 40/60 € 70/120 €

Kirchplatz 2 ✉ 83122 – ✆ 08032 8263 – www.alpenrose-samerberg.de – geschlossen über Pfingsten, November 2 Wochen und Montag - Dienstag

ST. ENGLMAR

Bayern – 1 680 Ew. – Höhe 808 m – Regionalatlas **59**-O18
Michelin Straßenkarte 546

In St. Englmar-Grün Nord-West: 3 km über Bogener Straße, am Ortsende links

Reinerhof

SPA UND WELLNESS • INDIVIDUELL In dem Familienbetrieb freut man sich über geschmackvoll-wohnliche Zimmer im Sonnenschlösschen und im Stammhaus - wie wär's mit einem gemütlichen Kuschelzimmer unterm Dach? Schön der Spa, alternativ und nicht weit vom Hotel: Sommerrodelbahn, Skilift und Langlaufloipe. Pfiffig-modern: Bar-Lounge und Vinothek.

43 Zim – 91/117 € 202/224 € – 3 Suiten – ½ P

Grün 9 ✉ 94379 – ✆ 09965 8510 – www.reinerhof.de – geschlossen 5. - 19. Mai, 8. - 18. Dezember

In St. Englmar-Maibrunn Nord-West: 5 km über Grün

Ludwig II und Carpe Diem

REGIONAL • GEMÜTLICH XX Viel Holz und hübsche Deko strahlen hier pure Gemütlichkeit aus. Das Angebot reicht von der Brotzeit bis zum Menü. Gekocht wird saisonal - darf es vielleicht Wild aus eigener Jagd sein? Schöner Garten und urige Hirschalmhütte für Events.

Menü 75 € – Karte 19/41 €

Berghotel Maibrunn, Maibrunn 1 ✉ 94379 – ✆ 09965 8500 – www.berghotel-maibrunn.de

Berghotel Maibrunn

SPA UND WELLNESS • GEMÜTLICH Ein engagiert und charmant geleitetes Haus in erhöhter Lage mit reizvoller Rundumsicht. Sehr wohnlich und geschmackvoll die Zimmer, einige mit modern-alpinem Chic. Neuzeitlicher Spa, Garten mit Hirschgehege, eigener Skilift.

50 Zim – †84/139 € ††168/238 € – 2 Suiten – ½ P

Maibrunn 1 ✉ 94379 – ✆ 09965 8500 – www.berghotel-maibrunn.de

Ludwig II und Carpe Diem – siehe Restaurantauswahl

ST. GOAR

Rheinland-Pfalz – 2 716 Ew. – Höhe 80 m – Regionalatlas **46**-D14
Michelin Straßenkarte 543

Schloss Rheinfels

HISTORISCHES GEBÄUDE • ELEGANT Ein tolles Domizil mit viel Geschichte! Klassisch-elegante Zimmer, schöner Spa, Rosen- und Kräutergarten, und das integriert in eine eindrucksvolle Burganlage von 1250. Regional-internationale Küche im Restaurant "Auf Scharffeneck" mit Wintergarten und den "Silcher Stuben". In der "Burgschänke" gibt's u. a. Flammkuchen und Vesper - ein Traum die Panoramaterrasse!

65 Zim – †95/155 € ††130/230 € – 2 Suiten – ½ P

Schloßberg 47 ✉ 56329 – ✆ 06741 8020 – www.schloss-rheinfels.de

ST. INGBERT

Saarland – 36 112 Ew. – Höhe 229 m – Regionalatlas **46**-C17
Michelin Straßenkarte 543

Die Alte Brauerei

FRANZÖSISCH-KLASSISCH • FAMILIÄR XX Fast wie in Frankreich fühlt man sich in dem gemütlichen Restaurant von Eric und Isabelle Dauphin, entsprechend die Küche. "Ravioli mit Hasenfilet" kommt da ebenso gut an wie "Maispoularde mit Morcheln gefüllt". Das Restaurant samt individuellen Gästezimmern erreichen Sie übrigens über den Innenhof.

Menü 20 € (unter der Woche)/53 € – Karte 36/59 €

6 Zim – †65/75 € ††89/100 € – 1 Suite

Kaiserstr. 101 ✉ 66386 – ✆ 06894 92860 – www.diealtebrauerei.com – geschlossen 21. Juli - 4. August

La Trattoria del Postillione

ITALIENISCH • FAMILIÄR XX Es hat schon Charme, das ehemalige Bahnhofsgebäude mit seinem liebenswerten Ambiente, der reizenden Terrasse und dem eigenen Weinberg direkt am Haus. Hier kennt man seine Stammgäste, und die schätzen neben der frischen italienischen Küche auch die persönliche Atmosphäre! Günstiges Lunchmenü.

Menü 65 € – Karte 32/57 €

Neue Bahnhofstr. 2 ✉ 66386 – ✆ 06894 381061 – www.postillione.de – geschlossen Januar 2 Wochen, August - September 2 Wochen und Sonntag - Montag

In St. Ingbert-Sengscheid Süd-West: 4 km über B 40, jenseits der A 6

Sengscheider Hof

FAMILIÄR • INDIVIDUELL Ein gewachsenes Hotel mit Stammhaus von 1879. Letzteres hat u. a. einige besonders moderne und geräumige neuere Zimmer zu bieten. Oder wie wär's mit der Juniorsuite (Zimmer Nr. 400) mit Dachterrasse und Blick auf den Garten samt kleinem Pool? Hell und elegant das Restaurant, klassisch die Küche.

45 Zim – †77/99 € ††105/139 € – 9 €

Birkenkopfweg 4 ✉ 66386 – ✆ 06894 9820 – www.sengscheiderhof.de – geschlossen 27. Dezember - 5. Januar

ST. JOHANN

Rheinland-Pfalz – 840 Ew. – Höhe 150 m – Regionalatlas **47**-E15
Michelin Straßenkarte 543

Golf Hotel Rheinhessen

LANDHAUS • MODERN Die reizvolle, ruhige Lage am Golfplatz, der tolle Blick auf die Weinberge und die ganze Region sowie wohnliche, moderne Gästezimmer machen das Hotel interessant. Im Restaurant und auf der netten Aussichtsterrasse speist man saisonal.

21 Zim – †84/104 € ††124/164 €

Hofgut Wißberg, Süd: 4 km, beim Golfplatz ✉ 55578 – ✆ 06701 91640 – www.golfhotel-rheinhessen.de

ST. MÄRGEN

Baden-Württemberg – 1 840 Ew. – Höhe 887 m – Regionalatlas **61**-E20
Michelin Straßenkarte 545

Zum Kreuz

REGIONAL • GEMÜTLICH Vater und Sohn kümmern sich hier um das leibliche Wohl der Gäste, da findet sich neben Bürgerlichem wie Kalbsrahmschnitzel oder Käsespätzle auch Moderneres. Wie wär's mit dem "Genussmenü"? Oder à la carte z. B. "Schwarzwald-Ochse: Rücken & Backe, Schwarzwurzel, Lauch, Kohlspätzle mit Ziegenkäse"?

Menü 23 € (mittags)/83 € – Karte 20/54 €

Hotel Zum Kreuz, Hohlengraben 1, Süd-Ost: 8 km, Richtung Furtwangen ✉ 79274 – ✆ 07669 91010 – www.gasthaus-zum-kreuz.de – geschlossen Mitte März - Mitte April 1 Woche, Mitte November - Mitte Dezember und Donnerstag - Freitagmittag

Zum Kreuz

GASTHOF • GEMÜTLICH Das nette Haus im Schwarzwälder Stil ist seit 1936 in der Hand der Familie Schwer. Neben gepflegten, wohnlichen Zimmern und Appartements (im Anbau mit Balkon) hat man auch einen schönen Wellnessbereich.

15 Zim – †44/47 € ††86/104 € – ½ P

Hohlengraben 1, Süd-Ost: 8 km, Richtung Furtwangen ✉ 79274 – ✆ 07669 91010 – www.gasthaus-zum-kreuz.de – geschlossen Mitte März - Mitte April 1 Woche, Mitte November - Mitte Dezember

Zum Kreuz – siehe Restaurantauswahl

ST. MARTIN

Rheinland-Pfalz – 1 753 Ew. – Höhe 225 m – Regionalatlas **47**-E17
Michelin Straßenkarte 543

St. Martiner Weinhäusel N

REGIONAL • WEINSTUBE Richtig nett und lebendig ist es hier - typische Pfälzer Weinstuben-Atmosphäre eben! Aus der Küche kommt ein interessanter Mix aus Internationalem und Regionalem, von der "Pfälzer Dreifaltigkeit" bis zum "Seeteufel auf gebratenem Fenchel mit Sepia-Risotto". Dessert-Tipp: "Kartäuser Klöße"! Im Sommer hat das einstige Weingut mitten im Ort auch eine lauschige Terrasse.

Menü 26/36 € – Karte 24/43 €

Hornbrücke 2 ✉ 67487 – ✆ 06323 981387 – geschlossen 7. Januar - 27. Februar und Dienstag - Mittwoch, September - Oktober: Dienstagmittag, Mittwoch

Das Landhotel Weingut Gernert

FAMILIÄR · AUF DEM LAND Ein tipptopp gepflegtes Anwesen am Rand des Weindorfes, etwas unterhalb das eigene Weingut. Die Zimmer sind geräumig und mit mediterraner Note eingerichtet - mit kleinem Rotweinangebot! Bürgerlich speist man im historischen Gewölbe, dazu hat man eine schöne Terrasse.

17 Zim - 78/110 € 135/155 €

Maikammerer Str. 39 67487 - 06323 94180 - www.das-landhotel.com - geschlossen 7. - 31. Januar

St. Martiner Castell

FAMILIÄR · AUF DEM LAND Seit über 30 Jahren halten die Gastgeber hier alles top in Schuss, man ist engagiert und investiert immer wieder. Sie wohnen in freundlichen Zimmern, in den gemütlichen Restaurantstuben und auf der hübschen Terrasse speisen Sie traditionell und regional.

24 Zim - 80/98 € 125/132 € - ½ P

Maikammerer Str. 2 67487 - 06323 9510 - www.martinercastell.de

Wiedemann's Weinhotel

SPA UND WELLNESS · MODERN Im Hotel des Weinguts Wiedemann wohnt man geschmackvoll, modern und mit Panoramablick! Zudem hat man einen schönen Spa auf 400 qm (wie wär's mit der Essig-Inhalation "Respiratio"?), einen Traum von Garten, das elegante Restaurant mit toller Terrasse, Verkostungen in der Vinothek. Auf Wunsch 3/4-Pension.

33 Zim - 114/126 € 188/242 € - ½ P

Einlaubstr. 64 67487 - 06323 94430 - www.wiedemanns-weinhotel.de - geschlossen Januar 2 Wochen

ST. MICHAELISDONN

Schleswig-Holstein – 3 501 Ew. – Höhe 3 m – Regionalatlas **9**-G4
Michelin Straßenkarte 541

Landhaus Gardels

REGIONAL · FREUNDLICH XX Hier wird regional-saisonal gekocht, am liebsten mit heimischen Produkten. Lust auf "Husumer Rumpsteak mit Pilzen"? Oder lieber einen Klassiker wie "Kalbsnieren in Senfkornsauce"? Alternativ gibt's im Bistro z. B. Flammkuchen oder "Gardels' Galloway-Burger".

Karte 34/55 €

Hotel Landhaus Gardels, Westerstr. 15 25693 - 04853 8030 - www.gardels.de - nur Abendessen - geschlossen 1. - 13. Januar und Sonntag

Landhaus Gardels

LANDHAUS · INDIVIDUELL Familienbetrieb seit über 130 Jahren! Die Zimmer sind individuell und wohnlich gestaltet, am Morgen genießt man ein reichhaltiges Frühstücksbuffet - sonntags für Langschläfer.

22 Zim - 100/130 € 120/170 € - ½ P

Westerstr. 15 25693 - 04853 8030 - www.gardels.de - geschlossen 1. - 13. Januar

Landhaus Gardels – siehe Restaurantauswahl

ST. PETER

Baden-Württemberg – 2 560 Ew. – Höhe 720 m – Regionalatlas **61**-E20
Michelin Straßenkarte 545

Zur Sonne

REGIONAL · GASTHOF XX Hanspeter Rombach setzt nicht nur auf Geschmack und solides Handwerk, sondern auch auf Nachhaltigkeit und Bioprodukte. Man kocht regional und klassisch, von "Schuttertäler Forelle mit Zitrone und Mandeln" bis "Lammrücken mit Gewürzkruste und Dattelpüree". Dazu wohnliche Gästezimmer und hübscher Saunabereich.

Menü 37/79 € – Karte 31/78 €

14 Zim - 68/135 € 84/148 € - 1 Suite

Zähringerstr. 2 79271 - 07660 94010 - www.sonneschwarzwald.de - geschlossen 28. Januar - 6. Februar, 1. - 10. April, 4. - 21. November 3 Wochen und Montag, außer an Feiertagen

Jägerhaus

FAMILIÄR • GEMÜTLICH Sie wohnen hier bei sehr freundlichen Gastgebern in behaglichen Zimmern, mal im Landhausstil, mal mit modernem Chic. Schön die Umgebung mit Wiesen und Weihern! Gut relaxen kann man auch im hübschen Saunabereich und am Badeteich im Garten! Bürgerliches und selbstgemachte Kuchen im gemütlichen Restaurant.

18 Zim – 63/90 € 106/128 € – ½ P

Mühlengraben 18 79271
– 07660 94000 – www.hotel-jaegerhaus.de – geschlossen 16. - 26. Januar, 10. März - 4. April, November 2 Wochen

ST. PETER-ORDING

Schleswig-Holstein – 3 933 Ew. – Höhe 3 m – Regionalatlas **1**-G3
Michelin Straßenkarte 541

Im Ortsteil St. Peter-Bad

Aalernhüs hotel & spa

SPA UND WELLNESS • MODERN Für Erholung sorgen hier komfortable Gästezimmer (wie wär's z. B. ganz frisch-modern in friesischem Blau?) sowie ein schöner Garten und der attraktive Spa auf 1000 qm! Im "Aalernhüs Grill" stehen Fleisch und Fisch vom Grill im Mittelpunkt.

64 Zim – 114/289 € 184/344 € – 5 Suiten – ½ P

Friedrich-Hebbel-Str. 2 25826 – 04863 7010 – www.aalernhues.de – geschlossen Januar

Das Kubatzki

FAMILIÄR • DESIGN Hier kommen nicht nur die schicken wertig-modernen Zimmern gut an, bei den engagierten Gastgebern kann man sich auch mit Yoga und Aromamassagen etwas Gutes tun! Oder Sie entspannen einfach auf der Holzterrasse im Garten. Für Hausgäste kocht man auch: gesundheitsbewusst und gerne mit Bioprodukten.

36 Zim – 90/120 € 125/175 € – 3 Suiten – ½ P

Im Bad 59 25826 – 04863 7040 – www.das-kubatzki.de

Landhaus an de Dün

FAMILIÄR • GEMÜTLICH Das kleine Hotel wird stetig verbessert und verschönert, so können Sie sich in elegant-wohnlichen Zimmern und bei Kosmetik oder Massage erholen, sich auf ein gutes Frühstück freuen und nachmittags Kaffee und Kuchen genießen. Den Kurpark haben Sie direkt vor der Tür, zum Strand sind es nur wenige Gehminuten.

13 Zim – 104/230 € 149/255 € – 2 Suiten

Im Bad 63 25826 – 04863 96060 – www.hotel-landhaus.de – geschlossen Dezember - Januar 4 Wochen

Im Ortsteil St. Peter-Dorf

Strandhütte Axels Restaurant

INTERNATIONAL • FREUNDLICH Was den sieben Meter hohen Pfahlbau am Südstrand so beliebt macht? Es ist das interessante Doppelkonzept: tagsüber "Strandhütte" als trendige Ausflugsadresse mit einfachem Angebot, am Abend "Axels Restaurant" mit wertig-modernem Ambiente und kreativen Gerichten wie "Tatar vom Holsteiner Galloway-Rind, geräucherter Heringskaviar, Knäckebrot, Trüffelmayonnaise".

Menü 49 € – Karte 46/77 €

Zum Südstrand, ab Südstrand-Parkplatz ca. 15 Minuten Fußweg oder mit öffentlichem Verkehrsbus erreichbar 25826
– 04863 4747011 (Tischbestellung ratsam) – www.die-strandhuette.de – nur Abendessen – geschlossen Anfang Januar - Mitte März und Montag - Dienstag

Im Ortsteil Ording

Esszimmer

REGIONAL • FREUNDLICH Auch gastronomisch orientiert sich die "Zweite Heimat" ganz an der Region: freundlich-friesisch das Ambiente, auf dem Teller z. B. "geschmorte Schulter vom Salzwiesenlamm, Paprikacreme, Schnippelbohnen, Polenta, Deichkäse". Oder lieber das "Bierbrett"? Mittags reduzierte Karte, nachmittags Waffeln und Kuchen.

Menü 35/129 € (abends) – Karte 33/64 €

Hotel Zweite Heimat, Am Deich 41 ✉ 25826 – ✆ 04863 47489120 (abends Tischbestellung ratsam) – www.hotel-zweiteheimat.de

Zweite Heimat

FAMILIÄR • AUF DEM LAND "Kleine Stube", "Große Stube", "Gute Stube"... Alle Zimmer sind nordisch-modern eingerichtet, liebenswert die maritime Deko - mal für Familien, mal mit Meerblick oder auch mit Sauna. Kosmetik und Massage in der "Kleinen Flucht". Überall ist die Region in Form von schönen Bildern und Naturmaterialien gegenwärtig.

47 Zim – †95/178 € ††135/268 € – 1 Suite

Am Deich 41 ✉ 25826 – ✆ 04863 474890 – www.hotel-zweiteheimat.de

Esszimmer – siehe Restaurantauswahl

ST. WENDEL

Saarland – 25 887 Ew. – Höhe 285 m – Regionalatlas **46**-C16
Michelin Straßenkarte 543

Angel's - das Hotel am Golfpark

URBAN • MODERN Die komfortable Hotelanlage grenzt unmittelbar an die grüne Golflandschaft und ist ganz modern in Architektur und Ambiente. Man bietet auch Massage- und Kosmetikanwendungen. Internationale Küche im großzügigen und lichten Restaurant.

46 Zim – †116/151 € ††156/196 € – 2 Suiten – ½ P

Golfparkallee 1, (am Golfplatz), West: 1,5 km ✉ 66606 – ✆ 06851 999000 – www.angels-dashotel.de

Hotel Le Journal

URBAN • UMWELTBEWUSST Darf es mal etwas Ausgefalleneres sein? Die "Auberge" sticht mit ihrem Hundertwasser-Look ins Auge, das "Hotel" mit seiner ökologischen Bauweise. Drinnen Naturmaterialien und wohnliches Ambiente. Und im Sommer einer der beiden restaurierten alten Zirkuswagen? In der Fußgängerzone das eigene Café "Le Journal".

40 Zim – †64/84 € ††89/99 €

Schillerstr. 5 ✉ 66606 – ✆ 06851 9378782 – www.cafe-le-journal.de

In St. Wendel-Bliesen

Nord-West: 5,5 km über Sankt Annen Straße und Alsfassener Straße

Kunz

FRANZÖSISCH-KLASSISCH • FAMILIÄR Anke und Alexander Kunz sind ein eingespieltes Team. Sie ist Gastgeberin aus Leidenschaft, er und seine Küchencrew stehen für geradlinige Gerichte ohne Chichi. Hier zählen erstklassige Produkte, Kraft, Ausdruck und Finesse. Toll übrigens auch der Blick auf den beachtlichen "Bliestaldom" St. Remigius.

→ Isländische Langostinos, Thai Curry, Ingwer, Beurre blanc. Bretonischer Steinbutt, gesalzene braune Butter, gebratene Poweraden. Müritz Lamm, Püree von La Ratte Kartoffeln, junger Fenchel, Tomate, Knoblauch-Rosmarinjus.

Menü 75/95 €

Kirchstr. 22 ✉ 66606 – ✆ 06854 8145 (Tischbestellung ratsam) – www.restaurant-kunz.de – nur Abendessen – geschlossen Februar 2 Wochen, Juli - August 2 Wochen und Sonntag - Dienstag

Kaminzimmer – siehe Restaurantauswahl

Kaminzimmer

REGIONAL • FREUNDLICH "Kaminzimmer" - das klingt nach Gemütlichkeit, und die darf man in dem geschmackvoll-modernen, in warmen Tönen gehaltenen Restaurant auch erwarten. Dazu gibt's richtig gute Küche, z. B. als "Dry Aged Beef vom Holzkohlegrill" oder als "Lamm mit Kräuterkruste und Ratatouille". Oder lieber ein Wiener Schnitzel?

Menü 37 € - Karte 30/78 €

Restaurant Kunz, Kirchstr. 22 ✉ 66606
- ✆ 06854 8145 (Tischbestellung ratsam) - www.restaurant-kunz.de
- geschlossen Februar 2 Wochen, Juli - August 2 Wochen und Montag - Dienstag, Samstagmittag

SASBACHWALDEN

Baden-Württemberg - 2 483 Ew. - Höhe 257 m - Regionalatlas **54**-E19
Michelin Straßenkarte 545

Engel

REGIONAL • LÄNDLICH Hier passt einfach alles zusammen: Familientradition seit 1764, charmante Stuben hinter historischen Fachwerkmauern, herzliche Atmosphäre und schmackhafte regionale Gerichte - auf der Karte macht z. B. "Sauerbraten in Spätburgunder geschmort mit feinen Nudeln" Appetit.

Menü 30 € (vegetarisch)/45 € - Karte 28/65 €

Hotel Engel, Talstr. 14 ✉ 77887 - ✆ 07841 3000 - www.engel-sasbachwalden.de
- geschlossen Montag

Badische Stuben

REGIONAL • RUSTIKAL Die regionale Küche hier kommt richtig gut an. Lust auf "Hechtklößle mit Rieslingsauce und Blattspinat" oder "Schwarzwälder Rehragout mit Wacholderrahm"? Oder lieber die "Versucherle"? Einladend auch die Stuben selbst mit ihrer gemütlichen Atmosphäre, ebenso die großzügige Terrasse.

Menü 37/64 € - Karte 32/71 €

Restaurant Fallert, Talstr. 36 ✉ 77887
- ✆ 07841 628290 (Tischbestellung ratsam) - www.talmuehle.de
- geschlossen 4. - 28. Februar und November - März: Montag - Dienstag

Fallert

FRANZÖSISCH-KLASSISCH • FREUNDLICH Seit über 50 Jahren steht Gutbert Fallert im Dienste der Gastronomie. Seine klassische Küche verzichtet bewusst auf modische Trends, vielmehr stellt man gute Produkte in den Mittelpunkt. Im Sommer gibt es zusätzlich die regionale Karte. Man hat auch wohnliche Gästezimmer und einen schönen Garten.

Menü 37 € (mittags)/84 € - Karte 39/84 €

26 Zim - 72/110 € 114/166 € - 1 Suite - ½ P

Talstr. 36 ✉ 77887
- ✆ 07841 628290 - www.talmuehle.de - geschlossen 4. - 28. Februar und November - März: Montag - Dienstag

Badische Stuben - siehe Restaurantauswahl

Engel

GASTHOF • MODERN Nicht nur gute Küche bietet diese seit Generationen familiengeführte Adresse. Das hübsche Fachwerkhaus a. d. 18. Jh. beherbergt auch schöne Zimmer, und die gibt es in den Kategorien "Einblick", "Ausblick" und "Weitblick" - wie wär's mit einem ganz modernen?

17 Zim - 75/110 € 100/160 € - ½ P

Talstr. 14 ✉ 77887 - ✆ 07841 3000 - www.engel-sasbachwalden.de

Engel - siehe Restaurantauswahl

SASSNITZ Mecklenburg-Vorpommern → Siehe Rügen (Insel)

SAULGAU, BAD

Baden-Württemberg – 17 222 Ew. – Höhe 587 m – Regionalatlas **63**-H20
Michelin Straßenkarte 545

Vinum

INTERNATIONAL • CHIC XX Das geradlinig-elegante Interieur kann sich wirklich sehen lassen, ebenso die moderne Terrasse samt Lounge. Gekocht wird international, saisonal und mit regionalen Einflüssen, von "Avocado mit Jakobsmuschel und Zitronencreme" bis "schwäbischer Rostbraten mit Zwiebelkruste".

Menü 39/63 € – Karte 20/64 €

Hotel Kleber Post, Poststr. 1 ✉ 88348 – ✆ 07581 5010 (Tischbestellung ratsam) – www.kleberpost.de

Kleber Post

URBAN • MODERN Seit über 390 Jahren hat Gastlichkeit hier Tradition! In dem stilvoll-modernen Hotel im Zentrum wohnt man in schönen, farblich stimmig eingerichteten Zimmern und entspannt im attraktiven verglasten Sauna- und Fitnessbereich auf dem Dach.

57 Zim – †94/114 € ††149/189 € – ½ P

Poststr. 1 ✉ 88348 – ✆ 07581 5010 – www.kleberpost.de

Vinum – siehe Restaurantauswahl

Lassen Sie sich bei Ihrer Reservierung den zurzeit gültigen Preis mitteilen.

SAULHEIM

Rheinland-Pfalz – 7 395 Ew. – Höhe 140 m – Regionalatlas **47**-E15
Michelin Straßenkarte 543

mundart Restaurant

KLASSISCHE KÜCHE • LÄNDLICH XX Eine charmante Adresse ist das alte Dorfhaus mitten in dem kleinen Weinort. Es gibt frische klassisch-regionale Gerichte wie z. B. "geschmorte Ochsenbacke", "Zander auf Rahmsauerkraut" oder auch "gegrillte Jakobsmuscheln". Drinnen hübsches ländlich-modernes Ambiente, draußen der reizende Innenhof.

Menü 35/88 € – Karte 33/53 €

Weedengasse 8, Nieder-Saulheim ✉ 55291 – ✆ 06732 9322966 – www.mundart-restaurant.de – nur Abendessen, sonntags auch Mittagessen – geschlossen 1. - 8. Januar, August 3 Wochen und Mittwoch - Donnerstag

SCHALKENMEHREN

Rheinland-Pfalz – 578 Ew. – Höhe 425 m – Regionalatlas **45**-B14
Michelin Straßenkarte 543

Michels Wohlfühlhotel

SPA UND WELLNESS • GEMÜTLICH Hier sollten Sie frühzeitig buchen, vor allem am Wochenende! Warum das gewachsene familiär geführte Landhotel so gefragt ist? Da wären zum einen schöne Zimmer in wohnlichem Landhausstil, zum anderen "Michels VitalQuell" auf 1000 qm sowie das gemütliche Restaurant, nicht zu vergessen der Reiz der Maare!

50 Zim – †97/120 € ††164/214 € – 1 Suite – ½ P

St.-Martin-Str. 9 ✉ 54552 – ✆ 06592 9280 – www.michels-wohlfuehlhotel.de

SCHALKHAM

Bayern – 870 Ew. – Höhe 430 m – Regionalatlas **59**-N19
Michelin Straßenkarte 546

In Schalkham-Johannesbrunn

Sebastianihof

INTERNATIONAL • RUSTIKAL Hier kocht man mit regionalem und saisonalem Bezug, so steht auf der Karte z. B. "Weixerauer Bachsaiblingsfilet, gebratener grüner Spargel, Kräuterkartoffeln". Modern-rustikal das Ambiente im "Stadl" und im "Kuhstall", schöner Innenhof.

Menü 48/78 € - Karte 28/54 €

Brunnenstr. 9 ✉ 84175 - ✆ 08744 919445 - www.sebastianihof.de - nur Abendessen, sonntags auch Mittagessen - geschlossen 12. - 22. August und Montag - Mittwoch

SCHANDAU, BAD

Sachsen - 3 764 Ew. - Höhe 128 m - Regionalatlas **43**-R12
Michelin Straßenkarte 544

Parkhotel

HISTORISCH • ELEGANT Umgeben vom Grün des Parks wohnt man in der Villa Sendig von 1880 oder in der Residenz mit Elbblick. Relaxen kann man bei Kosmetik und Massage sowie im netten Saunabereich. Fitness nur mit Trainer. Die Restaurants: "Toscana" sowie Wintergarten und Terrasse zum Fluss. Prächtiger historischer Saal für Feiern.

75 Zim - †73/123 € ††101/187 € - ½ P

Rudolf-Sendig-Str. 12 ✉ 01814 - ✆ 035022 520 - www.parkhotel-bad-schandau.de

SCHARBEUTZ

Schleswig-Holstein - 10 784 Ew. - Höhe 12 m - Regionalatlas **11**-K4
Michelin Straßenkarte 541

DiVa

FRANZÖSISCH-MODERN • ELEGANT Ein schönes kleines Restaurant mit mediterraner Note, in dem man bei hochwertiger Tischkultur aufmerksam und kompetent umsorgt wird. Gekocht wird auf klassischer Basis, moderne Ideen bringen das richtige Maß an Raffinesse.

→ Feines von der Königskrabbe mit Kohlrabisalat und warmer Krustentier-Peperonimarinade. Russische Taube. Cannelés de Bordeaux mit Mispeln und Vanille.

Menü 77/119 € - Karte 87/110 €

Hotel BelVeder, Strandallee 146, (Süd: 1,5 km über B 76, Richtung Timmendorfer Strand) ✉ 23683 - ✆ 04503 3526600 (Tischbestellung erforderlich) - www.hotel-belveder.de - nur Abendessen - geschlossen 21. Dezember - 5. Januar, 30. März - 14. April, Juli - August 3 Wochen und Sonntag - Dienstag

Herzbergs Restaurant

REGIONAL • GEMÜTLICH Schon viele Jahre steht der Familienbetrieb für gastronomische Qualität. In dem liebevoll dekorierten Restaurant ist es schön gemütlich, auf den Tisch kommen z. B. Klassiker wie "Hamburger Pannfisch" oder auch leckeres "Vitello tonnato".

Karte 23/54 €

Strandallee 129 ✉ 23683 - ✆ 04503 74159 - www.herzbergs-restaurant.de - geschlossen Donnerstag

BelVeder

LANDHAUS • ELEGANT Ihr Zimmer ist wohnlich-elegant und in warmen Tönen gehalten, auf Wunsch genießen Sie vom Balkon den Blick aufs Meer, die angeschlossene Ostsee-Therme nutzen Sie gratis und freundliche Gästebetreuung ist Ihnen ebenfalls gewiss - also beste Voraussetzungen für entspannte Urlaubstage!

68 Zim - †120/290 € ††170/340 € - 15 Suiten - ½ P

Strandallee 146, Süd: 1,5 km über B 76, Richtung Timmendorfer Strand ✉ 23683 - ✆ 04503 3526600 - www.hotel-belveder.de

DiVa - siehe Restaurantauswahl

In Scharbeutz-Haffkrug

Muschel

MARKTKÜCHE • BÜRGERLICH Das Restaurant im freundlich-maritim gestalteten Hotel "Maris" ist dank Fensterfront schön hell, draußen die windgeschützte Terrasse an der Promenade. Man kocht regional-saisonal, z. B. "gebratenen Dorsch, Spitzkohl, Petersilienkartoffeln".

Menü 38/51 € – Karte 32/56 €

12 Zim – 60/95 € 95/135 €

Strandallee 10 23683 – 04563 422803 (Tischbestellung ratsam) – www.restaurant-muschel-haffkrug.de – geschlossen Montag

SCHEER

Baden-Württemberg – 2 529 Ew. – Höhe 577 m – Regionalatlas **63**-G20

Michelin Straßenkarte 545

Brunnenstube

FRANZÖSISCH-KLASSISCH • GEMÜTLICH Seit über 35 Jahren bietet man hier ein Stück französische Lebensart. In dem charmant-eleganten Restaurant macht saisonal beeinflusste Küche Appetit, eine Spezialität sind hausgemachte Terrinen! Dienstagabends zusätzlich "Menü Surprise".

Menü 29 € (abends unter der Woche)/43 € – Karte 34/60 €

Mengener Str. 4 72516 – 07572 3692 – www.brunnenstube-scheer.de – geschlossen Montag - Dienstagmittag, Mittwochmittag, Donnerstagmittag und Samstagmittag

SCHEESSEL

Niedersachsen – 12 939 Ew. – Höhe 30 m – Regionalatlas **18**-H6

Michelin Straßenkarte 541

In Scheeßel-Oldenhöfen Nord-West: 7 km über Zevener Straße, in Hetzwege rechts

Rauchfang

REGIONAL • GEMÜTLICH "Waldpilze mit Semmelknödel", "Kabeljau mit Senfsauce"... Bekommen Sie da nicht Appetit? Leckere Gerichte wie diese gibt es in dem charmant eingerichteten Landgasthof, einem Häuslingshaus von 1800. Im Winter schafft der offene Kamin Behaglichkeit, im Sommer lockt die Terrasse mit Blick ins Grüne.

Menü 35 € – Karte 31/65 €

Oldenhöfen 3a 27383 – 04263 602 – www.rauchfang-oldenhoefen.de – nur Abendessen, sonntags auch Mittagessen – geschlossen Montag - Dienstag, außer an Feiertagen

SCHEIDEGG

Bayern – 4 162 Ew. – Höhe 804 m – Regionalatlas **63**-I21

Michelin Straßenkarte 546

Zum Hirschen & Gasthaus beim Stöckeler

REGIONAL • RUSTIKAL Eine feste Größe im Ort und in der Region ist dieser familiengeführte Gasthof. Gemütlich-rustikal die Räume, schön die Terrasse im Schatten der Kirche, regional-saisonal die Küche. Übernachtungsgäste dürfen sich auf schöne modern-alpine Zimmer und ein gutes Frühstück freuen - vielleicht auf der Balkonterrasse?

Menü 30/37 € – Karte 25/43 €

11 Zim – 80/103 € 130/148 €

Kirchstr. 1 88175 – 08381 2119 (Tischbestellung ratsam) – www.zumhirschenscheidegg.de – geschlossen November 3 Wochen und Mittwoch

SCHELKLINGEN

Baden-Württemberg – 6 765 Ew. – Höhe 540 m – Regionalatlas **56**-H19

HGS3 Das Konzepthotel

BUSINESS • MODERN So viel Chic erwartet man nicht unbedingt im Umland von Ulm. In den Zimmern schönes klares Design und sehr gute Technik, auf der Dachterrasse lässt es sich im Sommer bei einem Cocktail gut relaxen. Interessant: wechselnde Kunst im Haus. Im Bistro gibt es internationale Küche. Dazu hat man noch eine Vinothek.

24 Zim – 95/115 € 105/125 €

Heinrich-Günter-Str. 3 ✉ 89601 – ✆ 07394 931490 – www.hgs3.de

SCHENKENZELL

Baden-Württemberg – 1 764 Ew. – Höhe 361 m – Regionalatlas **54**-E19
Michelin Straßenkarte 545

Waldblick

FAMILIÄR • MODERN Freundlich und einladend von der gelben Fassade mit den blauen Fensterläden bis zu den zeitgemäß-funktionalen Zimmern (teils für Familien), dazu engagierte Gastgeber! Relaxen kann man im netten Saunabereich oder bei Massagen (auf Termin). Tipp: Natur-Minigolfpark. Bürgerliche Küche im Restaurant mit schöner Terrasse.

30 Zim – 70/95 € 97/128 € – ½ P

Schulstr. 12, B 294 ✉ 77773 – ✆ 07836 93960 – www.hotel-waldblick.de – geschlossen 18. - 28. Februar

SCHERMBECK

Nordrhein-Westfalen – 13 500 Ew. – Höhe 40 m – Regionalatlas **26**-C10
Michelin Straßenkarte 543

In Schermbeck-Weselerwald

Nord-West: 13 km über B 58, bei Drevenack rechts Richtung Bocholt

Landhotel Voshövel

MARKTKÜCHE • GEMÜTLICH XX Was in den gemütlichen Stuben serviert wird, ist schmackhaft, saisonal und aus guten Produkten zubereitet. Sie können das hochwertige HP-Menü wählen oder à la carte speisen.

Menü 45 € – Karte 25/61 €

Landhotel Voshövel, Am Voshövel 1 ✉ 46514 – ✆ 02856 91400 (Tischbestellung erforderlich) – www.landhotel.de

Landhotel Voshövel

LANDHAUS • MODERN Hier spürt man das Engagement der Familie: Alles ist tipptopp gepflegt, toll der moderne Spa auf über 2500 qm, sehr gut das Frühstück. Tipp: individuelle Themenzimmer wie die Juniorsuiten "Füchschen" oder "Fuchsteufelswild" im Neubau! Eigenes Standesamt, Ermäßigung im Golfclub nebenan.

80 Zim – 136/164 € 220/276 € – ½ P

Am Voshövel 1 ✉ 46514 – ✆ 02856 91400 – www.landhotel.de

Landhotel Voshövel – siehe Restaurantauswahl

SCHESSLITZ

Bayern – 7 116 Ew. – Höhe 310 m – Regionalatlas **50**-K15
Michelin Straßenkarte 546

In Schesslitz-Burgellern

Nord-Ost: 2 km Richtung Wattendorf, jenseits der A 70

Schloss Burgellern

HISTORISCHES GEBÄUDE • INDIVIDUELL Ein schön saniertes Anwesen a. d. 18. Jh., überall hübsche historische Details wie Parkettböden, Intarsien, Deckengemälde, Original-Türen... Geschmackvoll die Zimmer, reizvoll der 7 ha große Park mit Naturbadeteich. Im Restaurant speist man regional. Man hat übrigens eigenen Honig! Kochkurse im Wasserschloss.

23 Zim – 99/119 € 139/249 € – ½ P

Kirchplatz 1 ✉ 96110 – ✆ 09542 774750 – www.burgellern.de

SCHIFFERSTADT

Rheinland-Pfalz – 19 522 Ew. – Höhe 104 m – Regionalatlas **47**-F16
Michelin Straßenkarte 543

Salischer Hof

HISTORISCH • MEDITERRAN Ein hübsches Ensemble aus verschiedenen Gebäuden, entstanden aus einem historischen Hofgut. Zeitgemäß, wohnlich und funktional die Zimmer. In "Möllers Restaurant" serviert man Internationales wie z. B. "Wolfsbarschfilet in Aromaten gebraten, Bouillabaisse-Sauce, Pulporagout, Gemüsenudeln".

24 Zim – 79/89 € 98/114 €

Burgstr. 12 67105 – 06235 9310 – www.salischer-hof.de – geschlossen 1. - 13. Januar

SCHILTACH

Baden-Württemberg – 3 789 Ew. – Höhe 330 m – Regionalatlas **54**-E20
Michelin Straßenkarte 545

Zum weyßen Rössle

FAMILIÄR • GEMÜTLICH Bei den herzlichen und engagierten Gastgebern darf man sich auf wohnliche Zimmer und ein schönes Frühstück in charmant-rustikalem Ambiente freuen. Tipp: Fragen Sie nach den etwas geräumigeren Doppelzimmern! Auch das Zimmer mit Himmelbett wird gerne gebucht. Für Hausgäste bietet man am Abend regionale Speisen.

9 Zim – 62/78 € 86/98 € – ½ P

Schenkenzellerstr. 42 77761 – 07836 387 – www.weysses-roessle.de – geschlossen 22. Dezember - 6. Januar

SCHKOPAU

Sachsen-Anhalt – 10 903 Ew. – Höhe 98 m – Regionalatlas **31**-M11
Michelin Straßenkarte 542

Schlosshotel Schkopau

HISTORISCHES GEBÄUDE • ELEGANT Ein schönes jahrhundertealtes Anwesen mit Schlosskapelle und Park, das beliebt ist für Hochzeiten. Die wohnlich-elegante Einrichtung fügt sich harmonisch in den historischen Rahmen ein, stilvoll das Restaurant mit Kreuzgewölbe. Im Innenhof finden Konzerte und Theateraufführungen statt.

46 Zim – 90/169 € 110/219 € – 8 Suiten – ½ P

Am Schloss 1 06258 – 03461 7490 – www.schlosshotel-schkopau.de

SCHLEPZIG

Brandenburg – 614 Ew. – Höhe 47 m – Regionalatlas **33**-Q9
Michelin Straßenkarte 542

Spreewaldresort Seinerzeit

BOUTIQUE-HOTEL • AUF DEM LAND Toll die Lage (hinter dem Haus das Biosphärenreservat und der Spreekanal), richtig schön die wohnlichen Zimmer (vielleicht eine Spa-Suite mit Sauna?), gemütlich die Restaurants: ländlich-elegante "Feine Küche" mit international-saisonaler Karte und rustikales "Brauhaus" mit bürgerlich-regionalem Angebot. Tipp: Bier aus der eigenen Spreewälder Privatbrauerei 1788.

41 Zim – 99/129 € 108/158 € – ½ P

Dorfstr. 53 15910 – 035472 6620 – www.seinerzeit.de

Sie möchten spontan verreisen? Besuchen Sie die Internetseiten der Hotels, um von deren Sonderkonditionen zu profitieren.

SCHLESWIG

Schleswig-Holstein – 24 035 Ew. – Höhe 1 m – Regionalatlas **2**-H2
Michelin Straßenkarte 541

In Schleswig-Friedrichsberg Süd-West: 5 km

F-Ritz

BOUTIQUE-HOTEL • MODERN Tipptopp gepflegt und charmant das kleine Boutique-Hotel - die Eigentümerin ist Architektin, das erkennt man sofort! Schön und individuell die Zimmer, frisch und lecker das kleine Frühstücksbuffet in modernem Ambiente, hübsch der Garten. Zudem hat man eine Sauna.

15 Zim – 65/115 € 85/125 €

Friedrichstr. 102 24837 – 04621 932280 – www.hotel-f-ritz.de – geschlossen 23. Dezember - 6. Januar

In Schleswig-Pulverholz Süd-West: 1,5 km

Fasanerie

KLASSISCHE KÜCHE • ELEGANT XX Zum schicken modern-eleganten Ambiente gibt es hier ambitionierte klassische Küche. Auf den schön eingedeckten Tisch kommen z. B. "gebratene Jakobsmuscheln und Blutwurst" oder "Filet vom Husumer Rind und Leber von der Markeruper Gans".

Menü 70/119 € – Karte 50/98 €

Hotel Waldschlösschen, Kolonnenweg 152 24837 – 04621 3830 – www.hotel-waldschloesschen.de – nur Abendessen – geschlossen November - März: Sonntag - Donnerstag, April - Oktober: Sonntag - Montag

Waldschlösschen

BUSINESS • KLASSISCH Nicht nur die schöne Lage am Waldgebiet "Pöhler Gehege" zählt hier zu den Vorzügen, attraktiv auch der moderne "GartenSpa" mit Ladies Lounge, Duftgarten & Co. Dazu hat man individuelle Zimmer, darunter Themenzimmer wie "Seide", "Kräuter" oder "Maritim". Im "Olearius" speist man regional und saisonal.

114 Zim – 90/139 € 110/269 € – 2 Suiten – ½ P

Kolonnenweg 152 24837 – 04621 3830 – www.hotel-waldschloesschen.de

Fasanerie – siehe Restaurantauswahl

SCHLUCHSEE

Baden-Württemberg – 2 411 Ew. – Höhe 950 m – Regionalatlas **62**-E21
Michelin Straßenkarte 545

Hegers Parkhotel Flora

SPA UND WELLNESS • INDIVIDUELL Familie Heger hat hier ein richtiges Kleinod! Das Haus steht in einem 15 000 qm großen Park, wird herzlich geführt, hat geschmackvoll-wohnliche Zimmer und einen schönen Spa, und im Restaurant bietet man regional-internationale Küche. HP ist im Preis inkludiert. Tipp für Familien: Ferienwohnungen im Nebenhaus.

31 Zim – 160/175 € 240/256 € – 9 Suiten – ½ P

Sonnhalde 22 79859 – 07656 97420 – www.parkhotel-flora.de

In Schluchsee-Aha Nord-West: 4 km über B 500

Auerhahn

SPA UND WELLNESS • INDIVIDUELL Nur die Straße trennt das Hotel vom See. Umfassend das Wellness- und Sportangebot, dazu ein Leihboot für Angler. Tipp: Eine Juniorsuite hat eine eigene Sauna, zwei Suiten eine Whirlwanne. Vollpension inkl. Auch wenn Sie kein Hausgast sind, können Sie hier essen: Röstigerichte im rustikalen "Tannenzäpfle".

59 Zim – 170/200 € 300/340 € – 3 Suiten – ½ P

Vorderaha 4, an der B 500 79859 – 07656 97450 – www.auerhahn.net

SCHMALLENBERG

Nordrhein-Westfalen – 24 926 Ew. – Höhe 400 m – Regionalatlas **37**-F12
Michelin Straßenkarte 543

In Schmallenberg-Fleckenberg Süd-West: 2 km über B 236 Richtung Olpe

Hubertus

GASTHOF • INDIVIDUELL Ein äußerst gepflegtes Hotel mit familiärer Führung und wohnlichen Zimmern, die teilweise über Balkon/Terrasse verfügen. Vom Badebereich schaut man in den Garten. Bürgerlich-rustikales Restaurant.

24 Zim – †76/84 € ††110/142 € – 1 Suite – ½ P

Latroper Str. 24 ✉ 57392
– ✆ 02972 5077 – www.gasthof-hubertus.de
– geschlossen Ende November - Ende Dezember

In Schmallenberg-Jagdhaus Süd: 7 km über B 236 Richtung Olpe, in Fleckenberg links

Jagdhaus Wiese

LANDHAUS • INDIVIDUELL Das wunderbar ruhig gelegene Anwesen mit Park ist ein Haus mit Tradition, das mit Gefühl und Geschmack modernisiert wird. Die Zimmer sind wohnlich eingerichtet und haben teilweise einen Balkon mit Aussicht. Restaurant in ländlichem Stil.

43 Zim – †104/128 € ††159/232 € – 16 Suiten – ½ P

Jagdhaus 3 ✉ 57392 – ✆ 02972 3060 – www.jagdhaus-wiese.de
– geschlossen 15. - 26. Dezember

Schäferhof

FAMILIÄR • GEMÜTLICH Die herrliche Landschaft, wohnliche Zimmer (darunter zwei Maisonetten) und die sehr persönliche Führung machen den tipptopp gepflegten Familienbetrieb aus. Dazu hat man eine hübsche Sauna mit Blick ins Grüne. Gemütlich die Atmosphäre im Restaurant, schön die Terrasse.

13 Zim – †67/75 € ††96/120 € – 2 Suiten – ½ P

Jagdhaus 21 ✉ 57392 – ✆ 02972 47334 – www.schaeferhof.com
– geschlossen Anfang April 2 Wochen, Ende November - Anfang Dezember 2 Wochen

In Schmallenberg-Oberkirchen Ost: 8 km über B 236

Gasthof Schütte

INTERNATIONAL • RUSTIKAL XX Bewusst hat man mit liebenswerten Dekorationen den rustikalen Charme des alten Stammhauses bewahrt. Gekocht wird regional und klassisch-international, schmackhaft z. B. "Rehragout mit Preiselbeeren, Spätzle und Rotkohl" oder "Seeteufel auf Morchelsauce".

Menü 37 € (vegetarisch)/58 € – Karte 32/69 €

Hotel Gasthof Schütte, Eggeweg 2, nahe der B 236 ✉ 57392
– ✆ 02975 820 – www.gasthof-schuette.de
– geschlossen 1. - 26. Dezember

Gasthof Schütte

GASTHOF • GEMÜTLICH Familientradition seit über 550 Jahren! Ein schönes Haus, in das stetig investiert wird. So hat man wohnliche Zimmer und gute Freizeitmöglichkeiten - ansprechend der Spa "Lenneborn". 300 m entfernt entspannt man im Garten mit Freibad!

47 Zim – †80/140 € ††180/220 € – 12 Suiten – ½ P

Eggeweg 2, nahe der B 236 ✉ 57392
– ✆ 02975 820 – www.gasthof-schuette.de
– geschlossen 1. - 26. Dezember

Gasthof Schütte – siehe Restaurantauswahl

In Schmallenberg-Ohlenbach Ost: 15 km über B 236, in Oberkirchen links Richtung Winterberg

Schneiderstube

FRANZÖSISCH-KLASSISCH • GEMÜTLICH Das Restaurant ist eine Mischung aus rustikaler Gemütlichkeit und klassischem Stil, angenehm unkompliziert und einladend! Man kocht modern, so z. B. "Lammrücken mit Schwarzwurzel und Kartoffelgratin". Schöne Weinauswahl mit Raritäten.

Menü 50/80 € – Karte 30/52 €

Hotel Waldhaus Ohlenbach, Ohlenbach 10 ✉ 57392 – ✆ 02975 840 – www.waldhaus-ohlenbach.de – nur Abendessen – geschlossen 19. - 22. November und Montag - Dienstag

Waldhaus Ohlenbach

LANDHAUS • INDIVIDUELL Das Hotel liegt herrlich ruhig und sonnenexponiert in 700 m Höhe - toll der Ausblick! Fragen Sie nach den neueren Zimmern in sehr schönem modernem Stil. Auch der Spa hat einiges zu bieten. Und nach Winterberg ist es nur ein Katzensprung.

47 Zim – 140/165 € 240/290 € – ½ P

Ohlenbach 10 ✉ 57392 – ✆ 02975 840 – www.waldhaus-ohlenbach.de – geschlossen 19. - 22. November

Schneiderstube – siehe Restaurantauswahl

In Schmallenberg-Winkhausen Ost: 6 km über B 236

Hofstube

MODERNE KÜCHE • CHIC Hier sticht sofort die tolle offene Showküche ins Auge! In dem chic designten Fine-Dining-Restaurant mit seinem Interieur aus warmem Holz und klaren Linien erleben Sie live mit, wie moderne Menüs entstehen. Die ausgezeichneten Produkte kommen in aromareichen Kombinationen schön zur Geltung.

→ Tranche vom Loup de Mer "petit bateau" mit Tomaten-Fenchelkompott und Sauce Pistou. Rehrücken mit Macadamianusskruste, geschmortem Spitzkohl und kleiner Birnenopéra. Zitrusfrüchte "zart und knusprig".

Menü 89/119 €

Hotel Deimann, Alte Handelsstr. 5, B 236 ✉ 57392 – ✆ 02975 810 – www.deimann.de – nur Abendessen – geschlossen August und Montag - Dienstag

Deimann

SPA UND WELLNESS • INDIVIDUELL Das Herrenhaus von 1880 ist heute ein sehr komfortables Ferien- und Wellnesshotel. Geboten wird ein vielfältiger Spa, dazu individuelle Zimmer (meist zum Garten hin). Im Wintergarten serviert man bürgerlich-regionale Küche. Schöne Bar.

91 Zim – 130/180 € 200/300 € – 3 Suiten – ½ P

Alte Handelsstr. 5, B 236 ✉ 57392 – ✆ 02975 810 – www.deimann.de

Hofstube – siehe Restaurantauswahl

SCHMIEDEFELD am RENNSTEIG

Thüringen – 1 750 Ew. – Höhe 700 m – Regionalatlas **40**-K13
Michelin Straßenkarte 544

Gastinger

FAMILIÄR • GEMÜTLICH Sie wohnen bei engagierten Gastgebern, und das wirklich charmant und ganz individuell! Gefällt Ihnen das hübsche Geschirr? Sie können es kaufen, es wird im eigenen Keramikatelier gefertigt! Nett speist man auf der Panoramaterrasse. Tipp: Thüringer Würste aus Hausschlachtung, nachmittags hausgebackener Kuchen.

20 Zim – 60/78 € 80/125 € – 2 Suiten – ½ P

Ilmenauer Str. 21, B 4 ✉ 98711 – ✆ 036782 7070 – www.hotel-gastinger.de – geschlossen Anfang November 2 Wochen

SCHNAITTACH

Bayern – 8 105 Ew. – Höhe 355 m – Regionalatlas **50**-L16
Michelin Straßenkarte 546

In Schnaittach-Osternohe Nord: 5 km - Höhe 596 m

Berggasthof Igelwirt

GASTHOF • AUF DEM LAND Ein Gasthaus a. d. J. 1892, das dank seiner Lage auf dem Schlossberg eine schöne Sicht über das Tal bietet. Die Zimmer sind freundlich und neuzeitlich eingerichtet, zum Frühstück gibt's Hausmacherwurst und selbstgemachte Konfitüre, im Restaurant bürgerlich-regionale Küche.

32 Zim – †70/75 € ††98 €

Igelweg 6, am Schlossberg, Ost: 1 km ✉ 91220 – ✆ 09153 4060 – www.igelwirt.de

SCHNEVERDINGEN

Niedersachsen – 18 676 Ew. – Höhe 86 m – Regionalatlas **19**-I6
Michelin Straßenkarte 541

Ramster

REGIONAL • FAMILIÄR XX Eine sympathisch-familiäre Adresse, die auf regional-saisonale Küche setzt. Aus frischen, oftmals lokalen Produkten entsteht z. B. "Schneverdinger Heidschnuckenkeule, Wacholdersauce, frische Pilze". Schön die Terrasse zum Garten. Übernachtungsgäste freuen sich über sehr wohnliche Zimmer, teilweise mit Balkon.

Menü 40 € – Karte 26/48 €

6 Zim – †50/60 € ††100/110 € – 10 €

Heberer Str. 16 ✉ 29640 – ✆ 05193 6888 – www.hotel-ramster.de – geschlossen Montag

In Schneverdingen-Tütsberg Süd-Ost: 12 km über Bahnhofstraße und Heber, in Scharrl links

Hof Tütsberg

GASTHOF • AUF DEM LAND Reetgedeckte Häuser a. d. 16. Jh., drum herum ein herrlicher Garten mit großen Buchen und Eichen, so stellt man sich einen Gutshof vor. Im Sommer ist die Terrasse der Renner, ob bei Kaffee und Kuchen oder Heidschnuckengerichten! Es gibt auch Gastboxen, schließlich ist das Naturschutzgebiet ideal für Reiter!

24 Zim – †59/79 € ††89/109 € – ½ P

im Naturschutzpark ✉ 29640 – ✆ 05199 900 – www.hotel-hof-tuetsberg.de – geschlossen 27. Januar - 8. Februar

SCHÖNAU am KÖNIGSSEE

Bayern – 5 423 Ew. – Höhe 630 m – Regionalatlas **67**-O21
Michelin Straßenkarte 546

Alm & Wellnesshotel Alpenhof

SPA UND WELLNESS • TRADITIONELL Dieses schöne, gut geführte Wellnesshotel liegt in 700 m Höhe und bietet Ihnen neben einem guten Spa-Angebot auch ansprechende individuelle Zimmer, die mit Geschmack eingerichtet sind. Im Restaurant werden Sie mit einer umfangreichen HP oder auch à la carte verwöhnt.

52 Zim – †68/118 € ††134/240 € – ½ P

Richard-Voss-Str. 30 ✉ 83471 – ✆ 08652 6020 – www.alpenhof.de – geschlossen 24. März - 12. April, November

Alpenhotel Zechmeisterlehen

SPA UND WELLNESS • TRADITIONELL Der Familienbetrieb ist ein wirklich attraktives Ferienhotel: Es liegt schön, die Zimmer sind wohnlich (von klassisch bis modern-alpin) und man entspannt bei Wellness auf 3500 qm sowie im wunderbaren Garten mit Naturbadeteich. Und kulinarisch darf man sich auf die inkludierte Verwöhnpension freuen.

47 Zim – †145/210 € ††180/300 € – 10 Suiten – ½ P

Wahlstr. 35, Oberschönau ✉ 83471 – ✆ 08652 9450 – www.zechmeisterlehen.de – geschlossen 5. November - 20. Dezember

SCHÖNTAL

Baden-Württemberg – 5 541 Ew. – Höhe 210 m – Regionalatlas **48**-H17
Michelin Straßenkarte 545

In Schöntal-Kloster Schöntal

Zur Post

GASTHOF • AUF DEM LAND Richtig schön wohnt man in dem einstigen Klosterwaschhaus von 1701, das bereits in 5. Generation in Familienhand ist. Historisches Flair und moderne Elemente mischen sich hier gelungen. Bürgerliche Küche im Restaurant - nett sitzt man im Biergarten unter Kastanien.

32 Zim – 65/70 € 92/95 € – 3 Suiten

Honigsteige 1 ✉ 74214 – 07943 2226 – www.gasthof-post-schoental.de

SCHÖNWALD

Baden-Württemberg – 2 328 Ew. – Höhe 988 m – Regionalatlas **62**-E20
Michelin Straßenkarte 545

Zum Ochsen

REGIONAL • FREUNDLICH XX Schön gemütlich hat man es in den Stuben mit ihren charmanten Dekorationen, die ganz typisch sind für die Region. Aus der Küche kommt Schmackhaftes wie "Ravioli vom hausgeräucherten Lachs mit Orange und Mangold" oder "geschmorte Ziege mit Honig, Raz el Hanout, Möhren und Kartoffelpüree".

Menü 30/70 € – Karte 28/75 €

Hotel Zum Ochsen, Ludwig-Uhland-Str. 18 ✉ 78141 – 07722 866480 – www.ochsen.com

Zum Ochsen

FAMILIÄR • GEMÜTLICH In 6. Generation (seit 1796) wird hier Schwarzwälder Gastlichkeit gelebt! Man hat wohnliche, individuell geschnittene Zimmer, einen hübschen Spa samt Zugang zum sehr großzügigen Garten, und am Morgen verwöhnt man Sie mit einem richtig guten Frühstück.

36 Zim – 79/125 € 134/182 € – ½ P

Ludwig-Uhland-Str. 18 ✉ 78141 – 07722 866480 – www.ochsen.com

Zum Ochsen – siehe Restaurantauswahl

Dorer

FAMILIÄR • GEMÜTLICH Das Haus von 1896 liegt ruhig oberhalb des kleinen Kurparks, so hat man eine schöne Aussicht - z. B. beim Relaxen im Saunabereich! Liebenswert sind sowohl die Zimmer mit ihrem wohnlich-rustikalen Charme als auch die Gastgeber, die schon seit vier Generationen familiär und persönlich für Sie im Einsatz sind! Im geschmackvollen Restaurant serviert man klassische Küche.

18 Zim – 80/85 € 132/140 € – ½ P

Franz-Schubert-Str. 20 ✉ 78141 – 07722 95050 – www.hotel-dorer.de

SCHOPFHEIM

Baden-Württemberg – 19 124 Ew. – Höhe 373 m – Regionalatlas **61**-D21
Michelin Straßenkarte 545

Glöggler

TRADITIONELLE KÜCHE • FAMILIÄR X Gut geführt und sympathisch ist das Restaurant in der Altstadt am Rande der Fußgängerzone - schön die Terrasse. Gekocht wird traditionell und saisonal, z. B. "Entrecôte mit Pfeffersauce" oder "geschnetzeltes Hähnchenbrüstchen, Bärlauchsauce, Rösti".

Menü 29/58 € – Karte 23/55 €

Austr. 5 ✉ 79650 – 07622 2167 – www.restaurant-gloeggler.de – geschlossen Sonntag - Montagmittag

In Schopfheim-Gersbach Nord-Ost: 16 km über B 317 und Kürnberg - Höhe 855 m

Mühle zu Gersbach

MARKTKÜCHE • GASTHOF XX Charmant und aufmerksam wird man bei den Buchleithers mit schmackhafter saisonal geprägter Küche umsorgt. Das Konzept: Vegetarische Gerichte bilden die Basis, dazu können Sie ganz nach Geschmack Fleisch oder Fisch dazu wählen. Wie wär's z. B. mit "Schweinemedaillons, Spargel-Lauchgemüse, Kartoffelplätzchen"?

Menü 20/58 € – Karte 26/64 €

Hotel Mühle zu Gersbach, Zum Bühl 4 ✉ 79650 – ✆ 07620 90400 – www.muehle.de – Montag - Freitag nur Abendessen – geschlossen 6. Januar - 1. Februar, Ende Oktober - Anfang November 2 Wochen und Dienstag

Mühle zu Gersbach

GASTHOF • AUF DEM LAND Ein kleines Hotel in ruhiger dörflicher Lage, das sich wirklich sehen lassen kann - dafür sorgt die engagierte Familie mit stetigen Verbesserungen. Die Zimmer sind schön wohnlich, teils besonders modern. Wie wär's mit einem der beiden Studios? Ein gutes Frühstück gibt's auch.

16 Zim – †75/105 € ††98/174 € – ½ P

Zum Bühl 4 ✉ 79650 – ✆ 07620 90400 – www.muehle.de – geschlossen 6. Januar - 1. Februar, Ende Oktober - Anfang November 2 Wochen

Mühle zu Gersbach – siehe Restaurantauswahl

In Schopfheim-Wiechs Süd-West: 3 km

Krone

GASTHOF • FUNKTIONELL Hier wird immer wieder investiert und verbessert! Zur schönen Lage kommen individuelle Zimmer, einige davon sehr modern, sowie das attraktive "Schwarzwald-Wellness-Haus". Im Sommer wird auf der Terrasse gegrillt - schön die Aussicht. Für Events: die tolle Kutschen-Scheune.

54 Zim – †86/105 € ††138/148 € – 1 Suite – ½ P

Am Rain 6 ✉ 79650 – ✆ 07622 39940 – www.krone-wiechs.de – geschlossen 3. - 21. Januar

SCHORNDORF

Baden-Württemberg – 38 733 Ew. – Höhe 256 m – Regionalatlas **55**-H18
Michelin Straßenkarte 545

Gourmetrestaurant Nico Burkhardt (N)

FRANZÖSISCH-MODERN • CHIC XX Ein modern-elegantes Restaurant mit warmer, intimer Atmosphäre ist im EG des Boutique-Hotels entstanden. Nach seinem Weggang aus dem Stuttgarter "Olivo" bietet Nico Burkhardt hier in einem ambitionierten Menü z. B. "Atlantik-Kabeljau, Butternuss-Kürbis, Granny Smith, Boudin Noir". Gemütliche Raucherlounge im UG.

Menü 89/124 €

Boutique Hotel Pfauen, Höllgasse 9 ✉ 73614 – ✆ 07181 6699010 (Tischbestellung erforderlich) – www.pfauen-schorndorf.de – nur Abendessen – geschlossen Sonntag - Dienstag

Boutique Hotel Pfauen (N)

URBAN • MODERN Ein echter Hingucker ist das historische Fachwerkhaus in der kleinen Altstadt, nebenan das Geburtshaus von Gottlieb Daimler. Schön sind die nach Baden-Württemberger Persönlichkeiten benannten Zimmer, darunter eine Junior-Suite unterm Dach: wohnlich, modern, mit dezenter Vintage-Note. Traditionelle Küche mit internationalen Einflüssen im "Restaurant Pfauen" (1. Stock).

7 Zim – †115/165 € ††135/185 €

Höllgasse 9 ✉ 73614 – ✆ 07181 6699010 – www.pfauen-schorndorf.de

Gourmetrestaurant Nico Burkhardt – siehe Restaurantauswahl

Reich an der Rems

BUSINESS • FUNKTIONELL Das moderne Businesshotel liegt in einem Gewerbegebiet an der Rems und bietet eine ausgezeichnete Verkehrsanbindung. Die Zimmer sind geradlinig und wohnlich gestaltet (zur Rems hin ruhiger), am Abend bietet das Restaurant "Himmelreich" in netter Almhütten-Atmosphäre modern interpretierte deutsche Küche.

36 Zim – 85/103 € 110/145 € – 2 Suiten

Stuttgarter Str. 77, nahe der B 29 Ausfahrt Schorndorf West ✉ 73614 – ✆ 07181 985580 – www.hotel-reich.de

SCHRAMBERG

Baden-Württemberg – 20 782 Ew. – Höhe 424 m – Regionalatlas **62**-E20
Michelin Straßenkarte 545

Gasthof Hirsch

KLASSISCHE KÜCHE • KLASSISCHES AMBIENTE XX Im Zentrum des Schwarzwaldortes liegt der Gasthof von 1748. Man kocht richtig gut, und zwar klassisch-regional: "Cassolette von Gamba und Jakobsmuschel", "glasiertes Kalbsbries", "Rehragout in Spätburgunder"... Für eine angenehme Atmosphäre sorgt die aufmerksame Gastgeberin. Tipp: individuelle, hochwertige Gästezimmer!

Menü 40/75 € – Karte 35/62 €

6 Zim – 70/90 € 130/140 €

Hauptstr. 11, (1. Etage) ✉ 78713 – ✆ 07422 280120 – www.hotel-gasthof-hirsch.com – geschlossen März 2 Wochen, August 3 Wochen und Dienstag - Mittwoch

In Schramberg-Tennenbronn Süd-West: 8,5 km

Adler

BIO • BÜRGERLICH X Hier kocht man regional-saisonal und legt Wert auf Bio-Produkte. Wie wär's z. B. mit "Rahmschnitzel vom Demeter-Kalb"? Oder lieber Wild aus heimischer Jagd? Alternativ gibt es auch Vespergerichte. Passend zum traditionellen Stil des Gasthofs ist die Atmosphäre schön gemütlich. Zum Übernachten hat man gepflegte Zimmer.

Menü 28/48 € – Karte 25/52 €

10 Zim – 52/85 € 79/89 € – 1 Suite

Hauptstr. 60 ✉ 78144 – ✆ 07729 92280 – www.adler-tennenbronn.de – geschlossen Ende Oktober 1 Woche und Montag, Mittwochmittag, Freitagmittag, Samstagmittag

SCHRIESHEIM

Baden-Württemberg – 14 812 Ew. – Höhe 121 m – Regionalatlas **47**-F16
Michelin Straßenkarte 545

Strahlenberger Hof

REGIONAL • ELEGANT XX Die Zehntscheune a. d. 14. Jh. hat schon Atmosphäre. Rustikal-elegant ist es hier, lauschig die Terrasse. Die Küche bietet Saisonales wie "Filet vom Angus, Rosenkohl, Kerbelwurzel, violette Kartoffeln". Aufmerksam der Service samt guter Weinberatung. Tipp: Samstags hat der Hofladen geöffnet.

Menü 37/100 € – Karte 36/72 €

Kirchstr. 2 ✉ 69198 – ✆ 06203 63076 (Tischbestellung ratsam) – www.strahlenbergerhof.de – nur Abendessen – geschlossen 1. - 7. Januar, August 2 Wochen und Sonntag - Montag

SCHWABENHEIM

Rheinland-Pfalz – 2 580 Ew. – Höhe 130 m – Regionalatlas **47**-E15
Michelin Straßenkarte 543

Zum alten Weinkeller

MODERNE KÜCHE • GEMÜTLICH XX Der alte Gutshof ist wirklich schön - gemütlich das rustikal-mediterrane Ambiente, herrlich der Terra-Cotta-Garten! Aus guten, frischen Produkten entstehen z. B. "Wachtel - Brennnessel" oder "Wolfsbarsch - Bärlauch".

Menü 39/60 € – Karte 31/53 €

Hotel Zum alten Weinkeller, Schulstr. 6 ✉ 55270 – ✆ 06130 941800 – www.immerheiser-wein.de – nur Abendessen, sonntags auch Mittagessen – geschlossen Montag - Dienstag

Landgasthof Engel

REGIONAL • WEINSTUBE Der Gasthof von 1569 ist schon ein Schmuckstück! Schöne rustikale Stuben versprühen jede Menge Charme mit ihren Steinwänden und dem alten Holzfußboden, dazu ein Traum von Innenhof! Gekocht wird bürgerlich-regional, vom Flammkuchen über Pfälzer Saumagen bis zur Wildbratwurst. Vinothek.

Karte 21/42 €

Markt 8 ✉ 55270 – ✆ 06130 929394 – www.immerheiser-wein.de

Zum alten Weinkeller

LANDHAUS • INDIVIDUELL Zu dem kleinen Immerheiser'schen "Gastronomie- und Weinimperium" gehören auch hübsche wohnliche Gästezimmer, die sich auf verschiedene Gebäude verteilen. Darf es vielleicht die besonders chic designte Landhaussuite "Traumtänzer" sein?

16 Zim – †65/99 € ††90/125 € – ½ P

Schulstr. 6 ✉ 55270 – ✆ 06130 941800 – www.immerheiser-wein.de

Zum alten Weinkeller – siehe Restaurantauswahl

SCHWÄBISCH GMÜND

Baden-Württemberg – 59 166 Ew. – Höhe 321 m – Regionalatlas **56**-I18
Michelin Straßenkarte 545

Fuggerei

MARKTKÜCHE • FREUNDLICH Hier sitzt man gemütlich unter einer hohen historischen Gewölbedecke, oder speisen Sie lieber im schönen Garten? Gekocht wird regional, mediterran und saisonal - auf der Karte z. B. "gefüllte Maishähnchenbrust mit Blattspinat, Trüffel und Kartoffelpüree".

Menü 32 € – Karte 31/79 €

Münstergasse 2 ✉ 73525 – ✆ 07171 30003 – www.restaurant-fuggerei.de – geschlossen Montag

SCHWÄBISCH HALL

Baden-Württemberg – 37 952 Ew. – Höhe 304 m – Regionalatlas **56**-H17
Michelin Straßenkarte 545

OHSO N

INTERNATIONAL • VINTAGE Erfrischend-unkompliziert! Die lockere Atmosphäre und der schlicht-rustikale Look kommen ebenso gut an wie die schmackhafte moderne Küche mit interessanten Gerichten wie "würzige Huhn-Kichererbsentaschen, lauwarmer Blumenkohl, Gurke, Joghurt, Schwarzkümmel".

Karte 26/49 €

Zollhüttengasse 1 ✉ 74523 – ✆ 0791 21693995 – www.ohso-restaurant.de – nur Abendessen – geschlossen Sonntag - Dienstag

Sudhaus

MARKTKÜCHE • TRENDY Das Lokal des denkmalgeschützten Brauhauses von 1903 geht über vier Etagen, ganz oben die spektakuläre Dachterrasse - im Sommer ein Muss! Gegessen wird von deftig bis zeitgemäß und an Brautagen lockt ein verführerischer Duft. Probieren Sie das "Dunkle" - eine echte Alternative zu Wein!

Karte 26/39 €

Lange Str. 35, an der Kunsthalle Würth ✉ 74523 – ✆ 0791 9467270 (Tischbestellung ratsam) – www.sudhaus-sha.de – geschlossen Sonntagabend - Montag

Hohenlohe

SPA UND WELLNESS • GEMÜTLICH Hier wohnen Sie in komfortablen Zimmern (teilweise mit luxuriösem Touch, Balkon und Stadtblick), tun sich im attraktiven und vielfältigen Spa etwas Gutes (Solebad, Salzgrotten, Physiowell-Praxis etc.) und genießen das unkomplizierte Bistro-/Bar-Konzept "Jenseits Kochers".

113 Zim – †118/166 € ††156/232 € – 4 Suiten – ½ P

Weilertor 14 ✉ 74523 – ✆ 0791 75870 – www.hotel-hohenlohe.de

Scholl

HISTORISCH · MODERN Richtig schön fügt sich das Ensemble aus drei historischen Häusern in das Altstadtbild am Holzmarkt ein. Vom Empfang bis zu den wohnlich-modernen Zimmern hat man alles ansprechend gestaltet.

38 Zim – 109/199 € 139/250 € – 25 €

Klosterstr. 2 74523 – 0791 97550 – www.hotelscholl.de

In Schwäbisch Hall-Hessental Süd-Ost: 3 km, Richtung Crailsheim

Eisenbahn (Josef und Thomas Wolf)

FRANZÖSISCH-MODERN · ELEGANT XXX Im Hause Wolf stehen Vater und Sohn gemeinsam am Herd und lassen sich sowohl von der klassischen Küche als auch von modern-internationalen Elementen inspirieren. Dabei kommen stets erstklassige Produkte zum Einsatz, und die werden angenehm reduziert und klar mit reichlich Finesse und Kraft zusammengeführt. Herzlich der Service, wohnlich-elegant das Ambiente.

→ Atlantik Hummer, Blumenkohl, Couscous, Zitrusaromen, Raz el Hanout. Glasiertes Kalbsbries, Rieslingkraut, Kartoffelschaum, Kapern-Limonensauce. Bresse Täubchen, Steinpilze, Poverade.

Menü 68/135 € – Karte 85/115 €

Hotel Landhaus Wolf, Karl-Kurz-Str. 2 74523 – 0791 930660 (Tischbestellung ratsam) – www.landhauswolf.eu – nur Abendessen – geschlossen Ende August - Anfang September 2 Wochen und Sonntag - Dienstag

s'Bähnle

REGIONAL · BISTRO X Auch im legeren "Bähnle" isst man gut, und zwar bürgerlich-regionale Gerichte wie z. B. "Feines vom Hohenloher Ferkel" oder Klassiker wie "Zwiebelrostbraten mit Spätzle". Und wenn es mal etwas schneller gehen muss, ist die Tagesempfehlung interessant. Im Sommer sitzt man nett auf der Terrasse.

Menü 35 € – Karte 27/42 €

Hotel Landhaus Wolf, Karl-Kurz-Str. 2 74523 – www.landhauswolf.eu – geschlossen Samstagmittag, Sonntag

Landhaus Wolf

BUSINESS · FUNKTIONELL Mit Engagement betreibt Familie Wolf ihr gewachsenes Hotel. Wer es besonders modern mag, fragt nach den Komfortzimmern im Neubau - hier viel warmes Holz in klaren Linien. Etwas älter, aber ebenso wohnlich sind die Zimmer im Haupthaus.

39 Zim – 74/95 € 92/130 € – ½ P

Karl-Kurz-Str. 2 74523 – 0791 930660 – www.landhauswolf.eu

Eisenbahn · **s'Bähnle** – siehe Restaurantauswahl

In Schwäbisch Hall-Veinau Nord-Ost: 4,5 km, Richtung Crailsheim

Landhaus Zum Rössle

MARKTKÜCHE · BÜRGERLICH X Familientradition seit 1493! Da hat Gastfreundschaft einen ebenso hohen Stellenwert wie die schmackhafte regional und mediterran geprägte Küche von Ernst Kunz Junior. Probieren Sie z. B. "schwäbischen Zwiebelrostbraten, Gemüse, Spätzle" oder "gebratenen Zander und Hummermedaillon, wilder Brokkoli, Tagliatelle".

Menü 37/68 € – Karte 25/57 €

Hotel Landhaus Zum Rössle, Zeilwiesen 5 74523 – 0791 2593 – www.roessle-veinau.de – Mittwoch - Samstag nur Abendessen – geschlossen Februar und Montag - Dienstag

Landhaus Zum Rössle

GASTHOF · AUF DEM LAND Seit zig Generationen wird der traditionsreiche Gasthof von Familie Kunz geführt. Die Zimmer sind angenehm modern und wohnlich oder etwas einfacher, aber immer gut ausgestattet. Die Parkmöglichkeiten sind hier übrigens ausgezeichnet! Für Veranstaltungen gibt es die Eventscheune.

21 Zim – 64/88 € 96/126 € – ½ P

Zeilwiesen 5 74523 – 0791 2593 – www.roessle-veinau.de – geschlossen Februar

Landhaus Zum Rössle – siehe Restaurantauswahl

In Schwäbisch Hall-Weckrieden Süd-Ost: 3 km, Richtung Crailsheim

Rebers Pflug

MARKTKÜCHE • GEMÜTLICH XX Bei den Rebers wird saisonal gekocht, immer ausdrucksstark, klar und mit hervorragenden Produkten. Klassisches und Mediterranes findet sich hier ebenso wie regionale Klassiker und auch asiatische Einflüsse. Nicht zu vergessen die hochwertigen Steaks. Schön das modern-elegante Ambiente, angenehm ungezwungen die Atmosphäre, freundlich und geschult der Service.

→ Panna Cotta vom Blumenkohl, Vadouvan, Kopfsalat, gebackenes Eigelb. Geflämmter Saibling, Karotten-Ingwervinaigrette, Gartengurken. Maibockrücken vom Bühlertal, Haselnusskruste, Aprikosen-Pfefferconfit, Spitzkohl.

Menü 55 € (vegetarisch)/115 € – Karte 42/87 €

Hotel Rebers Pflug, Weckriedener Str. 2 ✉ 74523 – ✆ 0791 931230 – www.rebers-pflug.de – geschlossen Anfang Januar 2 Wochen, Ende August - Anfang September 2 Wochen und Sonntag - Dienstagmittag

Rebers Pflug

GASTHOF • AUF DEM LAND In dem traditionellen Landgasthaus hat Familie Reber geschmackvolle geradlinig-moderne Zimmer für Sie - oder bevorzugen Sie eines der beiden fast schon luxuriösen Garten-Appartements? Dazu gibt's am Morgen ein leckeres Frühstück. Einfacheres kleines Speisenangebot in der "Schwein & Weinbar".

17 Zim – †88/115 € ††115/155 € – 2 Suiten

Weckriedener Str. 2 ✉ 74523 – ✆ 0791 931230 – www.rebers-pflug.de – geschlossen Anfang Januar 2 Wochen, Ende August - Anfang September 2 Wochen

Rebers Pflug – siehe Restaurantauswahl

SCHWAIGERN

Baden-Württemberg – 11 062 Ew. – Höhe 107 m – Regionalatlas **55**-G17
Michelin Straßenkarte 545

Zum Alten Rentamt

INTERNATIONAL • GEMÜTLICH XX Dem schönen 300 Jahre alten Fachwerkhaus hat man auch innen ein Stück Historie erhalten, im gemütlich-stilvollen Restaurant und auch in den Gästezimmern. Ob günstiges Mittagsmenü oder gehobenere Gerichte, hier wird richtig schmackhaft gekocht - saisonal und auch mit Bezug zur Region.

Menü 60 € – Karte 32/65 €

13 Zim – †80/90 € ††115/130 €

Schlossstr. 6 ✉ 74193 – ✆ 07138 5258 – www.altesrentamt.de – geschlossen August 3 Wochen und Sonntag - Montag, Feiertage

SCHWANGAU

Bayern – 3 188 Ew. – Höhe 796 m – Regionalatlas **65**-K22
Michelin Straßenkarte 546

In Schwangau-Horn

Gams & Gloria N

KREATIV • GEMÜTLICH XX Mehr alpiner Charme geht kaum! In der komplett in warmem Holz gehaltenen kleinen Stube mit ihren vier Tischen ist der regionale Bezug ebenso präsent wie in der Küche. Hier stehen ausgezeichnete Produkte aus der Alpenregion im Mittelpunkt, und die werden kreativ zubereitet. Gute Weinberatung.

→ Tatar vom Saibling, Zitrone, Erbse, Senfkaviar, Buchweizen. Rehrücken und Ragout, Rote Bete, Kohlrabi. Hafer und Quitte, Yuzu, Schokolade, Sauerklee.

Menü 82/144 €

Hotel Das Rübezahl, Am Ehberg 31 ✉ 87645 – ✆ 08362 8888 (Tischbestellung ratsam) – www.hotelruebezahl.de – nur Abendessen – geschlossen Juli - Mitte September und Mittwoch - Donnerstag

Das Rübezahl

SPA UND WELLNESS • GEMÜTLICH Die Lage schön ruhig, die Gastgeber engagiert, die Zimmer wohnlich-elegant, hübsch die Themen-Suiten "Rosenreich" oder "Almrausch". Interessantes Konzept im Restaurant "Louis II.": Jedes Hauptprodukt gibt es in mehreren Varianten. Toll die Panoramaterrasse. Und lassen Sie sich nicht die außergewöhnliche Bar entgehen! Tipp: Wanderung zur eigenen Berghütte.

54 Zim – 156/170 € 230/290 € – 8 Suiten – ½ P

Am Ehberg 31 ✉ 87645 – ✆ 08362 8888 – www.hotelruebezahl.de

Gams & Gloria – siehe Restaurantauswahl

SCHWANSTETTEN

Bayern – 7 330 Ew. – Höhe 350 m – Regionalatlas **50**-K17
Michelin Straßenkarte 546

In Schwanstetten-Schwand

Der Schwan

GASTHOF • HISTORISCH Hier hat man ein über 600 Jahre altes Gasthaus mit schmucker Fachwerkfassade sorgsam saniert, und das Ergebnis kann sich sehen lassen: schöne individuelle Themenzimmer mit Dielenboden und Gebälk sowie gemütliche Restaurantstuben. Außerdem ist man hier ausgesprochen gastfreundlich!

20 Zim – 74/169 € 98/199 €

Am Marktplatz 7 ✉ 90596 – ✆ 09170 1052 – www.hotel-der-schwan.de

SCHWARZACH am MAIN

Bayern – 3 516 Ew. – Höhe 190 m – Regionalatlas **49**-I15
Michelin Straßenkarte 546

Im Ortsteil Stadtschwarzach

Schwab's Landgasthof

REGIONAL • LÄNDLICH Bei Familie Schwab ist man mit Leidenschaft bei der Sache: Das zeigt sich in der persönlichen Note des Hauses und in der richtig guten bürgerlichen Küche! Der Patron ist auch Jäger, so darf man sich auf feine Wildgerichte freuen. Oder lieber "Waller aus dem Wurzelsud"? Schön übernachten kann man hier auch.

Menü 28/75 € – Karte 27/48 €

13 Zim – 55 € 90 €

Bamberger Str. 4 ✉ 97359 – ✆ 09324 1251 (Tischbestellung ratsam) – www.landgasthof-schwab.de – geschlossen Februar 2 Wochen, August 2 Wochen und Montag - Dienstag

SCHWEINFURT

Bayern – 51 610 Ew. – Höhe 226 m – Regionalatlas **49**-J15
Michelin Straßenkarte 546

Kings and Queens

INTERNATIONAL • FREUNDLICH Das kleine Restaurant kommt an mit seiner persönlichen Note, der modern-eleganten Atmosphäre und dem unkomplizierten Service. Und dann ist da noch die schmackhafte saisonale Küche: "Bauernterrine & Rotwein-Zwiebelconfit", "Ochsenbacke, Schmorfond & zweierlei Sellerie"... Dazu gute Weinempfehlungen!

Menü 37 € (vegetarisch)/78 €

Bauerngasse 101 ✉ 97421 – ✆ 09721 533242 – www.kingsqueens.eu – nur Abendessen – geschlossen August 3 Wochen und Sonntag - Montag, Dezember - Januar: Montag

Kugelmühle

FRANZÖSISCH-KLASSISCH • TRENDY XX Seit über 15 Jahren hat Max Matreux nun schon dieses klar designte Restaurant in einem Seitenflügel einer Fabrik. Ein freundliches, motiviertes Team serviert Ihnen hier klassische Gerichte wie "gefüllte Wachtel im Brickteig mit Pilzrisotto" oder "gebratene Rotbarbe in Muschel-Gemüsenage mit Kartoffelwürfeln".

Menü 37/85 € – Karte 43/57 €

Georg-Schäfer-Str. 30 ✉ 97421 – ✆ 09721 914702 (Tischbestellung erforderlich) – www.restaurant-kugelmuehle.de – geschlossen August 3 Wochen, Weihnachten - Anfang Januar und Samstag - Sonntag sowie an Feiertagen

SCHWENDI

Baden-Württemberg – 6 339 Ew. – Höhe 538 m – Regionalatlas **64**-I20
Michelin Straßenkarte 545

Esszimmer im Oberschwäbischen Hof

MARKTKÜCHE • FREUNDLICH XX Lust auf Schmackhaftes wie "saure Linsen mit Saitenwürstel und Spätzle" oder "Rumpsteak mit Balsamico-Essig-Schalotten"? Hier wird regional, aber auch mit internationalen Einflüssen gekocht, und das mit guten, frischen Produkten. Wer's etwas rustikaler mag, sitzt gemütlich in der "Lazarus-Stube".

Menü 36/65 € – Karte 29/59 €

Hotel Oberschwäbischer Hof, Hauptstr. 9 ✉ 88477 – ✆ 07353 98490 – www.oberschwaebischer-hof.de – geschlossen Samstagmittag, Sonntag und an Feiertagen

Oberschwäbischer Hof

BUSINESS • MODERN Schon die Architektur spricht einen an, ebenso das modern-funktionale Interieur. Schön die große Lobby sowie der Fitness- und Saunabereich mit Zugang zur Liegewiese, die Zimmer sind angenehm hell und liegen recht ruhig nach hinten.

30 Zim ☐ – †90/110 € ††135/145 € – ½ P

Hauptstr. 9 ✉ 88477 – ✆ 07353 98490 – www.oberschwaebischer-hof.de

Esszimmer im Oberschwäbischen Hof – siehe Restaurantauswahl

SCHWERIN

Mecklenburg-Vorpommern – 92 138 Ew. – Höhe 38 m – Regionalatlas **11**-L5
Michelin Straßenkarte 542

Weinhaus Uhle N

INTERNATIONAL • HISTORISCHES AMBIENTE XX In dem über 250 Jahre alten Weinhaus speist man unter einer kunstvoll gearbeiteten hohen Gewölbedecke, die das historische Flair des klassisch-eleganten Raums unterstreicht. Für die ambitionierte Küche verwendet man gerne regionale Produkte.

Menü 49/95 € – Karte 56/77 €

Hotel Weinhaus Uhle, Schusterstr. 15 ✉ 19055 – ✆ 0385 48939430 – www.weinhaus-uhle.de – nur Abendessen, an Feiertagen auch Mittagessen – geschlossen Sonntag

Gourmetfabrik N

INTERNATIONAL • BISTRO X Keine Frage, dank der Lage am Schweriner See sind hier die Terrassenplätze mit Blick aufs Wasser besonders gefragt! Modern und leger die Atmosphäre, frisch die internationale Küche - wie wär's z. B. mit einem Burger oder einem Tomahawk-Steak?

Karte 30/53 €

Werderstr. 74B ✉ 19055 – ✆ 0385 76098570 – www.gourmetfabrik.de – geschlossen Sonntagabend - Montag

La Bouche

MEDITERRAN • BISTRO Schon der Name des freundlichen Bistros verrät die Vorliebe für Frankreich, und auch die mediterran ausgerichtete Speisekarte zeigt entsprechende Einflüsse. Schön sitzt man auf der Terrasse in der Fußgängerzone - der Dom ist nur einen Steinwurf entfernt.

Karte 25/50 €

Buschstr. 9 ✉ 19053 – ✆ 0385 39456092 – www.bistrolabouche.de

Speicher am Ziegelsee

HISTORISCH • GEMÜTLICH Am Seeufer steht der markante ehemalige Getreidespeicher von 1939, aufwändig zum Hotel umgebaut. Die Zimmer sind wohnlich und zeitgemäß, teils mit tollem Seeblick, elegant das Restaurant mit hübscher Terrasse zum See - hier hat man einen Bootsanleger. Tipp: Mieten Sie ein Elektroauto oder Fahrräder/E-Bikes!

77 Zim – 89/115 € 109/145 € – ½ P

Speicherstr. 11 ✉ 19055 – ✆ 0385 50030 – www.speicher-hotel.com

Niederländischer Hof

HISTORISCH • ELEGANT Ansprechend ist schon die denkmalgeschützte Fassade dieses Hotels von 1901, ebenso das stilvolle klassische Interieur. Wer es komfortabler mag, bucht eines der Studios! Von einigen Zimmern schaut man auf den Pfaffenteich. Gediegen-elegantes Restaurant mit schönem Wintergarten.

33 Zim – 89/134 € 135/190 € – 3 Suiten – ½ P

Alexandrinenstr. 12 ✉ 19055 – ✆ 0385 591100 – www.niederlaendischer-hof.de

Weinhaus Uhle (N)

FAMILIÄR • HISTORISCH Bei aller Tradition kann man in dem Weinhaus in der Altstadt richtig schön modern wohnen. Geschmackvoll, wertig und mit Sinn fürs Detail hat man die Zimmer und Suiten eingerichtet - Letztere befinden sich unterm Dach. Als Alternative zum Restaurant gibt es noch das "Weinbistro".

18 Zim – 94/124 € 114/134 € – 2 Suiten – 16 € – ½ P

Schusterstr. 15 ✉ 19055 – ✆ 0385 48939430 – www.weinhaus-uhle.de

Weinhaus Uhle – siehe Restaurantauswahl

SCHWERTE

Nordrhein-Westfalen – 46 270 Ew. – Höhe 110 m – Regionalatlas **26**-D11
Michelin Straßenkarte 543

Rohrmeisterei - Glaskasten

INTERNATIONAL • TRENDY Das sehenswerte Industriedenkmal aus rotem Backstein ist eine ehemalige Pumpstation von 1890. Mitten in der einstigen Werkshalle sitzt man im modernen Glaskasten bei international beeinflussten Speisen wie "Lammrücken, Zitronen-Polenta, Paprika, Apfelkapern". Tolle Eventhallen.

Menü 33/55 € – Karte 38/50 €

Ruhrstr. 20 ✉ 58239 – ✆ 02304 2013001 – www.rohrmeisterei-schwerte.de – nur Abendessen – geschlossen Montag

Unter'm Kran – siehe Restaurantauswahl

Unter'm Kran

TRADITIONELLE KÜCHE • GERADLINIG Im Bistro des architektonisch so attraktiven Gastronomie- und Kulturzentrums gibt es z. B. "Kabeljau auf der Haut gebraten mit Zitronensauce" oder schmackhafte Kleinigkeiten wie "Frikadellen mit Schwerter Senf". Schöne große Terrasse.

Karte 20/48 €

Restaurant Rohrmeisterei - Glaskasten, Ruhrstr. 20 ✉ 58239 – ✆ 02304 2013001 – www.rohrmeisterei-schwerte.de – geschlossen Montagmittag

SCHWETZINGEN

Baden-Württemberg – 21 494 Ew. – Höhe 101 m – Regionalatlas **47**-F17
Michelin Straßenkarte 545

möbius

MODERNE KÜCHE • BISTRO Der gebürtige Leipziger Tommy R. Möbius, kein Unbekannter in der Szene der Top-Köche, hat hier einen Mix aus Feinkostladen und Bistro. Mittags gibt es drei einfache, aber frische Tagesgerichte, abends wählt man von der kleinen Karte oder der Tafel z. B. "gegrillten Oktopus mit marinierten Artischocken".

Menü 26 € – Karte 24/38 €

Kurfürstenstr. 22 ✉ 68723 – ✆ 06202 6085020 – www.dermoebius.com – geschlossen 2. - 12. Januar, 27. August - 7. September, 28. - 31. Oktober und Samstagabend - Montag, Feiertage

Villa Benz

PRIVATHAUS • GEMÜTLICH Zur persönlichen Atmosphäre in der kleinen Villa kommen wohnlich-moderne Zimmer (zum Garten hin ruhiger) und die Lage am Schloss - der Eintritt zum Schlossgarten ist kostenfrei. Im Sommer Frühstück im Freien. Nicht weit: der Hockenheimring.

10 Zim – †85/99 € ††120/130 €

Zähringer Str. 51 ✉ 68723 – ✆ 06202 936090 – www.villa-benz.de – geschlossen. 24. Dezember - 2. Januar

SCHWIELOWSEE

Brandenburg – 10 223 Ew. – Höhe 35 m – Regionalatlas **22**-O8
Michelin Straßenkarte 542

In Schwielowsee-Caputh

Landhaus Haveltreff

LANDHAUS • GEMÜTLICH Was dieses Hotel interessant macht? Zum einen liegt es unmittelbar an der Havel (man hat auch einen eigenen Bootssteg), zum anderen sind die Zimmer schön gepflegt und wohnlich gestaltet. Dazu kommt noch ein Restaurant im Landhausstil nebst Terrasse zum Fluss - gekocht wird regional und französisch.

26 Zim – †65/115 € ††79/125 € – 1 Suite – ½ P

Weinbergstr. 4 ✉ 14548 – ✆ 033209 780 – www.haveltreff.de – geschlossen Januar 3 Wochen

SEESHAUPT

Bayern – 3 108 Ew. – Höhe 597 m – Regionalatlas **65**-L21
Michelin Straßenkarte 546

Bischoffs Haus am See

MARKTKÜCHE • CHIC Ansprechend das modern-rustikale Ambiente, herrlich die Lage direkt am Starnberger See - da ist natürlich die Terrasse zum Wasser hin gefragt! Dazu kommt die gute Küche mit regionalen Klassikern und auch internationalen Einflüssen. Nachmittags einfachere Vesperkarte.

Menü 48/80 € – Karte 28/60 €

St.-Heinricher-Str. 113 ✉ 82402 – ✆ 08801 533 – www.hausamsee-seeshaupt.de – geschlossen Montag - Dienstag

SEHLEN Mecklenburg-Vorpommern → Siehe Rügen (Insel)

SELLIN Mecklenburg-Vorpommern → Siehe Rügen (Insel)

SELZEN

Rheinland-Pfalz – 1 491 Ew. – Höhe 134 m – Regionalatlas **47**-E15
Michelin Straßenkarte 543

Kaupers Restaurant im Kapellenhof

MODERNE KÜCHE • INTIM Eine Adresse mit Potential zum Lieblingslokal! Ausgesprochen gemütlich hat man es unter dem offenen Dachgiebel mit seinem warmen Holz, dazu herzlicher Service und natürlich die moderne Küche aus hochwertigen Produkten, begleitet von tollen Weinempfehlungen. Und dann ist da noch die wunderbare Dachterrasse...

→ Flussbarsch, Schwarzwurzel auf Salz, Champagner-Hollandaise. Feldspargel glasiert, Rapsblüten, Rapsblätter, Maiscrème. Rehrücken, Petersilienwurzelcrème, gegrillte Erdsonnenblumen.

Menü 83/116 € – Karte 73/90 €

Kapellenstr. 18a, (Zufahrt über Kirschgartenstraße 13) ✉ 55278 – ✆ 06737 8325 (Tischbestellung erforderlich) – www.kaupers-kapellenhof.de – nur Abendessen – geschlossen Mittwoch - Donnerstag

SENFTENBERG

Brandenburg – 24 743 Ew. – Höhe 102 m – Regionalatlas **33**-Q11
Michelin Straßenkarte 542

Seeschlößchen

SPA UND WELLNESS • INDIVIDUELL Hier wird so einiges geboten: geschmackvolle individuelle Zimmer, stilvolle Lounge (Tipp: Teatime), elegantes Restaurant "Sandak", beeindruckender Spa mit umfangreichem Ayurveda-Angebot und tollem Außenbereich im herrlichen Garten! 200 m entfernt: Brasserie mit italienischer Küche direkt am Senftenberger See.

50 Zim – 135/185 € 190/210 € – ½ P

Buchwalder Str. 77 ✉ 01968 – ✆ 03573 37890 – www.ayurveda-seeschloesschen.de

Lido Senftenberg

LANDHAUS • GEMÜTLICH Dies ist das größte Blockhaus in Europa! Schon von außen ein schöner Anblick, drinnen sorgen die Holzbohlen für kanadisches Flair. Entsprechend die Spezialität im Restaurant: Elch-, Bison- und Rindersteak. Dazu Kinderspielplatz und Damwildgehege sowie Hausbrauerei. Ganz in der Nähe: See und Tierpark.

35 Zim – 69/89 € 110/125 € – 3 Suiten – ½ P

Steindamm 26 ✉ 01968 – ✆ 03573 363000 – www.hotel-lido-senftenberg.de

SERRIG

Rheinland-Pfalz – 1 624 Ew. – Höhe 160 m – Regionalatlas **45**-B16
Michelin Straßenkarte 543

Gasthaus Wagner

TRADITIONELLE KÜCHE • GEMÜTLICH Eine sympathische Adresse mit richtig guter bürgerlich-saisonaler Küche! Auf der Karte macht z. B. "Trassemer Räuchersaibling mit Kartoffelsalat, Preiselbeeren und Meerrettich" Appetit. Sehr gemütlich sitzt man in der charmanten Stube mit Tiroler Touch. Im Winter wärmt der Kachelofen, im Sommer spenden die Kastanien auf der Terrasse Schatten.

Menü 32/45 € – Karte 28/50 €

Losheimer Str. 3 ✉ 54455 – ✆ 06581 2277 – www.gasthaus-wagner-serrig.de – Oktober - April: Montag - Freitag nur Abendessen – geschlossen Februar - März 1 Woche, September 2 Wochen und Dienstag - Mittwoch

SESSLACH

Bayern – 3 969 Ew. – Höhe 271 m – Regionalatlas **50**-K14
Michelin Straßenkarte 546

Pörtnerhof

INTERNATIONAL • KLASSISCHES AMBIENTE Das schön sanierte historische Anwesen im Herzen der reizenden Stadt hat schon Charme, angefangen beim Innenhof über das Restaurant bis zu den Zimmern (hier sowie im Gästehaus). Gekocht wird mit internationalem Einfluss. In der Diele im 1. OG bekommen Sie auf Anfrage ein Menü.

Menü 21/45 € – Karte 22/35 €

9 Zim – 59 € 79 €

Luitpoldstr. 15 ✉ 96145 – ✆ 09569 1886900 – www.sesslach-poertnerhof.de – nur Abendessen – geschlossen Montag - Dienstag

SIEGEN

Nordrhein-Westfalen – 100 325 Ew. – Höhe 280 m – Regionalatlas **37**-E12
Michelin Straßenkarte 543

Pfeffermühle

FAMILIÄR • FUNKTIONELL Das familiengeführte Hotel liegt etwas erhöht außerhalb des Zentrums und bietet wohnliche Zimmer von klassisch bis geradlinig-modern - darf es vielleicht die geräumige Juniorsuite sein? Auch ein guter Tagungsbereich ist vorhanden. Internationales Speisenangebot im hellen, freundlichen Restaurant.

42 Zim – †77/100 € ††91/121 € – ½ P

Frankfurter Str. 261 ✉ 57074 – ✆ 0271 230520 – www.pfeffermuehle-siegen.de

SIEK

Schleswig-Holstein – 2 331 Ew. – Höhe 62 m – Regionalatlas **10**-J5
Michelin Straßenkarte 541

Alte Schule

MARKTKÜCHE • LÄNDLICH Holzboden, hohe Decken, offener Kamin - in dem hübschen Restaurant steckt der Charme von 1911. Die frische und schmackhafte Saisonküche gibt es z. B. in Form von "hausgemachten Maultaschen vom Landschwein" oder als "gebratenen Skrei auf Rahmsauerkraut". Chic die Kochschule.

Karte 36/61 €

Hotel Alte Schule, Hauptstr. 44 ✉ 22962 – ✆ 04107 877310 – www.alte-schule-siek.de – nur Abendessen, sonntags auch Mittagessen – geschlossen 1. - 5. Januar und Montag, Donnerstag

Alte Schule

FAMILIÄR • MODERN Mit Engagement leitet die Familie die ehemalige Schule mitten in Siek. Da lässt es sich schön wohnen, nämlich in hübschen hellen Zimmern, in denen es Obst und Wasser gratis gibt! Und der Tag beginnt mit einem guten Frühstück.

19 Zim – †90/105 € ††120/140 € – 13 €

Hauptstr. 44 ✉ 22962 – ✆ 04107 877310 – www.alte-schule-siek.de – geschlossen 1. - 5. Januar

Alte Schule – siehe Restaurantauswahl

SIMMERATH

Nordrhein-Westfalen – 15 094 Ew. – Höhe 540 m – Regionalatlas **35**-A13
Michelin Straßenkarte 543

In Simmerath-Rurberg Ost: 8 km

Genießer Wirtshaus

REGIONAL • GEMÜTLICH Gemütlichkeit kommt auf, wenn man bei regionalen Gerichten wie "Döppekooche" in liebenswerten Stuben sitzt oder nach dem Abendessen in charmanten Themenzimmern (Motto "Genuss") in ein kuscheliges Bett sinkt! Und draußen: ein schöner Obstgarten mit eigenen Hühnern, Räucherhaus, Feuerstelle, Scheune mit Verkaufsladen.

Menü 29/48 € – Karte 26/52 €

11 Zim – †60/80 € ††70/90 € – 2 Suiten – 9 €

Hövel 15 ✉ 52152 – ✆ 02473 3212 – www.geniesserwirtshaus.de – geschlossen Montag - Donnerstagmittag

SIMMERN

Rheinland-Pfalz – 7 718 Ew. – Höhe 340 m – Regionalatlas **46**-D15
Michelin Straßenkarte 543

Birkenhof

REGIONAL • FREUNDLICH XX Im freundlichen Restaurant und auf der schönen Terrasse genießt man den Blick ins Grüne, während man sich z. B. Spezialitäten vom eigenen Charolais-Rind schmecken lässt. Im Sommer locken nachmittags hausgebackene Kuchen und Waffeln. Eigene Obstbrände.

Menü 33/38 € - Karte 29/53 €

Hotel Birkenhof, Birkenweg 1, Nord: 6 km, an der Straße nach Laubach ✉ 55469 - ✆ 06761 95400 (Tischbestellung ratsam) - www.landidyll-birkenhof.de - geschlossen Dienstagmittag

Birkenhof

LANDHAUS • GEMÜTLICH In dem engagiert geführten Familienbetrieb hat man Wiesen und Wald direkt vor der Tür - ideal für Wanderungen und Fahrradtouren. Schön die wohnlichen Zimmer, das moderne "Sauna-Fitness-&Relax-Gehaichnis" sowie der Garten.

20 Zim ☕ - †79/100 € ††115/135 € - ½ P

Birkenweg 1, Nord: 6 km, an der Straße nach Laubach ✉ 55469 - ✆ 06761 95400 - www.landidyll-birkenhof.de

Birkenhof - siehe Restaurantauswahl

SIMONSBERG

Schleswig-Holstein – Regionalatlas **1**-G3
Michelin Straßenkarte 541

In Simonsberg-Simonsbergerkoog

Lundenbergsand

REGIONAL • FREUNDLICH X "Rosa gebratene Lammhüftsteaks, Rosmarinjus, Bohnenragout, Süßkartoffeln" oder lieber Klassiker wie "Husumer Kutterscholle"? So oder so ähnlich kommt die regional und saisonal geprägte Küche in diesem geschmackvollen Restaurant daher.

Karte 26/45 €

Hotel Lundenbergsand, Lundenbergweg 3 ✉ 25813 - ✆ 04841 83930 - www.hotel-lundenbergsand.de - geschlossen 8. - 25. Dezember und Winter: Montag - Donnerstagmittag

Lundenbergsand

FAMILIÄR • INDIVIDUELL Hier finden Sie Ruhe! Das reetgedeckte Haus liegt hinterm Deich, wird familiär geleitet und ist tipptopp gepflegt. Die Zimmer sind richtig hübsch mit ihrem geradlinigen Design und den hellen, frischen Farben, modern auch der "Watt'n Spa".

22 Zim ☕ - †69/109 € ††119/179 € - 2 Suiten - ½ P

Lundenbergweg 3 ✉ 25813 - ✆ 04841 83930 - www.hotel-lundenbergsand.de - geschlossen 8. - 25. Dezember

Lundenbergsand - siehe Restaurantauswahl

SIMONSWALD

Baden-Württemberg – 3 064 Ew. – Höhe 372 m – Regionalatlas **61**-E20
Michelin Straßenkarte 545

Hugenhof

INTERNATIONAL • GEMÜTLICH XX Altes Gebälk, Kamin, charmante Einrichtung - da kommt Gemütlichkeit auf, während Chef Klaus Ditz Ihnen am Tisch sein ambitioniertes und schmackhaftes, täglich wechselndes 4-Gänge-Menü annonciert und Chefin Petra Ringwald freundlich-versiert die passenden Weine empfiehlt. Gegenüber die hübsche Raucherlounge.

Menü 42/56 €

15 Zim ☕ - †40/45 € ††75/85 €

Am Neuenberg 14 ✉ 79263 - ✆ 07683 930066 (Tischbestellung erforderlich) - www.hugenhof.de - nur Abendessen - geschlossen 25. Februar - 14. März, 19. August - 12. September und Montag - Dienstag

SINGEN (HOHENTWIEL)

Baden-Württemberg – 46 344 Ew. – Höhe 429 m – Regionalatlas **62**-F21
Michelin Straßenkarte 545

Trezor

URBAN • DESIGN Früher Bankgebäude, heute Designhotel! Klare Linien, wertige Materialien und stylischer Sichtbeton sorgen für einen schicken Look von der großzügigen Halle samt Bar bis zu den Zimmern in sechs Kategorien. Hingucker: 18 Graffiti-Kunstwerke des "Klub7".

60 Zim – 80/125 € 100/170 €

Forststr. 16 78224 – 07731 939690 – www.hotel-trezor.de

In Singen-Bohlingen Süd-Ost: 6 km über Rielasinger Straße, Richtung Überlingen

Zapa

FAMILIÄR • MODERN Ein sympathisches Haus, das ruhig liegt und sehr gepflegte moderne Zimmer hat. Besonderheit sind Bilder und Windspiele eines Nürnberger Künstlers. Zum Erholen: netter Saunabereich und großer Garten. Das Restaurant bietet als Spezialität Graugänse und Hühner (2 Wochen im Winter).

14 Zim – 88/113 € 122/145 €

Bohlinger Dorfstr. 48 78224
– 07731 796161 – www.restaurant-zapa.de – geschlossen Ende Dezember - Anfang Januar 1 Woche, 17. Februar - 13. März, Ende Oktober - Anfang November 1 Woche

SINZIG

Rheinland-Pfalz – 17 226 Ew. – Höhe 90 m – Regionalatlas **36**-C13
Michelin Straßenkarte 543

In Sinzig-Bad Bodendorf

Maravilla

SPA UND WELLNESS • GEMÜTLICH Das geschmackvolle Haus ist eine richtig schöne Wellnessadresse, doch auch Businessgäste fühlen sich in dem recht ruhig gelegenen Hotel wohl. Die Zimmer sind mal klassisch, mal ganz modern, und wer das Besondere sucht, bucht eine der Wellness-Suiten! Im Restaurant geradliniges Ambiente und Showküche.

33 Zim – 75/150 € 99/250 € – ½ P

Hauptstr. 158 53489 – 02642 40000 – www.maravilla-spa.de

SOBERNHEIM, BAD

Rheinland-Pfalz – 6 408 Ew. – Höhe 150 m – Regionalatlas **46**-D15
Michelin Straßenkarte 543

Jungborn

MODERNE KÜCHE • ELEGANT So wertig wie der Rest des imposanten Hotelkomplexes kommt auch das elegante Restaurant mit seinem wunderbaren Sandstein-Tonnengewölbe und der stimmungsvollen Atmosphäre daher. Aufmerksam und geschult serviert man Ihnen finessenreiche modern-kreative Küche in Form zweier Menüs. Und dazu Wein aus der Region?

→ Kaisergranat, grüner Spargel, Charentais-Melone, Cidre und Portulak. Saint Pierre, Varianten vom Kohlrabi, Fregola Sarda, Passe Pierre, Zitronenconfit. Rehbock aus der Müritz Region, Gewürzbrot, Mispel, Sellerie.

Menü 122/144 €

Hotel BollAnts - SPA im Park, Felkestr. 100 55566
– 06751 93390 (Tischbestellung ratsam) – www.bollants.de
– nur Abendessen – geschlossen 15. Juli - 14. August, 8. - 30. Oktober und Sonntag - Montag

Kupferkanne

REGIONAL • GERADLINIG Sie mögen frische regionale Küche? Zur Saison sind Wildgerichte gefragt - wie wär's dann z. B. mit "Ragout vom Soonwald-Hirsch mit Preiselbeeren, Rahmwirsing und Kartoffelknödel"? Das sympathische moderne Lokal hat im Sommer auch eine schöne Terrasse.

Karte 22/50 €

Berliner Str. 2 ✉ 55566 – ✆ 06751 2858 – www.restaurant-kupferkanne.de – geschlossen Juli - August 2 Wochen und Mittwochabend - Donnerstag, Samstagmittag

Hermannshof

MEDITERRAN • LÄNDLICH Das hübsche Gewölbe bestimmt auch im zweiten Restaurant des "BollAnts" das Ambiente, ebenso das ausgesprochen geschmackvolle Interieur im attraktiven Vintage-Look! Gekocht wird hier mediterran mit regionalen Einflüssen.

Menü 40/55 € – Karte 43/53 €

Hotel BollAnts - SPA im Park, Felkestr. 100 ✉ 55566 – ✆ 06751 93390 – www.bollants.de – nur Abendessen – geschlossen Sonntag - Montag

BollAnts - SPA im Park

SPA UND WELLNESS • INDIVIDUELL Ein Wellnesshotel par excellence! Auf dem 60 000 qm umfassenden Parkanwesen erwarten Sie u. a. spezielle "SPA-Lodges", exklusive "Heimat-Lodges" und schicke "Vintage"-Zimmer, eine tolle Dachsauna, geschmackvolle Ruheräume und Medical Wellness samt Felke-Kur, nicht zu vergessen der top Service. HP inklusive.

105 Zim – †129/179 € ††258/498 € – 10 Suiten – ½ P

Felkestr. 100 ✉ 55566 – ✆ 06751 93390 – www.bollants.de

Jungborn • **Hermannshof** – siehe Restaurantauswahl

SODEN-SALMÜNSTER, BAD

Hessen – 13 407 Ew. – Höhe 150 m – Regionalatlas **38**-H14
Michelin Straßenkarte 543

Im Ortsteil Bad Soden

Fiori

FAMILIÄR • MODERN Ein wunderbar zeitgemäßes Haus, in dem man sich einfach wohlfühlt. Man kümmert sich freundlich um Sie, im Zimmer gibt es kleine Aufmerksamkeiten wie Wasser und Obst, dazu ein gutes Frühstück. Do. und Fr. serviert man abends frische Pasta, Käse und Wein.

7 Zim – †54/71 € ††76/93 €

Franz-von-Sickingen-Str. 3 ✉ 63628 – ✆ 06056 919712 – www.hotel-fiori.de

SOLINGEN

Nordrhein-Westfalen – 156 771 Ew. – Höhe 221 m – Regionalatlas **36**-C12
Michelin Straßenkarte 543

In Solingen-Aufderhöhe Ost: 7,5 km

Wipperaue

REGIONAL • FREUNDLICH Freundlich, modern und mit ländlichem Touch kommt das Restaurant daher, draußen die hübsche Terrasse an der Wupper! Auf dem Teller saisonal geprägte Gerichte. Mittags reduziertes Angebot. Ein Klassiker ist die Bergische Waffel!

Menü 46/56 € – Karte 30/47 €

Hotel Wipperaue, Wipperaue 3 ✉ 42699 – ✆ 0212 2336270 – www.wipperaue.de – geschlossen 2. - 15. Januar und Montag - Dienstag

Wipperaue

HISTORISCH • GEMÜTLICH Das idyllisch an der Wupper gelegene kleine Hotel ist nicht nur zum Tagen ideal, auch erholen kann man sich hier schön: In dem sanierten traditionsreichen Haus darf man sich auf richtig geschmackvolle und wohnliche Zimmer freuen.

13 Zim – 🚹99 € 🚹🚹145 € – ☕15 €

Wipperaue 3 ✉ 42699 – ✆ 0212 2336270 – www.wipperaue.de – geschlossen 2. - 15. Januar

Wipperaue – siehe Restaurantauswahl

In Solingen-Hästen Süd-Ost: 4 km

Pfaffenberg

INTERNATIONAL • GERADLINIG XX Schön die Lage im Grünen, chic-modern das Interieur, toll die Terrasse mit Blick über die Landschaft. In den anspruchsvollen Menüs findet sich z. B. "gebratener Wildfang-Wolfsbarsch, Krustentier-Gemüseeintopf, sardische Nudeln". Täglich geöffnet: das Bistro - hier Burger, Steaks, internationale Gerichte, Waffeln.

Menü 54/79 €

Pfaffenberger Weg 284 ✉ 42659 – ✆ 0212 42363 – www.pfaffenberg.com – nur Abendessen – geschlossen Montag - Dienstag

SOMMERACH

Bayern – 1 329 Ew. – Höhe 202 m – Regionalatlas **49**-I15
Michelin Straßenkarte 546

Villa Sommerach

HISTORISCHES GEBÄUDE • INDIVIDUELL Mit seinem historischen Charme und den geschmackvollen, individuellen Zimmern ist das Anwesen a. d. 15. Jh. schon etwas Besonderes! Wein spielt hier eine große Rolle, ist es doch ein Ableger des Weinguts Max Müller I in Volkach. Tipp: Die Scheune dient auch als Café (Sommer: Mi. - Fr., Winter: So.).

6 Zim ☕ – 🚹75/95 € 🚹🚹110/135 €

Nordheimer Str. 13 ✉ 97334 – ✆ 09381 802485 – www.villa-sommerach.de

Zum weißen Lamm

GASTHOF • TRADITIONELL Hotel, Weingut und Gasthof unter einem Dach - und seit 1870 Familienbetrieb. Die individuellen Zimmer, die netten Gaststuben und der Innenhof sind bei Weintouristen, Wanderern, Radfahrern und auch bei Geschäftsreisenden gefragt. Die Küche bietet Regionales, dazu z. B. eigener Silvaner und Müller-Thurgau.

19 Zim ☕ – 🚹38/86 € 🚹🚹68/115 €

Hauptstr. 2 ✉ 97334 – ✆ 09381 9377 – www.strobel-lamm.de – geschlossen 23. Dezember - 31. Januar, 9. - 16. Juli

SOMMERHAUSEN

Bayern – 1 760 Ew. – Höhe 181 m – Regionalatlas **49**-I16
Michelin Straßenkarte 546

Philipp

FRANZÖSISCH-MODERN • GEMÜTLICH XX Seit 1999 wird das schmucke historische Fachwerkhaus nun von Heike und Michael Philipp geführt, und das äußerst charmant und mit ungebrochenem Engagement. Die Küche kommt als finessenreiche, ausdrucksstarke "moderne Klassik" daher, ausgezeichnet die Produkte. Sie sind Weinliebhaber? Zum Übernachten: Barock- und Renaissance-Suite sowie das Doppelzimmer.

→ Ceviche von der Eismeergarnele, Salzzitrone, Yuzu, Atsina Kresse. Rehrücken aus dem Steigerwald, 3 x Sellerie, Wacholdersauce. Délice von Ananas und Rum, Valrhona Dulcey Schokolade, Pina Colada Sorbet.

Menü 105/132 €

3 Zim ☕ – 🚹99/138 € 🚹🚹148 € – 2 Suiten

Hauptstr. 12 ✉ 97286 – ✆ 09333 1406 (Tischbestellung erforderlich) – www.restaurant-philipp.de – Mittwoch - Freitag nur Abendessen, Januar - März: Donnerstag - Freitag nur Abendessen – geschlossen Montag - Dienstag, Januar - März: Montag - Mittwoch

SONNENBÜHL

Baden-Württemberg – 6 972 Ew. – Höhe 775 m – Regionalatlas **55**-G19
Michelin Straßenkarte 545

In Sonnenbühl-Erpfingen

Hirsch (Gerd Windhösel)

KLASSISCHE KÜCHE • FAMILIÄR XX Eine Institution auf der Alb! Silke und Gerd Windhösel sorgen hier zusammen mit ihrem Team für aufmerksamen Service und saisonal-regional beeinflusste klassische Küche ohne große Schnörkel - gerne bezieht man die Produkte aus der Umgebung. Der Rahmen: gediegen-elegant mit ländlich-charmanter Note.

→ Jakobsmuschel und Gewürzschweinebauch mit Alblinsen und Trüffel. Heimischer Zander mit Polenta vom Älbler Einkorn. Filet und Flankenstück vom Alb Wagyu.

Menü 50/110 € – Karte 53/84 €

Hotel Hirsch, Im Dorf 12 ✉ 72820 – ✆ 07128 92910 (abends Tischbestellung ratsam) – www.restaurant-hotel-hirsch.de – geschlossen über Fasching 1 Woche, über Pfingsten 1 Woche, Ende Oktober 1 Woche und Montag - Mittwochmittag

Dorfstube

REGIONAL • GEMÜTLICH X Richtig heimelig wird es in der liebenswert dekorierten holzgetäfelten Stube, wenn man sich bei Kerzenschein bodenständige regionale Gerichte wie "Maultäschle von Blut- und Leberwurst auf Sauerkraut mit Zwiebelschmelze" oder "Rahmschnitzel mit Champignons und Spätzle" schmecken lässt!

Karte 33/45 €

Hotel Hirsch, Im Dorf 12 ✉ 72820 – ✆ 07128 92910 (abends Tischbestellung ratsam) – www.restaurant-hotel-hirsch.de

Hirsch

GASTHOF • AUF DEM LAND Die gute Küche im Hause Windhösel ist bekannt, aber wussten Sie auch, dass man hier schön übernachten kann? Besonders reizend sind die neueren Zimmer! Sie frühstücken im lichten Wintergarten und relaxen in der charmanten Stubensauna.

14 Zim – †90/112 € ††128/170 € – 1 Suite – ½ P

Im Dorf 12 ✉ 72820 – ✆ 07128 92910 – www.restaurant-hotel-hirsch.de

Hirsch • **Dorfstube** – siehe Restaurantauswahl

SPALT

Bayern – 4 937 Ew. – Höhe 309 m – Regionalatlas **57**-K17
Michelin Straßenkarte 546

In Spalt-Großweingarten Süd-Ost: 1 km

Zum Schnapsbrenner

FAMILIÄR • AUF DEM LAND Was die kleine Pension interessant macht? Man wird hier herzlich umsorgt, wohnt in gepflegten, geräumigen Zimmern und bekommt am Morgen ein gutes Frühstück. Im Restaurant hat man es gemütlich-ländlich - beliebt ist das Spargelbuffet. Zudem gibt es eine eigene Brennerei mit kleinem Laden.

9 Zim – †50 € ††80 € – 2 Suiten – ½ P

Dorfstr. 67 ✉ 91174 – ✆ 09175 79780 – www.schnapsbrennerei.com

In Spalt-Stiegelmühle Nord-West: 5 km, Richtung Wernfels

Gasthof Blumenthal

REGIONAL • GASTHOF X Frisch und saisonal wird in dem Familienbetrieb (bereits die 5. Generation!) gekocht, die guten Produkte stammen aus der Region. Gefragt ist da z. B. "Oma's Sauerbraten mit Kloß"! Lebhaft und freundlich ist hier die Atmosphäre, hübsch der Innenhof!

Menü 33 € (abends) – Karte 24/42 €

Stiegelmühle 42 ✉ 91174 – ✆ 09873 332 – www.gasthof-blumenthal.de – geschlossen Anfang Januar 2 Wochen, Anfang September 1 Woche und Montag - Dienstag

SPEYER

Rheinland-Pfalz – 49 855 Ew. – Höhe 103 m – Regionalatlas **47**-F17
Michelin Straßenkarte 543

CLYNe - Das Restaurant

REGIONAL • FREUNDLICH In dem freundlich-modernen Restaurant im Zentrum sorgen sympathische Gastgeber für frische, saisonale Küche und charmanten Service. Appetit machen hier z. B. "Wolfsbarsch auf Kichererbsenpüree, Schwarzkümmel und Mangold" oder "Kalbsnieren in Estragon-Senfsauce mit Bratkartoffeln".

Menü 37/65 € – Karte 40/52 €

Große Greifengasse 5 ✉ 67346 – ✆ 06232 1008285 (Tischbestellung erforderlich) – www.restaurant-clyne.de – Dienstag - Donnerstag nur Abendessen – geschlossen Ende Februar - Anfang März 1 Woche, Juli - Anfang August 1 Woche und Sonntag - Montag

Gasthaus Zum Halbmond

REGIONAL • FREUNDLICH Das nach historischem Vorbild wieder aufgebaute Gasthaus am Speyerbach ist eines der ältesten der Stadt. Eine schlicht-charmante Adresse mit regional-mediterraner Küche (z. B. "Dorade Rose, Zitronenrisotto, glasierter Chicorée"), Terrasse mit Domblick und gepflegten Gästezimmern. Ab 18 Uhr parkt man gratis.

Karte 20/52 €

5 Zim – †74 € ††101 €

Nikolausgasse 4 ✉ 67346 – ✆ 06232 3124509 – www.halbmond-speyer.de

Residenz am Königsplatz

HISTORISCH • MODERN Hier gibt es so einiges, was Ihnen gefallen wird: Das schön sanierte denkmalgeschützte Gebäude a. d. 18. Jh. versprüht ein besonderes Flair, die Zimmer sind wertig und modern, toll der Frühstücksraum im Gewölbekeller und der Innenhof, ideal die Lage nur wenige Schritte von Dom und Altpörtel. Parkhaus nebenan.

15 Zim – †120/130 € ††170/180 €

Ludwigstr. 6 ✉ 67346 – ✆ 06232 684990 – www.residenz-speyer.de

Domhof

HISTORISCH • GEMÜTLICH Die einstige Herberge des Reichskammergerichts ist ein tolles historisches Gebäudeensemble samt charmantem Innenhof mitten in der Altstadt. Warme Farben und Parkett machen die Zimmer wohnlich. Interessant: Der Frühstückssaal war in den 50er Jahren das Kino von Speyer. Nebenan die Hausbrauerei mit Biergarten.

49 Zim – †100/250 € ††100/250 €

Bauhof 3 ✉ 67346 – ✆ 06232 13290 – www.domhof.de

Löwengarten

BUSINESS • MODERN Der Familienbetrieb liegt schön zentral, da sind die Sehenswürdigkeiten der Stadt schnell erreicht! Die Zimmer sind hell, freundlich und funktional, geräumiger die Komfortzimmer. Beliebt die Zimmer mit Blick auf die Gedächtniskirche. Sie bleiben länger? Man hat auch zwei Appartements mit Kitchenette.

65 Zim – †88/132 € ††98/160 € – 12 € – ½ P

Schwerdstr. 14 ✉ 67346 – ✆ 06232 6270 – www.hotel-loewengarten.de

In Speyer-Binshof Nord: 6 km

Lindner Hotel & Spa Binshof

SPA UND WELLNESS • INDIVIDUELL Highlight hier ist der Spa auf 5200 qm mit Haman, Rasul, Private Spa... Die Zimmer sind wohnlich und individuell (teils mit offenen Bädern), auch Maisonetten. Im Restaurant geradliniger Stil unter schöner Backsteindecke, nett der Wintergarten. Dazu die "Pfälzer Stube". Tipp: kleine Badeseen ganz in der Nähe.

131 Zim – †129/399 € ††199/499 € – 2 Suiten – ½ P

Binshof 1 ✉ 67346 – ✆ 06232 6470 – www.lindner.de/binshof

SPIEKEROOG (INSEL)

Niedersachsen – 773 Ew. – Höhe 3 m – Regionalatlas **8**-E4
Michelin Straßenkarte 541

Inselfriede

LANDHAUS • GEMÜTLICH Der Familienbetrieb bietet in verschiedenen Häusern freundlich-wohnliche Zimmer und einen schönen Bade- und Saunabereich. Wer besonderen Komfort sucht, bucht eine Superior-Suite. Gemütlich speist man in der "Friesenstube" in Blau-Weiß, dazu ein authentisches Irish Pub. In wenigen Minuten ist man am Strand.

40 Zim – 80/125 € 125/190 € – 7 Suiten – ½ P

Süderloog 12 ✉ 26474 – ✆ 04976 91920 – www.inselfriede.de – geschlossen 6. Januar - 28. Februar, 17. November - 25. Dezember

SPROCKHÖVEL

Nordrhein-Westfalen – 25 026 Ew. – Höhe 200 m – Regionalatlas **26**-C11
Michelin Straßenkarte 543

Im Stadtteil Niedersprockhövel

Eggers

REGIONAL • GEMÜTLICH XX "Auf gut Deutsch, mit internationalen Einflüssen" lautet hier das Motto, so liest man auf der Karte z. B. "Rotbarschfilet mit knusprigem Kürbiskern-Kartoffelpuffer". Besonders gerne sitzt man im Wintergarten und im Sommer natürlich im schönen "Weingarten". Tipp: "Hobbyraum" für Feste und Kochkurse.

Menü 24/39 € – Karte 26/55 €

Hotel Eggers, Hauptstr. 78 ✉ 45549 – ✆ 02324 71780 – www.hotel-restaurant-eggers.de – geschlossen 1. - 11. Januar und Dienstag - Mittwoch

Tante Anna

INTERNATIONAL • FREUNDLICH XX Richtig behaglich hat man es in dem geschmackvollen Restaurant, das mit seiner charmanten Deko fast schon Wohnzimmer-Atmosphäre hat! Hier, aber auch auf der sehr netten Terrasse, gibt es internationale Küche. Freundlich der Service.

Menü 39/49 € – Karte 35/79 €

Hauptstr. 58 ✉ 45549 – ✆ 02324 79612 – www.tante-anna.eu – nur Abendessen – geschlossen Anfang Januar 2 Wochen und Montag

Eggers

FAMILIÄR • MODERN Dirk Eggers hat hier nicht nur ein gefragtes Restaurant, auch als Übernachtungsgast ist man bei ihm gut aufgehoben, denn im Haupthaus wohnt man in geschmackvollen Zimmern mit wertiger moderner Einrichtung.

15 Zim – 80/90 € 100/120 € – ½ P

Hauptstr. 78 ✉ 45549 – ✆ 02324 71780 – www.hotel-restaurant-eggers.de – geschlossen 1. - 11. Januar

Eggers – siehe Restaurantauswahl

In Sprockhövel-Haßlinghausen Süd-Ost: 8,5 km, jenseits der A 43 und A 1, nahe Gevelsberg

Habbel's

INTERNATIONAL • GEMÜTLICH XX Was es hier Feines zu entdecken gibt? Internationale Gerichte wie "Thunfischcarpaccio mit Wasabi-Sesammantel" oder "Lammrücken in Thymianschaum mit Grillgemüse", dazu eine rund 1000 Positionen umfassende Weinkarte sowie Destillate aus der Habbel-Manufactur - darunter ein 77er Whisky!

Menü 34/40 € – Karte 33/62 €

Gevelsberger Str. 127 ✉ 45549 – ✆ 02339 914312 – www.habbel.com – nur Abendessen, sonntags auch Mittagessen – geschlossen Juni 3 Wochen und Montag - Dienstag

STADE

Niedersachsen – 45 772 Ew. – Höhe 1 m – Regionalatlas **9**-H5
Michelin Straßenkarte 541

Knechthausen

MARKTKÜCHE • GEMÜTLICH XX Das schmucke historische Fachwerkhaus im Stadtkern ist einen Besuch wert, denn hier sitzt man gemütlich, wird freundlich umsorgt und isst gut, und zwar schmackhafte saisonale Speisen wie "Ochsenbacke, Schwarzwurzel, Wirsing, Pancetta".

Karte 45/53 €

Bungenstr. 20 ✉ 21682 – ✆ 04141 5296360 – www.restaurant-knechthausen.de – nur Abendessen – geschlossen Sonntag - Montag, Feiertage

STADTHAGEN

Niedersachsen – 21 694 Ew. – Höhe 72 m – Regionalatlas **18**-G8
Michelin Straßenkarte 541

Torschreiberhaus

KLASSISCHE KÜCHE • FREUNDLICH XX Eine wirklich charmante, engagiert geführte Adresse ist das schöne Backsteinhaus samt modernem Anbau und toller Terrasse. Die Küche ist klassisch und international-mediterran geprägt, so z. B. "gratinierter Lammrücken in Curryjus, Bohnen in Ziegenquark, Parmesangnocchi". Angenehm unprätentiös der Service.

Menü 56/74 € – Karte 46/71 €

Krumme Str. 42 ✉ 31655 – ✆ 05721 6450 (Tischbestellung ratsam) – www.torschreiberhaus.de – nur Abendessen – geschlossen Januar 3 Wochen und Sonntag - Montag

STARNBERG

Bayern – 22 787 Ew. – Höhe 588 m – Regionalatlas **65**-L20
Michelin Straßenkarte 546

Aubergine

KREATIV • CHIC XX In dem Wintergarten trifft wertiges modern-elegantes Interieur auf klare, kreative Küche. Man kocht finessenreich und kraftvoll, mit saisonalem Bezug und internationalen Einflüssen. Sehr freundlich und versiert der Service samt guter Weinberatung.

→ Ceviche vom Zander, Avocado, Tomate, Löwenzahn. Maibock, Mispel, Buchenpilz, Topfen. Rhabarber, Grieß, Sauerrahm.

Menü 79/99 €

Hotel Vier Jahreszeiten, Münchnerstr. 17 ✉ 82319 – ✆ 08151 4470290 – www.aubergine-starnberg.de – nur Abendessen – geschlossen Sonntag - Montag

Vier Jahreszeiten Starnberg

BUSINESS • FUNKTIONELL Ein modern-elegantes Businesshotel mit technisch gut ausgestatteten Zimmern. Eine schöne Sicht bietet der Saunabereich im obersten Stock mit kleiner Dachterrasse. International-regionale Karte im Restaurant "Oliv's".

122 Zim – †109/229 € ††149/269 € – 4 Suiten – ½ P

Münchnerstr. 17 ✉ 82319 – ✆ 08151 44700 – www.vier-jahreszeiten-starnberg.de

Aubergine – siehe Restaurantauswahl

STAUFEN

Baden-Württemberg – 7 715 Ew. – Höhe 288 m – Regionalatlas **61**-D21
Michelin Straßenkarte 545

Kreuz-Post

KLASSISCHE KÜCHE • GASTHOF XX "Burgunderbraten vom Rinderbug mit Karotten und Nudeln", "Hummer in eigener Sauce mit Fettuccine und Gemüse"... In dem hübschen historischen Gasthaus schmecken die badischen Gerichte ebenso wie die klassischen. Charmant die holzgetäfelte Stube mit Kachelofen, ebenso gemütlich und wertig die Gästezimmer.

Menü 38/65 € - Karte 36/73 €

12 Zim - †90/110 € ††125/145 €

Hauptstr. 65 ✉ 79219 - ✆ 07633 95320 - www.kreuz-post-staufen.de
- geschlossen Februar 3 Wochen, November 1 Woche und Dienstag - Mittwoch

Die Krone

REGIONAL • GEMÜTLICH X Es hat schon Charme, das historische Gasthaus mit seinen gemütlichen Stuben. Dazu gibt es schmackhafte und unkomplizierte Küche, klassisch und regional, von "Cordon bleu" bis "Rehnüsschen mit Wintergemüse und Knöpfle".

Menü 33 € (vegetarisch)/48 € - Karte 28/57 €

Hotel Die Krone, Hauptstr. 30 ✉ 79219 - ✆ 07633 5840 - www.die-krone.de
- geschlossen Freitagmittag, Samstag

Der Löwen

GASTHOF • HISTORISCH Ein Stück Geschichte: Besonderheit dieses historischen Hauses: In Zimmer Nr. 5 soll Faust 1539 sein Leben ausgehaucht haben! Tipp: Im 250 m entfernten "Haus Goethe" wohnt man moderner und großzügiger. Hübsch der Frühstücksraum in Form eines Marktplatzes. Bürgerlich-internationale Küche im Restaurant.

40 Zim - †79/109 € ††84/149 € - 2 Suiten - ½ P

Rathausgasse 8 ✉ 79219 - ✆ 07633 9089390 - www.loewen-staufen.de

Die Krone

FAMILIÄR • GEMÜTLICH Der nette Gasthof a. d. 16. Jh. ist eine sympathische familiäre Adresse. Hier wohnt man ruhig und dennoch zentral in behaglichen Zimmern, von denen einige einen Balkon und Blick auf den Schlossberg bieten.

9 Zim - †80/85 € ††115/125 €

Hauptstr. 30 ✉ 79219 - ✆ 07633 5840 - www.die-krone.de

Die Krone - siehe Restaurantauswahl

In Staufen-Grunern Süd-West: 1 km

Ambiente

MARKTKÜCHE • FREUNDLICH XX Würden Sie in dem kleinen Gewerbegebiet ein geschmackvolles Restaurant wie dieses vermuten? In freundlichem Ambiente wählt man z. B. "gebratenen Zander auf Belugalinsen" oder "Hirschrücken mit Nusskruste und Wirsing". Charmant der Service.

Menü 46 € (vegetarisch)/64 € - Karte 45/72 €

Ballrechterstr. 8 ✉ 79219 - ✆ 07633 802442 - www.restaurant-ambiente.com
- geschlossen Ende April - Anfang Mai 2 Wochen, Ende Juli - Anfang August 2 Wochen und Mittwoch - Donnerstag

STEBEN, BAD

Bayern - 3 354 Ew. - Höhe 578 m - Regionalatlas **41**-L14
Michelin Straßenkarte 546

Am Rosengarten

FAMILIÄR • FUNKTIONELL Wo man so herzlich, persönlich und familiär umsorgt wird, kann man sich nur wohlfühlen! Wohnliche Atmosphäre und ein gutes Frühstück sind Ihnen bei der sympathischen Gastgeberin gewiss. Die Therme ist übrigens nur wenige Schritte entfernt.

14 Zim - †43/55 € ††86/90 €

Wenzstr. 8 ✉ 95138 - ✆ 09288 97200 - www.amrosengarten.de
- geschlossen Mitte Januar - Ende Februar

STEGAURACH

Bayern – 6 980 Ew. – Höhe 268 m – Regionalatlas **50**-K15
Michelin Straßenkarte 546

Der Krug

HISTORISCH • GEMÜTLICH Der um einen Anbau erweiterte Gasthof von 1550 ist eine tipptopp gepflegte und wohnlich eingerichtete Adresse, die herzlich-familiär geleitet wird. Im Stammhaus befindet sich das gemütlich-rustikale Restaurant mit guter Auswahl an regionalen Fischgerichten.

26 Zim – 60/145 € 90/170 € – ½ P

Mühlendorfer Str. 4, Zufahrt über Schulstraße ✉ 96135 – ✆ 0951 994990 – www.der-krug.de – geschlossen über Weihnachten, über Fasching

STEINEN

Baden-Württemberg – 9 790 Ew. – Höhe 333 m – Regionalatlas **61**-D21
Michelin Straßenkarte 545

In Steinen-Kirchhausen Nord: 10 km, über Weitenau und Hofen

Zum fröhlichen Landmann

REGIONAL • GASTHOF XX Hier kümmert man sich aufmerksam um seine Gäste, die sich in freundlich-charmantem Ambiente regional-saisonale Speisen wie z. B. "Tafelspitz vom Hinterwälder Weiderind, Meerrettichsauce, Preiselbeeren, Bouillongemüse" schmecken lassen. Herrlich sitzt man übrigens auf der Terrasse!

Menü 32/75 € – Karte 33/60 €

Hotel Zum fröhlichen Landmann, Hausmatt 3 ✉ 79585 – ✆ 07629 388 – www.hotel-landmann.de – Montag - Donnerstag nur Abendessen – geschlossen Februar

Zum fröhlichen Landmann

FAMILIÄR • MODERN Moderne Komfortzimmer und schöne Juniorsuiten hat der Schwarzwälder Gasthof für Sie! Die meisten haben einen Balkon mit Blick in den Garten oder auf die Wiesen ringsum. Es gibt auch noch ein paar rustikalere Zimmer. Kinder freuen sich über den Spielplatz!

19 Zim – 70/80 € 100/120 € – 1 Suite

Hausmatt 3 ✉ 79585 – ✆ 07629 388 – www.hotel-landmann.de – geschlossen Februar

Zum fröhlichen Landmann – siehe Restaurantauswahl

STEINENBRONN

Baden-Württemberg – 6 190 Ew. – Höhe 431 m – Regionalatlas **55**-G19
Michelin Straßenkarte 545

Krone

MARKTKÜCHE • FREUNDLICH X Hier trifft Moderne auf Tradition, das gilt fürs Ambiente ebenso wie für die Küche. Da schmeckt "geschmorter Wildschweinbraten mit Champignons in Holunderrahmsauce" ebenso wie "gebratene Jakobsmuscheln mit Topinambur-Püree". Alternativ: kleines einfacheres Angebot im "Krönle". Schön übernachten kann man ebenfalls.

Menü 38/65 € – Karte 31/64 €

45 Zim – 68/180 € 88/220 €

Stuttgarter Str. 45 ✉ 71144 – ✆ 07157 7330 – www.krone-steinenbronn.de – geschlossen über Pfingsten, August 1 Woche, 24. Dezember - 7. Januar und Sonntag - Montagmittag, Feiertage

STEINFURT

Nordrhein-Westfalen – 33 225 Ew. – Höhe 65 m – Regionalatlas **26**-D9
Michelin Straßenkarte 543

In Steinfurt-Borghorst

Posthotel Riehemann

FAMILIÄR • MODERN Schon in der ersten Ausgabe des Guide MICHELIN von 1910 war dieses Haus als "Zur Post" erwähnt! Die Herzlichkeit der Familie (bereits die 3. Generation) ist bei den Gästen beliebt, viele davon sind Biker (Fahrradverleih im Haus).

18 Zim – 65/99 € 99/115 € – 2 Suiten – ½ P

Münsterstr. 8, Zufahrt über Alte Lindenstr. 2 ✉ 48565 – ✆ 02552 99510 – www.riehemann.de

STEINHEIM

Nordrhein-Westfalen – 12 757 Ew. – Höhe 140 m – Regionalatlas **28**-G10
Michelin Straßenkarte 543

In Steinheim-Sandebeck Süd-West: 12 km über B 252 und Bergheim

Germanenhof

MARKTKÜCHE • LÄNDLICH XX In dem Familienbetrieb kann man nicht nur gut übernachten: Das Restaurant bietet international-regionale Küche mit saisonalen Einflüssen, so z. B. "Doradenfilet mit Kräuterkruste, frischer Blattspinat, Rosmarinkartoffeln". Tipp: günstiges Mittagsangebot.

Menü 22 € (mittags) – Karte 28/49 €

Hotel Germanenhof, Teutoburger-Wald-Str. 29 ✉ 32839 – ✆ 05238 98900 – www.germanenhof.de – geschlossen 4. - 8. Januar und Montagmittag, Dienstag

Germanenhof

FAMILIÄR • GEMÜTLICH Aufmerksame Gästebetreuung und wohnliche Zimmer (teilweise mit Balkon) sprechen für dieses zentral gelegene Haus unter engagierter familiärer Leitung. Wer's modern mag, fragt nach den neueren Zimmern und Suiten im Gästehaus.

37 Zim – 77/82 € 108/115 € – 3 Suiten – ½ P

Teutoburger-Wald-Str. 29 ✉ 32839 – ✆ 05238 98900 – www.germanenhof.de – geschlossen 4. - 8. Januar

Germanenhof – siehe Restaurantauswahl

STEINSFELD

Bayern – 1 200 Ew. – Höhe 405 m – Regionalatlas **49**-I16
Michelin Straßenkarte 546

In Steinsfeld-Reichelshofen Nord: 7 km

Brauerei Gasthof Landwehr-Bräu

REGIONAL • GEMÜTLICH XX Gemütlich sitzt man in bayrisch-charmanten Gasträumen, auf der Karte findet sich Saisonales und Regionales - Lust auf "Lammrücken unter der Kräuterkruste", "Karpfenfilet gebacken auf Rahmwirsing" oder "fränkische Bratwürste"? Dazu eigenes Bier aus der Brauerei von 1755!

Karte 28/39 €

Hotel Brauerei Gasthof Landwehr-Bräu, Reichelshofen 31 ✉ 91628 – ✆ 09865 9890 – www.landwehr-braeu.de – geschlossen 2. - 24. Januar

Brauerei Gasthof Landwehr-Bräu

GASTHOF • FUNKTIONELL In dem traditionsreichen Haus darf man sich auf ländlichen Charme, herzliche Gastgeber und schön wohnliche, hochwertig eingerichtete Zimmer freuen - und lassen Sie sich auch mal die historische Flötenuhr zeigen! Natürlich ist der Bezug zur eigenen Brauerei gleich nebenan allgegenwärtig!

37 Zim – 77/97 € 98/123 € – ½ P

Reichelshofen 31 ✉ 91628 – ✆ 09865 9890 – www.landwehr-braeu.de – geschlossen 2. - 24. Januar

Brauerei Gasthof Landwehr-Bräu – siehe Restaurantauswahl

STEPHANSKIRCHEN

Bayern – 10 133 Ew. – Höhe 784 m – Regionalatlas **66**-N21
Michelin Straßenkarte 546

In Stephanskirchen-Baierbach Ost: 7,5 km, jenseits des Inn

Gocklwirt

BÜRGERLICHE KÜCHE • RUSTIKAL Warum es Stammgäste und Ausflügler gleichermaßen hierher zieht? Die reichlich dekorierten Stuben sind schön urig und die beachtliche Sammlung an Landmaschinen ist schon sehenswert! Gekocht wird bürgerlich und am Nachmittag gibt's hausgemachten Kuchen. Zum Übernachten: Doppelzimmer im Nachbarhaus.

Menü 49/65 € – Karte 20/59 €

Weinbergstr. 9 ✉ 83071 – ✆ 08036 1215 – www.gocklwirt.de
– geschlossen Montag - Mittwochmittag, Donnerstagmittag

STOCKACH

Baden-Württemberg – 16 393 Ew. – Höhe 491 m – Regionalatlas **63**-G21
Michelin Straßenkarte 545

In Stockach-Wahlwies Süd-West: 3 km über B 313, jenseits der A 98

Gasthof Adler

FAMILIÄR • MODERN Seit 1664 hat das Haus Schankrecht und wird in 11. Generation als Familienbetrieb geführt. Heute bietet das kleine Hotel schöne moderne Zimmer und Appartements mit mediterraner Note. Im Restaurant gibt es regionale Küche mit internationalem Einfluss.

15 Zim – †55/94 € ††85/114 €

Leonhardtstr. 29 ✉ 78333 – ✆ 07771 3527 – www.adler-wahlwies.de
– geschlossen nach Pfingsten 2 Wochen, Ende Oktober - Anfang November 2 Wochen

STOCKHEIM

Bayern – 5 046 Ew. – Höhe 354 m – Regionalatlas **40**-L14
Michelin Straßenkarte 546

In Stockheim-Haig Nord-West: 7 km über B 89, in Haßlach links

Landgasthof Detsch

REGIONAL • GASTHOF Ein sympathischer Landgasthof und Familienbetrieb seit 1723! Man hat eine eigene Angus-Rinder-Zucht - das Fleisch findet man natürlich auch auf der Karte, z. B. als "gegrillte Leber vom Angus-Kalb, Boskop, Quittensenf". Oder lieber "Zander unter Pinienkernkruste"? Im kleinen Gästehaus übernachtet man gut und günstig.

Karte 24/46 €

10 Zim – †59/63 € ††79 €

Coburger Str. 9 ✉ 96342 – ✆ 09261 62490 – www.landgasthof-detsch-haig.de
– nur Abendessen – geschlossen über Fasching, 26. - 31. März, 1. - 14. August, 22. - 26. Dezember und Sonntag - Montag

STOLPE

Mecklenburg-Vorpommern – 302 Ew. – Höhe 9 m – Regionalatlas **14**-P4
Michelin Straßenkarte 542

Gutshaus Stolpe

KREATIV • LANDHAUS Die Küche hier vereint klare Struktur mit schöner Balance, großen Wert legt man auf saisonalen Bezug und ausgesuchte Produkte aus der Region. Dazu geschulter Service samt guter Weinberatung. Mit seinem eleganten Landhausstil wird das Restaurant ganz dem Gutshof-Charme gerecht, herrlich die Terrasse.

→ Wildlachs mit Fichte, Apfel und Romanasalat. Kaisergranat mit Fenchel und fermentiertem Tee. Saint Pierre mit Lauch, Bamberger Hörnchen, Bärlauch und Zitronenthymian.

Menü 69/135 €

Hotel Gutshaus Stolpe, Peenstr. 33 ✉ 17391 – ✆ 039721 5500 – www.gutshaus-stolpe.de
– nur Abendessen – geschlossen Januar und Sonntag - Montag

Gutshaus Stolpe

LANDHAUS • KLASSISCH Dieses wunderbare Anwesen mit Gutshaus und Remise liegt nicht nur schön ruhig und bietet ein überaus geschmackvolles und stimmiges Ambiente, man spürt hier auch das Bemühen um den Gast. Zum Entspannen laden der hübsche Saunabereich und der tolle Park ein. Idealer Rahmen für Hochzeiten und Events.

32 Zim – 99/280 € 145/320 € – 4 Suiten – ½ P

Peenstr. 33 ✉ 17391 – ✆ 039721 5500 – www.gutshaus-stolpe.de

Gutshaus Stolpe – siehe Restaurantauswahl

STOLPEN

Sachsen – 5 674 Ew. – Höhe 320 m – Regionalatlas **43**-Q12
Michelin Straßenkarte 544

In Stolpen-Heeselicht

Süd: 9 km, Richtung Neustadt i. Sachen, nach Langenwolmsdorf rechts abbiegen.

Landhotel Zum Erbgericht

MARKTKÜCHE • NACHBARSCHAFTLICH X Der historische Gasthof mit der langen Familientradition bietet bürgerlich-saisonale Küche mit regionalem Einfluss, die in ländlichem Ambiente serviert wird. Zum Übernachten hat man wohnliche Zimmer. Es gibt übrigens einige interessante Ausflugsziele - wie wär's z. B. mit den Märzenbecherwiesen im Polenztal?

Menü 35/86 € – Karte 27/62 €

12 Zim – 56/65 € 96/125 €

Am Markt 8 ✉ 01833 – ✆ 035973 2290 – www.erbgericht.de – April - Oktober: Montag - Dienstag nur Abendessen – geschlossen 2. Januar - 31. März, und November - März: Montag - Dienstag

STRALSUND

Mecklenburg-Vorpommern – 57 525 Ew. – Höhe 13 m – Regionalatlas **6**-O3
Michelin Straßenkarte 542

LARA (N)

MARKTKÜCHE • GERADLINIG X Quasi direkt gegenüber dem "Ozeaneum" findet man dieses schicke Bistro mit locker-legerer Atmosphäre und schmackhafter Frischküche. Es gibt z. B. "eingelegten Matjes auf Pumpernickel", "gebratenen Lachs mit weißem Spargel" oder "Entrecôte von der Färse". Nicht zu vergessen die leckeren Desserts!

Menü 28/54 € – Karte 31/48 €

Am Fischmarkt 4 ✉ 18439 – ✆ 03831 666339 – www.das-restaurant-lara.de – geschlossen Sonntag - Montagmittag, Dienstagmittag, Mittwochmittag

Zum Scheel

REGIONAL • TRADITIONELLES AMBIENTE XX Eine schöne alte Holzdecke, Backsteinwände, ein sehenswertes historisches Wappen... Zum hanseatischen Flair gibt es frische regionale Speisen wie "Boddenbarschfilet, sautierte Möhren, Schnittlauchrisotto" - gerne auch auf der hübschen Innenhofterrasse. Mittags günstiger Lunch. Tipp: Kaffee aus der eigenen Rösterei!

Menü 32/49 € – Karte 36/57 €

Hotel Scheelehof, Fährstr. 23 ✉ 18439 – ✆ 03831 2833112 – www.scheelehof.de

Scheelehof

HISTORISCH • INDIVIDUELL Kein Hotel "von der Stange" ist das Geburtshaus des Chemikers Carl Wilhelm Scheele. Das historische Häuser-Ensemble liegt in der ältesten Straße Stralsunds - innen ebenso attraktiv wie von außen. Liebenswerte Zimmer mit individuellen Details, immer wieder charmante Relikte von einst! Italienische Küche im "Il Ristorante", schöne Bierauswahl in der "Kellerkneipe".

92 Zim – 94/194 € 120/220 € – ½ P

Fährstr. 23 ✉ 18439 – ✆ 03831 283300 – www.scheelehof.de

Zum Scheel – siehe Restaurantauswahl

Hafenresidenz

HISTORISCHES GEBÄUDE • DESIGN Die Lage ist top: Hafen, Altstadt und "Ozeaneum" in direkter Nähe, Bootsteg vor der Tür! Ebenso attraktiv das Hotel: denkmalgeschützte Architektur kombiniert mit Moderne. Ein Teil der Zimmer im "Seemannshus" vis-à-vis. Das Restaurant: lichte Orangerie, historische Pumpenstation mit Industrie-Flair, Terrasse zum Meer.

69 Zim – †72/111 € ††82/166 € – 2 Suiten – ☕ 17 € – ½ P

Seestr. 10 ✉ 18439 – ✆ 03831 282120 – www.hotel-hafenresidenz.de

STRASSLACH-DINGHARTING

Bayern – 3 093 Ew. – Höhe 635 m – Regionalatlas **65**-L20
Michelin Straßenkarte 546

Gasthof zum Wildpark

REGIONAL • GASTHOF Ein gemütlich-bayerisches Wirtshaus wie es im Buche steht! Fleisch und Wurst für die durchgehend warme Küche kommen aus der eigenen Metzgerei nebenan. Nicht nur in den unterschiedlichen Stuben sitzt man schön, draußen gibt's einen tollen "Biergarten": riesig, mit großer Markise und Fußbodenheizung!

Karte 20/39 €

Tölzer Str. 2 ✉ 82064 – ✆ 08170 99620 – www.roiderer.de

STRAUBING

Bayern – 46 027 Ew. – Höhe 331 m – Regionalatlas **59**-O18
Michelin Straßenkarte 546

ASAM

BUSINESS • MODERN Ein modernes Lifestyle-Hotel im Zentrum bestehend aus einem denkmalgeschützten Gründerzeit-Gebäude und einem Neubau. Die Zimmer sind komfortabel und sehr zeitgemäß, W-Lan nutzen Sie gratis.

96 Zim – †78/99 € ††105/169 € – 5 Suiten – ☕ 15 € – ½ P

Wittelsbacher Höhe 1 ✉ 94315 – ✆ 09421 788680 – www.hotelasam.de

STRAUSBERG

Brandenburg – 25 946 Ew. – Höhe 75 m – Regionalatlas **23**-Q8
Michelin Straßenkarte 542

The Lakeside Burghotel

LANDHAUS • GEMÜTLICH Das ansprechende Hotel ist architektonisch einer Burg nachempfunden und bietet wohnlich-klassisches Ambiente sowie Massage- und Kosmetikanwendungen. Im Restaurant "Royal" und im schön angelegten Garten serviert man Internationales. Eine ideale Adresse für Hochzeiten und Veranstaltungen. Burgtheater (Sommer).

53 Zim ☕ – †88/98 € ††118/133 € – 3 Suiten – ½ P

Gielsdorfer Chaussee 6 ✉ 15344 – ✆ 03341 34690 – www.burghotel-strausberg.de

STROMBERG (KREIS KREUZNACH)

Rheinland-Pfalz – 3 191 Ew. – Höhe 250 m – Regionalatlas **46**-D15
Michelin Straßenkarte 543

Le Val d'Or

KREATIV • ELEGANT Modern-elegant und richtig chic hat man es hier, während man aromareiche, kraftvolle Speisen genießt. Man kocht durchweg kreativ und bedient sich dabei unterschiedlicher Küchenstile, beste Produkte verstehen sich von selbst! Sehr gut der Service und die Weinberatung - auch die herzliche Chefin ist präsent.

→ Rauchiges Mark vom Pfälzer Weiderind, eingemachtes Erdgemüse, Frankfurter Grüne Sauce. Geflämmte Makrele, Butterkipferl, Liebstöckelemulsion, Quinoacrunch. Rücken vom Limousin Lamm, Gewürz-Kartoffelbällchen, Spitzkohl, Himbeeren.

Menü 145/175 €

Hotel Johann Lafer's Stromburg, Schlossberg 1, über Michael-Obentraut-Straße ✉ 55442 – ✆ 06724 93100 – www.lafer.de – nur Abendessen – geschlossen 8. - 21. Januar und Montag - Dienstag, außer an Feiertagen

Le Délice

MARKTKÜCHE • ELEGANT Elegant und behaglich zugleich ist die Atmosphäre hier. Dazu bietet man moderne international-saisonale Küche in Menüform - auf der Karte liest man z. B. "Pak Choi, Shiitake, Mirin" oder "Wagyu Beef, Spargel, Choron".

Menü 69/115 € - Karte 65/100 €

Land & Golf Hotel Stromberg, Am Buchenring 6, Süd: 2 km in Schindeldorf, beim Golfplatz ✉ 55442 - ✆ 06724 6000 - www.golfhotel-stromberg.de - nur Abendessen - geschlossen 23. Dezember - 23. Januar, Juli und Sonntag - Dienstag

Lafer Stromburg

HISTORISCHES GEBÄUDE • ELEGANT Schöner hätten die Lafers ihre Stromburg kaum gestalten können: Die Zimmer sind ganz modern, zurückhaltend elegant und ausgesprochen wertig eingerichtet - benannt sind sie übrigens nach berühmten Köchen! Dazu der angenehm persönliche Rahmen und der tolle Service. Tipp: Frühstück auf der Terrasse!

12 Zim - 150/320 € 225/450 € - 2 Suiten - 25 € - ½ P

Schlossberg 1, über Michael-Obentraut-Straße ✉ 55442 - ✆ 06724 93100 - www.lafer.de - geschlossen 7. - 22. Januar

Le Val d'Or – siehe Restaurantauswahl

Land & Golf Hotel Stromberg

SPA UND WELLNESS • INDIVIDUELL Diese Hotelanlage hat so einiges zu bieten: modern-elegante Zimmer und Suiten, einen schönen Spa auf 2500 qm sowie gute Verantstaltungsmöglichkeiten - und den Golfplatz haben Sie direkt vor der Tür! Am Abend locken Bar und Smokers Lounge.

167 Zim - 140/150 € 220/240 € - 7 Suiten - ½ P

Am Buchenring 6, Süd: 2 km in Schindeldorf, beim Golfplatz ✉ 55442 - ✆ 06724 6000 - www.golfhotel-stromberg.de - geschlossen 21. Dezember - 23. Januar, Juli

Le Délice – siehe Restaurantauswahl

STRULLENDORF

Bayern – 7 806 Ew. – Höhe 251 m – Regionalatlas **50**-K15
Michelin Straßenkarte 546

In Strullendorf-Wernsdorf Nord-Ost: 5 km, Richtung Roßdorf a. Forst über Amlingstadt, jenseits der A 73

Gasthof Schiller

GASTHOF • MODERN Ein hübscher historischer Gasthof mit langer Familientradition. Ländlich-charmant die Zimmer im Stammhaus, schön modern die im angeschlossenen Landhotel. In gemütlicher Wirtshausatmosphäre gibt es gute fränkische Brotzeit oder Klassiker wie Schweinshaxe. Großer Biergarten unter Kastanien und Linden.

31 Zim - 54/84 € 84/104 € - 4 Suiten

Amlingstadter Str. 14 ✉ 96129 - ✆ 09543 44020 - www.gasthof-schiller.de - geschlossen 2. - 14. Januar, 25. Oktober - 5. November

STÜHLINGEN

Baden-Württemberg – 4 956 Ew. – Höhe 501 m – Regionalatlas **62**-E21
Michelin Straßenkarte 545

Rebstock

GASTHOF • FUNKTIONELL Seit 1368 gibt es den Gasthof (damals noch Schenke), seit 1930 und nun in 3. Generation als Familienbetrieb geführt. Besonders komfortabel die vier modernen Appartements im einstigen Gefängnis, urig-gemütlich die Gaststube. Besonderheit: Bauern- und Bulldogmuseum sowie Puppen- und Nostalgiemuseum!

33 Zim - 56/58 € 82/86 €

Schlossstr. 10 ✉ 79780 - ✆ 07744 92120 - www.rebstock.eu - geschlossen 2. - 24. Januar

In Stühlingen-Mauchen West: 7 km

Gengs Linde

TRADITIONELLE KÜCHE • ZEITGEMÄSSES AMBIENTE Christian und Silvia Geng leiten das Haus in 4. Generation - er in der Küche, sie im Service. Gekocht wird überwiegend traditionell - da machen z. B. "geschwenkte Streifen von Kalb und Rind, Waldpilze, Kartoffel-Rösti" Appetit. Schön trendig das Ambiente: klare moderne Formen kombiniert mit warmem Holz. Attraktive Gästezimmer hat man ebenfalls.

Menü 38/40 € – Karte 23/51 €

19 Zim – 59/69 € 85/95 €

St.-Gallus-Str. 37 ✉ 79780 – ✆ 07744 1255 – www.gengslinde.de – nur Abendessen, sonntags auch Mittagessen – geschlossen Anfang März 2 Wochen, Ende September 2 Wochen und Dienstag

In Stühlingen-Schwaningen Nord-West: 7 km über B 314 und B 315, Richtung Singen und Weizen

Gasthaus Schwanen

REGIONAL • GEMÜTLICH In dem Gasthaus von 1912 passt alles: sympathisch-engagierte Gastgeber, liebenswerte Atmosphäre und richtig gutes Essen, z. B. "junges Wildschwein in Milch und Honig geschmort, Butterknöpfle, Feldsalat". Es gibt übrigens auch Schnaps von eigenen Streuobstwiesen. Tipp für Übernachtungsgäste: die besonders komfortable "Villa Pfarrhus" wenige Meter entfernt.

Menü 25/65 € (abends) – Karte 24/52 €

12 Zim – 70/80 € 90 € – 3 Suiten

Talstr. 9 ✉ 79780 – ✆ 07744 5177 – www.gasthaus-schwanen.de – nur Abendessen, sonntags auch Mittagessen – geschlossen Anfang Januar 2 Wochen, November 3 Wochen und Mittwoch, Oktober - April: Mittwoch - Donnerstag

S. Lubenow/imageBROKER/ age fotostock

WIR MÖGEN BESONDERS...

Sich im **Zauberlehrling** von der Heldmann'schen Kreativiät begeistern lassen. Schwäbische Klassiker und modern-historisches Ambiente im Möhringer Gasthaus **Zur Linde**. Das **5** für seine Sterneküche in trendig-cooler Atmosphäre. Als Freund von purer Klassik in Vincent Klinks **Wielandshöhe** voll und ganz auf seine Kosten kommen.

STUTTGART

Baden-Württemberg – 612 441 Ew. – Höhe 245 m – Regionalatlas **55**-G18
Michelin Straßenkarte 545

Stadtpläne siehe nächste Seiten

Restaurants

✿ OLIVO

MODERNE KÜCHE • ELEGANT XXX Das Ambiente in dem kleinen Restaurant ist eher klassisch, ganz im Gegensatz zur Küche! Man kocht ausgesprochen aufwändig, modern und kreativ, die Gerichte haben reichlich Finesse und eine eigene Note - eine geschmackliche Punktlandung! Umsorgt wird man sehr kompetent, interessante Weinempfehlungen inklusive.

→ Toro vom Balfego Thunfisch und Kaviar, geräucherter Dashi, Daikon. Carabinero, Safran, Karotte, Ananas, Vadouvan. Luma Roastbeef, schwarzer Knoblauch, Steinpilz, Ponzu, Haselnuss.

Menü 88 € (mittags)/189 € (abends) – Karte 83/110 €

Stadtplan : K1-v – *Hotel Steigenberger Graf Zeppelin, Arnulf-Klett-Platz 7 ✉ 70173 – ✆ 0711 2048277 – www.olivo-restaurant.de – geschlossen 1. - 6. Januar, 29. Juli - 10. September und Sonntag - Dienstagmittag, Samstagmittag, Feiertage*

✿ YoSH

FRANZÖSISCH-KLASSISCH • GEMÜTLICH XXX In einem Wohngebiet auf dem Killesberg befindet sich eines der exklusivsten Restaurants der Stadt! In wertigem, geschmackvoll-modernem Ambiente und bei edler Tischkultur verwöhnt man Sie mit klassischer, ganz aufs Wesentliche reduzierter Küche - keine Spielereien auf dem Teller, dafür steht das Produkt im Fokus.

→ Bretonischer Hummer, Nussbutter. Wolfsbarsch, Schalottensauce, Parisienne Kartoffel. Kalbsmedaillons, Tiefsee Langostino, Morcheln, Spargel.

Menü 98/198 € – Karte 89/172 €

Stadtplan : F1-a – *Feuerbacher Weg 101 ✉ 70192 – ✆ 0711 6996960 (Tischbestellung ratsam) – www.yosh-stuttgart.de – nur Abendessen – geschlossen 14. August - 4. September, 23. Dezember - 14. Januar und Montag - Dienstag*

STUTTGART
0
2 km
PFORZHEIM
HEILBRONN
CALW, PFORZHEIM, KARLSRUHE
MÜNCHINGEN
HIRSCHLANDEN
DITZINGEN
KORNTAL
HÖFINGEN
WEILIMDORF
GIEBEL
WOLFBUSCH
LEONBERG
BERGHEIM
GERLINGEN
RAMTEL
Schloss Solitude
AB-DREIECK STUTTGART LEONBERG
BOTNANG
BÜSNAU
KALTENTAL
STUTTGART VAIHINGEN
AB-KREUZ STUTTGART
VAIHINGEN
ROHR
DÜRRLEWANG
SINDELFINGEN
OBERAICHEN
MUSBERG
BÖBLINGEN
A 81
A 8
A 8;A 81
L 1180
L 1187
B 14

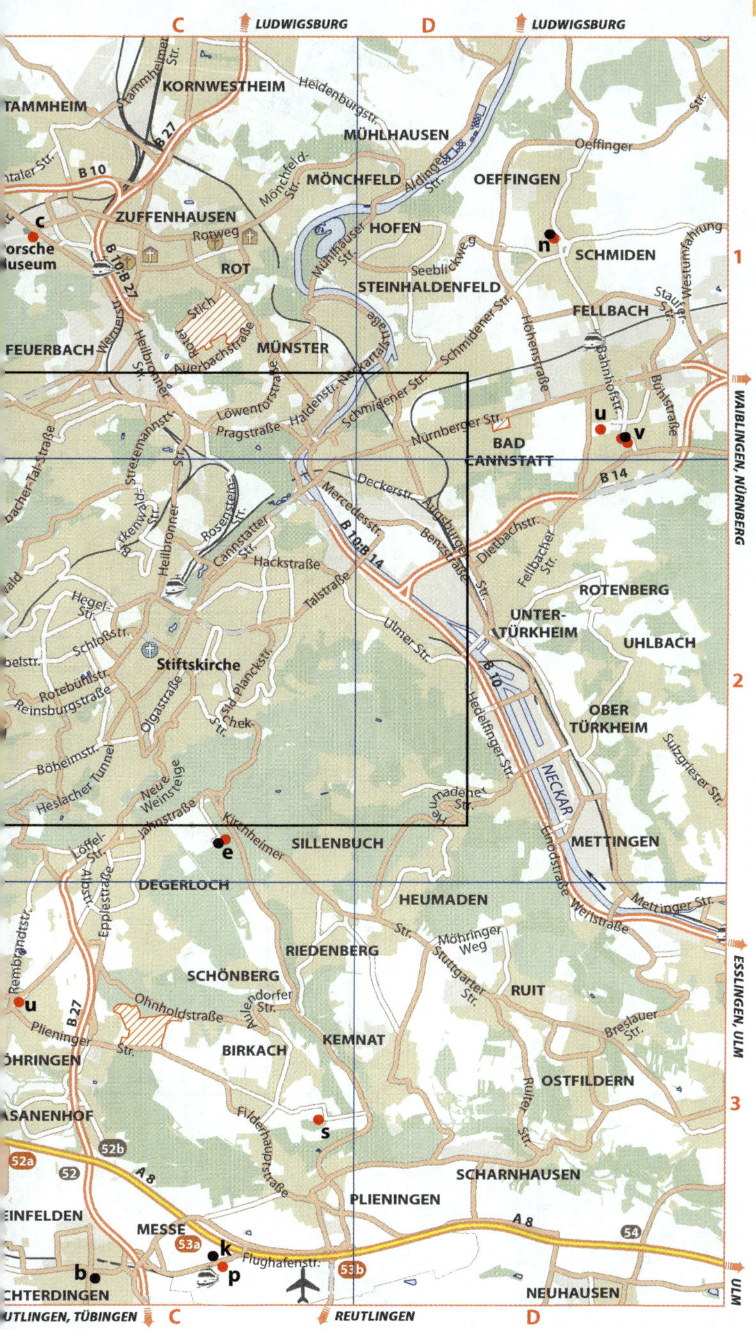

LUDWIGSBURG
LUDWIGSBURG
C
D
KORNWESTHEIM
STAMMHEIM
MÜHLHAUSEN
MÖNCHFELD
OEFFINGEN
ZUFFENHAUSEN
HOFEN
SCHMIDEN
ROT
STEINHALDENFELD
FELLBACH
FEUERBACH
MÜNSTER
BAD CANNSTATT
ROTENBERG
UNTER-TÜRKHEIM
UHLBACH
Stiftskirche
OBER TÜRKHEIM
NECKAR
SILLENBUCH
METTINGEN
DEGERLOCH
HEUMADEN
RIEDENBERG
SCHÖNBERG
RUIT
BIRKACH
KEMNAT
ÖHRINGEN
OSTFILDERN
ASANENHOF
SCHARNHAUSEN
PLIENINGEN
EINFELDEN
MESSE
CHTERDINGEN
NEUHAUSEN
WAIBLINGEN, NÜRNBERG
ESSLINGEN, ULM
ULM
UTLINGEN, TÜBINGEN
REUTLINGEN
orsche Museum
B 10
B 27
B 14
A 8
1
2
3

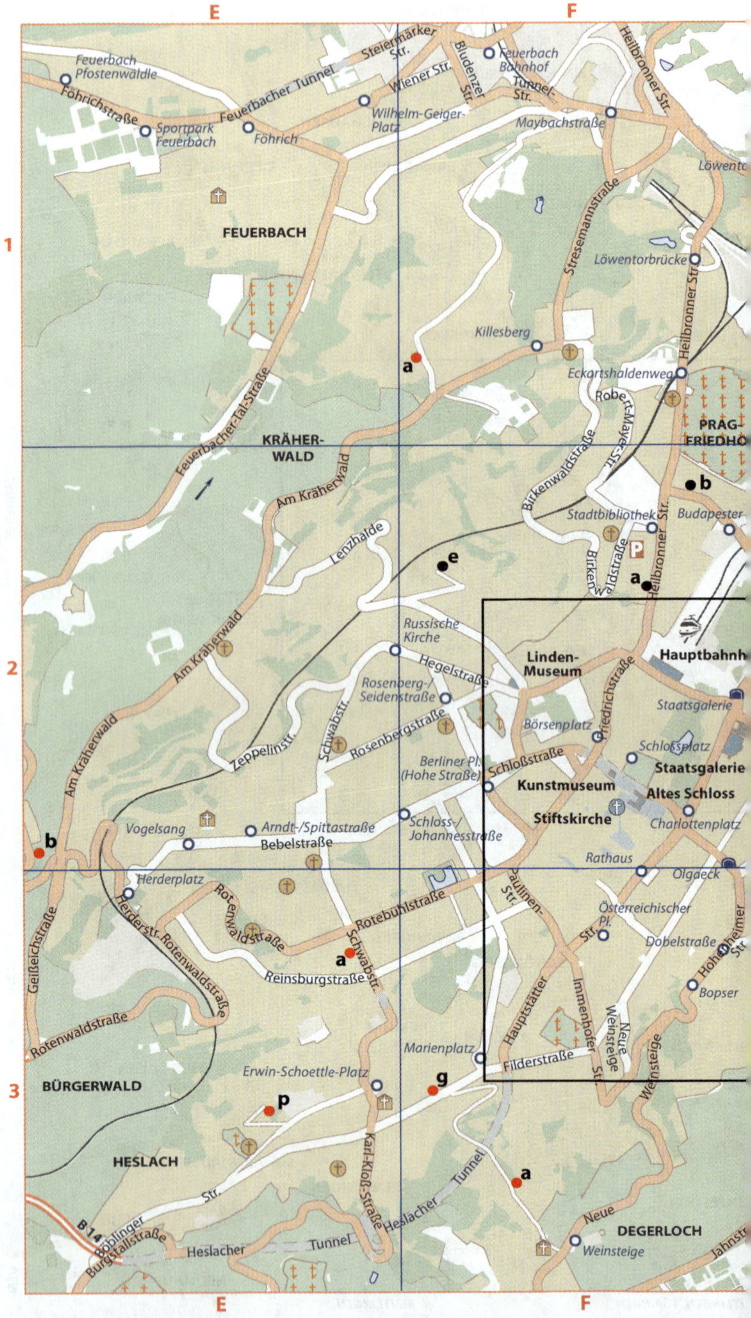
E
F
1
2
3
Feuerbach Pfostenwäldle
Föhrichstraße
Sportpark Feuerbach
Föhrich
Feuerbacher Tunnel
Steiermärker Str.
Wiener Str.
Wilhelm-Geiger-Platz
Bludenzer Str.
Feuerbach Bahnhof
Tunnel-Str.
Maybachstraße
Heilbronner Str.
Löwentor
FEUERBACH
Stresemannstraße
Löwentorbrücke
Killesberg
Eckartshaldenweg
Robert-Mayer-Str.
PRAG-FRIEDHOF
KRÄHER-WALD
Feuerbacher-Tal-Straße
Am Kräherwald
Birkenwaldstraße
Stadtbibliothek
Budapester
Lenzhalde
Birkenwaldstraße
Heilbronner Str.
Russische Kirche
Hegelstraße
Linden-Museum
Hauptbahnhof
Rosenberg-/Seidenstraße
Rosenbergstraße
Schwabstr.
Zeppelinstr.
Staatsgalerie
Börsenplatz
Friedrichstraße
Schlossplatz
Berliner Pl. (Hohe Straße)
Schloßstraße
Kunstmuseum
Staatsgalerie
Altes Schloss
Stiftskirche
Charlottenplatz
Vogelsang
Arndt-/Spittastraße
Bebelstraße
Schloss-/Johannesstraße
Rathaus
Olgaeck
Herderplatz
Herderstr.
Rotenwaldstraße
Rotebühlstraße
Paulinen-Str.
Österreichischer Pl.
Dobelstraße
Hohenheimer Str.
Geißeichstraße
Reinsburgstraße
Schwabstr.
Bopser
Hauptstätter Str.
Immenhofer Str.
Neue Weinsteige
Weinsteige
Rotenwaldstraße
Marienplatz
Filderstraße
BÜRGERWALD
Erwin-Schoettle-Platz
HESLACH
Karl-Kloß-Straße
Heslacher Tunnel
Böblinger Str.
B 14
Burgstallstraße
Heslacher Tunnel
Neue Weinsteige
DEGERLOCH
Jahnstr.
a
b
e
g
p

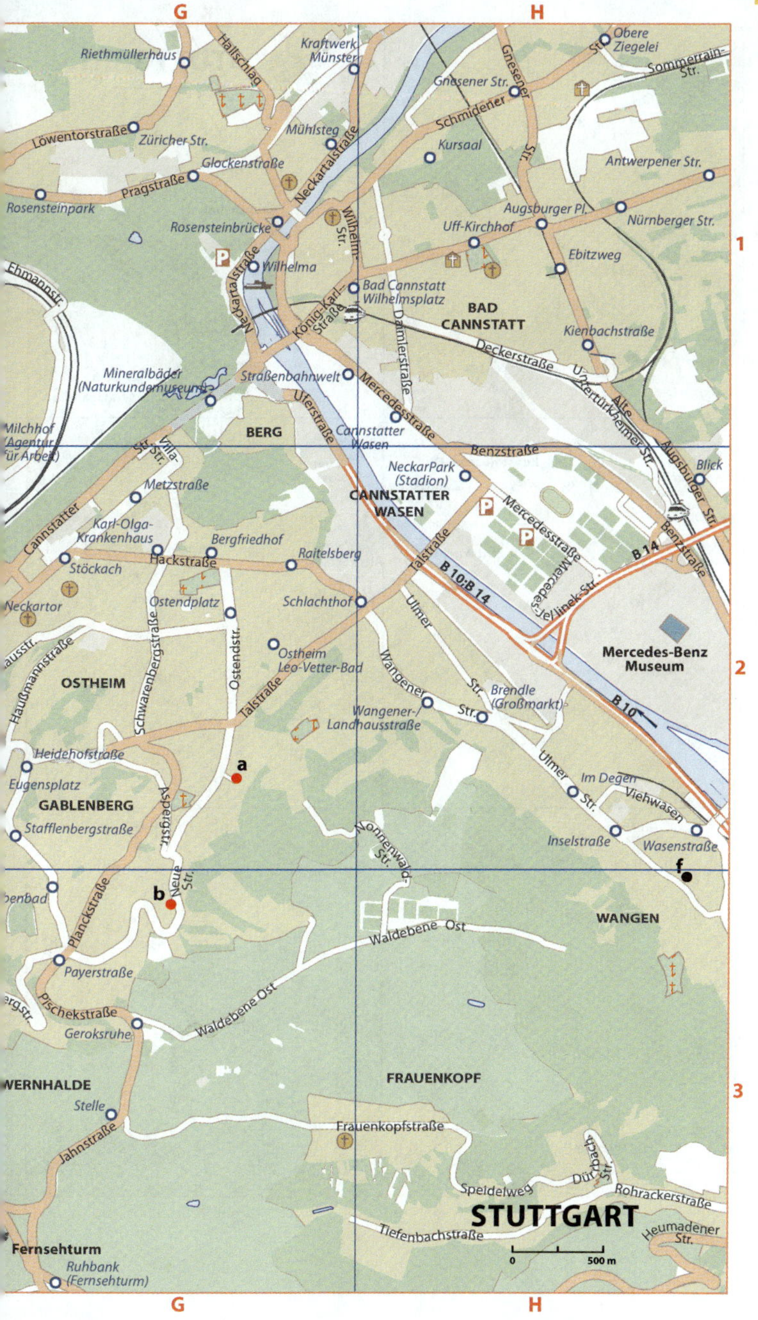
G
H
1
2
3
Riethmüllerhaus
Hallschlag
Kraftwerk Münster
Gnesener Str.
Obere Ziegelei
Sommerrain-Str.
Löwentorstraße
Züricher Str.
Mühlsteg
Schmidener Str.
Kursaal
Glockenstraße
Neckartalstraße
Antwerpener Str.
Rosensteinpark
Pragstraße
Augsburger Pl.
Nürnberger Str.
Rosensteinbrücke
Wilhelm-Str.
Uff-Kirchhof
Ebitzweg
Wilhelma
Bad Cannstatt Wilhelmsplatz
BAD CANNSTATT
Ehmannstr.
König-Karl-Straße
Daimlerstraße
Kienbachstraße
Deckerstraße
Mineralbäder (Naturkundemuseum)
Straßenbahnwelt
Mercedesstraße
Untertürkheimer Str.
Alte Augsburger Str.
Milchhof (Agentur für Arbeit)
BERG
Uferstraße
Cannstatter Wasen
Benzstraße
Villa-Str.
Blick
Metzstraße
NeckarPark (Stadion)
CANNSTATTER WASEN
Cannstatter Str.
Karl-Olga-Krankenhaus
Bergfriedhof
B 14
Stöckach
Hackstraße
Raitelsberg
Talstraße
B 10;B 14
Mercedes-Jellinek-Str.
Neckartor
Ostendplatz
Schlachthof
Ulmer Str.
Ostendstr.
Ostheim Leo-Vetter-Bad
Mercedes-Benz Museum
Haußmannstraße
OSTHEIM
Schwarenbergstraße
Wangener Str.
Brendle (Großmarkt)
Wangener-/Landhausstraße
B 10
Heidehofstraße
a
Eugensplatz
GABLENBERG
Aspergstr.
Im Degen
Viehwasen
Stafflenbergstraße
Nonnenwald-Str.
Inselstraße
Wasenstraße
f
b
Neue Str.
Planckstraße
WANGEN
Waldebene Ost
Payerstraße
Pischekstraße
Geroksruhe
WERNHALDE
FRAUENKOPF
Stelle
Jahnstraße
Frauenkopfstraße
Dürrbach-Str.
Speidelweg
Rohrackerstraße
STUTTGART
Heumadener Str.
Tiefenbachstraße
Fernsehturm
Ruhbank (Fernsehturm)
0
500 m

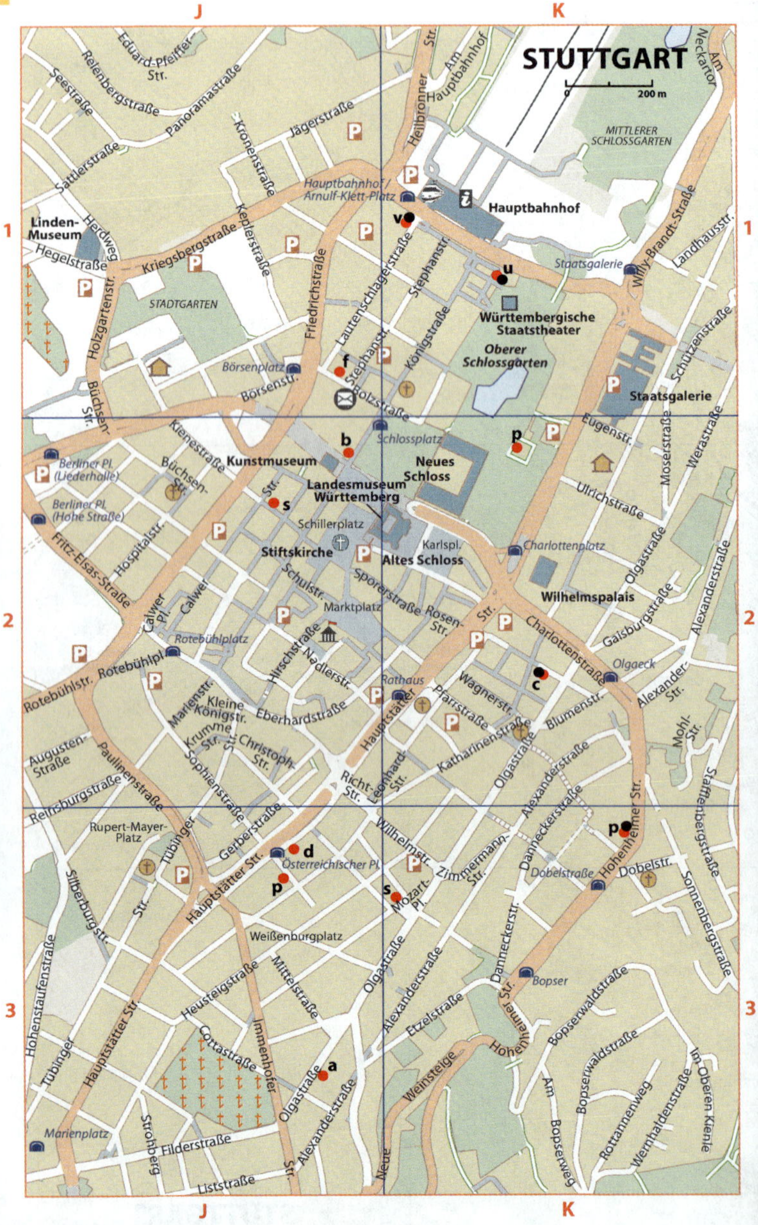
STUTTGART
0
200 m
J
K
1
2
3
MITTLERER SCHLOSSGARTEN
Hauptbahnhof
Hauptbahnhof / Arnulf-Klett-Platz
Staatsgalerie
Württembergische Staatstheater
Oberer Schlossgarten
Linden-Museum
STADTGARTEN
Börsenplatz
Schlossplatz
Kunstmuseum
Neues Schloss
Landesmuseum Württemberg
Schillerplatz
Stiftskirche
Karlspl.
Altes Schloss
Charlottenplatz
Wilhelmspalais
Marktplatz
Rotebühlplatz
Berliner Pl. (Liederhalle)
Berliner Pl. (Hohe Straße)
Rathaus
Olgaeck
Rupert-Mayer-Platz
Österreichischer Pl.
Weißenburgplatz
Dobelstraße
Bopser
Marienplatz
Eduard-Pfeiffer-Str.
Relenbergstraße
Seestraße
Panoramastraße
Kronenstraße
Jägerstraße
Heilbronner Str.
Am Hauptbahnhof
Am Neckartor
Sattlerstraße
Herdweg
Hegelstraße
Kriegsbergstraße
Keplerstraße
Friedrichstraße
Lautenschlagerstraße
Stephanstr.
Königstraße
Willy-Brandt-Straße
Landhausstr.
Holzgartenstr.
Büchsenstr.
Börsenstr.
Bolzstraße
Schützenstraße
Kienestraße
Eugenstr.
Moserstraße
Werastraße
Ulrichstraße
Hospitalstr.
Fritz-Elsas-Straße
Calwer Pl.
Calwer Str.
Schulstr.
Sporerstraße
Rosen-Str.
Olgastraße
Gaisburgstraße
Alexanderstraße
Charlottenstraße
Alexander-Str.
Mohl-Str.
Rotebühlstr.
Rotebühlpl.
Hirschstraße
Nadlerstr.
Wagnerstr.
Marienstr.
Kleine Königstr.
Eberhardstraße
Hauptstätter Str.
Pfarrstraße
Blumenstr.
Augustenstraße
Paulinenstraße
Krumme Str.
Christoph-Str.
Sophienstraße
Katharinenstraße
Leonhard-Str.
Richt-Str.
Reinsburgstraße
Tübinger Str.
Gerberstraße
Wilhelmstr.
Zimmermann-Str.
Danneckerstraße
Hohenheimer Str.
Dobelstr.
Staffenbergstraße
Mozart-Pl.
Silberburgstr.
Sonnenbergstraße
Hohenstaufenstraße
Heusteigstraße
Mittelstraße
Alexanderstraße
Etzelstraße
Dannekerstr.
Bopserwaldstraße
Cottastraße
Immenhofer Str.
Weinsteige
Neue Weinsteige
Am Bopserweg
Rottannenweg
Wernhaldenstraße
Im Oberen Kienle
Strohberg
Filderstraße
Liststraße

Die Zirbelstube

FRANZÖSISCH-MODERN • ELEGANT XXX Schon die wirklich angenehme Atmosphäre macht einen Besuch hier lohnenswert - der gemütlich-eleganten Zirbelholzvertäfelung und dem professionellen Service sei Dank! Im Mittelpunkt steht aber die moderne Küche aus exzellenten Zutaten. Besonderheit: Das Hauptprodukt findet sich im Gericht in verschiedenen Varianten.

→ Kaisergranat, Bamberger Hörnchen, Sauerkraut. Gams, Kichererbsen, Koriander. Wildhase, Rote Bete, Sonnenblumenkerne.

Menü 87/159 €

Stadtplan : K1-u – *Althoff Hotel am Schlossgarten, Schillerstr. 23 ✉ 70173 – ✆ 0711 2026828 – www.hotelschlossgarten.com – nur Abendessen – geschlossen Januar 2 Wochen, August 3 Wochen und Sonntag - Montag*

Délice

KREATIV • FREUNDLICH XX Das charmant-intime Restaurant befindet sich in einem schönen Tonnengewölbe und bietet nur wenigen Gästen Platz! Aus der offenen Küche kommt ein finessenreiches Menü, das mediterrane, klassische und kreative Elemente toll verbindet. Klasse die Weinempfehlungen - Patron Evangelos Pattas ist Weinexperte par excellence!

→ Thunfisch, Zucchini, Hummus, Soja, Radieschen. Jakobmuscheln, Kohlrabi, Schweinebauch, Cassis, Eukalyptus. Pistazien, Granny Smith, Kräuter, Schokolade, Limonenmousse.

Menü 109 €

Stadtplan : J3-d – *Hauptstätter Str. 61 ✉ 70178 – ✆ 0711 6403222 (Tischbestellung erforderlich) – www.restaurant-delice.de – nur Abendessen – geschlossen über Ostern, über Weihnachten und Samstag - Sonntag*

Der Zauberlehrling (Fabian Heldmann)

KREATIV • CHIC XX Seit Junior Fabian Heldmann in dem schicken, stilvoll designten Restaurant die Küche leitet, geht es hier kulinarisch modern und kreativ zu! Man kocht mit Finesse, Intensität und Kontrasten. Dazu ausgezeichneter Service. Samstags nur "Candle Light Dinner".

→ Lachs, Mango, Gurke. Kalb, Sellerie, Kartoffel. Pfirsich, Schokolade, Wasabi.

Menü 59/120 € – Karte 63/80 €

Stadtplan : K2-c – *Hotel Der Zauberlehrling, Rosenstr. 38 ✉ 70182 – ✆ 0711 2377770 – www.zauberlehrling.de – nur Abendessen – geschlossen Sonntag*

5

MODERNE KÜCHE • HIP XX Das seit Jahren bewährte Konzept aus Bar im EG und Gourmetrestaurant im 1. OG ist nach wie vor eine Besonderheit und immer noch trendy! In einer Atmosphäre, die wie gemacht ist für "Casual Fine Dining", bietet man ein 8-Gänge-Menü, dessen aromatische, finessenreiche und moderne Gerichte Sie frei wählen können.

→ Würzbachtal Saibling, Granny Smith, Sellerie in Texturen, junger Lauch, Meerrettich, Amaranth. Bretonischer Steinbutt, grüne Tomate, Paprika, Zitrone, Béarnaise, Mandel. Filet vom Wagyu Rind, Ochsenschwanzpraline, Mixed Pickles, Ponzu, Wasabirauke, Yuzu.

Menü 84/176 €

Stadtplan : J1-f – *Bolzstr. 8, (1. Etage) ✉ 70173 – ✆ 0711 65557011 (Tischbestellung ratsam) – www.5.fo – nur Abendessen – geschlossen 29. Juli - 10. September, Sonntag und Dienstag*

Goldener Adler

REGIONAL • TRENDY X Eine gefragte Adresse, denn gemütlich-lebendige Atmosphäre und gute, frische Küche sorgen hier für Freude beim Essen! Klassiker wie Maultaschen und Zwiebelrostbraten machen ebenso Appetit wie "roh marinierter Thunfisch mit Avocadomousse".

Karte 27/54 €

Stadtplan : F3-g – *Böheimstr. 38 ✉ 70178 – ✆ 0711 6338802 (Tischbestellung ratsam) – www.goldener-adler-stuttgart.de – nur Abendessen – geschlossen über Weihnachten*

Vetter.

MARKTKÜCHE • FREUNDLICH X In diesem beliebten Restaurant in einer Wohngegend sitzt man in zwei netten Stuben bei schwäbisch-internationaler Küche. Aus guten, frischen Produkten bereitet man z. B. "Gnocchi mit kleinem Kalbsragout", "Kotelett vom Duroc-Schwein" oder auch "Kabeljau in Weißweinbutter" zu.

Menü 27 € – Karte 33/69 €

Stadtplan : K3-s – *Bopserstr. 18 ✉ 70180 – ✆ 0711 241916 – nur Abendessen – geschlossen August 2 Wochen und Sonntag, Feiertage*

Cube

INTERNATIONAL • TRENDY XX Die absolute Top-Lage ist hier ebenso interessant wie die Glas-Architektur, das Design und natürlich die ambitionierte Küche! Man ist weltoffen, was sich z. B. bei "scharfer Thai-Suppe, Pulled Chicken, Zitronengras, Ingwer" zeigt. Einfachere Mittagskarte.

Menü 33 € (mittags) – Karte 30/79 €

Stadtplan : J2-b – *Kleiner Schlossplatz 1, (im Kunstmuseum, 4. Etage) ✉ 70173 – ✆ 0711 2804441 – www.cube-restaurant.de*

Plenum N

INTERNATIONAL • TRENDY XX Im EG des Landtags findet man dieses ganz moderne und puristische Restaurant mit Blick zum "Neuen Schloss". Aus der Küche kommen frische, schmackhafte Gerichte wie "Lofoten-Skrei mit Erbsencreme und gebackener Urkartoffel". Sonntags gibt es nur Brunch und eine reduzierte Mittagskarte. Tipp: Parken im Landtags-Parkhaus.

Menü 30 € (mittags) – Karte 23/53 €

Stadtplan : K2-p – *Konrad-Adenauer-Str. 3 ✉ 70173 – ✆ 0711 30000016 – www.benz-plenum.de – geschlossen 22. Dezember - 6. Januar und Sonntagabend sowie an Feiertagen*

Schweizers Restaurant N

KLASSISCHE KÜCHE • ZEITGEMÄSSES AMBIENTE XX In dem sorgsam restaurierten Haus von 1902 nimmt man in schöner Jugendstil-Atmosphäre Platz und lässt sich vom aufmerksamen Service mit schmackhaften Gerichten wie "geschmortem Pulpo mit Erbsencreme, geräucherter Mayonnaise und confierten Kartoffeln" umsorgen. Sehr nett die ruhige Innenhofterrasse!

Menü 55/68 € – Karte 49/66 €

Stadtplan : J3-a – *Olgastr. 133B ✉ 70180 – ✆ 0711 60197540 – www.schweizers-restaurant.de – nur Abendessen – geschlossen Dienstag - Mittwoch*

ZUR WEINSTEIGE

INTERNATIONAL • FREUNDLICH XX Auch hier im Herzstück des Hotels spürt man das Engagement der Brüder Scherle. In wohnlichem Ambiente gibt es einen interessanten Mix aus regionaler und französischer Klassik, vom "Schwäbischen Rostbraten" bis zu "Seeteufelmedaillons mit geräucherten Berglinsen". Dazu eine tolle Weinkarte mit Schwerpunkt Deutschland.

Menü 42/99 € – Karte 61/81 €

Stadtplan : K3-p – *Hotel ZUR WEINSTEIGE, Hohenheimer Str. 30 ✉ 70184 – ✆ 0711 2367000 – www.zur-weinsteige.de – nur Abendessen – geschlossen Anfang Januar 2 Wochen, August 3 Wochen und Sonntag - Montag sowie an Feiertagen, außer an Weihnachten*

Augustenstüble

FRANZÖSISCH • GEMÜTLICH X "Vive la France" heißt es hier ebenso wie "Genuss pur" oder "es lebe das Produkt"! In dem unkomplizierten Lokal kocht man lecker, geradlinig und klassisch, von "Rillette vom Landschwein" über "Boeuf Bourguignon" bis zur "lauwarmen Apfeltarte".

Menü 42/52 € – Karte 44/61 €

Stadtplan : E3-a – *Augustenstr. 104 ✉ 70197 – ✆ 0711 621248 – www.augustenstüble.de – nur Abendessen – geschlossen Sonntag - Montag*

Le Pastis

FRANZÖSISCH • GEMÜTLICH Das gemütliche Kellerlokal im Heusteigviertel ist klein und recht intim, sehr schön das 400 Jahre alte Sandsteingewölbe. Gekocht wird französisch, aus den Menüs kann man auch à la carte wählen, z. B. "3erlei vom Iberico, 3erlei vom Sellerie".

Menü 44/149 € – Karte 42/77 €

Stadtplan : J3-p – *Sophienstr. 3, (Eingang Schlosserstraße) ✉ 70180 – ✆ 0711 51876672 – www.le-pastis.de – nur Abendessen – geschlossen August und Sonntag - Mittwoch, Feiertage*

SUSHI-YA

JAPANISCH • HIP Der absolute Renner ist diese trendige Adresse. An der Bar hat man uneingeschränkte Sicht auf die meisterhafte Handwerkskunst - Besonderheit ist flambiertes Sushi! Und am Nachmittag Kaffee und Kuchen im angeschlossenen Feinkostgeschäft?

Karte 15/58 €

Stadtplan : J2-s – *Kronprinzstr. 6, (im Feinkost Böhm) ✉ 70173 – ✆ 0711 2275629 – www.feinkost-boehm.de – geschlossen Sonntag*

Hotels

Steigenberger Graf Zeppelin

LUXUS • ELEGANT Das Businesshotel gegenüber dem Bahnhof wird gut geführt, das spürt und sieht man. In den geräumigen Zimmern wohnen Sie modern-elegant, im oberen Stock tun Sie sich etwas Gutes, z. B. bei Fitness mit Blick über Stuttgart! Regionale Küche im rustikalen "Zeppelin Stüble", Steaks vom Grill im "Zeppelino'S".

149 Zim – †189 € ††189 € – 6 Suiten – ☕ 29 €

Stadtplan : K1-v – *Arnulf-Klett-Platz 7 ✉ 70173 – ✆ 0711 20480 – www.stuttgart.steigenberger.de*

OLIVO – siehe Restaurantauswahl

Althoff Hotel am Schlossgarten

LUXUS • ELEGANT Die Lage ist ideal: zentral in Bahnhofsnähe und doch ruhig direkt am Schlosspark! Und man wohnt richtig schön, dafür sorgen zeitgemäß-elegante Zimmer und zuvorkommender Service. Nett die "Weinwirtschaft Franz Keller" (hier isst man regional, badisch, elsässisch) und das Café mit Terrasse zum Schlossgarten.

102 Zim – †140/370 € ††160/390 € – 4 Suiten – ☕ 28 €

Stadtplan : K1-u – *Schillerstr. 23 ✉ 70173 – ✆ 0711 20260 – www.hotelschlossgarten.com*

Die Zirbelstube – siehe Restaurantauswahl

Arcotel Camino

BUSINESS • DESIGN Leitthema in dem Sandsteinbau von 1890 ist der Weg ("Camino"), inspiriert vom "Camino de Santiago" (Jakobsweg) und dem Stil der Weißenhofsiedlung (Postdörfle). In den Zimmern klares Design und moderne Technik, im geradlinig-eleganten Restaurant internationale Küche.

165 Zim – †99/299 € ††99/299 € – 3 Suiten – ☕ 22 €

Stadtplan : F2-a – *Heilbronner Str. 21, Zufahrt über Im Kaisemer 1 ✉ 70191 – ✆ 0711 258580 – www.arcotelhotels.com/camino*

Jaz Stuttgart (N)

URBAN • DESIGN Sicher mit das coolste Hotel der Stadt und ein wahrer Hotspot! Es liegt im Europaviertel, nebenan eine Shoppingmall. Puristisches Design und das Thema Musik sind allgegenwärtig. Abends wird das Restaurant (hier internationale Küche aus regionalen Produkten) zum Club mit Live-DJ! In der 6. Etage "Cloud No. 7 Bar & Lounge". Wellbeing im "Relaxercise".

166 Zim – †139/699 € ††139/699 € – 3 Suiten – ☕ 22 €

Stadtplan : F2-b – *Wolframstr. 41 ✉ 70191 – ✆ 0711 969840 – www.jaz-hotel.com*

Der Zauberlehrling

BOUTIQUE-HOTEL · THEMENBEZOGEN Das kleine Designhotel liegt nicht nur geschickt, man wohnt hier auch ganz individuell. Kein Zimmer gleicht dem anderen, jedes hat seinen ganz eigenen Stil! Geschmackvolles Interieur und das Herzblut der Gastgeber Karen und Axel Heldmann machen das Haus zu einem Kleinod der Stuttgarter Hotellerie. Tolles Frühstück.

17 Zim – 125/250 € 150/420 € – 4 Suiten – 19 €

Stadtplan : K2-c – *Rosenstr. 38 ✉ 70182 – 0711 2377770 – www.zauberlehrling.de*

Der Zauberlehrling – siehe Restaurantauswahl

Azenberg

BUSINESS · FUNKTIONELL Hier passt alles: ruhige und doch zentrumsnahe Lage, gute Ausstattung, ein hübscher Garten mit Teich sowie ein netter kleiner Freizeitbereich. Schön die modernen Zimmer. Dazu eine kleine Snackkarte rund um die Uhr.

57 Zim – 95/135 € 109/165 € – 1 Suite – 13 €

Stadtplan : F2-e – *Seestr. 114 ✉ 70174 – 0711 2255040 – www.hotelazenberg.de – geschlossen 21. Dezember - 8. Januar*

ZUR WEINSTEIGE

FAMILIÄR · INDIVIDUELL Das Haus der Familie Scherle kann sich wirklich sehen lassen, denn man investiert ständig! Möchten Sie rustikal wohnen oder lieber modern? Oder wie wär's mit der Louis-XVI-Juniorsuite im Schlösschen? Dazu ausgezeichnetes Frühstück. Besonderheit: eigene Koi-Zucht mit Aquarium auf der Terrasse!

28 Zim – 95/140 € 110/180 € – 12 €

Stadtplan : K3-p – *Hohenheimer Str. 30 ✉ 70184 – 0711 2367000 – www.zur-weinsteige.de – geschlossen Anfang Januar 2 Wochen, August 3 Wochen*

ZUR WEINSTEIGE – siehe Restaurantauswahl

In Stuttgart-Degerloch

Wielandshöhe (Vincent Klink)

FRANZÖSISCH-KLASSISCH · ELEGANT XXX Bei Vincent Klink bekommen Sie das, was Sie erwarten: Klassik pur! Chichi und Effekthascherei werden Sie auf dem Teller nicht finden, stattdessen beständig gutes Handwerk und die gekonnt hervorgehobenen Aromen bester Zutaten.

→ Ziegenkäse im Strudelteig, karamellisiertes Gaishirtle. Gebratenes Filet vom Würzbachtal Saibling, Linsen, Schnittlauch-Beurre blanc. Rücken und geschmorte Haxe vom Alblamm, Grüne Bohnen, Kartoffelgratin.

Menü 88/120 € – Karte 78/100 €

Stadtplan : F3-a – *Alte Weinsteige 71 ✉ 70597 – 0711 6408848 (Tischbestellung ratsam) – www.wielandshoehe.de – geschlossen Sonntag - Montag*

Fässle le Restaurant

FRANZÖSISCH-KLASSISCH · NACHBARSCHAFTLICH XX Patrick Giboin bietet hier in gemütlichem Ambiente seine Version der klassisch-französischen Küche. Appetit macht da z. B. "Hirschkalbsrücken in der Haselnusskruste mit Serviettenknödel, Rotweinbirne und Rotkraut".

Menü 25 € (mittags)/70 € – Karte 34/64 €

Stadtplan : C2-a – *Löwenstr. 51 ✉ 70597 – 0711 760100 (Tischbestellung erforderlich) – www.restaurant-faessle.de – geschlossen Sonntag - Montag*

finch

INTERNATIONAL · GEMÜTLICH XX Gemütlich ist das gediegen-elegante Restaurant im historischen Gebäudeteil mit seinem warmen Holz, Kamin und Nischen. Serviert wird Internationales wie "gegrillte Fjord-Forelle mit Risotto vom grünen Spargel" oder Klassiker wie Zwiebelrostbraten.

Menü 79 € – Karte 39/61 €

Stadtplan : C2-e – *Waldhotel, Guts-Muths-Weg 18 ✉ 70597 – 0711 185720 – www.waldhotel-stuttgart.de*

Waldhotel

LANDHAUS • ELEGANT Das Hotel liegt am Wald, gleichzeitig hat man eine gute Anbindung an Stadt, Messe, Airport. Die Ausstattung schön, hochwertig, zeitgemäß. Relaxen Sie im schicken kleinen Fitness- und Saunabereich, und wie wär's mit einem gemütlichen Abend in der Hotelbar "No. 18"? Fr. und Sa. mit Pianomusik.

94 Zim – 191/371 € 222/412 € – 1 Suite

Stadtplan : C2-e – *Guts-Muths-Weg 18* ✉ *70597* – *0711 185720*
– *www.waldhotel-stuttgart.de*

finch – siehe Restaurantauswahl

In Stuttgart-Flughafen

top air

KREATIV • FREUNDLICH Bemerkenswert, mit welch feinen Kontrasten und ausgezeichnetem Handwerk die intensiven Aromen herausragender Produkte hier in den Mittelpunkt gestellt werden. Dazu eine sehr kompetente Weinberatung. Interessant: Fensterfront zum Rollfeld. Praktisch: Parkplatz P5 ganz in der Nähe.

→ Weißer und roter Thunfisch, Sushireis, Wasabi, rosa Ingwer, Avocado, Algen. Rehrücken, Himbeere, Petersilie, Essig, Petersilienwurzel, Vanille. Erdbeere, Sauerampfer, Joghurt, Pinienkerne.

Menü 90/197 € – Karte 77/109 €

Stadtplan : C3-p – *im Flughafen, (Terminal 1, Ebene 4)* ✉ *70629*
– *0711 9482137* – *www.restaurant-top-air.de*
– *geschlossen 1. - 7. Januar, 22. April - 1. Mai, 3. - 25. Juni, 26. August*
- 10. September und Samstagmittag, Sonntag - Dienstagmittag, Feiertage

Mövenpick Hotel Stuttgart Airport

BUSINESS • DESIGN Nicht nur Businessgäste schätzen die Lage an Flughafen und Messe, auch bei Urlaubern und Familien kommt das Hotel mit seinem schicken klaren Design gut an. Man wohnt in erstklassig isolierten und geschmackvollen Zimmern, im Restaurant blickt man bei Frühstück oder Mövenpick-Klassikern auf die Terminals.

324 Zim – 99/439 € 124/589 € – 2 Suiten – 25 €

Stadtplan : C3-k – *Flughafenstr. 50* ✉ *70629* – *0711 553440*
– *www.movenpick.com/stuttgart-airport*

In Stuttgart-Gablenberg

Nannina

ITALIENISCH • FREUNDLICH Gastgeberin Giovanna Di Tommaso (genannt Nannina) widmet sich in dem kleinen Restaurant ganz ihrer Leidenschaft, der italienischen Küche. Frisch und ambitioniert z. B. "Calamaretti mit Trauben, Kartoffeln, Mandeln". Terrasse hinterm Haus.

Menü 74/98 € – Karte 52/84 €

Stadtplan : G2-a – *Gaishämmerstr. 14* ✉ *70186* – *0711 7775172*
– *www.nannina.de* – *geschlossen Montag, Samstagmittag*

Bei den Steins

INTERNATIONAL • TRENDY "Bei den Steins" fühlt man sich wohl, und zwar im freundlich-modernen Restaurant (Blickfang: die Vogelwand) oder im Freien unter alten Bäumen. Abends gibt es leckere international-saisonale Gerichte wie "Spanferkel-Spareribs, Mango-BBQ-Soße, Maiskeks, Süßkartoffelpüree". Kleinere Mittagskarte.

Menü 39 € (abends)/58 € – Karte 34/54 €

Stadtplan : G3-b – *Albert-Schäffle-Str. 6* ✉ *70186*
– *0711 64518045* – *www.beidensteins.de*
– *geschlossen Samstagmittag, Sonntag - Montag*

In Stuttgart-Heslach

Hupperts

KLASSISCHE KÜCHE · FREUNDLICH XX Man muss das kleine Restaurant in einem Wohngebiet schon gezielt ansteuern, zufällig kommt man hier nicht vorbei. Doch der Weg lohnt sich, denn es erwartet Sie ein überaus motiviertes und charmantes Team, das Sie mit feiner und ausdrucksstarker klassischer Küche verwöhnt. Und dazu gibt es die passenden Weine.

→ Perlhuhn, Wassermelone, Karotte, Erdnuss. Kalbsfilet, Erbse, Aprikose, Pfifferlinge. Weiße Schokolade, Pfirsich, Brombeere, Mandel.

Menü 79/99 € – Karte 71/85 €

Stadtplan : E3-p – *Gebelsbergstr. 97 ✉ 70199 – ✆ 0711 6406467 – www.hupperts-restaurant.de – nur Abendessen – geschlossen Anfang Januar 2 Wochen, Juli 3 Wochen und Sonntag - Montag*

In Stuttgart-Hohenheim

Speisemeisterei

MODERNE KÜCHE · CHIC XX Ambiente, Küche, Service... Hohes Niveau ist Ihnen in allen Bereichen gewiss. Gekocht wird modern-saisonal, sehr gut die regionalen, aber auch internationalen Produkte. Für das schöne Drumherum sorgt neben dem freundlich-geschulten Service auch die schicke Location: der Kavaliersbau des Schlosses Hohenheim. Hier trifft Historie auf Moderne. Mittags kleineres Lunchmenü.

→ Makrele, Wassermelone, Avocado und Miso. Rinderfilet mit Paprika, Pfifferlingen und Tagliatelle. Erdbeere, Zitronengras und Limette.

Menü 48 € (mittags unter der Woche)/155 €

Stadtplan : C3-s – *Schloss Hohenheim 1B ✉ 70599 – ✆ 0711 34217979 (Tischbestellung ratsam) – www.speisemeisterei.de – geschlossen Dienstag - Mittwoch*

In Stuttgart-Möhringen

Zur Linde

REGIONAL · GASTHOF X Engagiert betreiben die Brüder Trautwein die rund 300 Jahre alte ehemalige Poststation - charmant der Mix aus historisch und modern. Es gibt schwäbische Klassiker wie Gaisburger Marsch, Maultaschen oder Kalbskutteln mit geschmortem Ochsenschwanz, zudem Saisonales. Uriger Gewölbekeller für Veranstaltungen.

Karte 31/65 €

Stadtplan : C3-u – *Sigmaringer Str. 49 ✉ 70567 – ✆ 0711 7199590 – www.linde-stuttgart.de – nur Abendessen – geschlossen 24. August - 9. September, 24. Dezember - 8. Januar und Sonntag sowie an Feiertagen*

In Stuttgart-Wangen

Ochsen

GASTHOF · GEMÜTLICH Ein Familienbetrieb in 3. Generation, der Ihnen neben wohnlichen und teils sehr modernen Zimmern auch eine interessante Lage bietet - Porsche-Arena und Hanns-Martin-Schleyer-Halle sind nur 3 km entfernt. Beliebt sind auch die charmanten Restaurantstuben, in denen man schwäbisch oder international speist.

36 Zim – †73/105 € ††102/137 € – 2 Suiten

Stadtplan : H3-f – *Ulmer Str. 323 ✉ 70327 – ✆ 0711 4070500 – www.ochsen-online.de*

In Stuttgart-Weilimdorf

Meister Lampe

KLASSISCHE KÜCHE · FAMILIÄR XX Eine gemütlich-familiäre Adresse ist das hier, und ambitioniert gekocht wird auch noch, nämlich saisonal. Darf es vielleicht "gebratener Färöer-Lachs mit Schinken-Beurre-Blanc, Roter Bete, Meerrettich und Parmesan-Perlgraupen" sein?

Menü 53/79 € – Karte 37/58 €

Stadtplan : B1-m – *Solitudestr. 261 ✉ 70499 – ✆ 0711 9898980 – www.restaurant-meisterlampe.de – geschlossen über Fasching 1 Woche, August 2 Wochen, Anfang November 1 Woche und Sonntagabend - Montag, Samstagmittag*

In Stuttgart-Zuffenhausen

Christophorus

MEDITERRAN • DESIGN XX Sie sind Auto-Enthusiast und Freund guter Küche? Mit Blick ins Porsche Museum oder auf den Porscheplatz speist man mediterran-international. Highlight und fast ein Muss: US-Prime-Beef! Und danach Digestif samt Zigarre in der Smokers Lounge?

Menü 41 € (mittags)/110 € - Karte 54/111 €

Stadtplan : C1-c - *Porscheplatz 5, (im Porsche Museum 3. OG) ✉ 70435 - ✆ 0711 91125980 - www.porsche.com - geschlossen 12. - 25. August und Sonntag - Montag*

In Stuttgart-Botnang - 612 441 Ew.

bo'teca di vino (N)

MEDITERRAN • NACHBARSCHAFTLICH X Wer in der kleinen "bo'teca" im Stuttgarter Westen speisen möchte, sollte das im Vorfeld planen, denn das sympathische Lokal hat leider nur recht wenige Plätze. Hier genießt man schöne Weine und leckere Gerichte wie "Carnaroli-Risotto mit geschmortem Pulpo".

Menü 59/69 € - Karte 59/68 €

Stadtplan : E2-b - *Beethovenstr. 30 ✉ 70195 - ✆ 0711 6205163 (Tischbestellung erforderlich) - www.boteca-stuttgart.de - nur Abendessen - geschlossen Mitte August - Anfang September und Montag - Mittwoch*

SÜDERENDE Schleswig-Holstein → Siehe Föhr (Insel)

SÜLZETAL

Sachsen-Anhalt - 9 990 Ew. - Höhe 80 m - Regionalatlas **31**-L9
Michelin Straßenkarte 542

In Sülzetal-Osterweddingen

Landhotel Schwarzer Adler

FAMILIÄR • AUF DEM LAND Besonderes Flair hat der Vierseitenhof von 1754 mit sehenswertem mittelalterlichem Taubenturm und Bauerngarten. Freundlich-familiär die Gästebetreuung, dazu Zimmer mit eleganter Note. In einem der Restauranträume steht ein schöner historischer Kachelofen. Draußen der lauschige Innenhof und der Barockgarten.

30 Zim - †59/69 € ††84/94 € - ☕ 8 € - ½ P

Alte Dorfstr. 2 ✉ 39171 - ✆ 039205 23753 - www.hotel-osterweddingen.de - geschlossen 20. Dezember - 12. Januar

SULZBURG

Baden-Württemberg - 2 640 Ew. - Höhe 337 m - Regionalatlas **61**-D21
Michelin Straßenkarte 545

Hirschen (Douce Steiner)

FRANZÖSISCH-KLASSISCH • ELEGANT XXX Kulinarische Adressen auf diesem exquisiten Niveau gibt es nur noch wenige. Dies ist sicherlich einer der Gründe, weshalb auch internationale Gäste den Weg in das beschauliche Örtchen im Markgräflerland finden. Der „Hirschen" ist ein familiengeführtes Gasthaus wie aus dem Bilderbuch, welches auf eine über 500-jährige Tradition zurückblicken kann. In der Küche steht das Cuisinier-Paar Douce Steiner und Udo Weiler, das sich 1995 in Harald Wohlfahrts Küche kennen- und lieben gelernt hat. 2008 übernahmen die beiden den „Hirschen" - vom Vater Hans-Paul Steiner. Auch er erkochte über Jahre hinweg schon zwei MICHELIN Sterne. Damals wie heute serviert man in den kuscheligen Stuben eine feine klassische französische Küche, basierend auf aromatischen und exzellenten Produkten.

→ Loup de mer, Hummer und Imperial Kaviar, Essenz von Zitronengras und Ingwer, Artischocken. Delice vom schwarzen Perigord Trüffel mit Topinambur. Rosa gebratenes Reh, Jus von wilden Heidelbeeren, Pomelo Pfeffer und Orange, Brennnesselpüree.

Menü 75 € (mittags unter der Woche)/250 € – Karte 126/198 €

10 Zim – 140/250 € 140/250 €

Hauptstr. 69 ✉ 79295 – ✆ 07634 8208 (Tischbestellung ratsam) – www.hirschen-sulzburg.de – geschlossen 4. - 26. Februar, 29. Juli - 20. August, 22. - 27. Dezember und Sonntagabend - Dienstag

Landgasthof Rebstock

REGIONAL • GEMÜTLICH Gemütlich-ländlich kommt der jahrhundertealte Gasthof im Herzen des Weindorfs daher. Auf der Karte liest man Traditionelles wie "Ochsenbrust in Meerrettichsauce" sowie Feines wie "rosa gebratenes Rehnüsschen mit karamellisierten Maroni". Gut übernachten kann man ebenfalls.

Menü 20 € (mittags unter der Woche)/47 € – Karte 22/60 €

7 Zim – 65/85 € 77/95 €

Hauptstr. 77 ✉ 79295 – ✆ 07634 503140 – www.kellers-rebstock.de – geschlossen über Fastnacht, Ende August 1 Woche und Mittwoch, November - April: Sonntagabend, Mittwoch

La Maison Eric

KLASSISCHE KÜCHE • GEMÜTLICH Ein wahres Schmuckstück ist das alte Fachwerkhaus, das etwas versteckt in einer Seitenstraße liegt. Drinnen geschmackvolles Interieur, draußen eine wunderbare Terrasse zum herrlichen Garten, nicht zu vergessen gute klassische Gerichte wie "Steinbuttfilet auf jungem Lauch, Kartoffelpüree, Chardonnaysauce".

Menü 49/66 €

2 Zim – 85/95 € 115/130 €

Im Brühl 7 ✉ 79295 – ✆ 07634 6110 (Tischbestellung ratsam) – www.la-maison-eric.de – nur Abendessen – geschlossen Januar 2 Wochen, Ende Juni - Anfang Juli 2 Wochen, Ende August 10 Tage und Montag - Dienstag

Waldhotel Bad Sulzburg

LANDHAUS • INDIVIDUELL Sie suchen Ruhe, Abgeschiedenheit und Erholung? Das geschichtsträchtige Haus liegt nicht nur schön, es bietet auch Zimmer im modernen Landhausstil (teils zum Tal hin), einen geschmackvollen Wellnessbereich und ein ebenso attraktives Restaurant, in dem man Sie von bürgerlich bis französisch bekocht.

39 Zim – 72/134 € 105/174 € – 4 Suiten – ½ P

Badstr. 67, Süd-Ost: 4 km ✉ 79295 – ✆ 07634 505490 – www.waldhotel4you.de

SULZFELD am MAIN

Bayern – 1 336 Ew. – Höhe 202 m – Regionalatlas **49**-I16
Michelin Straßenkarte 546

Vinotel Augustin

BOUTIQUE-HOTEL • THEMENBEZOGEN Sie mögen es nicht alltäglich und sind zudem Liebhaber guter Weine? Dann wird Sie das kleine Boutique-Hotel mit seinen Themenzimmern begeistern. Die Namen: Space, Zen, Hütte, Pop-Art... In einem seperaten Gebäude gibt es noch die "Finca". Alles ist chic und detailgenau. Um die Ecke das eigene Weingut.

8 Zim – 75/90 € 112/120 € – 1 Suite

Matthias-Schiestl-Str. 4 ✉ 97320 – ✆ 09321 2672960 – www.vinotel-augustin.de – geschlossen 19. - 28. Dezember

SUNDERN

Nordrhein-Westfalen - 27 963 Ew. - Höhe 265 m - Regionalatlas **27**-E11
Michelin Straßenkarte 543

In Sundern-Langscheid Nord-West: 4 km über Stemel

Seegarten

MODERNE KÜCHE • GASTHOF XX Im Restaurant bietet man eine frische moderne Küche, für die viele Produkte aus der Region verwendet werden. Macht Ihnen z. B. "geschmorte Rinderschaufel mit Kürbiskernkruste, Kürbiskrapfen und Pastinaken" Appetit?

Menü 34/69 € - Karte 33/55 €

Hotel Seegarten, Zum Sorpedamm 21 ✉ 59846 - ✆ 02935 96460 - www.hotel-seegarten.com

Seegarten

FAMILIÄR • INDIVIDUELL Highlight dieses Hotels am Sorpesee ist der Anbau mit seinem geradlinig-schicken Design von den großzügigen Zimmern bis zur Panorama-Sauna im OG nebst Infinity-Pool mit Aussicht! Die Zimmer im Haupthaus sind einfacher.

53 Zim ☕ - †69/139 € ††109/249 € - ½ P

Zum Sorpedamm 21 ✉ 59846 - ✆ 02935 96460 - www.hotel-seegarten.com

Seegarten - siehe Restaurantauswahl

S. Lubenow/imageBROKER/age fotostock

WIR MÖGEN BESONDERS...

Sansibar als coole Dünen-Location für Jung & Alt! Nach einem Drink in der Bar im altehrwürdigen **Stadt Hamburg** mitten in Westerland stilvoll übernachten. Ausdruckstarke Küche und sympathischer Service im **Söl'ring Hof**. Asiatische Aromen im **Spices - by Tim Raue**. Ruhe und persönliche Atmosphäre im Kampener Hotel **Village** - 3 Gehminuten von der „Whiskymeile"!

SYLT (INSEL)

Schleswig-Holstein – Höhe 3 m – Regionalatlas **1**-F1
Michelin Straßenkarte 541

Hörnum

KAI3

KREATIV • TRENDY XXX Die "Nordic Fusion"-Küche kombiniert gekonnt, stimmig und mit Sinn fürs Detail modern-kreative Elemente, regionale Produkte sowie internationale Einflüsse. Umsorgt wird man von einem professionellen Team. Ein Highlight ist auch die tolle Aussicht - vor allem im Sommer auf der Terrasse ein Traum!

→ Jakobsmuschel roh mariniert mit Limette, Lardo, Reiscracker, Koriander und Blutorangen-Meerrettichsorbet. Rosa gebratener Rücken vom Husumer Reh mit Teriyakijus, Süßkartoffel, Cashew und gegrillte Mango. Rhabarber mit Crème fraîche, Zitronencoulis und Petersiliensorbet.

Menü 68/118 € – Karte 72/98 €

BUDERSAND Hotel - Golf & Spa, Am Kai 3 ✉ 25997 – ✆ 04651 46070 (Tischbestellung erforderlich) – www.budersand.de – nur Abendessen – geschlossen 6. Januar - 7. Februar und Mittwoch - Donnerstag

BUDERSAND Hotel - Golf & Spa

LUXUS • MODERN Außen aparte Architektur, innen edles Design - chic der nordische Stil der Zimmer. Dazu klasse Service. Das hervorragende Frühstück genießt man auch gerne auf der tollen Terrasse am Meer! Weiteres Highlight: die von Elke Heidenreich eingerichtete Bibliothek mit über 1000 Werken (teils in Lesungen vorgestellt).

77 Zim – †235/320 € ††285/490 € – 6 Suiten – ½ P

Am Kai 3 ✉ 25997 – ✆ 04651 46070 – www.budersand.de – geschlossen 6. Januar - 7. Februar

KAI3 – siehe Restaurantauswahl

54° Nord

BOUTIQUE-HOTEL • DESIGN Dies ist das älteste Haus im Ort, das nun, ergänzt durch einen modernen Anbau, ein ungezwungenes und zeitgemäßes Hotel samt schönem Saunabereich beherbergt. Im Altbau befand sich früher die Reederei Hapag, daher der Name. In der Genusswirtschaft "Dock 2" gibt es Flammkuchen, Antipasti, Käse...

18 Suiten – ††90/248 € – 4 Zim

Strandstr. 2 ✉ 25997 – ✆ 04651 449170 – www.hotel54gradnord.de

Kampen

Gogärtchen

MARKTKÜCHE • CHIC XX 1951 eröffnet und nicht wegzudenken aus Kampen! Bewusst hat man dem reetgedeckten Backsteinhaus seinen friesischen Charme bewahrt: moderner Stil zu alten Fliesen und Kachelofen. Es gibt saisonale Küche (abends aufwändiger) sowie hausgebackenen Kuchen, und in Bar und Lounge heißt es "sehen und gesehen werden"!

Karte 49/74 €

Strönwai 12 ✉ 25999 – ✆ 04651 41242 – www.gogaertchen.com – geschlossen Mitte November - Mitte Dezember und November - Februar: Montag

Rauchfang

INTERNATIONAL • GEMÜTLICH XX Hotspot an der berühmten "Whiskystraße"! Drinnen friesisch-gemütlich, draußen große Terrasse samt Bar (ideal auch zum Feiern), dazu herzlicher Service. Die internationale Küche bietet für jeden etwas - wie wär's z. B. mit "Nordseedorsch, Senfsauce, Kartoffeln"?

Karte 48/104 €

Strönwai 5 ✉ 25999 – ✆ 04651 42672 (abends Tischbestellung erforderlich) – www.rauchfang-kampen.de – geschlossen Mitte Januar - März, November - Mitte Dezember und Mittwoch, außer Saison

Manne Pahl

TRADITIONELLE KÜCHE • RUSTIKAL X Richtig gut kommen die rustikale Gemütlichkeit und die traditionelle Küche an. In der holzgetäfelten Gaststube oder im lichten Wintergarten isst man Nordseescholle, Wiener Schnitzel oder auch "Pahl-Burger". Und nachmittags leckerer hausgebackener Kuchen?

Karte 30/79 €

Zur Uwe Düne 2 ✉ 25999 – ✆ 04651 42510 – www.manne-pahl.de

Walter's Hof

LANDHAUS • INDIVIDUELL Toll ist nicht nur die Nähe zum Strand, auch die hübschen, individuellen Zimmer, teils mit Meerblick! Sehr schön die Kunst im Haus. Wer länger bleiben möchte, wohnt in den Ferienwohnungen und Appartementhäusern am bequemsten. Im gediegen-eleganten Restaurant mit charmant-friesischer Note speist man international-saisonal.

32 Zim – †190/290 € ††220/320 € – 16 Suiten – ☕ 20 €

Kurhausstr. 23 ✉ 25999 – ✆ 04651 98960 – www.walters-hof.de

Village

LANDHAUS • GEMÜTLICH Außen charmant-friesisch, innen edel-elegant - da verwundert es nicht, dass die engagierten Gastgeber Inneneinrichter sind! Viele schöne Details machen die Zimmer wohnlich und individuell. Attraktiv auch der kleine Schwimmbad- und Saunabereich. Tipp: Frühstück auf der Terrasse!

7 Suiten ☕ – ††259/355 €

Alte Dorfstr. 7, Zufahrt über Brönshooger Weg ✉ 25999 – ✆ 04651 46970 – www.village-kampen.de – geschlossen Januar 3 Wochen, Dezember 3 Wochen

Ahnenhof

FAMILIÄR • GEMÜTLICH Angenehm persönlich ist die Atmosphäre in dem kleinen Hotel in schöner Lage. Dazu sehr gepflegte und wohnliche Zimmer, ein hübscher Saunabereich und der liebenswert-rustikale Frühstücksraum samt Terrasse mit Blick auf Dünen und Meer!

13 Zim ☕ – †90/130 € ††164/283 €

Kurhausstr. 8 ✉ 25999 – ✆ 04651 42645 – www.ahnenhof.de – geschlossen 7. - 24. Januar

Keitum

Tipken´s

MEDITERRAN • ELEGANT XX In dem schönen geradlinig-eleganten Restaurant wird modern und ambitioniert gekocht. Eine mediterrane Note lässt man dabei ebenso einfließen wie dezente kreative Elemente. Der Fokus liegt auf erstklassigen Produkten.

Menü 59/109 € – Karte 57/105 €

*Hotel Severin*s, Am Tipkenhoog 18 ✉ 25980 – ✆ 04651 46066533 – www.severins-sylt.de – nur Abendessen – geschlossen Mitte November - Mitte Dezember und November - März: Montag - Dienstag*

Brot & Bier (N)

KREATIV • FREUNDLICH X Das ist mal was anderes: Das "belegte Brote"-Konzept ist cool und trendig, setzt aber dennoch auf Qualität und Handwerk! Auf der "Stullen-Karte" liest man z. B. "Friesenbrot, Limonenschmand, Nordseekrabben, Zweierlei vom Ei, Kartoffel-Speck-Dip" - durchdacht und aus sehr guten Zutaten! Tipp: Im Shop nebenan gibt's Sylter Produkte (u. a. das berühmte Meersalz).

Karte 30/65 €

Gurtstig 1 ✉ 25980 – ✆ 04651 9363743 – www.brot-und-bier.de – geschlossen Mitte Januar - Mitte Februar und Sonntag, in der Nebensaison: Sonntag - Montag

Severin*s

LUXUS • ELEGANT Außen inseltypisch, innen stilvoll-modern. Einen Steinwurf vom Wasser entfernt beherbergen schöne Backsteinhäuser mit Reetdach luxuriöse Zimmer, einen weitläufigen Spa und zwei Restaurants - eines davon das gemütliche "Hoog" mit Sylter Küche, Snacks, Kaffee und Kuchen. Toll für Familien: ganztägige Kinderbetreuung.

62 Zim ☕ – †230/450 € ††290/510 € – 33 Suiten

Am Tipkenhoog 18 ✉ 25980 – ✆ 04651 460660 – www.severins-sylt.de

Tipken´s – siehe Restaurantauswahl

Benen-Diken-Hof

LANDHAUS • INDIVIDUELL Das traditionsreiche Haus ist beliebt: Wer möchte nicht in schönen frischen Zimmern wohnen, sich gratis an der Minibar bedienen, im großen Spa relaxen? Exklusiv die Suiten in den Nebenhäusern. Für Langschläfer: Frühstücksbuffet bis 13 Uhr! Friesisch-modernes Ambiente und regionale Küche im Restaurant "KØKKEN".

48 Zim ☕ – †172/260 € ††190/322 € – 19 Suiten

Keitumer Süderstr. 3 ✉ 25980 – ✆ 04651 93830 – www.benen-diken-hof.de

Aarnhoog

LANDHAUS • GEMÜTLICH In dem reizenden kleinen Schwesterhaus des Munkmarscher "Fährhauses" ist Ihnen Diskretion ebenso gewiss wie schönes Ambiente: hochwertiges Interieur in wohnlichem nordisch-modernem Stil! Den exklusiven Service genießt man auch beim leckeren Frühstück. Nachmittags Kaffee und Kuchen.

9 Zim ☕ – †190/290 € ††250/350 € – 7 Suiten

Gaat 13 ✉ 25980 – ✆ 04651 3990 – www.faehrhaus-hotel-collection.de

Seiler Hof

FAMILIÄR • INDIVIDUELL Aus einem Reetdachhaus von 1762 (einst Seilwerkstatt) ist dieses hübsche kleine Hotel entstanden. Hier freut man sich über wohnliche Zimmer, einen friesisch-charmanten Frühstücksraum, den schönen modernen Saunabereich und einen wirklich netten Garten.

11 Zim ☕ – †100/140 € ††160/220 € – 1 Suite

Gurtstig 7 ✉ 25980 – ✆ 04651 93340 – www.seilerhofsylt.de – geschlossen 6. Januar - 15. Februar, 17. November - 19. Dezember

List

Königshafen

TRADITIONELLE KÜCHE • BÜRGERLICH Die Familientradition reicht hier bis ins Jahr 1881 zurück. Hinter der weißen Backsteinfassade sitzt man in klassisch-bürgerlich gehaltenen Stuben - oder auf der Gartenterrasse hinterm Haus - und lässt sich regional-saisonale Gerichte wie "Kapitänsscholle, Speck, Kartoffelsalat" schmecken.

Karte 32/77 €

Alte Dorfstr. 1 ✉ 25992 – ✆ 04651 870446 – www.koenigshafen.de – Montag, Mittwoch und Donnerstag nur Abendessen, Mitte November - Mitte Dezember: nur Abendessen – geschlossen Januar - Mitte Februar und Dienstag

Spices - by Tim Raue (N)

ASIATISCH • TRENDY Mit ihren asiatischen Aromen und einer bisweilen mutigen Schärfe lässt die Küche hier den typischen Tim-Raue-Stil erkennen! Sushi und Sashimi gibt es ebenso wie "Sylter Fischbrötchen" oder "japanische Thunfischpizza" und "Chicken Saté mit Mangosalat".

Menü 68 € – Karte 42/68 €

Hotel A-ROSA, Listlandstr. 11 ✉ 25992 – ✆ 04651 96750834 (Tischbestellung ratsam) – www.spices-sylt.de – nur Abendessen – geschlossen Montag - Dienstag

A-ROSA

LUXUS • MODERN Ein bemerkenswertes Haus in traumhafter Lage mit Blick auf Dünen, Watt und Meer. Alles hier ist überaus hochwertig und formschön in geradlinigem Design gestaltet. SPA-ROSA auf 3500 qm mit Meerwasserpool und exklusiven Anwendungen. Buffet-Angebot im "Dünenrestaurant".

147 Zim – 158/488 € 218/548 € – 30 Suiten – ½ P

Listlandstr. 11 ✉ 25992 – ✆ 04651 96750700 – www.a-rosa-resorts.de

Spices - by Tim Raue – siehe Restaurantauswahl

Strand am Königshafen

BOUTIQUE-HOTEL • AUF DEM LAND Das Hotel thront am Königshafen in der Bucht zwischen List und dem sog. Ellenbogen. Wertigkeit zieht sich durchs ganze Haus, von den modern-eleganten Zimmern (Motto: "Wind, Wasser, Sand"), meist mit Balkon/Terrasse, bis zum tollen friesischen Frühstücksbuffet. Eigene Wassersportschule. Tiefgarage im Preis inbegriffen.

15 Zim – 165/275 € 180/300 € – 15 Suiten

Hafenstr. 41 ✉ 25992 – ✆ 04651 889750 – www.hotel-strand-sylt.de

Morsum

Hof Galerie

LANDHAUS • ELEGANT Moderne Wohnkultur und Kunst vereint. Man hat schicke Suiten, einen netten Garten, Inselkünstler stellen ihre Werke aus und die Terrasse mit Brunnen unter alten Linden lädt zum Frühstücken ein. Nachmittags Kaffee und hausgemachten Kuchen, am Abend bis 20 Uhr kleinere Gerichte in der eigenen Bäckerei gegenüber.

18 Suiten – 180/365 € – 2 Zim

Serkwai 1 ✉ 25980 – ✆ 04651 957050 – www.hotelhofgalerie.de

Landhaus Severin*s Morsum Kliff

LANDHAUS • ELEGANT Nicht zu toppen ist hier die Lage mitten im Naturschutzgebiet mit wunderbarem Blick aufs Wattenmeer - da lockt natürlich auch die Terrasse! Aber auch das Interieur des hübschen reetgedeckten Hauses kann sich sehen lassen: Alles ist hochwertig und geschmackvoll-modern mit nordischem Touch gestaltet.

13 Zim – 130/380 € 160/440 € – ½ P

Nösistig 13 ✉ 25980 – ✆ 04651 4606880 – www.landhaus-severins.de – geschlossen 14. Januar - 3. Februar, 26. November - 16. Dezember

Munkmarsch

Käpt'n Selmer Stube

INTERNATIONAL · LÄNDLICH XX Überall sieht man die Liebe zum Detail: original blau-weiße Kacheln, Antiquitäten, nordischer Stil, dazu eine traumhafte Terrasse... Aus der Küche kommen ambitionierte saisonale Gerichte wie "Heilbutt, Kräuter-Steckrüben-Risotto, Orangenbutter". Nachmittags locken Kaffee und Kuchen.

Menü 52 € – Karte 48/66 €

Hotel Fährhaus, Bi Heef 1 ✉ 25980 – ✆ 04651 93970 (Tischbestellung erforderlich) – www.faehrhaus-sylt.de

Fährhaus

LUXUS · GEMÜTLICH Ein Luxushotel ohne prätentiösen Rahmen, dafür aber mit exklusivem Wohnkomfort und nahezu perfektem Service! Auch angesichts des hochwertigen Spas und der tollen Lage mit Blick zum Wattenmeer verabschiedet man sich nur sehr ungern wieder!

32 Zim – 250/400 € 390/470 € – 12 Suiten – ½ P

Bi Heef 1 ✉ 25980 – ✆ 04651 93970 – www.faehrhaus-sylt.de

Käpt'n Selmer Stube – siehe Restaurantauswahl

Rantum

Söl'ring Hof

KREATIV · ELEGANT XXX Besser könnte die Lage kaum sein: Mit einem atemberaubenden Blick auf die Wellen der Nordsee thront das reetgedeckte Anwesen am Rande von Rantum auf einer Düne. Betritt man die edlen, in nordischem Stil gehaltenen Räumlichkeiten, ist man umgeben von gemütlicher und charmanter Gastlichkeit. Zur Atmosphäre trägt nicht zuletzt der professionelle Service bei, zu dem auch die exzellente Weinberatung durch Restaurantleiterin und Sommelière Bärbel Ring gehört. Der Söl'ring Hof bietet seinen Gästen moderne Sterneküche, die durch ihre qualitative Beständigkeit besticht. Die Produkte sind von herausragender Klasse und die Küchencrew weiß sich bei ihren Kreationen auf das Wesentliche zu beschränken. Man kocht klar, aber dennoch komplex. Wie wunderbar das gelingt, zeigt beispielsweise die köstliche frische King Crab, die mit den unterschiedlichen Aromen von Minze, Erbsen und Karotten eine wirklich interessante Kombination ergibt.

→ Saibling, Kohlrabi, Apfel, Ziegenfrischkäse. Steinbutt "en papillote", Morchel, Seeigel, Karotte. Sylter Heckenrose, Amaranth, Moosbeere.

Menü 169/209 € – Karte 122/200 €

Hotel Söl'ring Hof, Am Sandwall 1 ✉ 25980 – ✆ 04651 836200 (Tischbestellung erforderlich) – www.soelring-hof.de – nur Abendessen – geschlossen 14. - 27. Januar und in der Nebensaison: Sonntag, Mittwoch

Coast

MODERNE KÜCHE · FREUNDLICH XX Das charmante reetgedeckte Haus versprüht auch im Inneren friesisches Flair, dafür sorgt die modern-maritime Gestaltung samt dekorativer witziger Fischmotiv-Tapete. Freundlich-leger serviert man regional-internationale Gerichte wie "Seehecht, Fenchel-Kartoffelpüree, Chorizo-Bohnenkerne".

Karte 38/86 €

Hotel Duene, Stiindeelke 1 ✉ 25980 – ✆ 04651 1551 (Tischbestellung erforderlich) – www.restaurant-coast.de – nur Abendessen – geschlossen Dienstag, in der Nebensaison: Dienstag - Mittwoch

Sansibar

INTERNATIONAL · RUSTIKAL X Eine Adresse mit Kultstatus! Das Strandhütten-Flair ist äußerst gefragt, da geht man gern fünf Minuten zu Fuß durch die Dünen - oder Sie nutzen den Shuttleservice. Lust auf den Sansibar-Klassiker "Kartoffelsuppe mit Apfelkuchen"? Oder lieber etwas Gehobeneres? Grandios die Weinkarte. Mittags keine Reservierung möglich.

Menü 110 € – Karte 32/136 €

Hörnumer Str. 80, Süd: 3 km ✉ 25980 – ✆ 04651 964646 – www.sansibar.de

Söl'ring Hof

LUXUS • INDIVIDUELL Traumhaft die Lage in den Dünen! Nicht minder attraktiv das schmucke Friesenhaus: persönliche Atmosphäre, diskreter Service, schöne wertige Zimmer, ein schicker kleiner Spa, exklusives "Open End"-Frühstück. Tipp: das Dünenzimmer "Gret Palucca" - hier haben Sie auf Ihrer Terrasse einen eigenen beheizbaren Strandkorb!

15 Zim – 450/690 € 450/690 €

Am Sandwall 1 25980 – 04651 836200 – www.soelring-hof.de – geschlossen 14. - 27. Januar

Söl'ring Hof – siehe Restaurantauswahl

Alte Strandvogtei

LANDHAUS • INDIVIDUELL Hier wohnt man so richtig schön, alles ist hochwertig, Suiten mit Kitchenette, teils Maisonetten, charmant der Frühstücksraum mit altem Ofen und handbemalten Friesenkacheln, Garten mit Strandkörben, nachmittags gibt es Tee und Kuchenbuffet... Zum Strand sind es nur wenige Minuten zu Fuß.

12 Suiten – 155/255 € – 5 Zim

Merret-Lassen-Wai 6 25980 – 04651 92250 – www.alte-strandvogtei.de

Duene

LANDHAUS • AUF DEM LAND Richtig schöne Zimmer hat man hier: nordisch-moderner Landhausstil, warmer Holzfußboden, helle, wohnliche Töne - einige Zimmer liegen direkt über dem Restaurant "Coast", hier gibt es auch das Frühstück.

16 Zim – 110/252 € 130/270 €

Stiindeelke 1 25980 – 04651 1660 – www.hotel-duene.de

Coast – siehe Restaurantauswahl

Watthof

LANDHAUS • GEMÜTLICH Ein hübsches Reetdachhaus, familiär geleitet und wohnlich von den Zimmern (die beiden Suiten sogar mit eigenem Kamin) über den Frühstücksraum bis zur schönen Lounge mit Bar. Toll der Wattblick von der Terrasse. Im UG eine kleine Sauna.

8 Zim – 173/435 € 198/465 € – 2 Suiten

Raanwai 42 25980 – 04651 8020 – www.watthof.de – geschlossen 14. Januar - 28. Februar, 4. November - 15. Dezember

Tinnum

BODENDORF'S

FRANZÖSISCH-MODERN • ELEGANT XXX Modern sind hier sowohl das stilvoll-gemütliche Restaurant als auch die kreative international geprägte Küche, für die Holger Bodendorf und sein Team sehr gute Produkte exakt und durchdacht zubereiten. Darf es vielleicht ein Apero oder ein Absacker an der coolen Bar sein?

→ Kaninchenrücken, Guacamolecrème, Senfbrotcrumble und grünes Wildkräutersorbet. Yellowfin Tuna, geschmorte Pimentos, braune Butter, Kartoffelschaum und Brasato. Dry Aged Luma Pork, marinierter Spitzkohl, "Ofenkartoffel", Sauerkrautsaft.

Menü 146/172 € – Karte 94/124 €

Hotel Landhaus Stricker, Boy-Nielsen-Str. 10 25980 – 04651 88990 – www.landhaus-stricker.de – nur Abendessen – geschlossen 10. Januar - Ende Februar, Anfang November - 25. Dezember und Sonntag - Montag

SIEBZEHN84

REGIONAL • LÄNDLICH XX Modern-friesisch, das trifft "Tenne" und "Kaminzimmer" am besten. Es gibt Steaks, aber auch "Zander, Fregola Sarda, Pak Choi" oder "Kalbsrücken, Chorizokruste, Polantacreme". Man bietet auch kleine Portionen - umso mehr kann man probieren!

Menü 74 € (vegetarisch)/88 € – Karte 44/72 €

Hotel Landhaus Stricker, Boy-Nielsen-Str. 10 25980 – 04651 88990 – www.landhaus-stricker.de – nur Abendessen

Landhaus Stricker

LANDHAUS • GEMÜTLICH Kerstin und Holger Bodendorf sind beispielhafte Gastgeber, was sich in luxuriösen, ausgesprochen geschmackvollen Zimmern und erstklassigem Service äußert, und auch mit der schicken, nicht ganz alltäglichen "Wellness-Lounge" samt topmodernem Fitnessraum haben sie etwas richtig Tolles geschaffen!

38 Zim – 160/240 € 260/340 € – 17 Suiten

Boy-Nielsen-Str. 10 25980 – 04651 88990 – www.landhaus-stricker.de

BODENDORF'S • **SIEBZEHN84** – siehe Restaurantauswahl

Westerland

Hardy's Bar & Restaurant

FRANZÖSISCH-KLASSISCH • ELEGANT XXX Stilvoll verbindet das "Hardy's" (übrigens der Name des Familienhundes) klassisches Ambiente mit modernen Akzenten. In der Küche treffen französische Elemente auf hochwertige regionale Zutaten, so z. B. bei "Seeteufel, Langustinen-Tomatensalsa, Zucchiniblüte" oder "Sylter Lamm, Hummus, Auberginen-Chili-Chutney".

Menü 85/125 € – Karte 52/82 €

Hotel Stadt Hamburg, Strandstr. 2 25980 – 04651 8580 – www.hotelstadthamburg.com – nur Abendessen

Franz Ganser

KLASSISCHE KÜCHE • FREUNDLICH XX Seit 1979 ist das elegante Restaurant eine kulinarische Konstante und eine gefragte Adresse. Gekocht wird klassisch-international, so z. B. "Heilbuttfilet gebraten, mit Tomaten-Kräuerbutter gratiniert, Orangen-Fenchel, Kartoffelschnee". Zusätzlich gibt es eine kleinere Mittagskarte.

Menü 48/98 € – Karte 35/95 €

Bötticherstr. 2 25980 – 04651 22970 – www.ganser-sylt.de – geschlossen Montag - Dienstagmittag

Shirobar

FUSION • GERADLINIG X Das japanische Wort "Shiro" bedeutet im Deutschen "weiß", entsprechend das puristische Design. Passend dazu klassisches Sushi mit westlichen Einflüssen, von Nigiri und Maki bis hin zu aufwändigen Special Rolls wie "Rockshrimp Tempura Roll".

Karte 18/45 €

Keitumer Chaussee 5a 25980 – 04651 9679449 (Tischbestellung ratsam) – www.shirobar.de – nur Abendessen – geschlossen Dienstag

Stadt Hamburg

TRADITIONELL • KLASSISCH Ein Klassiker a. d. J. 1869 mit ganz eigenem Charme! Individuelle Zimmer in Stammhaus, Gartenflügel und Parkvilla, schön der Spa, engagiert das Personal, und das Frühstück wird am Tisch serviert! Sehenswert: die "Sylt-Lichtbilder" im Haus. Angenehm unkompliziert: "Bistro Stadt Hamburg".

45 Zim – 85/280 € 215/370 € – 25 Suiten – 25 € – ½ P

Strandstr. 2 25980 – 04651 8580 – www.hotelstadthamburg.com

Hardy's Bar & Restaurant – siehe Restaurantauswahl

Miramar

HISTORISCH • KLASSISCH Familientradition (5. Generation) und der Charme des 1903 erbauten Hotels werden hier gleichermaßen gepflegt. Zahlreiche Jugendstilmöbel fügen sich harmonisch ins klassische Bild. Einige Zimmer, Restaurant und Terrasse liegen schön zum Meer hin. Wie wär's mal mit Relaxen im Strandkorb auf der Düne am Meer?

62 Zim – 210/345 € 280/530 € – 22 Suiten – ½ P

Friedrichstr. 43, Zufahrt über Margarethenstraße 25980 – 04651 8550 – www.hotel-miramar.de – geschlossen 10. November - 19. Dezember

Landhaus Sylter Hahn

LANDHAUS • GERADLINIG Etwas abseits vom Trubel der Friedrichstraße hat man hier ein schönes modern-elegantes Landhausambiente geschaffen, von den Zimmern in wohnlich-warmen Tönen über den hellen Frühstücksraum und die Bar bis zum attraktiven Wellnessbereich.

37 Zim – 90/180 € 110/260 €

Robbenweg 3 25980 – 04651 92820 – www.sylter-hahn.de

Villa 54° Nord

BOUTIQUE-HOTEL • INDIVIDUELL Sie mögen den Charme einer alten Villa kombiniert mit trendigem Design? Zum legeren Konzept gehört neben stylischen Zimmern auch das gemeinsame Frühstück an großen Tischen. Tipp: günstig parken auf dem Johann-Möller-Platz gegenüber.

10 Zim – 100/180 € 110/190 € – 5 Suiten – 13 €

Norderstr. 21 25980 – 04651 8364008 – www.villa54-sylt.de

Long Island House

FAMILIÄR • MODERN Ein gepflegtes kleines Hotel mit hübschem Interieur nach dem Vorbild der Hamptons auf Long Island. Überall charmant-moderner Stil mit maritimem Flair, in den Zimmern ("Lighthouse", "Captains Room"...) schöner Walnussholzboden, viel Weiß und individuelle Deko.

10 Zim – 86/136 € 126/216 € – 1 Suite

Eidumweg 13 25980 – 04651 9959550 – www.sylthotel.de – geschlossen 10. Januar - 1. März

TANGERMÜNDE

Sachsen-Anhalt – 10 426 Ew. – Höhe 45 m – Regionalatlas **21**-M8
Michelin Straßenkarte 542

Schloss Tangermünde

SPA UND WELLNESS • INDIVIDUELL Ein romantisches Anwesen über der Elbe mit mehreren Häusern in einer idyllischen Gartenanlage. Sie wohnen in stilvollen Zimmern und entspannen in der "Kaisertherme". Das Restaurant "1699" bietet regional-saisonale Küche, schön die Terrasse mit Elbblick. Für besondere Anlässe: die Alte Kanzlei a. d. 14. Jh.

37 Zim – 80/120 € 110/178 € – 1 Suite – ½ P

Amt 1, (Zufahrt über Schlossfreiheit) 39590 – 039322 7373 – www.schloss-tangermuende.de

TANN (RHÖN)

Hessen – 4 391 Ew. – Höhe 390 m – Regionalatlas **39**-I13
Michelin Straßenkarte 543

In Tann-Lahrbach Süd: 3 km

Landhaus Kehl

LANDHAUS • MODERN Sehr gepflegt ist der Gasthof der Familie Kehl - bereits die 4. Generation. Im Haupthaus hat man einfachere Zimmer, im 300 m entfernten Gästehaus sind die Zimmer geräumiger, hier auch der ansprechende Wohlfühl- und Fitnessbereich. Im Restaurant reicht das Angebot von bürgerlicher Kost bis zum Gourmetmenü.

37 Zim – 44/55 € 72/94 € – ½ P

Eisenacher Str. 15 36142 – 06682 387 – www.landhaus-kehl.de – geschlossen Ende Februar - Anfang März 2 Wochen, Ende Oktober - Anfang November 2 Wochen

TANGSTEDT

Schleswig-Holstein – 6 441 Ew. – Höhe 33 m – Regionalatlas **10**-I5
Michelin Straßenkarte 541

Gutsküche

REGIONAL • LÄNDLICH "Gutsküche" trifft es genau, denn in der ehemaligen Scheune kocht man schmackhaft, unkompliziert und regional, sehr gut die frischen (Bio-) Zutaten - Lust auf "Sauerbraten vom Frischling mit gebratenen Kohlblüten"? Mittags kleineres Angebot. Tipp: Snacks im "GutsKaffee" , Bioprodukte im Hofladen nebenan.

Menü 45/75 € - Karte 36/56 €

Wulksfelder Damm 15, (im Gutshof Wulksfelde) ✉ 22889 – ✆ 040 64419441 – www.gutskueche.de – geschlossen Sonntag - Montag

TAUBERBISCHOFSHEIM

Baden-Württemberg – 12 832 Ew. – Höhe 183 m – Regionalatlas **48**-H16
Michelin Straßenkarte 545

In Tauberbischofsheim-Distelhausen Süd: 3 km

Das kleine Amtshotel

FAMILIÄR • MODERN Das kleine Hotel ist schnell ausgebucht. Kein Wunder, denn hier erwarten Sie wirklich nette Gastgeber, moderne Zimmer, gutes Frühstück und kostenloser Fahrradverleih! Etwas Besonderes sind Bier-Hefe- und Bier-Hopfen-Bäder im Holzzuber - oder vereinbaren Sie doch eine Bierdegustation mit dem Chef!

11 Zim – 60/70 € 90/100 €

Amtstr. 2 ✉ 97941 – ✆ 09341 7888 – www.das-kleine-amtshotel.de

TAUFKIRCHEN (VILS)

Bayern – 9 566 Ew. – Höhe 466 m – Regionalatlas **58**-N19
Michelin Straßenkarte 546

In Taufkirchen-Hörgersdorf Süd-West: 8,5 km über B 15

Landgasthof Forster

INTERNATIONAL • LÄNDLICH In diesem sympathischen Haus wird ohne große Schnörkel, aber mit Geschmack und frischen Produkten gekocht. Appetit macht da z. B. "Wildentenbrust im Pancettamantel, Bayrisch Spitzkraut, Rahmkartoffeln". Herzlich der Service, hübsch das ländliche Ambiente.

Menü 30/70 € – Karte 33/57 €

Hörgersdorf 23 ✉ 84416 – ✆ 08084 2357 – www.landgasthof-forster.de – nur Abendessen, sonntags auch Mittagessen – geschlossen Ende August - Anfang September 2 Wochen und Montag - Mittwoch

TAUNUSSTEIN

Hessen – 28 721 Ew. – Höhe 343 m – Regionalatlas **47**-E14
Michelin Straßenkarte 543

In Taunusstein-Neuhof

Légère

BUSINESS • DESIGN Eines der modernsten Hotels in der Gegend! Zimmer in geradlinigem und doch wohnlichem Design, technisch top, Minibar gratis. Dazu Snacks gegen den kleinen Hunger. Sie sind übrigens in prominenter Gesellschaft: Überall im Haus große Fotodrucke der deutschen Politik-, Business- und Kunstszene.

31 Zim – 86/96 € 91/96 € – 12 €

Heinrich-Hertz-Str. 2 ✉ 65232 – ✆ 06128 609810 – www.legere-hotels-online.com – geschlossen Weihnachten - Neujahr

TECKLENBURG

Nordrhein-Westfalen – 8 821 Ew. – Höhe 200 m – Regionalatlas **27**-E9
Michelin Straßenkarte 543

In Tecklenburg-Brochterbeck West: 6,5 km

Teutoburger Wald

FAMILIÄR • GEMÜTLICH Dass man sich hier wohlfühlt, hat seinen Grund: Das Haus wird engagiert geführt und stetig verbessert, die Zimmer sind wohnlich, die Mitarbeiter herzlich. Im Sommer zieht es die Gäste in den schönen Garten mit Teich. Tipp: Lassen Sie sich nachmittags den hausgemachten Kuchen schmecken!

43 Zim – 87/117 € 124/159 € – 1 Suite – 8 € – ½ P

Im Bocketal 2 ✉ 49545 – ✆ 05455 93000 – www.rrhtw.de – geschlossen 19. - 25. Dezember

TEGERNSEE

Bayern – 3 647 Ew. – Höhe 747 m – Regionalatlas **66**-M21
Michelin Straßenkarte 546

Leeberghof

KLASSISCHE KÜCHE • GEMÜTLICH XX Wo könnte man schöner speisen als auf der Terrasse hoch überm See? Es gibt z. B. "sautierten Wolfsbarsch unter der Weißbrotkruste in Limonen-Kapernbutter", aber auch Klassiker wie "halbe Bayerische Bauernente". Hübsch die "Sassa Bar" mit Tapas-Angebot.

Menü 84 € (abends) – Karte 35/71 €

Hotel Leeberghof, Ellingerstr. 10 ✉ 83684 – ✆ 08022 188090 – www.leeberghof.de – geschlossen Montag, außer an Feiertagen

Leeberghof

HISTORISCH • INDIVIDUELL Ein richtiges Kleinod: traumhaft die Aussichtslage, klasse der Blick auf den Tegernsee und die ganze Bergwelt! Sie wohnen in geschmackvollen, hochwertigen Zimmern im Landhausstil (mit kostenfreier Minibar) und genießen die wirklich charmante Atmosphäre, nicht zu vergessen das individuelle A-la-carte-Frühstück!

15 Zim – 85/95 € 195/245 € – 4 Suiten – ½ P

Ellingerstr. 10 ✉ 83684 – ✆ 08022 188090 – www.leeberghof.de

Leeberghof – siehe Restaurantauswahl

In den Ortsblöcken finden Sie geografische Angaben wie Bundesland, Michelin-Karte, Einwohnerzahl und Höhe des Ortes.

TEINACH-ZAVELSTEIN, BAD

Baden-Württemberg – 2 999 Ew. – Höhe 391 m – Regionalatlas **54**-F18
Michelin Straßenkarte 545

Im Stadtteil Bad Teinach

Therme Bad Teinach

SPA UND WELLNESS • INDIVIDUELL Das ehemalige Kurhotel ist eine schmucke Wellnessadresse. Chic die modern-komfortablen Zimmer im Thermenflügel - wer's klassisch mag, wohnt im Stammhaus oder im Fürstenflügel. Geschmackvoll-eleganter Spa (auch für Passanten) sowie Physio-Praxis. Im Restaurant saisonal-regionale Küche. Wandertipp: Schlossberghütte.

118 Zim – 99/139 € 149/229 € – ½ P

Otto-Neidhart-Allee 5 ✉ 75385 – ✆ 07053 290 – www.hotel-therme-teinach.de

Im Stadtteil Zavelstein

Gourmetrestaurant Berlins Krone

FRANZÖSISCH-MODERN • GEMÜTLICH In gemütlichem Ambiente sitzen und sich überaus freundlich und kompetent umsorgen lassen - das genießen die Gäste hier ebenso wie die feinen klassisch-modernen Gerichte von Franz Berlin. Man kocht durchdacht, stimmig und mit ausgesuchten Produkten. Trefflich die Empfehlungen des Sommeliers. Geschmackvoll das Interieur aus ländlichem Charme und eleganter Note.

→ Pulpo aus dem "Big Green Egg", Chicorée, Tamarillo, japanische Sojamayonnaise. Miéral Taube, Salzzitrone, Topinambur. Wildberger Weidelamm "marokkanisch" in zwei Gängen serviert.

Menü 99/135 €

Berlins Hotel KroneLamm, Marktplatz 2 ✉ 75385 – ✆ 07053 92940 (Tischbestellung erforderlich) – www.krone-lamm.de – nur Abendessen – geschlossen 6. - 30. Januar, 1. - 24. Juli und Montag - Dienstag

Berlins Hotel KroneLamm

SPA UND WELLNESS • GEMÜTLICH Die engagierten Gastgeber bieten hier so einiges: Wellnessfans entspannen auf 1600 qm, Wohnkomfort gibt es von "Talblick" über "Katharinenplaisir" und "Burgherrengemach" bis hin zur "Jungbrunnensuite", und auch kulinarisch gibt es Abwechslung: von gehoben über schwäbisch im eleganten "Berlins Lamm" bis zur 1 km entfernten Wanderhütte.

63 Zim – 95/139 € 158/288 € – 3 Suiten – ½ P

Marktplatz 2 ✉ 75385 – ✆ 07053 92940 – www.krone-lamm.de

Gourmetrestaurant Berlins Krone – siehe Restaurantauswahl

TEISENDORF

Bayern – 9 249 Ew. – Höhe 501 m – Regionalatlas **67**-O21
Michelin Straßenkarte 546

In Teisendorf-Holzhausen

Mundart - Bauernstube

REGIONAL • RUSTIKAL Ob in der gemütlich-rustikalen "Bauernstube" a. d. 20. Jh. oder im modern-eleganten "MundArt", man speist klassisch-regional, so z. B. "sautiertes Filet vom Steinbutt, Tagliatelle, grüner Spargel" oder "Wiener Schnitzel, Petersilienkartoffeln, Preiselbeeren".

Menü 29/58 € – Karte 36/80 €

Hotel Gut Edermann, Holzhausen 2 ✉ 83317 – ✆ 08666 92730 – www.gut-edermann.de

Gut Edermann

SPA UND WELLNESS • GEMÜTLICH Ein gelungenes Hotelkonzept: Hier locken die schöne erhöhte Lage nebst klasse Sicht über die Region, die geschmackvollen, individuellen Zimmer sowie der "AlpenSpa" auf 2500 qm samt Naturbadeteich und "PrivatSpa". Zum Gesamtpaket gehören u. a. auch Basenfasten und die "GenussHalbpension" (im Preis inkl.), die auf Regionalität, Kräuter und Bioprodukte setzt.

50 Zim – 131 € 238 € – ½ P

Holzhausen 2 ✉ 83317 – ✆ 08666 92730 – www.gut-edermann.de

Mundart - Bauernstube – siehe Restaurantauswahl

TEISNACH

Bayern – 2 815 Ew. – Höhe 467 m – Regionalatlas **59**-O17
Michelin Straßenkarte 546

In Teisnach-Kaikenried Süd-Ost: 4 km über Oed und Aschersdorf

Oswald's Gourmetstube

FRANZÖSISCH-MODERN • ELEGANT So exquisit und wertig die kleine Stube mit ihren vier Tischen daherkommt, so niveauvoll ist auch die modern-kreative Küche, und die gibt es als fein abgestimmtes, produktorientiertes saisonales Menü. Freundlich und geschult der Service.

→ Bretonischer Hummer, Süßkartoffel, Passionsfrucht. Taube vom Holzkohlegrill, Rote Beete, Sellerie, Baroloessigjus. Rhabarber und Himbeere.

Menü 69/135 €

Landromantik Wellnesshotel Oswald, Am Platzl 2 ✉ 94244 – ✆ 09923 84100 (Tischbestellung erforderlich) – www.hotel-oswald.de – nur Abendessen – geschlossen Sonntag - Dienstag

Landromantik Wellnesshotel Oswald

SPA UND WELLNESS • AUF DEM LAND Ein richtig schönes, elegantes Wellnesshotel, in dem vor allem die neueren Zimmer kaum Wünsche offen lassen, ebenso wenig der moderne Spa. Für den kleineren Geldbeutel: Stammhaus-Zimmer. Und gastronomisch? Alpenländisch-schickes Restaurant oder feine Gourmetstube. Produkte aus der eigenen Metzgerei! HP inkl.

60 Zim – 100/200 € 200/400 € – 1 Suite – ½ P

Am Platzl 2 ✉ 94244 – ✆ 09923 84100 – www.hotel-oswald.de

Oswald's Gourmetstube – siehe Restaurantauswahl

TELGTE

Nordrhein-Westfalen – 19 217 Ew. – Höhe 50 m – Regionalatlas **27**-E9
Michelin Straßenkarte 543

Telgter Hof

INTERNATIONAL • FREUNDLICH Eine der ältesten Gaststätten der Stadt, schön modern saniert: gemütlich-zeitgemäß der Schankraum, daran angeschlossen das geradlinig gestaltete Restaurant samt Terrasse - überall gibt es frische und schmackhafte saisonal-internationale Küche. Und für die Nacht vielleicht eines der freundlichen Gästezimmer?

Karte 30/44 €

12 Zim – 65 € 95 €

Münsterstr. 29 ✉ 48291 – ✆ 02504 8896260 – www.telgter-hof.com – geschlossen Montag

TENGEN

Baden-Württemberg – 4 501 Ew. – Höhe 614 m – Regionalatlas **62**-F21
Michelin Straßenkarte 545

In Tengen-Blumenfeld Ost: 2 km über B 314

Bibermühle

FRANZÖSISCH-KLASSISCH • HISTORISCHES AMBIENTE Drinnen wie draußen richtig romantisch: der historische Rahmen des Mühlengebäudes, rustikales Flair, die hübsche Terrasse beim Wasserfall. Auf der Karte Klassiker wie "Chateaubriand" und "Filetteller Bibermühle", aber auch Vegetarisches oder Veganes wie "Chili sin Carne im grünen Reisring mit buntem Gemüse".

Menü 31/42 € – Karte 32/66 €

Hotel Bibermühle, Untere Mühle 1 ✉ 78250 – ✆ 07736 92930 – www.bibermuehle.de – geschlossen 18. Februar - 7. März

Bibermühle

HISTORISCHES GEBÄUDE • MODERN Das hat Charme: eine Wassermühle a. d. 12. Jh. in idyllischer Lage neben einem Wasserfall, dazu eigener Forellenteich und Damwildgehege. Hier wohnt man chic-modern und bekommt am Morgen ein sehr schönes Frühstück - im Sommer gibt es dafür eine eigene Terrasse!

31 Zim – 78 € 128 € – ½ P

Untere Mühle 1 ✉ 78250 – ✆ 07736 92930 – www.bibermuehle.de – geschlossen 18. Februar - 7. März

Bibermühle – siehe Restaurantauswahl

In Tengen-Wiechs Süd: 7 km über Schwarzwaldstraße

Gasthof zur Sonne

REGIONAL • GASTHOF XX Praktisch direkt an der Schweizer Grenze kann man hier in ländlicher Atmosphäre schmackhafte, frische Küche mit regionalen, aber auch mediterranen Einflüssen genießen. Probieren Sie z. B. "Emmer-Risotto, Trollinger, gegrillte Salami Calabrese" oder "Duett von Skrei und Wildlachs in Zitronensauce". Nicht nur für Weintrinker: drei einfache, gepflegte Gästezimmer.

Menü 37/79 € – Karte 33/60 €

Hauptstr. 57 ✉ 78250 – ✆ 07736 7543 – www.sonne-wiechs.de – nur Abendessen, sonntags auch Mittagessen – geschlossen August 2 Wochen und Montag - Dienstag

TETTNANG

Baden-Württemberg – 18 473 Ew. – Höhe 466 m – Regionalatlas **63**-H21
Michelin Straßenkarte 545

Rad

GASTHOF • GEMÜTLICH Schön schläft es sich hier im Herzen der Altstadt. Wer modernes Design mag, wählt ein "Smart"- oder "Deluxe"-Zimmer, ebenfalls freundlich und wohnlich die "Klassik-Zimmer". Gemütlich das Restaurant mit Holztäfelung und Kachelofen, die Küche bürgerlich-regional. Tipp: der kleine Shop mit Hopfenprodukten.

69 Zim – †80/160 € ††120/160 € – ½ P

Lindauer Str. 2 ✉ 88069 – ✆ 07542 5400 – www.hotel-rad.com – geschlossen Januar

In Tettnang-Kau West: 3 km Richtung Friedrichshafen, in Pfingstweide links

Lamm im Kau

REGIONAL • GEMÜTLICH X Seit 1982 betreiben die Kiechles ihr gemütlich-ländliches Gasthaus und kommen gut an mit frischen regionalen Gerichten wie "Ochsenmaulsalat mit Radiesle und Wachtelei" oder "Maibock-Ragout mit Holunderblütensößle und Rahmpfifferlingen". Charmant und aufmerksam der Service. Tipp: die schöne Terrasse vorm Haus!

Menü 18 € (mittags unter der Woche) – Karte 32/70 €

Sängerstr. 50 ✉ 88069 – ✆ 07542 4734 – www.lamm-im-kau.de – geschlossen 23. - 30. Dezember und Montag

THALEISCHWEILER-FRÖSCHEN

Rheinland-Pfalz – 3 333 Ew. – Höhe 242 m – Regionalatlas **46**-D17
Michelin Straßenkarte 543

Landhotel Weihermühle

LANDHAUS • NATUR Die Anreise lohnt sich, denn hier erwarten Sie Natur und Ruhe - also beste Bedingungen für Aktivitäten im Freien und Erholung pur! Fragen Sie nach den Zimmern in der "Kornkammer", sie sind besonders chic und modern. Das Restaurant bietet regionale und saisonale Küche. Tipp für Familien: Ponyhof nebenan.

20 Zim – †56/104 € ††79/174 € – ½ P

Weihermühle 1, (Zufahrt über langen Waldweg) ✉ 66987 – ✆ 06334 5584 – www.landhotel-weihermuehle.de – geschlossen Januar - Februar 3 Wochen

THANNHAUSEN

Bayern – 6 010 Ew. – Höhe 499 m – Regionalatlas **64**-J20
Michelin Straßenkarte 546

Schreiegg's Post

REGIONAL • GEMÜTLICH XX Ob Postzimmer, Bräustube, Jagdzimmer oder Biedermeierzimmer, jeder der Restauranträume ist mit Stil und Geschmack eingerichtet, draußen lockt der schöne Kastaniengarten. Gekocht wird regional-international, von "geschmorter Lammhaxe" bis "Kalbsrücken unter der Gewürzkruste".

Menü 42/68 € – Karte 35/51 €

Postgasse 1, Ecke Bahnhofstraße ✉ 86470 – ✆ 08281 99510 – www.schreieggs-post.de – geschlossen 1. - 7. Januar und Montag

Schreiegg's Post

FAMILIÄR · GEMÜTLICH Der schöne aufwändig sanierte alte Brauereigasthof ist schon ein kleines Schmuckstück! Hier fühlt man sich wohl, von der freundlichen Begrüßung über die charmanten, individuellen Zimmer bis zum netten Saunabereich mit Blick über die Stadt. Nicht zu vergessen das frische Frühstück mit persönlicher Betreuung.

11 Zim – 96/105 € 139 € – 2 Suiten – ½ P

Postgasse 1 ✉ 86470 – ✆ 08281 99510 – www.schreieggs-post.de – geschlossen 1. - 7. Januar

Schreiegg's Post – siehe Restaurantauswahl

THOLEY

Saarland – 12 191 Ew. – Höhe 400 m – Regionalatlas **45**-C16
Michelin Straßenkarte 543

Hotellerie Hubertus

REGIONAL · ELEGANT XX In dem Haus bei der Benediktinerabtei erwartet Sie ein breites Angebot von regionaler Küche über Pasta bis zum Überraschungs- und Gourmetmenü. Mittags speist man im Wintergarten "Palazzo", abends unter dem schönen mächtigen Kreuzgewölbe.

Menü 37 € (abends)/68 € – Karte 37/61 €

17 Zim – 52/65 € 95/110 €

Metzer Str. 1 ✉ 66636 – ✆ 06853 91030 – www.hotellerie-hubertus.de – nur Abendessen, sonntags auch Mittagessen – geschlossen Montag - Dienstag

THUMBY

Schleswig-Holstein – 446 Ew. – Höhe 25 m – Regionalatlas **2**-I2
Michelin Straßenkarte 541

In Thumby-Sieseby West: 3 km

Gasthof Alt Sieseby (N)

MARKTKÜCHE · FREUNDLICH XX Jede Menge Herzblut steckt in dem Gasthof von 1867. Er wird mit Hingabe geführt, ist geschmackvoll dekoriert und hat einfach Charme. Tipp: der Sonntagsbraten! Wer über Nacht bleibt, darf sich auf gemütliche Zimmer und ein gutes Frühstück freuen. Die Schlei ist übrigens nur 100 m entfernt - das lädt zum Baden ein!

Menü 39/39 € – Karte 35/51 €

6 Zim – 95 € 115 € – 15 €

Dorfstr. 24 ✉ 24351 – ✆ 04352 9569933 – www.gasthof-alt-sieseby.de – im Winter Mittwoch - Freitag nur Abendessen – geschlossen Februar, Anfang November 1 Woche und Montag, November - April: Montag - Dienstag

THUMSEE Bayern → Siehe Reichenhall, Bad

TIEFENBRONN

Baden-Württemberg – 5 142 Ew. – Höhe 432 m – Regionalatlas **55**-F18
Michelin Straßenkarte 545

Bauernstuben

REGIONAL · LÄNDLICH XX Urig-heimelig ist es hier, jede Menge rustikales Holz und liebenswerte Deko! Man sitzt an wertig eingedeckten Tischen, freundlich der Service. Richtig gut die saisonal-regionale Küche: Wildterrine, Rinderroulade, Steaks aus eigener Reifung... Alternativ: Saure Nierle, Maultaschen & Co. im schicken "Backhaus".

Menü 25 € (mittags unter der Woche)/69 € – Karte 31/64 €

Hotel Ochsen-Post, Franz-Josef-Gall-Str. 13 ✉ 75233 – ✆ 07234 95450 – www.ochsen-post.de – geschlossen Sonntag - Montagmittag

Ochsen-Post

HISTORISCH • INDIVIDUELL Familientradition seit sage und schreibe 24 Generationen - und jede hat bewusst den regionstypischen Charme des Fachwerkhauses erhalten. Hätten Sie gerne ein Himmelbett im Zimmer? Oder mögen Sie es lieber topmodern und geradlinig? Im "Jägerhaus" wohnt man elektrosmogfrei. Dazu ein schönes Frühstück. Im Restaurant "Ochsen Post" gehobenes Menü für Gruppen.

30 Zim – 60/120 € 72/132 € – 6 Suiten

Franz-Josef-Gall-Str. 13 ✉ 75233 – ✆ 07234 95450 – www.ochsen-post.de

Bauernstuben – siehe Restaurantauswahl

In Tiefenbronn-Mühlhausen Süd-Ost: 4 km

Arneggers Adler

MARKTKÜCHE • TRADITIONELLES AMBIENTE XX Hier sorgt die 5. Generation für gute saisonal-regionale Küche mit internationalen Einflüssen, und die gibt es z. B. als "Rinderfilet, Rotweinzwiebeln, Steinpilz-Gnocchi". Dazu eine günstigere Klassiker-Karte, nicht zu vergessen der sonntägliche Brunch.

Menü 32/63 € – Karte 32/66 €

Hotel Arneggers Adler, Tiefenbronner Str. 20 ✉ 75233 – ✆ 07234 953530 – www.arneggers-adler.de – Dienstag - Freitag nur Abendessen – geschlossen Januar 3 Wochen und Montag

Arneggers Adler

FAMILIÄR • AUF DEM LAND Schon seit 1874 gibt es den "Adler", seit jeher ist er im Familienbesitz. Schön wohnlich sind die Zimmer alle, von chic-modern bis zu den gemütlichen Giebel-Juniorsuiten. Ein Teil der Zimmer befindet sich im Gästehaus gegenüber.

22 Zim – 81/88 € 93/108 € – 9 €

Tiefenbronner Str. 20 ✉ 75233 – ✆ 07234 953530 – www.arneggers-adler.de – geschlossen Januar 3 Wochen

Arneggers Adler – siehe Restaurantauswahl

TIMMENDORFER STRAND

Schleswig-Holstein – 8 792 Ew. – Höhe 2 m – Regionalatlas **11**-K4
Michelin Straßenkarte 541

Orangerie

FRANZÖSISCH-KLASSISCH • ELEGANT XXX Schon lange hält das Orangerie-Team hier in einem Seitenflügel des "Maritim Seehotels" das hohe kulinarische Niveau. Aus erstklassigen Produkten entstehen finessenreich und handwerklich exakt zubereitete klassische Gerichte. Man wird professionell und freundlich umsorgt und auch in Sachen Wein gut beraten.

→ Lauwarmer Salat vom bretonischen Hummer mit Sellerieextrakt, Tapioka und Yuzu. Gebratene Seezunge mit Spargel, Kerbelbutter und Sauce Mousseline. Crêpe Suzette mit Orange und Grand Marniereis.

Menü 125 € – Karte 74/99 €

Strandallee 73 ✉ 23669 – ✆ 04503 6052424 – www.orangerie-timmendorfer-strand.de – nur Abendessen, sonntags auch Mittagessen – geschlossen Ende Januar - Anfang März und Sonntagabend - Dienstag

Grill Seesteg

GRILLGERICHTE • ELEGANT XX Hier darf man sich auf klassische Grillgerichte aus hervorragenden Produkten freuen, vom US-Beef bis zur Nordsee-Seezunge. Dazu genießt man in geschmackvoller, recht intimer Atmosphäre den Blick aufs Meer.

Karte 35/90 €

Grand Hotel Seeschlösschen, Strandallee 141 ✉ 23669 – ✆ 04503 6011 – www.seeschloesschen.de – nur Abendessen – geschlossen 14. Januar - 14. Februar

Horizont

MODERNE KÜCHE • CHIC XX Wirklich interessant: Nordische Küche und regionale Produkte treffen hier auf Asiatisches. Da heißt es z. B. "Crunchy Peking Duck Roll" oder "Interpretation der Scholle Müllerin". Dazu kommen wertiges modernes Design und eine tolle Terrasse zur Ostsee.

Menü 60/99 € (abends) – Karte 50/71 €

Strandhotel Fontana, Strandallee 49 ✉ 23669 – ☎ 04503 870414 – www.restaurant-horizont.de – Nebensaison: nur Abendessen – geschlossen 21. Januar - 7. Februar, Montag - Dienstag, Juni - August: Montag

Panorama

FRANZÖSISCH-KLASSISCH • ELEGANT XX Was erwarten Sie von einem Restaurant mit diesem Namen? Sowohl drinnen in eleganter Atmosphäre als auch draußen auf der Terrasse über dem Strand: eine Aussicht wie ein Postkartenmotiv! Die Küche ist klassisch. Tipp: leckere Desserts!

Menü 45 € – Karte 35/76 €

Grand Hotel Seeschlösschen, Strandallee 141 ✉ 23669 – ☎ 04503 6011 – www.seeschloesschen.de – geschlossen 14. Januar - 14. Februar

Grand Hotel Seeschlösschen

SPA UND WELLNESS • KLASSISCH Die Lage ist märchenhaft! Reichlich Komfort und das Nonplusultra an Aussicht erlebt man in der 9. Etage! Dazu Spa-Vielfalt auf rund 2500 qm: Meerwasser-Außenpool, Ruheraum zur Ostsee, Ayurveda... Und das Meer direkt vor der Tür!

122 Zim – †139/219 € ††189/329 € – 23 Suiten – ½ P

Strandallee 141 ✉ 23669 – ☎ 04503 6011 – www.seeschloesschen.de – geschlossen 14. Januar - 14. Februar

Panorama • **Grill Seesteg** – siehe Restaurantauswahl

Strandhotel Fontana

BOUTIQUE-HOTEL • ELEGANT Das exklusive kleine Boutique-Hotel ist schon von außen ein Hingucker! Die Lage ist perfekt für Strandliebhaber, die Zimmer sind geschmackvoll und wohnlich - modern im Anbau, mediterran im Stammhaus. Schön das Frühstück mit persönlicher Betreuung - gerne auch auf der wunderbaren Terrasse.

19 Zim – †130/235 € ††150/235 € – 1 Suite

Strandallee 47 ✉ 23669 – ☎ 04503 87040 – www.strandhotel-fontana.de – geschlossen 21. Januar - 7. Februar

Horizont – siehe Restaurantauswahl

barefoot N

LANDHAUS • TRENDIG Unkompliziert, wohnlich-chic, leger. Im Ferienhotel von Til Schweiger versprühen helle, warme Töne und natürliche Materialien maritimes Flair. Strand und Kurpromenade erreicht man bequem zu Fuß. Im Bistro gibt's morgens Frühstück, nachmittags hausgebackenen Kuchen, abends regional-internationale Küche von "Abendbrot" bis "Foods & Goods". Tipp: "Barefoot Shop".

51 Zim – †75/370 € ††95/390 € – 6 Suiten

Schmilinsky Str. 2 ✉ 23669 – ☎ 04503 76091000 – www.barefoothotel.de

Landhaus Carstens

LANDHAUS • KLASSISCH Schön wohnt man hier direkt an der Promenade hinter dem Strand, und zwar in klassischen Zimmern - verteilt auf das nordische Landhaus und die moderne Dependance. Zum Essen sitzt man bei schönem Wetter am besten auf der Gartenterrasse. Noch ein Vorteil des Hauses: Zum Strand ist es nur ein Katzensprung.

34 Zim – †90/130 € ††140/250 € – 1 Suite – ½ P

Strandallee 73 ✉ 23669 – ☎ 04503 6080 – www.landhauscarstens.de

Park-Hotel

FAMILIÄR · GEMÜTLICH Die um einen Anbau erweiterte denkmalgeschützte Villa direkt am Kurpark beherbergt geschmackvolle, wohnliche Zimmer, dazu ist die Atmosphäre hier sympathisch und familiär. Vor dem Haus befindet sich eine nette Terrasse.

25 Zim – 68/135 € 102/176 €

Am Kurpark 4 23669 – 04503 60060 – www.park-hotel-timmendorf.de

In Timmendorfer Strand-Niendorf Ost: 1,5 km über B 76

Strandhotel Miramar

LANDHAUS · AM MEER In dem gepflegten Hotel direkt am Strand erwarten die Gäste mit hübschen Stoffen und wohnlichen Farben individuell gestaltete Zimmer. Beim Frühstück genießen Sie einen schönen Blick auf Dünen und Meer!

36 Zim – 79/159 € 96/204 € – 2 Suiten – 10 €

Strandstr. 59 23669 – 04503 8010 – www.strandhotel-miramar.de – geschlossen 3. Januar - 1. Februar

TITISEE-NEUSTADT

Baden-Württemberg – 11 908 Ew. – Höhe 849 m – Regionalatlas **62**-E21
Michelin Straßenkarte 545

Jostalstüble

GASTHOF · TRADITIONELL Der typische Schwarzwaldgasthof ist ein netter Familienbetrieb mit wohnlichen Zimmern, darunter zwei geräumige Appartements, sowie Massage- und Kosmetikbereich mit schönem Heubad. Restaurant mit ländlichem Charakter und bürgerlicher Speisekarte.

13 Zim – 50/75 € 90/125 € – 2 Suiten – ½ P

Jostalstr. 60, (im Jostal), Nord-West: 6 km ab Neustadt 79822 – 07651 918160 – www.jostalstueble.de – geschlossen 7. - 21. Januar

Im Ortsteil Titisee

Seehotel Wiesler

SPA UND WELLNESS · GEMÜTLICH Die Seelage mit eigenem Strandbad ist optimal, die Zimmer sind geräumig, wohnlich-modern und bieten meist Seeblick (wie wär's z. B. mit einem Penthouse-Zimmer?), sehr schön der Spa samt Panorama-Pool. Zum Frühstück verwöhnt man Sie mit regionalen Bioprodukten und das Abendmenü kann sich auch sehen lassen!

36 Zim – 90/130 € 180/260 € – 2 Suiten – ½ P

Strandbadstr. 5 79822 – 07651 98090 – www.seehotel-wiesler.de – geschlossen 19. November - 20. Dezember

Treschers Schwarzwaldhotel

SPA UND WELLNESS · KLASSISCH Seit 1847 beherbergt man hier Gäste, schon damals lockte die tolle Lage direkt am See! Geschmackvoll-wohnlich das Ambiente, herrlich der Spa auf rund 2000 qm inklusive Strandbad und Außenpool (ganzjährig). Im Restaurant speist man klassisch-regional - besonders schön die Hirschstube, wunderbar die Terrasse!

82 Zim – 123/200 € 166/286 € – 5 Suiten – ½ P

Seestr. 10 79822 – 07651 8050 – www.schwarzwaldhotel-trescher.de

Bären

SPA UND WELLNESS · MODERN Vom alten "Bären" a. d. J. 1888 ist nur der Name geblieben. Familie Sauter hat hier ein topmodernes Feriendomizil geschaffen: wohnliche Lounge, Zimmer von komfortabel bis fast schon luxuriös, ein vielfältiger Spa... Für Hausgäste bietet man eine inkludierte HP.

51 Zim – 116/206 € 164/254 € – ½ P

Neustädter Str. 35 79822 – 07651 8060 – www.baeren-titisee.de – geschlossen Ende November - Anfang Dezember 2 Wochen

Im Ortsteil Waldau Nord: 10 km

Sonne-Post

GASTHOF • GEMÜTLICH So stellt man sich einen Schwarzwaldgasthof vor! Ein traditionsreicher Familienbetrieb mitten im Dorf mit schöner Sicht ins Tal und wohnlichen Zimmern im Landhausstil. Im Restaurant speist man regional und klassisch, vom badischen Schäufele bis zum Lammrücken - im Winter sind die Plätze am Kachelofen beliebt!

23 Zim – †60/78 € ††120/140 € – ½ P

Landstr. 13 ✉ 79822 – ✆ 07669 91020 – www.sonne-post.de – geschlossen Mitte November - Mitte Dezember, Mitte März - Anfang April

TODTMOOS

Baden-Württemberg – 1 852 Ew. – Höhe 820 m – Regionalatlas **61**-E21
Michelin Straßenkarte 545

In Todtmoos-Strick Nord-West: 2 km

Rößle

FAMILIÄR • GEMÜTLICH Der gewachsene Schwarzwaldgasthof von 1670 ist seit jeher ein Familienbetrieb. Die Zimmer sind schön und individuell gestaltet, besonders beliebt sind die Zimmer im Anbau! Und wie wär's mit etwas Wellness? Massage, Kosmetik, Friseur... Wer im Sommer gern draußen isst, wird die hübsche Gartenterrasse schätzen.

40 Zim – †72/100 € ††144/165 € – ½ P

Kapellenweg 2 ✉ 79682 – ✆ 07674 90660 – www.hotel-roessle.de – geschlossen Mitte November - Mitte Dezember

Die rote Kennzeichnung weist auf besonders angenehme Häuser hin: .

TODTNAU

Baden-Württemberg – 4 860 Ew. – Höhe 659 m – Regionalatlas **61**-D21
Michelin Straßenkarte 545

In Todtnau-Herrenschwand Süd: 14 km über B 317 und Präg - Höhe 1 018 m

derWaldfrieden

REGIONAL • LÄNDLICH Es ist bekannt, dass man bei Familie Hupfer richtig gut isst! Am Herd steht Sohn Volker und setzt auf frische regional-saisonale Küche. So wird in den ländlichen "gastStuben" z. B. "Entrecôte vom Hinterwälder Weiderind, Waldkräuterbutter, glasiertes Gemüse, Kartoffelgratin" serviert. Gerne kommt man auch zum Vesper.

Menü 36/58 € – Karte 27/52 €

Hotel der Waldfrieden, Dorfstr. 8 ✉ 79674 – ✆ 07674 920930 – www.derwaldfrieden.de – geschlossen 25. März - 12. April, 11. November - 13. Dezember und Montag - Dienstag

derWaldfrieden

SPA UND WELLNESS • GEMÜTLICH Ein Haus mit zwei Gesichtern! Da ist zum einen der typische Schwarzwaldgasthof mit seinen netten, wohnlichen Zimmern, zum anderen das tolle "spaHaus": Juniorsuiten und Suiten sowie "panoramaSpa", alles in schickem modern-regionalem Look!

22 Zim – †50/100 € ††100/160 € – 4 Suiten – ½ P

Dorfstr. 8 ✉ 79674 – ✆ 07674 920930 – www.derwaldfrieden.de – geschlossen 25. März - 12. April, 11. November - 13. Dezember

derWaldfrieden – siehe Restaurantauswahl

TÖLZ, BAD

Bayern - 18 185 Ew. - Höhe 658 m - Regionalatlas **65**-L21
Michelin Straßenkarte 546

In Bad Tölz-Kirchbichl Nord: 6,5 km über Dietramszeller Straße

Jägerwirt

REGIONAL • LÄNDLICH X Ein bayerisches Wirtshaus, wie man es sich wünscht: urig-gemütliche Atmosphäre, charmanter Service und unkomplizierte, schmackhafte Küche. Und die gibt es z. B. als "Rinderschmorbraten mit Egerlingen" oder "Lammbratwürste mit Speckwirsing". Auf Vorbestellung: die beliebten Kalbs- und Schweinshaxen vom Grill!

Menü 30 € - Karte 25/61 €

Nikolaus-Rank-Str. 1 ✉ 83646 - ✆ 08041 9548 - www.jaegerwirt.de - geschlossen Ende Oktober - Mitte November und Montag, Donnerstag

TRABEN-TRARBACH

Rheinland-Pfalz - 5 711 Ew. - Höhe 110 m - Regionalatlas **46**-C15
Michelin Straßenkarte 543

Im Ortsteil Traben

Belle Epoque

KLASSISCHE KÜCHE • TRADITIONELLES AMBIENTE XX Das Restaurant mit den schönen Jugendstilelementen kommt kulinarisch ambitioniert daher. Wer auf Top-Produkte Wert legt, wird z. B. "gebratene Jakobsmuscheln & Gillardeau-Austern mit Spargelspitzen" lieben! Tolle Weine von der Mosel und aus Frankreich harmonieren bestens. Für spezielle Anlässe: "Art Deco Salon".

Menü 85 € (abends) - Karte 36/78 €

Jugendstilhotel Bellevue, An der Mosel 11 ✉ 56841 - ✆ 06541 7030 - www.bellevue-hotel.de

Jugendstilhotel Bellevue

HISTORISCH • ART DÉCO Das hübsche Gebäudeensemble mit stilvollem Haupthaus von 1903 hat so einige Details, die Jugendstil-Charme versprühen. Wohnlich und individuell die Zimmer (toll z. B. die Lifestyle-Suiten oder die Romantik-Suite mit Kamin und Dachterrasse), chic der Spa, ausgezeichnet das Frühstück, und dann noch die Lage an der Mosel!

57 Zim - †98/140 € ††145/185 € - 11 Suiten - ½ P

An der Mosel 11 ✉ 56841 - ✆ 06541 7030 - www.bellevue-hotel.de

Belle Epoque - siehe Restaurantauswahl

Moselschlösschen

HISTORISCHES GEBÄUDE • ELEGANT Sie wohnen auf einem historischen Anwesen in wunderbarer Lage direkt an der Moselpromade. Sehr geschmackvoll und wertig die Zimmer, modern-elegant das Restaurant mit lichter Orangerie, toll der Säulenkeller von 1754 für Veranstaltungen. Daneben gibt es noch die Kochschule "Tafelkunst" und eine Vinothek.

61 Zim - †95/150 € ††130/185 € - 4 Suiten - ½ P

An der Mosel 15 ✉ 56841 - ✆ 06541 8320 - www.moselschloesschen.de - geschlossen 3. - 20. Januar

Trabener Hof

PRIVATHAUS • MODERN Lobby, Zimmer, Frühstücksraum..., das Stadthaus von 1898 ist geschmackvoll-modern und freundlich gestaltet, angenehm die stimmigen ruhigen Farben. Im Zimmer steht ein kostenfreies Mineralwasser bereit, W-Lan ist ebenfalls gratis. Hübsch: der kleine Aufenthaltsraum mit Balkonterrasse sowie das Weincafé.

33 Zim - †65/75 € ††99/110 € - 9 Suiten

Bahnstr. 25, (Eingang Rottmann-Straße) ✉ 56841 - ✆ 06541 70080 - www.trabener-hof.de - geschlossen Januar - Februar

Im Ortsteil Trarbach

Bauer's Restaurant

MARKTKÜCHE • BISTRO Hier wird gut gekocht, und zwar regional-saisonale Gerichte wie "Hunsrücker Hirschgulasch mit Pfifferlingen in Wacholdersauce" oder "geschmorte Lammkeule in Dornfelder Sauce mit Frühlingskräutern". Beliebt: die Terrasse mit Moselblick.

Menü 30/42 € – Karte 28/41 €

Hotel Moseltor, Moselstr. 1 ✉ 56841 – ✆ 06541 6551 – www.moseltor.de – nur Abendessen – geschlossen Juli 2 Wochen und Dienstag

Moseltor

FAMILIÄR • MODERN Sehr gepflegt, familiär geführt und dann noch an der Mosel gelegen - in dem historischen Haus mit Bruchsteinfassade wohnt es sich schön. Wenn Sie sich etwas Besonderes gönnen möchten, buchen Sie die geschmackvoll-moderne "Goethe Suite"!

9 Zim – 75/115 € 110/140 € – 5 Suiten – ½ P

Moselstr. 1 ✉ 56841 – ✆ 06541 6551 – www.moseltor.de – geschlossen Juli 2 Wochen

Bauer's Restaurant – siehe Restaurantauswahl

TRASSENHEIDE

Mecklenburg-Vorpommern ➜ Siehe Usedom (Insel)

TRAUNSTEIN

Bayern – 19 365 Ew. – Höhe 591 m – Regionalatlas **67**-O21
Michelin Straßenkarte 546

Restaurant 1888

REGIONAL • KLASSISCHES AMBIENTE In dem hübschen Haus a. d. J. 1888 gibt es eine recht breit gefächerte Karte von "gegrillter Rotbarbe mit Mojosauce" über "sous-vide gegarte US-Rinderbrust, leicht geräuchert" bis zur "geschmorten Kalbshaxe". Für Übernachtungsgäste hat man wohnliche Zimmer und einen netten Saunabereich im oberen Stock.

Menü 33/56 € – Karte 28/65 €

56 Zim – 77 € 128 €

Parkhotel 1888, Bahnhofstr. 11 ✉ 83278 – ✆ 0861 98882216 – www.parkhotel-traunstein.de – geschlossen Sonntag - Montag

TREIS-KARDEN

Rheinland-Pfalz – 2 228 Ew. – Höhe 90 m – Regionalatlas **46**-C14
Michelin Straßenkarte 543

Im Ortsteil Karden

Wein- und Schloßstube

REGIONAL • BÜRGERLICH Ob Sie in der klassisch-eleganten "Schloßstube" sitzen oder in der rustikaleren "Weinstube", hier wie dort lassen Sie sich saisonal-regionale Gerichte wie "geschmortes Hunsrücker Rehschäufele, Apfelrotkohl, geschmelzte Semmelknödel" schmecken. Interessant für Feinschmecker: das "Schloßstubenmenü"!

Menü 16 € (mittags)/80 € – Karte 29/66 €

Schloss Hotel Petry, St.-Castor-Str. 80 ✉ 56253 – ✆ 02672 9340 – www.schloss-hotel-petry.de

Schloss-Hotel Petry

HISTORISCH • KLASSISCH Verschiedene Gebäude einschließlich Schloss bilden diese familiengeführte Adresse - darf es vielleicht eines der chic-modernen Zimmer im Landhaus "Unter den Weinbergen" sein? Schön auch der Freizeitbereich, nicht zu vergessen die reizvolle Lage an der Mosel. Tipp: sonntagnachmittags Tanztee!

70 Zim – 70/110 € 100/180 € – ½ P

St.-Castor-Str. 80 ✉ 56253 – ✆ 02672 9340 – www.schloss-hotel-petry.de

Wein- und Schloßstube – siehe Restaurantauswahl

TREUCHTLINGEN

Bayern - 12 566 Ew. - Höhe 412 m - Regionalatlas **57**-K18
Michelin Straßenkarte 546

In Treuchtlingen-Schambach

Zum Güldenen Ritter

LANDHAUS • HISTORISCH Einst Späherburg, seit dem 16. Jh. als Gasthaus geführt und heute ein liebenswertes kleines Hotel mit historischem Charme von den geräumigen Zimmern bis zu den Restaurantstuben - hier gibt es z. B. Schambacher Rostbraten oder Altmühltaler Lamm. Nett die Bar im alten Pferdestall, hübsch die Terrasse vorm Haus.

9 Zim - 58/98 € 98/138 €

Burggasse 1 ✉ 91757 – ✆ 09142 2048900 – www.zum-gueldenen-ritter.de

TRIBERG

Baden-Württemberg - 4 738 Ew. - Höhe 864 m - Regionalatlas **62**-E20
Michelin Straßenkarte 545

Parkhotel Wehrle

INTERNATIONAL • GEMÜTLICH XX Roter Salon, Ochsenstube oder Alte Schmiede? Elegant oder rustikal? Schön sind die historischen Räume alle! Das Angebot reicht von den bekannten frischen Forellen über "Schweinebäckchen in grober Senfsauce" bis "Zander im Mantel von Schwarzwälder Schinken". Mittags kleinere Karte.

Menü 30/82 € – Karte 40/66 €

Parkhotel Wehrle, Gartenstr. 24 ✉ 78098 – ✆ 07722 86020 – www.parkhotel-wehrle.de

Parkhotel Wehrle

SPA UND WELLNESS • HISTORISCH Traditionshaus mit reizvollem Park (sehenswert hier der über 400 Jahre alte Mammutbaum!) und individuellen Zimmern von klassisch bis modern. Das größere Gästehaus ist direkt mit dem tollen "Sanitas Spa" verbunden. Sie möchten heiraten? Kleinstes Standesamt Deutschlands im Haus!

51 Zim - 85/125 € 165/195 € – ½ P

Gartenstr. 24 ✉ 78098 – ✆ 07722 86020 – www.parkhotel-wehrle.de

Parkhotel Wehrle – siehe Restaurantauswahl

TRIEFENSTEIN

Bayern - 4 303 Ew. - Höhe 180 m - Regionalatlas **48**-H15
Michelin Straßenkarte 546

In Triefenstein-Homburg am Main Süd-Ost: 2 km

Weinhaus Zum Ritter

REGIONAL • GEMÜTLICH X Das 500 Jahre alte ehemalige Bauernhaus hat schon Charakter. Die vielen Stammgäste mögen die gemütliche Atmosphäre in der reizenden Stube und natürlich die frische regionale Küche von Thomas Hausin - die gibt es z. B. als "Spanferkelrücken mit Rahmlauch und Ofenkartoffeln". Im Sommer ein Muss: die Terrasse!

Menü 27/43 € – Karte 27/41 €

4 Zim - 42 € 68 €

Rittergasse 2 ✉ 97855 – ✆ 09395 1506 – www.weinhaus-ritter.de – November - Mai: Dienstag - Samstag nur Abendessen – geschlossen Februar - März 3 Wochen und Montag - Dienstagmittag

B. Rohrschneider/age fotostock

WIR MÖGEN BESONDERS...

Den Charme der **Villa Hügel** samt schöner Gästezimmer und Stadtblick beim Frühstück auf der Terrasse. Ein Päuschen beim Stadtbummel in der liebenswerten **Brasserie**. Im **BECKER'S** neben Spitzenküche auch noch hauseigene Weine und Sekte genießen. Das stimmige Bild aus stilvollem Interieur und klassischer Küche im **Schloss Monaise**.

TRIER

Rheinland-Pfalz – 108 472 Ew. – Höhe 130 m – Regionalatlas **45**-B15
Michelin Straßenkarte 543

Restaurants

Gastraum

MODERNE KÜCHE • FREUNDLICH XX Geradlinig-elegant ist es hier im modernen Anbau der schmucken Villa, durch die raumhohe Fensterfront hat man eine schöne Aussicht auf Trier - die genießt man aber am besten von der tollen Terrasse! Mit guten Produkten wird saisonal inspiriert gekocht.

Karte 40/77 €

Stadtplan : A2-s – *Hotel Villa Hügel, Bernhardstr. 14 ✉ 54295 – ✆ 0651 33066 – www.hotel-villa-huegel.de – nur Abendessen – geschlossen Januar 2 Wochen und Sonntag*

Brasserie

TRADITIONELLE KÜCHE • BRASSERIE X Gerne kehrt man nach einem Bummel durch Trier bei Melanie und Björn Ostermann ein. In dem gemütlichen Lokal beim Hauptmarkt sitzt man in typischer Brasserie-Atmosphäre und wählt z. B. den "Trierer Lieblingsteller" oder "Tatar vom Rinderfilet". Beliebt auch Lamm, Kaninchen oder Reh.

Menü 25/53 € – Karte 24/47 €

Stadtplan : C1-b – *Fleischstr. 12 ✉ 54290 – ✆ 0651 978000 (Tischbestellung ratsam) – www.brasserie-trier.de*

Schlemmereule

INTERNATIONAL • GEMÜTLICH X In dem einstigen Amts- und Regierungshaus a. d. 18. Jh. verbindet sich der klassisch-historische Rahmen mit modernem Stil - sehenswert die große Original-Statue der Kaiserin Helena sowie zwei Deckengemälde. Gekocht wird international-saisonal - interessant das Lunch-Angebot. Terrasse im Hof.

Menü 23 € (mittags unter der Woche)/56 € – Karte 51/70 €

Stadtplan : D1-b – *Domfreihof 1b, (im Palais Walderdorff) ✉ 54290 – ✆ 0651 73616 – www.schlemmereule.de – geschlossen 24. Februar - 7. März und Sonntag, außer an Feiertagen*

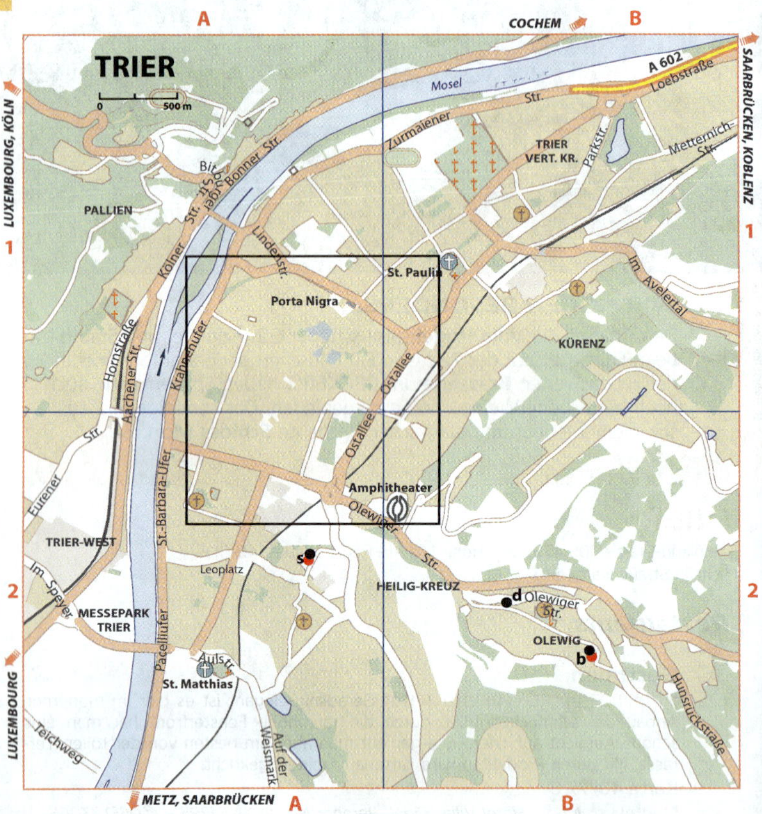

Hotels

Park Plaza

BUSINESS • MODERN Modern-komfortables Wohnen und Tagen in unmittelbarer Nähe der Fußgängerzone. Interessant: Überall im Haus finden sich Spuren der Stadtgeschichte, so z. B. auch im 330 qm großen Sauna- und Kosmetikbereich mit seinem römischen Flair. Grillgerichte im Restaurant mit Innenhofterrasse.

148 Zim – 123/185 € 157/219 € – 2 Suiten – ½ P

Stadtplan : C1-f – *Nikolaus-Koch-Platz 1 ✉ 54290 – ✆ 0651 99930 – www.parkplaza-trier.de*

Villa Hügel

PRIVATHAUS • GEMÜTLICH Sie suchen etwas mehr Stil und Charme als in einem "normalen" Stadthotel? Wie wär's mit dieser Villa von 1914? Relativ ruhig über Trier gelegen, komfortabel, wohnlich und technisch modern, dazu ein schöner Sauna- und Ruhebereich. Nicht zu vergessen Gastgeber mit Liebe zum Beruf! Zum leckeren Frühstück gibt's Stadtblick von der Panoramaterrasse.

49 Zim – 118/178 € 163/243 € – ½ P

Stadtplan : A2-s – *Bernhardstr. 14 ✉ 54295 – ✆ 0651 33066 – www.hotel-villa-huegel.de – geschlossen Januar 2 Wochen*

Gastraum – siehe Restaurantauswahl

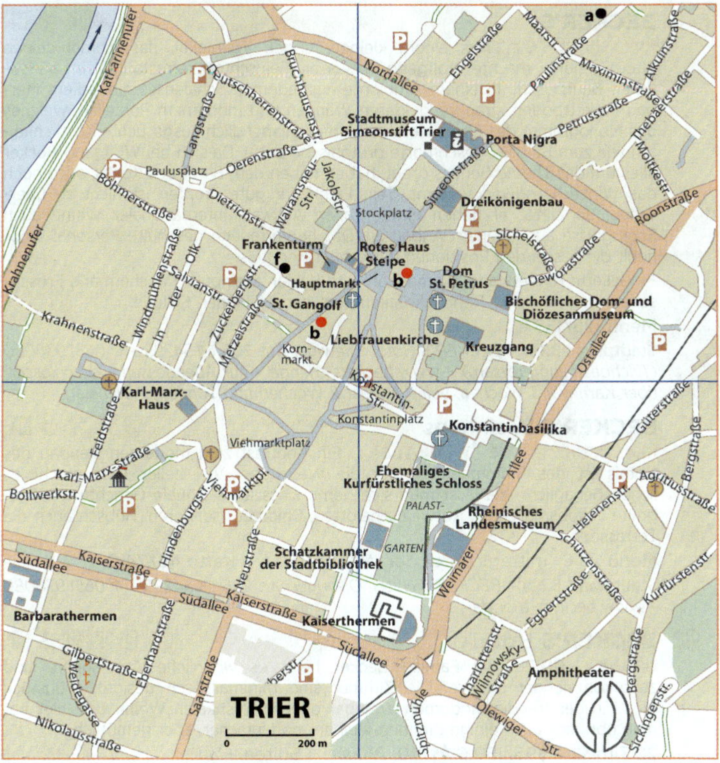

ante porta - DAS STADTHOTEL

URBAN • MODERN Eine gefragte Adresse: Anfahrt und Parkmöglichkeiten sind gut, zur Porta Nigra geht man nur fünf Minuten zu Fuß und der modern-puristische Stil ist ebenfalls attraktiv! In den Zimmern (darunter auch Familienzimmer) freundliche Farben, gute Technik und z. T. Balkone, zum Frühstück eine frische Buffet-Auswahl.

37 Zim – 59/124 € 69/134 € – 9 €

Stadtplan : D1-a – *Paulinstr. 66 ✉ 54292 – ✆ 0651 436850 – www.hotel-anteporta.de – geschlossen 22. - 27. Dezember*

In Trier-Euren Süd-West: 3 km über Eurener Straße A2

Eurener Hof

GASTHOF • TRADITIONELL Familienbetrieb in 4. Generation. Mit einem gelungenen Facelift hat man dem wertigen rustikalen Erbe eine geschmackvoll-moderne Note gegeben. Schön auch der Freizeitbereich samt Kosmetik und Massage. Richtig gemütlich "Wilder Kaiser und Gutsstube" mit regional-saisonaler Küche. Oder ziehen Sie die charmante "Laurenziusstube" vor - hier gibt's auch Brotzeit.

69 Zim – 92/130 € 115/160 € – 2 Suiten – ½ P

Eurener Str. 171, (Zufahrt über Ludwig-Steinbach-Straße) ✉ 54294 – ✆ 0651 82400 – www.eurener-hof.de

In Trier-Olewig

BECKER'S

KREATIV • CHIC Aus einem kleinen, urigen Weinlokal, das einmal seinen Eltern gehörte, machte Wolfgang Becker ein Feinschmeckerrestaurant im puristischen Bauhausstil. In einem Ambiente aus ledernen Schalensesseln, edlem Merbau-Parkettboden, grau verkleideten Wänden und modernem Porzellan, welches das Monogramm des Chefs ziert, serviert er allabendlich ausgesuchte Köstlichkeiten wie zum Beispiel geschmorte bretonische Lotte. Da sich bei Wolfgang Becker alles um das Thema Genuss dreht, hat er, neben dem Beruf des Kochs, auch noch das Winzer-Handwerk gelernt. Sein Faible für gute Tropfen ist nicht zu übersehen. So bietet er neben einer großen Auswahl internationaler Weine auch Erzeugnisse aus eigenem Anbau an. Das hervorragend geschulte Personal empfiehlt die passenden Positionen mit großer Kenntnis.

→ Gelierte Rinderwade, Blumenkohl und Kaviar. Steinbutt, Räuchermark, Froschschenkel. Heimischer Rehbockrücken, Kirschen, Holunder, Sellerie.

Menü 125/158 €

Stadtplan : B2-b – *BECKER'S Hotel, Olewiger Str. 206 ✉ 54295 – ✆ 0651 938080 (Tischbestellung ratsam) – www.beckers-trier.de – nur Abendessen – geschlossen über Karneval 3 Wochen, Juli - August 2 Wochen und Sonntag - Dienstag*

BECKER'S Weinhaus

KLASSISCHE KÜCHE • WEINSTUBE Ein Kontrast zum modernen Neubau des Hotels ist das Stammhaus - hier die Weinstube. Viel helles Holz macht es schön behaglich - da lässt man sich gerne klassisch-saisonale Gerichte wie "gegrillte Jakobsmuscheln, Rotweinschalotten, Chicorée" servieren. Hübsch auch die Terrasse.

Menü 28 € (mittags unter der Woche)/59 € – Karte 46/74 €

Stadtplan : B2-b – *BECKER'S Hotel, Olewiger Str. 206 ✉ 54295 – ✆ 0651 938080 – www.beckers-trier.de*

BECKER'S Hotel

URBAN • MODERN Bei Familie Becker heißt es wohnliche Atmosphäre und zuvorkommender Service. Die Zimmer sind minimalistisch designt, Frühstück gibt's in der trendig-modernen Weinbar oder im rustikalen Weinhaus - hier hat man übrigens auch einige Zimmer: kleiner und einfacher, aber gemütlich.

22 Zim – 95/150 € 140/190 € – 3 Suiten – ½ P

Stadtplan : B2-b – *Olewiger Str. 206 ✉ 54295 – ✆ 0651 938080 – www.beckers-trier.de*

BECKER'S • BECKER'S Weinhaus – siehe Restaurantauswahl

Blesius Garten

LANDHAUS • MODERN Das ehemalige Hofgut a. d. J. 1789 beherbergt Gästezimmer im geschmackvoll-wohnlichen Landhausstil sowie das moderne Restaurant "Tonkas Biergenuss", in dem man international speist. Sie mögen Bier? In der Hausbrauerei mit Biergarten ist es schön urig - man hat sogar einen Biersommelier im Haus!

61 Zim – 67/77 € 85/127 € – 10 € – ½ P

Stadtplan : B2-d – *Olewiger Str. 135 ✉ 54295 – ✆ 0651 36060 – www.blesius-garten.de*

In Trier-Zewen Süd-West: 7 km über A2, Richtung Luxemburg

Schloss Monaise

FRANZÖSISCH-KLASSISCH • HISTORISCHES AMBIENTE "Kabeljau, Blumenkohl, Waldpilze" oder "Rebhuhn, Sauerkraut, Weintraubensauce" sind schöne Beispiele für die klassische Küche aus top Produkten. Serviert wird - wie sollte es in dem 1783 erbauten Schlösschen an der Mosel auch anders sein - in stilvollen hohen Räumen.

Menü 68/98 € – Karte 57/92 €

Schloss Monaise 7 ✉ 54294 – ✆ 0651 828670 – www.schlossmonaise.de – geschlossen 30. Januar - 13. Februar und Montag - Dienstag

TRITTENHEIM

Rheinland-Pfalz – 1 064 Ew. – Höhe 130 m – Regionalatlas **45**-B15
Michelin Straßenkarte 543

✿ Wein- und Tafelhaus (Alexander Oos)

MARKTKÜCHE • FREUNDLICH XXX Daniela und Alexander Oos bieten in dem modernen verglasten Kubus mit klasse Blick auf die berühmte Weinlage "Trittenheimer Apotheke" mediterran inspirierte saisonal-klassische Küche: durchdacht, klar und stimmig, die Produkte vom Feinsten! Dazu die herzliche Chefin im Service. Tipp: Speisen Sie im hübschen Garten! Übernachten kann man übrigens ebenso geschmackvoll.

→ Kaisergranat und Bio Garnele mit Spargel, Granatapfel, Holunderblüten-Limonenvinaigrette. Seezunge mit Wasabi-Krustentierhollandaise, Karotte, Vanille und Amaranth. Lammrücken mit Rotweinperlzwiebeln, Thymianjus, Bohnen, Artischocken.

Menü 99/145 € – Karte 82/115 €

7 Zim – †75/100 € ††120/180 € – ½ P

Moselpromenade 4 ✉ 54349 – ✆ 06507 702803 (Tischbestellung ratsam) – www.wein-tafelhaus.de – nur Abendessen – geschlossen Januar 3 Wochen, Juli - August 2 Wochen, November 1 Woche und Montag - Dienstag

Weinhaus Leger – siehe Restaurantauswahl

Weinhaus Leger

MARKTKÜCHE • CHIC X Mit legerer Atmosphäre und gutem Essen ist die chic-moderne Weinstube samt Gartenterrasse eine richtig nette Alternative zum Gourmetrestaurant! Es gibt marktfrische Küche, z. B. als "gebratenen Saibling mit Bärlauchrisotto". Auch hier treffliche Weinempfehlungen der charmanten Chefin.

Menü 42/47 € – Karte 40/64 €

Restaurant Wein- und Tafelhaus, Moselpromenade 4 ✉ 54349 – ✆ 06507 702803 – www.wein-tafelhaus.de – geschlossen Januar 3 Wochen, Juli - August 2 Wochen und Samstagabend, Sonntagmittag, Montag - Dienstag

TROISDORF

Nordrhein-Westfalen – 73 494 Ew. – Höhe 60 m – Regionalatlas **36**-C12
Michelin Straßenkarte 543

Forsthaus Telegraph

KLASSISCHE KÜCHE • RUSTIKAL XX Das idyllisch im Wald gelegene einstige Forsthaus kommt gut an. Man sitzt gemütlich auf zwei charmant gestalteten Ebenen und lässt sich klassische Küche mit internationalem und regionalem Einfluss servieren.

Menü 43/71 € – Karte 38/61 €

Mauspfad 3, Nord: 2 km über Altenrather Straße ✉ 53842 – ✆ 02241 76649 – www.forsthaus-telegraph.de – geschlossen Montag - Mittwochmittag, Donnerstagmittag, Freitagmittag

TROSSINGEN

Baden-Württemberg – 15 750 Ew. – Höhe 699 m – Regionalatlas **62**-F20
Michelin Straßenkarte 545

In Trossingen-Schura Süd: 3 km

Landgasthof Bären

GASTHOF • THEMENBEZOGEN Ein schöner Gasthof, seit mehreren Generationen im Familienbesitz. Sehenswert sind die modernen Themenzimmer wie "Natur pur", "Sinfonie", "Technologie"... Im Restaurant - und natürlich auf der schönen Terrasse - ergänzt eine wechselnde Saisonkarte das bürgerliche und regionale Angebot.

8 Zim – †79/83 € ††98/115 € – ½ P

Lange Str. 18 ✉ 78647 – ✆ 07425 8178 – www.baeren-schura.de – geschlossen Ende August 2 Wochen

TÜBINGEN

Baden-Württemberg - 85 871 Ew. - Höhe 341 m - Regionalatlas **55**-G19
Michelin Straßenkarte 545

Museum

REGIONAL • BÜRGERLICH XX Schön ist hier zum einen die Lage im Herzen der Altstadt, zum anderen der historische Rahmen des Museumsgebäudes! Gekocht wird regional-saisonal - regelmäßig zusätzliche kleine internationale Themenkarte. Für Feiern: prächtiger Uhlandsaal.

Karte 25/55 €

Wilhelmstr. 3 ✉ 72074 - ✆ 07071 22828 - www.restaurant-museum.de - geschlossen 4. August - 27. September und Sonntagabend - Montag

La Casa

BOUTIQUE-HOTEL • MEDITERRAN Sie mögen es hochwertig und chic mit spanisch-maurischem Touch? Tipp: ruhigere Zimmer zum Innenhof! Herzlich der Service, attraktiv der zweigeteilte Freizeitbereich: lichtes "Spa La Casa" unterm Dach sowie "Arabisches Bad & Hamam" mit dem Flair aus 1001 Nacht. Regional-mediterrane Küche im Restaurant.

39 Zim - †179/225 € ††235/305 € - 2 Suiten - ☕ 23 € - ½ P

Hechingerstr. 59, über B2 ✉ 72072 - ✆ 07071 946660 - www.lacasa-tuebingen.de - geschlossen August 2 Wochen, Ende Dezember - Anfang Januar 3 Wochen

Krone

URBAN • KLASSISCH Das traditionelle Stadthotel (seit 1885 in Familienhand) liegt zentral am Neckar und hat schöne wohnliche Zimmer, die teilweise besonders modern sind - so auch der ansprechende Saunabereich mit herrlichem Blick über Tübingen! Brasserie "Ludwig's" im Glasanbau.

64 Zim ☕ - †119/149 € ††129/179 € - 1 Suite

Uhlandstr. 1 ✉ 72072 - ✆ 07071 13310 - www.krone-tuebingen.de

Am Schloss

HISTORISCH • INDIVIDUELL Beim Schloss, in einer steilen Gasse, steht das Stadthaus a. d. 16. Jh. Die Zimmer haben alle ihre individuelle Note. Regionale Küche im "Mauganeschtle". Von der Terrasse schaut man auf die Dächer der Altstadt. Praktisch: Stromladestation für Elektroautos.

28 Zim ☕ - †85/115 € ††138/158 €

Burgsteige 18 ✉ 72070 - ✆ 07071 92940 - www.hotelamschloss.de

In Tübingen-Bebenhausen Nord: 6 km

Schranners Waldhorn

KLASSISCHE KÜCHE • LÄNDLICH XX Bei Maximilian Schranner und seiner Frau Marie-Luise wird man ausgezeichnet bekocht sowie freundlich und versiert umsorgt, und das in schönem Ambiente - elegant die Schlossstube, etwas ländlicher die Waldhornstube. Die Küche ist klassisch, saisonal-internationale wie auch regionale Einflüsse inklusive.

→ Gelbschwanzmakrele mit Passe Pierre, Limette und Radieschen. Rehrücken mit Pistazien-Nusskruste, Wirsing und Kirschenclafoutis. Geliertes Champagnersüppchen mit Erdbeeren und Holunder-Buttermilcheis.

Menü 29 € (mittags unter der Woche)/75 € - Karte 45/65 €

Schönbuchstr. 49 ✉ 72074 - ✆ 07071 61270 - www.schranners-waldhorn.de - geschlossen Montag - Dienstag

Landhotel Hirsch

GASTHOF • GEMÜTLICH Schon seit 1978 leiten die Fischers das traditionsreiche Haus. In den Zimmern wie auch im Restaurant erwartet Sie gemütlich-ländlicher Charme. Aus der Küche kommen regional-mediterrane Speisen mit saisonalem Einfluss. Nette Terrasse.

12 Zim ☕ - †88/117 € ††155/165 €

Schönbuchstr. 28 ✉ 72074 - ✆ 07071 60930 - www.landhotel-hirsch-bebenhausen.de

In Tübingen-Lustnau Nord-Ost: 4 km

Basilikum

ITALIENISCH • GEMÜTLICH XX Lust auf gute italienische Küche? In dem stilvoll-gemütlichen Restaurant heißt es "Cucina Casalinga", und die macht z. B. mit geschmorter Kaninchenkeule, hausgemachter Pasta oder Panna Cotta Appetit. Interessant: günstiger Business Lunch.

Menü 38/42 € – Karte 40/60 €

Kreuzstr. 24 ✉ 72074 – ✆ 07071 87549 – www.ristorantebasilikum.de – geschlossen August 2 Wochen und Sonntag

TUNAU

Baden-Württemberg – 181 Ew. – Höhe 734 m – Regionalatlas **61**-D21
Michelin Straßenkarte 545

Zur Tanne

REGIONAL • RUSTIKAL X Das hat Charme: außen historisches Bauernhaus, drinnen urige Gemütlichkeit! Auf den Tisch kommen regionale Speisen wie "glasierte Entenbrust mit Kartoffelküchlein und Gemüse". Gepflegte Gästezimmer hat man auch - TV gibt es nicht, aber hier genießt man sowieso lieber die Ruhe!

Menü 37 € – Karte 28/43 €

10 Zim – †55/75 € ††95/120 €

Alter Weg 4 ✉ 79677 – ✆ 07673 310 – www.tanne-tunau.de – nur Abendessen, sonntags auch Mittagessen – geschlossen März 1 Woche, 16. - 26. November und Montag - Dienstag

TUTTLINGEN

Baden-Württemberg – 33 817 Ew. – Höhe 645 m – Regionalatlas **62**-F20
Michelin Straßenkarte 545

Anima (Heiko Lacher)

KREATIV • DESIGN XX Das Restaurant liegt in einem Wohn- und Geschäftskomplex im Zentrum bei der Donau. Wertig und reduziert das Design, Materialien und Farben schaffen Bezug zur Natur - und die offene Küche schafft Transparenz! Hier kocht man modern mit Raffinesse, geschmacklicher Tiefe und Pfiff. Der Service aufmerksam und charmant.

→ Gebeizte Forelle aus dem Eyachtal, Buttermilch, Brunnenkresse, geröstetes Zwiebelöl. Sellerie vom Holzkohlegrill mit Haselnuss, Calamansicrème und gehobelter Belper Knolle. Souffliertes Schwarzfederhuhn, Pfifferlinge, Taubnessel, Sonnenblume.

Menü 64/125 €

In Wöhrden 5 ✉ 78532 – ✆ 07461 7803020 – www.restaurant-anima.de – geschlossen Februar 3 Wochen, August 2 Wochen und Sonntag - Montag

Légère Hotel

BUSINESS • TRENDIG Eine gefragte Adresse: attraktiv das klare moderne Design samt dekorativer großer Portraits, gut die technische Ausstattung, kostenfreie Minibar. Die schicke Lounge-Bar nennt sich "faces" - morgens gibt es hier Frühstück, abends Cocktails.

114 Zim – †89/185 € ††109/220 €

Königstr. 25 ✉ 78532 – ✆ 07461 96160 – www.legere-hotels-online.com

TUTZING

Bayern – 9 609 Ew. – Höhe 611 m – Regionalatlas **65**-L21
Michelin Straßenkarte 546

Boutique Hotel Reschen

FAMILIÄR • GEMÜTLICH Ein richtig geschmackvolles kleines Boutique-Hotel! Alles hier ist charmant-modern und freundlich in hellen Naturtönen gehalten, die Zimmer haben teilweise Balkon oder Terrasse. Dazu wird man herzlich umsorgt und vom See trennt Sie nur ein kurzer Spaziergang.

18 Zim – †84/97 € ††112/135 € – 1 Suite

Marienstr. 7 ✉ 82327 – ✆ 08158 9390 – www.hotel-reschen.de

In Tutzing-Oberzeismering Süd-West: 3km

Forsthaus Ilkahöhe N

MARKTKÜCHE • REGIONALES AMBIENTE Mit Liebe hat man das ehemalige Forsthaus frisch, modern und wertig gestaltet - von Stube über Bistro-Stil bis Wintergarten-Flair. Es gibt saisonale Küche mit mediterran-internationalen Einflüssen sowie regionalen Klassikern. Idyllisch die erhöhte Lage mit Seeblick - da lockt natürlich die Terrasse! Dazu SB-Biergarten.

Karte 35/64 €

Oberzeismering 2, (auf der Ilkahöhe) ✉ 82327 – ✆ 08158 8242 – www.restaurant-ilkahoehe.de – geschlossen Dienstag

TWIST

Niedersachsen – 9 499 Ew. – Höhe 18 m – Regionalatlas **16**-C7
Michelin Straßenkarte 541

In Twist-Bült

Landgasthof Backers

REGIONAL • GASTHOF Dass man bei Familie Backers (5. Generation) gerne isst, liegt am behaglichen Ambiente und natürlich an frischen regionalen Gerichten wie "gebratenem Waller mit Spargel-Kirschtomatengemüse". Donnerstags kommt man gerne zum "Duett-Menü" für 2 Personen. Tipp: Es gibt hier auch wohnlich-moderne Gästezimmer.

Menü 30/48 € – Karte 32/53 €

5 Zim – †53 € ††81 € – ☕ 7 €

Kirchstr. 25 ✉ 49767 – ✆ 05936 904770 – www.gasthof-backers.de – geschlossen 1. - 8. Januar, 15. - 19. April und Montag - Dienstag, Samstagmittag

ÜBERHERRN

Saarland – 11 467 Ew. – Höhe 377 m – Regionalatlas **45**-B17
Michelin Straßenkarte 543

Linslerhof

HISTORISCH • AUF DEM LAND Ein schöner historischer Gutshof in ruhiger Lage, dessen verschiedene Gebäude sich auf 330 ha verteilen. Mit einem Blick fürs Detail hat man liebenswerte Zimmer im englischen Landhausstil und ein gemütliches Restaurant geschaffen - hier bietet man Wild, Klassiker, Steaks...

62 Zim ☕ – †83/163 € ††122/222 € – ½ P

Linslerhof 1, Ost: 2 km ✉ 66802 – ✆ 06836 8070 – www.linslerhof.de

ÜBERLINGEN

Baden-Württemberg – 22 224 Ew. – Höhe 403 m – Regionalatlas **63**-G21
Michelin Straßenkarte 545

Bürgerbräu

MARKTKÜCHE • GASTHOF Das hübsche historische Fachwerkhaus in der Altstadt ist ein langjähriger Familienbetrieb, in dem man es bei modern beeinflusster saisonaler Küche schön behaglich hat. Topgepflegt wie das Restaurant sind übrigens auch die wohnlichen, freundlich gestalteten Gästezimmer.

Menü 35/59 € – Karte 30/58 €

12 Zim ☕ – †69/79 € ††104/114 €

Aufkircher Str. 20 ✉ 88662 – ✆ 07551 92740 – www.bb-ueb.de – Mittwoch - Freitag nur Abendessen – geschlossen Januar 3 Wochen und Montag - Dienstag

Alpenblick

FAMILIÄR • FUNKTIONELL Seit über 40 Jahren leitet Walter Mohring dieses kleine Haus etwas oberhalb des Sees. Die Balkone bieten teilweise einen tollen Seeblick, im Sommer kann man schön am kleinen Außenpool entspannen.

22 Zim ☕ – †65/80 € ††98/124 €

Nussdorferstr. 35 ✉ 88662 – ✆ 07551 92040 – www.alpenblickhotel.de – geschlossen Anfang Dezember - Anfang März

Apart Hotel Stadtgarten

FAMILIÄR • FUNKTIONELL Die zentrumsnahe Lage am namengebenden Stadtgarten, freundliche und funktionale Zimmer sowie ein hübsch angelegter Garten mit Seeblick sprechen für dieses Haus. Einen Kosmetiksalon gibt es übrigens auch. Sie kommen mit der ganzen Familie? Im Hinterhaus hat man geräumige Ferienwohnungen.

26 Zim – 57/77 € 118/163 € – 3 Suiten – ½ P

Bahnhofstr. 22 88662 – 07551 4522 – www.hotel-stadtgarten.de – geschlossen 1. November - 22. März

In Überlingen-Andelshofen Ost: 3 km

Johanniter-Kreuz

KLASSISCHE KÜCHE • ROMANTISCH XX Gemütlich hat man es im ehemaligen Stall des einstigen Bauernhofs, charmant das alte Gebälk und der mittige Kamin, draußen die schöne Terrasse. Auf der Karte klassisch-regionale Küche mit saisonalen Einflüssen, so z. B. "gebratener Bachsaibling mit Spargel, Pilzen und Kartoffeln".

Menü 38/85 € – Karte 41/63 €

Hotel Johanniter-Kreuz, Johanniterweg 11 88662 – 07551 937060 – www.johanniter-kreuz.de – geschlossen Montag - Dienstagmittag

Johanniter-Kreuz

LANDHAUS • HISTORISCH Ein persönlich-engagiert geführtes Hotel, entstanden aus einem historischen Bauernhaus. Besonders schön die Designer- und Gartenzimmer, ebenso modern der verglaste Frühstücksraum und der Freizeitbereich mit Kosmetik- und Massage-Angebot.

29 Zim – 75/108 € 134/196 € – 1 Suite – ½ P

Johanniterweg 11 88662 – 07551 937060 – www.johanniter-kreuz.de

Johanniter-Kreuz – siehe Restaurantauswahl

Sonnengarten

FAMILIÄR • INDIVIDUELL Was das kleine Hotel interessant macht? Es liegt schön ruhig, hat sehr gepflegte Zimmer in warmen Tönen und eine großzügige Liegewiese mit Obstbäumen, und es bietet neben einem freundlichen Saunabereich auch Kosmetik und Massage.

20 Zim – 69/109 € 99/139 €

Zum Brandbühl 19 88662 – 07551 83000 – www.wohlfuehlhotel-sonnengarten.de – geschlossen Januar - Februar

In Überlingen-Lippertsreute Nord-Ost: 9 km

Landgasthof zum Adler

REGIONAL • GASTHOF X In der gemütlichen Gaststube des tollen alten Fachwerkhauses kocht man regional-saisonal. "Kalbsrahmschnitzel mit hausgemachten Spätzle" schmeckt ebenso gut wie "geschmorte Lammschulter mit mediterranem Gemüse und Kartoffel-Bärlauchgratin".

Menü 40 € (abends)/47 € – Karte 34/58 €

Hotel Landgasthof zum Adler, Hauptstr. 44 88662 – 07553 82550 – www.adler-lippertsreute.de – geschlossen Mittwoch - Donnerstag

Landgasthof Keller

GASTHOF • FUNKTIONELL In dem familiengeführten Gasthof kann man nicht nur gepflegt übernachten, es gibt auch bürgerlich-regionale Küche in gemütlichem Ambiente: "Ragout vom Maibock mit Spätzle", "Bodenseefelchen mit geschmorten Kirschtomaten"... Mittwoch ist Innereien-Tag. Schöne Sicht von der Terrasse unter Kastanienbäumen.

19 Zim – 58/70 € 80/102 € – ½ P

Riedweg 2 88662 – 07553 827290 – www.landgasthofkeller.de – geschlossen 24. Dezember - 22. Januar

Landgasthof zum Adler

GASTHOF • GEMÜTLICH Sehr gepflegt und wohnlich hat man es in dem traditionsreichen Familienbetrieb (bereits die 11. Generation!). Wer es modern mag, fragt nach den Zimmern im Haupthaus, einem jahrhundertealten Fachwerkhaus. Oder lieber eine Ferienwohnung? Auf der Liegewiese hinterm Haus kann man schön die Aussicht genießen.

16 Zim – 69/74 € 98/116 € – ½ P

Hauptstr. 44 88662 – 07553 82550 – www.adler-lippertsreute.de

Landgasthof zum Adler – siehe Restaurantauswahl

ÜRZIG

Rheinland-Pfalz – 880 Ew. – Höhe 106 m – Regionalatlas **46**-C15
Michelin Straßenkarte 543

Moselschild & Oliver's Restaurant

MARKTKÜCHE • FREUNDLICH XX Aus der regional-saisonalen Küche von Oliver Probst kommt z. B. "Pot au feu von der Lammschulter mit Kartoffel-Bohnencassoulet" - oder wie wär's mit "Gambas satt" (donnerstags) oder "Surf & Turf" (sonntags)? Tipp: Terrasse mit Moselblick! Sie möchten mit dem eigenen Boot kommen? Man hat einen Anleger am Haus.

Menü 40/99 € – Karte 39/72 €

12 Zim – 75/95 € 80/125 €

Hüwel 14, B 53 54539 – 06532 93930 – www.moselschild.de – Montag - Donnerstag nur Abendessen – geschlossen Januar und Dienstag, außer an Feiertagen

Zur Traube

FAMILIÄR • GEMÜTLICH Ein familiär geführtes Haus, das durch und durch tipptopp gepflegt ist. Wie wär's mit einem wohnlichen Zimmer zur Mosel? Oder lieber ein modernes, großzügiges Gästehaus-Zimmer mit Blick in die Weinberge? Schön die überdachte Moselterrasse.

12 Zim – 85/180 € 85/180 € – ½ P

Moselweinstr. 16, B 53 54539 – 06532 930830 – www.zurtraubeuerzig.de – geschlossen 1. Januar - 15. März, 20. - 31. Dezember

UFFING am STAFFELSEE

Bayern – 2 991 Ew. – Höhe 659 m – Regionalatlas **65**-K21
Michelin Straßenkarte 546

Seerestaurant Alpenblick

REGIONAL • BÜRGERLICH X Ein Logenplatz am Staffelsee! Der Blick ist herrlich, egal ob Sie im Wintergarten sitzen oder im Biergarten - übrigens einer der schönsten der Region! Aus der Küche kommt überwiegend Regionales, so z. B. "Zander mit Meerrettich auf Rahmwirsing" oder "Werdenfelser Hirschgulasch mit Semmelknödel".

Menü 29 € – Karte 21/49 €

Kirchtalstr. 30 82449 – 08846 9300 – www.seerestaurant-alpenblick.de – geschlossen Mitte September - April: Donnerstag

UHINGEN

Baden-Württemberg – 13 963 Ew. – Höhe 295 m – Regionalatlas **55**-H18
Michelin Straßenkarte 545

Schloss Filseck

MEDITERRAN • KLASSISCHES AMBIENTE XX Hier isst man nicht nur richtig gut, auch der Rahmen ist überaus schön: drinnen hohe Holzdecke, Natursteinwände, moderne Bilder..., draußen der tolle Innenhof! Gekocht wird kreativ und stark mediterran geprägt, finessenreich und mit sehr guten Produkten. Das hübsche Schloss ist auch eine perfekte Location für Feste!

Menü 22 € (mittags unter der Woche)/95 € – Karte 54/68 €

Filseck 1 73066 – 07161 28380 – www.restaurant-auf-schloss-filseck.de – geschlossen Samstagmittag, Sonntag - Montag

Sie werden Ihren Standort ändern und
trotzdem immer im Mittelpunkt stehen.
Willkommen an Bord einer Kreuzfahrtflotte, die jedem Vergleich vorausfährt – mit kleinen, individuellen Schiffen und größter persönlicher Freiheit.
Mehr über unsere Luxus- und Expeditionsreisen erfahren Sie unter
www.vor-uns-die-welt.de
VOR UNS DIE WELT
HAPAG 18 91 LLOYD
CRUISES

UHLDINGEN-MÜHLHOFEN

Baden-Württemberg – 8 002 Ew. – Höhe 398 m – Regionalatlas **63**-G21
Michelin Straßenkarte 545

Im Ortsteil Maurach

Seehalde

REGIONAL • FREUNDLICH XX Bei der fantastischen Seelage ist im Sommer die Terrasse ein Muss! Auch die frischen, schmackhaften Speisen sind zu empfehlen - die Kräuter stammen aus dem eigenen Garten, von bekannten Bodenseefischern kommt regelmäßig Fisch!

Menü 39/72 € – Karte 39/73 €

Hotel Seehalde, Birnau-Maurach 1 ✉ 88690 – ✆ 07556 92210 – www.seehalde.de – geschlossen Anfang Januar - Anfang März und Dienstag - Mittwoch

Pilgerhof und Rebmannshof

LANDHAUS • GEMÜTLICH Der Pilgerhof und der über 300 Jahre alte Rebmannshof liegen umgeben von Weinbergen und nur wenige Meter vom See entfernt (hier ein hauseigener Badestrand). Die Zimmer sind großzügig und wohnlich, neuzeitlich auch das Restaurant - Highlight natürlich die Seeterrasse! Brot backt man übrigens noch selbst.

48 Zim – †65/95 € ††110/160 €

Birnau-Maurach 2 ✉ 88690 – ✆ 07556 9390 – www.hotel-pilgerhof.de – geschlossen 8. Januar - 1. März

Seehalde

FAMILIÄR • AM SEE Der von zwei Brüdern geleitete Familienbetrieb könnte kaum schöner liegen: Über die Liegewiese gelangt man direkt zum See! Diesen kann man auch von den zeitgemäßen Zimmern sehen - fragen Sie nach den neueren Superiorzimmern!

21 Zim – †80/165 € ††89/210 € – ½ P

Birnau-Maurach 1 ✉ 88690 – ✆ 07556 92210 – www.seehalde.de – geschlossen Anfang Januar - Anfang März

Seehalde – siehe Restaurantauswahl

Im Ortsteil Seefelden

Landhotel Fischerhaus

HISTORISCH • GEMÜTLICH Auf diesem wunderschön gelegenen Anwesen wohnen Sie im historischen Fachwerkhaus oder einem der Gästehäuser in wirklich gemütlichem Rahmen. Vom parkähnlichen Garten hat man Zugang zum hoteleigenen Seestrand. Abendmenü auf Wunsch zubuchbar (außer mittwochs).

23 Zim – †110/150 € ††160/210 € – 6 Suiten

Seefelden 3 ✉ 88690 – ✆ 07556 8563 – www.fischerhaus-seefelden.de – geschlossen November - März

Im Ortsteil Unteruhldingen

Seevilla

PRIVATHAUS • GEMÜTLICH Die stilvoll eingerichtete Villa nahe den Pfahlbauten hat wohnliche, hochwertige Zimmer zu bieten, teils mit Seeblick und Balkon. Dekorativ: Werke regionaler Künstlerinnen im ganzen Haus. Schön der Garten. HP ist im Preis inbegriffen - am Abend gibt es ein Menü vom Buffet.

22 Zim – †95/130 € ††135/170 € – ½ P

Seefelder Str. 36 ✉ 88690 – ✆ 07556 93370 – www.seevilla.de – geschlossen Mitte November - Mitte Februar

Mainaublick

FAMILIÄR • INDIVIDUELL Schön wohnt es sich in dem Ferienhotel nahe dem Yachthafen. Die Zimmer sind alle sehr gepflegt, zum Entspannen gibt es eine Sauna. Beim Speisen auf der Terrasse sitzt man herrlich zum See hin, schattig unter hübschen Platanen.

33 Zim – †70/95 € ††128/140 € – 2 Suiten – ½ P

Seefelder Str. 22 ✉ 88690 – ✆ 07556 92130 – www.hotel-mainaublick.de – geschlossen 21. Oktober - 31. März

ULM (DONAU)

Baden-Württemberg - 120 714 Ew. - Höhe 478 m - Regionalatlas **56**-I19
Michelin Straßenkarte 545

Seestern

FRANZÖSISCH-MODERN • CHIC Attraktiv ist hier schon das wertige nordisch-schicke Interieur - natürliche Materialien und Farben schaffen Wohlfühl-Atmosphäre. Im Sommer lockt die Terrasse nebst Lounge und kleinem Sandstrand, im Winter wärmt der Kaminofen. Im Mittelpunkt steht aber die modern-saisonale Küche aus sehr guten Produkten, über die sich auch Vegetarier freuen!

→ Bretonische Langustine auf Salz gegart mit Stachelbeere, Staudensellerie und Haselnuss. Wagyu Beef mit Mais, Perlzwiebel und süßem Chili. Piura Porcelana mit Cassis und Matcha.

Menü 69/149 € - Karte 54/100 €

Hotel LAGO, Friedrichsau 50, (Donauhalle) ✉ 89073 - ✆ 0731 2064000 - www.lago-ulm.de - nur Abendessen - geschlossen 1. - 15. Januar, 26. August - 9. September und Sonntag - Montag

LAGO

BUSINESS • MODERN Schön die Lage am See und nahe der Donau, hochwertig und geradlinig-modern das Interieur - Zimmer im 5. Stock mit Design-Elementen der Hochschule für Gestaltung (HfG) Ulm. Ansprechend der Freizeitbereich in der obersten Etage. Das Restaurant "Treibgut" bietet international-regionale Küche. Praktisch für Businessgäste: Messe gleich nebenan.

60 Zim - †108/148 € ††125/165 € - ☕ 17 €

Friedrichsau 50, (Donauhalle) ✉ 89073 - ✆ 0731 2064000 - www.lago-ulm.de

✿ Seestern - siehe Restaurantauswahl

Schiefes Haus

HISTORISCH • INDIVIDUELL Gerade Wände? In dem liebenswerten kleinen Haus a. d. 15. Jh. ist so ziemlich alles schief - nur die Betten nicht! Das wertig-moderne Design ist ein charmanter Kontrast zu alten Holzbalken und Dielenböden. Frühstücken Sie im Sommer auf der Galerie direkt über dem Flüsschen Blau! Tipp: Parkhaus Fischerviertel.

11 Zim ☕ - †125/130 € ††153/165 €

Schwörhausgasse 6 ✉ 89073 - ✆ 0731 967930 - www.hotelschiefeshausulm.de - geschlossen 24. Dezember - 1. Januar

Am Rathaus-Reblaus

HISTORISCH • GEMÜTLICH Individuell und gemütlich wohnt man im Hotel am Rathaus oder nebenan im charmanten Fachwerkhaus Reblaus von 1651. Und die Lage ist ideal für Stadterkundungen. Sie sind mit dem Fahrrad unterwegs? Man hat einen abschließbaren Fahrradraum.

30 Zim ☕ - †80/130 € ††100/140 €

Kronengasse 10 ✉ 89073 - ✆ 0731 968490 - www.rathausulm.de - geschlossen 23. Dezember - 7. Januar

In Ulm-Böfingen Nord-Ost: 3 km über B 19 Richtung Heidenheim

SIEDEPUNKT

FRANZÖSISCH-MODERN • CHIC Niveauvolle moderne Küche wird hier begleitet von aufmerksamem Service und elegantem Design in schicken Grautönen. Geboten wird ein bis zu 8-gängiges Menü mit dem Namen "KunstHandwerk". Fragen Sie ruhig auch nach einer vegetarischen Alternative. Externe Gäste parken kostenlos.

→ Carabinero mit Allerlei von der Karotte und Estragon. Filet vom wilden Steinbutt mit Kalbsbries, grünem Spargel, Pfifferlingen und Aprikose. Süßes von Schmand, Sauerampfer und Erdbeere.

Menü 52/120 €

Hotel Atrium, Eberhard-Finckh-Str. 17 ✉ 89075 - ✆ 0731 9271666 - www.siedepunkt-restaurant.de - nur Abendessen - geschlossen Sonntag - Montag

Atrium

BUSINESS • MODERN Ideal für Tagungen und Businessgäste. Die Ausstattung ist geradlinig und funktional, Innenstadt und Messe sind bequem mit dem Bus erreichbar (Haltestelle am Hotel). "100GRAD" nennt sich das helle, moderne Restaurant mit regional-saisonalem Angebot. Sonntags Langschläferfrühstück.

72 Zim – 85/115 € 115/135 €

Eberhard-Finckh-Str. 17 89075 – 0731 92710 – www.bestwesternulm.de

SIEDEPUNKT – siehe Restaurantauswahl

In Ulm-Wiblingen Süd: 3 km

Löwen

BUSINESS • MODERN Günstig ist natürlich die Nähe zu Ulm - für das Haus sprechen aber auch das moderne und zugleich wohnliche Landhausflair (viel schönes Holz und warme Farben), der Biergarten sowie die Terrasse im Innenhof. Die Küche ist international-regional. Tipp: Besuchen Sie das Kloster Wiblingen.

25 Zim – 92/110 € 112/135 € – ½ P

Hauptstr. 6 89079 – 0731 8803120 – www.loewen-ulm.com

UMKIRCH

Baden-Württemberg – 5 201 Ew. – Höhe 207 m – Regionalatlas **61**-D20
Michelin Straßenkarte 545

Villa Thai

THAILÄNDISCH • EXOTISCHES AMBIENTE XX Im Hotel Pfauen (hier einfache, aber gepflegte Zimmer) finden Sie dieses geschmackvoll-authentisch eingerichtete Thai-Restaurant. Schwerpunkt der Küche liegt auf klassisch thailändischen Gerichten wie "knusprig gegrilltem Entenfleisch auf rotem Curry", es gibt aber auch hochwertiges Sushi aus Meisterhand!

Menü 49/69 € – Karte 30/84 €

20 Zim – 60/75 € 85/110 €

Hugstetter Str. 2 79224 – 07665 93760 – www.hotel-pfauen-umkirch.de – geschlossen 7. Januar - 4. Februar, Montagmittag, Dienstag - Mittwochmittag

UNKEL

Rheinland-Pfalz – 5 075 Ew. – Höhe 56 m – Regionalatlas **36**-C13
Michelin Straßenkarte 543

Rheinhotel Schulz

BUSINESS • INDIVIDUELL Das gewachsene historische Hotel in toller Lage direkt am Rhein bietet klassisches Ambiente im Haupthaus, modernes Interieur im Rheinflügel und Landhausstil im Sonnenflügel. Flussblick vom Restaurant und von der Terrasse mit Platanen.

37 Zim – 70/99 € 98/160 € – 6 Suiten – ½ P

Vogtsgasse 4 53572 – 02224 901050 – www.rheinhotel-schulz.de – geschlossen 27. Dezember - 6. Januar

UNTERAMMERGAU

Bayern – 1 505 Ew. – Höhe 836 m – Regionalatlas **65**-K21
Michelin Straßenkarte 546

Dorfwirt

REGIONAL • GEMÜTLICH X Bei aller Tradition wird in dem schönen alten Gasthaus mit der gemütlichen Atmosphäre doch recht modern gekocht. Es gibt ein Überraschungsmenü mit sehr schmackhaften Gerichten wie "Forello Tonnato" oder "Muscheln, Blutwurst, Linsen, Vulkanspargel". Man hat übrigens eigene Wollschweine - lecker der Mangalitza-Speck!

Menü 36/58 €

Pürschlingstr. 2 82497 – 08822 9496949 – www.dorfwirt.bayern – geschlossen Montag - Mittwochmittag

UNTERMÜNKHEIM

Baden-Württemberg – 2 887 Ew. – Höhe 262 m – Regionalatlas **56**-H17
Michelin Straßenkarte 545

Steigenhaus

REGIONAL • LÄNDLICH Auch zum Essen lohnt sich ein Besuch bei Familie Wendt. In freundlichem ländlich-modernem Ambiente gibt es saisonale, regionale und bürgerliche Küche. "Gebratenes Schollenfilet mit Spinat und Nudeln" schmeckt da ebenso wie "Entenbrust mit Cassissoße und Gemüsemelange". Schön die nach Südwesten gelegene Terrasse!

Karte 32/53 €

Landhotel Steigenhaus, Steigenhaus 1, Nord-West: 2 km über die B 19 ✉ 74547 – ✆ 0791 8301 – www.steigenhaus.de – geschlossen Montag

Landhotel Steigenhaus

LANDHAUS • AUF DEM LAND Hier hat sich einiges getan! In dem Gasthaus von 1835 freuen sich heute sowohl Kurzurlauber als auch Businessgäste über neuzeitliche Zimmer, gutes Frühstück und familiäre Atmosphäre sowie die günstige Lage nahe der A6 und unweit von Schwäbisch Hall; zudem gibt es ringsum viel Natur zu entdecken. Parken ist kostenfrei.

21 Zim – †78/88 € ††108/138 € – ½ P

Steigenhaus 1, Nord-West: 2 km über die B 19 ✉ 74547 – ✆ 0791 8301 – www.steigenhaus.de

Steigenhaus – siehe Restaurantauswahl

URACH, BAD

Baden-Württemberg – 11 910 Ew. – Höhe 463 m – Regionalatlas **55**-H19
Michelin Straßenkarte 545

Wilder Mann

KLASSISCHE KÜCHE • ZEITGEMÄSSES AMBIENTE Das Motto in dem ehemaligen Brauereigebäude lautet "Altbewährtes neu interpretiert". Frische, aromatische Speisen heißen hier z. B. "Kabeljau-Loins mit geschmorten Zwiebeln, Iberico-Pancetta und geröstetem Kartoffel-Knoblauchpüree".

Menü 37 € (vegetarisch)/72 € – Karte 41/59 €

Hotel Bischoffs, Pfählerstr. 7 ✉ 72574 – ✆ 07125 947330 – www.wildermann-badurach.de – nur Abendessen, sonntags auch Mittagessen – geschlossen Montag - Dienstag

Bischoffs

BUSINESS • MODERN Sie wohnen hier in schönen modernen und technisch gut ausgestatteten Zimmern in verschiedenen Kategorien und können zudem bei Wellnessanwendungen entspannen. Alternativ zum "Wilden Mann" hat man noch das trendige "Kesselhaus" (hier gibt es "Soulfood") und das bürgerlich-rustikale "Bräustüble".

18 Zim – †69/119 € ††99/149 €

Pfählerstr. 7 ✉ 72574 – ✆ 07125 947330 – www.bischoffs-badurach.de

Wilder Mann – siehe Restaurantauswahl

J. Arnold Images/hemis.fr

WIR MÖGEN BESONDERS...
The O'room by Tom Wickboldt für sein „casual fine dining"-Konzept. Im **Kaisers Eck** in familiärer Atmosphäre richtig gut essen. Sich im **Kaiserstrand Beachhotel** bei modernem Design und top Lage erholen. Das **Bernstein** für seine tolle Sicht auf Strand und Ostsee. Urlaub mit der Familie in einem der Blockhäuser des **Kaliebe**.

USEDOM (INSEL)

Mecklenburg-Vorpommern – ✉ 17406 – Höhe 5 m – Regionalatlas **14**-Q4
Michelin Straßenkarte 542

Ahlbeck – 8 883 Ew.

Kaisers Eck

INTERNATIONAL • FREUNDLICH Direkt an der Ahlbecker Kirche ist dieses freundlich gestaltete Restaurant zu finden. Die Küche ist regional-international ausgerichtet, frisch und ausgesprochen schmackhaft - auf der Karte liest man z. B. "Dorschfilet mit Kartoffel-Senfpüree und gebratenem Blumenkohl".

Menü 32/57 € – Karte 26/43 €

Kaiserstr. 1 ✉ 17419 – ✆ 038378 30058 – www.kaiserseck.de – nur Abendessen – geschlossen 8. Januar - 3. Februar sowie 2. - 24. Dezember, Februar - März und im November: Sonntag - Dienstag; im April: Montag - Dienstag; im Mai und im Oktober: Dienstag

Blauer Salon

FRANZÖSISCH-KLASSISCH • ELEGANT Sie genießen elegante Atmosphäre, die schöne Sicht auf Promenade und Meer sowie den umsichtigen, professionellen Service, nicht zu vergessen die ambitionierten klassischen Speisen wie "gefüllter Lammsattel mit Merguez und Zwiebelallerlei".

Menü 82/145 €

Seehotel Ahlbecker Hof, Dünenstr. 47 ✉ 17419 – ✆ 038378 620 – www.seetel.de – nur Abendessen – geschlossen Sonntag - Montag

Seehotel Ahlbecker Hof

SPA UND WELLNESS • KLASSISCH Ein Prachtbau von 1890 mit stilgerechtem klassischem Interieur. Umfassend das Wellnessangebot samt Asia-Spa, gut der Service, angenehm das Langschläferfrühstück bis 12 Uhr - am liebsten auf der Terrasse zur Promenade! Tipp: große Suiten in der Residenz! Internationale Küche im "Kaiserblick, "Brasserie" mit französisch-saisonaler Karte, Asiatisches im "Suan Thai".

90 Zim – †133/293 € ††157/317 € – 23 Suiten – ½ P

Dünenstr. 47, Anfahrt über Karlstr. ✉ 17419 – ✆ 038378 620 – www.seetel.de

Blauer Salon – siehe Restaurantauswahl

DAS AHLBECK HOTEL & SPA

SPA UND WELLNESS · MODERN Ideal die Lage unmittelbar an der Promenade, modern die wohnlichen Zimmer und der große Spa. Wer sich mal etwas mehr gönnen möchte, bucht eine "Penthouse-Suite" mit tollem Meerblick! Im Zimmerpreis inkludiert: Bäderbahn-Ticket und ab 2 Übernachtungen ein Begrüßungs-Abendmenü im Restaurant.

31 Suiten – ††135/313 € – 18 Zim – ½ P

Dünenstr. 48, Anfahrt über Ritterstraße ✉ 17419 – ✆ 038378 49940 – www.das-ahlbeck.de

Bansin – 8 883 Ew.

Zur Alten Post

INTERNATIONAL · GEMÜTLICH XX Mit einer schönen Sammlung alter Postfahrzeugmodelle und anderer Postutensilien wird das klassisch-elegante Restaurant ganz seinem Namen gerecht. Ihre Aufmerksamkeit verdient aber auch die Küche: Sie bietet Klassiker und Internationales.

Menü 39/98 € – Karte 44/70 €

Hotel Kaiser Spa Zur Post, Seestr. 5 ✉ 17429 – ✆ 038378 560 – www.hzp-usedom.de – nur Abendessen – geschlossen Montag - Dienstag

Kaiser Spa Zur Post

SPA UND WELLNESS · GEMÜTLICH Aus der Villa im Seebäderstil ist ein neuzeitlich-komfortables Hotel entstanden: wohnlich-elegante Zimmer, schöner Spa mit Außenpool, tägliches Langschläferfrühstück bis 13 Uhr und dazu die zentrale Lage. Regionale und bürgerliche Küche im "Banzino".

110 Zim – †78/218 € ††98/348 € – 60 Suiten – ½ P

Seestr. 5 ✉ 17429 – ✆ 038378 560 – www.hzp-usedom.de

Zur Alten Post – siehe Restaurantauswahl

Kaiserstrand Beachhotel

SPA UND WELLNESS · AM MEER Direkt an der Strandpromenade wohnen Sie hier in hellen, modernen Zimmern - toll die Panorama-Juniorsuiten mit beeindruckendem Ostseeblick. Im Sommer hat man vor dem Eingang das Café "Marktplatz", außerdem gibt es noch das Restaurant "Beacheria", ein Steakhouse, eine Eisdiele...

136 Zim – †89/300 € ††115/300 € – ½ P

Strandpromenade 21 ✉ 17429 – ✆ 038378 4960 – www.seetel.de

Heringsdorf – 8 883 Ew.

The O'room by Tom Wickboldt

KREATIV · CHIC XX Das trifft absolut den Zeitgeist: "casual fine dining" unter einem Dach mit dem "Marc O'Polo Strandcasino"-Store. Das kleine Restaurant kommt stylish daher, angenehm locker und gleichermaßen professionell der Service, auf dem Teller großartige Aromen und durchdachte Kombinationen à la Tom Wickboldt. Alternativ gibt es modern-regionale Gerichte im legeren "O'ne".

→ Steinbutt mit Karotten-Korianderhaube, Currysauce. Confierter Radicchio, Pfifferlinge, Löwenzahn, Mimolettecrème. Rehrücken, Blumenkohl-Kokospüree, Kirschen, Fichtenspitzen.

Menü 90/160 €

Kulmstr. 33 ✉ 17424 – ✆ 038378 183912 (Tischbestellung ratsam) – www.strandcasino-marc-o-polo.com – nur Abendessen – geschlossen Februar 1 Woche, August 1 Woche, Oktober 1 Woche und Sonntag - Dienstag

Weisser Salon

KREATIV · KLASSISCHES AMBIENTE XXX Mit seinem klassisch-eleganten Interieur in Weiß wird der stilvolle Raum ganz seinem Namen gerecht. Ein schöner Kontrast dazu ist die modern-kreative Küche aus sehr guten Produkten, die in Menüform angeboten wird.

Menü 75/115 €

Hotel Esplanade, Seestr. 5 ✉ 17424 – ✆ 038378 700 – www.seetel.de – nur Abendessen – geschlossen 1. - 24. Januar und Sonntag - Dienstag

Bernstein

INTERNATIONAL • ELEGANT Einfach klasse der weite Blick über den Heringsdorfer Strand und die Ostsee! Aber auch der Teller vor Ihnen hat Schönes zu bieten: kreative, internationale Küche, gerne auch in Form eines Überraschungsmenüs.

Menü 39/75 € - Karte 53/78 €

Strandhotel Ostseeblick, Kulmstr. 28 ✉ 17424 - ✆ 038378 54297 - www.strandhotel-ostseeblick.de

Steigenberger Grandhotel und Spa

LUXUS • MODERN Ein Ferien-Grandhotel, wie man es sich wünscht: die Zimmer hochwertig und komfortabel, der Service aufmerksam, dazu ein großer Spa, Kinderbetreuung und direkte Nähe zum Strand! Für Hausgäste gibt es ein abendlich wechselndes Menü im "Lilienthal". Elegant-maritim das "Seaside Thai Cuisine". Wer's leger mag: Bistroküche im "Waterfront" samt Lounge-Terrasse.

169 Zim – †145/975 € ††175/975 € – 50 Suiten – ½ P

Liehrstr. 11 ✉ 17424 – ✆ 038378 4950 – www.heringsdorf.steigenberger.de

Travel Charme Strandidyll

LUXUS • GEMÜTLICH Luxuriöses Flair versprüht das Hotel mit Park bereits von außen. Das Interieur steht dem in nichts nach: große Atriumlobby mit Glaskuppel, mediterran inspirierter Spa und freundlich-wohnliche Zimmer. Etwas Besonderes: Turmsuite mit Rundumsicht. "Belvedere" im 4. Stock mit Meerblick und internationaler Küche. Vom "Giardino" mit Wintergarten schaut man in den Garten.

143 Zim – †97/350 € ††144/450 € – 7 Suiten – ½ P

Delbrückstr. 10 ✉ 17424 – ✆ 038378 4760 – www.travelcharme.com/strandidyll

Strandhotel Ostseeblick

SPA UND WELLNESS • MODERN Hier überzeugen der herzliche, aufmerksame Service, die helle, geschmackvolle Einrichtung, diverse kleine Extras (z. B. Minibar inkludiert) und Wellness auf 1000 qm mit "MEERness"-Rituale am Strand. Einzigartiger Seeblick von den meisten Zimmern und der Lounge. Bistro-Flair im "Alt Heringsdorf" gegenüber.

60 Zim – †85/170 € ††120/230 € – 4 Suiten – ½ P

Kulmstraße 28 ✉ 17424 – ✆ 038378 540 – www.strandhotel-ostseeblick.de

Bernstein – siehe Restaurantauswahl

Esplanade

TRADITIONELL • INDIVIDUELL Das Hotel ist ein schlossartiges Gebäude von 1869, in dem Sie schöne gediegene Gästezimmer erwarten. Wem der Sinn nach Wellness steht, nutzt den großen Spabereich des "Pommerschen Hofs". Im klassisch gehaltenen "Epikur" serviert man saisonale Küche.

48 Zim – †79/159 € ††89/189 € – ½ P

Seestr. 5 ✉ 17424 – ✆ 038378 700 – www.seetel.de – geschlossen 1. - 24. Januar

Weisser Salon – siehe Restaurantauswahl

Koserow – 1 696 Ew.

Nautic

SPA UND WELLNESS • AUF DEM LAND Das Hotel liegt zentral, 10 Gehminuten vom Meer, und hat freundlich gestaltete Zimmer - für Familien sind besonders die Suiten interessant. Schön der großzügige Bade- und Saunabereich. Im Restaurant gibt's bürgerliche Küche, zudem hat man eine Sky-Sportsbar. Auch für Tagungen ist das Haus ideal.

75 Zim – †57/88 € ††88/142 € – 7 Suiten – ½ P

Triftweg 4 ✉ 17459 – ✆ 038375 2550 – www.nautic-usedom.de

Trassenheide - 903 Ew.

Kaliebe

FAMILIÄR • FUNKTIONELL Eine schöne Ferienadresse mit modernen Zimmern, hübsche Inselmotive sorgen hier für Urlaubsfeeling! Zum 250 m entfernten Strand gelangt man durch den Küstenwald, in dem mehrere Blockhäuser stehen - besonders beliebt bei Familien. Bürgerliche Küche mit selbst geräuchertem Fisch im Restaurant mit Wintergarten.

35 Zim - †50/100 € ††65/120 € - ½ P

Zeltplatzstr. 14 ✉ 17449 - ✆ 038371 520 - www.kaliebe.de - geschlossen 13. - 31. Januar

Zinnowitz - 3 972 Ew.

Usedom-Palace

TRADITIONELL • KLASSISCH Das Anwesen an der Uferpromenade ist ein wunderschönes Hotel von 1900. Wohnlich und ganz klassisch die Zimmer (darf es vielleicht die "Admiral-Suite" im Mittelturm sein?), hübsch der Badebereich mit seinen historischen Motiven von Zinnowitz als Wandmalereien. Im Restaurant bietet man internationale Küche.

41 Zim - †80/150 € ††130/260 € - 2 Suiten - ½ P

Dünenstr. 8 ✉ 17454 - ✆ 038377 3960 - www.usedom-palace.de - geschlossen 11. November - 21. Februar

USINGEN

Hessen - 13 817 Ew. - Höhe 292 m - Regionalatlas **37**-F14
Michelin Straßenkarte 543

essWebers - Küche am Markt

INTERNATIONAL • GEMÜTLICH Schon von außen ist das denkmalgeschützte Liefrink-Haus direkt am Marktplatz einladend, drinnen hat man es ebenso schön, und was aus der Küche kommt, schmeckt richtig gut. Probieren Sie z. B. "gebratenen Zander mit Grünkohl und Backpflaumen-Gnocchi". Mittags einfacheres Angebot - auf Anfrage auch die Abendkarte.

Menü 75/95 € - Karte 41/68 €

Marktplatz 21 ✉ 61250
- ✆ 06081 5763760 - www.esswebers.de - geschlossen 1. - 15. Januar, 23. - 30. April, 4. - 15. Oktober und Sonntagabend - Montag, Dienstagabend, Samstagmittag

USLAR

Niedersachsen - 14 318 Ew. - Höhe 178 m - Regionalatlas **29**-H10
Michelin Straßenkarte 541

Menzhausen

HISTORISCHES GEBÄUDE • FUNKTIONELL Das Hotel mit schmuckem historischem Fachwerkhaus als Stammhaus bietet einen schönen Freizeitbereich mit Kosmetik und Massage sowie einen reizvollen Garten. Wie wär's mit einem "Märchenzimmer"? Restaurant mit internationaler und bürgerlicher Küche. Hübscher Innenhof.

40 Zim - †69/110 € ††110/150 € - ½ P

Lange Str. 12, (Zufahrt über Mauerstr. 2) ✉ 37170 - ✆ 05571 92230 - www.hotel-menzhausen.de

VAIHINGEN an der ENZ

Baden-Württemberg - 28 380 Ew. - Höhe 217 m - Regionalatlas **55**-G18
Michelin Straßenkarte 545

In Vaihingen-Horrheim Nord-Ost: 7 km Richtung Heilbronn

Lamm

TRADITIONELLE KÜCHE • RUSTIKAL XX In dem freundlichen Restaurant bekommen Sie in zwangloser Umgebung bürgerlich-schwäbische Gerichte serviert. Nicht zu verfehlen - das Haus liegt direkt an der Hauptstraße!

Menü 29/95 € - Karte 28/51 €

Hotel Lamm, Klosterbergstr. 45 ✉ 71665 - ✆ 07042 83220 - www.hotel-lamm-horrheim.de - geschlossen Sonntag

Lamm

GASTHOF • FUNKTIONELL Die Familie betreibt hier mitten im Ort ein nettes und gepflegtes Hotel, in dem man gut und zeitgemäß übernachten und auch tagen kann. Wenn das Wetter mitspielt, können Sie im Sommer schön auf der Terrasse zum Kirchplatz frühstücken!

23 Zim – †85/106 € ††110/130 € - ½ P

Klosterbergstr. 45 ✉ 71665 - ✆ 07042 83220 - www.hotel-lamm-horrheim.de

Lamm – siehe Restaurantauswahl

In Vaihingen-Rosswag West: 4 km über B 10 Richtung Pforzheim

Lamm Rosswag (Steffen Ruggaber)

MODERNE KÜCHE • GASTHOF XX Bei den sympathischen Gastgebern Sonja und Steffen Ruggaber wird kreativ gekocht. Die Gerichte sind intelligent zusammengestellt, stecken voller Harmonie, interessanter Details und bester Produkte - und der Chef hat ein Händchen für intensive Saucen! Dazu angenehm legerer und zugleich professioneller Service samt guter Weinberatung. Tipp: spezielles 3-Gänge-Menü am Mittag.

→ Gelbflossenmakrele, Bruchsaler Spargel, Miso, Avocado, Kalamansi. Rücken vom heimischen Maibock, Preiselbeere, Rauchmandel, wilder Brokkoli. Weiße Schokolade, Rhabarber, Staudensellerie, Himbeere.

Menü 42 € (mittags)/125 €

Hotel Lamm Rosswag, Rathausstr. 4, (1. Etage) ✉ 71665 - ✆ 07042 21413 (Tischbestellung ratsam) - www.lamm-rosswag.de - geschlossen 18. Februar - 10. März und Sonntag - Dienstagmittag, Mittwochmittag

Lamm Rosswag

GASTHOF • AUF DEM LAND In dem Familienbetrieb kann man nicht nur gut essen: Das Haus steht mitten in einem charmanten kleinen Weinort und ist mit seinen gepflegten, wohnlichen Zimmern und dem guten Frühstück eine schöne Übernachtungsadresse. Fragen Sie nach den neueren Zimmern!

13 Zim – †65/80 € ††90/105 € - ½ P

Rathausstr. 4, (1. Etage) ✉ 71665 - ✆ 07042 21413 - www.lamm-rosswag.de - geschlossen 18. Februar - 10. März

Lamm Rosswag – siehe Restaurantauswahl

VALLENDAR

Rheinland-Pfalz – 8 487 Ew. – Höhe 99 m – Regionalatlas **36**-D14
Michelin Straßenkarte 543

Die Traube

REGIONAL • RUSTIKAL X Gemütlich sitzt man in dem reizenden Fachwerkhaus von 1647 auf kleinen Bänken und lässt sich schmackhafte regionale Gerichte servieren. Dazu zählen z. B. "Variation vom Lamm" oder "Birnen-Bohnen-Speck". Auch der günstige Mittagstisch kommt gut an. Sehr nett die Terrasse vor der alten Scheune mit Glockenspiel.

Menü 40/89 € - Karte 36/81 €

Rathausplatz 12 ✉ 56179 - ✆ 0261 61162 (Tischbestellung ratsam) - www.dietraube-vallendar.de - geschlossen 24. Dezember - 10. Januar, Mitte Juli - August 3 Wochen und Sonntag - Montag

VALLEY

Bayern – 3 122 Ew. – Höhe 650 m – Regionalatlas **66**-M21
Michelin Straßenkarte 546

Waldrestaurant Maxlmühle

REGIONAL • GEMÜTLICH X Mögen Sie Forellen? Die räuchert man hier selbst - auch Sülze und Pasteten sind aus eigener Herstellung! Ebenso lecker sind z. B. die "panierte Kalbsbries-Milzwurst" oder das "geschmorte Rehschäuferl". Das Gasthaus liegt schön einsam am Ende der Straße direkt am Wasser - da kommt natürlich auch der Biergarten gut an.

Karte 20/47 €

Maxlmühle ✉ 83626 – ✆ 08020 1772 – www.maxlmuehle.de – geschlossen Februar, August 1 Woche, November 1 Woche und Mittwoch - Donnerstag, November - März: Dienstag - Donnerstag

VAREL

Niedersachsen – 23 538 Ew. – Höhe 9 m – Regionalatlas **8**-E5
Michelin Straßenkarte 541

Schienfatt N

MARKTKÜCHE • RUSTIKAL XX Gemütlich hat man es in dem historischen Stadthaus neben dem Heimatmuseum. In charmant-friesischen Stuben mit hübschen original erhaltenen Details lässt man sich saisonal-internationale Gerichte wie "Brust & Terrine von der Wachtel" oder "Duett von Meerbarbe & Pulpo" schmecken. Schön auch die ruhige Terrasse.

Menü 42/57 € – Karte 39/52 €

Neumarktplatz 3 ✉ 26316 – ✆ 04451 4761 – www.restaurant-schienfatt.de – nur Abendessen, sonntags auch Mittagessen – geschlossen Sonntagabend - Montag

VATERSTETTEN

Bayern – 22 272 Ew. – Höhe 528 m – Regionalatlas **66**-M20
Michelin Straßenkarte 546

In Vaterstetten-Neufarn Nord-Ost: 10 km über B 304 Richtung Ebersberg und Markt Schwaben, in Purfing links

Gutsgasthof Stangl

GASTHOF • INDIVIDUELL Ein hübsches Landhotel samt ehemaligem Gutshof mit historischem Flair. Schön wohnlich hat man es in den individuellen Zimmern. Überall im Haus sieht man, dass die Chefin ein Händchen für Deko hat! Im Restaurant gibt es regional-saisonale Küche in bayerisch-gemütlichem Ambiente. Toll der Kastanien-Biergarten.

56 Zim – †79/139 € ††99/189 € – 2 Suiten – ½ P

Münchener Str. 1 ✉ 85646 – ✆ 089 905010 – www.hotel-stangl.de

VEITSHÖCHHEIM

Bayern – 9 695 Ew. – Höhe 170 m – Regionalatlas **49**-I15
Michelin Straßenkarte 546

Am Main

FAMILIÄR • MODERN Das villenähnliche kleine Hotel liegt nicht nur ganz in der Nähe des Mains, es bietet auch wohnlich-moderne Zimmer, jede Menge Kunst, ein frisches, gut bestücktes Frühstücksbuffet und eine charmant-persönliche Atmosphäre.

35 Zim – †69/94 € ††102/120 €

Untere Maingasse 35 ✉ 97209 – ✆ 0931 98040 – www.hotel-am-main.de – geschlossen 22. Dezember - 1. Januar

VELBERT

Nordrhein-Westfalen – 80 572 Ew. – Höhe 245 m – Regionalatlas **26**-C11
Michelin Straßenkarte 543

In Velbert-Neviges Süd-Ost: 4 km über B 224, Abfahrt Velbert-Tönisheide

Haus Stemberg (Sascha Stemberg)

MARKTKÜCHE • FAMILIÄR "Zwei Küchen von einem Herd" nennt sich hier das Konzept, und das umfasst Modernes ebenso wie Klassiker. Umgesetzt wird das Ganze von Sascha Stemberg, 5. Generation in diesem Familienbetrieb. Sie mögen Wein? Auf der Karte finden sich interessante Raritäten.

→ Hiramasa Kingfish, Kohlrabi, Koriander, Wasabi, Kalamansi. Rehbock aus Bayern, Knollensellerie, Spitzkohl, Pfifferlinge, Mispel. Rhabarbertartelette, Himbeere, Basilikum.

Menü 33 € (mittags)/95 € - Karte 35/78 €

Kuhlendahler Str. 295 ✉ 42553
- ✆ 02053 5649 - www.haus-stemberg.de - geschlossen 3. - 18. März, 17. Juli - 9. August und Donnerstag - Freitag

VELBURG

Bayern - 5 220 Ew. - Höhe 492 m - Regionalatlas **58**-M17
Michelin Straßenkarte 546

In Velburg-Lengenfeld West: 3 km, jenseits der Autobahn

Winkler Bräu

GASTHOF • INDIVIDUELL Im Bräustüberl wird nun schon seit dem 15. Jh. bayrisch gegessen und Bier getrunken, entsprechend urig die Atmosphäre. Der Gasthof ist inzwischen aber auch ein schmuckes Hotel mit wohnlichen Zimmern - besonders schön die Zimmer in der ehemaligen Mälzerei. Für wohltuende Anwendungen geht man ins Gartenhaus.

70 Zim - 85/121 € 118/153 € - 1 Suite - ½ P

St.-Martin-Str. 6 ✉ 92355 - ✆ 09182 170 - www.winkler-braeu.de

VELDENZ

Rheinland-Pfalz - 956 Ew. - Höhe 170 m - Regionalatlas **46**-C15
Michelin Straßenkarte 543

Rittersturz

KLASSISCHE KÜCHE • GEMÜTLICH Das hat Charme: liebenswerte, gemütliche Räume, freundlicher und aufmerksamer Service und dazu die idyllische Lage im Grünen! Besonders gerne sitzt man da auf der Terrasse und genießt den Blick auf Schlossruine und Rittersturz-Fels. Auf der klassisch-saisonalen Karte liest man z. B. " Skrei mit weißer Balsamicosauce".

Menü 46/65 € - Karte 44/65 €

Veldenzer Hammer 1a, Süd-Ost: 0,5 km ✉ 54472
- ✆ 06534 18292 (Tischbestellung ratsam) - www.rendezvousmitgenuss.de
- Dienstag - Freitag nur Abendessen - geschlossen Montag

VELEN

Nordrhein-Westfalen - 12 986 Ew. - Höhe 55 m - Regionalatlas **26**-C10
Michelin Straßenkarte 543

Sportschloss Velen

HISTORISCH • KLASSISCH Das schöne historische Gebäudeensemble ist umgeben von einem traumhaften Park. Hübsche Zimmer, großes Sportangebot samt Putting-Green, klassisch gehaltenes Restaurant, reizvolle Terrasse über dem Schlossgraben... Rustikal: "Querbeet" mit tollem Backsteingewölbe. 21 Tagungs- und Veranstaltungsräume. Ideal für Hochzeitsfeiern ist z. B. die "Orangerie".

102 Zim - 115/155 € 175/215 € - 4 Suiten - ½ P

Schlossplatz 1 ✉ 46342 - ✆ 02863 2030 - www.sportschlossvelen.de
- geschlossen 3. - 14. Januar

VERDEN (ALLER)

Niedersachsen – 26 854 Ew. – Höhe 20 m – Regionalatlas **18**-H7
Michelin Straßenkarte 541

Pades Restaurant

REGIONAL • FREUNDLICH XX Wolfgang Pade bietet hier schon seit 1992 anspruchsvolle Küche. Probieren Sie z. B. "Freilandhähnchen als Fricassée und pochierte Brust mit wachsweichem Ei und Masoor dal Masala". Ein interessantes Konzept ist auch "Share the Dish - in Klein für zwei". Herrlich die Gartenterrasse hinter dem schmucken Patrizierhaus!

Karte 33/47 €

Grüne Str. 15 ✉ 27283 – ✆ 04231 3060 – www.pades.de – Montag - Mittwoch nur Abendessen

VETTELSCHOSS

Rheinland-Pfalz – 3 416 Ew. – Höhe 280 m – Regionalatlas **36**-D13
Michelin Straßenkarte 543

In Vettelschoss-Kalenborn West: 1 km

Nattermann's Fine Dining

INTERNATIONAL • CHIC XX Bei "Jo" Nattermann und seiner charmanten Frau lässt man sich in modernem Ambiente z. B. "Glücksschweinkotelett, Morchel-Lauchragout, Gnocchi" schmecken. Gegenüber: die Kochschule "Genussakademie". Zum Übernachten hat man gepflegte Zimmer.

Menü 37/70 € – Karte 31/68 €

12 Zim – †64/76 € ††89/109 €

Bahnhofstr. 12 ✉ 53560 – ✆ 02645 97310 – www.nattermanns.de – geschlossen Montag - Dienstag

VIECHTACH

Bayern – 8 013 Ew. – Höhe 435 m – Regionalatlas **59**-O17
Michelin Straßenkarte 546

In Viechtach-Neunussberg Nord-Ost: 10 km in Richtung Lam, in Wiesing rechts

Burghotel Sterr

SPA UND WELLNESS • GEMÜTLICH Das Hotel liegt ruhig am Ortsrand, hat einen sehr schönen Garten und einen attraktiven Wellnessbereich sowie hübsche, wohnliche Zimmer - darf es vielleicht eine chic-moderne "Loft-Suite" sein? Man hat auch ein wertig-charmantes kleines Chalet-Dorf samt Naturbadeteich sowie zwei Ferienhäuser. Mittags Buffet.

34 Zim – †107/112 € ††204/214 € – 10 Suiten – ½ P

Neunußberg 35 ✉ 94234 – ✆ 09942 8050 – www.burghotel-sterr.de

VIERSEN

Nordrhein-Westfalen – 75 058 Ew. – Höhe 40 m – Regionalatlas **25**-B11
Michelin Straßenkarte 543

In Viersen-Süchteln Nord-West: 4,5 km über A 61, Ausfahrt Süchteln

Alte Villa Ling

FRANZÖSISCH-KLASSISCH • ELEGANT XXX Thomas Teigelkamp, Gastgeber in der schönen Jugendstilvilla von 1899, ist ein Vertreter der klassischen Küche, überzeugt aber auch mit Internationalem. Wichtig: die Produkte - Rind, Zicklein und Lamm kommen aus der Region. Serviert wird in Salon, Gaststube oder Wintergarten, alle charmant! Über einen hübschen Treppenaufgang gelangt man zu den wohnlichen Gästezimmern.

Menü 48 € (vegetarisch)/88 € – Karte 42/65 €

7 Zim – †90/95 € ††135/140 €

Hindenburgstr. 34 ✉ 41749 – ✆ 02162 970150 – www.alte-villa-ling.de – nur Abendessen – geschlossen Montag

VILBEL, BAD

Hessen - 32 584 Ew. - Höhe 109 m - Regionalatlas **47**-F14
Michelin Straßenkarte 543

In Bad Vilbel-Dortelweil Nord: 2 km, über Kasseler Straße und Friedberger Straße

Golfhotel Lindenhof

LANDHAUS • ELEGANT Toll die Lage umgeben von Natur und Golfplatz! Interessant die Architektur des Hotels: In der ersten Etage sind die Zimmer im offenen Atriumstil angelegt. Und im Restaurant (sehr schön das helle moderne Ambiente) gibt es Klassiker wie Wiener Schnitzel, aber auch gehobenere Gerichte.

18 Zim – 90/190 € 120/210 € – 1 Suite – 9 €

Lehnfurterweg 1, (Dortelweil) 61118 – 06101 52450 – www.golfhotel-lindenhof.de – geschlossen 27. Dezember - 15. Januar

VILLINGEN-SCHWENNINGEN

Baden-Württemberg - 81 916 Ew. - Höhe 704 m - Regionalatlas **62**-F20
Michelin Straßenkarte 545

Im Stadtteil Villingen

Rindenmühle

MARKTKÜCHE • FREUNDLICH XX Frisch, schmackhaft und saisonal, so speist man hier - auf der Karte z. B. "Variation von Räucheraal, Fjordforelle und Rotgarnele" oder "eingemachtes Kalbfleisch mit Burgunderschnecken und Kaiserschoten". Das Ambiente: modern-elegant mit regionaler Note.

Menü 36 € (vegetarisch)/69 € – Karte 35/72 €

Hotel Rindenmühle, Am Kneipp-Bad 9, (am Kurpark) 78052 – 07721 88680 – www.rindenmuehle.de – geschlossen Sonntag - Montag

Rindenmühle

FAMILIÄR • GEMÜTLICH Sie suchen ein Hotel etwas abseits der Stadt? Eines mit persönlicher Note, in dem man auch noch gut essen kann? Hier wohnen Sie in geschmackvollen Zimmern, nutzen den schönen modernen Sauna- und Fitnessbereich und genießen ein gutes Frühstück samt Eierspeisen und frisch gepresstem Orangensaft.

23 Zim – 78/135 € 154/190 € – ½ P

Am Kneipp-Bad 9, (am Kurpark) 78052 – 07721 88680 – www.rindenmuehle.de

Rindenmühle – siehe Restaurantauswahl

Im Stadtteil Schwenningen

Ochsenstube

REGIONAL • FREUNDLICH X In der klassisch-gediegenen "Ochsenstube" serviert man frische, ambitionierte Regionalküche - ein Klassiker (von Oktober bis Fastnacht) sind z. B. "Schwenninger Knöpfle in d'Brüh". Ebenso lecker: "Maultaschen mit Pilzen und Kräuter-Weißweinsauce" oder "Schwäbischer Rostbraten". Schöne Terrasse hinterm Haus!

Menü 40/49 € – Karte 24/41 €

Hotel Ochsen, Bürkstr. 59 78054 – 07720 8390 – www.hotelochsen.com – nur Abendessen – geschlossen Weihnachten - 6. Januar, August 3 Wochen und Sonntag - Montag

Ochsen

FAMILIÄR • INDIVIDUELL Hier spürt man die 130 Jahre Familientradition: persönliche Atmosphäre, tipptopp gepflegte wohnlich-moderne Zimmer, eine schönes Frühstück... Zum Relaxen: Dachterrasse "Steg 1". Eine nette Idee ist auch Zimmer 103: eine "Mini-Café-Bar" mit kostenfreiem Kaffee & Tee und zusätzlich kostenpflichtigen Getränken.

37 Zim – 79/109 € 110/130 € – 8 €

Bürkstr. 59 78054 – 07720 8390 – www.hotelochsen.com – geschlossen Weihnachten - 6. Januar, August 3 Wochen

Ochsenstube – siehe Restaurantauswahl

VÖHL

Hessen – 5 645 Ew. – Höhe 305 m – Regionalatlas **38**-G12
Michelin Straßenkarte 543

In Vöhl-Oberorke Süd-West: 17 km

Freund

SPA UND WELLNESS • MODERN Urlaubsidyll im Grünen! Schön modern hat man es in den Zimmern "Gucci", "Bugatti" und "Leonardo", umfangreich das Angebot des attraktiven Wellnessbereichs. Für Pferdefreunde: Auch ein Finnpferde-Gestüt gehört zu diesem tollen Ferienhotel.

80 Zim – †100/150 € ††160/300 € – 5 Suiten – ½ P

Sauerlandstr. 6 ✉ 34516 – ✆ 06454 7090 – www.hotelfreund.de

VÖHRINGEN

Bayern – 13 058 Ew. – Höhe 499 m – Regionalatlas **64**-I20
Michelin Straßenkarte 546

In Vöhringen-Illerberg Nord-Ost: 3 km nahe der A 7

Speisemeisterei Burgthalschenke

KLASSISCHE KÜCHE • FAMILIÄR XX Mögen Sie es regionaler oder eher klassisch-gehoben? Lecker ist hier beides - probieren Sie z. B. "Brunnenkressesuppe mit Kellerspeckravioli", Klassiker wie "Zwiebelrostbraten mit Spätzle" oder auch "Zander mit Bärlauchschaum". Das Restaurant ist auf drei Ebenen angelegt und hat zudem eine schöne Terrasse.

Menü 18/52 € – Karte 28/46 €

Untere Hauptstr. 4, Thal ✉ 89269
– ✆ 07306 5265 – www.burgthalschenke.de – geschlossen März 10 Tage, September 10 Tage und Montag, außer an Feiertagen

VOGTSBURG im KAISERSTUHL

Baden-Württemberg – 5 853 Ew. – Höhe 218 m – Regionalatlas **61**-D20
Michelin Straßenkarte 545

In Vogtsburg-Achkarren

Die Achkarrer Krone

REGIONAL • RUSTIKAL X Bis 1561 reicht die gastronomische Tradition des Gasthofs zurück. Heute erfreut man sich an Kalbsnierle, Kutteln und Ochsenschwanzragout oder im Sommer auch gerne mal an einem leckeren Wurstsalat. Badische Küche und Weine gibt's in heimeligen Stuben oder auf der Terrasse. Man hat auch wohnliche Gästezimmer.

Menü 25/49 € – Karte 27/65 €

23 Zim – †65/79 € ††99/129 €

Schlossbergstr. 15 ✉ 79235 – ✆ 07662 93130 – www.krone-achkarren.de – geschlossen Januar - März: Dienstag - Mittwoch

In Vogtsburg-Bischoffingen

Steinbuck Stube

KLASSISCHE KÜCHE • ELEGANT XX Ein wahres Schmuckstück ist der aufwändig restaurierte über 400 Jahre alte ehemalige "Rebstock". Die Gäste werden herzlich betreut, aus der Küche kommen schmackhafte klassische Gerichte wie "gebratener Rochenflügel in Zitronen-Kapernbutter". Richtig schön übernachten kann man ebenfalls.

Menü 46/58 € – Karte 39/66 €

8 Zim – †62/86 € ††104/144 € – 1 Suite

Talstr. 2 ✉ 79235 – ✆ 07662 911210 – www.steinbuck-stube.de – geschlossen Februar 2 Wochen, August 10 Tage, November 2 Wochen und Montag - Dienstag

Köpfers Steinbuck

REGIONAL • LÄNDLICH Schon die wunderbare exponierte Lage mitten in den Reben lockt einen hierher, aber auch die frische Küche ist einen Besuch wert. Leckeres wie "Rückensteak vom Landschwein mit Herbsttrompeten" oder "heimischen Wildzander auf Sauerkraut" isst man natürlich am liebsten auf der traumhaften Terrasse!

Menü 36/76 € (abends) – Karte 31/67 €

Hotel Köpfers Steinbuck, Steinbuckstr. 20, in den Weinbergen ✉ 79235 – ✆ 07662 9494650 – www.koepfers-steinbuck.de – geschlossen 11. Februar - 14. März, November - März: Dienstag - Mittwoch

Köpfers Steinbuck

LANDHAUS • GEMÜTLICH Ein tolles Anwesen - ringsum Reben und Ruhe, den Kaiserstuhl im Blick. Schön wohnlich die Zimmer, im Landhausstil oder ganz modern, besonders attraktiv die Terrassenzimmer. Das gute Frühstück gibt's im Sommer draußen bei herrlicher Sicht.

19 Zim – 🚹85/105 € 🚹🚹115/169 €

Steinbuckstr. 20, in den Weinbergen ✉ 79235 – ✆ 07662 9494650 – www.koepfers-steinbuck.de – geschlossen 11. Februar - 14. März

Köpfers Steinbuck – siehe Restaurantauswahl

In Vogtsburg-Burkheim

Kreuz-Post

SPA UND WELLNESS • GEMÜTLICH Wo einst die Heilig-Kreuz-Kapelle stand, befindet sich dieser gewachsene Gasthof, Familienbetrieb in der 7. Generation. Wer es geradlinig-chic mag, fragt nach den neueren Zimmern. Sehr schön auch der "Kaiserstuhl-Spa" auf 700 qm. Die badische Küche lässt man sich im Sommer am besten im Innenhof servieren.

35 Zim – 🚹77/120 € 🚹🚹124/182 € – ½ P

Landstr. 1 ✉ 79235 – ✆ 07662 90910 – www.kreuz-post.de

In Vogtsburg-Oberbergen

Schwarzer Adler

FRANZÖSISCH-KLASSISCH • GASTHOF Das Haus der Familie Keller ist nicht nur charmant mit seinem historischen Rahmen und gemütlich-elegantem Stil, es ist einer der großen Klassiker in Deutschland! Das gilt für die feine französische Küche aus besten Zutaten ebenso wie für den stilvollen Service und über 2600 Positionen Wein zu fairen Preisen. Da übernachtet man gerne in den geschmackvollen Zimmern.

→ Gelbes Curry vom bretonischen Hummer mit Couscous und grünem Apfel. Gebratener Atlantik Steinbutt mit Beurre blanc und Kartoffel-Kapernragout. Getrüffelte Poularde in der Meersalzkruste ab zwei Personen.

Menü 96/125 € – Karte 77/110 €

14 Zim – 🚹110/130 € 🚹🚹150/170 €

Badbergstr. 23 ✉ 79235 – ✆ 07662 933010 (Tischbestellung ratsam) – www.franz-keller.de – geschlossen 21. Januar - 21. Februar und Mittwoch - Freitagmittag

KellerWirtschaft

KLASSISCHE KÜCHE • TRENDY Ein beeindruckendes Anwesen ist dieses in den Rebhang gebaute und topmodern designte Weingut! Mit Blick in den Weinkeller speist man in puristischem Ambiente an blanken Tischen. Auf der Karte z. B. "Kabeljau in Schnittlauchbutter".

Menü 64 € – Karte 40/76 €

Badbergstr. 44, (1. Etage) ✉ 79235 – ✆ 07662 933080 – www.franz-keller.de – nur Abendessen, sonntags auch Mittagessen – geschlossen 1. Januar - 7. März und Montag - Dienstag, November - Februar: Montag - Mittwoch

Winzerhaus Rebstock

REGIONAL • GEMÜTLICH In dem liebenswerten alten Wirtshaus gegenüber dem "Schwarzen Adler" - ebenfalls unter der Leitung von Familie Keller - isst man regional: Kalbsnieren in Senfsauce, Rinderschmorbraten... Oder lieber Flammkuchen? Reizend der Innenhof.

Menü 34 € – Karte 18/48 €

Badbergstr. 22 ✉ 79235 – ✆ 07662 933011 – www.franz-keller.de – geschlossen Montag - Dienstag

VOLKACH

Bayern – 8 670 Ew. – Höhe 203 m – Regionalatlas **49**-I15
Michelin Straßenkarte 546

Zur Schwane

INTERNATIONAL • GEMÜTLICH Die beiden netten gemütlichen Stuben stammen a. d. 15. Jh. und sind quasi die Keimzelle der "Schwane". Man bietet regional-internationale Küche, mittags gibt es eine kleinere Speisenauswahl. Dazu tolle eigene Weine. Schön lauschig der Innenhof!

Menü 42/70 € (abends) – Karte 21/55 €

Hotel Zur Schwane, Hauptstr. 12 ✉ 97332 – ✆ 09381 80660 – www.schwane.de – geschlossen 21. - 29. Dezember und Montagmittag

Zur Schwane

GASTHOF • HISTORISCH Sie finden das jahrhundertealte Gasthaus in der Altstadt. Nicht nur gepflegte, unterschiedlich eingerichtete Zimmer gibt es hier, gleich beim Empfang hat man eine Vinothek - die Weine kommen aus dem eigenen VDP-Weingut.

30 Zim – 89/119 € 179/209 € – 3 Suiten – ½ P

Hauptstr. 12 ✉ 97332 – ✆ 09381 80660 – www.schwane.de – geschlossen 21. - 29. Dezember

Zur Schwane – siehe Restaurantauswahl

VREDEN

Nordrhein-Westfalen – 22 462 Ew. – Höhe 32 m – Regionalatlas **26**-C9
Michelin Straßenkarte 543

In Vreden-Ammeloe Nord-West: 8 km, über B 70 Richtung Gronau, dann links ab

Büschker's Stuben

TRADITIONELLE KÜCHE • LÄNDLICH Mögen Sie "Maultaschen vom Rind mit Kapernsauce" oder "Münsterländer Zwiebelfleisch"? Hier kocht man bürgerlich-regional und international. Speisen können Sie in der rustikalen Gaststube und im gemütlichen Kaminzimmer (wohltuend das Herdfeuer an kalten Tagen!).

Menü 28/42 € – Karte 26/50 €

Hotel Am Kring, Kring 6 ✉ 48691 – ✆ 02564 93080 – www.amkring.de – nur Abendessen, sonntags auch Mittagessen – geschlossen Donnerstag

Am Kring

FAMILIÄR • AUF DEM LAND Der gewachsene Gasthof der Familie Winkelhorst ist Teil eines über 600 Jahre alten denkmalgeschützten Dorfkringes. Die Betreiber engagiert und herzlich, die Zimmer gemütlich und funktional, sehr gut das am Tisch servierte Frühstück! Restaurant "Clemens" Fr. - So. abends (Okt. - Apr.) - reservieren Sie!

17 Zim – 60/73 € 90/106 €

Kring 6 ✉ 48691 – ✆ 02564 93080 – www.amkring.de

Büschker's Stuben – siehe Restaurantauswahl

WAAKIRCHEN-MARIENSTEIN

Bayern – 5 596 Ew. – Regionalatlas **66**-M21
Michelin Straßenkarte 546

Margarethenhof

LANDHAUS • MODERN Hier lassen Sie den Blick über Wiesen, Wald und das Grün des Golfplatzes schweifen, relaxen bei Massage und Beautyprogramm, kommen in wohnlichen Zimmern zur Ruhe... Tipp: die modernen Zimmer mit ihrem schicken Mix aus klaren Formen und warmem Holz. Ländlich-elegantes Restaurant im Clubhaus des Golfplatzes.

35 Zim – 170/320 € 200/345 € – 19 Suiten – ½ P

Gut Steinberg 1 ✉ 83666 – ✆ 08022 75060 – www.margarethenhof.com – geschlossen 15. Dezember - 31. Januar

WACHENHEIM

Rheinland-Pfalz – 4 662 Ew. – Höhe 141 m – Regionalatlas **47**-E16
Michelin Straßenkarte 543

Rieslinghof

FAMILIÄR • MODERN Im ehemaligen Pferdestall des Weinguts hat man Altes und Neues gelungen verbunden - stilvoll und wertig. Als Begrüßungspräsent gibt's Wasser und eine Flasche eigenen Wein. Eine nette familiäre Adresse! Gewölbesaal für Tagungen und Feiern.

6 Zim – 80/100 € 110 €

Weinstr. 86 ✉ 67157 – ✆ 06322 9898920 – www.rieslinghof.com

WACHENROTH

Bayern – 2 220 Ew. – Höhe 285 m – Regionalatlas **50**-K16
Michelin Straßenkarte 546

In Wachenroth-Weingartsgreuth Süd-Ost: 3 km

Landgasthof Weichlein

REGIONAL • LÄNDLICH X Ein traditionsreicher Familienbetrieb a. d. 18. Jh., der viele Stammgäste hat. Gerne sitzt man hier in gemütlichen Stuben und lässt sich mit Saisonalem wie Wildgerichten oder fränkischen Klassikern wie gebackenem Karpfen bewirten. Übernachten können Sie auch: einfacher oder komfortabler.

Karte 26/52 €

15 Zim – 55/80 € 75/95 €

Weingartsgreuth 20 ✉ 96193 – ✆ 09548 349 – www.gasthofweichlein.de – Dienstag - Donnerstag nur Abendessen – geschlossen 20. August - 11. September und Montag

WACHTBERG

Nordrhein-Westfalen – 19 964 Ew. – Höhe 200 m – Regionalatlas **36**-C13
Michelin Straßenkarte 543

In Wachtberg-Adendorf West: 6 km Richtung Meckenheim

Kräutergarten

KLASSISCHE KÜCHE • TRADITIONELLES AMBIENTE XX Bereits seit 1983 leiten die freundlichen Gastgeber das Restaurant mit dem netten Ambiente, und man hat viele Stammgäste. Geboten wird hier klassisch-saisonale Küche, bei der man auf Produktqualität und Frische setzt.

Menü 48/64 € – Karte 43/68 €

Töpferstr. 30 ✉ 53343 – ✆ 02225 7578 – www.gasthaus-kraeutergarten.de – nur Abendessen, sonntags auch Mittagessen – geschlossen Sonntagabend - Dienstag

WACKERSBERG

Bayern – 3 493 Ew. – Höhe 735 m – Regionalatlas **65**-L21
Michelin Straßenkarte 546

Tölzer Schießstätte - Hager

REGIONAL • RUSTIKAL Wer würde in der Schießstätte der Tölzer Schützen eine solch leckere Küche erwarten? Andreas und Michaela Hager sind ein eingespieltes Team, das merkt man nicht zuletzt an schmackhaften Gerichten wie "Rindsroulade mit Spätzle" oder "geschnetzelter Kalbsleber in Thymian-Rahm". Ein Gedicht: "geschmelzte Topfenknödel"!

Menü 35 € – Karte 29/50 €

Kiefersau 138, (Zufahrt über Hans-Zantl-Weg), Nord-West: 5 km Richtung Bad Tölz West, jenseits der B 472 ✉ 83646 – ✆ 08041 3545 (Tischbestellung ratsam) – www.michaela-hager.de – geschlossen Sonntagabend - Montag und Donnerstag

In Wackersberg-Arzbach Süd: 3 km

Benediktenhof

LANDHAUS • GEMÜTLICH Was für ein schönes, sympathisches Haus! Reizend der ländliche Charakter, herzlich die Gastgeberfamilie. Hier heißt es wohlfühlen, vom hochwertigen Bio-Frühstück (im Sommer gerne im charmanten Garten) bis zu Kosmetik und Massage. Nicht zu vergessen der Naturbadeteich. Wie wär's mit der großen Familien-Suite im Chalet?

11 Zim – 65/90 € 100/140 € – 4 Suiten

Alpenbadstr. 16 ✉ 83646 – ✆ 08042 91470 – www.benediktenhof.de – geschlossen November 2 Wochen

WÄSCHENBEUREN

Baden-Württemberg – 3 862 Ew. – Höhe 408 m – Regionalatlas **55**-H18
Michelin Straßenkarte 545

In Wäschenbeuren-Wäscherhof Nord-Ost: 1,5 km

Zum Wäscherschloss

LANDHAUS • GEMÜTLICH Das schöne Anwesen (Familienbetrieb in 5. Generation) liegt ruhig am Waldrand nahe Burg Wäscherschloss und verbindet in seinen Zimmern den ländlichen Charme von altem Fachwerk mit geradlinig-modernen Möbeln. Dazu ein leckeres Frühstücksbuffet und herzliche Gastgeber. W-Lan nur im Gastraum. Ausflugstipp: Kloster Lorch.

10 Zim – 50/80 € 100/120 € – ½ P

Wäscherhof 2 ✉ 73116 – ✆ 07172 7370 – www.gasthofwaescherschloss.de

WAFFENBRUNN

Bayern – 2 075 Ew. – Höhe 396 m – Regionalatlas **52**-O17
Michelin Straßenkarte 546

Göttlinger

MARKTKÜCHE • FREUNDLICH In 4. Generation führt Martin Göttlinger den Gasthof von 1927. Angenehm zeitgemäß ist das Ambiente hier, modern-saisonal die Küche. Auf der Karte liest man z. B. "Jakobsmuschel mit Weißkraut und Kürbissud" oder "Bäckchen vom Iberico-Schwein".

Menü 32/44 € – Karte 30/62 €

Hauptstr. 10 ✉ 93494 – ✆ 09971 2594 – www.restaurant-goettlinger.de – nur Abendessen – geschlossen Dienstag - Mittwoch und Sonntag

Gute Küche zu moderatem Preis? Folgen Sie dem „Bib Gourmand". Das freundliche Michelin-Männchen „Bib" steht für ein besonders gutes Preis-Leistungs-Verhältnis!

WAGING am SEE

Bayern - 6 590 Ew. - Höhe 465 m - Regionalatlas **67**-O21
Michelin Straßenkarte 546

Landhaus Tanner

REGIONAL • GEMÜTLICH XX Mögen Sie es ländlich mit Kachelofen oder lieber modern-elegant? Gemütlich sind beide Restaurantbereiche, dazu die hübsche begrünte Terrasse. Man kocht saisonal-regional - darf es vielleicht "Nirnhartinger Rehragout mit Schwammerlgröstl" sein? Zum Übernachten: charmante Zimmer und Appartements.

Menü 19 € (mittags unter der Woche)/41 € - Karte 24/60 €
9 Zim - 79/92 € 123/138 € - 2 Suiten

Aglassing 1 ✉ 83329 - ✆ 08681 69750 - www.landhaustanner.de
- geschlossen nach Ostern 1 Woche und Dienstag, November - März: Sonntagabend, Dienstag

WAIBLINGEN

Baden-Württemberg - 53 407 Ew. - Höhe 230 m - Regionalatlas **55**-H18
Michelin Straßenkarte 545

Bachofer

KREATIV • FREUNDLICH XX Die moderne Küche von Bernd Bachofer ist mit ihrem ganz eigenen Stil und reichlich asiatischen Einflüssen fast schon ein bisschen exotisch. Man kocht angenehm leicht und ausdrucksstark und verwendet Spitzenprodukte. Das Ambiente in dem Haus von 1647 (einst Apotheke) ist wertig und stylish, dazu professioneller und sehr freundlicher Service. Alternativ speist man an der "Ess-Bar".

→ Eismeer Skrei, Rucolasud, Ziegenkäse, Gewürztomate. Geschmortes Bäckchen vom Wagyu Rind, Hoisinjus, Rote Zwiebel Miso, Dashi Tapioka. Variation von der japanischen Yuzu Frucht, Thai Mango, Matchatee.

Menü 31 € (mittags)/140 € - Karte 82/103 €

Am Marktplatz 6 ✉ 71332 -
✆ 07151 976430 - www.bachofer.info - geschlossen Januar 1 Woche, Mitte Mai 2 Wochen, über Pfingsten 2 Wochen und Samstagmittag, Sonntag - Montag, Feiertage

Mille Miglia (N)

MARKTKÜCHE • GERADLINIG XX Das puristisch-elegante Restaurant in der 1. Etage passt schön in die lichte moderne Architektur des Autohauses Lorinser. Serviert werden regionale und internationale Gerichte - oder macht Ihnen die Steakkarte Appetit? Mittags günstiges Lunchmenü.

Menü 89 € - Karte 46/74 €

Alte Bundesstr. 45, (1. Etage) ✉ 71332 -
✆ 07151 1362444 - www.restaurant-millemiglia.de -
geschlossen über Fasching, Ende Juli - August 3 Wochen und Samstag - Sonntag, Feiertage

In Waiblingen-Beinstein Ost: 4 km

Brunnenstuben

REGIONAL • FREUNDLICH XX Äußerlich ist das Gebäude zwar kein Leckerbissen, die gibt's dafür drinnen zahlreich, denn Chefin Petra Beyer kann kochen! "Zander mit Balsamico-Linsen" macht ebenso Appetit wie "Wildschweinrücken, Polenta, Schmorgemüse" oder "schwäbischer Rostbraten". Ihr Mann Thorsten berät Sie freundlich, auch in Sachen Wein.

Menü 33/56 € - Karte 30/60 €

Quellenstr. 14 ✉ 71334 -
✆ 07151 9441227 - www.brunnenstuben.de - nur Abendessen, sonntags auch Mittagessen - geschlossen Dienstag

WALDBRONN

Baden-Württemberg - 12 251 Ew. - Höhe 261 m - Regionalatlas **54**-F18
Michelin Straßenkarte 545

In Waldbronn-Reichenbach

Schwitzer's am Park

KLASSISCHE KÜCHE • ELEGANT Hier kocht man klassisch und zugleich modern, immer mit exzellenten Produkten. Das Ergebnis sind gelungene Kombinationen und fein abgestimmte Aromen. Das Restaurant ist elegant, in ruhigen Grau- und Blautönen gehalten und hat eine raumhohe Fensterfront, durch die man ins Grüne schaut, während man zuvorkommend und fachkundig umsorgt wird.

→ Atlantik Rochenflügel mit Karotten-Ingwerpüree, Knusper-Oliven, Kapern und emulgierter Jus. Filet vom kanadischen Bison, Sellerie, Erdnüsse und Rotwein-Pfefferglace. Topfensoufflé mit Erdbeeren und Tonkabohneneis.

Menü 66/130 € - Karte 76/102 €

Schwitzer's Hotel am Park, Etzenroter Str. 4 ✉ 76337 - ✆ 07243 354850 - www.schwitzers-hotel-am-park.com - nur Abendessen - geschlossen Sonntag - Montag

Schwitzer's Brasserie

FRANZÖSISCH • BRASSERIE Sie mögen leger-moderne Brasserie-Lounge-Atmosphäre? Im trendigen Zweitrestaurant des "Schwitzer's Hotel am Park" gleich nebenan im Kurhaus gibt es schmackhafte frische Gerichte wie "hausgemachte Blutwurst", "mariniertes Tatar vom Simmentaler Weiderind" oder "Kulinariker Burger", nachmittags Kuchen.

Menü 19 € (mittags unter der Woche)/44 € - Karte 28/67 €

Etzenroter Str. 2 ✉ 76337 - ✆ 07243 354850 - www.schwitzers-brasserie.de

Schwitzer's Hotel am Park

BUSINESS • MODERN Direkt am Park liegt das beeindruckende Hotel der Familie Schwitzer. Überall hochwertige Materialien, die Zimmer geräumig, chic, technisch "up to date". Turm- oder Parkzimmer? Letztere liegen ruhiger und bieten Balkon sowie Blick ins Grüne! Für Hotelgäste freier Eintritt in die Albtherme.

20 Zim - †130/200 € ††155/265 € - 1 Suite - ☕ 15 € - ½ P

Etzenroter Str. 4 ✉ 76337 - ✆ 07243 354850 - www.schwitzers-hotel-am-park.com

Schwitzer's am Park – siehe Restaurantauswahl

WALDECK

Hessen - 6 877 Ew. - Höhe 404 m - Regionalatlas **38**-G12
Michelin Straßenkarte 543

Schloss Waldeck

HISTORISCHES GEBÄUDE • MODERN Toll liegt die einstige Burganlage a. d. 11. Jh. auf einer Bergkuppe oberhalb des Edersees! Doch es gibt noch mehr Schönes: die Lobby in einem mächtigen Natursteingewölbe, "Teatime" im stilvoll-modernen Kaminzimmer, Burgmuseum, Standesamt, Beauty... Im Sommer sitzt man wunderbar auf den Restaurantterrassen, da kommt man auch gerne mit der Bergbahn vom See hier hinauf!

42 Zim ☕ - †85/145 € ††110/165 € - ½ P

Schloss Waldeck 1 ✉ 34513 - ✆ 05623 5890 - www.hotel-schloss-waldeck.de

Im Ortsteil Nieder-Werbe West: 8 km

Werbetal

LANDHAUS • FUNKTIONELL Nahe am Seeufer steht dieses familiengeführte Hotel, das bereits seit 1866 als Gasthaus existiert. Die Zimmer sind z. T. recht geräumig, einige mit Balkon, rustikal das Restaurant mit großen Fenstern zum See. Auch ein Spielzimmer für Kinder ist vorhanden.

29 Zim ☕ - †57/83 € ††114/142 € - ½ P

Uferstr. 28 ✉ 34513 - ✆ 05634 97960 - www.hotel-werbetal.de - geschlossen 2. Januar - 1. März

WALDENBUCH

Baden-Württemberg – 8 521 Ew. – Höhe 362 m – Regionalatlas **55**-G19
Michelin Straßenkarte 545

Gasthof Krone (Erik Metzger)

KLASSISCHE KÜCHE • LÄNDLICH Hier trifft klassisch-traditionelle Küche auf geschickt eingesetzte moderne Akzente. Das Ergebnis: reduzierte, ausdrucksstarke und harmonische Gerichte ohne unnötige Spielereien. Schön der gemütlich-historische Rahmen - auf der alten Tischplatte im Eingangsbereich haben sich übrigens im 18. Jh. sogar Goethe und Schiller verewigt! Sie werden kompetent umsorgt, auch in Sachen Wein.

→ Schottischer Graved Lachs im Sieben-Kräutersud mit Shrimps und Kopfsalat. Gebratenes Entenleberschnitzel mit Rhabarberragout, Zartbitterschokolade und Chili. Geschmorte Lammhüfte mit Caponata, gratinierter Polenta, Oliven und Aceto-Balsamicojus.

Menü 54 € (vegetarisch)/86 € – Karte 53/72 €

Nürtinger Str. 14 ✉ 71111 –
✆ 07157 408849 – www.krone-waldenbuch.de
– geschlossen über Ostern 1 Woche, Ende August - Angang September 3 Wochen, Ende Dezember 1 Woche und Samstagmittag, Montag - Dienstag

WALDENBURG

Baden-Württemberg – 2 976 Ew. – Höhe 506 m – Regionalatlas **55**-H17
Michelin Straßenkarte 545

Villa Blum

FAMILIÄR • INDIVIDUELL Wenn Sie eines der geschmackvollen Zimmer ergattern möchten, sollten Sie zeitig buchen, denn der Charme der hübschen alten Villa und das Engagement der Familie haben sich rumgesprochen! Das Frühstück ist wirklich gut, W-Lan und Minibar sind gratis, im Frühling blüht und duftet der Garten...

9 Zim – 89/95 € 135 €

Haller Str. 12 ✉ 74638 – ✆ 07942 94370 – www.villa-blum.de

WALDKIRCH

Baden-Württemberg – 21 260 Ew. – Höhe 274 m – Regionalatlas **61**-D20
Michelin Straßenkarte 545

Zum Storchen

MARKTKÜCHE • GEMÜTLICH Richtig gut isst man bei Familie Trienen in dem schön sanierten alten Stadthaus. Man kocht saisonal-regional und mit modern-internationalen Einflüssen - auf der Karte z. B. "In Burgunder geschmorter Hirschbraten mit Fliederbeerkraut". Mittags reduziertes Angebot. Terrasse auf dem Gehsteig oder im ruhigeren Hinterhof.

Menü 35/62 € – Karte 31/53 €

Hotel Zum Storchen, Lange Str. 24, (Zufahrt über Runzweg) ✉ 79183
– ✆ 07681 4749590 – www.storchen-waldkirch.de –
geschlossen Sonntag

Zum Storchen

FAMILIÄR • MODERN Nach ökologischen Aspekten designt: wohnlich, modern und hochwertig. Wer's gerne geräumiger hat, bucht ein Deluxe-Zimmer oder eine Suite. Sehr nett: Saunabereich und Dachterrasse. Schön: Frühstücken mit Blick über die Dächer von Waldkirch!

28 Zim – 65/87 € 90/120 € – ½ P

Lange Str. 24, (Zufahrt über Runzweg) ✉ 79183 – ✆ 07681 4749590
– www.zum-storchen-waldkirch.de

Zum Storchen – siehe Restaurantauswahl

In Waldkirch-Buchholz Süd-West: 4 km über B 294

Hirschenstube

KLASSISCHE KÜCHE • GEMÜTLICH In dem gemütlichen Restaurant darf man sich auf frische regional-klassische Küche mit mediterranen Einflüssen freuen. Es gibt z. B. "Kalbfleischragout im Reisrand" oder "pochiertes Zanderfilet in Rieslingsauce". Zum Übernachten hat man gepflegte Zimmer im Haupthaus und im Gästehaus "Gehri".

Menü 45 € - Karte 27/85 €

24 Zim - 70/100 € 102/130 € - 1 Suite

Schwarzwaldstr. 45 79183 - 07681 477770 - www.hirschenstube.de - geschlossen Februar 2 Wochen, August 3 Wochen und Sonntag - Montag

WALDKIRCHEN

Bayern - 10 277 Ew. - Höhe 573 m - Regionalatlas **60**-Q18
Michelin Straßenkarte 546

Johanns

MODERNE KÜCHE • TRENDY Richtig feines Essen mit exklusivem Shoppen verbinden? Was hier im 2. Stock des Modehauses kulinarisch geboten wird, hat Kraft und Ausdruck, mal innovativ, mal traditionell. Das puristisch gehaltene Restaurant hat auch eine schöne Terrasse mit toller Sicht! Mittags auch etwas bodenständigere Küche.

→ Gesurtes Wollschwein mit fein geriebener Geflügelleber, grünem Rhabarber und Liebstöckel. Kalbsleber mit Bärlauchspinat, Topfen-Mohngnocchi und Buchen-Ritterlingen. Taubenbrust und Haxerl mit Zuckererbsen, Mispeln und Pastinakencrème.

Menü 39 € (mittags)/95 € - Karte 41/68 €

Marktplatz 24, (2. Etage im Modehaus Garhammer) 94065 - 08581 2082000 - www.restaurant-johanns.de - geschlossen Sonntag, Feiertage

WALDSEE, BAD

Baden-Württemberg - 19 753 Ew. - Höhe 588 m - Regionalatlas **63**-H21
Michelin Straßenkarte 545

Scala

INTERNATIONAL • FREUNDLICH Schön liegt das lichte, chic-moderne Restaurant direkt am See - da ist im Sommer natürlich die Terrasse gefragt! Man kocht international-saisonal und mit regionalem Einfluss, von "Zwiebelrostbraten" bis "Loup de mer, Hummersauce, Lauchmus".

Menü 45/65 € - Karte 22/53 €

Wurzacher Str. 55, (im Haus am Stadtsee) 88339 - 07524 9787773 - www.restaurant-scala.de - geschlossen Februar - März 3 Wochen und Dienstag

Gasthof Kreuz

REGIONAL • GASTHOF Ein sympathischer Gasthof bei der Kirche, in dem man in freundlich-rustikaler Atmosphäre regional-saisonal isst, z. B. "schwäbisches Backhenderl mit Gurken-Kartoffel-Ingwersalat". Im Sommer sitzt man gerne im Freien vor dem Haus. Gepflegt übernachten kann man ebenfalls.

Menü 19/48 € - Karte 19/50 €

6 Zim - 49/69 € 79/99 € - 5 €

Gut-Betha-Platz 1 88339 - 07524 3927 - www.kreuz-gasthof.de - geschlossen Februar 1 Woche und Sonntagabend - Dienstagmittag

Grüner Baum & Altes Tor

GASTHOF • INDIVIDUELL Richtig charmant ist das Gasthaus direkt am Rathausplatz - schön hier im Sommer die Terrasse! Man hat gemütliche, individuelle Zimmer, verteilt auf Haupthaus und "Altes Tor" (ca. 80 m entfernt). Tipp: nach altem Hausrezept gebrautes Bier der ehemaligen Brauerei von 1769! Günstig parkt man z. B. am Kosterhof.

49 Zim - 69/99 € 105/175 € - ½ P

Hauptstr. 34 88339 - 07524 97900 - www.baum-leben.de

In Bad Waldsee-Gaisbeuren Süd-West: 4 km über B 30

Adler

REGIONAL • GEMÜTLICH Was in den gemütlichen Stuben auf den Tisch kommt, ist bürgerliche Regionalküche, zu der selbstgemachte Maultaschen ebenso gehören wie Wild aus eigener Jagd. Hinterm Haus ein lauschiger Biergarten! Es gibt auch selbstgebrannten Schnaps.

Menü 24/45 € - Karte 25/53 €

Hotel Adler, Bundesstr. 15, B 30 ✉ 88339 - ✆ 07524 9980 - www.hotel-gasthaus-adler.de - geschlossen 27. Februar - 14. März und Donnerstag

Adler

GASTHOF • FUNKTIONELL Ein 500 Jahre altes Gasthaus, das zu einem Hotel mit funktionalen und recht geräumigen Zimmern gewachsen ist. In verschiedenen Seminarräumen lässt es sich auch gut tagen.

31 Zim - 74/87 € 98/109 € - ½ P

Bundesstr. 15, B 30 ✉ 88339 - ✆ 07524 9980 - www.hotel-gasthaus-adler.de - geschlossen 27. Februar - 14. März

Adler - siehe Restaurantauswahl

WALDSHUT-TIENGEN

Baden-Württemberg - 23 063 Ew. - Höhe 341 m - Regionalatlas **62**-E21
Michelin Straßenkarte 545

Im Stadtteil Tiengen

Brauerei Walter

MARKTKÜCHE • GASTHOF Mit einer Brauerei hat das traditionsreiche Haus nicht mehr viel zu tun, die meisten Gäste trinken Wein aus dem Markgräflerland, vom Kaiserstuhl oder vom Bodensee. Dazu frische saisonale Küche, und die gibt es z. B. als "Zanderfilet und Riesengarnele in Rieslingsauce mit Nudeln". Tipp: preiswerte Tageskarte.

Menü 29/54 € - Karte 32/76 €

Hotel Brauerei Walter, Hauptstr. 23 ✉ 79761 - ✆ 07741 83020 - www.brauereiwalter.de - geschlossen Ende August - Anfang September 2 Wochen und Sonntag - Montag

Bercher

FAMILIÄR • GEMÜTLICH Die Zimmer in dem gewachsenen Familienbetrieb (seit 1911) sind komfortabel und individuell, von eher ländlich über eleganten Landhausstil bis modern - es gibt auch welche mit Kachelofen. Ein schöner Ort zum Enstpannen: die Wellness-Stuben im separaten Anbau! Gediegene Restauranträume mit traditionellem Angebot.

38 Zim - 80/120 € 140/180 € - 2 Suiten - ½ P

Bahnhofstr. 1 ✉ 79761 - ✆ 07741 47470 - www.bercher.de

Brauerei Walter

GASTHOF • FUNKTIONELL Das historische Haus mit der schönen Fassade war einst eine Brauerei und ist heute (erweitert um einen Anbau) ein solides Hotel mit funktionalen Zimmern, gepflegter Auswahl am Frühstücksbuffet sowie familiärem Service.

19 Zim - 46/58 € 89/98 €

Hauptstr. 23 ✉ 79761 - ✆ 07741 83020 - www.brauereiwalter.de

Brauerei Walter - siehe Restaurantauswahl

Im Stadtteil Breitenfeld Nord-Ost: 3 km ab Tiengen

Landgasthof Hirschen

GASTHOF • FUNKTIONELL In dem familiengeführten Landgasthof ist alles top in Schuss und man renoviert immer wieder, damit die wohnlich-ländlichen Zimmer auch stets gepflegt sind - die im Gästehaus "Cäcilia" sind übrigens geräumiger. Im rustikalen Restaurant bekommt man bürgerliche und regionale Küche serviert.

27 Zim - 43/61 € 79/91 € - 8 € - ½ P

Breitenfeld 13 ✉ 79761 - ✆ 07741 68250 - www.hirschen-breitenfeld.de

WALLDORF

Baden-Württemberg - 14 997 Ew. - Höhe 110 m - Regionalatlas **47**-F17
Michelin Straßenkarte 545

Kaminrestaurant & Lounge

INTERNATIONAL • TRENDY XX Möchten Sie im chic-modernen Restaurant, auf der schönen Terrasse oder lieber in der Lounge speisen? Die Küche ist frisch und ambitioniert, auf der Karte z. B. "Tafelspitzsalat, Meerrettichschaum, Kartoffel-Erbsenkompott" oder "Atlantik-Lachs, Basilikumkruste, Thai-Bami-Goreng".

Karte 33/54 €

Hotel Vorfelder, Bahnhofstr. 28 ✉ 69190 -
✆ 06227 6990 - www.hotel-vorfelder.de -
nur Abendessen - geschlossen 1. - 13. Januar, August 2 Wochen, 27. - 31. Dezember und Sonntag

Vorfelder

BUSINESS • MODERN Das moderne, familiär geführte Hotel in der Innenstadt ist für Businessgäste ebenso interessant wie für Kurzurlauber, denn Heidelberg, Speyer oder Hockenheimring sind schnell erreicht. Die Zimmer: geradlinig, funktionell, gut ausgestattet.

65 Zim - †67/124 € ††90/147 € - ½ P

Bahnhofstr. 28 ✉ 69190 -
✆ 06227 6990 - www.hotel-vorfelder.de

Kaminrestaurant & Lounge - siehe Restaurantauswahl

WALLENFELS

Bayern - 2 786 Ew. - Höhe 382 m - Regionalatlas **50**-L14
Michelin Straßenkarte 546

Gasthof Roseneck

REGIONAL • LÄNDLICH X In freundlich-ländlichem Ambiente kommen neben regionalen Klassikern auch etwas ungewöhnlichere Speisen auf den Tisch: Gerichte mit Rosenblüten - und die stammen aus dem eigenen Garten! Schön sitzt man auch im Biergarten. Tipp: Flößer-Events samt Barbecue. Zum Übernachten hat man funktionale Zimmer.

Karte 17/38 €

21 Zim - †44/48 € ††58/82 €

Schützenstr. 46 ✉ 96346
- ✆ 09262 7260 - www.gasthof-roseneck.de -
geschlossen 1. - 23. November, Montagmittag, Dienstag - Mittwochmittag und Donnerstagmittag

WALLENHORST

Niedersachsen - 23 001 Ew. - Höhe 91 m - Regionalatlas **17**-E8
Michelin Straßenkarte 541

Alte Küsterei

KLASSISCHE KÜCHE • FREUNDLICH XX Mit der Bruchsteinfassade von 1883 ist das Haus schon von außen ein Hingucker, innen dekorative Details wie freigelegte Holzbalken oder moderne Bilder. Gekocht wird klassisch, herzlich der Service.

Menü 42/72 € - Karte 38/62 €

Kirchplatz 6 ✉ 49134
- ✆ 05407 857870 - www.alte-kuesterei.de - nur Abendessen
- geschlossen Januar 2 Wochen, Juli - August 2 Wochen und Montag - Dienstag

Frühstück inklusive? Die Tasse steht gleich hinter der Zimmeranzahl.

WALLERFANGEN

Saarland - 9 321 Ew. - Höhe 270 m - Regionalatlas **45**-B17

Landwerk

MODERNE KÜCHE • TRENDY Hier hat man ein Haus mit bewegter Geschichte sorgsam saniert. Entstanden sind richtig schöne wertig-moderne Gästezimmer und ein trendig-schickes Restaurant. Letzteres bietet interessante, geschmacksintensive Gerichte aus erstklassigen Produkten - eine angenehm leichte Küche. Zusätzlich gibt es Kleinigkeiten in der netten Bar-Lounge mit Industrie-Flair.

→ Gänseleber, Kirsche, Crue de Cacao. Lamm, Couscous, Joghurt, Sesam, Hibiskus. Golden Egg 2018, Passionsfrucht, Mascarpone.

Menü 38/85 € - Karte 58/76 €

8 Zim - 115 € 145 €

Estherstr. 1 66798 - 06831 62622 - www.land-werk.de - geschlossen 22. Juli - 4. August und Montag - Mittwochmittag

WALLGAU

Bayern - 1 434 Ew. - Höhe 866 m - Regionalatlas **65**-L22
Michelin Straßenkarte 546

Parkhotel

SPA UND WELLNESS • GEMÜTLICH In diesem Ferienhotel sind Sie gut aufgehoben, dafür sorgen bayerischer Charme, komfortable Zimmer unterschiedlicher Kategorien, ein angenehm heller, mit Lüftlmalereien verzierter Spabereich und die Kellerbar "Max & Moritz" - damit Sie nichts verpassen, werden hier auch Fernseh-Events übertragen.

30 Zim - 120/170 € 200/290 € - 15 Suiten - ½ P

Barmseestr. 1 82499 - 08825 290 - www.parkhotel-wallgau.de

WALLHALBEN

Rheinland-Pfalz - 866 Ew. - Höhe 258 m - Regionalatlas **46**-D17
Michelin Straßenkarte 543

Landgrafen Mühle

LANDHAUS • INDIVIDUELL Mit Aufwand und Herzblut hat man die einstige Mühle samt Gesindehaus (hier schöner Saunabereich) zu einem charmanten, individuellen Ort gemacht: moderne Formen und hochwertige Materialien. Toll das freiliegende Mauerwerk in den Zimmern, beliebt die Maisonette "Herzfeld"! Das Restaurant bietet regionale Küche.

20 Zim - 72/78 € 95/116 € - 11 € - ½ P

Landstuhler Str. 46 66917 -
06375 994530 - www.landgrafenmuehle.de

WALLUF

Hessen - 5 496 Ew. - Höhe 84 m - Regionalatlas **47**-E15
Michelin Straßenkarte 543

Zur Schlupp

REGIONAL • GEMÜTLICH Sehr engagiert leitet Familie Ehrhardt ihr charmantes kleines Restaurant in dem Haus a. d. J. 1608. Die Atmosphäre ist gemütlich, die Küche frisch und regional-saisonal, Spezialität sind Gänsegerichte - reservieren nicht vergessen! Tipp: Romantisch ist im Sommer der Innenhof!

Menü 32/50 € - Karte 35/50 €

Hauptstr. 25 65396
- 06123 72638 (Tischbestellung ratsam) - www.gasthauszurschlupp.de - nur Abendessen - geschlossen Juli und Mittwoch - Donnerstag

WALSRODE

Niedersachsen - 23 262 Ew. - Höhe 32 m - Regionalatlas **18**-H7
Michelin Straßenkarte 541

Landhaus Walsrode

FAMILIÄR • INDIVIDUELL Fast schon herrschaftlich steht das alte niedersächsische Bauernhaus auf dem Parkgrundstück. Sie mögen es schön stilvoll? Unter den sehr individuellen Zimmern findet sich das Passende. Nicht weniger einladend sind der Salon mit Kamin sowie der gemütlich-elegante Frühstücksraum mit Terrasse zum Garten!

14 Zim - †75/115 € ††90/157 € - 2 Suiten

Oskar-Wolff-Str. 1 ✉ 29664 - ✆ 05161 98690 - www.landhaus-walsrode.de - geschlossen 15. Dezember - 15. Januar und 16. - 30. Juli

In Walsrode-Hünzingen Nord: 5 km über Dreikronen

Forellenhof

FAMILIÄR • GEMÜTLICH Ein schon äußerlich sehr gepflegtes Anwesen, das mit seiner schönen ruhigen Lage und wohnlichen Zimmern überzeugt - fragen Sie nach den neueren! Man hat eine hauseigene Brauerei namens "Schnuckenbräu", in der man Führungen anbietet. Oder wie wär's mit einer Kutschfahrt? Im Restaurant serviert man regionale Küche samt Forellengerichten sowie Steaks.

60 Zim - †70/100 € ††90/130 € - ½ P

Hünzingen 3 ✉ 29664 - ✆ 05161 9700 - www.forellenhof.de

WALTROP

Nordrhein-Westfalen - 28 971 Ew. - Höhe 70 m - Regionalatlas **26**-D10
Michelin Straßenkarte 543

Gasthaus Stromberg

MARKTKÜCHE • TRENDY In dem alteingesessenen Gasthaus in der Fußgängerzone ist es puristisch und gemütlich zugleich, hier trifft Tradition auf Moderne. Man kocht saisonal-regional: "Variation vom Kürbis mit Dorstener Ziegenkäse", "Rinderroulade mit Speck und Grünkohl"... Für Gesellschaften: die 1,5 km entfernte "Werkstatt".

Menü 38/65 € - Karte 29/61 €

Dortmunder Str. 5 ✉ 45731 - ✆ 02309 4228 - www.gasthaus-stromberg.de - nur Abendessen - geschlossen Anfang Januar 2 Wochen und Sonntag - Montag

WANGELS

Schleswig-Holstein - 2 187 Ew. - Höhe 55 m - Regionalatlas **11**-K3
Michelin Straßenkarte 541

In Wangels-Weißenhäuser Strand Nord: 5 km

Courtier

KREATIV • KLASSISCHES AMBIENTE Am herrlichen Ostseestrand, idyllisch eingebettet in einen über 70 Hektar großen Park, findet man einen der eindrucksvollsten Zeugen des Neobarocks: das „Weissenhaus Grand Village Resort & Spa am Meer" - ein märchenhaftes Schloss aus dem Jahre 1896. Feinschmecker schweben hier dank Christian Scharrers Fähigkeiten, die er schon im „Colombi" in Freiburg, bei „Jörg Müller" auf Sylt und auf der „Bühlerhöhe" in Bühl unter Beweis stellte, auf Gourmetwolken. Seine stilvolle Bühne sind die edlen Räume des „Courtiers" mit glitzernden Kronleuchtern, wertvollen Wandgemälden, aufwändigen Stuckarbeiten, edlem Mobiliar und feinem Silber. Der gebürtige Badener versteht es perfekt, seinen Kreationen Ausdruck zu verleihen und sie mit intensiven Aromen zu verfeinern. Mit viel Fingerspitzengefühl sucht er für seine Küche ausschließlich die besten Produkte aus, die der Markt zu bieten hat. Ein wahres Highlight ist es, im Sommer auf der herrlichen Terrasse mit dem sensationellen Blick auf die Hohwachter Bucht zu sitzen.

→ Langostino mit Kohlrabi und Apfel. Gänseleber mit Topinambur und Sonnenblumenkernen. Luma Beef mit Mirepoix und Liebstöckel.

Menü 149/179 € – Karte 123/131 €

Hotel Weissenhaus Grand Village Resort & Spa am Meer, Parkallee 1 ✉ 23758 – ✆ 04382 92620 (Tischbestellung ratsam) – www.weissenhaus.de – nur Abendessen – geschlossen 4. - 27. März, 17. November - 11. Dezember und Sonntag - Montag

Bootshaus

INTERNATIONAL • HIP X Mitten in den Dünen liegt das moderne Restaurant in hellem Naturholz, durch die große Fensterfront blickt man Richtung Strand, traumhafte Sonnenuntergänge inklusive! Mittags ist die Küche etwas einfacher, abends ambitioniert, so z. B. "pikante Hummerbisque" oder "flambierter Heilbutt mit Mark-Parmesankruste".

Menü 59/69 € – Karte 55/88 €

Hotel Weissenhaus Grand Village Resort & Spa am Meer, Strandstr. 4 ✉ 23758 – ✆ 04382 92623500 – www.weissenhaus.de

Weissenhaus Grand Village Resort & Spa am Meer

LUXUS • GEMÜTLICH Das tolle Anwesen mit seinen 100 ha Grund, Wald, Naturstrand und zahlreichen schön sanierten historischen Gebäuden samt Schloss ist schon ein wahres Luxus-Hideaway! Hier wohnt man stilvoll und individuell (vielleicht im "Badehäuschen" für zwei?), alles ist absolut hochwertig. Für Freizeit und Entspannung: toller Spa, eigenes Kino, interessante Gastronomie...

56 Zim – †285/500 € ††360/710 € – 8 Suiten

Parkallee 1 ✉ 23758
– ✆ 04382 92620 – www.weissenhaus.de

Courtier • **Bootshaus** – siehe Restaurantauswahl

WANGEN im ALLGÄU

Baden-Württemberg – 26 679 Ew. – Höhe 556 m – Regionalatlas **63**-I21
Michelin Straßenkarte 545

Alte Kanzlei (N)

KREATIV • GEMÜTLICH X So stellt man sich professionelle Gastronomie in legerem Rahmen vor! In dem historischen Haus in der Altstadt bietet ein engagiertes junges Team richtig gute modern-saisonale Gerichte wie z. B. "Duroc-Schwein, Mais, Bohnen, Polenta". Tipp: die Fensterplätze! Aufmerksam der Service, toll die Weinberatung. Man hat übrigens auch einen Weinladen am Marktplatz.

Menü 38/46 € – Karte 37/50 €

Spitalstr. 15 ✉ 88239
– ✆ 07522 7090810 – www.weinbar-wangen.de
– nur Abendessen – geschlossen Montag - Dienstag

In Wangen-Deuchelried Ost: 1,5 km

Adler

REGIONAL • GEMÜTLICH XX Sie mögen regionale Küche und auch asiatische Einflüsse hier und da? Die aus frischen, guten Produkten zubereiteten Gerichte nennen sich z. B. "Perlhuhnbrust mit Currynudeln und Kräutern" oder "Skrei auf Rote-Bete-Risotto mit Meerrettichschaum". Wirklich schön das gemütlich-elegante Ambiente und der Garten!

Menü 38/59 € – Karte 33/54 €

Obere Dorfstr. 4 ✉ 88239
– ✆ 07522 707477 – www.adler-deuchelried.de
– geschlossen nach Pfingsten 1 Woche, Ende September 2 Wochen und Montag - Mittwochmittag

WANGEROOGE (INSEL)

Niedersachsen - 1 321 Ew. - Höhe 3 m - Regionalatlas **8**-E4
Michelin Straßenkarte 541

Atlantic

FAMILIÄR • GEMÜTLICH Ein Haus mit Charme! Das kleine Hotel wird persönlich geführt, immer wieder wird hier investiert, alles ist tipptopp gepflegt. Die Zimmer sind wohnlich und bieten Meer- oder Gartenblick, im Sommer gibt's Frühstück auf der Gartenterrasse.

16 Zim - 80/130 € 120/146 €

Peterstr. 13 ✉ 26486
- ✆ 04469 1801 - www.atlantic-wangerooge.de
- geschlossen 3. Januar - 4. April, 26. Oktober - 26. Dezember

WAREN (MÜRITZ)

Mecklenburg-Vorpommern - 21 042 Ew. - Höhe 70 m - Regionalatlas **13**-N5
Michelin Straßenkarte 542

Kleines Meer

MARKTKÜCHE • GEMÜTLICH XX Moderne Atmosphäre und schmackhafte saisonale Speisen wie "Wiener Schnitzel, Trüffelbuttersauce, Kartoffeln" oder "Maräne in der Hanfsamenkruste, Romanesco, Blumenkohlstampf". Auf der Terrasse genießt man die Aussicht auf die Müritz.

Menü 35/79 € - Karte 31/59 €

Hotel Kleines Meer, Alter Markt 7 ✉ 17192
- ✆ 03991 648200 - www.kleinesmeer.com - nur Abendessen
- geschlossen 7. - 20. Januar, 22. - 27. Dezember und Dienstag, November - April: Dienstag - Mittwoch

Am Yachthafen

HISTORISCH • MODERN Stilvoll und sehr wohnlich hat man das ansprechend restaurierte Haus von 1831 mit hübschen Möbeln eingerichtet. Schön auch die hellen, modern-maritimen Zimmer im Gästehaus. Reizvoll die Lage am Yachthafen.

12 Zim - 60/65 € 74/139 € - 5 Suiten - 8 € - ½ P

Strandstr. 2 ✉ 17192 - ✆ 03991 67250 - www.am-yachthafen.de - geschlossen November - März

Kleines Meer

URBAN • MODERN Schön ist hier die Lage, zentral an einem kleinen Platz und leicht erhöht nicht weit vom Hafen. Ansprechend das freundliche Ambiente überall im Haus. Tipp: Fragen Sie nach den Zimmern mit Blick zum See!

28 Zim - 85/125 € 100/165 € - ½ P

Alter Markt 7 ✉ 17192 - ✆ 03991 6480 - www.kleinesmeer.com - geschlossen 7. - 20. Januar, 22. - 27. Dezember

Kleines Meer - siehe Restaurantauswahl

Villa Margarete

PRIVATHAUS • MODERN In dem wohnlich eingerichteten Hotel am Rande des Nationalparks kann man es sich bei Anwendungen wie Kosmetik, Floating und Bädern gut gehen lassen. Dazu gepflegte Zimmer - darf es vielleicht die schöne "Fontane-Suite" sein?

28 Zim - 84/101 € 99/179 € - 1 Suite - ½ P

Fontanestr. 11 ✉ 17192 - ✆ 03991 6250 - www.villa-margarete.de

Ein wichtiges Geschäftsessen oder ein Essen mit Freunden?
Das Symbol ⇔ weist auf Veranstaltungsräume hin.

WARENDORF

Nordrhein-Westfalen – 36 972 Ew. – Höhe 63 m – Regionalatlas **27**-E9
Michelin Straßenkarte 543

Im Engel

MARKTKÜCHE • GEMÜTLICH XX Schön das Ambiente mit alter Täfelung und Kamin, gut die Küche, u. a. mit Westfälischem wie "Sauerbraten mit Rahmwirsing und Kartoffelklößen". Erwähnenswert auch die über 900 Positionen umfassende Weinkarte mit einigen Raritäten. Fragen? Der Patron ist ein echter Weinkenner und Gründer des Weinclubs.

Menü 29/69 € – Karte 32/60 €

Hotel Im Engel, Brünebrede 33 ✉ 48231 – ✆ 02581 93020 – www.hotel-im-engel.de – geschlossen Anfang Januar 1 Woche und Sonntag

Mersch

LANDHAUS • MODERN Alles hier ist ein bisschen mehr als nur "Standard": die geräumigen Zimmer, der schöne Garten (zu dieser Seite schläft es sich ruhiger), der aufmerksame Service, die gediegene "M's Lounge"..., und wo bekommt man schon am Abend gratis Suppe?

24 Zim – †95 € ††135 €

Dreibrückenstr. 66 ✉ 48231 – ✆ 02581 63730 – www.hotel-mersch.de

Im Engel

TRADITIONELL • INDIVIDUELL Das Hotel in der Altstadt wird seit 1692 familiär geführt und entwickelt sich stetig weiter. Alles ist tipptopp gepflegt, die Zimmer wohnlich und individuell gestaltet, hübsch die Sauna. Wer es gerne komfortabler mag, bucht eine Juniorsuite mit Whirlwanne. Über den Innenhof geht's zur eigenen Weinboutique.

39 Zim – †79/99 € ††105/145 € – ½ P

Brünebrede 33 ✉ 48231 – ✆ 02581 93020 – www.hotel-im-engel.de – geschlossen Anfang Januar 1 Woche

Im Engel – siehe Restaurantauswahl

WARTENBERG-ROHRBACH

Rheinland-Pfalz – 462 Ew. – Höhe 266 m – Regionalatlas **46**-D16
Michelin Straßenkarte 543

Mühlenrestaurant

REGIONAL • ELEGANT XX Das schöne Restaurant ist ein ehemaliger Kuhstall. Geblieben sind das historische Kreuzgewölbe und die Sandsteinsäulen, ansprechend dazu der moderne Stil. Gekocht wird regional - Appetit macht z. B. "Flanksteak mit Variation vom Mais".

Menü 35 € – Karte 36/60 €

Hotel Mühle am Schlossberg, Schloßberg 16 ✉ 67681 – ✆ 06302 92340 – www.muehle-schlossberg.de – geschlossen 2. - 15. Januar und Januar - April: Sonntagabend - Montag

Mühle am Schlossberg

LANDHAUS • MODERN Der Dreiseithof a. d. 16. Jh. liegt idyllisch, schon die Außenanlage (samt Spielplatz) ist attraktiv, innen fügt sich der moderne Stil gelungen in den historischen Rahmen ein. Chic die Design-Elemente, nichts ist von der Stange! Man wird hier freundlich umsorgt, i-Tüpfelchen ist das frische Frühstück!

15 Zim – †69/110 € ††89/200 € – ½ P

Schloßberg 16 ✉ 67681 – ✆ 06302 92340 – www.muehle-schlossberg.de – geschlossen 2. - 15. Januar

Mühlenrestaurant – siehe Restaurantauswahl

WARTMANNSROTH

Bayern - 2 133 Ew. - Höhe 340 m - Regionalatlas **49**-I14
Michelin Straßenkarte 546

In Wartmannsroth-Neumühle West: 6 km über Hammelburg-Diebach

Scheune

INTERNATIONAL • ROMANTISCH XX Freigelegte Holzbalken, rustikales Mobiliar und stimmige Deko - das schafft eine sehr gemütliche Atmosphäre! Dazu gibt's gute Küche, z. B. in Form von "Entenbrust mit Pilzsandwich und Belugalinsen" oder als "Zweierlei vom Rind".

Menü 45/73 € - Karte 39/71 €

Hotel Neumühle, Neumühle 54 ✉ 97797
- ✆ 09732 8030 (Tischbestellung ratsam)
- www.romantikhotel-neumuehle.de
- geschlossen 2. Januar - 21. Februar

Neumühle

HISTORISCH • INDIVIDUELL Romantik pur verspricht das charmante Ensemble aus mehreren Fachwerkhäusern und einer historischen Mühle! Ländliches Flair, ein freundliches Lächeln in den Gesichtern der Mitarbeiter, im hauseigenen Boot auf der Saale zum Picknick...! Auch ganz modern ist möglich, und zwar in den zwei Kaminsuiten.

29 Zim - 135/195 € 220/260 € - 2 Suiten

Neumühle 54 ✉ 97797 - ✆ 09732 8030 - www.romantikhotel-neumuehle.de
- geschlossen 2. Januar - 21. Februar

Scheune – siehe Restaurantauswahl

WASSERBURG am BODENSEE

Bayern - 3 613 Ew. - Höhe 406 m - Regionalatlas **63**-H22
Michelin Straßenkarte 546

Walserhof

LANDHAUS • GEMÜTLICH Es verwundert nicht, dass dieses Haus gut besucht ist! Es wird engagiert geführt, liegt ruhig nur wenige Gehminuten vom See, die Zimmer sind wohnlich eingerichtet und alles ist gepflegt. Im Restaurant serviert man Ihnen regionale Küche.

27 Zim - 53/58 € 94/118 € - 1 Suite - ½ P

Nonnenhorner Str. 15 ✉ 88142 - ✆ 08382 98560 - www.walserhof.de
- geschlossen 6. Januar - 7. März

WASSERBURG am INN

Bayern - ✉ 83512 - 12 499 Ew. - Höhe 427 m - Regionalatlas **66**-N20
Michelin Straßenkarte 546

Herrenhaus

MARKTKÜCHE • CHIC XX Im Herzen der schönen Altstadt liegt das engagiert geführte Restaurant, das mit frischer saisonaler Küche Gäste anzieht. Auf der Karte z. B. "Carpaccio vom Weiderind mit Kräuterseitlingen". Wie wär's mal mittags mit dem günstigen Lunch?

Menü 18 € (mittags)/55 € (abends) - Karte 37/50 €

Herrengasse 17 ✉ 83512
- ✆ 08071 5971170 - www.restaurant-herrenhaus.de
- geschlossen Februar - März 2 Wochen, August - September 2 Wochen und Sonntag - Montag, Dezember: Montag

Gute Küche zu moderatem Preis? Folgen Sie dem Bib Gourmand

WEENER

Niedersachsen – 15 499 Ew. – Höhe 5 m – Regionalatlas **16**-D6
Michelin Straßenkarte 541

In Weener-Halte Süd: 8 km

Reiherhorst - Gut Halte

TRADITIONELLE KÜCHE • LÄNDLICH Das sorgsam restaurierte Herrenhaus von 1796 ist ein langjähriger Familienbetrieb, ruhig die Lage in einem schönen Park am Deich. Im Restaurant mit Wintergarten und Terrasse sitzt man gemütlich bei regional-saisonaler Küche. Gepflegt übernachten kann man auch. Hübsch: Lobby und Bibliothek.

Menü 28/35 € – Karte 28/45 €

8 Zim – 55/65 € 95/125 €

Gut Halte 6 ✉ 26826 – ✆ 04961 2317 – www.papenburg-hotel.de – geschlossen 1. - 15. Juli und Sonntagabend - Dienstagmittag

Frühstück inklusive? Die Tasse steht gleich hinter der Zimmeranzahl.

WEGSCHEID

Bayern – 5 493 Ew. – Höhe 718 m – Regionalatlas **60**-Q19
Michelin Straßenkarte 546

Reischlhof

SPA UND WELLNESS • AUF DEM LAND Ein Wellnesshotel wie aus dem Bilderbuch: schöne wohnliche Zimmer (von "Kuschelnest" über "Mein Refugium" bis zur tollen "Sky Suite"), Spa auf über 5000 qm drinnen und draußen mit Naturwasser-Badeteich, Chill-Out-Bereich, Relax-Hot-Pool... Zudem ambitionierte 3/4-Pension für Hausgäste. Verleih von Segways und E-Bikes.

75 Zim – 139/164 € 278/328 € – 30 Suiten – ½ P

Sperlbrunn 7, Nord-West: 8 km, Richtung Sonnen ✉ 94110
– ✆ 08592 93900 – www.reischlhof.de
– geschlossen 20. - 26. Dezember

WEHR

Baden-Württemberg – 12 591 Ew. – Höhe 366 m – Regionalatlas **61**-D21
Michelin Straßenkarte 545

Landgasthof Sonne

TRADITIONELLE KÜCHE • GASTHOF Warmes Holz, Kachelofen, dekorative Bilder... Richtig heimelig ist es hier! Dazu ambitionierte Küche: bürgerlich, aber auch gehobener. Toll die Terrasse: Hier speist man beim Rauschen des Baches unter schattenspendenden Ahornbäumen!

Menü 35/60 € – Karte 23/59 €

Hotel Landgasthof Sonne, Enkendorfstr. 38 ✉ 79664
– ✆ 07762 8484 – www.hotel-sonne-wehr.de
– Dienstag - Freitag nur Abendessen – geschlossen Montag

Landgasthof Sonne

GASTHOF • GEMÜTLICH Ein schmucker Gasthof - urig, individuell und von der Familie mit Engagement geführt. Sehr schön die Bilder, u. a. Gemälde von Adolf Lamprecht! In einigen der topgepflegten Zimmer kann man den hinterm Haus fließenden Bach Hasel hören.

18 Zim – 52/72 € 90/108 € – ½ P

Enkendorfstr. 38 ✉ 79664
– ✆ 07762 8484 – www.hotel-sonne-wehr.de

Landgasthof Sonne – siehe Restaurantauswahl

WEIKERSHEIM

Baden-Württemberg - 7 288 Ew. - Höhe 230 m - Regionalatlas **49**-I16
Michelin Straßenkarte 545

Laurentius (Jürgen Koch)

REGIONAL • ELEGANT XX Hier hat jemand Freude am Kochen - das merkt man der Küche von Jürgen Koch an! Man legt großen Wert auf den Bezug zur Region und zur Saison. Statt Schnörkel bieten die Gerichte Kraft und Geschmack! Herzlich das Serviceteam (hier auch der Sohn des Patrons), gut die Weinberatung. Und das Ambiente? Moderne Eleganz in historischem Natursteintonnengewölbe.

→ Gemüsemaultäschle mit Pulpo und Wiesenkräuterkrem. Hohenloher Kalbsbries in Gänseblümchenbutter poeliert, Mockturtlejus. Baumkuchen, Schokoladenerde, Fichtensprossen, Pilze und Waldmeister.

Menü 48 € (unter der Woche)/99 € - Karte 42/78 €

Hotel Laurentius, Marktplatz 5 ✉ 97990 - ✆ 07934 91080 - www.hotel-laurentius.de - nur Abendessen, sonntags auch Mittagessen - geschlossen Februar 3 Wochen und Sonntagabend - Dienstag, außer an Feiertagen

Bistro

TRADITIONELLE KÜCHE • BISTRO X Wenn es mal keine Gourmetküche sein soll, sind Sie im angenehm legeren Bistro bei leckeren regionalen Gerichten wie "Zupfsalat mit frischem Märktlegemüse und Rinderschulter Pastrami-Style" oder "Schwäbisch-Hällischen Maultaschen" bestens aufgehoben.

Menü 26/65 € - Karte 31/57 €

Hotel Laurentius, Marktplatz 5 ✉ 97990 - ✆ 07934 91080 (Tischbestellung ratsam) - www.hotel-laurentius.de - Mittwoch - Samstag nur Mittagessen - geschlossen Montag - Dienstagmittag

Laurentius

FAMILIÄR • GEMÜTLICH Familie Koch (inzwischen ist die nächste Generation mit im Haus) steckt jede Menge Herzblut in ihr kleines Hotel. Schön liegt es am historischen Marktplatz beim Schloss samt Park. Hübsch die Zimmer: "Kabinett", "Cuvée" und "Grand Cru". Im eigenen Hohenloher Märktle gibt's "Obst, Gemüse, Schwein & Wein".

13 Zim - †92/129 € ††119/159 € - ½ P

Marktplatz 5 ✉ 97990 - ✆ 07934 91080 - www.hotel-laurentius.de

Laurentius • **Bistro** - siehe Restaurantauswahl

WEIL am RHEIN

Baden-Württemberg - 29 683 Ew. - Höhe 281 m - Regionalatlas **61**-D21
Michelin Straßenkarte 545

Go2Bed

BUSINESS • MODERN Sie suchen ein topmodernes und familiär geführtes Domizil nahe Basel? Hier hat man chic designte Zimmer mit sehr guter Technik, dazu ein frisches Frühstück, das es im Sommer auch im kleinen Garten gibt. In der trendigen "SBAR" bietet man Snacks und kleine Speisen. "Coffee to go" und Getränke zur Happy Hour gratis.

26 Zim - †69/169 € ††99/249 € - 1 Suite

Pfädlistr. 15 ✉ 79576 - ✆ 07621 9867510 - www.go2bed.biz

Gasthaus zur Krone

FAMILIÄR • DESIGN In dem familiengeführten kleinen Hotel trifft Tradition auf Moderne. Richtig geschmackvoll die Designerzimmer im historischen Gasthaus, ebenso chic die wertig-puristischen Neubau-Zimmer (hier Tablet statt TV). Interessant: temporäres "Pop-up"-Restaurantkonzept auf der (verschließbaren) Terrasse. Man hat auch noch ein recht ruhig gelegenes Gästehaus.

22 Zim - †75/115 € ††100/160 €

Hauptstr. 58 ✉ 79576 - ✆ 07621 71164 - www.kroneweil.de

Adler

GASTHOF • GERADLINIG Hinter der traditionellen Fassade kann man schön gepflegt und zeitgemäß wohnen - viel Weiß macht sich gut zum klassisch-eleganten Stil der Zimmer. Seit 1969 ist Hansjörg Wöhrle hier Gastgeber - lange hatte er im einstigen hauseigenen Restaurant einen Stern.

23 Zim – 75/120 € 90/160 €

Hauptstr. 139 79576 – 07621 98230 – www.adler-weil.de

In Weil-Haltingen Nord: 3 km über B 3

Rebstock

REGIONAL • GASTHOF XX Im Restaurant des schmucken gestandenen Gasthofs sitzt man in freundlich-ländlichem Ambiente und lässt sich Klassiker und Saisonales schmecken. Auf der Karte z. B. "Wiener Schnitzel" und "saure Kutteln" oder auch "Zanderfilet vom Grill, lauwarmer Tomatensalat, neue Kartoffeln". Terrasse zum Innenhof.

Menü 18 € (mittags unter der Woche)/59 € – Karte 24/77 €

Hotel Rebstock, Große Gass 30 79576
– 07621 964960 (Tischbestellung ratsam) – www.rebstock-haltingen.de
– geschlossen 24. Dezember - 8. Januar

Rebstock

GASTHOF • GEMÜTLICH Eine traditionsreiche Adresse ist dieser Familienbetrieb in ruhiger Ortsrandlage. Die Zimmer sind schön zeitgemäß und frisch, einige haben auch einen Balkon.

16 Zim – 82/130 € 120/180 €

Große Gass 30 79576 – 07621 964960 – www.rebstock-haltingen.de
– geschlossen 24. Dezember - 8. Januar

Rebstock – siehe Restaurantauswahl

WEILER-SIMMERBERG im ALLGÄU

Bayern – 6 117 Ew. – Höhe 632 m – Regionalatlas **64**-I21
Michelin Straßenkarte 546

Im Ortsteil Weiler

Tannenhof

SPA UND WELLNESS • INDIVIDUELL Sport und Spa werden hier groß geschrieben: Wellnessvielfalt von Beauty über Yoga bis Physiotherapie, dazu beste Tennisbedingungen (drinnen und draußen) einschließlich Kurse. Und überall im Haus schickes modern-alpines Design - da sind die neueren Zimmer besonders gefragt. 3/4-Pension inklusive.

100 Zim – 153/255 € 222/390 € – 17 Suiten – ½ P

Lindenberger Str. 33 88171 – 08387 1235 – www.tannenhof.com

WEIMAR

Thüringen – 63 477 Ew. – Höhe 220 m – Regionalatlas **40**-L12
Michelin Straßenkarte 544

Anastasia

MARKTKÜCHE • ELEGANT XX In einem Seitenflügel des Hotels sitzt man in einem eleganten Raum (wie wär's mit einem Fensterplatz?) und genießt Saisonales. Auf der Karte liest man z. B. "Zanderfilet, Rote-Bete-Püree, Meerrettichsauce" oder "Filet vom Thüringer Duroc-Schwein, Culatello-Risotto, geschmorte Paprika".

Menü 44/75 €

Goetheplatz 2 99423 – 03643 774814 – www.restaurant-anastasia.info – nur Abendessen – geschlossen 7.- 23. Januar, Anfang Juli - Mitte August 3 Wochen und Montag

AnnA

MODERNE KÜCHE • BRASSERIE XX In dem dank viel Glas herrlich lichtdurchfluteten Restaurant mit hoher Decke sitzt man in schönem geradlinigem Ambiente und lässt sich modern-kreative Regionalküche servieren. Darf es vielleicht "Landei 62° & Aal, Lammzunge, Dill" oder "Lachsforelle im Sud & Mandelmilch, Rettich" sein?

Menü 39/59 € – Karte 41/58 €

Hotel Elephant, Markt 19 ✉ 99423 – ✆ 03643 8020 – www.hotelelephantweimar.de

weinbar weimar

MEDITERRAN • WEINSTUBE X Eine richtig charmante Weinbar am Rande der Altstadt! Hier genießt man über 100 offene Weine, dazu leckere Kleinigkeiten sowie am Abend ein ambitioniertes, preislich fair kalkuliertes Menü mit Gerichten wie "Kaisergranat, Kürbis, Olivenöleis". Als passionierter Sommelier empfiehlt der Patron passend abgestimmte Weine!

Menü 68/88 € – Karte 26/47 €

Humboldtstr. 2 ✉ 99423 – ✆ 03643 4699533 – www.weinbar-weimar.de – nur Abendessen – geschlossen Januar und Sonntag - Montag

Elephant

TRADITIONELL • DESIGN Der Klassiker und Platzhirsch unter den Weimarer Hotels präsentiert sich nach intensiver Verjüngung eleganter und komfortabler denn je, doch auch die Historie des Hauses spürt man nach wie vor. Chic die wertigen Zimmer mit 20er-Jahre-Touch sowie die großzügige Hotelhalle. Kleine Snacks in der "Elephantenbar".

93 Zim ☕ – †150/195 € ††200/290 € – 6 Suiten – ½ P

Markt 19 ✉ 99423 – ✆ 03643 8020 – www.hotelelephantweimar.de

AnnA – siehe Restaurantauswahl

In Weimar-Schöndorf Nord: 4 km

Dorotheenhof

HISTORISCH • GEMÜTLICH Sie mögen Gutshof-Flair? Den hat der einst von Rittmeister Carl von Kalckreuth angelegte Dorotheenhof, passend dazu der ansprechende Landhausstil! Tagungsgäste schätzen die moderne Technik. Das Restaurant: intim-gediegenes, in markantem Rot gehaltenes "Le Goullon" und schönes freundliches Kreuzgewölbe.

56 Zim – †95/115 € ††160/220 € – 4 Suiten – ☕ 15 € – ½ P

Dorotheenhof 1 ✉ 99427
– ✆ 03643 4590 – www.dorotheenhof.com

WEINBÖHLA

Sachsen – 10 165 Ew. – Höhe 140 m – Regionalatlas **43**-P12
Michelin Straßenkarte 544

Laubenhöhe

INTERNATIONAL • RUSTIKAL X Gemütlich sitzt man in der "Laubenhöhe" (seit 1977 Familienbetrieb) bei klassisch-saisonaler Küche, und die gibt's z. B. als "Terrine von Lachs und Zander" oder "Entrecôte mit Pilz-Bohnengemüse". Im Sommer lockt die begrünte Terrasse mit schöner Aussicht.

Menü 25/80 € – Karte 24/51 €

Köhlerstr. 77 ✉ 01689
– ✆ 035243 36183 – www.laubenhoehe.de – geschlossen 18. Februar - 6. März, 22. Juli - 4. August und Sonntagabend - Dienstagmittag

WEINGARTEN

Baden-Württemberg – 23 881 Ew. – Höhe 485 m – Regionalatlas **63**-H21
Michelin Straßenkarte 545

Altdorfer Hof

BUSINESS • INDIVIDUELL Das Hotel liegt in einer verkehrsberuhigten Zone wenige Gehminuten von der sehenswerten Basilika. Es wird familiär geführt und bietet wohnliche Zimmer - klassisch im Haupthaus, modern-elegant im Gästehaus (hier klimatisiert). Dazu ein stilvolles Restaurant mit Wintergarten und eine schöne Terrasse.

55 Zim – 78/108 € 130/150 € – 1 Suite – ½ P

Burachstr. 12 ✉ 88250 – ✆ 0751 50090 – www.altdorfer-hof.de – geschlossen 21. Dezember - 6. Januar

WEINGARTEN (Kreis KARLSRUHE)

Baden-Württemberg – 10 004 Ew. – Höhe 119 m – Regionalatlas **54**-F17
Michelin Straßenkarte 545

Gourmet-Restaurant (Sebastian Syrbe)

KREATIV • GEMÜTLICH XX Außen sticht einem die schöne Fachwerkfassade ins Auge, drinnen sorgen jede Menge Holz, eine sehenswerte Kassettendecke und geschmackvolle Deko für Gemütlichkeit. Bei aller Tradition kommt auch die Moderne nicht zu kurz, und zwar in Form von kreativer Küche mit angenehmen Kontrasten - das Produkt steht absolut im Mittelpunkt. Geschult und aufmerksam der Service samt Sommelier.

→ Marinierte Gänseleber und Shrimps, rosa Ingwer, grüne Mango, Curry. Gebratenes Filet vom Kabeljau, Traubensud, wilder Brokkoli, Erdnuss und Chili. Buttermilchschaum, Himbeere, Rosenblüte, Litschi und Vanilleschokolade.

Menü 69/119 € – Karte 55/80 €

Hotel Walk'sches Haus, Marktplatz 7, B 3 ✉ 76356 – ✆ 07244 70370 – www.walksches-haus.de – nur Abendessen – geschlossen 1. - 7. Januar und Sonntag - Montag

Walk'sches Haus

HISTORISCH • GEMÜTLICH Das historische Fachwerkhaus nebst Gästehaus ist ein echtes Gourmet-Hotel, angefangen beim Frühstück über gesunde Leckereien im Zimmer (diese zeitlos-funktional oder romantisch) bis zum Sternerestaurant. Zudem hat man noch das nette Bistro samt schöner Terrasse am Kanal - hier Flammkuchen, Schnitzel & Co.

25 Zim – 66/85 € 105/155 € – ½ P

Marktplatz 7, B 3 ✉ 76356 – ✆ 07244 70370 – www.walksches-haus.de

Gourmet-Restaurant – siehe Restaurantauswahl

WEINHEIM an der BERGSTRASSE

Baden-Württemberg – 43 892 Ew. – Höhe 135 m – Regionalatlas **47**-F16
Michelin Straßenkarte 545

bistronauten

MARKTKÜCHE • BISTRO X In dem ehemaligen OEG-Bahnhof von 1903 isst man richtig gut. In angenehm ungezwungener moderner Atmosphäre kommt z. B. "Zander mit Rote-Bete-Graupen und Meerrettich" aus der offenen Küche. Lecker auch die "Birnentarte" als Dessert. Frei wählbares saisonales Menü von der Tafel, dazu kleine A-la-carte-Auswahl.

Menü 36/49 € – Karte 33/45 €

Kopernikusstr. 43 ✉ 69469 – ✆ 06201 8461856 – www.bistronauten.de – nur Abendessen – geschlossen 23. Dezember - 14. Januar, 12. - 26. August und Sonntag - Montag

esszimmer in der Alten Post N

MODERNE KÜCHE • FAMILIÄR XX Klare Linien, ruhige Töne, schöner alter Dielenboden... Hier hat man es wohnlich-modern, während man sich fantasievolle, mediterran angehauchte Gerichte aus sehr guten Produkten schmecken lässt - wie wär's z. B. mit "Oktopus gegrillt, Salzbutter, Schalotte, La-Ratte-Kartoffel, Petersilienöl"? Charmant der Service.

Menü 39/79 € – Karte 43/56 €

Alte Postgasse 53 ✉ 69469 – ✆ 06201 8776787 – www.esszimmer-weinheim.de – nur Abendessen – geschlossen Ende Januar - Anfang Februar 2 Wochen, Ende August 2 Wochen und Dienstag - Mittwoch

Fuchs'sche Mühle

KLASSISCHE KÜCHE • RUSTIKAL XX Hier hat man es schön gemütlich bei regional-internationaler Küche. Machen Ihnen z. B. "Rinderschmorbraten mit Rotkohl" oder "Skreifilet mit Paprika" Appetit? Terrasse mit Blick ins Grüne, dazu ein netter schattiger Biergarten.

Menü 28/85 € – Karte 33/72 €

Hotel Fuchs'sche Mühle, Birkenauer Talstr. 10, Ost: 1,5 km ✉ 69469 – ✆ 06201 10020 – www.fuchssche-muehle.de – nur Abendessen – geschlossen Sonntag

Fuchs'sche Mühle

HISTORISCH • GEMÜTLICH Schon weit über 200 Jahre hat Familie Fuchs die einstige Mühle von 1563. Alles ist gepflegt, wohnlich die waldseitigen Zimmer, das Frühstücksbuffet gut bestückt, hübsch der Saunabereich. Für Wanderer und Jogger: schöne Wege direkt am Haus!

22 Zim – †72/115 € ††135/160 € – ½ P

Birkenauer Talstr. 10, Ost: 1,5 km ✉ 69469 – ✆ 06201 10020 – www.fuchssche-muehle.de

Fuchs'sche Mühle – siehe Restaurantauswahl

Goldener Pflug

FAMILIÄR • GEMÜTLICH Das hat Charme: ein denkmalgeschütztes über 400 Jahre altes Fachwerkhaus mitten in der Altstadt. Hier erwarten Sie engagierte Gastgeber, wohnliche Zimmer (geräumiger zum Hinterhof) und ein gutes Frühstück. Ferienwohnungen im Nebenhaus.

21 Zim – †70/85 € ††95/105 €

Obertorstr. 5 ✉ 69469 – ✆ 06201 90280 – www.hotel-goldener-pflug.de – geschlossen 23. Dezember - 6. Januar

WEINSTADT

Baden-Württemberg – 26 373 Ew. – Höhe 241 m – Regionalatlas **55**-H18
Michelin Straßenkarte 545

In Weinstadt-Baach

Gasthaus Rössle

REGIONAL • FAMILIÄR X Macht Ihnen "Rinderroulade mit Gemüse und Kartoffelpüree" Appetit? In den traditionell-ländlichen Stuben speist man bürgerlich-regional und wird freundlich umsorgt. Ein sympathisches Gasthaus, zu dem auch eine nette Gartenterrasse gehört.

Karte 25/42 €

Forststr. 6 ✉ 71384 – ✆ 07151 66824 – www.roessle-baach.de – geschlossen Ende Juni - Anfang Juli 10 Tage, Mitte September 1 Woche und Mittwoch - Donnerstag

In Weinstadt-Beutelsbach

Weinstadt-Hotel

GASTHOF • FUNKTIONELL Hier lässt es sich schön wohnen: ein freundlich geführtes Nichtraucherhotel mit gepflegten Zimmern (fragen Sie nach den neueren), charmantem Innenhof, in dem man auch angenehm frühstücken kann, und gemütlichem Restaurant mit schwäbischer und französischer Küche. Tipp: Ein Essen zu zweit im "Weinberghäusle"!

32 Zim – †75/85 € ††90/110 € – 10 €

Marktstr. 41 ✉ 71384 – ✆ 07151 9970156 – www.weinstadt-hotel.de

In Weinstadt-Endersbach

Weinstube Muz

MARKTKÜCHE • WEINSTUBE X Die Weinstube von 1877 ist ein wirklich nettes Fleckchen! Man hat es schön heimelig, wird herzlich und familiär betreut und lässt sich gute Saisonküche schmecken - von "Trollingerkutteln" über "geschmelzte Maultaschen" bis "Lammrücken in der Kräuterkruste". Für private Feiern gibt es einen schönen Gewölbekeller.

Menü 20 € (mittags unter der Woche)/59 € – Karte 33/57 €

Traubenstr. 3 ✉ 71384 – ✆ 07151 61321 – www.weinstube-muz.de – geschlossen August und Samstagmittag, Sonntag - Montag, sowie an Feiertagen

WEISENHEIM am BERG

Rheinland-Pfalz – 1 670 Ew. – Höhe 221 m – Regionalatlas **47**-E16
Michelin Straßenkarte 543

Admiral

INTERNATIONAL • FREUNDLICH XX Ein charmantes Restaurant mitten im Ort, in dem Sie ambitioniert bekocht und aufmerksam umsorgt werden, und zwar mit internationalen Gerichten wie "Miéral-Entenbrust, Süßkartoffel-Tortilla, Stängel-Brokkoli, Mandelcreme, Perlzwiebeln". Schöne Terrasse. Es gibt übrigens auch ein Zimmer zum Übernachten.

Menü 46/85 € – Karte 59/73 €

Leistadter-Str. 6 ✉ 67273 – ✆ 06353 4175 – www.admiral-weisenheim.de – Mittwoch - Freitag nur Abendessen – geschlossen Montag - Dienstag

Rothfuss

BOUTIQUE-HOTEL • GERADLINIG Einladend sind schon die Fassade und der begrünte Innenhof des ehemaligen Weinguts, drinnen ist alles liebevoll gestaltet, freundlich und trendig-modern, der schöne Dielenboden bringt Wärme. Zum Frühstück gibt's Bio-Produkte. Gewölbekeller für Veranstaltungen, darüber eine nette Lounge-Terrasse.

7 Zim – †85/105 € ††100/130 €

Hauptstr. 82 ✉ 67273 – ✆ 06353 9570047 – www.rothfuss-hotel.com – geschlossen Januar - Februar

WEISKIRCHEN

Saarland – 6 372 Ew. – Höhe 400 m – Regionalatlas **45**-B16
Michelin Straßenkarte 543

Parkhotel

SPA UND WELLNESS • MODERN Bei Kurzurlaubern ebenso beliebt wie bei Tagungsgästen. Man schätzt hier die wohnlichen Zimmer und das angeschlossene öffentliche Bäderzentrum "Vitalis" - Fitnesscenter gegen Gebühr. Beautyfarm "Bel Etage" im Hotel. Das Restaurant mit Wintergarten bietet Internationales, bürgerliche Küche in der Brasserie.

125 Zim – †80/155 € ††110/205 € – 4 Suiten – ½ P

Kurparkstr. 4 ✉ 66709 – ✆ 06876 9190 – www.parkhotel-weiskirchen.de

WEISSENFELS

Sachsen-Anhalt – 39 918 Ew. – Höhe 100 m – Regionalatlas **41**-M12
Michelin Straßenkarte 542

Parkhotel Güldene Berge

HISTORISCH • GEMÜTLICH Um 1900 wurde die Villa mit kleiner Parkanlage erbaut. Ein gut geführtes Hotel mit zeitgemäß-wohnlichen Zimmern, hübsch auch die im Gartenhaus. Schön hat man in der Lobby mit altem Treppenaufgang den historischen Charakter des Haupthauses bewahrt. Das Restaurant bietet regionale Küche und Flammkuchen.

32 Zim – †79/85 € ††114/119 € – 1 Suite – ½ P

Langendorfer Str. 94 ✉ 06667 – ✆ 03443 39200 – www.gueldene-berge.de

WEISSENSTADT

Bayern – 3 143 Ew. – Höhe 630 m – Regionalatlas **51**-M15
Michelin Straßenkarte 546

Bistro Prinz-Rupprecht Stube

REGIONAL • BISTRO X Gemütlich-leger hat man es in dem hübsch sanierten alten Gasthaus. Unter dem freigelegten böhmischen Kreuzgewölbe oder im lichten "Bistrogarden" lässt man sich z. B. "Wiener Schnitzel mit lauwarmem Kartoffelsalat" oder "Garnelen in Kräuterbutter" schmecken.

Menü 20/33 € – Karte 22/59 €

Wunsiedler Str. 49 ✉ 95163 – ✆ 09253 237 – www.gasthausegertal.de – nur Abendessen, sonntags auch Mittagessen – geschlossen 2. - 30. Januar und Dienstag, Februar - Juli: Dienstag - Mittwoch, September - November: Dienstag - Mittwoch

WEISWEIL

Baden-Württemberg – 2 074 Ew. – Höhe 172 m – Regionalatlas **61**-D20
Michelin Straßenkarte 545

Landgasthof Baumgärtner

REGIONAL • GASTHOF In dem langjährigen Familienbetrieb gibt es frische Küche als Mix aus regional-bürgerlichen und saisonal-klassischen Gerichten. Appetit machen da z. B. "Filetspitzen in Rahm mit Spätzle" oder "Winterkabeljau in Riesling".

Menü 32/42 € – Karte 23/58 €

Sternenstr. 2 ✉ 79367
– ✆ 07646 347 – www.baumgaertner-weisweil.de
– nur Abendessen, sonntags auch Mittagessen – geschlossen August 2 Wochen und Montag - Dienstag

WEITNAU

Bayern – 5 102 Ew. – Höhe 797 m – Regionalatlas **64**-I21
Michelin Straßenkarte 546

In Weitnau-Hellengerst Nord-Ost: 10 km über B 12

Hanusel Hof

LANDHAUS • MODERN Umgeben vom satten Grün des hauseigenen Golfplatzes genießen Golfer, Urlauber und Wellnessgäste alpenländische Wohnlichkeit, Massage und Kosmetik sowie den Bergblick (sehr schön von der Terrasse!). Im Winter Loipen vor dem Haus. Das Restaurant bietet regional-traditionelle Küche, mittags reduziertes Angebot.

39 Zim – †133/197 € ††208/301 € – 8 Suiten – ½ P

Helingerstr. 5 ✉ 87480 – ✆ 08378 92000 – www.hanusel-hof.de

WENDEN

Nordrhein-Westfalen – 19 560 Ew. – Höhe 360 m – Regionalatlas **37**-E12
Michelin Straßenkarte 543

Landhaus Berghof

FAMILIÄR • INDIVIDUELL Ein sehr nettes und persönlich geführtes Landhotel, das direkt am Waldrand liegt und für seine Gäste geschmackvolle, wohnliche Zimmer mit schönen Bädern und teilweise mit Parkettboden bereithält. Das Restaurant bietet eine reizvoll zum Wald hin gelegene Terrasse.

15 Zim – †72/82 € ††109/124 € – ½ P

Berghof 1, Süd: 2 km, an der Straße nach Hünsborn ✉ 57482 – ✆ 02762 5088 – www.landhaus-berghof.de

In Wenden-Brün West : 5,5 km über Gerlingen

Sporthotel Landhaus Wacker

SPA UND WELLNESS • AUF DEM LAND Was 1860 als Post- und Pferdewechselstation begann, ist heute ein bei Wochenendurlaubern und Tagungsgästen gleichermaßen beliebtes Hotel. Warmes Holz im alpenländischen Stil sorgt für Wohnlichkeit. Für Wellnessfans und Aktive: Beautybehandlungen, Minigolf, Fußball, Reiten - eigene Reitanlage ganz in der Nähe.

71 Zim – †89/129 € ††130/190 € – ½ P

Mindener Str. 1 ✉ 57482
– ✆ 02762 6990 – www.hotel-wacker.de

WENDLINGEN am NECKAR

Baden-Württemberg – 15 670 Ew. – Höhe 280 m – Regionalatlas **55**-H18
Michelin Straßenkarte 545

Osteria Bonomi

ITALIENISCH • GEMÜTLICH X Lust auf "cucina tipica italiana"? Die gibt es hier im Restaurant des Hotels "Villa Behr" in Form von "Vitello tonnato" oder als "Branzino aus Wildfang, Babyspinat, Kürbispüree", dazu über 300 italienische Weine zu fairen Preisen. Tipp: Hausspezialität ist die "neapolitanische Pizza" aus dem Holzofen.

Menü 36/79 € – Karte 40/73 €

12 Zim – †110/130 € ††120/140 € – 2 Suiten – ☕ 15 €

Behrstr. 90 ✉ 73240 – ✆ 07024 5019551 – www.villa-behr.de – geschlossen Samstagmittag

WERDER (HAVEL)

Brandenburg – 24 347 Ew. – Höhe 31 m – Regionalatlas **22**-O8
Michelin Straßenkarte 542

Alte Überfahrt

MODERNE KÜCHE • CHIC XX Hier lockt zum einen die reizvolle Lage an der Havel (man hat auch einen Bootsanlager), zum anderen bietet man ambitionierte Küche in freundlich-moderner Atmosphäre. Sie möchten übernachten? Das Hotel "Prinz Heinrich" mit seinen gepflegten Zimmern befindet sich im selben Haus.

Menü 50/99 € – Karte 51/59 €

7 Zim ☕ – †79/99 € ††100/125 €

Fischerstr. 48b ✉ 14542 – ✆ 03327 7313336 – www.alte-ueberfahrt.de – geschlossen Februar 1 Woche, Juli - August 2 Wochen, Oktober 2 Wochen und Montag - Mittwochmittag, Donnerstagmittag, Freitagmittag

WERDOHL

Nordrhein-Westfalen – 17 976 Ew. – Höhe 210 m – Regionalatlas **27**-D11
Michelin Straßenkarte 543

In Werdohl-Kleinhammer

Thuns Dorfkrug

INTERNATIONAL • ZEITGEMÄSSES AMBIENTE XX Zeitgemäß und mit elegantem Touch kommt das Restaurant daher, schön die modernen Bilder und der Parkettboden. Geboten werden schmackhafte regionale und internationale Gerichte. Gepflegt übernachten kann man ebenfalls: Die Zimmer sind geradlinig und funktionell.

Menü 35/55 € – Karte 33/56 €

17 Zim – †43/59 € ††83 € – ☕ 6 €

Brauck 7 ✉ 58791 – ✆ 02392 97980 – www.thuns.info – geschlossen 1. - 7. Januar und Freitagmittag, Sonntag

WERLTE

Niedersachsen – 9 958 Ew. – Höhe 33 m – Regionalatlas **16**-E7
Michelin Straßenkarte 541

Simola

AFRIKANISCH • FREUNDLICH XX Der Bezug zu Südafrika ist angenehm unaufdringlich, aber doch präsent - zum einen in diversen Dekorationsgegenständen, zum anderen natürlich im internationalen Speisenangebot.

Menü 32/75 € – Karte 28/48 €

Hotel Afrikan Sky, Harrenstätter Str. 64 ✉ 49757 – ✆ 05951 986900 – www.simolarestaurant.de – nur Abendessen – geschlossen 1. - 7. Januar und Sonntag, Feiertage

Afrikan Sky

LANDHAUS • THEMENBEZOGEN Allerlei Accessoires in Hotel und Restaurant lassen südafrikanischen Lodge-Stil erkennen. Kein Wunder: Der Eigentümer lebt seit Jahren in Südafrika und betreibt dort weitere Hotels dieser Art! Entsprechende Einflüsse zeigt auch die internationale Speisekarte.

39 Zim ☕ – †75/85 € ††95/105 € – 1 Suite – ½ P

Harrenstätter Str. 64 ✉ 49757 – ✆ 05951 987760 – www.africanskyhotel.de

Simola – siehe Restaurantauswahl

WERMSDORF

Sachsen – 5 296 Ew. – Höhe 170 m – Regionalatlas **32**-O11
Michelin Straßenkarte 544

Seehof Döllnitzsee

LANDHAUS • TRADITIONELL Ein hübsches und tipptopp gepflegtes Hotel unter familiärer Leitung, in dem Sie wohnlich-alpenländisches Ambiente erwartet. Schön ist die Ortsrandlage am Döllnitzsee. Vom charmant-rustikalen Restaurant mit Galerie schaut man zum See.

20 Zim – †64/74 € ††95/105 €

Grimmaer Str. 29 ✉ 04779 – ✆ 034364 51700 – www.hotel-doellnitzsee.de

WERNBERG-KÖBLITZ

Bayern – 5 581 Ew. – Höhe 377 m – Regionalatlas **51**-N16
Michelin Straßenkarte 546

Wirtsstube

REGIONAL • RUSTIKAL X Im zweiten Restaurant der Burkhards heißt es in freundlich-rustikalem Ambiente regional-bürgerliche Schmankerlküche: "Rahmbraten mit Kartoffelknödel", "Cordon bleu", "Schweinefilets auf Schwarzwurzelragout"... Wer mag, bekommt auch die Gerichte der "Kaminstube". Die Terrasse teilen sich beide Restaurants.

Menü 28/55 € – Karte 24/60 €

Hotel Landgasthof Burkhard, Marktplatz 10 ✉ 92533 – ✆ 09604 92180 – www.hotel-burkhard.de – geschlossen 27. Dezember - 31. Januar, 19. August - 1. September und Donnerstagabend - Samstagmittag, Sonntagabend

Kaminstube

FRANZÖSISCH • RUSTIKAL XX Zirbelholzvertäfelung, Ofen, charmante Deko..., schön heimelig ist es hier! Geboten wird französische Küche mit saisonalen und mediterranen Einflüssen, z. B. als "Langustenschwanz mit Baby-Mangold" oder "Lammcarré mit Kräuterkruste". Im Sommer sitzt man natürlich am liebsten draußen unter Kastanienbäumen!

Menü 40/85 € – Karte 43/68 €

Hotel Landgasthof Burkhard, Marktplatz 10 ✉ 92533 – ✆ 09604 92180 – www.hotel-burkhard.de – geschlossen 27. Dezember - 31. Januar, 19. August - 1. September und Donnerstagabend - Samstagmittag, Sonntagabend

Kastell

INTERNATIONAL • ELEGANT XX Gelungen hat man im Restaurant der historischen Burg das schöne weiße Gewölbe mit klaren modernen Formen und frischen Farbakzenten verbunden. Gekocht wird regional mit internationalen Einflüssen. Mittags Business-Lunch. Tipp: die tolle Terrasse im Innenhof.

Menü 69/104 € (abends) – Karte 44/77 €

Hotel Burg Wernberg, Schlossberg 10 ✉ 92533 – ✆ 09604 9390 (Tischbestellung erforderlich) – www.burg-wernberg.de – geschlossen 1. - 17. Januar

Burg Wernberg

HISTORISCHES GEBÄUDE • ELEGANT Wer tolle Burg-Atmosphäre erleben möchte, begibt sich über die alte Zugbrücke in das Gemäuer a. d. 13. Jh. So beeindruckend wie Historie und Handwerkskunst sind Herzlichkeit und Servicegedanke! Zum Entspannen: individuelle Zimmer, die "grüne Oase" des ehemaligen Burggrabens, der historische Pfad um die Burg.

27 Zim – †105/165 € ††204/249 € – 5 Suiten – ☕ 22 € – ½ P

Schlossberg 10 ✉ 92533 – ✆ 09604 9390 – www.burg-wernberg.de – geschlossen 1. - 17. Januar

Kastell – siehe Restaurantauswahl

Landgasthof Burkhard

GASTHOF • INDIVIDUELL Seit 1854 wird der Gasthof von der Familie geführt, da spürt man das Engagement. Alles ist tipptopp gepflegt, die Zimmer sind neuzeitlich-wohnlich eingerichtet und auch gastronomisch kann sich das Haus mit seinen zwei Restaurantbereichen sehen lassen.

34 Zim – 66/84 € 108/126 € – 6 €

Marktplatz 10 92533 – 09604 92180 – www.hotel-burkhard.de – geschlossen 19. August - 1. September

Wirtsstube • **Kaminstube** – siehe Restaurantauswahl

WERNIGERODE

Sachsen-Anhalt – 33 319 Ew. – Höhe 240 m – Regionalatlas **30**-K10
Michelin Straßenkarte 542

Zeitwerk by Robin Pietsch

KREATIV • FREUNDLICH Ein Menü - viele kleine Gänge. Ausgesuchte Produkte aus der Region werden hier sehr durchdacht, kreativ und finessenreich zu reduzierten, geradezu puristischen Speisen zusammengestellt - jung und erfrischend! Trendiges Ambiente und charmant-legerer Service passen schön ins moderne Bild!

→ Lachsforelle, Rettich, Gelbe Bete. Geschmorte Zickleinbacke, Rote Bete. Kirsche und Honig, Whiskey, Macaron.

Menü 89 €

Große Bergstr. 2 38855 – 03943 6947884 (Tischbestellung ratsam) – www.dein-zeitwerk.com – nur Abendessen – geschlossen Sonntag - Dienstag

Die Stuben

MARKTKÜCHE • KLASSISCHES AMBIENTE Das Konzept kommt an: Hier können Sie sich aus frischen klassischen Speisen Ihr Menü selbst zusammenstellen - zu einem festen Menüpreis! Serviert wird in verschiedenen Stuben mit traditionellem Charme oder im Wintergarten. Beliebt ist auch der sehr günstige Mittagstisch.

Menü 36/99 € – Karte 35/54 €

Travel Charme Gothisches Haus, Marktplatz 2 38855 – 03943 6750 – www.travelcharme.com/gothisches-haus – Samstag - Sonntag und an Feiertagen nur Abendessen

Bohlenstube

KLASSISCHE KÜCHE • TRADITIONELLES AMBIENTE In der kleinen Bohlenstube zum historischen Marktplatz genießt man klassische Küche. Das Besondere: Der Hauptgang besteht aus zwei Gängen, die aus den gleichen Produkten auf unterschiedliche Art zubereitet werden. Schöne alte Holzbohlen sorgen in dem stilvoll-eleganten Raum für Gemütlichkeit.

Menü 49/105 € – Karte 67/74 €

Hotel Travel Charme Gothisches Haus, Marktplatz 2 38855 – 03943 6750 – www.travelcharme.com/gothisches-haus – nur Abendessen – geschlossen 14. Juli - 27. August, 16. Dezember - 29. Januar und Sonntag - Dienstag

Travel Charme Gothisches Haus

HISTORISCH • KLASSISCH Ein reizender Anblick ist das aus mehreren Häusern bestehende Hotel (das älteste a. d. 15. Jh.). Drinnen geht es ebenso schön weiter: wertige Einrichtung, jede Menge Spa-Angebote, gutes Frühstück. Die Altstadt liegt direkt vor der Tür!

113 Zim – 92/210 € 128/264 € – 3 Suiten – ½ P

Marktplatz 2 38855 – 03943 6750 – www.travelcharme.com/gothisches-haus

Die Stuben • **Bohlenstube** – siehe Restaurantauswahl

Weißer Hirsch

TRADITIONELL • FUNKTIONELL Seit 1717 existiert das familiengeführte Hotel, umgeben von schönen alten Fachwerkfassaden. Besonders hochwertig und geräumig: Komfortzimmer und Suiten (zwei mit Whirlwanne). Internationales Angebot im Restaurant. Von der Terrasse blickt man aufs Rathaus.

59 Zim – 84/134 € 114/204 € – 2 Suiten

Marktplatz 5 38855 – 03943 267110 – www.hotel-weisser-hirsch.de

Am Anger

FAMILIÄR • GEMÜTLICH Hier spürt man noch die ländliche Behaglichkeit des einstigen kleinen Gehöfts, dennoch ist die historische Altstadt ganz nah. Einige Zimmer bieten Schlossblick, im Sommer schaut man beim Frühstücken auf der Balkonterrasse zum schönen Garten. Sie mögen Süßes? Verlockend die Kuchen des Louisen-Cafés!

34 Zim – 60/75 € 100/120 € – 6 Suiten

Breite Str. 92 ✉ 38855 – ✆ 03943 92320 – www.hotel-am-anger.de

WERSHOFEN

Rheinland-Pfalz – 888 Ew. – Höhe 460 m – Regionalatlas **35**-B13
Michelin Straßenkarte 543

Kastenholz

LANDHAUS • INDIVIDUELL Eine sehr gepflegte Hotelanlage unter engagierter familiärer Leitung, zu der auch ein Gesundheitsbereich mit "F.-X.-Mayr-Kur" gehört. Wohnliche Zimmer mit Balkon und Blick zum eigenen Wildpark. Behaglich-rustikales Restaurant mit Kaminzimmer und Kachelofenzimmer.

50 Zim – 89/129 € 139/210 € – ½ P

Hauptstr. 1 ✉ 53520 – ✆ 02694 381 – www.kastenholz-eifel.de – geschlossen 22. - 25. Dezember

WERTHEIM

Baden-Württemberg – 22 461 Ew. – Höhe 145 m – Regionalatlas **48**-H16
Michelin Straßenkarte 545

Wertheimer Stuben

BUSINESS • MODERN Wo Tauber und Main zusammentreffen, wohnt man in einem engagiert geführten Haus, zeitgemäß und zentral, nur einen Steinwurf von der Altstadt entfernt. Tipp: das Zimmer mit Burgblick. Richtig gut kommt auch das tolle Frühstücksbuffet an! Außerdem: kostenloser Shuttleservice zum eigenen Restaurant "Bestenheider Stuben".

21 Zim – 85/115 € 100/135 €

Rechte Tauberstr. 2 ✉ 97877 – ✆ 09342 9357270 – www.wertheimer-stuben.de

In Wertheim-Bestenheid Nord-West: 3 km

Bestenheider Stuben

INTERNATIONAL • FREUNDLICH XX Es ist bekannt, dass Gastgeber Otto Hoh im Restaurant des gleichnamigen Hotels schmackhaft und unkompliziert kocht, ob "US-Rinderrücken, Bohnen, Kartoffeln, Sauce Béarnaise" oder "Steinbeißerfilet mit Pommerysenfsauce". Auch das Ambiente stimmt: hell und freundlich. Bar als Raucherbereich.

Menü 42/58 € – Karte 31/68 €

Hotel Bestenheider Stuben, Breslauer Str. 1 ✉ 97877 – ✆ 09342 96540 – www.bestenheider-stuben.de – geschlossen Juni - September: Sonntag

Bestenheider Stuben

GASTHOF • FUNKTIONELL Seit über 20 Jahren betreibt man das kleine Hotel mit den funktionell ausgestatteten Zimmern. Daneben schätzen die Gäste die gute Anbindung an die Autobahn, und das bekannte Outlet-Center "Wertheim Village" ist nur 14 km entfernt.

20 Zim – 72/85 € 85/105 €

Breslauer Str. 1 ✉ 97877 – ✆ 09342 96540 – www.bestenheider-stuben.de

Bestenheider Stuben – siehe Restaurantauswahl

WERTINGEN

Bayern – 8 888 Ew. – Höhe 421 m – Regionalatlas **57**-J19
Michelin Straßenkarte 546

Gänsweid

REGIONAL • TRENDY Schön, was aus der einstigen Autowerkstatt geworden ist: ein hübsch dekoriertes, gemütlich-modernes Restaurant mit regional-internationalen Gerichten wie "Steinbutt mit Fenchel" oder "geschmortes Wildschwein". Und als Dessert "Apfelküchle mit Vanilleeis"? Mittags ist das Angebot kleiner und einfacher.

Menü 40 € (abends) – Karte 28/49 €

Gänsweid 1 ✉ 86637 – ✆ 08272 642132 – www.gaensweid.de – geschlossen über Fasching 1 Woche, September 2 Wochen und Mittwoch, Samstagmittag

Schmankerlstube

INTERNATIONAL • GEMÜTLICH Hier wird saisonal und mit internationalen Einflüssen gekocht, so z. B. "Maispoularde und Garnele, Käse-Speck-Knödel, Selleriepüree, Zucchini-Chutney". Zusätzlich gibt's noch eine Steakkarte. Gemütlich die Kaminstube, modern die Sternenstube im OG, toll die Dachterrasse. Mittags einfacheres Angebot.

Menü 27/45 € – Karte 19/45 €

Zusmarshauser Str. 1 ✉ 86637 – ✆ 08272 3344 – www.schmankerlstube.de – geschlossen Samstagmittag, Sonntagabend - Montag

WESEL

Nordrhein-Westfalen – 60 088 Ew. – Höhe 27 m – Regionalatlas **25**-B10
Michelin Straßenkarte 543

In Wesel-Flüren Nord-West: 3 km über B 8

ART

INTERNATIONAL • TRENDY Seit vielen Jahren schätzen die Gäste das moderne Restaurant mit nettem Bistro-Flair, das schön an einem Teich liegt - hier lockt die Terrasse. Aus frischen Produkten entsteht z. B. "gebratene Blutwurst mit Quitte und Kartoffelstampf".

Menü 15 € (mittags unter der Woche) – Karte 32/58 €

Reeser Landstr. 188 ✉ 46487 – ✆ 0281 97575 – www.restaurant-art.de – geschlossen Montag - Dienstag

WESTERBURG

Rheinland-Pfalz – 5 592 Ew. – Höhe 343 m – Regionalatlas **37**-E13
Michelin Straßenkarte 543

In Westerburg-Stahlhofen Nord-Ost: 4,5 km Richtung Wiesensee

Lindner Hotel und Sporting Club Wiesensee

SPA UND WELLNESS • MODERN Ein Tagungs- und Wellnesshotel in herrlich ruhiger Lage. Die Zimmer liegen zum See oder zum Golfplatz, auch Themensuiten sind vorhanden. Umfassendes Beauty-Angebot. Der Wintergarten des Restaurants und die Terrasse bieten Seeblick.

95 Zim – 99/149 € 109/179 € – 8 Suiten – ½ P

Am Wiesensee ✉ 56457 – ✆ 02663 99100 – www.lindner.de

WESTERSTEDE

Niedersachsen – 21 987 Ew. – Höhe 8 m – Regionalatlas **8**-E6
Michelin Straßenkarte 541

Voss, das Schokoladenhotel

BUSINESS • INDIVIDUELL Hier spielt Schokolade die Hauptrolle: individuelle Zimmer in den Kategorien "Schokolade", "Praline", "Trüffel" und "Praline deluxe", Schokolounge, Pralinen-Seminar, Schoko-Shop, Schokoladenparcours mit Schokotyp-Bestimmung... Auch in der Küche findet Schokolade Verwendung. Gut der Wellnessbereich (vielleicht eine Schoko-Massage?) sowie die Tagungsmöglichkeiten.

81 Zim – 75/115 € 110/160 € – ½ P

Bahnhofstr. 17 ✉ 26655 – ✆ 04488 5190 – www.schokoladenhotel.de

WETTENBERG

Hessen - 12 118 Ew. - Höhe 176 m - Regionalatlas **37**-F13
Michelin Straßenkarte 543

In Wettenberg - Krofdorf-Gleiberg Süd-West: 5 km

Burg Gleiberg

KLASSISCHE KÜCHE • HISTORISCHES AMBIENTE Die Aussicht hier oben auf der Burg ist schon beeindruckend! Im charmant-geschmackvollen Restaurant serviert man klassische Küche, in der rustikalen "Albertusklause" ist das Angebot einfacher. Natürlich lockt auch der herrliche Biergarten! Schöne Veranstaltungsräume hat man ebenfalls.

Karte 29/52 €

Burgstr. 90 ✉ 35435 - ✆ 0641 81444 - www.burggleiberg.de - geschlossen Mittwoch

WETZLAR

Hessen - 51 262 Ew. - Höhe 168 m - Regionalatlas **37**-F13
Michelin Straßenkarte 543

In Wetzlar-Naunheim Nord: 3 km

Landhotel Naunheimer Mühle

HISTORISCH • GEMÜTLICH Idyllisch liegt die ehemalige Mühle direkt an der Lahn - interessant: Der Lahn-Radweg verläuft hier. Von einigen Zimmern schaut man zum Fluss. Tipp: Die neueren Zimmer im Gästehaus sind recht geräumig und schön modern. Restaurant als Wintergarten oder rustikale Stube, ergänzt durch eine nette Terrasse.

42 Zim – †89/113 € ††129/171 € - 1 Suite

Mühle 2 ✉ 35584 - ✆ 06441 93530 - www.naunheimer-muehle.de - geschlossen 1. - 10. Januar

WEYHER in der PFALZ

Rheinland-Pfalz - 1 117 Ew. - Regionalatlas **47**-E17
Michelin Straßenkarte 543

Winzerstube Weyher

MARKTKÜCHE • FREUNDLICH Schon die tolle Terrasse ist einen Besuch wert, aber auch drinnen ist die einstige Winzergenossenschaft a. d. 17. Jh. schön - ein Mix aus historisch und modern. Tipp: unter der Woche abends preiswertes Überraschungsmenü, freitags Fischmenü.

Menü 25/45 € (unter der Woche) - Karte 27/48 €

Kirchgasse 19 ✉ 76835 - ✆ 06323 987818 - www.volkerkrug.de - nur Abendessen, sonntags auch Mittagessen - geschlossen Dienstag - Mittwoch

WICKEDE (RUHR)

Nordrhein-Westfalen - 12 233 Ew. - Höhe 165 m - Regionalatlas **27**-E11
Michelin Straßenkarte 543

Haus Gerbens

INTERNATIONAL • ELEGANT Elegant oder lieber rustikal? In der ehemaligen Poststation (1838) wählen Sie zwischen Restaurant und Gaststube, um sich internationale Speisen wie "Lachsfilet, Dillschaum, Tomaten-Blattspinat, Kräuter-Risotto" schmecken zu lassen. Hübsche begrünte Terrasse. Zum Übernachten: schöne individuelle Zimmer.

Menü 36/59 € - Karte 24/57 €

13 Zim - †50/90 € ††100/120 € - 12 €

Hauptstr. 211, Nord-Ost: 2 km, an der B 63 ✉ 58739 - ✆ 02377 1013 - www.haus-gerbens.de - geschlossen Anfang Januar 1 Woche und Samstagmittag, Sonntag - Montag

WIECK auf dem DARSS

Mecklenburg-Vorpommern – 709 Ew. – Höhe 1 m – Regionalatlas **5**-N3
Michelin Straßenkarte 542

Gute Stube

REGIONAL • LÄNDLICH XX Richtig gemütlich hat man es in den charmanten Stuben, ebenso reizvoll die herrliche Terrasse mit Boddenblick! Man kocht frisch, regional und mit vielen Bioprodukten - lecker z. B. "Kotelett vom Steinbutt, Spargel, gelbe Bete, Bärlauch-Petersilienwurzeltaler".

Menü 41/52 € – Karte 43/54 €

Hotel Haferland, Bauernreihe 5a ✉ 18375 – ✆ 038233 680 – www.hotelhaferland.de – Oktober - Februar nur Abendessen – geschlossen 1. - 9. Dezember

Haferland

LANDHAUS • GEMÜTLICH Schön liegen die drei Reetdachhäuser nahe dem Bodden auf einem großen Naturgrundstück mit Kräuter- und Gourmetgarten, Teichen, Wald und Feuchtwiese. Gemütliche Zimmer, Wellness in der tollen "Gesundheitsscheune", Langschläferfrühstück bis 13 Uhr. Interessant: "Bajazzo" als eine Art "Kochschulen-Restaurant".

34 Zim – 133/160 € 153/180 € – 12 Suiten – ½ P

Bauernreihe 5a ✉ 18375 – ✆ 038233 680 – www.hotelhaferland.de – geschlossen 1. - 9. Dezember

Gute Stube – siehe Restaurantauswahl

WIEDEN

Baden-Württemberg – 593 Ew. – Höhe 835 m – Regionalatlas **61**-D21
Michelin Straßenkarte 545

Berghotel Wiedener Eck

REGIONAL • GASTHOF X Traditionelle Schwarzwaldstube oder lieber helles modernes Ambiente mit Panoramablick? Hier wie dort gibt es ambitionierte regional-internationale Gerichte wie "marinierten Stangenspargel mit gebeiztem Lachs" oder "Geschnetzeltes von der Rehkeule, Pilze, Spätzle" - Wild kommt übrigens aus der eigenen Jagd.

Karte 29/64 €

Berghotel Wiedener Eck, Oberwieden 15, (Höhe 1050 m), West: 4 km, an der Straße zum Belchen ✉ 79695 – ✆ 07673 9090 – www.wiedener-eck.de – geschlossen November 3 Wochen und Montag - Dienstag

Berghotel Wiedener Eck

FAMILIÄR • AUF DEM LAND Toll die Lage in 1050 m Höhe, klasse die Aussicht! Seit 1901 betreibt Familie Wissler das Haus und bietet hier hübsche, im regionstypischen Stil gehaltene Zimmer, in denen warmes Holz für Wohnlichkeit sorgt. Tipp: schöne Wanderrouten in der Umgebung.

24 Zim – 76/80 € 134/164 € – ½ P

Oberwieden 15, (Höhe 1050 m), West: 4 km, an der Straße zum Belchen ✉ 79695 – ✆ 07673 9090 – www.wiedener-eck.de – geschlossen November 3 Wochen

Berghotel Wiedener Eck – siehe Restaurantauswahl

WIENHAUSEN

Niedersachsen – 4 150 Ew. – Höhe 43 m – Regionalatlas **19**-J8
Michelin Straßenkarte 541

Am Kloster

LANDHAUS • GEMÜTLICH Sie wohnen in idyllischer Lage direkt am Allerradweg! Das charmante Ensemble aus mehreren Backstein-Fachwerkhäusern ist nicht nur ein freundliches Hotel, sondern gleichzeitig ein Integrationsprojekt. Zeitgemäß vom Empfang über die Zimmer bis ins "Kloster-Kaffee" - hier gibt es Kuchen und kleine Speisen.

23 Zim – 73/140 € 125/180 €

Mühlenstr. 6 ✉ 29342 – ✆ 05149 185550 – www.hotel-wienhausen.de

Westend 61/hemis.fr

WIR MÖGEN BESONDERS...

Die **Ente** als Klassiker und gastronomisches Highlight der Stadt. Chic wohnen und Feinkost shoppen im **Citta Trüffel**. „Carte blanche" am Chef's Table des **martino KITCHEN**. In **Gollner's Burg Sonnenberg** auf der tollen Terrasse sitzen und die Aussicht genießen. Das **Klemm** für sein historisches Flair und liebenswert-individuelle Zimmer.

WIESBADEN

Hessen - 275 116 Ew. - Höhe 115 m - Regionalatlas **47**-E15
Michelin Straßenkarte 543

Restaurants

Ente

FRANZÖSISCH-KLASSISCH • ELEGANT Eine durch und durch klassische Gourmetadresse, vom Restaurant selbst (auf zwei Ebenen) über den aufmerksamen Service samt kompetenter Weinberatung bis zur feinen Küche (seit 1980 mit Stern!). Letztere basiert auf hervorragenden Produkten und ausgezeichnetem Handwerk. Spezialität: "Ente in zwei Gängen".

→ Gehobelte Elsässer Entenleber, Stachelbeergelee, Baiser, Salzbutterbrioche. Schottischer Seeteufel, Brokkoli, Erbsen, Kokos, Koriander, grünes Curry. Pfirsichtarte, Basilikum, Himbeeren, Quinoa-Krokanteis.

Menü 98/149 € - Karte 82/114 €

Stadtplan : B1-v - *Hotel Nassauer Hof, Kaiser-Friedrich-Platz 3 ✉ 65183 - ✆ 0611 133666 (Tischbestellung ratsam) - www.nassauer-hof.de - Dienstag - Freitag nur Abendessen - geschlossen Sonntag - Montag*

Orangerie

REGIONAL • ELEGANT Das Angebot an schmackhaften Gerichten reicht hier vom Klassiker über Internationales bis zu saisonalen Empfehlungen. Wer Wintergarten-Atmosphäre mag, wählt einen Platz im lichten verglasten Rondell!

Karte 39/61 €

Stadtplan : B1-v - *Hotel Nassauer Hof, Kaiser-Friedrich-Platz 3 ✉ 65183 - ✆ 0611 133633 - www.nassauer-hof.de*

Ente-Bistro

FRANZÖSISCH-KLASSISCH • BISTRO Der kleine Ableger der traditionsreichen "Ente" ist ein gemütliches Bistro, in dem man ebenfalls lecker isst, nur etwas schlichter. Aus der Küche kommt hier z. B. "Knurrhahn mit Bärlauchrisotto und Mairübchen".

Karte 39/58 €

Stadtplan : B1-v - *Hotel Nassauer Hof, Kaiser-Friedrich-Platz 3 ✉ 65183 - ✆ 0611 133666 - www.nassauer-hof.de - geschlossen Sonntag - Montag*

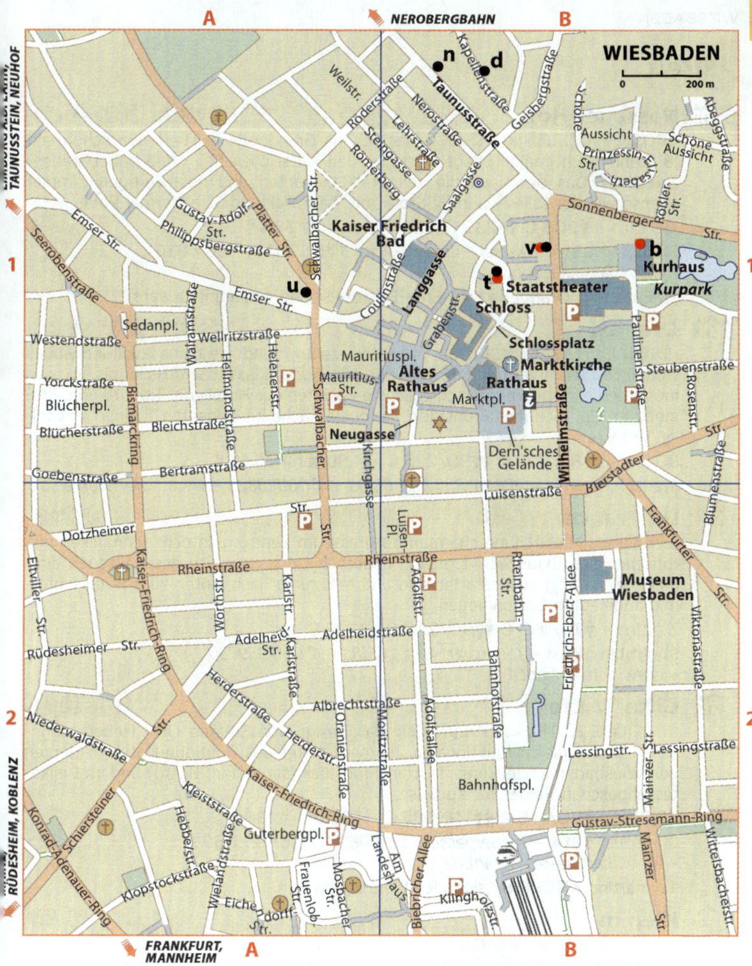

Lambertus Kurhaus

INTERNATIONAL • BISTRO In dem prächtigen Kurhaus von 1907 (hier auch die Spielbank) bestaunt man im Parfüm-Saal große Original-Flacons, in der Belétage Werke von Gunter Sachs und im Bistro unzählige Fotos (zählen Sie die Eiffelturm-Bilder!). Gerne kommt man sonntags zum Brunch oder auch nach dem Theater.

Karte 40/70 €

Stadtplan : B1-b – *Kurhausplatz 1, (im Kurhaus) ✉ 65189 – ✆ 0611 536200 – www.kuffler.de*

martino KITCHEN

INTERNATIONAL • BISTRO Ein sympathisches Bistro mit charmantem Service und saisonaler Küche von handgemachter Pasta bis Hochland-Rinderrücken. Sie mögen es etwas gehobener? Mi. - Sa. bietet man abends ein Gourmetmenü. Außerdem "Carte blanche" am Chef's Table.

Karte 44/57 €

Stadtplan : B1-t – *Hotel Citta Trüffel, Webergasse 6 ✉ 65183 – ✆ 0611 9905530 – www.citta-hotel.de – geschlossen Sonntag*

Hotels

Nassauer Hof

GROSSER LUXUS • KLASSISCH Das schöne Grandhotel existiert nun schon seit 1813 und noch immer pflegt man hier den klassischen Stil, ohne dabei stehenzubleiben. Das beweisen die zeitgemäß-eleganten und hochwertigen Zimmer ebenso wie der tolle Spa im 5. Stock mit Stadtblick und 32°-Thermal-Pool!

135 Zim – †205 € ††235 € – 24 Suiten – ☐ 32 €

Stadtplan : B1-v – *Kaiser-Friedrich-Platz 3 ✉ 65183 – ☎ 0611 1330 – www.nassauer-hof.de*

Ente • **Orangerie** • **Ente-Bistro** – siehe Restaurantauswahl

Oranien

HISTORISCH • KLASSISCH Sie möchten zentral und geschmackvoll-individuell wohnen? Hier erwarten Sie von der traditionell-klassischen Halle bis zu den modernen Minisuiten unterschiedlichste Facetten der Hotellerie. Tipp: ruhige Zimmer zum Hof. Schönes Frühstück! Saisonale Küche im eleganten "Linner" mit toller Terrasse.

80 Zim – †86/225 € ††99/225 € – 4 Suiten – ☐ 16 € – ½ P

Stadtplan : A1-u – *Platter Str. 2 ✉ 65193 – ☎ 0611 18820 – www.hotel-oranien.de*

De France

URBAN • MODERN Eine charmante Adresse im Zentrum. In dem schmucken historischen Stadthaus wohnt man in hübschen, unterschiedlich geschnittenen Zimmern, die wertig ausgestattet sind und teils ruhig nach hinten zum terrassenförmig angelegten Garten liegen.

37 Zim – †70/160 € ††90/220 € – ☐ 12 €

Stadtplan : B1-n – *Taunusstr. 49 ✉ 65183 – ☎ 0611 959730 – www.hoteldefrance.de*

Citta Trüffel

BOUTIQUE-HOTEL • MODERN Chic das Design von Stefano Orsi! Neben wohnlichen und zugleich funktionalen Zimmern bietet das Boutique-Hotel im Herzen von Wiesbaden ein leckeres, frisches Frühstück (serviert im Bistro) und im Delikatessengeschäft Feines für Zuhause.

33 Zim – †110/145 € ††140/185 € – 1 Suite – ☐ 16 €

Stadtplan : B1-t – *Webergasse 6 ✉ 65183 – ☎ 0611 990550 – www.martino-restaurant.de*

martino KITCHEN – siehe Restaurantauswahl

Klemm

HISTORISCH • INDIVIDUELL Ein richtig schöner Altbau von 1888, hübsche Jugendstilelemente wie Stuck oder Buntglasfenster, ein reizender Innenhof, liebevoll eingerichtete Zimmer, von denen keines dem anderen gleicht, und nicht zuletzt das tolle Frühstück. Darüber hinaus werden Sie hier auch noch überaus herzlich betreut!

62 Zim ☐ – †80/130 € ††105/180 € – 1 Suite

Stadtplan : B1-d – *Kapellenstr. 9 ✉ 65193 – ☎ 0611 5820 – www.hotel-klemm.de*

In Wiesbaden-Alt Klarenthal Nord-West: 5 km über Dotzheimer Straße A2

Landhaus Diedert

INTERNATIONAL • LÄNDLICH XX Das Engagement der Familie Diedert zeigt sich hier zum einen in der schönen Landhaus-Atmosphäre - vom Restaurant (Kloster von 1298) über die charmanten Zimmer im Gästehaus bis zur tollen Platanen-Terrasse, zum anderen in frischen Gerichten wie "geschmorter Kalbsbacke mit Zitronen-Thymian-Polenta".

Menü 29/69 € – Karte 31/66 €

13 Zim – †69/99 € ††79/139 € – 2 Suiten – ☐ 9 €

Am Kloster Klarenthal 9 ✉ 65195 – ☎ 0611 1846600 – www.landhaus-diedert.de – geschlossen Montag

In Wiesbaden-Erbenheim Süd-Ost: 6 km über Gustav-Stresemann-Ring B2

Domäne Mechtildshausen

MARKTKÜCHE • KLASSISCHES AMBIENTE XX Sie speisen in einem der größten ökologischen Landwirtschaftsbetriebe Hessens und so steckt die saisonal-regionale Bio-Küche voller selbst erzeugter Spezialitäten - wie wär's z. B. mit "Kotelett vom Hofschwein"? Gute Auswahl an deutschen und französischen Weinen.

Menü 52/64 € – Karte 33/53 €

Mechtildshausen 1, Süd-Ost: 4 km, über B 455, nahe Army Airfield ✉ 65205 – ✆ 0611 7374660 – www.domaene-mechtildshausen.de – nur Abendessen – geschlossen 27. Dezember - Mitte Januar und Sonntag - Montag

Domäne Mechtildshausen

LANDHAUS • GEMÜTLICH Auf dem imposanten Gut wohnt man nicht nur schön, auch Gastronomie und eigene Landwirtschaft haben einiges zu bieten: Restaurant, Weinstube, Café "Bohne" (lecker die Kuchen und Torten!), dazu Bäckerei, Käserei und Metzgerei, nicht zu vergessen die Markthalle! Fast alles wird selbst produziert und gezüchtet!

13 Zim – †90 € ††140 € – ☕ 10 €

Mechtildshausen 1, Süd-Ost: 4 km, über B 455, nahe Army Airfield ✉ 65205 – ✆ 0611 7374660 – www.hotel-mechtildshausen.de – geschlossen 27. Dezember - Mitte Januar

Domäne Mechtildshausen – siehe Restaurantauswahl

In Wiesbaden-Sonnenberg Nord-Ost: 4 km über Sonnenberger Straße B1"

Gollner's Burg Sonnenberg

ÖSTERREICHISCH • LÄNDLICH XX Die österreichische Herkunft des Chefs erkennt man hier sowohl an beliebten Klassikern wie Wiener Schnitzel als auch an der schönen Auswahl an Weinen. Vorteil der erhöhten Lage bei der Burg: Von der Terrasse hat man eine tolle Aussicht!

Menü 50 € (abends) – Karte 42/75 €

Am Schlossberg 20 ✉ 65191 – ✆ 0611 541409 – www.gollners.de – geschlossen Montag - Dienstag

WIESMOOR

Niedersachsen – 12 878 Ew. – Höhe 13 m – Regionalatlas **8**-E5
Michelin Straßenkarte 541

Zur Post

REGIONAL • LÄNDLICH X Hier im Restaurant des gleichnamigen Hotels kommt in gemütlich-ländlichen Stuben (nett auch der Wintergarten) regionale Küche mit saisonalen Akzenten auf den Tisch, so z. B. "Filetpfanne mit frischen Champignons". Mittags etwas reduziertes Angebot von Eintopf bis Pasta.

Menü 28 € (mittags)/65 € (abends) – Karte 30/58 €

14 Zim ☕ – †50 € ††82 €

Am Rathaus 6 ✉ 26639 – ✆ 04944 91060 – www.hotelzurpost-wiesmoor.de – geschlossen Montag

In Wiesmoor-Hinrichsfehn Süd: 4,5 km Richtung Remels, nach 3,5 km rechts

Blauer Fasan

LANDHAUS • FUNKTIONELL Ideal für Golfer ist das hübsche reetgedeckte Haus nebst Gästehaus. Die ruhige Lage in Golfplatznähe ist ebenso ansprechend wie die wohnlich-modernen Zimmer, die ostfriesisch-charmanten Gaststuben und der schöne Blumengarten. Man hat sogar einen Golfladen und einen Indoor-Golfsimulator!

29 Zim ☕ – †85/120 € ††120/200 € – ½ P

Fliederstr. 1 ✉ 26639 – ✆ 04944 92700 – www.blauer-fasan.de

WIESSEE, BAD

Bayern – 4 777 Ew. – Höhe 750 m – Regionalatlas **66**-M21
Michelin Straßenkarte 546

Freihaus Brenner

REGIONAL • GEMÜTLICH XX "Blutwurstgröstl, Apfel, Sellerie" oder "Skrei, Bouillabaissegemüse, Reis"? So oder so ähnlich klingen die schmackhaften, frischen regionalen Gerichte in herrlicher Lage oberhalb des Sees. Drinnen gemütliche kleine Stuben, draußen Panoramasicht von der tollen Terrasse. Tipp: die schöne Ferien-Suite im DG.

Karte 27/71 €

Freihaus 4 ✉ 83707 – ✆ 08022 86560 (Tischbestellung ratsam) – www.freihaus-brenner.de – geschlossen Dienstag

Da Mimmo

ITALIENISCH • GEMÜTLICH XX Viele Stammgäste zieht es in das gemütlich-elegante Ristorante von Padrone Mimmo - sie mögen seine klassisch-italienische Küche. Pizza gibt es keine, dafür z. B. "Linsen-Risotto mit gebratener Entenleber" oder "Seezunge vom Grill". Charmante begrünte Terrasse.

Menü 41 € – Karte 36/60 €

Sanktjohanserstr. 82 ✉ 83707 – ✆ 08022 82250 – www.ristorante-da-mimmo.com – geschlossen Sonntag - Montagmittag

Landhaus Marinella

LANDHAUS • INDIVIDUELL Ein wirklich geschmackvolles kleines Domizil am Tegernsee. Individuelle Zimmer mit schönem Parkettboden, von romantisch bis maritim, eines reizender als das andere - allesamt hell, frisch und wohnlich! Dazu wird man liebenswert persönlich umsorgt, und ein gutes Frühstück gibt es ebenfalls. Strandbad gleich gegenüber.

8 Zim ☕ – †98/128 € ††140/180 € – 3 Suiten

Am Strandbad 7 ✉ 83707 – ✆ 08022 8599990 – www.landhaus-marinella.de

Relais Chalet Wilhelmy

BOUTIQUE-HOTEL • GEMÜTLICH Schön ist der individuelle Stil hier: Von den Zimmern bis zur kleinen Vinothek hat man traditionelle und moderne Elemente sehr hübsch gemischt. Nett auch der Saunabereich. Highlight ist die "Alm Chalet Suite"!

19 Zim ☕ – †110/140 € ††219/239 € – 2 Suiten – ½ P

Freihausstr. 15 ✉ 83707 – ✆ 08022 98680 – www.relais-chalet.com

Landhaus am Stein

SPA UND WELLNESS • MODERN Das Haus ist nicht von der Stange! Es wird freundlich und engagiert geführt, so gibt es hier liebenswerte ländliche Zimmer in frischen Farben, ein schönes Frühstück, einen gepflegten Garten und einen hübschen kleinen Spa! Tipp: Kaminsuite!

15 Zim ☕ – †105/195 € ††195/245 € – 4 Suiten

Im Sapplfeld 8 ✉ 83707 – ✆ 08022 98470 – www.landhausamstein.de – geschlossen 7. Januar - 20. März

Landhaus St. Georg

BOUTIQUE-HOTEL • AUF DEM LAND Was für dieses schicke kleine Hotel spricht? Es liegt in einem ruhigen Wohngebiet, die Atmosphäre ist persönlich und die Zimmer sind stilvoll mit wertigen Materialien eingerichtet. Übrigens: Das gute Frühstück ist ebenso biozertifiziert wie die Pflegeprodukte!

14 Zim ☕ – †79/199 € ††109/249 € – 1 Suite

Jägerstr. 20 ✉ 83707 – ✆ 08022 6626100 – www.stgeorg.net

Landhaus Christl am See

FAMILIÄR • GEMÜTLICH Sie mögen es persönlich und familiär? Nur ein Privatweg führt zu dem kleinen Haus, und damit zu sympathisch-bayerischer Gastlichkeit, charmanten Landhauszimmern und tollem Seeblick! Die Betreiber sind dieselben wie im "Landhaus am Stein".

13 Zim ☕ – †95/165 € ††165/220 €

Sonnenfeldweg 11 ✉ 83707 – ✆ 08022 1880890 – www.landhauschristl.de

WILDBERG

Baden-Württemberg – 9 678 Ew. – Höhe 395 m – Regionalatlas **54**-F19
Michelin Straßenkarte 545

Talblick

REGIONAL • FREUNDLICH XX Bei den Weitbrechts wird geschmackvoll, frisch und mit sehr guten Produkten gekocht - wie wär's mit "Schollenfilets in Mandelbutter gebraten" oder "Filet & Bäckchen vom Landschwein mit Pommerysenf-Soße"? Auf Vorbestellung aufwändiges Menü im kleinen "Gourmet". Schön gepflegt übernachten kann man auch.

Menü 31/90 € – Karte 22/55 €

19 Zim – 45/65 € 75/85 €

Bahnhofsträßle 6 ✉ 72218 – ✆ 07054 5247 – www.talblick-wildberg.de – geschlossen Februar 2 Wochen, August 2 Wochen, Ende Oktober 2 Wochen und Dienstag

WILDEMANN

Niedersachsen – 15 857 Ew. – Höhe 390 m – Regionalatlas **29**-J10
Michelin Straßenkarte 541

Rathaus

REGIONAL • STUBE XX Wo einst das Rathaus stand, kann man heute gemütlich essen und gut übernachten. Gekocht wird frisch, klassisch-regional und mit modernen Akzenten, so z. B. "Saibling, Rhabarber, Fenchel, Tomatenravioli". Schön sitzt man im Sommer draußen unter Linden. Tipp: Probieren Sie auch die hausgemachten Pralinen!

Karte 36/58 €

7 Zim – 50/70 € 80/100 € – 1 Suite

Bohlweg 37 ✉ 38709 – ✆ 05323 6261 – www.hotel-rathaus-wildemann.de – geschlossen Mitte März 2 Wochen, Mitte November 1 Woche und Montagmittag, Donnerstag, außer an Feiertagen

WILDESHAUSEN

Niedersachsen – 19 044 Ew. – Höhe 25 m – Regionalatlas **17**-F7
Michelin Straßenkarte 541

Altes Amtshaus

REGIONAL • FREUNDLICH X Gemütlich der historisch-ländliche Charme dieses sorgsam restaurierten Fachwerkhauses von 1730. Schön sitzt man auch im Biergarten vor dem Haus (mit SB). Aus der Küche kommen regional-saisonale Gerichte, im Sommer wird auch gegrillt.

Menü 30 € – Karte 20/69 €

Herrlichkeit 13 ✉ 27793 – ✆ 04431 9463800 – www.amtshaus-wildeshausen.com – geschlossen 14. - 28. Januar und Montag

WILGARTSWIESEN

Rheinland-Pfalz – 995 Ew. – Höhe 222 m – Regionalatlas **53**-D17
Michelin Straßenkarte 543

Landhaus Am Hirschhorn

SPA UND WELLNESS • AUF DEM LAND Abschalten vom Alltag? Das Hotel ist klein und familiär, liegt ruhig und hat wohnliche Zimmer sowie einen netten Wellnessbereich. Komfortabel die Appartements mit Terrasse. Fragen Sie nach den Arrangements - viele mit mehrgängigem Abendmenü! Für Champagner-Freunde hat man eine schöne Auswahl.

17 Zim – 85/90 € 130/150 € – ½ P

Am Hirschhorn 12 ✉ 76848 – ✆ 06392 581 – www.hotel-hirschhorn.de

WILLINGEN (UPLAND)

Hessen – 5 972 Ew. – Höhe 550 m – Regionalatlas **27**-F11
Michelin Straßenkarte 543

Fürst von Waldeck

FAMILIÄR • ELEGANT In dem familiengeführten Haus erwarten Sie wohnliche Zimmer, von denen einige ruhiger nach hinten liegen. Wer es moderner mag, fragt nach den neueren Zimmern. Daneben hat man eine nette kleine Liegewiese sowie einen schönen Sauna- und Badebereich.

28 Zim – †52/92 € ††92/162 €

Briloner Str. 1, B 251 ✉ 34508 – ✆ 05632 98899 – www.fuerstvonwaldeck.de

Rüters Parkhotel

FAMILIÄR • FUNKTIONELL Sie finden das familiengeführte Hotel in einer Parkanlage im Zentrum. Es bietet wohnliche, individuelle Zimmer, darunter auch Appartements mit Whirlwanne, dazu Kosmetikbehandlungen. Zum Garten hin liegt das Restaurant mit Wintergartenanbau. Serviert wird bürgerlich-internationale Küche.

42 Zim – †66/75 € ††70/91 € – ½ P

Bergstr. 3a ✉ 34508 – ✆ 05632 9840 – www.ruetersparkhotel.de

Sporthotel Zum hohen Eimberg

FAMILIÄR • KLASSISCH Die ruhige Lage, behagliche Zimmer und geräumige Appartements sowie ein schöner Saunabereich machen das gepflegte Haus für Feriengäste interessant. Internationale Küche im Restaurant.

73 Zim – †76/104 € ††140/208 € – ½ P

Zum hohen Eimberg 3a ✉ 34508 – ✆ 05632 4090 – www.eimberg.de

Waldecker Hof

FAMILIÄR • MODERN Seit 1908 gibt es den Waldecker Hof, in dem man sich freundlich um die Gäste kümmert. Die Zimmer sind schön modern und wohnlich in warmen Farben gehalten. Für den hochwertigen Beautybereich ist die Chefin, staatlich geprüfte Kosmetikerin, verantwortlich.

34 Zim – †62/93 € ††120/190 € – 4 Suiten – ½ P

Waldecker Str. 28 ✉ 34508 – ✆ 05632 9880 – www.waldecker-hof.de

In Willingen-Stryck Süd-Ost: 3,5 km

Gutshof Itterbach

FRANZÖSISCH-KLASSISCH • ELEGANT XX "Skrei, Balsamico-Linsen, Krustentierjus", "irisches Rinderfilet, Süßkartoffeln, Café-de-Paris-Butter"... Zur klassischen Küche kommen gemütliches Ambiente, eine Terrasse mit Blick ins Grüne und aufmerksamer Service. Sonntags Brunch.

Menü 38 € (vegetarisch)/62 € – Karte 34/55 €

Mühlenkopfstr. 7 ✉ 34508
– ✆ 05632 96940 (Tischbestellung erforderlich) – www.gutshof-itterbach.de
– Mittwoch - Freitag nur Abendessen – geschlossen Sonntagabend - Dienstag

Stryckhaus

SPA UND WELLNESS • GEMÜTLICH Das Hotel am Waldrand ist aus einem Landhaus entstanden, das der Künstler Heinrich Vogeler im Jahre 1912 erbaute - einige Details im Haus erinnern an ihn. Sie wohnen in großzügigen Zimmern in klassischem Stil, die meisten haben einen Balkon.

56 Zim – †85/128 € ††170/236 € – 3 Suiten – ½ P

Mühlenkopfstr. 12 ✉ 34508
– ✆ 05632 9860 – www.stryckhaus.de

Frühstück inklusive? Die Tasse steht gleich hinter der Zimmeranzahl.

WILTHEN

Sachsen - 5 145 Ew. - Höhe 288 m - Regionalatlas **44**-R12
Michelin Straßenkarte 544

In Wilthen-Tautewalde West: 2 km Richtung Neukirch

Erbgericht Tautewalde

INTERNATIONAL • GEMÜTLICH XX Drinnen hübsche ländlich-moderne Räume, draußen ein herrlicher Innenhof mit Blick in die Küche. Gekocht wird saisonal und regional-international - da ist "grünes Curry von Kabeljau und Shiitake in Kokos" genauso lecker wie "geschmorte Rinderbäckchen an Pilz-Lauchgemüse". Gut übernachten kann man hier auch.

Menü 29/36 € - Karte 34/73 €

31 Zim - 75/85 € 106/128 €

Tautewalde 61 02681 - 03592 38300 - www.tautewalde.de - Montag - Donnerstag nur Abendessen

WIMPFEN, BAD

Baden-Württemberg - 6 848 Ew. - Höhe 195 m - Regionalatlas **55**-G17
Michelin Straßenkarte 545

Friedrich

INTERNATIONAL • TRENDY X Verbinden Sie doch einen Bummel durch die beschauliche Altstadt mit einem Essen in dem charmanten Stadthaus a. d. 16. Jh.! Unten die liebenswert-rustikale Weinstube Feyerabend, oben das Restaurant mit saisonaler Küche - man beachte das Menü! Mittags etwas reduzierte Karte. Tipp: Leckeres aus der eigenen Konditorei!

Menü 75 € (abends) - Karte 33/64 €

Hauptstr. 74, (1. Etage) 74206 - 07063 245 - www.friedrich-feyerabend.de - geschlossen über Weihnachten, Anfang Januar 1 Woche und Montag - Dienstag

Neues Tor N

BUSINESS • DESIGN Chic und wertig - so ist dieses Hotel am besten beschrieben! Die Zimmer verbinden gelungen Wohnlichkeit und modernes Design: schöne weiche Formen, ruhige Töne und tolle Technik, alles ist stimmig bis ins Detail! Regional-internationale Küche im Restaurant "Staufer's", rustikaleres Angebot in der "Schlotzerstube".

50 Zim - 99/199 € 135/225 € - ½ P

Alte Heilbronner Str. 2 74206 - 07063 93000 - www.neuestor.de

WINDELSBACH

Bayern - 1 074 Ew. - Höhe 450 m - Regionalatlas **49**-I17
Michelin Straßenkarte 546

Landhaus Lebert

REGIONAL • GASTHOF XX Über 30 Jahre ist Manfred Lebert nun hier. Wer gern regional isst, wird z. B. "Rinderschmorbraten mit Dinkelspätzle" mögen - schmackhaft und preislich fair. Tipp: Im Schäferwagen verkauft man eigene Gewürze und Produkte aus der Region. Zum Feiern hat man die "Scheune", zum Übernachten nette Zimmer im Landhausstil.

Menü 33/79 € - Karte 26/68 €

8 Zim - 52/69 € 89/109 €

Schlossstr. 8 91635 - 09867 9570 - www.landhaus-rothenburg.de - Dienstag - Freitag nur Abendessen - geschlossen 24. - 26. Dezember und Montag

WINDEN

Baden-Württemberg - 2 788 Ew. - Höhe 327 m - Regionalatlas **61**-E20
Michelin Straßenkarte 545

In Winden-Oberwinden Nord-Ost: 2 km über B 294

Elztalhotel

SPA UND WELLNESS • GEMÜTLICH Die einstige kleine Pension in einem Schwarzwaldhof ist über die Jahre zu diesem gefragten zeitgemäß-komfortablen Urlaubshotel gewachsen. Zuvorkommender Service samt diverser Aufmerksamkeiten, Verwöhnpension, Spa auf 6000 qm mit "Schwarzwald-Saunahaus", Floatinganlage, Beauty- und Sportangebot...

90 Zim - 169/192 € 288/338 € - 13 Suiten - ½ P

Am Rüttlersberg 5, Süd: 2 km, über Bahnhofstraße ✉ 79297 - ✆ 07682 91140 - www.elztalhotel.de

WINDORF

Bayern - 4 730 Ew. - Höhe 306 m - Regionalatlas **60**-P19
Michelin Straßenkarte 546

In Windorf-Schwarzhöring Nord: 7,5 km, in Rathsmannsdorf links abbiegen Richtung Hofkirchen

Feilmeiers Landleben

REGIONAL • GEMÜTLICH Gastlichkeit wird in den gemütlich-modernen Stuben groß geschrieben! Seine "Landleben"-Küche ist für Johann (genannt Hans) Feilmeier Heimatliebe und Verpflichtung zugleich. Man kocht regional, international und saisonal, z. B. "Wammerl vom Hohenloher Bioschwein mit Dunkelbierjus". Tipp: hausgemachte Marmeladen!

Menü 34/80 € - Karte 29/73 €

Schwarzhöring 14 ✉ 94575 - ✆ 08541 8293 (Tischbestellung ratsam) - www.feilmeiers-landleben.de - Mittwoch - Donnerstag nur Abendessen - geschlossen Februar, Oktober 2 Wochen und Montag - Dienstag

WINDSHEIM, BAD

Bayern - 11 977 Ew. - Höhe 321 m - Regionalatlas **49**-J16
Michelin Straßenkarte 546

Weinstube zu den 3 Kronen N

REGIONAL • WEINSTUBE Das Gasthaus a. d. 16. Jh. (das älteste im Ort!) kommt gut an mit seiner modern abgewandelten fränkisch-regionalen Küche - da heißt es z. B. "rosa gebratener Kalbstafelspitz, gerösteter Brokkoli, Kartoffelcurry". Niedrige Decken, viel Holz und nette Deko schaffen Atmosphäre.

Menü 33/44 € - Karte 26/38 €

Schüsselmarkt 7 ✉ 91438 - ✆ 09841 9199903 - www.weinstubedreikronen.de - nur Abendessen, sonntags auch Mittagessen - geschlossen 7. - 24. Januar und Dienstag - Mittwoch

Zum Storchen

TRADITIONELL • MODERN Dieses ausgesprochen gepflegte Fachwerk-Gasthaus direkt am kleinen Weinmarkt schaut auf rund 250 Jahre Familientradition zurück. In den Zimmern heißt es zeitgemäß, geschmackvoll und individuell wohnen. Im ländlich-gemütlichen Restaurant bietet man bürgerliche und fränkische Küche.

21 Zim - 75/95 € 105/110 € - ½ P

Weinmarkt 6 ✉ 91438 - ✆ 09841 669890 - www.zumstorchen.de - geschlossen Januar 2 Wochen

WINTERBACH

Baden-Württemberg - 7 532 Ew. - Höhe 246 m - Regionalatlas **55**-H18
Michelin Straßenkarte 545

In Winterbach-Manolzweiler Süd-West: 4 km

Landgasthaus Hirsch

REGIONAL • LÄNDLICH Bei Familie Waldenmaier (bereits die 4. Generation) wird richtig gut gekocht, und zwar regional-saisonal. Wild kommt übrigens aus eigener Jagd, Brot aus dem Backhäuschen nebenan und auch Schnaps brennt man selbst! Hübsch die Terrasse im 1. Stock. Und haben Sie auch den schönen rustikalen Biergarten gesehen?

Menü 35 € – Karte 26/66 €

Kaiserstr. 8, (1. Etage) ✉ 73650 – ✆ 07181 41515 – www.hirsch-manolzweiler.de – Mittwoch - Donnerstag nur Abendessen – geschlossen 22. August - 2. Septamber, 31. Oktober - 4. November und Montag - Dienstag

WINTERBERG

Nordrhein-Westfalen – 12 720 Ew. – Höhe 668 m – Regionalatlas **37**-F12
Michelin Straßenkarte 543

Engemann-Kurve

FAMILIÄR • INDIVIDUELL Hier darf man sich auf wohnlich-moderne Zimmer und einen netten kleinen Sauna- und Hallenbadbereich freuen, alles ist schön gepflegt. Im geradlinig-zeitgemäß gehaltenen Restaurant serviert man regionale Küche, die frisch zubereitet wird. Gerne speist man im Sommer auf der hübschen Terrasse.

16 Zim – †67/83 € ††114/166 € – ½ P

Haarfelder Str. 10, B 236 ✉ 59955 – ✆ 02981 92940 – www.engemann-kurve.de

In Winterberg-Altastenberg West: 5 km über B 236

Berghotel Astenkrone

LANDHAUS • INDIVIDUELL Als Jab-Anstoetz-Unternehmen präsentiert sich das engagiert geführte Haus als "Showhotel" für wunderschöne, stimmig arrangierte Stoffe - zu bewundern in den individuellen und äußerst wohnlichen Zimmern. Im Wellnessbereich heißt es Meersalzpeeling, Cleopatra-Bad, 4-Elemente-Packung... International-regionale Küche im gemütlichen Restaurant.

37 Zim – †93/181 € ††110/262 € – 3 Suiten – ½ P

Astenstr. 24 ✉ 59955 – ✆ 02981 8090 – www.astenkrone.de

WINTERHAUSEN

Bayern – 1 449 Ew. – Höhe 188 m – Regionalatlas **49**-I16
Michelin Straßenkarte 546

Gasthof Schiff

KLASSISCHE KÜCHE • GASTHOF Ein schöner Gasthof a. d. 16. Jh. - drinnen liebenswerte, hübsch dekorierte Räume, draußen die Terrasse zum Main, herzlich der Service. Gekocht wird klassisch-regional, vom Sauerbraten über Lammbries mit Steinpilzen bis zum gebratenen Kabeljau. Nette wohnlich-rustikale Gästezimmer, teilweise mit Mainblick.

Menü 44 € – Karte 31/47 €

10 Zim – †62/82 € ††84/105 €

Fährweg 14 ✉ 97286 – ✆ 09333 1785 – www.hotel-schiff.de – geschlossen Sonntag, November - April: Sonntag - Montagmittag

WIRSBERG

Bayern – 1 813 Ew. – Höhe 370 m – Regionalatlas **51**-L15
Michelin Straßenkarte 546

Alexander Herrmann by Tobias Bätz

KREATIV • CHIC Er ist Sterne-Koch, Gastronom, Kochbuchautor und zudem bekannt aus diversen TV-Kochsendungen. Die Rede ist von Alexander Herrmann. Im traditionsreichen Herrmann'schen Familienbetrieb, dem "Posthotel" in Wirsberg, hat er sich mit dem schicken modern-eleganten Gourmetrestaurant einen Namen gemacht. Am Herd hat er Tobias Bätz an seiner Seite. Eine tolle Bestätigung für die erfolgreiche Zusammenarbeit des eingespielten Küchenchef-Duos: der zweite MICHELIN Stern! Ihre Menüs "Kontrast", "OFF" (ohne Fisch/Fleisch) und "Signature" (die Highlights aus beiden als Überraschungsmenü) zeugen von Kreativität, fundiertem Wissen und exzellenten Produkten. Schlichtweg fantastisch die Qualität und die Zubereitung des Poltinger Lamms! Schön auch die Kontraste wie z. B. bei der säuerlich-aromatischen Calamondin-Vinaigrette zum roh marinierten Ikejime-Zander. Serviert und erklärt werden die Gerichte übrigens von den Köchen selbst.

→ Gehobelter Kohlrabi, Haselnuss, Wildkräuter, Vinaigrette von unreifen Trauben, Rapsöl. Knollensellerie in brauner Butter, Staudenselleriesaft, Kaviar, Algenchip. Hirschkalbsrücken mit Heu geräuchert, Waldpilze mit Lardo gebraten, Gewürzmayonnaise, Heidelbeere, gepickelte Hanfblüte.

Menü 134/199 €

Herrmann's Posthotel, Marktplatz 11 ✉ 95339 – ✆ 09227 2080 (Tischbestellung ratsam) – www.herrmanns-posthotel.de – nur Abendessen – geschlossen 23. Dezember - 3. Januar und Sonntag - Dienstag, Januar - März: Sonntag - Mittwoch

AH - Das Bistro

REGIONAL • BISTRO Die Alternative zum Sternerestaurant ist angenehm leger und geschmackvoll-modern. Neben "Fränkischen Tapas" bietet man auch Gerichte wie "Wallerfilet in Nussbutter gegart, Schmorkraut, Safran", nicht zu vergessen den Fränkischen Schiefertrüffel (seit 1978)!

Menü 50/70 € – Karte 58/79 €

Herrmann's Posthotel, Marktplatz 11 ✉ 95339 – ✆ 09227 2080 – www.herrmanns-posthotel.de – Montag - Freitag nur Abendessen

Herrmann's Posthotel

TRADITIONELL • GEMÜTLICH Die Herrmanns sind stolz auf über 140 Jahre Familientradition. Stets um das Wohl des Gastes bemüht, wird immer wieder investiert und verbessert, z. B. in Form des geschmackvollen kleinen Kosmetikbereichs. Die Zimmer und Suiten gibt es als "Lifestyle" oder "Klassisch".

39 Zim – 114/143 € 195/238 € – 3 Suiten – ½ P

Marktplatz 11 ✉ 95339 – ✆ 09227 2080 – www.herrmanns-posthotel.de

Alexander Herrmann by Tobias Bätz • **AH - Das Bistro** – siehe Restaurantauswahl

Reiterhof Wirsberg

SPA UND WELLNESS • TRADITIONELL Schön die ruhige Lage etwas außerhalb des Ortes, wohnlich-gediegen das Ambiente, von der holzgetäfelten Lobby bis in die Komfort- und Superiorzimmer sowie Juniorsuiten mit Empore (ideal für Familien). Die meisten Zimmer mit Blick über die Landschaft, ebenso das elegant-rustikale Restaurant und die Terrasse.

46 Zim – 94/174 € 164/260 € – ½ P

Sessenreuther Str. 50, Süd-Ost: 1 km ✉ 95339 – ✆ 09227 2040 – www.reiterhof-wirsberg.de

WISMAR

Mecklenburg-Vorpommern – 42 392 Ew. – Höhe 15 m – Regionalatlas **11**-L4
Michelin Straßenkarte 542

Tafelhuus N

INTERNATIONAL • ELEGANT In dem chic und klar designten Restaurant gibt es mediterran-internationale Küche mit saisonalem Bezug - Appetit macht z. B. "gebratener Loup de mer, Bärlauch, Spargel, Risotto". Oder darf es vielleicht ein Steak sein? Tagsüber kleine Snackkarte.

Menü 49/66 € (abends) – Karte 33/51 €

Hotel WONNEMAR Resort, Bürgermeister-Haupt-Str. 36 ✉ 23966 – ✆ 03841 37420 – www.tafelhuus-restaurant.de – nur Abendessen

WONNEMAR Resort

SPA UND WELLNESS • FUNKTIONELL Ein attraktives Hotel mit geradlinig-modernen Zimmern in hellen warmen Tönen - auch Familienzimmer. Der Clou: Über die Passerelle hat man direkten Zugang zum "WONNEMAR Erlebnisbad" mit seinen Wellness- und Sportmöglichkeiten! An Wochenenden HP inklusive.

90 Zim - †86/131 € ††101/166 € - 18 € - ½ P

Bürgermeister-Haupt-Str. 36 ✉ 23966 - ☎ 03841 37420 - www.wonnemar-resorts.de

Tafelhuus - siehe Restaurantauswahl

WITTENBERG (LUTHERSTADT)

Sachsen-Anhalt - 46 621 Ew. - Höhe 65 m - Regionalatlas **32**-N10
Michelin Straßenkarte 542

Stadtpalais Wittenberg

HISTORISCH • FUNKTIONELL Die Lage in der Fußgängerzone und die komfortable Ausstattung mit eleganter Note sprechen für das Hotel. Vom Saunabereich im OG schaut man auf das Lutherhaus. Dazu Kosmetik- und Massageangebot. Das offen zur Halle hin gelegene Restaurant bietet internationale Küche.

80 Zim - †79/140 € ††99/160 € - ½ P

Collegienstr. 56, Zufahrt über Wallstraße ✉ 06886 - ☎ 03491 4250 - www.soibelmanns-lw.bestwestern.de

WITTENBERGE

Brandenburg - 17 200 Ew. - Höhe 25 m - Regionalatlas **21**-M7
Michelin Straßenkarte 542

Das Kranhaus by Mika

MARKTKÜCHE • FAMILIÄR Das aufwändig sanierte ehemalige Kranhaus mit seinem rustikalen Charme und der tollen Balkonterrasse zur Elbe ist eine sympathische Adresse mit guter Küche. Letztere ist tagesfrisch und hat mediterrane Einflüsse, lecker z. B. "Iberico-Rippe, BBQ, Kartoffel". Mittags reduzierte Karte mit günstigem Lunchmenü.

Menü 37/54 € - Karte 34/58 €

Elbstr. 4a ✉ 19322 - ☎ 03877 402050 - www.kranhaus.de - geschlossen Januar und Montag - Dienstag

WÖRISHOFEN, BAD

Bayern - 14 898 Ew. - Höhe 630 m - Regionalatlas **64**-J20
Michelin Straßenkarte 546

CALLA

ASIATISCH • ELEGANT Sie essen gerne euro-asiatisch? Dann werden Sie mögen, was hier in der Showküche zubereitet wird: "Lammkarree mit Ingwer-Chili-Kruste, Tamarindensauce, Flower Sprouts und Quinoa mit Erdnüssen" kommt ebenso gut an wie "Variation vom Yellow Fin Tuna". Reizvoll der Blick in den Garten!

Menü 58/78 € - Karte 49/87 €

Steigenberger Hotel Der Sonnenhof, Hermann-Aust-Str. 11 ✉ 86825 - ☎ 08247 9590 - www.spahotel-sonnenhof.de - nur Abendessen - geschlossen Montag - Dienstag

Fontenay

KLASSISCHE KÜCHE • ELEGANT In dem eleganten Restaurant bietet man klassische Speisen, darunter das sehr beliebte "am Tisch tranchierte Chateaubriand mit Sauce Béarnaise und Portweinjus" (für 2 Personen)! Dazu genießt man den freundlichen und aufmerksamen Service.

Menü 34 € (mittags)/68 € - Karte 33/86 €

Hotel Fontenay, Eichwaldstr. 10 ✉ 86825 - ☎ 08247 3060 (Tischbestellung ratsam) - www.kurhotel-fontenay.de

Steigenberger Hotel Der Sonnenhof

SPA UND WELLNESS • ELEGANT Ruhig die Lage am Ortsrand in einem hübschen Park, stilvoll die Zimmer (darunter Familiensuiten), großzügig der Spa (verschiedene Pools, schicke Ruheräume...). Gastronomisch sind die trendig-rustikale "König Ludwig Lounge" mit Allgäuer Küche sowie die Brasserie "Petit Plaisir" nette Alternativen zum "CALLA". Veranstaltungszentrum "Inspira".

143 Zim – 119/345 € 280/440 € – 13 Suiten

Hermann-Aust-Str. 11 ✉ 86825 – ✆ 08247 9590 – www.spahotel-sonnenhof.de

CALLA – siehe Restaurantauswahl

Fontenay

LUXUS • ELEGANT Hier werden Sie charmant und zuvorkommend umsorgt, die Zimmer sind klassisch und elegant, der Wellnessbereich großzügig und ebenso komfortabel (wie wär's z. B. mit der modernen Kneipp-Kur?), und am Morgen gibt es ein gutes Frühstück. Es ist übrigens nicht weit ins Grüne, da kann man schön spazieren gehen.

49 Zim – 145/290 € 280/350 € – 7 Suiten – ½ P

Eichwaldstr. 8 ✉ 86825 – ✆ 08247 3060 – www.kurhotel-fontenay.de

Fontenay – siehe Restaurantauswahl

Edelweiss

SPA UND WELLNESS • KLASSISCH Was die vielen Stammgäste an dem langjährigen Familienbetrieb schätzen? Die sehr gepflegte gediegene Einrichtung, Medical Wellness, Beauty & Co. sowie die ruhige Lage. Außerdem schmökert man gern in der Bibliothek oder macht es sich in der netten Lounge "Edelweiss Stube" gemütlich. Restaurant für Hausgäste.

46 Zim – 70/105 € 143/204 € – 2 Suiten – ½ P

Bürgermeister-Singer-Str. 11 ✉ 86825
– ✆ 08247 35010 – www.hotel-edelweiss.de
– geschlossen 24. November - 20. Dezember

die Villa

PRIVATHAUS • THEMENBEZOGEN Das hier ist nicht nur ein sympathisch-familiäres kleines Hotel mit Themenzimmern ("Pur", "Kunst", "Schokolade"...), sondern gleichzeitig auch Kinderbuch- und Deko-Laden sowie Café! Es gibt hausgemachten Kuchen und ein Tagesessen.

10 Zim – 62/77 € 116/140 €

Obere Mühlstr. 1 ✉ 86825
– ✆ 08247 96200 – www.villa-bad-woerishofen.de – geschlossen 24. Dezember - 6. Januar, über Ostern, 8. - 22. Juni, August 1 Woche

WOLFACH

Baden-Württemberg – 5 815 Ew. – Höhe 262 m – Regionalatlas **54**-E19
Michelin Straßenkarte 545

In Wolfach-Kirnbach Süd: 5 km

Kirnbacher Hof

GASTHOF • FUNKTIONELL Hier lässt es sich schön wohnen, dafür sorgen die sympathisch-familiäre Atmosphäre, Zimmer zum Wohlfühlen (auch an Familien mit Kindern ist gedacht) sowie der geschmackvoll-moderne Panorama-Saunabereich im 4. Stock. Im Restaurant wählt man zwischen bürgerlichen und modernen Gerichten.

20 Zim – 69/90 € 130/152 € – ½ P

Untere Bahnhofstr. 2 ✉ 77709
– ✆ 07834 6111 – www.kirnbacher-hof.de

In Wolfach-St. Roman Nord-Ost: 12 km Richtung Schiltach, nach 7 km links - Höhe 673 m

Adler

SPA UND WELLNESS · GEMÜTLICH Das Hotel mit Familientradition seit 1659 liegt mitten in der Natur, ideal als Ausgangspunkt für Wanderungen. Es erwarten Sie wohnliche Zimmer (im Landhausstil oder modern) und ein einladender Spa. Für Familien hat man Appartements. In gemütlichen Räumen von rustikal bis elegant gibt es bürgerlich-regionale Küche.

56 Zim – †97/154 € ††171/268 € – 1 Suite – ½ P

St. Roman 14 ✉ 77709 – ✆ 07836 93780 – www.naturparkhotel-adler.de

WOLFSBURG

Niedersachsen – 123 027 Ew. – Höhe 63 m – Regionalatlas **20**-K8
Michelin Straßenkarte 541

Aqua

KREATIV · LUXUS XXXX In einer der faszinierendsten Locations Deutschlands, der Volkswagen-Autostadt, bietet das „Aqua“ mit seinem edlen, in Naturtönen gehaltenen Interieur und einem ausgefallenen Lifestyle-Konzept ein Erlebnis für höchste Ansprüche. Ein fantastischer funkelnder Kronleuchter, der eigens von der französischen Firma „Ceralum'in“ gefertigt wurde, wetteifert mit luxuriös gewebten Metallvorhängen von der Pariser Manufaktur „Sophie Mallebranche“ um die Gunst des Betrachters. Seit dem Jahr 2000 ist Spitzenkoch Sven Elverfeld hier in der Küche verantwortlich, und er wird nicht müde, auch internationale Gäste mit immer neuen, kreativen Ideen zu begeistern. Gekonnt spielt er mit Aromen, die geschmacklich perfekt ineinander übergreifen. Nicht entgehen lassen sollte man sich nach einem deliziösen Menü den Klassiker des Hauses: das Champagner-Cremesorbet „Edition Ruinart Rosé“, welches geschmacklich einfach unschlagbar ist. Nicht ohne Grund wird die beachtliche Leistung des gebürtigen Hanauers bereits seit 2009 mit drei MICHELIN Sternen gewürdigt!

→ Bretonische Makrele, Kalbsvinaigrette, gezupfte Haxe, Zwiebelmayonnaise und Shiso. Forelle aus der Lüneburger Heide und Kaviar "Imperial Auslese", Räucherforelle, Savora Senf. Rhabarber und Milcheis, Kerbel, Quinoa und Pastinake.

Menü 160/250 € – Karte 139/204 €

Hotel The Ritz-Carlton, Parkstr.1, Autostadt ✉ 38440 – ✆ 05361 606056 (Tischbestellung ratsam) – www.restaurant-aqua.com – nur Abendessen – geschlossen Januar 2 Wochen, über Ostern 1 Woche, Juli 3 Wochen und Sonntag - Montag

Chardonnay

INTERNATIONAL · ELEGANT XX Inmitten der Autostadt, mit Blick auf Atrium oder Mittellandkanal, serviert man in geradlinig-elegantem Ambiente ambitionierte internationale Gerichte wie z. B. "Atlantik-Kabeljau, Püree von blauen Kartoffeln, Grünkohl, Rote-Bete-Jus". Günstiger Lunch.

Menü 42/76 € (abends) – Karte 34/54 €

Stadtbrücke, (Autostadt) ✉ 38440 – ✆ 0800 6116000 – www.autostadt.de – geschlossen Sonntagabend - Dienstag

Terra

INTERNATIONAL · ELEGANT XX In dem lichten modern-eleganten Restaurant hat man einen spannenden Blick auf die VW-Werke und das Hafenbecken, während man Internationales wie "Zander, Rote-Beete-Püree, Pastinaken-Gelbe-Beete-Salat" speist. Beliebt: günstiger Mittagstisch inkl. Parkservice.

Menü 55 € – Karte 45/65 €

Hotel The Ritz-Carlton, Parkstr. 1, Autostadt ✉ 38440 – ✆ 05361 607000 – www.ritzcarlton.com

Awilon

MARKTKÜCHE • TRENDY Schön licht und puristisch ist es hier im 2. OG des Kunstmuseums im Zentrum der Stadt, beliebt die Terrasse. Die Küche ist saisonal-international ausgerichtet - probieren Sie doch mal das Kalbsschnitzel!

Menü 36/68 € – Karte 30/50 €

Hollerplatz 1, (2. Etage) 38440 – 05361 25599 – www.awilon.de – Dienstag - Donnerstag nur Mittagessen – geschlossen 1. - 25. Januar und Sonntagabend - Montag

VEN

INTERNATIONAL • GERADLINIG Auch gastronomisch kann sich dieser Hotel-Hotspot sehen lassen: das Design geradlinig, minimalistisch und hell, auf der Karte internationale Gerichte. Im Sommer sind die Terrassenplätze begehrt.

Menü 34/64 € – Karte 28/65 €

Hotel INNSIDE by Melia, Heinrich-Nordhoff-Str. 2 38440 – 05361 6090701 – www.melia.com – geschlossen Sonntag

The Ritz-Carlton

LUXUS • MODERN Im Herzen der Autostadt liegt eines der Flaggschiffe der norddeutschen Hotellerie! Alles ist chic und edel, vom attraktiven öffentlichen Bereich über die intime Bar bis zu den wohnlich-wertigen Zimmern. Nach wie vor ein Eyecatcher: der schwimmende Außenpool!

147 Zim – 265/625 € 265/625 € – 23 Suiten – 29 €

Parkstr. 1, Autostadt 38440 – 05361 607000 – www.ritzcarlton.com

Aqua • **Terra** – siehe Restaurantauswahl

INNSIDE by Melia

BUSINESS • DESIGN Topmodern in Design und Technik! Das komfortable Businesshotel liegt günstig nahe Hauptbahnhof, "phaeno" (Wissenschaftsmuseum) und Autostadt. In den Zimmern puristischer Look in schickem Schwarz-Silber-Weiß, toll die Aussicht von Sky-Bar und Dachterrasse! Gut auch die Tagungsmöglichkeiten.

219 Zim – 125/220 € 195/249 €

Heinrich-Nordhoff-Str. 2 38440 – 05361 60900 – www.melia.com

VEN – siehe Restaurantauswahl

einschlaf

FAMILIÄR • DESIGN Ein bemerkenswertes Haus: bemerkenswert klein, bemerkenswert individuell und dazu bermerkenswert herzlich geführt! Apart der Mix aus Backstein-/Fachwerk-Architektur und chic-modernem Interieur. Im "atelier café" gibt's Frühstück - und das ist wahrlich einen Besuch wert. Parken etwas versteckt hinter dem Haus.

5 Zim – 98/129 € 129/149 € – 10 €

An der St. Annen Kirche 24 38440 – 05361 12219 – www.einschlaf.de

In Wolfsburg-Fallersleben West: 6 km

La Fontaine

FRANZÖSISCH-KLASSISCH • ELEGANT Seit 1997 hat man hier einen Stern! Man setzt nach wie vor auf Klassik, ohne sich modernen Einflüssen zu verschließen. Diese werden dezent und wohldosiert in die Speisen eingebunden - das Markenzeichen des Küchenchefs. Die Gerichte sind nicht verspielt, sondern angenehm klar strukturiert. Der höfliche und geschulte Service tut ein Übriges, ebenso das wertige Interieur.

→ Marinierte Scheiben vom Färöer Lachs mit Limonen-Olivenöl und Fenchel. Halber Hummer mit würzigem Bulgur, Lauch und eigener Sauce. Zweierlei von der Taube mit Blattspinat, Trüffeljus, Apfel und Sellerie.

Menü 88/99 €

Hotel Ludwig im Park, Gifhorner Str. 25 38442 – 05362 9400 – www.ludwig-im-park.de – nur Abendessen – geschlossen 1. - 14. Januar und Sonntag - Dienstag

L'Oliva nera

ITALIENISCH • GEMÜTLICH Am Denkmalplatz mitten im schmucken Ortskern finden Sie in einem der ältesten Häuser von Fallersleben dieses gemütliche kleine Restaurant, an dessen wenigen Tischen man Klassiker wie "geräucherten Büffelmozzarella" sowie tagesfrische Gerichte serviert.

Menü 75/135 € – Karte 37/59 €

Westerstr. 1 ✉ 38442 – ✆ 05362 932622 (Tischbestellung erforderlich) – www.olivanera.de – nur Abendessen – geschlossen Montag

Ludwig im Park

FAMILIÄR • KLASSISCH Klassisch-stilvoll wohnt es sich in dem Hotel im Schwefelpark, von den meisten Zimmern hat man sogar Parkblick. Nicht nur für Hausgäste interessant: "Hoffmann Stuben" - hier bekommen Sie abends in gemütlicher Atmosphäre rustikale Klassiker wie "Strammer Max" oder Internationales wie Burger.

46 Zim – 80/140 € 99/220 € – 4 Suiten – ½ P

Gifhorner Str. 25 ✉ 38442 – ✆ 05362 9400 – www.ludwig-im-park.de

La Fontaine – siehe Restaurantauswahl

In Wolfsburg-Neuhaus Ost: 5 km

An der Wasserburg

BUSINESS • FUNKTIONELL Sehr komfortabel und modern. Zu den unterschiedlich geschnittenen Zimmern (alle mit Apple-PC-TV-Kombination) und variablen Räumen im eigenen Tagungszentrum kommen noch ein umfassender Spa und die stilvolle Bar, dazu freundlicher Service im ganzen Haus. Geradlinig-elegantes Ambiente und internationale Küche im "Saphir", etwas legerer das lichte "Christalle".

59 Zim – 75/185 € 85/265 € – 3 Suiten – 15 €

An der Wasserburg 2 ✉ 38446 – ✆ 05363 9400 – www.an-der-wasserburg.de

In Wolfsburg-Sandkamp West: 3 km

Jott wie Jäger

FAMILIÄR • GEMÜTLICH Sicher eines der bestgeführten Hotels in und um Wolfsburg! Es wird stetig investiert, alles ist topgepflegt. Wer's besonders chic mag, sollte die ganz modernen und gleichzeitg schön wohnlichen Zimmer im Gästehaus buchen! Im freundlichen Restaurant stehen Steaks im Mittelpunkt.

59 Zim – 75/90 € 90/135 € – ½ P

Stellfelder Straße 42 ✉ 38442 – ✆ 05361 39090 – www.jott-wie-jaeger.de

WORMS

Rheinland-Pfalz – 81 010 Ew. – Höhe 100 m – Regionalatlas **47**-F16
Michelin Straßenkarte 543

Tivoli

ITALIENISCH • FREUNDLICH Seit vielen Jahren bietet man hier klassische italienische Küche, und die sorgt ebenso für zahlreiche Stammgäste wie die unkompliziert-legere Atmosphäre. Probieren Sie z. B. leckere hausgemachte Pasta. Oder mögen Sie lieber frischen Fisch?

Karte 22/48 €

Adenauer-Ring 4b ✉ 67547 – ✆ 06241 28485 – www.tivoli-worms.de – geschlossen Montag

Dom-Hotel

URBAN • FUNKTIONELL Zentraler kann man in Worms kaum wohnen und dennoch bietet das Hotel gute Parkmöglichkeiten. Die Zimmer sind unterschiedlich geschnitten und funktionell eingerichtet, von einigen schaut man zum Obermarkt. Reichhaltiges Frühstücksbuffet.

53 Zim – 75/88 € 82/110 € – 2 Suiten

Obermarkt 10 ✉ 67547 – ✆ 06241 9070 – www.dom-hotel.de

WORPSWEDE

Niedersachsen – 9 232 Ew. – Höhe 17 m – Regionalatlas **18**-G6
Michelin Straßenkarte 541

Kaffee Worpswede

INTERNATIONAL • GEMÜTLICH XX Ein wirklich schönes Anwesen von 1925 mit ganz eigener Note (gestaltet vom Künstler und Architekten Bernhard Hoetger). Geboten wird Schmackhaftes wie "Caesar Salad mit Calamaretti und Chorizo" oder "gegrillter Kabeljau mit Buchenpilzen und Pinkellinsen". Mittags einfachere Zusatzkarte. Toll die Terrasse.

Menü 44/51 € (abends) – Karte 33/64 €

Lindenallee 1 ✉ 27726 – ✆ 04792 1028 (Tischbestellung ratsam) – www.kaffee-worpswede.de – geschlossen Montag - Dienstag

Buchenhof

FAMILIÄR • KLASSISCH Die einstige Künstlervilla wurde Ende des 19. Jh. vom Maler Hans am Ende erbaut und hat sich dank schöner, liebevoller Einrichtung ihren nostalgischen Charme bewahrt. Zudem erwartet Sie ein engagierter Gastgeber und ein gutes, frisches Frühstück. Am Wochenende betreibt man noch ein hübsches Café mit Gartenterrasse.

28 Zim – †47/79 € ††71/123 € – ☕ 9 €

Ostendorfer Str. 16 ✉ 27726 – ✆ 04792 93390 – www.hotel-buchenhof.de

Hotel Village am Weyerberg

BUSINESS • MODERN "Hotel - Bar - Café - Bistro", so das Motto hier. Ein kleines Hotel in der Ateliergegend mit wohnlich-individuellen Maisonetten und modernem Café-Restaurant mit internationalem Angebot wie Pasta, Flammkuchen, feinen Fisch- und Fleischgerichten, aber auch Rustikalem wie Sülze oder Matjes.

9 Zim ☕ – †80/94 € ††139/160 € – ½ P

Bergstr. 22 ✉ 27726 – ✆ 04792 93500 – www.village-worpswede.de

WREMEN

Niedersachsen – 16 839 Ew. – Höhe 2 m – Regionalatlas **8**-F5
Michelin Straßenkarte 541

Gasthaus Wolters - Zur Börse

REGIONAL • RUSTIKAL X Im Gasthaus der Familie Wolters, einer ehemaligen Viehbörse, isst man frisch und schmackhaft. In netter ländlicher Atmosphäre serviert man Ihnen aromatische Gerichte aus guten Produkten, von Krabbensuppe über Rinderroulade bis "gebratener Skrei, Garnelen, Grünkohl-Apfelgemüse".

Menü 30/49 € – Karte 29/54 €

In der Lange Str. 22 ✉ 27639 – ✆ 04705 1277 – www.zur-boerse.de – geschlossen April - Mai 2 Wochen, Oktober - November 3 Wochen und Dienstag - Mittwoch

WÜRSELEN

Nordrhein-Westfalen – 38 205 Ew. – Höhe 195 m – Regionalatlas **35**-A12
Michelin Straßenkarte 543

Alte Feuerwache

REGIONAL • TRENDY XX Auch nach der Konzeptumstellung ist Ihnen bei Kurt Podobnik eines gewiss: Man kocht nach wie vor sehr gut und ambitioniert! Probieren Sie z. B. "In geräuchertem Lardo gedünsteten Kabeljau mit Spitzkohlrisotto & Balsamicobutter". Dazu schönes geradliniges Ambiente, legere Atmosphäre und geschulter Service.

Menü 56 € – Karte 42/56 €

Oppener Str. 115 ✉ 52146 – ✆ 02405 4290112 – www.alte-feuerwache-wuerselen.de – geschlossen Sonntag - Montag

WÜRZBURG

Bayern – 124 219 Ew. – Höhe 177 m – Regionalatlas **49**-I15
Michelin Straßenkarte 546

KUNO 1408

KREATIV • CHIC Original fränkisch? Nicht ganz, aber nah dran, denn man präsentiert eine ganz eigene Interpretation. In schicker und zugleich warmer Atmosphäre wählt man "Franken pur" oder "pures Franken" - da wird selbst die Wildbratwurst zur finessenreichen Delikatesse. Freundlich-geschulter Service, schöne Weinbegleitung.

→ Blutwurst, Ziegenkäse, Dill, Wildkräuter. Lamm, Steckrübe, Spargel, Pilz. Müsli, Getreide, Milch, Beere.

Menü 89/149 €

Hotel Rebstock, Neubaustr. 7 ✉ 97070 – ✆ 0931 30931408 – www.restaurant-kuno.de – nur Abendessen – geschlossen Anfang Januar 3 Wochen, August und Sonntag - Dienstag, Feiertage

REISERS am Stein

KREATIV • TRENDY Klasse die Lage hoch über Würzburg, entsprechend die Aussicht! Hier kocht das Team um Bernhard Reiser fein, klassisch geprägt und ebenso modern. Trendig die Atmosphäre, aufmerksam der Service, schön die Weine vom "Weingut am Stein". Das Menü "Freistil" wird seinem Namen gerecht: Menüfolge nicht festgelegt.

→ Kalbsbries, gefüllte Wachtelbrust, Erbsen-Minzcreme, Kohlrabi, Sauerteigschaum, Tomatenchutney. Kinn und Backe vom Iberico Schwein, asiatische Krustentiermaultasche, Yuzu. Schokoladensavarin, Erdbeer-Basilikumsorbet, Balsamico.

Menü 78/125 € – Karte 74/90 €

Mittlerer Steinbergweg 5 ✉ 97080 – ✆ 0931 286901 (Tischbestellung ratsam) – www.der-reiser.de – nur Abendessen – geschlossen Sonntag - Montag

Alte Mainmühle

MARKTKÜCHE • RUSTIKAL Schön liegt das Gasthaus an der alten Mainbrücke, nett der Terrassenbereich, reizvoll der Blick auf die Festung. Gekocht wird ein Mix aus bürgerlich und regional, das Spektrum reicht von "blauen Zipfeln" bis zu Saisonalem wie Wild und Gans.

Menü 30/50 € – Karte 20/49 €

Mainkai 1 ✉ 97070 – ✆ 0931 16777 (Tischbestellung ratsam) – www.alte-mainmuehle.de

Schiffbäuerin

FISCH UND MEERESFRÜCHTE • GEMÜTLICH Wo im 19. Jh. die Tochter eines Schiffbauers eine Weinwirtschaft betrieb, serviert man heute in einem rustikalen Restaurant Fisch aus den eigenen Bassins - Hecht, Karpfen, Forelle & Co. werden ganz frisch vom Mainfischer geliefert.

Karte 29/58 €

Katzengasse 7 ✉ 97082 – ✆ 0931 42487 – www.schiffbaeuerin.de – geschlossen 1. - 9. Januar, 20. Juli - 20. August und Sonntagabend - Dienstag, Feiertage abends

Rebstock

HISTORISCH • INDIVIDUELL Das Hotel hat eine hübsche denkmalgeschützte Rokokofassade, hinter der sich u. a. die besonders attraktiven Komfortzimmer verbergen. Die Suiten teilweise mit Blick auf die Festung. Im "SALON" bekommen Sie eine regional beeinflusste internationale Küche vom "Würz-Burger" bis zum Rumpsteak.

72 Zim – †126/167 € ††210/244 € – 5 Suiten – ☕ 16 €

Neubaustr. 7 ✉ 97070 – ✆ 0931 30930 – www.rebstock.com

✿ **KUNO 1408** – siehe Restaurantauswahl

Schloss Steinburg

HISTORISCHES GEBÄUDE • INDIVIDUELL Die schöne Anlage entstand auf den Überresten einer alten Burg - exklusiv die Lage, toll die Aussicht. Stilvoll und wohnlich die individuellen Zimmer, von historisch-charmant bis moderner, einige mit Stadtblick. Gehobene internationale Küche im Rittersaal, im Kaminzimmer oder auf der hübschen Gartenterrasse.

69 Zim ☕ – †128/230 € ††198/278 € – ½ P

Mittlerer Steinbergweg 100, am Stein, schmale Zufahrt ab Unterdürrbach ✉ 97080 – ✆ 0931 97020 – www.steinburg.com – geschlossen 1. - 8. Januar, 23. - 25. Dezember

WUPPERTAL

Nordrhein-Westfalen – 345 425 Ew. – Höhe 160 m – Regionalatlas **26**-C11
Michelin Straßenkarte 543

79 °

MARKTKÜCHE • VINTAGE Angenehm unprätentiös und trendig ist hier die Atmosphäre, freundlich-leger der Service, ambitioniert die Küche - das kommt an! Man orientiert sich an der Saison, auch Vegetarisches wird angeboten. Schön der Innenhof.

Menü 37/79 € – Karte 40/52 €

Luisenstr. 61 ✉ 42103 – ✆ 0202 27097070 (Tischbestellung ratsam) – www.79grad.com – nur Abendessen – geschlossen 14. Juli - 5. August, 24. Dezember - 1. Januar und Sonntag - Montag

In Wuppertal-Elberfeld

Am Husar

REGIONAL • FREUNDLICH Ein Familienbetrieb, wie er im Buche steht! Seit über 30 Jahren kümmert sich Familie Schmand aufmerksam um die Gäste, und zwar in gemütlichen Stuben oder auf der großen Gartenterrasse. Man kocht regional, im Sommer wird auch gegrillt.

Menü 45 € – Karte 34/66 €

Jägerhofstr. 2 ✉ 42119 – ✆ 0202 424828 – www.restaurant-am-husar.de – nur Abendessen, sonntags auch Mittagessen – geschlossen Mittwoch

Miraflores

URBAN • INDIVIDUELL Nicht von der Stange ist das kleine Hotel in dem Stadthaus a. d. 19. Jh. Es wird von der Gastgeberin freundlich geführt und verbindet helle, moderne Einrichtung mit Altbau-Charme. Auf Wunsch können Sie im Sommer auch draußen frühstücken.

6 Zim – †90/110 € ††90/110 € – ☕ 12 €

Nützenberger Str. 23, Zufahrt über Haarhausstraße ✉ 42115 – ✆ 0202 4962869 – www.hotelmiraflores.de

In Wuppertal-Vohwinkel

Trattoria

ITALIENISCH • KLASSISCHES AMBIENTE "Rinderfiletspitzen mit Nudeln", "pochierter weißer Heilbutt", "Ossobuco alla Milanese"... In der etwas legereren Restaurantvariante der Familie Scarpati bekommt man schmackhafte und frische italienische Gerichte, einschließlich beliebter Klassiker. Mittags günstiger Lunch.

Menü 35/38 € – Karte 32/51 €

Restaurant Scarpati, Scheffelstr. 41 ✉ 42327 – ✆ 0202 784074 – www.scarpati.de – geschlossen Montag

Scarpati

ITALIENISCH • ELEGANT Schon seit 1982 haben die Scarpatis in dieser Jugendstilvilla ihr klassisch-elegantes Restaurant mit italienischer Küche. Richtig schön (und geschützt dank Markise) sitzt man auf der tollen Gartenterrasse. Tipp: An unterschiedlichen Tagen gibt es das "Amuse Bouche Menü" oder das "Menü Jerome" zu fairen Preisen.

Menü 35/38 € – Karte 40/74 €

7 Zim ☕ – †95/125 € ††130/170 € – 1 Suite

Scheffelstr. 41 ✉ 42327 – ✆ 0202 784074 – www.scarpati.de – geschlossen Montag

Trattoria – siehe Restaurantauswahl

In Wuppertal-Ronsdorf

Park Villa

PRIVATHAUS • DESIGN An der Südhöhe von Wuppertal hat man mit der aufwändig sanierten Villa von 1907 und dem angebauten "Design House" einen aparten Kontrast geschaffen - hier wie dort ist alles sehr hochwertig und individuell, einschließlich des persönlichen Service. Zum Entspannen: hübscher Garten und Sauna.

30 Zim – †130/150 € ††140/155 € – 7 Suiten – ☕ 18 € – ½ P

Erich-Hoepner Ring 5 ✉ 42369 – ✆ 0202 28335400 – www.parkvilla-wuppertal.de

WURZACH, BAD

Baden-Württemberg - 14 316 Ew. - Höhe 654 m - Regionalatlas **64**-I21
Michelin Straßenkarte 545

Adler

REGIONAL • FREUNDLICH Das ist etwas für Freunde schwäbischer Klassiker: Mit Käsespätzle, Rostbraten, Cordon bleu oder Maultaschensuppe bietet die Küche alles, was man hier in der Region erwartet.

Karte 27/49 €

13 Zim - 75/90 € 95/120 €

Hotel Adler, Schlossstr. 8 ✉ 88410 - ✆ 07564 93030 - www.hotel-adler-bad-wurzach.de - Donnerstag - Samstag nur Abendessen - geschlossen Montag - Mittwoch

WUSTROW

Mecklenburg-Vorpommern - 1 162 Ew. - Höhe 6 m - Regionalatlas **5**-N3
Michelin Straßenkarte 542

Schimmel's

REGIONAL • FAMILIÄR Viele Gäste zieht es in das hübsche Haus mit der markant roten Fassade, denn hier gibt es in charmanter Atmosphäre leckere regional-saisonale Gerichte wie "geschmorte Kaninchenkeule, Zitrone, confierte Tomaten, Oliven". Und nachmittags hausgebackenen Kuchen? Tipp: Die Gästezimmer und Ferienwohnungen sind ebenso schön.

Menü 42/54 € - Karte 37/50 €

3 Zim - 65/75 € 70/85 € - 8 €

Parkstr. 1 ✉ 18347 - ✆ 038220 66500 - www.schimmels.de - nur Abendessen - geschlossen Donnerstag

XANTEN

Nordrhein-Westfalen - 21 281 Ew. - Höhe 22 m - Regionalatlas **25**-B10
Michelin Straßenkarte 543

In Xanten-Obermörmter Nord-West: 15 km über B 57, nach Marienbaum rechts ab

Landhaus Köpp

FRANZÖSISCH-KLASSISCH • ELEGANT Klassik pur! Ohne großes Tamtam, dafür handwerklich top und sehr produktorientiert, so kennt man die Küche von Jürgen Köpp, und er bleibt seinem Stil seit über 25 Jahren treu! Elegant das Ambiente, versiert der Service samt trefflicher Weinberatung. Alternative: "Filius" mit bürgerlichem Angebot.

→ Langoustinos mit zwei Aromaten. Wachtelbrust und Entenstopfleber mit zweierlei Orange. Vielfalt vom Elstarapfel mit Vanillewürze.

Menü 65/99 € - Karte 64/76 €

Husenweg 147 ✉ 46509 - ✆ 02804 1626 (Tischbestellung erforderlich) - www.landhauskoepp.de - geschlossen Anfang Januar 10 Tage und Samstagmittag, Sonntagabend - Montag

ZEISKAM

Rheinland-Pfalz - 2 230 Ew. - Höhe 123 m - Regionalatlas **54**-E17
Michelin Straßenkarte 543

Zeiskamer Mühle

MARKTKÜCHE • GEMÜTLICH Auch gastronomisch kommt die Zeiskamer Mühle an. Man verbindet Regionales und Internationales, auf der Karte z. B. "Rehkeulensteaks vom deutschen Maibock, Spitzkohlgemüse, schwarze Johannisbeersauce". Räumlich stehen die charmante in Holz gehaltene Mühlenstube und das moderne Restaurant zur Wahl.

Menü 25/47 € - Karte 31/53 €

Hotel Zeiskamer Mühle, Hauptstr. 87, Süd: 1,5 km ✉ 67378 - ✆ 06347 97400 - www.zeiskamermuehle.de - Montag - Freitag nur Abendessen - geschlossen 1. - 14. Juni

Zeiskamer Mühle

FAMILIÄR • MODERN Mit viel Engagement hat die Familie hier ein tipptopp gepflegtes modernes Landhotel geschaffen, das mit geradlinig-wohnlichen Zimmern, gutem Frühstück und schöner Lage Businessgäste und Pfalzurlauber gleichermaßen anspricht.

52 Zim – 85/130 € 130/150 € – ½ P

Hauptstr. 87, Süd: 1,5 km ✉ 67378 – ✆ 06347 97400 – www.zeiskamermuehle.de – geschlossen 1. - 14. Juni

Zeiskamer Mühle – siehe Restaurantauswahl

ZEITHAIN

Sachsen – 5 819 Ew. – Höhe 99 m – Regionalatlas **33**-P11
Michelin Straßenkarte 544

In Zeithain-Moritz Süd: 7 km

Moritz an der Elbe

LANDHAUS • FUNKTIONELL Schön liegt das familiengeführte Ferienhotel (Teil eines Vierseitenhofes von 1823) an der Elbe. Ideal für Radler: Der Elbradwanderweg verläuft direkt am Haus. Man bietet hier gepflegte, gut ausgestattete Zimmer, einen idyllischen Garten und bürgerlich-regionale Küche. Eine Terrasse im Innenhof, eine weitere zur Elbe.

36 Zim – 80/90 € 110/125 € – ½ P

Dorfstr. 2 ✉ 01619 – ✆ 03525 51230 – www.hotel-moritz.de

ZELLERTAL

Rheinland-Pfalz – 1 182 Ew. – Höhe 169 m – Regionalatlas **47**-E16
Michelin Straßenkarte 543

In Zellertal-Zell

Kollektur

HISTORISCH • GEMÜTLICH Schön liegt der Familienbetrieb in der Dorfmitte, hübsch der Garten zum Tal. In der ehemaligen Kollektur von 1752 hat man sehr wohnliche und freundliche Zimmer, teils mit Talblick. Toll auch die Aussicht von der Restaurantterrasse.

15 Zim – 69/89 € 98/118 € – ½ P

Zeller Hauptstr. 19 ✉ 67308 – ✆ 06355 954545 – www.hotel-kollektur.de – geschlossen 23. Dezember - 13. Januar

ZELTINGEN-RACHTIG

Rheinland-Pfalz – 2 222 Ew. – Höhe 120 m – Regionalatlas **46**-C15
Michelin Straßenkarte 543

Im Ortsteil Zeltingen

Saxlers Restaurant

INTERNATIONAL • LÄNDLICH XX An der Uferpromenade unweit des alten Marktplatzes bieten die freundlichen und engagierten Gastgeber gehobene Gerichte wie "Zweierlei vom Salzgraslamm in Rosmarinjus, Wirsing, Erbsen-Minzpüree", aber auch Rustikaleres wie "Rumpsteak mit Kräuterbutter und Rösti". Im UG: Braukeller mit Bier vom Kloster Machern.

Menü 24/48 € – Karte 40/74 €

Hotel St. Stephanus, Uferallee 9, B 53 ✉ 54492 – ✆ 06532 680 – www.hotel-stephanus.de – nur Abendessen

St. Stephanus

HISTORISCHES GEBÄUDE • MODERN An der Mosel liegt das Herrenhaus mit hübscher Bruchsteinfassade a. d. 18. Jh. Wohnlich hat man es sowohl im historischen Haus als auch im angeschlossenen Anbau - darf es vielleicht die stylische "Stephanus Suite" mit Moselblick sein? Daneben können Sie bei fernöstlichen Massage- und Kosmetikbehandlungen entspannen.

43 Zim – 65/95 € 90/160 € – ½ P

Uferallee 9, B 53 ✉ 54492 – ✆ 06532 680 – www.hotel-stephanus.de

Saxlers Restaurant – siehe Restaurantauswahl

ZERBST

Sachsen-Anhalt – 21 975 Ew. – Höhe 55 m – Regionalatlas **31**-M9
Michelin Straßenkarte 542

Park-Restaurant Vogelherd

MARKTKÜCHE • LÄNDLICH XX Idyllisch liegt das einstige Gutshaus im Grünen. Das seit über 100 Jahren familiär geleitete Restaurant bietet saisonale Küche. Gefragt ist auch die hübsche Terrasse bei einem kleinen Teich.

Menü 32/70 € – Karte 31/61 €

Lindauer Str. 78, Nord: 2,5 km ✉ 39261 – ✆ 03923 780444 – Montag - Freitag nur Abendessen – geschlossen Montag - Dienstag

ZIMMERN ob ROTTWEIL

Baden-Württemberg – 5 880 Ew. – Höhe 673 m – Regionalatlas **62**-F20
Michelin Straßenkarte 545

In Zimmern-Horgen Süd-West: 7,5 km in Richtung Hausen jenseits der A81

Linde Post

REGIONAL • FAMILIÄR XX Seit Jahren ist Familie Kühn hier in der Gegend eine feste gastronomische Größe. Man kocht saisonal-regional (z. B. "Zwiebelrostbraten, Gemüse, Spätzle"), zudem eine schöne Vesperkarte. Serviert wird im klassischen Restaurant oder im vorgelagerten legeren Bistro samt Bar. Zum Übernachten: wohnliche, zeitgemäße Zimmer.

Menü 30 € – Karte 21/64 €

7 Zim – †78 € ††120 €

Alte Hausener Str. 8 ✉ 78658 – ✆ 0741 33333 – www.lindepost.de – geschlossen 11. - 24. Juni und Donnerstag, Samstagmittag

ZINGST

Mecklenburg-Vorpommern – 3 049 Ew. – Höhe 2 m – Regionalatlas **5**-N3
Michelin Straßenkarte 542

Meerlust

INTERNATIONAL • ELEGANT XXX Was in dem eleganten Restaurant und auf der hübschen Terrasse aufgetischt wird, sind internationale, mediterran angehauchte Gerichte wie "gebratener Ostseesteinbutt, Olivennage, Peperonata, Ravioli". Abends wird das Angebot durch ein Menü erweitert.

Menü 45/95 € – Karte 24/62 €

Hotel Meerlust, Seestr. 72 ✉ 18374 – ✆ 038232 8850 – www.hotelmeerlust.de

Meerlust

SPA UND WELLNESS • MODERN In dem stilvoll-modernen Hotel kann man wirklich schön Urlaub machen: Die Zimmer sind äußerst wohnlich (besonders komfortabel in der Lodge!), attraktiv der Spa, engagiert die Gästebetreuung. Dazu die Lage: Strand und Deich sind nur einen Steinwurf entfernt! HP und Garage inklusive.

45 Zim – †114/186 € ††158/218 € – 7 Suiten – ½ P

Seestr. 72 ✉ 18374 – ✆ 038232 8850 – www.hotelmeerlust.de

Meerlust – siehe Restaurantauswahl

Marks

FAMILIÄR • AM MEER Reizvoll ist hier schon die ruhige Lage in einem kleinen Wäldchen gleich hinterm Deich. Zudem hat man wohnliche, freundliche Zimmer (teilweise mit Terrasse) und ein hübsches Saunahaus im Garten (kostenpflichtig) - nach Terminabsprache auch Massage möglich.

25 Zim – †63/79 € ††115/195 €

Weidenstr. 17 ✉ 18374 – ✆ 038232 16140 – www.hotel-marks.de – geschlossen 20. Februar - 3. März

ZINNOWITZ Mecklenburg-Vorpommern → Siehe Usedom (Insel)

ZIRNDORF

Bayern – 24 558 Ew. – Höhe 306 m – Regionalatlas **50**-K16
Michelin Straßenkarte 546

Siehe Nürnberg (Umgebungsplan)

Reubel

FAMILIÄR • INDIVIDUELL Engagiert geführt und tipptopp in Schuss! Man wohnt in individuellen Zimmern von Standard bis zur Themen-Juniorsuite "1001 Nacht" oder den "Playmobil-Zimmern" mit Bezug zum nahegelegenen Park! Alles ist wertig und geschmackvoll. Appartements im Gästehaus. Restaurant mit internationaler und regionaler Küche.

22 Zim – †84/169 € ††98/189 € – ☕10 € – ½ P

Stadtplan : A2-c – *Banderbacher Str. 27 ✉ 90513 – ✆ 0911 96010 – www.hotel-reubel.de – geschlossen Ende Dezember - Anfang Januar 2 Wochen*

ZORNEDING

Bayern – 9 029 Ew. – Höhe 560 m – Regionalatlas **66**-M20
Michelin Straßenkarte 546

Alte Posthalterei

MARKTKÜCHE • GEMÜTLICH XX "Filet vom Bachsaibling auf Spargelragout"? Oder lieber "Wiener Schnitzel"? In den liebenswerten Stuben dieses gestandenen familiengeführten Gasthofs werden regional-saisonale Gerichte sowie Klassiker serviert. Lauschig der Biergarten unter Kastanien. Zum Übernachten stehen schöne großzügige Zimmer bereit.

Karte 30/53 €

9 Zim ☕ – †110/160 € ††120/180 €

Anton-Grandauer-Str. 9 ✉ 85604 – ✆ 08106 20007 – www.alteposthalterei-zorneding.de – Dienstag - Freitag nur Abendessen – geschlossen Februar 2 Wochen, November 1 Woche und Montag

ZUROW

Mecklenburg-Vorpommern – 1 345 Ew. – Höhe 54 m – Regionalatlas **12**-L4
Michelin Straßenkarte 542

In Zurow-Nakenstorf Ost: 7 km

Allesisstgut

REGIONAL • LÄNDLICH X Hier legt man Wert auf Frische und Geschmack, zahlreiche Produkte kommen aus der Region - Lust auf "in Sherry eingelegten Ostseehering, zweierlei Gurke, Radieschen, Wildkräuter"? Wirklich charmant das Ambiente, herrlich die Holzterrasse zum Wasser hin! Abends Wahlmenü, mittags kleineres Angebot.

Menü 37 € (abends) – Karte 37/54 €

Seehotel am Neuklostersee, Seestr. 1 ✉ 23992 – ✆ 038422 4570 – www.allesisstgut-neuklostersee.de – geschlossen 6. - 27. Januar und September - Juni: Montag, außer an Feiertagen

Seehotel am Neuklostersee

LANDHAUS • INDIVIDUELL Welch reizendes Refugium aus dem einstigen Bauernhaus geworden ist! Ruhe, viel Grün, die "Badescheune" und das "Wohlfühlhaus", direkter Seezugang und eigene Ruderboote. Sie wohnen modern und genießen ein tolles Frühstück, dazu Kulturprogramm in der "Kunstscheune" und am Abend die "Gänsebar".

26 Zim ☕ – †105/160 € ††165/200 € – ½ P

Seestr. 1 ✉ 23992 – ✆ 038422 4570 – www.seehotel-neuklostersee.de – geschlossen 6. - 27. Januar

Allesisstgut – siehe Restaurantauswahl

ZWEIBRÜCKEN

Rheinland-Pfalz – 34 011 Ew. – Höhe 226 m – Regionalatlas **46**-C17
Michelin Straßenkarte 543

Zum StorchenNest

REGIONAL • LÄNDLICH Die Lage am Stadtrand tut der Beliebtheit dieses Restaurants keinerlei Abbruch! Seit über 20 Jahren kommen die herzlichen Gastgeber, die charmanten Räume und die regionale Küche gut an. Zu trinken gibt es rund 150 Positionen Pfälzer Wein zu fairen Preisen.

Menü 55 € – Karte 28/60 €

Landauer Str. 106a ✉ 66482 – ✆ 06332 49410 – www.zumstorchennest.de – geschlossen Anfang Januar 1 Woche, Ende Juli - Anfang August 2 Wochen und Dienstag, Samstagmittag

Außerhalb Ost: 3 km

ESSLIBRIS

MEDITERRAN • ELEGANT Chic das freundlich-elegante Ambiente, toll der Blick zum Garten. Gekocht wird mediterran, aber auch regional - Appetit macht z. B. "Filet und Ravioli vom Milchkalb, Karotten, Petersilienwurzeln, Schalotten". Die Küche geht auch gerne auf Ihre Wünsche ein.

Menü 42/70 € – Karte 35/76 €

Hotel Landschloss Fasanerie, Fasanerie 1, Ost: 3 km ✉ 66482 – ✆ 06332 973205 – www.landschloss-fasanerie.de – geschlossen Sonntagabend - Montag

Landschloss Fasanerie

HISTORISCH • INDIVIDUELL Sie genießen den romantischen Park samt Rosengarten und Weiher, entspannen bei Massage und Kosmetik, bleiben fit beim Joggen und Wandern rund ums Hotel, feiern im stilvollen Saal... Tipp: große Ateliers und Maisonette. Regional und international speist man im schönen gemütlichen "Landhaus". Im Sommer alle zwei Wochen BBQ-Abend.

50 Zim – †105/240 € ††160/310 € – ½ P

Fasanerie 1, Ost: 3 km ✉ 66482 – ✆ 06332 9730 – www.landschloss-fasanerie.de

ESSLIBRIS – siehe Restaurantauswahl

ZWEIFLINGEN

Baden-Württemberg – 1 669 Ew. – Höhe 301 m – Regionalatlas **55**-H17
Michelin Straßenkarte 545

In Zweiflingen-Friedrichsruhe Süd: 2 km

Le Cerf

FRANZÖSISCH-KLASSISCH • ELEGANT Opulente Eleganz, gepaart mit einem romantischen Ambiente im Stil des wunderschönen Schlosses, so präsentiert sich das „Le Cerf“ dem Betrachter. Prächtige Seidentaftstoffe, mit wertvollem Samt bezogene Stühle, luxuriöse Tapeten und glitzernde Kristallleuchter lassen die Räumlichkeiten königlich erstrahlen. Herr der Töpfe ist Boris Rommel – er sorgt dafür, dass ein Besuch im „Wald & Schlosshotel Friedrichsruhe“ zu einem bedeutenden kulinarischen Ereignis wird. Denn wie das Haus selbst so ist auch sein Kochstil von Eleganz geprägt. Er kredenzt ein perfekt ausbalanciertes Menü, klar im Aufbau, wobei immer das Produkt im Mittelpunkt steht. Jeder Gang, der serviert wird, ist mit viel Finesse im Geschmack absolut präzise zubereitet. Eine Leistung, die einfach überzeugt. In der warmen Jahreszeit auf der herrlichen Terrasse zu sitzen, ist ein zusätzliches Highlight, welches man sich nicht entgehen lassen sollte.

→ Jakobsmuscheln, schwarzer Kaviar, Stangenlauch. Schwarzfederhuhn, Perlzwiebeln, Mais und Purple Curry. Zweierlei vom Hohenloher Rind mit grünem und weißem Spargel.

Menü 98 € (vegetarisch)/158 € – Karte 94/126 €

Wald & Schlosshotel Friedrichsruhe, Kärcherstr. 11 ✉ 74639 Zweiflingen – ✆ 07941 60870 (Tischbestellung ratsam) – www.schlosshotel-friedrichsruhe.de – nur Abendessen – geschlossen Ende Januar - Mitte Februar und Sonntag - Montag

Jägerstube

REGIONAL • RUSTIKAL XX Hier isst man etwas günstiger als im Gourmet, aber trotzdem gut und zudem sehr gemütlich. Auf der Karte finden sich regionale Gerichte wie "Rücken vom Schwäbisch-Hällischen Landschwein unter der Kräuterkruste" und auch Klassiker wie Wiener Schnitzel.

Menü 45/49 € - Karte 41/60 €

Wald & Schlosshotel Friedrichsruhe, Kärcherstr. 11 ✉ 74639 Zweiflingen - ✆ 07941 60870 - www.schlosshotel-friedrichsruhe.de

Wald und Schlosshotel Friedrichsruhe

LUXUS • KLASSISCH Ein "Landhotel de luxe": Zimmer von modern bis hin zu klassischem Schlossflair, top Service, ein 4400-qm-Spa, der nichts auslässt, Golfplätze direkt vor der Tür und ein Park, der wohl jeden zu einem Spaziergang verführt! Sie mögen's rustikal? Dann vespern Sie in der Waldschänke!

66 Zim - 250/350 € 330/430 € - 7 Suiten - ½ P

Kärcherstr. 11 ✉ 74639 Zweiflingen - ✆ 07941 60870 - www.schlosshotel-friedrichsruhe.de

✿✿ **Le Cerf** • **Jägerstube** - siehe Restaurantauswahl

ZWINGENBERG

Hessen - 6 878 Ew. - Höhe 99 m - Regionalatlas **47**-F16
Michelin Straßenkarte 543

Kaltwassers Wohnzimmer

MODERNE KÜCHE • RUSTIKAL X Richtig nett die gemütliche Wohnzimmer-Atmosphäre, hier und da charmante nostalgische Details. Draußen lockt das "Atrium" mit Innenhof-Flair und Blick in die verglaste Küche, in der produktorientierte modern-regionale Gerichte entstehen, so z. B. "dem Wels gefällt's" ("Wels, Himmel und Erd, Kohlrabi, Ahle Worscht").

Menü 35/55 € - Karte 33/49 €

Obergasse 15 ✉ 64673 - ✆ 06251 1058640 (Tischbestellung ratsam) - www.kaltwasserswohnzimmer.de - nur Abendessen, sonntags auch Mittagessen - geschlossen Januar 1 Woche und Montag - Dienstag

Sie möchten spontan verreisen? Besuchen Sie die Internetseiten der Hotels, um von deren Sonderkonditionen zu profitieren.

ZWISCHENAHN, BAD

Niedersachsen - 27 965 Ew. - Höhe 7 m - Regionalatlas **17**-E6
Michelin Straßenkarte 541

Am Badepark

FAMILIÄR • MODERN Das familienfreundliche Ferienhotel mit seinen modernen, chic in warmen Farben gehaltenen Zimmern liegt neben einem großen Freizeitbad (für Hausgäste kostenfrei) und bietet auch einen Fahrradverleih. Neuzeitlich-gediegen das Restaurant "Delikat" mit netter Terrasse.

45 Zim - 69/111 € 104/138 € - 4 Suiten - ½ P

Am Badepark 5 ✉ 26160 - ✆ 04403 6960 - www.hotelambadepark.de

NordWest Hotel

BUSINESS • MODERN Das Hotel liegt recht ruhig in einem Wohngebiet, hinter dem Haus verläuft der Radweg. Man hat attraktive moderne Zimmer (zum Garten hin mit Balkon oder Terrasse) und einen frischen, freundlichen Wellnessbereich. Kostenloser Zugang zum Freizeitbad im Ort.

45 Zim - 69/109 € 99/128 € - 2 Suiten

Zum Rosenteich 14 ✉ 26160 - ✆ 04403 9230 - www.hotel-bad-zwischenahn.de

In Bad Zwischenahn-Aschhauserfeld Nord-Ost: 4 km Richtung Wiefelstede

Apicius

FRANZÖSISCH-MODERN • ELEGANT Ein kulinarisches Highlight in der Region! Chic und wertig das Interieur, aufwändig und stimmig die Küche. Gekocht wird klassisch und mit modernen Einflüssen. Dabei setzt man auf regionale Produkte, die man z. T. selbst erzeugt! Schön das Weinangebot. Charmant stellt Ihnen die Patisserie ihren toll bestückten "Petit Four"-Wagen vor.

→ Gänseleber "Müsli", Beerenfrüchte, Haselnüsse. Nantaiser Ente in Heu geräuchert, eingelegte Blaubeeren, Kohlrabi. Sanddorn, Honig und Roggen.

Menü 55 € (vegetarisch)/160 € – Karte 71/90 €

Hote Jagdhaus Eiden am See, Eiden 9 ✉ 26160 – ✆ 04403 698416 (Tischbestellung ratsam) – www.jagdhaus-eiden.de – Mittwoch - Freitag nur Abendessen – geschlossen 8. - 21. Juli, 7. - 13. Oktober, Ende Dezember - Mitte Januar und Sonntag - Dienstag

Jäger- und Fischerstube

REGIONAL • LÄNDLICH Die Lage des Jagdhauses in einem 10 ha großen Park ist fantastisch - da ist die herrliche Gartenterrasse natürlich besonders gefragt! Auch drinnen sitzt man schön bei regionalen Fisch- und Wildspezialitäten sowie internationalen Klassikern. Verbinden Sie Ihr Essen doch mit einem Besuch der Spielbank direkt im Haus.

Menü 42/56 € – Karte 29/73 €

Hotel Jagdhaus Eiden, Eiden 9 ✉ 26160 – ✆ 04403 698000 – www.jagdhaus-eiden.de

Jagdhaus Eiden am See

LANDHAUS • GEMÜTLICH Ein geschmackvolles familiengeführtes Ferienhotel in Seenähe. Wer es besonders komfortabel mag, bucht eines des schicken Zimmer im Gästehaus - hier eine der Wellness-Suiten. Lassen Sie sich auch nicht den Spa auf rund 1000 qm entgehen! Und zum Frühstück ein Ei aus eigener Hühnerhaltung?

96 Zim – †83/245 € ††128/255 € – 3 Suiten – ½ P

Eiden 9 ✉ 26160 – ✆ 04403 698000 – www.jagdhaus-eiden.de

Apicius • **Jäger- und Fischerstube** – siehe Restaurantauswahl

Amsterdam N

BUSINESS • MODERN Eine gefragte Adresse: Die Zimmer sind durchdacht und neuzeitlich (teils zum Garten gelegen), das Restaurant "Ambiente" bietet internationale, regionale und saisonale Küche, und auch die Lage ist interessant: Spielbank und See erreicht man gut zu Fuß. Dazu Fahrradverleih und kostenloser Zugang zum Freizeitbad im Ort.

40 Zim – †64/109 € ††89/128 € – ½ P

Wiefelsteder Str. 18 ✉ 26160 – ✆ 04403 9340 – www.hotel-amsterdam.de

Auszeichnungen

Thematic index

STERNE-RESTAURANTS ✿

STARRED RESTAURANTS

N *Neu ausgezeichnetes Haus*
N *Newly awarded distinction*

BADEN-WÜRTTEMBERG

Amtzell	Schattbuch	✿	
Asperg	Schwabenstube	✿	
Baden-Baden	Le Jardin de France	✿	
Baden-Baden	Röttele's Restaurant und Residenz im Schloss Neuweier	✿	
Baiersbronn	Köhlerstube	✿	N
Baiersbronn	Restaurant Bareiss	✿✿✿	
Baiersbronn	Schlossberg	✿	
Baiersbronn	Schwarzwaldstube	✿✿✿	
Bietigheim-Bissingen	Maerz - Das Restaurant	✿	
Durbach	Wilder Ritter	✿	
Ehningen	Landhaus Feckl	✿	
Endingen am Kaiserstuhl	Merkles Restaurant	✿	
Ettlingen	Erbprinz	✿	
Fellbach	Goldberg	✿	
Fellbach	Gourmet Restaurant avui	✿	
Fellbach	Oettinger's Restaurant	✿	
Freiburg im Breisgau	sHerrehus	✿	
Freiburg im Breisgau	Wolfshöhle	✿	
Freiburg im Breisgau	Zirbelstube	✿	
Gernsbach	Werners Restaurant	✿	
Grenzach-Wyhlen	Eckert	✿	
Häusern	Adler	✿	
Heidelberg	Die Hirschgasse - Le Gourmet	✿	
Heidelberg	Oben	✿	N
Heidelberg	Scharff's Schlossweinstube im Heidelberger Schloss	✿	
Horben	Gasthaus zum Raben	✿	
Karlsruhe	sein	✿	N
Kernen im Remstal	Malathounis	✿	
Köngen	Alte Vogtei	✿	N
Königsbronn	Ursprung	✿	N
Konstanz	Ophelia	✿✿	
Konstanz	San Martino - Gourmet	✿	
Krozingen, Bad	Storchen	✿	
Kuppenheim	Raubs Landgasthof	✿	
Lahr (Schwarzwald)	Adler	✿	
Langenau	Gasthof zum Bad	✿	
Mannheim	Doblers	✿	
Mannheim	Emma Wolf since 1920	✿	
Mannheim	le Corange	✿	
Mannheim	Marly	✿	
Mannheim	Opus V	✿✿	
Meersburg	Casala	✿	
Mulfingen	Amtskeller	✿	
Öhningen	Falconera	✿	
Peterstal-Griesbach, Bad	Le Pavillon	✿✿	

Pfaffenweiler	Zehner's Stube	✿	
Pliezhausen	Landgasthaus zur Linde	✿	
Rust	ammolite - The Lighthouse Restaurant	✿✿	
Säckingen, Bad	Genuss-Apotheke	✿	
Salach	Burgrestaurant Staufeneck	✿	
Schwäbisch Hall	Eisenbahn	✿	
Schwäbisch Hall	Rebers Pflug	✿	
Sonnenbühl	Hirsch	✿	
Stuttgart	Délice	✿	
Stuttgart	5 (Fünf)	✿	
Stuttgart	Hupperts	✿	**N**
Stuttgart	OLIVO	✿	
Stuttgart	Speisemeisterei	✿	
Stuttgart	top air	✿	
Stuttgart	Wielandshöhe	✿	
Stuttgart	YoSH	✿	
Stuttgart	Der Zauberlehrling	✿	**N**
Stuttgart	Die Zirbelstube	✿	
Sulzburg	Hirschen	✿✿	
Teinach-Zavelstein, Bad	Gourmetrestaurant Berlins Krone	✿	
Tübingen	Schranners Waldhorn	✿	
Tuttlingen	Anima	✿	
Ulm	Seestern	✿	
Ulm	SIEDEPUNKT	✿	
Vaihingen an der Enz	Lamm Rosswag	✿	
Vogtsburg im Kaiserstuhl	Schwarzer Adler	✿	
Waiblingen	Bachofer	✿	
Waldbronn	Schwitzer's am Park	✿	
Waldenbuch	Gasthof Krone	✿	
Weikersheim	Laurentius	✿	
Weingarten (Kreis Karlsruhe)	Walk'sches Haus - Gourmet-Restaurant	✿	
Zweiflingen	Wald & Schlosshotel Friedrichsruhe - Le Cerf	✿✿	

BAYERN

Amorbach	Abt- und Schäferstube	✿	
Aschau im Chiemgau	Restaurant Heinz Winkler	✿✿	
Auerbach in der Oberpfalz	SoulFood	✿	
Augsburg	AUGUST	✿✿	
Augsburg	Sartory	✿	**N**
Berchtesgaden	LE CIEL	✿	
Heroldsberg	Sosein.	✿✿	**N**
Hohenkammer	Camers Schlossrestaurant	✿	
Kirchdorf (Krs. Mühldorf am Inn)	Christian's Restaurant - Gasthof Grainer	✿	
Kissingen, Bad	Laudensacks Gourmet Restaurant	✿	
Kötzting, Bad	Leos by Stephan Brandl	✿	

Krün	Luce d'Oro ✿✿	N
Langenzenn	Keidenzeller Hof ✿	
Lindau im Bodensee	VILLINO ✿	
Mittenwald	Das Marktrestaurant ✿	
München	Acquarello ✿	
München	Alois - Dallmayr Fine Dining ✿✿	
München	Atelier ✿✿✿	
München	Les Deux ✿	
München	EssZimmer ✿✿	
München	Gabelspiel ✿	N
München	Schuhbecks Fine Dining ✿	
München	Schwarzreiter ✿	
München	Showroom ✿	
München	Tantris ✿✿	
München	Tian ✿	N
München	WERNECKHOF by Geisel ✿✿	
Neunburg vorm Wald	Obendorfer's Eisvogel ✿	
Niederwinkling	Buchner ✿	
Nördlingen	Wirtshaus Meyers Keller ✿	
Nürnberg	Entenstuben ✿	
Nürnberg	Essigbrätlein ✿✿	
Nürnberg	Koch und Kellner ✿	N
Nürnberg	Der Schwarze Adler ✿	N
Nürnberg	Waidwerk ✿	N
Nürnberg	ZweiSinn Meiers | Fine Dining ✿	
Oberstdorf	Das Maximilians ✿	
Oberstdorf	ESS ATELIER STRAUSS ✿	
Ofterschwang	Silberdistel ✿	
Pleiskirchen	Huberwirt ✿	
Regensburg	Storstad ✿	
Rötz	Gregor's ✿	
Rottach-Egern	Dichterstub'n ✿	
Rottach-Egern	Restaurant Überfahrt Christian Jürgens ✿✿✿	
Schwangau	Gams & Gloria ✿	N
Sommerhausen	Philipp ✿	
Starnberg	Aubergine ✿	
Teisnach	Oswald's Gourmetstube ✿	
Waldkirchen	Johanns ✿	
Wirsberg	Alexander Herrmann by Tobias Bätz ✿✿	N
Würzburg	KUNO 1408 ✿	
Würzburg	REISERS am Stein ✿	

BERLIN

Berlin	Bandol sur Mer ✿	
Berlin	Bieberbau ✿	
Berlin	5 - Cinco by Paco Pérez ✿	
Berlin	CODA Dessert Dining ✿	N
Berlin	Cookies Cream ✿	
Berlin	einsunternull ✿	

Berlin	Ernst ✿	**N**
Berlin	FACIL ✿✿	
Berlin	Frühsammers Restaurant ✿	
Berlin	GOLVET ✿	
Berlin	Horváth ✿✿	
Berlin	Hugos ✿	
Berlin	Kin Dee ✿	**N**
Berlin	Lorenz Adlon Esszimmer ✿✿	
Berlin	Nobelhart & Schmutzig ✿	
Berlin	Pauly Saal ✿	
Berlin	Richard ✿	
Berlin	Rutz ✿✿	
Berlin	SAVU ✿	**N**
Berlin	SKYKITCHEN ✿	
Berlin	Tim Raue ✿✿	
Berlin	tulus lotrek ✿	

BRANDENBURG

Burg (Spreewald)	17 fuffzig ✿	
Potsdam	Friedrich-Wilhelm ✿	
Potsdam	kochZIMMER in der Gaststätte zur Ratswaage ✿	**N**

HAMBURG

Hamburg	bianc ✿	**N**
Hamburg	100/200 ✿	**N**
Hamburg	Haerlin ✿✿	
Hamburg	Jacobs Restaurant ✿✿	
Hamburg	Jellyfish ✿	
Hamburg	Lakeside ✿	**N**
Hamburg	Landhaus Scherrer ✿	
Hamburg	Petit Amour ✿	
Hamburg	Piment ✿	
Hamburg	SE7EN OCEANS ✿	
Hamburg	Süllberg - Seven Seas ✿✿	
Hamburg	The Table Kevin Fehling ✿✿✿	
Hamburg	Trüffelschwein ✿	

HESSEN

Eltville am Rhein	Jean ✿	
Frankenberg (Eder)	Philipp Soldan ✿	
Frankfurt am Main	Carmelo Greco ✿	
Frankfurt am Main	Erno's Bistro ✿	
Frankfurt am Main	Français ✿	

Frankfurt am Main	Gustav ✿
Frankfurt am Main	Lafleur ✿✿
Frankfurt am Main	Restaurant Villa Merton ✿
Frankfurt am Main	SEVEN SWANS ✿
Frankfurt am Main	Tiger-Gourmetrestaurant ✿ **N**
Frankfurt am Main	Weinsinn ✿ **N**
Geisenheim	Schwarzenstein Nils Henkel ✿✿
Herleshausen	La Vallée Verte ✿ **N**
Hersfeld, Bad	L'étable ✿
Kassel	VOIT ✿
Kiedrich	Weinschänke Schloss Groenesteyn ✿ **N**
Limburg an der Lahn	360° ✿
Wiesbaden	Ente ✿

MECKLENBURG-VORPOMMERN

Dierhagen	Ostseelounge ✿
Doberan, Bad	Friedrich Franz ✿
Feldberger Seenlandschaft	Alte Schule - Klassenzimmer ✿
Krakow am See	Ich weiß ein Haus am See ✿
Rostock	Gourmet-Restaurant Der Butt ✿
Rügen / Binz	freustil ✿
Stolpe	Gutshaus Stolpe ✿
Usedom / Heringsdorf	The O'room by Tom Wickboldt ✿

NIEDERSACHSEN

Aerzen	Gourmet Restaurant im Schlosshotel Münchhausen ✿
Bentheim, Bad	Keilings Restaurant ✿✿
Burgwedel	Ole Deele ✿
Buxtehude	N°4 ✿
Cuxhaven	Sterneck ✿
Friedland	Genießer Stube ✿
Hannover	Jante ✿
Norderney (Insel)	Seesteg ✿
Wolfsburg	Aqua ✿✿✿
Wolfsburg	La Fontaine ✿
Zwischenahn, Bad	Apicius ✿

NORDRHEIN-WESTFALEN

Aachen	La Bécasse ✿
Aachen	Sankt Benedikt ✿
Bergisch Gladbach	Vendôme ✿✿✿
Bonn	Halbedel's Gasthaus ✿

Bonn	Kaspars ✻
Bonn	Yunico ✻
Dorsten	Goldener Anker ✻
Dorsten	Rosin ✻✻
Dortmund	Palmgarden ✻
Düsseldorf	Agata's ✻
Düsseldorf	Berens am Kai ✻
Düsseldorf	DR.KOSCH ✻
Düsseldorf	Le Flair ✻
Düsseldorf	Fritz's Frau Franzi ✻
Düsseldorf	Im Schiffchen ✻
Düsseldorf	Nagaya ✻
Düsseldorf	NENIO ✻
Düsseldorf	Tafelspitz 1876 ✻
Düsseldorf	Yoshi by Nagaya ✻
Essen	Schloss Hugenpoet - Laurushaus ✻
Essen	Schote ✻
Euskirchen	Bembergs Häuschen ✻
Gummersbach	Mühlenhelle ✻
Haltern am See	Ratshotel - Ratsstuben ✻
Heinsberg	St. Jacques ✻
Köln	Alfredo ✻
Köln	maiBeck ✻
Köln	maximilian lorenz ✻ **N**
Köln	Maître im Landhaus Kuckuck ✻
Köln	Le Moissonnier ✻✻
Köln	NeoBiota ✻ **N**
Köln	Ox & Klee ✻✻ **N**
Köln	La Société ✻
Köln	taku ✻
Köln	Zur Tant ✻
Meerbusch	Anthony's Kitchen ✻
Mülheim an der Ruhr	am Kamin ✻
Nideggen	Burg Nideggen - Brockel Schlimbach ✻ **N**
Niederkassel	Clostermanns Le Gourmet ✻ **N**
Odenthal	Zur Post ✻
Paderborn	Balthasar ✻
Pulheim	Gut Lärchenhof ✻
Remscheid	Heldmann ✻
Rheda-Wiedenbrück	Reuter ✻
Schmallenberg	Deimann - Hofstube ✻
Velbert	Haus Stemberg ✻
Xanten	Landhaus Köpp ✻

RHEINLAND-PFALZ

Andernach	Purs ✻✻ **N**
Andernach	Ristorante Ai Pero ✻
Andernach	YOSO ✻
Deidesheim	L.A. Jordan ✻

Deidesheim	Schwarzer Hahn ✿
Dreis	Waldhotel Sonnora ✿✿✿
Heidesheim am Rhein	Gourmetrestaurant Dirk Maus ✿
Kallstadt	Intense ✿
Kirchheim an der Weinstraße	Schwarz Gourmet ✿
Koblenz	Da Vinci ✿
Koblenz	Schiller's Restaurant ✿
Mainz	FAVORITE restaurant ✿
Naurath	Rüssel's Landhaus ✿
Neuenahr-Ahrweiler, Bad	Historisches Gasthaus Sanct Peter Restaurant Brogsitter ✿
Neuenahr-Ahrweiler, Bad	Steinheuers Restaurant Zur Alten Post ✿✿
Neuhütten	Le temple ✿
Neuleiningen	Alte Pfarrey ✿
Neupotz	Zur Krone ✿ **N**
Neustadt an der Weinstraße	Urgestein im Steinhäuser Hof ✿
Neuwied	Coquille St. Jacques im Parkrestaurant Nodhausen ✿ **N**
Piesport	schanz. restaurant. ✿✿
Pirmasens	Die Brasserie ✿
Selzen	Kaupers Restaurant im Kapellenhof ✿
Sobernheim, Bad	Jungborn ✿
Stromberg (Kreis Kreuznach)	Le Val d'Or ✿
Trier	BECKER'S ✿✿
Trittenheim	Wein- und Tafelhaus ✿

SAARLAND

Blieskastel	Hämmerle's Restaurant - Barrique ✿
Perl	Victor's Fine Dining by christian bau ✿✿✿
Saarbrücken	Esplanade ✿ **N**
Saarbrücken	GästeHaus Klaus Erfort ✿✿✿
Saarlouis	LOUIS ✿ **N**
Sankt Wendel	Kunz ✿
Wallerfangen	Landwerk ✿ **N**

SACHSEN

Dresden	bean&beluga ✿
Dresden	Caroussel ✿
Dresden	Elements ✿
Dresden	Genuss-Atelier ✿ **N**
Kirschau	JUWEL ✿
Leipzig	Falco ✿✿
Leipzig	Stadtpfeiffer ✿
Radebeul	Atelier Sanssouci ✿ **N**

SACHSEN-ANHALT

Wernigerode	Zeitwerk by Robin Pietsch ✿

SCHLESWIG-HOLSTEIN

Föhr / Wyk	Alt Wyk ✿
Glücksburg	Meierei Dirk Luther ✿✿
Kiel	Ahlmanns ✿
Lübeck	Buddenbrooks ✿
Lübeck	Villa Mare - Balthazar ✿
Lübeck	Wullenwever ✿
Panker	Restaurant 1797 ✿
Scharbeutz	DiVa ✿
Sylt / Hörnum	KAI3 ✿
Sylt / Rantum	Söl'ring Hof ✿✿
Sylt / Tinnum	BODENDORF'S ✿
Timmendorfer Strand	Orangerie ✿
Wangels	Courtier ✿✿

THÜRINGEN

Erfurt	Clara - Restaurant im Kaisersaal ✿

VORALBERG (ÖSTERREICH)

Kleinwalsertal / Hirschegg	Kilian Stuba ✿

BIB GOURMAND

N *Neu ausgezeichnetes Haus*
N *Newly awarded distinction*

BADEN-WÜRTTEMBERG

Achern	Chez Georges
Auenwald	Landgasthof Waldhorn
Baiersbronn	Bareiss - Dorfstuben
Baiersbronn	Traube Tonbach - Bauernstube
Bellingen, Bad	Landgasthof Schwanen
Berghaupten	Hirsch
Bisingen	Gasthof Adler
Bonndorf	Sommerau
Brackenheim	Adler
Brühl (Baden)	KRONE das gasthaus
Bühl	Pospisil's Gasthof Krone
Bühlertal	Bergfriedel
Bühlertal	Rebstock
Denzlingen	Rebstock-Stube
Donaueschingen	Baader's Schützen
Donaueschingen	die burg **N**
Donzdorf	Castello
Eggenstein-Leopoldshafen	Zum Goldenen Anker
Elzach	Rössle **N**
Elzach	Schäck's Adler
Endingen am Kaiserstuhl	Die Pfarrwirtschaft
Endingen am Kaiserstuhl	Dutters Stube
Ettlingen	Weinstube Sibylla
Feldberg im Schwarzwald	Adler Bärental
Fellbach	Aldinger's
Fellbach	Gasthaus zum Hirschen
Freiamt	Zur Krone
Freiburg im Breisgau	Hirschen
Freiburg im Breisgau	Kühler Krug
Freudenstadt	Warteck
Frickingen	Löwen
Friesenheim	Mühlenhof
Gengenbach	Ponyhof
Gengenbach	Die Reichsstadt
Glottertal	Zum Goldenen Engel
Glottertal	Hirschen
Glottertal	Wirtshaus zur Sonne
Grenzach-Wyhlen	Rührberger Hof **N**
Gschwend	Herrengass
Gundelfingen	Sonne Wildtal
Hardheim	Wohlfahrtsmühle
Hayingen	ROSE **N**
Heidelberg	Backmulde
Heilbronn	Bachmaier
Heitersheim	Landhotel Krone

Herrenalb, Bad	Lamm
Hüfingen	Landgasthof Hirschen
Ihringen	Bräutigam
Ihringen	Holzöfele
Immenstaad am Bodensee	Heinzler
Immenstaad am Bodensee	Seehof
Isny	Allgäuer Stuben
Kandern	Pfaffenkeller
Kappelrodeck	Zum Rebstock
Karlsruhe	Oberländer Weinstube
Kehl	Grieshaber's Rebstock
Kenzingen	Scheidels Restaurant zum Kranz
Kirchdorf an der Iller	Landgasthof Löwen
Kirchzarten	Schlegelhof
Kirchzarten	Sonne **N**
Kleines Wiesental	Sennhütte **N**
Klettgau	Landgasthof Mange
Köngen	Schwanen
Köngen	Tafelhaus
Königsbronn	Gasthaus Widmann's Löwen
Königsfeld im Schwarzwald	Café Rapp
Konstanz	Brasserie Colette Tim Raue
Künzelsau	Anne-Sophie
Lahr (Schwarzwald)	Adler - Gasthaus
Lauffen am Neckar	Elefanten
Lautenbach (Ortenaukreis)	Sonne
Leimen	Weinstube Jägerlust
Leinfelden-Echterdingen	Am Park
Leingarten	Straub's Dorfkrug
Liebenzell, Bad	Hirsch Genusshandwerk
March	Jauch's Löwen
Maselheim	Lamm
Mosbach	Landgasthof zum Ochsen
Muggensturm	Lamm
Mulfingen	Jagstmühle **N**
Neckargemünd	Christians Restaurant
Neckargemünd	Zum Rössel
Neuhausen	Grüner Wald **N**
Notzingen	Die Kelter
Oberboihingen	Zur Linde
Oberried	Die Halde
Oberried	Gasthaus Sternen Post
Oberstenfeld	Zum Ochsen
Ötisheim	Sternenschanz
Offenburg	Blume
Ostrach	Landhotel zum Hirsch
Peterstal-Griesbach, Bad	Kamin- und Bauernstube

Plochingen	Cervus
Plochingen	Stumpenhof
Ratshausen	Adler
Remchingen	Zum Hirsch
Ringsheim	Heckenrose
Rippoldsau-Schapbach, Bad	Klösterle Hof
Rot am See	Landhaus Hohenlohe
Rudersberg	Gasthaus Stern
Salem	Reck's
Sankt Märgen	Zum Kreuz
Sankt Peter	Zur Sonne
Sasbachwalden	Badische Stuben
Sasbachwalden	Engel
Schopfheim	Mühle zu Gersbach
Schramberg	Gasthof Hirsch
Schwäbisch Gmünd	Fuggerei **N**
Schwäbisch Hall	Landhaus Zum Rössle
Schwendi	Esszimmer im Oberschwäbischen Hof
Schwetzingen	möbius
Sonnenbühl	Hirsch - Dorfstube
Staufen	Kreuz-Post
Staufen	Die Krone
Steinen	Zum fröhlichen Landmann
Steinenbronn	Krone
Stühlingen	Gasthaus Schwanen
Stühlingen	Geng's Linde
Stuttgart	Goldener Adler
Stuttgart	Zur Linde
Stuttgart	Vetter.
Sulzburg	Landgasthof Rebstock
Tengen	Gasthof zur Sonne **N**
Tettnang	Lamm im Kau
Tiefenbronn	Ochsen-Post - Bauernstuben
Todtnau	derWaldfrieden
Überlingen	Landgasthof zum Adler
Villingen-Schwenningen	Rindenmühle
Waiblingen	Brunnenstuben
Waldbronn	Schwitzer's Brasserie
Waldkirch	Zum Storchen **N**
Waldshut-Tiengen	Brauerei Walter
Wangen im Allgäu	Adler
Weikersheim	Laurentius - Bistro
Weinheim an der Bergstraße	bistronauten
Weinstadt	Weinstube Muz
Wertheim	Bestenheider Stuben
Wildberg	Talblick
Winterbach	Landgasthaus Hirsch

BAYERN

Abbach, Bad	Schwögler
Adelshofen	Zum Falken
Ahorn	Dittrich's im Schloss Hohenstein **N**
Aldersbach	das asam **N**
Ansbach	La Corona
Aschaffenburg	Zum Goldenen Ochsen - Oechsle
Bergkirchen	Gasthaus Weißenbeck
Bindlach	Landhaus Gräfenthal
Blankenbach	Brennhaus Behl
Bürgstadt	Weinhaus Stern
Castell	Gasthaus zum Schwan
Cham	Gasthaus Ödenturm
Dachau	Schwarzberghof
Dettelbach	Himmelstoss
Dießen am Ammersee	Seehaus
Dinkelsbühl	Altdeutsches Restaurant
Eibelstadt	Gambero Rosso da Domenico
Erlangen	Polster Stube
Erlangen	Rosmarin
Feldkirchen-Westerham	Aschbacher Hof
Feuchtwangen	Greifen-Post
Finning	Zum Staudenwirt **N**
Forchheim	Zöllner's Weinstube
Forstinning	Zum Vaas
Frammersbach	Schwarzkopf
Frasdorf	Schloßwirtschaft Wildenwart
Friedberg	Speisezimmer
Garmisch-Partenkirchen	Joseph Naus Stub'n **N**
Gmund am Tegernsee	Ostiner Stub'n **N**
Grönenbach, Bad	Charlys Topf-Gucker
Großheubach	Zur Krone
Gundelfingen an der Donau	neuhof am see
Hauzenberg	Anetseder **N**
Hauzenberg	Landgasthaus Gidibauer-Hof
Heroldsberg	Freihardt
Heßdorf	Wirtschaft von Johann Gerner
Höchstädt an der Donau	Zur Glocke
Illertissen	Vier Jahreszeiten Restaurant Imhof
Illschwang	Weißes Roß
Iphofen	Deutscher Hof
Iphofen	Zur Iphöfer Kammer **N**
Kaisheim	Weingärtnerhaus
Kirchdorf an der Amper	Zum Cafewirt **N**
Kissingen, Bad	Schuberts Wein & Wirtschaft
Kreuth	MIZU Sushi-Bar

Küps	Werners Restaurant
Lauf an der Pegnitz	Waldgasthof am Letten
Lenggries	Schweizer Wirt
Lichtenberg (Oberfranken)	Harmonie
Lindau im Bodensee	Schachener Hof
Marktbergel	Rotes Ross
Marktbreit	Alter Esel
Marktbreit	Michels Stern
Marktheidenfeld	Weinhaus Anker
Mintraching	Gasthaus zum Goldenen Krug **N**
München	La Bohème
München	Le Cézanne
München	Colette Tim Raue
München	Freisinger Hof
München	Johannas
Münsing	Gasthaus Sebastian Limm
Neubeuern	Auers Schlosswirtschaft
Neuburg am Inn	Hoftaferne Neuburg
Neuburg an der Donau	Zum Klosterbräu - Gaststube
Neunburg vorm Wald	Turmstube **N**
Nonnenhorn	Torkel
Nürnberg	Landgasthof Gentner
Nürnberg	Luma **N**
Nürnberg	Zirbelstube
Oberding	Kandler
Oberstdorf	Das Fetzwerk
Oberstdorf	Das Jagdhaus
Oberstdorf	Löwen-Wirtschaft
Pappenheim	Zur Sonne
Passau	Weingut
Pfronten	Berghotel Schlossanger Alp
Piding	Lohmayr Stub'n
Pilsach	Landgasthof Meier
Pleinfeld	Landgasthof Siebenkäs
Ponholz	Einkehr zur alten Post
Presseck	Gasthof Berghof - Ursprung
Rauhenebrach	Gasthaus Hofmann
Rötz	Spiegelstube
Rosshaupten	Kaufmann
Samerberg	Gasthof Alpenrose
Schwarzach am Main	Schwab's Landgasthof
Schweinfurt	Kings and Queens
Schweinfurt	Kugelmühle
Spalt	Gasthof Blumenthal
Tölz, Bad	Jägerwirt
Traunstein	Restaurant 1888
Triefenstein	Weinhaus Zum Ritter

Unterammergau	Dorfwirt **N**
Vöhringen	Speisemeisterei Burgthalschenke
Wackersberg	Tölzer Schießstätte - Hager
Waging am See	Landhaus Tanner
Wasserburg am Inn	Herrenhaus
Wernberg-Köblitz	Landgasthof Burkhard - Wirtsstube
Wertingen	Gänsweid
Wiessee, Bad	Freihaus Brenner
Windelsbach	Landhaus Lebert
Windorf	Feilmeiers Landleben
Zorneding	Alte Posthalterei

BERLIN

Berlin	Colette Tim Raue
Berlin	Frühsammers Restaurant - Grundschlag
Berlin	Kochu Karu
Berlin	Lokal
Berlin	Lucky Leek
Berlin	Nußbaumerin
Berlin	Renger-Patzsch
Berlin	Rutz Weinbar

BRANDENBURG

Wittenberge	Das Kranhaus by Mika

HAMBURG

Hamburg	Brechtmanns Bistro
Hamburg	Brook
Hamburg	Cox
Hamburg	Dorfkrug
Hamburg	Zur Flottbeker Schmiede **N**
Hamburg	Landhaus Flottbek - HYGGE Brasserie & Bar
Hamburg	LENZ
Hamburg	Nil
Hamburg	philipps
Hamburg	Le Plat du Jour
Hamburg	RIVE Bistro
Hamburg	Stock's Restaurant
Hamburg	Stüffel

Hamburg	Tschebull
Hamburg	Weinwirtschaft Kleines Jacob
Hamburg	Zipang

HESSEN

Amöneburg	Dombäcker
Birkenau	Drei Birken
Eltville am Rhein	Gutsausschank im Baiken
Frankenberg (Eder)	Sonne-Stuben
Fulda	Goldener Karpfen
Gießen	Restaurant Tandreas
Hersfeld, Bad	Stern's Restaurant
Höchst im Odenwald	Krone - Gaststube
Hungen	Hungener Käsescheune
Karben	Neidharts Küche
Lauterbach	schuberts
Marburg	MARBURGER Esszimmer
Reichelsheim	O de vie
Zwingenberg	Kaltwassers Wohnzimmer

MECKLENBURG-VORPOMMERN

Greifswald	Tischlerei
Groß Nemerow	Lisette
Stralsund	LARA **N**
Usedom / Ahlbeck	Kaisers Eck
Waren (Müritz)	Kleines Meer
Wustrow	Schimmel's
Zurow	Allesisstgut

NIEDERSACHSEN

Bentheim, Bad	Keilings Restaurant - Weinbistro
Celle	der allerKrug
Dornum	Fährhaus
Einbeck	Genusswerkstatt
Gehrden	Berggasthaus Niedersachsen
Gifhorn	Ratsweinkeller
Hann. Münden	Flux - Biorestaurant Werratal
Hannover	boca
Lüneburg	RÖHMS DELI **N**
Nenndorf, Bad	August
Nienstädt	Sülbecker Krug

Osnabrück	Walhalla
Scheeßel	Rauchfang
Schneverdingen	Ramster
Twist	Landgasthof Backers
Verden (Aller)	Pades Restaurant
Wildemann	Rathaus
Worpswede	Kaffee Worpswede
Wremen	Gasthaus Wolters - Zur Börse

NORDRHEIN-WESTFALEN

Aachen	Sankt Benedikt - Bistro
Aachen	Schloss Schönau - Schänke
Altenberge	Penz Am Dom
Arnsberg	Menge
Brilon	Almer Schlossmühle
Burbach	Fiester-Hannes
Coesfeld	Freiberger im Gasthaus Schnieder-Bauland
Detmold	Detmolder Hof - Weinstube und Bistro **N**
Dortmund	der Lennhof
Düsseldorf	Bistro Fatal
Düsseldorf	Brasserie Hülsmann
Düsseldorf	Brasserie Stadthaus
Düsseldorf	Münstermanns Kontor
Düsseldorf	Rob's Kitchen **N**
Emsdetten	Lindenhof
Erftstadt	Haus Bosen **N**
Euskirchen	Eiflers Zeiten
Gummersbach	Mühlenhelle - Bistro
Harsewinkel	Poppenborg's Stübchen
Hennef (Sieg)	Sängerheim - Das Restaurant
Herford	Am Osterfeuer
Hövelhof	Gasthof Brink
Horn-Meinberg, Bad	Die Windmühle
Köln	Capricorn [i] Aries Brasserie
Köln	Gasthaus Scherz
Köln	Metzger & Marie
Köln	Wein & Dine **N**
Köln	ZEN Japanese Restaurant
Köln	Zur Tant - Piccolo
Kürten	Zur Mühle
Meschede	Landhotel Donner
Nettetal	Sonneck
Odenthal	Zur Post - Postschänke
Remscheid	Herzhaft
Rheda-Wiedenbrück	Gastwirtschaft Ferdinand Reuter

Rheine	Beesten	
Rietberg	Domschenke	
Rüthen	Knippschild	
Salzuflen, Bad	Walter's Pharmacy	**N**
Schmallenberg	Gasthof Schütte	
Sprockhövel	Eggers	
Sprockhövel	Habbel's	**N**
Vreden	Büschker's Stuben	
Waltrop	Gasthaus Stromberg	
Wesel	ART	
Wuppertal	Scarpati - Trattoria	

RHEINLAND-PFALZ

Altenahr	Gasthaus Assenmacher	
Darscheid	Kucher's Weinwirtschaft	
Deidesheim	St. Urban	
Dernbach (Kreis Südl. Weinstraße)	Schneider	
Dörscheid	Landgasthaus Blücher	
Dudeldorf	Torschänke	**N**
Eckelsheim	Kulturhof	
Frankweiler	Weinstube Brand	
Freinsheim	WEINreich	
Hardert	Corona - Hotel zur Post	
Herxheim	Pfälzer Stube	
Heßheim	Ellenbergs	
Ilbesheim bei Landau in der Pfalz	Hubertushof	
Jugenheim	Weedenhof	
Kandel	Zum Riesen	
Koblenz	GERHARDS GENUSSGESELLSCHAFT	
Kreuznach, Bad	Im Kittchen	
Maikammer	Dorf-Chronik	
Mainz	Geberts Weinstuben	
Meddersheim	Landgasthof zur Traube	
Meerfeld	Zur Post - Poststuben	
Meisenheim	Meisenheimer Hof	
Naurath	Rüssel's Hasenpfeffer	
Neuhütten	Le temple - Bistro	
Neupotz	Gehrlein's Hardtwald	
Neupotz	Zum Lamm	
Neustadt an der Weinstraße	Das Esszimmer	**N**
Neustadt an der Weinstraße	Grünwedels Restaurant	
Niederweis	Schloss Niederweis	
Reil	Heim's Restaurant	
Remagen	Alte Rebe	
Saulheim	mundart Restaurant	

Serrig	Gasthaus Wagner
Sobernheim, Bad	Kupferkanne **N**
Treis-Karden	Wein- und Schloßstube

SAARLAND

Blieskastel	Hämmerle's Restaurant - Landgenuss
Mandelbachtal	Gräfinthaler Hof
Saarbrücken	Restaurant Quack in der Villa Weismüller
Saarlouis	LA MAISON - PASTIS bistro
Sankt Ingbert	Die Alte Brauerei
Sankt Wendel	Kunz - Kaminzimmer

SACHSEN

Aue	Blauer Engel - Tausendgüldenstube
Auerbach (Vogtland)	Renoir
Chemnitz	alexxanders
Chemnitz	Villa Esche
Dresden	Daniel **N**
Dresden	DELI **N**
Dresden	VEN
Görlitz	Tuchmacher - Schneider Stube
Hartmannsdorf	Laurus
Hoyerswerda	Westphalenhof
Pirna	Genusswerk
Radeburg	Gasthof Bärwalde
Wilthen	Erbgericht Tautewalde

SACHSEN-ANHALT

Magdeburg	Landhaus Hadrys
Wernigerode	Travel Charme Gothisches Haus - Die Stuben

SCHLESWIG-HOLSTEIN

Barmstedt	Lay's Bistro
Fehmarn (Insel) / Burg	Margaretenhof
Lübeck	A-ROSA - Weinwirtschaft
Lübeck	Villa Mare - Grand 1904
Lütjensee	Fischerklause
Molfsee	Bärenkrug
Neuendorf bei Wilster	Zum Dückerstieg

Oeversee	Krugwirtschaft
Pinneberg	Rolin **N**
Sylt / List	Königshafen
Tangstedt	Gutsküche

THÜRINGEN

Eisenach	Weinrestaurant Turmschänke
Nordhausen	Feine Speiseschenke

VORALBERG (ÖSTERREICH)

Kleinwalsertal / Hirschegg	Carnozet **N**
Kleinwalsertal / Riezlern	Humbachstube im Alpenhof Jäger

UNSERE ANGENEHMSTEN HÄUSER

THE MOST PLEASANT ACCOMMODATION

BADEN-WÜRTTEMBERG

Baden-Baden	Belle Epoque
Baden-Baden	Brenners Park-Hotel & Spa
Baden-Baden	Der Kleine Prinz
Badenweiler	Schwarzmatt
Baiersbronn	Bareiss
Baiersbronn	Engel Obertal
Baiersbronn	Forsthaus Auerhahn
Baiersbronn	Traube Tonbach
Bonndorf	Sommerau
Dettighofen	Hofgut Albführen
Durbach	Rebstock
Durbach	Ritter
Ehningen	Landhotel Alte Mühle
Endingen am Kaiserstuhl	Zollhaus
Feldberg im Schwarzwald	Schlehdorn
Fichtenau	Vital-Hotel Meiser
Freiamt	Ludinmühle
Freiburg im Breisgau	Colombi Hotel
Freiburg im Breisgau	The Alex Hotel
Gengenbach	Die Reichsstadt
Gernsbach	Schloss Eberstein
Häusern	Adler
Hagnau	Burgunderhof
Heidelberg	Arthotel
Heidelberg	Astoria
Heidelberg	Die Hirschgasse
Heidelberg	Heidelberg Suites
Heidelberg	Weißer Bock
Hinterzarten	Erfurths Bergfried
Hinterzarten	Kesslermühle
Hinterzarten	Reppert
Hinterzarten	Thomahof
Kandern	Pfaffenkeller
Kehl	Grieshaber's Rebstock
Kirchzarten	Schlegelhof
Konstanz	RIVA
Kressbronn	Boutique-Hotel Friesinger
Kressbronn	Pension am Bodensee
Lahr (Schwarzwald)	Adler
Mannheim	Speicher 7
Meersburg	Residenz am See
Meersburg	Villa Seeschau
Oberried	Die Halde
Peterstal-Griesbach, Bad	Dollenberg
Pfinztal	Villa Hammerschmiede

Radolfzell	Art Villa am See
Schluchsee	Hegers Parkhotel Flora
Schönwald	Dorer
Schönwald	Zum Ochsen
Sonnenbühl	Hirsch
Stuttgart	Althoff Hotel am Schlossgarten
Stuttgart	Der Zauberlehrling
Titisee-Neustadt	Seehotel Wiesler
Titisee-Neustadt	Treschers Schwarzwaldhotel
Tübingen	La Casa
Uhldingen-Mühlhofen	Landhotel Fischerhaus
Waldenburg	Villa Blum
Weikersheim	Laurentius
Weil am Rhein	Gasthaus zur Krone
Winden	Elztalhotel
Zweiflingen	Wald und Schlosshotel Friedrichsruhe

BAYERN

Adelshofen	Landhaus Zum Falken
Amorbach	Der Schafhof
Aschau im Chiemgau	Residenz Heinz Winkler
Aying	Brauereigasthof Hotel Aying
Bamberg	Villa Geyerswörth
Bayerisch Gmain	Klosterhof
Bayreuth	Goldener Anker
Berchtesgaden	Kempinski Hotel Berchtesgaden
Birnbach, Bad	Hofgut Hafnerleiten
Coburg	Stadtvilla
Garmisch-Partenkirchen	Staudacherhof
Garmisch-Partenkirchen	Werdenfelserei
Grainau	Längenfelder Hof
Hallbergmoos	Daniels
Iphofen	Zehntkeller
Johannesberg	Auberge de Temple
Kaisheim	Schloss Leitheim
Kissingen, Bad	Laudensacks Parkhotel
Kötzting, Bad	Bayerwaldhof
Kohlgrub, Bad	Das Johannesbad
Kronach	Die Kronacher Stadthotels
Krün	Das Kranzbach
Krün	Schloss Elmau
Krün	Schloss Elmau Retreat
Landshut	Fürstenhof
Lindau im Bodensee	Adara
Lindau im Bodensee	Am Rehberg

Lindau im Bodensee	Helvetia
Lindau im Bodensee	VILLINO
München	BEYOND by Geisel
München	Mandarin Oriental
München	Palace
Nürnberg	Drei Raben
Oberammergau	Maximilian
Oberstaufen	Alpenkönig
Oberstdorf	Das Freiberg
Oberstdorf	Exquisit
Oberstdorf	Löwen & Strauss
Oberstdorf	Parkhotel Frank
Ofterschwang	Sonnenalp Resort
Oy-Mittelberg	Die Mittelburg
Pfronten	Berghotel Schlossanger Alp
Pfronten	Burghotel auf dem Falkenstein
Pullach	Seitner Hof
Regensburg	Orphée Andreasstadel
Regensburg	Orphée Großes Haus
Reit im Winkl	Hotel & Chalet Gut Steinbach
Rothenburg o.d. Tauber	herrnschlösschen
Rothenburg o.d. Tauber	Villa Mittermeier
Rottach-Egern	Park-Hotel Egerner Höfe
Sankt Englmar	Berghotel Maibrunn
Schwangau	Das Rübezahl
Sulzfeld am Main	Vinotel Augustin
Tegernsee	Leeberghof
Teisnach	Landromantik Wellnesshotel Oswald
Thannhausen	Schreiegg's Post
Wackersberg	Benediktenhof
Wartmannsroth	Neumühle
Wernberg-Köblitz	Burg Wernberg
Wiessee, Bad	Landhaus Marinella
Wiessee, Bad	Relais Chalet Wilhelmy
Wörishofen, Bad	Fontenay

BERLIN

Berlin	Adlon Kempinski
Berlin	Orania.Berlin
Berlin	Regent
Berlin	The Ritz-Carlton
Berlin	Am Steinplatz
Berlin	Das Stue
Berlin	Waldorf Astoria
Berlin	Zoo Berlin

BRANDENBURG

Briesen	Gut Klostermühle
Burg (Spreewald)	Bleiche Resort und Spa
Lübben	STRANDHAUS
Michendorf	Gasthof Zur Linde
Neuhardenberg	Schloss Neuhardenberg
Potsdam	Bayrisches Haus
Saarow, Bad	Palais am See

HAMBURG

Hamburg	Fairmont Hotel Vier Jahreszeiten
Hamburg	The Fontenay
Hamburg	HENRI
Hamburg	Louis C. Jacob
Hamburg	Mittelweg

HESSEN

Eltville am Rhein	Eltvinum
Felsberg	Zum Rosenhof
Frankenau	Landhaus Bärenmühle
Frankenberg (Eder)	Die Sonne Frankenberg
Frankfurt am Main	Grandhotel Hessischer Hof
Frankfurt am Main	Roomers
Frankfurt am Main	Sofitel Frankfurt Opera
Frankfurt am Main	25hours Hotel The Goldman
Geisenheim	Burg Schwarzenstein
Gießen	heyligenstaedt
Groß-Umstadt	Farmerhaus Lodge
Herleshausen	Hohenhaus
Königstein im Taunus	Falkenstein Grand Kempinski
Königstein im Taunus	Villa Rothschild Kempinski
Kronberg im Taunus	Schlosshotel Kronberg
Neu-Isenburg	Kempinski Hotel Frankfurt Gravenbruch
Taunusstein	Légère
Wiesbaden	De France
Wiesbaden	Klemm

MECKLENBURG-VORPOMMERN

Ahrenshoop	Künstlerquartier Seezeichen
Benz	Schloss Gamehl
Dierhagen	Strandhotel Dünenmeer

Güstrow	Kurhaus am Inselsee
Malchow	Rosendomizil
Rügen / Binz	CERÊS
Rügen / Binz	Villa niXe
Rügen / Sellin	ROEWERS Privathotel
Stolpe	Gutshaus Stolpe
Stralsund	Scheelehof
Usedom / Heringsdorf	Strandhotel Ostseeblick
Wieck am Darß	Haferland
Zingst	Meerlust
Zurow	Seehotel am Neuklostersee

NIEDERSACHSEN

Aerzen	Schlosshotel Münchhausen
Aurich	Hochzeitshaus
Bederkesa, Bad	Bösehof
Bendestorf	Landhaus Meinsbur
Bienenbüttel	GUT Bardenhagen
Braunlage	Sonnenhotel Residenz Hohenzollern
Bruchhausen-Vilsen	Forsthaus Heiligenberg
Celle	Althoff Hotel Fürstenhof
Cuxhaven	Badhotel Sternhagen
Groß Meckelsen	Zur Kloster-Mühle
Juist	Achterdiek
Langeoog	Norderriff
Nörten-Hardenberg	Hardenberg BurgHotel
Norderney (Insel)	Haus Norderney
Norderney (Insel)	Inselloft
Norderney (Insel)	Seesteg
Rotenburg (Wümme)	Landhaus Wachtelhof
Sachsa, Bad	Romantischer Winkel
Wolfsburg	einschlaf
Wolfsburg	The Ritz-Carlton

NORDRHEIN-WESTFALEN

Bergisch Gladbach	Althoff Grandhotel Schloss Bensberg
Berleburg, Bad	Alte Schule
Bonn	Venusberghotel
Bonn	Villa Godesberg
Detmold	Detmolder Hof
Düsseldorf	Breidenbacher Hof
Düsseldorf	De Medici
Erkrath	Wahnenmühle

Essen	Schloss Hugenpoet
Gummersbach	Mühlenhelle
Hörstel	Parkhotel Surenburg
Isselburg	Parkhotel Wasserburg Anholt
Köln	Excelsior Hotel Ernst
Köln	Humboldt1
Köln	THE QVEST hideaway
Laasphe, Bad	Jagdhof Glashütte
Lohmar	Schloss Auel
Lüdinghausen	Hotel No. 11
Mönchengladbach	Palace St. George
Mülheim an der Ruhr	Villa am Ruhrufer
Münster	Hof zur Linde
Rheine	Zum Alten Brunnen
Schermbeck	Landhotel Voshövel
Warendorf	Mersch
Winterberg	Berghotel Astenkrone
Wuppertal	Park Villa

RHEINLAND-PFALZ

Andernach	Purs
Bacharach	Landhaus Delle
Balduinstein	Landhotel Zum Bären
Boppard	Park Hotel
Deidesheim	Deidesheimer Hof
Deidesheim	Ketschauer Hof
Gleisweiler	Landhotel Herrenhaus Barthélemy
Herxheim	Krone
Hornbach	Kloster Hornbach
Hornbach	Lösch für Freunde
Kaiserslautern	Zollamt
Kallstadt	Weinhaus Henninger
Langenlonsheim	Jugendstil-Hof
Mülheim (Mosel)	Weinromantikhotel Richtershof
Naurath	Rüssel's Landhaus
Neuenahr-Ahrweiler, Bad	Sanct Peter
Neuleiningen	Alte Pfarrey
Oberotterbach	Schlössl
Oberwesel	Burghotel Auf Schönburg
Sobernheim, Bad	BollAnts - SPA im Park
Speyer	Residenz am Königsplatz
Stromberg (Kreis Kreuznach)	Lafer Stromburg
Trier	BECKER'S Hotel
Trier	Villa Hügel
Zweibrücken	Landschloss Fasanerie

SAARLAND

Nohfelden	Seezeitlodge Hotel & Spa
Saarlouis	LA MAISON

SACHSEN

Dresden	Bülow Palais
Dresden	Bülow Residenz
Dresden	Hyperion Hotel Am Schloss
Dresden	Suitess
Hartenstein	Jagdhaus Waldidyll
Kirschau	BEI SCHUMANN
Radebeul	Villa Sorgenfrei

SACHSEN-ANHALT

Blankenburg	Viktoria Luise
Havelberg	Art Hotel Kiebitzberg
Ilsenburg	Landhaus Zu den Rothen Forellen
Magdeburg	Residenz Joop

SCHLESWIG-HOLSTEIN

Föhr / Oevenum	Rackmers Hof
Glücksburg	Vitalhotel Alter Meierhof
Holzdorf	Landhotel Rosenduft
Lübeck	Anno 1216
Lübeck	A-ROSA
Panker	Ole Liese
Ratekau	Landhaus Töpferhof
Sylt / Hörnum	BUDERSAND Hotel - Golf & Spa
Sylt / Keitum	Aarnhoog
Sylt / Keitum	Benen-Diken-Hof
Sylt / Keitum	Severin*s
Sylt / List	Strand am Königshafen
Sylt / Morsum	Hof Galerie
Sylt / Morsum	Landhaus Severin*s Morsum Kliff
Sylt / Munkmarsch	Fährhaus
Sylt / Rantum	Alte Strandvogtei
Sylt / Rantum	Söl'ring Hof
Sylt / Kampen	Village
Sylt / Tinnum	Landhaus Stricker

Sylt / Westerland	Stadt Hamburg
Timmendorfer Strand	Strandhotel Fontana
Wangels	Weissenhaus Grand Village Resort & Spa am Meer

THÜRINGEN

Eisenach	Auf der Wartburg

VORALBERG (ÖSTERREICH)

Kleinwalsertal / Hirschegg	Sonnenberg
Kleinwalsertal / Hirschegg	Travel Charme Ifen Hotel

WELLNESS-HOTELS Spa

ACCOMODATION WITH SPA

Spa

BADEN-WÜRTTEMBERG

Baden-Baden	Brenners Park-Hotel & Spa
Baden-Baden	Dorint Maison Messmer
Baden-Baden	Roomers
Baiersbronn	Bareiss
Baiersbronn	Engel Obertal
Baiersbronn	Forsthaus Auerhahn
Baiersbronn	Heselbacher Hof
Baiersbronn	Lamm
Baiersbronn	Sackmann
Baiersbronn	Traube Tonbach
Baiersbronn	Wellnesshotel Tanne
Biberach an der Riß	Parkhotel Jordanbad
Bodman	Seehotel Adler
Bonndorf	Möhringers Schwarzwald Hotel
Deggenhausertal	Biohotel Mohren
Ditzenbach, Bad	Vitalhotel Sanct Bernhard
Donaueschingen	Öschberghof
Durbach	Ritter
Enzklösterle	Enztalhotel
Ettlingen	Erbprinz
Feldberg im Schwarzwald	Schlehdorn
Fichtenau	Vital-Hotel Meiser
Freiamt	Ludinmühle
Freiburg im Breisgau	Colombi Hotel
Freiburg im Breisgau	Schloss Reinach
Freudenstadt	Grüner Wald
Freudenstadt	Lauterbad
Friedrichshafen	Krone
Friedrichshafen	Traube am See
Gaienhofen	Höri am Bodensee
Glottertal	Zum Kreuz
Häusern	Adler
Hinterzarten	Erfurths Bergfried
Hinterzarten	Kesslermühle
Hinterzarten	Parkhotel Adler
Hinterzarten	Reppert
Hinterzarten	Thomahof
Höchenschwand	Alpenblick
Konstanz	RIVA
Lenzkirch	Saigerhöh
Oberkirch	Waldhotel Grüner Baum
Oberried	Die Halde
Peterstal-Griesbach, Bad	Dollenberg
Pfalzgrafenweiler	Waldsägmühle
Radolfzell	bora HotSpaResort

Rust	Bell Rock
Rust	Colosseo
Rust	Santa Isabel
Schluchsee	Auerhahn
Schluchsee	Hegers Parkhotel Flora
Schönwald	Zum Ochsen
Schwäbisch Hall	Hohenlohe
Stuttgart	Steigenberger Graf Zeppelin
Teinach-Zavelstein, Bad	Berlins Hotel KroneLamm
Teinach-Zavelstein, Bad	Therme Bad Teinach
Titisee-Neustadt	Bären
Titisee-Neustadt	Seehotel Wiesler
Titisee-Neustadt	Treschers Schwarzwaldhotel
Todtnau	derWaldfrieden
Triberg im Schwarzwald	Parkhotel Wehrle
Vogtsburg im Kaiserstuhl	Kreuz-Post
Winden	Elztalhotel
Wolfach	Adler
Zweiflingen	Wald und Schlosshotel Friedrichsruhe

BAYERN

Bayerisch Gmain	Klosterhof
Bayersoien, Bad	Parkhotel am Soier See
Berchtesgaden	Edelweiss
Berchtesgaden	Kempinski Hotel Berchtesgaden
Berchtesgaden	Neuhäusl
Bernried	Bernrieder Hof
Birnbach, Bad	Sonnengut
Birnbach, Bad	Vitalhotel
Bischofswiesen	Naturhotel Reissenlehen
Bodenmais	Mooshof Wellness & SPA Resort
Cham	Randsberger Hof
Chieming	Gut Ising
Erding	Victory Therme Erding
Fischen i. A.	Tanneck
Frauenau	St. Florian
Füssen	Sommer
Füssing, Bad	DAS MÜHLBACH - Thermal Spa & Hotel
Füssing, Bad	Holzapfel Hotels
Füssing, Bad	Parkhotel
Garmisch-Partenkirchen	Staudacherhof
Garmisch-Partenkirchen	Werdenfelserei
Garmisch-Partenkirchen	Zugspitze
Griesbach, Bad	Das Ludwig
Griesbach, Bad	Fürstenhof

Griesbach, Bad	Maximilian
Heiligenstadt in Oberfranken	Landhaus Sponsel-Regus
Heimbuchenthal	Lamm
Hindelang, Bad	Lanig
Hindelang, Bad	Panorama Hotel Oberjoch
Illschwang	Weißes Roß
Kaisheim	Schloss Leitheim
Kissingen, Bad	Dappers Hotel Spa Genuss
Kötzting, Bad	Bayerwaldhof
Kohlgrub, Bad	Das Johannesbad
Kreuth	Bachmair Weissach
Krün	Das Kranzbach
Krün	Schloss Elmau
Krün	Schloss Elmau Retreat
Lindau im Bodensee	Bayerischer Hof
Lindau im Bodensee	Helvetia
Lindau im Bodensee	Reutemann-Seegarten
Lindau im Bodensee	VILLINO
Mellrichstadt	Biohotel Sturm
München	Bayerischer Hof
München	The Charles
München	Sofitel Munich Bayerpost
Murnau	Alpenhof Murnau
Neunburg vorm Wald	Landhotel Birkenhof
Neustadt an der Donau	Der Eisvogel
Neustadt an der Donau	Marc Aurel
Niedernberg	Seehotel
Nürnberg	Sheraton Carlton
Oberaudorf	Feuriger Tatzlwurm
Obermaiselstein	Berwanger Hof
Oberstaufen	Allgäu Sonne
Oberstaufen	Alpenkönig
Oberstaufen	Haubers Naturresort
Oberstaufen	Rosenalp
Oberstdorf	Exquisit
Oberstdorf	Parkhotel Frank
Ofterschwang	Sonnenalp Resort
Ottobeuren	Parkhotel Maximilian
Ramsau	Berghotel Rehlegg
Reit im Winkl	Hotel & Chalet Gut Steinbach
Reit im Winkl	Unterwirt
Rötz	Resort Die Wutzschleife
Rosshaupten	Kaufmann
Rottach-Egern	Haltmair am See
Rottach-Egern	Park-Hotel Egerner Höfe
Rottach-Egern	Althoff Seehotel Überfahrt

Rückholz	Panorama Land- & Wellnesshotel
Ruhpolding	Ortnerhof
Ruhstorf an der Rott	Antoniushof
Sankt Englmar	Berghotel Maibrunn
Sankt Englmar	Reinerhof
Schönau am Königssee	Alm & Wellnesshotel Alpenhof
Schönau am Königssee	Alpenhotel Zechmeisterlehen
Schwangau	Das Rübezahl
Teisendorf	Gut Edermann
Teisnach	Landromantik Wellnesshotel Oswald
Viechtach	Burghotel Sterr
Wallgau	Parkhotel
Wartmannsroth	Neumühle
Wegscheid	Reischlhof
Weiler-Simmerberg	Tannenhof
Wiessee, Bad	Landhaus am Stein
Wirsberg	Reiterhof Wirsberg
Wörishofen, Bad	Edelweiss
Wörishofen, Bad	Fontenay
Wörishofen, Bad	Steigenberger Hotel Der Sonnenhof

BERLIN

Berlin	Adlon Kempinski
Berlin	Grand Hyatt Berlin
Berlin	InterContinental
Berlin	THE MANDALA
Berlin	Das Stue
Berlin	Waldorf Astoria

BRANDENBURG

Briesen	Gut Klostermühle
Burg (Spreewald)	Bleiche Resort und Spa
Kremmen	Sommerfeld
Potsdam	Bayrisches Haus
Saarow, Bad	Esplanade Resort & Spa
Senftenberg	Seeschlößchen

BREMEN

Bremen	Dorint Park Hotel
Bremen	Munte am Stadtwald

HAMBURG

Hamburg	Fairmont Hotel Vier Jahreszeiten
Hamburg	The Fontenay
Hamburg	Grand Elysée
Hamburg	Park Hyatt
Hamburg	SIDE
Hamburg	The Westin

HESSEN

Frankenberg (Eder)	Die Sonne Frankenberg
Frankfurt am Main	Steigenberger Frankfurter Hof
Frankfurt am Main	Villa Kennedy
Friedewald	Göbels Schlosshotel Prinz von Hessen
Hohenstein	Hofgut Georgenthal
Königstein im Taunus	Falkenstein Grand Kempinski
Marburg	VILA VITA Hotel Rosenpark
Neu-Isenburg	Kempinski Hotel Frankfurt Gravenbruch
Vöhl	Freund
Wiesbaden	Nassauer Hof
Willingen (Upland)	Stryckhaus

MECKLENBURG-VORPOMMERN

Ahrenshoop	THE GRAND Ahrenshoop
Dierhagen	Strandhotel Dünenmeer
Dierhagen	Strandhotel Fischland
Doberan, Bad	Grand Hotel Heiligendamm
Göhren-Lebbin	Schloss Fleesensee
Graal-Müritz	IFA
Groß Nemerow	Bornmühle
Groß Plasten	Schloss Groß Plasten
Kühlungsborn	Strandblick
Rostock	Yachthafenresidenz Hohe Düne
Rügen / Baabe	Solthus am See
Rügen / Binz	CERÊS
Rügen / Binz	Grand Hotel Binz
Rügen / Binz	Travel Charme Kurhaus Binz
Rügen / Binz	Vier Jahreszeiten
Rügen / Göhren	Hanseatic
Rügen / Göhren	Travel Charme Nordperd
Rügen / Putbus	Badehaus Goor
Rügen / Sellin	ROEWERS Privathotel

Stralsund	Scheelehof
Usedom / Ahlbeck	DAS AHLBECK HOTEL & SPA
Usedom / Ahlbeck	Seehotel Ahlbecker Hof
Usedom / Bansin	Kaiser Spa Zur Post
Usedom / Heringsdorf	Steigenberger Grandhotel und Spa
Usedom / Heringsdorf	Strandhotel Ostseeblick
Usedom / Heringsdorf	Travel Charme Strandidyll
Wieck am Darß	Haferland
Wismar	WONNEMAR Resort
Zingst	Meerlust
Zurow	Seehotel am Neuklostersee

NIEDERSACHSEN

Aerzen	Schlosshotel Münchhausen
Bederkesa, Bad	Bösehof
Cuxhaven	Badhotel Sternhagen
Cuxhaven	Strandhotel Duhnen
Cuxhaven	Strandperle
Dinklage	Vila Vita Burghotel
Göttingen	Freizeit In
Hannover	Crowne Plaza Schweizerhof
Hanstedt	Sellhorn
Juist	Achterdiek
Juist	Pabst
Langeoog	Kolb
Langeoog	Logierhus
Lauterberg, Bad	Revita
Norden	Reichshof
Norderney (Insel)	Seesteg
Norderney (Insel)	Strandhotel Georgshöhe
Pyrmont, Bad	Steigenberger
Rotenburg (Wümme)	Landhaus Wachtelhof
Sachsa, Bad	Romantischer Winkel
Wolfsburg	An der Wasserburg
Wolfsburg	The Ritz-Carlton
Zwischenahn, Bad	Jagdhaus Eiden am See

NORDRHEIN-WESTFALEN

Aachen	Pullman Quellenhof
Bergisch Gladbach	Althoff Grandhotel Schloss Bensberg
Bonn	Kameha Grand
Delbrück	Waldkrug

Dortmund	l'Arrivée
Driburg, Bad	Gräflicher Park
Düsseldorf	Hyatt Regency
Geldern	See Park Janssen
Hallenberg	Diedrich
Hörstel	Parkhotel Surenburg
Laasphe, Bad	Landhotel Doerr
Lippspringe, Bad	Park Hotel
Münster	Kaiserhof
Schermbeck	Landhotel Voshövel
Schmallenberg	Deimann
Schmallenberg	Gasthof Schütte
Schmallenberg	Waldhaus Ohlenbach
Tecklenburg	Teutoburger Wald
Wenden	Sporthotel Landhaus Wacker
Winterberg	Berghotel Astenkrone

RHEINLAND-PFALZ

Bernkastel-Kues	LIFESTYLE Resort Zum Kurfürsten
Bertrich, Bad	Häcker's Fürstenhof
Cochem	Keßler-Meyer
Dahn	Pfalzblick
Daun	Kurfürstliches Amtshaus Dauner Burg
Daun	Panorama
Deidesheim	Kaisergarten Hotel & Spa
Dürkheim, Bad	Kurpark-Hotel Bad Dürkheim
Eisenschmitt	Molitors Mühle
Ems, Bad	Häcker's Grand Hotel
Höhr-Grenzhausen	Heinz
Köngernheim	Jordan's Untermühle
Langweiler	Kloster Marienhöh
Maikammer	Immenhof
Mainz	Hyatt Regency
Mülheim (Mosel)	Schiffmann
Neuenahr-Ahrweiler, Bad	Weyer
Pirmasens	Kunz
Sankt Goar	Schloss Rheinfels
Sankt Martin	Wiedemann's Weinhotel
Schalkenmehren	Michels Wohlfühlhotel
Sinzig	Maravilla
Sobernheim, Bad	BollAnts - SPA im Park
Speyer	Lindner Hotel & Spa Binshof
Stromberg (Kreis Kreuznach)	Land & Golf Hotel Stromberg
Traben-Trarbach	Jugendstilhotel Bellevue

Wershofen	Kastenholz
Westerburg	Lindner Hotel und Sporting Club Wiesensee
Wilgartswiesen	Landhaus Am Hirschhorn

SAARLAND

Nohfelden	Seezeitlodge Hotel & Spa
Perl	Victor's Residenz - Hotel Schloss Berg

SACHSEN

Elster, Bad	König Albert
Kirschau	BEI SCHUMANN

SACHSEN-ANHALT

Halberstadt	Villa Heine
Ilsenburg	Landhaus Zu den Rothen Forellen
Tangermünde	Schloss Tangermünde
Wernigerode	Travel Charme Gothisches Haus

SCHLESWIG-HOLSTEIN

Glücksburg	Vitalhotel Alter Meierhof
Husum	Altes Gymnasium
Lübeck	A-ROSA
Sankt Peter-Ording	Aalernhüs hotel & spa
Schleswig	Waldschlösschen
Sylt / Hörnum	BUDERSAND Hotel - Golf & Spa
Sylt / Keitum	Benen-Diken-Hof
Sylt / Keitum	Severin*s
Sylt / List	A-ROSA
Sylt / Munkmarsch	Fährhaus
Sylt / Westerland	Stadt Hamburg
Timmendorfer Strand	Grand Hotel Seeschlösschen
Wangels	Weissenhaus Grand Village Resort & Spa am Meer

THÜRINGEN

Blankenhain	Spa & Golf Hotel Weimarer Land
Oberhof	Berghotel
Weimar	Dorotheenhof

VORALBERG (ÖSTERREICH)

Kleinwalsertal / Hirschegg	Birkenhöhe
Kleinwalsertal / Hirschegg	Travel Charme Ifen Hotel
Kleinwalsertal / Mittelberg	Haller's Geniesserhotel
Kleinwalsertal / Mittelberg	Leitner

MICHELIN TRAVEL PARTNER
Société par actions simplifiée au capital de 15044940 EUR
27 cours de L'Île Seguin – 92100 Boulogne Billancourt (France)
R.C.S. Nanterre 433 677 721

Dépôt légal : 12-2018
Printed in Germany: 12-2018
Auf Papier aus nachhaltiger Forstwirtschaft

Höhenangaben : ATKIStm - GN250 - © Federal Agency for Cartography and Geodesy (BKG)

Compograveur : JOUVE, Ormes

Imprimeur-relieur : GGP Media GmbH (Allemagne)

Unser Redaktionsteam hat die Informationen für diesen Führer mit größter Sorgfalt zusammengestellt und überprüft. Trotzdem ist jede praktische Information (offizielle Angaben, Preise, Adressen, Telefonnummern, Internetadressen etc.) Veränderungen unterworfen und kann daher nur als Anhaltspunkt betrachtet werden. Es ist nicht auszuschließen, dass einige Angaben zum Zeitpunkt des Erscheinens des Führers nicht mehr korrekt oder komplett sind. Bitte fragen Sie daher zusätzlich bei der zuständigen offiziellen Stelle nach den genauen Angaben (insbesondere in Bezug auf Verwaltungs- und Zollformalitäten). Eine Haftung können wir in keinem Fall übernehmen.